U0590088

柳如是别传

陈寅恪 著

线装书局

图书在版编目（CIP）数据

柳如是别传：全3册 / 陈寅恪著 . -- 北京：线装书局，2021.6（2023.8）
ISBN 978-7-5120-4420-3

Ⅰ . ①柳… Ⅱ . ①陈… Ⅲ . ①柳如是（1618-1664）—传记 Ⅳ . ① K828.5

中国版本图书馆 CIP 数据核字 (2021) 第 030587 号

柳如是别传

LIURUSHI BIEZHUAN

作　　者：陈寅恪
责任编辑：刘胜春　李春艳
出版发行：线装書局
　　地　址：北京市丰台区方庄日月天地大厦B座17层（100078）
　　电　话：010-58077126（发行部）010-58076938（总编室）
　　网　址：www.zgxzsj.com
经　　销：新华书店
印　　制：天津光之彩印刷有限公司
开　　本：880mm×1230mm 1/32
印　　张：35.5
字　　数：796千字
版　　次：2023年8月第1版第2次印刷
印　　数：5001—15000套

定　　价：168.00元（全3册）

线装书局官方微信

目录

附　记

史家纪事自以用公元西历为便。但本稿所引资料，本皆阴历。若事实发生在年末，即不能任意改换阳历。且因近人所编明末阴阳历对照表，多与当时人诗文集不合，不能完全依据也。又记述明末遗民之行事，而用清代纪元，于理于心，俱有未安。然若用永历隆武等南明年号，则非习见，难于换算。如改用甲子，复不易推记。职是之故，本稿记事行文，往往多用清代纪元，实不获已也。尚希读者谅之。

钱、柳逝世后三百年，岁次甲辰夏月，陈寅恪书于广州金明馆，时年七十五。

第一章　缘起

咏红豆并序

昔岁旅居昆明，偶购得常熟白茆港钱氏故园中红豆一粒，因有笺释钱、柳因缘诗之意，迄今二十年，始克属草。适发旧箧，此豆尚存，遂赋一诗咏之，并以略见笺释之旨趣及所论之范围云尔。

东山葱岭意悠悠，谁访甘陵第一流。送客筵前花中酒，迎春湖上柳同舟。纵回杨爱千金笑，终剩归庄万古愁。灰劫昆明红豆在，相思廿载待今酬。

题《牧斋初学集》并序

余少时见《牧斋初学集》，深赏其“埋没英雄芳草地，耗磨岁序夕阳天。洞房清夜秋灯里，共简庄周说剑篇”之句。（《牧斋初学集·三六·谢象三五十寿序》云“君初为举子，余在长安，东事方殷，海内士大夫自负才略，好谭兵事者，往往集余邸中，相与清夜置酒，明灯促坐，扼腕奋臂，谈犁庭扫穴之举”等语，可以参证。同书九十《天启元年浙江乡试程录》中《序文》及《策文·第五问》，皆论东事及兵法。按之年月节候，又与诗意合。牧斋所谓“庄周说剑篇”者，当是指此录而言也。）今重读此诗，感赋一律。

早岁偷窥禁锢编，白头重读倍凄然。夕阳芳草要离冢，东海

南山下潩田。（《牧斋有学集·一三·东涧诗集·下·病榻消寒杂咏四十六首》之四十四“银牓南山烦远祝，长筵朋酒为君增”句下自注云：“归玄恭送春联云，居东海之滨，如南山之寿。”寅恪案：阮吾山葵生《茶余客话·一二》“钱谦益寿联”条记兹事，谓玄恭此联“无耻丧心，必蒙叟自为”，则殊未详考钱归之交谊，疑其所不当疑者矣。又鄙意恒轩此联，固用《诗经》《孟子》成语，但实从庾子山《哀江南赋》“畏南山之雨，忽践秦庭。让东海之滨，遂餐周粟”脱胎而来。其所注意在“秦庭”“周粟”，暗寓惋惜之深旨，与牧斋降清，以著书修史自解之情事最为切合。吾山拘执《孟子》《诗经》之典故，殊不悟其与《史记》《列女传》及《哀江南赋》有关也。）谁使英雄休入彀，（明南都倾覆，牧斋随例北迁，河东君独留金陵。未几牧斋南归。然则河东君之志可以推知也。）转悲遗逸得加年。（牧斋《投笔集·下·后秋兴之十二》云：“苦恨孤臣一死迟。”）枯兰衰柳终无负，莫咏柴桑拟古篇。

上录二诗，所以见此书撰著之缘起也。

寅恪少时家居江宁头条巷。是时海内尚称乂安，而识者知其将变。寅恪虽年在童幼，然亦有所感触，因欲纵观所未见之书，以释幽忧之思。伯舅山阴俞觚斋先生明震同寓头条巷。两家衡宇相望，往来便近。俞先生藏书不富，而颇有精本。如四十年前有正书局石印戚蓼生钞八十回《石头记》，其原本即先生官翰林日，以三十金得之于京师海王村书肆者也。一日寅恪偶在外家检读藏书，获睹钱遵王曾所注《牧斋诗集》，大好之，遂匆匆读诵一过，然实未能详绎也。是后钱氏遗著尽出，虽几悉读之，然游学四方，其研治范围与中国文学无甚关系，故虽曾读之，亦未深有所赏会也。丁丑岁芦沟桥变起，随校南迁昆明，大病几死。稍愈之后，披览报纸广告，见有鬻旧书者，驱车往观。鬻书主人出所藏书，实皆劣陋之本，无一可购者。当时主人接待殷勤，殊难酬其意，乃询之曰，此诸书外，尚有他物欲售否？主人踌躇良久，应曰，曩岁旅居常熟白茆港钱氏旧园，拾得园中红豆树所结子一粒，常以自随。今尚在囊中，愿以此豆奉赠。寅恪闻之大喜，遂付重值，藉塞其望。自得此豆后，至今岁忽忽二十年，虽藏置箧笥，亦若存若亡，不复省视。然自此遂重读钱集，不仅藉以温旧梦，寄遐思，亦欲自验所学之深浅也。盖牧斋博通文史，旁涉梵夹道藏，寅恪平生才识学问固远不逮昔贤，而研治领域，则有约略近似之处。岂意匪独牧翁之高文雅什，多不得其解，即河东君之清词丽句，亦有瞠目结舌，不知所云者。始知禀鲁钝之资，挟鄙陋之学，而欲尚论女侠名姝文宗国士于三百年之前（可参云间杜九高（登春）《尺五楼诗集·二·下·武静先生席上赠钱牧斋宗伯》诗云“帐内如花真侠客”，及顾云美（苓）《河东君传》云“宗伯大喜，谓天下风流佳丽，独王修微杨宛叔与君鼎足而三。何可使许霞城茅止生专国士名姝之目”），诚太不自量矣。虽然，披寻钱、柳之篇什于残阙毁禁之余，往往窥见其孤怀遗恨，有可以令人感泣不能自已者焉。夫三户亡秦之志，《九章·哀郢》之辞，即发自当日之士大夫，犹应珍惜引申，以表彰我民族独立之精神，自由之思想。何况出于婉娈倚门之少女，绸缪鼓瑟之小妇，而又为当时迂腐者所深诋，后世轻薄者所厚诬之人哉！牧斋事迹具载明清两朝国史及私家著述，固有阙误，然尚多可考。至于河东君本末，则不仅散在明清间人著述，以列入乾隆朝违碍书目中之故，多已亡佚不可得见，即诸家诗文笔记之有关河东君，而不在禁毁书籍之内者，亦大抵简略错误，剿袭雷同。纵使出于同时作者，亦多有意讳饰诋诬，更加以后代人无知之虚妄揣测。故世所传河东君之事迹，多非真实，殊有待发之覆。今撰此书，专考证河东君之本末，而取牧斋事迹之有关者附之，以免喧宾夺主之嫌。起自初访半野堂前之一段因缘，迄于殉家难后之附带事件。并详述河东君与陈卧子（子龙）、程孟阳（嘉燧）、谢象三（三宾）、宋辕文（征舆）、李存我（待问）等之关系。寅恪以衰废余年，钩索沉隐，延历岁时，久未能就，观下列诸诗，可以见暮齿著书之难有如此者，斯乃效再生缘之例，非仿花月痕之体也。

乙未阳历元旦作

红碧装盘岁又新，可怜炊灶尽劳薪。太冲娇女诗书废，孺仲贤妻药裹亲。食蛤那知天下事，然脂犹想柳前春。（河东君《次牧翁冬日泛舟》诗云："春前柳欲窥青眼。"）炎方七见梅花笑，惆怅仙源最后身。

高楼冥想独徘徊，歌哭无端纸一堆。天壤久销奇女气，江关谁省暮年哀。残编点滴残山泪，绝命从容绝代才。留得秋潭仙侣曲，（陈卧子集中有《秋潭曲》，宋让木集中有《秋塘曲》。宋诗更是考证河东君前期事迹之重要资料。陈、宋两诗全文见后详引。）人间遗恨总难裁。

乙未旧历元旦读《初学集·（崇祯）甲申元日》诗有"衰残敢负苍生望，重理东山旧管弦"之句，戏成一律。

绛云楼上夜吹箫，哀乐东山养望高。黄合有书空买菜，玄都无地可栽桃。如花眷属惭双鬓，似水兴亡送六朝。尚托惠香成狡狯，至今疑滞未能消。

笺释钱柳因缘诗，完稿无期，黄毓祺案复有疑滞，感赋一诗。

然脂暝写费搜寻，楚些吴歈感恨深。红豆有情春欲晚，黄扉无命陆终沉。机云逝后英灵改，兰萼来时丽藻存。拈出南冠一公案，可容迟暮细参论。

丙申五月六十七岁生日，晓莹于市楼置酒，赋此奉谢。

红云碧海映重楼。初度盲翁六七秋。织素心情还置酒，然脂功状可封侯。（时方撰《钱柳因缘诗释证》。）平生所学惟余骨，晚岁为诗欠砍头。幸得梅花同一笑，岭南已是八年留。

丁酉阳历七月三日六十八初度，适在病中，时撰《钱柳因缘诗释证》尚未成书，更不知何日可以刊布也，感赋一律。

生辰病里转悠悠。证史笺诗又四秋。老牧渊通难作匹，阿云格调更无俦。渡江好影花争艳，填海雄心酒祓愁。珍重承天井中水，人间唯此是安流。

用前题意再赋一首。年来除从事著述外，稍以小说词曲遣日，故诗语及之。

岁月犹余几许存。欲将心事寄闲言。推寻衰柳枯兰意，刻画残山剩水痕。故纸金楼销白日，新莺玉茗送黄昏。夷门醇酒知难贳，聊把清歌伴浊樽。

十年以来继续草《钱柳因缘诗释证》，至癸卯冬，粗告完毕。偶忆项莲生（鸿祚）云：“不为无益之事，何以遣有涯之生。”伤哉此语，实为寅恪言之也。感赋二律。

横海楼船破浪秋。南风一夕抵瓜洲。石城故垒英雄尽，铁锁长江日夜流。惜别渔舟迷去住，封侯闺梦负绸缪。八篇和杜哀吟在，此恨绵绵死未休。

世局终销病榻魂。謻台文在未须言。高家门馆恩谁报，陆氏庄园业不存。遗属只余传惨恨，著书今与洗烦冤。明清痛史新兼旧，好事何人共讨论。

此稿既以释证钱、柳因缘之诗为题目，故略述释证之范围及义例。自来诂释诗章，可别为二。一为考证本事，一为解释辞句。质言之，前者乃考今典，即当时之事实。后者乃释古典，即旧籍之出处。牧斋之诗，有钱遵王曾所注《初学集》《有学集》。遵王与牧斋关系密切，虽抵触时禁，宜有所讳。又深恶河东君，自不著其与牧斋有关事迹。然综观两集之注，其有关本事者，亦颇不少。兹略举其最要者言之，如遵王《初学集诗注·一六·丙舍诗集·下·雪中杨伯祥馆丈廷麟过访山堂即事赠别》诗，“贾庄”注，详述崇祯十年十一年与建州讲款及卢象升殉难于贾庄之史实。同书一七《移居诗集·茅止生挽词十首》，其第二首“武备新编”，第四首“西玄”，分别注出止生以谈兵游长安，挟《武备志》进御事及止生妾陶楚生事。（可参《列朝诗集·丁·下·茅待诏元仪》及《闰集·陶楚生》两小传。）同卷《姚叔祥过明发堂共论近代词人戏作绝句十六首》其中“高杨”“文沈”“何李”“钟谭”等人，皆注出其事迹。又，“钟谭”注中云：“（王）微（杨）宛为词客，讵肯与（钟谭）作后尘。公直以巾帼愧竟陵矣。”等语，可见牧斋论诗之旨也。同卷《永遇乐词·十六夜见月》，注中详引薛国观事。注末数语，其意或在为吴昌时解脱。同书二十《东山诗集·三·驾鹅行闻潜山战胜而作》诗，“潜山战”注，述崇祯十五年壬午起马士英为凤督。九月己卯（《明史·二四·庄烈帝本纪》“己卯”作“辛卯”。是。）总兵刘良佐黄得功败张献忠将一堵墙于潜山。十月丙午刘良佐再破张献忠于安庆等事。盖遵王生当明季，外则建州，内则张李，两事最所关心。涉及清室者，因有讳忌，不敢多所诠述。至张李本末，则不妨稍详言之也。又，同卷《送涂德公秀才戍辰州兼简石斋馆丈》一题，“戍辰州”注，言涂仲吉因论救黄道周，下诏狱，戍辰州事。注末云：“道周辨对，而斥之为佞口，仲吉上言，而目之为党私。稽首王明，叹息何所道哉？此公之深意，又当遇之于文辞之外者也。”遵王所谓文辞外之深意，自当直接得诸牧斋之口。《有学集诗注·二·秋槐支集·闽中徐存永陈开仲乱后过访各有诗见赠次韵奉答四首》之四“沁雪”注，及《夏日燕新乐小侯》诗题下“新乐”注，遵王皆引本事及时人之文以释之。同书四《绛云余烬集·哭稼轩留守相公诗》“留守”注，述瞿式耜本末甚详。同卷《孟阳冢孙念修自松圆过访口占送别二首》第一首“题诗”注，述牧斋访松圆故居，题诗屋壁事。第二首“闻咏”下注云：“山庄旧有闻咏亭，取老杜诗罢闻吴咏之句。”检《有学集·一八·耦耕堂诗序》云：“天启初，孟阳归自泽潞，偕余栖拂水涧，泉活活循屋下，春水怒生，悬流喷激。孟阳乐之，为亭以踞涧右，颜之曰闻咏。”遵王《注》可与此序相参证也。同书五《敬他老人集·上·简侯研德兼示记原》诗，附笺语，详述侯峒曾本末及嘉定屠城事。岂因李成栋后又叛清降明，故不必为之讳耶？同卷《路易（长？）公安卿置酒包山官舍即席有作二首》之一“怀羽翼”注，述路振飞事迹。同书六《秋槐别集·左宁南画像歌为柳敬亭作》注中载左良玉本末甚详，并及柳敬亭事。同卷《丙申春就医秦淮寓丁家水阁三十绝句》，其第十九首“四乳”注，述倪让倪岳父子本末。第二十一首“紫淀”下载张文峙改名事。第二十八首“史痴”“徐霖”注，言及两人之逸闻。同卷《读新修〈滕王阁诗文集〉重题十首》第七首“石函”注云：“彭幼朔《九日登高寄怀虞山太史》诗：‘石函君已镌名久，有约龙沙共放歌。’幼朔注曰：‘近有人发许旌阳《石函记》。虞山太史官地具载。其当在樵阳八百之列无疑。故落句及之。’”检同书一一《红豆二集·遵王赋胎仙阁看红豆花诗吟叹之余走笔属和》诗后附钱曾原诗，有“八百樵阳有名记”句，当即用此事。同书八《长干塔光集·大观太清楼二王法帖歌》中，“鲁公《孝经》”注云：“公云，乱后于燕京见鲁公所书《孝经》真迹，字画俨如《麻姑仙坛记》。御府之珍，流落人间，可胜惋惜。”或可补《绛云楼题跋》之遗。同书一四《东涧诗集·下·病榻消寒杂咏四十六首》，其第十三首《壬午日鹅笼公有龙舟御席之宠》诗，注云：“鹅笼公谓阳羡也。”其第三十四首《追忆庚辰冬半野堂文宴旧事》诗，“看场神鬼”注云：“公云，文宴诗，有老妪见红袍乌帽三神坐绛云楼下。”（寅恪案：范锴《花笑庼杂笔·一》“黄梨洲先生批钱诗残本”条，载太冲批语云：“愚谓此殆火神邪？”可发一笑！又崇祯十三年庚辰冬河东君初访半野堂时，绛云楼尚未建造。遵王所传牧斋之语，初视之，疑指后来改建绛云楼之处而言。细绎之，则知遵王有意或无意牵混牧斋殇子寿耇之言，增入“绛云”二字，非牧斋原语所应有也。以增入此二字之故，梨洲遂有“火神”之说，可谓一误再误矣。详见第五章论《东山酬和集》河东君《春日我闻室作呈牧翁》诗节。）诸如此类，皆是其例。但在全部注本之中，究不以注释当日本事为通则也。至遵王《初学集诗注·一八·东山诗集·一·有美一百韵晦日鸳湖舟中作》诗“疏影词”注，引河东君《金明池·咏寒柳》词及何士龙《疏影·咏梅上牧翁》词，并载陆勅先之语。则疑是陆氏所主张，实非出自遵王本意。其他有关年月地理人物，即使不涉及时禁，或河东君者，仍多不加注释。职此之故，寅恪释证钱、柳之诗，于时地人三者考之较详，盖所以补遵王原注之缺也。但今上距钱、柳作诗时已三百年，典籍多已禁毁亡佚，虽欲详究，恐终多讹脱。若又不及今日为之，则后来之难，或有更甚于今日者，此寅恪所以明知此类著作之不能完善，而不得不仍勉力为之也。至于解释古典故实，自以不能考知辞句之出处为难，何况其作者又博雅如钱、柳者乎？今观遵王所注两集，牧斋所用僻奥故实，遵王或未着明，或虽加注释，复不免舛误，或不切当。据王应奎《海虞诗苑·四》所载《钱文学曾小传略》云：

曾，字遵王，牧翁宗伯之族曾孙也。宗伯器之，授以诗法。君为宗伯诗注，庾词隐语悉发其覆，梵书道笈必溯其源，非亲炙而得其传者不能。

及同书五所载《陆文学贻典小传》云：

贻典，字敕先，号觌庵。自少笃志坟典，师（钱）东涧（谦益），而友（冯）钝吟（班），学问最有原本。钱曾笺注东涧诗，僻事奥句，君搜访佽助为多。

夫遵王、敕先皆牧斋门人，而注中未能考知牧斋之僻事奥句，即有所解释，仍不免于错误或不切者，殆非“智过其师，乃堪传授”之人，此点可姑不置论。但两人与牧斋晚年往来密切，东涧诗中时地人之本事，自应略加注明，而遵王之注多未涉及者，则由于遵王之无识，敕先不任其咎也。又观《有学集·三九·复遵王书（论己所作诗）》云：

居恒妄想，愿得一明眼人，为我代下注脚。发皇心曲，以俟百世。今不意近得之于足下。

然则牧斋所属望于遵王者甚厚。今观遵王之注，则殊有负牧斋矣。抑更有可论者，解释古典故实，自当引用最初出处，然最初出处，实不足以尽之，更须引其他非最初，而有关者，以补足之，始能通解作者遣辞用意之妙。如李壁《王荆公诗注·二七·张侍郎示东府新居诗因而和酬二首》之一“功谢萧规惭汉第，恩从隗始诧燕台”之句下引蔡绦《西清诗话》（参郭绍虞校辑《宋诗话辑佚·上》）云：

熙宁初，张掞以二府初成，作诗贺荆公。公和之，以示陆农师（佃）。曰：“萧规曹随，高帝论功，皆摭故实，而请从隗始，初无‘恩’字。”荆公笑曰：“子善问也。韩退之《斗鸡联句》：‘感恩从隗始。’若无据，岂当对‘功’字也。”

寅恪案：王介甫此言可以见注释诗中古典，得其正确出处之难。然《史记》《汉书》及《昌黎集》，皆属古籍，虽出处有先后，犹不难寻检得之。若钱、柳因缘诗，则不仅有远近出处之古典故实，更有两人前后诗章之出处。若不能探河穷源，剥蕉至心，层次不紊，脉络贯注，则两人酬和诸作，其辞锋针对，思旨印证之微妙，绝难通解也。试举一例以明之，如《东山酬和集·一》河东君《次韵答牧翁冬日泛舟诗》中“莫为卢家怨银汉，年年河水向东流”之句，与最初出处之《玉台新咏·歌词二首》之二“河中之水向东流，洛阳女儿名莫愁”“卢家兰室桂为梁”“头上金钗十二行”“平头孥子擎履箱”“恨不嫁与东家王”等句及第二出处之《李义山诗集·上·代（卢家堂内）应》云：

本来银汉是红墙。隔得卢家白玉堂。谁与王昌报消息，尽知三十六鸳鸯。

有关，固不待言。其实亦与《东山酬和集·一》牧翁《次韵答柳如是过访山堂赠诗》“但似王昌消息好，履箱擎了便相从”有关。尤更与牧翁未见河东君之前，即《初学集·一六·丙舍诗集·（崇祯十三年春间）观美人手迹戏题绝句七首》其三云：

兰室桂为梁，蚕书学采桑。几番云母纸，都惹郁金香。（原注云：《金壶记》“蚕书，秋胡妻玩蚕而作。”《河中之水歌》“十四采桑南陌头。”）

及同书一七《移居诗集·永遇乐词·（崇祯十三年）八月十六夜有感》云：

银汉红墙，浮云隔断，玉箫吹裂。白玉堂前，鸳鸯六六，谁与王昌说。今宵二八，清辉香雾，还忆破瓜时节。（寅恪案：牧斋《观美人手迹七首》之五云：“笺纸劈桃花。银钩整复斜。却怜波磔好，破体不成瓜。”原注云：“李群玉诗：‘瓜字初分碧玉年。’”）剧堪怜，明镜青天，独照长门鬓发。

莫愁未老，嫦娥孤另，相向共嗟圆阙。长叹凭阑，低吟拥髻，暗与阴蛩切。单栖海燕，东流河水，十二金钗敲折。何日里，并肩携手，双双拜月。

有密切关系。今之读者，若不循次披寻，得其脉络，则钱、柳因缘之诗，必不能真尽通解矣。（寅恪检《初学集·一七·移居诗集》有《杂忆诗十首次韵》当赋成于崇祯十三年庚辰五月间。不知为何人而作。岂为杨宛叔而作耶？抑或与河东君有关耶？姑识此疑，以俟详考。）职是之由，此书释证钱、柳之诗，止限于详考本事。至于通常故实，则不加注解，即或遵王之注有所未备，如无大关系，则亦不补充，以免繁赘。但间有为解说便利之故，不得不于通常出处，稍事征引，亦必力求简略。总而言之，详其所应详，略其所当略，斯为寅恪释证钱、柳因缘诗之范围及义例也。

复次，沈偶僧（雄）、江丹崖（尚质）编辑之《古今词话·词话类·下》云：

沈雄曰：花信楼头风暗吹，红栏桥外雨如丝。一枝憔悴无人见，肯与人间绾别离。离别经春又隔年，摇青漾碧有谁怜。春来羞共东风语，背却桃花独自眠。此钱宗伯牧斋《竹枝词》也。（寅恪案：此二诗乃《初学集·一一·桑林诗集·柳枝十首》之第一、第二两首。作《竹枝词》，误。牧斋此诗乃崇祯十年丁丑初夏被逮北行途中所作。）宗伯以大手笔，不趋佻俭，（寅恪案："俭"疑当作"险"。）而饶蕴藉，以崇诗古文之格。其《永遇乐》三、四阕，偶一游戏为之。

又，袁朴村（景辂）所编《松陵诗征·四·沈雄小传略》云：

周勒山云：偶僧覃思著述，所辑诗余笺体，足为词学指南。

其自著绮语，亦超迈不群。

朴村云：偶僧从虞山钱牧斋游，诗词俱有宗法。

寅恪案：沈氏为牧斋弟子，故《古今词话》中屡引牧斋之说。袁氏谓偶僧所著诗词受牧斋影响。诗固牧斋所擅场，词则非所措意。偶僧于其书中已明言之。（并可参《古今词话·词品上》“钱谦益曰张南湖少从王西楼刻意填词”条。）若如朴村之说，沈氏之词亦与师门有关，则当非受之师父，而是从师母处传得衣钵耳。盖河东君所作诗余之传于今者，明胜于牧斋之《永遇乐》诸阕，即可为例证。不仅诗余，河东君之书法，复非牧斋所能及。倘取钱、柳以方赵管，则牧斋殊有愧子昂矣。偶僧诗词仅见选本，未敢详论。但观王兰泉（昶）《国朝词综·一四》所录偶僧词二首，则周、袁二氏之语，颇为可信。寅恪别有所注意者，即兰泉所选偶僧词《浣溪沙·梨花》云：

压帽花开香雪痕，一林轻素隔重门。抛残歌舞种愁根。

遥夜微茫凝月影，浑身清浅剩梅魂。溶溶院落共黄昏。

又云：

静掩梨花深院门，养成闲恨费重昏。今宵又整昨宵魂。

理梦天涯凭角枕，卸头时候覆深樽。正添香处忆温存。

沈氏之词有何所指，自不能确言。然细绎语意，殊与河东君身世人品约略符合，令人不能无疑。《东山酬和集·一》牧翁所作《寒夕文宴再叠前韵是日我闻室落成延河东君居之》诗（自注：“涂月二日。”）结语云：

今夕梅魂共谁语，任他疏影蘸寒流。（自注：“河东君《寒柳》词云：‘约个梅魂，与伊深怜低语。’”）

若取偶僧之词与牧翁之诗综合观之，其间关锁贯通之处，大可玩味，恐非偶然也。至关于河东君诗余之问题，俟后论之。兹附言及此，不敢辞附会穿凿之讥者，欲为钱、柳因缘添一公案，兼以博通人之一笑也。

第二章　河东君最初姓氏名字之推测及其附带问题

大凡为人作传记，在中国典籍中，自司马迁、班固以下，皆首述传主之姓氏名字。若燕北闲人之《儿女英雄传》，其书中主人何玉凤，至第一九回“恩怨了了慷慨捐生，变幻重重从容救死”之末，始明白著其姓名。然此为小说文人故作狡狯之笔，非史家之通则也。由是言之，此章自应先着河东君最初之姓氏及名字。但此问题殊不易解决，故不得不先作一假设，而证明此假设之材料，又大半与其他下列诸章有关，势难悉数征引于此章之中。兹为折中权宜之计，唯于此章中简略节取此类材料之最有关字句，至其他部分，将于下列诸章详录之。读者倘能取下列诸章所列诸材料，与本章参互观之，则幸甚矣。

明末人作诗词，往往喜用本人或对方，或有关之他人姓氏，明著或暗藏于字句之中。斯殆当时之风气如此，后来不甚多见者也。今姑不多所征引，即就钱、柳本人及同时有关诸人诗中，择取数例，亦足以证明此点。如《东山酬和集·一》河东君《次韵答牧翁冬日泛舟诗》“越歌聊感鄂君舟”“春前柳欲窥青眼”“年年河水向东流”等句，分藏“柳河东君”四字。（其实此诗“望断浮云西北楼”句中“云”字即是河东君最初之名。兹暂不先及，详见后文考证。）及同书同卷《春日我闻室作呈牧翁》诗“此去柳花如梦里，向来烟月是愁端。画堂消息何人晓”（“何”与“河”音同形近）并“珍重君家兰桂室，东风取次一凭阑”等句，分藏“柳如是河东君”六字。又汪然明（汝谦）者，钱、柳因缘之介绍人也。其事迹著作及与钱、柳之关系，俟第四章详述之，兹暂不涉及。但汪氏所著《春星堂集·三·游草》中《余久出游柳如是校书过访舟泊关津而返赋此致怀（七律）》之后，载《无题（七律）》一首，当即为柳而作者。此诗中“美女疑君是洛神”及“几湾柳色隔香尘”等句，亦分藏“柳是”二字。（河东君又有“美人”之别号，汪氏因“人”字为平声，故改作仄声之“女”字以协诗律。余详下论。）至若吴伟业《梅村家藏稿·五八·诗话》云：

黄媛介，字皆令，嘉兴人，儒家女也。能诗善画。其夫杨兴公（寅恪案：即世功。）聘后贫不能娶，流落吴门。媛介诗名日高，有以千金聘为名人妾者，其兄坚持不肯。余诗曰，不知世有杜樊川。（寅恪案：《家藏稿·六·题鸳湖闺咏四首》之二即此诗。此句上有“夫婿长杨须执戟”之句。）指其事也。媛介后客于牧斋柳夫人绛云楼中。楼毁于火，牧斋亦牢落。尝为媛介诗序，有今昔之感。

则又稍变其例。盖作者于“夫婿长杨须执戟”之句，虽已明著杨世功之姓，而于“不知世有杜樊川”之句，以有所隐讳之故，不便直标其人之名姓也。考“杜樊川”即“杜牧”，《李义山诗集·下·赠司勋杜十三员外》云：“杜牧司勋字牧之，清秋一首杜秋诗。前身应是梁江总，名总还曾字总持。”玉溪用樊川姓名及字为戏，颇觉新颖，是以后人多喜咏之。梅村句中“杜樊川”三字，即暗指“牧”字。与吴氏同时江浙最显著之名人，其以“牧”称者，舍钱谦益外，更无他人。关于黄媛介之事迹及其与钱、柳往来诗词文字，材料颇多，兹不详述。据邓汉仪《天下名家诗观·初集·一二》“黄媛介”条云：

时时往来虞山，与柳夫人为文字交，其兄开平不善也。

可以推知孝威言外之意。但世传媛介与张天如（溥）一段故事，辗转剿袭，不一而足。究其原始，当是出于王贻上（士祯）《池北偶谈·一二》“黄媛介诗”条。其文云：

少时，太仓张西铭溥闻其名，往求之。皆令时已许字杨氏，久客不归，父兄屡劝之改字，不可。闻张言，即约某日会某所，设屏障观之。既罢，语父兄曰：“吾以张公名士，欲一见之。今观其人，有才无命，可惜也。”时张方入翰林，有重名。不逾年竟卒。皆令卒归杨氏。

寅恪案：渔洋之说颇多疏误，兹不暇辨。但据《梅村家藏稿·二四·清河家法述》云：

娄东庶常张西铭先生既殁之二十载，为顺治纪元之十有七年庚子十二月五日。（寅恪案：西铭卒于明崇祯十四年辛巳五月初八日。）先生夫人王氏命其嗣子永锡式似，婿吴（孙祥）绵祖，以仆陈三之罪来告。

及《有学集·八四·题张天如立嗣议》云：

天如之母夫人暨其夫人咸以为允。

则是天如之卒，上距媛介窥见之时，不及一年。若依渔洋之说，黄见张之时，当在崇祯十三年庚辰六月以后。今据吴、钱之文，复未发现西铭于此短时间，有丧妻继娶之事，则西铭嫡配王氏必尚健在。天如之不能聘媛介为妻，其理由明甚。（余可参蒋逸雪编《张溥年谱》“崇祯十二年己卯”条所考。）渔洋之说殊不可通。或疑天如实欲聘媛介为妾，则天如之姓名字号又皆与“杜樊川”不相应，且亦与上句明标杨世功之姓者，尤不相称。骏公作诗，当不如此。观梅村《题鸳湖闺咏四首》之二“绛云楼阁敞空虚，女伴相依共索居”之句，“索居”二字寓意颇深。（靳荣藩《吴诗集览·一二》上此诗后附评语云：“‘索居’上有‘相依’字，‘共’字亦奇。”可见靳氏亦知梅村此句有所寓意也。）更可取邓孝威“其兄开平不善也”之语，参互并观，其间有所不便显言者，可以想见矣。

吾国人之名与字，其意义多相关联（号间亦与名相关，如谦益之号牧斋，即是一例，但此非原则也），古人固如此，今人亦莫不然。此世所习知，不待例证。今检关涉河东君之早期材料，往往见有“美人”之语。初颇不注意，以为不过泛用“美人”二字，以形容河东君，别无其他专特之意义。此为吾国之文人词客，自《诗经》《楚辞》以降，所常为者，殊不足异也。继详考其语义之有限制性，而不属泛指之辞者，始恍然知河东君最初之名称，必与“美人”二字有关，或即用“美人”为其别号，亦未可知也。今试略举数例以证明之。兹先举“美人”二字之确指河东君，而不为普通之形容语者。然后复取有关河东君之诗词，详绎其中所用“美人”二字之特殊性，依吾国名与字或别号意义关联之例，推比测定河东君最初之名。更就此名所引出之其他问题，加以解释，或亦足发前此未发之覆耶?

《牧斋初学集·一六·丙舍诗集·观美人手迹戏题绝句七首》云：

油素朝模帖，丹铅夜校书。来禽晋内史，卢橘汉相如。

其二云：

花飞朱户网，燕蹴绮窗尘。挟瑟歌卢女，临池写洛神。

其三云：

（诗见前。）

其四云：

芳树风情在，簪花体格新。可知王逸少，不及卫夫人。

其五云：

（诗见前。）

其六云：

书楼新宝架，经卷旧金箱。定有千年蠹，能分纸上香。（原注：“用上官昭容书楼及南唐宫人写心经事。”）

其七云：

好鸟难同命，芳莲寡并头。生憎绿沉管，玉指镇双钩。

寅恪案：此七首诗皆为五言绝句。初读之，以为牧斋不过偶为此体，未必别有深意。继思之，始恍然知牧斋之用此体，盖全效玉谿生《柳枝五首》之作（见《李义山诗集·下》）。所以为此者，不仅因义山此诗所咏，与河东君之身份适合，且以此时河东君已改易姓氏为柳也。或者牧斋更于此时已得见所赋《金明池·咏寒柳》词，并有感于此词中“尚有燕台佳句”之语，而与义山《柳枝诗序》中所言者，不无冥会耶？

又，今杭州高氏藏明本《河东君尺牍》，其字体乃世俗所谓宋体字，而《湖上草》则为依据手写原本摹刻者。此草为崇祯十二年己卯岁之作品。自其卷末逆数第二题为《出关外别汪然明（七律）》，首二句云“游子天涯感塞鸿，故人相别又江枫”，乃秋季所作。可证此书刻成当在崇祯十二年己卯冬季。牧斋于十三年庚辰春初自得见之。然则牧斋所谓“美人手迹”可能即指《湖上草》而言也。此七首诗为钱、柳因缘中河东君过访半野堂前重要材料之一，俟后详论。今所注意者，即就七诗所咏观之，可决定此“美人”之界说为一年少工书，且已脱离其夫之姬妾，必非泛指之形容词，自不待言。当崇祯十三年春初牧斋作诗时，此“美人”舍河东君外，恐无他人合此条件。更取明确为河东君而作之诗以证之，尤可决定“美人”二字与河东君最初之名有关。如黄宗羲《南雷诗历·二·八哀诗》之五《钱牧斋宗伯（七律）》中有“红豆俄飘迷月露，美人欲绝指筝弦”之句，自注云：“皆身后事。”（寅恪案：太冲自注所言，可参第五章论河东君殉家难节。）及王昶所辑《陈忠裕（子龙）全集·十·秋潭曲》（原注：“偕（彭）燕又（宾）、（宋）让木（征璧）、杨姬（影怜）集西潭舟中作。”），其中有“明云织夜红纹多”（“云”字可注意）、“银灯照水龙欲愁”（“龙”字可注意）、“美人娇对参差风，斜抱秋心江影中”（“美人”及“影”字可注意）、“摘取霞文裁凤纸，春蚕小字投秋水”等句。此诗题下并附原案语云：

《抱真堂集》：宋子与大樽（陈子龙字）泛于秋塘，坐有校书。（寅恪案：此文乃宋征璧《含真堂诗稿·五·秋塘曲》序文。王兰泉引作《抱真堂集》，与今所见本不同。）后称柳夫人，有盛名。

原案语又云：

《莼乡赘笔》：柳如是，初名杨影怜。流落北里，姿韵绝人。钱宗伯一见惑之，买为妾，号曰河东君。（寅恪案：今检《名人笔记汇海》中《莼乡赘笔（四卷本）》，未载此文。但申报馆印董含《三冈识略（十卷本）》，第六卷“拂水山庄”条之文，与王兰泉所引《莼乡赘笔》相同。岂王氏所见者，异于《名人笔记汇海》本耶？）

今观此明确为河东君而作之诗，其中既以“美人”指河东君，则“美人”二字当是河东君之字或号，而其初必有一名，与此字或号相关者，此可依名与字或号相关之例推知也。考徐电发（釚）《本事诗》选录程孟阳（嘉燧）《緪云诗三首》，其题下注云：

朱长孺（鹤龄）曰：孟阳此诗为河东君作。

寅恪案：电发与长孺俱为吴江人。同里交好，所记必有依据。又考长孺与牧斋关系至密。如《牧斋有学集·一五》吴江朱氏《杜诗辑注序》云：

吴江朱子长孺馆于荒村。

同书一九归玄恭《恒轩集序》云：

丙申闰五月，余与朱子长孺屏居田舍。余翻般若经，长孺笺杜诗。（寅恪案：可参朱鹤龄《李义山诗集笺注自序》云：“申酉之岁，予笺杜诗于牧斋先生之红豆山庄。”）

《牧斋尺牍·二·与毛子晋书》第二十通云：

顷在吴门，见朱长孺《杜诗笺注》，与仆所草大略相似。仆既归心空门，不复留心此事，而残稿又复可惜。意欲并付长孺，都为一书。第其意欲得近地假馆，以便商订。辄为谋之于左右。似有三便。长孺与足下臭味欣合。长孺得馆，足下得朋。一便也。高斋藏书，足供翻阅。主人腹笥，又资雠勘。二便也。长孺师道之端庄，经学之渊博，一时文士罕有其偶。皋比得人，师资相说。三便也。仆生平不轻荐馆，此则不惜缓颊，知其不以甕言相目也。

及《牧斋尺牍·一·与朱长孺书》云：

小婿自锡山入赘，（寅恪案：河东君以其女赘无锡赵玉森之子管为婿。）授伏生书，欲得鲁壁专门大师以为师匠。恃知己厚爱，敢借重左右，以光函丈。幸慨然许之，即老朽亦可藉手沐浴芳尘也。

又如朱鹤龄《愚庵小稿·四·闻牧斋先生讣（五律）二首》，同书五《牧斋先生过访（七律）》一首等及同书十《与吴梅村祭酒书》云：

夫虞山公生平梗概，千秋自有定评，愚何敢置喙。若其高才博学，囊括古今，则夐乎卓绝一时矣。

等，即可为证。又潘柽章《松陵文献》所附其弟耒后序云“朱先生与亡兄交最厚”，及此书六《人物志·六·周道登传》末略云：

潘子曰：公于先大父为外兄弟，故得备闻其遗事。

盖潘柽章为周道登之姻戚，复与朱鹤龄交谊最厚。河东君本出自吴江周道登家（详见后章）。朱氏殆由潘氏之故，辗转得知周氏家庭之琐屑，不仅与周氏同隶吴江，因而从乡里传闻，获悉河东君早年旧事。然则长孺所言程孟阳之《緪云诗》乃为河东君作者，实是可信，而河东君最初之名乃“緪云”之“云”字，可以推知矣。

复次，程嘉燧《耦耕堂存稿诗》中有《朝云诗八首》。又有《今夕行》，其序略云：

甲戌七月，唐四兄为杨朝赋《七夕行》。十二夜复过余成老亭。和韵作此。

据此更可证河东君曾一度称“杨朝”。依上论江总字总持，杜牧字牧之之例。“杨朝”自可字“朝云”。徐虹亭《本事诗·六》选程松圆《緪云诗》，引朱长孺之言，知其为河东君而作。但不选《朝云诗》及《今夕行》，殆未知河东君曾一度以“杨朝”为姓名，以“朝云”为字耶？然则河东君之此名此字，知者甚鲜，观电发之选诗，可以证知也。至《耦耕堂存稿诗》中诸题如《正月十一十二夜云生留予家》《二月上浣同云娃踏青》及《六月鸳湖与云娃惜别》等，又皆河东君称“云”之例证。兹暂不多述。详后论崇祯七年甲戌河东君嘉定之游节。河东君最初之名既是“云”字，其与“美人”二字之关系如何耶？考《全唐诗·第三函·李白·二·长相思》云：

美人如花隔云端。（寅恪案：《玉台新咏·一》枚乘《杂诗九首》之六云：“美人在云端，天路隔无期。”）

此“云”与“美人”相关之证也。但窃疑河东君最初之名不止一“云”字，尚有其他一字亦与“美人”有关。如《陈忠裕全集·一五·陈李倡和集·秋夕偕燕又让木集杨姬馆中（七律）二首》、宋征璧《含真堂诗稿·五·秋塘曲》及《耦耕堂存稿诗》中《二月上浣同云娃踏青归雨宴达曙用佳字（七律）》，皆卧子、让木、松圆等为河东君而作之诗，可决定无疑者也。卧子句云：“满城风雨妒婵娟。”让木句云：“校书婵娟年十六。”松圆句云：“烟花径袅婵娟入。”初视之，“婵娟”二字不过寻常形容之辞耳，未必与河东君最初之名有何关连也。继而详绎大樽所作诗词之与河东君有关者，往往发见“婵娟”二字，则殊不能不令人疑其与河东君之初名实有关连。兹仅择诗中有“美人”及“婵娟”两辞并载者，以为例证。（《陈忠裕全集·十·陈李倡和集·仿佛行》：“罗屏美人善惆怅，妙学此曲双婵娟。”虽“美人”与“婵娟”并载，然据此诗后附李雯《仿佛行（并序）》，知为吴郡女郎青来而作。青来本末未及详考，或与舒章

《仿佛楼诗稿》之名有关，故不举为例证，姑记所疑于此。）至于其他可能为河东君而作之诗词中，虽有“婵娟”二字，而不与“美人”一辞相连者，暂于此不录，俟后论陈、杨关系时再详焉。如《陈忠裕全集·三·几社稿·古乐府·长相思二首》之二云：

又闻美人已去青山巅，碧霞素月娱婵娟。

同书十《属玉堂集·霜月行》其一云：

我思江南在云端。（寅恪案：此句即用太白诗“美人如花隔云端”句。“云”字可注意。）

其二云：

玉衣不敢当婵娟。

其三云：

美人赠我双螭镜，云是明月留清心。寒光一段去时影，（“影”字可注意。）可怜化作霜华深。（“怜”字可注意。）持镜索影不可见，（“影”字可注意。）当霜望月多哀音。红绡满川龙女寤，买之不惜双南金。温香沉沉若烟雾，裁霜翦月成寒衾。衾寒犹自可，梦寒情不禁。离鸾别凤万余里，风车云马来相寻。（“云”字可注意。）愁魂荒迷更零乱，使我沉吟常至今。

同书一一《平露堂集·立秋后一日题采莲图》云：

图中美人剧可怜，年年玉貌莲花鲜。花残女伴各散去，有时独立秋风前。何得铅粉一朝尽，空光白露寒婵娟。

同书同卷《湘真阁稿·长相思》云：

美人昔在春风前，娇花欲语含轻烟。欢倚细腰欹绣枕，愁凭素手送哀弦。美人今在秋风里，碧云迢迢隔江水。写尽红霞不肯传，紫鳞亦妒婵娟子。

据此“婵娟”与“美人”两辞实有关连，而其关连之出处本于何等古籍乎？考《杜工部集·五·寄韩谏议诗》有“美人娟娟隔秋水”之句。此“美人”二字与“娟”字相关之出处。职此之故，寅恪窃疑河东君最初之名实为“云娟”二字。此二字乃江浙民间所常用之名，而不能登于大雅之堂者。当时文士乃取李杜诗句与“云娟”二字相关之“美人”二字以代之，易俗为雅，于是河东君遂以“美人”著称，不独他人以此相呼，即河东君己身亦以此自号也。

以上之假说若果为真实，则由此引出之问题亦可解决。如《东山酬和集·一·有美一百韵》，乃牧翁极意经营之作。其以“有美”二字题篇者，初视之，不过用《诗经·郑风·野有蔓草》所云：

野有蔓草，零露漙兮。有美一人，清扬婉兮。邂逅相遇，适我愿兮。

野有蔓草，零露瀼瀼。有美一人，婉如清扬。邂逅相遇，与子皆臧。

之出处。虽颇觉其妙，然仍嫌稍泛。若如其用“有美”二字以暗寓“美人”即河东君之意，则更觉其适切也。又，《初学集·二十·下·东山诗集·绛云楼上梁以诗代文八首》之三“曾楼新树绛云题”句下自注云：

紫微夫人诗云：“乘飙俦衾寝，齐牢携绛云。”故以绛云名楼。（寅恪案：此诗见《真诰·一·运象篇一》。）

又，八首之五“匏爵因缘看墨会”句下自注云：

紫清真妃示杨君有“匏爵分味，墨会定名。”之语。（寅恪案：此文出《真诰·一·运象篇一》。）

及“茗华名字记灵箫”句下自注云：

真妃名郁嫔，字灵箫。并见《真诰》。（寅恪案：此文见《真诰·一·运象篇一》。）

初视之，似牧斋已明白告人以此楼所以题名“绛云”之故，更无其他出处矣。但若知河东君之初名中有一“云”字，则用“绛云”之古典，兼指河东君之旧名，用事遣辞殊为工切允当。如以为仅用陶隐居之书，则不免为牧斋所窃笑也。

复次，《初学集诗注·一七·移居诗集·姚叔祥过明发堂共论近代词人戏作绝句十六首》（寅恪案：牧斋《列朝诗集·丁·一六·姚叟士粦》小传云：“晚岁数过余，年将九十矣。剧谈至分夜不寐。兵兴后，穷饿以死。”姚氏卒年虽未详，然崇祯十三年庚辰秋牧斋作此诗时，叔祥之年当已过八十矣。特附记姚传之语，以供参证。）第十二首“近日西陵夸柳隐，桃花得气美人中”句下自注云：

《西湖》诗云，垂杨小苑绣帘东，莺阁残枝蝶趁风。最是西陵寒食路，桃花得气美人中。

寅恪案：牧斋此诗作于崇祯十三年庚辰秋间河东君尚未过访半野堂之前，实为钱、柳因缘重要材料之一，俟后详论之。河东君此诗乃其《湖上草》中崇祯十二年己卯春《西湖八绝句》之一。当日最为人所称道，盛传于一时者也。诗中“寒食”“桃花”等辞，实暗用孟棨《本事诗·崔护》故事。又其用意遣辞实与陈卧子崇祯八年乙亥所作《寒食三绝句》有关，详见第三章所论。“美人”乃河东君自比之辞，即以此自居不复谦让。此诗寓意巧妙，所以特见称赏于当时之文士，而“美人”之名，更由此广播遍于吴越间矣。（《甲申朝事小纪》载河东君所作五诗中，有《横山杂作（七律）》一首云："美人遥夜伫何方。应是当年蹭蹬乡。自爱文园能犊鼻，那愁世路有羊肠。徐看雀坠枝先坠，谁惜桃僵李亦僵。只此时名皆足废，宁须万事折腰忙。"寅恪尚未检出此诗所从来，果否真为柳作，且诗意亦不能尽解，故诗中"美人"二字究何所指，须俟详考，始可决定也。）

至于河东君之本姓问题，观陈卧子《秋潭曲》题下自注中"杨姬"之称，则"杨"乃河东君本初之姓，是无疑义。据李舒章（雯）所撰《蓼斋集·二六·坐中戏言分赠诸妓四首》之四云：

悉茗丁香各自春，（寅恪案："悉茗"者，花之名，即"耶悉茗之略称。详见吴其浚《植物名实图考·三十·群芳类》"素馨"条。）杨家小女压芳尘。银屏叠得霓裳细，金错能书蚕纸匀。梦落吴江秋佩冷，欢闻鸳水楚怜新。不知条脱今谁赠，萼绿曾为同姓人。

寅恪案：舒章此诗作于何时，虽未能确定，似在距崇祯六年癸酉秋间或前或后不甚远之时，即与卧子作《秋潭曲》相去较近之时也。（寅恪考《蓼斋集》，此诗之前载《初春得卧子书有怀》云："新年遥接会稽书。"舒章此诗，《云间三子合稿》未录。依"会稽"二字推之，则必作于卧子任绍兴推官时。据卧子《自撰年谱》"崇祯十三年庚辰"条，卧子以此年秋赴绍兴推官任。故舒章此诗之作成，至早亦在崇祯十四年辛巳春间。但此年春间河东君已访半野堂，复归松江矣。崇祯十四年河东君年二十四岁，与诗中"杨家小女"之语不合。且其时河东君已改易姓名，又与诗中"楚怜新"句未符。何况此时河东君之身份，亦不应与其他三妓并列耶？寅恪初颇以此为疑，后更详绎李集，始恍然知此《分赠诸妓》诗之排列于《初春得卧子书有怀》之后者，实又依其性质，取以为赠答诗之殿，而非以其时间为赠答诗之最后也。盖舒章门人石维昆辑刊《蓼斋集》，卷首载维昆顺治丁酉即十四年序云："虽在少作，编录不遗。"故所刻舒章著述，当颇完备。集中诗分类，亦编年。《分赠诸妓》诗在卷二六。其卷题"七言律诗四。赠答诗二"。检其内容，又有赠答及哀挽两种性质。《分赠诸妓》诗之前为《送友人》，《分赠诸妓》诗之后迄于卷终，共三首，皆是哀挽之作。据此可以推定《分赠诸妓》诗乃以其性质为赠妓，遂附列于赠答诗之后，非因其作成之时间在最后也。恐读者于推定舒章作诗年代，有所异议，特为辨之如此。）四诗分赠四妓。此一首乃当时赠与河东君者。诗中"杨家小女"，固是河东君之本姓。"梦落吴江秋佩冷"，乃指河东君与周道登之关系，此点俟后论之。"欢闻鸳水楚怜新"，谓此时河东君之新名为"影怜"。"鸳水"者，言河东君本嘉兴人。盖河东君此时自周道登家流落松江，改易"云娟"之旧名，而为"影怜"之新名也。"不知条脱今谁赠，萼绿曾为同姓人"者，用《真诰·运象篇第一》，神女萼绿华赠羊权金玉条脱各一枚事。其文略云：

萼绿华者，云本姓杨。赠羊（权）诗一篇，并致火浣布手巾一枚，金玉条脱各一枚。条脱似指环而大，异常精好。

原注云：

此乃为杨君所书者。当以其同姓，亦可杨权相问，因答其事，而疏说之耳。

寅恪案：羊氏即羊舌氏，与杨氏本出一源，可视为同姓。（参《新唐书·七一·下·宰相世系表》"杨氏"条，及其他关于姓氏源流诸书。）《真诰》之意究为如何，姑置不论。但据舒章此诗之意，已足证明河东君之本姓实为杨氏。又，《东山酬和集·二》牧翁《西溪永兴寺看绿萼梅有怀》诗“道人未醒罗浮梦，正忆新妆萼绿华”之句，不仅用《龙城录》赵师雄故事，亦暗指萼绿华之本姓。然则河东君之姓原为杨氏，更可无疑，而牧翁作诗，其用事工切，于此亦可见矣。

又，牧翁《有美一百韵》，甚夸河东君，广引柳姓世族故实。读者似以为牧翁既称柳如是为河东君，因而赋诗，遂博征柳姓典故，以资藻饰。殊不知牧翁取柳姓郡望，号之为河东君者，不过由表面言之耳。其实牧翁于此名称，兼暗寓《玉台新咏》“河东之水向东流”一诗之意，此名巧切河东君之身份，文人故作狡狯，其伎俩可喜复可畏也。至河东君之改其本姓为柳者，世皆知其用唐人许尧佐《柳氏传》章台柳故实（参孟棨《本事诗·情感类》）盖“杨”与“柳”相类，在文辞上固可通用也。又检宋人某氏所著《侍儿小名录拾遗》引苏子美《爱爱集》述钱塘娼女杨爱爱事。明代人有号“皇都风月主人”者，其所著《绿窗新语·下》亦载“杨爱爱不嫁后夫”条。条末原注云：“苏子美为作传。”（见《上海艺文杂记》第一卷第六期。）所言之杨爱爱亦钱塘娼女。考苏子美即北宋之苏舜钦。今检苏氏集中，未见此传，不知是否伪托。但此故事明末必颇流行。河东君之本姓既是杨氏，其后改易“云娟”之旧名，而为“爱”者，疑与此事有关，盖欲以符合昔人旧名之故。“杨爱”之名诸书多有记载。但此名最初见于何书，尚难确定。就所知者言之，似以沈虬《河东君传》为最早。此传（据葛昌楣君《蘼芜纪闻·上》所引）略云：

河东君所从来，余独悉之。我邑盛泽镇，有名妓徐佛者。（徐佛事迹可参仲廷机辑《盛湖志·十·列女名妓门》。）丙子年间张西铭先生慕其名，至垂虹亭易小舟访之，而佛已于前一日嫁兰溪周侍御之弟金甫矣。院中惟留其婢杨爱，因携至垂虹。余于舟中见之，听其音，禾中人也。

是沈次云于崇祯九年丙子有亲见河东君之事。其所言实在仲沈洙撰、仲周霈补之《盛湖志·上·形胜门·盛湖八景》之八《凌巷寻芳》、钱宛朱诗注及其他材料之前矣。至其又称“影怜”者，当用《李义山诗集·上·碧城三首》之二“对影闻声已可怜”之出处，此句“怜”字之意义，复与“爱”字有关也。（寅恪偶检郑澍若《虞初续志·一二》云：“厉影怜校书得萧仁叔邗上来书，语多未解。问字于陈敬吾，敬吾即其语意，题后一律。”夫此两“影怜”之名，虽同取义于玉谿生诗，然其学问之高下悬殊有如是者，则对厉影怜之影，亦未必可怜矣。）

又，沈氏所云兰溪周侍御之弟金甫，当是周灿弟之字。检乾隆修《吴江县志·二九》略云：

周灿，字光甫，用之孙。崇祯元年进士，知宣化会稽二县。十六年擢浙江道御史，所著有《泽畔吟》。

沈氏虽不著周金甫之名，但据今所见《泽畔吟》附录光甫孙师灏所撰后序“向自烂溪（“烂”字，沈氏作“兰”）析居谢天港。”及“光甫”“金甫”之称下一字相同等理由推之，可知云翾所嫁之人即吴江周灿之弟。《泽畔吟》中诸诗当是明亡以后所作，唯其中《杨花》一题有“年年三月落花天，顾影含颦长自怜”之语，实与河东君姓名符会，以光甫与盛泽镇（光甫集中载《盛泽镇（五律）》一首。）及云翾嫁其弟等关系论之，自不能令人无疑。终以作诗时间过晚，不敢决言。姑记于此，以俟更考。

河东君更有一“隐雯”之名（寅恪案：此名之记载似以见于顾苓《河东君传》者为最早。俟考），此名不甚著称，而取义亦不易解。寅恪疑是取《列女传·二·陶答子妻》所谓“南山有玄豹，雾雨七日而不下食者，何也？欲以泽其毛，而成文章也。故藏而远害”，即《文选·二七》谢玄晖《之宣城出新林浦向板桥》诗：“虽无玄豹姿，终隐南山雾”之义。或者河东君取此二字为名，乃在受松江郡守驱令出境之威胁时（见后章）。殆因是事有所感触，遂自比南山之玄豹，隐于雾雨，泽毛成文，藏而远害耶？明季不遵常轨，而有文采之女子，往往喜用“隐”字以为名，如黄媛介之“离隐”，张宛仙之“香隐”（见后章），皆是其例。（震泽吴雷发撰《香天谈薮》载明崇祯中扬州名妓沈隐，游西湖，卜居楼外楼，嫁新安夏子龙。夏死，隐自缢以殉事。寅恪案：沈之名与河东君同，夏之名与卧子同，沈曾居西湖，复自缢殉夏。本末颇与河东君相似，殊为巧合。但不知是否实有其人其事？姑附识于此，更俟详考。）此殆一时之风气。河东君以“隐雯”为名，殊不足异。后来河东君又省去“雯”字，止以一“隐”字为名，而“隐雯”之原名，转不甚为人所知矣。

复次，《牧斋遗事》“初吴江盛泽镇有名妓曰徐佛”条云：

（杨爱）闻虞山有钱学士谦益者，实为当今李杜。欲一望见其丰采，乃驾扁舟来虞。为士人装，坐肩舆，造钱投谒。易杨以柳，易爱以是。刺入，钱辞以他往。盖目之为俗士也。柳于次日作诗遣伻投之，诗内已微露色相。牧翁得其诗，大惊。语阍者曰，昨投刺者士人乎？女子乎？阍者曰，士人也。牧翁愈疑，急登舆访柳于舟中，则嫣然一美姝也。因出其七言近体就正，钱心赏焉。视其书法，得虞褚两家遗意，又心赏焉。相与絮语者终日。临别，钱语柳曰，此后即以柳姓是名相往复。吾且字子以如是，为今日证盟。柳诺。此钱柳合作之始也。

寅恪案：此条所纪多乖事实，兹暂不考辨，惟论河东君改易姓字之一事，今所见崇祯十一年戊寅陈卧子所刻之《戊寅草》，十二年己卯汪然明所刻之《湖上草》，皆署“柳隐如是”。又，汪氏所刻《柳如是尺牍》一卷，亦署“云间柳隐如是”。卷中尺牍共计三十一通。其最后一通有“已过夷门”“武夷之游，闻在旦夕”“应答小言，已分嗤弃，何悟见赏通人，使之成帙。非先生意深，应不及此。特有远投，更须数本”等语。据此可知此通乃崇祯十四年辛巳春间所作。盖汪氏初刻本共只有三十通，刊成后投寄河东。河东君复从之更索数本。然则第三十一通乃汪氏后来所补刻者（详后论证），今虽难确考汪氏初刻本刊成之时日，以意揣测，当在崇祯十三年庚辰末，最可能在十四年辛巳初。由是言之，河东君何待至崇祯十三年冬季访半野堂时，始“易杨以柳，易爱以是。”牧斋何待至此时始“字以如是”耶？（今神州国光社影印吴中蒋氏旧藏《柳如是山水册八帧》，每帧皆钤“柳隐书画”之章。其末帧署“我闻居士柳如是”。此画虽难确定为何年所作，但必在崇祯十三年冬季访半野堂以前。所以如此推定者，盖此后河东君既心许于牧斋，自不应再以隐于章台柳之“柳隐”为称，而钤此章也。又，“我闻居士”之称，即从佛典“如是我闻”而来。据此亦可证知河东君未遇见牧斋之前，已以“我闻居士”与“柳如是”连称矣。详见后论。）且据《初学集诗注·丙舍诗集·下·观美人手迹》诗，是牧斋于十三年春初，当已见及《湖上草》（见前所论），则睹河东君投谒之名刺，亦必无疑讶之理。故遗事所言诸端，不知谁氏子所伪造？无知妄作，固极可笑，而世人又多乐道此物语，尤不可不辨也。至河东君之名“是”，不知始于何时？颇疑其不以“隐”为名之后，乃取其字“如是”下一字为名。若此假定不误，则其时间至早亦当在崇祯十四年，或在适牧斋以后。盖河东君既已结缡，自不宜仍以“柳隐”即隐于章台柳之意为名也。其余详下章所论。

复检邓（孝威）汉仪《天下名家诗观·二集·闺秀别卷》中云：

柳因，一名隐，字蘼芜，更字如是。生出未详。虞山钱牧斋宗伯之妾。

河东君放诞风流，不可绳以常格。乙酉之变，劝宗伯以死，及奋身自沉池水中，此为巾帼知大义处。宗伯薨，自经以殉，其结局更善。灵岩坏土，应岁岁以卮酒浇之。

寅恪案：邓氏此条殆出顾云美《河东君传》。唯谓河东君名“因”，疑与“隐”字音近之故。至钱士青（文选）《诵芬堂文稿六编·柳夫人事略》，虽亦载河东君名因之事。但其文钞袭前人，往往讹舛，不暇详辨，姑附记于此。

复次，李舒章（雯）《蓼斋集·三五·与卧子书》云：

又盛传我兄意盼阿云，不根之论，每使人妇家勃溪。兄正是木强人，何意得尔馨颓荡。乃知才士易为口实，天下讹言若此，正复不恶。故弟为兄道之，千里之外与让木（宋征璧）、燕又（彭宾）一笑。若彝仲（夏允彝）不可闻此语也。

考舒章此书当为卧子于崇祯六年癸酉秋冬间赴北京会试，至次年留居京邸时所作。然则河东君于崇祯六年癸酉以前，即以

“云”为名，可以证明也。其余亦详下章所论。

又，后来与河东君有关之谢象三（三宾），其所著诗集题为《一笑堂集》，乃用李太白诗“美人一笑千黄金”之典（见《全唐诗·第三函·李白·三·白纻辞》）。谢氏此集中多为河东君而作之篇什，而河东君以“美人”著称，更可推知矣。

第三章　河东君与『吴江故相』及『云间孝廉』之关系

三百年来记载河东君事迹者甚众，寅恪亦获读其大半矣。总括言之，可别为两类。第一类为于河东君具同情者，如顾云美（苓）之《河东君传》等属之。第二类为于河东君怀恶意者，如王胜时（沄）之《虞山柳枝词》等属之。其他辗转钞袭，讹谬脱漏者，更不足道。然第一类虽具同情，颇有隐讳。第二类因怀恶意，遂多诬枉。今欲考河东君平生事迹，其隐讳者表出之，其诬枉者驳正之。不漏不谬，始终完善，则典籍禁毁阙佚之后，精力老病残废之余，势所不能，此生无望者也。故惟有姑就搜寻所得，而可信可喜者，综贯解释，汇合辑录，略具首尾，聊复成文。虽极知无所阐发，等于钞胥，必见笑于当世及后来之博识通人，亦所不顾及矣。

就所见文籍中记载河东君事迹者言之，要推顾云美所撰《河东君传》为最佳。就其所以能致此者，不独以其人之能文，实因其人于河东君具有同情心之故。可惜者，顾氏为牧翁晚年门生，虽及见河东君，而关于河东君早岁事迹，或欲有所讳饰，或以生年较晚，关于河东君早岁身世，其隐秘微妙者，有所未详也。兹先略述云美之事迹，然后移写顾氏所撰《河东君传》中有关早岁之一节，参以他种史料，解释论证之。

《牧斋外集·一六·明经顾云美妻陆氏墓志铭》略云：

留守相国瞿稼轩既殉国。其幼子玄镜奉其骨归自桂林。甲午正月至常熟。顾苓（云美）来吊。玄镜从其兄拥杖出拜。云美问其兄。曰：“吾幼弟也。生长西南，今九年矣。”云美出谓其表弟严武伯曰：“子为我语瞿氏，以我女字玄镜。”瞿氏诺之。云美告余曰：“苓以女字留守相公之幼子矣。夫子其谓我何？”余曰：“有是哉？”后六年己亥四月十日，云美之妻陆氏卒。越七日，云美之父处士君卒。云美居丧守礼，不置姬侍，躬保护其女。服除，而玄镜孤贫无倚。云美收为赘婿。壬寅吉安施伟长见玄镜于云美之侧，喜而告余。及秋，余过虎丘塔影园，云美出玄镜拜床下，抠衣奉手，目光射人。归而诒书云美曰：“忠贞之后，仅存一线。今得端人正士以尊亲为师保。稼轩忠魂亦稍慰于九京矣。”

同治修《苏州府志·八八·顾苓传》略云：

顾苓，字云美。少笃学，晚居虎丘山塘。萧然敝庐，中悬思陵御书，时肃衣冠再拜，欷歔太息。女一，妻桂林留守瞿式耜子，易其姓名，俾脱于祸，人尤高之。（寅恪案：《初学集·七四·先太淑人述》云：“孙爱之议婚于瞿给事之女孙也。太淑人实命之，曰：‘人以汝去官，结昏姻以敦世好，不亦善乎？’”然则云美亦与牧斋为间接之姻戚。但云美以其女妻稼轩之子，时间甚晚，远在钱、瞿两氏议婚之后矣。）

寅恪案：顾氏为明末遗老，不忘故国旧君者，其人品高逸，可以想见，不仅以文学艺术见称也。清代初年东南诸眷恋故国之遗民，亦大有党派及意见之分别，未可笼统视之。牧斋早为东林党魁，晚乃附和马阮，降顺清朝。坐此为时人，尤为东南旧朝党社中人所诟毁。斯问题于此姑置不论，倘取顾氏《塔影园集·一·东涧遗老传》读之，则知云美对于牧翁平生前后异趣之见解，与当日吴越胜流之持论，有所不同，而与瞿稼轩所怀者，正复相类也。观全谢山（祖望）《鲒埼亭外集·三一·浩气吟跋》略云：

稼轩先生少年连染于牧斋之习气。自丙戌以后，牧斋生平扫地矣。而先生《浩气吟》中，犹惓惓焉，至形之梦寐。其交情一至此乎？牧斋颜甲千重，犹敢为《浩气吟》作序乎？一笑也。

可知钱、瞿二人关系之密切如此。全氏之论固正，但于河东君阴助牧斋复兴明室之活动，似尚有未尽窥见者，关于此点，俟于第五章论之。所可注意者，即与稼轩特厚之人，不独宽谅牧斋之晚节，而尤推重河东君。就其所以然之故，当与钱、柳同心复明一端有关。如牧斋《投笔集·上·后秋兴之三》第三首"须眉男子皆臣子，秦越何人视瘠肥。"句，自注云："夷陵文相国来书云云。"考牧斋所谓"夷陵文相国"者，即《明史·二七九》有传之文安之。其人之为大学士，由瞿式耜所推荐，可知文瞿两人交谊实为密切。云美以女妻稼轩之子，则其于稼轩与文氏有同一之观感及关系，又可推之。文氏既遗书牧斋，称道河东君若是，宜乎云美为河东君作传，其尊重之意溢于言表也。后来有"超达道人苇江氏"者，题云美此传后，谓其于河东君"别有知己之感"，"阿私所好"，则殊未明钱、瞿之交谊，钱、柳之关系，与夫君国兴亡，恩纪绸缪，死生不渝之大义，所以藉是发幽光而励薄俗之微旨。乃肆意妄言，无复忌惮，诚可鄙可恶，更不足置辨矣。

复次，关于思陵御书一事，详见杜于皇（浚）《变雅堂文集·七·松风宝墨记》，兹不移录。寅恪昔年曾于完白山人后裔家，见崇祯帝所书"松风水月"四字，始知于皇此文中"端劲轩翥”之评，非寻常颂圣例语。邓氏家之思陵御书，自与云美所藏者不同物，初未解此三百年前国家民族大悲剧之主人翁，何以喜作“松风”二字之故，后检杨留垞（钟羲）《雪桥诗话续集·一》云：

顾云美庐阊门外，半潭绕屋，引水自隔。庄烈帝御书“松风”二大字，云美得之某司香，遂揭于斋中。顾黄公（景星）为赋诗四首。卒章有云：“奇峰名淑景，御坐正当中。五粒皆银鬣，双珠倚玉童。”谓万岁山淑景峰有石刻御坐，二白松覆焉。

然则世上留传崇祯帝“松风”手迹不止一本者，殆与景山石刻御坐有关耶？俟考。

顾氏《河东君传》寅恪所得见者，节略之本不计外，共有四本，即罗刖存（振玉）《殷礼在斯堂丛书·塔影园集》本（第一卷），范声山（锴）《花笑庼杂笔》本（第一卷），缪筱珊（荃孙）《秦淮广记》本（第二之四）及葛雍吾（昌楣）《蘼芜纪闻》本（卷上）。四本中以范本为最善，兹悉依此本移录，其他诸本与范本异者，皆不一一标出也。

复次，罗振玉《贞松老人外集·三》顾云美书《河东君传》册跋略云：

顾云美撰《柳蘼芜传》并画象真迹，乙巳冬得之吴中。传载蘼芜事实甚详。吴人某所著《野语秘汇》，述虞山被逮时，河东君先携重贿入都，赂当道，乃得生还。其权略尤不可及，可谓奇女子矣。传中记蘼芜初归云间孝廉为妾，殆先适陈卧子，他记载所未及。其归虞山在明亡前三年，时年二十四。至癸卯下发，年四十有六。逾年而值家难。光绪丁未三月将取付影印，以贻海内好事者，俾益永其传，并缀辞于后。上虞罗振玉（刖存）父。

寅恪案：刖存先生以“云间孝廉”为陈卧子。五十年前能作此语，可谓特识。但其于河东君适牧斋后，尚称之为“蘼芜”，又言其携重贿入都，俾牧斋得脱黄毓祺之案及癸卯岁年四十六下发等事，皆不免差误。详见有关各节所论，兹不辨及。

顾《传》云：

河东君者，柳氏也。初名隐雯，继名是，字如是。为人短小，结束俏利，性机警，饶胆略，适云间孝廉为妾。孝廉能文章，工书法，教之作诗写字，婉媚绝伦。（《塔影园集·一·河东君传》“婉媚绝伦”作“风气奕奕”。）顾倜傥好奇，尤放诞。孝廉谢之去。

寅恪案：云美此传于河东君之本来姓氏籍贯及在“适云间孝廉为妾”以前之事迹，不道及一字，当有所隐讳，未必绝不能获知其一二也。职是之故，不得不取其他史料，以补此间隙。但此段时间，材料极少，又多为不可信者。故今仅择其材料直接出于与河东君有关之人者，以之为主，而参取后来间接传闻者，以补充之。其间若有诬枉或不可信者，则稍加驳正。固不敢谓尽得其真相，然亦不至甚远于事实也。兹引王沄《虞山柳枝词》之前，先略述胜时之事迹，盖王氏乃最反对河东君之人，其所言者，固不可尽信。然诬枉之辞外，亦有一二真实语。实因其人与陈子龙及其家属关系密切，所知河东君早岁事迹，必较多于顾云美，特恨其具偏隘之见，不欲质直言之耳。乾隆修《娄县志·二五·王沄传》略云：

王沄，字胜时。幼为陈子龙弟子。处师生患难时，卓然有东汉节义风。以诸生贡入成均，不得志。著有《辋川稿》。

李叔虎（桓）《耆献类征初编·四四四·顾汝则传》，下附王沄事迹，引章有谟《笔记》略云：

陈黄门子龙殉难后，夫人张氏与其子妇丁氏居于乡，两世守节，贫不能给。王胜时明经沄常周恤之。

及《陈忠裕全集·年谱·下》附王沄撰《三世苦节传》略云：

岁在癸酉（康熙三十二年）仲春之吉，孺人命从侄倬来，知予子移有女孙同岁生，请问名。予额手曰，此小子宿心也。敬闻命矣。乃告于先祠，以女孙字世贵焉。（寅恪案：世贵乃陈子龙之曾孙。）

寅恪案：王胜时文章行谊卓然可称，然其人憎恶河东君，轻薄刻毒丑诋之辞，见诸赋咏者，不一而足。以常情论，似不可解。明季士人门户之见最深，不独国政为然，即朋友往来，家庭琐屑亦莫不划一鸿沟，互相排挤，若水火之不相容。故今日吾人读其著述，尤应博考而慎取者也。胜时孙女之字卧子曾孙，结为姻亲，时间固甚晚，然其与陈氏家庭往来，在卧子生存时已然。卧子死后，胜时周恤其家备至，即就卧子夫人张氏欲与胜时之家结为姻亲一事观之，可以推知矣。据《陈忠裕全集》所载《陈子龙自撰年谱·上》“崇祯二年己巳”条云：

（祖母高）太安人以予既婚，遂谢家政。予母唐宜人素善病，好静，不任事，乃以管钥属予妇，予始有晨昏之累矣。

及《年谱·下》附王沄撰《三世苦节传》略云：

（张）孺人通诗、礼、史传，皆能举其大义，以及书算女红之属，无不精娴，三党奉为女师。有弟五人，庄事女兄如伯兄然。孺人屡举子女，不育。为置侧室，亦不宜子。孺人心忧之，乃自越遣人至吴，纳良家子沈氏以归。

则知大樽之妻张氏为一精明强干，而能治家之人。故入陈氏之门不久，其祖姑高氏即授以家政也。假使王氏称其能通书史大义之语，非出阿私，然绝不能如河东君才藻博洽，可与卧子相互酬和者，自不待论。倘若张氏转移其待诸弟之威严以临其夫，则恐卧子闺门之内，亦不得不有所畏惮顾忌也。又观其为大樽选纳良家女沈氏为妾一端，知大樽之娶妾，张氏欲操选择之权，更以良家子为其意中之对象。如取以与牧斋夫人陈氏相较，则牧斋用匹嫡之礼待河东君，而陈夫人亦无可如何，安之若命者，诚大不侔矣。复观牧斋之子孺饴（孙爱）所辑《河东君殉家难事实》中《柳夫人遗嘱》云：

我来汝家二十五年，（寅恪案："汝"字指其女，即赵管妻。）从不曾受人之气。

呜呼！假使河东君即仅在陈家二十五月，甚至二十五日，亦不能不受人之气，尤不能不受张氏之气，而张氏更不能如牧斋夫人之受河东君之气，可以断言无疑也。河东君之与大樽，其关系虽不善终，但两方之情感则皆未改变，而大樽尤缱绻不忘旧欢，屡屡形之吟咏。然则其割爱忍痛，任河东君之离去，而不能留之者，恐非仅由河东君之个性放诞使然，亦实因大樽妻张氏之不能相容，即不能受河东君之气，如牧斋夫人者，有以致之也。河东君所以不能见容于大樽家庭之事实及理由，王胜时必从张氏方面得知其详。三百年前陈氏家庭夫妇妻妾之间，其恩怨是非固匪吾人今日所能确知，既非负古代家属委员会之责者，自不必于其间为左右袒，或作和事老。是以此点亦不须详考。但应注意者，则胜时为大樽嫡妻张氏之党。故其所言者，皆张氏一面之辞，王氏既不能不为其尊者，即大樽讳，又不能不为其亲者，即张氏讳。于是遂隐没其师及张氏与河东君之关系，而转其笔锋集矢于河东君矣。苟知此意，则王氏所述河东君之事迹，不可尽信，止能供作参考或谈助，而不必悉为实录，亦甚明也。

王氏之后，复有钱钝夫（肇鳌）著《质直谈耳》一书，亦述河东君早岁轶事，其言颇有与王氏类似者。然据此书钱大昕《序》云：

吾弟钝夫以暇日撰次生平所见闻，可喜可愕，足资惩劝者，汇为一编，名之曰《质直谈耳》。

又，光绪修《嘉定县志·二八·艺文别集门》载：

《巢云诗草》，钱肇鳌著。

诗规摹盛唐。

则是钝夫生年甚晚，其书所述河东君事，自得之辗转间接之传闻。巢云诗草不知尚存否？兹取王、钱两氏所言河东君最初轶事，参以陈子龙及宋征璧（即与河东君直接有关之人）所作诗篇，考辨论证之如下。

王沄《辋川诗钞·四·虞山柳枝词》第一首云：

章台十五唤卿卿，素影争怜飞絮轻。（“影”及“怜”二字可注意。）白舫青莲随意住，淡云微月最含情。（“云”字可注意。）

自注云：

姬少为吴中大家婢，流落北里。杨氏，小字影怜，后自更姓柳，名是。一时有盛名，从吴越间诸名士游。

钱肇鳌《质直谈耳·七》“柳如之轶事”条（寅恪案：原文“之”字乃“是”字之误，下文同。参仲虎腾《盛湖志补·四·杂识门》及葛昌楣君《蘼芜纪闻·上》）云：

如之幼养于吴江周氏为宠姬。年最稚，明慧无比。主人常抱置膝上，教以文艺，以是为群妾忌。独周母喜其善趋承，爱怜之。然性纵荡不羁，寻与周仆通，为群妾所觉，谮于主人，欲杀之。以周母故，得鬻为倡。其家姓杨，乃以柳为姓，自呼如之。居常呼鸨母曰鸨、父曰龟。

综合王、钱两氏所述，河东君最初果为何家何人之婢或妾，并在何年至此家，出而流落人间耶？兹据与河东君直接有关者之所传述以考定之。

宋征璧《含真堂诗稿·五·秋塘曲（并序）》云：

> 宋子与大樽泛于秋塘，风雨避易，则子美渼陂之游也。坐有校书，新从吴江故相家流落人间，凡所叙述，感慨激昂，绝不类闺房语。且出其所寿陈征君诗，有“李卫学书称弟子，东方大隐号先生”之句焉。（寅恪案：陈眉公《岩栖幽事》载其所作《清平乐》下半阕云：“闲来也教儿孙，读书不为功名。种竹浇花酿酒，世家闭户先生。”可与河东君“大隐号先生”之句相印证。）陈子酒酣，命予于席上走笔作歌。

江皋萧索起秋风，秋风吹落江枫红。楼船箫鼓互容与，登山涉水秋如许。江东才人恨未消，郁金玛瑙盛香醪。未将宝剑酬肝胆，为觅明珠照寂寥。不辞风雨常避易，鲤鱼跃浪秋江碧。长鲸泄酒殊未醉，今夕不知为何夕。校书婵娟年十六，雨雨风风能痛哭。自然闺阁号铮铮，岂料风尘同球球。绣纹学刺两鸳鸯，吹箫欲招双凤凰。可怜家住横塘路，门前大道临官渡。曲径低安宛转桥，飞花暗舞相思树。初将玉指醉流霞，早信平康是狭邪。青鸟乍传三岛意，紫烟便入五侯家。十二云屏坐玉人，常将烟月号平津。骅骝讵解将军意，鹦鹉偏知丞相嗔。湘帘此夕亲闻唤，香奁此日重教看。乘槎拟入碧霞宫，因梦向愁红锦段。陈王宋玉相经过，流商激楚扬清歌。妇人意气欲何等，与君沦落同江河。我侪闻之感太息，春花秋叶天公力。多卿感叹当盛年，风雨秋塘浩难极。

寅恪案：让木此诗乃今日吾人所知河东君早期事迹最重要材料之一。据卧子《自撰年谱·上》“崇祯六年癸酉”条云：

文史之暇，流连声酒，多与舒章倡和。今《陈李倡和集》是也。

卧子原作《秋潭曲》载《陈李倡和集》中，即在崇祯六年秋间所作，第二章已略引之矣。同为此游四人之内，河东君不论外，尚有彭燕又（宾）一人。其人亦当有诗纪此游，惜今未能得见，亦可不论。秋潭或秋塘者，据《陈忠裕全集·十·秋潭曲》题下附考证，引《松江府志》略云：

白龙潭在府城谷阳门外，花晨月夕，箫鼓画船，岁时不绝。（寅恪案：《陈忠裕全集》为嘉庆八年所刻。今取嘉庆二十四年修《松江府志·九·山川志》校之，其文悉与此条相同。然则嘉庆二十四年修《松江府志》，当是承用康熙二年所修之《府志》，而此诗考证乃录自康熙《志》也。）

故知宋让木于崇祯六年秋间，在松江府谷阳门外白龙潭舟中，亲从河东君得闻其所述自身之事迹，实为最直接之史料。今依据宋氏之所传述，取与王、钱两氏所言者参证之，则第一问题，即“吴江故相”果为何人乎？依让木所谓“新从吴江故相家，流落人间”之语，则此“故相”之时间条件为上距崇祯六年不久之宰辅。其地理条件为吴江县籍贯之人。依此两条件以求之，先检崇祯朝宰相之籍贯，惟有周道登一人适合也。陈盟《崇祯内阁行略·周道登传》略云：

周道登，号念西，吴江人。（天启七年）丁卯十二月金瓯之卜，以礼部尚书召入内阁。崇祯（元年）戊辰六月加太子太保，晋文渊阁。（崇祯二年）己巳正月引疾去。归而著书自乐，不问户外。（崇祯五年）壬申以疾卒。

及知服斋本曹洁躬（溶）《崇祯五十宰相传（初稿）·周道登传》略云：

周道登，字文邦（？）吴江人。（天启七年）丁卯十二月由太子宾客礼部右侍郎起升尚书，兼东阁大学士。（崇祯二年）己巳正月闲住。癸酉年（崇祯六年）卒。（寅恪案："癸酉"二字知服斋本如此。与胡氏问影楼本及宣统三年辛亥铅印本曹书此传，俱作"壬申"即崇祯五年者不同。但知服斋本曹氏此书《宰相年表》亦列周道登卒于"五年壬申"，岂曹书此传初稿作"癸酉"，后来乃改为"壬申"耶？抑或后人据《明史稿》及《明史·周道登传》改易耶？俟考。）

又，《明史稿·二三五·李标传》附《周道登传》略云：

道登者，吴江人。崇祯初与标等同入阁。御史田时震（等）先后交劾之，遂放归。居五年卒。

《明史·二五一·李标传》附《周道登传》略云：

周道登，吴江人。崇祯初与李标等同入阁。御史田时震（等）交劾之，乃罢归。阅五年而卒。

及乾隆修《吴江县志·二八·人物门·周道登传》略云：

周道登，字文岸。（天启）七年冬庄烈帝立，首重阁臣之选，上自祝天，取会推诸臣姓名置金瓶中卜之，得钱龙锡等六人，道登与焉。召为东阁大学士。崇祯二年春御史任赞化等交章论列，上遂勒令致仕。归就道，复疏言蓟门重地，兵额不宜过汰。家居一年卒。值温体仁当国，赐祭葬咸杀礼。

谈孺木（迁）《枣林杂俎和集·丛赘》“周道登”条云：

吴江周相国性木强，不好矜饰。一日侍朝默笑。先帝见之，诘其故。不对，亦不谢。既出，华亭钱相国（龙锡）尤之。曰，已笑矣，奈何！上自此寖疏。讣闻，仅祭一坛，予半葬。典礼虽薄，犹同官斡护之。

寅恪案：周道登之卒年虽有问题，然据陈盟、曹溶两书，其卒当在崇祯五年。《明史稿》“放归，居五年卒”之语，其所谓“五年”者，即从崇祯二年己巳正月算起，亦不过谓道登卒于崇祯六年而已。若《明史》谓“罢归，阅五年而卒。”则殊有语病矣。至乾隆修《吴江县志》言：“上遂勒令致仕。家居一年卒。”之“一”字，疑是误字也。考潘力田（柽章）《松陵文献·六》有《周道登传》。柽章弟耒作此书《后序》云：

（康熙二十四年）乙丑春，归自都门，有言新《志》全用亡兄之书者，索而观之，信然。

稼堂所谓“新《志》”，即康熙间叶星期（燮）所修之《吴江志》，而乾隆间沈冠云（彤）所修之《吴江县志》乃承用叶《志》之旧文。今观潘氏《松陵文献》中《周道登传》，不着道登卒年，故康熙志亦阙而不载。乾隆沈志所书道登卒年，殆取他书移补旧《志》之阙耳。然则潘氏与周氏为姻戚（见第二章所引《松陵文献》），乃阙书道登之卒岁，可知柽章作传时已不能详矣。但力田所作《道登传》末云：

道登事兄如父。无子，以兄子振孙为后。

数语，与兹所考证者有关。其他如道登人品学术之记载，于此姑置不论。总而言之，道登之卒，早则在崇祯五年壬申，迟则在崇祯六年癸酉，或者其卒实在五年，而京师恤典之发表乃在六年，致有卒于“癸酉”之纪载耶？寅恪以为道登之卒，在崇祯五年，或崇祯六年，固未敢确定。但河东君之出自周家，流落人间，则当为崇祯四年辛未，可于卧子《几社稿》中崇祯五年绮怀诸作及《癸酉长安除夕》诗考之。（见下引《陈忠裕全集·十·属玉堂集》所论。）复参以陈卧子崇祯五年所赋《柳枝词》“妖鬟十五倚身轻”（见《陈忠裕全集·一九·几社稿·柳枝词四首》之四）及王胜时《虞山柳枝词》“章台十五唤卿卿”诗句。尤足证河东君于崇祯四年辛未十四岁时，出自周家，流落人间。其始遇卧子，实在五年，其年龄正为十五岁。或疑让木《秋塘曲序》中“坐有校书，新从吴江故相家流落人间”之“新”字，其界说如何？鄙意欲决定此字意义，不必旁征，即可于卧子诗中求得例证。如《陈忠裕全集·六·陈李倡和集·酬万年少（五古）二首》。其一云：

与君“新”结交，意气来相凭。帝京共游戏，江表观徽绳。

其二云：

秋英粲林麓，扬舲大江湄。

考万寿祺为崇祯三年庚午举人，与卧子为乡试同年。卧子之得交年少，应在崇祯三年秋南京乡试时。榜后，陈万两人并与诸名士会饮于秦淮舟中。（见《陈忠裕全集年谱·上》“崇祯六年癸酉”条附考证，并《隰西草堂集》附刻李辅中编《万年少先生年谱》“崇祯三年庚午”条。）自陈万两人结交之日起，下距卧子崇祯六年秋作此二诗时止，其间已有三年之久。卧子于距离三年之时间，既可云“新”，则让木于崇祯六年秋作《秋塘曲》

时，上溯至四年，更得谓之“新”。然则陈宋辈之作诗文，其用“新”字之界说，亦不必泥执为数旬数月之义，固可包括至三年之时日。由此言之，河东君在崇祯四年辛未出自周家，流落人间，让木仍可谓之“新”也。

又，让木《秋塘曲》中“平津”“丞相”之辞，自指道登本人而言，其家庭诸男子，如其兄或振孙等，皆不足以当此“平津”“丞相”之名。故河东君其初必为周道登之妾，可以推知。若王沄《虞山柳枝词》谓河东君为“吴中大家婢”，则婢妾之界线本难分判，自可不必考辨。然则钱肇鳌《质直谈耳》谓河东君乃“吴中周氏宠姬”，要是可信。至言周氏主人在崇祯四年时尚有母在，固为可能之事，但无证据，未敢确定。或者此端乃是传闻之误，亦未可知也。

让木诗中所言河东君事迹，辞语不甚明显，但以其关系重要，未可忽视。故姑就鄙见，推测解释之于下。

诗云：

校书婵娟年十六，雨雨风风能痛哭。自然闺阁号铮铮，岂料风尘同碌碌。

寅恪案：“校书婵娟年十六”句，“婵娟”不仅为通常形容女性之美辞，疑亦兼寓河东君原名“云娟”中之“娟”字。此点已详第二章所论，兹不复赘。“年十六”则正是河东君纪年实录。盖崇祯六年河东君之年岁如此。以若是之妙龄女子，而能造诣超绝，与几社胜流相比并，固不必同于世俗之女性，往往自隐讳其真实年龄也。“雨雨风风能痛哭”句，初读之，颇不能解。后得见河东君《戊寅草》，并取卧子集中有关之篇什参互证之，始恍然知让木此句实指崇祯六年春季河东君所赋风雨诸篇什而言。如《游龙潭精舍登楼作时大风和韵》云：

琢情青阁影迷空，画舫珠帘半避风。缥缈香消动鱼钥，玲珑枝短结甃红。同时蝶梦银河里，并浦鸾湖玉镜中。历乱愁思天外去，可怜容易等春蓬。

《伤歌》（寅恪案：《乐府诗集·六二·伤歌行（古辞）》云："春鸟向南飞，翩翩独翱翔。悲声命俦匹，哀鸣伤我肠。"河东君盖自比春鸟，赋此伤春之辞也。）云：

翔禽首飘翳，白云寄贞私。岁月荡繁圃，风物遑弃时。揽衣眷高翮，义大难为持。沙棠亦已实，乌椑亦已侈。渌水在盛霄，碧月回晴思。厉飙忽若截，洞志讵有私。人居天地间，失虑在娥眉。得之讵有几，木叶还辞枝。诚恐不悟此，一日沦无期。俦匹不可任，良晤常游移。我行非不远，我念非不宜。忧来或不及，沾裳不能止。春风易成偶，春雨积成丝。谁能见幽隐，之子来何迟。一言违至道，谅为达士嗤。

又，《寒食夜雨十绝句》其五云：

房栊云黑暮来迟。小语花香冥冥时。想到窈娘能舞处，红颜就手更谁知。（寅恪案：《全唐诗·第二函·乔知之·绿珠篇》有："此时可喜得人情"，"常将歌舞借人看"及"一旦红颜为君尽"等语。河东君诗句，盖即用乔氏诗语也。）

今取《陈忠裕全集》所载卧子之诗，其作成时间确知为崇祯六年癸酉春季者，如《花朝大风》《寒食雨郊行（七古）二首》（见《陈忠裕全集·十·陈李倡和集》）及《清明三首》之二（见《陈忠裕全集·一九·陈李倡和集》）云：

梨花冷落野中分，白蝶茫茫剪翠裙。今日伤心何处最？雨中独上窈娘坟。

河东君之“画舫珠帘半避风”“可怜容易等春蓬”“忧来或不及，沾裳不能止”“春风易成偶，春雨积成丝”即让木所谓“雨雨风风能痛哭”者，而“想到窈娘能舞处”与卧子“伤心独上窈娘坟”同用一典，其相互关系，自不待言。又李舒章所谓“春令之作，始于辕文者”（详见下论），当亦指此时而言。盖崇祯六年春季特多风雨，而辕文与河东君此际关系甚密，宜有《春闺风雨》之作也。

抑更有可论者，据钱肇鳌《质直谈耳·七》“柳如之轶事”（寅恪案：“之”当作“是”。下同）条载宋辕文因受责于其母，遂与河东君踪迹稍疏事。（详见下引。）推计其时间，约略相当于河东君赋《伤歌》之际。此歌云：“人居天地间，失虑在娥眉。得之讵有几，木叶还辞枝。”“俦匹不可任，良晤常游移。”“谁能见幽隐，之子来何迟。”岂河东君以征舆踪迹稍疏，出此怨语耶？后来终与辕文决绝，而转向卧子，其端倪盖已微见于此诗矣。

诗云：

绣纹学刺两鸳鸯，吹箫欲招双凤凰。可怜家住横塘路，门前大道临官渡。曲径低安宛转桥，飞花暗舞相思树。

似谓河东君最初所居之地也。其地虽难确定，若依前引沈虬《河东君传》所云：“听其音，禾中人也。”之语，应是指河东君原籍之嘉兴而言。但鄙意此点不必过泥，颇疑宋诗之“横塘”，即谓吴江县盛泽镇之归家院。陈卧子为河东君而作之《上巳行》云：“重柳无人临古渡，娟娟独立寒塘路。”（见《陈忠裕全集·一一·平露堂集》。）陈诗之“古渡”，即宋诗之“官渡”。陈诗之“寒塘路”，即宋诗之“横塘路”。卧子赋此诗时，在崇祯十二年已卯。河东君于崇祯八年乙亥秋深离松江往居盛泽归家院。虽其间去来吴越“行云无定所”（此句见《太平广记·四八八·莺莺传·续〈会真诗〉》），然其经常住处，当仍为归家院。故可以取归家院地域形势以统属河东君。据此陈宋两诗可以互相证明也。余参后论陈卧子《上巳行》节。更考“横塘”地名之出处，时代较早，且为词章家所习用者，恐当推《文选·五》左太冲《吴都赋》：“横塘查下，邑屋隆夸。长干延属，飞甍舛互。”其地实在江宁。后来在吴越间以“横塘”为名者更多，故文人作品中，往往古典今典参合赋咏。即就让木同时人之诗言之，如吴梅村《圆圆曲》“前身合是采莲人，门前一片横塘水。”之“横塘”，依靳介人注，则在苏州。（见靳荣藩《吴诗集览·七·上》，并参第五章论《圆圆曲》节。）钱牧斋《茸城惜别》诗“绣水香车度，横塘锦缆牵”之“横塘”，依钱遵王《注》，则在嘉兴。（见钱曾《有学集诗注·七》。）此皆其例证。由是言之，让木诗中之“横塘”，虽与嘉兴之环境符合，然吴越水乡本甚相似，故亦能适合吴江盛泽镇归家院之地，不必限于禾中一隅也。仲廷机《盛湖志·十·列女名妓门》略云：

徐佛，原名翾，字云翾，小字阿佛。嘉兴人。随其母迁居盛泽归家院。

同书四《街里门》略云：

市北自西荡口北岸至东，以巷名者，曰归家院。东市口曰梭子归家。百嘉桥之北，曰石敢当。

同书同卷《桥梁门》“百嘉桥”条下注云：

俗称柏家，旧名终慕。

同书五《古迹门》云：

归家院在终慕桥北堍。地名十间楼。明才媛柳是故居。

下注引王鲲《十间楼》诗云：

柳荫深处十间楼。玉管金樽春复秋。只有可人杨爱爱，（寅恪案：前所论苏子美《杨爱爱传》，王氏未必得见。此不过用昔人李师师之例，以“爱爱”为称耳。）家家团扇写风流。

及卷末《杂识门》云：

十间楼者，柏家桥北一带是也。即《觚剩》所云“归家院”。

寅恪案：《盛湖志》所纪徐佛所居之归家院，亦可与让木诗语相合。岂河东君最初亦居盛泽归家院近旁耶？让木诗“绣纹学刺两鸳鸯，吹箫欲招双凤凰”者，谓河东君少小待字闺中也。“横塘”“官渡”“宛转桥”“相思树”等四句，乃指禾中盛泽之地。谓河东君即居其处也。

诗云：

初将玉指醉流霞，早信平康是狭邪。青鸟乍传三岛意，紫烟便入五侯家。

似谓河东君初入徐佛家为婢，后复由徐氏转入周道登家。河东君与徐佛本同乡里，云翾收取为婢，自极寻常。至周家之收购，则必经一度之访觅也。后来河东君被逐于周氏，流落人间，辗转数年，短期与卧子同居，又离去卧子，复返盛泽，居云翾寓所，与诸女伴如张轻云、宋如姬、梁道钊等同在一地耳。（参乾隆刊《盛湖志·上·形胜门》、仲时镕《凌巷寻芳诗序》及仲廷机辑《盛湖志·十·列女名妓门·徐佛传》末所附梁道钊、张轻云、宋如姬事迹。又梁道昭事迹详见邹枢《十美词纪》“梁昭”条及徐树丕《识小录·梁姬传》。）又据第二章所引沈虬《河东君传》所载崇祯九年丙子张溥往盛泽镇访徐佛。佛已适人，因得见其婢杨爱事。（参陈琰辑《艺苑丛话·九》“柳如是曾在苏属盛泽镇徐家作婢”条。）可知河东君在崇祯九年云翾未适周金甫以前，尚与之同寓一处。或者徐既适人后，始独立门户耶？至钱肇鳌云“得鬻为娼”，其实乃是河东君之再度流落。前引沈虬之文谓河东君为云翾之婢，如指未入周家以前，则近事实。若言河东君于崇祯九年丙子尚在徐家为婢，则时限太晚，殊为不合也。然据《牧斋遗事》中“初吴江盛泽镇有名妓曰徐佛”条记张溥访徐佛事，作“养女杨爱”。钮玉樵（琇）《觚剩·三·吴觚》“河东君”条亦纪此事，作“其弟子曰杨爱”，则颇近事实，惟此等材料之作成，皆在沈氏之后，岂亦知沈氏所言不合情理，遂改易之耶？寅恪初读让木“初将玉指醉流霞，早信平康是狭邪”之句，以为“平康”“狭邪”出自唐人《李娃传》，非不易解之故实。至“玉指”“流霞”之句，则难通其义。“流霞”之语，虽与《李义山诗集·中·花下醉（七绝）》“寻芳不觉醉流霞”句有关。然疑尚不能尽宋氏之旨意，当必更有其他出典。因检李时珍《本草纲目·一七·下·草部》“凤仙”条云：

时珍曰：其花头翅足具备，翘然如凤状，故以名之。女人采其花及叶包染指甲。其实状如小桃，老则迸裂，故有指甲，急性，小桃诸名。宋光宗李后讳凤，宫中呼为好女儿花。张宛丘呼为菊婢。（寅恪案：“菊婢”之名，可参张耒《柯山集·八·自淮阴被命守宣城复过楚雨中遇道孚因同诵楚词为书此以足楚词》五言古诗云“秋庭新过雨，佳菊独秀先。含芳良未展，风气已清妍。金凤汝妾婢，红紫徒相鲜”等句。）韦后呼为羽客。（余详赵恕轩（学敏）《凤仙谱》。）

始悟让木实有取于张文潜目此花为“菊婢”之意，暗寓河东君初在徐佛家为婢事。其辞微而显，婉而成章，可谓深得春秋之旨矣。又河东君性情激烈，以“急性子”方之，亦颇适切。又，卧子词有云“小桃纤甲印流霞”（见《陈忠裕全集·二十·诗余·天仙子》），可取与让木此句参证也。“紫烟便入五侯家”句，合用吴王夫差女小玉，即紫玉，化烟事，并韩君平《寒食》诗，“轻烟散入五侯家”之语，易“轻烟”为“紫烟”，与“青鸟”为对文耳。此固易晓，不待多论。至“青鸟乍传三岛意”句，则青鸟为西王母之使者，亦常用典故，无取赘释。“青鸟”与“三岛”连用，自出《李义山诗集·上·无题》诗，“蓬山此去无多路，青鸟殷勤为探看”之语，又不待言也。所可注意者，据钱氏所述周文岸之母以河东君善于趋承，爱怜之。后又因周母之故，免于被杀，得鬻为娼。似河东君与周母之间，原有特别关系。或者河东君之入周家，本由周母命人觅购婢女以侍奉己身。故河东君初时实为周母房中之侍婢。宋氏用青鸟之典，以西王母比周母，即指此而言。文岸之以河东君为妾，殆从周母处乞得之者。此类事例，乃旧日社会家庭中所恒见。若作如此假设，关于河东君所以因周母而得免于死之故，更可明了矣。

诗云：

十二云屏坐玉人，常将烟月号平津。骅骝讵解将军意，鹦鹉偏知丞相嗔。

似谓河东君自周家放逐，流落人间之由，即钱肇鳌所云，河东君为周氏群妾所忌，谮于主人，谓其与仆通，因被放逐之事。据诗意，即河东君所自述，乃周仆不解事，与己身无干也。让木诗此节第一、第二两句，言周文岸素以风流著称，姬妾甚多也。“十二云屏坐玉人”者，用杨国忠故事（见苏鹗《杜阳杂编·上》“元载末年造芸辉堂于私第其屏风本杨国忠之宝也”条及《太真外传·上》“忆有一屏风”节下注文），与下文“鹦鹉偏知丞相嗔”句之出《杜工部集·一·丽人行》诗“慎莫近前丞相嗔”之指杨国忠者，相照应也。“十二”二字出《白居易文集·五·酬（牛）思黯（僧孺）戏赠同用狂字（五律）》前四句“钟乳三千两，金钗十二行。妒他心似火，欺我鬓如霜”自注云：

思黯自夸前后服钟乳三千两，甚得力，而歌舞之妓颇多。来诗谑予羸老，故戏答之。

盖乐天借用《玉台新咏·九·歌词》二首之二“头上金钗十二行”之古典，以指牛氏姬妾之众多，与《歌词》之原旨并不适合。但其后文人袭用，“十二金钗”遂成习见之俗语矣。（可参《全唐诗·第七函·白居易·三三·酬思黯戏赠》并汪西亭（立名）注《白香山诗后集·一五》此题及汪氏案语引朱翌《猗觉寮杂记》云：“乐天诗：‘钟乳三千两，金钗十二行。’以言声妓之多，盖用古乐词云：‘头上金钗十二行，足下丝履五文章。’是一人头插十二钗耳，非声妓之多，十二重行也。”）让木诗“常将烟月号平津”句，“烟月”者，烟花风月之义（可参陶谷《清异录·一·人事类》“蜂窠巷陌”条）。“平津”者，用公孙弘故事（见《汉书·五八》本传）。当时党社中人如让木辈门户之见颇深，其诋斥周氏如此，固不足异。（可参潘柽章《松陵文献·六·周道登传》论及乾隆修《吴江县志·二八·周道登传》后附朱鹤龄语。并朱氏《愚庵小集·一四·书阁学周公

（文岸道登）事》云：“李可灼进红丸，大宗伯孙公（慎行）议当加首辅以弑君之诛。公独不附其说，且曰：‘果律以《春秋》之义，某与诸公同在朝，亦当引罪。’及居政府，依傍东林者，遂极口排诋，不久去位。然公言实为平论，后世必有能辨之者。钱虞山有言，近代进药之狱有二，以唐事断之可也。援《春秋》则迂矣。□世宗之升遐也，与唐宪宗相似，柳泌僧大通付京兆府杖决处死，王金等之议辟宜也。李可灼之事，与柳泌少异，以和御药不如法之例当之可也。当国之臣，则有穆宗贬皇甫镈之法在，不此之求，而远求《春秋》书许止之义，效西汉之断狱，此不精于经义之过也。吁！虞山公东林党魁也，而其言若是，然则公之不附孙宗伯，可不谓宰相之识哉？”朱氏之论，颇袒文岸。但李清《三垣笔记·附识·上》，述牧斋阁讼始末，即“钱少宗伯谦益声气宿望虚誉隆赫”条云：“（温）体仁（周）延儒交遂合，始有召对钱千秋之事。谦益等又欲攻去周辅道登，故道登亦从中主持。”夫牧斋在当时俨然为东林党社之宗主，文岸乃与乌程阳羡合流，而为钱、瞿所欲攻去之人。宜乎让木有此不满于念西之辞也。长孺之论，岂为亲者讳耶？）是非如何，兹可不论。但可注意者，即让木赋此诗后七年，即崇祯十三年庚辰河东君所作“向来烟月是愁端”之语（见《东山酬和集·一·春日我闻室作呈牧翁》），与宋诗此句不无关涉也。此点俟后详论之。“将军”一辞，出辛延年《羽林郎诗》（见《玉台新咏·一》），以冯子都比周仆。“鹦鹉”乃河东君取以自比之辞，即卧子崇祯六年癸酉《秋夕偕燕又让木集杨姬馆中（七律）二首》之二所谓“已惊妖梦疑鹦鹉”者（见《陈忠裕全集·一五·陈李倡和集》），皆用唐天宝宫中白鹦鹉梦为鸷鸟所搏，后果毙于鹰之故典（见《杨太真外传·下》并《事文类聚后集·四十》及《六帖·九四》所引《明皇杂录》）。盖指在周家为群妾所谮，几被杀之事而言，但不免过于刻薄耳。

诗云：

湘帘此夕亲闻唤，香奁此夕重教看。乘槎拟入碧霞宫，因梦向愁红锦段。

让木此诗序言：河东君在白龙潭舟中，出示寿陈（眉公）继儒诗。又卧子《秋潭曲》中“摘取霞文裁凤纸，春蚕小字投秋水”可知河东君此时必将其诗稿出示同舟之陈宋彭诸人。让木此四句诗似述卧子河东君两人今夕之因缘也。卧子有先于苏州与河东君相遇并在陈眉公处得见河东君之可能，见下文所考，兹暂置不论。“湘帘此夕亲闻唤，香奁此夕重教看。”即谓此次集会之事。“乘槎拟入碧霞宫”者，自是指泛舟白龙潭而言。但《李义山诗集·上·碧城三首》之一，其首句云“碧城十二曲阑干”，注家相传以为“碧城”即碧霞之城（见朱鹤龄注引道源语）。义山此题之二，其首句云：“对影闻声已可怜。”宋氏用以指河东君当时“影怜”之名。又《陈忠裕全集·一五·陈李倡和集·自慨四首》之四，其第三、第四两句“难谐紫府仙人梦，近好华阳处士风”自注云：

予七八岁时，梦天阙榜名，题云：“乘槎入北海，紫府录清虚。”余近好读《真诰》，故有“华阳”之句。

则让木亦取卧子所梦之意入诗。此梦必为卧子平日或当日舟中与宋氏并其他友朋谈及者。古典今事融会为一，甚为精妙。然今日读此诗，而能通解者，恐不易见也。河东君平生学问受卧子影响颇大，其著述中吾人今日所得见者，亦有明著《真诰》之名，如

《与汪然明尺牍》第二十七通云：“许长史《真诰》亦止在先生数语间耳。”之类，即是例证。卧子作《自慨》诗与作《秋潭曲》及《秋夕集杨姬馆中》诗，皆在崇祯六年癸酉秋季。此时间卧子与河东君情意甚密。又为卧子好读《真诰》之时。故疑河东君之与《真诰》发生关系，实在此际。盖河东君于崇祯六年癸酉，年仅十六岁，在此以前未必果能深赏华阳处士之书也。后来牧斋即取《真诰》之语，以绛云为楼名，暗寓河东君之原名，已详第二章。然则河东君与陶隐居殊有文字因缘，而陈、杨关系未能善终，岂“难谐紫府仙人梦”之句，乃其诗谶欤？“因梦向愁红锦段”者，用温飞卿诗“欲将红锦段，因梦寄江淹”之语（《温庭筠诗集·七·偶题》）。此句言今则两人同舟共载，不必如向时之赋诗寄怀矣。（可参下论卧子《吴阊口号》第十首“芝田馆里应惆怅，枉恨明珠入梦迟”等句。）

诗云：

陈王宋玉相经过，流商激楚扬清歌。妇人意气欲何等，与君沦落同江河。

似即让木此诗《序》中所谓“凡所叙述，感慨激昂，绝不类闺房语”，据此可想见河东君当时及平日气概之一斑矣。

复次，据《陈眉公集》卷首载其子梦莲所作《年谱》，崇祯六年眉公年七十六岁，其生日为十一月初七日，则宋诗《序》中所引河东君寿眉公诗，自不能作于崇祯六年。此寿诗之作成，疑在崇祯四年冬或五年冬眉公七十四或七十五岁生日相近之时耶？又河东君“李卫学书称弟子”之句，李卫者，李矩妻卫铄之谓，盖以卫夫人自比。此虽是用旧辞，然其自负不凡，亦可想见矣。更观此句，似河东君亦尝如同时名姝王修微辈之“问字”于眉公之门者。（参汪然明（汝谦）《春星堂诗集·二·绮咏》载陈继儒序云："又有二三女校书，如（王）修微（林）天素，才类转丸，笔能扛鼎，清言无对，诗画绝伦。"同卷有《山中问眉公先生疾时修微期同往不果》诗，又有《王修微以冬日讯眉公先生诗见寄有云何时重问字相对最高峰余初冬曾过先生山居赋此答之（五律）》，并赵郡西园老人即李延昰《南吴旧话录·二四·闺彦门》"王修微"条所记"王修微将至匡山，问法憨山（德清）师，诣东佘别陈征君。适有貌者王生在山中，遂写草衣道人话别图"事。）以常情测之，当不过虚名而已。今资益馆本眉公《晚香堂小品·五》有《赠杨姬》诗云：

少妇颜如花，妒心无乃竞。忽对镜中人，扑碎妆台镜。

暗寓对"影"不自怜，而自妒之意。盖以河东君之名为戏也。此诗后接以《登摄山（五绝）》（此集分体编辑，故全卷皆是五绝）。摄山在南京近旁，或疑此杨姬亦与南京有关。但检"眉公集十种"本中之《眉公诗钞·六》（此卷亦全是五绝）有《赠金陵妓》及《马姬画兰》两首，似亦与南京有关。唯未载《赠杨姬》及《登摄山》两诗，不解何故。考陈梦莲编《陈眉公集》附梦莲撰《眉公年谱》，六十岁以后并不载其往游金陵事。"眉公集十种"本之《眉公诗钞》及资益馆本《晚香堂小品》，其诗编纂往往不依年月先后，甚难确定此《赠杨姬》诗之年月，亦不知其与《登摄山》诗究有无地理上之关系也。兹因《赠杨姬》诗，依其内容有"对影自怜"之意，暗藏"影怜"名字。姑假定此乃为河东君而作者，与《登摄山》诗并无关系也。至资益馆本《晚香堂小品·四·端午日白龙潭同杨校书侍儿青绡廿一首》（"眉公集十种"本中之《眉公诗钞·五》亦载此题，但少第一七"往往来来客似潮”一首，共止廿首。）其第十二首云“别后双鱼书一纸，秦淮江上正通潮”，及第十三首云“白门红板渐平潮，依比垂杨依更妖”“醉后思家留不住，倩谁同挽紫罗绡”。则此杨校书及其侍儿青绡居处在金陵，必非河东君可知。“眉公集十种”本中之《眉公诗钞·五》此廿首之后，即接以《赠妓》一题（资益馆本《晚香堂小品》中无此诗），其诗首句云：“翰墨姻缘岂有私，旧知毕竟胜新知。”故知此妓当是青绡之主人杨校书。眉公因过誉其侍儿之故，遂别作一诗稍慰其意耳。此诗又云：“团扇挥毫字字奇。”明是一能书之人。考“眉公集十种”本中之《白石樵真稿·一七》载有《题杨媛书》一文，中有“止生复购永兴禊帖，归作导师。此后散花卷上，不待言矣”，是此“杨媛”即茅元仪妾杨宛。《列朝诗集·闰四》及《明诗综·九八·杨宛小传》，俱载其为金陵妓，善草书。然则上引“眉公集十种”本中之《眉公诗钞·五》所谓“杨校书”及“赠妓”之“妓”，乃指杨宛叔而言，与河东君无涉也。

又，卧子《秋潭曲》言及书法一端，则当日河东君在同辈诸名姝中，特以书法著称。兹暂不广征，即据第二章所引牧斋《观美人手迹》七诗，已足证知。云美之传及其他记载，皆称河东君之能书，自非虚誉。寅恪所见河东君流传至今之手迹，既甚不多，复不知其真伪，固未敢妄论。然据翁叔平（同龢）《瓶庐诗稿·七·客以河东君画见示伪迹也题尤不伦戏临四叶漫题》云：

铁腕拓银钩，曾将妙迹收。（自注：“在京师曾见河东君狂草楹帖，奇气满纸。”）可怜花外路，不是绛云楼。

翁氏乃近世之赏鉴家，尤以能书名，其言如此，则河东君之书为同时人所心折，要非无因，而“狂草”“奇气”，更足想见其为人矣。

抑更有可论者，卧子《秋潭曲》及《秋夕集杨姬馆中》两诗，皆明著杨姬之名，其为河东君而作，自不待言。但有一疑问，尚须略加解释。即卧子平生狭邪之游，文酒之会，多与李舒章、宋辕文相偕，何以崇祯六年癸酉秋季白龙潭舟中及集杨姬馆中，与卧子同游会者，仅彭宾、宋征璧二人，而不见李雯、宋征舆之踪迹耶？考光绪修《华亭县志·一二·选举·上·举人表》云：

宋征璧。天启七年丁卯科举人。

宋存楠，改名征璧，见进士。案，《宋府志》作青浦学。今因《进士题名录》补。

及嘉庆修《松江府志·四五·选举·二·明举人表》云：

彭宾。崇祯三年庚午科举人。

然则卧子崇祯六年秋季作此两诗时，与燕又、让木皆是举人。舒章、辕文二人，尚未中式乡试。崇祯六年秋季适届乡试之期，舒章之应试，自无问题。又假定辕文虽年十六亦得有应试资格。此两人谅必离去松江。陈、彭、宋三人则已是举人，因留本籍，以待往北京应次年春间之会试耳。此两次游会所以无李、宋二人之参与者，殆职是之故欤？

河东君自为吴江周氏所放逐，遂流落人间，至松江与云间胜流往来交好。前引李舒章《蓼斋集·二六·坐中戏言分赠诸妓四首》之四所谓“梦落吴江秋佩冷，欢闻鸳水楚怜新”，正谓此时河东君出自念西之家，而以杨影怜为称也。

又，钱肇鳌《质直谈耳·七·柳如之轶事》云：

扁舟一叶放浪湖山间，与高才名辈相游处。其在云间，则宋辕文、李存我、陈卧子三先生交最密。时有徐某者，知如之在佘山，以三十金与鸨母求一见。徐蠢人也，一见即致语云：“久慕芳姿，幸得一见。”如之不觉失笑。又云：“一笑倾城。”如之乃大笑。又云：“再笑倾国。”如之怒而入。呼鸨母，问：“得金多少？乃令此奇俗人见我。”知金已用尽，乃剪发一缕，付之云：“以此偿金可也。”又徐三公子为文贞之后，挥金奉如之，求与往来。如之得金，即以供三君子游赏之费。如是者累月，三君意不安，劝如之稍假颜色，偿夙愿。如之笑曰：“当自有期耳。”迟之又久，始与约曰：“腊月三十日当来。”及期果至。如之设宴款之，饮尽欢，曰：“吾约君除夕，意谓君不至。君果来，诚有情人也。但节夜人家骨肉相聚，而君反宿娼家，无乃不近情乎？”遽令持灯送公子归。徐无奈别去。至上元，始定情焉。因勖徐曰：“君不读书，少文气。吾与诸名士游，君厕其间，殊不雅。曷不事戎武？别作一家人物，差可款接耳。”徐颔之。闲习弓马，遂以武弁出身。乱中死于炮。其情痴卒为如之葬送，亦可悯也。初，辕文之未与柳遇也，如之约泊舟白龙潭相会。辕文早赴约，如之未起，令人传语：“宋郎且勿登舟，郎果有情者，当跃入水俟之。”宋即赴水。时天寒，如之急令篙师持之，挟入床上，拥怀中煦妪之。由是情好遂密。辕文惑于如之，为太夫人所怒，跪而责之。辕文曰：“渠不费儿财。”太夫人曰：“财亦何妨。渠不要汝财，正要汝命耳。”辕文由是稍疏。未几，为郡守所驱，如之请辕文商决。案置古琴一张，倭刀一口。问辕文曰：“为今之计，奈何？”辕文徐应之曰：“姑避其锋。”如之大怒曰：“他人为此言，无足怪。君不应尔。我与君自此绝矣。”持刀斫琴，七弦俱断。辕文骇愕出。

寅恪案：河东君与宋、李、陈三人之关系，其史料或甚简略残阙，或甚隐晦改易，今日皆难考证翔实。姑先论李、宋，后及陈氏。至钱氏所言“徐三公子”乃文贞之后。文贞者，明宰相华亭徐阶之谥。阶事迹见《明史·二一三》本传，兹不征引。以时代考之，此徐三公子当是阶之曾孙辈。观几社胜流《钓璜堂集》主徐闇公（孚远），乃阶弟陟之曾孙，可以推知也。据嘉庆修《松江府志·五四·徐阶孙继溥传》附弟肇美事略云：

肇美，字章夫。以锦衣卫武生仕本卫百户。亦以不屑谒崔魏告归，终身放于诗酒。

然则此徐三公子，或即肇美之子，所以能“闲习弓马，遂以武弁出身”，盖由久受家庭武事之熏习所致，后因承袭父荫，以武弁出身。否则河东君恐无缘以“事戎武，别作一家人物”勖之也。河东君除夕之约，乃一种爱情考验。其考验徐三公子之方法与其考验宋辕文者，虽各互异，而两人结果皆能及格，则实相同，可称河东君门下文武两状元矣。河东君所以遣人持灯送徐三公子归家者，盖恐其不归徐宅，别宿他娼所耳。名为遣人护送，其实乃监督侦察之。于此愈足见河东君用心之周密也。徐三公子固多金，然陈、李、宋三人何至间接从河东君之手受之，以供游赏？钱氏所言，殆传闻过甚之辞，未必可尽信也。若“蠢人”徐某者，其人既蠢，又不载名字，自不易知。此“蠢人”固非徐阶徐陟之亲支，但松江徐氏支派繁衍，此“蠢人”所居当距佘山不远，或亦阶陟之宗族耶？又据《陈忠裕全集·一二·焚余草·饮徐文在山亭（七古）一首》，后附案语略云：

徐景曾，字文在，华亭人。文贞公阶曾孙。居文贞公别业西佘山庄。

则佘山近旁有徐氏产业，可以证知。河东君既居佘山，其与近旁大族往来，自为当然之事。故此“蠢人”极有为徐阶同族之可能。至徐景曾虽是阶之曾孙，但颇能诗，宋辕文曾序其《集》，则必非钱氏所谓“徐三公子”可知。或者徐三公子乃文在之兄弟辈欤？更有可笑者，今观此“蠢人”与河东君之语，乃杂糅李延年《北方有佳人歌》及白居易《长恨歌》二者组织而成者，是一曾间接受班孟坚、白乐天之影响。倘生今日，似不得称为甚蠢。然因此触河东君之怒，捐去三十金，换得一缕发，可谓非“一发千钧”，乃“一发千金”。但李太白《白纻词》云：“美人一笑千黄金。”（见《全唐诗·三·李白·三》。）后来谢象三以“一笑堂”名其诗集，钱牧斋垂死时《追忆庚辰冬半野堂文宴旧事》诗，有“买回世上千金笑”之句（见《有学集·一三·东涧诗集·下·病榻消寒杂咏四十六首》之三十四），则此蠢人所费仅三十金，而换得河东君之两笑，诚可谓“价廉物美”矣。岂得目之为蠢哉？

兹更有可论者，卧子《癸酉长安除夕》诗云：“去年此夕旧乡县，红妆绮袖灯前见。”（见下引全文及所论。）可知卧子等实于崇祯五年壬申除夕，参与河东君在内之花丛欢宴。（第二章所引李舒章《分赠诸妓》诗，或即作于是夕，亦未可知。）肇鳌所言徐三公子欲于腊月三十日，即岁除日，宿河东君家，当即指崇祯五年除夕而言。检近人所推算之明代年历，崇祯五年六年七年，十二月皆小尽。唯四年八年，十二月大尽。肇鳌是否未曾详稽当时所用之官历，遂以五年除夕为腊月三十日。抑或肇鳌所言无误，而近人所推算之明历，不合实际，如第四章所引牧斋《（崇祯十四年）二月十二春分日横山晚归作》诗，“最是花朝并春半”句，可证牧斋当日所依据之官历，崇祯十四年二月十二日为春分节。但近人所推算之明代年历，则崇祯十四年春分节在二月十日，相差两日。吾人今日因未得见明代官历，不能决定其是非。故此问题，可置不论。今谓徐三公子欲于除夕宿河东君馆中，似应在崇祯五年除夕。盖四年为时太早，河东君尚在苏州，此年除夕未必即移居松江。六年除夕卧子固在北京，而肇鳌谓陈李宋三人劝河东君“稍假颜色”，是徐杨会晤之日卧子等当必与徐三公子同在松江。故可决定必非六年除夕。且据卧子崇祯六年秋所赋《秋塘曲》及《集杨姬馆中》诗，知陈、杨两人关系已甚密切，徐三公子自不敢作与河东君共渡除夕之事。七年除夕陈、杨两人将同居于徐武静别墅，徐三公子更无希望同宿之理。至于八年除夕，河东君已离去松江，迁往盛泽镇，徐杨两人应无遇见之可能。然则肇鳌所言之除夕，非五年之除夕不可。既为五年之除夕，则河东君以道学先生之严肃口吻，拒绝徐三公子者，恐由此夕与卧子已有成约在先，遂借口节日家人应团聚之语，押送徐三公子归家。斯为勾栏中人玩弄花招，不令两情人觌面之技俩，其情可原，其事常见，殊不足论。所可怪者，此年除夕，卧子普照寺西宅中，尚有祖母高安人，继母唐孺人，嫡妻张孺人，妾蔡氏及女颀，并适诸氏妹等骨肉在焉。（见《陈忠裕全集》所载卧子《自撰年谱》及王沄撰《三世苦节传》。）竟漠然置之，弗与团聚，岂不内愧徐三公子耶？于此可见河东君之魔力及卧子之情痴矣。

王胜时《虞山柳枝词》第六首云：

尚书曳履上容台，燕喜南都绮席开。闪烁珠帘光不定，双鬟捧出“问郎”来。

自注云：

姬尝与陇西君有旧约，以“问郎”玉篆赠别。甲申南都，钱为大宗伯，一日宴客，陇西君在坐，姬遣婢出问起居，以玉篆归之。

寅恪案：“问郎”者，华亭李存我（待问）也。胜时讳其名字，仅称“陇西君”，以其与河东君有旧约为可耻，遂为贤者讳耶？殊可笑也。嘉庆修《松江府志·五五·李待问传》略云：

李待问，字存我，华亭人。崇祯十六年进士。（寅恪案：据同书四五《选举表·二·明举人表》，李待问、彭宾、陈子龙均崇祯三年庚午科举人。）受中书舍人，工文章，精书法。沈犹龙事起，待问守城东门，城破，引绳自缢，气未绝，而追者至，遂遇害。

查伊璜（继佐）《国寿录·二·进士·李待问传》云：

李待问，字存我，江南松江人，工书法，董玄宰尝泛滥于古帖，然气骨殊减，自蝇头及大额而外，便不令人嘉赏。待问傲然为独步，与玄宰争云间，然位不及，交游寡，其为攻苦不若。要之得意处有过董家者。

徐闇公（孚远）《钓璜堂存稿·一六·吾郡周勒卣夏彝仲李存我陈卧子何悫人皆席研友勒卣独前没四子俱蒙难流落余生每念昔者便同隔世各作十韵以志不忘如得归郡兼示五家子姓》其第三首《李存我》云：

李子多高韵，豁然尘世姿。兰风殊蕴藉，鹤步有威仪。不饮看人醉，能书任我痴。笑谈真绝倒，爽气入心脾。观国宁嫌早，释巾稍觉迟。螭头官暇豫，薇省使逶迤。将母方如意，滔天事岂知。凭城鼓角死，捐脰血毛摧。愧我数年长，依人万事悲。几时旋梓里，应得为刊碑。

王东溆（应奎）《柳南续笔·三》“李存我书”条云：

云间李待问，字存我。工书法，自许出董宗伯（其昌）上。凡里中寺院有宗伯题额者，李辄另书，以列其旁，欲以示己之胜董也。宗伯闻而往观之，曰：“书果佳，但有杀气，恐不得其死耳。”后李果以起义阵亡，宗伯洵具眼矣。又宗伯以存我之书若留于后世，必致掩己之名。乃阴使人以重价收买，得即焚之，故李书至今日殊不多见矣。（寅恪案：董玄宰所题衙宇寺院匾额，亦曾被人焚毁殆尽。见曹千里（家驹）《说梦·二》“黑白传”条。）

又，钱础日（肃润）《南忠记》“中书李公”条云：

李待问，号存我，崇祯癸未进士。守城力战被杀。待问善法书，有石刻九歌，仿佛晋唐人笔意。妾张氏，亦善书。人欲娶之，不从。（可参上海文物保管委员会藏顾云美自书诗稿《李存我中翰示余九歌图并小楷余亦以隶书九歌索题（七律）》。）

寅恪案：河东君所与往来之名士中，李存我尤以工书著称。河东君之书法，当受存我之影响无疑。至王东溆所言，董玄宰购焚李书之事，未必可信。据王胜时（沄）《云间第宅志》云：

坦水桥南李中翰待问宅有玉裕堂，董文敏其昌书。

是存我亦请香光题已宅之堂额。其钦服董书，可为一证。又胜时《志》中所记如李耆卿之海闾堂，董景传宅之筑野堂，胜时先人宅之与书堂，李延亮宅之栖云馆，宋存标之四志堂等之堂额，及董尊闻宅内张氏之石坊“威豸德麟”四字，皆存我所书。可见李书之存于崇祯末年松江诸家者尚不少，且香光之声望及艺术远在存我之上，亦何至气量褊狭，畏忌乡里后辈如是耶？东溆欲推崇存我之书法，遂采摭流俗不根之说，重诬两贤，过矣！但东溆之言，即就流俗之说，亦可推知当日存我书法享有盛名，迥非云间诸社友所能及也。寅恪尝谓河东君及其同时名姝，多善吟咏，工书画，与吴越党社胜流交游，以男女之情兼师友之谊，记载流传，今古乐道。推原其故，虽由于诸人天资明慧，虚心向学所使然。但亦因其非闺房之闭处，无礼法之拘牵，遂得从容与一时名士往来，受其影响，有以致之也。清初淄川蒲留仙（松龄）《聊斋志异》所纪诸狐女，大都妍质清言，风流放诞，盖留仙以齐鲁之文士，不满其社会环境之限制，遂发遐思，聊托灵怪以写其理想中之女性耳。实则自明季吴越胜流观之，此辈狐女，乃真实之人，且为篱壁间物，不待寓意游戏之文，于梦寐中以求之也。若河东君者，工吟善谑，往来飘忽，尤与留仙所述之物语仿佛近似，虽可发笑，然亦足借此窥见三百年前南北社会风气歧异之点矣。

河东君与宋辕文之关系，其初情感最为密好。终乃破裂不可挽回。宋氏怀其悔恨之心，转而集矢于牧斋。论其致此之由，不过褊狭妒嫉之意耳。其人品度量，殊为可笑可鄙，较之卧子、存我殊不侔矣。兹先节录关于宋氏事迹之材料，略加考释。后引宋氏诋諆牧斋之文并附朱长孺之驳正宋氏之语，以存公允之论焉。

嘉庆修《松江府志·五六·宋征舆传》略云：

宋征舆，字辕文，华亭人。顺治四年进士。（仕至）左副都御史。卒年五十。

吴骏公（伟业）《梅村家藏稿·四七·宋幼清墓志铭》略云：

崇祯十有三年，吾友云间宋辕生、辕文兄弟葬其先君幼清公偕配杨孺人、施孺人于黄歇浦之鹤泾。公讳懋澄，字幼清。同年白公正蒙精数学，能前知。尝为公言："我两人将先后亡，不出两岁。"具刻时日。公初娶杨孺人，继娶施孺人。杨孺人之殁也，公在京师，不及见，为其留侍张太孺人也。张太孺人殁，公免丧后，复远游，所至必与施孺人偕。

同书二九《宋辕生诗序》云：

吾友宋子辕生，世为云间人。膏梁世族，风流籍甚，而能折节读书。

同书二八《宋直方（征舆）林屋诗草序》云：

往余在京师，与陈大樽游，休沐之暇，相与论诗，大樽必取直方为称首，且索余言为之序。当是时大樽已成进士，负盛名，凡海内骚坛主盟，大樽睥睨其间无所让，而独推重直方，不惜以身下之。余乃以知直方之才，而大樽友道为不可及也已。于是言诗者辄首云间，而直方与大樽、舒章齐名。或曰陈李，或曰陈宋，盖不敢有所轩轾也。

王贻上（士祯）《池北偶谈·二二》"宋孝廉数学"条云：

云间宋孝廉幼清，直方父也。精数学，直方生时，预书一纸，缄付夫人曰："是子中进士后，乃启视之。"至顺治丁亥捷南宫，开前缄，有字云："此儿三十年后当事新朝，官至三品，寿止五十。"后果于康熙丙午迁副宪，至三品。明年卒官，年正五十也。

寅恪案：《梅村集》中关于宋氏父子兄弟之材料颇多，今不悉引，即就上所录者观之，亦可略见宋氏为当日云间名门，而辕文之特以年少美材著称，尤为同辈所不能企及也。渔洋所记宋懋澄预知其子征舆之官品及卒年事，甚为荒诞，自不必辨，当是由梅村《幼青墓志》中，白正蒙预知幼青卒年一事，辗转傅会成此物语耳。但辕文卒于何年，志乘未载。据此物语乃可补其阙遗，亦可谓废物利用矣。依渔洋所言，辕文卒于康熙六年丁未，年五十岁。然则辕文当崇祯四、五、六、七年之时，其年仅十四、五、六、七岁。实与河东君同庚，而大樽则十年以长，其他当日几社名士，年岁更较辕文长大。即此一端，可知河东君之于辕文，最所属意。其初情好或较甚于存我、大樽，自非无因也。惟吾人今日广稽史料，尚未发见直接根据，足以证实钱肇鳌之说。然于间接材料中，得有线索，可以知辕文在此时期，实有为河东君而作之文字。此作品今已亡佚，但亦足明钱氏所言之非诬。据沈雄、江尚质编辑《古今词话·词话类·下》云：

黄九烟曰：兰陵邹祗谟、董以宁辈分赋十六艳等词。云间宋征舆、李雯共拈“春闺风雨”诸什。遁浦沈雄亦合殳丹生、汪枚、张赤共仿玉台杂体。余数往来吴淞，间过之，欲作一法曲、弁言而未竟，殊为欠事。

寅恪案：今检邹祇谟《丽农词·上·小令·惜分飞》第二体《本意庚寅夏作十六首》皆为艳体。（中华书局《四部备要》孙默编《十五家词》丽农词本，将此词所附诸家评语及邹氏原序删去。可参孙默编《十五家词·二七》王士祯《衍波词·上·惜分飞》第二体《程村感事作惜分飞词五十阕为殿一章》。）后附王士祯评语云：

阮亭云：名士悦倾城，由来佳话。才人嫁厮养，自昔同怜，程村惜分飞词凡四十余阕，无不缠绵断绝，动魄惊心，事既必传，人斯不朽，正使续新咏于玉台，不必贮阿娇于金屋也。今录其最合作者十六首如右，俾方来览观者，虽复太上忘情，亦未免我见犹怜之叹尔。

又，序略云：

仆本恨人，偶逢娇女。斯人也，四姓良家，三吴稚质。霍王小女，母号净持。（阮亭评《惜分飞》第二首“却怪净持原老妪，生得霍王小女”云：“霍王小女，引喻极切。”）邯郸才人，终归厮养。左徒弟子，空赋娇姿。

同集同卷《中调·〈簇水·问侍儿月上花梢几许〉》附评语云：

阮亭云：邹、董诸子分赋十六艳诸词，率皆镂肠鉥胃之作。花间草堂后，正不可少此一种。

寅恪案：邹氏《序》中“四姓”“三吴”及“霍王小女”之语，知其情人为朱姓吴人，殆故明之宗室耶？今无暇详考。但必与河东君无关，可以决言。又观孙氏编《十五家词·二九》董以宁《蓉渡词》，其中艳体触目皆是，尚未见有与邹氏《惜分飞十六首》相应者。然据阮亭“邹、董诸子分赋十六艳诸词”之言，则董氏必有十六艳之作无疑也。殳丹生词，则王昶《明词综·八》所选录者，仅一首，殊难有所论证。沈雄词兹见于王氏《国朝词综·一四》者，亦止《浣溪沙·梨花》两首。第一章末已移录论及之。至汪枚张赤两人之词，则以未见，不敢置言。所可注意者，《陈忠裕全集·诗余》中有关涉春闺题目之词，虽前后分列，而其数亦不少，不能不疑其即是为河东君而作之“春令”。斯问题俟后详论，兹暂不涉及。今所欲论者，即关涉河东君与辕文之公案也。李雯《蓼斋集·三五·与卧子书》第二通略云：

春令之作，始于辕文。此是少年之事，而弟忽与之连类。犹之壮夫作优俳耳。我兄身在云端，昂首奋臆。太夫人病体殊减，兄之荣旋亦近，计日握手，不烦远怀。

寅恪案：舒章书云：“我兄身在云端。”又云：“太夫人病体殊减，兄之荣旋亦近。”卧子《自撰年谱·上》“崇祯十年乙丑”条略云：

榜发，予与彝仲俱得隽，而廷对则予与彝仲俱在丙科，当就外吏。予观政刑部。季夏就选人，得惠州司李。抵瀛州，闻先妣唐宜人之讣。

然则舒章此书作于崇祯十年卧子选得惠州推官之后，唐宜人未卒以前也。舒章所谓“春令”，当即卧子《诗余》中有关春闺艳词。舒章既言“春令之作，始于辕文。此是少年之事，而弟忽与之连类”，则卧子此等艳词，疑是与舒章同和辕文之作。今辕文《集》不可得见。《蓼斋集》中又少痕迹可寻，恐经删改。辕文既为“春令”之原作者，则此原始之“春令”当作于辕文与河东君情好关系最密之时，即自辕文白龙潭爱情考验以后，至河东君持刀斫琴以前之时。后来与辕文连类之友人，直接与河东君有关系之卧子及间接与河东君有关之舒章，皆仿辕文原始之作品，继续赋咏，而辕文亦复相与酬和也。（今检顾贞观、成德同选《今词初集》宋辕文、李舒章两人之词，取河东君《戊寅草》及《众香集》所载并《陈忠裕全集》中同调或同题或同意者相参校，则宋、李词中似有为河东君而作者。但未有明证，不敢确言。姑列举可注意之词于下，以俟更考。此等词如辕文之《菩萨蛮》《忆秦娥·柳絮》《画堂春·秋柳》《柳梢青》《醉花阴》《虞美人》《青玉案》《千秋岁》，陈有。《南乡子》《江神子》，陈、柳俱有。舒章之《阮郎归》即《醉桃源》

第一阕，《南歌子》即《南柯子》，《虞美人》，《临江仙·春潮》，《蝶恋花》第一阕《落叶》及第二阕，《苏幕遮·枕》两阕，陈有。《少年游》第一阕或第二阕，《江神子》即《江城子》，陈、柳俱有等，皆是其例。）至黄氏所言邹、董、沈、殳诸人中，今唯考得董氏生于崇祯二年己巳，卒于康熙八年己酉，年四十一。（见张维骧《昆陵名人疑年录·一》。）其余诸人之生年及籍贯，与陈、宋、李三人，虽皆不远（如邹氏《丽农词·上·苏幕遮》第二体《丙戌过南曲作》。“丙戌”即顺治三年，可见程村在此年所作已斐然可观矣），然年龄资格究有距离，自不能参与卧子、舒章、辕文等文酒狭邪之游会。况据邹氏《惜分飞·词序》，所指之人，明是别一女性，与河东君无关涉耶？故邹、董等所赋艳词，与陈、李、宋之“春令”，乃是两事。黄氏之意，本有分别。读者不可以其同为玉台之体，遂致牵混，目为一事。因特附辨之于此。

复次，辕文经白龙潭寒水浴之一度爱情考验以后，本可中选。意当日辕文尚未娶妻，其母施孺人不欲其子与河东君交好，乃事理所必然，而辕文年尚幼少，又未列名乡贡，在经济上亦必不能自立门户，故受母责怒，即与河东君稍疏也。钱肇鳌所言驱逐河东君之郡守，据嘉庆修《松江府志·三六·职官表》载：

方岳贡。谷城人。进士。崇祯元年至十四年，松江府知府。

同书四二《方岳贡传》略云：

方岳贡，字四长。谷城人。

同治修《谷城县志·五·耆旧门·方岳贡传》云：

方岳贡，字禹修，号四长，谷城人。

又，《陈忠裕全集·卷首·自撰年谱》“崇祯二年己巳”

条云：

时相国谷城禹修方公守郡，有重名，称好士。试诸生，拔予为第一。

考之，知是方岳贡。方氏在崇祯六年七年间，虽已极赏大樽，然未必深知辕文。河东君于此时已才艳噪于郡会，自必颇涉招摇，故禹修欲驱之出境，此驱逐流妓之事，亦为当日地方名宦所常行者，不足怪也。河东君之请辕文商决，其意当是欲与辕文结婚。若果成事实，则既为郡邑缙绅家属，自无被驱出境之理。否则亦欲辕文疏通郡守，为之缓颊，取消驱逐出境之令。殊不知辕文当时不能违反母意，迎置河东君于家中，又不敢冒昧进言于不甚相知之郡守，于是遂不得不以“姑避其锋”之空言相搪塞，而第二度爱情之考验，辕文竟无法通过矣。以河东君之机敏，岂不知辕文此时处境之难？然爱之深者，望之切。望断而恨生，更鄙辕文之怯懦不肯牺牲，出此激烈决绝之举，亦事理所必至。辕文当时盖未能料及，因骇愕不知所措也。此事之发生，其可能之时间殊难确定。虽至早亦可在崇祯五年壬申，然此年之可能性不多，故可不计。就常情论，疑在崇祯六年癸酉，或七年甲戌。依上文所推测，河东君出自周家，流落松江，至早或在崇祯四年辛未，而最可能则在五年壬申。白龙潭寒水浴之考验，亦最可能在五年冬季举行。但辕文因第一次之考验及格，遂与河东交好。自此时起至其母施孺人怒责，因而稍疏之时止，其间当有将及一年，或一年以上之时日，在此两时限之间，方四长必尚无驱逐河东君出境之令，故四长出令至早当在崇祯六年之秋，至迟则在崇祯七年也。若在崇祯六年秋间，恐与《陈忠裕全集・一五・陈李倡和集》中《秋夕沉雨偕燕又让木集杨姬馆中是夜姬自言愁病殊甚而余三人者皆有微病不能饮也（七律）二首》之二云“已惊妖梦疑鹦鹉，莫遣离魂近杜鹃”有关。此两句诗意盖谓河东君在周家已如杨玉环之鹦鹉，几被杀而放逐。今则又不可如杜鹃之啼“不如归去”，而驱逐出松江之境，归去原籍吴江盛泽镇也。若禹修出令在崇祯七年，则或更与大樽《集》中崇祯八年春间及首夏为河东所作诸诗词有关。此端俟下文考河东君与陈氏之关系时，再详论之。至于方氏此令是否执行，今虽无以确知。然除上引沈虬《河东君传》所言，崇祯九年丙子河东君实居吴江盛泽镇外，其他时间，就所确知者，如崇祯七年甲戌及九年丙子曾游嘉定，十二年己卯春间至十三年庚辰春间，曾在杭州，是年又曾养疴嘉兴，复于冬间至十四年辛巳春间居常熟，则俱为短期旅行或暂时访问之性质，而河东君于崇祯十四年春间至仲夏六月七日与牧斋结缡以前，固住在松江。其时任松江知府者，仍是方岳贡。职此之故，颇疑驱逐之令未成事实，当由倩人为之缓颊所致，而其间必有待发之覆，自无疑义也。

辕文自失爱于河东君后，终明之世，未能以科名仕进，致身通显。明季南都倾覆，即中式乡会试，改事新朝，颇称得志，而河东君则已久归牧翁，《东山酬和集》之刊布，绛云楼之风流韵事，更流播区宇，遐迩俱闻矣。时移世改，事变至多，辕文居燕京，位列新朝之卿二，牧斋隐琴水，乃故国之遗民，志趣殊途，绝无干涉。然辕文不自惭悔其少时失爱于河东君之由，反痛诋牧斋，以泄旧恨，可鄙可笑，无过于此。兹节录《痛史》第二十种《国变难臣钞·纪牧斋遗事》附宋征舆《上钱牧斋书》略云：

侧闻先生泛轻舠，驾华轩，惠然贲于敝邑。惟敝邑之二三子及不佞征舆在远闻之，以为先生有岁时之事，信宿而已。日复一日，骊驹不歌。且闻诸从者曰，虽返，将数至焉。呜呼！以先生之密迩，曾不闻敝邑之病乎？敝邑狭小，有明之末，困于烦赋。顺治二年大兵攻焉，宿而守之。为之将者，若李若吴，皆叛帅也。其为郡守者，若张若卢，皆残吏也。（寅恪案：嘉庆修《松江府志·三六·职官表·武职》载：“李成栋，顺治二年，松江提督。吴胜兆，顺治三年，松江提督。马进宝，顺治十四年至十五年止，松江提督。”及同书三七《职官表·府秩》载：“张铫，偃师人，举人，顺治二年，松江知府。卢士俊，锦州人，监生，顺治五年至六年，知府。李正华，献县人，拔贡，有传，顺治十年至十三年，知府。郭起凤，锦州卫人，拔贡，顺治十四年，知府。祖承勋，汉军正黄旗人，贡生，顺治十四年至十六年，知府。”又同书四三《名宦传·李正华传》略云：“李正华字茂先，献县人，精明强干，奸弊一清。提督马进宝威悍莫与抗，独心惮正华。去之日，儿童妇女竞以束蔬尺布投其舟几满。”）视民如仇，而慑之以军。十年以来，无岁不灾，无家不役。今郭以内，皆列伍也。郭以外，百金之家可籍而计也。江南诸郡，松难深矣。邀天之幸，获一廉守，鸠我残黎，而又以法去。（寅恪案：董含《莼乡赘笔·二》略云：“吏兹土者，往往不能廉洁。有李正华者，小有才，矫廉饰诈。下车之日，行李萧然。及其归也，方舟不能载。”董氏所言与辕文书及《松江府志》违异。俟考。）今亦惟是新帅之纪律，新守之惠义，若时雨焉。（寅恪案：“新帅”指马进宝，“新守”指郭起凤或祖承勋。）小人闵闵皇皇耕其五谷，织其卉麻，以庶几供旦晚之命，如是而已，而何足以淹从者？且先生少怙隽才，壮而通显，所事者，万历泰昌天启崇祯及弘光帝，以至今朝廷，历六君矣。自庚戌通籍，至于丁酉，四十八年矣，所变亦已广矣，所取亦已侈矣。丑于记而给于辨，游人文吏亦内服矣。宜乎动为人师，言为人则，而乃不能割帷薄之爱，负难受之声，忘其蘧蒢，而仿其谑浪。是以谤言流传，达于行路，使我三吴之荐绅，言及变色无以应四方之长者。先生虽不自爱，其若虞山之水何？呜呼！鬼神不吊，延先生以年，其将益其疾，而降之大罚耶？抑使先生自播其行，以戒我吴人耶？未可知也。然如先生者，可以归矣！可以休矣！南使之便，敬布腹心，惟先生加意焉！

寅恪案：《有学集·七·高会堂诗集·高会堂酒阑杂咏序》云："不到云间，十有六载矣。"序末云："丙申阳月十有一日书于青浦舟中。"可知牧斋实于顺治十三年丙申冬季在松江。辕文作此书在顺治十四年丁酉任职北京时，故云"不佞征舆，在远闻之""（先生）自庚戌通籍，至于丁酉，四十八年矣"及"南使之便，敬布腹心"也。（《松江府志》载马进宝顺治十四年始任松江提督，有误。金鹤冲《钱牧斋先生年谱》据《江南通志》载马进宝于顺治十三年升苏松提督，移镇松江，因定牧斋顺治十三年丙申游松江，甚确。）其实牧斋自顺治三年丙戌辞官自燕京南归后，即暗中继续不断进行复明之活动。是以频岁作吴越之游，往往借游览湖山，或访问朋旧为名，故意流播其赏玩景物，移情声乐之篇什。盖所以放布此烟幕弹耳。辕文方仕新朝，沾沾自喜。其痛诋牧斋，出于私意，与吴越旧时党社胜流之不忘故国旧君者，不可同日而语。观其书中"不能割帷薄之爱"一语，如见其肺肝。噫！自顺治十四年丁酉，辕文作此书之时，上溯至崇祯七年壬申，或六年癸酉，辕文与河东君决裂之时，其间已历二十五六年之久，何尚未忘情耶？夫辕文因己身与河东君之故，痛诋牧斋，固已可鄙，似犹有说，而王胜时以其师与河东君之故，复附和辕文，集矢钱、柳（或疑《纪钱牧斋遗事》为王沄辈所作。俟考），则殊可笑，实更无谓也。辕文书中又云：“且闻诸从者曰，虽返，将数至焉。”盖牧斋之至松江，实阴说提督马进宝，即辕文书中所谓“新帅”，以响应国姓进攻崇明南都。此为牧斋复明活动之一端，俟后第五章详论之。或谓辕文于此中秘密似有所知，而尚未得确证，故未告诸清廷，捕杀牧斋，以报其私怨也。鄙意此时清廷尚欲利用马进宝，揆之清初驾驭汉奸之常例，即使辕文言之于清廷，恐清廷不但不接受其告密，转而因此得罪。斯又怯懦之辕文所以虽知牧斋有所活动，而终不敢为告密之举欤?

又，蔡练江（澄）《鸡窗丛话》“古来文人失节修史”条，附录宋辕文杂记云：

娄东王冏伯，弇州长子也。家有一书，编辑先朝名公卿碑志表传，如焦氏《献征录》之类，而益以野史，搜讨精备，卷帙甚富。冏伯殁，牧斋购得之，攘为己有。乃更益以新碑及闻见所记，附会其中。喜述名贤隐过，每得一事，必为旁引曲证，如酷吏锻炼，使成狱而后已。以是捃摭十余年，漫题卷上曰《秽史》。书成之夕，其所居绛云楼灾，即编纂之地也。所谓《秽史》者，遂不可复见。乃取程孟阳所撰《列朝诗选》，于人名爵里下各立小传，就其烬余所有，及其记忆而得，差次成之。小传中将复及人隐过，或以鬼神事戒之，乃惧不敢。然笔端稍滥，则不能自禁。

吾邑张雪窗云，牧斋诗人小传，人多称之，而意见偏谬，则有如辕文所言者。近日顾芝岩序吾邑史氏《致身录》云，王褚下流，变乱黑白，不能自即于正，每力排正气，以为容身之地。呜呼！其不能逃于公论如此。人品如斯，何怪乎诗学之谬也。

寅恪案：锿文所记甚谬，朱（长孺）鹤龄尝辞而辟之矣。兹附录其《愚庵小稿·十·与吴梅村祭酒书》于后。至吴氏有无复书，今不可知。以意揣之，骏公与钱宋两人交情俱极深厚，必难措词，当是置之不答也。朱《书》云：

忆先生昔年枉顾荒庐，每谈虞山公著作之盛，推重諈诿，不啻义山之叹韩碑。乃客有从云间来者，传示宋君新刻，于虞山公极口诟詈，且云，其所选明诗，出于书佣程孟阳之手。（寅恪案：燕京重印本朱鹤龄《愚庵小集》“书”作“笔”。非。）所成《秽史》，乃掩取太仓王氏之书。愚阅之不觉喷饭。夫虞山公生平梗概，千秋自有定评，愚何敢置喙。若其高才博学，囊括古今，则夐乎卓绝一时矣。身居馆职，志在编摹，金匮之藏，名山之业，无不穷搜遐览。乱后悯默，乃取而部分之，自附唐韦述元危素之义。未及告成，熸于劫火，《秽史》之名何自而兴？夫古之撰文者，自司马迁、班固而下，如《新唐书》之修，因于刘昫，《五代史》之修，因于薛居正。凡载笔之家，莫不缀缉旧闻，增华加丽。（燕京本“丽”作“厉”。非。）弇州藏史未定有无，即使果出前贤，采为蓝本，排缵成书，亦复何害？宋君乃用此为譊譊耶？鹊巢鸠居，厚诬宗匠，不足当识者之一粲。而愚敢斥言之于先生者，以其文援先生为口实也。先生夙重虞山公文章著作，岂有以郭象《庄解》，齐丘《化书》，轻致訾謷者？愚以知先生之必无是言也。先生诚无是言，当出一语自明，以间执谗慝之口。如其默默而已，恐此语荧惑见闻，好事之徒将遂以先生为口实。

又，同书一三《书王右丞集后》云：

王右丞为子美前辈，子美赠王中允诗，何等推重，且深为湔雪其陷贼之故，而《右丞集》中从无一诗及之，何也？岂有之而集中偶佚耶？何为西庄王给事，柴门空闭锁松筠。说者以王给事即王右丞，未免有不足之意。然此语亦惜之，非讥之也。右丞与郑虔同污禄山伪命，乃子美诗皆无刺语，可见古人用心忠厚，非独以全交情也。今人于才名轧己者，必欲发其瘢垢，掊击不啻雠仇。解之者则曰，文士相倾，自古而然。呜呼！使诚为文士也，岂有相倾者耶？

可知朱氏自比少陵，不以王郑受污禄山伪命，而与之绝交也。

上论述河东君与李存我、宋辕文之关系既竟，兹请言河东君与陈大樽之关系。杨、陈两人关系之史料，今日通常流布者，乃违反真相，绝不可信。究其所以致此之故，恐因有人故意撰造虚伪之材料，以乱真实，而卧子又以殉明死节之故，稽考胜国之遗闻，颇为新朝所忌恶也。今先略引通行以讹传讹之伪史料，然后详征杨、陈关系之真史料，以纠正旧日虚伪之传说，并附论杨、陈二人情好始终不渝之事实。但移录原文稍繁，亦有所不得已也。

《虞阳说苑》本《牧斋遗事》“柳尝之松江，以刺投陈卧子”条云：

柳尝之松江，以刺投陈卧子。陈性严厉，且视其名帖，自称女弟，意滋不悦，竟不之答。柳恚，登门詈陈曰，风尘中不辨物色，何足为天下名士？

寅恪案：钮玉樵（琇）《觚賸·三·吴觚》“河东君”条，当是取材《牧斋遗事》此条。但删节河东君登卧子门相詈之语，而稍加润色。玉樵之文较佳，世人喜观之，故卧子严拒河东君之物语，遂流传于今日，莫有悟其与事实相违反者也。读者若检后列卧子所作诗词，自可知其虚伪。兹暂不辨证。又古学汇刊本《牧斋遗事》及香艳丛书中《绛云楼隽语》（即《牧斋遗事》一书之改名。）其校者将此条“女弟”二字易作“女弟子”三字，殆由浅人习闻袁枚、陈文述广收女弟子之事，因认陈大樽为随园、碧城仙馆主一流人物。此端颇为可笑，而又不能不为之辨明。盖师弟尊卑殊等，旧日礼教不能有婚姻之关系，是以简斋、云伯搜罗当日闺阁才媛，列诸门墙，不以为嫌。观河东君于崇祯十三年冬自常熟《致汪然明书》，尚自称为“弟”。（《柳如是尺牍》逆数第二札。）考其时河东君年二十三，汪然明年六十四（据《有学集·三二·新安汪然明合葬墓志铭》，然明生于万历丁丑即万历五年，至崇祯十三年庚辰，其年为六十四岁），两人年龄相差逾四十岁，而河东君乃以兄弟平辈为称谓者，以歌筵酒坐，酬酢往还，若尊卑殊等，则于礼数不便，更无论男女情好，或至发生婚姻之关系也。兹先录卧子集中明显为河东君而作之诗，略加释证。然后再就其他最为可能为河东君而作之诗词，择录少数，稍为引申。若诗词中可疑为河东君作，而不能确定者，则择其重要者，列具篇目，以供参考，不复详论焉。

前已引《秋潭曲》及《集杨姬馆中》诗句，今再录其全文于下，以其明著河东君之姓，无复致辨之余地者也。

《陈忠裕全集·十·陈李倡和集·秋潭曲》（原注：《偕燕又让木杨姬集西潭舟中作》）云：

鳞鳞西潭吹素波，明云织夜红纹多。凉雨牵丝向空绿，湖光颓澹寒青蛾。暝香湿度楼船暮，拟入圆蟾泛烟雾。银灯照水龙欲愁，倾杯不洒人间路。美人娇对参差风，斜抱秋心江影中。一幅五铢弄平碧，赤鲤拨刺芙蓉东。摘取霞文裁凤纸，春蚕小字投秋水。瑶瑟湘娥镜里声，同心夜夜巢莲子。

同书一五《秋夕沉雨偕燕又让木集杨姬馆中是夜姬自言愁病殊甚而余三人皆有微病不能饮也（七律）二首》云：

一夜凄风到绮疏，孤灯滟滟帐还虚。冷蛩啼雨停声后，寒蕊浮香见影初。有药未能仙弄玉，无情何得病相如。人间愁绪知多少，偏入秋来遣示余。

两处伤心一种怜，满城风雨妒婵娟。已惊妖梦疑鹦鹉，莫遣离魂近杜鹃。琥珀佩寒秋楚楚，芙蓉枕泪玉田田。无愁情尽陈王赋，曾到西陵泣翠钿。

寅恪案：此两题皆卧子在崇祯六年秋为河东君而作者，前已略论之矣。但检《陈忠裕全集・一五・几社稿》，崇祯庚午辛未壬申三年之间所作七律中，有《中秋风雨怀人》一题，其辞旨与《集杨姬馆中》二律颇相类似。诗中复包含“怜”“影”“云”“婵娟”等河东君之名字，尤为可疑。初见此诗后第四题为卧子六月一日廿五岁《生日偶成》诗，以为此中秋乃崇祯四年之中秋，细绎之，此《中秋风雨怀人》诗之前第六题为《伤春》，中有“海滨烽迫鲁王宫”之句。据所附考证为“指山东孔有德事。”依《明史・二三・庄烈帝本纪》所云：“崇祯四年十一月丁卯孔有德率师援辽，次吴桥反。五年春正月辛丑孔有德陷登州。”则《伤春》一题明是崇祯五年春季之作。故《中秋风雨怀人》一诗，亦不必定为崇祯五年所赋。盖诸诗排列先后，未可拘泥也。或者此“中秋”乃五年中秋，甚至六年中秋，殊未可知。卧子全集中尚多类是者，详后所论。兹姑录此诗于后，以俟更考。《中秋风雨怀人（七律）》云：

谁将幽怨度华年，河汉蒙蒙月可怜。落叶黄飞妖梦后，轻绡红冷恨情边。青鸾湿路箫声歇，白蝶迷魂带影妍。惆怅卢家人定后，九秋云雨泣婵娟。

复次，据李雯《蓼斋集·三五·与卧子书》云：

孟冬分手，弟羁武林，兄便北上，已作骊歌，无由追送。弟薄岁除始返舍，即询知老年伯母尊体日佳。开春以来，见子服兄弟，益审动定。我兄可纵心场屋，了此区区，以慰弟辈之凉落矣。辕文言，兄出门时，意气谐畅，颇滑稽为乐。张三作侠，中间乃大有合离。某某在云雾之中，怅怅不休。何物篱落间人，乃尔颠倒人意。弟辈正坐无聊，借此一鼓掌耳。今里巷之间，又盛传我兄意盼阿云。（寅恪案：李雯《蓼斋集·二二·除夕咏怀兼寄卧子》诗云："闻君念窈娘。"舒章此诗作于崇祯六年癸酉除夕，正卧子在北京留待会试时。考窈娘事见孟棨《本事诗·情感类》。窈娘为乔知之家婢，艺色为当时第一，固适切河东君身份。又据河东君《戊寅草·（崇祯六年）寒食雨夜十绝句》其五云："想到窈娘能舞处。"及《陈忠裕全集·一九·陈李倡和集·清明（七绝）四首》之三云："雨中独上窈娘坟。"等语，故知舒章所言之"窈娘"，即是阿云无疑矣。）不根之论，每使人妇家勃溪。兄正木强人，何意得尔馨颓荡。乃知才士易为口实，天下讹言若此，正复不恶。故弟为兄道之，千里之外，与让木、燕又一笑。若彝仲，不可闻此语也。

舒章书中所谓"孟冬分手"者。当是崇祯六年孟冬。卧子《自撰年谱》"崇祯六年癸酉"条略云：

文史之暇，流连声酒，多与舒章倡和，今《陈李倡和集》是也。季秋偕尚木诸子游京师。是岁纳妾蔡氏于家。

《陈忠裕全集·一五·陈李倡和集·留别舒章并酬见赠之作二首》其第一首结句云：“秋深碣石有飞鸿。”附录李雯《送卧子计偕北上》诗原作，其第一首云“北极云平秋气屯”，其第二首云“翻然仗剑历秋城”等可证卧子此次别舒章为深秋初冬之时。若卧子崇祯九年由松江赴北京会试，据卧子《自撰年谱》“崇祯九年丙子”条略云：

复当计偕，以先妣唐宜人久疾，予意不欲往，先妣以义勉之。冬尽始克行。

则卧子崇祯九年北行在年杪，必非所言之“孟冬”明矣。然则卧子与河东君相遇，岂即在崇祯六年耶？鄙意在此年之前，亦有可能。何以言之？据《陈忠裕全集·十·属玉堂集·癸酉长安除夕》诗云：

岁云徂矣心内伤，我将击鼓君鼓簧。日月不知落何处，令人引领道路长。去年此夕旧乡县。红妆绮袖灯前见。（可参同书一三《几社稿·除夕（五律）》。此“除夕”即崇祯五年壬申除夕也。）梅花彻夜香云开，柳条欲系青丝缠。曾随侠少凤城阿，半拥寒星蔽春院。今年此夕长安中，拔剑起舞难为雄。汉家宫阙暖如雾，独有客子知凄风。椒盘兽炭皆异物，梦魂不来万里空。吾家江东倍惆怅，天下干戈日南向。鹤驭曾无缑岭游，虎头不见云台上。且酌旨酒银筝前，汝曹富贵无愚贤。明朝曈曈报日出，我与公等俱壮年。

此诗题既是《癸酉长安除夕》，而诗中又有“去年此夕旧乡县”及“今年此夕长安中”等句，则此“红妆绮袖灯前见”之人，必于崇祯五年壬申除夕与卧子相遇。此人虽未明著其为谁，但检卧子集中，与此诗前后时间距离不甚久所作绮怀诸篇观之，则此人非河东君莫属。故卧子于崇祯五年壬申冬季即遇见河东君，殊为可能。更据《陈眉公集》首载其子梦莲所撰《年谱》“天启七年七十岁”条云：

是冬，（寅恪案：眉公生辰为十一月初七日。）远近介觞者，纨绮映带，竹肉韵生，此亦凤皇山未有之事也。

及《陈忠裕全集》卧子《自撰年谱·上》“崇祯四年辛未”条略云：

试春官，罢归。四月抵里门，即从事古文词，闲以诗酒自娱。是时意气甚盛，作书数万言，极论时政，拟上之。陈征君怪其切直，深以居下之义相戒而止。

于此两《年谱》可得两结论。一为陈眉公生日之时，祝寿客中亦必不少当日名姝如王修微辈。观前引宋让木《秋塘曲序》所述河东君寿眉公生日诗句，可为例证也。二为卧子会试不中式，牢骚愤慨，弃置八股时文，从事古文词。又作书数万言，极论时政。但同时复以诗酒自娱。此“诗酒”即放情声色之义。前代相传俗语云：“秀才家文章是自己的好，老婆是人家的好。”正卧子此时之谓也。检《陈忠裕全集·一三·几社稿》即崇祯五年壬申所作五律，其“除夕”诗之前，载《偕万年少李舒章宿陈眉公先生山房二首》。其第二首有“冰霜月起时”之句，是卧子于崇祯五年眉公生日相近之时，曾谒眉公并宿于其山房。并同集一九《几社稿》有《吴阊口号（七绝）十首》，亦为崇祯五年冬季所作。依下文寅恪所考证，其中三首乃为河东君而赋者。由此言之，卧子至迟于崇祯五年眉公生日不久以前，在苏州已得见河东君。或又返松江追踪河东君至佘山，于眉公生日时，复相遇于祝寿宾客之中也。更取《几社稿》中其他绮怀诸作，如崇祯五年春季所作《柳枝词》之类参之，则河东君卧子两人初次相遇，在崇祯五年春季，或竟早在四年冬季，亦未可知也。至于“曾随侠少凤城阿，半拥寒星蔽春院”之句，“凤城”依通常解释，自指京师而言。据卧子《自撰年谱》“崇祯三年庚午”条略云“予幸登贤书。冬月偕计吏如京师”及“崇祯四年辛未”条云“试春官，罢归”，似亦可指崇祯三年庚午冬卧子第一次会试在京时事。然依诗中文气语意，此两句明是述崇祯五年除夕在松江情况。据嘉庆修《松江府志·七·山川志》有“凤凰山”。前引陈梦莲撰其父继儒《年谱》，亦有“凤皇山”之语。似松江府城，亦可称“凤城”。若不然者，则卧子乃用典故，如《文选·二八》所载陆士衡《长安有狭邪行》之类（可参《陈忠裕全集·四·陈李倡和集·长安有狭邪行》）惟易“长安”为“凤城”耳。（可参《陈忠裕全集·一三·几社稿·行乐词十首》。此词即崇祯五年所作也。）舒章书中所言之“子服兄弟”，当即指卧子妻张孺人之五弟中张子服（宽）及子退（密）。（参《陈忠裕全集》王沄《续卧子年谱·下》及后附胜时撰《三世苦节传》与《越游记》。并同书八《平露堂集·送子服之维阳兼讯子退期以八月会淮南》诗题下案语，又光绪修《金山县志·一九·张履端传》及弟轨端附子宽传等。）若张孺人之幼弟子函，则在顺治四年子龙被逮时，清吏见其年稚，诱以利害，使之尽言子龙亲知，遂以此被释（见《卧子年谱·下》后王沄附录），以此点推之，则其在崇祯七年舒章作书时，即使已生，当亦不过数岁。（张孺人之父轨端卒于崇祯十一年戊寅二月。见《陈忠裕全集·二九·张邵阳诔》。）舒章所指，必非此人无疑。又张孺人别有弟处中，其名为宫，明代贡生。（可参《陈忠裕全集·九·焚余草·同惠郎处中胜时分赋高士传》诗所附案语并《年谱·下》“顺治三年丙戌”条及《松江府志·四六·选举表》。）张氏兄弟既为子龙至亲，故舒章得从其处探悉子龙家中动定。又书中所述宋辕文之言，可与《陈忠裕全集·十·陈李倡和集·予偕让木北行矣离情壮怀百端杂出诗以志慨》诗参证。俟后论之。至所言“张三作侠”之“张三”，未敢确定其为何人。然必非张孺人之诸弟张宽张密等。因子服兄弟向畏惮其姊之尊严，自不敢参与张门快婿陈孝廉纳宠之事也。或疑此“张三”即张昂之，斯说殊有理由。据《陈忠裕全集·一五·属玉堂集·送张冷石太守之任阆中（七律）》题下附案语云：“张昂之，号冷石。”又据光绪修《金山县志·一九·张昂之传》略云：

张昂之，字匪激。天启二年进士。令庐陵时，魏珰禁伪学，檄毁天下书院。附阉者欲就建珰祠。昂之力持不可，卒坐夺职。崇祯初，起知保宁府。以功进川东道。寻告归，寄居郡北之息庵。又尝筑圃佘山，自称六头头陀云。

及王沄《续卧子年谱·下》“顺治三年丙戌”条略云：

是岁所与往来者，故人惟张冷石先生（等）而已。

又，“顺治四年丁亥”条略云：

五月十六日往载（先生）尸。十七日至张冷石先生斋，于其邻贳得一棺。张冷石先生，则先生之执友且姻也。

故从社会气类亲友情谊言之，舒章书中作侠之“张三”，已有为张昂之之可能。又，冷石此时，以闲居好事之身，筑圃佘山。此山适为河东君卜居之地。其可能性更复增大也。但昂之是否行三，尚未发现有何证据。姑识所疑于此，以俟详考。

至河东君所以卜居佘山之故，要与陈（眉公）继儒，施（子野）绍莘诸名士直接或间接不无关系。其直接关于眉公者，前已论及之矣。至于子野，则亦有间接之关系。兹请略言之。或疑前所引李雯《蓼斋集·三五·与卧子书》中“张三作侠”之“张三”即施子野。所谓“张三”者，非排行次第之义，而是“张三影”（宋张（子野）先）之简称，实指施绍莘而言也。检施绍莘《花影集·四·乐府·南商调二郎神》，及《春云卷·舟次赠云儿》。同书同卷《乐府小令·〈南商调玉胞（抱）肚·赠杨姬和彦容作二首〉》。同书五《诗余·〈菩萨蛮·和彦容留别云姬〉》及《代云答》。然则此“云儿”“杨姬”“云姬”岂即河东君耶？又考《青浦诗传·一二·施绍莘小传》略云：

施绍莘，字子野。少为华亭县学生。负隽才，跌宕不羁。初筑丙舍于西佘之北，复构别业于南泖之西，自号峰泖浪仙。好声伎，与华亭沈友夔（龙）善，世称施沈。时陈继儒居东佘，诗场酒座常与招邀来往。工乐府，著《花影集》行世。早殀，无子。时共惜之。

及王昶《明词综·五·施绍莘小传》引《青浦诗传》略云：

子野作别业于泖上，又营精舍于西佘。时陈眉公居东佘，管弦书画，兼以名童妙妓，来往嬉游。故自号浪仙。亦慕宋张三影所作乐府，著《花影集》行世。（可参《花影集》首顾彦容（乃大）《序》云：“冉冉月来云破，不负张郎中之后身。”及顾（石萍）胤光《序》云：“云破月来之句，不负自许张三影后身。”又同书一《泖上新居》，后附彦容《跋》云：“斋曰三影。”同书三《西佘山居记》云：“有斋两楹曰三影。予字子野，好为小词，故眉公先生以此名之。”）

则以施子野之为人及其所居之地言之，更似与河东君直接有关涉者。但东海黄公所辑《瑶台片玉·甲种·下》载子野《舟次赠云儿》《决绝词》《有怀》等套曲。其《决绝词》自跋云“庚申月夕秋水庵重题”，“庚申”为万历四十八年。又《花影集·五·〈菩萨蛮·代云答〉》词后第五首同调《雨中忆张冲如》词，序中有“天启改元正月五日得冲如靖州家报”之语，可知子野词中之“云”，时代太早，与河东君居佘山之年月不合，而舒章书中所言崇祯六年癸酉之“张三”其非施子野亦甚明矣。然据《陈眉公集》所载《年谱》“万历三十五年丁未”条略云：

府君五十岁，得新壤于东佘。二月开土筑寿域，随告成。四月章工部公觐先生，割童山四亩相赠，遂构高斋，广植松杉。屋右移古梅百株，皆名种。后若徐若董，园圃相续。向有施公祠，亦一时效灵，而郡邑之礼香祭赛，并士女之游冶者，不之诸峰，而之东佘矣。

并子野《花影集·一·乐府·山园自述》自跋云：

余别业在西佘之阴，迩来倩女如云，绣弓窄窄。冶游儿乌帽黄衫，担花负酒，每至达旦酣歌，并日而醉。

及同书三《西佘山居记》云：

每值春时，为名姬闺秀斗草拾翠之地。

是佘山一隅乃文士名姝游赏之盛地。后来河东君又卜居其处，要非无因也。总之，舒章书中之“张三”，甚难确指为施子野。但以子野与佘山有关，即间接与河东君卜居其地亦有关。故略论及之，以备一重公案云尔。

又，舒章此书所言诸点，今难详知。然至少与卧子纳妾蔡氏一事，必有关系。因卧子于《自撰年谱》此年言：“文史之暇，流连声酒。”观其此年绮怀诸作，可以证其不虚。李舒章《蓼斋集·二五》有《卧子纳宠于家身自北上复阅女广陵而不遇也寓书于余道其事因作此嘲之（七律）》一首。此诗后又载《怀卧子》诗一首，有句云“可怜一别青霜后”，则知蔡氏非卧子满意之人，故“纳宠于家，身自北上，复阅女广陵”也。卧子既不满意蔡氏，则纳以为妾，必出其妻张孺人之意。盖所以欲借此杜绝其夫在外“流连声酒”之行动。用心虽苦，终不生效，虽甚可笑，亦颇可怜。舒章所谓“使人妇家勃溪”乃事理所必至，自无足怪。“阿云”乃指河东君，详见第二章所考证。由此言之，凡《陈李倡和集》之大半及《属玉堂集》之一部分，所有绮怀诸诗，皆可认为与河东君有关，虽不中，亦不远也。

《秋潭曲》结句“同心夜夜巢莲子”之语，盖出《古今乐录·杨叛儿》第五首云：

欢欲见莲时，移湖安屋里。芙蓉绕床生，眠卧抱莲子。

卧子取河东君之姓氏与此歌名相结合，盖“杨叛儿”本亦作“杨伴儿”，歌之词意亦更相关联，颇为适切。“同心”二字尤情见乎辞矣。（参《乐府诗集·四九·杨叛儿》题。）王胜时有《和董含拂水山庄吊河东君二绝句》（见董含《三冈识略·六》“拂水山庄”条），其二云：

河畔青青尚几枝，迎风弄影碧参差。叛儿一去啼乌散，赢得诗人绝妙辞。

亦用此歌第二首“暂出白门前，杨柳可藏乌”之句，而胜时诗意复与此歌第六首云：

杨叛西随曲，柳花经东阴。风流随远近，飘扬闷侬心。

相关，殊为轻薄刻毒，大异于其师也。

复次，《分类补注李太白诗·四·乐府杨叛儿》云：

君歌杨叛儿，妾劝新丰酒。何许最关人，乌啼白门柳。乌啼隐杨花，君醉留妾家。博山炉中沉香火，双烟一气凌紫霞。

寅恪案：河东君后来易“杨”姓为“柳”，“影怜”名为“隐”。或即受太白诗之影响耶？据沈虬《河东君传》所云：“余于舟中见之（指杨爱）。听其音，禾中人也。”然则河东君之乡音，固是“疑”“泥”两母难辨者。其以音近之故，易“影怜”之“影”为隐遁之“隐”，亦无足怪矣。至若隐遁之义，则当日名媛，颇喜取以为别号。如黄皆令之“离隐”，张宛仙之“香隐”，皆是例证。盖其时社会风气所致。故治史者，即于名字别号一端，亦可窥见社会风习与时代地域人事之关系，不可以其琐屑而忽视之也。

详绎卧子《集杨姬馆中》诗题之意，似陈彭宋三人之集于河东君寓所，本欲置酒痛饮，以遣其愁恨。三人皆以微病不能饮酒，而河东君亦然。据此河东君平日之善饮可以推见也。程嘉燧《耦耕堂存稿诗·中·朝云诗（七律）八首》，此诗亦为河东君而作者。其第二首云：

拣得露芽纤手瀹，悬知爱酒不嫌茶。

则河东君之善饮足以为证。又，《有学集·九·红豆诗初集·采花酿酒歌示河东君》诗并序略云：

> 戊戌中秋日天酒告成，戏作采花酿酒歌一首，以诗代谱。其文烦，其辞错，将以贻世之有仙才，具天福者。非是人也，则莫与知而好，好而解焉。

长干盛生贻片纸，上请仙客枕膝传。（遵王《注》本“请”作“清”。）老夫捧持逾拱璧，快如渴羌得酒泉。归来夜发枕中秘，山妻按谱重注笺。却从古方出新意，溲和齐量频节宣。东风泛溢十指下，得其甘露非人间。（“得其甘露”遵王《注》本作“得甘露灭”。）

《有学集·八·长干塔光集·金陵杂题绝句二十五首继乙未（丙申？）春留题之作》，其第二十首云：

面似桃花盛茂开，隐囊画笥日徘徊。郎君会造逡巡酒，数笔云山酒一杯。（自注云：“盛叟字茂开，子丹亦善画。常酿百花仙酒以养叟。”）

同书二十《小山堂诗引》云：

比游钟山，遇异人，授百花仙酒方。采百花之精英以酿酒，不用曲糵，自然盎溢。

陈伯雨（作霖）《金陵通传·一四·盛鸾传》附《宗人盛胤昌传》云：

宗人胤昌，字茂开，工画。持身高洁，年几九十，行步如少壮时。胤昌子丹，字伯含。山水法黄筌，尝作秋山萧寺图，与弟琳空山冒雨图称二妙。琳字玉林，每当春日，酿百花酒以养亲。胤昌顾而乐之。

《有学集·一九·归玄恭恒轩集序》略云：

丙申闰五月余与朱子长孺屏居田舍。余翻《般若经》，长孺笺杜诗，各有能事。归子玄恭俨然造焉。余好佛，玄恭不好佛。余不好酒，而玄恭好酒。两人若不相为谋者。玄恭作《普头陀传》，高自称许。把其本向长孺曰，杜二衰晚腐儒，流落剑外，每过武侯祠屋，叹卧龙无首，用耿邓自比。归玄恭身长七尺，面白如月，作《普头陀传》，胸中逼塞未吐一二，遂惊倒世上人耶？（寅恪案：同书五《绛云余烬集·下·冬夜假我堂文宴诗·和归玄恭（七律）》一首，后四句云：“何处青蛾俱乞食，几多红袖解怜才。后堂丝竹知无分，绛帐还应为尔开。”附自注云：“是日女郎欲至，戏以玄恭道学辞之。来诗以腐儒自解，故有斯答。”牧斋此诗作于顺治十一年甲午阳月二十八日，《恒轩集序》作于顺治十三年丙申闰五月，故序有“杜二腐儒”之语，乃指甲午冬假我堂文宴时事也。）

《牧斋外集·二五·题邓肯堂劝酒歌》（寅恪案：邓林梓，字肯堂，常熟人。事迹见王应奎《柳南随笔》一及六有关邓肯堂等条。）云：

东坡自言饮酒终日，不过五合，而谓天下之好饮，无在予上者。（可参《初学集·四·归田诗集·下·谢于润甫送酒》诗：“我饮不五合，颇知酒中味。”之句。）后人掇拾东坡全集，以王无功《醉乡记》羼入其中，岂非以东坡慨慕东皋，庶几友其人于千载，其妙于酒德有相似者欤？予酒户略似东坡，顷又以病耳戒酒，读肯堂诗，浩浩然，落落然，如与刘伶毕卓辈执杯持耳，拍浮酒池中也。他时有编余诗者，将此首编入集中，余方醉眼模糊，仰天一笑，安知其非余作也。

《牧斋尺牍·上·与侯月鹭（性）四通》之二（寅恪案：侯性事迹见《小腆纪传·三六》本传及《牧斋尺牍·上·与侯月鹭》诸札）云：

秋间欲得洞庭葡萄酿酒，苦不能得其熟候。彼时得多饷，以酬润笔。知不厌其贪也。内子辱深念，并此驰谢。

然则河东君不仅善饮，更复善酿。河东君之“有仙才”，自不待言。至于“具天福”，则殊难言。据上引《题邓肯堂劝酒歌》《恒轩集序》及复侯月鹭札，是牧斋不善饮，而河东君善饮。河东君之“具天福”，或可言具此善饮之“天福”耶？若牧斋者，虽不具此善饮之“天福”，但能与具此善饮之“天福”者，相对终老，殆亦可谓具艳福之人矣。

复次，全谢山（祖望）《鲒埼亭外集·三三·钱尚书牧斋手迹跋》略云：

尚书手迹共十幅，在冯研祥家，皆与冯氏群彦往还者。第十幅云：“春宵一刻，先令细君满引一杯，以助千金之兴。”细君指柳氏也。予闻之周鄮山谓牧斋年六十四，（寅恪案：当作“六十”。此误。）柳氏年二十四归之。客有访之者，柳氏出侑酒，依然旧日风流。观此笺并前索酒札，知柳氏固酒徒。黄忠烈公见诸弟子有与女校书诗者，辄戒之。牧斋跌荡乃至于此，宜其有“浪子燕青”之诮。

寅恪案：冯研祥者，冯开之（梦祯）孙文昌之字。冯氏一家与牧斋交谊深厚，研祥又为牧斋弟子，故其关系尤为密切。（见《初学集·五一·南京国子监冯公墓志铭》，并可参《牧斋尺牍·一·与冯秋水札》云：“西浙俊髦，无如冯（文昌）、范（骧）。研祥落落竹箭，文白亭亭明玕。”又，葛万里《牧斋先生年谱》“顺治七年庚寅”条云：“同行有冯范研祥。”误以“冯范”为一人。殊不知“冯”固为文昌之姓，“范”则指浙江海宁范骧字文白号默庵之人而言也。文白事迹见光绪修《杭州府志·一四五·范骧传》、杜登春《社事始末》、吴修《昭代名人尺牍小传·七》及震钧《国朝书人辑略·一》等。）《有学集·四六·跋酒经》云：

《酒经》一册，乃绛云楼未焚之书。五车四部书为六丁下取，独留此经，天殆纵余终老醉乡，故以此转授遵王，令勿远求罗浮铁桥下耶？余已得修罗采花法，酿仙家烛夜酒，将以法传之遵王。此经又似余杭老媪家油囊俗谱矣。

《有学集·十·红豆二集·酒逢知己歌赠冯生研祥》云：

老夫老大嗟龙钟。（遵王《注》本“大”作“夫”。）绿章促数笺天公。天公怜我扶我老，《酒经》一卷搜取修罗宫。山妻按谱自溲和，瓶盎泛溢回东风。世人餔糟歠醨百不解，南邻酒伴谁与同。昔年尝酒别劲正，南熏独数松圆翁。（“熏”误。注本作“董”，是。）此翁骑鲸捉月去我久，懵瞢四顾折简呼小冯。（下略。）

此跋作于顺治七年庚寅十月初二夜以后，此诗作于顺治十六年己亥，可与上引前一年，即顺治十五年戊戌所赋之《采花酿酒歌示河东君》诗相参证。据此，颇疑冯研祥家牧斋手迹《索酒》札即此第十幅，乃顺治十六年己亥所作也。周鄮山即周容，事迹见《鲒埼亭外集·六·周征君墓幢铭》。其人与牧斋往来颇密，可参《有学集·四四·叹誉赠俞次寅》（寅恪案：牧斋此文作“周茂山”），及鄮山所著《春酒堂诗话》关涉牧斋诸条。夫河东君之善饮，不独其天性使然，其环境实有以致之。盖歌筵绮席，酬酢周旋，若不善饮，岂能成欢？此乃事非得已，情尤可伤，而谢山转执闺门礼法之条，以相绳责，殆未免失之过泥矣。黄忠烈公即黄道周。“忠烈”者，明唐王所予谥也。（见《黄漳浦集》卷首洪思撰《黄子传》及《文明夫人行状》。清乾隆四十一年追谥道周为“忠端”，陈子龙则追谥“忠裕”，皆是专谥。若李待问则谥为通谥之“忠节”。谢山卒于乾隆二十年，自不及知“忠端”之谥。然揆以明代殉国诸人之心理，岂能甘受清廷之谥号？谢山称之为忠烈，甚合漳浦平生志业。至王兰泉编

《卧子全集》，其取今名者，盖所以避忌讳，免嫌疑，亦有不得已也。）卧子会试中式，实出石斋之门。（见卧子《自撰年谱·上》“崇祯十年丁丑”条。）卧子平生之诗为女校书如河东君而作者，亦甚不少，安能不为其师所戒乎？由此言之，卧子应与牧斋同科，谢山举此以讥牧斋，又未免失之过偏矣。

今日吾人幸得窥见河东君《戊寅草》，因取他种材料参证，遂得约略推定其中篇什作成之年月，并相与有关之人。复更取《陈忠裕全集》中《几社稿》《陈李倡和集》《属玉堂集》《平露堂集》《白云草》《湘真阁稿》及《诗余》等，综合推计之，则论陈、杨两人之关系，其同在苏州及松江者，最早约自崇祯五年壬申起，最迟至崇祯八年乙亥秋深止，约可分为三时期。第一期自崇祯五年至崇祯七年冬。此期卧子与河东君情感虽甚挚，似尚未达到成熟程度。第二期为崇祯八年春季并首夏一部分之时，此期两人实已同居。第三期自崇祯八年首夏，河东君不与卧子同居后，仍寓松江之时，至是年秋深离去松江，移居盛泽止。盖陈、杨两人在此时期内，虽不同居，关系依旧密切。凡卧子在崇祯八年首夏后，秋深前，所作诸篇，皆是与河东君同在松江往还酬和之作。若在此年秋深以后所作，可别视为一时期。虽皆眷恋旧情，丝连藕断，但今不复计入此三期之内也。兹选录陈、杨两人此三时期中最有关之作品原文，互相证发。其他最有关诸作，则仅录其题，以供参考。至《秋潭曲》、《集杨姬馆中二首》、《霜月行》第三首及《癸酉长安除夕》等篇，前已载其全文，不复移录焉。

复次，王氏编辑《陈忠裕全集·凡例》第二则略云：

诗文次序先后关乎生平梗概。如《采山堂》《几社稿》之作于庚午、辛未、壬申，《陈李倡和集》之作于癸酉甲戌，《平露堂集》之作于乙亥丙子，《白云草》《湘真阁稿》之作于丑寅卯辰，《焚余草》即《丙戌遗草》之作于乙酉丁亥。按之《年谱》，了如指掌。至各集原本古今体诗，或分或不分。今汇为全集，概行分体，而仍标各集之名，以存其旧。虽其中次序，间有淆乱，然亦不甚悬隔也。

及第四则云：

公词有《湘真阁》《江蓠槛》两种。国朝王阮亭（士祯）、邹程村（祗谟）诸先生极为推许。又曾选入《棣萼香词》《幽兰草》《四家词》。俱未之见。今录公高弟王胜时（沄）所辑《焚余草》，益以散见别本者数阕，汇成一卷，并略采前人评语附之。俾读者知公乐府亦为填词家正宗，如宋广平赋梅花，不碍铁石心肠也。

寅恪案：王氏虽明知“诗文次序先后，关乎平生梗概”，但其“汇为全集，概行分体”则不免“其中次序，间有淆乱”，故今据每篇题目及篇中词旨，以推计时日，则王氏所云某集作于某年者，虽“不甚悬隔”，然今日欲考河东君与大樽之关系，于此区区时日之间隔，实为重要。兹录下列诸诗，大体固依王氏原编次序。若发现题目或词旨有未安者，亦以鄙意改定，不尽同于王氏原编次序也。详绎王氏所编《全集》中诗文，其次序先后，实如其所言“不甚悬隔”。独“诗余”一类，则兰泉因未见原本，仅从王沄所辑《焚余草》，略附散见别本之数阕，编成一卷。《焚余草》中之词，虽是乙酉至丁亥（即顺治二年乙酉至四年丁亥。）三年中所作，其间当无与河东君有关者。但散见他本之词，则必应有涉及河东君之作。盖大樽《诗余》，摹拟

《花间集》《淮海词》，缘情托意，绮丽缠绵。观兰泉辑本，其中故国故君之思见于语句者不计外，尚有不少艳情绮怀之作。然则此类诗余似不止兰泉所言"散见别本者数阕"而已。岂胜时所辑之《焚余草》，其中亦羼入其师乙酉以前之旧作，而稍稍窜改，使人不觉其为河东君而作者耶？今日大樽词原本不得窥见。若仅就兰泉裒集残余之本，以考卧子与河东君之关系，实为不易也。又绎兰泉所编卧子《诗余》，其先后次序之排列，悉依字数多少而定，与作成时代绝无关系。如《二郎神》《唐多令》为卧子绝笔（据王沄《续卧子年谱》"顺治四年丁亥"条云："三月会葬夏考功，赋诗二章。又作《寒食》《清明》二词，先生绝笔也。"），今王氏辑本《二郎神》其次序为倒数第二首，至《唐多令》则为倒数第二十四首。即是例证。职此之故，兹所选录卧子《诗余》，其编列先后，乃依据河东君《戊寅草》所载诸篇什作成时间，参以鄙意考定。不若所录卧子之诗，其排列时代之先后，尚是约略依据王氏辑本也。

周铭《林下词选·柳隐小传》云：

柳隐，字如是。归虞山钱宗伯牧斋。所著有《戊寅草》，云间陈大樽为之序。

徐树敏、钱岳《众香词·书集·云队·柳是小传》略云：

初为云间陈大樽赏识，序其词问世。虞山（钱牧斋）百计纳为小星，称河东夫人。遗有《我闻堂（室）鸳鸯楼词》。

寅恪案：周氏谓陈大樽为河东君《戊寅草》作序。徐钱两氏谓大樽序河东君词，当即指《鸳鸯楼词》。今日得见河东君《戊寅草》钞本，其中有诗、词、赋三类，首载陈子龙序。序中所言者为诗，而不及词。不知是否别有《鸳鸯楼词》刊本，而大樽为之序，未敢断定，尚待详考。然取《林下词选》与《众香词》对勘，则徐钱两氏所选六首，较周《选》多《垂杨碧》一阕，其排列次序亦有不同，而文字更有差异。今取河东君《戊寅草》参校，则周《选》排列次第及文字皆与《戊寅草》符合，而《戊寅草》亦无《垂杨碧》一阕。可证周氏实选自《戊寅草》。徐钱两氏之选本不同于《戊寅草》及周《选》者，其所依据，或即鸳鸯楼之单刊本耶？至《垂杨碧》一阕，其出处尚待考索，未能确言。其词云：

空回首，�管榴笺依旧。裂却紫箫愁最陡，颠倒骞钗久。羡杀枝头豆蔻，闷杀风前杨柳。一夜金沟催叶走，细腰空自守。

今绎其词意，与《金明池·咏寒柳》词略同，恐是河东君离去卧子以后所赋，似非《鸳鸯楼词》中原有之作，殆为徐钱两氏从他本补入者。总而言之，无论《鸳鸯楼词》是否别有刊本，兹可推定者，《戊寅草》中所收之词，必包括《鸳鸯楼词》全部，或绝大部分在内。因《戊寅草》中诸词，皆是与卧子关系密切时所作。卧子于崇祯八年所赋诸诗，目为《属玉堂集》，河东君之以“鸳鸯楼”名其词，正是两人此时情景之反映也。

复次，考卧子平生文学，本属李、王一派，故深鄙宋诗。但于词则宗尚五代、北宋。兹不欲辨其是非，仅择录其有关论词之文，略见梗概。

陈卧子先生《安雅堂稿·二·三子诗余序》云：

诗余始于唐末，而婉畅秾逸极于北宋。然斯时也，并律诗亦亡。是则诗余者，匪独庄士之所当疾，抑亦风人之所宜戒也。然亦有不可废者，夫《风》《骚》之旨皆本言情，言情之作，必托于闺襜之际。代有新声，而想穷拟议。于是以温厚之篇，含蓄之旨，未足以写哀而宣志也。思极于追琢，而纤刻之辞来；情深于柔靡，而婉娈之趣合；志溺于燕媠，而妍绮之境出；态趋于荡逸，而流畅之调生。是以镂裁至巧，而若出自然，警露已深，而意含未尽，虽曰小道，工之实难。不然，何以世之才人，每濡首而不辞也？

同书同卷《王介人诗余序》（寅恪案：王翃，字介人。见《明诗综·二二》及《明词综·九·小传》。此序可参沈雄、江尚质编辑《古今词话·词品上·原起门》所引陈大樽语）云：

宋人不知诗而强作诗。其为诗也，言理而不言情，故终宋之世无诗焉。然宋人亦不免于有情也。故凡其欢愉愁怨之致，动于中而不能抑者，类发于诗余。故其所造独工，非后世可及。盖以沉至之思而出之必浅近，使读之者骤遇如在耳目之表，久诵而得沉永之趣，则用意难也。以嬛利之词，而制之实工炼，使篇无累句，句无累字，圆润明密，言如贯珠，则铸调难也。其为体也纤弱，所谓明珠翠羽，尚嫌其重，何况龙鸾？必有鲜妍之姿，而不藉粉泽，则设色难也。其为境也婉媚，虽以警露取妍，实贵含蓄，有余不尽，时在低回唱叹之际，则命篇难也。惟宋人专力事之，篇什既多，触景皆会，天机所启，若出自然。虽高谈大雅，而亦觉其不可废。何则？物有独至，小道可观也。

同书三《幽兰草词序》云：

自金陵二主，以至靖康，代有作者。或秾纤婉丽，极哀艳之情；或流畅澹逸，穷盼倩之趣。然皆境由情生，辞随意启，天机偶发，元音自成，繁促之中，尚存高浑，斯为最盛也。南渡以还，此声遂渺，寄慨者亢率，而近于伧武，谐俗者鄙浅而入于优伶，以视周、李诸君，即有“彼都人士”之叹。元滥填辞，兹无论已。

寅恪案：所可注意者，一为卧子言“北宋律诗亦亡”及“终宋之世无诗焉”，可见其鄙薄北宋之诗，至于此极。二为《幽兰草》乃集录李舒章、宋辕文及卧子三人唱和之词。颇疑几社诸名士为河东君而作之小令，即载是集中，惜今日未得见也。

又，今检《陈忠裕全集》及陈卧子《安雅堂稿》，不见有《戊寅草序》或《鸳鸯楼词序》。此殆为收辑卧子著作之人，如王沄辈早已删弃不录，遂使此两书皆未载。若今日吾人不得见《戊寅草》者，则卧子此序天壤间竟致失传矣。故全录之。

卧子《戊寅草序》云：

余览诗上自汉魏，放乎六季，下猎三唐。其间铭烟萝土之奇，湖雁芙蓉之藻，固已人人殊，而其翼虚以造景，缘情以趋质，则未尝不叹神明之均也。故读《石城》《京岘》《采菱》《秋散》之篇，与《宁墅》《麻源》《富春》之咏，是致莫长于鲍、谢矣。观《白马》《浮萍》《瑟调》《怨歌》之作，是情莫深于陈、思矣。至巉岩骏发，波动云委，有君父之思，具黯怨之志，是文莫盛于杜矣。后之作者，或短于言情之绮靡，或浅于咏物之宵昧，惟其惑于形似也。故外易而内伤，惟其务于侈靡也。故貌丽而神竭，此无论唐山班蔡之所不逮，即河朔汉南之才，雕思而多蒙密之失，深谋而益拟议之病，亦罕有兼者焉。故有媛远之略，而失在于整栗，此其流逸之患矣。有割曳之姿，而失在于壮溟，此其轻脱之患矣。夫言必诡以肆，气必傲以骋，文必奔腾而涌浏，义必澄泓而取寂，此皆非其至也。然可语于学士大夫之作，不可论于闺襟之什焉。乃今柳子之诗，（寅恪案：影宋本《白氏文集·三五》及《全唐诗·第七含·白居易三五·春尽日宴罢感事独吟》云：“春随樊子一时归。”卧子称河东君为“柳子”，盖本于此。冯应榴《苏文忠公诗合注·三八·朝云诗引》，亦作“樊子”。其他白集或他书所引，有作“樊素”者，误也。）抑何其凌清而瞷远，宏达而微恣与？夫柳子非有雄妙窅丽之观，修灵浩荡之事，可以发其超旷冥搜之好者也。其所见不过草木之华，眺望亦不出百里之内，若鱼鸟之冲照，驳霞之明瑟，严花肃月之绣染，与夫凌波盘涡，轻岚昼日，蒹葭菰米，冻浦岩庵烟火之袅袅，此则柳子居山之所得者耳。然余读其诸诗，远而恻荣枯之变，悼萧壮之势，则有旻（曼）衍漓槭之思，细而饰情于潴者蜿者，林木之芜荡，山雪之修阻，则有寒澹高凉之趣，大都备沉雄之致，进乎华骋之作者焉。盖余自髫年，即好作诗，其所见于天下之变亦多矣。要皆屑屑，未必有远旨也。至若北地创其室，济南诸君子入其奥，温雅之义盛，而入神之制始作，然未有放情晅妍，即房帷亦能之矣。迨至我地，人不逾数家，而作者或取要妙，柳子遂一起青琐之中，（寅恪案：《世说新语·惑溺篇》“韩寿美姿容”条云：“贾女于青琐中看见寿。”卧子以“青琐”代“青楼”，藉以掩饰河东君之社会地位。遣辞巧妙，用心良苦，特标出之，以告读者。余详第四章《论有美》诗节引《戊寅草》序文中鄙注。）不谋而与我辈之诗，竟深有合者，是岂非难哉？是岂非难哉？因是而欲以水竹之渺蒙，庭阶之荟蘙，遂可以伏匿其声援，而震怵其意气，此实非矣。庶几石林淙舍之寂，桂栋药房之艳，天姥玉女，海上诸神山之侈以巨，使柳子游而不出焉者可也。夫灵矫绝世之人，非有以束之，固不可。苟天下有以束之，亦非处子最高之致也。则意者挟沧溟之奇，而坚孤栖之气乎？夫道之不兼，斯遇之不两得者也。故舍飙驰而就淡漠，亦取其善者而已。使繇是焉，寰中之趣，其亦可眇然而不睹也夫。陈子龙题。

寅恪案：卧子推重河东君之诗，举北地济南诸家为说，引之以为同调。可知河东君之诗，其初本属明代前后七子之宗派，应亦同于卧子深鄙宋代之诗者。但后来赋《寒柳》词，实用东坡七律之语。至其《与汪然明尺牍》，亦引用苏诗，皆属北宋诗之范围，更无论矣。据此推之，足征河东君虽先深受卧子之影响，后来亦渐能脱离其宗派教条主义也。

第一期

前录卧子《癸酉长安除夕》诗，依据“去年此夕旧乡县，红妆绮袖灯前见。”等句推论卧子至迟在崇祯五年除夕，已遇见河东君。但在崇祯五年除夕以前，似更有其他诗词为河东君而作者，今详检《陈忠裕全集》，颇有可能为河东君而作之篇什。然终嫌证据未甚充分，不敢确定。兹姑择其最有关之作，略论之如下。

卧子崇祯五年壬申春间所作如《春昼独坐感怀》（《陈忠裕全集·六·几社稿》）及《柳枝词（七绝）四首》（同书一九《几社稿》）。夏间所作如《生日偶成（七律）二首》（同书一五《几社稿》）皆有为河东君而作之可能。《春昼独坐感怀》

诗中“白云过我居”及“谢客翻倒屣”等句，颇有可疑。《柳枝词》第二首“吴阊荡雨湿三眠”，第三首“淡引西陵风雨条”，第四首“妖鬟十五倚身轻”等句，亦与河东君当时情事适合，甚可注意。《生日偶成二首》之二云：“闭门投辖吾家事，与客且醉吴姬楼。”此“吴姬”，岂即指河东君而言耶？但以皆无明显证据，姑附记题目，及可疑之语句，以待将来之发覆耳。惟崇祯五年冬季卧子所赋《吴阊口号十首》之中，其最后三首，实不能不疑其为河东君而作。兹择录六首分别论之。

此十首诗可注意者有两点。一为所咏之女性，非止一人。除河东君外，其所咏之人，必与万寿祺有关。今所见万年少《集》，皆无此时期之作品，故甚难考定。二为此十首诗作于崇祯五年冬季，大约是十月间。其时卧子与年少俱在苏州为狭邪之游，而卧子意中之人，则不久将离苏他适也。

其一云：

衰柳寒雅天四垂，严霜纤月滞归期。已无茂苑千金笑，不许伤春有所思。

其五云：

远视红酣滟滟扶，近看无复掌中娱。楚王宫里原难入，检点腰肢必减厨。

其七云：

万子风流自不群，卢家织锦已纷纭。可怜宋玉方愁绝，徒为襄王赋楚云。（原注：“万子谓年少也。”）

其八云：

何妨放诞太多情，已幸曾无国可倾。却信五湖西子去，春风空满阖闾城。

其九云：

传闻夜醮蔡经家，能降乘鸾萼绿华。莫似红颜同易散，馆娃宫外尽烟霞。

其十云：

各有伤心两未知，尝疑玉女不相思。芝田馆里应惆怅，枉恨明珠入梦迟。

寅恪案：第一首“已无茂苑千金笑，不许伤春有所思”与第八首“却信五湖西子去，春风空满阖闾城”及第九首“莫似红颜同易散，馆娃宫外尽烟霞”等句，实同一意。盖谓美人将去苏州，即《世说新语·政事类》“王丞相拜扬州”条，“君出，临海便无复人”之旨。此美人必非第五首所咏杨玉环式之人。此肥女当是年少所眷念者，而与顾云美《河东君传》“结束俏利”者，迥异也。第八、九、十，三首皆为河东君而作。“放诞多情”乃河东君本色，自不待言。第十首即最后一首，为卧子作《吴阊口号》主旨所在。此首第二句与下两句，从《文选·一五》张平子《思玄赋》“载太华之玉女兮，召洛浦之宓妃”之语蝉蜕而来。“玉女”依李善《注》，即《列仙传·下》，字玉姜之毛女，与宓妃同指一人。而诗语上、下二段，脉络贯通，不独足以见卧子之才华，并可推知其于昭明选理，固所熟精也。“芝田馆里应惆怅，枉恨明珠入梦迟”两句，乃用尤袤本《文选·一九》曹子建《洛神赋》“秣驷乎芝田”“或采明珠”及李善《注》引记曰：“（曹）植还，度轩辕，少许时，将息洛水上……（甄后）遣人献珠于王。王答以玉佩。”并同书二九张平子《四愁诗》之三“美人赠我貂襜褕，何以报之明月珠”之句。（“美人”二字暗指河东君之名。）又参以同书一九宋玉《神女赋》“寐而梦之”“复见所梦”等为第一出典。《李义山诗集·上·可叹（七律）》“宓妃愁坐芝田馆，用尽陈王八斗才”等句，为第二出典。《温庭筠诗集·七·偶题》云：“欲将红锦段，因梦寄江淹”等句，为第三出典。颇疑此时河东君以诗篇投赠卧子，而卧子深赏之也。“入梦”之“明珠”，即“因梦寄江淹”之“红锦段”也。（可参前论宋征璧《秋塘曲》“因梦向愁红锦段”句。）此“洛神”自是卧子所属意者，与第五首所咏难入楚宫之女，非同一人，辞旨甚明。故可依此决定卧子此十首所咏，不止一人也。又有可注意者，即第九首中言及此美人所以将离苏他去之理由。此诗上两句“传闻夜醮蔡经家，能降乘鸾萼绿华”之典故，乃用葛洪《神仙传·七·麻姑传》及陶宏景《真诰·一·运象篇》“萼绿华”事，并《文选·一九》宋玉《高唐赋》“醮诸神”语。本极寻常，似无深意。但下接“莫似红颜同易散，馆娃宫外尽烟霞”两句，则是此仙女因往“蔡经”家之故，遂离去苏州也。据此可见“蔡经”之家，必不在苏州，而在苏州之近旁。然则此“蔡经”果为何人耶？前论宋让木《秋塘曲序》中河东君寿陈眉公诗，曾及眉公生日时，祝寿客中，多有当时名姝。又论卧子《癸酉长安除夕》诗，引陈梦莲撰其父眉公年谱，谓天启七年眉公七十生日时，“远近介觞者，纨绮映带，竹肉韵生”。据此可以推见眉公平时生日祝寿客中之成分。卧子作《吴阊口号十首》，约在崇祯五年十月，眉公生日在十一月初七日，意者卧子赋诗之时，距眉公生日不远，河东君将离苏州，前往松江之佘山，即眉公所居，祝其七十五岁生日。遂卜居佘山，不返苏州。故卧子有王茂弘“临海无复人”之感也。《陈忠裕全集·二十·诗余·乳燕飞》云：

琼树红云漉，彩虹低护花梢泻，腻凉香浴。珊枕柔乡凝豆蔻，款款半推情慶。更小语不明深曲。解语夜舒莲是药，生憎人梦醒皆相属。凤箫歇，停红玉。

娇莺啼破东风独，移来三起阊门柳，馆娃遗绿。栽近妆台郎记取，年年双燕来逐。云鬟沉滑藏雅足。漫折樱桃背人立，倚肩低问麝衾馥。浑不应，强他续。

则此词中人乃“移来三起阊门柳，馆娃遗绿”，故原是从苏州迁来松江者。故颇疑河东君崇祯五年冬自苏州往松江祝陈眉公之寿，因留居其地。前引钱肇鳌之书，谓河东君见逐周氏，鬻于娼家，但未言娼家在何处。今以吴江苏州地域邻接，及崇祯四年五年时间连续之关系推之，则河东君被鬻之娼家，恐当在苏州也。卧子《诗余》中又有《玉蝴蝶·咏美人》一阕，其中有“才过十三春浅”之语。疑亦是河东君自苏迁松不久时所赋，当是崇祯六年春间也。因附录于下：

才过十三春浅，珠帘开也，一段云轻。愁绝腻香温玉，弱不胜情。绿波泻，月华清晓；红露滴，花睡初醒。理银筝，纤芽半掩，风送流莺。

娉婷，小屏深处，海棠微雨，杨柳新晴。自笑无端，近来憔悴为谁生。假娇憨，戏揉芳草；暗伤感，泪点春冰。且消停，萧郎归去，莫怨飘零。

崇祯六年卧子为河东君所作诸诗，其重要者，如《秋潭曲》《集杨姬馆中》及《癸酉长安除夕》等篇，前已移录全文，并附考证外，兹再录此年所作关系河东君重要之诗数首于下。

《陈忠裕全集·十·陈李倡和集·予偕让木北行矣离情壮怀百端杂出诗以志慨（七古）》云：

高秋九月露为霜，翻然黄鹄双翱翔。云途窈窕星苍茫，下有江水清淮长。

嗟予远行涉冀方，嵯峨宫阙高神乡。良朋徘徊望河梁，美人赠我酒满觞。

欲行不行结中肠，何年解佩酬明珰。高文陆离吐凤凰，江南群秀谁芬芳。

河干薄暮吹红裳，纫以芍药羞青棠。何为弃此永不忘，日月逝矣心飞扬。

旌旗交横莽大荒，圣人劳劳在未央。欲持中诚依末光，不然奋身击胡羌。

勒功金石何辉光，我其行也无彷徨，感君意气成文章。

寅恪案：《顾氏文房小说》本《古今注下·问答释义第八》略云：

牛亨问曰：将离别相赠以芍药者何？答曰：芍药一名可离。故将别以赠之。欲蠲人之忿，则赠之青堂。（寅恪案：《本草纲目·三五·下·木之二》“合欢”条，引《古今注》作“青裳”。自是误字。“青堂”亦难通。今《佩文韵府》作“青棠”，疑是《韵府群玉》原本如此，“棠”字较合理，卧子遂依之耳。）青堂一名合欢，合欢则忘忿。

又，卧子此首七言古诗，可与上引舒章《致卧子书》参证。诗中之“美人”自是河东君，不待多论。卧子之“离情壮怀，百端杂出”之离情，即为河东君而发。“壮怀”则卧子指其胸中经世之志略。此当日东南党社诸名士所同具之抱负，匪独卧子一人如是也。假使卧子此次北行，往应崇祯七年甲戌之会试而中式者，则后来与河东君之关系，或能善终。因卧子崇祯七年会试失意而归。虽于次年春间得与河东君短时同居，然卒以家庭复杂及经济困难之关系，不得不割爱离去。故今日吾人读此诗，始知相传世俗小说中，才子佳人状元宰相之鄙恶结构，固极可厌可笑，但亦颇能反映当日社会之一部分真象也。

又，河东君《戊寅草·送别》其一云：

念子久无际，兼时离思侵。不自识愁量，何期得澹心。要语临歧发，行波托体沉。从今互为意，结想自然深。

其二云：

大道固绵丽，郁为共一身。言时宜不尽，别绪岂成真。众草欣有在，高木何须因。纷纷多远思，游侠几时论。

寅恪案：此两诗依据《戊寅草》排列先后推计，当是崇祯六年之作。此题又列在《初夏感怀四首》之后，《听钟鸣》及《落叶》两题之前。故疑河东君此《送别》诗乃崇祯六年癸酉秋间送卧子北行会试之作。杨之“要语临歧发”，即陈之“何年解佩酬明珰”。杨之“游侠几时论”，即陈之“不然奋身击胡羌”。其他两人诗句中辞意互相证发者，不一而足，无待详举。然则卧子获读此送别之作，焉得不“离情壮怀，百端杂出”耶？

抑更有可论者，《陈忠裕全集·七·属玉堂集》载《录别（五古）四首》。虽据卧子《自撰年谱》“崇祯八年乙亥”条末云：“是岁有《属玉堂集》。”但此诗题下自注云：“计偕别友吴中作四首。”其第二首有“九月霜雁急”之句。又据卧子《自撰年谱》“六年癸酉”条云：“季秋偕尚木诸子游京师。”及“崇祯九年丙子”条略云：“复当计偕。冬尽始克行。”故知此《录别》诗乃是六年，而非九年所作也。

卧子之《录别》诗，殆即答河东君《送别》诗者。兹录其全文于下。读者详绎诗中辞旨，益知卧子此次北行，其离情壮怀之所在矣。

其一云：

悠悠江海间，结交在良时。意气一相假，羽翼无乖离。胡为有远别，徘徊临路歧。庭前连理树，生平念华滋。一朝去万里，芬芳终不移。所思日遥远，形影互相悲。出门皆兄弟，令德还故知。我欲扬清音，世俗当告谁。同心多异路，永为皓首期。

其二云：

揽袪临大道，浩浩趋江湖。九月霜雁急，云物变须臾。非不执君手，情短无欢娱。送我以朔风，中肠日夜孤。万里一长叹，流光催贱躯。往路日以积，来者犹未殊。晨风转秋落，怀哉在根株。猛虎依松柏，锦衾恋名姝。苟执心所尚，在物犹区区。眷焉山川路，巧笑谁能俱。

其三云：

黄鹄怨晨风，吹君天一方。别时仅咫尺，谁知归路长。行役惨徒御，霜落沾衣裳。迢迢斗与牛，望望成他乡。锦衾与角枕，不复扬辉光。岂无盛年子，云路相翱翔。明月知我心，兰蕙知我芳。难忘心所欢，他物徒悲伤。

其四云：

今日逝将别，慷慨为一言。豫章生高冈，枝叶相婵媛。一朝各辞去，雕饰为君门。良材背空谷，慰彼盘石根。我行一何悲，所务难具论。非慕要路津，亮怀在飞翻。含意苟不渝，万里无寒温。勖君长相思，努力爱兰荪。常使馨香发，驰光来梦魂。

复次，崇祯六年癸酉春间卧子作品中，颇多有为河东君而作之痕迹。盖河东君已于崇祯五年壬申冬，由苏州迁至松江矣。兹不欲多所移写，惟录此年春间最有关之两题，并取其他诸首中语句，略论之如下。

《陈忠裕全集·一五·陈李倡和集·补成梦中新柳诗（七律）》云：

春光一曲夕阳残，金缕墙东小苑寒。十样纤眉新斗恨，三眠轶女正工欢。无端轻薄莺窥幕，大抵风流人倚栏。（自注："二语梦作。"）太觉多情身不定，莫将心事赠征鞍。

寅恪案：卧子此诗乃为河东君而作。自无疑义。今唯唤起读者注意一事，即后来河东君于崇祯十三年庚辰十二月二十六日迎春日与牧斋泛舟东郊后，所作之《春日我闻室作呈牧翁（七律）》（见《东山酬和集·一》）"此去柳花如梦里"及"东风取次一凭栏"等句，与卧子此诗有关。俟后详论。卧子此时眷恋河东君如此，岂所谓"求之不得，寤寐思服"者耶？

《陈忠裕全集·一九·属玉堂集·青楼怨（七绝）二首》云：

灯下鸣筝帘影斜，酒寒香薄有惊鸦。含情不语春宵事，月露微微尚落花。

紫玉红绡暖翠帷，夜深犹绾绿云丝。独怜唱尽金缕曲，寄与春风总不知。

寅恪案：此题虽列在《属玉堂集》中，然其后第七题为《渡江》，有"落叶纷纷到玉京"及"北雁背人南去尽"之句，第八题为《江都绝句同让木赋》故知《青楼怨》乃在崇祯六年癸酉九月卧子偕宋征璧赴京会试以前，大约是六年春季所赋。此题二首虽是摹拟王龙标之体。然第一首有"影"字，第二首有"怜"字，则其为河东君而作，可无疑也。《陈忠裕全集·一五·陈李倡和集》又有《春游（七律）八首》，其中多有“云”字，又有“杨”“影”等字，此八首既是绮怀之作品，复载河东君之姓名，则卧子此时之情绪可以想见也。同书一九《陈李倡和集·清明（七绝）四首》之三云“今日伤心何处最，雨中独上窈娘坟”，可与河东君《戊寅草·寒食夜雨十绝句》之五云“想到窈娘能舞处，红颜就手更谁知”互相证发，则其为河东君而作，抑又可知。前论宋让木《秋塘曲》时，已及之矣。又《陈忠裕全集·一五·属玉堂集·梦中吹箫》云“鄂君添得兰桡恨，近过扬州明月桥”，及《至后三首》之三云“梦回午夜人如玉，春到江东花满城”，并同书十《属玉堂集·寒夜行兼忆舒章（七古）》云“颇思归拥春风眠，十三雁柱秦筝前”等句，皆卧子崇祯六年往北京会试途中及抵京所作。其在扬州阅女而不当意（李雯《蓼斋集·二五》有《卧子纳宠于家身自北上复阅女广陵而不过也寓书于予道其事因作此嘲之（七律）》云：“茂陵不与临邛并，更语相如莫浪求。”寅恪案：舒章诗用《西京杂记·三》“（司马）相如将聘茂陵人女为妾，卓文君作《白头吟》以自绝，相如乃止”之故实，可以参证。此临邛即卓文君，殆目河东君而言。若指张孺人，则恐过于唐突矣），故尤眷想河东君不去于怀，即前引舒章诗所谓“知君念窈娘”者也。

复次，六年冬更有可注意之诗一篇，移录于后。

《陈忠裕全集·七·属玉堂集·寒日卧邸中让木忽缄腊梅花一朵相示此江南篱落间植耳都下珍为异产矣感而赋之（五古）》云：

天寒岁方晏，朔土风无时。有客驰缄素，中更尺一辞。室迩人则远，何以寄乖离。启缄灿孤英，炯然见寒姿。问谁植此卉，戚里扬葳蕤。温室张锦幕，玉手云所私。常因清风发，怀佩慰朝饥。紫萼摘玄鬓，金屋分香缡。我家大江南，万树冰霜枝。缅想山中人，日暮对樊篱。丰容貌邛壑，冉冉羞华滋。一朝媚帝里，婉娈先春期。微物欣所托，令人长相思。

寅恪案：此篇前一题为《杂感》。其第二首有“仲冬日易晦”之句。知此篇乃崇祯六年冬卧子偕宋征璧旅居京师，待应次年春会试之时所作。篇中所言，大约因宋氏缄示帝里之腊梅，为玉手所私，金屋所分者，遂忆及江南故乡，感物怀人，不觉形诸吟咏耳。殊可注意者，此篇之后，即接以《旅病》一题。综观卧子集中，凡关涉河东君离情别绪之作，其后往往有愁病之什，俟后论之。兹即此一端而论，亦足见卧子乃“琅邪王伯舆，终当为情死”者（见《世说新语·任诞类》“王长史登茅山”条），然陈、杨因缘卒不善终，谁实为之，孰令致之，悲夫！

今检河东君《戊寅草》，崇祯六年所作之诗词颇不少，其与卧子有关者，古诗、乐府及词，则俟后论之，诗则有明显证据如《寒食雨夜十绝句》与卧子《陈李倡和集》中《清明四绝句》之关系等，前已论及，兹不复赘。其他诸诗，读者可取两人所作，其时间及题目约略相近及类似者，详绎之，中间相互之影响，亦能窥见也。

崇祯七年甲戌春卧子会试下第归乡后，既不得志，自更致力于文字。据卧子《自撰年谱·上》“崇祯七年甲戌”条云：

春复下第罢归。予既再不得志于春官，不能无少悒悒。归则杜门谢客，寡宴饮，专志于学矣。是岁作古诗、乐府百余章。

但检卧子此年所作其绮怀之篇什，明显为河东君而作者颇多。又取河东君《戊寅草》中古诗、乐府与卧子此年所作，其题目相同者，亦复不少。然则卧子之古诗、乐府，仍是与河东君有关也。兹略论述之于下。

卧子《属玉堂集·拟古诗十九首》（《陈忠裕全集·七》）。河东君《戊寅草》首载《拟古诗十九首》。今检《戊寅草》诸诗排列次序，大抵依作成之时间先后。河东君崇祯六年后所作诗，反列于《拟古诗十九首》之后者，盖自昔相传《古诗十九首》为枚乘所作。《昭明文选》亦因袭旧说，列之于李陵之上。其意实推之为五言之祖。（参《文选·二九·古诗十九首》李善《注》。）河东君集首载《拟古诗十九首》者，殆即斯旨，非以作成之时间，在崇祯六年以前。然则陈、杨两人集中，同有此题，明是同时所作，即崇祯七年所作也。此外可决定两人乐府、古诗皆在七年所作者，有《长歌行》《剑术行》。兹择录卧子《长歌行》与河东君《剑术行》于后，聊见两人酬咏相互之关系云尔。

卧子《长歌行》（《陈忠裕全集·四·属玉堂集》）云：

绮绮庭中树，春至发华滋。迟我羲和驾，念子好容姿。秋风不能待，仍随众草衰。托身时运中，一往各成悲。亮怀千秋志，盛名我所师。

仙人餐沆瀣，肌体何馨香。手持五岳行，下袭素霓裳。携手同一游，尘世三千霜。弱龄好辞翰，宛转不能忘。时诵宝鸿（鸿宝）书，谐戏群真乡。忘言违至道，罚我守东厢。

白云横仲秋，昭昭明月心。清光袭素衣，徘徊露已深。明灯鉴遥夜，宿鸟惊前林。所思日万里，临风为哀吟。河梁一闲之，在远不能寻。摘我琼瑶佩，绕以双南金。常恐馨香歇，无时寄清音。畴昔一长叹，使我悲至今。

河东君《长歌行》（《戊寅草》）云：

变濯谷中翮，宵房有余依。念子秋岩际，炫炫西山微（薇）。绥鸟悲不回，毖草狎轻葳。盛时弄芳色，陷势无音徽。我思抱犊人，翻与幽虫微。

仙人太皎练，华髻何翩然。混遁东蒙文，光策招神渊。登此玄陇朔，读此秘宝篇。玄台拔嗜欲，握固丹陵坚。何心乘白麟，吹妙璚凤烟。灵飞在北烛，八琅弹我前。

夙昔媚华盛，明月琅玕苍。鳞枝发翠羽，双镜芙蓉光。自谓坚绸缪，翔协如笙簧。至今扬玉质，更逐秋云长。蕤蕤杂花凤，皎皎照绮鸯。朱弦勿复理，林鸟悲金塘。怅矣霜露逼，灵药无馨香。望望西南星，独我感乐方。

杨、陈两人崇祯七年所作近体诗之有相互关系者，择录数题于下。

河东君《五日雨中》（《戊寅草》）云：

苍茫倚啸有危楼，独我相思楼上头。下杜昔为走马地，阿童今作斗鸡游。（自注云：“时我郡龙舟久不作矣。”）兰皋不夜应犹艳，明月为丸何所投。家近芙蓉昌歜处，怜予无事不多愁。

卧子《五日》（《陈忠裕全集·一五·属玉堂集》）云：

液池漫漫晓风吹，昌歜芙蓉绿满枝。三殿近臣齐赐扇，六宫侍女尽联丝。采虫玉树黄娥媚，斗草金铺红药宜。莫忆长安歌舞地，独携樽酒吊江蓠。

吴天五月水悠悠，极目烟云静不收。拾翠有人卢女艳，弄潮几部阿童游。珠帘枕簟芙蓉浦，画桨琴筝舴艋舟。拟向龙楼窥殿脚，可怜江北海西头。

卧子《平露堂集》又有《五日（七律）二首》（《陈忠裕全

集·一六》）云：

繁香杂彩未曾收，五月清晖碧玉楼。丽树浓阴宜斗草，疏帘宿雨戏藏钩。王孙条达萦金缕，小妾轻罗染石榴。自有新妆添不得，可无双燕在钗头。

画槛芙蓉一夜生，吴城雨过百花明。兰香珠幌通人远，麝粉金盘入手成。清暑殿颁纨扇丽，避风台试绛绡轻。遥传烟火回中急，更赐灵符号辟兵。

若取河东君之作与卧子《属玉堂集》中《五日》第二首相较，则两人之诗所用之韵同，所用之辞语如“阿童游”及“芙蓉昌歜”等亦同，似为两人同时所作。至卧子《平露堂集》中《五日二首》，第一首“疏帘宿雨戏藏钩”及第二首“吴城雨过百花明”等句，虽与河东君《五日雨中》之题有所符合，但仍疑是卧子崇祯八年之作品。盖“五日”天气往往有雨，或者七年、八年五日皆有雨，而七年特甚耳。

《牧斋有学集·一三·东涧诗集·下·病榻消寒杂咏四十六首》之十三云：

纱縠禅衣召见新，至尊自贺得贤臣。都将柱地擎天事，付与搔头拭舌人。内苑御舟恩匼匝，上尊法酒赐逡巡。按图休问卢龙塞，万里山河博易频。（自注：“壬午五日鹅笼公有龙舟御席之宠。”）

寅恪案：牧斋卒于康熙三年甲辰五月二十四日。此诗当为此年五日病中感忆旧事而作，距卒前仅二十日耳。夫牧斋平生最快意之事，莫过于遇河东君。故有《病榻消寒杂咏四十六首》之三十四《追忆庚辰冬半野堂文宴旧事》之作。其最不快之事，则为与温、周争宰相而不得，故亦有此作。卧子《五日》之诗言及当日京朝之事，牧斋此诗亦复如此，虽所咏有异，时代前后尤不相同。然三百年前士大夫心目中之人事恩仇，国家治乱之观念，亦可藉以推见一斑矣。因并附录于此。

崇祯七年甲戌陈、杨两人作品之互有关系者，除前所论述诸篇外，卧子此年所赋诗中，其为河东君而作者，亦颇不少。如《陈忠裕全集·十·甲戌除夕（七古）》略云“去年犹作长安客，是时颇忆江南春。惟应与客乘轻舟，单衫红袖春江水”等，即是其例。兹更录数篇，借此可见卧子钟情河东君，一至于此也。

《陈忠裕全集·一五·属玉堂集·水仙花（七律）》云：

小院微香压锦茵，数枝独秀转伤神。仙家瑶草银河近，侍女冰绡月殿新。捣玉自侵寒栗栗，弄珠不动水粼粼。虚怜流盼芝田馆，莫忆陈王赋里人。

寅恪案：此首后有《孟冬之晦忆去年方于张湾从陆入都二首》。故知此《水仙花（七律）》乃七年冬所作。末二句可与前引五年冬《吴阊口号（七绝）》第十首后二句“芝田馆里应惆怅，枉恨明珠入梦迟”相参证也。

《陈忠裕全集·一五·属玉堂集·腊日暖甚过舒章园亭观诸艳作并谈游冶二首》云：

清晖脉脉水粼粼，腊日芳园意气新。岂有冰盘堆绛雪，偏浮玉蕊动香尘。鸳鸯自病溪云暖，翡翠先巢海树春。今日剪刀应不冷，吴绫初换画楼人。

五陵旧侣重倾城，淑景年年倚恨生。紫萼不愁寒月影，红笺先赋早春行。蒯缑虚拟黄金事，班管俱怜白凤情。已近艳阳留一曲，东风枝上和流莺。

寅恪案：此题自是为河东君而作，不待多论。所可注意者，即卧子过舒章横云山别墅时，疑河东君亦与之偕游。其所观诸艳作中，河东君之作品当在其内也。第一首第七句用《才调集·五》元稹《咏手》诗“因把剪刀嫌道冷，泥人呵了弄人髯”之语。余可参后论卧子《蝶恋花·春晓》词“故脱余绵，忍耐寒时节”及牧斋《有美诗》“轻寒未折绵”等句，兹暂不详论。通常寒冷节候，河东君尚不之畏，何况此年冬暖之时耶？斯乃卧子描写河东君特性之笔，未可以泛语视之。第二首第一联上句出杜子美《咏梅》诗“紫萼扶千蕊”句（见仇兆鳌《杜诗详注·一一·花底》及《柳边》两诗注），自与卧子此题后《早梅》一诗有关。下句之“早春行”，当即指卧子“早春行”而言。（见《陈忠裕全集·八·平露堂集》。）第二联上句出《战国策·四·齐策》及《史记·七五·孟尝君传》“冯驩”事。“黄金事”当谓藏娇之黄金屋耳。下句“白凤”用《西京杂记·二》“司马相如初与卓文君还成都，居贫愁懑，以所服鹔鹴裘就市人阳昌贳酒，与文君为欢”事。前引钱肇鳌《质直谈耳·七》“柳如之轶事”条，谓河东君在云间，得徐三公子金钱以供宋辕文、李存我、陈卧子三人游赏之费。是说虽未必确实，但卧子家贫，而与河东君游冶，当时赋诗，固应有此种感慨。七、八两句则谓与河东君相唱酬事，其和曲，即指所观诸艳作之类也。

《陈忠裕全集·一五·属玉堂集·早梅》云：

垂垂不动早春间，尽日青冥发满山。昨岁相思题朔漠，（自注：“去年在幽州也。”）此时留恨在江关。干戈绕地多愁眼，草木当风且破颜。念尔凌寒难独立，莫辞冰雪更追攀。

寅恪案：卧子此诗之佳，读者自知。其为河东君而作，更不待言。第三句之“昨岁”，指崇祯六年冬留北京候会试之时。“相思”之语，亦可与前引《寒日卧邸中让木忽缄腊梅一朵相示（五古）》“微物欣所托，令人长相思”之结语相参证也。兹有一事可注意者，郑鹤声《近世中西史日对照表》所载，崇祯六年癸酉无立春。七年甲戌正月六日立春。十二月十七日又立春。郑《表》七年正月之立春，应列于六年十二月。其误不待言。（可参后论河东君嘉定之游节。）《陈忠裕全集》将卧子此诗编为《属玉堂集·七律》最后一题。陈《集》次卷《平露堂集·七律》第一题为《乙亥元日》。由此言之，卧子《早梅》诗，当作于崇祯七年甲戌十二月立春相近之时，而在除夕以前。故卧子此诗所谓“早春”之“春”，乃指郑氏《表》中此年十二月之立春节候，并非指《表》中此年正月立春之节候而言，明矣。

《陈忠裕全集·一九·属玉堂集·朝来曲二首》之一云：

晓日垂杨里，云鬟锁绛纱。自怜颜色好，不带碧桃花。

又，《古意二首》其一云：

日暮吹罗衣，玉闺未遑入。非矜体自香，本爱当风立。

其二云：

移兰玉窗里，朝暮傍红裳。同有当春念，开时他自香。

又，《长乐少年行二首》之二云：

问妾门前花，殷勤为郎起。欲攀第几枝，宛转春风里。

又，《丽人曲》云：

自觉红颜异，深闺闭晓春。只愁帘影动，恐有断肠人。

寅恪案：以上所录绝句五首，虽不能确定为何年之诗，然仍疑是崇祯七年所作。盖卧子《自撰年谱·上》“崇祯八年乙亥”

条，虽云“是岁有《属玉堂集》”，若依前论《属玉堂集》中《录别》及《青楼怨》实作于崇祯六年，《水仙花》实作于崇祯七年等例观之，则卧子所谓崇祯八年有《属玉堂集》之语，亦不过崇祯八年编定《属玉堂集》之意耳。未可拘此以概《属玉堂》之诗，悉是崇祯八年所作也。兹姑附此绝句五首于七年，俟后详考。卧子此类玉台体诗，可与权载之竞美，洵可谓才子矣。诗中所描写之女性，其姿态动作如：“自怜颜色好，不带碧桃花”“非矜体自香，本爱当风立”及“殷勤为郎起，宛转春风里”诸句，皆能为河东君写真传神者也。

《陈忠裕全集·七·属玉堂集·秋闺曲（五古）三首》之三云：

非关秋易恨，惟近月为家。灭烛凝妆坐，临风抱影斜。自怜能倾国，常是旁霜华。

寅恪案：此诗前一首为《七夕》，《七夕》前逆数第三题为《录别》。前论《录别》一题，实作于崇祯六年，若依诗题排列之次序而言，似此《秋闺曲》亦作于六年秋者，但《录别》一题，本卧子后来所补录而插入七年所作诗中者，未可泥是遂谓《秋闺曲》亦作于六年也。故今仍认此曲为七年之作。其诗“临风抱影斜”及“自怜能倾国”等句中，藏有“影怜”之名，自是为河东君而作无疑也。

《陈忠裕全集·一九·属玉堂集·何处（七绝）》云：

何处萧娘云锦章，殷勤犹自赠青棠。谁知近日多憔悴，欲傍春风恐断肠。

寅恪案：此首之前为《中秋逢闰二首》，此首后二首为《仲冬之望泛月西湖得三绝句》。考崇祯七年闰八月，故知《何处》

一首乃七年所作。此可与上引《偕让木北行志慨（七古）》参证。当崇祯六年秋卧子由松江北行会试，河东君必有赠行之篇什，疑即是《戊寅草》中《送别（五律）二首》。前已论及，兹不复赘。若所推测者不误，则河东君《送别》之诗，其辞意与世俗小说中佳人送才子赴京求名时之语言，有天渊之别。河东君之深情卓识，迥异流俗，于此可见一斑。由是言之，此才子虽是科不得列于状头之选，然亦不至因此而以辜负佳人之期望为恨也。卧子此诗下二句殆用元微之《莺莺传》中杨巨源《崔娘诗》所云："风流才子多春思，肠断萧娘一纸书"之语，而微易其意。或者卧子此时重睹河东君《送别》之诗，因感去秋之情意，遂赋此篇耶？俟考。

复次，今日综合河东君作品之遗存者观之，其中最可注意，而有趣味者，莫如《男洛神赋》一篇。此文虽多传写讹误之处，尚未能一一校正。然以其关系重要，故姑移录之于下，并略加考论，以俟通识君子教订。

吴县潘景郑君藏河东君《戊寅草》钞本，载诗八首，《别赋》及《男洛神赋》二篇。其《男洛神赋》之文云：

> 友人感神沧溟，役思妍丽，称以辨服群智，约术芳鉴，非止过于所为，盖虑求其至者也。偶来寒溆，苍茫微堕，出水窈然，殆将感其流逸，会其妙散。因思古人征端于虚无空洞者，未必有若斯之真者也。引属其事，渝失者或非矣。况重其请，遂为之赋。

格日景之轶绎，荡回风之濴远。綷漭然而变匿，意纷讹而鳞衡。望嫕娟以熠耀，粲黝绮于疏陈。横上下而仄隐，实澹流之感纯。识清显之所处，俾上客其逶轮。（寅恪案：《文选·一二》

木玄虚《海赋》云：“于廓灵海，长为委输。”疑“逶轮”乃“委输”之讹写。）水潗潗而高衍，舟冥冥以伏深。虽藻纨之可思，竟隆杰而飞文。骋孝绰之早辩，服阳夏之妍声。于是征合神契，曲泽婉引。揽愉乐之韬映，撷凝愰而难捐。四寂寥以不返，惟玄旨之系搴。听坠危之落叶，（寅恪案：《文选·一六》江文通《恨赋》云：“或有孤臣危涕，孽子坠心。”同书一七陆士衡《文赋》云：“悲落叶于劲秋。”）既萍浮而无涯。（寅恪案：《海赋》云：“浮天无岸。”又云：“或乃萍流而浮转。”）临泛岁之萌滥，多滛濝于肆掩。况乎浩觞之猗靡，初无伤于吾道。羊吾之吟咏，更奚病其曼连。善嫪栗之近心，吹搴帷之过降。乃瞻星汉，溯河梁。云駇嵺而不敷，波窜杂以并焬。凄思内旷，摵理妙观。消矆崒于戾疾，承辉嫮之微芳。伊苍傃之莫记，惟隽郎之忽忘。惊淑美之轻堕，怅肃川之混茫。因四顾之速援，始嫚嫚之近旁。何熿耀之绝殊，更妙鄢之去俗。（寅恪案：“鄢”疑当作“嫣”。）匪褕袘之嬛柔，具灵矫之烂眇。水气酷而上芳，严威沆以窈窕。尚结风之栖冶，刻丹楹之纤笑。纵鸿削而难加，纷琬琰其无睹。凫雁感而上腾，澽灦回而争就。方的砾而齐弛，遽襳暖以私纵。尔乃色愉神授，和体饰芬。启奋迅之逸姿，信婉嘉之特立。群妩媚而悉举，无幽丽而勿臻。懭乎缈兮，斯固不得而夷者也。至于浑摅自然之涂，恋怀俯仰之内，景容与以不息，质奇焕以相依。庶纷郁之可登，建艳蘤之非易。愧翠羽之炫宣，乏琅玕而迭委。即濯妙之相进，亦速流之诡词。欲乘时以极泓，聿鼓琴而意垂。播江皋之灵润，何瑰异之可欺。协玄响于湘娥，匹匏瓜于织女。（寅恪案：《文选·一二》郭景纯《江赋》云：“乃协灵爽于湘娥。”同书一九曹子建《洛神赋》云：“叹匏瓜之无匹兮，咏牵牛之独处。”又李善《注》引阮瑀《止欲赋》云：“伤匏瓜之无偶，悲织女之独勤。“汉魏六朝百三名家集”《陈思王集·一·九咏》云：“感汉广兮羡游女，扬激楚兮咏湘娥。临回风兮浮汉渚，目牵牛兮眺织女。”）斯盘桓以丧忧，□雕疏而取志。微扬娥之为愆，案长眉之瞴色。非仿佛者之所尽，岂漠通者之可测。自鲜缭绕之才，足以穷此澜漾之态矣。

寅恪案：关于此赋有二问题。（一）此赋实为谁而作？（二）此赋作成在何年？

（一）葛昌楣《蘼芜纪闻·上》载王士禄《宫闺氏籍艺文考略》引《神释堂诗话》云：

（柳）如是当（尝）作《男洛神赋》，不知所指为谁？其殆自矜八斗，欲作女中陈思耶？文虽总（？）杂，题目颇新，亦足传诸好事者。

据此可见昔人虽深赏此赋之奇妙，而实不能确定其所指为何人也。细绎此赋命题所以如此者，当由于与河东君交好之男性名士，先有称誉河东君为“洛神”及其他水仙之语言篇什，然后河东君始有戏作此赋以相酬报之可能。（寅恪偶检《石头记·四三》“不了情暂撮土为香”回，以水仙庵所供者为洛神。其三八回为“林潇湘魁夺菊花诗”。盖由作者受《东坡集·一五·书林逋诗后（七古）》“不然配食水仙王，一盏寒泉荐秋菊”句之影响。至卧子则深鄙苏诗，所赋《水仙花》诗，与此无涉，固不待辨。但《文选·一九》曹子建《洛神赋》题下李善《注》云：“《汉书音义》如淳曰：宓妃，宓羲氏之女，溺洛水为神。”卧子或有取于此，而以“水仙花”目河东君，亦未可知也。俟考。）考当时文人目河东君为洛神者多矣。如前引卧子

《吴闾口号十首》之十云：“芝田馆里应惆怅，枉恨明珠入梦迟”及《水仙花（七律）》云：“虚怜流盼芝田馆，莫忆陈王赋里人”，又汪然明（汝谦）《春星堂诗集·三·游草》中为河东君而作之《无题》云：“美女如君是洛神”等，可为例证。若河东君戏作此赋，乃是因誉己为“洛神”之男性名士而发者，则依下所考证，然明赋《无题》诗，在崇祯十一年戊寅。此年然明已六十二岁。暮齿衰颜，必无“神光离合，乍阴乍阳”之姿态。故其诗亦云：“老奴愧我非温峤。”殊有自知之明。河东君所指之“男洛神”，其非然明，固不待辨。至卧子赋《吴闾口号》，在崇祯五年壬申，年二十五岁。赋《水仙花》诗，在崇祯七年甲戌，年二十七岁。此数年间，卧子与河东君情好笃挚，来往频繁。卧子正当少壮之年，才高气盛，子建赋“神光”之句，自是适当之形容。况复其为河东君心中最理想之人耶？宜其有“男洛神”之目也。自河东君当日出此戏言之后，历三百年，迄于今日，戏剧电影中乃有“雪北香南”之“男洛神”，亦可谓预言竟验者矣。呵呵！

（二）据汪然明《无题》诗“美女如君是洛神”之句，知然明赋诗时，必已先见《男洛神赋》，然后始能作此语。汪诗既作于崇祯十一年秋季，则此赋作成之时间，自当在此以前无疑。此赋序中有“偶来寒溆”之语，则当作于秋冬之时。河东君于崇祯八年春间，与卧子同居。是年首夏离卧子别居。秋深去松江，往盛泽归家院。故八年秋冬以后数年，河东君之心境皆在忧苦中。其间虽有遇见卧子之机会，当亦无闲情逸致，作此雅谑之文以戏卧子。由此言之，此赋应作于八年以前，即七年秋冬之时也。又赋序有“友人感神沧溟”，赋中有“协玄响于湘娥，匹匏瓜于织女”等语，颇疑河东君此赋乃酬答卧子《湘娥赋》之作。检《陈忠裕全集·二·湘娥赋》之前二首为《为友人悼亡赋》，其序略云：

同郡宋子建娶妇徐妙，不幸数月忽焉陨谢。宋子悲不自胜，命予为赋以吊之。

及同书一八《平露堂集》载《送宋子建应试金陵随至海州成昏（五言排律）》一首。考宋存标此次应试，乃应崇祯九年丙子科江南乡试。其在海州成昏，疑当在是年秋。其妻徐妙婚后数月即逝，时间至迟亦不能超过十年春间。可知卧子为子建作赋，当在崇祯十年也。若依此推论，则《湘娥赋》似为十年以后所作。但《为友人悼亡赋》之前为《琴心赋》（同书同卷），《琴心赋》之前为《秋兴赋》（同书一），其序略云：

潘安仁春秋三十有二，作《秋兴赋》。余年与之齐，援笔续赋。

又，卧子《自撰年谱·上》“崇祯十二年己卯”条略云：

是年予春秋三十二矣。感安仁二毛之悲，遂作《秋兴赋》。

则是崇祯十二年之作品，列于崇祯十年作品之前。今《陈忠裕全集》所载诸赋，其作成之年月，实不能依卷册及篇章排列之先后而推定。故《湘娥赋》虽列于《为友人悼亡赋》之后，亦不可拘此认其为崇祯十年以后之作品。殊有作于崇祯八年以前，即七年秋冬间之可能也。今以此赋作成时间无确定年月可考，姑依河东君与卧子关系之一般情势推测，附录于崇祯七年甲戌之后。尚待他日详考，殊未敢自信也。此赋传写既有讹脱，复惭俭腹，无以探作者选学之渊深，除就字句之可疑者及出处之可知者，略着鄙意，附注于原文之下外，兹举此赋辞语之可注意者，稍述论之于下。

《赋》云：

骋孝绰之早辩，服阳夏之妍声。

寅恪案：河东君以“孝绰”及“阳夏”比“感神沧溟”之“友人”。检《梁书·三三·刘孝绰传》（参《南史·三九·刘孝绰传》。）略云：

孝绰幼聪敏，七岁能属文。舅齐中书郎王融深赏异之。常与同载适亲友，号曰神童。（父）绘齐世掌诏诰，孝绰年未志学，绘常使代草之。

《宋书·六七·谢灵运传》（参《南史·一九·谢灵运传》。）略云：

谢灵运，陈郡阳夏人也。幼便颖悟。少好学，博览群书。文章之美，江左莫逮。

同书五三《谢方明传》附《惠连传》（参《南史·一九·谢方明传》附《子惠连传》）云：

子惠连，幼而聪敏。年十岁能属文。

《南齐书·四七·谢朓传》（参《南史·一九·谢裕传》附朓传。）云：

谢朓，字玄晖，陈郡阳夏人也。少好学，有美名。文章清丽。

然则河东君心目中之刘、谢为何人耶？见卧子《自撰年谱·上》“万历四十六年戊午”（寅恪案：是年卧子年十岁）条云：

先君（寅恪案：卧子父名所闻。）教以《春秋三传》《庄》《列》《管》《韩》《战国》短长之书，意气差广矣。时予初见举子业，私撰《伯夷叔齐饿于首阳之下》及《尧以天下与舜》二篇。先君甚喜之。

同书“天启元年辛酉”条略云：

先君得刑部郎，改工部郎。每有都下信，予辄上所为文于邸中。先君手为评驳以归。择其善者，以示所亲，或同舍郎。是时颇籍籍，以先君为有子矣。

《明史·二七七·陈子龙传》云：

生有异才。工举子业，兼治诗赋古文，取法魏晋，骈体尤精。

故河东君取刘谢以方卧子，殊为适当。后来河东君于崇祯十三年《与汪然明书》（《柳如是尺牍》第二十五通。见下所论）称誉卧子云：

间恬遏地，有观机曹子，切劘以文。其人邺下逸才，江左罕俪。

又可与此赋所比配者参证也。夫卧子以才子而兼神童。河东君以才女而兼神女。才同神同，其因缘遇合，殊非偶然者矣。论者或疑宋辕文亦云间世胄，年少美才，与河东君复有一段寒水浴之佳话。此“出水芙蓉”（可参《文选·一九》曹子建《洛神赋》“灼若芙蕖出渌波”句）足当男洛神之目而无愧。但此赋序云：“友人感神沧溟。”赋中又有“协玄响于湘娥，匹匏瓜于织女”之语。今卧子集内实有《湘娥赋》一篇，与河东君所言者相符应。而辕文作品中，尚未发现与《男洛神赋》有关之文。职是之故，仍以男洛神属之卧子，而不以之目辕文也。噫！卧子抗建州而死节，辕文谀曼殊以荣身。孔子曰：“不有祝鮀之佞，而有宋朝之美，难乎免于今之世矣。”（《论语·雍也篇》）岂不诚然哉？岂不诚然哉？

又，此赋云：

听坠危之落叶，既萍浮而无涯。

寅恪案：此两句出处，已于上录此赋原文句下标出，不待更论。盖河东君取材于江、陆《赋》语，自比于孤臣孽子，萍流浮转。《男洛神》一赋，其措辞用典，出诸昭明之书，似此者尚多，不遑详举。由此言之，河东君受卧子辈几社名士选学影响之深，于此亦可窥见一斑矣。复检《戊寅草》中有《听钟鸣》及《悲落叶》二诗，绎其排列次序，似为崇祯六年癸酉所作。若推测不误，则此赋之语亦与《悲落叶》诗有关，此两诗实为河东君自抒其身世之感者。其辞旨尤为凄恻动人。故移录之于下，当世好事者，可并取参读之也。

《听钟鸣（并序）》云：

钟鸣叶落，古人所叹。余也行危坐戚，恨此形骨久矣。况乎恻恻者难忘，幽幽者易会。因仿世谦之意，为作二词焉。

听钟鸣，鸣何深，妖栏妍梦轻。不续流苏翠羽郁清曲，乌啼正照青枫根。一枫两枫啼不足，鹍弦烦激犹未明。凄凄朏朏伤人心。

惊妾思，动妾情。妾思纵陈海唱弯弧，君不得相思树下多明星。（寅恪案：“动妾情”下疑有脱误，未能补正。）用力独弹杨柳恨，尽情啼破芙蓉行。月已西，星已沉。霜未息，露未倾。妾心知已乱，君思未全生。情有异，愁仍多。昔何密，今何疏。对此徒下泪，听我鸣钟歌。

《悲落叶》云：

悲落叶，重叠复相失。相失有时尽，连翩去不息。鞞歌桂树徒盛时，乱条一去谁能知？谁能知，复谁惜。昔时荣盛凌春风，今日飒黄委秋日。凌春风，委秋日，朝花夕蕊不相识。

悲落叶，落叶难飞扬。短枝亦已折，高枝不复将。愿得针与丝，一针一丝引意长。针与丝，亦可量。不畏根本谢，所畏秋风寒。秋风催（摧？）人颜，落叶催（摧？）人肝。眷言彼姝子，落叶诚难看。

寅恪案：世谦者，南北朝人兰陵萧综之字。其所作《听钟鸣》及《悲落叶》两词，见《梁书·五五·豫章王综传》。关于综之事迹，可参《南史·五三·梁武帝诸子传·豫章王综传》、《魏书·五九·萧宝夤传》附《宝夤兄子赞传》、《北史·二九·萧宝夤传》附《赞传》及《洛阳伽蓝记·二》“城东龙华寺”条。至河东君之以世谦自比，是否仅限于身世飘零，羁旅孤危之感，抑或其出生本末更有类似德文者，则未能详考，亦不敢多所揣测也。

复次，上论河东君之《男洛神赋》为酬答卧子之《湘娥赋》而作。若此假定不误，可知《男洛神赋》中“协玄响于湘娥，匹匏瓜于织女”之句，乃此赋要旨所在。即陆士衡所谓“立片言而居要，乃一篇之警策”者也。（见《文选·一七》陆士衡《文赋》。）然则《男洛神》一赋，实河东君自述其身世归宿之微意，应视为誓愿之文，伤心之语。当时后世，竟以佻傥游戏之作品目之，诚肤浅至极矣。特标出之，以告今之读此赋者。

附：河东君嘉定之游

此期河东君与卧子之关系，已如上述。兹附论河东君此期嘉定之游。就所见材料言之，河东君嘉定之游，前后共有二次。一为崇祯七年甲戌暮春至初秋。二为崇祯九年丙子正月初至二月末。今依次论述之。虽论述之时间，其次序排列先后有所颠倒，然以材料运用之便利，姑作如此结构，亦足见寅恪使事属文之拙也。

河东君第一次所以作嘉定之游者，疑与谢三宾所刊之《嘉定四君集》有关。其中程嘉燧《松圆浪淘集》首谢三宾《序》后附记云：

庚午春日莆阳宋嗀书于垫巾楼中。

及马元调为谢氏重刻《容斋随笔》卷首《纪事一》略云：

去年春，明府勾章谢公刻子柔先生等集，工匠稿不应手，屡欲散去。元调实董较勘，始谋翻刻，以寓羁縻。崇祯三年三月朔，嘉定马元调书于僦居之纸窗竹屋。

据此《嘉定四君集》刻成在崇祯三年春季，崇祯七年河东君在松江，其所居之地，距嘉定不远，经过四五年之时日，此集必已流布于几社诸名士之间，河东君自能见及之。如《列朝诗集·丁·一三》所选娄贡士（坚）诗。其中有《秋日赴友人席修微有作同赋》一题，足证嘉定四先生颇喜与当日名姝酬酢往还，河东君得睹此类篇什，必然心动，亦思仿效草衣道人之所为。揆以河东君平生之性格及当日之情势，则除其常所往来之几社少年外，更欲纳交于行辈较先之胜流，以为标榜，增其身价，并可从之传受文艺。斯复自然之理，无待详论者也。至若嘉定李宜之与王微之关系，可参赵郡西园老人（寅恪案：此乃上海李延昰之别号）《南吴旧话录·二四·闺彦门》“王修微”条及附注，兹不详引。又检《有学集·二十·李缁仲诗序》所言“青楼红粉，未免作有情痴”及申论伶玄“淫乎色，非慧男子不至”之说，疑即暗指李、王一段因缘。牧斋于王修微本末多所隐饰。如《列朝诗集·闰四·草衣道人王微小传》，不言其曾适茅元仪及后适许誉卿复不终之事实。（见《明诗综·九八·妓女门·王微小传》。）盖为挚友名姝讳。其作《缁仲诗序》亦同斯旨也。

河东君第一次作嘉定之游，虽应有介绍之人，然今既不易考知，亦不必详究。但其作第二次之游，则疑与第一次有别，即除共嘉定耆宿商讨文艺之外，更具有“观涛”之旨趣（见后论河东君《与汪然明尺牍》第二十五通）。故就河东君择婿程序之地域与年月之关系约略言之，崇祯八年秋晚以前，为松江时期。八年秋晚以后至九年再游嘉定复返盛泽归家院，为嘉定盛泽间时期。十一年至十三年十一月，为杭州嘉兴时期。此后则至虞山，访牧斋于半野堂，遂为一生之归宿。风尘憔悴，奔走于吴越之间，几达十年之久。中间离合悲欢，极人生之痛苦。然终于天壤间得值牧斋，可谓不幸中之幸矣。古人有言：“士为知己者死，女为悦己者容。”（见《战国策·六·赵策》《史记·八六·刺客传·豫让传》《汉书·六二·司马迁传》及《文选·四一》司马子长《报任少卿书》等。）河东君以儒士（见《牧斋遗事》“国朝录用前期耆旧”条所述牧斋戏称河东君为柳儒士事）而兼侠女，其杀身以殉牧斋，复何足异哉？

河东君首次嘉定之游，今仅从程松圆诗中得知其梗概。唐叔达（时升）虽亦有关涉此事之诗，但《嘉定四君集》刻成于崇祯三年春季，故唐氏所赋之诗，未能收入，殊为可惜。更俟他日详检旧籍，倘获见唐氏诸诗，亦可弥补缺陷也。

上海合众图书馆藏《耦耕堂存稿诗》钞本上、中、下三卷。其中卷载有《朝云诗八首》（孟阳之婿孙石甫介藏钞本，题作《艳诗》。刻本钞补题作《朝云诗》。此原钞本，本题《朝云诗》，旁用朱笔涂改“伎席”二字。孙石甫事迹可参光绪修《嘉定县志·一八·金望传》，及同书一九《金献士传》并《有学集·一八·耦耕堂集序》等），《列朝诗集·丁·一三·松圆诗老程嘉燧诗》，虽选《朝云诗》，但止《耦耕堂存稿诗》此题之前五首，而无后三首。兹全录《耦耕堂存稿诗》中此题八首，略就其作成时间及河东君寓居地点，并与河东君共相往来酬和诸人，分别考述之于下。

今综合松圆在崇祯七年甲戌一年内所作诸诗排列次序考之，《朝云诗八首》，殊有问题。此题之前诸题，自《甲戌元日闻鸡警悟》，即《朝云诗》前第十五题，为崇祯七年所赋第一诗。其他诸题如《朝云诗》前第十二题为《花朝谭文学载酒看梅复邀泛舟夜归即事》，前第九题为《三月晦日过张子石留宿同茂初兄作》，前第六题为《四月二日过鲁生家作》。此皆注明月日，与诗题排列次序先后符合，甚为正确，绝无疑义。但《朝云诗》前第二首《送侯豫章之南吏部》（寅恪案：“章”应作“瞻”），据《侯忠节公（峒曾）集》首附其子所编《年谱》“崇祯七年甲戌”条云：“是冬十一月之官南中。”《朝云诗》前第一题为《和韵送国碁汪幼清同侯铨曹入京先柬所知》中有“归装岁暮停”之句。又，《朝云诗》后第三题《邹二水知郡枉访有赠》，题下自注云："南皋公孙，由汝上，流寓京口。"据《耦耕堂存稿诗自序》云："甲戌冬，余展闵氏妹墓于京口五州山下。"初视之，似《朝云诗八首》乃崇祯七年冬季所作。细绎之，诗中所言景物，不与冬季相合。《耦耕堂存稿诗〈钞本〉·朝云诗》第七首上有朱笔眉批云："八诗自晚春叙及初秋，时序历历可想。"此批虽不知出自何人之手，但即就此题第一首第一句"买断铅红为送春"及第七首第一句"针楼巧席夜纷纷"之语观之，可证其言正确，不必详察其余诗句也。然则此题诸诗必非一时所赋，乃前后陆续作成者。岂此题诸诗作成之后复加修改，迟至冬季始告完毕，遂编列于崇祯七年冬季耶？更有可注意者，此题八首诗中，前五首与后三首，虽时节气候相连续，然此后三首中所述款待河东君之主人，皆在其城内寓所。主人固非一人，但直接及间接与唐叔达有关。颇疑此题前五首为前一组，此题后三首为后一组。此后一组与此题八首后一题之《今夕行》，复有密切相互之关系。牧斋编选《列朝诗集》，择录《朝云诗》前五首，而遗去《朝云诗》后三首及《今夕行》。何以不为孟阳讳，转为叔达讳，其故今未敢臆测。然《朝云诗》后三首及《今夕行》，与《朝云诗》前五首所赋咏者有别，亦可据此以推知矣。

今欲考此次河东君嘉定之游，所居住游宴之地，必先就程孟阳（嘉燧）、唐叔达（时升）、张鲁生（崇儒）、张子石（鸿磐）、李茂初（元芳）、孙火东（元化）诸人居宅或别墅所在，约略推定，然后松圆为河东君此次游练川所作绮怀诸诗，始能通解也。

程松圆（嘉燧）《耦耕堂集自序》云：

天启（五年）乙丑五月，由新安至嘉定，居香浮阁。宋比玉

（万历四十八年）庚申度岁于此，梅花时所题也。（崇祯三年）庚午四月，携琴书至拂水，比玉适偕。钱受之属宋作八分书“耦耕堂”，自为之记。（崇祯五年）壬申春，二子移居西城。余偶归，而唐兄叔达适至，因取杜诗“相逢成二老，来往亦风流”之句，颜西斋曰“成老亭”。先是（崇祯四年）辛未冬娄兄物故，已不及见移居。（崇祯七年）甲戌冬，余展闵氏妹墓于京口五州山下，过江还，则已逼除，因感老成之无几相见，遂留此。日夕与唐兄寻花问柳，东邻西圃，如是者二年，而唐兄亦仙去。

光绪修《嘉定县志·三十·第宅园亭门》云：

垫巾楼。辅文山后，积谷仓前。员外郎汪明际辟，为程嘉燧、宋珏辈觞咏之所。

同书一九《汪明际传》略云：

汪明际，字无际，一字雪庵。弱冠名籍甚，精易学，工诗画。万历戊午举于乡，选寿昌教谕。（寅恪案：乾隆修《严州府志·十·官师表》，载明崇祯间寿昌县教谕，有“汪无际，嘉定人”。）读书魏万山房，倡导古学。迁国子学录，历都察院司务，营缮司主事，晋员外郎。督修京仓。以疾告归。给谏邹士楷遗书劝驾，拟特疏荐举，辞。后以同官接管误工，拜杖死。子彦随，字子肩，工画。崇祯（六年）癸酉副榜。痛父冤殁，终身庐墓。

徐沁《明画录·五》云：

汪明际，字无际，余姚人，占籍华亭。登乡荐。画山水，苍凉历落，笔致秀逸，以士气居胜。

寅恪案：孟阳以新安人侨寓嘉定，虽早欲买田宅于练川，而未能成。（见《松圆浪淘集·总目》“蓬户卷四”目下注云：

“（万历二十三年）乙未正月葬毕还吴，同孙三履和至梁宋间。（二十四年）丙申，（二十五年）丁酉，皆闲居，日从丘（子成集）、张（茂仁应武）二丈，唐（叔达时升）、娄（子柔坚）二兄晤言，有蓬户诗。买田城南未成。”及《空斋卷五》载《买田宅未成戏为俚体》诗，首二句云：“城南水竹称幽情，几念还乡买未成。”）故在崇祯五年春，移居西城以前，往往寄居友人别业。其在嘉定寓居之垫巾楼，亦略同于常熟拂水山庄之耦耕堂。耦耕堂之得名，已详载于《初学集·四五·耦耕堂记》。垫巾楼之名，亦与此相同，实出孟阳友人所题，而非松圆所自名也。《后汉书·列传·五八·党锢传·郭太传》云：

尝于陈梁间行，遇雨，巾一角垫。时人乃故折巾一角，以为林宗巾。其见慕如此。

盖孟阳以山人处士之身份，故可借林宗之故事以相比。若孟阳本人，似不应以此名自夸。至于汪无际后来由乡荐（寅恪案：光绪修《嘉定县志·一四·选举志·科贡门》“举人”栏，万历四十六年戊午载有汪明际之名），仕至员外郎，其在孟阳僦居之前，尚希用世，更不宜即以处士终身之林宗自况，亦甚明矣。然则此楼之名，岂汪氏特为松圆而命耶？俟考。

复次，取《松圆浪淘集·总目》“春帆卷十三”下注略云：“（万历四十年）壬子秋僦居城南垫巾楼，与唐子孟先同舍并居。（四十一年）癸丑冬宋比玉（珏）至。”并《春帆集》中《移居城南送李缁仲（宜之）乡试并寄（龚）仲和（方中）》《垫巾楼中宋比玉对雪鼓琴》两题，及《松寥卷十四·元日同唐孟先垫巾楼晏坐》，又前引《浪淘集》首谢三宾《序》后附“庚午春日莆阳宋瑴书于垫巾楼中”及孟阳《耦耕堂集自序》“（崇祯五年）壬申春二子移居西城”等语，综合观之，则知孟阳自万历四十年秋，至崇祯五年春，二十年间，其在嘉定，乃寄居汪无际城南之垫巾楼，而与崇祯五年春间以后所移居之西城寓所，非同一地，自与河东君嘉定之游，不相关涉者也。盖昔人“城南”一词，习指城墙以外之南方而言，如辛氏《三秦记》“城南韦杜，去天尺五”及孟棨《本事诗·情感类》“博陵崔护”条“清明日，独游都城南，得居人庄”等，可为例证。孟阳习于旧籍成语，自故用此界说。至其所谓西城，则指城内之西部。由是言之，“城南”与“西城”，其间实有城墙之隔离也。此点似无足关轻重，但以与河东君在嘉定居住游宴之问题有关，且孟阳诗中，屡见垫巾楼之名，易致淆混，遂不避烦琐，先辨之如此。余可参下论唐时升园圃条等。

《列朝诗集·丁·一三·上·唐处士时升小传》略云：

时升，字叔达，嘉定人。少有异才，未三十，谢去举子业，读书汲古，通达世务。居恒笑张空拳开横口者，如木骝泥龙，不适于用。酒酣耳热，往往捋须大言曰：“当世有用我者，决胜千里之外，吾其为李文饶乎？”太原公（寅恪案：指王锡爵）执政，叔达偕其子辰玉读书邸中。（寅恪案：辰玉者，指王锡爵之子衡。见《明史·二一八·王锡爵传》）天下渐多事，上言利病者纷如。叔达私议某得某失，兵农钱谷，具言其始终沿革，若数一二。东西构兵万里外，羽书旁午，独逆断其情形虚实，将帅成败，已而果然。先帝即位，余以詹事召还。叔达为文赠余，备陈有生以来，所见闻兵革之事，谓今日聚四方之武勇，转九州之税敛，与一县之众角，已十年而不得其要领。国初所以收群策群力，定乱略，致太平，公之所详也，其可为明主尽言乎？或谓广厦细旃，非论兵之地，则汉之贾谊，唐之李泌、陆贽、李绛独何人哉？余未几罪废，不克副其望，而叔达之穷老忧国，为何如也。家贫好施予。锄舍后两畦地，剪韭种菘。晚年时闭门止酒，味庄列之微言，以养生尽年。语及国事，盱衡抵掌，所谓精悍之色，犹着见于眉间也。

黄世祚等修《嘉定续志》附前志一九《人物志·文学门·唐时升传》考证云：

时升工山水。有《西隐寺纳凉册》六幅，随意挥洒，颇得云林天趣。自题云："余不善画，亦不工书。（万历十九年）辛卯长夏，避暑西隐之竺林院。山窗无事，用遣岑寂，非敢与前人计争巧拙也。留与元老禅兄一笑。"程庭鹭、施锡卫皆有跋。又宋道南曾见先生画幅，石摹子久，树仿云林，颇神似。

光绪修《嘉定县志·三十·第宅园亭门》"处士唐时升宅"条云："北城。"其后附张鹏翀（寅恪案：鹏翀，嘉定人。事迹见《嘉定县志·一六·宦迹门》及《清史稿·五百零九·艺术传》等。又，《嘉定县志·二七·艺文志·别集类》载："《南华山人诗钞》十六卷，张鹏翀著。"）《过叔达先生故居》云：

吾乡四先生，程、李、娄与唐。阅世未百年，遗迹多苍茫。惟有唐翁居，犹在北郭旁。今朝好风日，邻曲春酒香。招呼共娱乐，醉步校猎场。（寅恪案："校猎场"谓演武场也。）回桥俯清溪，新柳三两行。宛然幽人姿，疏梅出颓墙。叩门伫立久，春风为低昂。入门抚奇树，云已百岁强。念此手泽存，剪拜毋敢伤。更有古桂花，四时自芬芳。先生手摩挲，黄雪名其堂。庭之枣纂纂，河之水洋洋。灌园足自给，不藉耕与桑。（下略。）

同书同卷"唐氏园"条云：

演武场西。中有梅庵，娱晖亭。有土阜名紫萱冈。架石为读书台，亦名琴台。唐时升辟。

同书二《官署门》“演武场”条云：

旧在西门外，高僧桥西。今在西城七图。基地三十三亩七分三厘九毫。明正统二年，巡抚周忱建广储库，贮官布。嘉靖十五年，知县李资坤改演武场。二十三年，知县张重增筑外垣，建讲武堂。垣与堂久废。国朝因之。（寅恪案：《嘉定县志·三十·古迹门》“城头”条附张陈典《寻疁城故址》诗云：“有元于此地，曾设演武场。”可知嘉定县之演武场，乃元代所建，本在城外。明嘉靖十五年改西城内之广储库为演武场。故今《嘉定县志》卷首县城图所绘演武场，即在城内。唐氏园东之演武场，自应在城内。恐读者误解，特附识于此。又《嘉定县志·三二·轶事门》载崇祯中诸生王绂《同朱介繁观演武场团练》诗，并可参阅，以资谈助。）

同书三一《寺观门·县城》“西隐寺”条略云：

西城七图。元泰定元年僧悦可建。明万历十八年僧存仁修。徐学谟、张其廉增创竺林院、藏经阁。

《列朝诗集·丁·一三》唐处士时升《园中十首》，其二云：

自为灌园子，职在耒耜间。秋来耕耨罢，独往仍独还。河水清且涟，紫蓼被其湾。踌躇落日下，聊用娱心颜。瓠叶黄以萎，其下生茅菅。遂恐穿堤岸，嘉蔬受扳援。丁宁戒童仆，耰锄当宿闲。宴安不可为，古称稼穑艰。

其六云：

昔我游京华，达者日晤言。著书三公第，开宴七贵园。中心既无营，澹若蓬荜门。归来治环堵，无计以自温。批葱疏平圃，种薤满高原。不辞筋力尽，所苦人事繁。虽有方丈食，不如一壶飧。非力不自食，大哉此道尊。

同书同卷《题娱晖亭四首》（《嘉定四君集·中·三易集》，此题原为八首）云：

负郭家家水竹，残春处处烟花。开尊欲栖鸟雀，举网频得鱼虾。

春霁耰锄札札，昼长棋局登登。行就南邻酒伴，立谈北寺归僧。（寅恪案："北寺"当指西隐寺。）

风拗藤丝脱树，雨余柳絮为萍。闲居莫来莫往，小酌半醉半醒。

鹊喜携尊新客，鱼迎散食小僮。冈腰暮霭凝碧，（寅恪案：此指紫萱冈。）水面残阳漾红。

《耦耕堂存稿诗·卷中·赠西邻唐隐君》诗云：

西家清池贯长薄，中垒岑隅望青郭。仲长岂羡帝王门，樊须自习丘园乐。春前土菘美如玉，雨后露茄甘胜酪。邻翁拾果换金钱，溪鸟衔鱼佐杯勺。君家老兄山泽儒，诗文咳唾成玑珠。长篇短句杂谣咏，名（如？）君乐事世所无。山中旧业今乌有，十年衣食常奔走。归来虽曰耦耕人，儿女东西不糊口。茅斋稻畦村巷东，花时招我邻舍翁。今年春秋富佳日，药阑芰沼连桂丛。安得逐君种鱼翦韭仍披葱，不愿吹竽列鼎兼鸣钟。

寅恪案：牧斋言叔达"锄舍后两畦地，剪韭种菘。"可知其园圃，与居舍相连接，实为一地。其地乃位于嘉定县城内之西北区。《嘉定县志》所载"唐时升宅"条，谓在北城。张抑斋诗谓在"北郭旁"。但同书"演武场"条及"西隐寺"条谓演武场及西隐寺俱在西城。盖唐氏宅圃之位置，实在城内之西北区，故可言在北城，亦可言在西城也。孟阳崇祯五年春以后移居西城，作叔达兄弟之东邻。（此据松圆崇祯七年甲戌所赋《赠西邻唐隐君》诗，假定唐隐君为叔达之兄弟行，因而推得之结论。如唐隐君非叔达之兄弟行，则须更考也。又前引孟阳《耦耕堂集自序》云：“日夕与唐兄寻花问柳，东邻西圃，如是者二年。”“东邻”孟阳自指，“西圃”指叔达。斯亦孟阳所居实在叔达园圃东之一旁证也。又孟阳《序》中所谓“寻花问柳”疑别有含义耶？一笑！）又据孟阳《今夕行》“南邻玉盘过（送）八珍”（见下引此诗全文并附论），则孟阳所居复在叔达宅圃之北，若详确言之，则叔达实为孟阳之西南邻，不过孟阳省去“西”字耳。昔人赋咏中涉及方位地望者，以文字声律字句之关系，往往省略一字，如《三国志·五四·吴书·九·周瑜传》裴《注》引《江表传》述黄盖诈降曹操事云：“时东南风急。”《全唐诗·第八函·杜牧·四·赤壁（七绝）》云：“东风不与周郎便，铜雀春深锁二乔。”盖牧之赋七言诗，以字数之限制，不得不省“东南风”为“东风”。实则当时曹军在江北，孙军在江南，“东”字可省，而“南”字不可略。今俚俗“借东风”之语，已成口头禅，殊不知若止借东风，则何能烧走曹军。倘更是东北风者，则公瑾、公覆转如东坡《念奴娇·赤壁怀古》词所谓“灰飞烟灭”，而阿瞒大可锁闭二乔于铜雀台矣。一笑！兹因考定孟阳与叔达居宅所在，附辨流俗之误于此。博识通人或不以支蔓见讥耶？

光绪修《嘉定县志·三十·第宅园亭门》“薖园”条（参张承先《南翔镇志·一一·园亭门》“薖园”条）云：

鹤槎山西。张崇儒辟。为程嘉燧、宋珏辈觞咏之所。亭名招隐。植桂数十株。（《南翔镇志》作“老桂四十株”。）宝珠山茶，百余年物。

程嘉燧诗：“秋月当门秋水深，岸花寂历野虫吟。西窗旧事人谁在，溪雨梧风夜罢琴。”（寅恪案：此诗见《松圆浪淘集·春帆十三》，题作《八月夜过鲁生题扇》。）

张承先《南翔镇志·六·文学门·张廷棫传》略云：

张廷棫，字子薪，兵部郎楙族子。工诗文，与李孝廉流芳，程山人嘉燧为友。族孙崇儒，字鲁生，筑招隐亭，名流多过从觞咏，风致可想见云。

同书一一《园亭门》“薖园”条附杨世清《薖园耆英会诗序》略云：

溪北三里张氏薖园在焉。中有招隐亭，植桂数十本，间以梅杏，环以翠筱，真幽人之居也。昔长琴山人雅与松园（圆）诗老长蘅先生辈善，时时过从，觞咏弗绝。所谓数十株者，固已干霄合抱，偃蹇连蜷。花时一林黄雪，香闻数里。予时一寓目，窃叹前辈宴游，未覯此盛。予屡欲偕耆年过之，每届花时，辄以他阻。（康熙三十年）己未秋闰乃得邀（柯）集庵（时）萍庵诸老偿宿愿焉。

光绪修《嘉定县志·三十·第宅园亭门》“孙中丞元化宅”条云：

西城拱六图，天香桥。

孙致弥《友人见访不识敝居》诗：“平桥丛桂近诸天，小巷垂杨记隐仙。雨过清池常贮月，云深乔木不知年。抱琴人立香花外，洗砚僮归草色边。迟尔清尊同啸咏，莫因兴尽又回船。”原

注：“桥因蔼园丛桂得名，西有法华庵。”据此，则隐仙巷别有蔼园，未详谁筑。

同书一六《宦迹门·孙致弥传》略云：

孙致弥，初名翙，字恺似，一字松坪。明登莱巡抚元化孙。父和斗，字九野，一字钟陵。笃于孝友，埋名著述，不与世故。元化旧部曲多贵显，讽之仕，不应。尝经理侯峒曾家事，计脱陈子龙遗孤，有古人风。致弥才思藻逸，书法逼似董文敏，诗词跌宕流逸。总纂《佩文韵府》，书垂成而卒，年六十八。（寅恪案：《佩文韵府》首载清圣祖《序》云：“（康熙）五十年十月全书告成。”又孙和斗计脱陈子龙遗孤事，可参杨陆荣编《三藩纪事本末·四·杂乱门》“顺治四年丁亥四月松江提督吴兆胜据城以叛”条。其文云：“二十四日大兵至松江，执子龙于广富林。子龙乘间赴水死。出其尸戮之。子特陈方五岁，亦论杀。”据《陈忠裕全集》王沄《续卧子年谱》及沄撰《张孺人三世苦节传》，卧子之子名嶷，字孝岐，生于崇祯十七年甲申冬。今杨氏书以特陈为子龙子之名，又谓顺治四年其年“方五岁”，皆与王氏所言不同，自是讹误。《三世苦节传》又云：“（张孺人）抱孤儿，变姓氏，毁容羸服，远避山野，如是者累岁，嶷始成立。孺人乃还故乡。”则疑张孺人实避居嘉定，而九野乃保存陈氏孤儿之人。特胜时作传时，有所忌讳，不欲显言之耳。志传言九野父之旧部曲多贵显，讽之仕，终不应。盖火东旧部如孔有德、耿仲明等，皆为辽东人于明末降清者，且初阳官登莱巡抚，以用辽人之故，遂有孔、耿之叛，竟坐此弃市。及建州入关，此辈辽人降将在新朝为显贵。九野虽不仕清，当亦可间接藉其势力以庇护陈氏遗孤也。复据《清史稿·二百四十·耿仲明传》，仲明以部卒匿逃人，畏罪自经死。然则清初法制严酷如此，王氏隐讳保存陈氏遗孤者之姓名，更有不得已之苦衷也。检《初学集·五一》有《都察院右副都御史巡抚山东徐公墓志铭》，其文略云："公姓徐氏，嘉兴海盐人也。讳从治，字仲华。崇祯四年辛未起山东武德道兵备，及淮，而孔有德叛，攻陷济南六邑。倍道宵征赴监军之命于莱。无何拜都察院右副都御史，巡抚山东。二月朔与莱抚谢公琏同日受事，即日贼已抵城下。四月十六日（贼徒）架（孙）元化所遗西洋大炮，攒击城西南隅，势甚厉。公方简阅丁壮，指麾出战，炮中颡额，身仆血瞥中。莱抚驰而抚之，绝矣。"考牧斋此文，乃据方拱干所撰《仲华行状》而作，与管葛山人，即海盐彭孙贻之《山中闻见录·徐从治传》，俱出一源，惟骏孙作传，兼采钱氏之文，故微有不同耳。仲华主剿，初阳主抚，旨趣大异，于此姑不置论。所可注意者，则徐氏之死，实因孙氏所遗之大炮所致一事也。又初阳用辽丁三千驻防登州之本末，可参《嘉定县志·三二·轶事门》关于孙中丞元化诸条。其中引赵俞之言曰："火攻之法，用有奇效。我之所长，转为厉阶。"此数语实为明清兴亡之一大关键，以其越出本文范围，兹不具论。至满洲语所以称"汉军"为"乌珍超哈"，而不称为"尼堪超哈"者，推原其故，盖清初夺取明室守御辽东边城之仿制西洋火炮，并用降将管领使用，所以有此名号。此点可参《清文献通考·七七·职官考》及一七九《兵考》，《清史列传·四·佟养性传》及七八《祝世昌传》，《清史稿·二三七·佟养性传》及二四五《祝世昌传》，并《茶余客话·六》"红衣袍"条等。倘读者复取《儿女英雄传》第四十回中，安老爷以"乌珍"之名命长姐儿之叙述互证之，则更于民族兴亡之大事及家庭琐屑之末节，皆能通解矣。又偶检《梅村家藏稿·二八·宋直方（征舆）林屋诗草序》。其中以嵇康比陈卧子，山涛比宋辕文，自比向秀、阮籍。据此推知，辕文当有暗中协助卧子遗孤之事。王胜时与辕文关系颇密，宋氏协助之事，或由王氏间接为之耶？）

同书三一《寺观门·县城》“西隐寺”条云：

西城七图。

同书二《街巷门》“隐仙巷”条云：

西隐寺西南。

同书同卷《津梁门》“天香桥”条云：

演武场西南。跨清镜塘。

又，“听莺桥”条云：

西隐寺前跨东库泾，名宝莲。元僧悦可建。明僧秉厚重建。程嘉燧更今名。

同书三十《古迹门》“鹤槎山”条云：

南翔北三里。韩世忠所筑烽墩。建炎四年世忠由平江移军海上县境中，营势联络，故多遗迹。土人掘地得瓶，名“韩瓶”，云是军中酒器。黄渡朱家村旁新河底尤多。

同书同卷同门“城头”条云：

龚志云，在县南二十里，周围二顷。中有殿址，旧传风雨之夕，尝闻音乐，或见仙女环走。未详何人所筑。今俗呼“城头”。

《列朝诗集·丁·一三》唐处士时升《田家即事四首》之一云：

江村女儿喜行舟，江上人家吉贝秋。缘岸荻花三四里，石桥南去见城头。

《嘉定县志·一·市镇门》“南境南翔镇”条略云：

县治南二十四里。宋元间创。以寺名。东西五里，南北三里。布商辏集，富甲诸镇。其地有上槎、中槎、下槎三浦，故又名“槎溪”。或言张骞乘槎至此，附会之说也。

《松圆浪淘集·雪江十五·八月过薖斋留宿》云：

江浅潮仍涨，城南放舸轻。园林长偃卧，水竹自逢迎。桂满华轮缺，畦香白露盈。酒阑闻曲后，愁绝独沾缨。

《耦耕堂存稿诗·中·（崇祯七年甲戌）四月二日过鲁生家作》云：

多年不复到南村，水木依然竹亚门。剩客旧题留几阁，故人兼味具盘飧。莺啼乔木知春晚，蜂绕藤花得日喧。同上小航重笑语，前溪纤月正黄昏。

同书下《（崇祯十二年己卯）四月同潘方儒郑彦逸再过鲁生薖斋》（寅恪案：此题前第五题为《元旦和牧斋韵》，前第四题为《同泰和季公惜别用前韵》，前第二题为《瞿稼轩五十》，前第一题为《送别萧伯玉》。检《初学集·丙舍诗集·上》牧斋皆有与孟阳此四题相关之作。故知崇祯十二年己卯春间孟阳亦在常熟，是年首夏，则已返嘉定矣）云：

经过已是数年余，又值清和四月初。小艇渔湾浑昔梦，空梁歌馆半成墟。孤怀自怯看遗画，老眼犹堪强细书。他日村酤不须设，秖尝林果摘园蔬。

《嘉定县志·三十·第宅园亭门》“嘉隐园”条云：

鹤槎山北。刑部郎张景韶辟。

同书一六《宦迹门·张任传》附《景韶传》略云：

景韶，字公绍，以荫授南太仆典簿。（仕至）刑部云南司郎中。崇祯（六年）癸酉以公事牵连下狱。久之，放归。邑漕永折与有力焉。

同书一九《文学门·张凝元传》略云：

张凝元，字抚五，一字桐山。居南翔。明刑部郎景韶子。诸生。幼嗜学，为侯、黄两忠节所器重。覃精古籍，日事校雠。诗出入唐宋，尤神似范、陆。癸亥卒，年六十五。

同书三十《第宅园亭门》“张氏园”条云：

南门外西南。太学生张士悫辟。士悫，字实甫，参政恒子。（寅恪案：恒事迹见《嘉定县志·一六·宦迹门·张恒传》。）

《耦耕堂存稿诗·中·三月晦日过张子石留宿同茂初兄作》云：

晓雨看消巷陌尘，茶香次第酒清醇。深房散帙仍留宿，秉烛为欢又送春。凭仗风流皤腹客，料量诗酒白头人。明朝更逐东园会，蔬笋盘筵不厌频。

《嘉定县志·三十·第宅园亭门》“杞园”条云：

南翔镇。诸生张鸿磐辟。中有只鹤亭、芳讯阁。枸杞树大可数围，故名。

同书一九《文学门·张鸿磐传》云：

张鸿磐，字子石，侍郎任从孙。诸生。书法苍劲，诗古文词有乡先正典型。游浙闽，与范景文、黄道周酬唱。道周和诗有“圣朝何日下干旌”句。（寅恪案：依《南翔镇志·六·张鸿磐传》所附道周和诗“干旌”当作“旌竿”。盖鸿磐原诗本是“竿”字韵脚也。）性好义，天启末，前邑令胡士容以不拜珰祠被逮，拟重辟。鸿磐鸠千金，赴京营救，得免。崇祯末，部议复邑漕。鸿磐与侯汸、申荃芳伏阙上书，得永折。刑部尚书徐石麒以人才荐，固辞。乙酉后，冒万死周旋侯氏家难，尤人所难。康熙间举乡饮大宾。戊午卒，年八十六。（《南翔镇志·六·文学门·张鸿磐传》略云："康熙间，举乡饮大宾。年八十七。"与此微异。又可参《松圆浪淘集·雪江十五·寿张子石母夫人》诗，《有学集·一九·张子石西楼诗序》，同书四六《书张子石临兰亭卷》，同书二三及《牧斋外集·十·嘉定张子石六十序》并《外集·二五·题张子石湘游篇小引》等。）

《初学集·五三·嘉定张君墓志铭》略云：

崇祯六年十二月嘉定张鸿磐合葬其父母于南翔龚家浜之新阡，泣而乞铭于余曰："鸿磐之先世自祥符徙松江，国初居南翔。嘉靖中有名任者，起家，官开府，而其从弟以军功授陉阳驿丞，以卑官自著称者，吾祖也。"

《南翔镇志·一二·轶事门》云：

张征君（鸿磐）书法妙天下。在本邑方驾娄（坚）、李（流芳）。真迹流布，人多藏弆，而其精神团结，最为遒劲者，则云翔寺楹间两联。尝有客过之，瞻仰良久曰，此颜鲁公得意之笔也。翌日又视之，曰，笔力更过鲁公矣。抠衣再拜，低徊不能去。此客不知何如人，意必具法眼藏者。

光绪修《嘉定县志·三十·第宅园亭门》"张中丞任宅"条云：

一在南翔镇南街。堂曰承庆，嘉庆，具庆。任曾祖清建。一在城隍祠东，任官知府时筑。

同书同卷同门"檀园"条云：

南翔金黄桥南。举人李流芳辟。有泡庵，萝壑，剑蜕斋，慎娱室，次醉阁，翏翏亭，春雨廊，山雨楼，宝尊堂，芙蓉畔。

同书同卷同门“猗园”条略云：

南翔镇。通判闵士籍辟。位置树石，出朱三松手。后归李宜之。中有丰乐亭，合祠檀园（李流芳）、缁仲（李宜之）、子石（张鸿磐）三先生。

同书同卷同门“三老园”条云：

南翔镇。赠公李文邦辟。以枫、柏、桂为三老。曾孙宜之作《三园记》。三园者，三老园及檀园、猗园也。

同书一九《文学门·李流芳传》略云：

李流芳，字茂宰，一字长蘅。伯兄元芳，字茂初，诸生。工七言长句。卒年七十余。（并可参《列朝诗集·丁·一三·李先辈流芳小传》所附元芳事迹）。仲兄名芳，字茂材。幼负异材，顷刻千言，宏丽无比。万历壬辰进士，改庶吉士，卒年二十九。流芳万历丙午举人。画得董巨神髓，纵横酣适，自饶真趣。书法奇伟，一扫寻丈，结构自极谨严。诗文雍容典雅，至性溢楮墨间。崇祯己巳卒，年五十五。论者谓四先生诗文书画，照映海内，要皆经明行修，学有根柢，而唐（时升）以文掩，娄（坚）以书掩，程（嘉燧）以诗掩，李（长蘅）以画掩云。

同书同卷同门《李宜之传》略云：

李宜之，字缁仲。诸生。居南翔。庶常名芳子。三岁孤。长负异才，博综今古。遭变，家破子歼。（寅恪案：同书三二《轶事门》略云：“甲申六月逆奴变起。南翔李氏罹其祸。”传文所谓“遭变”即指此。）时宜之客金陵。归寓侯氏东园。世祖曾于海淀览其参定《秣陵春》曲。问寓园主人何姓名。祭酒吴伟业以嘉定生员李宜之对，而宜之已前卒。（寅恪案：今武进董氏所刊

《梅村家藏稿》后附《梅村先生乐府三种》。其中《秣陵春》题灌园主人编次，寓园居士参定。）

《有学集·二十·李缁仲诗序》略云：

缁仲故多风人之致，青楼红粉，未免作有情痴。孟阳每呵余，缁仲以父兄事兄，而兄不以子弟畜缁仲。狭邪冶游，不少沮止。顾洋洋有喜色者，何也？余曰，不然。伶玄不云乎，淫于色，非慧男子不至也。今孟阳仙游十年所。余年逾七十，缁仲亦冉冉老矣。余衰晚病废，刳心禅诵。见缁仲近刻，为之戚戚心动，追思与孟阳绪言，因牵连书其后。

《嘉定县志·一八·孝义门·李杭之传》略云：

李杭之，字僧筏。举人流芳子。诗文书画有父风。性放旷，甫强仕即弃诸生，放浪山水间。乙酉死难。

寅恪案：前论《朝云诗八首》，以诗中女主人寓居处所，先后有所不同，故可分为两组。兹请略考第一组，即前五首，河东君于崇祯七年暮春至初秋寓居嘉定之处所。依通常惯例言之，以河东君在当日社会之身份，寄居一地，与当地诸名士游宴，自宜暂寓别墅名园，如杭州汪氏之横山别墅，嘉兴吴氏之勺园，皆足为例证。至若崇祯十三年庚辰仲冬至常熟，访牧斋于半野堂，先留居舟中，而不寓拂水山庄，后径移入牧斋常熟城中之住宅，与前此不同者，则因此次实为其最后归宿之举动，未可拘平日常例，以相比拟也。由是言之，河东君崇祯七年暮春至初秋之时间，其游嘉定，当寄居某一别墅名园无疑。据《朝云诗》第五首第一句云“城晚舟回一水香”及第七八两句云“谁能载妓随波去，长醉佳人锦瑟傍”，则河东君当时必寓嘉定城外某别墅名园。又据《朝云诗》第二首前四句云“城头片雨浥朝霞，一径茅堂四面花。十日西园无忌约，千金南曲莫愁家”，则河东君当时所居之别墅名园与城头之地极近。今就《嘉定县志》所载当日士大夫之别墅名园，其与城头相近者，仅有张公绍之嘉隐园及张鲁生之薖园。若张实甫之张氏园，虽屡见于《松圆浪淘集》中，如《涉江一·同张二丈唐兄饮城南张氏园》及《蓬户四·秋晚同张二丈唐四兄步屧城南张园》等，然《县志》止言在“南门外西南”，是否距城头甚近，未敢臆断，兹姑不论。若南翔镇亦多名园别墅，如李长蘅之檀园等，但南翔去城头三里，似距离稍远。孟阳赋诗不宜泛指，且此次与河东君游宴酬酢诸名士中，有长蘅之长兄茂初，即元芳。当时檀园李氏少年，如僧筏即杭之，及缁仲即宜之等，俱是风流文采，好事之徒。然皆茂初之侄，倘河东君此时若寄寓檀园者，恐与白头之老伯父及唐程诸老世丈，互有所不便，观牧斋序缁仲诗集引孟阳呵责之语，足证缁仲兄弟必未参与河东君嘉定游宴酬唱之会。至牧斋之不阻止缁仲为狭邪之游，且洋洋有喜色者，当指缁仲其他与河东君无涉之狭邪游宴，否则牧斋必不致洋洋有喜色，而转为郁郁有忧色矣。一笑！由是言之，河东君此次所居当非南翔之檀园，可以推知。其与城头甚近，即在鹤槎山傍之园亭仅有张公绍之嘉隐园及张鲁生之薖园两处，嘉隐园何时所辟，《嘉定县志》及《南翔镇志》未详载，假定崇祯七年以前公绍已有此园。据《嘉定县志·张景韶传》仅载公绍“崇祯（六年）癸酉以公事牵连下狱。久之，放还”，未详言其何时由北京返嘉定。检松圆此时著作与河东君游宴唱酬诸人中，并无公绍在内，恐其时公绍尚留京未返。其子抚五固少为名流所重，考崇祯七年，其年仅十六岁，即使未随父至京，可暂代其父为园主人，然方值家难，若留当日之名姝于其寓园居住，而非偶一游览者，则为事理所不可，舆论所不容也。职是之故，依递减方法，则舍张鲁生之蕅园外，别无适合此时河东君寄寓之别墅名园。据《嘉定县志》所载，蕅园在鹤槎山西。鹤槎山在南翔北三里。南翔在县治南二十四里。城头在县南二十里。综合计之，则鹤槎山即在蕅园近旁，距县治南二十一里，城头距县南二十里。两处实相连接。松圆“城头”之句所指为蕅园，此无可致疑者也。《朝云诗》第二首第一联即用《才调集·三》韦庄《忆昔》诗：“西园公子名无忌，南国佳人号莫愁。”其易“南国”为“南曲”者，乃参用《李娃传》及《北里志》之文（见俞正燮《癸巳存稿·一四》“李娃传”条），盖河东君此时所居之蕅园，位于嘉定之城南故也。韦端己“西园公子名无忌”之句，本综合《史记·七九·范雎传》及《文选·二十》曹子建《公燕》诗，而以战国四公子中之信陵君魏无忌，代平原君赵胜与“莫愁”为对文，词人用典固可不拘，至松圆诗中之“无忌”，果指何人，虽未能确言，然当是张鲁生、张子石辈。两张似不与公子之称适合，但张公子之称，自《汉书·外戚传·赵孝成皇后传》以来，诗人往往用以目张姓。且据松圆《过张子石留宿诗》以“风流皤腹客”，即以“形模弥勒一布袋”之张耒目子石。（见《山谷内集·一四·病起荆江亭即事十首》之八。任《注》云：“（张）文潜素肥，晚益甚。《传灯录》：明州布袋和尚，形裁腲脮，蹙额皤腹，盖弥勒化身也。”又庄季裕《鸡肋编》中“昔四明有异僧”条云：“张耒文潜学士，人谓其状貌与僧相肖。”陈无己诗止云“张侯便便腹如鼓”，至鲁直遂云“形模弥勒一布袋，文字江河万古流”，可互参。）盖约松圆“出饮空床动涉旬”之人（见《朝云诗》第一首第八句），即此张姓。然则，鲁生、子石辈，是否合称“公子”，又可不必过泥也。读者倘取松圆所作崇祯七年首夏《过鲁生家》诗与崇祯十二年四月《再过鲁生薖园》诗相参较，则前诗之“同上小航重笑语”句，与后诗之“小艇渔湾浑昔梦”句有关，自不待言。《朝云诗》第四首第六句“助情弦管斗玲珑”，又可印证后诗之“空梁歌馆半成墟”句。《朝云诗》第二首第七第八两句“拣得露芽纤手瀹，悬知爱酒不嫌茶”及第四首第五句“送喜觥船飞凿落”等语，复与后诗“他日村酤不须设，秪尝林果摘园蔬”两句互相钩牵。松圆后一诗作于匆匆五年之后，旧侣重来，同一节候，同一园林，而世事顿殊，人去馆空，其惆怅之情，溢于词表，益可据此推知河东君于崇祯七年暮春至首夏，实寄寓张鲁生之薖园无疑也。又薖园即在鹤槎山近旁，此山即韩蕲王所筑烽墩遗迹。河东君之游嘉定，寄寓其地，殊不偶然。盖其平生雅好谈兵，以梁红玉自比。吊古思今，感伤身世，当日之情怀，吾人尤可想象得知也。此次游嘐，所与酬酢之胜流中，似唯有唐叔达一叟，尚可共论兵事。孟阳少年时曾一度学“一人敌”之剑未成（见《列朝诗集·丁·一三·松圆诗老程嘉燧小传》），自不能与精通“万人敌”之兵法如“真安国夫人”之河东君及“假赞皇太尉”之唐处士相颉颃。至其余“走觅南邻爱酒伴，经旬出饮独空床”及“诗酒尚堪驱使在，未须料理白头人”之诸老（见《杜工部集·十·江畔独步寻花七绝句》第一、第二两首），虽多精于诗文音乐字画，但当唐四翁“酒酣耳热，捋须大言，决胜千里之外”之时，此辈未必敢置一喙。其能相与上下议论者，亦恐舍河东君外，别无他客矣。后来河东君与牧斋共访梁韩遗迹事，俟于第四章详述之，兹暂不论。

又，《嘉定县志》编撰者见孙致弥《友人见访不识敝居》诗及其自注，遂怀隐仙巷别有薖园之疑问。寅恪于此点，颇具不同之解释。请略言之，以求通人之教正。鄙意西隐寺前之桥，初以“宝莲”为名，与佛教有关，本极自然。松圆忽改旧称，易以“听莺”，当别有深意。其命此新名在何时，今虽难考知。似在崇祯十年以后，与天香桥及隐仙巷同为孟阳于同一时间，或稍先后所命之名，皆所以纪念河东君者也。河东君于崇祯九年十年间，由吴江盛泽镇来游嘉定，故《緪云诗》第二首有“听莺桥下波仍绿”之句，以纪念其所从来之地。可参下论《緪云诗》节。又河东君之以“隐”为名，至迟在崇祯十一年，详见第二章所论。至若“仙”字之义，则寅恪于拙著《元白诗笺证稿》第四章所附《读莺莺传》一文中，已考释之，读者可取参阅也。松坪诗之“平桥”指“天香桥”，“诸天”指“法华庵”。其自注谓“桥因薖园丛桂得名”，此“丛桂”即《县志》“薖园”条及康熙三十年杨世清所作《耆英会诗序》所言“植桂数十株”，并《南翔镇志》“薖园”条所云：“老桂四十株”者。夫孙元化、张崇儒为同时同邑之人，两氏之园相距又不过二十余里。纵令同以“薖”为称，亦不应同有如许著称之老桂。况“薖园”之名，实出《诗经·卫风·考槃篇》“考槃之阿，硕人之薖”之典，乃隐处之意。（见孔颖达《毛诗正义》及朱熹《诗经集传》。）孙元化仕至登莱巡抚，岂可取义于《考槃》之诗以名其园？故松坪诗自注中之“薖园”，实指张鲁生之薖园，“天香桥”亦因鲁生园中之桂而得名，此无可致疑者。“隐仙巷”亦可因张氏薖园有招隐亭而得名。但玩味松坪“小巷垂杨记隐仙”之句，则疑“杨”乃河东君之本姓，“隐”亦河东君之改名，“记”则今语所谓“纪念”。盖如宝莲桥改为听莺桥之例，皆所以纪念河东君所从来之地。当崇祯七年暮春至初秋之时间，河东君虽寄寓城外鲁生之薖园，但亦应游赏城内之园亭，若孙氏园之类。《朝云诗》第五首“城晚舟回一水香”之句，可以为证。由是言之，松圆诗老或其他好事胜流，自河东君离去嘉定后，眷恋不忘，非仅形诸吟咏，更取其寓畱最久园中亭树之名，以为其香车经游园巷之称，殆有似世俗德政碑去思碑之类，亦即《诗经·召南·甘棠篇》思人爱树之别解耶？一笑！松坪生于崇祯之末，乡里旧闻，耆老轶载，自必谙悉。桥巷命名之由，当心知其意，特不欲显言之耳。又《佩文韵府·二三·上·八庚生韵》（增）“萍生”下及同书九三下《四质茁韵》（韵藻）（增）“雷茁”下，皆引程嘉燧《緪云诗》。同书四下《四支韵》（增）“画史痴”下，引程嘉燧“送老生涯画史痴”句。检此句在《耦耕堂存稿诗》中，其题为《正月同李茂初沈彦深郊游次茂初韵》，核其内容，亦是与河东君有关之作。夫松坪为主纂《佩文韵府》之人。松圆《緪云诗》及《郊游诗》之增入，尤足证孙氏于河东君之来游嘉定，其珍闻逸事，夙所留意，而隐仙巷之名，实与河东君有关也。《嘉定县志》修撰者，竟拘执松坪此诗自注，以为同时同地有两薖园，何疏舛至是欤？假定寅恪所揣测者不误，则河东君嘉定之游，影响之大，复可据此推知矣。又寅恪昔尝读钱肇鳌所著《质直谈耳》一书（参光绪修《嘉定县志·二六·艺文志·杂家类》），颇不解钝夫于河东君游嘉定后百五十年（钱书载其从兄大昕《序》。《序》末题“旃蒙大荒落如月”，即乾隆五十年乙巳二月），何以尚能传述其轶事如与徐三公子宋辕文等之关系，猥琐详悉，一至若此。迨检方志，始知巷陌旧名，风流佳话，劫灰之后，犹有未尽磨灭者。故钝夫以邑子之资格，得托诸梦寐（见竹汀《序》中所记钝夫自述之语），留布天壤间也。

崇祯七年暮春至首夏之时间，河东君游嘉定之地，及往来酬酢之人，既已约略考定，兹再移录《朝云诗》前五首全文，并分别论证之。盖此五首所赋咏者，即河东君在此时间之本事也。

程孟阳《耦耕堂存稿诗·中·朝云诗八首》，其一云：

买断铅红为送春，殷勤料理白头人。蔷薇开遍东山下，芍药携将南浦津。香泽暗霏罗袂解（《列朝诗集》“霏”作“菲”），歌梁声揭翠眉颦。颠狂真被寻花恼，出饮空床动涉旬。

寅恪案：松圆赋《朝云诗》，与杜少陵《江畔独步寻花七绝句》（见《杜工部集·一二》）关系至为密切。读者取《杜集》参之自见，不须征引原诗于此也。松圆所用杜句甚多，颇有生吞活剥之嫌，其所最注意之辞语，为《朝云诗八首》之主旨者，即杜诗原题中“寻花”二字。松圆《耦耕堂集自序》云：

（崇祯七年）甲戌冬，余展闵氏妹墓于京口五州山下，过江还，则已逼除，因感老成之无几相见，遂留此。日夕与唐兄寻花问柳，东邻西圃，如是者二年，而唐兄亦仙去。（前已引，今重录。）

孟阳虽云崇祯七年冬展闵氏妹墓后，感老成之无几相见，因留居嘉定，与叔达诸叟日夕游宴，固有部分理由。窃疑河东君于崇祯七年暮春至初秋之时间来游嘉定，程、唐诸老颠狂倾倒，一至于此，临别时，必与河东君预定重游练川之约。后来河东君于崇祯九年丙子正月初，至二月末，再作嘉定之游，即践其前此之宿诺者也。前论《朝云诗八首》，实完成于七年冬间。故松圆此时，怀人感事之愁思，必更加甚，遂决意留瞟，希望得与新相知重相见，岂仅为老成如叔达辈之无几相见而已哉？《耦耕堂存稿诗·中·（崇祯七年）四月二日过鲁生家作》前一题为《春晖园灯下看牡丹即事》。检《才调集·一》白居易《秦中吟·牡丹》一题，《白氏文集·二》作《买花》，此诗首句“买断铅红”之语，必与春晖堂看牡丹事有思想之联系。时既春尽，人间花事已了，而天上仙葩忽来，春光犹在，故言“为送春”也。少陵《江畔独步寻花七绝句》之二云“未须料理白头人”，松圆易“未须”为“殷勤”，固是反其意，但亦道其实。盖杜公之寻花，不过偶然漫兴，优游闲适，而程、唐、李诸老，则奔走酬酢，力尽精疲。此辈白头人之需殷勤料理，自与杜公迥异也。此诗第一联上句，其古典为李太白《忆东山二首》之一“不向东山久，蔷薇几度花”（见《分类补注李白诗·三三》），其今典则“蔷薇”乃四五月开放之花（见《本草纲目·一八·上·草部》“营实墙薇”条）。“东山”谓鹤槎山，盖蕅园在鹤槎山西，据蕅园之方位言之，此山可称“东山”。且暗用谢安石“东山妓”之故事及李翰林诗语。下句之“芍药”，自用《诗经·郑风·溱洧篇》“赠之以芍药”之语，“南浦”乃指槎溪，即“上槎、中槎、下槎三浦”，以其在嘉定城南之故，且兼用王子安《滕王阁诗》“画栋朝飞南浦云”及《楚辞·九歌·河伯》“送美人兮南浦”之出典，暗寓“朝云”及“美人”之辞，以此两者，皆河东君之字与号也。第二联上句用《史记·一二六·滑稽传·淳于髡传》，其文云：

日暮酒阑，合尊促坐，男女同席。履舄交错，杯盘狼藉。堂上烛灭，主人留髡而送客。罗襦襟解，微闻芗泽。当此之时，髡心最欢，能饮一石。

松圆易“罗襦襟解，微闻芗泽”之“襟”为“袂”。盖《广韵·侵韵》“襟”字下云：“袍襦前袂。”“襟”为平声，“袂”为去声，松圆易平为去，所以协音调也。又松圆用《太史公书》此传之典，其“男女同席，履舄交错”等语，固是当时实况之描写。然“堂上烛灭，主人留髡而送客”，则松圆于此大有野心，独不畏唐、李诸老之见妒耶？夫河东君以妙龄之交际名花，来游嘉定。其特垂青眼于此穷老之山人，必非有所眷恋，自不待言。但使之“颠狂真被寻花恼，出饮空床动涉旬”者，当亦别有其故。《列朝诗集·丁·一三·松圆诗老程嘉燧小传》云：

谙晓音律，分刌合度，老师歌叟，一曲动人，灯残月落，必传其点拍而后已。善画山水，兼工写生。酒阑歌罢，兴酣落笔，尺蹄便面，笔墨飞动。

及《嘉定县志·二十·侨寓门·程嘉燧传》略云：

善画山水，笔墨飞动。书法清劲拔俗，时复散朗生姿。

然则河东君于歌曲点拍，必就孟阳，有所承受。至其书法，顾云美《河东君传》虽云为陈卧子所教。然卧子笔迹，寅恪未见，无从证实。河东君“楷法瘦劲”（见《耦耕堂存稿诗·下·次牧老韵再赠河东君用柳原韵》诗，孟阳自注），是否更受松圆作书“清劲拔俗，时复散朗生姿”之影响，以无确据，亦未敢臆断也。

其二云：

城头片雨浥朝霞，一径茅堂四面花。十日西园无忌约，千金南曲莫愁家。林藏红药香留蝶，门对垂杨暮洗鸦。拣得露芽纤手瀹，悬知爱酒不嫌茶。

寅恪案：此诗前四句，上已论证，兹不复赘。后四句“垂杨”之“杨”及“爱酒”之“爱”，是否暗指河东君姓名而言，姑不必考辨，唯七、八两句则应是当时当地之本事也。《本草纲目·三六》“山茶”条云：“（李）时珍曰，其叶类茗，又可作饮，故得茶名。”又引《格古论》云：“花有数种，宝珠者，花簇如珠，最胜。”及周宪王《救荒本草》云：“山茶嫩叶煠熟水淘可食，亦可蒸晒作饮。”可与前引《嘉定县志》“薖园”条云“宝珠山茶，百余年物”互相参证。斯尤足为河东君此次游嘉定寄寓薖园之确据，并得藉是窥见当日河东君之闲情逸致矣。至河东君爱酒一端，详见前论卧子《集杨姬馆中》诗，于此可不具论。

其三云：

林风却立小楼边，红烛邀迎暮雨前。潦倒玉山人似月，低迷金缕黛如烟。欢心酒面元相合，笑靥歌颦各自怜。数日共寻花底约，晓霞初旭看新莲。

寅恪案：此首乃述河东君檀园游宴之实况也。“小楼”当指檀园中之“山雨楼”。此楼之命名，当取义于许用晦“山雨欲来风满楼”之句。（见《才调集·七》许浑《咸阳城东楼（七律）》。）松圆“林风”“暮雨”等语，足为旁证。第一联上句与第二联上句相关，言河东君之醉酒。第一联下句与第二联下句相关，言河东君之唱曲。且暗以杜秋娘目河东君。盖“花开堪折直须折，莫待无花空折枝”乃《金缕衣》曲辞中之语，与“低迷”“黛烟”及“歌颦”诸辞相证发也。七、八两句乃指松圆等早起与河东君共看檀园芙蓉畔中新荷之本事。《南翔镇志·一一·园亭门》“檀园”条附李元芳《清晨独过檀园观荷

（七律）》云：

新荷当昼便含光，要看全开及早凉。带露爱红兼爱绿，迎风怜影亦怜香。林深鸟宿声还寂，水涨鱼游队各忙。

寅恪案：茂初此诗题中之“清晨”并诗中之“新荷”“迎风”及“爱红”“爱绿”“怜影”“怜香”等辞，皆可与松圆诗语及河东君之名相印证。茂初此律似即为松圆此诗同时之作。但茂初诗题中“独过”二字，不知是否指诸老及河东君“数日共寻花底约”外之别一次，抑或实与诸老及河东君共同游赏，而于僧筏、缁仲诸侄辈有所不便，特标出一“独”字，以免老伯父风流本事之嫌耶？观孟阳此诗所述，乃诸老与河东君在檀园山雨楼中晚宴，酣饮达旦，如《史记·六六·滑稽传·淳于髡传》所谓“长夜之饮”者。次日清晨，诗老名姝彻夜不寐，余兴未阑，同赏楼前畔中之新荷，亦极自然之理，不过此为一次之事。既得新荷宜于侵晨观赏之经验，故遂有数日共寻之约欤？夫老人少寐，侵晨即起，乃生理情况所致，本不足异。但妙龄少女如当日年仅十七岁之河东君，转不似玉谿生所谓“无端嫁得金龟婿，辜负香衾事早朝”者（见《李义山诗集·上·为有（七绝）》），则由其生性若是，非勉强早起，追逐诸老作此游赏也。关于河东君特喜早起一端，可参散见前后论述卧子诗词中涉及河东君早起诸条，兹不更赘。

其四云：

邀得佳人秉烛同，清冰寒映玉壶空。春心省识千金夜，皓齿看生四座风。送喜觥船飞凿落（《列朝诗集》“凿”作“错”），助情弦管斗玲珑（《列朝诗集》“情”作“清”）。天魔似欲窥禅悦，乱散诸华丈室中。

寅恪案：此首第一句及七、八两句，足以证明是诗乃松圆自述邀约河东君夜饮于其所居之处，极歌唱酣醉之乐也。盖河东君当日之游嘉定，程、唐、李辈必轮次递作主人，以宴此神仙之宾客，斯乃白头地主认为吴郡陆机对于钱塘苏小所应尽之责任，如天经地义之不可逃避者。考孟阳此时其家实在嘉定西城。昔日惯例，城门夜必扃闭，时间过晚，非有特许，颇难通行。此首既无如第五首“城晚舟回一水香”之句，复无第六首“严城银钥莫相催”之语，则此次孟阳邀宴河东君夜饮，必不在其城内之寓所，可以推知。若在城外，恐舍张子石之杞园莫属。亦即孟阳《过张子石留宿诗》及《朝云诗》第一首“出饮空床动涉旬”句等，所指言之事之地也。然此诗中无显著之痕迹，姑记所疑，以俟更考。此首第一联上句可参《緪云诗》第四首“方信春宵一刻争”句。其出处皆为东坡“春宵一刻值千金”之语（见《东坡续集·二·春夜（七绝）》）。玩味松圆语意，应指河东君而言。但当时珍惜春宵之心者，恐只是孟阳，而非河东君。松圆竟作此语，何太不自量耶？下句则颇为实录，前引宋让木《秋塘曲序》云：“坐有校书新从吴江故相家，流落人间，凡所叙述，感慨激昂，绝不类闺房语。”据此可知河东君往往于歌筵绮席，议论风生，四座惊叹。故吾人今日犹可想见是夕杞园之宴，程、唐、李、张诸人，对如花之美女，听说剑之雄词，心已醉而身欲死矣。

又，《列朝诗集·丁·一三·松圆诗老程嘉燧小传》云：

孟阳读书不务博涉，精研简练，采掇菁英。晚尤深《老》《庄》《荀》《列》《楞严》诸书，钩纂穿穴，以为能得其用。其诗以唐人为宗，熟精李杜二家，深悟剽贼比拟之缪。七言今体，约而之随州。七言古诗，放而之眉山。此其大略也。

寅恪案：牧斋于孟阳推崇太过，招致当时及后世之不满。兹以不欲广涉，故不具论。但谓松圆晚年尤深于《楞严》及熟精李杜二家，深悟剽贼比拟之缪，则于此不得不置一言。观《朝云诗》及《今夕行》，其剽贼比拟杜少陵之《江畔独步寻花七绝句》及《丽人行》，可谓至矣。牧斋何能逃阿私所好之讥乎？独此诗第七、八两句，乃混合《楞严》及《维摩诘》两经之辞义，以《楞严》之“天魔”，为《维摩》之“天女”，造语构思，殊觉巧切。牧斋谓其晚深《楞严》，钩纂穿穴，以为能得其用者，似或可信欤？全祖望《鲒埼亭外集·三三·钱尚书牧斋手迹跋》云：

第二幅云：“劫灰之后，归心佛乘，急欲请书本《藏经》，以供检阅。闻霍鲁斋作守道，（寅恪案：《清史列传·七八·贰臣传·霍达传》略云：“霍达，陕西武功人。顺治八年授浙江嘉湖道。十年迁太仆寺少卿。”及商务重印李卫、嵇曾筠等修《浙江通志·一二一》“分巡嘉湖道”栏载：“霍达，字鲁斋，陕西人。顺治八年、九年任。”故牧斋作此书之时间，得以约略推知。又王昶《明词综·十》录鲁斋《意难忘·雨夜》词一首，可供参证。）此好机缘，春夏间欲往访之。兄过嘉禾，幸为商地主，不至栖栖旅人也。内典可更为一搜访。”呜呼！望尘干索，禅力何在？不觉为之一笑。

寅恪案：牧斋之禅力，固不能当河东君之魔力，孟阳之禅力，恐亦较其老友所差无几。吾人今日读松圆此诗并谢山此跋，虽所据论者有别，然亦不觉为之一笑也。至《楞严经》，寅恪十余岁时，已读牧斋所作之《蒙钞》，后数年，又于绍氏见一旧本

《蒙钞》，上钤牧斋印记，亦莫辨其真伪。近数十年来，中外学人考论此经者多矣。大抵认为伪作。寅恪曩时与钢和泰君共取古今中外有关此经之著述及乾隆时满蒙藏文译本参校推绎。尤注意其咒文，是否复元后，合于梵文之文法及意义。因此得一结论，即此经梵文音译之咒心，实非华人所能伪造。然其前后诸品，则此土文士摭取开元以前关于阿难、摩登伽女故事译文，融会而成。故咒心前后之文，实为伪造，非有梵文原本。譬如一名画手卷，画虽是真，而前后题跋皆为伪造。由是言之，谓此经全真者，固非。谓其全伪者，亦未谛也。当寅恪与钢君共读此经之时，并偶观尚小云君演摩登伽女戏剧。今涉笔及此，回思前事，又不觉为之一叹也。

复有可注意者，此诗第六句，若果如《列朝诗集》作“助清”，则亦可通。《才调集·三》韦庄《忆昔》诗云：

昔年曾向五陵游，子夜歌清月满楼。银烛树前长似昼，露桃花里不知秋。西园公子名无忌，南国佳人号莫愁。今日乱离俱是梦，夕阳唯见水东流。

然则端己“子夜歌清月满楼”句，即孟阳“助清弦管斗玲珑”句之出典注脚也。今姑不论松园之诗本何字，但读者苟取孟阳并端己所作两诗连贯诵之，则别有惊心动魄之感焉。盖河东君此次嘉定之游，在崇祯七年甲戌暮春至初秋之时间，升平歌舞，犹是开元全盛之日，越十年而为弘光元年乙酉，其所宴游往来之地，酬酢接对之人，多已荒芜焚毁，亡死流离，往事回思，真如隔世矣。兹不广征旧籍，止略引《痛史》第一一种朱九初《嘉定县乙酉纪事》之文于下，以见一斑。

朱子素《嘉定县乙酉纪事》略云：

（弘光元年乙酉闰六月二十一日）南翔镇获（须）明征妻子，斩割屠裂，一如明征，而南翔复有李氏之祸。李氏自世庙以来，蝉联不绝。其裔孙贡士李陟年少有隽才，知名当世。就镇中纠合义旅，号匡定军，未就，里儿忌之，声言李氏潜通清兵，因群拥至门。陟与其族杭之等自恃无他肠，对众嫚骂自若。市人素畏李氏，恐事定后，陟等必正其罪，佯言搜得奸细。李氏无少长皆杀之，投尸义冢，纵犬食其肉，惨酷备至。

（七月初四日）城之初破，（李）成栋尚在城外小武当庙中。辰刻乃开门入，下令屠城。约闻一炮，即封刀。时日晷正长，日入后，始发炮，兵丁遂得肆其杀掠。家至户到，虽小街僻巷，无不穷搜。刀声砉砉然，达于远迩。乞命之声嘈杂如市，所杀不可数计。其悬梁者，投井者，断肢者，血面者，被斫未死，手足犹动者，狼藉路旁，弥望皆是。投河死者，亦不下数千百人。三日后，自西关至葛隆镇，浮胔满河，舟行无下篙处。白膏浮于水面，坌起数分。妇女寝陋者，一见辄杀。大家闺秀及民间妇有美色者，掳入民居，白昼当众奸淫，恬不知愧。疁俗雅重妇节，其惨死者无数。然乱军中，姓氏不传矣。

初六日成栋还兵太仓。成栋拘集民船，装载金帛子女及牛马豕等物三百余艘而去。

二十七日太仓贼浦嶂以土兵入县，再屠其城，城内外死者无算。嶂日夜与兵丁共分财物，并括取民间美色及机榻屏障等物，满载归娄东，于是疁中贫富悉尽。

是役也，城内外死者约凡二万余人。其时孝子慈孙，贞夫烈妇，才子佳人，横罹锋镝，尚不可胜纪。谓非设县以来，绝无仅有之异变哉！

呜呼！后金入关渡江，其杀戮最惨之地，扬州而外，似应推嘉定。鲍明远《芜城赋》（见《文选·一一》）在《文选》中，列于“游览”一类。河东君之于嘉定，亦可谓之游览也。其平生与几社胜流交好，精通选学。弘光乙酉嘉定屠城之役，翠羽明珰与飞絮落花而同尽。河东君起青琐之中（见《戊寅草》所载卧子《序》），跻翟茀之列（见牧斋《投笔集·上·后秋兴之三·小舟夜渡惜别而作》第五首第七、八两句），闻此惨祸，眷念宗邦，俯仰身世，重温参军之赋，焉得不心折骨惊乎？但或可稍慰者，即当日寓疁相与游宴之诸老，则唐叔达卒于崇祯九年丙子（见《嘉定县志·一九·文学门·唐时升传》。）李茂初卒于崇祯十年丁丑三月。（见《耦耕堂存稿文·上·祭李茂初》文。）程孟阳卒于崇祯十六年癸未十二月。（见《列朝诗集·丁·一三·松圆诗老程嘉燧小传》。）皆已前死。故得免于身受目睹或闻知此东南之大劫。亦可谓不幸中之大幸矣。

其五云：

城晚舟回一水香，被花恼彻只颠狂。兰膏初上修蛾睩，（《列朝诗集》“睩”作“绿”，非。）粉汗微消半额黄。主客琅玕情烂熳，神仙冰雪戏迷藏。谁能载妓随波去，长醉佳人锦瑟傍。

寅恪案：此首当是述诸老邀约河东君游宴嘉定城内之名园，以城门须扃闭于不甚晚之时间，不能尽兴作长夜之饮，不得已乘舟共返南门外之寓所，因有七、八两句之感叹也。此次作主人者为谁，颇难考知，但所游宴城内之名园，疑即前论隐仙巷之孙元化园。关于嘉定无两邁园一端，已详考辨，兹不更论。此诗第三句“兰膏初上修蛾睩”者，《楚辞·招魂》“兰膏明烛，华容备些”。王逸《注》云：

言日暮游晏，然香兰之膏，张施明烛，以观其镫锭，雕镂百兽，华奇好备也。

及“蛾眉曼睩，目腾光些”，王逸《注》云：

言美女之貌。蛾眉玉貌，好目曼泽，时睩睩然视，精光腾驰，惑人心也。

盖孙氏园在城内，上灯之际，城门不久将闭，故主客不能尽兴，废然而返城外也。松圆用宋玉之辞，王逸之解，甚适切当日之情景。噫！缅想嘉定诸老此时皆已“魂魄放佚，厥命将落”，惜无弟子为作“招魂”，“复其精神，延其年寿”，殊可谓天壤间一大恨事矣。此诗第五句“主客琅玕情烂熳”之语，乃合用《杜工部集·九·与鄠县源大少府宴渼陂得寒字》诗末二句“主人情烂熳，持答翠琅玕”而成。或谓孟阳此句用李太白《寄远十一首》之十一“朝共琅玕之绮食”句（见《全唐诗·第三函·李白·二四》），谓当日主客宴集之盛况也。又或谓孟阳用张衡诗“美人赠我金琅玕，何以报之双玉盘”之典（见《文选·二九》张平子《四愁诗》之二），盖“美人”为河东君之号，当时之“今美人”必有酬酢诸老之篇什，而孟阳乃以解佩之意目之，堪称大胆。平子诗中有“玉盘”之语，松圆或借用以述邀宴之意，亦即其所作《今夕行》“南邻玉盘过（送）八珍”之“玉盘”。（见下论《今夕行》。）且《杜工部集·一二·严公仲夏枉驾草堂兼携酒馔》诗，有“竹里行厨洗玉盘”之句，尤与此时情事符合也。若此解释非是者，则或用杜少陵诗“留客夏簟清琅玕”之典。（见《杜工部集·九·郑驸马宴洞中》诗。）“琅玕”二字，乃指竹簟而言。盖时当夏季，孙氏园内，楼馆之中，当备此物。果尔，则纳凉之意，既可与此诗第四句“粉汗”之辞相关应，而第六句“神仙冰雪戏迷藏”，亦谓当日河东君于孙氏园竹林中作此游戏也。由是推之，则此诗第二联上下两句，俱指天然之竹及竹之制成品，意义更较通贯。此等解释虽迂远，但亦可备参考，故并录之。至此园主人孙元化，于明清之际，与火器炮弹有关，前引《嘉定县志·轶事门》赵俞之说，已痛哭言之矣。嘉定以区区海隅下邑，举兵抗清，卒受屠戮之祸，其攻守两方之得失，又系于炮铳弹药之多寡强弱。然此端岂河东君与诸老当日游宴此园酬酢嬉娱之际，所能梦想预料者耶？兹略引载记之文于下，聊见赵氏所言，易世之后，犹有未竟之余恸在也。

检《侯峒曾年谱·下》“弘光元年乙酉”条略云：

七月一日（李）成栋遂弃吴淞，悉众西向。黎明，鼓噪薄城，以巨炮击城之东北，声振楼橹，城中惊恐。顷之，率步骑度北门之仓桥，将列营，府君已伏大将军炮于城门下，（寅恪案：此类之炮即清人所谓“红衣大将军”者。盖明末火炮仿自西洋，“红毛夷”乃当时指西洋之称。清人讳“夷”为“衣”，又略去“毛”字，致成“红衣”之名。可参《清朝文献通考·一九四·兵考》“火器”门。）视其半渡，猝发之，桥崩，步骑坠溺，死者无算。成栋一弟最勇黠，亦歼于其中，遂惊且哭，涉水引遁。顷之，复集城北，将进攻，城上发炮击之，不得进。初三日平明，成栋遂合太仓之骑，挟火器攻具以至。天方阴雨，悉力进兵，环攻东北，炮数十发，地为之震。府君督乡兵，捍御不少顾，城堞无恙。敌营中火器告竭，乃鼓噪挟云梯薄城。自三日平明至四日五鼓，尽一昼夜，攻无顷刻之休，（城遂陷）。

《嘉定县乙酉纪事》略云：

（弘光元年乙酉）六月廿七日，偕（吴）志葵来者，为前都督蒋若来。视库存铜铳数十，使人舁之行。

闰六月十四日，时我军与北兵，矢炮相当，互有杀伤。

十八日，廪生唐培犹率兵巷战。李（成栋）兵铳箭并发，乡兵大奔，培被获。

二十三日，乡兵合围，杀获五骑，余骑将过仓桥，城上急发大炮，连桥击断，杀三人一马。其一黄纛红伞佩刀，被枪死路傍，盖成栋弟也。

二十五日，（侯）峒曾以书币迎蔡（乔）军。其兵皆瘫弱，惟乔颇勇健，差似可用。其所携火药粮储在舟中，求姑置城中，身自率兵于城外。议者皆曰宜许之。彼战而胜，军资在城，其心益固；不胜，留以为质，势不敢弃我去。当事者犹豫不听，遣人馈问，令泊舟南关外。

二十六日，乔血战良久，力尽几陷。顷之，北兵十余骑薄城，城上连发大炮，伤二人，遂引去。

七月初三日，成栋会同太仓兵拥大众至，尽锐攻城，炮声轰轰不绝，守城百姓股栗色变。先是，钱令（默）去时，开库尽给群胥，军器火药惟人所取。四门城楼扃鐍甚坚，尚有存者。乡兵至，乃悉发用。至是徒手应敌而已。嘉定本土城，嘉隆间，倭奴屡攻，不能克。自邑令杨旦筑砖城，最称完固。北兵发大炮冲之，颓落不过数升。然下瞰城下，兵益众，攻益力，举炮益繁，终夜震撼，地裂天崩。炮硝铅屑，落城中屋上，簌簌如雨。

初四日，城陷。成栋进兵，屠其城。

上论《朝云诗》可分两组，前五首为一组，后三首及《今夕行》为一组。后一组之特点，实为款待河东君之主人，在其城内寓所，且与唐叔达直接或间接有关。今考释前一组已竟，请续论后一组于下。

其六云：

青林隐隐数莲开，风渚翻翻一燕回。选伎欲陪芳宴醉，携钱还过野桥来。花间人迫朝霞见，天际云行暮雨回。纤月池凉可怜夜，严城银钥莫相催。

寅恪案：《朝云诗》第一首第八句云“出饮空床动涉旬”，可知孟阳至少一度必在城外友人家寄寓旬日。然当无自暮春至初秋，长期留滞城外，达数月之理。至唐叔达是否亦曾暂寓城外，今难考知。即使一度出居城外，但依此首所述，则固在其城内寓园，想此时程、唐二老，俱已端居敝庐，恭候佳客矣。所以知者，此首第六句“天际云行暮雨回”及第八句“严城银钥莫相催”，明是河东君寓居城外，在城内游宴，不能停留过晚之证。至其在何人家游宴，则依此首第一联上下两句所言，必非孟阳本人寓所，自不待言。若非孟阳之家，则舍叔达之寓园莫属。第一联下句固出杜少陵“携钱过野桥”之典（见《杜工部集·一一·王十五司马弟出郭相访兼遗营茅屋赀》），但由孟阳家至款待河东君之主人所寓之地，必有一桥可过。此首第七句“纤月池凉可怜夜”，则此主人之寓园，又有纳凉之池畔。据孟阳自谓在此数年间与叔达“东邻西圃，寻花问柳”之语推之，则此首所述款宴河东君之处，叔达寓园颇合条件。观《耦耕堂存稿诗·中·赠西邻唐隐君》诗云“西家清池贯长薄，中垒岑隅望青郭”及“溪鸟衔鱼佐杯勺”，并《嘉定县志·三十》“处士唐时升宅”条，附张鹏翀《过叔达先生故居》诗云“惟有唐君居，犹在北郭旁”及“回桥俯清溪”等语，则叔达为孟阳之“西邻”，即“西家”。“清池”即“纤月池凉”之“池”。“长薄”即“青林”。“青郭”用李太白《送友人》诗“青山横北郭”句（见《全唐诗·第三函·李白·一七》），亦即张氏诗所谓“北郭”。孟阳以“青”代“北”者，盖因声调不协之故。古体诗亦应协声调，孟阳精于音律，于此可见。“中垒岑隅”当指唐氏园中之紫萱岗而言。程诗既言“溪鸟”，张诗又言“清溪”，有溪必有桥。或谓此桥即孟阳《今夕行序》中“舍南石桥上”之桥，亦有可能。松圆此首“过野桥”之句，用古典兼用今典也。此首第七句所言，乃七月初间夜景。《朝云诗》第七首乃述七夕宴游事，故疑此首乃述叔达于崇祯七年七月七夕以前，夜宴河东君于其寓园，而孟阳赴约往陪。所以有第三句“选伎欲陪芳宴醉”之语。果尔，则此首列于第七首前，自有时间先后之理由在也。

其七云：

针楼巧席夜纷纷，天上人间总不分。绝代倾城难独立，中年行乐易离群。会逢银汉双星度，真见阳台一段云。堪是林泉携手妓，莫轻看作醉红裙。

寅恪案：此首所述者，即《今夕行序》所谓“甲戌七月唐四兄为杨朝赋《七夕行》之事。盖是年七夕河东君实在叔达家渡此佳节。此首第二句“天上人间总不分”，“人间”当指唐氏寓园，唯不知诸老中，谁有牛郎之资格。若以年龄论，松圆比唐、李为最少，其所以偏怀野心者，殆由此耶？一笑！余可参下论《今夕行》节。第三句出李太白《白纻辞三首》之三“倾城独立世所稀”（见《全唐诗·第三函·李白·三》）。此句与陈卧子为河东君所赋《早梅》诗“念尔凌寒难独立，莫辞冰雪更追攀”之句，辞意相同，孟阳诗作于崇祯七年秋，卧子诗亦作于是年冬。当时河东君年仅十七，程、陈两人具此感想，本无足怪。然卧子于崇祯十二年春为河东君而赋之《上巳行》云：“垂柳无人临古渡，娟娟独立寒塘路。”则已改变其五年前之观念。夫女子之能独立如河东君，实当日所罕见。卧子与河东君交谊挚笃，而得知此特性，何太晚乎？此首第四句“中年行乐易离群”出李太白《忆东山二首》之二“我今携谢妓，长啸绝人群”（见《全唐诗·第三函·李白·二二》），更用《晋书·八十·王羲之传》所云：

谢安尝谓羲之曰，中年以来，伤于哀乐。与亲友别，辄作数日恶。羲之曰，年在桑榆，自然至此。须正赖丝竹陶写，恒恐儿辈觉，损其欢乐之趣。

及《李义山诗集·上·杜工部蜀中离席（七律）》云：

人生何处不离群，世路干戈惜暂分。雪岭未归天外使，松州犹驻殿前军。座中醉客延醒客，江上晴云杂雨云。美酒成都堪送老，当垆仍是卓文君。

之出典。松圆句“中年”乃“中年以来”之省略，即王右军所谓“年在桑榆”之义。否则，唐、李、程诸老中，是时叔达年八十四，茂初年七十一，孟阳年七十，皆不得以杜少陵《饮中八仙歌》中“宗之潇洒美少年”相况，明矣。（见《杜工部集·一》。）倘严格解释安石“伤于哀乐”之语，则“哀乐”二字乃复辞偏用，仅是“哀”之意，非与“乐”为对文。“伤于哀乐”者，困于哀感之谓，绝不与喜乐之“乐”相关涉也。此复辞偏用之义，松圆同时之通儒顾炎武自能知之，未可以是苛责艺术家之程嘉燧也。又松圆此诗与玉谿生拟杜七律关系密切，他不必论，即就两诗同用一韵，可以推知。玉谿生诗题意旨本为送别，想当日河东君亦拟于七夕不久以后，归返松江。在此旬日之宴饮，皆可以“离席”目之。由是推论，义山诗中“晴云”“雨云”俱藏河东君之名，“卓文君”之放诞风流亦与河东君类似，暗借此诗辞意，以影射河东君，颇为适合。至“醉客”则当是练川诸老，而“醒客”恐非河东君莫属。盖诸老此夕俱已心醉酒醉，独河东君一人，则是“神仙宾客”之人间织女，大有三闾大夫“众人皆醉我独醒”之感也。此首第六句用李太白《寄远十一首》之十一“美人美人兮归去来，莫作朝云暮雨飞阳台”及《出妓金陵子呈卢六四首》之一“何似阳台云雨人”句。第七句复用太白《示金陵子》诗“谢公正要东山妓，携手林泉处处行”之语。（俱见《全唐诗·第三函·李白·二四》，并可参上论第四句所引李太白《忆东山》诗。）孟阳以金陵子比河东君，固颇适切，但终不免生吞活剥之诮。至东山之谢安石，孟阳自无此资格。若指周念西，则亦颇适当。在松圆赋此诗之际，原不料及别有一东山谢安石之钱探花与河东君结缘。然则，孟阳此句非河东君前日之旧史，乃后来之预谶耳。一笑！第八句则出韩退之《醉赠张秘书（五古）》（见《全唐诗·第五函·韩愈·二》），其诗中一节云：

长安众富儿，盘馔罗膻荤。不解文字饮，惟能醉红裙。虽得一饷乐，有如聚飞蚊。

夫当日练川诸老之“解文字饮”，吾人自无异议。但唐、程乃嘉定贫子，其款待河东君之宴席，当如松圆自述之“蔬笋盘筵”（见上引《过张子石留宿》诗），而非长安富儿之“盘馔膻荤”。吾人于此亦无异议。虽松圆借取韩句，聊以自慰自豪，然寒酸之气，流露纸背，用此自卑情绪，赋“伎席”“艳诗”，今日读之，不觉失笑也。

其八云：

几株门柳一蝉吟，款夕幽花趁夕阴。令我斋中山岫响，知卿尘外蕙兰心。瑶林回处宜邀月，秋水湛时最赏音。絜榼便追逃暑会，天河拌落醉横参。

寅恪案：孟阳《今夕行序》云：

甲戌七月，唐四兄为杨朝赋《七夕行》。十二夜复过余成老亭。酒酣乘月纳凉舍南石桥上，丝竹激越，赏心忘疲，因和韵作此。

据此颇疑《朝云诗》最后一首，即述崇祯七年七月十二夜河东君如尊绿华之降羊权家，而降松圆西城寓所之事。此首与《今夕行》虽同述一事，但《今夕行》乃和叔达《七夕行》韵之作，此首则孟阳自夸其稀有之遭遇，特赋七律纪之，并以完成此朝云一段因缘也。此首第一联上句用傅休奕《又答程晓》诗“洪崖歌山岫”之语（见《汉魏百三名家集·傅鹑觚集》）。应是河东君当时在成老亭歌唱，故松圆赋此。下句疑借用玉谿生《荆门西下》诗“蕙兰蹊径失佳期”之意（见《李义山诗集·上》），但松圆于此，竟用“卿”字。考《世说新语·惑溺类》云：

王安丰妇常卿安丰。安丰曰：“妇人卿婿，于礼为不敬。后勿复尔。”妇曰：“亲卿爱卿，是以卿卿。我不卿卿，谁当卿卿？”遂恒听之。

夫明末清初之时，能“卿”河东君者，周文岸姑置不论。钱受之则自崇祯十四年六月七日以后，始正式取得此资格。观《有学集·二·秋槐诗支集》附录河东君和牧斋《人日示内》诗二首之二，其末句云“不唱卿家缓缓吟”，据此可以证知河东君实以安丰县侯夫人自命。孟阳乃一穷酸之山人，岂有封侯夫婿之骨相耶？至若其他诸人，如宋辕文、陈卧子、李存我等，虽皆与河东君为密友，然犹未备此条件。孟阳于此，可谓胆大于姜伯约矣。宜乎牧斋选诗，痛加删削也。第二联上句之“瑶林”，似谓《朝云诗》第六首“青林隐隐数莲开”之“青林”，或即指孟阳《赠西邻唐隐君》诗第一句“西家清池贯长薄”之“长薄”，亦未可知。下句疑指桥下及船边照影之秋波也。此首第七句之“絜榼”恐与《今夕行》“南邻玉盘过（送）八珍”句有关。此夕想程、唐诸老各自分备殽酒，以宴萼绿华。至第八句结语用《龙城录》赵师雄罗浮梦事。“月落参横”之时，嘉定城门必不能开启通行。岂河东君在此数夕之间，不居寓城外，而留宿于叔达寓园耶？孟阳《今夕行序》谓“十二夜复过余成老亭”，恐此夕河东君之过成老亭，未必一人独来，叔达当亦伴行。若此揣测不谬，则成老亭之命名，本用杜诗“与子成二老，来往亦风流”之典（见《杜工部集·三·寄赞上人（五古）》），程、唐“二老”是夕真可谓风流之至，不负此亭之名矣。

论《朝云诗八首》既竟，颇觉松圆生吞活剥杜诗原句太多。今寅恪百尺竿头更进一步，戏集唐人成句为七绝一首，以博读者一笑。

诗云：

霸才无主始怜君，（温飞卿《过陈琳墓》。寅恪案：“君”指河东君。从顾云美《河东君传》之先例也。）世路干戈惜暂分。（李义山《杜工部蜀中离席》。寅恪案：陈卧子于崇祯七年，即程松圆赋《朝云诗》之年，其为河东君作《早梅》诗云：“干戈绕地多愁眼。”）两目眵昏头雪白，（韩退之《短灯檠歌》。）枉抛心力画朝云。（元微之《白衣裳二首》之二。）

《耦耕堂存稿诗·今夕行（并序）》云：

> 甲戌七月，唐四兄为杨朝赋《七夕行》。十二夜复过余成老亭。酒酣乘月纳凉舍南石桥上，丝竹激越，赏心忘疲，因和韵作此。（此序上文已引。兹为解释便利，故重移录。）

七夕之夕明河新，飞来乌鹊填河津。今夕何夕织女降，南邻玉盘过（送）八珍。彩云翩跹入庭户，明月自与幽人亲。李謩贺老并同舍，弹丝吹竹无昏辰（晨）。一声裂石众哗寂，四筵不劳录事瞋。白头当场自理曲，向月吹箫教玉人。玉人羽衣光罨罨，似有霓裳来碧落。香雾寒生半臂绡，暗尘襟解罗襦缚。玉指参差送夜光，云鬟娿婠闻宵柝。只云三万六千是（日），莫惜颠狂且行乐。

寅恪案：孟阳此诗与《朝云诗》第八首同述一事，前已论及。此诗乃和叔达《七夕行》韵之作，不过唐氏所赋为崇祯七年河东君在其寓园游宴之经过。孟阳此诗，则虽和唐韵，而所言乃七夕后五日，即十二日之夜，河东君过其家之事。唐、程两诗，虽同体同韵，其内容应有互异之点。今既不得见唐氏《七夕行》，取以相发明，姑止就程氏《今夕行》略加论释，自必不能满意，须更详考。至叔达《七夕行》乃用少陵《丽人行》之韵。（见《杜工部集·一》。）所以如是者，疑别有寓意，因河东君夙称“美人”。“丽人”即“美人”。子美此诗题所谓“丽人”，指杨氏诸姨而言。“杨”复河东君之姓也。孟阳《今夕行》之命名，本出少陵原题。其第三句“今夕何夕”，亦与杜诗第一句相同。（见《杜工部集·一·今夕行》。）但此皆表面之解释，非真知孟阳用意所在者。颇疑松圆实用《诗经·唐风·绸缪篇》“今夕何夕，见此粲者”之典。据《朱子集传》“粲，美也。此为夫语妇之辞也”。若所推测者不误，则孟阳命题之原意，亦与《朝云诗》第八首第四句之“卿”河东君者，用心正复相似。上引牧斋论松圆之诗，以为“七言古诗，放而之眉山”。（寅恪案：上海前合众图书馆藏《耦耕堂存稿诗·中》，此诗题下有评语云：“叙题大似东坡，诗亦相近。”并可参证。）今观松圆《今夕行》，颇有摹拟东坡《松风亭梅花》诗之迹象。（见《东坡后集·四》。）钱氏之言，殊为可信。苏诗第一首“海南仙云娇堕砌，月下缟衣来扣门”之语，亦与崇祯七年七月十二夜孟阳寓所之情景暗合。借“仙云”之辞，以目河东君，颇为适切。盖是夕河东君以萼绿华及“神仙宾客”之身份，降松圆家，而“云”复为河东君之名也。又，苏诗第二首“耿耿独与参横昏”之句，复与同述此夕经过之《朝云诗》第八首结句“天河拌落醉横参”句有关。《朝云诗》此句，虽出少陵诗“天横醉后参”及“自待白河沉”之典（见《杜工部集·一二·送严侍郎到绵州》。仇兆鳌《杜诗详注·一一》，释此诗之“白河”为“天河”，是。寅恪以为程诗之“落”，即出杜诗之“沉”也），然松圆遣辞，固出于杜，而用意则实取于苏也。孟阳此诗“南邻玉盘过八珍”之“过”，虽可借用《杜工部集·一·夏日李公见访》诗“墙头过浊醪”之“过”，但仍疑为“送”字之误。所以作此推测者，因叔达《七夕行》本用少陵《丽人行》之韵，今唐氏原诗未见，不知其与《丽人行》内容关系如何。但《丽人行》有“御厨络驿送八珍”之语，松圆改为此句。其“送”字之意，与《朝云诗》第八首第七句“挈榼”二字相涉，且“玉盘”之辞，亦出《杜工部集·一二·严公仲夏枉驾草堂兼携酒馔》诗“竹里行厨洗玉盘”之典，甚合叔达此夕“挈榼”之事。然则诸老各具酒馔，凑成夜宴，寒乞情况，可以想见。此夕处士山人之筵席，固远不如后来富商汪然明，贪宦谢象三之豪侈招待，即候补阁老钱受之之半野堂寒夕文宴，其酒馔之丰盛，亦当超过唐、程诸老之逃暑会无疑也。诗中“李蓍贺老并同舍，弹丝吹竹无昏晨”及“白头当场自理曲，向月吹箫教玉人”等句，足征牧斋谓孟阳精于音律，其言实非虚誉，而河东君从之有所承受，抑又可知。顾云美《河东君传》云：“定情之夕，在辛巳六月七日。君年二十四矣。宗伯赋前七夕诗，要诸词人和之。”噫！此为唐叔达赋《七夕行》后七年之事也。牧斋当崇祯甲戌之秋，尚未“见此邂逅”（见《诗经·唐风·绸缪篇》第二章并朱《注》），然终能急追跃进，先期一月完成心愿，诚足夸叔达于地下，傲孟阳于生前矣。

《耦耕堂存稿诗》中，《今夕行》之后第三、第四及第八、第九、第十共五题，皆与河东君有关。兹分别论述之于下。

《秋雨端居有怀》云：

百日全家药裹间，不论风雨不开关。篱边秋水愁中路，郭外春湖梦里山。时倚瓶花滋起色，漫悬梁月见衰颜。南村剩客如相忆，好就茅斋一宿还。

《病余戏咏草花》云：

莺粟鸡冠画不成，神农汉使未知名。千年血渍丹砂在，一寸心灰缟雪生。望里蜉蝣弦晦数，睡余蝴蝶梦魂清。天花散处宜蠲疾，不比文园露一茎。

寅恪案：河东君于崇祯七年初秋离嘉定返松江后，练川诸老当有《孟子·滕文公篇》所谓“孔子三月无君，则皇皇如也”之情状（此“君”借作“河东君”之“君”），故孟阳诗中应可发现痕迹。此二题初视之，似无关系。细绎之，实为怀念河东君之作。前一题言全家秋雨时患病，谅是河鱼腹疾之类，姑不置论。独七八两句乃追念河东君于七年暮春至初秋间寄寓城南之盛会。“南村剩客”疑指李茂初而言，盖松圆欲茂初至其家，与之商量招约河东君重来嘉定一事。故河东君于崇祯九年乙亥岁暮再游练川。观孟阳和茂初《停云》诗“相望经时滞乃翁”之句可证。诗题中之“有怀”乃怀茂初，兼怀河东君也。后一题怀念河东君之意，较前一题更为明显。第四句乃合用李义山诗“一寸相思一寸灰”（见《李义山诗集·上·无题四首》之二），及苏东坡诗“月下缟衣来叩门”（见前引）之意。七、八两句谓河东君既如天女之来散花于示疾之维摩诘丈室矣。今不应似司马相如之为卓文君而病消渴也。

《停云次茂初韵》云：

停云霭霭雨蒙蒙，相望经时滞乃翁。莫往岂能忘夙好，聊淹俄复得深衷。不愁急管哀丝迸，且喜残年皓首同。况值新知多道气，只言此地古人风。

寅恪案：李茂初原作今未得见，其以“停云”为题，固出陶渊明《停云诗序》“停云思亲友也”之意。但李氏心中“云”乃“阿云”之“云”，“停”则停留之意。夫河东君之于嘉定诸老，只可谓之“友”，而未能为其“亲”。且陶诗义正辞严，不宜借作绮怀之题。岂松圆后来亦觉此题未妥，遂以“緪云”代之，而作七律八首耶？至若《有学集·九·红豆初集·戊戌新秋日吴巽之持孟阳画扇索题为赋十绝句》其第十首（钱曾王

《注》本为第二首）云“依约情人怀袖里，每移秋扇感停云”，则“停云”一辞，兼指孟阳及河东君而言，殊与“思亲友”之义切合。此亦松圆、茂初辈赋《停云》诗时，所不及料者也。余详后论“緗云诗扇”条。李、程二老赋《停云》诗，疑在崇祯九年初春。盖此题后一题为《和尔宗春宴即事》诗。据《列朝诗集》孟阳诗选本，《緗云诗》前，即《春宴》诗，但题上多“丙子立春”四字。依郑鹤声《近世中西史日对照表》，崇祯九年丙子无立春，但七年甲戌正月六日立春，十二月十七日又立春，八年乙亥十二月廿八日立春。寅恪以为当日历官定历，必无一年之内，缺去或重复立春节气之理，故知郑《表》中七年岁末之立春，应移于八年岁初，而八年岁末之立春，应移于九年岁初。如此移置，方与当时事理及孟阳诗题符合。又据《耦耕堂存稿文·中·祭李茂初》文略云：

崇祯岁丁丑春正月，李茂初先生寝疾里中，会余留滞郡城。（寅恪案：“郡城”指苏州言。明代嘉定为苏州府属县。孟阳此次至苏州，疑是送牧斋被逮北行。俟考。）二月晦日。挐舟候兄于室。先生顾余微笑。明晨复小语而别。又四日为三月癸卯，先生终于正寝。春秋七十有四。越二七日丁巳，表弟程某哭奠于几筵而告之曰，去岁之春，同游湖堧。寻花放狂，把烛回船。欢笑累夕，和诗几篇。

寅恪案：孟阳《祭茂初》文作于崇祯十年丁丑，文中“去岁之春”指崇祯九年丙子之春。“寻花放狂”之“花”，指河东君言，即孟阳《正月同李茂初沈彦深郊游次茂初韵》诗中（此题“正月”二字，从孙氏钞本增补。全诗见下引），所谓“寻花舍此复何之”之意也。考河东君以崇祯八年秋深别卧子于松江，重返盛泽镇徐云翾家。值此惆怅无聊之际，当思再作嘉定之游。何况练川诸老知其已脱几社名士之羁绊，逸兴野心，遂大发动，更复殷勤促其重来，以践崇祯七年初秋相别时之宿诺耶？孟阳诗中“况值新知多道气”句之“新知”自指河东君言。“新知”一辞，本出《楚辞·九歌·少司命》“乐莫乐兮新相知”之句，然松圆之意，注重在“乐”，而不在“新”。观其后来所作《六月鸳湖饮朱子暇夜归与云娃惜别》诗“一尊且就新知乐”之语（全诗见下引），足证其“新”字之界说。余可参前论宋尚木《秋塘曲序》条，兹不复赘。又，《杜工部集·一一·过南邻朱山人水亭》诗云：“看君多道气，从此数追随。”松圆用少陵“多道气”之语，岂欲“从此数追随”河东君耶？窃恐阿云接对唐、李、程诸老之际，固多道气，但其周旋宋辕文、陈卧子、李存我之时，则此“道气”一变而为妖气，松圆于此可谓“枉抛心力”矣。又茂初卒于崇祯十年丁丑三月。其卒前一年，尚与此“多道气”之“新知”相往来。《论语·里仁篇》：“子曰：朝闻道，夕死可矣。”朱《注》云：“道者，事物当然之理。苟得闻之，则生顺死安，无复遗恨矣。”然则，若茂初者，殆可谓生顺死安者欤？

《丙子立春和尔宗春宴即事》（“丙子立春”四字，据《列朝诗集》所录增补）云：

归舸夜发促春盘，少长肩随各尽欢。花鸟妆春迎宿雨，天云酿雪作朝寒。何嫌趋走同儿戏，便许风流比画看。晕碧裁红古来事，醉痕狼藉任阑干。

寅恪案：尔宗者，金德开之字。事迹见《嘉定县志·一七·忠节门》本传。其父兆登本末见《耦耕堂存稿文·下·都事金子鱼先生行状》及《初学集·五四·金府君墓志铭》等。又，《嘉定县志·三十·第宅园亭门》“金氏园”条云：

东清镜塘北。中有柳云居，（寅恪案：“柳云”二字可注意，不知是否与河东君有关。俟考。）止舫，霁霞阁，冬荣馆。金兆登辟。别有福持堂，在塔院西。兆登别业。

据此，崇祯九年丙子立春日尔宗之春宴，河东君当亦预坐。此诗第一句之“归舠”，乃指河东君此次来嘉定，寓居城外，或即南翔镇之檀园。尔宗既设春宴于其城内之寓园，则城门夜深必须扃闭，故河东君不能甚晚返其城外居处，所谓“促”者，指时间之迫促。第二句“少长尽欢”之“少”，指尔宗辈，“长”指孟阳辈。第四句暗藏“朝云”二字，否则既是夜宴，何必用“朝”字也。此诗第二联之“儿戏”“风流”，甚合当时情事。第七句疑用梁简文帝《春盘赋》语。（寅恪检《佩文韵府·一一》“东红韵”（下）云：“梁简文帝《春盘赋》，裁红晕碧，巧助春情。又裁红点翠愁人心。”今检丁福保辑《全汉三国晋南北朝诗·全梁诗·一》简文帝《东飞伯劳歌二首》之一有“裁红点翠愁人心”之句。元好问《遗山诗集·八·春日》诗：“里社春盘巧欲争，裁红晕碧助春情。”自注云：“欧阳詹《春盘赋》，裁红晕碧，巧助春情，为韵。”《全唐文·五九五》欧阳詹《春盘赋》及《佩文韵府·一百》“上十一·陌碧韵”（下）并同。但《汉魏百三名家集》及严可均辑《全梁文》简文帝文等，皆无《春盘赋》。更俟详考。）又后来河东君于崇祯十三年所赋《春日我闻室作呈牧翁》诗“裁红晕碧泪漫漫”句，亦是追感此类春宴，所以有“泪漫漫”之语耳。“古来事”

者，孟阳非仅谓自古相传有此节物风俗，兼具和李茂初《停云》诗，“只言此地古人风”之意。颇疑“此地古人风”之语，实出于河东君之口。作此等语，即所谓“道气”者是也。观此夕之春宴，河东君来去迫促如此，真玉豁生《重过圣女祠》诗所谓“萼绿华来无定所，杜兰香去未移时”者也。（见《李义山诗集·上》。）

《正月十一十二夜云生留余家与客连夕酣歌醉余夜深徘徊寺桥俯仰昔游题三绝句》云：

伤心无奈月明桥，秋水横波凝玉箫。十八回圆天上月，草芳何尽绿迢迢。

经过无处不关情，寺冷台荒月自明。相见解人肠断事，夜深闲上石桥行。

美人一去水连村，风月佳时独掩门。今夕酒阑歌散后，珊珊邀得月中魂。

寅恪案：此题三绝句与《緪云诗八首》殊有密切关系。不过孟阳此三绝句，止咏崇祯九年丙子正月十一、十二两夕，河东君留宿其家之奇遇。至《緪云诗八首》，则为总述河东君此次嘉定之重游，包括崇祯九年正月灯节前数日，在其家小住后，至二月下旬离嘉定返盛泽，并去后不久时，相思甚苦之事实也。盖萼绿华之降羊权家，乃旷世难逢之大典，岂可以三绝句短章草率了事？但七律八首，又费经营，绝非一时所能写就。职此之故，两题内容固有相同之处，而作成时间，则有先后。颇疑《緪云诗》之完成，当在河东君崇祯九年二月末，离去嘉定不久之后，即是年三月暮春也。

此诗题中之“昔游”，旨崇祯七年七月十二夜，即《今夕行》所述之事。“云生”指河东君，固不待言。

考徐𤊹《续本事诗·五》袁宏道《伤周生》诗题下注云：

按吴人呼妓为生。

据此，孟阳自可呼河东君为“云生”。又检王圣涂（辟之）《渑水燕谈录·十·谈谑类》（可参赵德麟（令畤）《侯鲭录·八》“钱塘一官妓”条）云：

子瞻通判钱塘，尝权领州事。新太守将至，营妓陈状词以年乞出籍从良。判曰：“五日京兆，判状不难。九尾野狐，（寅恪案：赵氏书谓此妓“性善媚惑，人号曰，九尾野狐。”）从良任便。”有周生者，色艺为一州之最，闻之，亦陈状乞嫁。惜其去，判云：“慕周南之化，此意虽可嘉。空冀北之群，所请宜不允。”其敏捷善谑如此。

然则呼妓为“生”，宋人已然。但孟阳所以取男性之称目之者，疑有其他理由。一方面河东君往往以男性自命，和《与汪然明尺牍》之称“弟”及幅巾作男子服访牧斋于半野堂等，即是其例。别一方面，则河东君相与往还之胜流，亦戏以男性之称目之，如牧斋称之为“柳儒士”之例（见《牧斋遗事》“国初录用前朝耆旧”条）。寅恪更疑此诗题中之“云生”，其初稿当作“云娃”，盖用唐汧国夫人称“李娃”之典（见《太平广记·四八四》白行简所撰《李娃传》“汧国夫人李娃，长安之倡女也”等语）。如其《二月上浣同云娃踏青》及《六月鸳湖与云娃惜别》等题，同一称谓（两诗俱见下引）。后来发觉以“云娃”为称，而留宿其家，甚涉嫌疑，两方均感不便，遂改“娃”为“生”，以图蒙混欤？又，吴梅村《琴河感旧诗序》亦称卞玉京为“卞生”。盖以赋诗之际，云装亦将委身于人之故。此点可与孟阳诗题序相参证也（见《梅村家藏稿·六》，并后论卞玉京事节）。总而言之，牧斋于松圆与河东君之关系，虽不甚隐讳，然值此重要关头，即“云生留予家”之问题，则风流才子之钱谦益，亦不得不仿效陈腐迂儒之王鲁斋（柏），撰著《诗疑》，于《郑》《卫》诸篇，大肆删削矣。呵呵！至题中之“寺桥”，第一首第一句之“桥”，第二首第二句之“寺”及第四句之“石桥”，俱指西隐寺之桥，亦即孟阳改其名为“听莺桥”者，见前论隐仙巷非别有“薖园”条及后论《緪云诗》第二首“听莺桥下波仍绿”句，兹不多赘。

第一首与杜牧之《寄扬州韩绰判官》诗“青山隐隐水迢迢，秋尽江南草木凋。二十四桥明月夜，玉人何处教吹箫”及孟浩然《留别王侍御维》诗“欲寻芳草去，惜与故人违”有关（见《全唐诗·第八函·杜牧·四》及同书《第三函·孟浩然·二》），否则孟阳赋诗正值严寒草枯之际，焉得有第四句“草芳何处绿迢迢”之语耶？更申言之，孟阳此首之意，大有玉谿生“小姑居处本无郎”（见《李义山诗集·中·无题二首》之二）及辛稼轩词“见说道，天涯芳草无归路”（见《稼轩词·二·〈摸鱼儿·王正之置酒小山亭赋〉》）之微旨也。第一句所谓“伤心”者，鄙意河东君之为人，感慨爽直，谈论叙述，不类闺房儿女。观前引宋尚木《秋塘曲》，知其当日在白龙潭舟中，对陈、宋、彭诸人道其在周文岸家不容于念西群妾事，绝未隐讳，可为例证。由是推之，此次重游练川，亦必与孟阳言及其所以离松江迁盛泽之经过，而于其不能为卧子家庭所容之原委，复当详尽痛切言之也。“十八回圆天上月”者，盖河东君于崇祯七年七月七夕后，离去嘉定，复于九年正月元日前重游练川。孟阳若忘却七年闰九月，不计在内，则其间天上明月正合十八回圆之数也。又，《白氏文集·一八·三年别（七绝）》云：

悠悠一别已三年，相望相思明月天。肠断青天望明月，别来三十六回圆。

孟阳殆有取于香山此题。因三年别之语，若自河东君于崇祯七年孟秋离去嘉定，至松圆赋《正月十一十二夜》诗时，实际上虽非经过三十六月，但名义上亦可谓已阅三年矣。

第二首第三句所谓“肠断事”者，不知孟阳指何方面而言。但河东君与孟阳两人，皆有断肠之事，即卧子送别河东君《满庭芳》词所谓“怨花伤柳，一样怕黄昏”者也（全词见下引）。

第三首孟阳述其自崇祯七年秋间，河东君别后相思之苦及此夕即九年正月十一、十二夜相见之乐。诗语虽不甚佳，但为赋此题之本旨。其姗姗来迟，令人期待欲死之意，溢于言表矣。

上海前合众图书馆藏吴兴刘氏旧抄本《耦耕堂存稿诗·中·緪云诗》第八首末句“风前化作彩云行”下有朱笔评语云：

“彩云”首尾呼应，是八首章法。音调凄惋，情致生动，是从长庆得来，与西昆（崑）艳诗有别。

寅恪案：此评语出自何人之手，今难考知，甚疑是孟阳同时之人。即使出自后人手笔，亦必其人生年与孟阳相近，尚能闻知当日故实，如孙松坪之流，否则不得亲切若是也。至其言孟阳此诗“是从长庆得来，与西昆艳诗有别”，若就《緪云诗》之意境言之，则颇与西昆近，而不似长庆。但就辞语论之，则实与香山之诗有关。检《白氏文集·一二·简简吟》一题结语云：“彩云易散琉璃脆。”此题后即《花非花》一题，其辞云：

花非花，雾非雾。夜半来，天明去。来如春梦几多时，去似朝云无觅处。

由此推之，孟阳赋《朝云诗》实从香山《花非花》来。盖河东君之“来无定所，去未移时”甚与乐天所言者符合。孟阳既取《花非花》辞意，以作《朝云诗》，则用《简简吟》末句“彩云”之语为题，更赋《彩云诗八首》，本极自然。但《简简吟》后半述苏家小女之早夭，孟阳后来亦当发现其用此不祥之辞为题，甚是不妥。因前赋《正月十一十二夜三绝句》时，挦扯《樊川诗集》得“孤直緪云定”之句（见《全唐诗·第八函·杜牧·二·赠沈学士张歌人》诗），遂改“彩云”为“緪云”，且与河东君之擅长歌唱者，颇相适合也。

《緪云诗八首》非一时所作，其完成时间大约在崇祯九年暮春，前已略论及之。此题八首之作，其最前时限当是崇祯九年正月，其最后时限亦不能越出是年三月也。此题八首既非一时所完成，其内容所述者亦不止关涉一事。约略言之，可分为四端。第一、第二两首为言其写作“緪云诗扇”（此扇有河东君画像并孟阳自题诗）。第三、第四两首为细写河东君留宿其家。第五、第六两首为叙述河东君之离去嘉定。第七、第八两首为陈诉己身自河东君别后相思之痛苦。（寅恪案：徐电发《续本事诗·六》选松圆《緪云诗》第一、第三、第七共三首，亦可谓得其要领矣。）凡此八首皆步一韵，与前此所赋《朝云诗》有别。《耦耕堂存稿诗》此题下并第六、第七两首上有评语云：

八诗同用一韵，比《朝云诗》更工炼矣。其用韵略无一意同者，而极自然，无斧凿之迹，故佳。

各诗承接俱能打成一片，正在起结处得力耳。不止以对句求工，押字取致而已。

押争字各见笔力，尤在与前后一气贯注，移动不得，乃见作法。

寅恪案：此等评语推崇至极，究属何人所加，殊为可疑。其非出自牧斋，固不待言。但当时称赏松圆之诗，若此之甚者，舍牧斋外，又难觅其他相当之人。然则岂松圆本人所自为耶？文士故作狡狯，古今多有之，不足异也。鄙意此题八首之用韵，实有问题。颇疑是次韵之作。盖第五首云“艳曲传来还共和”，据此可知当时松圆必有和河东君之作。但今检《耦耕堂集》，此数年中所赋之诗，尚未发现有和河东君之篇什。或者《緪云诗八首》，即步河东君原诗之韵者。河东君此原诗，乃孟阳所谓“艳曲”者欤？俟考。兹依次移录《緪云诗八首》，分别论释之于下。

其一云：

彩云一散寂无声，此际何人太瘦生。香纵反魂应断续，花曾解语欠分明。白团画识春风在，红烛歌残夕泪争。从此朝朝仍暮暮，可能空逐梦中行。

其二云：

抹月涂风画有声，等闲人见也愁生。听莺桥下波仍绿，走马台边月又明。芳草路多人去远，梅花春近鸟衔争。残更亡寐难同梦，为雨为云只自行。

寅恪案：《有学集·九·红豆初集·戊戌新秋日吴巽之持孟阳画扇索题，为赋十绝句》其二（钱曾《注》本列为第三）云：

断楮残缣价倍增，人间珍赏若为凭。松圆遗墨君应记，不是緪云即送僧。（自注：“孟阳别妓有‘緪云诗扇’。”）

《有学集》中此《十绝句》详见后论。兹可注意者，为牧斋此首自注“緪云诗扇”一语。盖诗扇有孟阳自书其赠妓诗，固不待言。但扇面空间不甚广阔，《緪云诗八首》若全部尽书，则必是蝇头小字，方可容纳。松圆于崇祯九年已七十二岁，当时虽有眼镜，松圆未必具此工具（参《初学集·九·崇祯诗集·五·眼镜篇送张七异度北上公交车》诗）。故此诗扇之诗，应不能超过两首。若依此限度，则当是此题之第三首并第四首，因此两首乃述河东君留宿其家之事，且第三首结语“彩云緪定不教行”实《緪云诗》全部之核心，绝无遗漏之理。又牧斋《十绝句》乃应吴巽之之请，题松圆画扇者。据此可知虽称之为“緪云诗扇”，其上除诗外，当尚有画在。如《松圆浪淘集·春帆十三·垫巾楼中宋比玉对雪鼓琴余戏作图便面漫题》之例，可以为证。盖通常团扇，两面皆可作画书字。其一面无终贯之扇骨者，便于作画。其别一面之贯有扇骨者，不碍作书。由此推之，牧斋所谓“緪云诗扇”仍为松圆之画扇，不过其别一面，则有孟阳自书之《緪云诗》耳。“緪云”一事乃松圆平生最得意者，故往往作画题字以示密友。巽之此扇当亦其中之一，未必即是孟阳亲赠于河东君者也。

《緪云诗》第一首第一句“彩云一散寂无声”，固出李太白《宫中行乐词八首》之一“只愁歌舞散，化作彩云飞”（见《全唐诗·第三函·李白·四》），但“无声”二字，松圆之意除指歌声外，恐兼指扇上之画言。盖目画为无声之诗，河东君离去，而画图仍在也。第五句“白团画识春风在”，用梁武帝“手中白团扇，净如秋团月”及简文帝“白团与秋风，本自不相安”并杜工部“画图省识春风面，环佩空归月夜魂”等诗句之典。（见丁福保辑《全梁诗·一》梁武帝《团扇歌》及简文帝《怨诗》，并《杜工部集·一五·咏怀古迹五首》之三。）亦足证此句与第一句皆谓扇上之画也。第六句“红烛歌残夕泪争”，用杜牧之“蜡烛有心还惜别，替人垂泪到天明”及晏叔原词“红烛自怜无好计，夜寒空替人垂泪”之典（见《全唐诗·第八函·杜牧五·赠别二首》之二及晏几道《小山词·蝶恋花》词），俱为世人所习知，不过松圆以之作别妓诗，更觉适切也。第七、第八两句自是出于宋玉《高唐赋》“旦为朝云，暮为行雨”之语（见《文选·一九》）。河东君此时以“朝”为名，以“朝云”为字，如江总字总持，杜牧字牧之之例。特点出之，亦当日赋诗者之风气。前第二章已详论之。

第二首第一句“抹月涂风画有声”，指扇上之诗言。盖目诗为有声之画也。第三句“听莺桥下波仍绿”，关于听莺桥一端，见上论西隐寺前石桥，本名“宝莲”，松圆改为“听莺”事，兹可不赘。第四句“走马台边月又明”，其古典则用《汉书·七六·张敞传》“敞无威仪，时罢朝会，过走马章台街，使御吏驱，自以便面拊马”之语及《文选·二七》班婕妤《怨歌行》“新制齐纨素，皎洁如霜雪。裁为合欢扇，团团似明月”之句（参《玉台新咏·一》班婕妤《怨诗》）。盖“便面”即扇。且“章台街”一辞，复合于《太平广记·四八五》许尧佐《柳氏传》中“章台柳”事。“团团似明月”，即“月又明”，并与第一首第五句有关。又松圆正月十一、十二夜所赋《三绝句》之第三首末句“姗姗招得月中魂”，亦与之有干涉也。其今典则借用南翔镇“走马塘”之名（见陈枬校印《南翔镇志·一·水道门》“走马塘”条。），而以《汉书·张敞传》中“过走马章台街”之“台”代“塘”。并取许尧佐《柳氏传》中“章台柳”故事，混合融贯，足见此老之匠心。故此次河东君之游嘉定，寄居之处，与檀园及李茂初有关，亦可藉是推知矣。余可参前论松圆《秋雨端居有怀》及《停云次茂初韵》两诗条。“芳草路多人去远，梅花春尽鸟衔争”一联，上句谓河东君已离嘉定返盛泽。据此可知《緪云诗》第一首、第二首，虽排列最前，但其作成之时间，实在第三、第四两首之后矣。下句有“梅花春尽”之语。考明末历官所定节气，梅花开时，常与春分相近。《东山酬和集·二·（崇祯十四年）二月十二日春分日横山晚归作》有句云：“残梅糁雪飘香粉。”依郑氏《近世中西史日表》，崇祯十四年春分在二月十日，即阳历三月廿日。崇祯九年春分在二月十四日，即阳历三月廿日。郑氏所推算，虽与当时所用之历微有差错，但春分在阴历二月，则绝无可疑。松圆崇祯九年有《二月上浣同云娃踏青》诗（全诗见下引），可知河东君此次之去嘉定，适在梅花开放，而包含春分节气之二月。此为第一、第二两首作于第三首、第四首以后之又一旁证也。

其三云：

朝檐天外鹊来声，夜烛花前太喜生。婪尾宴收灯放节，埽眉人到月添明。香尘澒洞歌梅合，钗影差池宿燕争。等待揭天丝管沸，彩云緪定不教行。

其四云：

梅飘妆粉听无声，柳着鹅黄看渐生。雷茁玉尖梳底出，云堆煤黛画中明。（《列朝诗集》“云”作“雪”。）不嫌昼漏三眠促，方信春宵一刻争。背立东风意无限，（《列朝诗集》“无”作“何”。）衱腰珠压丽人行。

寅恪案：此两首皆与上引《正月十一十二夜云生留余家三绝句》同咏一事。第三首“婪尾宴收灯放节，埽眉人到月添明”联，即《三绝句》题序中之“正月十一、十二夜云生留余家”也。“香尘澒洞歌梅合，钗影差池宿燕争”联，即《三绝句》题序中之“与客连夕酣歌”也。

第三首第二句出《杜工部集·十·独酌成诗》所云：

灯花何太喜，酒绿正相亲。醉里从为客，诗成觉有神。兵戈犹在眼，儒术岂谋身。共被微官缚，低头愧野人。

又，少陵此诗如“醉里从为客”及“兵戈犹在眼”诸句，亦甚切合松圆当日情事。惟松圆以“山人”终老，则与杜诗结语不合耳。第七、第八两句，乃合用《列子·汤问篇》秦青“抚节悲歌，声振林木，响遏行云”及杜牧之《赠沈学士张歌人》诗“孤直緪云定”之典，不仅为全首之警策，亦全部八首主旨之所在也。

夫河东君既于崇祯九年正月十一、十二夜留宿松圆之家，松圆自不能不作画以写其景，赋诗以言其事。此第四首即写景言事之篇什，亦即“緪云诗扇”有画之一面所绘者也。《才调集·五》元微之《离思六首》之三“闲读道书慵未起，水晶帘下看梳头”，孟阳窃取其意以作画，并采用《东坡集·九·续丽人行》之辞旨以赋此首。故“緪云诗扇”今虽不存，但观《緪云诗》第四首亦可想见扇上所绘之大概也。孟阳赋诗以“慵未起”及“看梳头”为主旨，则其所画者，当从美人晓妆之后面描写，而东坡所赋《续丽人行》题序云“李仲谋家有周昉画背面欠伸内人，极精，戏作此诗”等语，正是孟阳心中所欲绘者，故东坡此诗亦可谓孟阳画图之蓝本矣。兹移录苏诗于下，读者可自得之，不必详论也。

苏诗云：

深宫无人春日长，沈香亭北百花香。美人睡起薄梳洗，燕舞莺啼空断肠。画工欲画无穷意，背立东风初破睡。若教回首却嫣然，阳城下蔡俱风靡。杜陵饥客眼长寒，蹇驴破帽随金鞍。隔花临水时一见，只许腰肢背后看。心醉归来茅屋底，方信人间有西子。君不见孟光举案与眉齐，何曾背面伤春啼。

第四首之辞语，除与苏诗有关者可以不论外，唯其中“雷茁玉尖梳底出，云堆煤黛画中明”一联，尚需略加考释。此联上句述河东君晨起自梳头事。“玉尖”疑用韩致尧《咏手》诗“腕白肤红玉笋芽，调琴抽线露尖斜”（见《全唐诗·第十函·韩偓·四》）。至“雷茁”两字连文，寅恪浅陋，尚未见昔人有此辞语，前引孙松坪主纂之《佩文韵府》，亦仅著松圆此诗。据是推之，似是孟阳创作。《李义山诗集·上·柳》诗云“巴雷隐隐千山外，更作章台走马声”，意者河东君此次之游嘉定，已改易原来姓名之“杨朝”为“柳隐”。松圆遂联想张敞“走马章台街”及韩翃“章台柳”故事，借用玉谿生诗，创此新辞耶？俟考。下句述河东君自画其眉事。盖松圆无张京兆之资格及幸运也。（《戊寅草》有《为郎画眉代人作》一诗，列于《朱子庄雨中相过（七古）》之后，辞意俱不易解。未知与朱氏有无关系，姑附识于此，以供参考。）“云堆”若依《耦耕堂存稿诗》钞本，则“云”指发言，固可通。若依《列朝诗集》及《佩文韵府》作“雪堆”（孙氏所据何本，今不可考），则“雪”谓手，指肌肤皎若冰雪，画眉用煤黛，故黑白愈分明也。两说未知孰是，更俟详检。第七句“背立东风意无限”，《列朝诗集》

“无”作“何”，虽皆可通，但苏诗为“画工欲画无穷意，背立东风初破睡”，故仍以作“无限意”为是。“穷”改“限”以协平仄。且“无限”一辞，有李太白《清平调》第三首“解识春风无限恨”之成语可依据也。若谓此首第一句有“无”字，第七句因改“何”字以避重复，此则拘于清代科举制度习惯所致，昔人作诗，原不如是，即观本文所引明末诸人篇什，可以证知，不必广征也。

其五云：

十夕闲窗歌笑声，绿苔行迹见尘生。乱飞花片浑亡赖，（《列朝诗集》“亡”作“无”。）微露清光犹为明。艳曲传来还共和，新图看去不多争。遥知一水盈盈际，独怨春风隔送行。

其六云：

昨夜风前柔橹声，无情南浦绿波生。飞花自带归潮急，落月犹悬宿舸明。（《列朝诗集》“落”作“残”。）泖色晓分娄苑尽，人烟暗杂语溪争。春云倏忽随春梦，难卜灯花问远行。

寅恪案：此两首虽俱述河东君离去嘉定事，但第五首言河东君以诗留别，不及送行。第六首则泛论河东君归程也。前首有“乱飞花片浑亡赖”，后首有“飞花自带归潮急”，故知河东君去时必是飞花时候。韩君平《寒食》诗云：“春城无处不飞花，寒食东风御柳斜。”（见《全唐诗·第四函·韩翃·三》。）据郑氏《近世中西史日表》，崇祯九年清明为二月廿九日。然则河东君之去嘉定，乃在是年二月下旬。《緪云诗》第七首“三月天涯芳草歇，一番风信落花争”亦可参证也。

第五首“十夕闲窗歌笑声”句，非谓河东君连续十夕留宿其家，不过如正月十一、十二夜两夕及二月上浣同云娃雨宴达曙一夕之例，即《緪云诗》第一首“香纵反魂应断续”之意也。第五句“艳曲传来还共和”之“艳曲”，疑即是遣人送诗告别之作，而《緪云诗》乃次此诗之韵。即有“共和”一语，则嘉定诸老中，除孟阳外，当尚有他人和诗，惜河东君原作及他人和篇，皆不可见矣。（寅恪偶检徐康《前尘梦影录·下》“先叔父鸿宝至平桥书肆小憩”条云：“书贾出河东君诗四本，卷帙甚薄，丹黄殆遍，系河东君手录底本。中有与松圆老人倡和，及主人红豆诗甚多。”徐氏所言，或为河东君选录底本，未必是游嘉定时之作品也。俟考。）第六句“新图看去不多争”之“新图”，当即孟阳此时新绘“緪云诗扇”上河东君之像。“不多争”者，谓相差无几。今世所传河东君画像，自顾云美后，亦颇不少。但皆非如松圆所画者，对人对景直接摹写之真能传神，又不待言也。第七、第八两句依孟阳之意，谓河东君怨其不来送行，窃恐适得其反。盖河东君独往独来，虽其特性，然亦视情谊而有区分。如陈卧子于崇祯八年秋深，由松江送其赴盛泽镇，至武塘始别去，可以证知。此次之离嘉定，则不欲诸老相送，恐非遵孔子“老者安之”之义。不过畏松圆诸人，临别之际，依恋不舍，情态难堪。故出此策，以避烦扰耳。龚自珍《袁浦别妓》诗（见《定庵文集补·已亥杂诗》中之“呓词”）云：

金缸花尽月如烟，空损秋闺一夜眠。报道妆成来送我，避卿先上木兰船。

此为男避女送行之辞，与柳、程此次之事相反，但依第六首“落月犹悬宿舸明”句，可知河东君亦避孟阳，先上木兰船也。

第六首“泖色晓分娄苑尽，人烟暗杂语溪争”一联之“泖”“娄”及“语溪”，乃指河东君由嘉定返江浙交界之盛泽镇，舟行所经松江嘉兴之地名。（见《嘉庆一统志·八二·江苏松江府·一》“泖湖”条及同书二八六《浙江嘉兴府·一》“语儿溪”条并《浙江通志·一一·山川门·三》“语儿溪”条。）第七句用范致能词“灯花结，片时春梦，江南天阔”之语。（见范成大《石湖词·秦楼月》词。）第八句用郭彦章（钰）《送远曲》“归期未定须寄书，误人莫误灯花卜”之句。（见顾嗣立《元诗选初集·辛·静思集》。）与第三首“夜烛灯前太喜生”句，一喜其来，一念其去，两相对映也。

其七云：

夜半空阶细雨声，晓寒池面绿萍生。（《佩文韵府》引此诗“晓”作“晚”。）悠悠春思长如梦，耿耿闲愁欲到明。三月天涯芳草歇，一番风信落花争。茫茫麦秀西郊道，不见香车陌上行。

其八云：

闲坊归处有莺声，白发伤春泪暗生。无计和胶黏日驻，枉拌不睡泥天明。千场绿酒双丸泻，一朵红妆百镒争。（寅恪案：此一联用《全唐诗·第三函·李白·二四·赠段七娘（七绝）》“千杯绿酒何辞醉，一面红妆恼杀人”二句。又上句可参第三首所引杜工部《独酌成诗（五律）》。）不见等闲歌舞散，风前化作彩云行。

寅恪案：此两首皆松圆自述河东君于崇祯九年二月末落花时节，离去嘉定后，其单相思之苦痛，并追忆前此河东君留宿其家之事也。

第七首“夜半空阶细雨声，晓寒池面绿萍生”。《礼记·六·月令》云：“仲春之月，萍始生。”孟阳此年有《二月上浣同云娃踏青归雨宴达曙》诗云："醉爱雨声笼笑语，不知何事怨空阶。"即指此次郊游踏青，留宿其家之事。同一听雨，昔乐今愁，所以续以"悠悠春思长如梦，耿耿闲愁欲到明"一联也。此次踏青之地，不知在何处，但必在近郊无疑。当时孟阳移居西城，或即第七句所谓"西郊"者耶？第五句"三月天涯芳草歇"之"芳草"，或即指《踏青》诗"天粘碧草度弓鞋"之"碧草"欤？

第八首"闲坊归处有莺声"，当是追忆崇祯九年正月十一、十二夜留宿其家，欢歌醉余徘徊寺桥之事。（见前。）此寺桥即西隐寺之宝莲桥，后来孟阳改其名为听莺桥者。此次河东君留宿其家，实为柳、程两人交谊之顶点。故以此事作《緪云诗》之总结。然今日吾人读至"一朵红妆百镒争"之句，不禁为之伤感，想见其下笔时之痛苦也。平心而论，河东君之为人，亦不仅具有黄金百镒者，所能争取。观谢象三不能如愿之事，可以证知。若孟阳心中独以家无百镒，不能与人竞争为恨，则未免浅视河东君矣。

松圆完成《緪云诗八首》，大约在崇祯九年三月暮春。前已考论。河东君离去嘉定在是年二月末，此次来嘉定除上论诸诗外，孟阳尚有二诗与之有关，兹移录于后。

《（正月）同李茂初沈彦深郊游次茂初韵》云：

贮得瑶华桃李时，寻花舍此欲何之。陶情供具衰年乐，送老生涯画史痴。地僻扶携窥粉黛，林深枕藉共糟醨。祇传吹角城头早，秉烛留欢每恨迟。

《二月上浣同云娃踏青归雨宴达曙用佳字》云：

客来兰气满幽斋，少住春游兴亦佳。霞引秾桃褰步障，天粘碧草度弓鞋。烟花径袅婵娟入，山水亭孤竹肉谐。醉爱雨声笼笑语，不知何事怨空阶。

寅恪案：前诗题中之李茂初，上已屡论，今不更赘。惟沈彦深本末尚未述及，兹略考之。《嘉定县志·一八·孝义传·沈宏祖传》（参《侯忠节公全集·四·次张西铭翰林韵贺沈彦深得雄二首》）云：

沈宏祖，字彦深，高才博学。崇祯壬午奉文改兑漕米。申荃芳等赴阙上书，疏出宏祖手。尝佐有司赈荒，民得实惠。

孟阳诗“贮得瑶华桃李时，寻花舍此欲何之”者，意谓此时正贮得艳如桃李、绝代名花之河东君，更何必往他处寻花乎？非谓正月严寒之时，桃李花开也。“寻花”一辞，可参上论孟阳《祭李茂初》文。第四句“画史痴”之语，孟阳以能画而痴绝之顾虎头自比，固亦确切。但未具顾氏棘针钉邻女画像之术（见《晋书·九二·顾恺之传》），以钉河东君之心，殊为遗憾也。此诗下半四句谓与李、沈诸人拥护河东君傍晚时郊外野餐，深恨城门将闭，不得尽欢。考当时茂初年七十三，孟阳年七十二，彦深此年虽非如李、程之老耄，然依张西铭、侯广成作诗贺其“得雄”言之，当是中年或中年以上。盖《侯忠节公全集·四·贺彦深得雄诗》之前一题为《秦淮五日》，后一题为《南州送子演婚》。侯氏以崇祯十一年春由南京司勋郎中升江西督学，赴南昌任所。综合推之，彦深与河东君郊游之时，其年龄亦非甚少可知。河东君崇祯九年丙子，年十九，素不畏冷（见下论《有美诗》等），冲寒郊游至于日暮，本不足异。独怪李、程二老忍寒冒险，不惜残年，真足令人钦服。更可笑者，河东君夙有“美人”之称。“美人”与“婵娟”二字有关，前第二章已详论之。松圆此诗中第五句“烟花径袅婵娟入”，实指美人，即河东君，殊非泛语。寅恪忽忆幼时所诵孟东野《偶作》诗（见《全唐诗·第六函·孟郊·二》）云：

利剑不可近，美人不可亲。利剑近伤手，美人近伤身。道险不在广，十步能摧轮。情爱不在多，一夕能伤神。

检《緪云诗》第五首有句云“十夕闲窗歌笑声”，然则松圆诗老独不虑此“美人”“十夕”之“能伤神”耶？

后诗前已多所论及，兹不复赘。但诗题有“用佳字”之语，当是分韵赋诗。今日河东君原作已不可见，惜哉！此夕在崇祯九年丙子二月上浣，一年以前，正是河东君与卧子同居松江徐氏南楼之际。回忆当时春闺夜雨，睹景怀人，必甚痛苦。其情感绝不同于孟阳此诗结语之欢乐无疑。顾孟阳未必能察其内心耳。观后来河东君赋《金明池·咏寒柳》词有“春日酿成秋日雨。念畴昔风流，暗伤如许”等句（全词见下引），则其听春雨而伤怀抱，非出偶然，亦可证知矣。

兹有一问题即河东君何时改易姓名为柳隐？此点俟论卧子所刻《戊寅草》及其《上巳行》诗时详之，暂不多赘。但《緪云诗》第二首“走马台边月又明”，第四首“柳着鹅黄看渐生”及“不嫌画漏三眠促”等句，似亦暗示河东君此时，即崇祯九年春间，已改易姓名为“柳隐”矣。夫河东君原姓杨，又有章台柳之故事，其改杨为柳，本极自然，不待多论。唯关于“蘼芜”为字一点，则不得不略加考辨。（寅恪案：葛昌楣君《蘼芜纪闻·上》载王士禄《宫闺氏籍艺文考略》，一名《然脂集》，引《古今谈概》云：“字蘼芜。”但今检文学古籍刊行社重印冯梦龙此书，未见王氏所引之文。邓汉仪《天下名家诗观·二集》附

《闺秀别卷·柳因小传》云：“字蘼芜。”似为较早之纪录。）《牧斋遗事》（参用《虞阳说苑》本及《古学丛刊》本）云：

一门生具腆仪，走干仆，自远省奉缄于牧翁。内列古书中僻事数十条，恳师剖晰。牧翁逐条裁答，复出己见，详加论定。中有“惜惜盐”三字，其出处尚待凝思。柳姬如是从旁笑曰：“太史公腹中书乃告窘耶？是出古乐府。‘惜惜盐’乃歌行体之一耳。盐宜读行，想俗音沿讹也。”牧翁亦笑曰：“余老健忘。若子之年，何待起予？”

寅恪案：世人多喜传诵此事，以为谈助。不知河东君之调牧翁，牧翁逊词解嘲，两人之间皆有隐情，不便明言。后之读《牧斋遗事》此条者，未必能通解也。《容斋续笔·七》“昔昔盐”条，考辨精详，牧斋自必约略记忆。河东君亦博涉书史，其能举此条以对钱氏门生之问，固不足异。夫薛道衡《昔昔盐》云：“垂柳覆金堤，蘼芜叶复齐。”（见《汉魏六朝百三名家集·薛司隶集·乐府》。）《玉台新咏·一·古诗》第一首云：“上山采蘼芜，下山逢故夫。”河东君既离去陈卧子，改姓为柳，其以蘼芜为字，本亦顺理成章之事。容斋之书考“昔昔盐“甚详，河东君浏览及之，又所当然也。夫牧斋家富藏书，且多善本。其所见之本，必不止崇祯初年谢三宾、马元调所刻者，自不待言。至若河东君则情势迥异，所见者，必是谢、马之本。其最初或即从几社名士处，若不然，稍后亦可从嘉定唐叔达、程孟阳诸老处，至迟更可从谢象三处得见谢、马所刻容斋此书也。今检谢三宾刻《容斋随笔》卷首《马元调纪事》略云：

间以示玉绳周子，读之尽卷。惘然曰：“古人学问如是，吾侪穷措大，纵欲留意，顾安所得书？又安得暇日乎？”已而周子入翰林为修撰，寄语：“子今不患无书可读矣。”周子谢不敏。报书：“吾则未暇，留以待子。”盖戏之也。去年春，明府勾章谢公，刻子柔先生等集，工匠稿不应手，屡欲散去。元调实董较勘，始谋翻刻，以寓羁縻。明府遂为之序。复纪其重刻之故，以告我后人。嗟乎！二十年间，曩时相与读是书者，遭逢圣明，当古平章军国之任。元调独穷老不遇，啜粥饮水，优游江海之滨，聊以整顿旧书为乐事。曾不得信其舌而奋其笔，何托落之甚也。上有稷卨，下有巢由，道并行而不相悖，均之为太平之象，亦各言其志也已矣。崇祯三年三月朔，嘉定马元调书于僦居之纸窗竹屋。

寅恪案：此刻本当即河东君所见者，其所关涉之二人，一为谢三宾，乃牧斋之情敌。俟后详论。一为周延儒，即马氏所谓“玉绳周子”，乃牧斋之政敌。周氏事迹及牧斋阁讼始末，详见史籍，兹不必述。据陈盟《崇祯阁臣年表》，延儒初次为相，其时间自崇祯二年十二月至六年六月。则谢、马两氏校刻冯氏书时，正周氏当国之日。马氏盛称周氏之美，当为牧斋所不喜。牧斋平生豁达大度，似颇有宰相之量。独于阁讼一事，则愤激不堪，颇异其平日常态。如郑方坤《本朝名家诗钞小传·上·东涧诗钞小传》云：

其平生所最抱恨者，尤在阁讼一节。每一纵谈及之，辄盛气坌涌，语杂沓不可了。

可以为证。然牧斋之对待政敌，殊有前后之分别。于温体仁则始终痛恨，于周延儒，则周氏第一期为相，与温氏钩连，即阁讼有关之时期，遂亦怨之。及周、温俱罢相，温又先死，牧斋乃欲利用玉绳，冀其助己，稍变前此态度。后因周氏阻其进用，遂更痛恨。综观前后，虽有异同，但钱、周两人终是政敌，而于阁讼一端，尤为此事之关键也。至于男女间之问题，牧斋固不甚注重。然亦非全不介意。观其曾隐讳河东君与陈卧子、程孟阳关系中最亲昵之事件，即可推知。故谢、柳之问题，应亦有类似之处。此政敌情敌两点，为河东君所夙知，故两人于此微妙之处，皆心知其意，不肯道破。后人因此记载，遂以为牧斋真如师丹之老而健忘及河东君之博闻强记者，此真黄山谷所谓痴人前不得说梦者也。

又，《牧斋尺牍·二·与毛子晋》第十三通云：

《昔昔盐》记得《升庵诗话》中有解。老学昏忘，苦不能记。问何士龙（云）当知之。

或疑《牧斋遗事》所载一段故事，即由此札衍变而成者，亦殊有可能。今检《升庵合集·一四四·诗话》中，确有此条。可见牧斋之记忆力老而不衰，非师丹之比，于此得一例证。其记忆既如此之强，岂不记有宋代洪迈之《容斋随笔》，而仅举本朝杨慎之《升庵诗话》，且嘱其转问何云耶？鄙意牧斋深恶周延儒。容斋之书，乃由谢、马二氏希迎玉绳之旨，重刻传播，盛行一时，此点上已论及。牧斋之故意避而不言洪书，转作逊词以谢毛氏者，与前引笑答河东君之语，其用意正复相同也。附识于此，以供参究。

复次，仲虎腾《盛湖志补·三》“柳如是青田石书镇”条云：

石长二寸五分，广二之一。刻山水亭榭。款云：“仿白石翁笔。”小篆颇工致。面镌：“崇祯辛巳畅月，柳蘼芜制。”旧藏梅堰王砚农征士之家。

寅恪案：此书镇后人颇多题咏，如仲氏所引张鉴于源诸家诗，即是其例。但此书镇镌有“崇祯辛巳畅月，柳蘼芜制”等语，则畅月为十一月，盖《礼记·月令》略云：“仲冬之月，命之曰畅月。”夫崇祯十四年辛巳六月七日河东君与牧斋结缡于茸城舟中。故此后不能再以蘼芜为称，否则“下山逢故夫”之句，将置牧斋于何地？由是言之，此书镇乃是赝品。更严格言之，则蘼芜之称，则止能适用于崇祯八年首夏以后至十四年六月七日以前。今人通以蘼芜称河东君，如葛氏《蘼芜纪闻》之类，亦微嫌未谛也。或疑河东君之称，亦自崇祯十三年冬钱、柳遇见后始有之。若顾云美《河东君传》之题，亦未能概括一生始末。寅恪窃谓不然。夫河东君阅人多矣，如王胜时所谓“蘼芜山下故人多”者（见王沄《虞山柳枝词》第十四首），斯乃当时社会制度压迫使然，于此可暂不论。但终能归死于钱氏，杀身以报牧斋国士之知，故称河东君，以概括一生始末，所以明其志，悲其遇，非偶然涉笔之便利也。职是之故，寅恪此文亦仿顾氏先例，称河东君，并略申鄙意，以求通人之教正。

复次，书镇之为伪造，既如上述，但徐乃昌《小檀乐室闺秀词钞》载赵仪姞（棻）《滤月轩诗余》（参胡文楷君《妇女著作考·一七·清代·一一》“滤月轩集”条）《金明池》一阕，乃咏河东君书镇并次河东君《咏寒柳》词韵者，以其为女性所撰，且与河东君最佳之作品有关，故附录之。至书镇之真伪及蘼芜称号之不适切，则置之不论可也。仪姞《金明池（并序）》云：

震泽王研农藏河东君书镇，青田石，高寸余，刻山水亭榭。款云：“仿白石笔。”小篆字。面镌“崇祯辛巳畅月柳蘼芜制”十字。研农方搜辑河东君诗札为《蘼芜集》，将以付梓。适得此于骨董肆，云新出土者。自谓冥冥中所以酬晨钞暝写之劳也。余见其拓本，因题此阕，即用《蘼芜集》中《咏寒柳》韵。

片玉飞来，脂香粉艳，解佩疑临兰浦。谁拾得，绛云残烬，叹细帙，早成风絮。剩芳名，巧琢苕华，挥小草，依约芝田鹤舞。伴十样涛笺，摩挲纤手，记否我闻联句。

玉树南朝霏泪雨。共红豆春蕤，飘零何许。沾几缕，绿珠恨血，只画里，山川如故。二百年，洗出苔痕，感词客多情，燃膏辛苦。想苏小乡亲，三生许认，试听深篁幽语。（原注：“河东君原杨氏，小字影怜，盛泽人。”）

更有一趣味之事，即牧斋与《緪云诗》之关系。请略论之。牧斋于《列朝诗集》中选录松圆《緪云诗八首》全部不遗一篇，其注意此诗，自不待言。今检《有学集·九·戊戌新秋日吴巽之持孟阳画扇索题为赋十绝句》（寅恪案：吴巽之，名士权。见汪然明《春星堂诗集·三·西湖韵事·雪后吴巽之集同社邀邹臣先生探梅闻笛》诗，附吴士权次韵。又，闵麟嗣纂《黄山志·五·艺文门》载吴士权《别汤泉小札》云：“今来故乡。”然则巽之乃徽州人，与程孟阳为同乡也）云：

长日翻经忏昔因，西堂香寂对萧晨。前尘影事难忘却，只有秋风与故人。

断楮残缣价倍增，人间珍赏若为凭。松圆遗墨君应记，不是緪云即送僧。（自注：“孟阳别妓有‘緪云诗扇’。”）

参错交芦黯淡灯，扁舟风物似西兴。每于水涧云多处，爱画袈裟乞食僧。

画里僧衣接水文，菰烟芦雨白纷纷。看他皴染无多子，只带西湾几片云。

细雨西楼垫角巾，鬓丝香篆净无尘。如今画里重看画，又说陶家画扇人。

落叶萧疏破墨新，摩挲手迹话沾巾。廿年夜月秋灯下，无复停歌染翰人。

轻鸥柔橹幂江烟，橹背三僧企脚眠。只欠渡头麾扇叟，岸巾指点泛江船。

春水桐江诀别迟，孤舟摇曳断前期。可怜船尾支颐者，还似江干招手时。

一握齐纨扬劫灰，封题郑重莫频开。只应把向西台上，东海秋风哭几回。（钱曾《有学集诗注》本“东”作“辽”。）

秋风廿载哭离群，泉路交期一叶分。依约情人怀袖里，每移秋扇感停云。（此首钱曾注本为第二首。其余各首排列，依次顺推。）

寅恪案：此十绝句甚佳。然欲知诗中所言之事实，则须取牧斋及孟阳两人其他诸作参之，始能通解。《初学集·四六·游黄山记序》云：

辛巳春，余与程孟阳订黄山之游。约以梅花时相寻于武林之西溪。逾月而不至。余遂有事于白岳，黄山之兴少阑矣。徐维翰书来劝驾，读之两腋欲举，遂挟吴去尘以行。（可参后论《东山酬和集》有关“吴拭”条。）

《列朝诗集·丁·一三》程嘉燧之传云：

辛巳春，孟阳将归新安。余先游黄山，访松圆故居，题诗屋壁。归舟抵桐江，推篷夜语，泫然而别。

《耦耕堂存稿诗》首载《耦耕堂自序》云：

庚辰春，主人（寅恪案：“主人”指牧斋）移居入城，余将归新安。仲冬过半野堂，方有文酒之宴。留连惜别，欣慨交集。且约偕游黄山，而余适后期。辛巳春，受之过松圆山居，题诗壁上。归舟相值于桐江，篝灯永夕，泫然而别。

同书下《和钱牧斋过长翰山居题壁诗序》云：

辛巳三月廿四日，未至桐庐廿里，老钱在官舫，扬帆顺流东下。余唤小渔艇绝流从之。同宿新店，示黄山新诗，且闻曾至余家，有题壁诗。次韵一首。

《耦耕堂存稿文·下·古松煤墨记》略云：

长翰山故多乔木，古宅后巨松千尺。千余年物也。迩年生意顿尽。余博访古烧松捣煤之法，得之周藩宗侯。岁辛巳自吴裹粮归，董治之。墨成，命曰古松煤。是年春海虞钱学士游黄山，过山居看松题诗而去。

同书同卷《题归舟漫兴册》略云：

崇祯辛巳三月，归自湖上，将入舟，则钱老有归耗矣。（可参后论《东山酬和集》与此有关诸条。）

庚辰腊月望，海虞半野堂订游黄山。正月（十）六日牧翁已泊舟半塘矣。（寅恪案：“六”字上当阙“十”字。兹据《东山酬和集·一》柳、钱、沈、苏诸人《上元夜》诗补“十”字。）又停舟西溪，相迟半月，乃先发。余三月一日始入舟，望日至湖上，将陆行从，而忽传归耗，遂溯江逆之，犹冀一遇也。未至桐庐二十里，而官舫挟两舸扬帆蔽江而下。余驾渔艇，截流溯之，相见一笑。随出所收汪长驭家王蒙《九峰图》及榆村程因可王维《江雪》卷同观，并示余黄山纪游诸诗。读未半，而风雨骤至，攲帆侧柁，云物晦冥，溪山改色。因发钱塘梁娃所贻关中桑落，共斟酌之，（寅恪案：此“梁姓”疑是梁喻微。可参后论林天素《柳如是尺牍小引》“时唱和有女史纤郎”句下所考。）不觉迫暮，同宿新店下，去富阳不远矣。知老钱曾独访长翰山居，留诗松圆阁壁，看松于旧宅之旁，由南山坞取径而去。

综观上列钱、程诸作，知牧斋诗所言者，为与孟阳生离死别之情况也。第三首云“爱画袈裟乞食僧”，则孟阳画扇上舟中之人，牧斋皆以僧目之。第七首云“橹背三僧企脚眠”（可参康熙乙丑金匮山房本《有学集·四六·题李长蘅画扇册》第九则），第八首云“可怜船尾支颐者”，皆画中之僧。“三僧”即牧斋、吴去尘及孟阳。第七首中“渡头麾扇”“岸巾指点”及第八首中“江干招手”之人，即孟阳与牧斋最后诀别时之状。第二首中“送僧”之“僧”，乃牧斋自谓之辞。盖牧斋于明亡以后，即以空门自许。必作如是解，然后知第二首中（钱遵王《注》本为第三首），“不是緪云即送僧”之意，乃谓松圆遗墨之最有价值者，实为有关河东君及本人之作品。观第二首原注，则又知孟阳当日为河东君画像并自书《緪云诗》于扇上，以赠河东君。河东君尚藏此扇，而牧斋独见及之也。第五首云“细雨西楼垫角巾”者，孟阳流寓嘉定时，居汪无际垫巾楼，前已论及。吴巽之索题之扇，不知何时所画。至于“緪云诗扇”，虽亦非孟阳居此楼时所作，但“西楼”二字，当从晏小山《蝶恋花·别恨》词“醉别西楼醒不记。春梦秋云，聚散真容易”而来。晏氏之词本绮怀之作，亦正与《緪云诗》情事相类，可以借用也。第九首中“东海扬尘”“西台恸哭”（见谢翱《晞发集·十·登西台恸哭记》），亡国遗民之语，不忍卒读。子陵钓台复是当日钱、程二人经过之地也。第十首云“秋风廿载哭离群”者，钱、程二人自崇祯十四年辛巳暮春别后（可参“春水桐江诀别迟”句），至顺治十五年戊戌新秋吴巽之持扇索题时，将近廿年矣。牧斋此十首诗中，三用“秋风”之语，自与吴巽之索题时之新秋季节及班婕妤《怨歌行》有关（见《文选·二七·乐府·上》及《玉台新咏·一》），不待赘言。但第一首云“前尘影事难忘却，只有秋风与故人”，第九首云“只应把向西台上，东海秋风哭几回”，则借用世人所习知之张季鹰“因见秋风起，乃思吴中菰菜莼羹鲈鱼脍”故事（见《晋书·九二·张翰传》），以故乡为故国，抒写其心中之隐痛耳。更可注意者，牧斋题此诗之次年，郑成功即以舟师入长江，攻金陵。题此诗之前年秋冬，牧斋往游南京，逼岁除乃还家。盖牧斋自弘光后复明之活动，始终不替。魏耕说国姓之策，当亦预闻。详见第五章所论。“东海”“秋风”之句，实暗寓臧子源《答陈孔璋书》中“秋风扬尘，伯奎马首南向”之意（见《后汉书·八八·臧洪传》）。牧斋赋诗之时，殊属望于延平，非仅用《神仙传》麻姑之语已也。俟后详论。又此首末句“每移秋扇感停云”，即此全十首之结语。“停云”固用陶诗旧题，又是松圆为河东君所赋之诗题（详见前论《耦耕堂存稿诗·中·停云次茂初韵（七律）》）。今此“云”则停留于家中，相与偕老而不去矣。辞意双关，足见牧斋之才思。当崇祯十三年庚辰之冬至十四年辛巳之春，牧斋于松圆则为《楚辞·九歌·少司命》之“悲莫悲兮生别离”，于河东君则为“乐莫乐兮新相知”。此旧新悲乐异同之枢纽，实在《絚云》一诗。故述牧斋一生生活之转折点，不可不注意此诗也。

抑更有可笑可悲者，《牧斋外集·二五·题张子石湘游篇小引》（可参同书十《嘉定张子石六十寿序》）云：

孟阳晚年归心禅说，作《緪云诗》数十章，蝉媛不休。至今巡留余藏识中。梦回灯灺，影现心口间。人生斯世，情之一字，熏神染骨，不唯自累，又足以累人乃尔。顷者见子石《湘游》诸诗，风神气韵，居然孟阳。却恨孟阳已逝，不获摇头附髀，共为吟赏。予读此诗，感叹宿草，不复向明月清风，闲思往事，亦少有助于道心也。嘉平廿日蒙叟钱谦益题。

寅恪案：牧斋此文不知作于何年，然其时孟阳之卒必已久矣。《列朝诗集》所选孟阳《緪云诗》共八首。今牧斋云："孟阳晚年归心禅说，作《緪云诗》数十章。"岂孟阳所作原有数十章之多，而《耦耕堂诗》之留存于今日者仅其中之八首耶？抑或牧斋以松圆之诗与河东君有关者，概目为《緪云诗》，如其所编《东山酬和集》之例耶？俟考。若牧斋之言可信，则"归心禅说"之老人，穷力尽气，不惮烦劳，一至于此。河东君可谓具有破禅败道之魔力者矣。牧斋此文自谓"不复向明月清风，闲思往事，亦少有助于道心"，但其于垂死之时，所作《病榻消寒杂咏》第三首《追忆庚辰冬半野堂文宴》诗云："蒲团历历前尘事，好梦何曾逐水流。"（见《有学集·一三·东涧诗集·下》。）是犹不能忘情者。言之虽易，行之实难。斯诚所谓"情之一字，熏神染骨"者欤？至牧斋所以题《张子石湘游篇》，言及孟阳《緪云诗》者，其仅由张氏此篇，其性质与孟阳《緪云诗》同类，实亦因子石、孟阳当年与河东君有诗酒清游一段因缘也。

崇祯九年丙子，孟阳尚有一诗关涉河东君及朱子暇。此点与牧斋间接有关，兹论述之于下。《耦耕堂存稿诗·中》及《列朝诗集·丁·一三》所选《二月上浣同云娃踏青》诗后，即接以此诗。《六月鸳湖饮朱子暇夜归与云娃惜别》诗云：

寻得伊人在水湄，移舟同载复同移。水随湖草闲偏乱，愁似横波远不知。病起尚怜妆黛浅，情来颇觉笑言迟。一樽且就新知乐，莫道明朝有别离。（寅恪案：《楚辞·九歌·少司命》云：“悲莫悲兮生别离，乐莫乐兮新相知。”乃孟阳此两句所从出，自不待言。至“新知”一辞及其界说，见前论孟阳《停云》诗并宋让木《秋塘曲序》等条，兹不复赘。）

寅恪案：朱子暇即朱治憪。其事迹见《劫灰录·一·永历帝纪》、《小腆纪年·一三》、《小腆纪传·五七》、《明诗综·六六》、《檇李诗系·一九》、光绪重修《嘉兴府志·五一·文苑传》、道光修同治重刊《广东通志·二四·职官表》、道光修光绪重刊《肇庆府志·一二·职官·二》等，兹不详述，但据《广东通志》云：

（崇祯）十年　同知　朱治憪　吴大伊

十一年

十二年

十三年　同知　倪文华

《肇庆府志》云：

（崇祯）十年　同知　李含璞　朱治憪

十一年

十二年　同知　（以后缺。）

可知崇祯十年朱子暇外，任肇庆府同知者，尚有其他之人。两志所列之人名虽不同，然朱氏之到任所（《明诗综》《嘉兴府志》“同知”皆作“通判”。据《小腆纪传》云：“天启辛酉举于乡，选肇庆通判，历同知。”盖先选通判，后迁同知也），必在崇祯十年无疑。故孟阳此诗亦应是九年所作。崇祯十三年肇庆府同知既非朱氏，则朱氏此时或已离任返家。其后来在广东之活动，当是重返粤省以后所为也。检程、钱两家之集，关涉朱氏者，除此诗外，皆为崇祯三年春夏间事，时间太早，无关考证。（可参《耦耕堂存稿诗・上・答朱子暇次牧斋韵三首》。《列朝诗集・丁・一三》上选程孟阳此诗，题作《答朱子暇见访同牧斋次韵三首》，题下有"庚午春"三字。《初学集・九・崇祯诗集・五・夏日偕朱子暇憩耦耕堂次子暇访孟阳韵三首》。）自崇祯九年夏，至十三年冬河东君访半野堂之前，未发现钱、朱两人有往还踪迹。牧斋集中涉及河东君之诗，最先为第二章所引之《观美人手迹戏题七绝句》。此诗为崇祯十三年春间所作。顾云美谓"嘉兴朱治憪为虞山宗伯称其才，宗伯心艳之，而未见也。"检商务重印本《浙江通志・一百四十・选举门・举人表》载："天启元年辛酉科，朱治憪，嘉兴人，肇庆同知。"是朱氏乃牧斋主浙江乡试时所取士也。其以绝代名姝告于老座师，藉报受知之深思，原无足怪。但此点恐为朱氏尚未到肇庆同知任所前，或是崇祯十二年末离任所后之事，俱难决言。所可注意者，孟阳于崇祯十一年及十二年除夕，皆在牧斋家度岁（参《耦耕堂存稿诗・下・（戊寅）除夕拂水山庄和牧斋韵二首》及《（己卯）除夕次牧斋韵》等诗。"戊寅""己卯"皆据《列朝诗集》增入），此时何不以河东君之才貌介绍于牧斋？可知此老心中直以"禁脔"视河东君，不欲他人与之接近，其情诚可鄙可笑矣。松圆于崇祯十三年冬复循例至牧斋家度岁，不意忽遇河东君，遂致狼狈而返。以垂死之年，无端招此烦恼，实亦有自取之道也。

抑更有可论者，上已推定河东君于崇祯九年二月末，离嘉定返盛泽，何以距离仅百日，松圆忽在嘉兴与云娃惜别？若谓由于难堪相思之苦，高年盛暑，往访河东君，则河东君非轻易接待不速之客者，如后引河东君《与汪然明尺牍》第十三通及第十四通之例，可以类推。松圆于此点应有感会，似不作斯冒昧之举。检《初学集·五三·封监察御史谢府君墓志铭》略云：

鄞县谢府君，讳一爵。君以次子太仆寺少卿三宾封陕西道监察御史。以崇祯八年二月廿四日卒，年六十有四。其配孺人周氏，以是年十月廿七日卒，年六十有二。三宾与其兄三阶，弟三台、三卿，以崇祯十三年某月甲子，合葬君夫妇于郡西翠山之阳。三宾余门人也，状君之行来乞铭。

及《耦耕堂存稿文·上·吊问》略云：

四明谢侯去嘉定之明年，以名御史监军山东。出奇破贼，有勘定功。朝命擢公太仆寺卿。未几，以太公封侍御翁忧去，奔丧戒行，而横罹谗口。继而有母太夫人之丧，前后远迩之会吊者，弥年未已。丙子夏六月亢旱，骄阳流金铄石，禾槁川涸，水无行舠。门下布衣新安程某贫老且废，累然扶杖担簦而前。客或有止之者，又有难之者曰：“公有遗爱深德于子，子老而赴吊，宜矣。然古者吊不及哀，谓之非礼。今日月有时，丧制有尝，怙恃之戚，皆已卒哭。子之往，其何说之词？”不肖对曰：“否否。礼之吊，非独哀死也。凡列国水旱之不时，年谷之不登者，皆吊。古者三月无君，则吊。侯不幸廉贞而蒙谗毁。闻风慕义，犹将吊屈哀贾，悲歌涕泗于千百世之间，又乌可以寻常久近论哉？”客闻之，敛容拱手退曰：“唯唯。”敬书之，以告于阍人下执事。

寅恪案：孟阳此次之冒暑远吊谢氏之丧，必多讥笑之者。其作文解嘲，甚至以三宾为“廉贞”，可鄙可笑。其文引经据典，刺刺不休，兹不备录。究其实情，当为希求象三之救济耳。明代山人之品格，如《平山冷燕》所描写之宋信，即是一例。松圆平日生活，除得侯广成、钱牧斋等资济之外，尤受象三之援助，自无可疑。崇祯九年春间，河东君来游嘉定，孟阳竭尽精力财力，相与周旋。“三月无（河东）君”之后，困窘至极，故不能不以七十二岁之残年，触六月之酷热，远赴浙东，以吊过时之丧。舍求贷于富而多金之谢太仆，恐无其他理由。鸳湖乃嘉定鄞县往还所经之路线。据《吊问》中“丙子夏六月门下布衣新安程某贫老且废，累然扶杖担簦而前”等语推之，则松圆《与云娃惜别》诗，实往吊象三途中所作。又文中二客之语，自是孟阳假设，不必确定为何人。但此次鸳湖所遇见之河东君及朱子暇，观其后来所表现，人格俱出孟阳之上。然则此两人于中途劝阻，亦有可能。不必如文中所述，二客之言乃发于嘉定启行之时也。寅恪曩诵《列朝诗集》所选松圆此诗，未达其六月至鸳湖之意。今见《吊问》之文，始豁然通解，益信松圆谋身之拙（寅恪案：《全唐诗·第十函·韩偓·二·安贫（七律）》云：“谋身拙为安蛇足。”韩、程两人，虽绝不相似，然孟阳于河东君之关系，亦可谓蛇足之拙。故取以相比。读者幸勿误会），河东君害人之深也。

又，牧斋所作象三父母合葬墓志铭之时间，止言其葬在“崇祯十三年某月甲子”而未详何月。依通常之例，江浙地域以气候关系，葬坟往往在冬季。墓志乃埋幽之石，乞人为文，自在葬坟称前之时。据郑氏《近世中西史日对照表》，崇祯十三年庚辰十月十七日及十二月十八日均为甲子。若象三葬其父母在十二月甲子者，则或与河东君于此年十一月访半野堂事有关。盖牧斋此际文酒酬酢，必需多金，象三钱刀在手，当不甚吝啬。但象三或未得知河东君此时适在虞山。老座主谀墓之文，实为建筑“我闻室”金屋之用者。否则象三将如崇祯十六年秋牧斋构绛云楼以贮阿云，贷款迫急，不得已出卖其心爱之宋椠《汉书》，减损原价二百金之例，以逞其虽失美人，而得异书之快意矣。

复次，朱子暇介绍河东君于牧斋，出自顾云美之口，自应可信。至其在崇祯何年，尚难确定，但牧斋最初得见河东君，实在崇祯十三年庚辰冬间，记载明显，绝无疑义。岂意竟有怪诞之说，如《牧斋遗事》中之《柳姬小传》所言者，今不得不略引其文辨斥之。此传亦不甚短，故兹先录其上半节于下，其后半节则俟于第五章论之。传文略云：

柳云产也。匪师匪涛，而能撷篇缀句，蛊及虞山鲜民。鲜民者，宗伯胜国，内院新朝者也。鲜民始以文章气谊，树帜东林，而仕格抵牾，不无晚节之慨。叩其沈博艳丽，掞藻钩玄，堪追衮国黄州之步。惟是青娥之癖与年俱深，虽身近楚山，而心怀女校书，商订风雅，于姬慊焉。适民以被讦事北逮。姬踉跄归里，复为豪者主之，先折之帐，激于言旋。桎梏其人，而姬始出，所要于民者万端，金屋之贮，予倡汝和，胡司马之清娱，媲冶成之尚书矣。时而佳辰令节，宗族中表，穷百变，至百物，嘘之春温，拂之霜折，姬若为夷然也者。

传末附跋语云：

右《柳姬小传》，八十翁于曩时目见其事，而为之者也。后戊辰秋简庵阅而录之。

寅恪案：八十翁究为何人之托名，不易考知。至简庵则疑是林时对。据《鲒埼亭集·二六·明太常寺卿晋秩右副都御史茧庵林公逸事状》（参雍正修《宁波府志·二八·人物志》及《小腆纪传·五七·遗臣二·林时对传》等）略云：

公讳时对，字殿扬。学者称为茧庵先生。浙之宁波府鄞县人。公以崇祯（十二年）己卯、（十三年）庚辰连荐成进士，时年十八，授行人司行人。常熟□侍郎□□，闻公名，招致之，公不往。公论人物，不少假借。同里钱光绣尝讲学石斋黄公之门。其于翰林张溥，仪部周镳，皆尝师之，而学诗于□□。公曰："娄东朝华耳，金沙羊质而虎皮者也，皆不足师。□□晚节如此，又岂可师？子师石斋先生，而更名师乎？"光绣谢之。先公尝曰："吾年十五，随汝祖往拜公床下，自是尝抠衣请益。间问漳海黄公遗事。公所举自东厓所作行状外，别传、哀诔、挽诗、祭文及杂录诸遗事，几百余家，其余所闻，最少者亦不下数十家。恨不能强记。自公殁后，所谓茧庵逸史者，阙不完。其诗史共四卷。今归于予。"

殿扬于崇祯十三年庚辰中式会试，其年十八，下数至康熙戊辰应为六十六岁。似与八十翁之称不合。然文人故作狡狯，亦常有事，殊不能谓必非殿扬自托笔名也。至若"简庵"，当是林氏以"茧"与"简"音近诡称耳。取林氏所著《留补堂文集·二·朋党大略记》并《荷牐丛谈》"东林依草附木之徒"条及论钱牧斋及黄石斋事等观之，颇与《柳姬小传》类似。然则此传纵非林氏自撰，亦是林氏所嘉许，以为作传者所目见，而实可信者也。

复次，钱、柳同时人有松江籍曹千里（家驹）号茧庵者，著《说梦》一书，述明末清初松江事。其《自序》略云：

余行年八十，天假之年，偷生长视，使得纵观夫升沉荣瘁之变态。若辈之梦境已尽，何不以笔代舌，使后人得寓目焉。余非目睹不敢述，匪曰传信，或不至梦中说梦云尔。

则《柳姬小传》跋语中之号“八十翁”者之年及“目见其事”等语，与曹氏似有关，亦似无关，未敢决言。又此书中不道及钱、柳事。或以牧斋不属松江之范围，遂不列于此帙。但有可注意者，此书一“纪侯怀玉（承祖）殉难事”条云：

鼎革之际，惟（吴）绳如（嘉胤）、（夏）瑗公（允彝），从容就义，言之齿颊俱香。即卧子一死，直是迫于计穷，未得与吴、夏比烈也。

则于卧子尚有微辞，岂由卧子与河东君有关之故欤？姑记于此，以俟更考。夫牧斋于崇祯九年丙子冬奉逮捕之命，十年丁丑春北行，是年夏，至京下狱。十一年戊寅夏被释出狱，是年冬抵家。此皆年月先后之确可考者。焉有如《柳姬小传》所谓“民以被讦事北逮，姬踉跄归里”等不与年月事实相符之妄言耶？斯本稍知明季史事者所易辨，无取多赘。惟传云“佳辰令节，宗族中表，穷百变，致百物，嘘之春温，拂之霜折，姬若为夷然也者”，则最能得当日河东君适牧斋后与钱氏宗亲关系之实况。后来钱曾假其族贵钱朝鼎，迫害河东君以泄夙愤，殊非偶然。由是言之，此传之记述，亦有可取之点也。

崇祯九年丙子河东君之踪迹，尚有可以考见者，即第二章中，节引之沈虬《河东君传》所载张溥往访徐佛，因得见河东君一事。此传间有可取之处。寅恪草此文，分段全录顾云美所撰《河东君传》。今更全录沈作，以供读者之互证。但葛昌楣君《蘼芜纪闻·上》引此传，共分前后两段，文义不贯。兹以鄙意取后段之文，依其辞理插入前段中，以便观览焉。沈氏《传》云：

河东君柳如是者，吴中名妓也。美丰姿，性狷慧，知书善诗律。分题步韵，顷刻立就。使事谐对，老宿不如。四方名士，无不接席唱酬。崇祯戊寅间，年二十余矣。昌言于人曰："吾非才学如钱学士虞山者不嫁。"虞山闻之，大喜过望，曰："今天下有怜才如此女子者乎？吾非能诗如柳是者不娶。"庚辰冬，如是始过虞山，即筑我闻室居之，以迎其意。十日落成，留之度岁。辛巳六月，虞山于茸城舟中与如是结缡。学士冠带皤发，合卺花烛，仪礼备具。赋《催妆诗》前后八首。云间缙绅，哗然攻讨，以为亵朝廷之名器，伤士大夫之体统。几不免老拳。满船载瓦砾而归，虞山怡然自得也。称为继室，号河东君。建绛云楼，穷极壮丽，上列图史，下设帏帐，以绛云仙姥比之，亵甚矣。不数年，绛云楼灾，宜也。但河东君所从来，余独悉之。我邑盛泽镇有名妓徐佛者，能诗善画兰，虽居乡镇，而士大夫多有物色之者。丙子年间，娄东张西铭先生慕其名，至垂虹亭，易小舟访之，而佛已于前一日嫁兰溪周侍御之弟金甫矣。院中惟留其婢杨爱。杨色美于徐，诗字亦过于徐。因携至垂虹，余于舟中见之，听其音，禾中人也。及长，豪宕自负，有巾帼须眉之论。易姓名为柳。归钱之后，稍自敛束，在绛云楼校雠文史。牧斋临文，有所检勘，河东君寻阅，虽牙签万轴，而某册某卷，立时翻点，百不失一。所用事或有舛误，河东君颇为辨正，故虞山甚重之。常衣儒服，飘巾大袖，间出与四方宾客谈论，故虞山又呼为柳儒士。

寅恪案：八十翁之《柳姬小传》，乃王子师所谓司马迁之谤书。其诬妄特甚之处，本文略加驳正，其余不符事实之小节，亦未遑详论也。顾云美为河东君作传，颇多藻饰之辞，固不足怪。但甚至不言其自徐佛处转入周念西家，后复流落人间一节，似未免过泥《公羊春秋》为尊者讳、亲者讳、贤者讳之旨矣。次云《传》虽远胜于八十翁，而不及顾云美。然其中实有可取之处，如言河东君“豪宕自负，有巾帼须眉之论”及“归钱之后，稍自敛束”等，甚能写出河东君之为人，并可分辨其适牧斋前后之稍有不同也。兹所欲考者，即崇祯九年丙子，河东君与张西铭会见一事。据蒋逸雪编《张溥年谱》“崇祯九年丙子”条云：

九月出游苏锡江阴，十月始归。

关于曾访盛泽镇及游垂虹亭等事，皆无痕迹可寻。但次云之言，必非虚构。岂天如于此年秋间出游苏、锡，乘便一往盛泽耶？若此推测不误，则河东君之遇见张天如，乃在是年六月于鸳湖遇见程、朱两人之后矣。更俟详考。至钱士青（文选）《诵芬堂文稿六编·柳夫人事略》所言天如、卧子与牧斋争娶河东君事，殊为荒谬，不足置辨。

第二期

此期为崇祯八年春季并首夏一部分之时间。卧子与河东君在此期内，其情感密挚，达于极点，当已同居矣。顾云美《河东君传》所谓“适云间孝廉为妾”者，即指此时期而言。其实河东君于此期内，与卧子之关系，与其谓之为“妾”，不如目之为“外妇”，更较得其真相也。此期陈、杨两人之作品颇多，仅能择其最要者论述之。至于“诗余”一类，则编辑者以词之调名同异为次序，非全与时间之先后有关系。故就诗余以考证年月行事，自极困难。独不如集中诗文之排列，略有时代早晚之可推寻也。今不得已，唯择取《陈忠裕全集》“诗余”一类中春闺诸词及其他有关河东君者，并《戊寅草》中诗余之与卧子或春季有关者，综合论述之，要以关涉春令者为多。不论是否陈、杨两人前此和辕文之作，并其他不属于此期所赋者，亦系于此期。所以如此者，因其大多数皆与春季有关，而此期之时间，大部分又属于春季之故也。据前论《早梅》诗时，已引郑氏《表》载崇祯七年甲戌正月六日立春，十二月十七日又立春，卧子诗“垂垂不动早春间”句之“春”，乃指崇祯七年十二月十七日立春而言。由此例推计，第二期内所论述之卧子诸诗，其“春”字之界说，有指崇祯七年十二月十七日立春者，亦有指八年春季者，盖跨越七年末及八年春季颇长之时间。今《陈忠裕全集》诸诗乃分体编辑之书，详确划分年月，殊为不易。职是之故，兹论述卧子此期诸诗，未必悉作于崇祯八年，实亦杂有崇祯七年末所赋者。读者分别观之，不可拘泥也。

《陈忠裕全集·八·平露堂集·早春行（五古）》云：

杨柳烟未生，寒枝几回摘。春心闭深院，随风到南陌。不令晨妆竟，偏采名花掷。香衾卷犹暖，轻衣试还惜。朝朝芳景变，暮暮红颜易。感此当及时，何复尚相思。韶光去已急，道路日应迟。愿为阶下草，莫负艳阳期。

寅恪案：此题后为《清明雨中晏坐忆去岁在河间》一题。初视之，《早春行》似为崇祯八年春季所作。其实卧子集既为分体之书，此两题作成时间，非连续衔接者，未可执此遂谓《早春行》乃崇祯八年春季所作，前论《过舒章园亭》诗已及之。其他类似者，可以此例推之也。《早春行》篇中写春闺早起之情景，甚妙。观“感此当及时，何复尚相思”及“愿为阶下草，莫负艳阳期”等句，则此时卧子与河东君之关系，可以想见矣。

《陈忠裕全集·一一·平露堂集》有《早春初晴》、《阳春歌》（原注：“和舒章。”）、《樱桃篇》及《春日风雨浃旬》等绮怀之什。除《早春行》疑为崇祯七年冬季立春之前所作者外，其余当是崇祯八年春间为河东君而作者。兹不能悉载，但录《早春初晴》及《春日风雨浃旬》两题。所以选择此两题之故，因《早春初晴》一题，可与前录五古《早春行》比较。《春日风雨浃旬》一题，可与后录卧子所作诗余中《春闺风雨》诸阕参证也。

《早春初晴》云：

今朝春态剧可怜，轻云窈窕来风前。绣阁梅花堕绿玉，牙床枕角开红绵。宿雨犹含兰叶紫，已多陌上繁华子。可能齐出凤楼人，同时走马莺声里。茂陵才人独焚香，鱼笺丽锦成文章。空有蛾眉闭深院，不若盈盈娇路旁。

《春日风雨浃旬》云：

城南十日雨，阶下生青苔。梅花湿如雾，东风吹不开。落红满江曲，蒿蓝春水绿。黄莺醒尚啼，白鹭飞还浴。幽雨沉沉丽景残，浮云入坐罗衣寒。翠竹迷离日欲暮，孤亭黯霭凭栏干。芳草风流寒食路，无限青骢杨柳树。遥望海棠红满枝，可怜难向前溪渡。

《陈忠裕全集·一四·平露堂集·春日酬舒章言怀之作（五律）二首》之一云：

积雨迷时令，不知春已深。君怀当绮艳，吾意怯登临。自短风云气，犹怜花草心。何堪看淑景，辛苦独鸣琴。

同书同卷《今年梅花为积雨所困过惢人馆中见其娟然哀丽戏言欲以石甃其下如曲水之制酌其香雨斯亦事之可怀者赋此以记之（五律）》云：

夜夜思春至，当时已弃捐。无从留艳质，有计酌寒泉。锦石支文砌，温池想翠钿。华清愁绝地，行雨出神仙。

寅恪案：卧子赋此二题，言外自有人在。其为河东君而作，固不待言。所可注意者，即崇祯八年春间多雨一事。《陈忠裕全集·年谱》“崇祯八年乙亥”条附李雯《会业序》略云：“今年春闇公卧子读书南园。春多霖雨。”又取卧子诗证之，如《陈忠裕全集·八·平露堂集·清明雨中晏坐》及《上巳城南雨中（五古）》。同书一一《平露堂集·春日风雨浃旬（七古）》。同书一四《平露堂集》除上录两题外，尚有《南园即事二首》之一云“葭菼乘新涨”及《花朝溪土（上？）新雨》等五律。同书一六《平露堂集·乙亥元日（七律）》云“密雨千门花影凉”，同书一九《平露堂集·桐花（七绝）》云“轻阴微雨画帘开”等，可为例证。考崇祯八年清明在二月十八日（此月为小尽）。清明前后约共一月，其间几无日不有风雨。卧子与河东君之同居，适值此际，诗云：“风雨如晦，鸡鸣不已。”又云：“女曰鸡鸣，士曰未旦。”正陈、杨二人此时之谓矣。

今检《戊寅草》中崇祯八年春季河东君之诗，其与此期节物有关者，移录于下，以见一斑。其实河东君当时此类作品，应不止此少数也。

《戊寅草·杨柳》云：

不见长条见短枝，止缘幽恨减芳时。年来几度丝千尺，引得丝长易别离。

其二云：

玉阶鸾镜总春吹，绣影旎迷香影迟。忆得临风大垂手，销魂原是管相思。

《杨花》云：

轻风淡丽绣帘垂，婀娜帘开花亦随。春草先笼红芍药，雕栏多分白棠梨。黄鹂梦化原无晓，杜宇声消不上枝。杨柳杨花皆可恨，相思无奈雨丝丝。

《西河柳花》云：

艳阳枝下踏珠斜，别按新声杨柳花。总有明妆谁得伴，凭多红粉不须夸。江都细雨应难湿，南国香风好是赊。不道相逢有离恨，春光何用向人遮。

《春江花月夜》云：

小砑红笺茜金屑，玉管兔毫团紫血。阁上花神艳连缬，那似璧月句妖绝。结绮双双描凤凰，望仙两两画鸳鸯。无愁天子限长江，花底死活酒底王。胭脂臂捉丽华窘，更衣殿秘绛灯引。龙绡贴肉汗风忍，七华口令着人紧。玳筵顶飞香雾腻，银烛媚客灭几次。强饮犀桃江令醉，承恩夜夜临春睡。麟带切红红欲堕（坠），鸾钗盘雪尾梢翠。梦中麝白桃花回，半面天烟乳玉飞。碧心跳脱红丝匼，惊破金猊香着月。殿头卤簿绣发女，签重慵多吹不起。

寅恪案：上录四题中，三题皆与柳有关。柳固为诗人春季题咏之物，但亦是河东君自寄其身世之感所在。故后来竟以柳为寓姓，殊非偶然也。崇祯八年春季多雨，可于《杨花（七律）》“杨柳杨花皆可恨，相思无奈雨丝丝”之语见之。《九宫大成南北词宫谱·一·〈南词·仙吕宫〉》引有“西河柳”之调名，并载李伯华（开先）《（林冲）宝剑记》（第二十五出）中此曲。其结语云：“落红满地，肯学杨花无定。”河东君赋此诗，殆有感于斯语耶？据《东山酬和集·一》程偈庵《次牧翁再赠》诗云“弹丝吹竹吟偏好”，《牧斋初学集·二十·东山诗集·四·仲春十日自和合欢诗四首》之四云“流水解翻筵上曲”及“歌罢穿花度好音”等句，可知河东君固能弹丝吹竹解曲善歌者。其赋《西河柳花》之诗，亦无足怪矣。今日所见河东君诸词，除《金明池·咏寒柳》数阕外，其他诸词颇多有似曲者。此点恐与河东君之长于度曲有关。当时松江地域施子野辈以度曲著称，河东君居此地域，自不免为其风气所熏习也。又《春江花月夜》一题，乃效温飞卿之艳体（参《乐府诗集·四七·春江花月夜》题，所录诸家之作）而作李长吉之拗词。其中“无愁天子限长江，花底死活酒底王”之句，尤新丽可诵也。

又，《陈忠裕全集·一八·平露堂集·晚春游天平（五言排律）》云：

自入桃源去，层阿翠不收。佩环空涧响，云雾晓窗流。红药生金屋，青山倚画楼。莺啼开玉帐，柳动拂银钩。解带温泉夜，凝妆石镜秋。碧潭春濯锦，丹榭雨张油。斜月通萧史，微风醉莫愁。人繇花上度，客似梦中游。歌舞何时歇，山川尽日留。桥犹名宛转，乡已失温柔。岂必千年恨，登临见古邱。

寅恪案：卧子赋此诗之年，虽难确定，似是崇祯九年丙子暮春所作。细玩诗意，疑为前此曾与河东君共游天平，追念昔游，咏怀古迹，诗特工丽，可称佳什。故移录之，以备卧子排律之一体焉。

《陈忠裕全集·一九·平露堂集·春思（七绝）二首》云：

深春无人花满枝，小栏红药影离离。（“影”字可注意。）为怜玉树风前坐，（“怜”字可注意。）自翦轻罗日暮时。

桃李飞花溪水流，垂帘日日避春愁。不知幽恨因何事，无奈东风满画楼。

又，《春日早起（七绝）二首》云：

独起凭栏对晓风，满溪春水小桥东。始知昨夜红楼梦，身在桃花万树中。

柳叶初齐暗碧池，樱桃花落晓风吹。好乘春露迷红粉，及见娇莺未语时。

卧子在崇祯八年春间所赋七绝，颇似《才调集》中元微之之艳诗。盖此时环境情思，殊与元才子《梦游春》之遇合相似故也。所可惜者，今日吾人只能窥见此时河东君与卧子酬和诗章之极少数，如上所录《戊寅草》中诸篇是也。

《陈忠裕全集·一九·平露堂集·寒食（七绝）三首》云：

今年春早试罗衣，二月未尽桃花飞。应有江南寒食路，美人芳草一行归。

垂杨小院倚花开，铃阁沉沉人未来。不及城东年少子，春风齐上斗鸡台。

愁见鸳鸯满碧池，又将幽恨度芳时。去年杨柳滹沱上，此日东风正别离。（自注：“去年寒食在瀛、莫间。”）

寅恪案：前论崇祯六年春卧子所作《梦中补成新柳诗》，与崇祯十三年冬河东君所赋《春日我闻室作呈牧翁》诗有关。又前第二章引牧斋《与姚叔祥过明发堂共论近代词人戏作》诗原注中河东君《西湖（七绝）》一首（此诗本河东君《湖上草·己卯春·西湖八绝句》之第一首。）云：

垂杨小苑绣帘东，莺阁残枝蝶趁风。最是西陵寒食路，桃花得气美人中。

可知河东君此诗实由卧子崇祯八年《寒食绝句》转变而来。河东君之诗作于崇祯十二年春，距卧子作诗时虽已五年，而犹眷念不忘卧子如此，斯甚可玩味者。牧斋深赏河东君此诗，恐当时亦尚未注意卧子之原作。（寅恪案：宋征璧撰《平露堂集序》略云："陈子成进士归，读礼之暇，刻其诗草名'白云者'。已又裒乙亥丙子两年所撰著，为《平露堂集》。"然则《平露堂集》之刻，在卧子丁其继母唐孺人忧时。牧斋与姚士粦论诗，在崇祯十三年秋间。以时间论，牧斋有得见卧子诗之可能，但钱、陈两人诗派不同，牧斋即使得见《平露堂集》，亦必不甚措意也。）后人复称道河东君此诗，自更不能知其所从来。故特为拈出之，视作情史文坛中一重公案可也。

兹综合寅恪所见陈卧子、河东君并宋辕文、李舒章诸人之词，相互有关者，略论述之。

河东君《戊寅草》中诸词及《众香词·书集·云队》中所选河东君词，其调名题目与《陈忠裕全集·二十·诗余》全相符合者，仅有《踏莎行·寄书》及《浣溪沙·五更》等。兹先移录于下。

陈卧子《浣溪沙·五更》云：

半枕轻寒泪暗流，愁时如梦梦时愁。角声初到小红楼。

风动残灯摇绣幕，花笼微月淡帘钩。陡然旧恨上心头。

河东君《浣溪沙·五更》云：

金猊春守帘儿暗，一点旧魂飞不起。（寅恪案：“起”疑是“返”之讹写。）几分影梦难飘断。

醒时恼见小红楼，（寅恪案：“小红楼”岂指徐氏别墅之南楼耶？）朦胧更怕青青岸。薇风涨满花阶院。

陈卧子《踏莎行·寄书》云：

无限心苗，鸾笺半截。写成亲衬胸前折。临行简点泪痕多，重题小字三声咽。

两地魂销，一分难说。也须暗里思清切。归来认取断肠人，开缄应见红文灭。

河东君《踏莎行·寄书》云：

花痕月片，愁头恨尾。临书已是无多泪。写成忽被巧风吹，巧风吹碎人儿意。

半帘灯焰，还如梦水。（寅恪案：《众香词》“水”作“里”，较佳。恐是“里（繁体：裏）”字仅余下半，因讹写成“水”也。）消魂照个人来矣。开时须索十分思，缘他小梦难寻眎。（寅恪案：《众香词》“眎”作“你”。疑“眎”及“你”俱是“味”字之讹写。）

寅恪案：上录陈、杨两人之词，调同题同，词语复约略相同。其为同时酬和之作，不待详论。所可注意者，后来河东君《金明池·咏寒柳》词“念从前，一点东风，几隔着重帘，眉儿愁苦”之语，或与此时两人所赋《浣溪沙·五更》之词有关，亦未可知也。

卧子别有《浣溪沙》两阕，其题目虽与上引陈、杨两词俱作

《五更》者不同。但绎其词意，当亦与河东君有关。故并移录之，以资旁证。至宋辕文所赋《浣溪沙》两词，其所言节物，虽皆与春雨无涉。然详玩词旨，颇疑或与河东君有关。岂是辕文脱离河东君之后，有所感触，遂托物寄意耶？殊乏确证，未敢多论。唯词特佳妙，附录于此，以待推究。

《陈忠裕全集·二十·诗余·〈浣溪沙·闺情〉》云：

龙脑金炉试宝奁，虾须银蒜挂珠帘。莫将心事上眉尖。

斗草文无知独胜，弹棋粉石好重拈。一钩红影月纤纤。（自注："当归一名文无。"）

前调《杨花》云：

百尺章台撩乱吹，重重帘幕弄春晖。怜他飘泊奈他飞。

淡日滚残花影下，软风吹送玉楼西。天涯心事少人知。

顾贞观、成德仝选《今词初集·下》宋征舆《浣溪沙》云：

彻夜清霜透玉台，夕香销尽博山灰。声声飞雁五更催。

满地西风天欲晓，半帘残月梦初回。十年消息上心来。

又，《雪》云：

半似三春杨柳花，趁风知道落谁家。黄昏点点湿窗纱。

何幸凤鞋亲得踏，可怜红袖故相遮。人间冷处且留他。

《陈忠裕全集·二十·诗余》中更别载《踏莎行》两阕，一题作《春寒》，一题作《春寒闺恨》。《春寒闺恨》一阕复载于顾贞观、成德仝选《今词初集·下》及王昶《国朝词综·一》所选宋征舆词中，但无《春寒闺恨》之题目。鄙意此词无论其为何人所作，玩味词中意旨，当与河东君有关无疑也。

又检《词综》王氏《自序》作于嘉庆七年十月。《陈忠裕全集·凡例》后附有庄师洛《识语》云：

嘉庆（八年）癸亥六月上浣，编忠裕公集成，遵（王）述庵先生（昶）命，发凡起例如右。

则是两书之成，先后相距不及一年，俱出于王氏一人之手，何以有此歧异？颇疑《陈集》实由庄氏等编辑，王氏未必一一详检，不过以年辈资历，取得编主之名，故致此疏误也。此词两书不同之字，自以《词综》为胜。所成问题者，即此《春寒闺恨》一阕，究出谁手？岂此词本是辕文原作，误为卧子之词，而卧子《春寒》一阕乃和宋氏之作。编者不察，遂成斯误耶？若果揣测不谬，则《春寒闺恨》一题，即前引李雯《致卧子书》中所谓辕文《春令》之一。至卧子和此《春令》，究在何时，虽不能确知，但不必定在河东君与辕文交好之时，亦可能在崇祯八年春季也。兹录两词于下，更俟详考。

《陈忠裕全集·二十·诗余·〈踏莎行·春寒〉》云：

墙柳黄深，庭兰红吐。东风着意催寒去。回廊寂寂绣帘垂，残梅落尽青苔路。

绮阁焚香，闲阶微步。罗衣料峭啼莺暮。几番冰雪待春来，春来又是愁人处。

《今词初集·下》宋征舆《踏莎行》（《陈集》题作《春寒闺恨》）云：

锦屋销香，（寅恪案：“屋”《国朝词综》同。《陈集》作“幔”。）翠屏生雾。（寅恪案：“雾”《国朝词综》同。《陈集》作“雨”。）妆成漫倚纱窗住。一双青雀到空庭，梅花自落无人处。

回首天涯，归期又误。罗衣不耐东风舞。垂杨枝上月华生，可怜独上银床去。

复次，杨、陈、宋、李词中有同是《南乡子》《江城子》或《江神子》之调名，而词旨近似，或微异者，疑皆互有关系之作品。兹录其词，并略论之。

河东君《戊寅草·〈南乡子·落花〉》云：

拂断垂垂雨，伤心荡尽春风语。况是樱桃薇院也，堪悲。又有个人儿似你。

莫道无归处，点点香魂清梦里。做杀多情留不得，飞去。愿他少识相思路。

《陈忠裕全集·二十·诗余·〈南乡子·春闺〉》云：

罗袂晓寒侵，寂寂飞花雨外深。草色萋迷郎去路，沉沉。一带浮云断碧岑。

无限暗伤心，粉冷香销憎锦衾。湿透海棠浑欲睡，阴阴。枝上啼红恐不禁。

前调云：

花发小屏山，冻彻胭脂暮倚阑。添得金炉人意懒，云鬟。为整犀梳玉手寒。

尽日对红颜，画阁深深半掩关。冰雪满天何去也，眉弯。两脸春风莫放残。

前调《春寒》云：

小院雨初残，一半春风绣幕间。强向玉楼花下去，珊珊。飞雪轻狂点翠鬟。

淡月满阑干，添上罗衣扣几番。今夜西楼寒欲透，红颜。黛色平分冻两山。

寅恪案：杨、陈两人之词，虽调同题异，当是一时所作。至辕文之《南乡子》无题目，词中有“玉露”“伤秋”等语。舒章之《南乡子》题为《冬词》。虽俱是绮怀之体，然皆非春季所作也。故不录宋、李两人原词，仅附记于此，以备参考。河东君《戊寅草·〈江城子·忆梦〉》云：

梦中本是伤心路。芙蓉泪，樱桃语。满帘花片，都受人心误。遮莫今宵风雨话。要他来，来得么。

安排无限销魂事。砑红笺，青绫被。留他无计，去便随他去。算来还有许多时，人近也，愁回处。

寅恪案：“忆梦”者，梦醒追忆之义。此词自可能为脱离卧子之后所作，但亦可能为将脱离卧子之时所作。陈、杨之因缘乃元微之《梦游春》所谓“一梦何足云”（见《才调集·五》并参拙著《读莺莺传》），及玉谿生《无题二首》之二“神女生涯原是梦”者（见《李义山诗集·中》）。词中“留他无计，去便随他去。算来还有许多时，人近也，愁回处”之语，为一篇之警策。其意谓此梦不久将醒，无可奈何。故疑是将离去卧子之时所作也。考河东君于崇祯八年春季，虽与卧子同居，然离去卧子之心，亦即萌于此际。盖既与卧子同居之后，因得尽悉其家庭之复杂及经济之情势，必无长此共居之理，遂渐次表示其离去之意。此意决定于是年三月末，实现于是年首夏之初。故此词即河东君表示其离意之旨。卧子《诗余》中有《少年游》《青玉案》两阕，与河东君此词相关。《青玉案》词尤凄恻动人。宋辕文亦有《青玉案》一阕，疑是和卧子之作。兹附录陈、宋两人《青玉案》词于河东君此词之后，以供参证。至卧子《少年游》一阕，则俟后论卧子与河东君、李舒章同调之词时述之，今暂不涉及。

《陈忠裕全集·二十·诗余·〈青玉案·春暮〉》云：

青楼恼乱杨花起。能几日，东风里。回首三春浑欲悔。落红如梦，芳郊似海，只有情无底。

华年一掷随流水。留不住，人千里。此际断肠谁可比。离筵催散，小窗惜别，泪眼栏干倚。

《今词初集·下》宋征舆《青玉案》云：

金塘雨涨轻烟滑。正柳陌，东风活。闲却吴绫双绣袜。满园芳草，一天花蝶。可奈人消渴。

暗弹珠泪蜂黄脱。两点春山青一抹。好梦偏教莺语夺。落红庭院，夜香帘幕，半枕纱窗月。

《陈忠裕全集·二十·诗余·〈江城子·病起春尽〉》云：

一帘病枕五更钟。晓云空，卷残红。无情春色，去矣几时逢。添我千行清泪也，留不住，苦匆匆。

楚宫吴苑草茸茸。恋芳丛，绕游蜂。料得来年相见画屏中。人自伤心花自笑，凭燕子，骂东风。

寅恪案：在昔竺西净名居士之病，乃为众生而病。华亭才子陈子龙之病，则为河东君而病。卧子此类之病，今能考知者，共有四次。第一次之病，为崇祯六年癸酉冬在北京候会试时，因远忆松江之河东君而病。《陈忠裕全集·七·属玉堂集·旅病（五古）二首》之一云：

朔气感中理，玄律思春温。安得登高台，随风归故樊。美人步兰薄，旨酒徒盈樽。

诗中“玄律”指冬季，“故樊”指松江，“美人”指河东君。故知此诗乃卧子癸酉冬季旅京病中，怀松江河东君之作也。前论卧子《寒日卧邸中让木忽缄腊梅花一朵相示》诗，已言及之，可不更详。第二次之病，为崇祯八年乙亥夏初河东君已离去之时。词中“晓云空”之“云”，即指阿云也。卧子此词可与其

《酬舒章问疾之作》诗及李雯《夏日问陈子疾》诗（见《陈忠裕全集·八·平露堂集》并《蓼斋集·一二》舒章原作。）共参之。

卧子诗云：

房闱厌虚寥，愁心愧清晓。黄鸟鸣层阴，朱华长幽沼。锦衾谁能理，抚身一何小。思与帝子期，胡然化人渺。灵药无消息，端然内烦扰。感君投惠音，款睇日未了。佳人荫芳树，怜余羁登眺。会当遣百虑，携手出尘表。

舒章诗云：

孟夏延清和，林光屡昏晓。褰裳独徘徊，风琴荡萝茑。闲居成滞淫，契阔长枯槁。庭芜久矣深，黄鸟鸣未了。思君文园卧，数日瑶华少。散发把素书，支床念青鸟。蹉跎蕙兰时，果气歇林表。江上芙蓉新，堂中紫燕小。将无同赏心，南风送怀抱。

第三次之病为崇祯十一年戊寅七夕。因感牛女故事，为河东君而病。《陈忠裕全集·一四·湘真阁稿·戊寅七夕病中》云：

又向佳期卧，金风动素波。碧云凝月落，雕鹊犯星过。巧笑明楼迥，幽晖清簟多。不堪同病夜，苦忆共秋河。

寅恪案：此诗第七句之“同病”，第八句之“苦忆”，其于河东君眷恋之情，溢于言表者若是。斯或与卧子此年冬为河东君序刊《戊寅草》一事，不无关系也。

抑更有可论者，范锴《花笑庼杂笔·一》“黄梨洲先生批钱诗残本”条云：

余尝见黄梨洲手批虞山诗残本曰，牧翁《丙戌七夕有怀》（此诗见下引金氏《钱牧斋年谱》中），意中不过怀柳氏，而首二句寄意深远。

寅恪案：牧斋于明南都破后，随例北迁。至顺治三年六月虽得允放还原籍，但观其诗中“银漏”之语（见《王子安集·一一·乾元殿颂序》），似尚留滞北京。趋朝待漏之时，感今伤昔，遥忆河东君，遂作此七绝。首句用《史记·天官书》，次句用《汉书·天文志》。详见钱遵王《有学集诗注·一》所引。兹不复赘。梨洲甚赏首二句寄意深远，盖不仅切合清兵入关之事，且“天河”“女牛”皆属天文星象。咏一类之物，而具两重之意。黄氏乃博雅之人，通知天文、历算等学，又与钱、柳关系密切，故尤能明了牧斋诗旨所在也。其言“意中不过怀柳氏”，殊为允当。至金鹤冲《钱牧斋先生年谱》“丙戌隆武二年”条云：

《七夕有怀》云：“阁道墙垣总罢休，天街无路限旄头。生憎银汉偏如旧，横放天河隔女牛。”（寅恪案：金氏所引与钱曾《有学集注》本全同。但涵芬楼影印康熙甲辰本，“限旄头”作“接清秋”，“银汉”作“银漏”。金匮山房康熙乙丑本，“限旄头”作“望楼头”。牧斋诗当原作“限旄头”，他本不同者，自是后来所被改。至若“银漏”，牧斋诗本应如此，盖指清乾清宫铜壶滴漏而言。用典虽切，而浅人不觉，因其为七夕诗，遂讹作“银汉”，未必是被改也。）按此诗在隆武帝即位后十日而作，女牛之隔，君臣之异地也。

则推论过远，反失牧斋本意，不如黄氏所言之切合也。噫！当崇祯八年乙亥七夕，卧子之怀念河东君，尚不过世间儿女之情感。历十二年至顺治三年丙戌七夕，牧斋之怀念河东君，则兼具家国兴亡之悲恨。同一织女，而牵牛有异，阅时几何，国事家情，俱不堪回首矣。

第四次之病为崇祯十四年辛巳秋冬间。因此时得知河东君于是年六月已归牧斋而病。卧子《自撰年谱·上》“崇祯十四年辛巳”条云：

秋以积劳致病。初则痁耳，后日增剧，服参附百余剂。长至始克栉沐。是岁纳侧室沈氏。

又，《年谱》后附王沄《三世苦节传》云：

陈氏五世一子，旁无期功之属。（张）孺人屡举子女不育，为置侧室，亦不宜子。孺人心忧之，乃自越遣人至吴，纳良家子沈氏以归。甲申春，崇祯帝召先生入谏垣，携家还里，至冬始举子。先生时年三十有七，喜而名之曰嶷。

寅恪案：卧子谓其督漕于嘉兴之崇德，以积劳致病，是自称其病乃为众生而病。然龚自珍《己亥杂诗》云：“东山妓亦是苍生。”由此言之，河东君亦是众生之一，卧子自称为众生而病，亦可兼括为河东君而病也。更可笑者，王胜时盛夸张孺人自选良家女沈氏为卧子之妾，因得生子，遂使其夫不致绝后一事。其言外殊有深鄙河东君为倡家女，不能生子之意。岂知沈氏之子嶷，传至四代，后亦竟绝耶？（见《卧子年谱·下》附庄师洛等案语。）斯亦王氏作传时所不及料者矣。

《今词初集·下》宋征舆《江神子》云：

珍珠帘透玉梨风。暮烟浓，锦屏空。胭脂万点，摇漾绿波中。病起看春春已尽，芳草路，碧苔封。

漫寻幽径到吴宫。树青葱，石玲珑。朱颜无数，不与旧时同。料得夜来肠断也，三尺雨，五更钟。

寅恪案：辕文词中“病起看春春已尽”，与卧子词“病起春尽”之题符合。又辕文词末句“五更钟”之语，与卧子词首句

“一帘病枕五更钟”之语亦相合。然则宋作乃和陈词明矣。

《今词初集·上》李雯《江神子》云：

一篙秋水淡芙蓉。晚来风，玳云重。检点幽花，斜缀小窗红。罗袜生寒香细细，怜素影，近梧桐。

栖鸦零乱夕阳中。叹芳丛，诉鸣蛩。半卷鸾笺，心事上眉峰。玉露金波随意冷，愁灭蠋，听归鸿。

寅恪案：舒章词有“秋水”“鸣蛩”“玉露”及“归鸿”等语，当是秋季所作。舒章别有《题内家杨氏楼》诗，疑亦此时所作。后详论之。但舒章词“玳云重”及“怜素影”中藏河东君之名字。又“叹芳丛”与卧子原作“恋芳丛”之语相关。故舒章此词实赋于崇祯八年秋深，即河东君离松江往盛泽镇之时。虽非卧子“病起春尽”之际，然仍是追和卧子此词也。

又，《戊寅草》中有《诉衷情近·添病》一阕。河东君之病当亦与卧子之病有关，所谓同病相怜者也。故附录于此，以博好事者一笑。其词云：

几番春信，遮得香魂无影。衔来好梦难凭，碎处轻红成阵。任教日暮还添，相思近了，莫被花吹醒。

雨丝零。又早明帘人静。轻轻分付，多个未曾经。画楼心，东风去也，无奈受他，一宵恩幸。愁甚病儿真。

《戊寅草·〈少年游·重游〉》云：

丝丝碧树何曾卷，又是梨花晚。海燕翻翻，那时娇面。做了断肠缘。

寄我红笺人不见。看他罗幕秋千。血衣着地，未息飘扬，也似人心软。

卧子《诗余·〈少年游·春情〉》云：

满庭清露浸花明，携手月中行。玉枕寒深，冰销香浅，无计与多情。

奈他先滴离时泪，禁得梦难成。半晌欢娱，几分憔悴，重叠到三更。

寅恪案：河东君之词有“梨花”“海燕”等语，自是春季所赋。与卧子词“春情”相合。卧子词后半阕与上引河东君《江城子·忆梦》一词，语意更为符应。其题作《春情》，非偶然也。

《今词初集·上》李雯《少年游》云：

绿窗烟黛锁梅梢，落日近横桥。玉笛才闻，碧霞初断，赢得水沉销。

口脂试了樱桃润，余晕入鲛绡。七曲屏风，几重帘幕，人静画楼高。

又，《代女郎送客》云：

残霞微抹带青山，舟过小溪湾。两岸芦干，一天雁小，分手觉新寒。

今宵霜月照灯阑，人是暮愁难。半枕行云，送君归去，好梦忆江干。

复次，舒章《蓼斋集·三一·诗余》载《玉楼春》题为《代客答女郎》。其词云：

角声初展愁云暮，乱柳萧萧难去住。艅艎舟前流恨波，鸳鸯渚上相思路。

生分红绶无人处，半晌金樽容易度。惜别身随南浦潮，断肠人似潇湘雨。

恐此“客”当是卧子，“女郎”亦为河东君。盖与其《少年游·代女郎送客》一词同时所作。卧子、河东君皆工于意内方外者，舒章何不惮烦而为两人捉刀？文人闲居好事，故作狡狯，殊可笑也。

寅恪案：周美成赋《少年游·感旧》词后，凡诗余中此调多与李师师有关一类绮怀之作，自无足怪。舒章词此调前一阕，疑是和卧子之作，即为河东君而赋者。后一阕题为《代女郎送客》，词中有“芦干”“雁小”“新寒”“霜月”等句，明是秋深景物。河东君《戊寅草》载崇祯八年秋离松江赴盛泽镇诗两题。第一题为《晓发舟至武塘（五律）二首》。其一“还思论异者”句下自注云：“时别卧子。”其二云：“九秋悲射猎。”第二题为《秋深入山（七律）》一首，“深闲大抵仲弓知”句下自注云：“陈寔，字仲弓。时惟卧子知余归山。”据此可证舒章词后一阕题中之“女郎”，即河东君，“客”即卧子。盖河东君此行虽有诗送卧子，但未作词。故舒章戏代为之耳。所谓“半枕行云”之“云”即“阿云”无疑也。

复次，《戊寅草》有《梦江南·怀人》词二十阕，卧子《诗余》有《双调望江南·感旧》一阕。“梦江南”即“望江南”，“怀人”亦与“感旧”同意。两人所赋之词互相关涉，自无待论。但别有可注意者，即《梦江南》及《双调望江南》两词中之“南”字，实指陈、杨二人于崇祯八年春间同居之徐氏南楼及游宴之陆氏南园而言。若如此解释，则河东君及卧子词中所“梦”“望”之地，“怀”“感”之人，语语相关，字字有著矣。兹全录两人之词于下，读者可取以互证也。

河东君《梦江南·怀人二十首》，其一云：

人去也，人去凤城西。细雨湿将红袖意，新芜深与翠眉低。蝴蝶最迷离。

寅恪案：“风城”非仅用典，疑并指松江城而言。详见前论卧子《癸酉长安除夕》诗“曾随侠少凤城阿”之句。“细雨湿将红袖意”，可与下引卧子《满庭芳·送别》词“才提起，泪盈红袖，未说两三分”之语参证也。

其二云：

人去也，人去鹭鹚洲。菡萏结为翡翠恨，柳丝飞上钿筝愁。罗幕早惊秋。

寅恪案：“人去鹭鹚洲”之“去”字，周铭《林下词选》同。《众香词》作“在”，误。“菡萏结为翡翠恨”句，自用《花间集补·下》李后主《山花子》词“菡萏香销翠叶残，西风愁起绿波间”之语。“钿筝”二字，《林下词选》同。当出晏殊《珠玉词·蝶恋花》调“杨柳风轻，展尽黄金缕。谁把钿筝移玉柱”等句。柳词之“丝”，即晏词之“缕”。《众香词》作“钿簪”，亦可通。河东君此词，盖糅合李、晏两作之语意而成也。

其三云：

人去也，人去画楼中。不是尾涎人散漫，何须红粉玉玲珑。端有夜来风。

寅恪案：河东君此词中之“画楼”，当指其与卧子同居之鸳鸯楼或南楼。“尾涎”用《汉书·九七·下·外戚传·孝成赵皇后传》童谣“燕燕尾涎涎”之语。“玉玲珑”疑用蒋防《霍小玉传》及汤显祖《紫钗记》玉燕钗事。河东君《湖上草·清明行》结语云：“盘螭玉燕无可寄，空有鸳鸯弃路旁。”亦同此词之意，即卧子《双调望江南·忆旧》词所谓“玉燕风斜云鬓上”者。“夜来风”或与玉谿生《无题》二首之一“昨夜星辰昨夜风，画楼西畔桂堂东”之语有关。（见《李义山诗集·上》。）

又，《玉台新咏·五》柳恽《夜来曲》云：“飒飒秋桂响，悲（一作“非”）君起夜来。”《乐府诗集·七五》亦载恽此曲，并引《乐府解题》曰：“‘起夜来’其辞意犹念畴昔，思君之来也。”河东君之意，当在于此。至若《拾遗记·七》所述薛灵芸即夜来事，虽有《行者歌》曰，“清风细雨杂香来”之语，但与“怀人”之题不合，恐非河东君词旨所在也。（《陈忠裕全集·一九·属玉堂集·魏宫词二首》之二有“细雨香风接夜来”句，即用《拾遗记》事。）复检李清照《漱玉词·〈怨王孙·春暮〉》云：“门外谁扫残红，夜来风。”河东君此词既用《汉书·孝成赵皇后传》童谣“燕燕尾涎涎”之语，而此童谣中，又有“木门仓琅根。燕飞来，啄皇孙。皇孙死，燕啄矢”之语。或者河东君因读易安居士之词《怨王孙》之“王孙”与《汉书·外戚传》童谣之“皇孙”同义，遂连类相及，而有“夜来风”之句耶？

其四云：

人去也，人去小池台。道是情多还不是，若为恨少却教猜。一望损莓苔。

寅恪案：“一望损莓苔”者，离去南园之意。刘文房《寻南溪常道士隐居》诗：“一路经行处，莓苔见履痕。”（见《全唐诗·第三函·刘长卿二》。）“南溪”即指“南园”也。“道是情多还不是，若为恨少却教猜”者，言其离去南园，可谓非多情。但若以为于卧子有所憎恨，则亦未合。河东君此意即卧子崇祯十一年秋间赋《长相思（七古）》中所述河东君之语云“别时余香在君袖，香若有情尚依旧。但令君心识故人，绮窗何必常相守”者，是也。（见《陈忠裕全集·一一·湘真阁集》。）余详后论。

其五云：

人去也，人去绿窗纱。赢得病愁输燕子，禁怜模样隔天涯。好处暗相遮。

寅恪案：“赢得病愁输燕子，禁怜模样隔天涯”句，则是离去卧子后，燕子重来时所作，恐至早亦在崇祯九年春间矣。又卧子《诗余》中有《蓦山溪·寒食》一阕，殊有崔护“去年今日”之感，或是崇祯九年春季所赋，姑附录于此，更俟详考。词云：

碧云芳草，极目平川绣。翡翠点寒塘，雨霏微，淡黄杨柳。玉轮声断，罗袜印花阴，桃花透，梨花瘦，遍试纤纤手。

去年此日，小苑重回首。晕薄酒阑时，掷春心，暗垂红袖。韶光一样，好梦已天涯，斜阳候，黄昏又，人落东风后。

其六云：

人去也，人去玉笙寒。凤子啄残红豆小，雉媒骄拥裹香看。杏子是春衫。

寅恪案：“人去玉笙寒”句，实暗用南唐嗣主李璟《摊破浣溪沙》（一名《山花子》）“小楼吹彻玉笙寒”之语。（见《全唐诗·第十二函》。又《花间集补·下》作李后主《山花子》。）以其中有“小楼”二字，盖指鸳鸯楼或南楼而言也。“凤子啄残红豆小”句，当是互易少陵《秋兴八首》之八“红豆啄残鹦鹉粒，碧梧栖老凤凰枝”一联中“鹦鹉”“凤凰”两辞（见《杜工部集·一五》），所以改“鹦鹉”为“凤子”者，不仅故意避去“栖老”之义，亦以《古今注·五·鱼虫门》“蛱蝶”条云：“其大如蝙蝠者，或黑色，或青斑，名为凤子。”盖河东君不欲自比鹦鹉，而愿与韩冯夫妇之峡蝶同科。其赋此调第一首结句“蝴蝶最迷离”，即是此意。又卧子所赋《初夏绝句十首》之六云“澹黄凤子逐花隈”（见《陈忠裕全集·一九·陈李倡和集》）亦可与此阕相参证也。“雉媒骄拥亵香看”句，用陆鲁望《奉和袭美吴中书事寄汉南裴尚书（七律）》“五茸春草雉媒骄”之语（见《甫里先生集·九》及《全唐诗·第九函·陆龟蒙·九》），与茸城即松江地域切合。至“亵（繁体：褻）”疑是“爇”之讹写。河东君作书，固喜为瘦长之体也。“杏子是春衫”句，盖出《乐府诗集·七二·古辞·西洲曲》“單衫杏子红”句。又元微之《离思》诗有“杏子花衫嫩曲尘”之语。（见《才调集·五》及《全唐诗·第六函·元稹·二七》。）河东君殆亦兼采其意。但微之此诗“杏子”原有“吉了”及“杏子”两读，河东君从“杏子”之读耳。

其七云：

人去也，人去碧梧阴。未信赚人肠断曲，却疑误我字同心。幽怨不须寻。

寅恪案：“人去碧梧阴”之“碧梧”即前引杜工部《秋兴》诗“碧梧栖老凤凰枝”之“碧梧”。河东君互易杜诗“红豆”“碧梧”一联上下两句，以分配第六首及此首耳。“却疑误我字同心”句，或与后论卧子《蝶恋花》词“简点凤鞋交半折”句所引河东君《两同心》词有关，亦未可知也。

其八云：

人去也，人去小棠梨。强起落花还瑟瑟，别时红泪有些些。门外柳相依。

寅恪案：“小棠梨”当用庾兰成《小园赋》“有棠梨而无馆”句。（见《庾子山集·一》。）庾赋之“小园”，当指徐氏别墅中之小园。“小棠梨”馆或即指杨、陈两人于崇祯八年春间同居之南楼也。“落花瑟瑟”正是春尽病起之时，“红泪些些”更为薛夜来“升车就路”之状矣（见《拾遗记·七》“魏文帝所爱美人”条）。

其九云：

人去也，人去梦偏多。忆昔见时多不语，而今偷悔更生疏。梦里自欢娱。

寅恪案：此首为二十首中之最佳者，河东君之才华，于此可窥见一斑也。

其十云：

人去也，人去夜偏长。宝带怎温青骢意，罗衣轻试玉光凉。薇帐一条香。

寅恪案：自第一首至此首共十首，皆言“人去”。盖去与卧子同居之南楼即鸳鸯楼及游宴之南园也。

其十一云：

人何在，人在蓼花汀。炉鸭自沉香雾暖，春山争绕画屏深。金雀敛啼痕。

寅恪案：自此首以下共十首，皆言“人在”。其所在之处，虽未能确指，然应是与卧子有关者。故知俱为崇祯八年春间徐氏别墅中杨、陈两人所同居之南楼及同游之陆氏南园（详见下引徐闇公（孚远）《钓璜堂诗》及王胜时（沄）《云间第宅志》），并同经之事也。此首所言之蓼花汀或即在南园内。“炉鸭”“画屏”“金雀”乃藏娇定情之境况。卧子假南楼为金屋，则河东君此词以“敛啼痕”为结语，自不嫌突兀矣。

其十二云：

人何在，人在小中亭。想得起来匀面后，知他和笑是无情。遮莫向谁生。

寅恪案：此首可与第九首“忆昔见时多不语，而今偷悔更生疏”之语参证。“人在小中亭”之“亭”，或即卧子所赋《秋暮游城南陆氏园亭》诗，“孤亭喧鸟雀”之“亭”（见《陈忠裕全集·七·属玉堂集》）。“知他和笑是无情”句，则出杜牧之诗“多情却似总无情，唯觉尊前笑不成”（见《全唐诗·第八函·杜牧·四·赠别二首》之二），及韩致尧诗“见客入来和笑走，手搓梅子映中门”（见《全唐诗·第十函·韩偓·四·偶见》），张泌《江城子》第二阕“好是问他来得么，和笑道，莫多情”（见《花间集·五》），河东君盖兼采杜、韩两诗及张词之辞意，而成此阕也。

其十三云：

人何在，人在月明中。半夜夺他金扼臂，殢人还复看芙蓉。心事好朦胧。

寅恪案：此首当是杨、陈两人同居南楼时之本事。“扼臂”出罗从事《比红儿诗一百首》之九十四“金粟妆成扼臂环”之语（见《全唐诗·第十函·罗虬》），“殢人还复看芙蓉”者，崇祯八年首夏李舒章所赋《夏日问李子疾》诗云：“江上芙蓉新，堂中紫燕小。”（见《陈忠裕全集·八·平露堂集·酬舒章问疾之作》附录所引。）崇祯八年首夏，河东君离去南楼及南园，将行之时，犹能见及南园废沼中之芙蓉。（可参下引《钓璜堂存稿·三·南园读书楼（五古）》“荷香落衣袂”句，及同书一九《坐月怀卧子（七绝）》“南园菡萏正纷披”句。）杨词李诗所谓芙蓉，盖指出水之新荷，而非盛放之莲花，如徐闇公诗所言者。文人才女之赋咏，不必如考释经典，审核名物之拘泥。又，《陈忠裕全集·一九·陈李倡和集·初夏绝句十首》之七云：“芙蓉叶放小于钱。”卧子此诗虽未必是崇祯八年所赋，但同是初夏景物之描写，故亦可取以互证也。

其十四云：

人何在，人在木兰舟。总见客时常独语，更无知处在梳头。碧丽怨风流。

寅恪案：“总见客时常独语，更无知处在梳头”句，殆用张文和《蓟北旅思》（一作《送远人》）诗“失意常独语，多愁只自知”之语（见《全唐诗·第六函·张籍·三》）。文和诗题既一作《送远人》，则河东君“人在木兰舟”句，即“送远人”之意。颇疑《太平广记·一九五》载《甘泽谣》“红线”条中冷朝阳《送红线》诗（参《全唐诗·第五函·冷朝阳·送红线（七绝）》）云：

采菱歌怨木兰舟，送别魂销百尺楼。（《全唐诗》“别”作“客”。）还似洛妃乘雾去，碧天无际水长流。（《全唐诗》“长”作“空”。）

殆亦与之有关涉。盖河东君此词题为《怀人》与张、冷两诗约略相似，乃其自言失意多愁之情况。又《陈忠裕全集·一》有《采莲赋》一篇，同书五《平露堂集》有《采莲童曲》乐府。同书一一《平露堂集》有《立秋后一日题采莲图（七古）》与《戊寅草》中《采莲曲》，皆陈、杨两人于崇祯八年所作。冷氏《诗》云，“采莲歌怨木兰舟”，故河东君此词“木兰舟”之语，疑即指两人所作之诗赋而言也。至“碧丽怨风流”句其义不甚解。《戊寅草》写本及《林下词选》皆同。惟《众香词》作“妖艳更风流”，语较可通。但上文已有“更”字，昔人作诗词，虽不嫌重复，然细绎词旨，此处似不宜再用“更”字。且“怨风流”亦较“更风流”为佳。据是，《众香词》与《戊寅草》写本及《林下词选》不同之点，恐经后人改易，殊失河东君原作之用心也。

其十五云：

人何在，人在绮筵时。香臂欲抬何处堕，片言吹去若为思。况是口微脂。

寅恪案：此首乃河东君自述其文酒会时，歌舞之情态。“香臂欲抬何处堕”句，指舞言。“片言吹去若为思。况是口微脂”句，指歌言。《有学集·一三·东涧诗集·下·病榻消寒杂咏四十六首》之三十四《追忆庚辰冬半野堂文宴旧事》诗云：“蒲团历历前尘事，好梦何曾逐水流。”此为牧斋垂死之作，犹不能忘情于崇祯十三年冬河东君初访半野堂时，饯别程松圆之宴会。据是可以想见河东君每值华筵绮席，必有一番精采之表演，能令坐客目迷心醉。盖河东君能歌舞，善谐谑，况复豪于饮，酒酣之后，更可增益其风流放诞之致。此词所述非夸语，乃实录也。

其十六云：

人何在，人在石秋棠。好是捉人狂耍事，几回贪却不须长。多少又斜阳。

寅恪案：“石秋棠”之义未解。若“棠”字乃“堂”字之讹写，则“石秋堂”当是南园一建筑物之名。此为妄测，须更详考。“好是捉人狂耍事，几回贪却不须长”句，指捉迷藏之戏（可参前论程松圆《朝云诗》第五首“神仙冰雪戏迷藏”句）。《才调集·五》元稹《杂忆诗五首》之三云：“忆得双文胧月下，小楼前后捉迷藏。”河东君盖自比于双文，而令卧子效元才子所为者，虽喜被捉，但不须久寻。盖作此戏，本资笑乐，不必使捉者过劳。然则其爱惜卧子之意，溢于言表。“多少又斜阳”句，则事过境迁，不觉感慨系之矣。

其十七云：

人何在，人在雨烟湖。篙水月明春腻滑，舵楼风满睡香多。杨柳落微波。

寅恪案：“雨烟湖”恐是南园中之湖沼。“睡香”即“瑞香”，乃早春季节开放之花。河东君于此际泛舟，风吹此花香气，固合当时景物也。

其十八云：

人何在，人在玉阶行。不是情痴还欲住，未曾怜处却多心。应是怕情深。

寅恪案：此首为河东君自言其去住两难之苦况。然终于离去，则其苦更甚，可以推知。“应是怕情深”之“怕”字殊妙。

其十九云：

人何在，人在画眉帘。鹦鹉梦回青獭尾，篆烟轻压绿螺尖。红玉自纤纤。

寅恪案：李舒章《会业序》云：“猵獭白日捕鱼塘中，盱睢而徐行，见人了无怖色。”（见后论卧子《桃源忆故人·南楼雨暮》词，所引舒章此文。）又《文选·八》杨子云《羽猎赋》“蹈猵獭”。李善《注》引郭璞《三苍解诂》曰：“猵似狐，青色，居水中，食鱼。”然则“青獭”之语，乃古典今事合而用之者。“鹦鹉梦”固出《明皇杂录》“天宝中岭南献白鹦鹉”条（见《事文类聚后集·四十》及《六帖·九四》所引。并可参《杨太真外传·下》及何薳《春渚纪闻·五》“陇州鹦歌”

条）。但其所指搏杀“雪衣娘”之鸷鸟，颇难考实。岂河东君之居南楼，所以不能久长者，乃由卧子之妻张孺人号称奉其祖母高安人继母唐孺人之命，率领家嫔将至徐氏别墅中之南楼，以驱逐此“内家杨氏”耶？俟考。

其二十云：

人何在，人在枕函边。只有被头无限泪，一时偷拭又须牵。好否要他怜。

寅恪案：此首为二十首最后一首，亦即“人在”十首之末阕。故可视为《梦江南》全部词中“警策”之作。其所在处，乃在枕函咫尺之地，斯为赋此二十首词所在地也。“泪痕偷拭”，“好否要怜”，绝世之才，伤心之语，观卧子《双调望江南·感旧》词结句云“无计问东流”，可以推知其得读河东君此二十首词后，所感恨者为何如矣。

卧子《双调望江南·感旧》云：

思往事，花月正朦胧。玉燕风斜云鬓上，金猊香烬绣屏中。半醉倚轻红。

何限恨，消息更悠悠。弱柳三眠春梦杳，远山一角晓眉愁。无计问东流。

寅恪案：卧子此词有“消息更悠悠”之语，当是在河东君由松江迁往盛泽镇以后不甚久之时间所作。然则河东君《梦江南》词二十阕为原唱，而卧子《双调望江南》乃和作。明乎此，则知河东君词题为《怀人》，而卧子词题作《感旧》，所以不同之故也。

前引黄九烟之语云“云间宋征舆、李雯共拈‘春闺风雨’诸什”，并论崇祯八年春间多雨一事。今检卧子《诗余》中，其题为《春闺风雨》《春雨》者，共有三首。故知此三首当即黄氏所言。疑俱是卧子于崇祯八年春间为河东君而作者。兹更取河东君《戊寅草》中《更漏子·听雨》二阕与卧子词参证，以其亦为“春雨”，当是同时所作也。

卧子《醉落魄·春闺风雨》，其一云：

春楼绣甸，韶光一半无人见。海棠梦断前春怨。几处垂杨，不耐东风卷。

飞花狼藉深深院，满帘寒雨炉烟篆。黄昏相对残灯面。听彻三更，玉枕欹将半。

其二云：

花娇玉暖，镜台晓拂双蛾展。一天风雨青楼断，斜倚栏干，帘幕重重掩。

红酥轻点樱桃浅，碧纱半挂芙蓉卷。真珠细滴金杯软，几曲屏山，镇日飘香篆。

又，《菩萨蛮·春雨》云：

廉纤暗锁金塘曲，声声滴碎平芜绿。无语欲摧红，断肠芳草中。

几分消梦影，数点胭脂冷。何处望春归，空林莺暮啼。

河东君《更漏子·听雨》（寅恪案：河东君此调两阕颇难句逗，姑以意标点之，可不必深究也）云：

风绣幕，雨帘栊。好个凄凉时候。被儿裹，梦儿中。一样湿残红。

香焰短，黄昏促。催得愁魂千簇。只怕是，那人儿，浸在伤心绿。

其二云：

花梦滑，杏丝飞，又在冷和风处。合欢被，水晶帏，总是相思块地。

影落尽，人归去。简点昨宵红泪。都寄与，有些儿，却是今宵雨。

李舒章《虞美人·春雨》（见《蓼斋集·三一·诗余》）云：

廉纤断送荼蘼架，衣润笼香罢。鹧鸪题（啼）处不开门，生怕落花时候近黄昏。

艳阳惯被东风砑（妒），吹雨无朝暮。丝丝只欲傍妆台，却作一春红泪满金杯。

又，吴园次《虞美人·春雨次李舒章韵》（见《今词初集·下》）云：

红绒冷落秋千架，人约西陵罢。梨花和泪闭重门，卸似玉儿憔悴忆东昏。

孟婆苦把东君妒，做作催春暮。愁春人正在朱楼，听尽丝丝点点倚香篝。

寅恪案：闵尔昌《碑传集补·二二·守令一》王方岐撰《吴园次后传》略云：

先生讳绮，字园次，江都人。（顺治十一年）甲午，滦州石学士申视学江南，得先生卷，拔冠多士，以明经荐入都。冢宰胡公兆龙拔置第一，授中书舍人，掌制诰。（顺治十五年）戊戌，迁兵部职方司主事。（康熙三十三年）甲戌夏杪，先生年七十有六，微有腹疾，不数日而归道山矣。

当崇祯八年时，园次年十七岁。其入都则在顺治十一年，而李舒章于顺治三年丙戌以父丧归葬，事竣还京即卒。（见《陈忠裕全集·年谱·下》“顺治四年丁亥”条考证引《松江府志·李逢申传》。）故园次此词作成时间必不甚迟，作词之地亦应在松江地域，其时间或即在崇祯八年春季，亦未可知。园次年少美才，其和“春闺风雨”之词，殊不足异也。

复次，卧子《诗余》中关涉“春闺”或“闺阁”之题目者颇多，如《桃源忆故人·南楼雨暮》及《探春令·上元雨》诸阕，皆当属此类。除《南楼雨暮》一词，将于论李舒章《题内家杨氏楼》诗时合并论之，其余今不备录。至于《柳梢青·春望》《天仙子·春恨》之类，则名士民族兴亡之感，与儿女私情绝无关涉。故虽为春季所作，亦不录之也。

卧子《诗余·〈菩萨蛮·春晓〉》云：

玉人袅袅东风急，半晴半雨胭脂湿。芳草衬凌波，杏花红粉多。

起来慵独坐，又拥寒衾卧。金雀带幽兰，香云覆远山。

又，《蝶恋花·春晓》云：

才与五更春梦别，半醒帘栊，偷照人清切。简点凤鞋交半折，泪痕落镜红明灭。

枝上流莺啼不绝，故脱余绵（寅恪案：“余绵”谓当日女性卧时所着之绵紧身也。可参《红楼梦·一百零九回》“候芳魂五儿承错爱”节），忍耐寒时节。慵把玉钗轻绾结，恁移花影窗前没。

寅恪案：此两词皆言春晓。《菩萨蛮》调可与上引卧子《早春行（五古）》之“不令晨妆竟，偏采名花掷。香衾卷犹暖，轻衣试还惜”等句互证。《戊寅草》中复有《两同心·夜景（代人作）》一阕。所代之人，疑是卧子，而首句亦与鞋有关，故并附录于此，借资好事者之谈助耳。

河东君《河传·忆旧》云：

花前雨后，暗香小病，真个思清切。梦时节，见他从不轻回。风动也，难寻觅。

简点枕痕刚半折。泪滴红绵，又早春文灭。手儿臂儿，都是那有情人，故把人心摇拽。

又，《两同心·夜景（代人作）》云：

不脱鞋儿，刚刚扶起。浑笑语，灯儿厮守。心窝内，着实有些些怜爱。缘何昏黑，怕伊瞧地。

两下胡涂情味。今宵醉里，又填河，风景堪思。况销魂，一双飞去。俏人儿，直恁多情，怎生忘你。

复次，卧子《蝶恋花》词可与下章牧斋《有美诗》之“弓鞋笑足缠”及“轻寒未折绵”等句参较。“简点凤鞋交半折”句，似与《西厢记·酬简·元和令》“绣鞋儿刚半折”之语有关。或谓此“凤鞋”，疑是指旧日缠足女子睡眠时所着之“软鞋”而言。此种“软鞋”，盖以增加美感，兼有防止纤足涨大，并可免缠足帛条散乱之用，其底非木或骨所制者。至若程松圆诗“天粘碧草度弓鞋”之“弓鞋”（见《列朝诗集·丁·一三》所选孟阳《二月上浣同云娃踏青雨宴达曙用佳字（七律）》。详见前引），则指河东君所着踏地行走之鞋而言。其底版为木或骨所制，与卧子《蝶恋花·春晓》词中所咏之软鞋，区以别矣。

复据刘銮《五石瓠》“濮仲谦江千里”条云：

苏州濮仲谦水磨竹器，如扇骨、酒杯、笔筒、臂搁之类，妙绝一时。亦磨紫檀、乌木、象牙，然不多。或见其为柳夫人如是制弓鞋底版二双。又或见其制牛乳湩酪筒一对，末矣。（可参宋琬《安雅堂未刻稿·二·竹罂草堂歌》题下注：“嘐城朱松邻、白门濮仲谦皆以竹器擅名。”诗中述濮仲谦事颇备。）

寅恪案：河东君自矜其足之纤小，至于令当时良工为之制作弓鞋底版。由今观之，固觉可笑，但旧日风习，纤足乃美人不可缺少之主要条件，亦不必苛责深怪。河东君初访半野堂，虽戴幅巾及着男子服，然仍露其纤足者，盖欲藉是表现此特殊优美之点也。（可参第四章论河东君初访半野堂节。）

抑更有可笑者，《有学集・一・秋槐诗集・赠濮老仲谦》诗云：

沧海茫茫换劫尘，灵光无恙见遗民。少将楮叶供游戏，晚向莲花结净因。杖底青山为老友，窗前翠竹似闲身。尧年甲子欣相并，何处桃源许卜邻。（自注：“君与余同壬午。”）

寅恪案：牧斋此诗当作于顺治五年戊子。盖牧斋以黄毓祺案，被逮至南京，出狱之后，尚留居金陵也。其时仲谦亦在白下。牧斋此诗以“遗民”称仲谦，则濮氏亦非如刘銮所记仅以制造工巧擅长。仲谦既与牧斋同庚，其为河东君制弓鞋底版，虽不能确定在何年，要亦在河东君适牧斋以后，濮氏之年龄，至少已过六十。以老叟而为此，可谓难能之事。然则牧斋诗“晚向莲花结净因”之句，不但如遵王《注》本，解作结远公莲社之净因，亦兼可释为助美潘妃细步之妙迹矣。呵呵！又，《蝶恋花》词“泪痕落尽红明灭”句，疑用《才调集・五》元稹《古决绝词三首》之二“感破镜之分明，睹泪痕之余血”之意。盖卧子赋此词时，河东君离去之志已决。可参下引卧子《少年游・春情》及《青玉案・春暮》两词附论。所应注意者，微之此首诗中“矧桃李之当春，竞众人而攀折”之语。卧子与河东君之关系，虽颇相合，然微之此首诗中“幸他人之既不我先，又安能使他人之终不我夺”之语，则周文岸、宋辕文辈皆已先于卧子而攀折之矣。后来终为他人，即钱牧斋之所夺，亦是必然之理。吾人今日取微之卧子之诗词并读，殊不胜感惜也。“故脱余绵”之“绵”，疑指旧日女子寒冷季节卧时所着之丝绵短袄而言，即俗所谓“绵紧身”者，前已述及。卧子此两词所描写者，如特喜早起，不畏寒冷等情状，非一般女子之通性，而是河东君个人之特性。卧子造语能曲尽其妙，即此可见其为高才，非庸手所及也。

又，《陈忠裕全集·二十·诗余·〈虞美人·咏镜〉》云：

碧阑囊锦妆台晓，泠泠相对早。剪来方尺小清波，容得许多憔悴暗消磨。

海棠一夜轻红倦，何事从教看。数行珠泪倩他流，莫道无情却会替人愁。

寅恪案：卧子此词后半阕尤妙。此镜必为河东君之物无疑，否则卧子词中语意不如是也。清代文人集中赋咏河东君遗镜之作品颇多。（见缪荃孙《秦淮广记》二之四“纪丽类”及葛昌楣《蘼芜纪闻·下》所引。）然大抵转袭旧文，别无新说。既是酿词，无关考证。且后人所咏之镜，究难定其真伪，故不备引。今唯择录钱塘汪菊孙诗一首于下，汪诗固不甚佳，但以菊孙与河东君同属女性，因附录之，聊资谈助云尔。汪远孙《清尊集·一五》载菊孙《河东君妆镜诗（并引）》云：

周南卿明经藏唐镜一枚，背有铭云：“照日菱花出，临池满月生。官看巾帽整，妾映点妆成。”证以初白庵《金陵杂咏》，知为河东君物也。今归又村仲弟，以拓本装册索题，即次初白韵应之。

红粉偏能国士知，可怜末路事参差。流传一片开元月，曾照香奁夜选诗。

复次，《戊寅草》中《声声令·咏风筝》一阕，乃河东君自述之作。盖其性格身世实与风筝相似。故此词为美人自己写真传神之作，如杜丽娘“自行描画，留在人间”者也（见《还魂记·写真》）。其词云：

杨花还梦，春光谁主，晴空觅个颠狂处。尤云殢雨，有时候，贴天飞，只恐怕，捉他不住。

丝长风细。画楼前，艳阳里。天涯亦有影双双，总是缠绵，难得去。浑牵系，时时愁对迷离树。

检《列朝诗集·闰四》杨宛《看美人放纸鸢（七绝）五首》云：

共看玉腕把轻丝，风力蹉跎莫厌迟。顷刻天涯遥望处，穿云拂树是佳期。

愁心欲放放无由，断却牵丝不断愁。若使纸鸢愁样重，也应难上最高头。

羡伊万里度晴虚，自叹身轻独不如。若到天涯逢荡子，可能为报数行书。

薄情如纸竹为心，辜负丝丝用意深。一自飞扬留不住，天涯消息向谁寻。

时来便逐浮云去，一意飘扬万种空。自是多情轻薄态，佳人枉自怨东风。

似与河东君此词有关，姑附记之，以俟更考。

河东君与卧子同居在崇祯八年春季，离去在是年首夏。其时间既可推知矣。其同居之地点，究在何处耶？此问题殊难解决，但可断言者，必非卧子松江之家（卧子《自撰年谱·上》“崇祯九年丙子”条附录引《华亭县志》云：“平露堂。陈忠裕（子龙）宅，在普照寺西。”），而别在松江某处。其地今固不易考实，但鄙意似尚可依据卧子《自撰年谱》及所作之诗词并徐闇公、李舒章之诗文等，推测得之也。兹略陈所见，以求当世通人之教正。

《陈忠裕全集·二十·诗余·〈桃源忆故人·南楼雨暮〉》云：

小楼极望连平楚，帘卷一帆南浦。试问晚风吹去，狼藉春何处。

相思此路无从数，毕竟天涯几许。莫听娇莺私语，怨尽梨花雨。

寅恪案：卧子取此“桃源忆故人”调名，以抒念旧之感，自不待言。至其以“南楼”为题目，当有深意。考南楼之典，最著者，应推庾元规之南楼。（见《世说新语·容止类》“庾太尉在武昌”条及《晋书·七三·庾亮传》。）此固与河东君无涉。或谓《才调集·五》元稹《所思二首》之一（《万首唐人绝句·六》载入刘禹锡诗内，题作《有所嗟》。《全唐诗·第六函·刘禹锡·一二》及《元稹·二七》并载此诗）云：

庾亮楼中初见时，武昌春柳似腰肢。相逢相失还如梦，为雨为云今不知。

卧子取此诗之庾亮楼即南楼为题，以指河东君，似无不可。或又谓《文选·三十》谢灵运《南楼中望所迟客》诗云“登楼为谁思，临江迟来客”及“孟夏非长夜，晦明如岁隔”。卧子盖有取于孟夏之时，南楼之名，望所迟客之旨，而赋是阕。或更谓东坡《永遇乐词·夜宿燕子楼梦盼盼》一阕云“燕子楼空，佳人何在，空锁楼中燕”及“异时对南楼夜景，为余浩叹”。卧子用“南楼”为题，实暗寓人去楼空之感。并可与牧斋崇祯十三年“八月十六夜有感”《永遇乐》一词相启发。以上诸说，虽皆可通，然恐尚有未发之覆。鄙意卧子词题之“南楼”，即徐孚远弟致远别墅中之小楼，亦即鸳鸯楼是也。徐闇公《钓璜堂存稿·三·南园读书楼（五古）》云：

陆氏构此园，冉冉数十岁。背郭面良畴，缓步可休憩。长廊何绵延，复阁亦迢递。高楼多藏书，岁久楼空闭。丹漆风雨摧，山根长薜荔。我友陈轶符，声名走四裔。避喧居其中，干旄罕能戾。招余共晨昏，偃蹇搜百艺。征古大言舒，披图奇字缀。沿堤秋桂丛，小桥春杏丽。月影浮觞斝，荷香落衣袂。心赏靡不经，周旋淡溶滀。岂意数年来，哲人忽已逝。余复凌沧波，曩怀不可继。既深蒿里悲，还想华亭唳。他时登此楼，眷言申未契。

同书一四《梦与卧子奕》云：

思君频有梦相随，此夕从容方赌棋。恰似东山携妓日，兼如淝水破秦时。即今犹忆元龙气，向后谁传野鹤姿。惊起寒窗魂已失，萧萧零雨漫题诗。

同书同卷《旅邸追怀卧子》云：

风雨凄然发重嗟，昔年联席愧龙蛇。空悲同缀羽陵简，不及相期句漏砂。墙内桐孙抽几许，房中阿鹜属谁家。萧条后事无人间，惟有遗阡噪暮鸦。

同书一八《忆卧子读书南园作》云：

与君披卷傲沧洲，背郭亭台处处幽。昔日藏书今在否，依然花落仲宣楼。

同书一九《坐月怀卧子》云：

自从屈子沉湘后，江左风流异昔时。此夕把杯邀皓月，南园菡萏正纷披。

同书二十《南园杏》云：

南郭芳菲黄鸟鸣，杏花斜映野桥平。陈君昔日观书处，无限春风湖海情。

同书同卷《武静弟别墅有楼卧子名之曰南楼时游憩焉》云：

郭外南园城内楼，春光欲度好闲游。当年嵇阮林中饮，总作沧浪一段愁。

王胜时（沄）《云间第宅志》略云：

南门内新桥河南（徐）陟曾孙文学致远宅，有师俭堂。申文定时行书。西有生生庵别墅，陟子太守琳放生处。

陈乃干、陈洙撰《徐闇公先生年谱》略云：

祖琳，字雍卿，号裕湖。以荫任太常典簿。（历官至）云南楚雄府知府。晚年皈依莲池大师，法名广沩，字警庵，又称生生道人。

《陈忠裕全集·自撰年谱》“八年乙亥”条云：

春偕闇公读书陆氏之南园，创为时艺，闳肆奇逸，一时靡然向风，闲亦有事吟咏。

“崇祯九年丙子”条云：

春读书南园，时与宋辕文相倡和。

“崇祯十一年戊寅”条云：

是夏读书南园，偕闇公、尚木网罗本朝名卿巨公之文有涉世务国政者为《皇明经世文编》。

“崇祯十二年己卯”条云：

读书南园，编农政全书。

嘉庆修《松江府志·七七·娄县》附记“园林门”云：

南园在南门外阮家巷。都宪陆树德世居修竹乡金沙滩，后葺别业于此，侍郎彦祯继居之。有梅南草庐读书楼，濯锦窝诸盛。崇祯间几社诸子每就此园宴集。

李雯《蓼斋集·三四·课业序》（参卧子《年谱·上》“崇祯八年乙亥”条）略云：

今年春，闇公、卧子读书南园。余与勒卣、文孙辈或间日一至，或连日羁留。乐其修竹长林，荒池废榭。登高冈以望平旷，后见城堞，前见邱垄。春风发荣，芳草乱动。虽僻居陋壤，无凭临吊古之思，而览草木之变化，感良辰之飙驰，意慨然而不乐矣。兼以春多霖雨，此乡有恶鸟，雉尾而赤背，声若瓮中出者，绕篱大鸣，鸣又辄雨。卧子思挽弓而射之，竟不可得。又有啄木鸟，巢古藤中，数十为伍，月出夜飞，肃肃有声。猵獭白日捕鱼塘中，盱睚而徐行，见人了无怖色。文孙曰：“即我南园之中，我数人之所习为制科业者，集而广之，是亦可以志一时相聚之盛矣。虽然今天下徒以我等为饮酒赋诗，扩落而无所羁，方与古之放言之士，鄙章句，废畦町，岸然为跃冶者，以自异于世，而不知其局促淹困，相守一方，是区区者，盖亦有所不免也。”

寅恪案：综合上引材料推论，知崇祯八年乙亥春间，卧子实与河东君同居于松江城南门内徐闇公弟武静（致远）之生生庵别墅小楼，即卧子所命名之南楼。至南门外之陆氏南园之读书楼，则为卧子与几社诸子，或河东君亦在其内，读书论文吟咏游宴之处。徐墅、陆园两处相距不远，往来甚便，卧子之择此胜地为著书藏娇之所，当非无因也。

又，徐闇公《旅邸追怀卧子》诗中之“阿鹜”，实用《三国志·二九·魏书朱建平传》之典。其文云：

初，颍川荀攸、钟繇相与亲善。攸先亡，子幼。繇经纪其门户，欲嫁其妾。与人书曰："吾与公达曾共使朱建平相，建平曰：'荀君虽少，然当以后事付钟君。'吾时啁之曰：'惟当嫁卿阿鹜耳。'何意此子竟早殒没，戏言遂验乎？今欲嫁阿鹜，使得善处。追思建平之妙，虽唐举许负，何以复加也。

据此，"阿鹜"非目河东君，乃指卧子其他诸妾而言。盖河东君已于崇祯十四年辛巳夏归于牧斋，闇公岂有不知之理。若就陈、杨之关系严格言之，河东君实是卧子之外妇，而非其姬妾。然顾云美《河东君传》既有"适云间孝廉为妾"之文，卧子《乙亥除夕》诗亦有"桃根渺渺江波隔"（见《陈忠裕全集·一一·平露堂集》），牧斋《有美诗》复有"迎汝双安桨"（见《东山酬和集·一》），河东君和牧斋《中秋日携内出游》诗更有"夫君本自期安桨，贱妾宁辞学泛舟"等句（见《初学集·二十·东山诗集·三》），恐读者仍为当时习用名词及河东君诗中谦巽之语所迷惑，别生误解，遂附辨之于此。所以不惮烦赘者，因河东君自离去周文岸家后，即不甘作人姬妾。职是之由，其择婿之难，用心之苦，自可想见。但几历波折，流转十年，卒归于牧斋，殊非偶然。此点为今日吾人研考河东君之身世者，所应特加注意也。余详第四章论崇祯十四年辛巳夏钱、柳茸城结缡节。

又，《全唐诗·第八函·杜牧·三·池州李使君没后十一日处州新命始到后见归妓感而成诗（七律）》第二联云：

巨卿哭处云空断，阿鹜归来月正明。

上句之"巨卿"，乃范式字。其以死友之资格哭张元伯（劭）

事，详见《后汉书·列传·七一·〈独行传·范式传〉》，人所共知，不须赘引。牧之以元伯目李使君，而自命为巨卿，固不待言。但“云空断”之语，似袭用杜少陵《别房太尉墓（五律）》“低空有断云”句（见《杜工部集·一三》）。闇公诗之“阿鹜”，除用《三国志·朱建平传》外，疑更用牧之此联下句，并暗以牧之此联上句“云空断”三字指阿云已与卧子断绝关系也。如此解释，是否能得徐诗真意，尚待详考。

复次，《蓼斋集·二三·题内家杨氏楼》（寅恪案：“杨”为河东君之本姓，“内家”之称，又与河东君身份适合）云：

微雨微烟咽不流，南窗北窗锁翠浮。涛声夜带鱼龙势，水气朝昏鸿雁秋。归浦月明银海动，卷帘云去绿帆愁。（寅恪案：“云”即“阿云”也。）如今不有吹箫女，犹是萧郎暮倚楼。

寅恪案：舒章《题内家杨氏楼》诗，虽不能确定何时所作，但详检《蓼斋集》此卷诸诗排列次序，第十三首为《伤春》，第十四首为《观射》，第十五首为《悲秋》，第十六首即此诗。诗中有“鸿雁秋”之语，明是秋深作品，与前引舒章《江神子》词，乃一人同时所赋。更检《陈忠裕全集·一一·平露堂集》，卷中诸诗排列次序，第四首为《春日风雨浃旬》，第五首为《观杨龙友射歌》，第六首为《伟南筑居远郊》，第八首为《立秋后一日题采莲图》，第十一首为《乙亥除夕》。今综合李、陈二集诸诗排列次序推计之，卧子所作《伟南筑居远郊》诗中有“夏云纵横白日间”之句，足证舒章《观射》一诗，盖与卧子《观杨龙友射歌》为同时所作。依春夏秋冬四季先后排列计之，更可证舒章《题内家杨氏楼》诗，乃崇祯八年乙亥秋深所作。河东君与卧子同居，在崇祯八年春季。离卧子别居，在是年首夏。离松江往盛泽镇归家院，在是年秋深。然则舒章此诗乃河东君离松江后所作也。故知此“内家杨氏楼”，即河东君与卧子同居之处，亦即卧子《桃源忆故人》词题“南楼雨暮”之“南楼”。据上引《众香词》，知河东君“遗有《我闻堂（室）鸳鸯楼词》”。夫“我闻室”乃牧斋营筑之金屋，所以贮阿云者，河东君取以名其词集，似有可能。但此点尚未证实，仍俟详考。至河东君之《鸳鸯楼词》，与卧子之《属玉堂集》，实互有关系，乃相对为文者。若更加推测，则卧子之所谓“属玉堂”与“鸳鸯楼”，即南楼，同属徐武静别墅中之建筑物，又同为卧子所虚构之名也。

舒章诗中“吹箫”之“（秦）女”，指河东君；“倚楼”之“萧郎”，指卧子。人去楼空之感，为舒章此诗之主旨。若非推定舒章作诗之时间及此楼所在之地点，则舒章诗意不能明矣。复检《陈忠裕全集·九·湘真阁集》，崇祯十一年仲冬所作《拟古三首（别李氏（雯）也）》之后，有《萧史曲》一篇。其意旨殊为隐晦。但人去楼空之感，则甚明显。故颇有为河东君而作之可能。盖舒章于崇祯八年秋深赋《题内家杨氏楼》一诗之际，在杨已去不久，陈尚往来陆氏南园、徐氏别墅之时。至崇祯十一年，则杨固早已离去南楼，陈虽屡借寓南园，而南楼则久空矣。斯《萧史曲》所以有“一朝携手去，此地空高台”之句耶？又同书一四《湘真阁集》载《戊寅七夕病中（五律）》一首，亦似为河东君而作者。今得见《戊寅草》，首载卧子一序。其中作品止于崇祯十一年秋间。据此可以推知卧子于此时尚眷恋不忘河东君如此。则崇祯十一年为河东君作《萧史曲》，涉及此楼，亦不足怪矣。

复次，今检《蓼斋集·三十》有《闻一姬为友人所苦作诗解围（七绝）》一首云：

高唐即在楚西偏，（寅恪案：“西偏”之语，可参上引《云间第宅志》“西有生生庵别墅”句。）暮暮朝朝亦偶然。但使君王留意住，飞云更落阿谁边。

诗中之“飞云”，岂即“阿云”耶？但此“友人”，究不知谁指，颇有为卧子之可能。姑附记于此，以俟更考。

崇祯八年乙亥春间，陈、杨两人之关系，已如上所考定。兹有一疑问，即顾云美《河东君传》所谓“适云间孝廉为妾”之语。卧子为崇祯三年庚午举人，十年丁丑进士，历官刑部主事、惠州绍兴推官、兵科给事中、兵部右侍郎兼翰林学士，何以仅称之为“云间孝廉”，而不以其他官名称之耶？应之曰：云美之以“孝廉”目卧子者，盖谓河东君“为妾”，实即“外妇”之时，卧子之资格身份实为举人，而非进士及其他诸职也。此点云美既所以为河东君及卧子讳，又标明其关系之时代性。斯固为云美之史笔，亦足证此关系发生于卧子为举人时，即崇祯三年庚午至十年丁丑之时期，此八年之间，唯有崇祯八年乙亥春季最为适合。故“云间孝廉”之为卧子，可以无疑也。

抑更有可论者，观卧子所自述崇祯八年春读书南园，虽号称与徐闇公（孚远）、李舒章（雯）、周勒卣（立勋）、陆文孙（庆曾）（寅恪案：《陈忠裕全集·一六·平露堂集·送陆文孙省试金陵》诗附考证引《复社姓氏录》云：“陆庆曾，字文孙。”）几社诸名士共为制科业，间亦有事吟咏。其实乃如陆氏所言“饮酒赋诗，扩落而无所羁，方与古之放言之士，鄙章句，废畦町，岸然为跃冶者，以自异于世。”又，《娄县志》谓“崇祯间几社诸子每就是园（寅恪案：指南园）宴集。”由是推之，几社诸名流之宴集于南园，其所为所言，关涉制科业者，实居最少部分。其大部分则为饮酒赋诗、放诞不羁之行动。当时党社名士颇自比于东汉甘陵南北部诸贤。其所谈论研讨者，亦不止于纸上之空文，必更涉及当时政治实际之问题。故几社之组织，自可视为政治小集团。南园之宴集，复是时事之坐谈会也。河东君之加入此集会，非如《儒林外史》之鲁小姐以酷好八股文之故，与待应乡会试诸人共习制科之业者。其所参与之课业，当为饮酒赋诗。其所发表之议论，自是放言无羁。然则河东君此时之同居南楼及同游南园，不仅为卧子之女腻友，亦应认为几社之女社员也。前引宋让木《秋塘曲序》云："坐有校书，新从吴江故相家，流落人间。凡所叙述，感慨激昂，绝不类闺房语。"可知河东君早岁性情言语，即已不同于寻常闺房少女。其所以如是者，殆萌芽于吴江故相之家。盖河东君夙慧通文，周文岸身旁有关当时政治之闻见，自能窥知涯涘。继经几社名士政论之熏习，其平日天下兴亡匹"妇"有责之观念，因成熟于此时也。《牧斋初学集・二十・东山诗集三・（崇祯）壬午除夕》诗云："闲房病妇能忧国，却对辛盘叹羽书。"《有学集・十・红豆二集・后秋兴八首》之四云："闺阁心悬海宇棋，每于方罫系欢悲。"牧斋所言，虽是河东君年二十五岁及四十二岁时事。夫河东君以少日出自北里章台之身，后来转具沉湘复楚之志。世人甚赏其奇，而不解其故。今考证几社南园之一段佳话，则知东海麻姑之感，西山精卫之心，匪一朝一夕之故，其来有自矣。

呜呼！卧子与河东君之关系，其时间，其地点，既如上所考定。明显确实，无可致疑矣。虽不敢谓有同于汉廷老吏之断狱，然亦可谓发三百年未发之覆。一旦拨云雾而见青天，诚一大快事。自《牧斋遗事》诬造卧子不肯接见河东君及河东君登门詈陈之记载以后，笔记小说剿袭流布，以讹传讹，一似应声虫，至今未已，殊可怜也。读者若详审前所论证，则知虚构陈、杨事实如王沄辈者，心劳计拙，竟亦何补？真理实事终不能磨灭，岂不幸哉？

崇祯八年首夏，河东君离去与卧子同居之徐氏南楼及同游之陆氏南园，别居松江他地，此地或即横云山，详见下论。卧子有词赠别，词之佳妙，固不待论，即就陈、杨两人关系言之，此词亦其转折点之重要记录也。兹论述之如下。

汤漱玉《玉台画史·三》云：

借闲漫士曰：予弟子惠从禾中得（黄）皆令金笺扇面，仿云林树石，署款：“甲申夏日写于东山阁。皆令。”钤“闺秀”朱文、“媛介”白文、“皆令”朱文三印章。左方上有词云：“紫燕翻风，青梅带雨，（寅恪案：“紫燕”句可与前引李舒章《夏日问陈子疾》诗“堂中紫燕小”句相参证。《杜工部集·一八》附录《柳边》诗，后四句云：“紫燕时翻翼，黄鹂不露身。汉南应老尽，霸上远愁人。”乃卧子“紫燕”句所出，实寓春老送别之意。“青梅”句出《杜工部集·九·梅雨》诗前四句：“南京犀浦道，四月熟黄梅。湛湛长江去，冥冥细雨来。”河东君离去南园，当在梅子尚青未黄之时，盖亦暮春初夏之节候。周处《风土记》云：“夏至前雨，名黄梅雨。”周氏为江南人，取以证卧子之词，虽不中亦不远矣。“带雨”二字岂复暗用白乐天《长恨歌》“梨花一枝春带雨”之意，与下文“泪盈红袖”之语相比应耶？）共寻芳草啼痕。（寅恪案：《全唐诗·第三函·孟浩然·二·留别王侍御维》诗云：“欲寻芳草去，惜与故人违。”卧子改“欲寻”为“共寻”者，盖卧子虽与河东君短期同居南楼并屡次读书南园，然不过借其地为编著之处。故其在南楼及南园，乃暂寓性质，非家居所在。此句意谓其本人不久当离去，归其城中本宅。河东君亦将离去，移居横云山，因改“欲寻”为“共寻”耳。复检《陈忠裕全集·一六·平露堂集》崇祯八年诗，有《初秋出城南吊迩机之丧随游陆氏园亭春初予辈读书处也感赋二律》之题，尤足证卧子亦于是年夏间即离去南楼及南园，还居城内本宅也。迩机名靖，崇祯六年癸酉举人。见嘉庆修《松江府志·四五·选举表》。又，河东君《湖上草·西泠十首》之二云：“青骢点点余新迹，红泪年年属旧人。”《痛史》第二十一种《甲申朝事小纪·七·柳如是小纪》引此诗，“新迹”作“芳草”。细玩语意，岂亦与卧子此词有关耶？）明知此会，不得久殷勤。（寅恪案：卧子用“明知”二字者，可见其早已深悉河东君之性情既如此，己身家庭之状况又若是，则南楼及南园之会合，绝无长久之理。虽已明知之，而复故犯之，致有如是结局。此意与希腊亚力斯多德论悲剧之旨相符。可哀也已！）约略别离时候，绿杨外，多少消魂。重提起，（顾贞观、成德仝选《今词初集·上·满庭芳》、《历代诗余·六一·〈满庭芳·和少游送别〉》及《陈忠裕全集·二十·诗余·〈满庭芳·送别〉》词，“重”俱作“才”，较佳。）泪盈翠袖，（《今词初集》《历代诗余》及《陈忠裕全集》，“翠”俱作“红”。是。）未说两三分。纷纷。（寅恪案：《淮海集·满庭芳》词云：“多少蓬莱旧事，空回首，烟霭纷纷。”卧子此词既是和少游，则“纷纷”二字，本于秦词，自不待言。但《玉台新咏·一·古诗为焦仲卿妻作》云：“新妇谓府吏，勿复重纷纭。”“纷纷”即“纷纭”。卧子遣去河东君，当不出于“阿母”即唐宜人之意，实由卧子妻张孺人假祖母高太安人之命，执行其事。大樽著此“纷纷”二字，盖兼具《淮海词》及《孔雀东南飞》诗之两重出处。其隐痛深矣！）重去后，（《今词初集》《历代诗余》及《陈忠裕全集》“重”俱作“从”。是。）瘦憎玉镜，宽损罗裙。念飘零何处，烟水相闻。欲梦故人憔悴，依稀只隔楚山云。无非是，（《今词初集》《历代诗余》及《陈忠裕全集》“非”俱作“过”。）怨花伤柳，一样怕黄昏。调寄满庭芳，留别无瑕词史。我闻居士。”钤“如是”朱文小印。

寅恪案：徐乃昌《小檀栾室闺秀词钞·九》及梁乙真《清代妇女文学史》第三章第二节“柳如是”条，并引《玉台画史》，俱认此词乃河东君所作。不知淮海《山抹微云》原词，虽题作“晚景”，明是“别妓”。盖不仅从语意得知，即秦词“高城望断，灯火已黄昏”之结语，用唐欧阳詹别太原妓申氏姊妹之典，更可为证也。（见《全唐诗·第六函·欧阳詹·初发太原途中寄太原所思》诗“高城已不见，况复城中人”之句，并可参晁无咎（补之）《琴趣外篇·四·〈忆少年·别历下〉》词“南山尚相送，只高城人隔”及姜尧章《白石词·长亭怨慢》“望高城不见，只见乱山无数”等句。）卧子即和原韵，其为送别河东君之作，词旨甚明，无待详辨矣。《今词初集》选于康熙十六年丁巳。（见此书鲁超《题词》及毛际可《跋语》。）《历代诗余》编于康熙四十六年丁亥。两书时代皆较早。《陈忠裕全集》出于庄师洛等之手，考证颇精。此三书既皆以此词为卧子所作，殊可信也。

此词本为卧子崇祯八年首夏送别河东君之旧作，而河东君所以复重录之于黄媛介扇面者，殆由画扇之时令，正与当年卧子送别己身之景物相同，因而枨触昔情，感念题此欤？关于以他人之诗词题扇，因而误为题扇人所作，如《容斋四笔·一三》“二朱诗词”条略云：

朱载上，舒州桐城人。中书舍人新仲翌，其次子也。有家学，十八岁时，戏作小词，朱希真见而书诸扇，今人遂以为希真所作。又有折叠扇词，公亲书稿固存，亦因张安国书扇，而载于《于湖集》中。

与此甚相似，可为例证。

又，词中“芳草”“故人”之语，出孟襄阳诗，前已言之。但“故人”一语，卧子除用孟诗之成句外，兼袭用古诗《上山采蘼芜》中“新人工织缣，故人工织素”之旧辞（见《玉台新咏·一·古诗八首》之一）。此点可与河东君《湖上草·西泠（七律）十首》之二，末四句所云：

青骢点点余新迹，红泪年年属旧人。芳草还能邀凤吹，相思何异洛桥津。

等语，互相参较也。“无瑕”者，疑是媛介之别号。“东山阁”即“惠香阁”，当在绛云楼。可参第四章“论黄媛介与钱、柳关系”节及“论牧斋绛云楼”节。此扇为媛介之画，既不署受者之款，尤可证此扇乃媛介所自用，而“无瑕词史”与媛介应是一人也。更有可注意者，即崇祯十三年庚辰冬河东君所赋《春日我闻室作呈牧翁（七律）》，“此去柳花如梦里”之句（见《东山酬和集·一》），与此词“怨花伤柳”之语，殊有关系。此点亦俟下章论之。寅恪颇喜读卧子此词，又见媛介画款有“东山阁”之语，遂戏改昔人成句，共赋短诗三章。兹附录于下。

崇祯甲申夏日，黄皆令于东山阁画扇，上有柳如是题陈卧子《满庭芳》词。词云：“无非是，怨花伤柳，一样怕黄昏。”因戏改晋时旧语，兼采龚璱人诗句，而易其意旨，共赋三绝。

美人顾影怜憔悴，烈士销魂感别离。一样黄昏怨花柳，岂知一样负当时。

清和景物对茫茫，画里江山更可伤。一念十年抛未得，（寅恪考定此词为崇祯八年四月大樽送别河东君之作，至崇祯十七年首夏题扇时，已十年矣。是年，河东君将偕牧翁自虞山往南都翊戴弘光也。）柳花身世共回肠。

兴亡江左自关情，远志休惭小草名。我为谢公转一语，东山妓即是苍生。

近日得见重印本《皇明经世文编》一书，虽不能详读，但就其序及凡例并卷首所列鉴定名公姓氏有关诸人中可与卧子《自撰年谱》“崇祯十年丁丑”“十一年戊寅”及“十七年甲申”等条互相印证者，约略论述之。至其所言诸人，本文前后已详言者，或虽未言，而其姓名为世所习知者，亦不多赘。其他诸人之可考见者，则少加笺释。明知不能完备，姑附鄙见，以求教于当世深通明季史事之君子。唯原书卷首有“云间平露堂梓行”七字及长方印章“本衙藏板，翻印千里必究”十字。论者取《儒林外史》第一三、一四、一八、二八等回，以“平露堂”为书坊之名，以陈卧子等为书坊聘请选文之人。殊不知平露堂乃卧子宅中之堂名（详见下引王沄《云间第宅志》），实非书坊之名。且卧子《自撰年谱·上》“崇祯九年丙子”条明言“是岁有《平露堂集》”（见《陈忠裕全集》卷首，并可参《陈集》中之《平露堂集》及集首之《凡例》）。故论者以《儒林外史》相比拟，未谛也。或谓卧子家贫，一人何能镌此巨册？由书坊出资，请其编选，似亦可能。鄙意卧子之家固贫，此书所列作序及鉴定诸人，疑皆不仅以空文相藻饰，实或多或少曾有金钱之资助，不过当时风气，不便明言耳。就诸人中之姓名及文字考之，知当日松江府知府方岳贡助力最多。此书乃当时江左文社之政见，诸文士一旦得志，则此书不但托之空言，即可付之实施矣。又，方氏请其时江南最高长官张国维作序，并列有复社魁首张溥之序，可知当日江南名宦及士绅，亦皆赞同此政见。斯鉴定及作序者之姓名所以繁多若是之故欤？至印章中之“本衙”二字，殆指松江府，或指卧子崇祯十三年庚辰所任绍兴司李之衙门，未敢断定，仍俟详考。

《皇明经世文编》卷首载有《序》九篇，兹择录最有关者于下。

方岳贡《序》云：

贡待罪守郡十有一年。政拙心长，劳轻过重，犹幸此乡多文雅之彦，若徐文学孚远，陈进士子龙，宋孝廉征璧，皆负韬世之才，怀救时之术，相与网罗往哲，搜抉巨文，取其关于军国，济于时用者，上自洪武，迄于今皇帝改元，辑为《经世》一编。文从其人，人从其代，览其规画，足以益才智。听其敷奏，足以壮忠怀。考其始终，足以识时变。非徒侈一代之鸿章，亦将以为明时之献纳云尔。襄西方岳贡禹修父题。

张国维《序》略云：

云间陈卧子仝徐闇公、宋尚木所集《经世编》成，郡守以其书示余，余读而叹曰：“猗与旨哉！我国家治安三百年，列圣之所畴咨，诸臣之所竭思，大约可见于兹矣。”今三君俱以通达淹茂之才，怀济世安邦之略，采遗文于二百七十年之间，襄盛事于数月之内，而郡守又能于政事之暇，兼统条贯，以扬厉厥事，故功相得而速成。后之君子其欲览观于斯者，岂非有不劳之获哉！余待罪江南，既嘉三君有当世之志，而又多太守能博尽英才之意，以布之天下，而即以卜诸贤异日之所树也。于是乎言。东阳张国维题。

张溥《序》略云：

余间语同志，读书大事，当分经、史、古、今为四部。读经者辑儒家，读史者辨世代，读古者通典实，读今者专本朝，就性所近，分部而治，合数人之力治其一部，不出二十年，其学必成。同志闻者，咸是余说，而云间徐闇公、陈卧子、宋尚木尤乐为之。天才英绝，闭关讨论，直欲以一人兼四部不难也。客年与余盱衡当代，思就国史。余谓贤者识大，宜先经济，三君子唯唯，遂大搜群集，采择典要，名《经世文编》。卷凡五百。伟哉是书，明兴以来未有也。今三子悠游林麓，天假以时，载笔之始，又先以国家为端，他日继涑水者，其在云间乎。社弟张溥题。

许誉卿《序》云：

予被放以来，杜门寡交，卧子、闇公、尚木独时相过从。卧子读书养气，其劲骨热肠，亟当为世用。尚木与闇公诸子，并以旷世才，闭户著述，究心千秋之业。予尝览斯编，一代兵、农、礼、乐、刑、政大端，赅是矣。而于忠佞是非之际，尤凛凛致辨焉。以故言以人传者，重其人，亟录其文。言不以人废者，存其文，必斥其人。诸子泾渭在胸，邪正在目，其用意深，而取裁当，故足多也。以予所知，闽中黄石斋先生负重名，顷抗疏归来，直声震天下，而不能不心赏斯编，闻已为之玄晏矣。予更何庸赘一词？予惟以诸子之志如此，他日出而以天下为己任，必可以副圣天子求贤图治之至意，洗士大夫经济阔疏之旧耻，则斯《编》固其嚆矢焉尔。同郡许誉卿题于南村草堂之遁阁。

徐孚远《序》略云：

余从陈、宋二子之后，上承郡大夫先生之旨，收辑明兴以来名贤文集与其奏疏，凡数百家，其为书凡千余种，取其文之关乎国事者，凡得如干卷。他日有魏弱翁其人者当国，省览此书，以为有稗盐梅之用，庶几因是推其繇来，以渐窥高皇帝之渊微，或有弘益哉！或有弘益哉！华亭徐孚远闇公氏题于华隐堂。

陈子龙《序》云：

古者有记事之史，有记言之史。言之要者，大都见于记事之文矣。导发其端，使知所由。条晰其绪，使知所究，非言莫详。甚矣，事之有藉于言也。而况宗臣硕彦敷奏之章，论难之语，所谓訏谟远猷，上以备一代之典则，下以资后学之师法。不为之裒缀，后之君子，何以考焉。此予与徐子、宋子《经世编》所由辑也。明兴二百七十年，海内治平，驾周漂汉，贤才辈生（《陈忠裕全集·二六·经世编序》“辈”作“萃”），勋在竹帛，而遗文绪论，未有统汇，散于江海。盖有三患焉。一曰朝无良史；二曰国无世家；三曰士无实学。夫金匮之藏，非远臣所知，然有大纂修，莫不载在方册。永乐中命阁臣（杨）士奇等辑《名臣奏议》，盖前代綦备矣。昭代之文，至今阙焉。章奏贮诸省中，以待纂集，幸无蠹败，率割裂其义不足观。又古者大臣没，或求其遗书，副在太史，今无有也。汉之武宣及隋唐之盛，遣使四出，悬金购书，今无有也。虽欲不散轶，安可得哉？故曰朝无良史。

六季以前无论矣。唐宋以科举取士，而世家鼎族相望于朝，家集宗功藏之祖庙。今者贵仕多寒畯，公卿鲜贤胤（《陈集》“胤”作“裔”），至有给简册于爨婢，易缃素于市儿者，即欲搜讨，文献微矣。故曰国无世家。俗儒是古而非今，文士撷华而舍实。夫保残守缺，则训诂之文充栋不厌，寻声设色，则雕绘之作永日以思。至于时王所尚，世务所急，是非得失之际，未之用心，苟能访求其书者盖寡，宜天下才智日以绌。故曰士无实学。积此三患，故成书也难。夫孔子观于周，萧相收于秦，大率皆天下要书，足以资世用者。嘉谟令典，通今者之龟鉴，谋国者之兵卫也。失今不采集，更数十年，亡散益甚，后死者之责，其曷诿焉。予自幼读书，不好章句，喜论当世之故，时从父老谈名公伟人之迹，至于忘寝。及长，而北之燕赵之间，游京师，凡诸司之所掌，輶轩之所及，见其人，未尝不问。遇其书，未尝不藏。虽苦蹇陋多遗忘，然布诸载籍者概可见。庐居之暇，因相简辑。徐子、宋子皆海内英俊，予所禀则以幸厥成者也。虽罣漏缺失，不敢当记言之义。使权家尚其谋，儒家守其典，史家广其事，或有取焉尔。或曰：昔汉东平王求《太史公书》，而大臣以为汉兴之初，谋臣奇策，地形阸塞在焉，不宜赐诸侯王。今此书多议兵食，论形势，国之大计，何以示人？予曰：不然。祖宗立国，规模宏远，先朝大臣学术醇正，非有纵横奇诡之论也。夫王业之深浅，观于人才之盛衰。我明既代有翊运辅世之臣，而主上旁求俊乂，用人如江湖，则是编也，岂惟益智，其以教忠哉！华亭陈子龙题。

宋征璧《凡例》略云：

儒者幼而志学，长而博综，及致治施政，至或本末眩瞀，措置乖方，此盖浮文无裨实用，拟古未能通今也。唐宋以来，如《通典》《通考》暨《奏疏》《衍义》诸书，允为切要，亦既繁多。乃本朝典故缺焉未陈。其藏之金匮石室者，闻见局促，曾未得睹记。所拜手而献，抵掌而陈者，若左右史所记，小生宿儒，又病于抄撮，不足揄扬盛美，网罗前后。此有志之士，所抚膺而叹也。徐子孚远、陈子子龙，因与征璧取国朝名臣文集，撷其精英，勒成一书。如采木于山，探珠于渊，多者多取，少者少取。至本集所不载，而经国所必须者，又为旁采以助高深。共为文五百卷有奇，人数称是。志在征实，额曰《经世》云。

予辈志识固陋，鲜所取衷，幸高贤大良，一时云会，若李宝翁先生、李载翁先生、王依翁先生、吴雪翁先生，（寅恪案：李宝翁即李瑞和。嘉庆修《松江府志·四二·名宦传·三·李瑞和传》略云："李瑞和，字宝弓，漳浦人。崇祯七年进士。授松江推官。在郡七年，征拜监察御史。"王依翁疑为王佐圣。《松江府志·三六·职官表》"明教职"栏载："崇祯十年。王佐圣。教谕。长洲人。举人。"同治修《苏州府志·八七·人物·一四·明长洲县·王佐圣传》略云："王佐圣，字克仲。举万历壬子乡试。授青浦教谕。崇祯十四年选遵义知县。"并可参《启祯野乘一集·九·王遵义（佐圣）传》。又，李宝翁即李宝弓，李载翁即李载阳，王依翁即王依日，吴雪翁即吴雪因。均见原书所列"鉴定名公姓氏"。事迹多未能知，仍俟详考。）皆具良史之才，宦游吾土，士绅咸奉规范。此编出入共禀鉴裁。遭逢之盛，良为侈矣。

郡公禹翁方师素抱安济之略，聿登著作之堂，居恒扬艺论文，穷日不倦。其训迪士子，专以通达时务为亟。《经世》一编，尤所注意，退食之余，首勤评阅。虽一麾出守，十年不迁，而穷达一致，喜愠不形。亮节贞心，于斯可见。

执友陈眉公（继儒）先生，栖心隐逸，道风映世，丹砂岣嵝，渺然尘外。其孙希天仙觉，才气英迈，甫系髫龄，熟于史学。予辈山斋信宿，时承提命，每至夜分。因得稔识前言往行。此编去取，多所商榷。皤皤黄发，非特后辈典型，允为熙朝文献矣。

同郡先辈若徐厚翁先生及唐缮部存少（寅恪案：徐厚翁疑即徐厚源（祯稷）。事迹见《明诗综·五九》，嘉庆修《松江府志·五四》及《明诗纪事·庚·二十》。唐存少疑即唐昌世。《松江府志·五五·古今人传》略云：“唐昌世，字兴公，华亭人。天启五年进士，补工部营缮司主事。”尚待详检。）闻予辈搜借艰苦，俱发邺架之藏，悉供传写。至许霞翁（誉卿）先生移书远近，广收博览，裨益尤多。若徐勿斋（汧）、马素修（士奇）、张西铭（溥）三先生及张受先（采）、黄仲霖（澍）、吴志衍（继善）、夏彝仲（允彝）、吴坦公（培昌）搜轶编于吴越闽浙。张讱叟（元始）、吴来之（昌时）、朱闻玄（永佑），邮遗集于齐鲁燕赵。他若宛平金伯玉（铉）、王敬哉（崇简）、崔道母（子忠）、王大含（谷），桐城方密之（以智）、孙克咸（临），莱阳宋澄岚（继澄），侯官陈道掌（元纶）、陈克理（兆相），金沙周介生（钟），丹阳荆实君（廷实），槜李钱孚于（嘉征）、钱彦林（栴）、钱雍诵（泮）、黄复仲（子锡）、陆芳洲（上澜）、朱子庄（茂暻），归安唐子仪（起凤），虎林严子岸（渡）、张幼青（埁），茂苑杨维斗（廷枢）、许孟宏（元溥）、姚瑞初（宗典）、姚文初（宗昌），玉峰王与游

（志庆），吴江周安期（逢年）、吴日生（易），瞟水侯雍瞻（岐曾）、傅令融（凝之），娄东王子彦（瑞国）、吴纯祜（国杰）、张无近（王治），维扬郑超宗（元勋），海虞顾麟士（梦麟），彭城万年少（寿祺），皆系良友素知。琼瑶之赠，遥睇临风。二酉之藏，倾厢倒箧矣。

四方兰谱，若杨子常（彝）、杨龙友（文骢），则分教吾土，乐与晨夕。其他诸友，或夙系同好，或本未谋面。但曾任校雠，暨名集惠寄者，俱登姓氏，不没其实。

此集始于戊寅仲春，成于戊寅仲冬，寒暑未周，而披览亿万，审别精详，远近叹咤，以为神速。良由徐子、陈子博览多通，纵横文雅，首用五官，都由一目。选辑之功，十居其七。予质钝才弱，追随逸步，自嗤蹇拙，以二子右萦左拂，奔命不遑，间有选辑，十居其二。若溯厥始事，则周勒卣（立勋）、李舒章（雯）、彭燕又（宾）、何悫人（刚）、徐圣期（凤彩）、盛邻汝（翼进）及家伯氏子建（存标），家季辕文（征舆），咸共商酌。适李子久滞京邸，周子壮游梁苑，彭子栖迟邗上，何子寄迹鸳水，徐子、盛子则各操月旦，伯氏家季则潜心论述，曾无接谈之暇，未假专日之工。若友人吴绳如（嘉胤），唐允季（允谐），李存我（待问），张子美（安茂），朱早服（积），蔡季直（枞），单质生（恂），郁子衡（汝持），沈临秋（泓），陆子玄（庆曾），朱宗远（灏），董士开（云申），郁选士（继垣），张子服（宽），张子退（密），钱子璧（彀），李素心（愫），徐惠朗（桓鉴），邵霏玉（梅芬），徐武静（致远），李原涣（是楫），华芳乘（玉芳），咸资讨论。名臣爵里姓氏，具载献征诸书，然多有挂漏，遍搜群籍，颇废岁时。兹以卷帙浩汗，难于稽考。分条析绪，复于卷首另编总目，使览者开卷了然，特为详便。此则友人谢提月（廷桢）一人所辑。其功不可泯也。

藏书之府，文集最少，多者百种，少者数家。四方良朋，惠而好我，发缄色动。及至开卷，恒苦重复。予等因遣使迭出，往复数四，或求其子姓所藏，或托于官迹所至，搜集千种，缮写数万。至条陈冗泛，尺牍寒暄及文移重叠，又悉加剪截，乃成斯集。虽未敢云圣朝之洪谟，亦足当经世之龟鉴矣。

兹编体裁，期于囊括典实，晓畅事情。故阁部居十之五，督抚居十之四，台谏、翰苑诸司居十之一。而鳞次位置，则首先代言，其次奏疏，又其次尺牍，又其次杂文云。华亭宋征璧漫记。

寅恪案：河东君平生所与直接、间接有关诸名士，几无不列于此书作序鉴定姓氏及凡例中。主编之陈卧子固不待论，即鉴定者如牧斋，则为河东君下半世之伴侣。若马瑶草，河东君弘光时亦必亲觌其面无疑。至牧斋在南都小朝廷礼部尚书任内，河东君与瑶草相遇时，阮圆海当亦预此盛会，但镌刊《皇明经世文编》之际，圆海乃东林党社之政敌，自不能列于鉴定人，殊可惜可笑也。

第三期

此期为自崇祯八年首夏，河东君离去南园及南楼，移居松江之横云山起，至是年秋深河东君离去松江，迁赴盛泽归家院止。

其间不逾半载，时日虽短，然杨、陈两人仍复往来频繁，唱和重叠。其交谊之挚笃，实未尝有所改易，今可于两人作品中见之。兹不欲多举例证，唯择其关系重要者论述之。至于河东君离去南园及南楼，移居横云山一事，先考证之如下。

今检《陈忠裕全集·一三·平露堂集》崇祯八年秋所赋诗《七夕（五律）二首》后，即接《秋居杂诗（五律）十首》。河东君《戊寅草·秋夜杂诗（五律）四首》后，亦接《七夕（七律）》一首。无论两人诗中辞旨类似者甚多，已可证为同时唱和之作。即就诗题之排列连接言之，更可决定其互有密切关系也。河东君《秋夜杂诗》中颇有讹字，暂未能详校，兹姑依钞本录之。

《秋夜杂诗四首》其一云：

密密水新视，漻漻虫与恒。星河淡未直，雀鸟气全矜。杂草形人甚，（自注："杂草甚丽也。"）稠梧久已乘。犹余泯漠意，清夕距幽藤。

其二云：

湫壁如人意，澄崖相近看。（自注："横山在原后。"）数纹过清濑，多折造微湍。云实锼深树，清（青？）霜落夜兰。此清（情？）更大渺，百药竟其端。

其三云：

月流西竹涧，惑杂放虚云。桂影空沉瓦，松姿不虐群。鱼飞稻冥冥，鸱去荻纷纷。惟当感时候，相与姿（恣？）灵文。

其四云：

望之规所务，椒樧杂时非。芳众逾知互，星行多可违。皂鹛虽日曼，河驷不无依。（自注："后即七夕。"）凄怀良自尔，谁不近微几。

寅恪案：《秋夜杂诗》第二首“湫壁如人意，澄崖相近看”句下注云：“横山在原后。”第三首云：“桂影空沉瓦，松姿不虐群。”又河东君《与汪然明尺牍》第二十八通略云：

横山幽奇，不减赤城。山中最为丽瞩，除药铛、禅榻之外，即松风、桂渚。若觌良规，便为情景俱胜。

综合河东君之诗文考之，则知其在崇祯八年首夏自离去南园及南楼后，即移居横云山之麓。是年秋深迁往盛泽归家院，至崇祯十三年夏季后又迁回松江之横云山也。其余可参后论河东君尺牍节。

此时期内即崇祯八年初秋有“采莲图”一重公案。兹录杨、陈两人之诗赋，略论证之，以供好事者之谈助。

《戊寅草·采莲曲》云：

莲塘格格蜻尾绿，香威阴烬龙幡曲。兰皋欹雀金鳞浓，水底鸳鸯三十六。

捉花雾盖凤翼牵，蜂须懊恼猩唇连。叶多蕊破麝炷消，日光琢刺开青鸾。

麒麟腰带鸭头丝，银蝉佶杂蛾衣吹。郎心清彻比江水，丁香澹澹眉间黄。

粉痕月避清蒙蒙，天露寒森迸珠网。藕花欲落丝暗从，锦鸡张翅芙蓉同。

脉脉红铅拗莲子，鸩波石溅秋罗衣（绮？）。胭脂霏雨俨相加，云中更下双飞雉。

寅恪案：河东君此诗前一题为《送曹鉴躬奉使之楚藩（七律）二首》。其第二首云：“吴川枫动玉萧森。”此诗之后为

《月夜登楼作（七律）》一首。其第五句云：“秋原鹤气今方纵。”据此可知《采莲曲》乃秋季即崇祯八年秋季与卧子同时所作。河东君此曲之辞旨与卧子《采莲童曲》《立秋后一日题采莲图》及《采莲赋》相类者颇多，盖因题目相同，又同一时间，同一地域，故两人作品，其间不致大相违异。兹不烦举例，读者可自得之也。

《陈忠裕全集·五·平露堂集·采莲童曲》云：

荡桨歌渌水，紫菱牵玉臂。芙蓉不解羞，那得相回避。

同书一一《平露堂集·立秋后一日题采莲图》云：

渌水芙蓉塘，青丝木兰楫。谁人解荡舟，湘妃与江妾。夜来秋气澄天河，越溪新添三尺波。倒泻生绡倾不足，碧空宛转双青蛾。今朝轻风拂未动，昨宵已似闻清歌。杂港繁花日初吐，红裳蒙蒙隔雾雨。桡边属玉不肯飞，翠翘时落横塘浦。图中美人剧可怜，年年玉貌莲花鲜。花残女伴各散去，有时独立秋风前。何得铅粉一朝尽，空光白露寒婵娟。我家五湖东百里，红霞满江吹不起。素舸云中月堕时，枉渚香风出兰芷。借问莫愁能共载，可便移家入画里。

寅恪案：唐杜彦之《春宫怨》云：“年年越溪女，相忆采芙蓉。”（见《全唐诗·第十二函·补遗·杜荀鹤》。）今卧子诗云“越溪新添三尺波”“花残女伴各散去”及“何得铅粉一朝尽”等句，与后来牧斋《有美诗》“输面一金钱”（见《东山酬和集·上》）及“春日春人比若耶，偏将春病卸铅华”（见《初学集·二十·下·东山诗集·四·（癸未）元日杂题长句八首》之八）等句，皆以河东君比西施，但卧子诗云“图中美人剧可怜”及“空光白露寒婵娟”，则“美人”“婵娟”俱为河东君之名字，实将河东君之形貌写入画图，而与牧斋止表见于文字者，更为具体。卧子所题之图，未知何人所绘。若是河东君自身所作，固可实现汤玉茗《还魂记》中之理想；若出他人之手，则亦是当时之写照。其价值远在后来顾云美、余秋室诸人所为者之上。今日此图当必久已湮没，惜哉！惜哉！

卧子诗云“渌水芙蓉塘，青丝木兰楫。谁人解荡舟，湘妃与江妾”及“桡边属玉不肯飞”“木兰楫”之语，与河东君《梦江南》词第十四首“人在木兰舟”句有关。“湘妃”之语，与卧子《湘娥赋》（见《陈忠裕全集·二》）及以“湘真阁”名其作品者有关。“属玉”之语，又与《属玉堂集》名符合。此均显而易见，不待多论也。卧子此诗结语云：“我家五湖东百里，红霞满江吹不起。素舸云中月堕时，枉渚香风出兰芷。借问莫愁能共载，可便移家入画里。”“五湖”句固出《乐府诗集·五十·采莲曲》“游戏五湖采莲归”之典，亦兼以谢客卢家自比。但其所赋《八月大风雨中游泖塔（七律）四首》之三云：“怅望五湖通一道，生平少伯最嶙峋。”（见《陈忠裕全集·一六·平露堂集》。）则明以河东君比西施，而自比于范蠡。岂意有志者，事竟不成耶？后来牧斋《冬日泛舟有赠》诗云：“万里何当乘小艇，五湖已许办扁舟。”程松圆次韵云：“从此烟波好乘兴，万山春雪五湖流。”（以上二题俱见《东山酬和集·上》）则以西施属河东君，陶朱公属牧斋。自是二老赋诗时，应有之比拟，殊不足异。至若河东君依韵和牧斋《中秋日携内出游次冬日泛舟韵二首》之一云：“五湖烟水长如此，愿逐鸱夷泛急流。”（见《初学集·东山诗集·二》）则自承为苎萝村人，而以牧斋方少伯。斯为卧子题“采莲图”时所不及料矣。

《陈忠裕全集·一·采莲赋》略云：

余植性单幽，悬怀清丽。芳心偶触，怃然万端。若夫秣陵晓湖，横塘夜岸。见清扬之玉举，受芬烈之风贻。虽渥态闲情，畅歌绰舞。未足方其澹荡，破此孤贞矣。江萧短制，本远风谣。子安放辞，难娱情性。观其托旨，岂非近累。若云玄艳，我无多焉。遂作赋曰：

夫何朱夏之明廓兮，纷峨云之晁清。渺回溪而逸志兮，怀淡风之洁轻。轶娟娟其浅濑兮，滥游波而赴平。横江皋之宛延兮，眷披扶之遥英。植水芝于澧浦兮，固贞容而温理。发渺沔以浮光兮，矫徽文以擅轨。蹇狄芬而越泽兮，杳不知其焉始。其为状也，匹溢华若，的皪滥姝。莹莹適適，炯炯苏苏。丽不蹈淫，傲不绝愉。文章则旅，修姱若殊。时翻飞以畅美兮，疑色授而回避。接芳心于遥夕兮，愿绸缪以解佩。惕幽芳之难干兮，怀涓涓而宛在。属予情之善蛊兮，愿弄姿而远载。于是命静婉，饰丽娟。理文楫，开画船。挂绮席，扬清川。众香缜纷，罗袖给嬛。荡舟约约，凭桡仙仙。并进回逐，娶屑蹁跹。欢鱼怒蜂，不可究宣。碍叓丝而胶戾兮，垂皓腕而濡渍。惊鸳鸯于兰桡兮，歇属玉之娇睡。堕明珰于潇湘兮，既杂荐之以江蓠。试搴茎以斜眄兮，抚修闲而若私。既攀折之非余情兮，恐迟暮之见遗。彼辛苦之内含兮，閟厥愁而惠中。感连娟之碧心兮，情郁塞以善通。寄伤心于莲子兮，从芙蓉之荡风。惊飞袣之牵刺兮，湿罗衣而脱红。断素藕而切云兮，沉淑质之玲珑。扬游丝而被远兮，曾款款于予衷。投謐醇以覆怀兮，矜盛年以联缔。翦鲛绡而韫的兮，包相思以淫滞。鼓夕棹于北津兮，隐轻歌而暗逝。顾彼美之倚留兮，极幽欢于静慧。情荒荒而罢采兮，削秋风以长闭。乱曰，横五湖兮，扬沧浪。涉紫波兮，情内伤。副田田兮路阻长，思美人兮不可量。去何采兮低光，归何唱兮未央。乐何极兮无方，怨何深兮秋霜。

寅恪案：卧子此赋既以莲比河东君，又更排比铺张，以摹绘采莲女，即河东君。亦花亦人，混合为一。辞旨精妙，读者自知，可不待论。序中“江萧短制，本远风谣。子安放辞，难娱情性”，检王勃《采莲赋序》（见《王子安集·二》）云：

昔之赋芙蓉者多矣。虽复曹、王、潘、陆之逸曲，孙、鲍、江、萧之妙韵，莫不权陈丽美，粗举采掇。岂所谓究厥丽态，穷其风谣哉？顷乘暇景，历睹众制，伏玩累日，有不满焉。

卧子作此赋，盖本于子安之作，故辞语亦多相似。如“待饮南津，陪欢北渚”，即卧子赋语“鼓夕棹于北津”之所从出。又“结汉女，邀湘娥。北溪蕊尚密，南汀花更多”，亦下引卧子《同让木泛舟北溪四绝句》诗题之由来。至“见秋潭之四平”，则前引卧子《秋潭曲》所以称白龙潭为“秋潭”之理由也（可并参《乐府诗集·五十》）。赋云“纷峨云之晁清”“轶娟娟其浅濑兮”，暗藏“云娟”二字，即河东君原来旧名。此为《采莲赋》中主人之名，所以著列之于篇首也。此赋末段云“鼓夕棹于北津兮”，此著列采莲泛舟之地也。检《陈忠裕全集·一九·陈李倡和集·秋雨同让木泛舟北溪各赋四绝》云：

为有新愁渐欲真，强将画舰泛芳津。岂知风雨浑无赖，自入秋来喜趁人。

浪引平桥锁暮烟，红亭朱草自何年。秋风一夜残莲子，几度黄昏未忍眠。

迷离窈竹碧霏霏，小艇红妆冷玉衣。凉风疏雨何处似，黄陵秋夜照湘妃。

明灭秋星起画图，微云暮雨障清矑。何曾自定来朝暮，犹怨君家楚大夫。

寅恪案：第一首第二句“强将画舰泛芳津”，可知“北溪”亦可云“北津”。第二首第一句“浪引平桥锁暮烟”，可与赋中“鼓夕棹”之语印证。第二首第三句“秋风一夜残莲子”及第三首第二句“小艇红妆冷玉衣”，亦与赋中所言之采莲女相启发。第四首第二句“微云暮雨障清矑”，中含河东君之名。第三第四句云“何曾自定来朝暮，犹怨君家楚大夫”，则以神女目河东君，宋玉目让木也。据此颇疑《采莲赋》与此四绝句有密切关系。又此四绝句题云“秋雨同让木泛舟北溪”，实与《立秋后一日题采莲图》诗“夜来秋气澄天河，越溪新添三尺波”之语冥会。盖“秋气”“添波”与“秋雨”相合，“越溪”与“北溪”同物，然则《采莲图》或即摹写此次北溪之游耶？至赋云“惊鸳鸯于兰桡兮，歇属玉之娇睡”，其与河东君“鸳鸯楼”、卧子“属玉堂”之名有关，又无俟论矣。“娇睡”一语，若出《元氏长庆集·二四·连昌宫词》“春娇满眼睡红绡”句，则可称适当。若出传世本《才调集·五》元稹《梦游春》诗“娇娃睡犹怒”句，则“娇娃”乃“獝狂”之讹写。（见拙著《元白诗笺证稿》第四章。）似微有未妥。但才子词人之文章，绝不应拘执考据版本家之言以绳之也。赋中最可注意之句，如“丽不蹈淫，傲不绝愉。文章则旅，修嫮若姝”，则可谓善于形容河东君之为人者。“既攀折之非余情兮，恐迟暮之见遗。彼辛苦之内含兮，闼厥愁而惠中。感连娟之碧心兮，情郁塞以善通。寄伤心于莲子兮，从芙蓉之荡风”，则可与《才调集·五》元微之《古决绝词三首》之二“矧桃李之当春，竞众人而攀折。我自顾悠悠而若云，又安能保君皑皑之如雪。感破镜之分明，睹泪痕之余血。幸他人之既不我先，又安能使他人之终不我夺”参读。据此可知卧子宅心忠厚，与轻薄之元才子有天渊之别。岂意河东君与卧子之关系，亦与双文同一不能善终。悲夫！

《戊寅草》中有《初秋（七律）八首》，《平露堂集》中亦有《初秋（七律）八首》（见《陈忠裕全集·一六》）。题同，体同，又同为八首。其为同时所作，互有关系，兹不待论。今《戊寅草》传世甚少，故全录之。至卧子诗集，流播颇广，除第八首，以与河东君之作最有关涉，特录其全文外，余则唯择有关河东君诗之语句，略论之于后。

《戊寅草·初秋八首》其一云：

云联远秀正秋明，野落晴晖直视轻。水气相从烟未集，枫林虚极色难盈。平郊秫稻朝新沐，大泽凫鹥夜自鸣。莫谓茂陵愁足理，龙堂新月涤江城。

寅恪案：此首结语云“莫谓茂陵愁足理，龙堂新月涤江城”，与卧子第八首结语云“茂陵留滞非人意，可着凌云第几篇”互相印证。并可推知卧子实初赋此题，河东君因继和之。岂所谓“夫唱妇随”者耶？至“新月”“江城”之语，则指崇祯八年七月初之时候及松江之地域也。

其二云：

银河泛泛动云凉，荒荻苍茫道阻长。已有星芒横上郡，犹无清角儆渔阳。遥分静色愁难制，向晚凋蕤气独伤。自是清晖堪倚恨，故园鸊鹈旧能妨。

寅恪案：“已有星芒横上郡，犹无清角儆渔阳”之句，可与卧子诗第五首“泾原画角秋风散，上郡（旄）头夜色高”相印证。（寅恪案：“旄头”之典可参前论牧斋《丙戌七夕诗》。又河东君《湖上草》中《岳武穆词（七律）》云：“重湖风雨隔髦头。”“髦头”即“旄头”也。）“自是清晖堪倚恨，故园鹂鹈旧能妨”之句，当出《诗经·曹风·候人篇》，“维鹈在梁，不濡其翼。彼其之子，不称其服。维鹈在梁，不濡其咮。彼其之子，不遂其媾。”《毛诗小序》云：“刺近小人也。”河东君此诗结语必有本事，究何所指，殊难确言。检卧子《自撰年谱（上）》“崇祯八年乙亥”条（并可参所附考证）略云：

同郡某贵人素嫉予，适有无名子作传奇以刺之者，疑予与舒章使之，怒益甚。予同门生朱翰林早服与贵人求复故业文园。予立议黜之。恨愈刺骨，遂行金钱嗾南台某上奏。其意专欲黜予与彝仲也。时使者江右王公行部，察予两人行修饬，举方正，报闻。某贵人闻之，咄咄咤叹失气也。

或与河东君诗语有关，亦未可知。至前引钱肇鳌《质直谈耳》记松江郡守欲驱逐河东君出境一节，则事在崇祯六年，距赋此诗之时已有二年之久，相隔较远，似非诗意所在也。俟考。

其三云：

苍然万木白苹烟，摇落鱼龙有岁年。人似许玄登望怯，客如平子学愁偏。空怀神女虚无宅，近有秋风缥渺篇。（自注：“时作《秋思赋》。”）日暮飘零何处所，翩翩燕翅独超前。

寅恪案：此首为八首中最重要者，与卧子诗第八首极有关系。盖卧子诗第八首乃主旨所在，河东君亦深知其意，故赋此首，同用一韵，殊非偶然也。兹移录卧子诗全文，以便参互论证。卧子诗云：

托迹蓬蒿有岁年，平皋小筑晚凉天。不逢公瑾能分宅，且学思光漫引船。莲子微风香月上，葡萄垂露冷秋前。茂陵留滞非人意，可著凌云第几篇。

卧子此诗主旨实自伤不能具金屋以贮阿云。“不逢公瑾能分宅”，用《三国志·吴志·九·周瑜传》“周瑜，字公瑾。（孙）坚子策，与瑜同年，独相友善。瑜推道南大宅以舍策”。“且学思光漫引船”者，用《南史·三二·张邵传》附《融传》（参《南齐书·四一·张融传》）所云：

融，字思光。融假东出，（齐）武帝问融在何处？答曰：“臣陆处无屋，舟居无水。”后上问其从兄绪。绪曰：“融近东出，未有居止，权牵小船于岸上住。”上大笑。

然则卧子所谓“平皋小筑晚凉天”之“小筑”何所指耶？检卧子此诗题前第二题为《初秋出城南吊迩机之丧随游陆氏园亭春初予辈读书处也感赋二律》。此二律中虽未见有留宿之迹象，但据王沄纂《云间第宅志》云：

南门外。登山主桥。薛孝廉靖宅。阮家巷陆宗丞树德梅南草庐。有读书楼。崇祯间，郡中诸名士尝觞咏高会其中。人称曰南园。

故薛氏宅与南园邻近，卧子因吊迩机之丧，遂留宿徐氏南楼，或陆氏南园，极为可能。今观卧子《初秋八首》之第一首云“池台独倚北风轻，水国苍茫浸碧城。菱芡自依秋露冷，梧楸不动夜云明”，第二首云“万里清光迥不收。层霄极望此登桥”，及第三首云“旷野枫林消白日，沧江草阁卧黄昏”，与第八首之“莲子微风香月上，葡萄垂露冷秋前”等句，其景物气象，皆似南园，而非卧子松江城内之旧宅。此旧宅即《云间第宅志》所云：

治西。普照寺西。陈工部所闻，给谏子龙宅。有平露堂。座师黄詹事道周书。

者。然则卧子诗所谓“小筑”，岂是徐氏别墅中之小楼，即南楼。抑或陆氏南园建筑物中之一小部分耶？至“不逢公瑾能分宅”之语，或是因徐闇公及武静虽肯以其别墅借寓杨、陈。陆文孙又肯以南园借卧子诸人读书著述，不过两处俱是暂时性质，更不可视为固定之金屋，久贮阿云也。河东君能知此意，故有“空怀神女虚无宅”之句，其所感恨者深矣。（寅恪案：《杜工部集·一五·热三首》之一云“云雨竟虚无”，河东君诗语本此。杜诗原为苦热之作，下文接以“乞为寒水玉，愿作冷秋菰。何似儿童岁，风凉出舞雩”等句，即希望秋凉之意。河东君赋此诗在初秋，正气候炎热之际。下句“近有秋风缥渺篇”，亦是希望秋凉之意，与少陵之旨符合。故河东君此一联，虽出旧诗，别具新感，其措辞之精妙，于此可见一斑也。）由此推之，大约卧子松江城内旧宅，本非广厦，此时既有祖母高氏、继母唐氏，复有妻张氏、妾蔡氏及女颀等。又据卧子《年谱·下》附王沄撰《三世苦节传》云：

高安人一女，笃爱之，赘诸氏婿，共宅而居。奉议公（寅恪案：“奉议公”指卧子父所闻）以寡兄弟而勿忍也。先生承先志，始终不替。（张）孺人承高安人欢，敬爱有加，抚其子女如同生，冠婚如礼，安人为之色喜。（卧子继母）唐宜人生四女，次第及笄，孺人为设巾帨，治奁具而归之，嫁礼称盛，宜人忘其疾，诸姑感而涕出，曰：“嫂我母也。”

然则卧子之家，人多屋狭，张孺人复有支配财务之权，势必不能更有余地及余资以安置志在独立门户之河东君。杨、陈因缘之失败，当与此点有关。后来崇祯十三年冬，河东君访牧斋于虞山之半野堂。其初则居于舟中，有同于思光引船。继则牧斋急营我闻室迎之入居，亦是公瑾分宅。此点与钱、柳因缘之能完成，殊有莫大关系也。河东君诗“人似许玄登望怯，客如平子学愁偏”一联，下句见《文选·二九》张平子《四愁诗》，人所习知，不待释证。上句之“许玄”，当用《晋书·八十·王羲之传》附《许迈传》。迈，字叔玄，后改名玄。许传虽有游山登楼之记载，但无怯惮之事。故“怯”字乃河东君自谓之辞。其本性不喜登望，可与河东君《与汪然明尺牍》第十三通所云：

齐云胜游，兼之逸侣，崎岖之思，形之有日。奈近羸薪忧，褰涉为惮。

相参证。“褰涉为惮”即“登望怯”之意。顾云美《河东君传》云“性机警，饶胆略”，应不怯登望。其所以怯惮者，或由体羸足小之故，有所不便耶？河东君诗“近有秋风缥渺篇”句下自注云：“时作《秋思赋》。”今《戊寅草》中有《秋思赋》一篇。据此，可证知其作赋之年月。惜此赋辞语多未解，疑传写讹误所致。以暂无他本可校，姑不录赋文，而附记于此，以俟他日求得善本，再论释之。所可注意者，卧子作《采莲赋》实本于王子安。检《王集·一》有《春思赋》《七夕赋》在《采莲赋》之前。或者河东君崇祯八年秋间浏览子安作品，因《采莲赋》而睹《春思赋》。于王赋序末“几乎以极春之所至，析心之去就云尔”之语，有所感会，遂作《秋思赋》欤？

其四云：

轻成游鹤下吟风，夜半青霜拂作容。偃蹇恣为云物态，嶙峋先降隐沦丛。五原落日交相掩，三辅新秋度不同。矫首只愁多战伐，应知浩荡亦时逢。

寅恪案：此首“五原落日交相掩，三辅新秋度不同”一联，上句疑与卧子诗第六首“欲问故人新奉使，朔云边月近如何”之注“时吴来之使山右初归”有关。下句疑与卧子诗第五首“三秦消息梦魂劳”及“泾原画角秋风散”之句有关。所可注意者，即“轻成游鹤下吟风”之“鹤”，及“嶙峋先降隐沦丛”之“隐沦丛”究何所指？岂谓吴来之昌时，由山西归松江后，便先访问卧子，因至河东君处耶？俟考。

其五云：

胧胧暝色杂平河（湖？），秋物深迷下草须。不辨暗云驱木落，惟看鲛室浴凫孤。南通水府樯乌盛，北照高原树影枯。同向秋风摇白羽，愁闻战马待单于。

寅恪案：“南通水府樯乌盛”，可与卧子诗第四首“楚蜀樯帆向晚行”参读。至河东君此首“同向秋风摇白羽，愁闻战马待单于”之结语，则疑与卧子诗第六首“欲问故人新奉使，朔云边月近如何”句下自注有关。盖指与吴昌时共谈当日边事也。

其六云：

幽漫飞乌视平原，露过浮沉漠漠屯。此日风烟给（？）泗左，无劳弓矢荡乌孙。波翻鱼雁寻新气，水冷葡萄似故园。惆怅乱云还极上，不堪晻暧肆金樽。

寅恪案：此首与卧子诗第五首同咏凤阳明祖陵事。（参《陈忠裕全集·一六·平露堂集·送徐闇公游南雍（七律）》所附考证。卧子此诗当赋于崇祯八年夏间闇公离南园赴南京之时。卧子《初秋》诗第八首所谓“南皮旧侣鸾龙散”，即指此也。）河东君诗“此日风烟给（？）泗左，无劳弓矢荡乌孙”一联，与卧子诗第六首“当烦大计推安攘”之语有关。至河东君之意，则谓不能安内，何能攘外。其语深中明末朝廷举措之失矣。“水冷葡萄似故园”又可与卧子诗第八首“葡萄垂露冷秋前”参证。此“故园”或即指南园。

其七云：

长风疏集未曾韬，矫雉翻然谋上皋。葭荻横秋投废浦，风烟当夜接虚涛。云妍翳景萦时急，红逖烦滋杂与（兴？）高。回首鸾龙今不守，崔巍真欲失戎刀。

寅恪案：“葭荻横秋投废浦”可与卧子诗第四首“江湖葭荻当秋盛”之句参证。河东君此诗结语“回首鸾龙今不守，崔巍真欲失戎刀”当谓凤阳失守事，与卧子诗第一首“南皮旧侣鸾龙散”之句，虽同有“鸾龙”字，而所指不同。盖陈诗用魏文帝《与吴质书》语，卧子《初秋八首》前第七题为《送周勒卣游南雍》，第六首为《送徐闇公游南雍》，崇祯八年春间周、徐二人与卧子、舒章、文孙及河东君等，同读书游宴于南园。至是年夏初河东君离去，卧子婴疾，其他诸人亦皆星散。“南皮”之“南”，亦兼指南园及南楼而言，与河东君词之《梦江南》、卧子词之《双调望江南》，俱有取于“南”字，即南园、南楼之意。世人未明此点，读杨、陈作品，不能深达其微旨矣。至河东君诗“红荻烦滋杂与高”之句，疑有讹误，俟考。

其八云：

鱼波喽喽水新周，高柳风通雾亦勾。晓雨掠成凉鹤去，晚烟栖密荻花收。苍苍前箙鹰轻甚，湿湿河房星渐赒。我道未舒采药可，清霜飞尽碛天挚。

寅恪案：“湿湿河房屋渐赒”及“清霜飞尽碛天挚”可与卧

子诗第六首“天南碛北共秋河”之句参证。“我道未舒采药可”之句，检《晋书·八十·王羲之传》附《许迈传》云：

初采药于桐庐道之桓山。饵术涉三年，时欲断谷。以此山近人，不得专一，四面藩之。好道之徒欲相见者，登楼与语，以此为乐。

可知河东君以许玄自比。此点前论第三首“人似许玄登望怯”句，已言及之。但此首有“采药”之语，据《许传》之文，采药下即接以登楼见好道之徒一事。然则第三首“人似许玄登望怯”之意，恐是自谓怯于见客，与许氏同，非关体羸足小。其《与汪然明尺牍》第五通云“弟所汲汲者，止过于避迹一事”（寅恪案：“止”当作“亡”，与“无”同），亦是此意，可取互参。复据前引钱肇鳌《质直谈耳》所载河东君居佘山时，蠢人徐某以三十金求见事。佘山邻接横云，钱氏之言，或即与河东君此诗之意有关，亦未可知也。今释“怯”字之义，与前说有所差异，似今解较胜。兹依《郑笺》《毛诗》，间具别解之例，姑备两说，以待读者之抉择。

抑更有可笑者，河东君于崇祯八年作此诗之际，以许叔玄自比，而以卧子比王逸少。盖卧子此时虽是云间胜流，名闻当世。然其地位止一穷孝廉耳。目之为王右军，已嫌过分矣。至崇祯十三年冬间河东君访牧斋于虞山之半野堂，初赠钱诗有“江左风流物论雄”及“东山葱岭莫辞从”之语，则以牧斋拟谢安石，而自比于东山伎（详见第四章论半野堂初赠诗节）。盖牧斋此时以枚卜失意家居，正是候补宰相之资格，与谢太傅居东山时之身份切合也。由此言之，河东君不仅能混合古典今事，融洽无间，且拟人必于其伦，胸中忖度，毫厘不爽，上官婉儿玉尺之誉，可以当之无愧。不过许叔玄、东山伎之船，亦随王逸少、谢安石之水，高低涨落，前后不同，为可笑也。

复次，宋征璧《含真堂集·七》载有《早秋同大樽舒章赋（七绝）二首》云：

怅望平田半禾黍，曲兰幽径傍城阿。已凭青雀随风过，更有红裙细马驮。

凄清落叶下梧桐，野水苍茫睇未穷。日暮但愁风雨后，行人多半早秋中。

寅恪案：宋氏此二绝句何时所作，未能确知。若依此题后一诗《野驿》下注“壬申会课”而言，则似此二绝句乃崇祯五年壬申或以前所作。但宋氏诗集以诗体分类，其排列次序亦难悉据以确定作成时间之先后。或谓王胜时《续卧子年谱·下》“顺治四年丁亥”条附庄师洛等考证引陆时隆《侯文节传》云：“黄门乃易姓李，改字大樽。”又胜时云：“晚年自号大樽，盖寓意于庄生五石之瓠也。”陆、王两说虽似微异。但卧子于顺治四年五月十三日自沉，年四十岁。依常例推之，必三十以后始可言晚年。让木此二绝句之题既称大樽，岂作于崇祯十年丁丑以后耶？鄙意不然，前引《含真堂集·五·秋塘曲序》云：“宋子与大樽泛于秋塘。”此曲乃与卧子《秋潭曲》同时所作（见《陈忠裕全集·十·陈李倡和集》），实在崇祯六年秋间。此年卧子仅二十六岁，断不可谓之晚年，何以宋氏亦称之为大樽？明是后来尚木编集时所追改。盖卧子以抗清死节。清人著述在乾隆朝尚未表扬卧子以前，自宜有所避忌。往往多以不甚显著之别号，即“大樽”，称卧子。况宋氏前与卧子关系密切，后乃改仕新朝，更当有所隐讳也。至若《蓼斋集》中不改卧子之称者，殆由舒章卒于卧子抗清被害以前，遗集为石维昆于顺治十四年所刻，故仍依旧称，未遑更易耶？职是之故，宋氏此二绝句亦有作于崇祯八年秋间之可能，疑与卧子及河东君《初秋》诗有关。姑附录于此，以俟详考。又"城阿"即卧子《癸酉长安除夕》诗所谓"曾随侠少凤城阿"之"城阿"乃指松江城而言，前已详论之矣。

河东君在崇祯八年秋深离松江赴盛泽以前，尚有与卧子酬和之作。兹全录杨、陈两人之诗，并择录卧子此时所赋《秋居杂诗十首》中最关重要者，论之于下。

卧子《七夕》诗（见《陈忠裕全集·一三·平露堂集》）云：

夜来凉雨散，秋至绪风多。渺渺云澄树，峨峨人近河。金钿烟外落，玉佩暗中过。闻说天孙巧，虚无奈尔何。

其二云：

清影何时隐，神光迥澹浮。龙鸾虚伫月，乌鹊静临秋。风落花间露，星明池上楼。汉宫谁更宠，此夕拜牵牛。

河东君《七夕》诗（见《戊寅草》）云：

芙蓉夜涌鳜鱼飔，此夕苔篁来梦知。为有清虚骛阁晚，无劳幽诡蝶花滋。仙人欲下防深漠，苍影翩然入寞湄。已是明雯星露会，乌啼灯外见来迟。

卧子《八月十五夜》诗（见《陈忠裕全集·一六·平露堂集》）云：

明雯凉动桂悠悠，迢递星河万里秋。素魄有人常不见，碧虚无路迥含愁。九天鸾鹤声何近，五夜楼台影自浮。犹说紫微宫女事，焚香时待月西流。

其二云：

微风摇曳拂金河，斗迥天高出素娥。万井鸳鸯秋露冷，三江蚌蛤夜潮多。云能入梦婵娟子，月解伤人宛转歌。应有桓伊吹玉笛，倚栏人静奈愁何。

寅恪案：卧子《八月十五夜（七律）》第二首“云能入梦婵娟子”句，暗藏河东君之名，第二章已论及之。盖中秋佳节卧子必在松江城内旧宅中，与家人团聚。望月有怀横云山麓之河东君，因赋此二诗。当其构思之际，倘使张孺人及蔡氏在其身侧者，亦可谓旁若无人矣。

河东君《八月十五夜》诗（见《戊寅草》）云：

涤风初去见迁芳，招有深冥隐桂芒。翠鸟趾离终不发，绮花人向越然凉。莲鱼窈窕浮虚涧，烟柳沉沉拂淡篁。已近清萍动霏漪，秋藤何傲亦能苍。

寅恪案：河东君此诗之题与卧子诗题同是《八月十五夜》，其为唱酬之作，自无疑义。但河东君此诗之前第一题为《秋深入山》，第二题为《月夜舟中听友人弦索》，第三题为《晓发舟至武塘》，第四题为《七夕》。初视之，似是抵盛泽以后追和卧子之作，而非在松江时所赋。细绎之，八月十五夜至秋深，其间最少已逾一月，河东君必早在离松江以前得见卧子此诗。且自《七夕》至《八月十五夜》，其间已赋三题四首，可证其才思并未枯竭，何以更待历时四五十日之后，始在盛泽镇追和卧子前什耶？此与其平日写作敏捷之情况不符。故鄙意仍以河东君《八月十五夜》一首，乃尚未离去松江前所作，当是编写时排列偶误所致耳。

卧子《秋居杂诗十首》作成之时间，当在崇祯八年季秋。因第三首有“况当秋日残”“鸿雁影寥廓，梧桐声劲寒”及第八首有“霜寒击柝清”等句，皆是九月景物也。至第二首“万里下城阿”句之“城阿”，指松江城言。前论卧子《癸酉长安除夕》诗“曾随侠少凤城阿”句，已详及之，可不复赘。此十首诗俱佳，兹唯择录三首论释之，其余不遑悉数移写也。

第四首云：

愁思随时积，悲凉秋更深。何当临玉镜，无计挽金瓠。（自注：“时予有殇女之戚。”）肃肃飞乌鹊，冥冥啼蟪蛄。不堪儿女气，引满莫踌躇。

寅恪案：此首可与下录卧子《乙亥除夕（七古）》（见《陈忠裕全集·一三·平露堂集》）相参证。“何当临玉镜”句，用《世说新语·下·假谲类》“温公丧妇”条并参徐孝穆编辑《玉台新咏》所以命名之故。斯皆世人习知者。至卧子于此句，则指河东君而言也。“无计挽金瓠”句，用《汉魏百三名家集·陈思王集一·金瓠哀词》，卧子取以比其长女颀也。陈卧子先生《安雅堂稿·一二·瘗二女铭》云：

陈子长女名颀，生崇祯庚午之二月，殇于乙亥之七月，凡六岁。次女名颖，生辛未之八月，至十月死。二女皆陈子室张出也。

卧子甚珍爱此长女，其著述中涉及女颀者颇多。如卧子《自撰年谱·上》“崇祯八年乙亥”条云：“秋女颀殇焉。”并《陈忠裕全集·一一·平露堂集·乙亥除夕（七古）》一首，同书一三《平露堂集·〈舟行雨中有忆亡女〉〈除夕有怀亡女〉（五律）二首》及同书一九《平露堂集·〈悼女颀诗（七绝）七首〉》等，可为例证。卧子赋诗之际，女颀既逝，无计可以回生。河东君虽已离去，则犹冀其复返。情绪若此，所谓“不堪儿女气”者也。

第七首云：

常作云山梦，离群不可招。遨游犬子倦，宾从客儿娇。（自注：“舒章招予游横云，予病不往。”）楚橘明霜圃，江枫偃画桥。刺船斜月下，何计慰飘飖。

寅恪案：《陈忠裕全集·二九·横云山石壁铭》（可参同集十《属玉堂集·雨中过李子园亭（七古）》及所附考证并《蓼斋集》首石维昆《序》）略云：

横云山者，松之屏蔽。环壁包池，则李氏之园在焉。既翦丛棘，遂有堂宇。濯洼以俟雨，植枫而缀秋。涉冬之阳，李氏携客信宿。落叶零翠，寒山冻青。风消夕醉，月照宵遨。辨隔浦之归鱼，习空山之啸鬼。横览凄恻，悲凉莫罄。

卧子此文虽不能确定为何年所作，然可据以推知舒章别墅秋冬之际，景物最佳。斯舒章所以招邀名士名姝于秋日往游之故欤？舒章是举，殆于谢灵运《拟魏太子邺中集诗序》所谓“天下良辰、美景、赏心、乐事四者难并”之旨，有所体会（见《文选·三十》）。但卧子是时则转抱林黛玉过梨香院墙下，听唱《牡丹亭》“良辰美景奈何天，赏心乐事谁家院”及“则为你如花美眷，似水流年”之感恨矣（见《石头记》第二十三回）。诗中“遨游犬子倦”句，“犬子”司马相如小名，卧子以之自比。“宾从客儿娇”句，“客儿”谢灵运小名，卧子以之比李舒章。此时河东君即寓居横云山，岂谓河东君乃舒章之娇艳宾从耶？卧子自注云：“舒章招予游横云，予病不往。”不知是托病，抑或真病？若托病者，则其故虽不能确知，但必有河东君复杂之关系在内。若真病者，则崇祯八年首夏，卧子因河东君离去南园及南楼而发病，事后虽痊愈，然亦以有所感触，时复卧疾。如《秋居杂诗》第一首“药饵日相谋”者，即是其证。实世所谓“心病”，而非“身病”也。

第九首云：

明时惭远志，安稳独幽居。溟渤当秋壮，星河永夜虚。黄金误子政，白璧恃相如。奇服吾宁爱，无劳拟上书。

寅恪案：“黄金误子政，白璧恃相如”，上句用《汉书·三六·楚元王传》附《刘向传》，“向作黄金不成”事。下句用《史记·八一·廉颇蔺相如传》“相如完璧归赵”事。皆世所习知，无待赘释。所可怪者，卧子举此两氏为言，颇觉不伦，当必有其故。意者卧子自恨如刘更生之不能成黄金，遂难筑金屋以贮阿云，然终望河东君能似蔺相如之完璧归赵。苟明乎此旨，则卧子诗此联之语，殊不足为怪矣。“无劳拟上书”句，疑指卧子《自撰年谱》“崇祯四年辛未”条所云：

是时意气甚盛，作书数万言极论时政，拟上之。陈征君（继儒）怪其切直，深以居下之义相戒而止。

言也。

今所见河东君作品中有赋三篇，其《男洛神赋》及《秋思赋》，前已论述。《男洛神赋》旨趣诙诡，《秋思赋》文多脱误，俱不及《别赋》之意深情挚，词语高雅。取与同时名媛之能赋者，如黄媛介诸作品相参较，亦足见各具胜境，未易轩轾。故全录其文，略考释之，以待研治明季文学史者之论定。

《戊寅草·别赋》云：

草弱朱靡，水夕沉鳞。又碧月兮河梁，秋风兮在林。指金闺于素壁，闆翠幔于琴心。于此言别，怀愁不禁。云泫泫兮似浮，泉杳杳而始下。抚襜幄之霏凉，拂银筝其孰写。重以伭（泫？）

花之早寒，玉台之绛粉。既解佩而邅延，更留香之氤氲。揽红药之夜明，怅青兰而晨恨。会当远去，瞻望孤云。于是明河欲坠，玉勒半盼。化桃霞兮王孙马，冲柳雪兮游子衣。离远皋之木叶，牵晴雾之游丝。度疏林而去我，隔江水之微波。本平夷而起巘，更通达而成河。妍迹已往，遗恩在途。掩电母而不御，杂水业（？）而常孤。思美人兮江溆，触鸾发兮愁余。并瑶瑟之潺湲，共凤吹而无娱。念众族之皎皎，独与予兮纷驰。谁径逝而不顾，怀缥缈而奚知。诚自悲忧，不可言喻。至若玄圃词人，洛滨才子。收车轮于博望，荡云物于龙池。嘉核甫陈，骊歌遽奏。折银蕊于陇上，骄箫管于池头。之官京洛，迁斥罗浮。观大旗之莫射，登金谷而不游。叹木瓜之渍粉，聆凄响于清辀。或溯零陵之事，或念南皮之俦。咸辞成而琅琅，视工思而最愁。又若河朔少年，南阳乳虎。感乌马兮庭阶，击苍鹰兮殿上。风戋戋兮渐哀，筑撼撼而欲变。上客敛魂，白衣数起。左骖殪兮更不还，黄尘合兮心所为。忽日昼之晻暧，观寒景之侵衣。愁莫愁兮众不知，悲何为兮悲壮士。乃有十年陷敌，一剑怀仇。将置身于广柳，或髡钳而伏匿。共衰草兮班荆，咽石濑兮设食。逝泛滥于重渊，旷雪煜于窑室。酒未及濡，餐未及下。歌河上而沾裳，仰驷沫（？）而太息。若吴门之篪，意本临歧。大梁之客，魂方逝北。当起舞而徘徊，更痛深其危戚。至若掩纨扇于炎州，却真珠于玉漏。恩甚兮忽绝，守礼兮多尤。观翡羽之拂壁，慨龙帷之郁留。念胶固而独明，惟销铄之莫任。垂楚组而犹倚，縆凤绶而遣神。盼雉尾于俄顷，迴金螭之别深。日暮广陵，凭阑水调。似殿台之清虚，识宜春之朗曼。乃登舟而呜咽，愁别去其漫漫。又若红粉羽林，辟邪独赐。同武帐之新宠，后灞岸之放归。紫箫兮事远，金缕兮泪滋。更若长积雪兮闭青冢，嫁绝域兮永乌孙。俨云蝉于万里，即烟霓之夕昏。雁山晓兮断辽水，红蕉涩兮辞婵媛。至若灵娥九日兮将梳，茗蓉七夕兮微渡。月映嗜（晰？）而创虹缕，露流澌兮开房河。披天衣之宵叙，忽云旗之帐图。亦有托纤阿于缁（淄）右，期玉镜于邯郸。甫珊瑚之照耀，亲犀络之缠绵。悼亭上之春风，叹上巳于玉面。本独孤之意邈，绕窦女之情娟。至有虾蟆陵下之歌，燕子楼前之雨。白杨萧萧兮莺冢灰，莓苔瑟瑟兮西陵土。怆虬膏之永诀，淡华烛而终古。顾骖驔之莫攀，止玉合之荐处。岂若西园无忌，南国莫愁，始承欢而不替，卒旷然而不违。君歌折柳于郑风，妾咏蘼芜于天外。异樱桃之夜语，非洛水之朝来。自罘罳之雀暗，怜兰麝之鸭衰。据青皋之如昨，看盘马之可哀。招摇蹀躞，花落徘徊。结绶兮在平乐，言别兮登高台。君有旨酒，妾有哀音，为弹一再，徒伤人心。悲夫同在百年之内，共为幽怨之人。事有参商，势有难易。虽知己而必别，纵暂别其必深。冀白首而同归，愿心志之固贞。庶乎延平之剑，有时而合。平原之簪，永永其不失矣。

寅恪案：此赋之作成时间及地域并所别之人三事，兹综合考证之。若所言不误，则于赋中之辞义，赋主之文心，更能通解欣赏也。

此赋既以“别”为题，自是摹拟《文选·一五·哀伤类》江文通《别赋》之作，无待赘论。昭明太子既列文通此赋于哀伤类中，而江《赋》开宗明义即云：“黯然销魂者，唯别而已矣。”河东君以斯旨为题，则其构思下笔时之情感，三百年后犹可想见也。然则作此赋当为何时耶？据赋中“秋风兮在林”、“抚襜幄之霏凉，拂银筝其孰写”（寅恪案：《王右丞集·一五·秋夜曲二首》之二云：“桂魄初生秋露微”及“银筝夜久殷勤弄”。故赋中“银筝”之语，亦与秋有关）、“伭花之早寒”（寅恪案：“伭”疑当作“泫”。《文选·二二》谢灵运《从斤竹涧越岭溪行》诗云：“花上露犹泫。”）“明河欲坠”等语，皆足征此赋为秋季所作。至于河东君此赋所别之人为谁，则观赋末自“悲夫”至“不失矣”之结语，其人之为卧子，自不待言。盖他人必无资格可以当河东君所言“虽知己而必别”之“知己”也。考河东君与卧子离别，虽不止一度，但最重要者实有二次。第一次在崇祯八年首夏河东君离去南楼，别居横云之时。前论卧子《满庭芳·送别》词等，已详言之。姑不论此次首夏之节物，与赋中秋季所摹写者不合，且“会当远去，瞻望孤云”之语，与南楼横云尚同在松江，其距离极近者，地望亦不相符。第二次在崇祯八年秋季河东君离去松江，迁往盛泽归家院之时，此次乃真为杨、陈二人生离死别最重要之关键，而此赋所言景物，皆与秋有关。故知此赋乃崇祯八年秋深河东君离去松江，迁往盛泽镇，用以酬别卧子，抒写离怀并诉衷情，希冀重好之文，可以断定无疑者也。又赋云“度疏林而去我，隔江水之微波”，更可与卧子此年岁除所赋“桃根渺渺江波隔”之句（见《陈忠裕全集·一一·平露堂集·乙亥除夕（七古）》）相证发也。

复次，卧子于崇祯十一年秋所赋《长相思（七古）》（全文及论释见下引《陈忠裕全集·一一·湘真阁集》）略云：

> 美人今在秋风里，碧云迢迢隔江水。别时余香在君袖，香若有情尚依旧。但令君心识故人，绮窗何必常相守。

疑取赋中之辞旨而为之者。赋之“既解佩所邅延，更留香之氤氲”，即诗之“别时余香在君袖，香若有情尚依旧”。赋之“虽知己而必别，纵暂别其必深”，即诗中之“但令君心识故人，绮窗何必常相守”。此赋此诗关系密切，读者取以并读，自能得其意旨所在也。至龚芝麓（鼎孳）《定山堂集·一四·挽河东君夫人》诗“朱颜原独立，白首果同归”一联（全诗见第五章所引），上句疑取卧子《上巳行》诗“垂柳无人临古渡，娟娟独立寒塘路”（全诗及论释见下引《陈忠裕全集·一一·平露堂集》）。下句疑取河东君《别赋》中“冀白首而同归，愿心志之固贞”二句而为之者，盖卧子《湘真阁集》及河东君《戊寅草》，龚氏当日必曾见及之。斯亦今典古典合用，世之读《定山堂集》者，不可不知也。

又，《陈忠裕全集·二》有《拟别赋》一篇。其前为《拟恨赋》，后为《和汉武帝伤悼李夫人赋》及《妒妇赋》。此《拟别赋》为何年所作，今难考知。若作于距崇祯八年秋以前颇久之时间，则河东君必已早见卧子之作。其《别赋》情思辞语之相类似者，乃受卧子作品之影响，自无可疑。若陈、杨二人之赋为同时写成者，则此两篇乃唱和酬答之作品。其关涉类似之处颇多，更无足异。兹以《陈集》流播较广，仅择有关语句节录之于下，以见一斑。卧子《赋》略云：

漫漫长道，悠悠我心。扬舲极浦，总辔荒林。与子言别，怆然哀吟。仰视浮云，倏忽难寻。我有旨酒，慷慨酌斟。况秋风兮渡河，又落日兮在野。叶萧萧而群飞，泉淙淙而始泻。指寥廓于翔鸿，恕悲鸣于去马。睹徒御之纷驰，倾芳樽而不下。含别绪兮孔多，欲陈辞而难写。于是揽袪徙倚，执手踟蹰。会当去我，顷刻相逾。听车音而绝响，望襜帏而载徂。怳怀人之极目，愧送子之贱躯。掩金镜而罕御，理瑶琴而常孤。仰明月之迅迈，恨重关之崎岖。寄锦书于雁外，啼玉箸于烟途。聊侧身而四望，岂离魂之尽诬。言念古昔，谁与为比。至若庐江少妇，文园小姬。恩方胶固，义当乖离。痛宝玦之既赐，出金屋而长辞。岂若上宫丽质，邯郸名倡。皎皎窗牖，盈盈道傍。解杂佩兮赠君子，折芳馨兮心内伤。则有烟林花堕，平皋草长。青骢蹀躞，红袖彷徨。远与君别，各天一方。飘摇分袂，杳若参商。嗟夫别何地而不愁，愁何年而能散。陋群游于麋鹿，壮遐征于羽翰。苟两心之不移，虽万里而如贯。又何必共衾帱以展欢，当河梁而长叹哉？

河东君于崇祯八年秋深离松江赴盛泽镇，此行踪迹见于《戊寅草》中者，共有诗三题四首，辞语颇晦涩，非集中佳作。以其为关涉河东君与卧子之重要资料，故悉数移录，并择取卧子诗有关河东君此行者，综合论释之于后。

《晓发舟至武塘二首》云：

木影固从混，水云脱众泠。鱼波已相截，凫景信能冥。漠甚风聊出，滋深雾渐形。还思论异者，（自注：“时别卧子。”）何处有湘灵。

闲态眷新鲔，靡靡事废洲。九秋悲射猎，万里怅离忧。大泽岂终尔，荒交真少谋。愧余徒迈发，丹鸟论翔浮。

寅恪案：光绪修《嘉善县志·二·乡镇门》“魏塘镇”条略云：

明宣德四年巡抚胡槩奏分嘉兴六乡置县于魏塘镇。魏武帝窥江南，驻跸。旧有五凤楼，故一名武塘。

据河东君“还思论异者”句下自注，恐是卧子自松江亲送河东君至嘉善，然后别去。假使所推测者不误，则卧子由松江至嘉善一段水程，实与河东君同舟共载。及距盛泽镇不远之嘉善，不得不舍去河东君，一人独游。经历苏州、无锡，然后还家也。盖不仅己身不便与河东君同至盛泽镇之归家院，且此次之送别河东君，当向家人诡称以亡女之故，出游遣闷为借口。应与崇祯八年春间之游憩南园南楼，虽暗与河东君同居，其向家人仍以读书著述为托辞者，正复相同。若取此次卧子送河东君由松江至嘉善，与后来崇祯十四年春间牧斋送河东君由虞山至鸳湖，两者相比映，固可窥见当日名媛应付情人之一般伎俩。然杨、陈之结局与柳、钱迥异，而《别赋》或《拟别赋》及《戊寅草》，遂不能与《有美诗》及《东山酬和集》并传天壤，流播人口矣。

《陈忠裕全集·一三·平露堂集·秋居杂诗十首》之后《立春夜》之前共有三题，为《夜泊浒墅》《将抵无锡》及《舟行雨中有忆亡女》三首。又同书一六《平露堂集》七律《乙亥九日》《九日泊吴阊》及《薄暮舟发武邱是日以淮警中丞发师北行》三首，疑皆此次卧子送河东君由松江至嘉善，然后还家，舟行所经之题咏。其《舟行雨中有忆亡女》（自注："家以俗例，是日飨之。"）云：

犹是吴山路，回思便悄然。归时开玉锁，谁与索花钿。绿蕙繁霜夜，丹枫梦雨天。未衰怜庾信，哀逝赋空传。

寅恪案：陈卧子先生《安雅堂稿·一二·瘗二女铭》云：

陈子长女名颀。生崇祯庚午之二月。殇于乙亥之七月。凡六岁。

虽未言颀殇于七月何日，但如前所推测，卧子以秋深送河东君至嘉善，则此诗当作于崇祯八年十月。然则所谓俗例者，或是指逝后百日设祭而言也。

卧子《九日泊吴阊》云：

画阁长堤暮水平，寒云初卷阖闾城。楚天秋后花犹润，吴苑人归月正明。雁度西楼金管歇，霜飞南国玉衣轻。谁怜孤客多惆怅，耿耿千门永夜情。

又，《薄暮舟发武邱是日以淮警中丞发师北行（七律）》云：

横塘此路转孤舟，十里松杉接武邱。愁客卷帘随暮雨，美人采菊荐寒流。樯帆气壮关河夜，鼓角声衔江海秋。闻道元戎初出镇，可能寄语问神州。

寅恪案：《薄暮舟发武邱》诗“美人采菊荐寒流”句之“美人”，殆指河东君而言。观《九日泊吴阊》诗“谁怜孤客多惆怅”及此诗“横塘此路转孤舟”等语，则崇祯八年重九卧子独棹孤舟至苏州，遥想新别之河东君，殆亦王摩诘《九月九日忆山东兄弟》诗意也（见《王右丞集·一四》）。河东君对诸名士，往往自称为弟，前已详论之。然则卧子以弟目河东君，实非无因矣。一笑。

《戊寅草·月夜舟中听友人弦索》云：

云涂秋物互飘萦，整月华桐娈欲并。石镜辩烟凄愈显，红窗新㶿郁还成。通人戏羽嫣然落，枭草澄波相背明。已近鹍弦第三拨，星河多是未峥嵘。（自注：“弦声甚激。”）

又，《秋深入山》云：

将翻苍鸟迥然离，昃木丹峰见坠迟。清远欲如光禄隐，深闲大抵仲弓知。（自注：“陈寔，字仲弓。时惟卧子知余归山。”）遥闻潺濑当虚晛（幌），独有庭筠翳暮姿。松阁华岗皆所务，纷纷柯石已前期。

寅恪案：以上二题疑皆河东君别卧子于嘉善后，至盛泽归家院所作。舟中友人不知何指，恐是归家院中之女伴来迎河东君者。“入山”之“山”，即指盛泽镇之归家院言。详见后论河东君《与汪然明尺牍》第二十八通。河东君此次之离松江横云山，迁居盛泽归家院。其故盖由与卧子之关系，格于形势，不能完满成就，松江一地不宜更有留滞。据前引沈虬《河东君传》所载丙子年间张溥至盛泽镇访徐佛。佛于前一日适人，因而得遇河东君之事。夫丙子年为崇祯九年，即河东君迁居盛泽之后一岁。时间相距甚近。徐云翾之适人，当于崇祯八年已预有所决定。河东君本出于云翾家，后来徙居松江，与几社名士往还，声名藉甚。云翾所以欲迎之至归家院，不仅可与盛泽诸名媛互相张大其艳帜，且更拟使之代己主持其门户也。

观仲廷机《盛湖志·十·列女名妓门·明徐佛传》略云：

徐佛（原注：“原名翾。”），字云翾，小字阿佛。嘉兴人。性敏慧，能琴工诗善画兰。随其母迁居盛泽归家院，遂著声于时。柳是尝师之。每同当湖武原诸公游，然心厌秾华，常与一士有所约，不果。后归贵介周某。周卒，祝发入空门。其时斜桥之北，旧名北书房，绮疏曲栏，歌姬并集。梁道钊、张轻云、宋如姬皆翰墨名世。道钊淹通典籍，墨妙二王。轻云诗词笔札，并擅其长。如姬聪慧，姿色冠于一时。每当花晨月夕，诸姬鼓琴吹箫，吟诗作字以为乐。又皆殉节御侮，不负所主，奇女子也。

可以推知。然则当明之季年，吴江盛泽区区一隅之地，其声伎风流之盛，几可比拟于金陵板桥。夫金陵乃明之陪都，为南方政治之中心，士大夫所集萃，秦淮曲院诸姬，文采艺术超绝一时，纪载流传，如余怀《板桥杂记》之类，即是例证。寅恪昔年尝论唐代科举进士词科与都会声伎之关系，列举孙棨《北里志》及韩偓《香奁集序》等，以证实之（见拙著《唐代政治史述论稿·中篇》）。明季党社诸人中多文学名流，其与当时声妓之关系，亦有类似于唐代者。金陵固可比于长安，但盛泽何以亦与西京相拟？其故盖非因政治，而实由经济之关系有以致之。

《盛湖志·三·物产门》略云：

吴绫见称往昔，在唐充贡。今郡属惟吴江有之。邑西南境，多业此。名品不一，往往以其所产地为称。其创于后代者，奇巧日增，不可殚纪。凡邑中所产，皆聚于盛泽镇。天下衣被多赖之。富商大贾挚万金来买者，摩肩连袂，如一都会焉。

又云：

绸绫罗纱绢不一其名，各有定式，而价之低昂随之。其余巾带手帕，亦皆著名，京省外国，悉来市易。

又云：

画绢阔而且长，画家所用。织之者只四五家。

据支仙所述，可知吴江盛泽实为东南最精丝织品制造市易之所，京省外国商贾往来集会之处，且其地复是明季党社文人出产地，即江、浙两省交界重要之市镇。吴江盛泽诸名姬，所以可比美于金陵秦淮者，殆由地方丝织品之经济性，亦更因当日党社名流之政治性，两者有以相互助成之欤？

以上论述杨、陈两人同在苏州及松江地域之关系既竟，兹再续论崇祯八年秋深后两人关系。此后盖可视为别一时期。前于总论陈、杨两人关系可分三期时，已方及之矣。

卧子于崇祯八年秋深别河东君后，是年除夕赋诗，离思犹萦怀抱。兹录之于下，以见卧子当时心情之一斑，并了结崇祯八年杨、陈二人文字因缘之一段公案也。

《陈忠裕全集·一一·平露堂集·乙亥除夕（七古）》云：

忆昔儿童问除夕，百子屏风坐相索。西邻羯鼓正参差，小苑梅花强攀摘。华年一去不可留，依旧春风过东陌。每作寻常一布衣，坐看衰乱无长策。今年惆怅倍莫当，俯仰萧条心内伤。亲交赋怆陆内史，知己人无虞仲翔。桃根渺渺江波隔，金瓠茫茫原草长。人生忘情苦不早，羲皇以来迹如扫。惟有旗常照千载，不尔文章亦难老。峥嵘盛年能几时，努力荣名以为宝。不见古人吐握忙，今人日月何草草。

寅恪案：此年卧子最不如意之事有二。一为河东君离去松江至盛泽。一为长女颀之殇。故除夕赋诗，举此二事为言。“桃根”用王子敬妾事。见《玉台新咏·十》王献之《情人桃叶歌》，世所习知。“金瓠”用曹子建女事，见《汉魏六朝百三名家集·陈思王集·一·金瓠哀词》，亦非僻典，故不详引。综观卧子之作品，在此别一时期内，即河东君崇祯八年秋深离松江往盛泽后，其为河东君而作者，尚有甚佳之诗两篇，且于河东君之作品有甚巨之影响，故录其全文，详论述之于下。

《陈忠裕全集·一一·湘真阁稿·长相思（七古）》云：

美人昔在春风前，娇花欲语含轻烟。欢倚细腰欹绣枕，愁凭素手送哀弦。美人今在秋风里，碧云迢迢隔江水。写尽红霞不肯传，紫鳞亦妒婵娟子。劝君莫向梦中行，海天崎岖最不平。纵使乘风到玉京，琼楼群仙口语轻。别时余香在君袖，香若有情尚依旧。但令君心识故人，绮窗何必长相守。

寅恪案：卧子此篇为河东君而作，自不待言。其以“长相思”为题者，盖取义于李太白《长相思》乐府之名（见《全唐诗·第三函·李白·二》）。太白此篇有“美人如花隔云端”之句，内含河东君之名号（可参第二章所论），用意双关，读者不可以通常拟古之作目之。兹特为拈出，使知卧子精思高才殊非当时文士所能企及也。诗中“美人今在秋风里”之句，足证其为秋间所作。又此首后第三首为《上巳行》，第四首为《悲济南》。据《悲济南》诗后附考证云：“崇祯十二年大兵克济南。”则《上巳行》为崇祯十二年春间所作，而《长相思》为十一年秋间所作也。此诗后段自“劝君莫向梦中行”至篇末，皆美人所写红霞之文。“红霞”者，即温飞卿《偶题》诗中“欲将红锦段，因梦寄江淹”之“红锦段”（可参第三章论宋征璧《秋塘曲》“因梦向愁红锦段”句及卧子《吴阊口号》第十首“枉恨明珠入梦迟”句）。而接受河东君所寄“红锦段”之“江淹”，非他人，乃卧子也。“紫鳞”者，传递此红霞之人。此人未知何故，不肯作寄书邮。岂有所顾忌，不欲预人家事耶？卧子“乘风到玉京”及“海天”“琼楼”之语，实本之东坡《水调歌头·丙辰中秋作兼怀子由》词，“明月几时有，把酒问青天”一阕。故卧子诗中“但令”以下之意，即东坡词中“但愿”以下之旨。然则苏、陈词诗之构思用语，亦无不相同也。前论几社名士虽薄宋诗，却喜宋词。观卧子此诗全从苏词转出，可为一证。细玩“美人”一辞，即指河东君。“劝君”之“君”，即指卧子。书中之意，盖劝卧子，不必汲汲仕进，假使得臻高位，亦不为诸权要所容。“海天崎岖”殊切合崇祯朝宦途险巇之情势。观明思宗一朝，宰相得罪者之多可知矣。最后四句意谓“人之相知，贵相知心”，卧子既是其知己，则自不必相守而不去也。至“故人”一语，实用《玉台新咏·一·上山采蘼芜》诗中“故人工织素”之界说，乃指女性而言，即河东君书中取以自况者。此可与前引卧子《满庭芳》词“故人”之语相参较也。河东君此书，其用意遣辞，甚为奇妙。若“何必长相守”之旨，则愿其离，而不愿其合，虽似反乎常情，而深爱至痛，尤有出人意表者。取较崔莺莺致张生书，止作“始乱终弃”，儿女恩怨寻常之语者，更进入一新境界。非河东君之书，不能有此奇意。非卧子之诗，不能传此奇情。由此言之，陈、杨之关系，与钱、柳之因缘，一离一合，甚不相同。而卧子《长相思》一篇，更有深于牧斋之《有美诗》者矣。今日吾人虽得见卧子此诗，但不得见河东君此书，斯诚天壤间一大憾事。惜哉！惜哉！

更有可论者，卧子《长相思》之诗，乃间接用东坡《水调歌头·丙辰中秋》之词意。东坡此词实寄怀其弟子由之作。后来牧斋被逮金陵，《次东坡御史台寄妻诗》（见《有学集·一·秋槐诗集·和东坡西台诗韵六首序》）则又以河东君为子由。河东君自称女弟之问题，上文已详，兹不复赘。今据陈、钱两诗，可知河东君对诸名士，固以“弟”自居，而诸名士亦视之与弟相同也。河东君之文采自不愧子由，卧子、牧斋作诗，以情人或妻与弟牵混，虽文人故作狡狯，其实亦大有理由在也。一笑！

复次，王应奎《柳南随笔·一》“论牧翁次东坡御史台寄妻诗”条（参董潮《东皋杂钞·三》）云：

夫寄弟诗也，而谬曰寄妻。东坡《集》具在，不可证乎？（寅恪案：此点可参《初学集·一三·试拈诗集·上·茗上吴子德舆次东坡狱中寄子由韵感而和之（七律）六首》。是牧斋绝不致误记。其谬以寄弟诗为寄妻诗，乃故作狡狯，可为明证矣。）且伊原配陈夫人此时尚无恙也，而竟以河东君为妻，“并后匹嫡”，古人所戒，即此一端，其不惜行检可知矣。

寅恪案：王氏之论固正，然亦过泥。盖于当日情事犹有未达一间者矣。关于牧斋狱中寄河东君诗其余之问题，俟后第五章详论之，暂不涉及。兹唯举出此重以妻为弟之公案，以供参究。庶几曹洞宗风之诗翁禅伯不致拈放皆成死句也。

《陈忠裕全集·一一·上巳行（七古）》云：

春堤十里晓云生，春江一曲暮潮平。红兰绿芷遥相对，油壁青骢次第行。洛水桥边闭春殿，碧山翠霭回芳甸。陌上绮罗人若云，城隅桃李花如霰。少年跃马珊瑚鞭，道逢落花骄不前。已教步障围烟雾，更取东风送管弦。垂柳无人临古渡，娟娟独立寒塘路。公子空贻芍药花，佳人自爱樱桃树。又有青楼大道旁，楼中红粉不成妆。万里黄龙谁出戍，三年紫燕独归梁。晚下珠帘垂玉箸，尽日凝眸芳草处。无限雕鞍逐艳阳，谁识郎从此中去。

寅恪案：“垂柳无人临古渡，娟娟独立寒塘路”即指河东君而言。盖其最初之名为云娟也（可参第二章“河东君最初姓氏名字之推测”及本章首论宋让木《秋塘曲》节）。颇疑卧子以此诗寄示河东君，其时河东君已改易姓名为“柳隐”矣。（今所见河东君《戊寅草》及《湖上草》皆署“柳隐如是”。《戊寅草》诸作，迄于崇祯十一年晚秋。《湖上草》则为崇祯十二年之作品，更在《戊寅草》之后。据此可证河东君至迟在崇祯十一年秋间已改易姓名为柳隐。又，汪然明（汝谦）《春星堂集·三·游草》有《柳如是过访（七律）》。依汪氏此草《自序》，知柳访汪之时为崇祯十一年戊寅秋间，亦是此时河东君已改易姓字之一旁证也。）光绪重刊《浙江通志·三三·关梁一》“西陵桥”条云：

《西湖百咏》：“在孤山西，即古之西村唤渡处。”《武林旧事》：“又名西林，又名西泠，又名西村。”

则“古渡”一辞，即指西泠而言（可参《西湖志纂·三·孤山胜迹门》“西泠桥”条）。又，温飞卿《雪夜与友生同宿晓寄近邻（五律）》末二句（见《全唐诗·第九函·温庭筠·八》）云：

寂寞寒塘路，怜君独阻寻。

卧子“寒塘路”之语本此（并可参《西湖志纂·三·孤山胜迹门》“白沙堤”条）。“独阻寻”者，即河东君《湖上草·西泠十首》之一“一树红梨更惆怅，分明遮向画楼中”，及同书《西湖八绝句》之五“移得伤心上杨柳，西泠杜宇不曾遮”等句之意。更证以河东君《致汪然明尺牍》第四通“某翁愿作交甫，正恐弟仍是濯缨人耳”，及第五通“今弟所汲汲者，亡过于避迹一事，望先生速择一静地为进退，最切，最感！”等语。可见河东君游寓西湖时，急欲逃避谢三宾之访寻干扰。此种情况，卧子必已知之，故《上巳行》诗“垂柳无人临古渡，娟娟独立寒塘路”两句，不仅用古典，实有当时之本事。若非详悉稽求，则河东君与卧子之关系，藕断丝连之微妙处，不能明了矣。

又，河东君《金明池·咏寒柳》之词，即因卧子《上巳行》之语意而作者也。检今存河东君诸词之著录先后，不知《金明池》一阕，最先见于何本？就寅恪得见者言之，以钱曾《初学集诗注·一八·有美诗》“疏影新词丽”句注，所引河东君原词为最早。但嘉庆七年王昶所选《国朝词综》，虽时间较后，而传播最广。至王氏之所依据，究为何本，则未能考知也。前论牧斋《我闻室》诗“今夕梅魂共谁语”句下原注时，谓此词必非赝作，其作成之时间，最后限断在崇祯十三年冬季。最前限断，未敢决定。若河东君作此词，果受卧子《上巳行》之影响者，则最前限断，当在崇祯十二年春季，或秋季矣。综合今日所见之材料考之，《金明池》一阕，作成之时期，当在崇祯十二年，或十三年。此假设乃依牧斋《我闻室落成》及卧子《上巳行》两诗而成立者。然此外尚有二理由。其一理由，就今得见陈卧子所刻之《戊寅草》及汪然明所刻之《湖上草》两种河东君著作推之，《湖上草》乃崇祯十二年河东君之诗。其赋诗之时日至是年季秋止，未载有词。《戊寅草》乃崇祯十一年冬季以前之作品，诗赋而外，共载词凡十一调三十一阕，并无《金明池·咏寒柳》一词。然则《金明池·咏寒柳》之词，绝不能作于崇祯十一年，而当在十二年或十三年也。其二理由，即就《咏寒柳》词中身世迟暮之感，可以推知。盖当日社会女子婚嫁之期，大约逾二十岁，即谓之晚。顾云美《河东君传》云：“定情之夕，在辛巳六月七日。君年二十四矣。”是顾氏之意河东君年二十四始归于牧斋，已嫌过晚。故今日据顾氏之语意，即可证知当时社会一斑之观念也。若《寒柳》词作于崇祯十二三年间者，则河东君之年为二十二三岁。“美人迟暮”之感，正是此时之谓矣。然则河东君《寒柳》词作于崇祯十二三年间之说，虽不中亦不远也。

关于河东君《金明池·咏寒柳》词之原文，今依钱曾《初学集·有美诗》注所引，并以王昶《国朝词综·四七》所选及传抄本《柳如是集》相参校，附录于下，以俟治史论文之君子考定焉。其词云：

有怅寒潮，（“怅”王本及传抄本均作“恨”。是。）无情残照，正是萧萧南浦。（“是”字可注意。）更吹起，霜条孤影，（“影”字可注意。）还记得，旧时飞絮。况晚来，烟浪斜阳，（“斜阳”传钞本同。非。王本作“迷离”。是。）见行客，特地瘦腰如舞。（“如”字可注意。）总一种凄凉，十分憔悴，尚有燕台佳句。

春日酿成秋日雨。念畴昔风流，暗伤如许。（“如”字可注意。）纵饶有，绕堤画舸，（“舸”传钞本同。王本作“舫”。俱可通。但以作“舸”为是，说见下。）冷落尽，水云犹故。（“云”字可注意。）忆从前，（“忆”传钞本同。是。王本作“念”。非。）一点东风，（“东”传钞本同。是。王本作“春”。非。）几隔着重帘，眉儿愁苦。待约个梅魂，黄昏月淡，与伊深怜低语。（“怜”字可注意。）

寅恪案：河东君此词为世所传诵。前于论牧斋《永遇乐》词与《众香词》中河东君词时，已略及之矣。夫牧斋平生不喜作词，亦不善作词。然忽于崇祯十三年秋间，连作《永遇乐》词四首者，岂当时已见及河东君此词，遂受其影响，破例为此，以与之竞胜耶？兹更有欲言者，即此词为陈、杨关系及钱、柳因缘转折点，而世之传诵者，或未措意及之也。寅恪颇疑“寒柳”之题，即受卧子《上巳行》之影响，前已论及。卧子平生作诗，宗法汉魏六朝及唐人，深鄙赵宋作者，河东君尚未完全脱离卧子以前，其作诗当亦属于几社一派。然卧子之词，则摹拟唐五代之外，亦甚喜宋贤。其长调多学淮海。《满庭芳·送别》词即和少游，尤可为例证。河东君作词，自必深受卧子影响。故《金明池》一阕，亦是和淮海《金明池》之作，所以与少游词同一韵也。（见万红友（树）《词律·二十》秦观《金明池》词。）《寒柳》词之“有恨寒潮，无情残照，正是萧萧南浦”及“纵饶有，绕堤画舸”等句，盖取自汤玉茗《紫钗记》第二十五出《折柳阳关》之《解三酲》中“也不管鸳鸯隔南浦”，并“落照关西妾有夫。河桥路，见了些无情画舸，有恨香车”等句。河东君妙解音律，善歌此曲，遂用兹曲中成语，固无可疑。更检《紫钗记》第八出《佳期议允》云：

（薄幸）（旦上）薄妆凝态。试暖弄寒天色，是谁向残灯淡月，仔细端详无奈。凭坠钗飞燕徘徊，恨重帘，碍约何时再。（浣）似中酒心情，羞花意绪，谁人会。恹恹睡起，几自梅梢月在。

同书第五十三出《节镇宣恩》云：

（催拍）（生）是当年天街上元。绛笼纱灯前一面，两下留连。两下留连。幸好淡月梅花，拾取钗钿。将去纳采牵红，成就良缘。（合）今日紫诰皇宣。夫和妇永团圆。

《寒柳》词之“忆从前，一点东风，几隔着重帘，眉儿愁苦。待约个梅魂，黄昏月淡，与伊深怜低语”与玉茗之曲，其词语有关，尤为明显。“还记得，旧时飞絮”者，用刘梦得《杨柳枝词九首》之九“春尽絮飞留不得，随风好去落谁家”之意（见《全唐诗·第六函·刘禹锡·一二》），暗指崇祯八年首夏之离去卧子，实为高安人、张孺人所遣出。故卧子和少游《满庭芳》词亦云“念飘零何处，烟水相闻”也。“尚有燕台佳句”之语，用《李义山诗集·下·柳枝五首（并序）》及《燕台四首》之古典。又陆游《放翁词·钗头凤》上半阕云：

红酥手，黄縢酒，满城春色宫墙柳。东风恶，欢情薄。一怀愁绪，几年离索。错。错。错。

或谓《寒柳》词当与务观此词有关。“宫墙柳”之“柳”，借指己身之姓，亦即“寒柳”之“柳”。“东风恶，欢情薄”即《寒柳》词“一点东风”及“眉儿愁苦”之出处。“东风”借指卧子之姓，“几隔着重帘”，意谓卧子家庭中高安人以至张孺人之重重压迫，环境甚恶，致令两人欢情淡薄，所以“眉儿愁苦”也。“几年离索”借指崇祯八年己身离去卧子，至十二年赋《寒柳》词，已历数年之时间也。斯说自亦可通，附记于此，以备一解。“约个梅魂，黄昏月淡”除用汤曲外，原出朱淑真《断肠词·生查子》“月上柳梢头，人约黄昏后”之典。（寅恪案：此词见杨慎《词品·二》“朱淑真元夕词”条。至其作者是否为幽栖居士，抑或欧阳永叔、秦少游之问题，于此姑不置论。然就河东君身份言之，自宜认为《断肠词》也。）此固易解，不必多论。但别有可注意者，“东风”“梅魂”之语，则从《东坡集·一三·（元丰）六年正月二十日复出东门仍用前韵（七律）》“长与东风约今日，暗香先返玉梅魂”两句而来。（寅恪案：东坡此诗用意遣辞，实出韩致光《湖南梅花一冬再发偶题于花援（七律）》。见冯应榴《苏文忠诗合注·二二》引何焯语。河东君词固与冬郎诗无涉，但义门所论甚精，故附记于此，以供读苏诗者之一助。又关于用典之问题，可参第一章论钱遵王注牧斋诗条。）与卧子平生鄙薄宋诗者，大异其趣矣。意者，河东君自两游嘉定，与程孟阳、唐叔达、李茂初辈往来以后，始知诗学别有意境，并间接得见牧斋论诗之文字，遂渐受钱、程一派之熏染，而脱去几社深恶宋诗之成见耶？今就《东山酬和集》所录河东君诗观之，实足证明鄙说。由是言之，河东君学问嬗蜕，身世变迁之痕迹，即可于《金明池》一阕，约略窥见。斯殆为昔人所未注意及之者，故附论之如此。至“约个梅魂”之语，“梅魂”虽本出东坡诗，而约个之“约”，则兼用世传朱氏《元夕》词原语。且元夕观灯，与《紫钗记》之玉燕钗有关。可知河东君实以霍小玉自比也。寅恪更疑河东君词中“约个梅魂”句之微旨，复由《玉茗堂还魂记》中“柳梦梅”之名启悟而来。然则河东君之作品，袭取昔人语句，皆能灵巧运用，绝无生吞活剥之病。其天才超越，学问渊博，于此益足证明矣。今读《寒柳》词者，但谓与玉谿生诗相干涉，而不知与《紫钗记》关系最密切，特标出之，以告论文治史之君子。

又，“梅魂”之语，既出于苏集《复出东门》诗，东坡此题后第四题为《二月三日点灯会客》诗，其结语云：“冷烟湿雪梅花在，留得新春作上元。”或者河东君读苏集时，连续披览，因感《紫钗记》中上元观灯，小玉十郎相遇之事，遂糅合苏诗汤曲，削去“上元”之语，以符寒柳之节候，惟梅花之魂，尚留痕迹耳。昔年笺证香山新乐府，详言《七德舞》《二王后》《海漫漫》《捕蝗》诸诗之取材，与《贞观政要》中，篇章次第之关系。今论河东君此词，犹前旨也。

复次，昔时读河东君此词下阕“春日酿成秋日雨，念畴昔风流，暗伤如许”诸句，深赏其语意之新，情感之挚，但尚未能确指其出处所在。近年见黄周星有“云间宋征舆、李雯共拈‘春闺风雨’诸什”之说（见前引沈雄、江尚质编辑《古今词话·词话类下》），及《陈忠裕全集·二十·〈菩萨蛮·春雨〉》词（见前引），始恍然悟河东君之意，乃谓当昔年与几社胜流交好之时，陈、宋、李诸人为己身所作“春闺风雨”之艳词，遂成今日飘零秋柳之预兆。故“暗伤如许”也。必作如是解释，然后语意方有着落，不致空泛。且“念畴昔风流”，与上阕末句“尚有燕台佳句”之语，前后思想通贯。“酿成”者，事理所必致之意。实悲剧中主人翁结局之原则。古代希腊亚力斯多德论悲剧，近年海宁王国维论《红楼梦》，皆略同此旨。然自河东君本身言之，一为前不知之古人，一为后不见之来者，竟相符会，可谓奇矣！

至若瀛海之远，乡里之近，地域同异，又可不论矣。其余可参前论宋让木《秋塘曲》“雨雨风风能痛哭”句，兹不复赘。

综合上述与河东君最有关系之周道登、李待问、宋征舆及陈子龙四人言之，河东君之入周念西家，尚为幼小不自由之身，可置不论。李存我则以忠义艺术标名于一代，自是豪杰之士。宋辕文虽后来进仕新朝，人品不足取，然当崇祯中叶，与河东君交好之时，就其年少清才而论，固翩翩浊世之佳公子也。至于陈卧子，则以文雄烈士，结束明季东南吴越党社之局，尤为旷世之奇才。后世论者，往往以此推河东君知人择婿之卓识，而不知实由于河东君之风流文采，乃不世出之奇女子，有以致之也。语云“物以类聚”，岂不诚然乎哉？

ISBN 978-7-5120-4420-3
9 787512 044203 >

定价 168.00 元（全 3 册）

柳如是别传

（中）

陈寅恪 著

线装書局

第四章 河东君过访半野堂及其前后之关系

此章所论述分为三期。第一期自崇祯八年乙亥秋深河东君离去松江以后起，至崇祯十三年庚辰冬河东君过访牧斋于半野堂止。第二期自崇祯十三年庚辰冬河东君过访半野堂起，至崇祯十四年辛巳夏河东君与牧斋结缡于茸城舟中止。第三期自崇祯十四年辛巳夏钱、柳结缡于茸城舟中起，至崇祯十七年甲申冬绛云楼落成时止。其所依据资料，主要仍为顾苓《河东君传》。此传前章已引者不复重录，兹接录前引顾氏之文有关此三时期者于下。

范锴《花笑庼杂笔·一》顾苓《河东君传》云：

（河东君）游吴越间，格调高绝，词翰倾一时。嘉兴朱治憪为虞山钱宗伯称其才。宗伯心艳之，未见也。崇祯庚辰冬扁舟访宗伯。幅巾弓鞋，着男子服。口便给，神情洒落，有林下风。宗伯大喜，谓天下风流佳丽，独王修微、杨宛叔与君鼎足而三，何可使许霞城、茅止生专国士名姝之目。留连半野堂，文宴浃月。越舞吴歌，族举递奏。香奁玉台，更唱迭和。既度岁，与为西湖之游。刻《东山酬和集》。《集》中称河东君云。君至湖上，遂别去。（寅恪案：河东君虽与牧斋有游西湖之约，但止送牧斋至嘉兴鸳鸯湖，独自径返松江。牧斋别去河东君后，遂往游西湖及黄山也。《东山酬和集》及《初学集》所载甚明，顾氏语有误。金鹤冲《钱牧斋先生年谱》“崇祯十四年辛巳”条云：“正月与河东君游杭州西湖，遂别去。”亦沿顾氏之误。详见下文论证。）过期不至，宗伯使客构之乃出。（《塔影园集·一》“构”作“促”。）定情之夕在（崇祯十四年）辛巳六月初七日。君年二十四矣。宗伯赋《前七夕诗》，属诸同人和之。（《塔影园集·一》“同”作“词”。）为筑绛云楼于半野堂之后。房栊窈窕，绮疏青琐。旁龛金石文字（《塔影园集·一》“龛”下有“古”字），宋刻书数万卷。列三代秦汉尊彝环壁之属，晋唐宋元以来法书。官哥定州宣成之瓷（《秦淮广记·二》之四“成”作“城”），端溪灵壁大理之石，宣德之铜，果园厂之髹器，充牣其中。君于是乎俭梳靓妆，湘帘棐几，煮沉水，斗旗枪，写青山，临墨妙，考异订讹，间以调谑，略如李易安在赵德卿家故事。（《塔影园集·一》“卿”作“甫”。）然颇能制御宗伯，宗伯甚宠惮之。

第一期

此期之问题为自崇祯八年乙亥秋深至崇祯十三年庚辰冬，历时约为五年。其间河东君之踪迹及相来往诸人与牧斋之关系是也。前引卧子诗《乙亥除夕》云“桃根渺渺江波隔”及《长相思》云“美人今在秋风里，碧云迢迢隔江水”，是河东君在崇祯八年乙亥冬间及崇祯十一年戊寅秋间，其所在地与卧子有江波之隔。复据前引河东君《戊寅草·晓发舟至武塘》及《秋深入山》

两诗，更可证知河东君于崇祯八年秋深由松江至盛泽镇归家院，松江与盛泽，即所谓“江波隔”也。此外，能确定河东君离去卧子后，最早常寓之地者，唯第二章所引沈虬《河东君传》中，崇祯九年丙子张溥至盛泽镇徐佛家遇见河东君一事。沈氏既于舟中亲见河东君，则其言自为可信。盖河东君若离去松江他往，则舍旧时盛泽镇之徐佛家，恐亦难觅更适当之地。徐云翾更因将适人之故，自急于招致，使河东君与张轻云、宋如姬、梁道钊诸名姝相互张大其队伍也。但河东君此次之居徐佛家，乃与前此未入周道登家时之为云翾婢者，其身份迥异。沈次云牵混前后不同时间之身份，以河东君于崇祯九年尚为云翾之婢，殊为舛误。前释宋让木《秋塘曲》“初将玉指醉流霞”句，已辨及之，读者可参阅也。

崇祯九年间，河东君之踪迹，已于前论河东君第二次嘉定之游节详述之，兹不复赘。唯崇祯十年丁丑关于河东君之材料，尚未发见，故姑从阙如，以俟更考。倘承博识通人有所赐教，则幸甚矣。至于崇祯十一年戊寅河东君之踪迹，则颇有材料可以依据，兹论释之于下。

葛昌楣君《蘼芜纪闻·上》载王士禄《宫闺氏籍艺文考略》引《神释堂诗话》略云：

河东君早岁耽奇，多沦荒杂。《戊寅》一编，遣韵缀辞，率不可诘。最佳如《剑术行》《懊侬词》诸篇，不经剪截，初不易上口也。然每遇警策，辄有雷电砰爙、刀剑撞击之势，亦鬟笄之异致矣。《尺牍》含咀英华，有六朝江鲍遗风。又云，如是尝作《男洛神赋》，不知所指为谁？其殆自矜八斗，欲作女中陈思耶？文虽总杂，题目颇新，亦足传诸好事者。

寅恪案：《神释堂诗话》之评语，在未得见卧子所刻《戊寅草》以前，尚不甚明了其所指。今幸得此书钞本，始恍然知其所评之允当也。《戊寅草》首载卧子一序、诗一百零六首、词三十一阕、赋三篇。至诗余一类，疑即《众香词》选《柳是小传》所谓《鸳鸯楼词》者，前已论及。复据杨、陈关系第二期所录河东君《戊寅草》中诸词之考证，其作成时代，皆不能后于崇祯八年。故《戊寅草》中之词，当即是《鸳鸯楼词》。卧子是否在刻《戊寅草》前，已别刻《鸳鸯楼词》，今不敢决言。但就杨、陈二人关系观之，以崇祯八年为最密切。卧子《自撰年谱》"崇祯八年乙亥"条云："是岁有《属玉堂集》。"夫"属玉堂"与"鸳鸯楼"两名，乃对称之辞。故疑《鸳鸯楼词》果先别有刻本者，亦当在崇祯八年，至迟亦不逾九年也。赋三篇依前所考证，其作成时间皆在崇祯九年以前。诗则若依前所论《八月十五夜》一首，乃崇祯八年中秋与卧子同赋，而排列偶错，仍应计入崇祯八年所作诗之内者。故此首以上共一百零一首，皆是崇祯八年秋深以前所作。其余自《答汪然明》至《咏晚菊》止，共四题五首，皆是崇祯十一年秋间所作。与其前一百零一首之作于崇祯八年秋季以前者，其时间相距有三年之久，何以河东君此三年内所作之诗，竟无一篇列于《戊寅草》？其中必有待发之覆。今日虽不能详究其故，姑就崇祯十一年河东君及卧子之踪迹推测，或可备一解也。

河东君于崇祯十一年戊寅秋间，曾游西湖，详见下论汪然明《春星堂集·三·游草》"柳如是校书过访诗"等条所考。兹暂不论及。（又，寅恪曾见神州国光社影印蒋杲赐书楼藏《柳如是山水册》末帧河东君题款中，有报人为其作《西泠采菊长卷》之语。若此画果为真迹者，则更可与《戊寅草》中所载诗最后一首《咏晚菊（五律）》相参证。并疑亦是崇祯十一年戊寅秋间河东君曾游西湖之一旁证也。俟考。）至若卧子之踪迹亦有崇祯十一年戊寅秋间曾过西湖之事实。据《陈忠裕全集·自撰年谱·上》“崇祯十一年戊寅”条云：

冬，石斋师以谪还，居禹航之大涤山。予往谒之，赋诗而归。

及同书一四《湘真阁集·石斋先生筑讲坛于大涤山即玄盖洞天也予从先生留连累日（五言律诗）八首》（参同书一二《三子诗稿·寄献石斋先生（七言古诗）五首》之一自注云：“指戊寅冬事也。时侍师于禹航。”）云：

（诗略。）

又《黄漳浦集·二四·大涤书院记》（参同书所载庄起俦撰《漳浦黄先生年谱》“崇祯十一年戊寅”条）略云：

戊寅冬，余再以逐客南旋。缅念斯山，睽违七载。又以中途警听边氛，未忍恝然绝帆胥江，遂复诛茅其间，徘徊日夕。当时同游者，为嘉兴倪梅生（先春），汪尔陶（梃），钱仲雍（琳），萧山曹木上（振龙），松江陈卧子（子龙）。时卧子以桐杖不遂登高。（寅恪案：此时卧子尚服其继母唐孺人之丧。故石斋引《小戴记·丧服小记》母丧桐杖之义以为说。其实《陈忠裕全集·一六·湘真阁集》有《戊寅九日同闇公舒章诸子登高之酌（七律）二首》。读之不觉发笑也。）余病未之能从也。

及同书四一《五言律·出大涤将渡胥江而羲兆木上诸兄又申湖上之约会倪鸿宝祭酒来自山阴遂偕朱士美（等）同入灵隐登韬光有作属鸿宝羲兆木上和之四章》云：

（诗略。）

及同书同卷《（陆自岩）曾瞻（陈子龙）卧子同过灵隐二章》（寅恪案：此诗排列次序先后疑有误）云：

约尔巢松去，逢余坠叶时。

寅恪案：崇祯十一年冬卧子至余杭大涤山谒石斋后，又从石斋至杭州游西湖。此据陈、黄两《集》诗文可考而知者。疑卧子自松江至余杭，往返皆经杭州。其从石斋游西湖之后，当即还家。但其往余杭谒石斋经杭州之时，可能在十月以前，即季秋之月。此时或与河东君相值于西湖。或二人先后差错，未得相遇，均未可知。今既难证实，可置不论。鄙意卧子或在杭州取其旧所藏河东君崇祯八年秋深以前之作品，托人刊刻，而受托刊刻之人遂并取所见河东君最近之诗，附录于后。此《戊寅草》诗中所以缺去崇祯八年秋深以后、崇祯十一年秋季以前作品之故欤？若所揣测不误，则《戊寅草》之刊行，主持发起者，为陈卧子，董理完成者，为汪然明。后来汪氏又刻《河东君尺牍》，远倩林天素为之序。今《戊寅草》虽首载卧子之《序》，但亦不必拘泥认为卧子实亲自督工刊刻也。

复次，河东君崇祯十一年戊寅之踪迹，可于汪然明《春星堂集·三·游草》中得窥见一二。汪氏《集》中疑本有与河东君有关之作甚多，后来因牧斋关系，遂多删去不存，殊可惜也。

《春星堂集·三·游草·余久出游柳如是校书过访舟泊关津而返赋此致怀》云：

浪游留滞邈湖山，有客过从我未还。不向西泠问松柏，遽怀南浦出郊关。两峰已待行云久，一水何辞拾翠悭。犹疑春风艳桃柳，挐舟延伫迟花间。

同书同卷《无题》云：

明妆忆昨艳湖滨，一片波光欲荡人。罗绮丛中传锦字，笙歌座上度芳辰。老奴愧我非温峤，美女疑君是洛神。欲访仙源违咫尺，几湾柳色隔香尘。

寅恪案：汪氏《游草》卷首载其《秋游杂咏自序》云：

崇祯（十一年）戊寅季秋汪汝谦书于摄台。（寅恪案：《春星堂诗集》首《汪然明小传》云："所居曰'春星堂'。其为董尚书题榜者，曰'梦草斋'，'听雪轩'。陈眉公题榜者，曰'摄台'。"又，《春星堂诗集·六》汪鹤孙《延芬堂集·上·寄怀春星堂诗》"楼台堪对月，四面摄烟霞"句，自注云："大父玩月处，眉公征君题曰'摄台'。谓四面湖山俱能摄入也。"寅恪颇疑梅坡解释"摄台"所以命名之意，不过从其家人传述而来。盖有所讳饰，未必得此台名之真意。据同书三《梦草》附载陈眉公《纪梦歌跋》云："听雪堂侍儿非异人，即天素也。五丁摄之来试君耳"并同书一《不系园集·不系园记》云"陈眉公先生题曰'不系园'"及同书《随喜庵集》题词云"董玄宰宗伯颜曰'随喜庵'"。然则依当时惯例，命名题字，多出于一人。故"摄台"既为眉公题字，其命名当亦出自眉公。眉公既谓五丁摄天素来试然明于梦中，所以即取"摄"字以为台名耶？姑识所疑，以俟更考。）

又，汪氏《游草》最前一题为《仲秋同无方侄出游》，最后一题为《出游两月归途复患危病》是然明以崇祯十一年八月出游，约经两月，始归杭州。《柳如是校书过访》诗在此《草》中逆数第三。《无题》诗为逆数第二。据此推之，河东君于崇祯十一年季秋，曾游杭州也。《无题》一诗，与《柳如是校书过访》诗连接，此诗中又藏有“柳”“是”二字，则为河东君而作，可确定无疑。或者原题亦非如此，今题殆复为后来然明所讳改耶？

复次，然明《无题》诗不仅藏有河东君姓名，颇疑此诗中尚有河东君之本事。其第二联，自指《戊寅草》中《男洛神赋》而言，无待详证。其第一联上句，恐指河东君《湖上草·清明行》而言，盖苏蕙回文锦字，乃赠宝滔之作品（见《晋书·九六·宝滔妻苏氏传》。可参《文苑英华·八三四》及《全唐文·九七》武则天《苏氏织锦回文记》，冯应榴《苏文忠公诗合注·二一·次韵回文三首》及所附《江南本织锦图·上·回文三首》题下注。并阮阅休（阅）《诗话总龟后集·四一·歌咏门》引《东观余论》及《侍儿小名录》等）。《清明行》末二句云：“盘螭玉燕不可寄，空有鸳鸯弃路旁。”亦与若兰回文锦字同意，并用玉茗堂《紫钗记》之旨，余详后论《清明行》节。《无题》诗第一联下句，殆用杨景山“榆柳芳辰火”句（见《全唐诗·第五函·杨巨源·清明日后土祠送田彻（五律）》）。故“芳辰”二字实谓“清明日”与其他泛指者，如《东山酬和集·二》牧斋《二月十二春分日横山晚归作》末句“与君遥夜共芳辰”之“芳辰”不同。钱诗此题之“芳辰”，与“佳辰”“良辰”同意。（可参同书同卷河东君和诗“安歌吾欲撰良辰”句。）至若《石头记》第六十三回《寿怡红群芳开夜宴》中妙玉祝宝玉生日纸帖云“槛外人妙玉恭肃遥叩芳辰”，其以“芳辰”为生日之别称，未知所出。岂栊翠主人亦目怡红公子为群芳之一芳耶？呵呵！

《戊寅草》中诸作品，诗余及赋两类，前皆已论证。诗则以其篇什较众，语意亦多晦涩，已择其重要者，考释之矣。兹再就前所未及，而较有关者，略论述之于下。

《戊寅草》诗最后四题五首，观其题目及诗语，皆与秋季有关，即崇祯十一年戊寅河东君在西湖所赋，而董理刊刻此稿之人，取以附录于诗一类之后者也。

《答汪然明》云：

微雰独领更幽姿，袖里琅玕今尚持。天下清晖言仲举，平原高会有当时。

因思木影苍林直，为觉西泠绣羽迟。便晓故园星剑在，兰皋秋荻已荒靡。

寅恪案：前已论述《春星堂集·三·游草》中有七律二首，即《柳如是校书过访》及《无题》两诗，皆为河东君而作者。河东君此诗疑是答汪氏第一诗，而汪氏《无题》一诗，则又答河东君此诗者也。河东君此诗乃牧斋所谓“语特庄雅”者（见《东山酬和集·一》牧斋第一次答河东君诗题），斯亦河东君初次与人酬和，自高身份之常例，殊不足为异。但“因思木影苍林直，为觉西泠绣羽迟”一联，上句谓素仰然明尚侠之高风，下句谓不以已身访谒汪氏过迟为嫌。语意亦颇平常，岂料然明再答以《无题》一诗，中有“老奴愧我非温峤，美女疑君是洛神”一联，含有调戏之意，已觉可笑。至后来然明刊集时，改易此诗之原题为《无题》，以免牧斋之嫌妒，更觉可笑矣。

《九日作》云：

离离鹤渚常悲此，因迴（？）含霞夕树平。不有霸陵横意气，何人戏马阅高清。崚风落叶翻翔婉，菊影东篱欲变萦。寂寞文园事（？）屡至，海云秋日正相明。

寅恪案：前引黄石斋《大涤山记》，知卧子于崇祯十一年戊寅九月九日实在大涤山。今据此诗知河东君是日适在西湖也。两地违隔，倍深思旧之情，故此诗末二句及之。“文园”自是以司马相如指卧子。“事”字疑是“书”字之讹。然则此时河东君当屡得卧子手书，其中或亦论及刊刻《戊寅草》事耶？

《秋尽晚眺二首》云：

西峦已降青蒙色，耿木澄枝亦见违。远观众虚林磬淡，近联流冥赤枫肥。相听立鹤如深意，侧儆寒花薄暮矶。为有秋容在画角，荒台多是草漪菲。

流澌纷影入鱼梁，药径秋岩气已伤。天下嶙峋归草阁，郊原深永怯牙樯。烟苞衰柳余晴媚，日蔼江篱落照黄。更自红霜夜明灭，文涟丹溜总相妨。

《咏晚菊》云：

感尔多霜气，辞秋遂晚名。梅冰悬叶易，篱雪洒枝轻。九畹供玄客，长年见石英。谁人问摇落，自起近丹经。

寅恪案：《九日作》诗有“菊影东篱欲娈萦”句。《秋尽晚眺》及《咏晚菊》两题，皆以菊为言。斯盖河东君以陶渊明、李易安自比，亦即此时以“隐”为名之意也。细思之，河东君之身份，与陶、李终不相同，虽《秋尽晚眺》第一首“侧儆寒花薄暮矶”，第二首有“烟苞衰柳余晴媚”等语，但“寒花”指菊，既非“拟人必于其伦”之义。“衰柳”则就河东君此时之身世论，似尚不可言“衰”。第三章言河东君于崇祯十二年受卧子是年《上巳行》诗“寒柳无人临古渡”句意之启发，遂赋《金明池·咏寒柳》词一阕，鄙说固不敢自信为必然，要可与河东君此数诗共参究也。据蒋杲赐书楼所藏《柳如是山水册》末帧，乃河东君酬报友人为其画采菊长卷者。今止见影印本，作长卷者之名字甚不清晰，未易辨实。河东君题款中有“西泠采菊长卷”之语，恐与《秋尽晚眺》第一首“为有秋容在画角”句有关。盖指友人为其作《西泠采菊长卷》而言也。又观《秋尽晚眺》第二首“流澌纷影入鱼梁”及“天下嶙峋归草阁”之语，则河东君此时所居之处，殆一寻常之临水客舍，与后来即崇祯十二年再游西湖，借居“桂栋药房”之汪然明别墅者，情况迥异，取此诗与《河东君尺牍》第一首参较，汪氏好客任侠之风，可窥见一斑矣。《咏晚菊》诗“九畹供玄客，长年见石英”一联，或谓用《离骚》“余既滋兰之九畹兮”及“夕餐秋菊之落英”。“石英”之“石”，若非“食”即“餐”之意，以音同而误写，则当指石上或石间之菊英而言耳。其说亦自可通。

《戊寅草》中除卧子、汪然明外，其他与河东君往来唱酬诸名士，如宋尚木（征璧）之类，其事迹作品，皆甚显著，可不多述。尚有一二当时名士之可考者，则略论及之，可借此窥见河东君当日友朋交际之情况也。更有可注意者，即《戊寅草》作品中，绝不见有宋辕文（征舆）及李舒章（雯）二人之姓氏名字一事。此《草》之绝大部分为卧子之旧藏，其无辕文之名字，固由杨、宋两人曾有微妙之关系，卧子之删去不录，亦颇易解。至舒章则何以绝不一见其名字，其故今不易知，或者河东君崇祯八年首夏离去松江之南园南楼迁居当地之横云山，实与舒章有关。盖舒章家本有别墅在其处。兹不须详考，若一检《陈忠裕全集·十·属玉堂集·雨中过李子园亭》诗题下附考证引《李舒章集·张卿（南垣）行》诗“我家横山若培塿，开生幸入虎头手”，又引《梅村集·张南垣传》“其所为园，李工部之横云”，并参第三章论卧子《秋居杂诗十首》之七“遨游犬子倦，宾从客儿娇”自注“舒章招予游横云，予病不往”及曹溶《静惕堂诗集·十一·李氏横山草堂歌》等，即可证知。职是之故，颇疑河东君之迁居横云，舒章实为地主。卧子之删去舒章名字，殆由于此耶？韩君平诗云：“吴郡陆机为地主，钱塘苏小是乡亲。”上句之切合舒章，固不待言，下句则可参后论《有美诗》涉及河东君自称为松江籍事。故河东君亦可谓舒章之乡亲矣。一笑！

《戊寅草》中有《朱子庄雨中相过（七古）》一首，其诗颇佳，今录之于下。诗云：

朱郎才气甚纵横，少年射策凌仪羽。（“凌仪羽”一本作“真霞举”。）岂徒窈窕扶风姿，海内安危亦相许。朝来顾我西郊前，咫尺蛟龙暗风雨。沉沉烟雾吹鸾辀，四野虚无更相聚。君家意气何飞扬，顾盼不语流神光。时时怅望更叹息，叹吾出处徒凄伤。天下英雄数公等，我辈杳冥非寻常。嵩阳剑器亦难取，中条事业皆渺茫。即今见君岂可信，英思倜傥人莫当。斯时高眺难为雄，水云漻落愁空蒙。鸳塘蓉幕皆寂寞，神扉开阖翔轻鸿。苍苍幽梦坠深碧，朱郎起拔珊瑚钩。风流已觉人所少，清新照耀谁能俦。高山大水不可见，骚人杰士真我谋。嗟哉朱郎何为乎，吾欲乘此云中鹄，与尔笑傲观五湖。

寅恪案：曹溶《静惕堂诗集·二九·送朱子庄北上赴选（七律）二首》，其第一首略云：

辞家北指蓟台云，射策恢奇海内闻。重忆先朝遗烈在（自注：“谓其祖文恪公。”寅恪案：“文恪”乃明大学士秀水朱国祚之谥），芝兰今日又逢君。

同书同卷《送朱子庄令宜春（七律）二首》（题下自注："时携广陵姬同行。"），其第一首有句云：

重喜明时早致身。

同书三《挽朱子庄（五古）二首》，其第二首略云：

并辔越承明，直入邯郸市。挟瑟燕姬床，容貌若桃李。

惜哉青春姿，独处重帷里。服药媚红颜，终为悦己死。

今检道光修《宜春县志·秩官门》"明知县"栏载：

朱茂暻，秀水人，进士。崇祯十三年任。

吴道昌，贵州人，举人。十七年任。

同书二二《名宦门·明朱茂暻传》略云：

朱茂暻，字子庄，秀水人。崇祯十四年令宜春。（寅恪案：《表》作"十三年"，《传》作"十四年"，相差一岁。疑《传》有误，当从《表》为是。）精勤莅治，剔奸戢豪。性喜延揽，与诸生课文品题，竟日无倦色。

又，陈卧子评选《皇明经世文编》中，宋征璧所撰《凡例》亦列有槜李朱子庄（茂暻）之名。可知朱子庄乃一年少貌美、豪气纵横之风流世胄。柳、曹两诗所言颇多符合。故河东君诗题之朱子庄，即是此人无疑。但须注意者，同时别有一朱子庄，名容重，明之宗室宁献王九世孙。事迹见张庚《国朝画征录·上》"八大山人"条所附及陈田《明诗纪事·甲·二·下》。读《戊寅草》者，不可误认也。

《戊寅草·送曹鉴躬奉□使之楚藩（七律）二首》云：

纷纷玄意领群姿，寂寞遥闻向楚时。文学方须重邺下，乘传今更属龙池。澄江历乱吴云没，洛浦皋烟帝子悲。不是君才多壮敏，三湘形势有谁知。

扬舲历历大江阴，极目湘南才子临。楚水月明人澹黯，吴川枫动玉萧森。因看淮幕风云壮，未觉襄郧烽火深。顾吾相逢增意气（寅恪案：“吾”字为虞韵平声。此处应读仄声，方协声律。检嘉庆修《松江府志·四五·选举表》“举人”栏“崇祯三年庚午‘李待问’”下注“字存吾”。可为松江土语“吾”“我”同读仄声之一旁证也），如今无事只遥吟。

王士祯《思旧录·二·曹溶小传》（可参《浙江通志·一七九·文苑·二》及光绪修《嘉兴府志·五二·曹氏本传》）云：

溶，字鉴躬，号秋岳，别号金陀老圃。浙江秀水人。崇祯（十年）丁丑进士。

《国榷》卷首之一“各藩”栏“楚王”条末载：

武冈王显槐。宣化王华壁。

曹溶《静惕堂诗集·二九·入楚（七律）》云：

中朝翼轸动文墟，楚国名山入诏书。楼上鹤声回四牡，湘南秋色老三闾。

搴流蘅蕙王孙宅，绕地云霞使者车。无俟祝融攀禹迹，章台梦泽总悲歔。

寅恪案：秋岳与河东君两人之诗，其中相符合者颇多，曹氏此次入楚封藩，或封宣化王华壁，或封武冈王显槐嗣子华增。依柳、曹诗“湘南”之语，则封武冈王之可能较大。此问题颇复杂，今难详确考证。（可参《明史·一一六·楚昭王桢传》并《皇明经世文编·四五四·郭文毅（正域）集·直陈楚藩行勘始末疏》及同书四五八《孙宗伯（慎行）集》“题为恭承恩诏谨条钤束楚宗事”等。）但奉使封藩，必在鉴躬中式进士登朝以后始有可能。然则河东君此题乃崇祯十年丁丑或更后之时间，遥闻秋岳奉使，遂有是作。此二律在《戊寅草》列于《晓发舟至武塘》前第七题。《晓发舟至武塘》一题，乃崇祯九年丙子秋深所赋，详见后论。由是言之，《戊寅草》中诸诗排列，亦不尽依时间先后，斯可为一例证也。

《戊寅草》中更有一可注意之诗，即《赠友人（七古）》一首。此诗以前后排列推之，当作于崇祯七年甲戌。兹移录此诗并论证之于下。

《赠友人》云：

霏微杂雾吹在野，朗月清灵飞不下。流觞曲沼层波青，金塘白苎苍凉夜。矜严之气通英词，神锋高涌涛声时。与君突兀论情愫，四座靓默皆凝思。君言磊落无寻常，顾盼纵横人不知。当年颇是英雄才，至今猛气犹如斯。我闻起舞更叹息，江湖之色皆奔驰。即今天下多纷纷，天子非常待颜驷。丈夫会遇讵易能，长戈大戟非难为。一朝拔起若龙骧，身师（帅？）幽并扶风儿。大羽插腰箭在手，功高跃马称精奇。偶然蠖落在榛莽，亦当结客长杨湄（扬眉？）。甘泉五柞马虽下，蓝田柳市人多推。千秋以是垂令名，四海因之争心期。嗟哉凤凰今满野，有时不识如山鹈。君家北海饶异略，屠肆知为非常姿。一旦匿之心胆绝，三年天下无猜疑。君今负义亦如此，得非石室山人无。揽（览？）君萧壮徒扼腕，城头击鼓乌夜呼。伟人豪士不易得，伟人豪士不易得，得之何患非吾徒。

寅恪案：此“友人”不显著其姓名，果为何人耶？诗云：“君家北海饶异略。”检《后汉书·列传·五四·赵岐传》略云：

岐遂逃难四方，自匿姓名，卖饼北海市中。时安丘孙嵩年二十余，游市见岐，察非常人。停车呼与共载。岐惧失色。嵩乃下帷，令骑屏行人，密问岐曰："视子非卖饼者。又相问而色动，不有重怨，即亡命乎？我北海孙宾石，阖门百口，执能相济。"岐素闻嵩名，即以实告之，遂以俱归。藏岐复壁中数年。因赦乃出。

可知此友人之姓氏为孙也。又检《陈忠裕全集·一二·三子诗稿·赠孙克咸（七古）》，题下附考证引王士祯《肆雅堂诗集序》（参陈田《明诗纪事·辛签·六》"孙临"条）云：

孙先生讳临，字克咸，更字武公。少司马晋季弟。少读书任侠，与里中方密之、周农父、钱饮光齐名。所为歌诗、古文、词，流传大江南北。崇祯末，流贼蹂楚豫，阑入蕲黄，英寥间皆为战场，皖当其冲。先生渡江走金陵，益散家财，结纳奇材剑客，与云间陈大樽、夏瑗公、徐复庵三君厚善。大樽赠先生诗曰"孙郎磊落天下才"云云，著其事也。

及陈卧子先生《安雅堂稿·一四·书牍类·答方密之（以智）》云：

足下与李子（舒章）、孙子（克咸）、周子（勒卣）辈皆落落，惟弟幸通籍末。

复证以河东君及卧子诗并阮亭《序》所言任侠尚武之事，则此孙姓友人，恐非克咸莫属。又《戊寅草》中有《剑术行》一篇，《神释堂诗话》极称赏之。今录其诗于下，并可参《陈忠裕全集·十·属玉堂集·剑术行》。依陈诗题下案语，以为或是赠方密之之作。鄙意杨、陈两诗题目既同，时间相近，不知是否俱为赠孙氏之作。或由孙氏转致密之，亦未可知。姑存此疑案，以待参究。

《戊寅草·剑术行》云：

西山狐鸟何纵横，荒陂白日啼鼯鼪。偶逢意气苍茫客，须眉惨淡坚层冰。手无风云但悍疾，挟我双骑西南行。未闻马上言龙骧，已见门前悬弓戟。拂衣欲走青珊瑚，澒洞不言言剑术。须臾树杪雷电生，玄猿赤豹侵空冥。寒锋倒景不可识，阴崖落木风悲吟。（“吟”一作“鸣”。）吁嗟变化须异人，时危剑器摧石骨。我徒壮气满天下，广陵白发心恻恻。视此草堂何为者，雄才大略惟愁疾。况看举袖星辰移，海童江妾来迟迟。杰如雄虺射婴茀，矫如胁鹄离云倪。萃如列精俯大壑，翁（翳？）如匹练从文狸。奇鸧孤鹗眼前是，阴云老鹤徒尔为。丈夫虎步兼学道，一朝或与神灵随。独我慷忾怀此意，对之硉矹将安之。

复次，河东君《赠友人》诗之“友人”果为孙克咸者，则孙氏尚有与葛嫩一重公案。余怀《板桥杂记》述之颇详，因附录之。且因澹心此条涉及杨龙友事。而龙友节义、文艺皆可流传。今日因孔尚任《桃花扇传奇》，于龙友为人颇多诬诋，遂致论人论世皆乖史实。兹以其与卧子辈及松江有关，故余氏所记涉及龙友者，亦不删略，庶其可杜浅识悠悠之口云尔。

余澹心（怀）《板桥杂记·中·丽品门》“葛嫩”条云：

葛嫩，字蕊芳。余与桐城孙克咸交最善。克咸名临，负文武才略。倚马千言立就，能开五石弓，善左右射。短小精悍，自号飞将军。欲投笔磨盾，封狼居胥。又别字武公。然好狭邪游，纵酒高歌，其天性也。先昵朱市妓王月，月为势家夺去，抑郁不自聊。与余闲坐李十娘家。十娘盛称葛嫩才艺无双，即往访之。阑入卧室，值嫩梳头，长发委地，双腕如藕，面色微黄，眉如远山，瞳人点漆。教请坐。克咸曰："此温柔乡也。吾老是乡矣。"是夕定情，一月不出。后竟纳之闲房。甲申之变，移家云间，间道入闽，授监中丞杨文聪事。兵败被执，并缚嫩，主将欲犯之。嫩大骂，嚼舌碎，含血噀其面。将手刃之。克咸见嫩抗节死，乃大笑曰："孙三今日登仙矣。"亦被杀。中丞父子三人同日殉难。

崇祯十二年、十三年间，河东君之踪迹更可于汪然明所刊河东君《湖上草》及《尺牍》两书中得其梗概。今北京中国科学院藏柳如是《湖上草》并《尺牍》钞本后附载：

汪然明以柳如是《尺牍》并《湖上草》见贻口占二绝

汪郎元是有情痴，一卷投来湖上诗。脱尽红闺脂粉气，吟成先吊岳王祠。

谪来天上好居楼，词翰堪当女状头。三十一篇新尺牍，篇篇蕴藉更风流。

甲申冬日，仙山渔人林云风题于檇李归舟。（寅恪案：《佚丛甲集·牧斋集外诗》附《柳如是诗》载南祴跋语，称孙龙尾钞本。卷尾有"武陵渔人"一跋，并附此跋。但"武陵渔人"与此"仙山渔人"即林云风者，当非一人。）

上二种原本藏城南徐子晋家。

寅恪案：此为汪然明刊行河东君《湖上草》及《尺牍》之确证。瞿氏铁琴铜剑楼所藏，虽《湖上草》与《尺牍》合为一册，但无此附录，当是后来传钞所删遗也。此两书中，《尺牍》一种实为最有价值之史料。惜钞本多脱误，不易通解之处颇不少。杭州高氏藏有明刻本《湖上草》及《与汪然明尺牍》，寅恪未得亲见，闻上有“曾在旧山楼”印，然则此本乃虞山赵次侯（宗建）家旧物也（参叶昌炽《藏书纪事诗·七》）。据云，《湖上草》为写刻，《尺牍》则宋体字，但皆有讹误脱漏之处。故间接转托校雠外，仍依诸钞本，并参王秀琴女士、胡文楷君编选《历代名媛书简》本移录，略附鄙见，为之斠补。兹仅能择其资考证饶趣味者论释之。至《湖上草》诸诗，原文具在，读者可自得之，不必多论。其有关考证者，亦于诠释《尺牍》及他处言及之，不复重赘。惟缀数语并择录最佳之作数首，俾见河东君当日行踪交游之一二而已。

关于林氏事迹，同治修《苏州府志·八七·长洲林云凤传》，引徐晟《存友札小引》云：

启祯间以诗名吴中。其诗稳顺声势，格在中晚间，不为一时锺、谭所移。年八十余卒。

又《初学集·十·崇祯诗集·六·乙亥中秋吴门林若抚胡白叔二诗人引祥琴之礼劝破诗戒次若抚来韵四首》、《东山酬和集·二》牧翁《六月七日迎河东君于云间喜而有述四首》中第一、第二、第三首后，附有林云凤（若抚）和章。《有学集·二·秋槐诗支集·宴新乐小侯于燕誉堂林若抚徐存永陈开仲诸词人并集诗》、同书钱遵王《注》本五《绛云余烬集·下·林若抚挽词》、《列朝诗集·丁·一三》唐时升诗中《咏雁字二十四首序》云：

郡人林若抚所赋《雁字》十首，讽咏久之，清婉流丽，姿态横生，飘飘有凌云之思。

《明诗综·七一》选录林云凤诗三首，并附录《诗话》一则。徐釚《本事诗·七》选林氏《鞋杯行》《虎丘宴集观女郎蹴踘行》《阴澄湖舟中观众女郎沐发歌》及《陈保御席上赋得相逢行赠白小姬》等四首。吴伟业《梅村家藏稿·七·梅花庵话雨同林若抚联句》，毛晋《和友人诗》卷内有林氏《酒蕈》诗及子晋所作《丁亥六月望日若抚七十初度》诗。程嘉燧《耦耕堂存稿诗·中》载《山庄逢林若抚话旧次韵》及《泛湖和林若抚韵》，黄宗羲《思旧录》“林云凤”条，均可供参考。

河东君《与汪然明尺牍》共为三十一通。观林云凤“三十一篇新尺牍”之句，可以为证。王秀琴女士、胡文楷君编选《历代名媛书简·四·柳是致汪然明书》共三十通，即钞自瞿氏所藏者，盖误合第八、第九两简为一通也。其后又载《柳是寄钱牧斋书》一篇，下注云：“清代名人情书。”柳是此书最初由来，尚未能考知。但观其内容，事实乖谬可笑，且词旨鄙俗，读之令人作呕，必是伪撰无疑。今竟与《致汪然明尺牍》共列选中，何厚诬河东君之甚？此不得不为之辨明者也。

兹先论河东君《致汪然明尺牍》最后一简，即第三十一通。以其关涉汪氏刻行此书之年月故也。其文云：

尺素之至，甚感相存。知虞山别后，已过夷门，延津之合，岂漫然耶？此翁气谊，诚如来教。重以盛心，引视明恺。顾惭菲薄，何以自竭？惟有什袭斯言，与怀俱永耳。武夷之游，闻在旦夕，杂佩之义，于心阙然。当俟越橐云归，或相贺于虞山也。应答小言，已分嗤弃，何悟见赏通人，使之成帙。非先生意深，应不及此。特有远投，更须数本，得飞桨见贻，为感！非渺诸惠，谢谢。四箑草完，不尽。

寅恪案：汪氏《春星堂诗集·四·闽游诗纪》第一题为

《暮春辞家闽游》。又此集首载崇祯辛巳中秋闽漳王志道所撰《序》云：

其少也，尝散千金以济游客，客遂侠之。

故知书中所谓“武夷之游”，即指然明赴闽访林天素之行。此行开始于崇祯十四年辛巳暮春。河东君既言“闻在旦夕”，则河东君复此书时，恐即在是年三月间也。所可笑者，然明此行本专为访觅林天素，但天素终未能与之偕归西湖。河东君“当俟越橐云归，或相贺于虞山”之言，盖有双关之意。一为然明自闽返时，己身或已归虞山钱氏。二为然明或与天素同至虞山，故可相贺。词旨殊为微妙。惜然明此行空劳往返，是其“天福”即艳福（见第三章论牧斋《采花酿酒歌》），远不及牧斋也。后来李笠翁（渔）作《意中缘》剧曲，以杨云友配董玄宰，林天素配陈眉公。游戏之笔，殊有深意。（陈文述《兰因集·下》载汪端《翁大人重修西湖三女士墓诗》之三“轻薄姻缘说意中”句下自注云：“李笠翁撰《意中缘》，以云友配董香光，谬论也。”寅恪案：自然好学斋主人混合文学想象与历史事实为一事，未免过泥矣。）然不及柳如是配钱牧斋，林天素配汪然明，更为理想之因缘。此点笠翁亦未尝不知，不过当时尚有避忌，不便公然形诸楮墨。其中间有关涉然明者，则以“江怀一”或“江秋明”之假名代之，实不得已也。（寅恪案：《春星堂集·五·梦香楼集》中载有李渔《次韵然明诗（七绝）四首》，但今检《笠翁集》中与然明有关之诗词，惟卷五《元宵无月次汪然明封翁韵时座有红妆（五律）》一首及卷六《清明日汪然明封翁招饮湖上座皆名士兼列红妆（七律）》一首。其第二句云：“园在西陵不系舟。”自注云：“舟名不系园。”又卷八《行香子》词一阕题为

《汪然明封翁索题王修微遗照》等。至汪氏《梦香楼集》附载之诗，则未见也。又《牧斋外集·二五》有顺治十八年辛丑夏日所作《李笠翁传奇戏题》一篇，可供参证。若《曲海提要·二一》“意中缘”条所考，则颇疏略，殊不足取也。）笠翁此书请黄媛介作序，盖以皆令与戏中女主人类似之故。黄《序》自写其身世之感，辞旨颇佳。此书卷上复载“禾中女史（卷下作“闺史”）批评”之语。媛介为嘉兴籍，“禾中女史”或“闺史”，自是皆令。其第八出《先订》中，林天素答董思白谓：“真正才子也。不必定以姿貌见长。”批云：“此至论也。非千古第一佳人口中说不出。”及第二十一出《卷帘》中，述求画人流言谓有男子于帘内代笔，欲卷帘面试。批云：“余少年时，亦受此谤。然坚持不动，彼亦无奈我何。只此一节，稍胜云友。索书画者，颇能谅之。”皆有关媛介身世之感者，至《卷帘》一批，则颇为可笑。夫慧林之容貌姿致，虽不及顾媚、陈沅，然必远胜“阿承丑女”（寅恪案：吴伟业《梅村诗话》“黄媛介”条云：“媛介和余（《题鸳湖闺咏四首》）诗。此诗出后，属和者众。妆点闺阁，过于绮靡。黄观只（涛）独为诗非之。以为媛介德胜于貌，有‘阿承丑女’之名，何得言过其实？此言最为雅正云。”），不妨任人饱看。皆令何可持闺门礼法以自矜尚而傲视云道人耶？评语中更有可注意者，即《卷帘》出中，述杨云友欲为黄天监捐官事。批云：“因妻得官，乃云友良人之实事。杭人无不知之。”则为辑云道人逸事者所不及知。故特标出之，以供后来为“林下风”作传者之参考。

更有可怪者，徐树敏、钱岳选《众香词·书集·族里云队》有成岫词三阕。其《小传》略云：

成岫，字云友。钱塘人。性爱云间董宗伯书法画意，临摹多年。每一着笔，即可乱真。今妩媚而失苍劲者，皆云友作也。年二十二，尚未有偶。戊子春，董宗伯留湖上，见云友所仿书画甚伙，自不能辨。后得征士汪然明言其详，即为蹇修，遂结缡于不系园。云友归董之后，琴瑟静御，俱谱入《意中缘》传奇。有《慧香集》。

寅恪案：徐、钱所据不知何书。今止就所述两事言之，即见其妄。一董其昌为万历十六年戊子举人，十七年己丑进士。（见嘉庆修《松江府志·五四·董其昌传》及同书四五《选举表》“明举人万历十六年戊子科”条。）在此以前，玄宰声名尚未甚盛，书画亦何能为人摹仿如此之多。二为汪然明造不系园湖舫，在天启三年癸亥（见《春星堂集·一·不系园集》汪氏自记），上距万历戊子为三十五年。董、成二人岂得预先于尚未造成之舟中结缡？谬误殊甚。此殆后人读芥子园《意中缘》剧曲，不解所述玄宰与云友之关系，乃笠翁游戏之笔，竟信为实有其事。可谓天下之笨伯矣。聊附于此，以博一笑！又河东君书中“虞山别后，已过夷门”者，“虞山”指牧斋言，“夷门”指然明言。此处“虞山”“夷门”皆借地以指人，乃当时文字所习用。其所以用大梁之“夷门”以指然明者，盖以魏之信陵君比之。《湖上草》河东君《赠汪然明》诗有“论到信陵还太息”及《与汪然明尺牍》第三通有“先生之侠”等句，可与《春星堂诗集·四·闽游诗纪》王志道《序》称然明“散千金济游客，人遂侠之”，同书五《遗稿（原注：“又名《松溪集》。”）·壬辰初冬游嘉禾饥寒之客云集遂售田二十一亩分应之腊月得次儿信差足自慰因述禾中感遇补诗八章》，其二云：

萧条岁暮动行旌，犹集南宫感送迎。（自注：“南宫祠在嘉兴南门内。”）时俗不堪谈雅道，新诗偏喜见多情。但看此日趋炎热，有愧当年负宿名。莫问胸中怀魂磊，炼师提酒向予倾。（自注：“余别南宫（祠）杨世功袖黄皆令诗笺云，谁识君家唯仗侠，空囊犹解向人倾。时炼师曹朗元携酒饯别，感赋，次皆令韵。”）

及同书三《西湖韵事·重修水仙庙记》云：

二三女校书焚香擘笺，以诗画映带左右，而余以黄衫人傲睨其间。（寅恪案：此处“黄衫”二字，虽与“布衣”同意，但上文有“二三女校书”之语，则然明实暗以“黄衫客”自居也。）

并林天素《柳如是尺牍小引》目然明为“黄衫豪客”等诗文相印证。非谓牧斋于鸳湖别河东君后遂至开封也。据此颇疑牧斋于崇祯十四年二月在杭州，或与然明会见，在杭盘桓游赏之后，二月末即往游黄山。三月廿四日过钓台，复经杭州、嘉兴返常熟。（见《初学集·一九·东山诗集·二·过钓台有感》，《列朝诗集·丁·一三·上》程孟阳《次牧斋题壁》诗及《陈忠裕全集·一四·三子诗稿·孟夏一日禾城遇钱宗伯夜谈时事（五律）》等。）检《春星堂集·四·闽游诗纪》有《夏前一日至闽浙分疆（七律）》。据郑氏《近世中西史日表》崇祯十四年辛巳三月廿六日立夏。综合钱、汪两氏游踪之时日先后推计，则然明作书致河东君时，牧斋尚未由黄山返西湖，可断言矣。若牧斋游黄山前得遇然明于杭州之假定，果为事实，则牧斋必请然明力为劝说河东君，而然明亦欲在未赴闽之前了此一重公案也。顾云美《河东君传》云：“君至湖上，遂别去，宗伯使客构之乃出。”此客为何人，虽不能确知，然必非然明。因是时然明已赴闽，不能负此使命。其人既非然明，而又能往松江说河东君者，则恐不外然明之挚友如冯云将之流。（见下论《尺牍》第三十通。）钱、柳因缘之完成，然明为最有力之人，顾氏作《传》时，距然明之卒，固已甚久（然明卒于清顺治十二年乙未七月。见《有学集·三二·汪然明墓志铭》），至若冯云将，则其卒年未能考知。据《有学集·五·绛云余烬集·下》有《寿冯云将八十》诗二首，为顺治十一年甲午所作。又《牧斋尺牍·上·与宋玉叔书》言云将年八十七（见下论《尺牍》第三十通），为顺治十八年辛丑所作。下数至康熙三年甲辰，即河东君之卒年，云将若尚存者，其年为九十岁。云美作《传》，当又在其后，云将恐无此老寿，谅已先卒。顾氏犹不显著其姓名，殊未知何故。徐树敏、钱岳所选之《众香词·书集·云队·柳是传》，其中所言，不尽翔实，但谓“虞山见而异之，得汪然明言其详”则甚符合当时真相也。

《河东君尺牍》首载三山林雪天素书于翠雨阁之《小引》。词旨佳妙，特全录之。其文云：

余昔寄迹西湖，（寅恪案：林天素之游西湖，当在天启元年辛酉。不久即归闽。此据《春星堂诗集·三·梦草》董其昌题词，然明自撰《幽窗纪梦诗（并序）》及诗后所附陈继儒《纪梦歌跋》等所推定。但《春星堂诗集·二·湖上逢方若渊同访林天素》诗，列在天启三年《癸亥元日喜晴》诗之后，则恐是后来误排耳。兹以限于讨论范围，可不详辨。）每见然明拾翠芳堤，偎红画舫，徜徉山水间，俨然黄衫豪客。时唱和有女史纤郎，（寅恪案：“女史纤郎”当指王修微而言。详见下论《尺牍》第二十五通。观《春星堂诗集·五·遗稿·次儿请假归省感怀述事八首》之四“犹喜谭诗遇女郎”句，自注云“昔逢王（修微）、杨（云友）、林（天素）、梁（喻微）诸女史。今遇吴岩子、（卞）玄文、黄皆令、王端淑诸闺阁”之语。梁女史疑是梁喻微。见《春星堂诗集·二·绮咏·秋日湖上逢燕姬梁喻微初冬寄怀（七绝）七首》及《湖上送梁喻微之广陵（七绝）》一首。至于同书四《闽游诗纪·梁夷素女史画西湖六桥景余携游三山孙凤林学宪见而爱之余因题三绝以赠（七绝）三首》之梁夷素乃梁孟昭。《孟昭本末》载记颇详。但陈文述《西泠闺咏·九·武林咏梁夷素诗序》略云：“夷素，名孟昭，武林女子。茅鹿门孙修撰见沧子九成妇。著《墨绣轩》诗，善画。陈眉公比之天女花云孙锦，非人间所易得。”寅恪以为胡文楷君《历代妇女著作考·六》引王端淑《名媛诗纬》“梁孟昭”条，并吴振棫《杭郡诗续辑·四一》，阮元《两浙輶轩录·四十》中有梁孟昭诗。梁孟昭，字夷素，著有《墨绣轩集》。乃茅瓒孙九仍室。孟昭弟次辰复有文名。与云伯所言大抵相同，惟云伯以九成为见沧即瓒之子，又“九仍”作“九成”，有所牵混耳。余可参胡书六“梁孟昭”条引王士禄《宫闺氏籍艺文考略》、姜绍书《无声诗史·七》、汤漱玉《玉台画史·三》、李濬之《清画家诗史·癸集·上》及施淑仪《清代闺阁诗人征略·一》等。兹有一问题，即依据汪诗自注，“女史”与“闺阁”之界说，明白如此，“纤郎”之称“女史”，固自应尔。若梁孟昭，何以亦称“女史”？岂“女史”“闺阁”并举，与单独称“女史”，其定义有所不同耶？俟考。又第三章论陈卧子《满庭芳》词，引汤漱玉《玉台画史》载黄媛介画扇，钤朱文“闺秀”印，亦足资旁证。至李笠翁《意中缘》剧本所载黄皆令评语，其卷上作“禾中女史”，卷下则改为“禾中闺史”，当是笠翁先用“女史”之称，后始悟其不妥，故又改为“闺史”。李氏初以皆令为“禾中女史”者，盖与徐釚《本事诗》“王士祯”条所载王渔洋《题黄皆令扇诗》，目媛介为“秋娘”，正复相类也。关于皆令之身份问题，俟后论之。今见神州国光社影印海虞邵氏家藏《柳如是花鸟着色绢本》，其署款为“如是女史柳是作于绛云楼”。若河东君适牧斋后，居绛云楼时尚自称“女史”，似有未便，殊为可疑。此殆第三章论河东君书法，引翁同龢《瓶庐诗稿·七·漫题河东君画》所谓“题尤不伦”者。假使此画是赝品，则固不能依据之以讨论此问题也。其他可参下文论“纤郎”节。）人多艳之。再十年，余归三山（寅恪案：《春星堂诗集·四·闽游诗纪》有《福州访林天素知已移居建宁赋怀十首》之题。董其昌《容台集·诗集·二·赠林天素》诗云“铸得干将剑，遥呈剑客看”，又同集四《题林天素画》云“铸得干将呈剑客”，皆用《晋书·三六·张华传》延平津合剑之典，当因天素为福建人之故。但天素移居建宁，或延平有关，今未能详知。董《集》乃清代禁书，世不多见，兹附记于此，以备参证），然明寄视画卷，知西泠结伴，有画中人杨云友，人多妒之。今复出怀中一瓣香，以《柳如是尺牍》寄余索叙。琅琅数千言，艳过六朝，情深班蔡，人多奇之。然明神情不倦，处禅室以致散花，行江皋而逢解珮。再十年，继三诗画史而出者，又不知为何人？总添入西湖一段佳话。余且幸附名千载云。

然则然明之刊此《尺牍》，实在崇祯四年暮春以前。故先由杭州寄示林天素索叙。其第三十通乃河东君于崇祯十三年庚辰在牧斋家时所寄者。（详见下文。）今第三十一通云：“应接小言，使之成帙。特有远投，更须数本。”则是然明于未赴闽前，已将成帙之刻本寄与河东君。否则河东君不能更向然明索取数本也。由此观之，然明初刻之《尺牍》，实止于崇祯十三年末，其数共为三十通。此第三十一通，乃河东君于崇祯十四年暮春以后所寄者，汪氏遂取此简附于前所刻三十通之后。以意揣测，此附刻之时间，当在然明于崇祯十五年壬午夏间，自闽返杭后所为。其时距河东君与牧斋结缡不久。此简有“此翁气谊，诚如来教。重以盛心，引视明恺。顾惭菲薄，何以自竭。惟有什袭斯言，与怀俱永耳”之语，可知然明原函，必多代牧翁劝说之辞。今好事既成，故取河东君允答之札，附于其后，不仅以之作跋可以结束一段因缘。且用以庆贺己身介绍此段美满因缘之成功也。然明用意殊深妙矣。

复次，袁思亮君题高野侯藏河东君《与汪然明尺牍》及《湖上草·念奴娇》词后附记云：

柳如是《与汪然明尺牍》及《湖上草》各一卷。如是归钱牧斋后，然明刊之，以数十册寄牧斋，牧斋拉杂摧烧之，并求其板毁焉。

今观第三十一通及第三十通所云：

弟小草以来，如飘丝雾，黍谷之月，遂蹑虞山。南宫主人，倒屣见知，羊公谢傅，观兹非渺。

皆盛称牧斋之美，则牧斋不应因妒发怒，作斯焚琴煮鹤之举。未识袁兄何从得此异说，惜其久归道山，不能面询，殊为憾事也。

综观此《尺牍》全部，不仅辞旨精妙，可供赏玩。其中所言，足以间接证知当日社会情状者，亦复不少。今不能一一考释，唯取关于河东君身世飘零之感及归宿选择之难者，略诠论之。其他诸端，间亦有所涉及，然非主旨所在也。他日傥有好事者，取其全文，精校而详释之，则非独可以赏奇文、资谈助，更或于一代史事之研治不无稗益欤！

《尺牍》第一通云：

湖上直是武陵溪，此直是桂栋药房矣。非先生用意之深，不止于此。感甚！感甚！寄怀之同，乃梦寐有素耳。古人云："千里犹比邻。"殆不虚也。廿八之订，一如台命。

寅恪案：书中"此直是桂栋药房"，即指崇祯十二年春间河东君游杭州时，然明所借居之处。据《东山酬和集·二》牧翁《横山汪氏书楼》云：

人言此地是琴台，小院题诗闭绿苔。妆阁正临流水曲，镜奁偏向远山开。印余屐齿生芳草，行处香尘度早梅。日暮碧云殊有意，故应曾伴美人来。

则此书楼必曾为河东君所借居。当即河东君所谓"桂栋药房"者也。牧翁此诗后，复有《二月十二春分日横山晚归作（七律）》一首。结句云：

最是花朝并春半，与君遥夜共芳辰。

诗后并附河东君和作。此和章《初学集》不载。或者河东君之作，辞意虽妙，然于花朝适值春分一点，未能切合，稍嫌空泛，故遂删去耶？"横山"见沈德潜等纂《西湖志纂·一三·西溪胜迹门》及光绪修《杭州府志·二一·山水门》（钱塘县）至《痛史》第二十一种《甲申朝事小纪》中《柳如是小纪》附有河东君所赋《横山杂作》一首。此"横山"疑是河东君所居松江横云山之简称，未必即指杭州西溪名胜之"横山"。（可参《与汪然明尺牍》第二十八通。）河东君此诗最初出处未详。绎其语意如

"只此时名皆足废，宁须万事折腰忙"等句，颇不合河东君身份，甚为可疑。且其他诸句，亦多不可解者。此诗是否真为河东君所作，殊不能决定也。

《尺牍》第二通云：

早来佳丽若此，又读先生大章，觉五夜风雨凄然者，正不关风物也。羁红恨碧，使人益不胜情耳。少顷，当成诗一首呈教。明日欲借尊舫，一向西泠两峰。余俱心感。

寅恪案：河东君此札之主旨乃向然明借舫春游。关于然明西湖游舫一事，实为当日社会史之重要材料。今汪氏《集》中诗文具在，不必详引。仅略述梗概，并附记明末乱后汪氏游舫之情况，聊见时代变迁，且志盛衰兴亡之感云尔。

《春星堂诗集·一》载《汪然明小传》云：

制画舫于西湖。曰"不系园"（寅恪案：《春星堂诗集·一·不系园记》略云："（天启三年）癸亥夏仲为云道人筑净室，偶得木兰一本，斫而为舟。四越月乃成。计长六丈二尺，广五之一。陈眉公先生题曰'不系园'。佳名胜事，传异日西湖一段佳话。"），曰"随喜庵"。（寅恪案：《春星堂诗集·一·随喜庵集·崇祯元年花朝题词》略云："余昔构'不系园'，有九忌十二宜之约。时骚人韵士，高僧名姝，啸咏骈集。董玄宰宗伯颜曰'随喜庵'。"）其小者，曰"团瓢"，曰"观叶"，曰"雨丝风片"。

及同书五《遗稿·自嘲并示儿辈八章》之五"画舫无权逐浪浮"句下自注云：

余家不系园，乱后重新，每为差役，不能自主。

可知然明之西湖游舫颇多，有大小两类。河东君所欲借者，当是

“团瓢”“观叶”或“雨丝风片”等之小型游舫也。观《春星堂诗集·一·不系园集》载黄汝亨代然明所作《不系园约款》十二宜中，“名流”“高僧”“知己”“美人”等四类人品之条，以河君之资格，其为“美人”，自不待言。“知己”则河东君与汪然明之情分，即就此《尺牍》三十一通观之，已可概见。其第五通略云：

嵇叔夜有言：“人之相知，贵济其天性。”今以观先生之于弟，得无其信然乎？

及第八通云：

嗟乎！知己之遇，古人所难。自愧渺末，何以当此？

尤足为例证。夫“知己”之成立，往往发生于两方相互之关系。由此言之，然明固是河东君之知己，而谓河东君非然明之知己，亦不可也。“名流”虽指男性之士大夫言，然河东君感慨激昂，无闺房习气。（见上引宋征璧《秋塘曲序》。）其与诸名士往来书札，皆自称“弟”（见《与汪然明尺牍》），又喜着男子服装（见上引顾苓《河东君传》），及适牧斋后，如《牧斋遗事》“国初录用耆旧”条略云：

河东君侍左右，好读书，以资放诞。客有挟著述，愿登龙门者，杂沓而至。钱或倦见客，即出与酬应。客当答拜者，则肩筠舆，代主人过访于逆旅，竟日盘桓，牧翁殊不芥蒂。尝曰：“此吾高弟，亦良记室也。”戏称为“柳儒士”。

然则河东君实可与男性名流同科也。至若“高僧”一目，表面观之，似与河东君绝无关系，但河东君在未适牧翁之前，即已研治内典。所作诗文，如《与汪然明尺牍》第二十七、第二十九两通及《初访半野堂赠牧翁诗》（见《东山酬和集·一》）即是例证。牧斋《有美诗》云“闭门如入道，沈醉欲逃禅”（见《东山酬和集·一》），实非虚誉之语。后来因病入道（见《有学集·一三·病榻消寒杂咏》诗“一剪金刀绣佛前”及“鹦鹉疏窗昼语长”为河东君入道而作二首。至河东君入道问题，俟后论之。兹不涉及），则别为一事，可不于此牵混论及。总而言之，河东君固不可谓之为“高僧”，但就其平日所为，超世俗，轻生死，两端论之，亦未尝不可以天竺维摩诘之月上、震旦庞居士之灵照目之。盖与“高僧”亦相去无几矣。故黄贞父约款关于人品之四类，河东君一人之身，实全足以当之而无愧。汪氏平生朋好至众，恐以一人而全具此四类之资格者，必不多有。当崇祯十二年春间，林天素已返三山，杨云友亦埋骨西泠，至若纤郎即王修微，则又他适。然明诸游舫，若舍河东君而不借，更将谁借耶？《列朝诗集·闰·四》选王修微关于不系园诗一首（《春星堂诗集·一·不系园集》作《寄题不系园》），兹附录之，以供谈助。

《汪夫人以不系园诗见示赋此寄之》云：

湖上选名园，何如湖上船。新花摇灼灼，初月戴娟娟。牖启光能直，帘钩影乍圆。春随千嶂晓，梦借一溪烟。虚阁延清入，低栏隐幕连。何时同啸咏，暂系净居前。

寅恪案：汪、钱两氏所录，同是一诗，而其题文略异者，盖经然明删换。牧斋所选之诗，其题当仍因旧文，唯“夫人”二字，其原文疑作“然明”二字耳。此二字之改易，殆由修微适许霞城后有所不便之故耶？其实汪然明之夫人，虽不如刘伯玉妻段氏之兴起风波，危害不系园之津渡。但恐亦不至好事不惮烦，而寄诗与修微也。故作狡狯，欲盖弥彰，真可笑矣。

复次，丁氏“武林掌故丛编”本《不系园集补遗》载蒙叟《寄题（七律）二首》。今检《有学集·三·夏五集·留题湖舫》（自注：“舫名不系园。”）文字悉同。其诗云：

园以舟为世所稀，舟名不系了无依。诸天宫殿随身是，大地烟波瞥眼非。净扫波心邀月驾，平铺水面展云衣。主人欲悟虚舟理，只在红妆与翠微。

湖上堤边舣棹时。菱花镜里去迟迟。分将小艇迎桃叶，遍采新歌谱竹枝。杨柳风流烟草在，杜鹃春恨夕阳知。凭阑莫漫多回首，水色山光自古悲。

寅恪案：湘刻“丛睦汪氏遗书”本《春星堂诗集·一·不系园集》删去“蒙叟”二字。当是然明裔孙篚所为。至同书五《梦香楼集》中牧翁所赋《眉史春睡歌》（寅恪案：此诗《有学集》未载，但《牧斋外集·一》有《为汪然明题沈宛仙女史午睡图》。作“沈”不作“张”，殊可注意。又诗中亦有数字不同，殆由辗转传钞，致有歧异。又《梦香楼集》中女主人张宛仙《步然明韵四首》之二云“风韵何如半野堂”，殊可笑。并附记于此。）下题撰人之名为“虞山”，是否后来改易，今未见他刻，不敢决言。坊间石印狄平子葆贤平等阁藏《江左三大家诗画合璧》，内有（康熙二年）癸卯三月十又二日龚芝麓（鼎孳）所书此题第二首，但未明著何人所作。兹附论及之，以免他日误会。牧翁两诗皆佳，盖特具兴亡之感，非泛泛酬应之作也。第二首尤妙。“杨柳风流烟草在，杜鹃春恨夕阳知”一联，即指河东君而言。下句兼用《李义山诗集·一·锦瑟》诗“望帝春心托杜鹃”句及秦少游《淮海词·〈踏莎行·郴州旅舍〉》词“杜鹃声里斜阳暮”句之两出处。牧斋此诗固赋于清顺治七年庚寅，实涉及河东君明崇祯十一、十二、十三等年间游寓西湖之往事。悲今念昔，情见乎词，而河东君哀郢沈湘之旨、复楚报韩之心，亦可于此窥见矣。

又，周亮工《赖古堂尺牍新钞·四》载汪汝谦《与周靖公书》云：

人多以湖游怯见月诮虎林人，其实不然。三十年前虎林王谢子弟多好夜游看花，选妓征歌，集于六桥。一树桃花一角灯，风来生动，如烛龙欲飞。较秦淮五日灯船，尤为旷丽。沧桑后，且变为饮马之池。昼游者尚多猬缩，欲不早归不得矣。

寅恪案：然明此书可与前引其《自嘲》诗“画舫无权逐浪浮”句下自注相参证。盖清兵入关，驻防杭州，西湖胜地亦变而为满军戎马之区。迄今三百年，犹存“旗下”之名。然明身值此际，举明末启祯与清初顺治两时代之湖舫嬉游相比论，其盛衰兴亡之感，自较他人为独深。吁！可哀也已。

《尺牍》第三通云：

泣蕙草之飘零，怜佳人之埋暮，自非绵丽之笔，恐不能与于此。然以云友之才、先生之侠，使我辈即极无文，亦不可不作。容俟一荒山烟雨之中，直当以痛哭成之耳。

《尺牍》第六通云：

弟欲览《草堂诗》，乞一简付。诸女史画方起，便如彩云出衣。至云友一图，便如蒙蒙渌水，伤心无际。容假一二日，悉其灵妙，然后奉归也。

寅恪案：上录河东君两札，当是然明欲倩河东君为杨慧林作题跋哀悼一类之文辞，故云道人画册遂在河东君西湖寓所，供其披览。河东君因更向然明索其前后为云友所作诸诗，以为资料。

《草堂诗》者，《春星堂诗集》之简称，即指然明所作诗而言，盖春星堂之命名，即取杜少陵“春星带草堂”之句也。（见《杜工部集·九·夜宴左氏庄》。）至关于云友之材料，大都见于《春星堂诗集》中，而《听雪轩》一集，尤专为云友而作者。汪氏诗文具在，兹不必烦引，仅节录董香光一人题语于后，亦足见“林下风”之艺事，为一代画宗所倾服，至于此极也。

《春星堂诗集·三·听雪轩》集首载题词两条（第一条可参董玄宰其昌《容台集·文集·六》“（题）林下风画”条）略云：

山居荏苒几三十年，而闺秀之能为画史者（寅恪案：董《集》此句作“乃闻闺秀之能画史者”）一再出，又皆著于武林之西湖。初为林天素，继为杨云友。（寅恪案：董《集》“杨云友”作“王友云”。）然天素秀绝，吾见其止。云友澹宕，特饶骨韵。假令嗣其才力，殆未可量。（崇祯二年）己巳二月望董其昌书。（寅恪案：董《集》无“己巳”下九字。）

又略云：

今观此册山水小景，已涉元季名家蹊径。乃花鸟写生，复类宋时画苑能品诸人伎俩。虽管仲姬亲事赵文敏，仅工竹石，未必才多乃尔，而生世不谐，弗获竟其所诣。可怜玉树，埋此尘土，随西陵松柏之后，有汪然明者，生死金汤，非关惑溺。珍其遗迹，若解汉皋之佩。传之同好，共聆湘浦之音。可谓一片有心，九原知己。慎勿以视煮鹤之辈也。

《尺牍》第四通云：

接教并诸台贶，始知昨宵春去矣。天涯荡子，关心殊甚。紫燕香泥，落花犹重，未知尚有殷勤启金屋者否？感甚！感甚！刘晋翁云霄之谊，使人一往情深，应是江郎所谓神交者耶？某翁愿作交甫，正恐弟仍是濯缨人耳。一笑！

寅恪案：此札所言，共有三端。一为自述身世飘零之感。二为关于刘晋卿，即刘同升者。三为拒绝愿作郑交甫之“某翁”。请依次论之。河东君谓“昨宵春去，关心殊甚”，然“殷勤启金屋者”，尚未知有无其人。则飘零之感、哀怨之词，至今读之，犹足动人。何况当日以黄衫侠客自命之汪然明乎？宜汪氏屡为河东君介绍“启金屋者”。虽所介绍之人，往往不得河东君之同意，但天壤间终能得一牧斋，以为归宿，是亦可谓克尽其使命，不负河东君之属望矣。此三十一通尺牍中，关于此点者亦颇不少。兹依次择其有趣而可考者，略论述之。至于不同意或同意之差别，及其是非，则不置可否。因与所欲考论之主旨无关也。据《明史·二一六·刘应秋传》附《同升传》略云：

同升，字晋卿，（江西吉水人。）崇祯十年殿试第一。庄烈帝问年几何？曰：“五十有一。”帝曰：“若尚如少年，勉之。”授翰林修撰。杨嗣昌夺情入阁。何楷、林兰友、黄道周言之，俱获罪。同升抗疏。帝大怒。谪福建按察司知事。移疾归。

知晋卿在崇祯十二年己卯春间，即河东君作此书时，其年为五十三。河东君以“翁”称之者，未必指其年老，不过以“翁”之称号推尊之耳。盖晋卿于陈卧子同为崇祯十年丁丑科进士，同出黄石斋之门，而晋卿为是科状头。晋卿固从卧子及然明处得知河东君，河东君亦以晋卿为卧子同科之冠首，亟欲一窥知其为何如人，其才学果能出卧子之上与否也。然明必已深察柳、刘两方之意，乐于为之介绍。《湖上草》载有《赠刘晋卿（七律）》一首，当即作于此时。《尺牍》第十通云：

行省重臣，忽枉琼瑶之答，施之蓬户，亦以云泰。凡斯皆先生齿牙余论，况邮筒相望，益见远怀耶？

此札乃河东君离去西湖归家后，接然明转寄晋卿酬答前所赠诗，因遂作书以谢然明之厚意也。“行省重臣”，自是指晋卿言。但以贬谪如此末秩之人，而称之为“行省重臣”，殊为不伦。然亦不过通常酬应虚誉之语，未可严格绳之也。晋卿著有《锦鳞集》，《江西通志·一百零九·艺文略》谓此集四卷，一作十八卷。其四卷本或是初作，十八卷本或是续编。《明诗综·七四》及《江西诗征·六三》，虽皆选录晋卿之诗，但均无与柳、汪、陈诸人往来之作。故河东君与刘晋卿之关系，亦无从详考。至晋卿此时所在之地，当是其福建任所。据《春星堂诗集·四·闽游诗纪·崇安青云桥（七绝）》题下注云：

桥为柴连生大令重兴，有刘晋卿太史碑记。

是然明于崇祯十四五年间游闽时，同升已移疾归。否则然明此行所作诸诗，其中必有与刘氏相见酬和之作也。考《明实录·（怀宗）崇祯实录·一一》略云：

崇祯十一年秋七月庚戌，翰林院修撰刘同升、编修赵士春各疏救黄道周，劾杨嗣昌。寻谪道周江西知事，刘同升福建知事，赵士春简较。

及黄石斋（道周）《黄漳浦集·四一·五言律·何玄子（楷）刘晋卿（同升）赵景之（士春）同发舟迟久不至四章》云：

（诗略。）

同书卷首洪思撰《黄子传》（参同书卷首《传谱补遗》蔡世远撰《黄道周传》）略云：

（先生）以疏论杨嗣昌、陈新甲谪官。黜为江西布政司都事。未任。

又，《陈忠裕全集·九·湘真阁集·送同年赵太史（寅恪案：此诗题下考证谓即赵士春）谪闽中二首》云：

（诗略。）

然则石斋本人及其诗题中所指贬谪诸人，除何氏未详外（参《明史·二七六·何楷传》），石斋实未到任，而刘、赵二氏则皆赴官也。"愿作郑交甫"之某翁，今不易考知其为何人，恐是谢三宾。河东君谓"正恐弟仍是濯缨人耳"，此"濯缨人"之语，乃借用《楚辞·渔父》中"渔父莞尔而笑，鼓枻而去。歌曰'沧浪之水清兮，可以濯吾缨'"等句之意。盖谓己身将如渔父"鼓枻而去"，即乘舟离西湖他往也。河东君既自比渔父，是亦以"某翁"比屈原。考谢三宾以监军登莱之役，干没多金，甚招物议，幸于崇祯八年丁父忧归，得免黜谪，遂遨游山水，结庐西湖，放情声色，聊自韬晦。（详见下论。）当崇祯十二年己卯春河东君游武林时，象三亦在杭州，故"某翁"之为谢氏，实有可能。其以灵均比象三，固不切当。但观下引第二十五札，以王谢佳儿拟陈卧子，同一例证，不须过泥也。后来河东君于崇祯十三年庚辰冬《次韵答牧翁冬日泛舟诗》（见《东山酬和集·一》）云："汉珮敢同神女赠。"倘使此"某翁"得见之，其羞怒又当何如？一笑！

抑更有可论者，翁方纲《苏诗补注·二·常润道中有怀钱塘寄述古五首》之二"去年柳絮飞时节记得金龙放雪衣"条（参赵德麟《侯鲭录·七》"濠守侯德裕侍郎藏东坡一帖"条。并覃溪《天际乌云帖考·一》及缪荃孙《云自在龛笔记》、覃溪《天际乌云帖收藏世系表》等）略云：

予得东墨迹云，杭州营籍周韶知作诗。（苏）子容过杭（寅恪案：子容苏颂字。见翁氏《天际乌云帖考》），述古饮之，韶泣求落籍。子容曰："可作一绝。"韶援笔立成，遂落籍。同辈皆有诗送之。龙睹云："桃花流水本无尘，一落人间几度春。解佩暂酬交甫意，濯缨还作武陵人。"固知杭人多慧也。

寅恪案：《河东君尺牍》以"交甫""濯缨"二事连用，当出于龙靓之诗，用事遣辞，可谓巧妙。至其所以能用此古典以拟今事者，当非直接得见东坡手迹，恐是从此帖摹刻之本，或记载西湖名胜逸事诸书中间接得知耳。

《尺牍》第五通云：

嵇叔夜有言："人之相知，贵济其天性。"弟读此语，未尝不再三叹也。今以观先生之于弟，得无其信然乎？浮谈谤谣之迹，适所以为累，非以鸣得志也。然所谓飘飘远游之士，未加六翮，是尤在乎鉴其机要者耳。今弟所汲汲者，亡过于避迹一事。望先生速择一静地为进退。最切！最感！余晤悉。

寅恪案：河东君此札所言择静地以避迹一事，在其寄寓西湖然明横山别墅以后。（见前论第一札。）河东君此时声名广播，外间闻风而来者，必多为河东君所不欲觌面之人。纵有愿与觌面并相酬酢者，但其人究非理想，而又豪霸痴黠纠缠不止，难于抗拒，如谢象三之例。故更请然明别择一避迹之静地。此静地必非指汪氏横山别墅。盖汪氏之家原在杭州缸儿巷（见《春星堂诗集·一·然明先生小传及遗稿》后然明曾孙师韩跋语），河东君自不便即寓缸儿巷然明之家，与其姬妾家人共处。否则河东君岂不几与崇祯十三年冬暂居牧斋家之我闻室相类耶？汪氏为己身避嫌疑及为河东君作介绍计，处河东君于横山别墅，实最适宜。然既不与汪氏家人共居一处，遂亦难免于如象三辈之来扰。河东君急欲以择一静地为决进退，并有远游离去之意，其故即在于此，而当日之情势迫切不可少缓者，更可想见矣。又牧斋《有美诗》（见《东山酬和集·一》）云："苏堤浑倒踏，黟水欲平填。"寅恪少日读此诗，颇不能解。盖"苏堤"自指西湖而言，河东君与西湖甚有关系，此上句可通。但下句以"黟水"为对文，则突兀不伦，未晓其意所至。更检钱曾《初学集诗注》，亦未有诠释。怀蓄此疑颇久，苦无从求教于博雅通人。及垂死之年，得读《河东君尺牍》，并参以《一笑堂集》《春星堂集》等，始恍然大悟，"黟水"即指然明。然明为新安人，故以"黟水"目之。合此两句言之，即谓河东君寓杭州汪氏横山别墅时，因然明以求见之人，必甚不少。据此札避迹以求静地之语，可知牧翁之诗，殊为实录也。观然明一生所为，如为杨云友作"生死金汤"之类（见上引汪然明《听雪轩集》所载董其昌题词）事例不少。今于河东君亦复相同。就其中尤足称者，莫过于护惜张宛仙一端。兹并附述之，以供考证，且资谈助云尔。

《春星堂诗集·五·梦香楼集》汪然明《自序》略云：

《梦香楼集》为眉史宛仙而成也。忆壬辰于鸳水遇之，终宴无一语，然依依不可得而亲疏远近。座客谓西湖渐复旧观，得伊人点缀，可称西子。予唯唯。拈四绝以订之。别后杳然，私谓空赋巫山一梦矣。今夏宛仙有意外之虞，来武林，予为解之。时尚有侧目者，又有私慕者。宛仙匿影不出。予一日拉同人雅集不系园（寅恪案：前引《李笠翁诗集·六·汪然明封翁招饮湖上座列名士兼列红妆（七律）》自注云："舟名不系园。"殆即此时所作。但《李集》编列此诗于庚子后、辛丑前，实则此时然明死已久矣。其误无疑也），致使声名益噪，游人多向予问津。不轻引入桃源者，时多戎马，恐名花为之摧残，可惜也。孟冬有文武显贵临湖上，闻而慕之。会予萧斋，有不惜明珠白璧，属予蹇修者。宛仙笑而谢曰："公辈真钟情，如薄命人非宜富贵家，且何忍遽别西湖也。"闻者多病宛仙少周旋，然亦以此益高宛仙矣。乙未花朝松溪道人汪汝谦书于梦香楼。

又同书同集《张宛仙和诗序》略云：

予昔于鸳水遇然明先生。先生有诗订游西湖。于兹三年，始得践约。六月十九过朱萼堂，琴尊书画，雅集名流。予时倦暑，先生因设檀床、玉枕、文席、香山，清供具备。有诗纪事，和者盈帙。予因步韵，以志主人情重，亦一时佳话云。云间张宛。（原注："宛仙旧字小青。"）

寅恪案：宛仙与然明相遇于嘉兴之时间，为顺治九年壬辰。《春星堂诗集·五·遗稿·壬辰初冬游嘉禾饥寒之客云集遂售田二十一亩分应之腊月得次儿（继昌）信差足自慰因述禾中感遇补诗八章》，其一云：

西湖抛却到鸳湖，笑我来游一事无。泉石幽香偏吐艳，琴书冷韵每操觚。（自注："时访香隐校书。"）莫怀羁旅情多感，犹喜同声兴不孤。漫道临邛应重客，文君有待合当垆。（自注："香隐隐居，不轻见人。"）

然则然明之识宛仙之时，正值其闭门谢客、不轻见人之际。盖当日情势，必有所畏惮，不敢取次酬应者矣。宛仙既不酬应，则生事自有问题。然明所谓"饥寒之客"，即指宛仙及黄皆令等而言。汪氏此八诗之中，关于宛仙者列第一。关于皆令者列第二。岂亦汪氏当日售田所得金额，分润多寡之次第耶？

复次，然明之豪侠，若其于张宛仙之例，固可称道。然当建州入关之初，明之士大夫不随故国旧君同尽，犹能偷活苟存，并得维护才媛名姝之非貌寝如黄皆令者，亦自有其故在。据《春星堂诗集·一》所载然明次子《继昌小传》略云：

征五先生讳继昌，号悔岸。然明先生次子。顺治（五年）戊子经魁。（六年）己丑成进士。历仕广西左江道、湖广江防兵备按察司副使。

又同书五《遗稿》载《（顺治十一年）甲午七月次儿蒙洪（承畴）督师调至长沙军前（七律）八首》及《次儿请假归省督师赠予风雅典型匾额感怀述事复拈八章》两题云：

（诗均略。）

观前引然明于壬辰冬，即作此两题诗之前二年，至嘉兴售田，则其生计艰困可知。幸其次子悔岸追随当日汉奸渠首，渐至监司，稍稍通显。然明不独借此可以苟全，且得以其余力维护名姝矣。堂堂督师书赠之匾额，自可高悬于春星堂上，以作挡箭牌。避难投止之张小青，遂亦得脱免于“文武显贵”之网罗也。特附记亨九书赠然明匾额一事于此，聊与居今日历世变之君子，共发一叹云尔。

《尺牍》第七通云：

鹃声雨梦，遂若与先生为隔世游矣。至归途黯瑟，惟有轻浪萍花与断魂杨柳耳。回想先生种种深情，应如铜台高揭，汉水西流，岂止桃花千尺也。但离别微茫，非若麻姑、方平，则为刘、阮重来耳。秋间之约，尚怀渺渺，所望于先生维持之矣。便羽即当续及。昔人相思字，每付之断鸿声里。弟于先生，亦正如是。书次惘然。

其第八通云：

枯桑海水，羁怀遇之，非先生指以翔步，则汉阳摇落之感，其何以免耶？商山之行，亦视先生为淹速尔。徒步得无烦屐乎？并闻。

其第十三通云：

鳞羽相次，而晤言遥阻，临风之怀，良不可任。齐云胜游，兼之逸侣，踦岖之思，形之有日。奈近羸薪忧，褰涉为惮。稍自挺动，必不忍蹇偃以自外于霞客也。兹既负雅招，更悼索见。神爽遥驰，临书惘惘。

其第十六通云：

弘览前兹，立隽代起。若以渺末，则轮翮无当也。先生优之以峻上，期之于绵邈，得无逾质耶？鳞羽相望，足佩殷远。得片晷商山，复闻挥麈，则羁怀幸甚耳。

寅恪案：此四通皆关于然明约河东君往游商山、齐云者，第八通商山之约，河东君实已成行。第十六通商山之招，以此后书札无痕迹可寻，恐未能赴约。第十三通齐云之游，则未成事实也。

《初学集·一八·东山诗集·一·响雪阁》（自注：“新安商山。”）诗云：

绮窗阿阁赤山湄，想象凭阑点笔时。帘卷春波尘寂寂，歌传石濑响迟迟。

清斋每忆桃花米，素扇争题杨柳词。日夕汀洲聊骋望，澧兰沅沚正相思。

其下即接以《登齐云岩四首》云：

（诗略。）

以上两题皆牧斋崇祯十四年辛巳春间游黄山之诗。《东山酬和集·二》止载《响雪阁》一题，而无《登齐云岩四首》。盖“齐云岩”与河东君无涉，故不列于《东山酬和集》。观《响雪阁》诗有“想象凭阑点笔时”及“素扇争题杨柳词”之句，可知河东君实曾游商山，而未尝登齐云岩。至“杨柳词”是否即指河东君《金明池·咏寒柳》词，或泛指河东君其他作品，尚须详考。或谓“素扇争题杨柳词”乃兼指“緪云诗扇”而言。“杨柳词”即《太平广记·一九八》引《云溪友议》“唐白居易有妓樊素善歌小蛮善舞”条中之“杨柳词”（见后论牧斋《崇祯十五年壬午仲春自和合欢诗》节）。鄙意此典故之“杨柳词”，虽与牧斋《响雪阁》诗字面相同，然旨趣不合，故或说非是。

又《东山酬和集·一》载偈庵（即程孟阳〔嘉燧〕）《次牧翁（冬日同如是）泛舟韵》云：

蚤闻南国翠娥愁（寅恪案：《全唐诗·第六函·李白·二四·怨词》云：“美人卷珠帘，深坐颦娥眉。但见泪痕湿，不知心恨谁。”河东君夙有“美人”之号，详见前第二章。又同书同函《李白·五·长相思》第二首，或作《寄远》云：“美人在时花满堂，美人去后空余床。床中绣被卷不寝，至今三载犹闻香。香亦竟不灭，人亦竟不来。相思黄叶落，白露点青苔。”太白此诗中“美人”余“香”不灭之语，可与前第三章所引卧子崇祯十一年戊寅秋作品《长相思》诗中“美人”及“余香”诸句相参证。然则孟阳用典遣辞，甚为切当，而“美人心恨谁？”之“谁”，则舍卧子莫属也。复次，《杜工部集·九·陪诸贵公子丈八沟携妓纳凉晚际遇雨二首》之二云：“雨来沾席上，风急打船头。越女红裙湿，燕姬翠黛愁。缆侵堤柳系，幔卷浪花浮。归路翻萧瑟，陂塘五月秋。”及《白氏文集·五·宅西有流水》诗“红袖斜翻翠黛愁”句等，皆可与孟阳此句参证也），曾见书飞故国楼。（自注：“如是往游新安，故乡人传其词翰。”寅恪案：孟阳与然明皆属徽州府籍。但孟阳所称之“故乡人”即今俗语所谓“老乡”者，非仅指然明而言，并目一班之徽州人也。“其词翰”殆即指河东君之篇什而言。可参第一章论牧斋《永遇乐》词及第二章论牧斋《观美人手迹》诗。然则孟阳欲专有河东君，而不介绍于牧斋。牧斋之得见河东君之词翰，实由于然明。其实河东君屡游西湖，并寄寓然明别墅，自不待同游商山，始传致其词翰。孟阳不过欲借此以解脱其掩蔽河东君于牧斋之咎责耳。汪、程两人器量广狭，心智高下，于此可见矣。抑更有可注意者，即河东君与然明崇祯十一年戊寅秋季以后，始有往来。检《耦耕堂存稿诗》及孟阳《自序》，自十一年秋至十三年冬，并未发见孟阳有返其故乡新安之痕迹。据此程诗所谓“曾见”者，恐非指己身亲见之义，不过谓他人见之，转告得知之意也。）远客寒天须秉烛，美人清夜恰同舟。（寅恪案：此句“美人”二字，可与第一句相印证。）玉台传得诗千首，金管吹来坐两头。从此烟波好乘兴，万山春雪五湖流。

尤可证河东君曾应然明游商山之约也。《尺牍》第七通云：“秋间之约，尚怀渺渺。”第八通云：“商山之行，亦视先生为淹速尔。徒步得无烦屐乎？”则似此游在崇祯十二年己卯秋间。至第七通所云“但离别微茫，非若麻姑、方平，则为刘、阮重来耳”之语，颇不易解。绎其辞意，似谓然明若偕己身同访商山之友人，如麻姑与王方平同过蔡经家之例，则此约可践。若然明与其友人同至己身所居之处，必不得相见，如刘晨、阮肇重到天台，而仙女已渺然矣。第十三通拒绝然明约游齐云岩云："既负雅招，更悼索见。"所谓"雅招"即指偕游。所谓"索见"即指来访，此意可以互证也。所成问题者，则此居商山之友，究为何人？今殊难考。据《春星堂诗集·二·绮咏续集》有《秋日过商山访朱子暇（治憪）时子暇将归西湖（五律）》一首，则然明秋季访朱子暇于商山，已有其例。但然明此诗作于崇祯四年辛未以前，时间过早，自与河东君此行无涉。惟子暇于商山有寄居之处，而然明有访友之举，既有成例可循。故崇祯十二年己卯秋间，然明与河东君偕游商山，当亦与曩时访朱氏之游相类。此河东君所以有麻姑、王方平同过蔡经家之譬喻耶？

又检闵麟嗣纂《黄山志·七·赋诗门》，明代最后无名氏所作之前，载有杨宛《咏黄山（七绝）》一首云：

黄山山上万峰齐，一片孤云千树低。笑杀巫山峰十二，也称神女楚王遗。

冒辟疆（襄）《影梅庵忆语》云：

（崇祯十三年）庚辰夏，留滞影园，欲过访姬（指董小宛）。客从吴门来，知姬去西子湖，兼往游黄山白岳。遂不果行。

（崇祯十四年）辛巳早春，余省觐去衡岳，繇浙路往。过半塘讯姬，则仍滞黄山。

寅恪案：董小宛、冒辟疆之因缘，世人习知，无取多论。至此杨宛，即顾云美《河东君传》中引牧斋语，所谓：

天下风流佳丽，独王修微（微）、杨宛叔（宛）与君（指河东君）鼎足而三。何可使许霞城（誉卿）、茅止生（元仪）专国士名姝之目？

一节中之杨宛叔，其有关资料详见下论田弘遇南海进香节所引。鄙意牧斋编纂《列朝诗集》所以选录宛叔之诗，并为《小传》，盖深致悼惜之意也。今据杨宛此诗及《影梅庵忆语》所言，可以推知当时社会一般风气，自命名士之流，往往喜摹仿谢安石“每游赏必以妓女从”之故事（见《晋书·七九·谢安传》）。然明之约河东君往游商山齐云，亦不过遵循此例耳。盖昔日闺阁名媛之守礼法者，常不轻出游，即在清代中叶文学作品，如《儒林外史》叙述杜少卿夫妇游山（见《儒林外史》第三十三回），所以能自矜许，称为风流放诞之故也。

复次，第七通云：“回想先生种种深情，应如铜台高揭，汉水西流，岂止桃花千尺也。”王秀琴女士、胡文楷君编选《历代名媛书简·四》载此文，“汉”字下注云“疑漳之误。”殆以“铜台”“汉水”为不同之两义，不可连用。故改“汉”为“漳”，则两句皆表一义。盖以魏武之铜爵台与邺之漳水为连类也。鄙意河东君此文乃用太白诗“桃花潭水深千尺，不及汪伦送我情”之句，以比然明之深情。复用“铜台”“汉水”之辞，以比然明之高义。铜雀台固高，可以取譬。认铜台为铜雀台，自是可通。但若又认汉水为漳水，而与铜台为连类，则是河东君直以然明比魏武，而自居于铜雀台妓。与崇祯十二年汪、柳关系之情势，极不适合。河东君为避嫌疑计，必不出此。且河东君熏习于几社名士，如卧子、李、宋之流者甚久。几社一派诗文宗法汉魏六朝，河东君自当熟精选理，岂有不读《文选·二三》谢玄晖《同谢谘议铜雀台诗》，即《玉台新咏·四》谢朓《铜雀台妓》及《文选·六十》陆士衡《吊魏武帝文》者乎？魏文帝所作《燕歌行》云“星汉西流夜未央”（见《文选·二七》）及

《杂诗二首》之一云“天汉回西流”（见《文选二九》），又杜子美《同诸公登慈恩寺塔（五古）》云“河汉声西流”（见《杜工部集·一》），皆诗人形容极高之语。天上之银汉可言西流，人间之漳水不可言西流。故“汉”字非“漳”字之讹。细绎河东君文中“铜台”“汉水”两句，皆形容极高之辞，即俗所谓“义薄云天”之义。或者河东君因《三辅黄图》谓“神明台在建章宫中，祀仙人处。上有铜仙舒掌捧铜，承云表之露”（据“平津馆丛书”本）及杜少陵诗“承露金茎霄汉间”之句（见《杜工部集·一五·秋兴八首》之五），不觉牵混以铜台为言，并因杜诗“霄汉”之语，复联想天上之银汉。故遂分拆杜诗此一句，构成此文“铜台”“汉水”之两句，以形容然明之“云天高义”耶？陈其年（维崧）词（《迦陵词·二八·〈贺新凉·春日拂水山庄感旧〉》）云：

人说尚书身后好，红粉夜台同嫁。省多少望陵闲话。

则实用魏武铜爵台妓故事。此词作于河东君此札后数十年。河东君久已适牧斋，牧斋既死，又身殉以保全其家。《迦陵词》中用“望陵”之语，颇为适切也。

又，《太平广记·一九五》“红线”条（原注：“出（袁郊）《甘泽谣》。”）云：

既出魏城西门，将行二百里，见铜台高揭，而漳水东注，晨飙动野，斜月在林。忧往喜还，顿忘于行役。感知酬德，聊副于心期。

然则河东君实取袁氏文中“铜台高揭”四字，而改易“漳水东注”为“汉水西流”四字。其所以如此改易者，不仅表示高上之义，与银汉西流相合，且“流”字为平声，于声律更为协调。

吾人观此，益可证知河东君文思之精妙矣。

复次，《有学集·二十·许（瑶）夫人（吴绡）啸雪庵诗序》云：

漳水东流，铜台高揭。洛妃乘雾，羡翠袖之英雄，妓女望陵，吊黄须于冥莫。

寅恪案：此《序》用《甘泽谣》之文，亦改“注”为“流”，以合声律，但《序》之作成，远在《河东君尺牍》之后。《白香山》诗云：“近被老元偷格律。”（见《白氏文集·一六·编集拙诗成一十五卷因题卷末（七律）》。）林天素《柳如是尺牍小引》云：

今（汪然明）复出怀中一瓣香，以《柳如是尺牍》寄余索叙，琅琅数千言，艳过六朝，情深班蔡，人多奇之。

然则牧斋殆可谓偷“香”窃“艳”者耶？又，“黄须”事，见《三国志·一九·魏志·任城威王彰传》。“黄须”乃指曹操子曹彰而言。牧斋用典，不应以子为父，或是“黄须”乃“吊”之主词，但文意亦未甚妥，恐传写有误。窃疑“须”乃“星”或他字之讹。若本作“星”字者，即用《魏志·一·武帝纪》“建安五年破袁绍”条所云：

初，桓帝时，有黄星见于楚宋之分，辽东殷馗善天文，言后五十岁，当有真人起于梁沛之间，其锋不可当。至是凡五十年，而公破绍，天下莫敌矣。

抑或别有出处，敬乞通人赐教。

《尺牍》第十七通云：

流光甚驶，旅况转凄。恐悠悠此行，终浪游矣。先生相爱，何以命之？一逢岁始，即望清驺。除夕诗当属和呈览，余惟台照，不既。

寅恪案：河东君当是于崇祯十二年冬游杭州，寄寓然明之西溪横山书屋，即在此度岁。元旦患病呕血，稍愈之后，于崇祯十三年二月离杭州归嘉兴。其间大约有三月之久。第二十二通云："雪至雨归。"谓雪季在杭州，雨季赴嘉兴。

《尺牍》第二十三通云：

前接教后，日望车尘。知有应酬，良晤中阻。徙倚之思，日切而已。

其第二十四通云：

云霄殷谊，褰涉忘劳。居有倒屣，行得顺流。安驱而至，坦履而返。萍叶所依，皆在光霁。特山烟江树，触望黯销。把袂之怀，渺焉天末已。审春暮游屐遄还，故山猿鹤，梦寐迟之。如良晤难期，则当一羽修候尔。廿四日出关，仓率附闻。嗣有缕缕，俟之续布，不既。

故知然明以应酬离杭他往，欲河东君留杭至暮春三月还杭后与之相晤。然河东君赴禾之意甚切，不及待然明之返，遂于崇祯十三年庚辰二月廿四日离杭往嘉兴也。第二十四通所谓"廿四日出关"者及第二十五通所谓"率尔出关"，即前引《春星堂诗集·三·柳如是校书过访舟泊关津而返》诗云"遽怀南浦出郊关"，皆指由杭州北行所必经之"北关"（见光绪修《杭州府志·六》）。故河东君所谓"出关"，亦即离杭北行之意也。河东君此次游杭，时经三月之久，中间患病颇剧，自有所为而来，必有所为而去。第十七通云："流光甚驶，旅况转凄。恐悠悠此行，终浪游矣。"其辞旨凄感，发病呕血，亦由于此。盖当崇祯十二年己卯岁末，河东君年已二十二，美人迟暮，归宿无所。西湖之游，本为阅人择婿。然明深识其意，愿作黄衫。第二十五通所谓“观涛”，即然明又一次约河东君至杭，为之介绍佳婿之意。钱塘可观浙江潮，故以枚乘《七发》“观涛广陵”为比，借作隐语也。“浪游”一语，乃不谐之意。然则河东君此行，究与何人有关，而终至其事不谐耶？鄙意此人即鄞县谢象三（三宾）是也。《鲒埼亭外集·二九》云：

三宾知嘉定时，以赀列钱受之门下，为之开雕娄唐诸公集。其后与受之争妓柳氏，遂成贸首之仇。南都时，受之复起，且大拜。三宾称门下如故。其反复如此。

寅恪案：三宾人品卑劣，诚如全氏所论。但谢山之言亦有失实者。考牧斋为天启元年浙江乡试正考官（详见前第一章拙作《题牧斋初学集》诗所论），象三以是年乡试中式（见雍正修《宁波府志·一七·选举·上》“明举人”条及《初学集·五三·封监察御史谢府君墓志铭》中“三宾余门人也”之语），故三宾所撰《一笑堂集》中涉及牧斋，称之为座师者，共有《丁亥冬被诬在狱时钱座师亦自刑部回以四诗寄示率尔和之》《寿钱牧斋座师》《寿座师钱牧斋先生》等三首（均见《一笑堂诗集·三》）。象三之诗，其作成年月虽多数不易详悉考定。然观象三于丁亥即顺治四年，犹称牧斋为“座师”。牧斋且以《次东坡御史台寄妻诗》寄示谢氏，谢氏复赋诗和之。又《寿钱牧斋座师》诗中有：

天留硕果岂无为，古殿灵光更有谁。渭水未尝悲岁晚，商山宁复要人知。

等语，皆足证象三于牧斋晚年，交谊未改也。或疑此两诗为弘光南都即位，牧斋复起以后所作，与谢山“三宾称门下如故”之语，尚不冲突。但检《初学集·三六》有《谢象三五十寿序》一篇。据《一笑堂诗集·一·（顺治七年）庚寅初度自述（五古）》中"吾年五十八，六十不多时"之句，逆推象三年五十时，乃崇祯十五年壬午也。河东君以崇祯十四年辛巳夏归于牧斋，崇祯十七年甲申夏福王立于南京。然则牧斋于此两时限之间，犹撰文为象三寿。故知全氏谓"与受之争妓柳氏，遂成贸首之仇"，其说殊不可信也。

又检《初学集·八五·跋〈前后汉书〉》（参《天禄琳琅书目·宋版·史部·〈汉书〉钱谦益跋》，《春酒堂文存·三·记宋刻〈汉书〉》，《陈星垣诗集·一·鸥波道人〈汉书〉叹》并陈星垣（铭海）《补注全祖望〈句余土音补注〉·六》此题注）云：

赵文敏家藏《前后汉书》，为宋椠本之冠。前有文敏公小像。太仓王司寇得之吴中陆太宰家。余以千金从徽人赎出。藏弆二十余年。今年鬻之于四明谢象三。床头黄金尽，生平第一杀风景事也。此书去我之日，殊难为怀。李后主去国，听教坊杂曲，"挥泪对宫娥"一段凄凉景色，约略相似。癸未中秋日书于半野堂。

《牧斋尺牍外编·与□□书》所言多同于牧斋之《跋》，惟涉及李本石之语，则《跋》文所未载。兹仅节录此段，以供参考。

其文云：

京山李维柱，字本石，本宁先生之弟也。尝语予，若得赵文敏家《汉书》，每日焚香礼拜，死则当以殉葬。

更可证牧斋于崇祯十六年癸未中秋，犹与象三有往来。牧斋此次之割爱售书，殆为应付构造绛云楼所需经费之用。考《初学集·二十·下·东山诗集·四·灯下看内人插瓶花戏题四绝句》，其一云“水仙秋菊并幽姿”及“玉人病起薄寒时”。此题后第二题即为《绛云楼上梁以诗代文八首》。然则牧斋售书之日，与绛云楼上梁之时，相距甚近，两事必有相互关系无疑。象三虽与牧斋争娶河东君失败，但牧斋为筑金屋以贮阿云之故，终不得不忍痛割其所爱之珍本，鬻于象三。由是而言，象三亦可借此聊以快意自解，而天下尤物之不可得兼，于此益信。蒙叟一生学佛，当更有所感悟矣。观下引牧斋重跋此书之语，亦可证也。一笑！

《有学集·四六·书旧藏宋雕〈两汉书〉后》（参《天禄琳琅书目·史部》）云：

赵吴兴家藏宋椠《两汉书》。王弇州先生鬻一庄得之陆水村太宰家，后归于新安富人。余以千二百金从黄尚宝购之。崇祯癸未，损二百金售诸四明谢氏。庚寅之冬，吾家藏书尽为六丁下取，此书却仍在人间。然其流落不偶，殊可念也。今年游武林，坦公司马携以见示，咨访真赝。予从臾劝亟取之。司马家插架万签，居然为压库物矣。呜呼！甲申之乱，古今书史图籍一大劫也。庚寅之火，江左书史图籍一小劫也。今吴中一二藏书家，零星捃拾，不足当吾家一毛片羽。见者夸诩，比于酉阳羽陵。书生饿眼，见钱但不在纸裹中（《天禄琳琅书目》作“但见钱在纸裹中”），可为捧腹。司马得此十箧，乃今时书库中宝玉大弓，当令吴儿见之，头目眩晕，舌吐而不能收。不独此书得其所归，亦差足为绛云老人开颜吐气也。劫灰之后，归心空门，尔时重见此书，始知佛言昔年奇物，经历年岁忽然复睹，记忆宛然，皆是藏识变现，良非虚语，而吕不韦顾以楚弓人得，为孔老之云，岂为知道者乎？司马深知佛理，并以斯言谂之。（《天禄琳琅书目》此句下有“岁在戊戌孟夏二十一日重跋于武林之报恩院”十九字。）

寅恪案：蒙叟于崇祯十六年癸未秋割爱卖《两汉书》，已甚难堪。象三此时家甚富有，但犹抑损牧斋购入原价二百金。靳此区区之数，不惜招老座师以更难堪之反感。岂因争取“美人”失败，而又不甘间接代付“阿云金屋”经费之故，遂出此报复之市侩行为耶？牧斋云：“不独此书得其所归，亦差足为绛云老人开颜吐气也。”蒙叟属辞不多用“绛云老人”之称。今特著“绛云”二字者，不仅因绛云楼藏书被焚，深致感念。窥其微意所在，亦暗寓“阿云金屋”一重公案也。牧斋如卢家之终有莫愁，固可自慰。然亦卒不能收回已亡之楚弓，姑借佛典阿赖耶识之说，强自解释，情甚可怜。若象三以“塞翁”为其别号，则不知其所失者为书耶？抑或人耶？谢氏二十年之间，书人两失，较牧斋之得人而失书者，犹为不逮。此亦其人品卑劣有以致之，殊不足令人悯惜也。

至牧斋所谓“坦公司马”应即张缙彦。其事迹见《清史列传·七九·贰臣传》本传及《清史稿·二五一·刘正宗传》附《张缙彦传》。《清史列传》载其于顺治十一年甲午由山东右布政使，迁浙江左布政使。十五年戊戌擢工部右侍郎。与《浙江通志·一二一·职官表·一一》“承宣布政使”栏“张缙彦”下注“字坦公，新乡人。前辛未进士。顺治十一年任”及“许文秀”下注“辽东人。顺治十五年任”之记载相合。又《明史·一一二·七卿年表》“兵部尚书”栏载：

崇祯十六年癸未十月张缙彦任。十七年（甲申）三月缙彦降贼。

及同书三百零八《马士英传》云：

张缙彦以本兵首从贼。贼败，缙彦窜归河南。自言集义勇收复列城。即授原官，总督河北山西河南军务，便宜行事。（参计六奇《明季北略·二二》“张缙彦”条。）

等，皆可与清国史馆《张缙彦传》参证也。

复次，《有学集·五·绛云余烬集·下·赠张坦公二首》，其一云：

中书行省古杭都，曾有尚书曳履无。暂借愿厅居左辖（《牧斋外集·一》“愿”作“头”。是），且抛手版领西湖。

其二云：

中朝九伐勒殊勋，父老牵车拜使君。借草定追苏白咏，浇花应酹岳于坟。

西陵古驿连残烧，南渡行宫入乱云。注罢金经卧帘阁，诸天春雨自缤纷。

《牧斋外集·六·张坦公集序》略云：

中州张坦公先生，射策甲科，起家县令，受当宁简任，入直翰苑，洊历大司马。当是时，国势阽危，枢务旁午，天子神圣，非常寄任。朝野屏息跂望，以为李伯纪（纲）、于廷益（谦）合为一人。俄而天地晦冥，国有大故，触冒万死，走荆雒诸山中，经营寨栅，收合徒旅，逆闯之号令不行于荆南，公实以只手遏之。燕云底定，玺书慰存，乃始卷甲卧鼓，顿首归命。回翔朝右，资望深茂。乃由山左擢杭左辖。先后十余年，阅历变故，最险最奇。其所为诗文，亦随心递变。世之知坦公者，当以其诗文。而坦公之生平建竖，欲有所寄托，以自见于竹素，舍此集亦何以矣。昔少陵遇天宝之乱，流离巴蜀，有《昔游》《遣怀》之作。一则曰“昔者与高李，晚登单父台。寒芜际碣石，万里风云来”，一则曰“昔我游宋中，惟梁孝王都。忆与高李辈，论交入酒垆”。盖自七雄刘、项并吞割据之余，战伐通涂，英雄陈迹，多在梁宋之间。而况如公者，以含章振生之姿，揽中州河洛之秀，天实命以鼓吹休明，陶铸风雅。于是乎孟津超乘于前（寅恪案：“孟津”指王铎。事迹见《清史列传·七九·贰臣传》本传等。铎，河南孟津人。又为大学士，故云），行屋侠毂于后（寅恪案：“行屋”指薛所蕴。事迹见《清史列传·七九·贰臣传》本传，并参《牧斋外集·五·薛行屋诗序》。又桴庵为河南孟县人，故称其“行屋”之号，以免与觉斯相混也）。旗鼓相当，鞭弭竞奋，亦天相之也。威弧不弦，帝居左次，桥山之龙胡不逮，崆峒之仙仗杳然。于是乎弃戎旃，理翰墨；舍韎韦，事毕牍。词坛骚垒，收合余烬；地负海涵，大放厥词，而《依水园》之全集始出。坦公书来曰：“公知我者，幸为我诗序。”余虽老废，归向空门，不敢谓不知坦公也。孟津已矣，今所为高、李者，有行屋及安丘二公在。（寅恪案：“安丘”指刘正宗。事迹见《清史列传·七九·贰臣传》及《清史稿·二五一》本传等。正宗为大学士，故以“安丘”称之，与称觉斯为“孟津”同例也。）坦公将还朝，共理承明之事，试相与评吾言，以为何如也。

寅恪案：牧斋《赠坦公》诗，大约作于顺治十一年甲午或十二年乙未，《书旧藏宋雕〈两汉书〉后》一文末署“岁在戊戌孟夏廿一日，重跋于武林之报恩寺”，即在顺治十五年张氏尚在杭任，未奉调入京之时。至《张坦公集序》则作于张氏将离杭赴京之际，更在《书旧藏宋雕〈两汉书〉后》以后矣。复检《清史列传·七九·贰臣传·张缙彦传》略云：

顺治十七年六月，左都御史魏裔介劾大学士刘正宗罪恶，言缙彦与为莫逆友，序其诗，称以将明之才，词诡谲而心叵测。均革职逮讯。御史萧震疏劾缙彦曰："官浙江时，编刊无声戏二集，自称不死英雄。有吊死在朝房，为隔壁人救活云云。冀以假死，涂饰其献城之罪。又以不死，神奇其未死之身。臣未闻有身为大臣，拥戴逆贼、盗鬻宗社之英雄。且当日抗贼殉难者有人，阖门俱死者有人，岂以未有隔壁人救活，逊彼英雄？虽病狂丧心，亦不敢出此等语。缙彦乃笔之于书，欲使乱臣贼子相慕效乎？"疏并下王大臣察议，以缙彦诡词惑众，及质讯时，又巧辩欺饰，拟斩决。上贳缙彦死，褫其职，追夺诰命，籍没家产，流徙宁古塔。寻死。

寅恪案：牧斋为此偾军之将、亡国之大夫，而兼"不死之英雄"作序，铺张敷衍，长至千余言，其欲得张氏之润笔厚酬，自不待论。鄙意牧斋当日之奢望，似犹不仅此也。岂竟欲借此谀辞，感动张氏，取其购得谢三宾之宋椠《两汉书》，还诸旧主，庶几古籍美人可以并贮一处（此"处"即"绛云余烬处"之"处"。若作"楼"，则非绛云楼，而是后来河东君缢死之荣木楼矣），与之共命而同尽，更为绛云老人开颜吐气耶？坦公未能如牧斋之愿，而此书遂流落他所，展转收入清内府。三百年来陵谷屡迁，此旷世奇宝，若存若亡，天壤间恐终不可复睹矣。惜哉！惜哉！

更有一事可与钱、谢此重公案相参勘者，黄丕烈《士礼居藏书题跋记·五》"《唐女郎鱼玄机诗》一卷宋刻本"条云：

朱承爵，字子儋。据《列朝诗集》小传，知为江阴人。世传有以爱妾换宋刻《汉书》事。其人亦好事之尤者。唐女郎何幸，而为其所珍重若斯。

寅恪案：《列朝诗集·丁·八》撰朱氏《落花》诗二首。其《小传》不载以爱妾换宋刻《汉书》事。荛翁所言，未知何据？牧斋所撰《列朝诗集》诸人小传，多喜记琐闻逸事之可资谈助者，子儋以爱妾换宋刻《汉书》一事，牧斋当亦有所知闻。然不收入《小传》中者，岂其事略同于象三与己身之关系，遂特避嫌，讳而不载耶？若果如是，则其心良苦，其情可笑矣。

复次，《牧斋尺牍·二·与李孟芳书》共十三通。其中三通关涉王弇州家《汉书》事。

第一通云：

子晋并乞道谢。《汉书》且更议之，不能终作箧中物也。归期想当在春夏之交，把臂亦非远矣。

第十通云：

岁事萧然，欲告籴于子晋。借兄之宠灵，致此质物。庶几泛舟之役有以借手，不致作监河侯也。以百石为率，顺早至为妙，少缓则不济事矣。

第十二通云：

空囊岁莫，百费蝟集。欲将弇州家《汉书》绝卖与子晋，以应不时之需。乞兄早为评断。此书亦有人欲之，意不欲落他人之手。且在子晋，找足亦易办事也。幸即留神。

寅恪案：《牧斋尺牍》之编次颇有舛讹。如卷上《致梁镇台》三通，其第一通乃致梁维枢者，而误列于致梁镇台，即梁化凤题下，乃是一例。见第五章所论。至排列复不尽依时间先后。如第五通论牧斋垂死时之贫困节引《致卢澹岩札》第四通应列于第一通前，即是其例。假定此寄李孟芳诸札之排列先后有误，则第十通“泛舟之役”自指与河东君有关之事。如《初学集·二十·东山诗集·三》河东君《和牧斋中秋日携内出游次冬日泛舟韵二首》之二所谓“夫君本自期安桨，贱妾宁辞学泛舟”之义。假定《寄李孟芳札》排列先后不误，则“泛舟之役”别指一事，与河东君无关。兹仅稍详论后一说，以俟读者抉择，盖前一说易解，不待赘述也。

就后一说言之，第一通“归期在春夏之间”等语，乃崇祯十一年戊寅牧斋被逮在京时所作。若牧斋与孟芳之尺牍皆依时间先后排列，则第十通疑是崇祯十五年冬间所作。因此通前之第八通有：

日来妇病未起，老夫亦潦倒倦卧。呻吟之音，如相唱和。

等语，其时河东君正在重病中也。又第十通云：“庶几泛舟之役，有以借手。”所谓“泛舟之役”，不知何指。若谓是崇祯十四年辛巳冬十一月与河东君泛舟同游京口（见《初学集·二十·（辛巳）小至日京口舟中》并河东君和作，及《冬至后京江舟中感怀八首》），则是年中秋河东君尚未发病（见《初学集·二十·（辛巳）中秋日携内出游二首》并河东君和作），大约九、十月间即渐有病。故牧斋《小至日京口舟中》诗云“病色依然镜里霜”，河东君和作云“香奁累月废丹黄”。据郑氏《近世中西史日表》，此年冬至为十一月十九日。依“累月”之语推之，其起病当在九、十月间，然尚能出游并赋诗，谅未甚剧。但在途中病势增重，只得暂留苏州，未能与牧斋同舟归常熟度岁。观牧斋《辛巳除夕》诗“凄断鳏鱼浑不寐，梦魂那得到君边”之句，知柳钱两人此际不在一处，而河东君之病甚剧，又可推见也。此点详见后论，兹不多及。由是言之，牧斋《致李氏尺牍》第十通中“泛舟之役”一语，非指此次京口之游，自不待辨。至崇祯十五年冬，牧斋实有关涉“泛舟”之事，更就明清时人“泛舟之役”一习用之语考之，实有二解：一指漕运。即用《左传·僖公十四年》所载，其文略云：

冬晋荐饥，使乞籴于秦。（秦）输粟于晋，自雍及绛相继，命之曰“泛舟之役”。

如《碑传集·一三六》田雯撰《卢先生世漼传》云：

领泛舟之役，值久旱河竭，盗贼充斥，公疏数十上，犁中漕弊，皆报可。

及道光修《济南府志·五二·卢世漼传》云：

攒漕运，时久旱河竭，盗贼纵横，条议上闻，皆中肯綮。

可以为证。二指率水师攻战之意。如《晋书·一百一十·载记·十·慕容俊载记》云：

遣督护徐冏率水军三千，泛舟上下，为东西声势。

可以为证。检牧斋此时并无参预漕运之事，则其所谓“泛舟之役”者，乃与水军之攻战有关无疑。若此假设不误，兹略引资料，论之于下：

《初学集·二十·送程九屏领兵入卫二首时有郎官欲上书请余开府东海任捣剿之事故次首及之（七律）二首》之二后四句云：

绝辔残云驱靺鞨，扶桑晓日候旌旗。东征倘用楼船策，先与东风酹一卮。

及同书二十下《（癸未）元日杂题长句八首》之四云：

东略舟师岛屿纡，中朝可许握兵符。楼船捣穴真奇事，击楫中流亦壮夫。弓渡绿江驱秽貊，鞭投黑水驾天吴。剧怜韦相无才思，省壁愁看厓海图。（自注：“沈中翰上疏请余开府登莱，以肄水师。疏甫入而奴至，事亦中格。”）

又《有学集·三二·卓去病先生墓志铭》云：

崇祯末，中书沈君廷扬以海运超拜。特疏请余开府东海，设重镇，任援剿。去病家居，老且病矣，闻之大喜，画图系说，条列用海大计，惟恐余之不得当也。疏入未报，而事已不可为。

然则“泛舟之役”，即“楼船”及“用海”之策。大约牧斋于崇祯十五年壬午岁暮，得知有巡抚登莱，率领舟师东征之议，以为朝命旦夕可下，必先有所摒挡筹划，因有告籴于毛氏之举欤？

又，孟芳与子晋关系至密。子晋称之为舅氏，见其所著《野外诗卷·八月十五夜从东湖归独坐快阁》诗题下自注云“和孟芳舅氏”可以为证。子晋此种“舅氏”之称谓，盖与其称缪仲醇希雍同例，亦见《野外诗卷·暮春游兴福寺诗序》。《初学集·六一》牧斋作《子晋父毛清墓志铭》云：“君娶戈氏，于仲醇为弥甥婿。”及同书三九《毛母戈孺人六十寿序》云：“毛生子晋之母戈孺人六十矣。”则知子晋之称孟芳为“舅氏”不过长亲之意耳。读者幸勿误会。毛、李两人情谊既如此亲密，故牧斋托孟芳向子晋“告籴”，欲借其“宠灵”也。此函中“质物”之语，即指质于毛晋家之《汉书》而言。第十二通疑亦是崇祯十五年岁杪所作。因十六年中秋，此《汉书》已鬻于谢氏，故知此函所谓“岁莫”，必非十六年岁杪也。“找足”者，欲将前抵押之《汉书》“绝卖”与子晋。不知何故，此议未成。后来此书于崇祯十六年秋牧斋卖与谢三宾，当先将谢氏所付书价之一部分，从子晋赎回，然后转卖耳。“此书亦有人欲之”之“人”，或即是象三，亦未可知。卖此书与谢氏，实非牧斋本意，乃出于万不得已。所以感恨至于此极也。

牧斋此书今天壤间已不可得见。世之谈藏书掌故者，似未注意此重公案，聊补记于此，以谂好事者。牧斋平生有二尤物：一为宋槧两汉书，一为河东君。其间互有关联，已如上述。赵文敏家《汉书》，虽能经二十年之久“每日焚香礼拜”，然以筑阿云金屋绛云楼之故，不得不割爱鬻于情敌之谢三宾。未能以之殉葬，自是恨事。至若河东君，则夺之谢三宾之手，“每日焚香礼拜”达二十五年之久。身没之后，终能使之感激杀身相殉。然则李维柱之言，固为《汉书》而发，但实亦不异为河东君而发者。呜呼！牧斋于此，可以无遗憾矣。

又，谢三宾任太仆少卿，以丁父忧出京后，即买宅西湖（寅恪案：《一笑堂诗集·三·湖庄二题·武林旧寓为武弁入居残毁殊甚庚寅始复感成七律》，并同书四《燕子庄（七律）》“花红水绿不归去，辜负西湖燕子庄”句及《过武林（七律）》“燕子庄前柳色黄，每乘春水向钱塘”句等，可证），放情声色。（寅恪案：《一笑堂诗集·三·无题（七律）》“却来重入少年场”句，可证。）全谢山谓象三视师登州时，“干没贼营金数百万，其富耦国”（详见《鲒埼亭外集·二九·题视师纪略》），其言即使过当，然象三初罢太仆少卿，居杭州时，必非经济不充裕者，可以断言。其子于宣字宣子，崇祯九年丙子即已中式乡试（见雍正修《宁波府志·一七·选举·上》“明举人”条），早与然明有往还（见《春星堂诗集·二·余为修微结庐湖上冬日谢于宣伯仲过临出歌儿佐酒》），则象三亦必为然明知交之一，可以推知。但今检《春星堂集》及《一笑堂诗集》，俱未发现两人往还亲密之记载，其故尚待详考。兹姑设一假定之说，在象三方面，因河东君与之绝交，而然明不能代为挽回，转介绍其情人与牧斋。且刻《河东君尺牍》，不尽删诋笑己身之语，遂致怀恨。在然明方面，因河东君与象三之绝交，实由于柳之个性特强，而谢又拘牵礼俗，不及其师之雅量通怀，忽略小节。象三既不自责，反怨然明之不尽力，未免太不谅其苦衷。职是之故，两家《集》中，遂无踪迹可寻耶？当崇祯十一、十二、十三年之际，象三之年为四十六、四十七、四十八岁。故然明胸中，为河东君觅婿计，象三之年龄、资格、家财及艺能（徐沁《明画录·五》略云："谢三宾，号塞翁。工山水。每与董玄宰、李长蘅、程孟阳究论八法，故落笔迥异恒境。"）四者，均合条件。今检《一笑堂诗集》关涉河东君诸题，大抵不出此数年间之作。兹择录并略论之于下。

《一笑堂诗集·三·湖上同胡仲修陆元兆柳女郎小集》云：

载酒春湖春未央，阴晴恰可适炎凉。佳人更带烟霞色，词客咸蟠锦绣肠。乐极便能倾一石，令苛非复约三章。不知清角严城动，烟月微茫下柳塘。

寅恪案：或谓此题之前第二十题为《与程孟阳曾波臣陆文虎集湖上（七律）》，其末句云"岸柳山花又暮春"，岂柳、谢之发生关系，由孟阳介绍耶？鄙意不然，因松圆《耦耕堂存稿诗·下》有《久留湖寺》及《湖上五日对雨遣怀》两题，知孟阳崇祯十一年戊寅春夏之间，虽实在西湖，但十二年及十三年春间，则未发见其曾游杭州之迹象。就松圆不介绍河东君于牧斋之例推之，似未必肯作此割爱之事。且据《戊寅草》及《春星堂诗集》，河东君之游西湖，盖始于崇祯十一年戊寅秋季，在此以前，即十一年春，则无西泠天竺间之踪迹可寻，故三宾《湖上同柳女郎小集》之诗，作于十二年乙卯春间之可能性最大也。

同书四《怀柳姬》云：

烟雨空蒙归路艰，石尤风急阻萧山。倩将一枕幽香梦，吹落西溪松柏间。（自注："时柳寓西溪。"）

寅恪案：象三谓河东君时寓西溪。然明横山书屋即在西溪。然则此诗乃作于崇祯十二年或十三年河东君寄寓汪氏西溪别墅时也。

上引《一笑堂诗集》二题，既标出"柳"姓，其为河东君而作，绝无问题。又检此集尚有似关涉河东君之诗不少。因其排列不尽依时间先后，故亦未敢确言。姑附录之，并略著鄙见，以俟更考。

《一笑堂诗集·一·即事》云：

万事瓦解不堪言，一场春梦难追觅。无情只有杨柳枝，日向窗前伴愁绝。

寅恪案：《一笑堂集》中，其有关涉河东君之嫌疑诸诗，几全是今体。此首虽是古体，但细绎题目及辞旨，恐仍有为河东君而作之可能。前两句用《白氏文集·一二·花非花》诗："来如春梦不多时，去似朝云无觅处。"后二句用同书一六《别柳枝》诗："两枝杨柳小楼中，袅娜多年伴醉翁。"盖谓有情之美人"杨柳枝"已去矣，唯有无情之植物"杨柳枝"与塞翁相伴耳。此解释是否有当，未敢自信，尚希通人垂教。

同书二《柳》云：

曾赐隋堤姓，犹怀汉苑眠。白门藏宿鸟，玄灞拂离筵。一曲春湖畔，双眉晓镜前。不愁秋色老，所感别经年。

寅恪案：此首疑亦怀河东君之作，至作于何年，则未能确定也。

同书三《无题》云：

清尊良夜漏初长，人面桃花喜未央。彩凤已疑归碧落，行云依旧傍高唐。

十年长乐披星月，百战青齐饱雪霜。回首真成弹指事，却来重入少年场。

寅恪案：此诗前四句意谓初疑河东君已适人，今始知仍是待攀折之章台柳。“人面桃花”句，固用孟棨《本事诗·情感类》“博陵崔护”条。似象三在赋此诗前，曾一度得见河东君者，但详考象三自天启五年任嘉定县知县，崇顾元年入京任陕西道御史，后擢太仆寺少卿，八年丁忧归里，十一年服阕，始可放情声色。此十余年间，恐无机会与河东君相值。然则其得知河东君，殆因读嘉定诸老关于河东君两次游疁之作品，未必如崔护曾亲见桃花人面也。又河东君《湖上草》崇祯十二年己卯春所赋《西湖八绝句》之一“最是西陵寒食路，桃花得气美人中”两句，极为世人称赏，传播一时，或与象三此诗第二句有关耶？《无题》诗第二联谓己身自崇祯元年戊辰任京职至八年乙亥丁忧归。其在都实未满十年，乃举成数而言，不必过泥也。此联下句指己身崇祯五年壬申监军登莱之役，象三撰《视师纪略》，以自夸其军功。今日尚可想见当时绮筵酣醉，谈兵说剑，博取美人欢心之情况。吾人平心论事，谢氏《视师纪略》一书，虽为全谢山鄙为不足道，但象三之书，究是实地经验之言，持与牧斋《天启元年辛酉浙江乡试程录》中之文，止限于纸上谈兵者，以相比较，门生作品犹胜座师一筹。唯美人心目中赏鉴如何，则生于三百年后者，不得而知矣。

同书同卷《雨余》云：

寒食清明一雨余，春芳未歇绿阴舒。闲依陆子经烹茗，漫学陶公法种鱼。

方竹杖分野老惠，细花笺寄美人书。一年好景清和日，莫放尊前夜月虚。

寅恪案：此题下一题即上引《湖上同胡仲修陆元兆柳女郎小集（七律）》。两诗所言景物符合，颇疑此“美人”乃指河东君。盖象三先以书约河东君宴集湖上也。

同书同卷《春归》云：

春归何处最销魂？飞絮闲庭昼掩门。幽绪只应归燕觉，愁怀难共落花论。

天涯人远音书断，斗室香销笑语存。无限情怀消折尽，不堪风雨又黄昏。

寅恪案：此题下一题为《嘉禾道中》，有“三伏生憎客路长”之句。窃疑崇祯十三年庚辰春河东君与谢氏绝交之后，遂因而发病，避往嘉兴。象三不胜“天涯人远音书断”之“幽绪”“愁怀”，故冒暑追至禾城，思欲挽回僵局。两题前后衔接，殊非偶然。此点可与下引《尺牍》第二十五通相参证。寅恪初读《一笑堂诗集》，颇觉柳、谢关系之作不多，后取《尺牍》参较，始知两书实有互相发明之妙也。复检《一笑堂诗集·三》有《庚辰九月再寓嘉禾祥符寺》一题，颇疑象三此行亦与河东君有关。本章下论牧斋于崇祯十三年庚辰十月至嘉兴晤惠香，为河东君访半野堂之前导，然则谢去钱来，皆是“孩童捉柳花”之戏（见下引白诗）。前引全谢山《题视师纪略》，谓象三“与受之争妓柳氏，遂成贸首之仇”，“贸首之仇”固不确，“争妓柳氏”则为实录也。又第三章论《戊寅草》陈卧子《序》中“柳子”之语，盖本于白香山《春尽日宴罢感事独吟》诗“春随樊子一时归”句及苏东坡《朝云诗引》。象三以“春归”为题，亦取意于白、苏。更观香山此题，尚有“思逐杨花触处飞”之句，则谢氏冒暑往嘉兴，亦是“逐杨花”也。但香山《独吟》诗后第二题为《前有别柳枝绝句梦得继和云春尽絮飞留不得随风好去落谁家（寅恪案：梦得此两句见《全唐诗·第六函·刘禹锡·一二·杨柳枝词九首》之九）又复戏答》云：

柳老春深日又斜，任他飞向别人家。谁能更学孩童戏，寻逐春风捉柳花。

则象三冒暑往禾“寻逐春风捉柳花”之后，河东君落于镬后人之家，而象三惓恋不忘，童心犹在，可哀可笑也已。至象三自号塞翁，不知始于何时。若在与河东君绝交之后，则其失马之意，恐不免仍取义于香山之诗，即《白氏文集·三五·病中诗十五首》之《卖骆马》及《别柳枝》两绝句并同书七一《不能忘情吟》之序及诗，美人、名马互相关联之意。然则塞翁所失者非“骆马”乃“柳枝”也。苟明乎此，乾隆修《鄞县志·一六·谢三宾传》云：“谢三宾，字象山”，则知“象山”以象香山自命。《一笑堂诗集》中诸诗涉及香山柳枝之作者，实皆为河东君而赋，无足怪也。

同书同卷《无题》云：

咫尺花源未可寻，避人还向水云深。箫声已隔烟霄路，珮影空留洛水浔。

寂寞文园长被病，衰迟彭泽但行吟。空斋独坐清如衲，留得枯禅一片心。

寅恪案：此诗疑亦为河东君而作。其辞旨可与本章前引汪然明《无题》诗，相参证也。

同书同卷《湖庄》云：

数椽新构水边庄，草舍题名燕子堂。栖处不嫌云栋小，来时常及柳丝黄。愿言江左家风旧（寅恪案：《鲒埼亭集外编·六·"明故按察副使监军赣庵陆公（宇燝）墓碑铭》谓周明贻谢三宾书曰："昔德佑之季，谢昌元赞赵孟传诱杀袁进士以卖国，执事之家风也。"取陆书与谢诗中"家风"二字对，不禁令人失笑），不贮徐州脂粉香。月夕风晨聊一笑，此非吾土寄相羊。

同书同卷《湖庄》云：

湖山晚对更苍苍，燕子堂前径欲荒。寒雁带云栖荻渚，虚舟载月倚莲塘。

严城街鼓催更早，远寺僧钟度水长。独上段桥天似洗，数星渔火耿邻庄。

寅恪案：此两诗皆象三自咏其西湖别墅者，第一题自是与河东君有关。第二题倘作于崇祯十三年庚辰以后，十七年甲申以前，亦与河东君有关。其作第一题时，与河东君往还正密。至作第二题时，则河东君已与之绝交矣。第一题第二联上句用刘梦得《金陵五题》之第二题《乌衣巷（七绝）》"旧时王谢堂前燕"之典（见《全唐诗·第六函·刘禹锡·一二》），下句用白香山《燕子楼三首（并序）》之典（见《白氏文集·一五》）。综合上下两句之意，实为掩饰之辞，非由衷之语也。颇疑“燕子堂”与“一笑堂”或即同一建筑物。后来河东君与之绝交，故第二题云“燕子堂前径欲荒”。谢家堂前之燕，既飞向别人之家，遂取第一题“月夕风晨聊一笑”句中“一笑”二字，以改易“燕子”二字之旧堂名。又或用《全唐诗·三·李白·三·白纻词》中“美人一笑千黄金”之句。“美人”为河东君之号，此堂之名亦与河东君有关。第二章已论及之。若果如是，第一题第七句可为后来发一苦笑之预兆也。象三自丁忧后，优游林下，构湖庄，买古籍，所用不赀。其人既非以卖文为活，则经费何从而来？全谢山谓其登莱之役，干没多金，当可信也。

同书同卷《无题二首》云：

曲径低枝罥额罗，水亭花榭笑经过。偶寻静侣穿修竹，爱近幽香坐碧萝。秋水笑蓉羞媚频，高堂丝竹避清歌。从来不识人间事，肯使闲愁上翠娥。

春园又忆雨如麻，细语明缸隔绛纱。几度暗牵游子意，何来遽集野人家。芙蓉霜落秋湖冷，杨柳烟销夜月斜。回首故山无限思，一江烟水涨桃花。

同书同卷《坐雨》略云：

秋雨空堂长绿莎，柴关车马断经过。

同书同卷《排闷》云：

排闷裁诗代管弦，笔床唤起颖生眠。死灰已弃从相溺，热灶虽炎定不然。

最喜长康痴黠半，却怜茂世酒螯全。无人缚处求离缚，熟读《南华》第一篇。

寅恪案：以上三题五首相连，疑是同时所作。盖象三因秋雨追忆前次湖上春雨时与河东君文宴之事，即上引《雨余》及《湖上同柳女郎小集》两题所言者。象三自号塞翁，然念念不忘已失之“马”。其为人黠固有之，痴亦不免。既被河东君弃绝，更招嘲骂，即“死灰已弃从相溺”。象三虽竭力以图挽回，终不生效，即“热灶虽炎定不然”。追思往事，裁诗排闷，即“无人缚处求离缚”。夫三宾害如是之单相思病，真可谓天下之大痴。尤足证第三章所引牧斋《题张子石〈湘游篇〉小引》中“人生斯世，情之一字，熏神染骨，不唯自累，又足以累人乃尔”等语为不虚。然则河东君之魔力，殊可畏哉！殊可畏哉！又《排闷》下第四题为《闲居》，其结语云：“暂勅病魔为外护，当关为谢客侵晨。”此乃反用《李义山诗集·上·富平少侯诗》“当关莫报侵晨客，新得佳人字莫愁”之辞旨，甚为巧妙。《排闷》下第五题为《坐雨》诗，有“信风信雨小楼中，万轴千签拥座东”及“惟余侍女问难字，无复书邮报远筒”等语，可取与《初学集·二十·东山诗集·（壬午）献岁书怀二首》之二“网户疏窗待汝归”及“四壁图书谁料理”等句相印证。盖河东君之博通群籍，实为当时诸名士所惊服惓恋者也。

同书同卷《邻庄美人歌吹》云：

尘心净尽絮沾沙，永日闲门闭落花。唱曲声从何处起，倚楼人是阿谁家。

桃花路近迷仙棹，杨柳枝疏隔暮鸦。却怪晚风偏好事，频吹笑语到窗纱。

寅恪案：此诗结句云“却怪晚风偏好事，频吹笑语到窗纱”，自是只闻歌吹，而未见歌吹者。但象三特用“美人”二字，疑意有所指。岂为河东君落在篯后人家而作耶？若依此诗排列次序，前一首为《闲步》，末句云“疏林淡霭近重阳”，后一首为《病中口占》，首句云“秋色萧条冷夕阳”。则前后两题，皆秋间之作，似与《邻庄》诗中“絮沾沙”及“闭落花”等语之为春暮者不合。但细绎“杨柳枝疎隔暮鸦”，则亦是秋季景物。故不必过泥，认其必作于春季也。倘《邻庄》一诗，果作于秋季者，则第二联下句乃用李太白“何许最关情，乌啼白门柳”之典（见《全唐诗·第三函·李白·三·杨叛儿》）。据《有学集·一·和东坡西台诗韵序》，知牧斋以顺治四年丁亥四月初被逮至南京下狱，历四十余日，出狱之后，值河东君三十生日，遂和东坡西台诗为寿，并以传示友朋求和。今《邻庄》诗后第三题为《丁亥冬被诬在狱时钱座师亦自刑部回以四诗寄示率尔和之四首》，初视之，似象三得牧斋诗在丁亥冬。更思之，谢氏在狱中，似不能接受外来文字，如牧斋此题之涉及当日政治者，然则谢氏得其座师诗时，或在未入狱之前，和诗虽在入狱后所作，而《邻庄》一题，实在接牧斋庆祝河东君寿辰诗时所赋，因不胜感慨，遂有“桃花”“杨柳”一联，以抒其羡慕妒忌之意欤？俟考。

同书同卷《落花》云：

欲落何烦风雨催，芳魂余韵在苍苔。枝空明月成虚照，香尽游蜂定暗猜。

有恨似闻传塞笛，多情偶得傍妆台。春风自是无情物，冷眼看他去复来。

寅恪案：此诗辞旨多取材于《乐府诗集·二四·梅花落》诸人之作。读者可取参阅，不须赘引。唯有第五句固用《梅花落》曲之典，但恐亦与象三之自号塞翁不无关涉也。第七、第八两句似谓河东君于鸳湖与牧斋别去后，又复由苹城同舟，来到虞山家中。此“去复来”一段波折，持较河东君于崇祯十三年庚辰春与己身绝交离杭州赴嘉兴，遂一去不复来者，以冷眼观之，殊不胜其感叹也。

同书四《美人》云：

香袂风前举，朱颜花下行。还将团扇掩，一笑自含情。

寅恪案：此“美人”殆非泛指，当专属之河东君。象三以“一笑”名其集，而集中关涉河东君之诗甚不少，则此诗末句“一笑”二字，大可玩味。又牧斋垂死时赋《追忆庚辰冬半野堂文宴》诗有“买回世上千金笑”之句。夫“干没多金，富可耦国”之富裕门生，独于此点不及其卖文字以资生活、鬻书籍而构金屋之贫穷座师，诚如前论《湖庄》两题，所谓可发一苦笑者也。一笑！

同书同卷《柳（七绝）四首》云：

灞桥烟雨一枝新，不效夭桃脸上春。想象风流谁得似，楚王宫里细腰人。

朝烟暮雨管离情，唱尽隋堤与渭城。惟有五株陶令宅，无人攀折只啼莺。

莫遣春寒锁柳条，风华又是一年遥。即令春半湖塘路，多少游人倚画桡。

水岸微风百媚生，汉宫犹愧舞腰轻。东山爱尔多才思，更在春深絮满城。

寅恪案：象三诗集中诸作，排列不依时间先后，前已及之。故此题是否为河东君而作，殊未敢决言。若果为河东君而作者，则第四首末两句，可为下引《尺牍》第二十五通“某公作用，亦大异赌墅风流”等语之旁证。又象三赋此首，用谢安及谢道蕴之故实，足称数典不忘祖。但后来牧斋传刊《东山酬和集》，想象三读之，必深恨老座师之于旧门生，不仅攘夺其心爱之美人，并将其先世佳妙典故席卷而去矣。

同书同卷《听白氏女郎曲》云：

弦子轻弹曲缓讴，白家樊素旧风流。博陵自是伤情调，况出佳人玉指头。

寅恪案：此题中之“白女郎”，恐非真姓白，实指河东君，其以“白”为称者，不过故作狡狯耳。象三既以香山自命，因目河东君为樊素。第三句兼用《白氏文集·六九·池上篇序》略云：

颍川陈孝山与酿法，酒味甚佳；博陵崔晦叔与琴，韵甚清（参同书七十《唐故虢州刺史崔公墓志铭》）；蜀客姜发授《秋思》，声甚淡；弘农杨贞一与青石三，方长平滑，可以坐卧。每至池风春、池月秋、水香莲开之旦，露清鹤唳之夕，拂杨石，举陈酒，援崔琴，弹姜《秋思》，颓然自适，不知其他，酒酣琴罢，又命乐童登中岛亭，合奏《霓裳》散序。曲未竟，而乐天陶然已醉，睡于石上矣。

及《太平广记·四八八·莺莺传》略云：

崔已阴知将诀矣，恭貌怡声，徐谓张曰：“君常谓我善鼓琴，向时羞颜，所不能及。今且往矣，既君此诚。”因命拂琴，鼓《霓裳羽衣序》，不数声，哀音怨乱，不复知其是曲也。左右皆唏嘘。崔亦遽止之。投琴，泣下流连，趋归郑所，遂不复至。

据此，则第三章引《质直谈耳》，述河东君与宋辕文绝交时，以倭刀断琴之事，或与象三此诗亦有类似之处。观象三《怀柳姬》一题，其称柳如是为“柳姬”，与陈卧子称杨影怜为“杨姬”者，同是一例。复证以此题“白氏女郎”之语，益知其以河东君为禁脔矣。由是推论，柳、谢恐已先有婚姻成约，柳后复背弃，故谢之怨恨，殊非偶然。又钱柳因缘自鸳湖别后，曾有一段波折，当由嫡庶问题，详见后论柳钱茸城舟中结缡节。然则谢之失败、钱之成功，皆决于此点无疑也。

同书同卷《竹枝词五首》云：

钱塘门外是西湖，湖上风光记得无？侬在画船牵绣幕，郎乘油壁度平芜。

初从三竺进香回，逐队登船归去来。谁解侬家心里事，灵签乞得暗中开。

携手长堤明月中，红楼多在段桥东。当年歌舞今安在，魂断西泠一笛风。

细雨微风度柳洲，柳丝袅袅入西楼。春光莫更相撩拨，心在湖中那一舟。

处处开堂佛法新，香云能洗六根尘。欲携女伴参禅去，生怕山僧偷看人。

寅恪案：此题似属一般性，但亦可兼括河东君在内。观前引河东君《湖上草・西泠十首》，其第一首第二联云“金鞭油壁朝来见，玉佩灵衣夜半逢”，乃与谢诗同是一般性者。唯柳诗末二句云“一树红梨更惆怅，分明遮向画楼中”，则为高自标置，暗示避居西溪汪氏书楼之意，与谢诗“柳丝袅袅入西楼”之语，区以别矣。

同书同卷《赠人》云：

白壁峨峨荫座人，高情早已属秋旻。还惊丽藻波澜阔，没得句章与纬真。

寅恪案：“句章”为鄞县之古称，“纬真”乃屠隆之字，屠亦鄞县人。象三以屠长卿自比也。至所赠之人，据“丽藻波澜阔”之语，恐非河东君莫属。姑记此疑，以俟更考。

同书同卷《赠别》云：

嚬红低绿敛双蛾，肠断尊前一曲歌。为问别时多少恨，满城飞絮一江波。

清歌细舞不胜情，惜别休辞酒再倾。此去销魂何处剧，夕阳山外短长亭。

春花欲落雨中枝，触目伤情是别离。罢抚危弦收舞袖，背人小语问归期。

行云聚散本无根，红袖尊前拭泪痕。欲借冰弦传别恨，断肠深处不堪论。

寅恪案：细玩四首辞旨，乃女别男者。此女非不能诗，特此男为之代作，如《初学集·二十》牧斋《代惠香别》之例。颇疑此四首乃象三作于《怀柳姬》之前。盖谢氏由杭州返宁波，别河东君之际所赋。其时间或是崇祯十二年也。

同书同卷《樱桃》云：

墙角樱桃一树花，春风吹绽色如霞。重来但见森森叶，惆怅西风暮雨斜。

寅恪案：此首疑是象三于明南都倾覆以后，至虞山祝贺牧斋生日，因有感于杜牧之“绿叶成阴子满枝”之语（见《太平广记·二七三》“杜牧”条引《唐阙史》及《全唐诗·第八函·杜牧·八·怅诗（并序）》。又可参同书同函《杜牧·五·叹花》），遂为河东君及赵管妻而作也。检《一笑堂诗集·三·海虞》云：

访旧经过海上城，丹枫紫荻照波明。微云漏日秋光澹，远水摇风晓色清。

千里怀人轻命驾，一时兴尽欲兼程。山川满目伤心处，独卧孤篷听雁声。

又《寿钱牧斋座师》（此诗上四句前已引，兹以解释便利之故，特重录之）云：

天留硕果岂无为，古殿灵光更有谁？渭水未尝悲岁晚，商山宁复要人知。

秋风名菊三杯酒，春雨华镫一局棋。遥向尊前先起寿，敬为天下祝耆颐。

此两题连接，当为同时所作。牧斋生日为九月二十六日，象三亲至常熟，自是为牧斋祝寿。虽难决定为何年所作，《海虞》诗有“山川满目伤心处”之句，《寿牧斋》诗有“渭水”“商山”一联，则至早亦必在顺治七年庚寅以后。复观“天留硕果岂无为”之句，则疑是距郑延平将率师入长江前不甚久之时间。象三或更借此次祝寿之机缘，以解释前此购《汉书》减值之宿憾欤？其以“樱桃”为题者，仍是用“樱桃樊素口，杨柳小蛮腰”之典。（见《太平广记·一九八》“白居易”条引《云溪友议》及孟棨《本事诗·事感类》“白尚书姬人樊素善歌妓人小蛮善舞”条。）《樱桃》诗第二句“春风吹绽色如霞”，可与牧斋《答河东君半野堂初赠诗》“闻君放诞想流风，脸际眉间讶许同”之语相证发。第四句“西风”一辞，不仅与牧斋生日在季秋之今典符会，且与《柳氏传》“一叶随风忽报秋，纵使君来岂堪折”之语适合（见《太平广记·四八五》）。倘读者取《虎丘石上无名氏题》诗"最怜攀折章台柳，憔悴西风问阿侬"之句相较，尤令人失笑。（详见第五章所论。）所可注意者，据《海虞》诗"千里怀人轻命驾，一时兴尽欲兼程"及《寿牧斋》诗"遥向尊前先起寿"等语，是象三本为祝寿至虞山，又不待牧斋生日复先返棹，其故殊不可解。岂河东君不愿此不速之客来预寿筵耶？俟考。又检《一笑堂诗集·三·寿座师钱牧斋先生》云：

一代龙门日月悬，晏居人望似神仙。道同禹稷殊行止，文与欧苏作后先。

夜雨溪堂收散帙，秋风山馆听调弦。不知谁为苍生计，须与先生惜盛年。

寅恪案：此诗第六句殆与河东君有关。第七、八两句之辞旨，似在崇祯十四年河东君适牧斋以后、十七年明北都未破以前所赋。象三诗集止分体而不依时，故"天留硕果岂无为"一律，虽排列于此首之前，其实作成时间，乃在此首之后也。

同书同卷《索歌》云：

帘幕春阴昼不开，排愁须仗麹生才。烦君为拨三弦子，一曲蒲东进一杯。

寅恪案："蒲东"一辞，疑用元微之《莺莺传》"蒲之东十余里，有僧舍曰普救寺，张生寓焉"之语，与《听白氏女郎曲》诗"博陵自是伤情调"之"博陵"，同一出处。盖以河东君比双文也。又"索歌"之"索"，殆与《乐府诗集·七九》丁六娘《十索四首》及无名氏同题二首有关。唯此则男向女索，而所索为歌耳。由是推之，此女必能歌者。河东君善歌，见第三章论《戊寅草》中《西河柳》节，兹不更赘。

同书同卷《白辛夷》（自注："玉兰。"）云：

玉羽霜翎海鹤来，满庭璀灿雪争开。琼花未必能胜此，定有瑶姬下月台。

寅恪案：此首或有为河东君而作之可能。玩末句“定有”二字，恐非偶然咏花之诗，实指河东君肌肤洁白而言。见后论牧斋《冬日同如是泛舟有赠》诗及《玉蕊轩记》等，兹暂不详及。元微之有句云：“寻常百种花齐发，偏摘梨花与白人。”（见《才调集·五·离思六首》之六。）象三赋诗，殆有此感耶？至若白乐天《长恨歌》“梨花一枝春带雨”句（见《白氏文集·一二》），虽为五十年后小臣外吏评泊杨妃之语，自不可与普救唐昌之才子词人亲觌仙姿者同科并论。但玉环源出河中观王雄之支派，河中为中亚胡族居留地（可参拙著《元白诗笺证稿》第二章《琵琶引》论琵琶女，第四章《艳诗及悼亡诗》论莺莺，并校记中所补论诸条），故香山所言，未必全出于想象虚构也。

同书同卷《柳絮》云：

红袖乌丝事渺茫，小园寥落叹韶光。无端帘幕风吹絮，又惹闲愁到草堂。

寅恪案：此首疑为河东君而作。第三句恐是兼用刘梦得“春尽絮飞留不得，随风好去落谁家”之句及《世说新语·言语类》“谢太傅寒雪日内集”条“兄女（道蕴）曰，未若柳絮因风起”之典。但第一句有“红袖乌丝”之语，则综合第一、第三两句之意，当是象三见河东君诗词之类，因而有感。此乃牧斋《戏题美人手迹》之反面作品。盖谢诗乃杜兰香已去，而钱诗则萼绿华将来，故哀乐之情迥异也。

同书同卷《西泠桥》云：

堤花零落旧山青，楚雨巫云付杳冥。二十年来成一梦，春风吹泪过西泠。

寅恪案：象三此诗虽不能确定为何年所作，但有“二十年来”之语，则其作成时间必甚晚，可以无疑。至“楚雨巫云”之典，自指河东君而言，又不待论。由此推之，谢氏迟暮之年，犹不能忘情如此，真可谓至死不悟者矣。若更取塞翁此诗，与没口居士“蒲团历历前尘事，好梦何曾逐水流”之句（见《有学集·一三·病榻消寒杂咏》第三十四首）互相印证，则知师弟二人，虽梦之好恶不同，而皆于垂死之年，具有“寻梦”之作，吾人今日读之，不禁为之废书三叹也。

今据上引《一笑堂诗集》诸题观之，有为河东君而作之嫌疑者，竟若是之多，殊觉可诧。细思之，亦无足异。象三于此，颇与程孟阳相似，殆由惓恋旧情，不忍割弃之故。夫程、谢乃害单相思病者，其诗集之保留此类作品，可怜，可恨，可笑，固无待言。至若陈卧子之编刻本身诸集，多存关涉河东君之诗词，则与朱竹垞不删《风怀诗》之事，皆属双相思病之范围，自不可与程、谢同日而语。噫！象三气量褊狭，手段阴狠，复挟多金，欲娶河东君而不遂其愿。倘后来河东君所适之人非牧斋者，则其人当不免为象三所伤害。由今观之，柳钱之因缘，其促成之人，在正面为汪然明，在反面为谢象三，岂不奇哉？苟明乎此，当日河东君择婿之艰、处境之苦，更可想见矣。

河东君《与汪然明尺牍》第二十五通云：

率尔出关，奄焉逾月。先生以无累之神，应触热之客，清淳之语，良非虚饰，而弟影杯弥固，风檄鲜功，乃至服饵清英，泳游宗极，只溢滞淫靡，间恬遏地。（寅恪案：“溢”疑当作“益”。“淫靡”二字连文，当断句。“间”上疑脱一“云”字或“此”字。“云间”或“此间”，指松江也。另一本“间”作“闻”，恐非。盖河东君与卧子关系密切，若作“闻”字，则未免疏远矣。似不如仍作“间”字上有脱文为较妥。俟考。“恬遏地”三字连文，解释见下。）有观机曹子，切劘以文。其人邺下逸才，江左罕俪，兼之叔宝神清之誉，彦辅理遣之谈。观涛之望，斯则一耳。承谕出处，备见剀切，特道广性峻，所志各偏。久以此事推纤郎，行自愧也。即某与云云，亦弟简雁门而右逢掖。谐尚使然，先生何尤之深、言之数欤？至若某口语，斯又鄙流之恒，无足异者。董生何似？居然双成耶？栖隐之暇，乐闻胜流。顾嵇公懒甚，无意一识南金。奈何！柴车过禾，旦夕迟之。伏枕荒谬，殊无铨次。

寅恪案：河东君此札为《尺牍》三十一通中最可研究而富有趣味者。惜有讹误之处，明刻本已然，无可依据校补，兼以用典之故，其辞旨更不易晓。然此通实为河东君身世之转捩点，故不可不稍诠释引申之，借以说明钱、柳因缘殊非偶然，必有导致之条件，为其先驱也。此札末云：“柴车过禾，旦夕迟之。伏枕荒谬，殊无铨次。”乃河东君于崇祯十三年庚辰春间以与谢三宾绝交，遂致发病，因离杭州。抵嘉兴后，留居养疴。然明得知此情况，欲往慰问劝说，先以书告之。河东君即复此札，以答谢其意，且自述己身微旨所在也。至河东君此次在禾养疴之处，颇疑即吴来之昌时之勺园。第三章论河东君《戊寅草·初秋（七律）八首》中第四、第五两首及陈卧子《平露堂集·初秋（七律）八首》中第六首，皆涉及吴来之。盖河东君至迟已于崇祯八年乙亥秋间在松江陈卧子处得识吴氏。又本章及第五章有关“惠香勺园临顿里”及“下玉京”诸条，皆直接或间接可证明河东君此次在嘉兴养疴之处，吴氏之勺园乃最可能之地。读者若取两章诸条参互观之，则知所揣测者，即不中亦不远也。此札所用典故之易解者，止举其出处，不更引原文，以免繁赘。如“影杯弥固”见《晋书·四三·乐广传》。“风檄鲜功”见《三国志·魏志·六·袁绍传》裴《注》引《魏氏春秋》，同书二一《王粲传》附《陈琳传》裴《注》引《典略》，《后汉书·列传·六四·上·袁绍传》及《文选·四四》陈孔璋《为袁绍檄豫州》等。“叔宝神清之誉”见《晋书·三六·卫玠传》刘惔论玠语。“彦辅理遣之谈”亦见同书同传。但《玠传》以此属之叔宝，而非其妻父乐广也。“观涛”见《文选·三四》枚叔《七发》。“简雁门而右逢掖”见《后汉书·列传·三九·王符传》。“董生何似，居然双成耶？”见《汉武内传》，即所谓“（王母）又命侍女董双成吹云和之笙”者。“嵇公懒甚”见《文选·四三》嵇叔夜《与山巨源绝交书》。“无意一识南金”见《晋书·六八·薛兼传》。综合推测，然明原书之内容约有三端，一，“某与云云”者之“某”，当即象三，亦即“雁门”。盖河东君自谓其天性忽略贵势，而推崇儒素，如皇甫嵩之所为者，然明不可以此责之也。二，“至若某口语”之“某”，当亦指象三。《尺牍》第二十九通云：“某公作用，亦大异赌墅风流矣”之“某公”，乃用《晋书·七九·谢安传》，自是指象三。河东君以此骂三宾为谢氏不肖子孙也。盖象三因河东君与之绝交，遂大肆诽谤，散播谣言，然明举以告河东君。“风檄鲜功”之“檄”，即象三之蜚语。《尺牍》第二十七通末所云“余扼腕之事，病极，不能多述”，所谓“扼腕之事”，或亦与象三有关也。三，“董生何似，居然双成耶？”此乃受人委托之董姓，转请然明为之介绍于河东君，但河东君不愿与之相见。河东君既不以某公为然，因亦鄙笑其所遣之董姓，而比之于王母之侍女，为其主人吹嘘服役也。“观涛之望，斯则一耳”之语有两义，一指愈疾之意。一指至杭州之意。盖杭州亦观涛之地也（可参《尺牍》第二十四通所论）。河东君此札下文所言，乃表示不愿至杭州与谢象三复交之旨，谓心中之理想，实是陈卧子。此则元微之所谓“曾经沧海难为水，除却巫山不是云”者。因已有“观机曹子”在，不必更见他人，谅然明亦必解悟其故矣。兹成为问题者，即此“观机曹子”，究谁指乎？绎“恬遏地”一辞，乃王谢地胄之义。王恬、谢遏皆是王谢门中之佳子弟，且为东晋当日之胜流也。见《晋书·六五·王导传》附《子恬传》，又《世说新语·贤媛类》“王凝之谢夫人既往王氏”条及刘孝标《注》。《晋书·九六·王凝之妻谢氏传》并《世说新语·贤媛类》“王江州夫人语谢遏”及“谢遏绝重其姊”条等。“观机曹子”之“子”，其义当同于《世说》“王凝之谢夫人既往王氏”条所谓“王郎逸少之子”及《晋书·王凝之妻谢氏传》所谓“王郎逸少子”之“子”，乃儿子之义。盖河东君自比于有“林下风”之谢道蕴。故取“观机曹子”之辞，以目其意中人。河东君既不论社会阶级之高下，而自比于谢道蕴，则卧子家世，虽非王、谢门第，然犹是科第簪缨之族。“拟人必于其伦”之义，固稍有未合。但为行文用典之便利，亦可灵活运用，不必过于拘执也。“观政某曹”及分部郎官之称。盖明之六部，即古之诸曹。当时通目兵部为枢部，依据此称，遍检与河东君最有关系之胜流，若宋辕文、李存我并李舒章诸名士之父，皆未尝任兵部之职。惟陈卧子之父所闻，虽非实任兵部之职，但曾有一度与兵部发生关系。河东君或因此误记牵混，遂以为绣林实任兵部主事。故以“观机曹子”之辞目卧子也。据《陈忠裕全集·二九·先考绣林府君行述》略云：

是秋（指万历四十三年乙卯秋）举于乡，主司为相国高阳孙公。府君在冬官时，于诸曹中清望最高。群情推毂，旦夕当改铨部曹郎，而高阳公又以府君慷慨任事，欲移之枢部。未决，会艰归，俱不果。

又检黄石斋（道周）《黄漳浦集·二六·陈绣林墓志》略云：

乙卯举于乡，甚为高阳公（原注：“洪思曰，孙文介公慎行，高阳人。”寅恪案：洪思事迹可参杨钟羲《雪桥诗话余集·一》“龙溪洪阿士名思，黄石斋先生高弟”条）所知。其时欲改公铨部（寅恪案：此时陈所闻官工部屯田司主事），孙文介（原注：“谓孙尚书慎行也。”）方任严疆，欲得公在枢部。事未决，会公丁艰归。

可知卧子之父绣林，曾一度有为兵部主事之可能，而未成事实。“枢”“机”两字义同，可以通用。故“枢部”即“机部”。兹有一端不可不辨者，即石斋以孙承宗之谥为“文介”，乃下笔时误记。实则承宗为高阳人，以兵部尚书兼东阁大学士，预机务，经略蓟辽。（见《初学集·四七·孙公行状》及《明史·二百五十·孙承宗传》。）慎行为武进人，卒谥文介。始终未尝官兵部尚书，亦未任宰相，且绝不能以著籍武进之人，而任应天主考，考取华亭之陈所闻为举人之理。（见《明史·二四三·孙慎行传》。）石斋偶尔笔误，未足为异，然洪氏不特不为改正，又从而证实之，竟以承宗为慎行，可谓一误再误。甚矣！读书之难也。因恐世人以洪氏与石斋关系密切，注释石斋之文，必得其实，故为附辨之如此。

观河东君此札推重卧子如此，而卧子不能与河东君结合之事势，已如前论，当亦为然明所深知。然则卧子既难重合，象三又无足取，此时然明胸中，必将陈、谢两人之优劣同异互相比较，择一其他之人，取长略短，衡量斟酌，将此条件适合之候补者推荐于河东君。苦心若是，今日思之，犹足令人叹服！由此言之，牧斋于万历三十八年庚戌二十九岁时，与韩敬争状元失败，仅得探花，深以为憾。又于崇祯元年戊辰四十七岁时，与温体仁、周延儒争宰相失败，且因此获谴，终身愤恨。然于崇祯十三年庚辰五十九岁时，与陈子龙、谢三宾争河东君，竟得中选。三十年间之积恨深怒，亦可以暂时泄息矣。牧斋此时之快意，可以想见也。俟后论河东君过访半野堂时详论之。

复次，河东君此札中所谓"纤郎"果为谁耶？前引林天素所作《柳如是尺牍小引》已言其所谓"女史纤郎"，当即王修微。兹请更详证之。《春星堂诗集·五·遗稿·西湖纪游》（寅恪案：据厉鹗《湖船录》称此文为《西湖曲自序》）云：

复于西泠绪（？）纤道人净室旁，营生圹。玄宰董宗伯题曰："此未来室也。"陈眉公喜而记之。

检陈继儒（眉公）先生《晚香堂小品·七·微道人生圹记》略云：

修微，姓王，广陵人。生圹成，眉道人为之记。

故"纤道人"之为王修微，绝无疑义。修微名微，复字修微。"纤""微"二字同义，可以通用。"纤郎"当是修微曾以此为称也。（寅恪后见王国维《题高野侯藏汪然明刻本柳如是尺牍（七绝）三首》之一云："纤郎名字吾能意，合是广陵王草衣。”足征观堂先生之卓识也。）兹成为问题者，河东君此札，林天素《小引》及然明《西湖曲自序》，何以皆不称“修微”为“微道人”或“草衣道人”等别号，而称之为不经见之“纤郎”耶？牧斋《列朝诗集·闰·四》选修微诗。朱竹垞（彝尊）《明诗综·九八·妓女类》亦选修微诗。朱氏所作《修微小传》云：

初归归安茅元仪，晚归华亭许誉卿，皆不终。

竹垞所言，必有依据。但牧斋则讳言其初归茅止生。又讳言其归许霞城而不终。《初学集·一七·移居诗集》载《茅止生挽诗（七绝）十首》，当作于崇祯十三年庚辰夏间。修微之脱离止生，必更远在其前也。西园老人（寅恪案：李延昰，字期叔，号辰山。亦号放鹇道者。“西园老人”乃其又一别号也）《南吴旧话录·一八·谐谑类》云：

许太仆往虞山候钱牧斋。归与王修微盛谈柳蘼芜近事（原注：“蘼芜故姓杨，字蘼芜。云间妓也。能诗。嫁虞山钱牧斋。”），忽拍案曰：“杨柳小蛮腰，一旦落沙叱利手中。”修微哂之曰：“此易解。恐蛮府参军追及耳。”（寅恪案：此条后附嘉定李宜之《哭修微》绝句百首。有句云“有情有韵无蛮福”。其下原注：“修微尝谓余有一种死情。是日公实诉余，修微尝呼之为‘许蛮’，故戏之。”）

寅恪案：修微之归许霞城，虽不知在何年？然据顾云美《河东君传》云：“宗伯大喜，谓天下风流佳丽，独王修微、杨宛叔与君鼎足而三，何可使许霞城、茅止生专国士名姝之目？”牧斋作此语，在崇祯十三年冬间，可知此时修微已早离茅元仪，而归于许誉卿矣。前引《南吴旧话录》中李宜之《哭修微》绝句百首，其《序》亦云：

与修微离合因缘，见之古律词曲，皆有题署。独七言绝句，多亵猥事，既嫁之后，遂杂入《无题》。不欲斥言其人，以避嫌也。

可知当时通例，名姝适人之后，诗文中词旨过涉亲昵者，往往加以删改，不欲显著其名。盖所以避免嫌疑。前引然明为河东君而作之《无题（七律）》一首，即是其证。河东君此札，林天素所作《柳如是尺牍小引》及汪然明《西湖曲自序》，皆称王修微为不经见之“纤郎”或“纤道人”，而不显著其姓氏及字号者，盖皆在修微适人以后之作，而辞旨所涉，殊有避免嫌疑之必要也。

《尺牍》第二十六通至二十九通皆是河东君崇祯十三年庚辰首夏至孟秋之间所作。河东君于此年春间在杭州与谢象三绝交发病，至嘉兴养疴，因住禾城逾月。其后移居吴江盛泽镇，欲待然明之晤谈。当是以其地不便相晤，遂买棹至垂虹亭相候，而然明不果赴约。河东君以盛泽镇不可久留，急待与然明面谈，竟不俟其来访，而先至杭州。岂知然明此时尚在徽州，于是不得已改往松江，入居横云山。然其病仍未痊愈。及闻然明已归杭州，乃函约其到横云山相晤。河东君于七月得然明复书，谓以家事不能往晤。故约其在秋末会于西湖也。至第三十通乃河东君到虞山以后所作。作此函时，已在牧斋家中。河东君之身世，于此始告一结束矣。由此观之，崇祯十三年首夏至孟秋间所作之尺牍，实为河东君身世飘零、疾病缠绵、最困苦时间之作品。若能详悉考证其内容，并分析其与然明之密切关系，则钱、柳因缘之得如此成就，殊为事势情理之所必致者也。兹择此四通中有关者，略诠释之于下。

第二十六通云：

弟昨冒雨出山，早复冒雨下舟。昔人所谓“欲将双屐，以了残缘”，正弟之喻耳。明早当泊舟一日，俟车骑一过，即回烟棹矣。望之。

寅恪案：此通中“弟昨冒雨出山”之“山”，与第二十八通中“弟之归故山也”之“故山”，实同指一地，即是吴江盛泽镇。至第二十八通之“横山幽奇”“甫入山后”及“山中最为丽瞩”，并第二十九通之“及归山阁”之“山”，皆指松江之横云山。此三通中虽同用“山”字，实指两地，不可牵混也。何以知前者之“山”及“故山”乃指盛泽镇耶？第一理由，因禾城中无山可言。至城外三十里之胥山，即朱竹垞所谓“嘉禾四望无山，近府治者胥山，一篑而已”者。（见光绪修《嘉兴府志·一二·山川·一》“胥山”条及朱彝尊《曝书亭集·六八·胥山题壁》。）河东君于第二十九通中既言“抱疴禾城，已缠月纪”“禾城”乃嘉兴之泛指，未有养疴于胥山之事。故知前者之“山”及“故山”乃“故居”之意。第二理由，因第二十八通云：

弟之归故山也，本谓吹笛露桥，闻箫月榭。乃至锦瑟瑶笙，已作画檐蛛网。日望凄凉，徒兹绵丽。所以未及遵剡棹，而行踪已在六桥烟水间矣。

此所谓“吹笛露桥，闻箫月榭”，乃用周美成《片玉词·上·〈兰陵王·柳〉》云：

记月榭携手，露桥闻笛。沉思前事，似梦里，泪暗滴。

之语。用咏柳之词，以指己身，自极切当。但“月榭”“露桥”之“故山”，若谓是指禾城外之胥山，必无“锦瑟瑶笙，已作画檐蛛网”之理。故知后者之“山”乃是一昔华丽、今荒凉之处所。取以目河东君盛泽镇之故居，方与所言适合。此河东君所以亟欲与然明面商他徙，不待来访，而先躬往也。又有可注意者，河东君于宋人咏柳之词，皆所熟诵，不仅秦少游《金明池》一阕而已。此殆因其寓姓为“柳”之故，非独以其身世与柳有关耶？

复次，河东君约与然明晤谈之地，疑是吴江之垂虹亭。观前第二章及第三章引沈虬《河东君传》所言，张溥至垂虹亭，易小舟访徐佛于盛泽镇，而佛已适人，遂携河东君至垂虹亭之事推之，则知当时风习，文士名姝往往以垂虹亭为集会之地。盖不仅景物足供赏玩，且交通便利，可通大舟。非若往来盛泽镇，必易小舟也。由此言之，河东君所谓“弟昨冒雨出山，早复冒雨下舟”者，乃前一夕由盛泽镇乘小舟至垂虹亭，翌晨复易大舟，以待然明来访。“下舟”者，即下大舟之谓。“明早当泊舟一日，俟车骑一过，即回烟棹矣”者，乃留在垂虹亭旁大舟中，再待然明一日。若尚不至，则又易小舟返盛泽镇也。据此札所言，河东君此时迫切不可缓待之情势，及其焦急之心理，可以想见矣。

《尺牍》第二十七通云：

得读手札，便同阿閦国再见矣。但江令愁赋，与弟感怀之语，大都若天涯芳草，何繇与巴山之雨一时倾倒也。许长史《真诰》，亦止在先生数语间耳。望之！余扼腕之事，病极，不能多述也。

寅恪案：此通关键乃“许长史《真诰》亦止在先生数语间耳”一节。陶隐居《真诰》，为集合杨羲、许谧即许长史诸人手迹而成之书。其中多涉及仙女如萼绿华、安妃等降临人间之事。河东君此通所指，虽难确定，颇疑与第二章所引牧斋《戏题美人手迹》七诗有关。牧斋此题作于崇祯十三年庚辰春初，河东君此札作于同年夏间。所隔时日，至少亦有三四月之久。故然明将牧斋此诗传致于河东君，大有可能。至牧斋所见之河东君手迹，亦是从然明处得来也。考《晋书·七九·谢安传》云：

寓会稽，与王羲之及高阳许询、桑门支遁游处。

及同书八十《王羲之传》略云：

羲之既去官，与东土人士尽山水之游。又与道士许迈共修服食，遍游东中诸郡，穷诸名山，泛沧海。叹曰："我卒当以乐死。"谢安谓羲之曰："中年以来，伤于哀乐，与亲友别，辄作数日恶。"羲之曰："年在桑榆，自然至此。须正赖丝竹陶写。恒恐儿辈觉，损其欢乐之趣。"时刘惔为丹阳令。（寅恪案："令"字应依《世说新语·言语类》"刘真长为丹阳尹"条，改作"尹"字。）许询尝就惔宿。床帷新丽，饮食丰甘。询曰："若此保全，殊胜东山。"惔曰："卿若知吉凶由人，吾安得保此。"羲之在坐曰："令巢、许遇稷、契，当无此言。"二人并有愧色。

《世说新语·言语类》"刘真长为丹阳尹"条，刘《注》引《续晋阳秋》云：

许询，字玄度。高阳人。魏中领军允玄孙。总角秀惠，众称神童，而风情简素。司徒掾辟，不就。蚤卒。

《真诰·二十·真胄世谱》略云：

（许）副，字仲先。庶生。即长史（谧）之父也。与谢奕（安等）兄弟周旋。

又略云：

（许）迈，字叔玄，小名映，改名远游。与王右军父子周旋。

然则谢安石、王逸少之在东山，其所与交游者，为许询、许迈，而非许谧即许长史。但长史之父仲先及兄远游，固尝与王、谢胜流相往来。河东君或于此有所误记，因而牵混耶？若为误记牵混，则东山之谢安石，恐非牧斋莫属。盖然明当时所能介绍于河东君之胜流，唯牧斋一人曾于崇祯元年戊辰会推阁臣，列名其中。虽因此革职回籍，然实取得候补宰相之资格。至其余如谢象三之流，资望甚浅，不足与谢安石相比也。职此之故，第二章论牧斋《戏题美人手迹七首》，谓其诗乃钱、柳因缘重要资料之一，实则亦是钱、柳因缘材料之最先见于记载者。河东君此札可取以相证发也。

《尺牍》第二十八通云：

（上段前已引）已至湖湄，知先生尚滞故里。又以横山幽崎，不减赤城，遂怀尚平之意。不意甫入山后，缠绵夙疾，委顿至今。近闻先生已归，幸即垂视。山中最为丽瞩，除药炉禅榻之外，即松风桂渚。若觌良规，便为情景俱胜。读孔璋之檄，未可知也。伏枕草草，不悉。

寅恪案：此札“药炉”二字，杭州高氏藏本如此，今依以移录。瞿氏钞本“药”下缺一字。王胡本补作“铛”，自是可通，但杜牧之《题禅院》诗云“今日鬓丝禅榻畔，茶烟轻扬落花风”（见《全唐诗·第八函·杜牧·三》及孟棨《本事诗·高逸类》），并《东坡集·七·和子由四首》之二《送春》云“鬓丝禅榻两忘机”，及《东坡后集·四·朝云诗》云“不似杨枝别乐天”“天女维摩总解禅”“经卷药炉新活计，舞衫歌扇旧因缘”。河东君自与谢象三绝交发病后，意态消沉，借禅悦以遣愁闷，因而多读佛经。如第二十五通云“泳游宗极”，第二十七通云“便同阿閦国再见矣”，第二十九通云“见遮须之尊，忘波旬之怖”及“今虽华鬘少除，而尼连未浴”等，皆用内典之文，可为例证。至“药炉禅榻”之语，固出杜、苏之诗，人所习知，不足为异。所可论者，河东君以其身世之关系，于《朝云诗》一类之作品，本甚留意。况曾一度以“杨朝”为称，唐叔达为之赋《七夕行》，程孟阳为之赋《朝云诗八首》及《今夕行》。其于东坡是诗，尤所专注，此事理所必然也。（详见前论“河东君嘉定之游”节。）河东君作此书时，正值其浏览佛经及赏玩苏诗之际。其实东坡此诗之“药炉”，本指烧炼丹汞之“药炉”，而非煎煮药物之“药炉”。观此诗七、八两句“丹成逐我三山去，不作巫阳云雨仙”可证。盖“经卷药炉”指佛道之教义，“舞衫歌扇”指姬妾之生活。以今昔情境互异为对文。东坡此意，河东君未尝不知，不过借用之，以写煎药疗病之景况耳。若必谓非作“药铛”不可，则恐转涉拘泥矣。职是之故，颇疑此札之“药炉”即东坡《朝云诗》之“药炉”，而非“药铛”也。河东君早与几社名士交游，自然熏染轻鄙宋诗之风习。第三章论河东君《金明池·咏寒柳》词，实用东坡之诗。今观此札中“药炉禅榻”之语，又得一证。王胡本以“药炉”为“药铛”，就文义言，原甚可通。然于河东君学问蜕变之过程，似尚未达一间也。夫河东君之涉猎教乘，本为遣愁解闷之计，但亦可作赋诗词取材料之用。故所用佛经典故，自多出于《法苑珠林》等类书。若“遮须”一词，乃用《晋书·一百二·刘聪载记》，实亦源于佛经，颇称僻典。然则其记诵之博，实有超出同时诸名姝者。明末几社胜流之诗文，以所学偏狭之故，其意境及材料殊有限制。河东君自与程孟阳一流人交好以后，其作品遣词取材之范围，已渐脱除旧日陈、宋诸人之习染，骎骎转入钱、程论学论诗之范围。盖几与当时萧伯玉（士玮）、艾千子（南英）江西诸名士同一派别，而非复云间旧日之阿蒙矣。

河东君至杭州访然明不遇，未能与商迁居之地，故遂自行决定，由吴江之盛泽迁往松江之横云山。似此不俟然明之回杭，而匆促作此移居之计者，其间必有不能久待之理由。据《陈忠裕全集》卧子《自撰年谱》“崇祯十三年庚辰”条略云：

春纳侧室薄氏。以三月北发。六月就选人，得绍兴司李。七月南还。以八月奉太安人携家渡钱塘。（抵任所。）

可知崇祯十三年春，卧子于其继母唐孺人服阕后，即又纳妾薄氏，复北上选官。以常例推计，其得官南还及赴新任，当不过数月间事。河东君自崇祯八年夏间脱离卧子，晚秋离去松江后，至崇祯十三年夏间作此札时，固已历五岁之久，而两方实未能忘情。第三章论卧子《长相思》《上巳行》两诗，已言及此点。意者，河东君作此书时，或已悉卧子之北行，或竟知卧子之得官南归，所以亟欲迁居松江，而不待然明之归者，其意旨倘在是耶？

“横山”即横云山。嘉庆修《松江府志·七·山川门》云：

在府城西北二十三里，高七十尺，周回五里。本名横山。唐天宝六年易今名。

又河东君《戊寅草·（崇祯八年）秋夜杂诗四首》之二“澄崖相近看”句下自注云：

横山在原后。

寅恪案：第三章引钱肇鳌《质直谈耳·七》“柳如是之轶事”条载河东君旧日居松江之佘山。佘山在松江府城北二十五里（见嘉庆修《松江府志·七·山川门》）。佘山与横云山地相邻接，而横云山之规模尚狭小于佘山，河东君是否先居佘山，后迁横云山。抑或前后皆居横云山，钱氏牵混言之。今不易考知矣。“赤城”者，《文选·一一》孙兴公《游天台山赋》云“赤城霞起而建标”，故以赤城比天台。其实高下大小不可同语。若谓河东君于此亦不免文人浮夸之习，则恐所见尚失之肤浅。鄙意河东君之取横云山以比天台山者，暗寓“刘阮重来”之意，实希望卧子之来访也。此通云“不意甫入山后，缠绵夙疾，委顿至今”，第二十九通云“及归山阁，几至弥留”，岂居横山以后，卧子又无来访之事所致耶？更可注意者，东坡词云“人间自有赤城居士”（见东坡词《水龙吟》），河东君殆亦于此时熟玩苏词，不仅熟精《选》理也。

《尺牍》第二十九通云：

（上段前已引。）邈邈之怀，未卜清迈。何期明河，又读鳞问耶？弟即日观涛广陵，聆音震泽。先生又以尚禽之事未毕，既不能晤之晚香，或当期之仙舫也。某公作用，亦大异赌墅风流矣。将来湖湄鳜鱼如丝，林叶正赪。其为延结，何可言喻。

寅恪案：欧阳永叔《居士集·一五·秋声赋》云“明河在天”，“夷则为七月之律”。今河东君此书云“何期明河，又读鳞问耶？”是此书作于崇祯十三年七月间。“观涛广陵，聆音震泽”当是访觅名流、择婿人海之意，而非真欲有所游览也。否则与下文“不能晤之晚香，或当期之仙舫”之语，意义不贯。“仙舫”谓“不系园”之类，即指杭州，乃然明所居之地。“晚香”谓“佘山”（陈眉公建晚香堂于东佘山，有《晚香堂苏帖》及《晚香堂小品》等。据陈梦莲所作其父年谱，眉公卒于崇祯十二年己卯九月二十三日。河东君作此书时，眉公已前卒。故此“晚香”当是泛指佘山，非谓约然明会于眉公处也），即指松江，乃河东君所居地。此札之意，谓然明既以家事不能来松江相访，则己身将往杭州相会。其时间当在深秋，即鱼肉白、林叶红之候也。然明书中，必又言及谢三宾对于河东君有何不利之言行。此类言行，今虽难考悉，但据全谢山所述象三“晚年求用于新朝，欲以贿杀六狂生，不克。竟杀五君子以为进取之路”等事推之，其人之阴险可知。然则河东君此时既为象三所恨，处境颇危。若非托身一甚有地位之人，如牧斋者，恐象三尚不肯便尔罢休。观河东君此札，其急于求得归宿之所，情见乎辞者，殆亦与此有关欤？“某公作用，亦大异赌墅风流矣”之语，自是用《晋书·七九·谢安传》，世人共知，不待征引。所可笑者，牧斋为象三父一爵、母周氏所作合葬《墓志铭》有“其先晋太傅”及“谢自太傅，家于东中”等语（见《初学集·五三·封监察御史谢府君墓志铭》），夫吾国旧日安攀前代名贤，冒认宗祖，矜夸华胄之陋习，如杜少陵《丹青引》中“将军魏武之子孙”之例者（见《杜工部集·五》），何可胜数，亦无须辨驳。象三于此本不足怪。但其人与河东君虽有特殊关系，幸后来野心终不得逞，否则《东山酬和集》之编刊，将不属于牧斋，转属于象三，而象三可谓承家法祖之孝子顺孙矣。至若河东君骂其“大异赌墅风流”，意谓象三为安石之不肖裔孙，固甚确切痛快，殊不知倘象三果能效法其远祖者，恐未必真河东君之所愿也。

《尺牍》第三十通云：

嗣音遥阻，顿及萧晨。时依朔风，禹台黯结。弟小草以来，如飘丝雾，黍谷之月，遂蹑虞山。南宫主人，倒屣见知，羊公谢傅，观兹非邈。彼闻先生与冯云将有意北行，相望良久。何谓二仲，尚渺洄溯？弟方耽游，蜡屐或至，阁梅梁雪，彦会可怀。不尔，则春王伊迩，薄游在斯。当偕某翁便过（通）德，一景道风也。端此修候，不既。

寅恪案：此书乃崇祯十三年庚辰十二月河东君已移居牧斋我闻室时所作。“时依朔风，禹台黯结”者，《文选·四一·李少卿答苏武书》云：“时因北风，复惠德音。”河东君此书亦作于冬季，故有斯语。“禹台”即“禹王台”，亦即“梁王吹台”，其地在开封（见清《嘉庆一统志·一八七·开封府·二》）。此与第三十一通用“夷门”指然明者相同，前已论及，盖取此两词以比然明为魏之信陵君也。“小草已来，如飘丝雾”者，“小草”用《世说新语·排调类》“谢公始有东山之志”条，谓由松江横云山出游也。“如飘丝雾”即“薄游”之意，下文亦有“薄游在斯”之语，可以参证。更有可论者，《文选·二六》谢灵运《初去郡》一首云：

毕娶类尚子，薄游似邴生。

李《注》云：

嵇康《高士传》曰：“尚长，字子平，河内人。隐避不仕，为子嫁娶毕，敕家事断之，勿复相关，当如我死矣。”嵇康书亦云“尚子平”。范晔《后汉书》曰：“向长，字子平，男娶女嫁既毕，敕断家事。”“尚”“向”不同，未详孰是。班固《汉书》曰：“邴曼容养志自修，为官不肯过六百石，辄自免去。”

寅恪案：“尚”“向”之异，兹可不论。第二十九通云，“先生又以尚禽之事未毕”，“禽”字应作“长”或“平”，即用康乐诗句及李《注》。《春星堂诗集·三·游草》最后一首《出游两月归途复患危病释妄成真自此弥切》云“向平有累应须毕”。然明此诗作于崇祯十一年戊寅季秋。其时尚未毕儿女婚嫁。至河东君作第二十九通时，已逾两年，正值然明儿女婚嫁之际也。若第二十通“又以横山幽奇，不减赤城，遂怀尚平之意”，则用范尉宗《后汉书·列传·七三·逸民传·向长传》中，向子平、禽子夏“俱游五岳名山”之典，非谓“男女娶嫁既毕”之义也。但于二十八通用“尚平之意”以指己身，而于第二十九通转用“尚禽之事”以指然明。指然明为禽庆与尚平共游五岳名山，自无不可。若指己身为尚平，则河东君己身婚嫁尚未能毕，正在苦闷彷徨之际，误用此典，不觉令人失笑。“薄游”之义，原为“游宦”之“游”。故康乐诗用“邴曼容为官不肯过六百石，辄自免去”之典，与浪游之意绝无关涉。河东君久诵萧《选》，熟记谢《诗》，遂不觉借用康乐之句，牵连混及，颇不切当。斯亦词人下笔时所难免者，不必苛责也。“黍谷之月，遂蹑虞山”者，乃冬至气节所在之仲冬十一月到常熟之意。（寅恪案：郑氏《近世中西史日表》崇祯十三年庚辰十一月九日冬至。）《文选·三》左太冲《魏都赋》云：“且夫寒谷丰黍，吹律暖之也。”李《注》引刘向《别录》曰：

邹衍在燕，有谷地美而寒，不生五谷。邹子居之，吹律而温至黍生。今名黍谷。

又，《杜工部集·一六·小至》诗云：“冬至阳生春又来。”盖河东君以崇祯十三年庚辰十一月至常熟，仍留舟次。至十二月二日，始迁入牧斋家新建之我闻室。其作此书，据前引《耦耕堂存稿文·下·题归舟漫兴册》中“庚辰腊月望，海虞半野堂订游黄山”之语推之，则当在十三年十二月十五日孟阳离常熟以后，河东君尚居牧斋家中之时也。所以确知如此者，《东山酬和集·一》第一首云：

庚辰仲冬访牧翁于半野堂，奉赠长句。

河东柳是字如是。（原注："初名隐。"）

（诗见后。）

《列朝诗集·丁·一三·上·松圆诗老程嘉燧诗》云：

庚辰十二月二日，虞山舟次值河东君，用韵辄赠。

（诗见后。）

及《东山酬和集·一》牧翁诗云：

寒夕文宴，再叠前韵。是日我闻室落成，延河东君居之。（原注："涂月二日。"）

（诗见后。）

可知河东君于崇祯十三年庚辰十一月乘舟至虞山，"幅巾弓鞋，著男子服"访牧斋于半野堂。其始尚留舟次，故孟阳诗题云"庚辰十二月二日虞山舟次值河东君"，而牧斋诗题云"是日（指庚辰十二月二日）我闻室落成，延河东君居之"，此诗第四句又云"绿窗还似木兰舟"。然则河东君之访牧斋，其先尚居虞山舟次，后始迁入牧斋家中，首尾经过时日，明白可以考见者若是。后来载记涉及此事，往往失实，兹略征最初最要之材料如此。其他歧异之说，概不多及，以其辨不胜辨故也。

复次，河东君之访半野堂，在此之前，实已预有接洽，并非冒昧之举，俟后详论。其"幅巾弓鞋，著男子服"者，不仅由于好奇标异、放诞风流之故。盖亦由当时社会风俗之拘限，若竟以女子之装束往谒，或为候补宰相之当关所拒绝，有以致之也。其所以虽着男子之"幅巾"，而仍露女子之"弓鞋"者，殆因当时风尚，女子以大足为奇丑。故意表示其非如蒲松龄《聊斋志异》所谓“莲船盈尺”之状耶？自顾云美作图征咏之后（此图今藏沈阳故宫博物馆。余可参范锴《花笑庼杂笔·一·河东君访半野堂小影图传并题诗跋五则》），继续摹写者，颇亦不少。惜寅恪未得全见。惟神州国光社影印余秋室白描柳如是小像最为世所称道。蓉裳善画美人，有“余美人”之目（见秦祖永《续桐阴论画》等），竟坐是不得为状头（见蒋宝龄《墨林今话·七》）。此小像不知是何年所作，以意揣之，当在秋室乾隆丙戌殿试以后。然则“余美人”之未能中状元，此小像实不任其咎也。又“美人”本为河东君之号，以“余美人”而画“杨美人”，可称双美矣。因戏题三诗，附载于后，以博好事者一笑。诗云：

弓鞋逢掖访江潭，奇服何妨戏作男。咏柳风流人第一（河东君《金明池·咏寒柳》词有句云：“念畴昔风流，暗伤如许。”非用谢道蕴咏絮事），画眉时候月初三。（河东君于崇祯十三年十二月二日入居牧斋新建之我闻室。李笠翁《意中缘》剧中，黄天监以“画眉”为“画梅”。若从其言，则属对更工切矣。一笑！）东山小草今休比，南国名花老再探。（牧斋于万历三十八年庚戌廷试以第三人及第，时年二十九岁。至崇祯十三年庚辰遇河东君时，年已五十九岁矣。）好影育长终脉脉（见《世说新语·纰漏类》），兴亡遗恨向谁谈？

岱岳鸿毛说死生，当年悲愤未能平。佳人谁惜人难得，故国还怜国早倾。

柳絮有情余自媚，桃花无气欲何成。杨妃评泊然脂夜，流恨师涓枕畔声。

佛土文殊亦化尘，如何犹写散花身？白杨几换坟前树，红豆长留世上春。

天壤茫茫原负汝，海桑渺渺更愁人。衰残敢议千秋事，剩咏崔徽画里真。

河东君札中“南宫主人”之语，指牧斋言。盖北宋以来，习称礼部为“南宫”（见王辟之《渑水燕谈录·七·歌咏类》“范文正公未免乳丧其父”条），时牧斋以礼部右侍郎革职家居故也。“冯云将”者，南京国子监祭酒秀水冯梦祯之仲子。梦祯以文章气节有声于时（见《初学集·五一·南京国子监祭酒冯公墓志铭》，《列朝诗集·丁·一五》“冯祭酒梦祯”条《小传》及光绪修《嘉兴府志·五二·冯梦祯传》），以娶仁和沈氏之故，遂居杭州。（见光绪修《杭州府志·一六九·冯梦祯传》。）云将虽为名父之子，而科试殊不得志，身世颇困顿。与汪然明始终交好。观《牧斋有学集·三二·汪然明墓志铭》云：

及乎弥留待尽，神明湛然。要云将诸人，摩挲名迹，吹箫摘阮，移日视荫，乃抗手而告别。

可为例证。今《春星堂集》中关涉冯云将者甚多。兹仅择录《梦香楼集》所附《和诗中云将四绝句》之一于下。其诗辞旨皆不佳，远不及黄媛介、李渔诸人之和作也。冯鹓雏和诗云：

轻绡飘拂紫云香，玉骨凌风枕簟凉。幽梦回来情仿佛，不知谁个是檀郎。

《牧斋尺牍·一·与宋玉叔琬书》云：

不肖在杭有五十年老友曰冯鹓雏，字云将者，故大司成开之先生之仲子也。年八十有七矣。杜门屏居，能读父书，种兰洗竹，不愧古之逸民。开之故无遗资，云将家益落。

据此，云将暮齿之情况，亦可想见矣。兹所以不避繁赘之嫌，略详云将名字及生平者，盖为小青故事后人多所误会之故。

《列朝诗集·闰·四》“女郎羽素兰”条《小传》附论小青事云：

又有所谓小青者，本无其人。邑子谭生造《传》及《诗》，与朋侪为戏曰：“小青者，离‘情’字。”正书“心”旁似“小”字也。或言姓钟，合之成“钟情”字也。其《传》及《诗》俱不佳，流传日广，演为传奇。（寅恪案：牧斋此条可参《陈忠裕全集·十·几社稿·彷佛行》并所附李舒章原作。）至有以《孤山访小青墓》为诗题者。俗语不实，流为丹青，良可为喷饭也。以事出虞山，故附著于此。

陈文述《兰因集·上》（参陈文述《西泠闺咏·九·梅花屿冯小青诗序》）辨正牧斋之说，略云：

或妒妇扬焚图毁诗之余烈，百计以灭其迹。冯既旧家，妇应豪族。蒙叟受托，作此不经之语，未可知也。

寅恪案：颐道居士驳牧斋所言之谬，甚确。但以牧斋受冯生嫡室之托，造作不经之语，殊不知牧斋与云将交谊甚笃，因讳其娶同姓为妾，与古礼“买妾不知其姓，则卜之”之教义相违反也（见《小戴记·曲礼·上》）。至云伯撰《西泠闺咏》，又以小青之夫为冯千秋。是误认冯云将即冯千秋，则为失实。据光绪修《杭州府志·一四八·冯延年传》云：

冯延年，字千秋。明国子监祭酒秀水梦祯孙。梦祯娶武林沈氏，爱西湖之胜，筑快雪堂于湖上。延年因入籍钱塘。中崇祯十二年副贡，入太学。归隐秋月庵。

然则千秋乃开之之孙。牧斋作开之《墓志》云：“余与鹓雏好。”是牧斋为云将之故，因讳小青之事，较合于情理也。

又，河东君《湖上草》有《过孤山友人快雪堂（七律）》一首。据《列朝诗集·丁·一五·冯梦祯小传》云：

筑室孤山之麓，家藏《快雪时晴帖》，名其堂曰“快雪”。

可知此友人即冯云将。河东君游西湖时，固尝与云将往还也。崇祯十三年冬间河东君居牧斋家，汪、冯二人欲同至虞山者，当是劝说河东君不再放弃机会，即适牧斋也。此后然明游闽，牧斋乃托云将至松江构促河东君。前论《尺牍》第三十一通时，已言及之矣。“阁梅梁雪，彦会可怀。不尔，则春怀伊迩，薄游在斯。当偕某翁便过通德”者，河东君初迁入我闻室时，当已与牧斋约定于崇祯十三年岁杪同至杭州，否则，亦拟于崇祯十四年春间偕游西湖，共访然明。疑此预约皆出自牧斋之意，盖欲请然明劝说河东君之故。观前引第三十一通首节，然明甚夸牧斋气谊等语，可以推知也。鄙意河东君此书乃是由牧斋所促成，必经牧斋过目者。当日牧斋特遣人致函然明，告以河东君之将至杭过访，并请其代为劝说。牧斋致然明之书，惜已不可得见，而河东君此书之性质，不过牧斋专函之附片耳。

关于《湖上草》赠诸文人之诗，虽为酬应之作，不必多论。然有一特点，即牧斋所称河东君《半野堂初赠诗》“语特庄雅”者是也（见《东山酬和集·一》第二诗题）。夫以河东君当日社会之地位，与诸男性文人往来酬赠，若涉猥俗，岂不同于溱洧士女之相谑，而女方实为主动者乎？（见《毛诗·郑风·溱洧》孔氏《正义》。）此河东君酬赠诸诗，所以“语特庄雅”，自高身分之故。顾云美云“（河东君）游吴越间，格调高绝，词翰倾一时”，洵非虚誉也。

《蘼芜纪闻·上》载王士禄《宫闺氏籍艺文考略》一名《然脂集》云：

（河东君）所著有《戊寅草》。邹斯漪刻其诗于《诗媛十名家集》中。（寅恪案：《佚丛甲集·牧斋集外诗》附《柳如是诗》，卷尾载武陵渔人《跋》云：“苏息翁新购《诗媛八名家》，令急为借读。内有河东君一□，特为录出。”与此作“诗媛十名家”者不同。）又汪汝谦刻其《尺牍》一卷。林雪云，《如是尺牍》艳过六朝，情深班蔡。《神释堂诗话》云：“河东诗早岁耽奇，多沦荒杂。《戊寅》一编，遣韵缀辞，率不可诘。最佳如《剑术行》《懊侬词》诸篇，不经剪截，初不易上口也。然每遇警策，辄有雷电砰爠、刀剑撞击之势，亦鬟笄之异致矣。后来多传近体，七言乃至独绝。若‘婉娈鱼龙问才艳，深凉烽火字珊瑚’‘下杜昔为走马地，阿童今作斗鸡游’‘小苑有香皆冉冉，新花无梦不蒙蒙’‘月幌歌阑寻麈尾，风床书乱觅搔头’‘洗罢新松看沁雪，行残旧药写来禽’，此例数联，惝恍朦胧，附以神丽，鱼、薛擅能，兹奇未睹。诚如陈思所云‘神光离合，乍阴乍阳者’也。拟古如‘台馆易嵯峨，珠玉会萧瑟’，读之尤令人悲悚。《尺牍》含咀英华，有六朝江、鲍遗风。”

又邹弢《三借庐笔（赘）谈·一二》“河东君”条略云：

往见书贾持《河东君诗稿》一册，乃惠山韵香尼手录本。仅记其《夜起》二句云“初月不明庭户暗，流云重叠吐残星”，真得初唐神韵者。

寅恪案：《神释堂诗话》中所举七言近体数联，“婉娈”一联见《戊寅草·初夏感怀四首》之二。“下杜”一联见同书《五日雨中》。“小苑”一联即下引《西泠十首》之一第三、第四两句，洵佳作也。“月幌”一联见《初学集·二十·东山诗集·三》附河东君和牧翁《中秋日携内出游次冬日泛舟韵二首》

之一。“洗罢”一联见《有学集·二·秋槐诗支集》附河东君和牧翁《人日示内二首》之二。又所举拟古诗“台馆”两句，则见《戊寅草·拟古诗十九首》中《去者日以疏》一首。至若邹弢《三借庐赘谈·一二》所举《夜起》两句（详见后引），今尚未能证实，更俟详考。凡此诸例，虽皆河东君诗句之流播人口者，然其佳作犹不止此数例而已也。《湖上草》诸诗，《西湖八绝句》之“桃花得气美人中”一首于第二章论牧斋《与姚叔祥共论近代词人戏作七绝》及第三章论卧子崇祯八年春间所作《寒食（七绝）三首》时，已两次全引其文，不须更重录外，兹再择录最佳及有关考证者共数首，略加校释于下，聊见全豹之一斑云尔。

《西泠十首》之一云：

西泠月照紫兰丛，杨柳丝多待好风。小苑有香皆冉冉，新花无梦不蒙蒙。

金吹油壁（壁）朝来见，玉作灵衣夜半逢。一树红梨更惆怅，分明遮向画楼中。

寅恪案：河东君此诗为咏当时西湖诸名媛而作，并自述其身世之感也。“西泠月照紫兰丛”者，用《李义山诗集·中·汴上送李郢之苏州》诗“苏小小坟今在否，紫兰香径与招魂”之语。“丛”者，“多数”之义，指诸名媛言。与下文“一树”之指己身言者，相对为文。“杨柳丝多待好风”乃合《李义山集·中·无题二首》之一“斑骓只系垂杨岸，何处西南待好风”两句为一句。（寅恪案：《李集》诸本“待”字多作“任”。冯浩《玉谿生诗笺注·四》“待”字下注云：“一作任，误。”神州国光社影印牧斋手校《李集》中亦作“待”。）“金吹”

二字，杭州高氏所藏明本亦同，殊不易解。或谓用乔知之《从军行》一作《秋闺》诗“玉霜冻珠履，金吹薄罗衣”之语（见《全唐诗·第二函》乔知之诗）。盖河东君以其身世，初亦略同于窈娘，宜于乔补阙之《秋闺》《绿珠篇》等诗，有所感会。《戊寅草》载其《寒食雨夜十绝句》之五云：“想到窈娘能舞处，红颜就手更谁知。”陈卧子于崇祯六年清明，即河东君赋《寒食雨夜》诗之次日，亦有“今日伤心何事最，雨中独上窈娘坟”之句（见《陈忠裕全集·一九·陈李倡和集·清明（七绝）》）。故河东君之用“金吹”二字，恐非出于偶然也。鄙意此说未是。第一理由，乔诗之“金吹”当作“金风”解，“吹”字应读去声。但在柳诗，则应作平声始合音调。第二理由，“金吹”与“油壁”不相关联，两词连用亦似牵强。职此之故，颇疑“金吹”应作“金鞭”。“鞭”字脱落，因误成“吹”字耳。《苏小小歌》云：“我乘油壁车，郎骑青骢马。何处结同心，西陵松柏下。”（见郭茂倩《乐府诗集·八五》。）故“金鞭”即指“青骢马”言，与“油壁”一辞相联贯。且“鞭”字平声，于音律协调，较作“金吹”者更为易解矣。“玉作”亦疑为“玉佩”之讹误。《楚辞·九歌·大司命》云：“灵衣兮被被，玉佩兮陆离”者，是也。“金鞭油壁”与“玉佩灵衣”相对为文，自极工切。“红梨”者，《玉谿生诗》“崇文馆里丹霜后，无限红梨忆校书”（见《李义山诗集·中·代秘书赠弘文馆诸校书》），本以“红梨”比事，即取郑虔柿叶临书之意，乃指“男校书”之校书郎。后来因薛涛有“女校书”之称，遂用“红梨”以目女校书，如徐复祚之《红梨记》戏剧乃其例也。河东君自比于“一树红梨”“遮向画楼中”者，即遮隐于画楼之中，不欲俗人窥见之意。《尺牍》第五通云："弟之所汲汲者，亡过于避迹一事。"河东君此诗自言其所以不同于西湖当时诸名媛者，乃在潜隐一端。其改名为"隐"，取义实在于是。至所谓"画楼"，殆指《尺牍》第一通所谓"桂栋药房"之然明横山别墅，即牧斋诗中所谓"汪氏书楼"者也。此诗第二句"杨柳丝多待好风"，中藏河东君之新旧姓氏。第八句则暗藏"隐"字，即河东君此时之改名。故《湖上草》之作者，亦题为"柳隐如是"。当时作诗之风气，诗中往往暗藏有关人之姓名，第二章已详论之矣。又，牧斋于崇祯十三年秋间《与姚叔祥共论近代词人诗》云"近日西陵夸柳隐"，可知牧斋作诗时，实已得见然明所刻之《湖上草》，而"西陵""柳隐"两辞并用，殆即指此首而言耶？

《西泠》第十首云：

荒凉夙昔鹤曾游，松柏吟风在上头。（原注："时游孤山。"）苑吏已无勾漏鼎（原注："稚川为勾漏长。"），烟霞犹少岳衡舟。（原注："褚元璩隐于钱塘时放舟衡岳。"）

遥怜浦口芙蓉树，彷佛山中孔雀楼。从此邈然冀一遇，遗宫废井不胜愁。

寅恪案：此首在《湖上草》诸诗中非佳妙之作。但亦非寻常游览之作，必有为而发。惜今不能考实。姑妄推测，约略解释，殊不敢自信也。第二句下自注云："时游孤山。"故知河东君游孤山而有所感会。然细绎全首词旨，除"鹤曾游"外，其他并无与孤山典故有关者。颇疑此诗殆有感于冯小青之事而作。"松柏同心"已成陈迹，冯云将家已贫落，无复炼金之鼎，往来于富人之门，不能如褚元璩之高逸。旧日小青之居处，犹似己身昔日松江之鸳鸯楼，即南楼，既睹孤山陈迹之荒凉，尚冀他日与卧子重寻旧好也。褚元璩为褚伯玉之字。其事迹见《南齐书·五四》及《南史·七五》本传。《嘉庆一统志·二九四·绍兴府·山川门》“宛委山”条引《遁甲开山图》云：“禹治水，至会稽，宿衡岭。”又同书同卷《陵墓门》云：“齐褚伯玉墓在嵊县西西白山。”“衡岭”当即“衡岳”，固是元璩栖隐之地，不过倒“衡岳”为“岳衡”，以协声调，殊觉牵强耳。何逊《夜梦故人》诗云“浦口望斜月，洲外闻长风”及“相思不可寄，直在寸心中”（见《汉魏六朝百三名家集·何记室集》），河东君“浦口”之句，初视之，不过仲言诗意。细绎之，则知实出《王子安集·二·采莲赋》中“浦口窄而萍稠”之语。崇祯八年秋河东君与卧子有采莲一段佳话，前论卧子《采莲赋》节中已详及，兹可不赘。盖河东君赋此诗之际，遥想八年前之“鸳鸯楼”即“南楼”，此时当亦同一荒凉境界，斯所以因游孤山，忆昔怀人，乃有此作耶？“孔雀楼”者，疑是用《列仙传·上·萧史传》“能致孔雀白鹤于庭”，《太平广记·四八八》元稹《莺莺传》载《续会真诗》云“行云无处所，萧史在楼中”，宋某氏《侍儿小名录拾遗》引《帝王世纪》云“秦穆公女名弄玉，善吹箫，作凤凰音，感凤凰，从天而降。后升天矣”，及《九家集注杜诗·一七·郑驸马宅宴洞中（七言近体）》“自是秦楼压郑谷”句下注“赵云，此言主家本是秦女之楼，而气象幽邃，压倒郑子真之谷口矣”之典。盖以己身与卧子同居松江之“鸳鸯楼”即南楼，有似小青与云将同居之孤山“秦楼”，即“孔雀楼”耳。此诗首句“鹤曾游”之“鹤”，亦当是同出此典，不仅用林君复事也。（参《嘉庆一统志·二八四·杭州府·二·古迹门》及光绪修《杭州府志·三十·古迹·二·钱塘县》“放鹤亭”条。）河东君自伤其身世与小青相类，深恨冯妻及张孺人之妒悍、云将及卧子之懦怯，遂感恨而赋此诗欤？《湖上草》中《过孤山友人快雪堂（七律）》一首，是否与此首同时所作，虽不能知，然此“友人”当为冯云将，则无可疑。所以讳言之者，或因有游孤山悼小青之什，故不显著冯氏之名也。

《清明行》云：

春风晓帐樱桃起，绣阁花骢绮香旨。（寅恪案：“绮香旨”三字，杭州高氏藏明本作“绮晴旨”，北京钞本亦同。“晴旨”或是“情旨”之讹误，但仍涉牵强。瞿氏钞本作“绮香旨”，复不可通。然瞿本之易“晴”为“香”，当经过改校而又讹写者。岂校改者本改“晴”为“音”，“音”更误为“香”耶？假定为“音旨”，则《世说新语·赏誉类》“太傅东海王镇许昌”条云：“奉诵遗言，不若亲承音旨。”《晋书·四九·阮瞻传》亦同。又《汉魏六朝百三名家集·梁简文帝集·一》“与广信侯重述内典书”云：“阔绝音旨，每用延结。”故改为“音旨”，殊有理据。至于“绮”字，则寅恪疑为“绝”字之形讹。“绣阁花骢绝音旨”或“情旨”者，佳人绣阁中骑花骢公子之“音旨”或“情旨”断绝也。若如此校改，辞意虽甚可通，然辗转揣测，终嫌武断。姑备一说于此，以俟通人之教正耳。）桃枝柳枝偏照人，碧水延娟玉为柱（“柱”瞿本误作“桂”）。朱兰入手不禁红，芳草纷匀自然紫。西泠窈窕双回鸾，蕙带如闻明月气。可怜玉鬓茱萸心，盈盈艳作芙蓉生。明霞自落凤巢里，白蝶初含团扇情。丹珠夜泣柳条曲，梦入莺闺漾空渌。斯时红粉飘高枝，荳蔻香深花不续。青楼日暮心茫茫。柔丝折入黄金床。盘螭玉燕无可寄（寅恪案：此句可参倪璠注《庾子山集·五·燕歌行》中“盘龙明镜寄秦嘉，辟恶生香寄韩寿”句，及《杨柳歌》中“白玉手版落盘螭”句），空有鸳鸯弃路旁。

寅恪案：此题虽为《清明》，然辞旨与清明殊少关涉。反复诵读，并取陈卧子之诗参证之，始恍然明了其间之关系也。卧子诗与河东君此诗之有关者共三首。一为崇祯八年乙亥春之《樱桃篇》，二为崇祯九年丙子春之《寒食行》，三为崇祯十二年己卯春之《上巳行》。《樱桃篇》及《寒食行》载于《平露堂集》。宋征璧序此集云：

陈子成进士归，读礼之暇，刻其诗草名白云者。已又裒乙亥、丙子两年所撰著，为《平露堂集》。刻成，命予序之。

然则《平露堂集》刻成，至早当在崇祯十年下半年，迟则在崇祯十一年。至《湘真阁集》之刻成，已在崇祯十四年之后矣。卧子赋《樱桃篇》时，正值其与河东君同居之际。此篇固为河东君所亲见而深赏者。《寒食行》作成之时，河东君虽已离去卧子，但《平露堂集》之镌刻，至迟亦在崇祯十一年。河东君作《清明行》之前，亦必得见卧子之《寒食行》也。职此之故，河东君《清明行》中之辞句，往往与卧子《樱桃篇》《寒食行》相类似，自非偶然。盖河东君此时之诗，多取材于卧子之作品。如前所论《湖上草》中《西湖八绝句》“桃花得气美人中”一首，实与卧子崇祯八年春间所作《寒食（七绝）》有关者，即是其例证。兹录卧子《樱桃篇》及《寒食行》于下。读者取与河东君《清明行》并观，则其间关系自明，不待赘论。至二人作品之所以从同相似之故，实由两方情感笃挚，遂亦渐染及于文字使然。未可举《偷江东集》之故事相诮（见《旧五代史·一四·罗绍威传》），而以柳隐偷罗隐为言也。

《陈忠裕全集·一一·平露堂集·樱桃篇》云：

美人晓帐开红霞，山楼阁道春风斜。绿水初摇杨柳叶，石屏时拂樱桃花。淡滟笼烟寒白日，柔条丛萼相交加。有时飞入玉窗里，春梦方长人不起。芳草闲庭蝶正黄，琼甃小院兰犹紫。茫茫珠露剪轻红，装成自掷湘文水。棠梨宫中日暖时，龙旗凤辇纷流离。低枝隐映入纤手，时亲蝉鬓无人知。赪玉盘承红鞢鞨，翔麟飞鞚行参差。即今寂寞香云度，堕粉摇英春草路。丽魄应悲夜雨天，幽人愁倚东风树。珊瑚磊落几时多？恐有流莺含已暮。

同书同卷《寒食行》云：

江城桃李月，春风花乱飞。空蒙度寒食，红翠展芳菲。郊原漠漠涵平绿，柳云如梦金塘曲。远林宿雨压棠梨，水底明霞浮属玉。开帘悄望愁不眠，流莺已落朱栏前。天际青葱障白日，迷离偃蹇摇苍烟。此时美人横绣阁，幽怨鸣筝看花药。碧玉新妆倦复松，丹珠小帐香逾薄。秋千弱影斗垂杨，轻飔飘荡吹红裳。墙外紫骝骄不去，回头拾得金凤凰。

前于第三章考河东君《金明池·咏寒柳》词作成之年月，已言及卧子《上巳行》与河东君此词有关。兹更论卧子《上巳行》与河东君《清明行》之关系。盖《上巳行》中警策之语为“垂柳无人临古渡，娟娟独立寒塘路”，即用玉谿生《柳》诗“清明带雨临官道”句（见《李义山诗集·下》），实混合清明、上巳为一时间，而柳、陈两人所各赋咏之题，其所指之节候，在当时乃同是一日也。考《清明行》及《上巳行》俱作于崇祯十二年。是年三月三日适值清明（依陈氏《二十史朔闰表》崇祯十二年三月朔为阳历四月三日推算。郑鹤声《近世中西史日对照表》亦同）。史邦卿《梅溪词·蝶恋花》云：

二月东风吹客袂，苏小门前，杨柳如腰细。蝴蝶识人游冶地，旧曾来处花开未。

几夜湖山生梦寐，评泊寻芳，只怕春寒里。今岁清明逢上巳，相思先到溅裙水。

然则河东君卧子之诗，其题同辞同，时日亦同，固不待言。至《梅溪词》中之人之地及其旨意，又更相同，尤为可注意也。噫！当崇祯之季世，明室困于女真后裔建州之侵逼，岌岌乎不可终日，与天水南渡开禧之时，复何以异？邦卿为韩侂胄之堂吏，曾随觇国之使北行，则亦关涉恢复中原之谋划。（见《梅溪词·满江红》题“九月二十一日出京怀古”及《龙吟曲》题云“陪节欲行，留别社友”。）但一角湖山，苏小门前，犹自寻芳游冶，良可叹息。或以此嗤鄙梅溪乃一胥吏，非足与言国家之安危者，殊不知卧子为几社胜流，于崇祯六年秋间计偕北行，赋诗留别，亦缱绻于河东君，有“美人赠我酒满觞。欲行不行结中肠，何年解佩酬明珰”及“河干薄暮吹红裳，纫以芍药羞青棠。何为弃此永不忘”等句。其后又有“不然奋身击胡羌，勒功金石何辉光”之语，是以恢复辽左自任。（可参第三章论卧子此诗节。）斯固卧子所以抒写“离情壮怀”应有之作。实与邦卿《龙吟曲》所云“歌里眠香，酒酣喝月，壮怀无挠。楚江南，每为神州未复，阑干静，慵登眺”及“同社诗囊，小窗针线，断肠秋早”诸语无异。若一考其赋诗之时及所言之人，则前后四五百年之间，情事实相符会。岂独节令之适合而已哉？虽然，儿女情怀与英雄志略，亦未尝不可相反而相成。故不必拘执此点，以为邦卿及卧子病也。

河东君《清明行》结语云：“盘螭玉燕无可寄，空有鸳鸯弃路旁。”“盘螭”出《陈思王集·二·乐府·桂之树行》中“上有栖鸾，下有盘螭”句。“玉燕”用《别国洞冥记·二》云：

神女留玉钗以赠（汉武）帝。帝以赐赵婕好。至昭帝元凤中，宫人犹见此钗。黄諃欲之，明日示之，既发匣，有白燕飞升天。后宫人学作此钗，因名“玉燕钗”，言吉祥也。

此河东君自言己身虽如神女，然无玉钗之物可以报答卧子。盖针对卧子《寒食行》“回头拾得金凤凰”之结语。“金凤凰”谓妇人之钗也。（可参司马彪《续汉书·舆服志·下》“后夫人服”条。又，卧子“拾得”二字之出处，或与吴均《续齐谐记》及韦绚《刘宾客嘉话录》“汉宣帝以皂盖车一乘赐大将军霍光”条中黄君仲“北山罗鸟得凤凰，入手即化成紫金”事有关。俟考。）又检李太白《代美人愁镜诗二首》之二（见《全唐诗·第三函·李白·二四》）云：

美人赠此盘龙之宝镜，烛我金缕之罗衣。时将红袖拂明月，为惜普照之余晖。影中金鹊飞不灭，台下青鸾思独绝。稿砧一别若箭弦，去有日，来无年。狂风吹却妾心断，玉箸并堕菱花前。

寅恪案：“美人”乃河东君之号，“盘龙”即“盘螭”。“稿砧一别若箭弦，去有日，来无年”，正针对卧子之怨词也。

更检《全唐诗·第三函·李白·三·白头吟·第二体》云：

锦水东流碧，波荡双鸳鸯。雄巢汉宫树，雌弄秦草芳。相如去蜀谒武帝，赤车驷马生辉光。一朝再览大人作，万乘忽欲凌云翔。闻道阿娇失恩宠，千金买赋要君王。相如不忆贫贱日，位高金多聘私室。茂陵姝子皆见求，文君欢爱从此毕。泪如双泉水，行堕紫罗襟。五更鸡三唱，清晨白头吟。长吁不整绿云鬓，仰诉青天哀怨深。城崩杞梁妻，谁道土无心。东流不作西归水，落花辞枝羞故林。头上玉燕钗，是妾嫁时物。赠君表相思，罗袖幸时拂。莫卷龙须席，从他生网丝。且留琥珀枕，还有梦来时。鹔鹴裘在锦屏上，自君一挂无由披。妾有秦楼镜，照心胜照井。愿持照新人，双对可怜影。覆水却收不满杯，相如还谢文君回。古来得意不相负，只今惟有青陵台。

河东君赋《清明行》前二年，即崇祯十年丁丑，卧子已通籍贵显矣。此际以文君、长卿相比，虽不甚切当。然太白"玉燕钗"之句，似可借用，盖以求"相如还谢文君回"之实现。"双对可怜影"暗藏"影怜"之名。此名即陈、杨关系最密切时所用者，可因此唤起大樽往日之回忆。"波荡双鸳鸯"与"空有鸳鸯弃路旁"相对照，辞旨哀艳，想卧子得读河东君此诗之时，正如杨景山所谓"风流才子多春思，肠断萧娘一纸书"者也。兹以《上巳行》与《清明行》两诗，关系错杂繁复，故不嫌全录太白此首，以资参证。

抑尚有可言者，前论河东君《寒柳词》，谓与汤玉茗《紫钗记》有关，颇疑《清明行》"玉燕"之句，实亦暗用蒋子征所作《霍小玉传》中紫玉钗及玉茗堂《紫钗记》中紫玉燕钗之故事。河东君淹通文史，兼善度曲，蒋防之《传》，汤显祖之《记》，当无不读之理。就本人之身份与卧子之关系，取霍小玉与李益相比，最为适当。故《清明行》结语之意，盖希望卧子不作蒋《传》中负心忘旧好之李益，而是汤《记》中多情不自由之君虞也。或者河东君赋此诗时，忆及崇祯八年首夏与卧子离别之际，卧子和淮海《满庭芳》词"紫燕翻风"之句，遂联想《紫钗记》紫玉燕钗之事，而有此结语欤？俟考。

又卧子《上巳行》云："公子空遗芍药花，美人自爱樱桃树。”“芍药花”乃卧子自指其怀念河东君诸诗，“樱桃树”之“树”，固出于《李义山诗集·中·深树见一颗樱桃尚在（五律）》及同卷《嘲樱桃（五绝）》云：

朱实鸟含尽，青楼人未归。南园无限树，独自叶如帏。

之典。但“樱桃”二字，实更指崇祯八年乙亥春卧子自作之《樱桃篇》及河东君崇祯十二年己卯春所作《清明行》“春风小帐樱桃起”之句。窃疑卧子《上巳行》乃获见河东君《清明行》后，遂作一诗以酬慰其意者。此年清明适逢上巳，诗题虽为两名，词意实是一事。此卧子故作狡狯，以为讳饰耳。读者倘更取第三章所录卧子此诗详绎之，当益信鄙说之不诬也。

论释河东君崇祯十二年己卯之作品《湖上草》及十三年庚辰作品《与汪然明尺牍》既竟，关于钱、柳因缘导致之情势及其必然性，读者当可明了矣。然在崇祯十三年十一月河东君过访半野堂之前，尚有牧斋于是年十月往游嘉兴之一重公案。此公案关涉一称“惠香”之女性。寅恪于其人之本末，殊有疑滞，未能解释。姑试作一假设，以待他日之证明也。《初学集·一七·移居诗集·冬日嘉兴舟中戏示惠香二首》云：

画阁兰桡取次同，荡舟容与过垂虹。波如人面轻浮碧，日似残妆旋褪红。理曲近怜莺脰水，弄花遥惜马塍风。可怜平望亭前鸟，双宿双飞每一丛。

依然吴越旧陂塘，粉剩脂残水尚香。已分西施随范蠡，拌将苏小赛真娘。铅华散落沾书帙，弦管交加近笔床。昨日虎丘西畔过，女坟湖水似鸳鸯。

同书同卷《宿鸳湖偶题》云：

烟水迢迢与梦长，一般灯火两般霜。鸳鸯湖上人相并，燕子楼中夜未央。（寅恪案：牧斋此诗结语用关盼盼事，当与东坡词《永遇乐·夜宿燕子楼梦盼盼》一阕有关。由此推之，则知其所赋《八月十六夜有感》一词，特取《永遇乐》调者，必非偶然也。）

寅恪案：《戏示惠香》诗之前第一题为《九月望日得石斋馆丈午日见怀诗次韵却寄》，第三题为《九日宴集含晖阁醉歌》，第四题为《永遇乐词四首》，第五题为《姚叔祥过明发堂共论近代词人戏作绝句十六首》。又《宿鸳湖偶题》之后，第一题为《王店吊李玄白还泊南湖有感》（寅恪案：李衷纯，字玄白，嘉兴人。《明诗综·六十》选其诗七首。李氏与牧斋关系密切，见《初学集·五四·大中大夫两淮都转运盐使司运使李君墓志铭》），第二题为《题南湖勺园》（寅恪案：光绪修《嘉兴府志·一五·古迹门·二·秀水县》“勺园”条云：“一名竹亭。在滮湖滨。吴吏部昌时别业。”牧斋此诗结语云：“楼上何人看烟雨，为君枝策上溪桥。”当更有所指，不仅谓烟雨楼也），此卷即竟。下卷为《东山诗集》，乃河东君访半野堂以后之作也。今综合诸题之排列先后，取时间、地域及诗词中所言之人事，参合推证之，则知崇祯十三年庚辰七月以后至十月，其间为河东君过访半野堂预备成熟之时期。明发堂在拂水山庄。此题乃牧斋家居常熟时，姚士粦来访，与之论诗所作。据《永遇乐词·十七夜》云“隔船窗，暗笑低颦，一缕歌喉如发”及“生公石上，周遭云树，遮掩一分残阙”，则是中秋后二夕在苏州舟中所作。含晖阁在半野堂，乃牧斋于重阳节时，居常熟城内家中所作。《戏赠惠香》及《宿鸳湖偶题》诸诗，均在嘉兴所作，自不待言。据光绪修《嘉兴府志·一二·山川门》“鸳鸯湖”条略云：

以其居于南方，又谓之南湖云。湖在府城南半里许。

然则《初学集·一七·移居诗集》最后四题皆与嘉兴有关，乃牧斋于崇祯十三年仲冬河东君访半野堂不久以前，往游其地所作也。

《戏赠惠香》二律之典故，钱遵王《初学集诗注·一七》征引颇详，不待赘释。但绎此题第一首所言，皆与嘉兴鸳鸯湖及近旁吴江之莺脰湖故实有关。至第二首则全属苏州会城旧典。惠香之与嘉兴鸳鸯湖及苏州会城两地有关，可以推知。《永遇乐词·十六夜有感》一阕，既是为河东君而作（见第一章所论），其第四阕《十七夜》忽有“生公石上”之语，明是在苏州所作。就苏、嘉两地域与惠香之关系，更推及惠香与河东君之关系，并绎《宿鸳湖偶题》诗“燕子楼中夜未央”之句，则其间必有待发之覆，抑可知也。余详后论河东君适牧斋后患病问题节。兹暂不多述。

《初学集·二十·东山诗集·三·留惠香》云：

并蒂俱栖宿有期，舞衣歌扇且相随。君看陌上秾桃李，处处春深伴柳枝。

《代惠香答》云：

皇鸟高飞与凤期，差池一燕敢追随。桃花自趁东流水，管领春风任柳枝。

《代惠香别》云：

春水桃花没定期，柳腰婀娜镇相随。凭将松柏青青意，珍重秋来高柳枝。

《别惠香》云：

花信风来判去期，红尘紫陌肯相随。池边苑外相思处，多种天桃縢柳枝。

徐乃昌影写钱塘丁氏善本书室藏元刻《阳春白雪》附黄丕烈《跋》（参《士礼居藏书题跋记·六》）云：

元刻《阳春白雪》，为钱唐何梦华（元锡）藏书。矜贵之至。因其是惠香阁物也。惠香阁初不知为谁所居。梦华云是柳如是之居。兹卷中有“牧翁”印，有“钱受之”印，有“女史”印。其为柳如是所藏无疑。“惜玉怜香”一印，殆亦东涧所钤者。卷中又有墨笔校勘，笔势秀媚。识者指为柳书。余未敢定也。要之，书经名人所藏，图章手迹倍觉古香。宜梦华之视为珍宝矣。先是，曾影钞一本，与余易书。但重其为元刻，而其余为古书生色者，莫得而知。今展读一过，实餍我欲。虽多金，又奚惜耶？书仅五十一番，相易之价，亦合五十一番。惜书之癖，毋乃太过。命工重装，并志缘起。嘉庆十有四年己巳正月二十有八日雨窗识。复翁。

又云：

越岁辛未中春廿有二日，钱唐陈曼生偕其弟云伯，同过余斋。出此相示。因云伯去年曾摄常熟邑篆，有修柳如是墓一事。于河东君手迹，亦有见者。兹以校字证之。云伯以为然，当不谬也。复翁记。

牧斋跋元钞本《乐府新编阳春白雪》（见杨绍和《楹书偶录续编·四》）云：

惠香阁藏元人旧钞本《阳春白雪》十卷。依元刊本校录一过，分注于下。丙子二月花朝，牧翁。

寅恪案：崇祯十五年春间，牧斋所作诗中有涉及惠香之事，甚可注意。但河东君适牧斋后之患病问题，俟下文详述，今暂不论。兹所欲言者，即惠香究为何人及与河东君之关系也。何、黄二氏均以惠香阁为河东君所居及认惠香与河东君为一人，殊为谬妄。观牧斋自题其所校录《阳春白雪》之年月，可知至迟在崇祯九年丙子二月花朝日，牧斋已与惠香阁之名发生关系。然则此女性之惠香，其名初见于崇祯十三年庚辰冬间，复见于十五年壬午春季，皆在丙子花朝四年或六年之后。将如何解释此疑问耶？鄙意一为先有人之名，后有建筑物之名。建筑物因人得名，如牧斋以河东君名是字如是、别号我闻居士之故，因名其所居曰“我闻室”，即是其例。（参前论蒋氏旧藏河东君山水画册。）一为先有建筑物之名，后有人之名，人因建筑物得名。惠香之名，疑是其例。盖牧斋心中早已悬拟一金屋之名，而此金屋乃留待将来理想之阿娇居之者。若所推测不误，则此女性恐是一能歌之人，与《阳春白雪》有关。故牧斋取惠香之假名以目之。斯固文士故作狡狯之常态，不足异也。据牧斋所作关于惠香之四绝句桃、柳并用，初视之，亦颇平常。检庾子山诗有“流水桃花色，春洲杜若香”及“春水望桃花，春洲借芳杜”等句（见倪璠注《庾子山集·四·咏画屏风诗二十四首》之九及同书五《对酒歌》），则“桃”字实与惠香之“香”字有关，或者此女性真名中有一“桃”字。然就今所见之材料，无一能证实此点者，仍俟详考。兹可决定者有三事，一即依牧斋《冬日嘉兴舟中戏示惠香》两律及牧斋《阳春白雪》跋语，已可知此女性之居处必与嘉兴及苏州有关，并为能歌之人。兹复检《初学集·一七·移居诗集》崇祯十三年庚辰八月十七夜牧斋于苏州所作《永遇乐》词云：

白发盈头，清光照眼，老颠思裂。折简征歌，醵钱置酒，漫浪从他说。银筝画鼓，翠眉檀板，恰称合欢佳节。隔船窗，暗笑低颦，一缕歌喉如发。

生公石上，周遭云树，遮掩一分残阙。天上《霓裳》，人间《桂树》，曲调都清切。干戈满地，乌惊鹊绕，一寸此时心折。凭谁把青天净洗，长留皓月。

及同书二十上《东山诗集·三》崇祯十五年壬午中秋河东君病中，牧斋所作《效欧阳詹玩月诗》其后段云：

病妇梦回笑空床，笑我白痴中风狂。谁家玩月无歌版，若个中秋不举觞？虎山桥浸水精域，生公石砌琉璃场。酒旗正临天驷动，歌扇恰倚月魄凉。何为烦忧添哽咽，懵腾噤龂夜不央？秋发纷纷伴坠叶，细雨唧唧和啼螀。自从姮娥到月殿，长依金穴飞夜光。但闻高歌咏水镜，阿谁弹事腾封章？章上倘蒙天一笑，素娥甚汝空奔忙。老夫听罢心恻恻，低头自问笑狂易。妇言可云慎勿听，撑肠拄肚终难释。天上素娥亦有党，人间白叟将安适？合眼犹见星煌煌，入梦仍闻笑哑哑。打门未许惊周公，倒枕一任东方白。

更可证此女性在崇祯十五年壬午春间，伴送河东君于病中自苏州返常熟，故河东君亦于是年中秋病中有“谁家玩月无歌版，若个中秋不举觞？虎山桥浸水精域，生公石砌琉璃场”等语，婉劝牧斋往听其清歌，借以遣此佳节之岑寂。据是推之，则此居住苏州而擅长歌唱之女性，即惠香无疑也。二即依牧斋所作关于惠香四绝句中皆有“桃”字，则此女性名中当有“桃”字，前已言及。又细绎牧斋四诗中，皆以桃、柳并举，当亦非寻常泛用之辞语。据王谠《唐语林·六·补遗》云：

韩退之有二妾，一曰“绛桃”，一曰“柳枝”，皆能歌舞。初使王庭凑，至寿阳驿，绝句云：“风光欲动别长安，春半边城特地寒。不见园花兼巷柳，马头惟有月团团。”盖有所属也。柳枝后逾垣遁去，家人追获。及镇州初归，诗曰：“别来杨柳街头树，摆弄春风只欲飞。还有小园桃李在，留花不放待郎归。”自是，专宠绛桃矣。

及邵博《闻见后录·一七》“韩退之使镇州”条云：

孙子阳为予言，近时寿阳驿发地，得二诗石。唐人跋云：“退之有倩桃、风柳二妓，归途闻风柳已去，故云。”后张籍祭退之诗云“乃出二侍女，合弹琵琶筝”者，非此二人邪？

是牧斋暗以韩退之自比，而以河东君比柳枝或风柳，惠香比绛桃或倩桃。然则此惠香之真名中当有“桃”字或“绛”字。“桃”字恐是小名，甚难考出。至“绛”字或与后来所传河东君妹杨绛子之名有关也。三即观《留惠香》“并蒂俱栖宿有期”、《代惠香》“皇鸟高飞与凤期，差池一燕敢追随”及《别惠香》“多种夭桃媵柳枝”等句，则此女性原是河东君之密友，后来又独立门户，如河东君与徐云翾之关系。由第一点引申，河东君于崇祯十三年庚辰春离杭州至禾城养疴及牧斋述河东君病中之语，当与惠香之居处有关。由第二点及第三点引申，疑后来讹传河东君妹绛子之轶事，乃好事者就此演变而成。第一点不待多论，第二及第三点，则须略征传讹之说，辨析真伪，而究其演变伪造之所由焉。徐乃昌《闺秀词钞补遗·杨绛子传》附柴紫芳《芦峰旅记》略云：

柳河东君如是归虞山蒙叟后，其妹杨绛子犹居吴江垂虹亭。鄙姊之行，遂不与人往来。构一小园于亭畔，归心禅悦。尝谒灵岩、支硎等山，飘遥闲适。视乃姊之迷落于白发翁者，不啻天上人间。嘉兴薛素素女士慕其行，特雇棹担书访绛子于吴门。相见倾倒，遂相约不嫁男子。乃同至慧泉，溯大江而上，探匡庐，入蛾嵋，题诗铜塔，终隐焉。其后素素背盟，复至槜李。绛子一人居川中，足迹不至城市。河东君数以诗招之，终不应。未几卒。著有《灵鹃阁小集》行世。其《春柳（寄爱姊）·调高阳台》一阕，盖讽之也。

寅恪案：柴氏所记有可信者，亦有不可信者，当分别观之。“绛子”之“绛”不仅与桃花颜色有关。且可与牧斋诗用韩退之之妾绛桃之名相合。绛子“居吴江垂虹亭”，谒苏州之“灵岩、支硎等山”及薛素素“访绛子于吴门”等事，又可与牧斋《永遇乐词》、《舟中赠惠香》及《玩月诗》等相印证。然则绛子与河东君之关系，乃勾栏中姊妹行辈之名分，非真同产。此其可信者也。至绛子与薛素素相约不嫁男子一端，则大谬特谬。请征旧记，以明其妄。

缪荃孙《云自在龛笔记·书画门》“薛素素小影”条载胡孝辕（震亨）《读书日录》云：

薛素素，南都院妓。姿性澹雅，工书，善画兰。时复挟弹走马，翩翩男儿俊态。后从金坛于褒甫玉嘉有约矣，而未果。吾郡沈虎臣德符竟纳为妾。合欢之夕，郡中沈少司马纯甫、李孝廉伯远偕诸名士送之。姚叔祥（士粦）有诗云：“管领烟花只此身，尊前惊送得交新。生憎一老少当意，匆谢千金便许人。含泪且成名媛别，离肠不管沈郎嗔。相看自笑同秋叶，妒杀侬家并蒂春。”褒甫恨薛之爽约及沈之攘爱也，寄赠薛三律云：“锦水飞来第二身，蕙心更擅艺如神。相怜南国应无辈，不悟东家别有邻。纨扇写留骑凤女，宝符赍向驭龙人。碧山烟外含愁思，犹似峨眉隔座颦。”“凉壁哀蛩吊蕙帷，计狂祝梦又多违。锦书织恨盈千轴，钿带萦愁减一围。弱水药来娥月皎，明河槎去客星微。越人不肯归西子，花泣吴宫掩夕扉。”“铜标志里候灵芸，中道香车改辙闻。魂逐飞蓬辞夜幕，泪随落叶点秋裙。尾生作鬼难仇水，巫女为神易变云。自古情多欢便少，双栖何必笑离群。”

《列朝诗集·闰·四·薛素素小传》略云：

素素，少游燕中，为李征蛮所嬖。其画像传入蛮峒，酉阳彭宣慰深慕好之。北里名姬至于倾动蛮夷，古所希有也。中年长斋礼佛，数嫁皆不终。晚归吴下富家翁，为房老以死。

《明诗综·九八·薛素素小传》云：

素素，小字润娘，嘉兴妓。有异才。数嫁皆不终。有《南游草》。

又同书同卷《（静志居）诗话》略云：

予见其手写水墨大士甚工。董尚书未第日，授书禾中，见而爱之，为作小楷《心经》，兼题以跋。尝侍沈孝廉景倩巾栉。

寅恪案：孝辕所记素素事及姚、于诗，皆可供谈助。故详录之。至竹垞所述，大抵本之牧斋。惟言董香光未第日见素素所绘观音像而爱之，为写《心经》兼题以跋之事，乃新增材料中最可注意者，既出自竹垞目睹，自是可信。据牧斋所言素素“数嫁皆不终。晚归吴下富家翁，为房老以死”，则柴氏所言“素素背盟”一端，亦颇得实，又酉阳在四川境，则柴氏称绛子与素素同游川中之说，或由此误传，亦有可能。然此诸端皆不足深论，独绛子与素素相约不嫁男子一点，则须略考素素、绛子两人之年龄。据嘉庆修《松江府志·五四·董其昌传》略云：

董其昌，字玄宰，华亭人。成万历十七年进士，选庶吉士。

及同书《选举表》云：

明举人。万历十六年戊子科。董其昌，玄宰。

然则玄宰至早在万历十六年以前，即其尚未中式乡试以前，遇见素素于嘉兴。此时素素之年龄至少亦不能小于十五岁。从此年下数至崇祯十四年辛巳，即河东君适牧斋之岁，共为五十三年，则素素年已六十八岁矣。绛子既称河东君之妹，河东君适牧斋之时，年二十四岁，绛子之年当更较少。世间若有年近古稀之老妪，转与二十上下妙龄之少女，共为盟誓，不嫁男子者，禹域之外，当今之时，何所不有，或亦可能。至于三百年前崇祯之季，自无此奇事，可以决言。故紫芳所述，其谬妄不待辨也。

柴氏所记绛子与素素同约不嫁男子之事，虽是大谬，然其他所言绛子诸端，要不无有相当之真实性。复由此真实性，演变成为此鄙薄其姊“迷落于白发翁”之故事，并流传其《高阳台·寄爱姊》一词，即徐氏《闺秀词钞补遗》所录者是也。鄙意惠香是否与绛子实为一人，尚待考实，今难断定。前论河东君《与汪然明尺牍》第五通时，附述张宛仙之事。汪然明于顺治九年壬辰，始识宛仙于嘉兴，称其名为“香隐校书”。又宛仙《和然明四绝句》之二有句云“风韵何如半野堂”，则名字、地域、人事三者之关系，宛仙颇有与惠香实为一人之嫌疑。假定崇祯十三年庚辰牧斋于嘉兴舟中作诗示惠香之时，而惠香年龄为十五至十八岁者，则顺治九年壬辰应为二十七至三十岁。据此等年岁推论，固可称为河东君之妹。又就然明称其在顺治九年至十二年之间，匿影不出，不轻见人，及游人问津，显贵爱慕，诸端推之，皆与其年龄、情事约略适合。然则宛仙岂即惠香欤？是耶？非耶？姑备一说于此，殊未敢自信也。

又据荛圃之言，牧斋原藏元刻本《阳春白雪》所钤印章中，除“惠香阁”一章外，尚有“女史”及“惜玉怜香”两章之问题。“女史”二字，前于论《河东君尺牍》时，曾引汪然明所下“闺秀”与“女史”之界说，兹不必再赘。若依汪氏之说，惠香当日至牧斋家时，其身分本是“女史”。故知此“女史”之章，非后之好事者所伪造也。至于“惜玉怜香”一章，则关于黄皆令（媛介）之问题。前第二章引吴梅村《诗话》，邓孝威《天下名家诗观》及王渔洋《池北偶谈》并第三章引汤漱玉《玉台画史》诸节中，已略涉及皆令。兹请止就皆令与牧斋及河东君之关系一点，更少详言之。其他诸端虽饶兴趣，然以本文范围之故，终须有所限制，未可喧宾夺主也。

周勒山（铭）《林下词选·一一》“黄媛介”条云：

媛介久以诗文擅名，其书画亦为世所称赏。作《离隐歌序》云：“予产自清门，归于素士。兄姊（原注：“名媛贞。”）雅好文墨，自少慕之。乃自乙酉逢乱被劫，转徙吴阊，迁迟白下，后入金沙，闭迹墙东（原注：“琴张居士名园。”）。虽衣食取资于翰墨，而声影未出于衡门。古有朝隐、市隐、渔隐。予殆以离索之怀，成其肥遁之志焉。将还省母，爰作长歌，题曰“离隐”。归示家兄，或者无曹妹续史之才，庶几免蔡琰居身之玷云尔。”

寅恪案：媛介之《离隐歌》，今未能得见。即《歌序》之文，诸书虽有转载，但多所删改，盖涉忌讳使然。就所见诸本，惟周氏之书，似最能存其旧观，故依录之。序文中“后入金沙，闭迹墙东”及原注“琴张居士名园”之“琴张居士”为何人，初未能知。后检杨钟羲《雪桥诗话续集·一》云：

金坛张明弼，字公亮，号琴张子。为顾黄公丈人行。

乾隆修《金坛县志·八·人物志·文学门·张明弼传》略云：

张明弼，字公亮。天启丁卯游北雍，翰林齐心孝馆致之。编修黄道周尤心契。崇祯癸酉登贤书。丁丑五十四始成进士，授揭阳知县。谪浙江按察司照磨。升台州推官。逾年升户部陕西司主事。愤马士英、阮大铖当国，不赴。年六十九卒。著《萤芝集》二十卷，《兔角诠》十卷，《蕉书》三十乘。

又同书一二《杂志·古迹门》云：

墙东园。在县西十二里方边村。张明弼别业。

始知"琴张居士"即张明弼，"名园"即墙东园。《歌序》中最可注意者，为"乙酉逢乱被劫，转徙吴閶，迁迟白下，后入金沙，闭迹墙东"及"将还省母，爰作长歌，题曰'离隐'。归示家兄，或者无曹妹续史之才，庶几免蔡琰居身之玷云尔"等语。黄皆令于清兵攻取江浙之际，逢乱被劫，后始得脱。有关材料多所讳删，故今不能详悉其本末。但取当时类似之记载推测之，亦可得其大略。由此引申，更于皆令当日社会身份之问题，可得一较明晰之通解也。此问题请分乙酉逢乱以前及以后两时期言之。

《明诗综·八六·闺门·黄媛贞小传》云：

媛贞，字皆德，秀水人。先世父贵阳守副室。有《卧云斋诗集》。俞右吉云，亡友黄鼎平立二妹，一字皆德，一字皆令，均有才名。皆德为贵阳朱太守房老，深自韬晦。世徒盛传皆令之诗画。然皆令青绫步障，时时载笔朱门，微嫌近风尘之色，不若皆德之冰雪净聪明也。

盛枫撰《嘉禾征献录·五十》"黄媛贞"条云：

年十五六，同邑贵阳知府朱茂时过其门，闻读《史记》。询之旁人，则贞也。力求媒妁娶为妾。能诗词，工书法。凡启札皆出其手。无子，以老寿终。

同书同卷“黄媛介”条云：

媛介，字皆令。亦善诗文，工书法。少许杨氏，杨贫，以鬻畚为业，父母欲寒盟。介不可，卒归杨。

寅恪案：嘉兴黄氏虽是盛门，然皆令所出之支派，殊为式微。观其姊皆德，竟可聘作宰相朱国祚从孙茂时之妾一事，即可证明其家之社会地位甚低。皆令之许聘杨世功时，年龄必甚幼小。世功乃贫至“鬻畚为业”，则皆令之家，其贫苦当亦相去不远。故黄鼎一门，在当日宜为士大夫所轻视。皆令固亦可作妾，与其姊相类。前于第二章论张溥欲娶皆令事，疑其是娶为妾，而非为妻。皆令于《离隐歌序》开宗明义谓“予产自清门，归于素士”，盖所以辨白其社会地位，非泛泛自述之辞也。乙酉逢乱被劫之事，今殊难详考。然即据清高宗《（御）批历代通鉴辑览·一一七》附《明唐王本末》“顺治二年六月”条云：

嘉兴已归附，而士绅屠象美等，复聚众据城拒守。大兵还攻之，半月而破。

及《有学集·二十·赠黄皆令序》云：

南宗伯署中，闲园数亩，老梅盘拏，柰子花如雪屋。烽烟旁午，诀别仓皇。皆令拟河梁之作，河东抒云雨之章。（寅恪案：《毛诗·殷其雷传》云“山出云雨”，及《笺》云“大夫信厚之君子。为君使，功未成。归哉归哉，劝以为臣之义，未得归也”。牧斋盖用此义，谓皆令可归家，而己则不能也。）分手前期，暂游小别。

可知当清兵南来，南京危急时，皆令即从牧斋礼部尚书署中归返嘉兴。其后屠象美等举兵抗清，及嘉兴城为清兵攻陷，皆令殆于此际为清兵所劫。被劫经过，今依据《过墟志感》所述刘寡妇事，可以推知。此书记载虽不尽可信，然当时妇女被劫经过，尚与真相不甚相远。其书谓刘寡妇初由常熟被劫至松江，复由松江归旗安置江宁。其兄及婿见有“得许亲人领回”之令条诸端，谅是当日一般情事。（详见《过墟志感·下》。）皆令之至苏州，当与刘寡妇之至松江相同。其又至江宁，则亦与刘寡妇不异。若其至金坛，则当是依“许亲人领回”之条例也。皆令此次经过，其《离隐歌》中必有叙述，今既不可得见。顷存《丙戌清明》一首，当是被劫之时，或距此时不远所作。兹录于下：

倚柱空怀漆室忧，人家依旧有红楼。思将细雨应同发，泪与飞花总不收。折柳已成新伏腊，禁烟原是古春秋。白云亲舍常凝望，一寸心当万斛愁。（见梁乙真《清代妇女文学史》第一章第二节“秀水黄皆令”条。）

皆令既被劫复得脱，当时必有见疑于人之情事。而其兄尤引以为耻辱。故《离隐歌序》云“归示家兄，庶几免蔡琰居身之玷”，即指此而发也。皆令自经此役，其社会身份颇为可疑。今录吴梅村、王渔洋、李武曾、商媚生诸人之诗于下，以为例证。

吴伟业《梅村家藏稿·六·诗前集·六·题鸳湖闺咏四首》之一云：

石州螺黛点新妆，小拂乌丝字几行。粉本留香泥蛱蝶，锦囊添线绣鸳鸯。

秋风捣素描长卷，春日鸣筝制短章。江夏只今标艺苑，无双才子扫眉娘。

徐釚《本事诗·十》所录王士祯《观黄皆令吴岩子卞篆生书扇各题一诗》，其《黄皆令扇诗》云：

归来堂里罢愁妆，离隐歌成泪数行。才调只应同卫铄，风流底许嫁文鸯。萧兰宫掖裁新赋，香茗飘零失旧章。今日贞元摇落客，不将巧语忆秋娘。（参《池北偶谈·一二》“黄媛介诗”及同书一八“妇人画”等条。）

同诗一二所录李武曾（良年）《黄皆令归吴杨世功索诗送行二首》云：

曾因庑下栖吴市，忽忆藏书过若耶。愁杀鸳鸯湖口月，年年相对是天涯。

盛名多恐负清闲，此去兰陵好闭关。柳絮满园香茗圻，侍儿添墨写青山。

杜氏辑《祁忠惠公（彪佳）遗集》附商夫人（景兰）《香奁集·赠闺塾师黄媛介（七律）》（寅恪案：杜氏辑本附载眉生诸女诸子妇等与皆令唱酬诗颇多，兹不备引。邓汉仪《天下名家诗观初集·一二》所选商祁诸闺秀诗，亦载此七律，自是出自《梅市诗钞》。依毛奇龄《西河合集·六一·册书后类·梅市唱和诗抄稿书后》，可以推知。又检邓氏所选眉生诗有《送别黄皆令（五古）》一首，今仍存于《景兰集》中。但邓氏选本无《赠皆令（七律）》）云：

门锁蓬蒿十载居，何期千里觏云裾。才华直接班姬后，风雅平欺左氏余。

八体临池争幼妇，千言作赋拟相如。今朝把臂怜同调，始信当年女校书。

寅恪案：梅村“无双才子扫眉娘”及眉生“始信当年女校书”之句，虽皆用计有功《唐诗纪事》“薛涛”条所载胡曾诗（参《全唐诗·第十函·胡曾·赠薛涛（七绝）》）云：

万里桥边女校书，琵琶花下闭门居。扫眉才子知多少，管领春风总不如。

未免拟人非其伦。然此病亦词人所常有，可不深论。惟渔洋“今日贞元摇落客，不将巧语忆秋娘”之语，则用韦縠《才调集·一》白居易所作《江南喜逢萧九彻因话长安旧游戏赠五十韵》中“巧语许秋娘”之句。关于此“秋娘”，寅恪已于拙著《元白诗笺证稿》“琵琶引”章有所论证，兹不赘言。但“秋娘”为贞元时长安名妓。渔洋自比香山，而以秋娘比皆令。今日观之，颇为可怪。夫渔洋平日作诗，其用事精确，固不及同时之顾亭林。然俭腹趁韵，何乃一至于此耶？故就此推论，则知皆令乙酉逢乱被劫之后，其社会身份必有见疑于人者，《离隐歌序》中“虽衣食取资于翰墨，而声影未出于衡门”之句及序文末述所以作此歌主旨之“庶几无蔡琰居身之玷”一语，乃得通解矣。更由是推之，渔洋诗“风流底许嫁文鸯”句中之“底许”者，“何可”之意，亦当指皆令乙酉逢乱被劫之事而言。《三国志·魏志·二八·诸葛诞传》附载文钦子鸯事迹略云：

钦子鸯将兵在小城中，闻钦死，勒兵驰之，众不为用。鸯单走逾城出，自归大将军。

颇疑皆令乙酉逢乱，为清军将领所劫，其人原本降将，如李成栋之比者，渔洋因得取譬文鸯，然终难考知也。《有学集·二十·赠黄皆令序》云：

红袖告行，紫台一去，过清风而留题，（寅恪案：厉鹗《宋诗纪事·八七·闺媛类》载，南宋末临海王氏为元兵所劫，过清风岭题《崖石（七律）》一首。本末详樊榭所引孙道易《东园客谈》。）望江南而祖别。少陵堕曲江之泪，（寅恪案：牧斋此句或暗指皆令被清兵所劫后，转送至金陵之事，即《离隐歌序》所谓“迁迟白下”，非泛用少陵《哀江头》诗之古典也。）遗山续小娘之歌。（寅恪案：详见《元遗山诗集·六·乐府·续小娘歌十首》，施国祁笺注。）世非无才女子，珠沉玉碎，践戎马而换牛羊，视皆令何如？

亦足反证皆令初为清军所劫，而后得脱者。既被劫掠，乡里当必谣诼纷纭，不便即返，免致家人难堪，此所以离家为隐遁之故也。渔洋“萧兰宫掖裁新赋，香茗飘零失旧章”与武曾“此去兰陵好闭关”及“柳絮满园香茗坼”之句，俱咏媛介本事，故辞语相同。今以材料缺乏，未能考知。但检康熙修《常州府志·二十·古迹门》云：

茶舍在罨画溪，去湖汶一里。李栖筠守常州时，有僧献阳羡佳茗，陆羽以为芬香冠绝他境，可供尚方。遂置舍。

常州即古兰陵之地。陆羽又以为阳羡茶芬香冠绝他境，则王、李诗语或与之有关耶？渔洋“萧兰宫掖裁新赋”句，“萧兰”疑用陆士衡《怀土赋》“甘堇荼于饴芘，缔萧艾其如兰”语（见《汉魏百三名家集·六·平原集·一》）。《怀土赋》与《离隐歌》皆思归之作，且取以譬黄、杨之婚姻也。“宫掖裁新赋”当用《晋书·三三·左贵嫔传》“受诏作愁思之文，因为《离思赋》”之典。殆指《离隐歌》或皆令他作也。其以此故事相比者，非仅因皆令才华有似左芬，亦以《晋书》此传有“姿陋无宠，以才德见礼”之语。与梅村《鸳湖闺咏四首》之四“才比左芬年更少”句辞意正同。盖皆令之不与其他被劫妇女，如刘寡妇及宋蕙湘、广陵张氏辈同其命运者（见邓汉仪《天下名家诗观初集·一二》宋蕙湘《题卫源旅舍（七绝）四首》及广陵张氏《西沟道中泪笔》（七绝）五首），当由貌陋之故，吴、王作诗，乃实录，非讥诮。牧斋以皆令不似明妃之“一去紫台连朔漠”为皆令幸，诚可信可哀矣。武曾诗“曾因庑下栖吴市，忽忆藏书过若耶”下句指皆令于顺治十五年自杭州往游绍兴，与祁彪佳夫人商景兰并其诸女及子妇唱和事。（见《西河合集·六一·册书后类·梅市倡和诗抄稿书后》。）“若耶”在绍兴境，而祁氏淡生堂藏书又著称于东南者也。上句用《后汉书·列传·七三·逸民传·梁鸿传》“遂至吴，依大家皋伯通，居庑下”之文，固不待言。但此句取譬之皋伯通庑下，乃指牧斋之绛云楼而言。皆令之往来虞山，居牧斋家，第二章论《梅村诗话》及第三章论《玉台画史》时，已略及之。兹更稍详述其事于下。

《众香词·乐集·族里女宗类》选录黄媛介词《眼儿媚·谢别柳河东夫人》云：

黄金不惜为幽人，种种语殷勤。竹开三径，图存四壁，便足千春。

匆匆欲去尚因循，几处暗伤神。曾陪对镜，也同待月，常伴弹筝。

又《前调》云：

剪灯絮语梦难成，分手更多情。栏前花瘦，衣中香暖，就里言深。

月儿残了又重明，后会岂如今？半帆微雨，满船归况，万种离心。

寅恪案：此两词皆谢别河东君之作。第一词上半阕“黄金不惜为幽人”句，河东君资助皆令者必不少，此语当是实录。下半阕“曾陪对镜，也同待月，常伴弹筝”及第二词上半阕“衣中香暖，就里言深”诸句，更足征黄、柳二人实为闺中密腻挚友也。“曾陪对镜”辞语新隽。第三章谓陈眉公《赠杨姬（五言绝句）》，疑是为河东君而作。倘此假设果能成立，则此黄、柳同照之镜，必不致扑碎矣。更可注意者，为第二首下阕“月儿残了又重明，后会岂如今”之语。月残复明，可能是媛介以月缺之时来访河东君，月明之后乃始别去。然颇疑皆令此语别有深意。此词作于何年，今不易考。若作于乙酉以后，则当谓后会之时，明室复兴，不似今日作词之际，朱明之禹贡尧封仅余海隅边徼之残山剩水。前引《有学集·三·夏五诗集·留题湖舫》第二首“杨柳风流烟草在，杜鹃春恨夕阳知”之句，因推论河东君复楚报韩之志。今观皆令此词，殆有同心者，此即所谓“就里言深”者欤？又前引皆令《丙戌清明》诗“倚柱空怀漆室忧，人家依旧有红楼”及“折柳已成新伏腊，禁烟原是古春秋”等句，可与此词相证发。后之读皆令诗词者，当益悲其所抱国家民族之思，不独个人身世之感矣。

《吴诗集览·一二·上·鸳湖闺咏四首》之三云：

绛云楼阁敞空虚，女伴相依共索居。学士每传青鸟使，萧娘同步紫鸾车。新词折柳还应就，旧事焚鱼总不如。记向马融谭汉史，江南沦落老尚书。

寅恪案：梅村此首乃专言黄与柳钱之关系者。靳氏注中于古典颇备，而今典如言“纳柳氏在鸳湖舟中，则皆令与柳旧为女伴矣”则甚误。兹姑不详辨。惟言“‘索居’上有‘相依’字‘共’字亦奇”能解梅村微妙之意，殊为可取。所可笑者，吴诗此首以马融比牧斋，固与受之平生以国史自任者相合，但取皆令《离隐歌序》“虽无曹妹续史之材”，实以曹大家自命之意，及河东君《访半野堂初赠牧翁诗》之“声名真似汉扶风”（见《东山酬和集·一·河东君诗》第一首），亦以马季长比钱氏者相同。综合观之，牧斋何幸得此两曹大家为女师，“伏于阁下受读”耶？（见《后汉书·列传·七四·列女传·曹世叔妻传》。）

《初学集·三三·女士黄皆令集序》略云：

皆令本儒家女，从其兄象三受书。归于杨郎世功。歌诗画扇流传人间。晨夕稍给，则相与帘阁梯几，拈仄韵，征僻事，用相娱乐而已。有集若干卷，姚叟叔祥叙而传之。皆令又属杨郎过虞山，传内言，以请序于余。余尝与河东君评近日闺秀之诗。余曰：“草衣之诗近于侠。”河东君曰：“皆令之诗近于僧。”夫侠与僧，非女子本色也。此两言者，世所未喻也。皆令之诗曰：“或时卖歌诗，或时卖山水。犹自高其风，如昔鬻草履。”又曰：“灯明惟我影，林寒鸟稀鸣。窗中人息机，风雪初有声。”再三讽咏，凄然诎然，如霜林之落叶，如午夜之清梵。岂非白莲、南岳之遗响乎？河东之言僧者，信矣。繇是而观，草衣之诗，可知已矣。叔祥之序荟粹古今淑媛以媲皆令，累累数千言。譬之貌美人者，不论其神情风气，而必曰如王嫱，如西施，如飞燕、合德。此以修美人之图谱，则可矣。欲以传神写照，能无见笑于周昉乎？癸未九月，虞山牧斋老人为其序。

《有学集·二十·赠黄皆令序》略云：

绛云楼新成，吾家河东邀皆令至止。砚匣笔床，清琴柔翰，挹西山之翠微，坐东山之画障。丹铅粉绘，篇什流传。中吴闺闼，侈为盛事。今年冬，余游湖上，皆令侨寓秦楼，其穷日甚。湖上之人，莫或过而问焉。沧海横流，劫灰荡扫。绛云图书万轴，一夕煨烬。河东《湖上诗》"最是西泠寒食路，桃花得气美人中"，皆令苦相吟赏。今日西湖追忆此语，岂非穷尘往劫？河东患难洗心，忏除月露，香灯禅版，净侣萧然。皆令盍归隐乎？当属赋诗以招之。

寅恪案：皆令与河东君虽皆著籍嘉兴。然其相识始于何年，今不易考。观《初学集·一七·移居诗集》牧斋《与姚叔祥共论近代词人（七绝）十六首》中，其第十一首云：

不服丈夫胜妇人，昭容一语是天真。（原注："吕和叔《上官昭容书楼歌》云'自言才艺是天真，不服丈夫胜妇人'。"）王微杨宛为词客，肯与钟谭作后尘。

其第十二首云：

草衣家住断桥东（原注："王微自称草衣道人。"），好句清如湖上风。近日西陵夸柳隐，桃花得气美人中。（原注前已引，兹从略。）

则牧斋于崇祯十三年庚辰秋间作十六绝句，止言王、杨、柳三人，而不及媛介。可知牧斋尚未见媛介之诗，亦不识其人。据《初学集·二十·下·东山诗集·灯下看内人插瓶花戏题四绝句》其一云：

水仙秋菊并幽姿，插向磁瓶三两枝。低亚小窗灯影畔，玉人病起薄寒时。

此四绝句后第二题即《绛云楼上梁以诗代文八首》，牧斋《黄皆令集序》作于崇祯十六年癸未九月，正河东君病起之时。其《赠黄皆令序》云："绛云楼新成，吾家河东邀皆令至止。"则皆令之游虞山，居绛云楼，当在崇祯十六年冬或稍后，亦恐是第一次至牧斋家也。牧斋序皆令《集》，表面上不以姚士粦之文为然，实际上暗寓皆令才高貌寝之意。《东坡集·九·续丽人行序》云：

李仲谋家有周昉画背面欠伸内人，极精。戏作此诗。

其诗结语云：

君不见孟光举案与眉齐，何曾背面伤春啼？

此牧斋所以有“能无见笑于周昉”之语，实寓蒯通说韩信“相君之背”之意也。又牧斋屡游西湖，其《赠皆令序》中“今年冬，余游湖上”之“今年”，未能确定其为何年。但必在河东君《赠黄若芷大家》诗前不甚久之时间也。（见第五章所论。）牧斋既有“当属（河东）赋诗招之”之语，则牧斋赠皆令序时，皆令当已久未至虞山矣。此后皆令又曾否至虞山，亦未能考悉也。牧斋《赠序》谓皆令“侨寓秦楼”，不知有所实指，抑或用典？若用典者，疑非用《列仙传》萧史弄玉故事，而用古乐府《陌上桑》“日出东南隅，照我秦氏楼”，即“使君自有妇，罗敷自有夫”等句之意也。

《梅村家藏稿·三一·黄媛介诗序》略云：

黄媛介者，体自高门，夙亲柔翰。逮夫亲故凋亡，家门沉瘁。感襄城之荀灌，痛越水之曹娥。恨碎首以无从，顾投身其奚益。蔡琰则惟称亡父，马伦则自道家君。陨涕何言，伤心而已。惟长杨曾经献赋，而深柳可以读书。（原注：“所居深柳读书堂。”）点砚底之青螺，足添眉黛；记诗中之红豆，便入吹箫。共传得妇倾城，翻为名士，却令家人窃视，笑似诸生。所携唯书卷自随，相见乃铅华不御。发其旧箧，爰出新篇。即其春日之诗，别仿元和之体。可为妙制，允矣妍辞。仆也昔见济尼，蚤闻谢蕴。今知徐淑得配秦嘉，是用览彼篇章，加之诠次。庶几东海重闻桃李之歌，不数西昆止载蘼芜之赋尔。

寅恪案：梅村此《序》述皆令本末颇备。惟今日以材料残缺之故，不易确知。其取譬荀灌、曹娥，则疑是乙酉皆令逢乱时事。荀灌见《晋书·九六·列女传·荀崧小女灌传》。借用以指皆令于乙酉岁清兵攻围嘉兴时，逢乱被劫事。曹娥见《后汉书·列传·七四·列女传·孝女曹娥传》。岂皆令之父于乙酉乱时溺死耶？今难考已。“东海”用鲍明远及其妹事。鲍氏本东海人（见《宋书·五一·宗室》及《南史·一三·宋宗室及诸王·上·临川烈武王道规传》附《鲍照传》）。“桃李之歌”用李太白“会桃李之芳园，序天伦之乐事”语。（寅恪案：此依《全唐文·三四九·李白·三》之本。此本题为《春夜宴从弟桃花园序》，而文中作“会桃李之芳园”。今李集诸本或题与文俱作“桃花”，或俱作“桃李”，恐非。盖“桃花”者，乃园之本名。“桃李”者，乃太白所改字，以免“花”与“芳”之重复，且声律更协调耳。）希望皆令与象三兄妹复归于好。“西昆”借用西昆诗体主要人杨亿之姓，以指杨世功。“蘼芜之赋”则用《玉台新咏·一·古诗·上山采蘼芜》之典，竟指世功为“故夫”，颇疑黄、杨夫妇实有仳离之事。梅村于《鸳湖闺咏》第四首结语云“往事只看予薄命，致书知已到长干”，乃用李太白《长干行二首》之一“同居长干里，两小无嫌猜”及“早晚下三巴，预将书报家”之语（见《全唐诗·第三函·李白·三》）。亦希望皆令与世功夫妇复归于好之意。骏公诗文，辞旨敦厚，可谓善处人骨肉间矣。

综合惠香及皆令与钱、柳之关系观之，乃知牧斋“惜玉怜香”之章，盖有所实指，非泛用成语也。“香”乃惠香之名，固不待言。“玉”则《离隐歌序》中，皆令自言“庶几无蔡琰居身之玷”。河东君题其画扇，又称之为“无瑕词史”，皆令自比于无玷之玉，于此可证。故“玉”亦皆令之名也。此“玉”此“香”皆牧斋所欲兼收并蓄，而不致与河东君有尹邢避面之事者。“惠香阁”固为惠香所居。《玉台画史》言皆令画扇有“东山阁”题字。然则此“东山阁”亦“惠香阁”之比也。（可参第五章论《绛云楼上梁诗》。）牧斋有志不成，其理由之关于皆令者，乃社会制度问题，不俟赘论。至于惠香，则未知其故。盖由惠香本末无从详考所致。第一章拙诗云“尚托惠香成狡狯，至今疑滞未能消”，意在于此。当世通人倘能补此遗憾，则幸甚矣。

复次，陈其年《妇人集》“姑苏女子圆圆”条下冒褒《注》云：

吴县叶襄《赠姜垓百韵诗》有云：“酒垆寻卞赛，花底出陈圆。”（寅恪案：叶襄，字圣野，长洲人。事迹见同治修《苏州府志·八八》并《明诗综·七七》“叶襄”条附《静志居诗话》及陈田《明诗纪事·二二》“叶襄”条。圣野与牧斋之关系，可参《有学集·五·绛云余烬诗·下·冬夜假我堂文宴诗》、《和圣野（七律）》及同书一九《叶圣野诗序》等。又《板桥杂记·下·轶事门》“莱阳姜如须游于李十娘家”条，虽所记为如须游南京时事，与苏州无涉，但如斯为人之风流好事，亦借此可窥见一斑矣。）

足见当崇祯季年，陈、卞俱为姑苏负盛名之佳丽。然云装不与畹芬同被中贵外戚劫去，亦可谓幸事。至玉京是否避居他地，遂得脱免，则未能知。

又，《梅村家藏稿·三·圆圆曲》略云：

专征箫鼓向秦川，金牛道上车千乘。斜谷云深起画楼，散关月落开妆镜。传来消息满江乡，乌桕红经十度霜。教曲妓师怜尚在，浣纱女伴忆同行。旧巢共是衔泥燕，飞上枝头变凤凰。长向尊前悲老大，有人夫婿擅侯王。当时只受声名累，贵戚名豪竞延致。一斛明珠万斛愁，关山漂泊腰支细。错怨狂风扬落花，无边春色来天地。换羽移宫万里愁，珠歌翠舞古梁州。为君别唱吴宫曲，汉水东南日夜流。

寅恪案：梅村《听女道士卞玉京弹琴歌》（见《梅村家藏稿·三》）中有“归来女伴洗红妆，枉将绝技矜平康。如此才足当侯王”，可与此曲“浣纱女伴忆同行”及“有人夫婿擅侯王”等句参证。又梅村《过锦树林玉京道人墓诗》（见《梅村家藏稿·十》）中有“乌桕霜来映夕曛”及“翻笑行人怨落花，从前总被春风误”，亦可与此曲“乌桕红经十度霜”及“错怨狂风扬落花，无边春色来天地”等句参证也。童时诵此曲，以为“浣纱女伴”乃是泛指。由今思之，恐梅村之意，偏重云装而言。故“十度霜”之语，与《琴河感旧》诗（见《梅村家藏稿·六》）及《听卞玉京弹琴歌》二题尤有密切关系。所以有此假设者，盖畹芬于崇祯十五年壬午春间，由吴被劫至燕，（详见第五章引《影梅庵忆语》述辟疆于崇祯十五年壬午仲春闻得其父宗起量移之耗，由毗陵至吴门，则畹芬于十日前已被劫北去事。）历十年为顺治八年辛卯。此时月所已由锦州移镇汉中，又奉率师入蜀之旨。（见《清史稿·四·世祖本纪》“顺治五年四月丁亥吴三桂自锦州移镇汉中”条及同书五“顺治八年九月壬午命吴三桂征四川”条，并《清史列传·八十·逆臣传·吴三桂传》等。）此曲“专征箫鼓向秦川，金牛道上车千乘”谓月所由秦入川之事。梅村得闻月所入蜀新命，约在顺治八年初冬，即“传来消息满江乡，乌桕红经十度霜”矣。至“斜谷云深起画楼，散关月落开妆镜”并“珠歌翠舞古梁州”及“汉水东南日夜流”等句，则叙写汉中地域之辞语也。

抑更有可申论者，《三国志·蜀志·五·诸葛亮传》云：“将军身率益州之众，出于秦川。”《文选·三十》谢灵运《拟魏太子邺中集诗·王粲诗序》云：“家本秦川贵公子孙。”（寅恪案：仲宣乃山阳高平人太尉王龚之曾孙，司空王畅之孙，世为豪族，所谓“贵公子孙”也。见《后汉书·列传·四六·王龚传》。）武乡康乐所言之地域范围，俱不包括四川，此乃汉魏六朝“秦川”二字之界说。梅村借用“秦川”之成语，兼赅陕西、四川而言，实非旧日之本义也。

又，《说郛·四·三梦记》之二（参孟棨《本事诗·征异门》及《唐诗纪事·三七》“元稹”条）云：

元和四年，河南元微之为监察御史，奉使剑外。去逾旬，予与仲兄乐天、陇西李杓直同游曲江，诣慈恩佛舍，遍历僧院，淹留移时，日已晚，同诣杓直修行里第，命酒对酬，甚欢畅。兄停杯久之，曰：“微之当达梁矣。”（寅恪案：《本事诗》及《唐诗纪事》述此事，非知退原文，“梁”作“褒城”或“褒”。检《新唐书·四十·地理志·山南西道》云：“兴元府汉中郡，赤，本梁州汉川郡。开元十三年以‘梁’‘凉’声近，更名褒州。二十年复曰梁州。天宝元年更郡名。兴元元年为府。”故“梁”“褒”可互称。微之赋诗在元和四年，遂有“古梁州”之句也。）命题一篇于屋壁。其词曰：“春来无计破春愁，醉折花枝当酒筹。忽忆故人天际去，计程今日到梁州。”实二十一日也。十许日会梁州使适至，获微之书一函，后寄《纪梦诗》一篇，其词云："梦君兄弟曲江头，也入慈恩院里游。属吏唤人排马去，觉来身在古梁州。"（寅恪案：《元氏长庆集·一七·梁州梦》诗"兄弟"作"同绕"，"也入"作"也向"，"院里"作"院院"，"属吏唤人排马去"作"亭吏呼人排去马"，"觉来"作"忽惊"，大抵较佳。盖微之梦中同游者，尚有李杓直建，非止白氏兄弟。知退此记中有"遍历僧院"，微之诗题原注有"慈恩诸院"，与"院院"语合。"亭吏"指汉川驿亭之吏而言，若作"属吏"则太泛。"去马"谓由汉川驿向次驿驰去之马。"忽惊"更能写出梦中惊醒之情况，若作"觉来"殊为平淡，恐非元才子所宜出也。）日月与游寺题诗日月率同。盖所谓此有所为，而彼梦之者矣。

复检《元氏长庆集·一七·使东川诗二十二首》，其第五首《梁州梦》（自注："是夜宿汉川驿，梦与杓直、乐天同游曲江，兼入慈恩寺诸院，倏然而寤，而递乘及阶，邮吏已传呼报晓矣。"）云：

（诗见上引。）

其第十首《汉江上笛》（自注："二月十五日夜，于西县白马驿南楼闻笛怅然，忆得小年曾与从兄长楚写《汉江闻笛赋》，因而有怆耳。"）云：

小年为写游梁赋，最说汉江闻笛愁。今夜听时在何处，月明西县驿南楼。

据上引白《记》及元《诗》，可知乐天诗之"梁州"、微之诗之"古梁州"皆指明清两代汉中之地而言，实梅村《圆圆曲》中"珠歌翠舞古梁州"句之出处也。《圆圆曲》世人所习诵，但此诗作成之年月，尚存疑问，而辞句典故，亦间有前贤所未及详者，故不避琐赘之讥，特附论之于此。

由是言之，《圆圆曲》之作成，应在顺治八年辛卯初冬，即与《听卞玉京弹琴歌》为同一年之作品，亦与顺治七年庚寅秋间作《琴河感旧》诗之时间，相距不甚远。至顾师轼《梅村先生年谱》系《圆圆曲》于顺治元年甲申，恐不过以陈、吴二人，其家国兴亡、悲欢离合、前后变易之关键在顺治元年，未必实有梅村作此诗于顺治元年之确据。又同书系《琴河感旧》诗及《听卞玉京弹琴歌》于顺治七年庚寅。《琴河感旧》诗固作于庚寅，但《梅村诗话》谓云装于顺治八年辛卯春过访，共载横塘。《听卞玉京弹琴歌》云"此地由来盛歌舞，子弟三班十番鼓。月明弦索更无声，山塘寂寞遭兵苦"，实指其事。所谓"此地"即苏州，可为此歌作于顺治八年辛卯春间之旁证。盖吴、卞两人旧地重游，不胜今昔之感。回溯十年之前，即崇祯十五年壬午，畹芬正于此时被劫北行。梅村因玉京之沦落，念畹芬之遭遇，遂赋诗及之耳。若如是解释，则《圆圆曲》中"十度霜"及"女伴"等句皆有着落。然则骏公于一年中甚近之时间赋此两诗，以陈、卞两人前后同异情事为言，而家国身世之悲恨更深更切。倘读吴集者，取此两诗参互并观，其了解当必较一般泛览所得尤多。惜知此者鲜矣。又，程穆衡原笺、杨学沆补注《吴梅村先生编年诗集》，列《圆圆曲》于顺治十六年己亥。附按语云：

其时三桂有女嫁王永宁，方居苏州拙政园。故云别唱《吴宫曲》也。

鄙意《圆圆曲》若作于顺治十六年己亥，则与"传来消息满江乡，乌桕红经十度霜"之句，时间不合。据《清史列传·八十·逆臣传·吴三桂传》，顺治十六年三桂在云南，与曲中“秦川”“金牛道”“斜谷”“散关”“古梁州”及“汉水”等语指汉中者，地域不合。程、杨之言，乃由后世附会禹贡“华阳黑水惟梁州”，《汉书·地理志》“益州郡滇池有黑水祠”（见《通典·一七五·州郡曲·五》“古梁州”条）及云南为元代梁王封地（见《明史·一二四·梁王把匝（剌）瓦尔密传》及靳荣藩《吴诗集览·一五·上·滇池铙吹（四律）》之解释），并误解骏公《圆圆曲》辞意所致。寅恪昔年旅居昆明，偶过某戏院，见悬有“珠歌翠舞古梁州”七字横额，亦袭用吴诗之成句而失其本旨者之一例。可见此类误解极为广遍，真有纠不胜纠之感矣。

复次，靳介人《吴诗集览·四·下》释此歌“十年同伴两三人，沙董朱颜尽黄土”句之“沙”为沙才，固不误，但未尽。据《板桥杂记·中·丽品门》“沙才”条略云：

沙才美而艳，善吹箫度曲。后携其妹曰嫩者游吴郡，卜居半塘，一时名噪。才以疮发，剜其半面。嫩归咤利，郁郁死。

及《众香词·数集·花丛》“沙宛在”条，选宛在词《江城子·哭姊》一阕，并附录曹溶《满庭芳·高澹游招同人集纪胜堂赠嫩儿》词（寅恪案：高澹游，名简，号一云山人，吴县人。事迹可参同治修《苏州府志·一百一十》本传及秦祖永《桐阴论画·上》“高简”条），其下半阕云：

羞随轻浪滚，莲花步暖，软尽无痕。怪当年咤利，假借堪嗔。今日谁能拘管，算恒河，自有仙真。情何限，千堆白雪，占稳凤楼春。

然则梅村赋诗时，沙才已死，但未详何时，而嫩儿亦有被劫之事。其何时被劫，则未能考知。或谓秋岳词中“假借”之语，颇堪玩味，岂嫩儿乃后论牧斋《壬午献岁书怀二首》之二所引冒辟疆《影梅庵忆语·一》崇祯十四年秋被劫之赝鼎畹芬欤？（寅恪偶检《小说月报》第六卷第十一号况周颐《陈圆圆事迹》引刘健《庭闻录》云：“吴妓陈沅、顾寿，并名噪一时。田宏遇以重价市寿，而沅名更高，不易得。会其婿以细故得罪，欲求好，无以通媚，百计购沅以献。宏遇善之如初。”然则辟疆所谓“赝鼎”，或亦有指顾寿之可能耶？俟考。）据秦逸芬《桐阴论画》所推澹游之生年及《清史列传·七八·贰臣传·曹溶传》论之，则秋岳此词之作，若在顺治三年至十年之间，或说方可成立。又《板桥杂记》“嫩归吒利，郁郁死”之语，颇与秋岳词冲突。鄙意澹心得诸传闻，似不如秋岳亲见之可信也。今姑记于此，俟后更考。至“沙董”之“董”，靳氏据《板桥杂记·中·丽品门》，释为董年。寅恪检余书此条，引张紫淀（文峙）《悼小宛（五律）》略云：

美人在南国，余见两双成。寂寂皆黄土，香风付管城。

故疑白死时，年已先死，靳说可通。唯冒辟疆声言小宛死于顺治八年辛卯正月二日（见第五章论牧斋《病榻消寒杂咏四十六首》之三十七《和老杜生长明妃》一首中“吴殿金钗葬几回”句），则梅村偕玉京于是年春间游苏州之际，似已得知小宛被劫称死之事。小宛姊妹亦曾居吴门，与陈、卞、二沙为同时佳丽。吴诗作此联系，殊有可能。其所谓“两三人”者，沙嫩未死，沙才已死；董白死时，董年先死；董白虽称死，然实未死。陈沅则不著姓字，而意在言外。梅村下笔不苟，于此可见。今读此歌，别有一可注意之事，即顺治七年末八年初，清人似有点取强夺秦淮当时及旧日乐籍名姝之举。此举或与世祖之喜爱戏剧有关。（可参顾师轼《梅村先生年谱》顺治九年壬辰附徐釚《词苑丛谈·九·纪事·四》“吴祭酒作秣陵春”条及前第三章论河东君嘉定之游节引《嘉定县志·李宜之传》。）乐籍名姝中，其尚未嫁如卞赛及此歌之“碧玉班中怕点留”者（寅恪案：《乐府诗集·四五》李暇《碧玉歌》云：“碧玉上宫妓。”故吴诗此句目未脱秦淮乐籍者），已适人如董白及此歌所谓“乐营门外卢家泣”者（寅恪检《玉台新咏·九·歌词二首》之二云：“十五嫁为卢家妇。”故吴氏此句目已脱秦淮乐籍适人者），前述汪然明于顺治九年壬辰始识张宛仙于嘉兴，而宛仙已匿影不出，不轻见人，恐亦与玉京入道避祸之事同一原因。更细绎《听女道士卞玉京弹琴歌》结语云：

坐客闻言起叹嗟，江山萧瑟隐悲笳。莫将蔡女边头曲，落尽吴王苑里花。

则用蔡文姬《胡笳十八拍》之典，以匈奴比建州。梅村遣辞必非泛指，特拈出此重公案，愿与世之读吴诗者共参究之也。

或谓惠香有为卞玉京之可能。检《梅村家藏稿·十·过锦树林玉京道人墓诗传》云：

玉京道人，莫详所自出。或曰秦淮人，姓卞氏。知书，工小楷，能画兰，能琴。年十八，侨虎丘之山塘。所居湘帘棐几，严净无纤尘。双眸泓然，日与佳墨良纸相映彻。见客，初亦不甚酬对。少焉，谐谑间作，一坐倾靡。与之久者，时见有怨恨色，问之，辄乱以它语。其警慧，虽文士莫及也。与鹿樵生一见，遂欲以身许。酒酣，拊几而顾曰：“亦有意乎？”生固为若弗解者。长叹凝睇，后亦竟弗复言。寻遇乱别去，归秦淮者五六年矣。久之，有闻其复东下者，主于海虞一故人。生偶过焉，尚书某公者，张具请为生必致之。众客皆停杯不御。已报曰："至矣。"有顷，回车入内宅，屡呼之，终不肯出。生悒怏自失，殆不能为情。归赋四诗以告绝。已而叹曰："吾自负之，可奈何！"逾数月，玉京忽至。有婢曰柔柔者随之。尝着黄衣，作道人装。呼柔柔取所携琴来，为生鼓一再行，泫然曰："吾在秦淮，见中山故第，有女绝世，名在南内选择中。未入宫而乱作，军府以一鞭驱之去。吾侪沦落分也，又复谁怨乎？"坐客皆为出涕。柔柔庄且慧。道人画兰，好作风枝婀娜，一落笔尽十余纸。柔柔侍承砚席间，如弟子然，终日未尝少休。客或导之以言，弗应。与之酒，弗肯饮。逾两年，渡浙江，归于东中一诸侯。不得意。进柔柔奉之，乞身下发。依良医保御氏于吴中。（参《梅村家藏稿·五十·保御郑（钦谕）三山墓表》及《牧斋外集·十·内殿保御三山郑君七十寿序》。）保御者，年七十余，侯之宗人。筑别宫，资给之良厚。侯死，柔柔生一子而嫁。所嫁家遇祸，莫知所终。道人持课诵戒律甚严。生于保御中表也，得以方外礼见。道人用三年力，刺舌血为保御书《法华经》。既成，自为文序之。缁素咸捧手赞叹。凡十余年而卒。墓在惠山祇陀庵锦树林之原，后有过者，为诗吊之。

同书五八《诗话》云：

女道士卞玉京，字云装，白门人也。善画兰，能书，好作小诗，曾题扇送余兄志衍《入蜀》一绝云："剪烛巴山别思遥，送君兰楫渡江皋。愿将一幅潇湘种，寄与春风问薛涛。"后往南中七年，不得消息。忽过尚湖，寓一友家不出。余在牧斋宗伯座，谈及故人。牧斋云力能致之，即呼舆往迎。续报至矣。已而登楼，托以妆点始见。久之，云痁疾骤发，请以异日访余山庄。余诗云："缘知薄幸逢应恨，恰便多情唤却羞。"（见《梅村家藏稿·六·琴河感旧四首（并序）》。）此当日情景实语也。又过三月，为辛卯初春，乃得扁舟见访，共载横塘，始将前四诗书以赠之，而牧斋读余诗有感，亦成四律（见《有学集·四·绛云余烬诗·上·读梅村宫詹艳诗有感书后四首》）。其《序》曰："余观杨孟载论李义山《无题》诗，以谓音调清婉，虽极其浓丽，皆托于臣不忘君之意，因以深悟风人之指。若韩致光遭唐末造，流离闽越，纵浪香奁。盖亦起兴比物，申写托寄，非犹夫小夫浪子沈湎流连之云也。顷读梅村艳体诗，声律研秀，风怀恻怆，于歌禾赋麦之时为题柳看桃之作。彷徨吟赏，窃有义山致光之遗感焉。雨窗无俚，援笔属和。秋蛩寒蝉，吟噪啁哳，岂堪与间关上下之音，希风说响乎？河上之歌，听者将同病相怜，抑或以同床各梦而辗尔一笑也。"诗绝佳，以其谈故朝事，与玉京不甚切，故不录。末简又云："《小序》引杨眉庵论义山臣不忘君语，使骚人词客见之，不免有兔园学究之诮，然他日黄阁易名，都堂集议，有弹驳文正二字，出余此言为证明，可以杜后生三尺之喙，亦省得梅老自下注脚。"其言如此。玉京明慧绝伦，书法逼真黄庭，琴亦妙得指法。余有《听女道士弹琴歌》（见《梅村家藏稿·三》并参曹溶《静惕堂诗集·四二·题女冠卞玉京募册》题下注云"卞与娄东学士有旧"之语）及《西江月·醉春风》填词（见《梅村家藏稿·二一·西江月四首》之四《春思》及《醉春风二首·春思》），皆为玉京作，未尽如牧斋所引杨孟载语也。此老殆借余解嘲。

据此，当崇祯之季，云装年十八居虎丘时，与惠香往来钱、柳间之情事颇合。后梅村于顺治七年庚寅秋间至常熟，牧斋欲负风流教主之职责，为卞、吴两人重续旧好，如其前此为董、冒尽力者。玉京既至牧斋家，独先见河东君，而终不与梅村觌面，足见其必入内宅熟商，并取决于河东君，然后出此。即此一端，则卞、柳之为密友，又可推知，其是惠香，更可为旁证也。寅恪以为或说似颇有理，但尚少确据，未敢断定。兹以其有关当日名姝国士情谊之一种公式，并与后论河东君入道事相涉，因附录之，以供参考。

又检《吾炙集》“楚江杜绍凯苍略”条，选些山诗《奉和牧斋先生赠旧校书二首》今杜濬《变雅堂文集》附苍略诗，未载此题，故录之于下。

诗云：

朱楼十里起双扉，物换星移似鹤归。怪底新人都媠嫞，老来能著水田衣。

北里闲提旧话长，句阑处处说焚香。于今瓦砾风榛地，只断横刀荡子肠。

苍略所和者，为《有学集诗注·长干塔光集·秦淮水亭逢旧校书赋赠十二首》之第三、第四两首。（涵芬楼本题下有“女道士净华”等字。）兹发见一问题，即此旧校书、女道士净华果为何人是也。请全录牧斋原诗，然后略论之。

牧斋诗云：

不裹宫妆不女冠，相逢只作道人看。水亭十月秦淮上，作意西风打面寒。

妆阁书楼失绛云，香灯绣佛对斜曛。临风一语凭相寄，红豆花前每忆君。

旗亭宫柳锁朱扉，官烛膏残别我归。今日逢君重记取，横波光在旧罗衣。

目笑参差眉语长，无风兰泽自然香。分明十四年来梦，是梦如何不断肠。

棋罢歌阑抱影眠，冰床雪被黯相怜。（涵芬楼本“黯相怜”作“旧因缘”。）如今老去翻惆怅，重对残釭忆昔年。（涵芬楼本“忆昔年”作“说往年”。）

瘦沈风狂不奈何（涵芬楼本“不”作“可”），情痴只较一身多。荒坟那有相思树，半死枯松绊女萝。

锁袴弓鞋总罢休，烛灰蚕死恨悠悠。思量拥髻悲啼夜，若个情人不转头？

金字经残香母微，啄铃红嘴语依稀。新裁道服莲花样，也似雕笼旧雪衣。

贝叶光明佛火青，贯花心口不曾停。侬家生小能持诵，鹦鹉亲过般若经。（涵芬楼本“过”作“歌”。）

高上青天低下泉，邻家女伴似秋千。金刚卷半千声佛（涵芬楼本“卷半”作“半卷”），消得西堂一穗烟。

水沉烟寂妙香清，玉骨冰心水观成。弹指五千经藏转，青莲花向舌根生。

投老心期结净瓶，自消笺注讲金经。诸天围绕君应看，共向针锋列座听。

然则此旧校书、女道士净华，殊有为卞玉京之可能。上引吴梅村《过锦树林玉京道人墓诗传》，若取与牧斋此题相参校，则第二首言净华曾至绛云楼，并与河东君交好。第六首与梅村所谓“渡浙江归于东中一诸侯，不得意，进（其婢）柔柔奉之，乞身下发，依良医（郑）保御氏于吴中。保御者，年七十余，侯之宗人。筑别宫，资给之良厚。侯死，柔柔生一子而嫁。所嫁家遇祸，莫知所终”有关。此首前二句谓世人为净华风狂，如梅村及己身者甚多。“荒坟”指东中诸侯。“半死枯松”指保御。“女萝”指净华也。假定所推测者不误，则此净华乃牧斋心中之惠香也。惠香公案殊难参决，今复附记于此，以资谈助云尔。

至牧斋借吴诗解嘲，梅村已自言之，读者亦可从钱、吴两人诗之异同得知，无烦赘论。他若受之论韩致光《香奁诗》之语，与事实不合，寅恪已于拙著《唐代政治史述论稿·中篇》言及之矣。

又邹翰飞（弢）《三借庐笔谈·一二》“河东君”条（此条前已略引）云：

往见书贾持《河东君诗稿》一册，乃惠山韵香尼手录本。字既秀美（寅恪案：韵香书画可参有正书局影印《中国名画》第十五集《名闺宝绘》内，徐湘蘋（灿）画《渡海观音》，韵香所题《心经》及同集韵香画兰竹石等），诗亦淡雅，上名士题咏甚多。若（钱）竹汀（大昕）、（王）兰泉（昶）、见亭（麟庆）等，均为制句。仓猝中不及购，为有力者取去。仅记其“夜起”二句云：“初月不明庭户暗，流云重叠吐残星。”

见亭麟庆《凝香室鸿雪因缘图记》第一集《午门释褐篇》略云：

嘉庆己巳，麟庆年十九岁，四月初八日会试揭晓，中式第二十七名贡士。翌辰诣午门谢恩。同榜二百四十一人，惟余最少。越日覆试二等，殿试三甲九十三名，赐同进士出身。五月初八日引见，奉旨以内阁中书用，释褐登朝，自此始矣。

同集《瓜洲泊月篇》略云：

余受职后即赴内阁，分典籍厅行走。寻奉严慈手谕，已聘定瓜尔佳夫人。时外舅余甫公（自注："名庆康。满洲侍卫，时官游击，后晋副将。"）宦游宁波，不克送女，命即乞假往娶，当于八月初十日具呈，董蔗林太傅（自注："讳诰。浙江传胪，卒谥文恭。"）笑而判以十五，曰："薇垣归娶，风雅事也。标以佳节，正贺子人月双圆耳。"余揖谢，遂于十六日出都，随洁士舅氏（寅恪案："洁士"即恽秉怡。）于九月十一日行次瓜步，渡扬子江，适遇风暴，船颠簸巨浪中，几覆者屡矣。不得已驶至郭璞墓泊焉。（复）驶至鲇鱼套口，日落风定，秋月扬辉，两岸帆樯，灯火历历如绘，而倒影涵虚，重规映朗，恍置身玉壶世界。随趁月行至常州，送舅氏归第。小住三日，偕子尚外兄（寅恪案："子尚"即恽受章。）、费东帆同年（自注："名湘。武进举人。"）钱园看菊。登舟后，适遇王竹屿先生（自注："名凤生。江苏诸生，时官通判，后晋盐运使。"）联舫南下，舣慧山，招同访女道士韵香（自注："姓王，名岳莲。"）于双修庵。韵香姿仅中人，而腹有诗书，别具出尘之致，惟名心未退，询知余十九登进士，意甚欣然。面写墨兰以赠，寻留馔。自言近在卞玉京（自注："明末女冠。"）墓侧种梅百本，涅槃后，将葬其旁。月上回舟，秋气清澄，虽不如瓜洲之空旷，而月明林下，别饶风趣。

寅恪案：韵香本末亦见周氏书九"空山听雨图"条。此条所言，中有甚大之舛误，姑不置辨，借省支蔓。韵香为嘉庆时人，距明末清初时代已远，但以其与河东君诗句及惠山入道名姝卞玉京即惠香有关，因附录翰飞、见亭所记于论述玉京事之后，以供补辑河东君集者之采择。

第二期

牧斋未见河东君之前，经过朱子暇、汪然明、姚叔祥及惠香诸人先后之介绍，机缘成熟，于是崇祯十三年庚辰十有一月，杜兰香、萼绿华之河东君，遂翩然来降于张硕、羊权之牧斋家矣。今读《东山酬和集》，其惊才绝艳，匪独前此类似之作品，如干令升、曹辅佐、陶通明及施肩吾诸人所结集者，不能企及，即茫茫禹迹，后有千秋，亦未必能重睹者也。兹取《东山酬和集》与牧斋《初学集》及钱遵王此集诗《笺注》，并《列朝诗集》所选程孟阳、沈景倩诗等参校。以遵王不注河东君之作，故本文主旨在专释证河东君之诗。至牧斋之作，则非与解释河东君之作品及其情事有特别关系者，多从删略。其余牧斋之诗通常典故，以遵王之《注》征引颇备，故亦不赘述焉。

《东山酬和集》首载沈璜序及孙永祚《东山酬和赋》。沈璜本末见《列朝诗集·丁·一三·下·小传》。同治修《苏州府志·八七·沈璜传》即取材于《列朝诗集》，无所增补。孙永祚本末见同治修《苏州府志·一百》及光绪修《常昭合志稿·三十》本传。沈《序》末题“崇祯十五年二月望日”，孙《赋》末题“岁在壬午孟陬之月”，似此集诸诗，有刻成于崇祯十五年二月之可能。但检《牧斋初学集·二十·东山诗集·三》

（原注：“起辛巳六月尽十五年壬午。”）载《仲春十日自和合欢诗四首》。此四首诗《东山酬和集》并未收入。据沈氏《序》云“壬午元夕，通讯虞山，酬和之诗，已成集矣”，可知此集诸诗在崇祯十五年元夕以前实已编定。牧斋自和之《合欢诗》，既在崇祯十五年元夕以后，自无从收入此集。孙《赋》题作“壬午孟陬之月”，则其作成之时间，当与酬和诸诗编定之月日相距不甚久。因孙氏为常熟人，与牧斋同居一地，往来近便故也。

《牧斋尺牍·二·与孙子长》第二通云：

《茸城》诗和章盈帙，不必更烦仁兄。求作一小赋，冠于集端。以赋为序，少变缘情之法，亦词林一美谈也。改诗乞即付下，但略更字面可耳。

寅恪案：牧斋此札不载年月，当是崇祯十五年正月所作。于此可见孙氏作赋时，酬和诸诗皆已编定矣。至“改诗”云云，不知所指之诗是否与酬和诗有关，词语简略，未敢断定也。

又，《列朝诗集·丁·一六》所选沈德符诗中有《钱受之学士新纳河东君作志喜诗四律索和本韵》即和牧斋《合欢诗》者，亦未收入。当是沈诗寄与牧斋时日过晚，已不及收入矣。所可注意者，《催妆词》及《合欢诗》不载河东君及程孟阳之和作。此俱不可以时日较晚、居处较远之故，未能编入为解说。岂河东君以关涉己身，殊难著笔，既不能与牧斋及诸词人竞胜，遂避而不作耶？若孟阳者，其平生关于牧斋重要之诗，几无不有和章，独于此二题阙而不赋，其故当由维生素丙之作用。关于此点，前于论河东君嘉定之游节中已言及之矣。

今观沈《序》孙《赋》，古典今事，参错并用，颇为切当。读者取此集中钱、柳诸诗以证其本事，则知两文之经牧斋赏定，殊非偶然也。沈、孙之文，今虽不暇详释。但沈《序》中“隃麋史笔，长傍娥眉。桴鼓军容，尚资纤手”及孙《赋》中“掌记纾忧于行役，援桴贾壮于从军”诸句，则请略言之。“隃麋史笔，长伴娥眉”可以不论。“掌记纾忧于行役”，则用《唐诗纪事·五八》“韦蟾”条，亦可不多述。“桴鼓军容，尚资纤手”及“援桴贾壮于从军”，则俱用梁红玉事。推原沈、孙二人所以同此取譬者，盖两氏下笔之时，皆在崇祯十五年正月以后，当已见及牧斋崇祯十四年《秋夕燕誉堂话旧事有感（七律）》，其结句云“洞房清夜秋灯里，共简庄周说剑篇”，及同年十一月牧斋与河东君偕游镇江，所作之《冬至后京江舟中感怀》诗（俱见《初学集·二十·东山集》）。此题共八首，其第七首云：

柁楼尊酒指吴关，画角声飘江北还。月下旌旗看铁瓮，风前桴鼓忆金山。余香坠粉英雄气，剩水残云俯仰间。他日灵岩访碑版，麒麟高冢共跻扳。

寅恪案：宋韩世忠墓在苏州灵岩山（见钱遵王《初学集诗笺注》此诗条，同治修《苏州府志·四九·冢墓·一》“吴县”条及《金石萃编·一百五十·韩蕲王碑文》并跋语），诗之结语指此。牧斋既以梁红玉比河东君，则璧甫子长用通知兵事、亲执桴鼓之杨国夫人典故（见《初学集·四四·韩蕲王墓碑记》。下文当更详论），亦非无所依据也。沈《序》、孙《赋》俱是佳文，而孙《赋》尤妙。寅恪深赏其“芳心自许，密讯方成。犹有留连徙倚，偃蹇犹夷。乍离乍合，若信若疑”等句，最能得当日河东君之情况。子长殆从《洛神赋》摹写美人形态“神光离合，乍阴乍阳”之语，而改为摹写美人心理“乍离乍合，若信若疑”之辞。白香山《花非花》曲（见《白氏文集·一二》）云：

花非花，雾非雾。夜半来，天明去。来如春梦几多时，去似朝云无觅处。

程孟阳赋《朝云诗八首》，以摹写河东君，除因当时河东君以“朝”为名外，实亦取义于香山此诗。非仅用巫山神女及东坡侍妾之名。松圆与河东君甚有关涉固不待言，雪屋执贽牧斋之门，又家居常熟，自必有所耳闻目见，故能描绘入微，曲尽其妙，真能传神写照，不致见笑于周昉，如前引牧斋《黄媛介诗序》中之所言者也。

综合《东山酬和集》所收之诗，共计七十七题，九十七首，皆是经牧斋所欣赏而裁定者。牧斋平日最喜评诗论文，《列朝诗集》及《吾炙集》即其例证。然此两集俱选于忧患穷愁之中，非若《东山酬和集》为半野翁快心得意之际所编定者可比。盖自天启元年牧斋任浙江主考，衡文取士，镂刻《浙江乡试程录》以来（见《初学集·九十》），逾二十余年，无此赏心悦目之事久矣。且此集有杜少陵“几个黄鹂鸣翠柳”之乐，而无钱千秋“一朝平步上青天”之惧（见《阁讼记略》）。文采风流，传播朝野。牧斋于此，岂不足以自豪哉！

兹于笺证《东山酬和集》中钱、柳诸诗及略评其他和作之前，先取世传河东君诗文有倩人代作之事及黄陶庵不肯和柳钱之诗两问题，稍论述之于下。

关于第一事，据王沄《辋川诗钞·四·虞山柳枝词》第三首云：

鄂君绣被狎同舟，并蒂芙蓉露未收。莫怪新诗刻烛敏，捉刀人已在床头。（原注：“吾郡有轻薄子钱岱勋，从姬为狎客，若仆隶，名之曰偕。姬与客赋诗，思或不继，辄从舟尾倩作，客不知也。归虞山后，偕亦从焉。吾友宋辕文有《破钱词》。”）

范锴《花笑庼杂笔·一》顾苓《河东君传》后附古梅华源木乂庵白牛道者题云：

柳氏幼隶乐籍，侨居我郡。与钱生青雨称狎邪莫逆交。柳故有小才，其诗若书，皆钱所教也。已而归虞山，钱生为之介。

寅恪案：王氏所言之钱岱勋，当与白牛道者所言之钱青雨同是一人，不过胜时称其名，而道者举其号耳。宋辕文之《破钱词》今未得见，故此人本末无从考知。寅恪前论河东君与李存我及陈卧子之交好，已言及河东君之书法诗词皆受其影响。盖河东君当日之与诸文士往还，不仅狎昵之私，亦得观摩之效。杜少陵《戏为六绝句》之六所谓“转益多师”者（见玉勾草堂本《杜工部集·一二》），殆即此义欤？钱氏子或曾为河东君服役，亦未可知。但竟谓河东君之诗文乃其所代作，似卧子、牧斋亦皆不察其事，则殊不近情理。推求此类诬谤之所由，盖当日社会，女子才学远逊男子，忽睹河东君之拔萃出群，遂疑其作品皆倩人代替也。何况河东君又有仇人怨家，如宋、王之流，造作蜚语，以隐密难辨之事为中伤之计者乎？至若其词旨之轻薄、伎俩之阴毒，深可鄙恶，更不必多论矣。

关于第二事，据钮琇《觚剩·一·吴觚·上》“陶庵刚正”条（参《牧斋遗事》“牧斋欲延师教令嗣孙爱”条及顾纯恩《寓噫杂咏》诗注）云：

黄陶庵先生少有盛名，馆于同里侯氏（寅恪案：“侯氏”指峒曾、岐曾兄弟），以道义相切劘。虞山钱宗伯有一子，名孙爱，甫成童。欲延师教之，而难其人。商之程孟阳，孟阳曰：“我有故人子，嘉定黄蕴生，奇士也。与同里侯氏交三世矣。未可轻致。公雅与侯善，以情告侯，公可得也。”宗伯乃具厚币，遣门下客李生至嘉定延之。李先见侯，道宗伯旨。侯力为劝驾。黄意不悦，强而后可，遂与李至宗伯家。宗伯待以殊礼。居浃月，孟阳出《海棠小笺》示黄。黄询唱者为谁？孟阳曰：“宗伯如君柳夫人作也。子于帖括之暇，试点笔焉。”陶庵变色曰：“忝居师席，可与小君酬和乎？”孟阳曰：“此何伤？我亦偕诸君子和之矣。”陶庵曰：“先生耆年硕德，与主人为老友，固可无嫌。诸君亦非下帷于此者。若淳耀，则断乎不可。”孟阳惭退。先是，曾馆某抚军幕府（寅恪案：“某抚军”当指张国维），有邑令闻先生在署，橐数百金赂先生父，令致书，俾为之左右。先生复父书曰：“父生男之身，尤望生男之心。若行一不义，取一非有，男心先死矣。尚何以养父乎？”其自命刚正如此。忠孝大节，岂临时激于意气者所能为乎？

严元照《蕙櫋杂记》云：

黄陶庵先生馆于常熟钱氏。主人纳柳如是为适妻。时作《催妆诗》者甚众，或劝先生作。先生曰：“吾不能阻其事，于朋友之义亏矣。尚可从而附和乎？”一日程孟阳携柳夫人诗笺乞先生和，先生不可。孟阳强之再三，且曰：“老夫已偕诸君和之矣，庸何伤？”先生正色曰：“先生耆年硕德，与主人为老友，非淳耀之比。若淳耀，则断断不可。”孟阳惭沮而罢。

朱鹤龄《愚庵小集·一四·题黄陶庵诗卷》云：

陶庵先生行谊节概，卓绝千秋，四子经义，既为有明三百年一人，其所作乐府复旨远辞高，义精向厉，真儒者之诗也。当甲申北变，闻金陵嗣统，谒选者麇集都下，先生独不往。吾友包子问之，先生曰：“某公素善余，今方与当国者比。余入都，必当与往来，往来必为彼牢笼矣。君子始进必以正，岂可为区区一官捐名义以殉之耶？”卒不往。

光绪修《嘉定县志·三二·轶事门》“黄忠节（淳耀）未第时馆常熟钱谦益家程孟阳出《海棠小笺》示之”条云：

（忠节）偶作鄙夫章题文，时推绝唱，谦益独不怿。及甲申夏，福王立，谦益晋秩尚书，忠节遗以娄坚手书《归去来辞》，谦益默然。

寅恪案：陶庵虽馆于牧斋家，以所擅长之八股文课其子孙爱。然福王朝不往南京与牧斋共马、阮合流，则人品刚正高洁，可以想见。其不阿附孟阳和钱、柳诗之举乃自然之理，恐亦非牧斋前此所能料及。关于陶庵不肯和钱、柳诗之问题，钮、严两书所述，皆非无因。但俱有讹误。兹先考陶庵馆于钱氏之时间及孟阳于钱、柳遇见以后，留居牧斋家之年月，然后玉樵、修能二人所言之得失，可以决定也。今《陶庵集》附有陈树悳、宋道南所撰《陶庵先生年谱》，载陶庵自崇祯十二年至十四年馆于牧斋家。其所记可信。据《陶庵集·一六·和陶诗序》云“辛巳杪冬客海虞荣木楼”及同书二一《弘光改元感事书怀寄钱宗伯五十韵》云：

昔岁登龙忝，郎君丽泽专。南垞灯火屋，北畔宴游船。奉手评豪素，开厨出简编。文澜增拂水，诗垒压松圆。酒发公明气，谈钩向秀玄。赏音存寂寞，延誉许腾骞。精舍留三载，阴符练几篇。厌贫将嫁卫，蹑屩遂摩燕。

则自崇祯十四年辛巳杪冬，逆数至十二年己卯岁首，共历三年，即所谓“精舍留三载”者是也。“南垞灯火屋”者，陶庵授孙爱书时，居于常熟城内牧斋家之荣木楼，即相传后来河东君自缢之处。《陶庵集·二十》载《夏日钱牧斋先生携同泛舟尚湖》诗。牧斋《初学集·一七·移居诗集》亦载《（庚辰）五月望夜泛西湖归山庄作》诗。不知是否与“北畔宴游船”之句有关，更俟详考。“厌贫将嫁卫，蹑屩遂摩燕”者，陶庵于崇祯十四年辛巳岁杪，辞牧斋家馆归后，遂中十五年壬午应天乡试，次年癸未即成进士也。《初学集·三二·黄蕴生经义序》云：

儿子孙爱，自家塾省余山中。奉其文三十篇以请曰：“幸一评定之。”余曰：“吾何以定而师之文乎哉？而师之学，韩子之学也；其文，韩子之文也。”

牧斋作此序文时，居于拂水山庄。“山中”即谓拂水山庄。“文澜增拂水”之句，殆兼指此序而言。牧斋文中称誉陶庵，比于退之。故此序辞旨，全取用《昌黎文集》也。陶庵人品学问，当时推服。牧斋聘之为其子授书，自是得人。但牧斋友朋门生之中，人材甚盛。其所以特有取于陶庵者，盖以蕴生最善长于八股之文，延为塾师，使教孙爱，于掇科干禄，自有关系。世人谓八股经义之文实溯源于王介甫，而荆公之文乃学昌黎者，近代《文选》学派，鄙斥唐宋八大家及桐城派之古文，讥诮昌黎为八股之始祖，所言虽过当，亦颇有理。牧斋此序殊有八股气味，或作序之时，披阅陶庵经义，不觉为所渐染使然耶？

《四库全书总目·一百九十》“钦定四书文”条略云：

乾隆元年内阁学士方苞奉敕编《明文》，凡四集，每篇皆抉其精要，评骘于后。卷首恭载谕旨，次为苞奏折。又次为《凡例》八则，亦苞所述，以发明持择之旨。盖经义始于宋，《宋文鉴》中所载张才叔《自靖人自献于先王》一篇，即当时程试之作也。元延祐中兼以经义、经疑试士。明洪武初定科举法，亦兼用经疑，后乃专用经义，其大旨以阐发理道为宗。厥后其法日密，其体日变，其弊亦遂日生。我国家景运聿新，乃反而归于正轨。列圣相承，又皆谆谆以士习文风，勤颁诰诫。我皇上复申明清真雅正之训，是编所录，一一仰禀圣裁，大抵皆词达理醇，可以传世行远。承学之士，于前明诸集，可以考风格之得失；于国朝之文，可以定趋向之指归。圣人之教思无穷，于是乎在，非徒示以弋取科名之具也。故时文选本汗牛充栋，今悉斥不录，惟恭录是编，以为士林之标准。

《钦定四书文》卷首载《乾隆元年六月十六日谕》略云：

有明制义诸体皆备，如王（鏊）、唐（顺之）、归（有光）、胡（友信）、金（声）、陈（际泰）、章（世纯）、黄（淳耀）诸大家，卓然可传。今朕欲裒集有明及本朝诸大家制义，精选数百篇，汇为一集，颁布天下。学士方苞于四书文义法，夙尝究心，著司选文之事，务将入选之文，发挥题义清切之处，逐一批抉，俾学者了然心目间，用为模楷。

同书《凡例》云：

唐臣韩愈有言，文无难易，惟其是耳。李翱又云，创意造言，各不相师，而其归则一，即愈所谓“是”也。文之清真者，惟其理之是而已，即翱所谓“造言”也。

《红楼梦》第八十二回云：

黛玉微微的一笑，因叫紫鹃：“把我的龙井茶给二爷沏一碗。二爷如今念书了，比不得头里。”紫鹃笑着答应，去拿茶叶，叫小丫头子沏茶。宝玉接着说道：“还提什么念书？我最厌这些道学话。最可笑的是八股文章。拿他诓功名、混饭吃也罢了，还要说代圣贤立言。好些的，不过拿些经书凑搭凑搭也罢了。更有一种可笑的，肚子里原没有什么，东拉西扯，弄的牛鬼蛇神，还自以为博奥。这那里是阐发圣贤的道理。目下老爷口口声声叫我学这个，我又不敢违拗，你这会子还提念书呢！”黛玉道：“我们女孩儿家虽然不要这个，但小时跟着你们雨村先生念书，也曾看过。内中也有近情近理的，也有清微淡远的。那时候虽不大懂，也觉得好，不可一概抹倒。况且你要取功名，这个也清贵些。”宝玉听到这里，觉得不甚入耳，因想黛玉从来不是这样人，怎么也这样势欲熏心起来？又不敢在他跟前驳回，只在鼻子眼里笑了一声。

寅恪案：清高宗列陶庵之四书文为明代八大家之一，望溪又举退之、习之为言，尤与牧斋之语相符合。今检方氏所选陶庵之文多至二十篇，足证上引朱长孺“陶庵先生四子经义，为有明三百年一人”之语，实非过情之誉。至林黛玉谓“内中也有近情近理的，也有清微淡远的”，即《四库总目》所谓“清真雅正”及“词达理醇”者，如陶庵等之经义，皆此类也。噫！道学先生竟能得林妹妹为知己，可视乐善堂主人（清高宗《御制乐善堂文集》，初刻原有《制义》一卷，后来定本删去。见《四库全书总目·一七三·别集类》“御制乐善堂定本”条）及钱、朱、方三老之推挹为不足道矣。一笑！又顾纯恩《寓䁥杂咏》“父命千金犹不顾，未须惆怅柳蘼芜”诗注所言“（河东君）为《落花诗》，诸名士悉和。程孟阳讽（陶庵）先生为之”之事，则今存河东君诗中，固无《落花诗》。《初学集》《耦耕堂存稿诗》等，自崇祯十二年春至十四年冬，即陶庵馆于牧斋家之时期，其所作诸诗，亦不见类似《和落花诗》之题目。怀祖之言，未识何据。检顾云美《河东君传》云：“宗伯赋《前七夕诗》，要诸词人和之。”怀祖所记，或因是致误。若谓孟阳讽陶庵所和者，即指《前七夕诗》言。则孟阳己身尚不肯和牧斋此题，岂有转讽他人和之之理？故修能所记，似较近于事实也。

由此言之，钮、严两氏所记陶庵不肯和诗之事，揆之情理，当必可信。但玉樵谓蕴生偕牧斋门下客李生（寅恪案：此“李生”疑是李僧筏（杭生）或李缁仲（宜之）兄弟。据《有学集·二三·张子石六十寿序》云：“余取友于嘉定，先后辈流，约略有三。初为举子，与徐女廉、郑闲孟掉鞅于词科，而长蘅同举乡榜，镞砺文行，以古人相期许，此一辈也。因长蘅得交娄丈子柔、唐丈叔达、程兄孟阳，师资学问，俨然典型，而孟阳遂与余耦耕结隐，衰晚因依，此又一辈也。侯氏二瞻、黄子蕴生、张子子石暨长蘅家僧筏、缁仲，皆以通家末契，事余于师友之间。”盖李氏兄弟与侯、黄二氏皆嘉定人，又皆通家世好。牧斋使李氏兄弟之一聘蕴生教其子，极为可能也。或又谓此“门下客李生”乃毛子晋之舅氏李孟芳。检《初学集·一五·丙舍诗集·上》载崇祯十二年己卯元旦后立春前所作《次韵答东邻李孟芳》诗云：“度阡越陌最情亲，乞米分甘念我贫。”又《牧斋尺牍》载《与李孟芳书》共十三通。可见钱、李二人关系之密切。其第一通即托以料理先茔之事者，则知牧斋固尝以家事托李也。《耦耕堂存稿诗·下》载《和李孟芳山中话旧》一题，列在《（戊寅）除夕拂水山庄和钱牧斋韵二首》及《（己卯）元旦和牧斋韵》之前。此诗有“十载相怜病与贫”及“残腊檐梅初放萼”之句。故据时、地及人三者之关系言之，玉樵所谓“李生”，恐舍孟芳莫属矣。但鄙意后一说较迂远，仍以从前说为是）至钱氏家，居浃月，孟阳出受之如君柳夫人《海棠小笺》属陶庵和之，则殊不知陶庵实以崇祯十二年春间至常熟就牧斋家塾之聘，而河东君于崇祯十三年冬始过半野堂。“居浃月”之误，自不待言。又，崇祯十四年六月牧斋与河东君结缡于松江舟中，在此时以前，松圆便以“如君”称河东君，亦未免过早矣。至于修能所记陶庵不肯和牧斋《催妆诗》一事，自是实录。盖牧斋作《催妆诗》，在崇祯十四年辛巳夏间。此年杪冬陶庵始辞去牧斋家馆。倘陶庵肯和《催妆诗》者，牧斋必收入于《东山酬和集》中矣。惟严氏述蕴生不肯和河东君诗事，若在崇祯十三年庚辰冬季松圆在牧斋家之短时间内，则殊可能。不过修能记此事于陶庵不肯和牧斋《催妆诗》之后，叙述次序稍涉牵混，未免时限不明耳。至顾怀祖谓孟阳讽陶庵和河东君《落花诗》一事，则更失实，前已辨之矣。除《东山酬和集》中无陶庵和诗，可以证明钮、严之说外，兹尚有一强有力之证据，即《初学集·一八·东山诗集·一》载《冬至日感述示孙爱（五古）》一首是也。此诗既与河东君无关，自不收入《东山酬和集》。但一检其排列次序，则知有待发之覆。牧斋编列其诗什，本依作成时间之先后。此可据《集》中所载之诗，不分体而依时之例推知者。今此五古在《初学集》中列于《寒夕文宴再叠前韵是日我闻室落成（七律）》之后（寅恪案：《东山酬和集》此题下多“延河东君居之”并附注“涂月二日”等字），《迎春日偕河东君泛舟东郊作（七律）》之前。（寅恪案：郑氏《近世中西史日表》崇祯十三年庚辰正月十三日立春，十二月廿四日又立春。十四年辛巳无立春。当日历官定历，绝无一年重复两立春及一年无立春之理。郑氏此类之误，可参前论河东君嘉定之游节。牧斋诗中所指之迎春日，乃指崇祯十三年十二月之节气也。）揆之牧斋编次其诗之惯例，殊为不合。盖冬至为十一月之节气，反列于涂月二日之后故也。究其所以致此颠倒失常之由，岂因此五古一首实非十一月冬至所作，而为较迟之时间，或在十二月所补成，追加入集，遂未详察其编列次序先后之不合耶？此五古中牧斋引述礼经史事以自解其不亲祭祀，而遣孙爱代之之理由，并列举其平生师友如杨涟、孙承宗、王洽、冯元飏、元飚兄弟之流，以忠义孝友、功名气节著称一时者，勖勉其子。义正辞严，即谓之为钱氏家训，亦无不可。然若考牧斋崇祯庚辰冬间河东君来访半野堂以后之心理情况，则知此五古不过牧斋之烟幕弹，欲借之使孙爱转示其塾师，庶几可稍慰其拒绝松圆之意，并聊用为自解之工具耳。检《初学集·八一·书西溪济舟长老册子》略云：

庚辰之冬，余方咏《唐风·蟋蟀》之章，修文宴之乐。丝肉交奋，履舄错杂。嘉禾门人以某禅师开堂语录缄寄，且为乞叙。余不复省视，趣命童子于蜡炬烧却，扬其灰于溷厕，勿令污吾诗酒场也。辛巳仲春，聚沙居士书于蒋村之舟次。

及钱曾《有学集诗注·一四·东涧集·下·病榻消寒杂咏四十六首》中《追忆庚辰冬半野堂文宴旧事》云：

老大聊为秉烛游，青春浑似在红楼。买回世上千金笑，送尽生年百岁忧。（寅恪案：涵芬楼本《有学集·一三》“生年”作“平生”，所附校勘记亦无校改。余详遵王《注》。）留客笙歌围酒尾，看场神鬼坐人头。蒲团历历前尘事，好梦何曾逐水流？

则知牧斋此时如醉如痴，一至于此。陶庵之不以为然，自无足怪，而牧斋编入《冬至日感述示孙爱（五古）》于其诗集，次序失检，又所必致也。何物不解事之嘉禾迂儒及钝根禅衲，同作此败人清兴之举动。其遭烧灰投厕之厄，亦有自取之道矣。今《陶庵集·二二》有《无题（六言绝句）六首》，辞旨颇不易解。然必与当日陶庵所见之文士名媛有关。疑即为牧斋、河东君、松圆及钱岱勋或钱青雨而作，又有谓乃指河东君嘉定之游者，皆难决定。兹姑附录于下，存此一重可疑公案，以待后来好事者之参究。寅恪未敢效笺释玉谿生《无题》诗者之所为也。陶庵诗云：

放诞风流卓女，细酸习气唐寅。人间再见沽酒，市上争传卖身。

片云曾迷楚国，一笑又倾吴宫。花底监奴得计，鸾篦毕竟输侬。

人言北阮放达，客诮东方滑稽。情不情间我辈，笑其笑处天机。

子美诗中伎女，岑参句里歌儿。彼似青蝇附骥，我如斗酒听鹂。

千春不易醉饱，百岁贵行胸怀。羡马为怜神骏，烧桐亦辨奇材。

鲸铿已肆篇什，鳌咳从教诋诃。百斛舟中稳坐，千寻浪里无何。

兹依《东山酬和集》，并参考有关诸本，择录柳钱及诸人诗于后，略加考释。多详于河东君之作，牧斋次之。其他诸人则仅选其少数最有关者，聊备一例，盖不欲喧宾夺主也。至于牧斋之诗，别有钱曾之《笺注》在，故今考释钱诗，亦止就遵王所不及者详之耳。

《东山酬和集·一》河东柳是字如是（原注：“初名隐。”）《庚辰仲冬访牧翁于半野堂奉赠长句》云：

声名真似汉扶风，妙理玄规更不同。一室茶香开澹黯，千行墨妙破冥蒙。竺西瓶拂因缘在，江左风流物论雄。今日沾沾诚御李，东山葱岭莫辞从。（寅恪案：《初学集·一八》此句下有注云“集名东山，取此诗句也”，盖后来刻《初学集》时加入者，所以著其名集之旨。《初学集》原迄于崇祯十六年癸未。但末附《甲申元日》一诗者，因诗中有“衰残敢负苍生望，自理东山旧管弦”之句，牧斋用以结束“集名东山”之意，首尾正复相同也。）

牧翁《柳如是过访山堂枉诗见赠语特庄雅辄次来韵奉答》云：

文君放诞想流风，脸际眉间讶许同。枉自梦刀思燕婉，还将抟土问鸿蒙。（自注：“太白乐府诗云‘女娲戏黄土，团作下愚人。散作六合间，蒙蒙若沙尘’。”）沾花丈室何曾染，折柳章台也自雄。但似王昌消息好，履箱擎了便相从。（自注：“《河中之水歌》云‘平头奴子擎履箱’。”）

偈庵程嘉燧《半野堂喜值柳如是用牧翁韵奉赠》（寅恪案：《耦耕堂存稿诗·下》此诗题作《十二月二日虞山舟次值河东君用韵辄赠》。《列朝诗集·丁·一三·上》此题上有“庚辰”二字）云：

翩然水上见惊鸿（程《集》“水”作“江”），把烛听诗讶许同。何意病夫焚笔后，却怜才子扫眉中。菖蒲花发公卿梦，芍药春怀士女风。此夕尊前相料理，故应恼彻白头翁。

偈庵《次牧斋韵再赠》（寅恪案：程《集》此诗题作《次牧老韵再赠河东君用柳原韵》，《列朝诗集》“次”作“同”）云：

居然林下有家风，谁谓千金一笑同？杯近仙源花潋潋（自注：“半野堂近桃源涧，故云。”寅恪案：程《集》及《列朝诗集》自注皆作“舟泊近桃源岭，用刘、阮事。”），云来神峡雨蒙蒙。（寅恪案：程《集》及《列朝诗集》"云来神峡"俱作"神来巫峡"。）弹丝吹竹吟偏好，抉石锥沙画更雄。（寅恪案：《列朝诗集》"画"作"书"。句下有注云"柳楷法瘦劲。"程《集》仍作"画"字。但句下自注与《列朝诗集》同。）诗酒已无驱使分，熏炉茗碗得相从。

寅恪案：《东山酬和集》此四诗之题，与诸本微有不同。盖由编次有先后及自身所写、他人所选之故，殊不足异。惟孟阳此次为河东君而作之第一诗，即"翩然水上见惊鸿"一首，《初学集》未载。此题《列朝诗集》作《庚辰十二月二日虞山舟次值河东君用韵辄赠》，《东山酬和集》作《半野堂喜值柳如是用牧翁韵奉赠》。又孟阳为河东君所作之"居然林下有家风"一首，《东山酬和集》列于"翩然水上见惊鸿"一首之后，而《列朝诗集》则在《感别半野堂》即"何处朱帘拥莫愁"一首之后。距为河东君而作之第一诗"翩然水上见惊鸿"一首，其间尚隔两题。此首明是松圆后来所补作者。松圆自写其诗，必依其作成时间之先后。《东山酬和集》则牧斋以同题同韵之故，改列编次，所以致有歧异也。据此推论，可知河东君于崇祯十三年庚辰十一月，即《与汪然明尺牍》第三十通所谓"黍谷之月"，乘舟至常熟。虽抵虞山后，即往访半野堂。然仍留居舟次。依前引沈虬《河东君传》所载"庚辰冬河东君始至虞山，牧斋即筑我闻室，十日落成，留之度岁"等语。沈氏乃亲见河东君之人，其所述亦较确实。故我闻室"十日落成"之语，按诸当时情事，颇为适合。盖时日过速，建筑恐难完成。时日过迟，牧斋又不能久待也。复检孟阳自序其《耦耕堂集》云：

丁丑，受之以诬奏逮系，予待之湖上。戊寅秋放归，庐居丙舍，馆予于东偏之花信楼，复相从者二年。庚辰春，主人移居入城，予将归新安。仲冬过半野堂，方有文酒之宴，留连惜别，欣慨交集。且约偕游黄山，而予适后期。辛巳春，受之过松圆山居，题诗壁上，归舟相值于桐江，篝灯永夕，泫然而别。

然则松圆崇祯庚辰冬季，循昔年在牧斋家度岁之惯例，至常熟县城。及晤牧斋，始知河东君已先过访，并见柳钱初次赠答之诗。当钱、程会晤之时，恐即我闻室将告成之际，牧斋强拉松圆于十二月二日同至虞山舟次，往迎河东君迁入新成之金屋。孟阳诗“翩然水上见惊鸿”之句，与程《集》及《列朝诗集》题作《虞山舟次值河东君》者适相印合。至若《东山酬和集》此诗题作《半野堂喜值柳如是》者，乃牧斋所改。半野堂在县城内陆地上，不可言“水上”或“江上”。复就当日程、钱二人之心理推之，则牧斋于“值”字上增一“喜”字。虽在牧斋为喜，恐在松圆转为悲矣。一笑！

关于河东君初访半野堂之记载，今世间流传之文籍多不可信。兹聊录一则，略加辨正，其他则不暇及也。《牧斋遗事》（《虞阳说苑》本）第四则云：

闻虞山有钱学士谦益者，实为当今李杜。欲一望见其丰采，乃驾扁舟来虞。为士人装，坐肩舆，造钱投谒。易杨以柳，易爱以是。刺入，钱辞以他往，盖目之为俗士也。柳于次日作诗遣伻投之，诗内微露色相。牧翁得其诗大惊，诘阍者曰：“昨投刺者，士人乎？女子乎？”阍者曰：“士人也。”牧翁愈疑，急登舆访柳于舟中，则嫣然美姝也。因出其七言近体就正，钱心赏焉。视其书法，得虞、褚两家遗意，又心赏焉。相与絮语者终日，临别，钱谓柳曰：“此后以柳姓是名相往复，吾且字子以如是，为今日证盟。”柳诺。此为钱、柳作合之始。

寅恪案：河东君于未访半野堂之前，已预有所接洽，前文已详论之，兹不复赘。牧斋于崇祯十三年春间作《观美人手迹》诗。又于是年秋间作《论近代词人》诗，有“近日钱塘夸柳隐”之句，其自注并引河东君《湖上草》之诗。今见汪然明所刻《湖上草》，乃河东君崇祯十二年己卯所作之诗。其作者之姓名，题为“柳隐如是”。凡此诸端，皆时间证据明白确实，故《牧斋遗事》所述改易姓名字号等事，其妄谬不待详辨也。河东君初赠牧斋诗中既有“今日沾沾诚御李”之句，依文义推测，当是河东君持此诗面投牧斋，或觌面后作此诗赠牧斋。实与《牧斋遗事》所言钱、柳两人初未会见，其后柳以诗遣伻投钱者不合。今世好谈钱、柳轶闻者，往往喜举《牧斋遗事》此条，或与此条类似之说，资为谈助。倘见拙文，其亦可默尔而息乎？

河东君初次造访，或纳交于名流文士，往往赋诗投赠。如《湖上草·赠汪然明》《赠刘晋卿》及《赠陆处士》等诗，皆是例证。若就此三诗言之，虽亦颇工。然遣词庄雅，用典适切，则远不及《半野堂初赠（牧斋）》此诗。且其意境已骎骎进入北宋诸贤之范围，固非同时复社、几社胜流所能望见，即牧斋、松圆与之相角逐而竞短长，似仍有苏子瞻所谓“汗流籍湜走且僵”之苦（见《东坡后集·一五·潮州韩文公庙碑》）。何物不知名乡曲儇子，所谓钱岱勋或钱青雨辈，竟能代作如是之篇什耶？王、宋及白牛道者之诬妄，更不待多辨也。至于昔人七律诗中，用字不嫌重复，又河东君此章用韵，乃依明朝官韵《洪武正韵》者，凡此诸端，皆极浅易，本不须述及。因恐今世之人，或有囿于清代功令，习用《平水韵》之故，转执此为疑者，遂并附论之。似此三家村训蒙之语言，诚知博雅通人为之齿冷。然亦不敢辞也。

河东君诗云“声名真似汉扶风，妙理玄规更不同”者，《后汉书·列传·五十·上·马融传》云：

融才高博洽，为世通儒。教养诸生，常有千数，涿郡卢植、北海郑玄皆其徒也。善鼓琴，好吹笛。达生任性，不拘儒者之节，居宇器服，多存侈饰，常坐高坐，施绛纱帐，前授生徒，后列女乐。弟子以次相传，鲜有入其室者。

牧斋平生固与季长约略相似。但有一特异之点，即自矜洞达禅理，博探佛藏，高出时流。虽其晚岁往往以“老皈空门”借以掩饰。然明亡以前，已与紫柏、憨山诸名僧往还参究。故河东君标举牧斋特异时流之点，殊暗合其深自夸诩之心理。《文选·四一》李少卿《答苏武书》云“人之相知，贵相知心”，及同书四三嵇叔夜《与山巨源绝交书》云“夫人之相知，贵识其天性，因而济之”。河东君之于牧斋，诚可谓“相知心”者。又牧斋平日所为，既似季长之“达生任性”，则河东君之造访半野堂，亦可谓“识其天性，因而济之”者耶？至若“妙理玄规”之解释，自是取之老子《道德经·上》第一章云“玄之又玄，众妙之门”，“妙理”则《文选·二九》曹颜远《思友人》诗云“精义测神奥，清机发妙理”，《汉魏百三名家集·江醴陵（淹）集·二·清思》诗云“草木还根蒂，精灵归妙理”。“玄规”者，慧皎《高僧传·四·义解门·一·晋剡沃洲山支遁传》载遁所著《座右铭》云“谨守明禁，雅玩玄规”。“一室茶烟开淡黯，千行墨妙破冥蒙”一联，上句用杜牧《题禅院》诗“今日鬓丝禅榻畔，茶烟轻扬落花风”（见《全唐诗·第八函·杜牧·三》。并参孟棨《本事诗·高逸·三》“杜（舍人牧）登科后”条），下句用江文通《别赋》“渊云之墨妙，严乐之笔精”（见《文选·一六》）。至若苏子瞻诗之所谓“墨妙”（见《东坡集·三·孙莘老求墨妙亭诗》），非谓文章，乃指书法而言。盖孙氏“罔罗遗逸，得前赋咏数百篇，为兴新集。其刻画尚存，而僵仆断缺于荒陂野草之间者，又皆集于此亭”（见《东坡集·三一·墨妙亭记》）。牧斋以文章而非以书法著称。故河东君举其所擅长者为说，所以有“千行墨妙”之语。若指书法，则不可言“破冥蒙”。世之誉人者，不道其长，转翘其短，此天下笨伯之所为，河东君必不如是也。又《初学集》一百六十至一百八十为《读杜小笺》，其首有题语略云：

归田多暇，时诵杜诗，以销永日。间有一得，辄举示程孟阳。孟阳曰：“杜《千家注》缪伪可恨。子何不是正之，以遗学者？”予曰：“注诗之难，陆放翁言之详矣。放翁尚不敢注苏，予敢注杜哉？”相与叹息而止。今年夏，德州卢户部德水刻《杜诗胥钞》，属陈司业无盟寄予，俾为其叙。予既不敢注杜矣，其又敢叙杜哉？予尝妄谓自宋以来，学杜诗者，莫不善于黄鲁直；评杜诗者，莫不善于刘辰翁。弘正之学杜者，生吞活剥，以寻扯为家当，此鲁直之隔日疟也。其黠者又反唇于西江矣。近日之评杜者，钩深抉异，以鬼窟为活计，此辰翁之牙后慧也。其横者并集矢于杜陵矣。苫次幽忧，寒窗抱影，细绎腹笥，漫录若干，则题曰《读杜诗寄卢小笺》，明其因德水而兴起也。曰“小笺”，不贤者识其小也。寄之以就正于卢，且道所以不敢当序之意。癸酉腊日虞乡老民钱谦益上。

同书一百九十至一百一十《读杜二笺》，其首有题语云：

《读杜小笺》既成，续有所得，取次书之，复得二卷。侯豫瞻自都门归，携《杜诗胥钞》，已成帙矣。（寅恪案：《侯忠节全集·一·年谱·上》“崇祯七年甲戌”条略云：“五月入都门。补南京吏部文选司主事。八月南归。闰八月至淮上。是年冬十一月之官南中。”可知牧斋得睹卢氏《杜诗胥钞》刻本后，即刊其《小笺》及《二笺》。迫促如此，其与卢氏论杜旨趣之同异及其争名好胜之心理，亦可想见矣。）无盟过吴门，则曰寄卢小笺尚未付邮筒也。德水于杜，别具手眼。余言之戋戋者，未必有当于德水，宜无盟为我藏拙也。子美《和舂陵行序》曰：“简知我者，不必寄元。”余窃取斯义，题之曰“二笺”而刻之。甲戌九月谦益记。

寅恪案：牧斋《读杜诗寄卢小笺》成于崇祯六年之末。《读杜二笺》则与《寄卢小笺》同刻于七年甲戌九月。河东君于七年及九年曾两次游嘉定，与程孟阳、李茂初诸名士酬酢往还。谈诗之际，在第一次，孟阳当以牧斋《读杜小笺》之未刻抄本相示。在第二次更宜从孟阳处得见牧斋此笺五卷刻本，即使未见牧斋原书，此笺下卷论《寄韩谏议诗》及《秋兴八首》之三等，皆引孟阳之说，程氏必以牧斋用其解杜之语自鸣得意，故亦应以书中旨趣告之。然则河东君“千行墨妙”之语，即指牧斋此书而言耶？（寅恪偶检柴萼《梵天庐丛录·一六·柳如是二则》之二载河东君手抄《读杜小笺》事，可供谈助，附记于此。）“竺西瓶拂因缘在，江左风流物论雄”一联，上句之意，疑谓牧斋博通内典，具有宿世胜因，己身当如佛教中捧瓶持拂供奉菩萨之侍女也。或谓《汉魏百三名家集·梁简文帝集·一·与广信侯重述内典书》云：

永谢泻瓶，终惭染氎。是则慈云既拥，智海亦深。影末波余，希时洒拂。

乃此句之出处。但斯说颇嫌迂远，未必有当，姑备一解，更俟详考。下句则用《南齐书·二三·王俭传》（参《南史·二二·王昙首传》附《俭传》）云：

俭常谓人曰："江左风流宰相，唯有谢安。"盖自比也。

"今日沾沾诚御李，东山葱岭莫辞从"者，《后汉书·列传·五七·党锢传·李膺传》略云：

荀爽尝就谒膺，因为其御。既还，喜曰："今日乃得御李君矣。"其见慕如此。是时朝廷日乱，纲纪颓阤。膺独持风裁，以声名自高。士有被其容接者，名为登龙门。及陈蕃免太尉，朝野属意于膺。

"东山"与"江左"相关，"葱岭"与"竺西"句相关。文思贯通，比譬适切。最可注意者，即谢安石、王仲宝固是风流宰相。李元礼更为党锢名士而兼负宰相之望者。牧斋于天启四年以魏忠贤党指为东林党魁之故，因而削籍。又于崇祯二年以会推阁臣，获罪罢归，故与元礼尤复相类。凡河东君所举诸贤，皆是牧斋胸中自比之人，真可谓道出心坎内事者，牧斋安得不为倾倒，如醉如痴乎？牧斋所以誉此诗"语特庄雅"之故，不仅由诗语无猥亵之词，亦因牧斋廷试第三人及第，即世间艳称之探花郎。若使他人赠诗以誉牧斋，自必关涉此点。河东君此诗绝不道及其事，似毫无所知者。其不堕入流俗窠臼，实可谓"庄"，更可谓"雅"矣。夫河东君此诗既以谢安石比牧斋，复以"弹丝吹竹"（松圆和诗语）之东山妓女自比。（见《晋书·七九·谢安传》及同书八十《王羲之传》。）然则牧斋此时在半野堂编诗，以"东山"名集。黄皆令后来居绛云楼画扇，其题语有"东山阁"之称，俱实指今事，非虚用古典也。

牧斋《次韵答河东君诗》亦极费经营之作，与原赠诗针锋相对，第一章已论之矣。至于诗中所用典故，除牧斋所自注外，遵王《注》本别无解释。兹仅就其最精切者略言之，其他则不遑及也。“文君放诞想流风，脸际眉间讶许同”者，初视之，以为即出《西京杂记·二》所云：

文君姣好，眉色如望远山，脸际常若芙蓉，肌肤柔滑如脂。十七而寡，为人放诞风流。故悦长卿之才，而越礼焉。

之古典。然范锴《花笑庼杂笔·一》顾苓《河东君传》后附古梅华源木乂庵白牛道者《跋》云：

吾友减堂为余言，是身材不逾中人，而色甚艳。冬月御单袷衣，双颊作朝霞色，即之体温然。疑其善玄素也。虞山之惑溺且畏之，有以哉。

则牧斋此诗首二句，不独用古，亦更写今。其用事精切，实不可及。至此点与河东君之疾病有关，俟后论之。“枉自梦刀思燕婉，还将抟土问鸿蒙”者，上句用范摅《云溪友议·下》“艳阳词”条。见下论《有美诗》“三刀梦寐膻”句，兹不详释。牧斋以薛涛比河东君，固甚适切。且范书所引微之寄薛涛诗有“锦江滑腻蛾眉秀，化作文君及薛涛”之语，尤与首二句相关也。下句自注中所引太白诗，见《全唐诗·第三函·李白·二·上云乐》。其所以备列太白诗原文，因与《太平御览·七八·皇王部》“女娲氏”条所云：

《风俗通》曰：俗说天地开辟未有人民，女娲抟黄土作人，剧务力不暇供，乃引绳于泥中，举以为人，故富贵者黄土人也，贫贱凡庸者絙人也。

及杨齐贤、萧士赟《分类补注李太白诗》等旧解不同之故，否则牧斋不必作此赘语，盖岂有博雅如河东君者而不知此句之出处耶？牧斋此联之意，盖谓世间欲得河东君者虽众，无奈皆是下愚之人。如谢三宾，即河东君《与汪然明尺牍》第四通中所言“愿作交甫”之“某翁”等，皆不能当河东君之意，而暗以上智之人自许，实可中选也。“沾花丈室何曾染，折柳章台也自雄”者，乃指河东君与周文岸、陈卧子之关系及在盛泽镇佘山之生活。所用典故，出《维摩诘经》及许尧佐《柳氏传》，皆世人习知者，不烦解释。“但似王昌消息好，履箱擎了便相从”者，乃答河东君赠诗结语之意。第一章已详言之，兹不赘论。但牧斋答诗自注中已引《河中之水歌》（见《玉台新咏·九·歌词二首》之二），其为“河东君”之号所从出，固不待言。又“河东”为柳姓郡望，故牧斋作《有美诗》复就此点排比铺张，刺刺不休。（见《东山酬和集·一·有美诗》“河东论氏族”及“字脚元和样”等句。）其实牧斋又暗用东坡《寄吴德仁兼简陈季常》诗“忽闻河东狮子吼”之句（见《东坡集·一五》）以为游戏。至若少陵《可叹》诗之“河东女儿身姓柳”之句，“抉眼去夫”，情事不伦，则非所用无疑也。（见《杜工部集·七》。）顾云美《河东君传》云：“（河东君）颇能制御宗伯，宗伯甚宠惮之。”所言虽是后来之事，然牧斋初见河东君时，当已明了其为人性格。取此别号称河东君，实不仅以“东家王”并以“龙丘居士”自居。其知人之明、自知之审，亦不可及矣。一笑！又牧斋不于此诗其他诸句，著明所用《西京杂记》《云溪友议》《维摩诘经》《柳氏传》之典故，转独于第四及第七、八等句，不惮烦劳，特安蛇足。岂以河东君或松圆未读《李翰林集》及《玉台新咏》耶？由是言之，牧斋之自注必有深旨，非浅人粗读所能尽解也。

孟阳二诗，《初学集》只录其次韵一首。牧斋所以删去其和韵一首者，当以两诗意旨本自相同，而所用辞句典故，如和韵诗之“此夕尊前相料理，故应恼彻白头翁”之句，与次韵诗“诗酒已无驱使分”之句，俱用《杜工部集·一二·江畔独步寻花七绝句》第一首“江上被花恼不彻”及第二首“诗酒尚堪驱使在，未须料理白头人”，又更相似也（可参前论河东君嘉定之游节）。然今日考证河东君访半野堂之经过，和韵诗殊有价值，因依《东山酬和集》并录之。《列朝诗集》所选孟阳此次韵诗第六句“抉石锥沙书更雄”，《东山酬和集》及《初学集》改“书”字为“画”字，并删去注语“柳楷法瘦劲”五字。细绎“抉石锥沙”之语，乃用徐季海、王右军书法之典故，非指绘画而言。然则孟阳之诗本作“书”字。牧斋所以改“书”为“画”者，不独因声调更协，且可增加河东君能画之一端，与第五句“弹丝吹竹吟偏好”于通音乐外，复添善吟咏之一事相对为文，遂不得不删去注语耳。前论河东君《与汪然明尺牍》第八通约游商山事，引孟阳诗“曾见书飞故国楼”之句，可知孟阳早已倾服河东君之书法。至于绘画一端，则未见孟阳有推挹之语。或者借改此一字之机缘，以完成松圆善颂善祷之美德欤？至若钞本《耦耕堂存稿诗·下》，此诗有自注，但“书”字作“画”字，与注语矛盾，明是抄者笔误，自不待辨也。又吾人今日所见河东君之作品，或为当时刻本，或为传写之本，皆多讹舛。其故恐不尽由刻写者之疏忽，疑亦因河东君作书喜为瘦长之体，易滋误认。如今所见《男洛神赋》钞本“水澩澩而高衍”句之“澩”即“潗”。河东君作书所以如此者，殆由避免字体肥宽所致。程松圆称河东君书法瘦劲，顾云美称河东君结束俏利，可谓书如其人矣。孟阳此次韵诗“杯近仙源花潋潋”句下，《东山酬和集》及《初学集》自注俱作“半野堂近桃源涧，故云”，程《集》及《列朝诗集》均作“舟泊近桃源岭，用刘、阮事”。两书之注当为松圆原文，据此可以考见河东君初到虞山时泊舟之处。牧斋改“桃源岭”为“桃源涧”，并删去“用刘、阮事”，以与半野堂相近为说。其实光绪修《常昭合志·二·山形志》略云：

虞山居邑境中央，西南即拂水岩，上有拂水禅院，门外有石桥跨山涧。又前即临石壁，两崖中豁，别有长寿桥架其上，从山下远望，危阑横卧者是也。每遇雨后，涧水流注桥下，悬为瀑布，风自南来，则倒卷而上。《虞山胜地记略》谓如万斛蕊珠，凌风飘洒者，非虚语也。即天已放晴，仍蒙蒙作细雨，郁为奇景，名曰拂水，盖以此矣。又南抵桃源涧，涧上有桃源洞。涧于北山，夙称胜地，雨后山泉汇注，飞湍下泻，响逾琴筑，相传昔年漫山皆种桃花，流水夹花片而下，尤为奇观，故名桃源涧焉。

又刘本沛《虞书》“桃源涧”条云：

桃源涧在陈庄靖公墓左。（寅恪案：“庄靖”为陈瓒之谥。事迹见《明史·二二二》本传等。）

及同书“拂水岩”条云：

拂水岩在虞山南。崖石陡峻，水出其间，下奔如注，遇风拂勒，则水倒飞，喷沫四洒，不敢逼视。无风则悬崖瀑布若长虹然，一山之奇观也。

然则桃源涧距半野堂亦不甚近。惟牧斋所以改易此句者，殆与改易孟阳此诗题同一用意，殊为可笑。“云来神峡雨蒙蒙”句，疑非松圆原作如此，乃牧斋后来所改。松圆原作应依程《集》

及《列朝诗集》作“神来巫峡雨蒙蒙”。夫孟阳此句自是从宋玉《高唐赋》“旦为朝云，暮为行雨”之语而来。其“雨蒙蒙”三字，与拂水岩之“即天已放晴，仍蒙蒙作细雨”及“遇风拂勒，则水倒飞，喷沫四洒”之实况符合，可谓巧妙。但何以舍去宋《赋》中之“云”字不用，似非偶然。盖“云”字乃河东君之旧名，孟阳在此以前为河东君所作诸诗，如《朝云诗》《緪云诗》及与云生、云娃有关等篇皆用“云”字。此时赋诗则只标“柳如是”之新号，而不敢涉及“云”字之昔称。岂欲借以洗涤旧痕、宽慰老友耶？牧斋改“神”作“云”，则兼用宋《赋》之古典及河东君昔称之今典，实较松圆原著更佳。“巫峡”之改“神峡”则疑牧斋既以“云”字易“神”字，遂移改“巫峡”为“神峡”，与上句“仙源”属对，亦觉工稳。才思精妙，恐非牧斋不能办此。“神峡”二字连文，寅恪弇陋，尚未知其出处，俟考。又观孟阳此两诗之结语，颇觉可怜。盖已明知己身非牧斋之敌手，自甘退让，情见乎辞。其匆匆归新安之意旨，当即决定于赋此和韵诗之时。至若孟阳后来所作《耦耕堂自序》谓“庚辰春主人移居入城，予将归新安”，则恐是讳改当日情况之虚语，并非实录也。

《东山酬和集·一》牧翁《冬日同如是泛舟有赠》（寅恪案：郑鹤声《中西史日表》崇祯十三年庚辰十一月九日冬至，廿四日小寒。牧斋诗题所谓“冬日”，即在是年十一月初九至廿四日之间也）云：

冰心玉色正含愁，寒日多情照柂楼。万里何当乘小艇，五湖已许办扁舟。每临青镜憎红粉，莫为朱颜叹白头。苦爱赤阑桥畔柳，探春仍放旧风流。

牧翁《次日叠前韵再赠》云：

新诗吟罢半凝愁，斜日当风似倚楼。争得三年才一笑，可怜今日与同舟。轻车漫忆西陵路，斗酒休论沟水头。还胜客儿乘素舸，迢迢明月咏缘流。

河东《次韵奉答》云：

谁家乐府唱无愁，望断浮云西北楼。汉佩敢同神女赠，越歌聊感鄂君舟。春前柳欲窥青眼，雪里山应想白头。莫为卢家怨银汉，年年河水向东流。

偈庵《次牧翁泛舟韵》云：

（此诗于前论河东君《与汪然明尺牍》第八通节中已引。兹从略。）

寅恪案：松圆次韵诗前已论述。虽有资考证，而辞旨平庸，固远不及河东君之作，亦难与牧斋诗相比。此老之诗，本逊于牧斋，何况此际情绪甚恶，岂能有佳作耶？牧斋两诗，其第一首最先作。其第二首乃因河东君次其第一首诗韵而后作者。故“新诗吟罢半凝愁”之“新诗”，即指河东君次其第一首韵之诗而言。第一首后四句皆有本事，非止用典。“每临青镜憎红粉”之句，与《答河东君初赠诗》“脸际眉间讶许同”之句同义，俱指河东君面貌之颜色而言，即前引白牛道者所谓“双颊作朝霞色”者是也。“临青镜”而“憎红粉”，亦即张承吉诗所谓“却嫌脂粉污颜色”之意。（见《全唐诗·第八函·张祜·二·集灵台二首》之二）。牧斋运用古典今事，可称巧妙适切矣。又河东君《戊寅草》中载《西河柳花（七律）》一首。其第四句云“凭多红粉不须夸”，此本河东君自比之辞，牧斋或早已得见此诗，遂因有“憎红粉”之语耶？俟考。第六句“莫为朱颜叹白头”，乃老翁、少妇对比之意。此典后来衍变成为故事，记载流传，至今多引之以资谈助。兹特为考其原始语句，亦略见史文蜕嬗之一例。至于《牧斋遗事》及《觚剩》等，皆以此故事与河东君诗“春前柳欲窥青眼，雪里山应想白头”之句有关，而不知实直接出于牧斋此句，则由未尝详读柳、钱诸诗所致也。

“吴中文献小丛书”顾公燮《消夏闲记选存》“柳如是”条云：

宗伯尝戏谓柳君曰：“我爱你乌个头发，白个肉。”君曰：“我爱你白个头发，乌个肉。”当时传以为笑。

《牧斋遗事》“当丁亥（丑）之狱”条（寅恪案：“亥”当作“丑”。指崇祯十年牧斋为张汉儒所讦，被逮至北京下狱事。此条注以为顺治四年丁亥事，则恐是此书作者或抄者之疏误也。详见下章论黄毓祺案节）云：

当丁亥（丑）之狱，牧翁侘傺失志，遂绝意时事。既得章台，欣然有终老温柔乡之愿。然年已六十矣。黝颜鲐背，发已皤然。柳则盛鬋堆鸦，凝脂竟体，燕尔之夕，钱戏柳曰：“我甚爱卿发黑而肤白也。”柳亦戏钱曰：“我甚爱君发如妾之肤，肤如妾之发也。”因作诗有“春前柳欲窥青眼，雪里山应想白头”之句。

钮琇《觚剩·三·吴觚·下》“河东君”条云：

方宗伯初遇柳时，黝颜鲐背，发已鬖鬖斑白，而柳则盛鬋堆鸦，凝脂竟体。燕婉之宵，钱曰：“我甚爱卿如云之黑，如玉之白也。”柳曰：“我亦甚爱君发如妾之肤，肤如妾之发也。”因相与大笑。故当年酬赠，有“春前柳欲窥青眼，雪里山应想白头”之句，竞传人口。

王应奎《柳南随笔·二》云：

某宗伯既娶柳夫人。一日坐室中，目注如是。如是问曰："公胡我爱？"曰："爱汝之黑者发而白者面耳。然则汝胡我爱？"柳曰："即爱公之白者发而黑者面也。"侍婢皆为匿笑。

《练真吉日记》云：

尝闻有先朝巨公惑一姬，致夙望顿减。姬问之曰："公胡我悦？"曰："以其貌如玉而发可以鉴也。然则姬亦有所悦乎？"曰："有之。即悦公之发如玉而貌可以鉴耳。"

寅恪案：今世流传之载记，述此段钱、柳戏语者，尚不止《牧斋遗事》《觚剩》《柳南随笔》及《练真吉日记》诸书，兹不多引。然大抵类似，皆经文人改写者也。寅恪所见，为顾公燮书所载，乃保存当日钱、柳两人对话之原辞，极可珍贵。所以知者，因其为吴语，且较简单，甚合彼时情景之故。至若《练真吉日记》，藻饰最多，尤远于真实矣。此点可取《世说新语》与《晋书》对校，其演变之痕迹，明白可寻。斯固治史者所习知，不待赘论。钱、柳此趣文，亦其例证欤？

抑更有可论者，江熙《扫轨闲谈》云：

钱牧斋宠姬在柳如是前，有王氏者，桂村人，嬖幸略与柳等。会崇祯初，有旨以礼部左侍郎起用，牧斋殊自喜，因盛服以示王曰："我何似？"王睨翁戏曰："似钟馗耳。"盖以翁黑而髯故也。翁不悦。后适以枚卜罢，遂遣王归母家，居一楼以终。今其楼尚存。

寅恪案：崇祯元年戊辰牧斋以礼部侍郎起用，时年四十七。江氏谓其肤黑，自必正确。但未言其肥瘦如何。后牧斋于顺治十六年己亥年七十八赋《后秋兴》诗，其第四首"只应老似张丞相，扪摸残骸笑瓠肥”句下自注云：

余身素瘦削，今年腰围忽肥，客有张丞相之谑。

故知牧斋在七十八岁以前，身素瘦削也。检《史记·九六·张丞相传》（参《汉书·四二·张苍传》）略云：

张丞相苍者，阳武人也。坐法当斩，解衣伏质，身长大肥白如瓠。时王陵见而怪其美士，乃言沛公，赦勿斩。

然则牧斋晚年腰围忽肥，即使与西汉张丞相苍无异，但其面肤之黑，当仍与北宋王丞相安石之“天生黑于予，澡豆其如予何”无异也（见沈括《梦溪笔谈·九·人事·一》及旧题彭乘撰《墨客挥犀·十》“王荆公病喘”条，并参魏泰《东轩笔录·一二》“吕惠卿尝语荆公曰，公面有皯，用园荽洗之当去”条）。夫肤黑之介甫亦能位至丞相。桂村王氏女学不稽古，不知援引舒王故事以逢迎牧斋之意，可知其人不及河东君远矣。牧斋前弃王而后宠柳，岂无故哉？岂无故哉？

又《白氏文集·三七·喜老自嘲》略云：

面黑头雪白，自嫌还自怜。行开第八秩，可谓尽天年。（自注：“时俗谓七十已上为开第八秩。”）

考乐天年六十八病风，始放家妓。（见同书三五《病中诗十五首序》及其第十二首《别柳枝》，并同书七一《不能忘情吟》。又可参《容斋五笔·九》“不能忘情吟”条。）乐天元和十五年年四十九已白发斓斑（见《白氏文集·一一·郡中春燕因赠诸客》诗，并可参《容斋五笔·八》“白苏诗纪年岁”条），其“面黑头白”与牧斋崇祯十三年庚辰年五十九共河东君互作戏谑之语时，形貌已约略类似。但乐天《喜老自嘲》诗出自“同时六学士，五相一渔翁”之才子，而非出自“樱桃樊素口，杨柳小蛮腰"之佳人，则大有差别矣。

牧斋诗结语云"苦爱赤阑桥畔柳，探春仍放旧风流"之句，固用温飞卿"宜春苑外最长条，闲袅春风伴舞腰。正是玉人肠断处，一渠春水赤阑桥"诗之典。（见《全唐诗·第九函·温庭筠·九·杨柳枝八首》之一），但实亦指河东君《金明池·咏寒柳》词"春日酿成秋日雨。念畴昔风流，暗伤如许"之语。若无此本事，仅用温诗，则辞意太泛。牧斋作诗当不如此也。

河东君次韵答牧斋诗，其中含有"河东君"三字，第二章已述及。又此首结语乃针对牧斋答其初赠诗"但似王昌消息好，履箱擎了便相从"之句，第一章亦已言之，其实乃表示心许之意。疑牧斋读之，益有"乐莫乐兮新相知"之感也。"谁家乐府唱无愁"者，用《北史八·齐本纪·下·幼主纪》（参《北齐书·八·幼主纪》）所云：

（后主）益骄纵，盛为无愁之曲。帝（指后主言）自弹胡琵琶而唱之。侍和之者以百数。人间谓之"无愁天子"。

及《李义山诗集》中《无愁果有愁曲北齐歌》（参冯浩《玉谿生诗详注·一》此题下引《隋书·乐志》）"望断浮云西北楼"者，用《文选·二九·古诗十九首》"西北有高楼，上与浮云齐"句李善《注》：

此篇明高才之人，仕宦未达，知之者稀也。西北乾位，君之位也。

又六臣《注》：

翰曰：此诗喻君暗，而贤臣之言不用也。"西北"乾地，君位也；"高楼"言居高位也；"浮云"齐言高也。

此两句竟指当时之崇祯皇帝为亡国之暗主，而牧斋为高才之贤臣。顾云美谓河东君“饶胆略”，观此益信。若此诗作于清高宗之世，其罪固不容于死，即在北宋神宗之时，亦难逭贬谪之谴。牧斋见此两句，自必惊赏而引为知己。松圆见之亦应自悔其前此所作“人间岁月私蟠木，天上雷霆宥爨桐”之句（见《列朝诗集·丁·一三·上》程嘉燧诗《久留湖上得牧斋岁暮见怀诗次韵（七律）》，并参前论《緪云诗》节）辞旨过于选懦，殊有愧于河东君之切直也。“汉佩敢同神女赠，越歌聊感鄂君舟”者，用《韩诗·汉广》薛君《章注》及《说苑·一一·善说篇》之典。此两事俱世所习知，但河东君取之联用，以神女指己身，以鄂君指牧斋，一男一女，意旨通贯。又于水滨泛舟情事尤为适合，其巧妙诚不可及也。“春前柳欲窥青眼，雪里山应想白头”者，下句自是用刘梦得“雪里高山头白早”之语（见《全唐诗·第六函·刘禹锡·七·苏州白舍人寄新诗有叹早白无儿之句因以赠之（七律）》），固不待赘论。至上句则辞语之有关者虽多，然窃疑乃用史邦卿《梅溪词·〈东风第一枝·咏春雪〉》词“青未了，柳回白眼”之句。因“青”及“柳眼”两者俱备，又《咏春雪》可与上句之“雪”字通贯。若此条件皆具之出处，除史词外，尚未发现更妥适之典故。又王沂孙《花外集·南浦春水·柳外碧连天》词，有“蛾眉乍窥清镜”之语，或者河东君因牧斋赠诗“每临青镜憎红粉”之句，遂亦取《碧山乐府》柳窥青镜之意，以针对聚沙居士之诗语耶？寅恪尝论河东君之作品，应推此诗及《金明池·咏寒柳》词为明末最佳之诗词。当日胜流均不敢与抗手，何物钱岱勋或钱青雨竟能为之乎？造此诬谤者，其妄谬可不必辨。然今日尚有疑河东君之诗词非其本人所作者，浅识陋学，亦可悯矣。

牧斋《次日叠前韵再赠河东君之诗》，其第一句“新诗吟罢半凝愁”之“新诗”，即指河东君“谁家乐府唱无愁”一首而言，前已论之矣。“斜日当风似倚楼”者，“倚楼”之出处，不胜枚举。依前句“半凝愁”之语推之，恐与王少伯《闺怨（七绝）》一首有关（见《全唐诗·第三函·王昌龄·四》）。盖龙标诗中有“不曾愁”“凝妆上翠楼”及“杨柳色”等辞故也。但此皆古典，颇疑牧斋尚有今典。第三章论陈卧子崇祯六年《补成梦中新柳诗》乃为河东君而作者。后来河东君之易姓为“柳”，及所作《金明池·咏寒柳》词“念畴昔风流，暗伤如许”之语，当亦与卧子此诗有关。卧子诗中“夕阳残”及“风流人倚栏”之语，正合牧斋诗此句之旨。所谓“半凝愁”者，殆谓是耶？考卧子此诗载入其所作之《陈李倡和集》。此集夏允彝《序》云：

癸酉倡和诗者，予同郡人李子、陈子之所为作也。系以年者，重时会也。

自崇祯六年癸酉至崇祯十三年庚辰冬，已历七八年之久。卧子之诗刊布流行，牧斋当已见及，或虽见及而未曾留意。鄙见河东君为人放诞风流，绝无讳饰，牧斋亦豁达大度，不计较小节。河东君与卧子之关系，必早有所知闻。卧子此诗，即由河东君持示牧斋，亦非不可能者也。“争得三年才一笑，可怜今日与同舟”者，上句用《左传·昭公二十八年》所云：

昔贾大夫恶，娶妻而美，三年不言不笑。御以如皋，射雉获之，始笑而言。贾大夫曰：“才之不可以已。我不能射，女遂不言不笑夫！”

之典。牧斋自比贾大夫之丑恶而有才，以河东君为貌美，且拟之为妻。此诗作成，殆与“乌个头发，白个肉”及“白个头发，乌个肉”之戏言，时间相距甚近。若《牧斋遗事》及《觚剩》二书，均以属之燕婉之夕，则恐过后矣。又“如皋”之“皋”，与郑交甫遇神女于汉皋之“皋”同字也。下句即用《说苑·善说篇》鄂君所闻越人歌“今日何日兮，得与王子同舟”之典。由是言之，牧斋诗此二句与河东君诗“汉佩敢同神女赠，越歌聊感鄂君舟”两句，用典正同。针锋相对，文情才思自为精巧。钱遵王不注一字，固以为习用之典，无烦征引。实不知此等妙处，更须标出，庶几不负作者之苦心也。“轻车漫忆西陵路，斗酒休论沟水头”者，上句自指河东君在此数年游西湖事，或更指其所作《戊寅草》《湖上草》及《金明池·咏寒柳》词等，亦即后来牧斋于顺治七年庚寅所作《留题湖舫》诗“杨柳风流烟草在”者也（见《有学集·三·夏五集》并参前论河东君《与汪然明尺牍》第二通节）。下句用卓文君《白头吟》“今日斗酒会，明旦沟水头。躞蹀御沟上，沟水东西流”之典（见《乐府诗集·四一》），指河东君与陈卧子之关系。牧斋意谓今既与卧子脱离，可不必再提往事也。“还胜客儿乘素舸，迢迢明月咏缘流”者，用《玉台新咏·十》谢灵运《东阳溪中赠答二首》“可怜谁家妇，缘流洗素足。明月在云间，迢迢不可得”及“可怜谁家郎，缘流乘素舸。但问情若为，月就云中堕”之典，与前“可怜今日与同舟”之句相应。盖谢诗所咏，妇在溪边洗足，郎在溪中乘舟。非如“今日与同舟”者可比。所以较胜于客儿。且康乐之作，本是一赠一答，尤符合钱柳赋诗酬和之情事也。

《东山酬和集·一》牧翁《寒夕文宴再叠前韵是日我闻室落成延河东君居之》（自注：“涂月二日。”寅恪案：《初学集》此题无“延河东君居之”六字及自注。又据郑氏《近世中西史日表》，崇祯十三年庚辰十一月廿四日小寒，十二月九日大寒。故是年十二月二日谓之寒夕也）云：

清樽细雨不知愁，鹤引遥空凤下楼。红烛恍如花月夜，绿窗还似木兰舟。曲中杨柳齐舒眼，诗里芙蓉亦并头。（自注："河东新赋《并头莲诗》。"）今夕梅魂共谁语，任他疏影蘸寒流。（自注："河东《寒柳词》云'约个梅魂，与伊深怜低语'。"）

偈庵《半野堂夜集惜别仍次前韵》（寅恪案：《列朝诗集》此题作《感别半野堂叠前韵》）云：

何处珠帘拥莫愁，笛床歌席近书楼。金炉银烛平原酒，远浦寒星剡曲舟。望里青山仍北郭，行时沟水向东头。老怀不为生离苦，双泪无端只自流。

徐锡胤（尔从）《半野堂宴集次牧翁韵奉赠我闻居士》云：

舞燕惊鸿见欲愁，书签笔格晚妆楼。开颜四座回银烛，咳吐千钟倒玉舟。七字诗成才举手，一声曲误又回头。佳人那得兼才子，艺苑蓬山第一流。

寅恪案：牧斋于康熙二年癸卯岁暮作《病榻消寒杂咏》第三、四首《追忆庚辰冬半野堂文宴旧事》一诗，即记此夕之事者，前已移录。此崇祯十三年庚辰十二月初二日之夕半野堂文宴，乃牧斋一生最得意又最难忘之事。故虽在垂死病榻呻吟之中，犹能记忆，历历不爽，可伤也已。此夕之会，颇似戏剧之一幕。其扮演人今日可考知者，一为河东君，二为牧斋，三为松圆，四为徐尔从，五为此夕望见坐于后来所建绛云楼下红袍乌帽三神之老妪（见钱遵王《有学集诗注·病榻消寒杂咏》第三十四首诗注）。此五人之心理，牧斋、松圆、尔从三人各见于其此夕所赋诗中。河东君此夕是否亦赋诗，今《东山酬和集》及《初学集》既未收载，不易考知。其理由或因此夕病酒所致，或别有感触，与后来不和《合欢诗》及《催妆词》之情事相类似，均俟后论之。此夕之会，虽未见河东君作品，然其心理可于此夕后所赋《春日我闻室作呈牧翁》一诗中推得。至于此夕曾见三神之老妪，其心理当非如第一章所引《花笑庼杂笔》中黄梨洲“火神”之解释，应别有人事之原因也。请依次论之。

关于河东君者，当于下录其所赋《春日我闻室作呈牧翁》一诗中论释，兹暂不涉及。牧斋之诗第一句指此夕文宴时之情景，第二句用萧史弄玉事，皆不烦详论。“红烛恍如花月夜，绿窗还似木兰舟”者，下句言河东君于崇祯十三年十二月二日由舟次迁入我闻室。以意揣之，我闻室之结构必不甚宽敞，殆所谓屋小如舟者耶？上句指此夕情事。牧斋虽与韩敬争状元失败，不得“金榜第一名”，但此夕实同于“洞房花烛夜”。作此观念者，非独牧斋如此，即河东君本身亦莫不然。后来河东君于康熙三年甲辰六月二十八日垂绝时，作遗嘱与其女云：“我来汝家二十五年，从不曾受人之气。”（见《河东君殉家难事实·柳夫人遗嘱》。）自康熙三年逆数至崇祯十三年庚辰，适为二十五年。若自崇祯十四年辛巳六月七日茸城舟中结缡时起，下数至康熙三年甲辰六月二十八日，则仅二十四年。可知河东君之意，实认此夕为同牢合卺之期。然则牧斋此句殊有旨矣。“曲中杨柳齐舒眼，诗里芙蓉亦并头”者，上句自用《折杨柳》歌曲之典（见《乐府诗集·二二》），但亦指河东君《金明池·咏寒柳》词及“春前柳欲窥青眼”之句，意谓此夕可不必如前此之“窥眼”也。下句牧斋自注所指河东君新赋之《并头莲》诗，今未得见。考《陈忠裕全集·一九·湘真阁稿·予读书池上屡有并蒂芙蓉戏题一绝》云：

宛转桥头并蒂花，秋波不到莫愁家。浣纱人去红妆尽，惟有鸳鸯在若耶。

此诗前第二题为《寒食雨》，第三题为《上元四首》，第四题为《岁暮怀舒章八首》，其第八首卧子自注云："去岁冬尽，予在郯城。"此"去岁冬尽"，乃指崇祯九年北行会试之役，故此题之"岁暮"即崇祯十年岁暮。由是言之，此《戏题并蒂芙蓉一首》之作成，实在崇祯十一年初秋，可以推定无疑也。检卧子《自撰年谱·上》"崇祯十一年戊寅"条云"是夏读书南园"及李舒章《会业序》略云"今春（寅恪案：此指崇祯八年春）闇公、卧子读书南园。乐其修竹长林，荒池废榭"（见《陈忠裕全集》卧子《自撰年谱》"崇祯八年"条附录所引），又检卧子《年谱》崇祯八年乙亥及九年丙子，俱有"春读书南园"之记载，皆未明著其离去南园之季节。细绎卧子诗题，其"屡有"之"屡"，自是兼指在崇祯十一年夏秋以前数次而言。第三章已详论卧子与河东君于崇祯八年春间，同居徐氏南楼并游宴陆氏南园之事。河东君虽于是年首夏离去南楼南园之际，只可见荷叶，而不能见莲花。但三年之后，卧子复于南园见此荒池中并蒂莲，感物怀人，追忆前事，遂有是作，殊不足怪矣。然则河东君所赋《并蒂芙蓉》诗，当是和卧子之作者。今检河东君遗存之作品，如《戊寅草》，其中未见此诗。考此《草》所载河东君之诗，至崇祯十一年秋间为止，故疑此诗乃河东君崇祯十一年秋间以后、十三年冬间以前所作。即使此诗作于最早限度之崇祯十一年冬间，牧斋固亦得谓之为"新"。前第三章论宋让木《秋塘曲序》中"坐有校书，新从故相家，流落人间"，所谓"新"字之界说，读者可取参阅。盖当时文人作品，相隔三年之久，本可用"新"字以概括之也。所可笑者，陈、杨二人赋诗，各以并头莲自比。不意历时未久，河东君之头犹是"乌个头发"，而牧斋之头则已"雪里高山"。实与卧子"还家江总"之头区以别矣。牧斋头颅如许，竟尔冒充，亦可怜哉！"今夕梅魂共谁语，任他疏影蘸寒流"者，牧斋自注既引河东君《金明池·咏寒柳》词，是以"梅魂"自任，故疏影亦指己身，辞旨明显，固不待论。惟"蘸"字之出处颇多，未知牧斋何所抉择。鄙意恐是暗用《西厢记》"酬简"之语。果尔，殊不免近亵。至若"寒流"一辞，"流"乃与"寒柳"题中之"柳"音近而巧合，即此一端，亦可窥见牧斋文心之妙矣。昔张敞云："闺阁之内，夫妇之私，有过于画眉者。"（见《汉书·七六·张敞传》。）由是言之，自不必拘执迂腐之见，诃诋牧斋。但子高坐此"终不得大位"（并见《汉书·张敞传》），牧斋亦以夙有"浪子燕青"之目，常守闺阁之内，而卒不得一入内阁之中。吾人今日读明清旧史，不禁为之失笑也。

钱曾注牧斋《有美诗》，忽破例引河东君《金明池·咏寒柳》词，已觉可怪，又载何云《疏影词》一阕，如此支蔓，更为可疑。推原其故，遵王所以违反其注诗之通则者，殆皆出于陆敕先之意，遵王不得已而从之，实非其本旨也。兹以士龙之词与牧斋此诗有关，因附录之，并略考何氏事迹，稍为论证，以资谈助。

钱曾《初学集诗注·一八·有美诗》"疏影新词丽"句注云：

陆敕先曰："何士龙有《调寄疏影·咏梅（上牧翁）》云：'香魂谁比？总有他清澈，没他风味。无限玲珑，天然葱倩，谁知仍是樵悴？便霜华几日，连宵雨，又别有一般佳丽。除那人殊妙，将影儿现，把气儿吹。须忆半溪胧月，渐恨入重帘，香清玉臂。冥蒙空翠，如语烟雾里，更有何人起？惜他止是人无寐。算今夕共谁相对？有调羹，居士风流，道书数卷而已。'此词实为河东君而作，诗当指此也。"

寅恪案：牧斋赋《有美诗》引士龙此词，以赞扬河东君。于此可知钱、何两人关系之密切，并足见牧斋门下士中，士龙与孙子长（孙氏事迹及与牧斋之关系，可参《有学集·一九·孙子长诗序》，同书二三《孙子长征君六十寿序》及《牧斋尺牍·中·与孙子长札》第二通并王渔洋《思旧集·三》"孙永祚"条等）与顾云美等同属左袒河东君一派，而与钱遵王辈居于反对地位者也。兹不暇考士龙本末，唯就此点论证之。牧斋所撰《吾炙集》"东海何云士龙"条云：

士龙岭表归来，相见已隔生矣。妇（寅恪案：此"妇"字指河东君。）见余喜，贺曰："公门下今日才得此一人。"余曰："如得刁凿齿，才半人耳。"妇问何故？余笑曰："彼半人即我身是也。"

《初学集·五五·何仲容墓志铭》略云：

仲容讳德润，为尝熟甲族。父讳錞。（仲容）娶秦氏，生子五人，述禹、述稷、述契、述皋、云。云，吾徒也。

同治修《苏州府志·一百·常熟县·何云传》略云：

何云，字士龙。祖錞，字言山。（寅恪案：光绪修《常昭合志稿·三三·何錞传》云"何錞，字子端"，与此异。下文又云“子云，字士龙”，略去德润一代，与牧斋所作《何仲容墓志铭》不合。殊误。）云能古文词，尤熟唐史。凡唐人诗有关时事者，历历指出如目睹。钱谦益延致家塾。崇祯丁丑谦益被讦下狱，云慷慨誓死，草索相从。后从瞿式耜至闽粤。流离十五年，复归故园。

《初学集·一一·桑林诗集序》云：

丁丑春尽赴急征，稼轩并列刊章。士龙相从，草索渡淮而北，赤地千里。身虽罪人，不忘吁嗟闵雨之思，遂名其诗曰《桑林集》。

同书同卷《一叹示士龙》云：

一叹依然竟陨霜，乌头马角事茫茫。及门弟子同关索，薄海僧徒共炷香。百口累人藏复壁，千金为客掩壶浆。昭陵许哭无多泪（自注：“唐制有冤者，许哭昭陵。”），要倩冯班恸一场。（自注：“里中小冯生善哭。”寅恪案：小冯生之兄舒，亦与牧斋关系密切。可参《虞山妖乱志》。观牧斋此诗，知冯氏兄弟及士龙皆牧斋患难交也。又可参冯班《钝吟杂录·一·家戒·上》所云“何云有文，钱牧翁重之”之语。）

同书一二《霖雨诗集·送何士龙南归兼简卢紫房一百十韵》略云：

伊余退废士，杜门事耕桑。十年守环堵，一朝琐锒铛。天威赫震电，门户破苍黄。诏纸疾若飞，官吏仆欲僵。有母殡四载，西风吹画荒。有儿生九龄，读书未盈箱。宾客鸟兽散，亲族忧以痒。或有强近者，惧累遗祸殃。目笑复手笑，坚坐看戏场。或有狰狞者，黠鼠而贪狼。毁室谋取子，坏垣縢我宋。揶揄反皮面，谣诼腾诽谤。唯有负佣流，弛担语蠹伤。唯有庞眉叟，戟手呼彼苍。市人为罢市，僧院各炷香。我心鄙儿女，刺刺问束装。暮持襆被出，诘朝抵金阊。门生与朋旧，蜂涌来四方。执手语切切，流襟泪浪浪。惜我傔从弱，念我道路长。或云权幸门，刺客如飞蝗。穴颈不见血，探头入奚囊。或云盘飧内，鸩堇置稻粱。匕箸一不慎，坟裂屠肺肠。谁与警昏夜，谁与卫露霜？谁与扶跛躄，谁与分劻勷？何生奋袖起，云也行所当。阖门置新妇，问寝辞高堂。典衣买书剑，首路何慨慷。何生夜草疏，奋欲排帝阍。黯淡蚊扑纸，倾欹蚓成行。残灯焰明灭，房心吐寒芒。祖宗牖惚恍，天心鉴明明。眉山摘牙牌，分宜放铃冈。执彼三尸虫，打杀铜驼傍。孤臣获更生，朝市喜相庆。孟冬家书来，念母心不遑。有忧食三叹，翙乃惰与翔。星言卷衣被，别我归故乡。我欲絷子驹，顾视心依依。子行急师难，子归慰母望。丹青或可渝，此义永不爽。

寅恪案：牧斋为张汉儒所讦，被逮北行，下刑部狱，逾年始得释归。其本末备见史乘及他载记，以非本文范围主旨所在，故不详述。惟节录牧斋自述之诗，亦足知当日被逮时之情况，并门生故旧关系之一斑也。所最可注意者，不在士龙之维护牧斋，而在河东君之赏誉士龙。《吾炙集》中钱、柳问答之言，即是其证。《晋书·八二·习凿齿传》（参《高僧传·五·释道安传》）云：

后以脚疾，遂废于里巷。及襄阳陷于苻坚，坚素闻其名，与道安俱舆而致焉。既见，与语，大悦之。赐遗甚厚。又以其蹇疾，与诸镇书："昔晋氏平吴，利在二陆。今破汉南，获士裁一人有半耳。"俄以疾归襄阳。寻而襄邓反正，朝廷欲征凿齿，使典国史。会卒，不果。

然则牧斋之意，谓清兵取江南，己身降附，北迁授职，俄引疾归籍，稍蒙礼遇。（《清史列传·七九·贰臣传·钱谦益传》云："（顺治三年）六月以疾乞假。得旨，驰驿回籍。令巡抚按视其疾痊具奏。"）可比彦威在前秦陷没襄阳后，为苻坚所舆致。俄以疾返里，寻而襄邓反正，晋廷欲使之典国史。盖牧斋犹希望明室复兴，己身可长史局也。寓意甚微妙。河东君平日于《晋书》殊为精熟，观其作品，例证颇多。此点牧斋固亦宿知，所以举习氏为说者，乃料定河东君必能达其微旨。倘是与常人而作此语，岂非对牛弹琴耶？

萧伯玉（士玮）题《牧斋初学集》，顾云美作《河东君传》，俱以李易安、赵德甫比钱、柳。今读《吾炙集》此条所记，益证萧、顾之言非虚誉矣。《苏州府志·何云传》云："钱谦益延致家塾。"士龙何时在牧斋家授读，未能考知。以意揣之，当在黄陶庵之前。牧斋送士龙南归诗，自述其崇祯十年丁丑春被逮时事云："有儿生九龄，读书未盈箱。"盖孙爱生于崇祯二年己巳九月。（见《初学集·九·崇祯诗集·五·反东坡洗儿诗己巳九月九日》诗），至崇祯十年春间适为九岁。士龙之在钱氏家塾，或即此时，亦未可知。《虞山妖乱志·中》云：

有朱镳者，老儒也。教授于尚书家塾。

汉儒讦牧斋所言江南六大害中第六款"士习之害"，亦载朱镳之名，与冯、舒并列。窃疑朱氏之在牧斋家塾，或更先于士龙。岂孙爱之发蒙师耶？俟考。

又有可注意者，即牧斋门下士中，凡最与瞿稼轩有关者，俱为同情河东君之人。第三章论《河东君传》作者顾苓本末时，已略述云美与稼轩之关系。今观士龙之作《疏影词》及《吾炙集》所载河东君之语，皆可证明此点。由此推之，稼轩在牧斋门下，亦与何、顾两氏同属“柳派”，而与钱遵王之为“陈派”，即牧斋夫人陈氏之派者，迥不相同也。俟下文论绛云楼事时再及之。兹不多赘。

松圆诗第三句用《史记·七九·范睢传》。第四句用《晋书·八十·王羲之传》附《徽之传》及九四《戴逵传》并《世说新语·任诞类》“王子猷居山阴”条。第五句用李太白《送友人（五律）》。（见《全唐诗·第三函·李白·一七》）。第六句用《乐府诗集·四一》卓文君《白头吟》。皆习见之典，不待详引。所可注意者，即第七、第八两句，“老怀不为生离苦，双泪无端只自流”之语。半野堂此夕之宴，有两作用：一为送别将去之孟阳，一为欢迎新到之河东君。牧斋此时与孟阳之关系为“悲莫悲兮生别离”。与河东君之关系为“乐莫乐兮新相知”。斯固孟阳所深切体会者，但明言不为己身生离之苦，则老泪双流，自必因他人新知之乐所致，可以决定无疑。又此诗第一、第二两句，乃问答之词。第一句“珠帘”，用李太白《怨词》“美人卷珠帘”之典（见《全唐诗·第三函·李白·二四》），盖河东君夙有“美人”之称也（见第二章所论）。“莫愁”用玉谿生《马嵬二首》之二“不及卢家有莫愁”之典。（见《李义山诗集·上》），河东君与莫愁身份适合，固不待言。此句之意，谓河东君今属于谁家乎？第二句乃答辞，意谓河东君今在半野堂之我闻室，其地“弹丝吹竹”，接近藏书之楼，即以钱家为卢家也。牧斋虽藏书甚富，但此时尚未建绛云楼，故此楼自不能指绛云楼。依江南气候潮湿多雨之通例推之，书籍之藏储，宜在楼阁。颇疑牧斋此时家中之荣木楼，不仅为陶庵授读孙爱之处，亦是牧斋藏书之所。若果推测不误，则崇祯十三年庚辰十二月二日文酒之宴，笙歌笑语，通夕不休。陶庵或因此喧哗扰其眠睡，心情既烦恼厌恶，复拘守礼法，不便出楼参与盛会。其不愿和诗，势所必然也。苦哉！苦哉！故综合第一、第二两句之旨意言之，实与第七、第八两句相关，盖义山“不及卢家有莫愁”句，“有”字之义，当作“保有”及“享有”解。今此“莫愁”已是“年年河水向东流”，为牧斋所有矣。安得不“双泪无端只自流”乎？

复次，《有学集·三·夏五集·西湖杂感二十首》之八云：

西泠云树六桥东，月姊曾闻下碧空。杨柳长条人绰约，桃花得气句玲珑。（自注：“‘桃花得气美人中’，西泠佳句，为孟阳所吟赏。”）笔床研匣芳华里，翠袖香车丽日中。今日一灯方丈室（寅恪案：“一灯”二字，钱曾《注》本同），散花长侍净名翁。

寅恪案：此诗为牧斋于顺治七年庚寅在杭州追忆河东君西湖旧游而作者。末句“一灯”二字，今据牧斋手写稿本，知原作“一来”（见有正书局影印《江左三大家诗画合璧》）。“一灯”自极可通，改“一来”为“一灯”，是否出于牧斋本身，抑或后人所为，俱不得知。但“一来”实用佛典，此诗第七、第八两句皆用《维摩诘经》事。故“一来”二字，殊为适合。河东君行踪飘忽，往往“一来”即去，而更“不还”。其于卧子、孟阳皆莫不然。松圆之作《緪云诗》，欲其“緪定不行”。牧斋此诗结语颇表得意，或者后来又觉词过明显，遂自改易耶？牧斋作此诗时，松圆卒已八年，“散花”之天女依旧“长侍净名”，斯殆亦松圆地下所不及料者欤？

又前论《有学集·吴巽之持孟阳画扇索题》诗节，引《耦耕堂存稿文·下·题归舟漫兴册》有"庚辰腊月望，海虞半野堂订游黄山"之语，可知孟阳至早亦于崇祯十三年十二月十五日始离去牧斋家。夫半野堂送别之宴，在十二月二日，距离孟阳行期有十余日之久，时间未免太长。然则此宴明是专为欢迎河东君入居我闻室而设者，所谓送别孟阳，不过"顺水人情"耳。且此夕之宴，实同于合卺花烛之筵席，牧斋盖借以暗示孟阳，若谓自此夕以后，河东君专属我有，松圆诗老亦可以行矣。孟阳自必心知其意，所以有"何处珠帘拥莫愁，笛床歌席近书楼"及"老怀不为生离苦，老泪无端只自流"等句也。伤哉！

徐尔从为此夕酒座局外中立之人，其本末未能详考。兹仅就所见甚少之材料推论之，亦可知徐氏在牧斋门下，究属何派，即"柳派"抑或"陈派"也。

《初学集·五六·陕西按察使徐公墓志铭》（参光绪修《常昭合志稿·二五·徐待聘传》）略云：

公讳待聘，廷珍字也。晚年与余游最密。有子四人：锡祚、锡胤、锡云、锡全。锡祚、锡胤皆与余交好。

冯默庵《虞山妖乱志·中》述钱裔肃召归其祖岱之出妾连璧事，有关涉尔从一节。其文略云：

又有徐锡胤者，素亦客于尚书门。恨钱斗独擅裔肃，已不得交关。遂出揭攻裔肃。

《有学集·三一·族孙嗣美合葬墓志铭》略云：

嗣美，名裔肃。妻蒋氏。子四人：长召，次名，次即曾，次鲁。

王应奎《柳南随笔·二》云：

徐锡允，字尔从。廉宪待聘之子。文虹其自号也。家畜优童，亲自按乐句指授。演剧之妙，遂冠一邑。诗人程孟阳为作《徐君按曲歌》，所谓“九龄十龄解音律，本事家门俱第一”，盖纪实也。（寅恪案：此两句见《耦耕堂存稿诗·中·赠徐君按曲图歌》，又可参同书上《和牧斋观剧四首》及同书中《戏和徐尔从遣散歌儿二首同牧斋次韵》并《初学集·十·崇祯诗集·六·（崇祯五年）仲夏观剧欢宴浃月戏题长句呈同席许宫允诸公》及同书一六《丙舍诗集·次韵徐二尔从散遣歌儿之作二首》。）时同邑瞿稼轩先生以给谏家居，为园于东皋，水石台榭之胜亦擅绝一时。邑人有“徐家戏子，瞿家园”之语，目为虞山二绝云。

寅恪案：何士龙有《疏影词》，当即后来追和牧斋此夜之诗“今夕梅魂”句之意者。尔从此夕之宴，既身在座中，复次牧翁韵赠河东君，则其立场观点，与何、顾相同，其属于“柳派”，不待多论。又据默庵之言，知尔从曾揭攻钱裔肃。钱曾为裔肃之子，则尔从为嗣美、遵王父子之仇人怨家，其与“陈派”之遵王相敌对，乃自然之理也。夫牧斋朋好甚多，何以此夕与宴作诗，除孟阳外，仅见尔从一人？颇疑当日事出仓卒，不易邀集多友。尔从与孟阳交谊甚笃挚，又精通音律。此夕文宴河东君应有弹丝吹竹、度曲按歌之举。钱、程特招之与会，亦情势所当然也。至黄陶庵此时适馆于牧斋家，转不与是夕之宴及不见其有关之诗者，实由陶庵本人对于此事所持之见解所致。盖崇祯十三年庚辰十二月二日，陶庵正居牧斋常熟城内宅中之荣木楼，授孙爱读。依昔日家塾惯例，年终固须放馆归家，但多在除夕以前不久之时始能离馆。嘉定、常熟道途甚近，陶庵为人严肃，恐不于腊月之初即已还家度岁。然则陶庵此夕当仍在牧斋家。孟阳既同寓一处，牧斋设宴声称为孟阳饯别，程、黄旧交，岂有不被邀请陪座之理？据今日所见资料，似陶庵并未与此离筵者，岂牧斋习知陶庵平日性格迥异于尔从，河东君之放诞风流，此夕之宴，更必有所表见。钱之不邀黄，非仅畏惮其方正，实亦便利主客两方不得已之决策。牧斋当日之苦心，亦可窥见矣。

尔从诗第一句“舞燕惊鸿见欲愁”，谓河东君此夕放诞风流之活泼举动，殊有逾越当日闺阁常轨者。第四句“咳吐千钟倒玉舟”谓河东君于此夕座上之豪饮。故此两句极有写实价值。第七、第八两句“佳人那得兼才子，艺苑蓬山第一流”，河东君真足当之无愧，未可目为寻常酬应谀赞之言。综观尔从之作，虽不甚工，然颇切合。牧斋之选录此诗，或职是之故欤？

此夕见神见鬼之老妪，乃黄陶庵以外，局外而又局外之人。以情理推测，必非奔走执役于此夕之宴会者。其人立于设筵之堂外，遥遥望见主翁宾客之形影，虽未必得闻河东君熏炉之香气，然老主人朱门酒肉之臭味，亦可令之作呕也。据《有学集·四六·题李肇〈国史补〉》云：

绛云一炬之后，老媪于颓垣之中拾残书数帖，此本亦其一也。

则此拾得绛云楼、半野堂焚毁后残书之老媪，疑即与窥探半野堂文宴之老妪同是一人。盖此老妇所居之处，当在半野堂、绛云楼之近旁，故可被人利用侦察半野堂之情况。后来堂、楼俱毁于火，遂亦时时周行巡视，拨寒灰、寻断简于其地欤？至此老妪之立场观点，则非可视为中立者，因此人既号为老妪，当是牧斋夫人陈氏或宠妾王氏之旧人，其在堂外窥看，殆由受命而来侦探，故其所言，必出于当日“陈派”之嗾使。寅恪所以有此推测者，因《牧斋遗事·赵水部杂志四则》之四谓牧斋孙桂哥生之夕，梦见陈夫人所供养之赤脚尼解空至其家。（详见第五章所引。）据此可知陈夫人平日与妖尼来往，殊违背其姑顾氏之家教矣。（见《初学集·七四·请诰命事略》。）然则此妪所谓红袍乌帽之三神，殆指钱氏之祖先而言。《初学集·七四·亡儿寿耇圹志》略云：

其母微也，余妻与王氏更母之。丙寅之三月，缇骑四出，警报日数至。家人环守号泣，儿忽告余曰："爹勿恐，爹勿恐。明年即朝皇帝矣。"遂为执笏叩头呼万岁状。又曰："爹所朝非今皇帝，乃新皇帝也。新皇帝好，新皇帝大好。"言之再四。余愕问何以知之，儿曰："影堂中诸公公冠服列坐楼下，教我为爹言如是。僮应索绹坐槛上，我叱起之。"询之僮应，果然。呜呼，异哉！是年七八月稍解严。明年儿死。凡四月，而先帝登遐。新天子神圣，逆奄殛死，慨然下明诏，恤录死废诸臣。儿之云，若执左券，而儿不得见也。呜呼！儿之言，其有神者告之，如古所谓荧惑散为童谣者耶？其真吾祖吾父冯而仪之，而锡以兆语耶？儿能见亡人，又与謦欬相接，岂其死征耶？儿死于天启丁卯五月十六日，其葬也，以新天子改元崇祯之三月清明日，在夏皋祖茔之旁，其父谦益为书石而纳诸圹。

寅恪案：牧斋作《志》，本借小儿妄语以抒其悲感。文情并茂，自是能手。今详绎《志》文，牧斋实不免迷信之诮。此点可参《初学集·十·崇祯诗集·六·仙坛唱和诗十首》，同书四三《泐法师灵异记》（寅恪案：此事亦涉及金圣叹，颇饶兴趣。可参王应奎《柳南随笔·三》"金人瑞"条），同书八六《石刻〈楞严经〉缘起》及《有学集·二七·河南府孟津县关圣帝君庙灵感记》等。关于是时江南士大夫名流迷信之风气，限于本文范围，不欲多论。但当日钱氏一家见神见鬼之空气，亦可推见也。

据《明史·六七·舆服志》“文武官冠服”条云：

一品至四品绯袍。

故着红袍之三神，当指牧斋之曾祖、祖及父。但检《初学集·七四·谱牒·一》，牧斋于崇祯元年九月为祖父顺时、父世扬请诰命，撰二人事略，而不及其曾祖体仁。盖是时牧斋任职二品之礼部侍郎，依例止可封赠二代也。（见《明史·七二·职官志》。）又检《初学集·七五》代其父所作《故叔父山东按察司副使春池府君行状》（原注：“代先大夫。”）云：

府君之先曰我王父，赠奉政大夫刑部河南清吏司郎中府君讳体仁。

则知牧斋之曾祖体仁止赠五品官（亦见《明史·七二·职官志》），依例着蓝袍而非绯袍（亦见《明史·六七·舆服志》“文武官冠服”条）。是三神之中，应为二红袍一蓝袍。老妪所言，不合事实，颇有可疑。鄙意旧时出身履历，例书曾祖、祖及父三代名字资格。今日世俗习惯犹以“祖宗三代”为言。钱氏家中造谣之老妪不同于治史考据之专家，牵混概括，目牧斋三代祖宗皆着红袍，自是极可能之事。论者不必于此过泥，而以为与明代之朝章国典不合。由是言之，钱氏祀奉祖宗之建筑物内所悬之喜神（见钱大昕《竹汀先生日记钞·一》“读宋伯仁梅花喜神谱”条及阮元《四库未收书目提要·一》“梅花喜神谱”条）亦俱红袍乌帽衣冠之状。此可与寿耇“影堂中诸公公冠服列坐楼下，教我为爹言如是”之语互相印证也。又刘本沛《虞书》云：

顾太仆书屋甚华美。内有三层楼一座，是太仆赴粤时所建，未经人住。居民每夜见有五神人，金幞红袍，巍峨其上。犯者祸立至。丁卯予僦居五年，读书其上，绝无影响。

寅恪案：刘氏书自识略谓："弘光乙酉七月十三日清兵南下。茅檐闷坐，无以自遣，偶追闻见，漫笔之书。八月二十四日逋髯刘某识。"可知刘氏僦居顾太仆书屋之丁卯年，乃指天启七年丁卯而言。下距崇祯十三年庚辰河东君过访半野堂之岁仅十三年。时代甚近，顾宅怪异之事复在虞山发生。然则刘氏所记与牧斋家老妪所言，可谓时同地同。据此更可以推见明末常熟社会迷信状况之一斑矣。当时牧斋家中"反柳派"欲利用牧斋前此迷信之心理散播谣言，假托祖宗显灵，以警戒牧斋不可纳此祸水，免致败家。依情势言，此主谋者当即牧斋夫人陈氏及宠妾王氏。此二人之地位最与河东君不能相容，且又为抚养寿耇之人，更宜出此诡计。其所以不促使最近于崇祯十三年冬至祭祀祖宗之孙爱作第二寿耇，以见神见鬼之言面告牧斋者，其故当因此时孙爱年已十二岁，非如寿耇之幼稚，易于指挥，且其生母朱氏与王氏复有利害之冲突，不立于同一之战线也。牧斋前此受寿耇预言之影响，此时又闻老妪之传说，遂不加诃责禁止，然亦未能解其所言之用意，因姑妄听之，存而不究。至其垂死之年，作诗追记半野堂文宴之事，有"看场神鬼坐人头"之句，借以诋詈其政敌。"神"指温体仁、周延儒等显要。"鬼"指陈汝谦、张汉儒诸浪人。此类神鬼皆常坐于人之头上者也。假使牧斋心中联系老妪、寿耇两人所言，则必不用此类辞句。否则岂非呵骂自身之祖宗耶？牧斋一生思想灵活，此点为"陈派"所深知。其促使老妪传播妄言，盖预料牧斋必能追忆寿耇之语，认为"诸公公"显灵欲令立即斥去"城南之柳"（此借用谷子敬《吕洞宾三度城南柳》

杂剧之名，以剧中柳树精为杨氏子，而河东君初访半野堂时，亦作男子装故也。）实为家门之福，但牧斋此时因沉溺于新相知之乐，如醉如痴，遂一反其平日心理常态，竟不能将此两事前后联合为一观念，斯为“陈派”失败之主因也。黄梨洲乃同情于河东君者，由于未悉此中原委，转谓是后来焚烧绛云楼之火神。殊不知火神固可具红袍乌帽之形状，但何必现此三位一体之作用耶？钱、黄二人通才博学，为世宗仰，竟皆受给于妒妇老妪。迄今思之，甚为可笑。然则当河东君初访半野堂之时，牧斋家中党派竞争激烈，钩心斗角，无所不用其极。内容实况，今虽不能详知，即据红袍乌帽三神之传说，亦可推见一斑。故不避烦琐之嫌，特辨述之如此。

《东山酬和集·一》牧翁《迎春日偕河东君泛舟东郊作》（寅恪案：迎春日之问题，可参前论牧斋《冬至日感述示孙爱》诗节）云：

罨画山城画舫开，春人春日探春来。帘前宿晕犹眠柳，镜里新妆欲笑梅。花信早随簪鬓发，岁华徐逐荡舟回。绿尊红烛残年事，传语东风莫漫催。

河东《次韵》云：

珠帘从此不须开，又是兰闺梦景来。画舫欲移先傍柳，游衫才拂已惊梅。东郊金弹行相逐，南陌琼辀度几回。最是新诗如玉管，春风舞袖一时催。（寅恪案：此首《初学集》未载。）

河东《春日我闻室作呈牧翁》（寅恪案：郑氏《近世中西史日表》，崇祯十三年庚辰正月十三日立春，十二月廿四日又立春。河东君诗题之“春日”，乃指自十二月立春至除夕间之节候也）云：

裁红晕碧泪漫漫，南国春来正薄寒。此去柳花如梦里，向来烟月是愁端。画堂消息何人晓，翠帐容颜独自看。珍重君家兰桂室，东风取次一凭阑。

牧翁《河东春日诗有梦里愁端之句怜其作憔悴之语聊广其意》云：

芳颜淑景思漫漫，南国何人更倚阑？已借铅华催曙色，更裁红碧助春盘。早梅半面留残腊，新柳全身耐晓寒。从此风光长九十，莫将花月等闲看。

寅恪案：钱、柳二人同在一处时，酬和往复，一日之间，一人所作，往往不止一首。如上录四诗皆属于迎春日者。但《初学集》未载河东君次韵牧斋此日同游东郊之作。又《东山酬和集·一》牧斋《新正日偕河东君过拂水山庄梅花半开春条乍放喜而有作》后附河东君次韵诗，《初学集》亦未载。二人不在一处时，诗筒来往，互相酬和，亦有仅载一方之作品者，如《东山酬和集·二》牧斋《西溪永兴寺看绿萼梅有怀》及《二月十二春分日横山晚归作》，《初学集》皆未载河东君和作。或疑《初学集》为牧斋一人专集，与《东山酬和集》之为诸人酬和诗之选集，两者性质不同，主宾轻重互异，因有著录多少之分别。是说虽亦近理，然鄙意恐不止此。盖河东君为人负气好胜，其与当时名士拈题斗韵，往往超越诸人之上。杜少陵“语不惊人死不休”（见《杜工部集·一一·江上值水如海势聊短述（七律）》）正同此义。今观《初学集》中所存与牧斋唱和之作，颇多别有意境，非复牧斋所能企及。至其未载者，则属不能与牧斋竞胜之作品。由是而言，《初学集》之未全载河东君诸诗，实出河东君本人有所去取之故。斯固负气好胜，而又聪明绝世之人如河东君者，所应有之举措也。兹因比较《东山酬和集》与《初学集》两本繁简异同，略附鄙见如此，以俟通人之教正。

牧斋《迎春日泛舟》一首，既切合景物情事，更才藻艳发，洵为佳作。河东君和章虽亦不恶，然较牧翁原作终有逊色。宜其删去，不存于《初学集》，以免相形见绌也。牧斋诗第三、第四句，实写河东君前夕豪饮、次晨早妆之态。形容巧妙，如见其人。至若孟阳《緪云诗》第四首，亦描写河东君早妆之作。虽与牧斋此两句之意旨相同，但钱诗造语精炼，非程诗所可及。不过松圆欲远追周昉，画出河东君此际情态，则其所画，或更较牧斋之诗能传神，亦未可知也。

河东君《春日我闻室作呈牧翁》一诗，前于第一章、第三章及本章已多述及，今更申论之。其关涉古典者，不必征释，惟就今典言之。河东君此诗与卧子《梦中新柳》诗同用一韵，殊非偶然。盖因当日我闻室之新境，遂忆昔时鸳鸯楼之旧情，感怀身世，所以有“泪漫漫”之语。读此诗者，能通此旨，则以下诸句皆可迎刃而解矣。“此去柳花如梦里”指陈卧子《满庭芳》词“无过是，怨花伤柳，一样怕黄昏”之语而言，即谓与轶符之关系。“向来烟月是愁端”指宋让木《秋塘曲》“十二银屏坐玉人，常将烟月号平津”之句而言，即谓与周文岸之关系。“向来”既如是，“此去”从可知。所言之事、所怀之感，乃牧斋所深知者，故云：“河东《春日》诗有‘梦里愁端’之句，怜其作憔悴之语。”遂不得不和韵赋诗，“聊广其意”。否则此二句自表面观之，亦未见其语之甚憔悴而可怜也。“画堂消息何人晓”，指牧斋初次答其过访半野堂诗“但似王昌消息好”之句及《永遇乐》词“白玉堂前，鸳鸯六六，谁与王昌说”之语。然其下接以“翠帐容颜独自看”之句，即借用玉谿生《代（卢家堂内）应》诗“谁与王昌报消息，尽知三十六鸳鸯”之意。据朱鹤龄《李义山诗集笺注·上》引道源《注》，谓三十六鸳鸯纯举雌言之。（寅恪案：冯孟亭不以此说为然。见《玉谿生诗详注·三》。）牧斋诗词之意，亦同此解，河东君当亦不异。然则此一联两句连读，意谓己身之苦情，牧斋未必能尽悉，而怀疑其是否果为真知己也。“珍重君家兰桂室”感牧斋相待之厚意，而抱未必能久居之感，若作如是解，则“君家”二字之用意所在，始有着落。“东风取次一凭阑”即用卧子梦中所作“大抵风流人倚栏”之句，并念卧子醒后补成“太觉多情身不定”之句，而自伤卧子当时所言，岂竟为今日身世之预谶耶？夫河东君此诗虽止五十六字，其词藻之佳、结构之密，读者所尽见，不待赘论。至情感之丰富、思想之微婉，则不独为《东山酬和集》中之上乘，即明末文士之诗，亦罕有其比。故特标出之，未知当世评泊韵语之专家，究以鄙说为何如也。

抑更有可论者，河东君此诗题既特标“我闻室”三字，殊有深意。夫河东君脱离周文岸家后，至赋此诗之时，流转吴越将及十年。其间与诸文士相往还，其寓居之所，今可考知者，在松江，则为徐武静之生生庵中南楼，或李舒章之横云山别墅；在嘉定，则为张鲁生之薖园，或李长蘅家之檀园；在杭州，则为汪然明之横山书屋，或谢象三之燕子庄；在嘉兴，则为吴来之之勺园；在苏州，或曾与卞玉京同寓临顿里之拙政园。凡此诸处，皆属别墅性质。盖就河东君当时之社会身份及诸名士家庭情况两方面言之，自应暂寓于别墅，使能避免嫌疑，便利行动。但崇祯庚辰冬日至虞山访牧斋，不寓拂水山庄，而径由舟次直迁牧斋城内家中新建之我闻室，一破其前此与诸文士往来之惯例。由是推之，其具有决心归牧斋无疑。遗嘱中“我来汝家二十五年”之语可以证知。然牧斋家中既有陈夫人及诸妾，又有其他如钱遵王辈，皆为己身之反对派，倘牧斋意志动摇，则既迁入我闻室，已成骑虎之势。若终又舍牧斋他去，岂不贻笑诸女伴，而快宋辕文、谢象三报复之心理耶？故“珍重君家兰桂室”之句与“裁红晕碧泪漫漫”之句互相关涉，诚韩退之所谓“刳肝以为纸，沥血以书词”者。吾人今日犹不忍卒读也。

牧斋既深知河东君“梦里”“愁端”两句所指之事实及心理，因和韵以宽慰之。牧斋此诗宽慰之词旨，实在其后四句。“早梅半面留残腊，新柳全身耐晓寒。”“新柳”乃指卧子《补成梦中新柳诗》之“新柳”，自不待言。“全身耐晓寒”，必非泛语。第三章论卧子《蝶恋花·春晓》词“故脱余绵，忍耐寒时节”句，已略及河东君个人耐寒之特性，顾苓《河东君传》云“为人短小，结束俏利”，白牛道者题此传云“冬月御单夹衣，双颊作朝霞色，即之，体温然。疑其善玄素也”，皆与耐寒之特性有关。盖河东君为人短小，若衣着太多，则嫌臃肿，不得成俏利之状。既衣着单薄，则体热自易放散，遂使旁人有“即之温然”之异感。此耐寒习惯，亦非坚忍性特强之人不易办。或者河东君当时已如中国旧日之乞丐、欧洲维也纳之妇女，略服砒剂，既可御寒，复可令面颊红润。斯乃极谬妄之假说，姑记于此，以俟当世医药考古学人之善美容术者教正。兹有一事可论者，吾国旧时妇女化妆美容之术，似分外用内服两种。属于外用者，如脂粉及香熏之类，不必多举。属于内服者，如河东君有服砒之可能及薛宝钗服冷香丸（见《石头记》第七及第八两回）即是其例。前引卧子为河东君而作之《长相思》诗云："别时余香在君袖，香若有情尚依旧。但令君心识故人（寅恪案：此句用《后汉书·列传·四四·杨震传》"故人知君，君不知故人"之语，甚为巧妙，足见卧子文才之一斑），绮窗何必长相守。"然则河东君之香乃热香，薛宝钗之香乃冷香，冷香犹令宝玉移情，热香更使卧子消魂矣。

又温睿临《南疆逸史·下·逸士门·张白牛传》略云：

张白牛，失其名，字存壬，钱塘诸生。鼎革后，弃诸生服，避居留下，卖卜自给，足迹不入城。破屋二间，败几缺足，穴壁倚之以读书。貌苍古，乱髯，声如洪钟。日吟诗，经史之外，释道三藏皆诵。冬衣一敝苧衫，服砒霜。问之，则聊以御寒。

寅恪案：白牛道者或即是张白牛，尚俟详考。但张氏冬日服砒霜以御寒，似可证知明季吴越间颇流行服砒御寒之术。且张氏之号与题《河东君传》之白牛道者实相符合，甚可注意也。牧斋"新柳全身耐晓寒"句之意，尚不止摹写河东君身体耐寒之状，实亦兼称誉其遭遇困难坚忍不挠之精神。盖具有两重旨意也。卧子《补成梦中新柳诗》载于《陈李倡和集》，为崇祯六年癸酉早春所作。此诗后一题为《梅花（七律）二首》，当亦是为河东君而作。又《陈忠裕全集·一五·属玉堂集》载卧子于崇祯七年甲戌岁暮所作《早梅》一首云：

垂垂不动早春间，尽日青冥发满山。昨岁相思题朔漠（自注："去年在幽州也。"），此时留恨在江关。干戈绕地多愁眼，草木当风且破颜。念尔凌寒难独立，莫辞冰雪更追攀。

寅恪案：卧子自注云"去年在幽州也"，盖卧子崇祯六年癸酉岁暮在北京，候次年会试。此时颇多绮句，皆怀念河东君之作，第三章已论及之。此诗之前为《腊日暖甚过舒章园亭观诸艳作并谈游冶二首》。此诗后为《乙亥元日》。然则卧子《早梅》一律，当作于崇祯七年十二月立春之后，除夕之前。正与牧斋崇祯十三年庚辰冬作此诗之时节相应合。卧子诗云："念尔凌寒难独立，莫辞冰雪更追攀。"牧斋早梅之句及耐寒之语，疑俱与之有关。卧子《陈李倡和集》及《属玉堂集》久已刊布，谅牧斋当日必早见及。故用其《新柳》《早梅》两诗以为今典。不仅写景写物，亦兼言情言事。此非高才不能为之。即有高才而不知实事者，复不能为之也。幸得高才、知实事而能赋咏之矣，然数百年之后，大九州之间，真能通解其旨意者，更复有几人哉？更复有几人哉？"从此风光长九十，莫将花月等闲看"谓立春至立夏共九十日，皆为阳春，不可等闲放过。汤玉茗云："如花美眷，似水流年。"牧斋于此非独取以慰人，并用以自警矣。

抑更有可论者，崇祯十三年庚辰之冬，河东君年二十三，牧斋年五十九，卧子年三十三。依当日社会一般观念，河东君或尚可称盛年，然已稍有美人迟暮之感。卧子正在壮岁，牧斋则垂垂老矣。庚辰后五年为顺治二年乙酉，明南都倾覆，河东君年二十八，牧斋年六十四。河东君虽愿与牧斋同死，而牧斋谢不能。庚辰后六年为顺治三年丙戌，卧子殉国死，年三十九，河东君年二十九。庚辰后八年为顺治五年戊子，牧斋年六十七，河东君年三十一。牧斋以黄毓祺案当死，而河东君救之，使不死。庚辰后二十四年为康熙三年甲辰，牧斋年八十三，河东君年四十七，两人先后同死。由是言之，河东君适牧斋，可死于河东君年二十九或三十一之时，然俱未得死。河东君若适卧子，则年二十九时当与卧子俱死，或亦如救牧斋之例，能使卧子不死，但此为不可知者也。呜呼！因缘之离合，年命之修短，错综变化，匪可前料。属得属失，甚不易言。河东君之才学智侠既已卓越于当时，自可流传于后世，至于修短离合，其得失之间，盖亦末而无足论矣。因恐世俗斤斤于此，故取三人之关于此点者，综合排比之，以供参究。寅恪昔撰《王观堂先生挽诗》云："但就贤愚判死生，未应修短论优劣。"意旨可与论河东君事相证发也。

《东山酬和集·一》牧翁《除夕山庄探梅口占报河东君》云：

数日西山踏早梅，东风昨夜斩新开。停车未许倾杯酒，走马先须报镜台。冷蕊正宜帘阁笑，繁花还仗剪刀催。衫裆携得寒香在，飘瞥从君嗅一回。

牧翁《庚辰除夜偕河东君守岁我闻室中》云：

除夜无如此夜良，合尊促席饯流光。深深帘幕残年火，小小房栊满院香。雪色霏微侵白发，烛花依约恋红妆。知君守岁多佳思，欲进椒花颂几行。

河东《除夕次韵》云：

合尊饯岁美辰良，绮席罗帷罨曙光。小院围炉如白昼，两人隐几自焚香。萦窗急雪催残漏，照室华灯促艳妆。明日珠帘侵晓卷，鸳鸯罗列已成行。

牧翁《辛巳元日雪后与河东君订春游之约》（寅恪案：《初学集》此题止作《辛巳元日》）云：

新年转自惜年芳，茗碗薰炉殢曲房。雪里白头看鬓发，风前翠袖见容光。官梅一树催人老，宫柳三眠引我狂。西碛蓝舆南浦棹，春来只为雨人忙。

河东《元日次韵》云：

蘼芜新叶报芬芳，彩风和鸾戏紫房。已觉绮窗回淑气，还凭青镜绾流光。参差旅鬓从花妒，错莫春风为柳狂。料理香车并画楫，翻莺度燕信他忙。

牧翁《新正二日偕河东君过拂水山庄梅花半开春条乍放喜而有作》云：

东风吹水碧于苔，柳靥梅魂取次回。为有香车今日到，尽教玉笛一时催。万条绰约和腰瘦，数朵芳华约鬓来。最是春人爱春节，咏花攀树故徘徊。

河东《次韵》（寅恪案：《初学集》未载此首）云：

山庄水色变轻苔，并骑亲看万树回。容鬓差池梅欲笑，韶光约略柳先催。丝长偏待春风惜，香暗真疑夜月来。又是度江花寂寂，酒旗歌板首频回。

寅恪案：《初学集·一二·山庄八景诗八首》之七《梅圃溪堂序》云：“秋水阁之后，老梅数十株，古干虬缪，香雪浮动。今筑堂以临之。”又《有学集·四七·书梅花百咏后》云：“墓田丙舍，老梅数十株。”可见拂水山庄梅花之盛。牧斋于崇祯十三年除夕特先往拂水山庄探梅，其实乃为二日后，即崇祯十四年正月初二日偕河东君同游之准备工作。自是属于接待新人之范围。但亦疑有与旧人如宠妾王氏之流有关之陈设等类，不欲使河东君见之“不顺眼”，早为除去。或更有他故，为河东君所不愿者，非预先措置不可，如拂水山庄本为钱氏丙舍，新正之月，岂有至先茔所在而不拜谒之理？牧斋之拜谒先茔，若河东君置身其间，颇为尴尬，不拜则为失礼，同拜则有已适钱氏之嫌。故牧斋所以先二日独至拂水之主要目的，必为己身可先拜墓，则偕河东君再往时可以不拜，以免其进退维谷之困难。（可参《有学集诗注·九·红豆集·（顺治十五年戊戌）孟冬十六日偕河东君夫人自芙蓉庄泛舟拂水瞻拜先茔将有事修葺感叹有赠效坡公上巳之作词无伦次（七古）》。）盖河东君当时与牧斋之关系究将如何，其心中犹豫未决。玩味所赋《春日我闻室作》一诗中“珍重君家兰桂室”之句，则此际尚不欲竟作钱家之莫愁，亦可推知，否则区区探知梅花消息，遣一僮应如索绹者即可胜任，不必躬亲察勘也。又牧斋《辛巳元日》诗题，《初学集》删去“与河东君订春游之约”九字，则与《新正二日偕河东君过拂水山庄》，即前一日所“订春游之约”失去联系。推测牧斋所以删去订约之语，未必以题语冗长之故，颇疑河东君初不欲往，后经牧斋从臾，勉强成行，若著“春游之约”一语，则过于明显。似此心理之分析，或不免堕入论诗家野狐禅之讥。推测不当，亦可借此使今之读诗者一探曹洞中之理窟，未可谓为失计也。然昔人诗题之烦简，殊有用意。纵令牧斋拂水山庄探梅诗“停车未许倾杯酒，走马先须报镜台”，下句自是此行之主旨，上句谓到山庄不敢多留，即归报讯，所以表示其催劝河东君往游之意，殊可怜，又可笑也。“衫裆携得寒香在，飘瞥从君嗅一回”亦写当时之实况。盖牧斋此行必摘梅以示河东君，借是力劝其一往也。此首未载河东君和作，当非原有和章而后删去者，岂因无酬答之必要，遂置之未和耶？牧斋《庚辰除夜偕河东君守岁我闻室中》一诗，首句“除夜无如此夜良”，初读之，似觉不过寻常泛语。详考之，则知为实事真情。牧斋与松圆晚年往还尤密，在赋此诗前数年除夕，皆与孟阳守岁唱和。如《己卯除夕偕孟阳守岁》（见《初学集·一五·丙舍诗集·上》）、《戊寅除夕偕孟阳守岁》（见《初学集·一四·试拈诗集》）等及《列朝诗集·丁·一三·上》所选孟阳诗《己卯除夕和牧斋韵》《戊寅除夜拂水山庄和牧斋韵二首》等，可为例证。至丁丑除夕牧斋在北京刑部狱中，其《岁暮怀孟阳》诗之后一题，为《除夜示杨郎之易》诗，则是遥隔千里，共同守岁之作。《列朝诗集》所选孟阳诗中，其《昭庆慈受僧舍得牧斋岁暮见怀诗次韵》一首，虽作成之时日较后，亦是等于与牧斋丁丑除夕唱和也。然则前此数年之除夜，牧斋相与共同守岁者，亦是“白个头发，乌个肉”之老翁，今此除夜，则一变为与“乌个头发，白个肉”之少妇共同守岁。牧斋取以相比，宜有“除夜无如此夜良”之语矣。“小小房栊满院香”句，可与《寒夕文宴》诗“绿窗还似木兰舟”句参较。我闻室非宽敞之建筑物，益可证明也。

河东君《次韵牧斋庚辰除夜守岁诗》辞旨俱佳。“明日珠帘侵晓卷，鸳鸯罗列已成行”之句，乃暗指牧斋《答河东君半野堂初赠诗》“但似王昌消息好，履箱擎了便相从”之语。其用“已”字，殊非偶然。较之牧斋原诗“知君守岁多佳思，欲进椒花颂几行”不过以节物典故依例颂扬作结者，实有上下床之别。钱、柳两诗并列，牧斋于此应有愧色矣。

牧斋《辛巳元日》诗第二句“茗碗熏炉殢曲房”，乃因孟阳《次韵河东君半野堂诗》“诗酒已无驱使分，薰炉茗碗得相从”之语而发。“曲房”指我闻室言。孟阳自谓其于河东君，诗酒固已无分，炉碗尚可相从。岂意穷冬冒寒别去钱、柳，独归新安。除夕卧病，相与守岁者，惟一空门之照师，寒灰暗影，两秃相对。诗酒炉碗，俱成落空。真可悯，复可嗤也已。据《列朝诗集·丁·一三》所选孟阳《题画雪景送照师归黄山喝石居》诗，题下自注云：“去年除夕师以余疾出山。兹感旧作歌。”此题前第三题为《和牧翁宿方给谏旧馆有怀孟阳》，第四题为《辛巳三月廿四日（与老钱）同宿新店次韵》，俱为崇祯十四年辛巳作品，自无疑义。若《题画雪景》诗及其前第一、第二两题，并属辛巳年之作品，则《题雪景》诗题下自注中之“去年除夕”，乃指崇祯十三年庚辰除夕，亦可以推定也。噫！当牧斋守岁之际，即松圆卧病之时。我闻室中绿窗红烛，薰炉茗碗，赋诗赌酒，可谓极天上人间之乐事。牧斋袭用孟阳“薰炉茗碗”之语以自鸣得意。不知长翰山中，松圆阁内之老友（《初学集·一九·东山诗集·二·访孟阳长翰山居题壁代简》云：“长翰山中书数卷，松圆阁外树千章。”），何以堪此耶？其不因病而死，殊为幸事。牧斋选取孟阳此诗，见其题下自注之语，或亦不能无动于中欤？河东君《元日次韵诗》“参差旅鬓从花妒，错莫春风为柳狂”一联，下句乃答牧斋原作“宫柳三眠引我狂”之语。“春风”乃指牧斋。此时牧斋真为河东君发狂矣。上句之“旅鬓”乃指己身而言。其用“旅”字，除有古典外，恐尚含来此作客，不久即去之意。“花”指牧斋家中宠妾王氏之流而言。牧斋《辛巳元日诗》，其题中明言与河东君订定往游拂水山庄之约，河东君诗“料理香车并画楫，翻莺度燕信他忙”乃谓因钱、柳之偕游拂水山庄，舟舆之忙碌预备。钱氏家中议论纷纭也。前谓拂水山庄为钱氏之丙舍，牧斋与河东君此行殊有妇人庙见之礼，或朱可久诗“洞房昨夜停红烛，待晓堂前拜舅姑”（见《全唐诗·第八函·朱庆余·二·近试上张籍水部》）之嫌疑。河东君诗意谓己身此来作客，不久即归去，虽牧斋之颠狂、王氏之妒嫉，亦任之而已。

牧斋《新正二日偕河东君过拂水山庄诗》结语“最是春人爱春节，咏花攀树故徘徊”，乃特为写出河东君之作此游出于自愿之意，借以掩盖其极力劝促，勉强成行之痕迹也。河东君《次韵牧斋偕游拂水山庄》诗“又是度江花寂寂，酒旗歌板首频回”，上句度江寂寂之花，自是指己身而言。以河东君之风流高格调，固足当度江名士之目而无愧也。下句回首酒旗歌板，则微露东坡诗“舞衫歌扇旧因缘”（见《东坡后集·四·朝云诗》）之意矣。词旨俱不恶。《初学集》未载河东君此诗者，当因既题曰“次韵”，而末句“回”字与原作之“徊”字不同。只可谓之“和韵”，不得题作“次韵”，岂以名实不符之故，遂删去未载耶？

《东山酬和集·一》牧斋《上元夜同河东君泊舟虎丘西溪小饮沈璧甫斋中》云：

西丘小筑省喧阗，微雪疏帘炉火前。玉女共依方丈室，金床仍见雨花天。寒轻人面如春浅，曲转箫声并月圆。明日吴城传好事，千门谁不避芳妍。

河东《次韵》云：

弦管声停笑语阗，清尊促坐小阑前。（寅恪案：《初学集》“坐”作“席”。）已疑月避张灯夜，更似花输舞雪天。玉蕊禁春如我瘦，银缸当夕为君圆。新诗秾艳催桃李，行雨流风莫妒妍。

牧斋《次韵示河东君》云：

三市从他车马阗，焚枯笑语纸窗前。晚妆素袖张灯候，薄病轻寒禁酒天。梅蕊放春何处好，烛花如月向人圆。新诗恰似初杨柳，邀勒东风与斗妍。

沈璜（璧甫）《辛巳元夕牧翁偕我闻居士载酒携灯过我荒斋牧翁席上诗成依韵奉和》（寅恪案：神州国光社影印长洲蒋杲赐

书楼所藏《柳如是山水册》。其末帧题云："□□词长先生为余作《西泠采菊长卷》。予临古八帧以报之。我闻居士柳如是。"杲事迹见同治修《苏州府志·八八》。若此册果为真迹者，疑是河东君于崇祯十一年秋间游西湖时所作。可参前论《戊寅草·秋尽晚眺》第一首"为有秋容在画角"句。今所见崇祯十一年陈卧子所刻《戊寅草》，崇祯十二年汪然明所刻《湖上草》及十四年所刻《尺牍》，皆题"柳隐如是"。河东君既以"如是"为字，自可取佛典"如是我闻"之成语，以"我闻居士"为别号也。）云：

乍停歌舞息喧阗，移泊桥西蓬户前。弱柳弄风残雪地，老梅破萼早春天。酒边花倚灯争艳，帘外云开月正圆。夜半诗成多藻思，幽庭芳草倍鲜妍。

苏先子后和诗云：

春城箫鼓竞阗阗，别样风光短烛前。残雪楼台行乐地，薄寒衣袂放灯天。银花火树如人艳，璧月珠星此夜圆。一曲霓裳君莫羡，新诗谁并玉台妍。

寅恪案：河东君于崇祯十三年十一月乘舟至常熟访牧斋于半野堂。十二月二日迁入牧斋家中之我闻室。除夕相与守岁。次年正月二日与牧斋同游拂水山庄。元夕偕牧斋乘舟载酒携灯至苏州，过沈璧甫斋中宴集赋诗。然则河东君自到常熟至过苏州，其间大约将及两月。自崇祯十四年正月二日至上元，其间将及半月。在此将及半月之时间，钱、柳两人俱未见唱和之作。与前一时间，即自初访半野堂至同游拂水山庄之时间，吟咏往复，载于集中可以考见者，其情况大不相同，是何故耶？河东君清羸多病，前论其《与汪然明尺牍》，已略及此点。观《尺牍》第

十一、十三、十四、十八、二十五、二十八、二十九等通，皆可为例证。此七通尺牍之时间，乃自崇祯十二年秋至十三年秋者。其距离十四年元夕，不过数月至一年余耳。河东君于十三年庚辰仲冬至常熟，其病当或尚未全愈，殆有不得已勉强而为此行之苦衷。经过月余之酬应劳瘁，兼以豪饮之故，极有旧病复发之可能。但此犹仅就其身体方面而言，至若其精神方面，更有迟疑不决、思想斗争之痛苦。前论其不愿往拂水山庄春游事可以窥见。由此言之，《东山酬和集》及《初学集》中，崇祯十四年正月二日钱、柳偕游拂水后，历时颇久，直至元夕，始有同过苏州之诗者，其故当由于河东君自偕游钱氏丙舍所在地之后，感触甚深，因而发病所致欤？又据牧斋《元夕次韵》诗"薄病轻寒禁酒天"及《有美诗》"薄病如中酒"等句推之，则知河东君之离常熟，亦是扶病而行者。今日思之，抑可伤矣。清代曹雪芹糅合王实甫"多愁多病身"及"倾国倾城貌"，形容张、崔两方之辞，成为一理想中之林黛玉。殊不知雍乾百年之前，吴越一隅之地，实有将此理想而具体化之河东君。真如汤玉茗所写柳春卿梦中之美人，杜丽娘梦中之书生，后来果成为南安道院之小姐，广州学宫之秀才。居然中国老聃所谓"虚者实之"者，可与希腊柏拉图意识形态之学说互相证发，岂不异哉！

虎丘沈璧甫斋中赋诗诸人，除钱、柳外，沈璜本末前已略述。《列朝诗集·丁·一三·下·沈山人璜小传》略谓其"与王德操、林若抚先后称诗。居虎丘之西"，并载其《移家虎丘（七绝）二首》，但未选录《辛巳元夕次韵牧斋（七律）》，殆以此诗无关沈氏生平出处，故尔未选。其实沈诗"弱柳弄风残雪地，老梅破萼早春天"一联，上句指河东君，下句指牧斋，景物人事融会兼写，亦可称佳妙也。

沈氏斋中赋诗之人，苏先子后本末未能详考。据刘本沛《虞书》云：

苏先，字子后。善画美人，且善诗。

及郑抡逵《虞山画志·二》（参光绪修《常昭合志稿·二三·苏先传》及鱼翼《海虞画苑》"苏先"条）云：

苏先，字子后，号墨庄。少时作《新柳诗》，钱宗伯爱之。工画仕女，为时推重。子后为程孟阳写《仙游图》，题云："撇开尘俗上青霄，绛续仙人拍手招。踏破洞天三十六，月明鹤背一枝箫。"才横气豪，即诗可见。

寅恪案：墨庄此时何以适在璧甫斋中，未知其故。苏氏少时，既以《新柳诗》见赏于牧斋，当为受之乡里后辈。其所赋《新柳诗》，今未得见。以情事言，此时河东君亦是"新柳"。子后既工画仕女，若为璧甫斋中此夕文宴写照，则于河东君过访半野堂图之外，天壤间别传一重公案，岂非佳话耶？墨庄此诗"残雪楼台行乐地，薄寒衣袂放灯天"一联颇可诵。牧斋称赏其《新柳诗》，自不偶然也。

又，单学傅《海虞诗话·一》亦载子后本末，并选其诗。兹附录有关拂水山庄《梅花诗》一首，以供参证。

《庭中手植梅著花甚繁作短歌》云：

去年梅开花尚少，今年花开多益好。花开岁岁春长在，种花之人花下老。君不见拂水山庄三十树，照野拂衣如白雾。又不见卧雪亭前雪一丛，千花万朵摇春风。花正开时主人出，地北天南看不及。幽禽空对语关关，夜雨徒沾香裛裛。见花忽忆倚花立，索笑不休相对泣。百岁看花能几回，人生何苦长汲汲。

牧斋《上元夜饮璧甫斋中》诗，殊不及河东君次韵之作。惟“寒轻人面如春浅，曲转箫声并月圆”一联颇佳。其《次韵示河东君》一首，则胜其前作。盖不甘退避，竭尽平生伎俩，与《新柳》一较高下。其结语“新诗恰似初杨柳，邀勒东风与斗妍”即是挑战应战之意。“晚妆素袖张灯候，薄病轻寒禁酒天”一联，写河东君此夕情态，曲尽其妙。苏子后虽善丹青，令其此夕作画，恐亦未必如牧斋诗句之真能传神如是也。

河东君次韵牧斋诗，全首辞旨皆佳。“玉蕊禁春如我瘦，银缸当夕为君圆”一联尤妙。河东君此联下句乃答牧斋“曲转萧声并月圆”句，指己身唱曲而言，故应以“为君圆”之语。牧斋“烛花如月向人圆”之句，又答河东君“为君圆”之意，乃指两人而言。钩心斗角，各显所长，但河东君之作终胜于牧斋。读者苟取两人之诗并观，则知鄙说非重女轻男、阿私所好也。河东君此联上句“玉蕊禁春如我瘦”亦非泛语。《初学集·四五·玉蕊轩记》云：

河东君评花，最爱山矾。以为梅花苦寒，兰花伤艳，山矾清而不寒，香而不艳，有淑姬静女之风。蜡梅、茉莉皆不中作侍婢。予深赏其言。今年得两株于废圃老墙之下，刜奥草，除瓦砾，披而出之，皆百岁物也。老干擢挐，樛枝扶疏，如衣从风，如袖拂地，又如梏拳乍脱，相扶而立，相视而笑。君顾而乐之，为屋三楹，启北牖以承之，而请名于予。予名之曰“玉蕊”，而为记曰：“玚花之更名山矾，始于黄鲁直。以玚花为唐昌之玉蕊者，段谦叔、曾端伯、洪景卢也。其辨证而以为非者，周子充也。夫玚花之即玉蕊耶？非耶？诚无可援据。以唐人之诗观之，则刘梦得之雪蕊琼丝，王仲初之珑松玉刻，非此花诚不足以当之。有其实而欲夺其名乎？物珍于希，忽于近。在江南，则为山矾，为米囊，野人牧竖夷为樵苏。在长安，则为玉蕊，神女为之下九天，停飙轮，攀折而后去，固其所也。以为玉蕊不生凡地，惟唐昌及集贤翰林有之，则陋。又以为玉蕊之种，江南惟招隐有之。然则子充非重玉蕊也，重李文饶之玉蕊耳。玉树青葱，长卿之赋也。琼树碧月，江总之辞也。子充又何以云乎？抑将访其种于宫中，穷其根于天上乎？吾故断取玉蕊以榜斯轩。春时花放，攀枝弄雪，游咏其中，当互为诗以记之。订山矾之名为玉蕊，而无复比玚更矾之讥也，则自予与君始。崇祯十五年十二月二十九日，牧翁记。”

寅恪案：牧斋此记乃借驳周必大《玉蕊辨证》，以为河东君出自寒微之辨护，并以针对当日钱氏家中正统派，即陈夫人、钱遵王一派之议论而发者。至于其所言之当否，则今日可不必拘于北欧植物学者之系统范围，斤斤于名实同异之考辨，转自为地下之牧斋所笑也。牧斋作《记》之时，即崇祯壬午除夕。（是年十二月小尽。）《初学集·二十·东山诗集·三·壬午除夕》诗云：“闲房病妇能忧国，却对辛盘叹羽书。”可知牧斋作《记》之时，河东君犹在病中，更宜作此等语，借为精神上之安慰。此记之作，在河东君赋《辛巳元夕》诗后将及两年。然其花事之品题，乃关系平生雅好者，当早与牧斋言及之，而牧斋亦能熟记之。故此联下句之以“玉蕊”自比，实非泛语。忆在光绪时，文道羲廷式丈曾赋《浣溪沙》词（见《云起轩词》）云：“少可英雄偏说剑，自矜颜色故评花。”正可移其语以目三百年前之河东君也。

又，冯已苍（舒）《虞山妖乱志·中》云：

（钱牧斋、瞿稼轩二公因张汉儒告讦，将被逮北行。）有素与交者曰冯舒，亦抵郡（指苏州）送之。因请读所谓款单者。钱谓曰："吾且与子言两事。一云，我占翁源德花园一所，价值千金。一云，我受翁源德二千金，翻杀姊案，反坐顾象泰。子以为何如？"盖所谓花园者，仅钱宅后废地，广袤不数丈，久置瓦砾者。当倪元珙翻狱时，钱大不平，既而祁院（指祁彪佳）更坐源德，钱与有力焉。推此二端，余皆可知也。

谈迁《枣林杂俎和集·丛赘》"钱谦益"条云：

（曹化淳）尽发乌程怒牧斋事，而下汉儒履谦并武举王番立枷死。番屋本陶氏，复归钱氏，纳价又折之，恨极，诉京师。

寅恪案：牧斋《玉蕊轩记》之废圃，或即已苍《虞山妖乱志》之"花园"。若所揣测者不误，则《玉蕊轩记》中"如梏拲乍脱，相扶而立，相视而笑。君顾而乐之"等语，实暗示得此花之地，曾与张汉儒告讦案有连。牧斋作文善于联系，观此记时、地、花、人四者，互相牵涉，尤可证其才思之精妙。又谈孺木所记亦涉及牧斋兼并豪夺邻近屋地之事，且在张汉儒告讦案之范围。但此案发生在河东君过访半野堂以前，故本文不须多论，惟录冯、谈两书所记，而特阐明玉蕊与河东君之关系，借见李太白所谓"名花倾国两相欢"之一例云尔。

又《初学集·四五·留仙馆记》略云：

得周氏之废圃于北郭，古木藂石，郁仓荟蔚。其西偏有狭室焉，为之易腐柱倾，加以涂塈，树绿沈几，山翠湿牖，烟霞澄鲜，云物靓深，过者咸叹赏以为灵区别馆也。树之眉曰"留仙之馆"。客视而叹曰："虞山故仙山也。子将隐矣，有意于登真度世，名其馆为'留仙'，不亦可乎？"予曰："不然。予之名馆者，慈溪冯氏尔赓号留仙者也。予取友于天下多矣。晚而得留仙昆弟。留仙之于我，古所谓王贡、嵇吕无以尚也。予既老于一丘，而留仙为天子之劳臣，枝柱于津门、渝水之间，遡而思，思而不得见，眉之馆焉，所以识也。”客曰：“是矣，则胡不书其姓、系其官，而以别号名馆，使人疑于望仙、迎仙之属欤？”予笑曰：“子必以洪崖、赤松沧六气而饮沆瀣者，而后为仙欤？吾之所谓仙者有异焉。以《真诰》考之，忠臣孝子，历数百年犹在金房玉室之间，迄于今不死也。以留仙之馆比于望仙、迎仙，何不可哉？”客曰：“善哉！请书之以为记，俟其他日功成身退，为五湖三峰之游宴，坐于斯馆，相与纵饮舒啸，而以斯文示之。”崇祯壬午小岁日记。

寅恪案：此记末署“崇祯壬午小岁日”即十二月九日，与《玉蕊轩记》同为一月内之作品。玉蕊轩所在，或非翁氏花园，而与留仙馆同在周氏废圃之内。果尔，则两建筑物相距至近。玉蕊之名既因河东君而得，留仙之名亦应由与河东君有关之人而来。今时、地两者，既互有勾牵，转谓留仙馆之得名，缘于远在津门、手握兵符之冯元飏，甚不近情理。鄙意留仙馆之得名，实由与河东君有关之女性。“留仙”之典，本于伶玄《赵飞燕外传》。“仙”之定义，乃指妖艳之女性。说详拙著《元白诗笺证稿》第四章所附之《读莺莺传》。考崇祯十五年春河东君卧病苏州，惠香伴送之返常熟牧斋家。牧斋苦留惠香不得。此事见本章前后所论述。据是言之，留仙馆之得名实由惠香，而非尔赓。盖牧斋平日为文，于时、地、人三者之密切联系，尤所注意。其托称指尔赓者，不过未便显言，故作狡狯耳。然则冯氏竟成李树代桃僵，岂不冤哉！牧斋当时为文，必料尔赓不以游戏之举为嫌，故敢出此。两人交谊笃挚，于斯益信。噫！牧斋此年春间赋诗苦留惠香，岁暮又作记命此馆名，竟欲以两金屋分贮两阿娇，深情奢望，诚可怜可笑矣。

《东山酬和集·一》河东《鸳湖舟中送牧翁之新安》（寅恪案：此首《东山酬和集》列于《有美诗》之前。《初学集》则附于《有美诗》之后）云：

梦里招招画舫催，鸳湖鸳翼若为开。此时对月虚琴水，何处看云过钓台。惜别已同莺久驻，衔书应有燕重来。（寅恪案：《初学集》“书”作“知”，较佳。盖避免《开元天宝遗事·下》“传书燕”条任宗、郭绍兰之嫌也。）只怜不得因风去，飘拂征衫比落梅。

寅恪案：袁瑛《我闻室剩稿》此题“牧翁”作“聚沙老人”，应是河东君此诗最初原题如是，后来牧斋编《东山酬和集》及《初学集》时，始改为“牧翁”。牧斋此别号当起于天启七年八月倡议醵资续成萧应宫所建塔之际。《初学集·八一·募建表胜宝恩聚奎宝塔疏》末题“聚沙居士”，盖取义于《法华经·方便品》“乃至童子戏，聚沙为佛塔”之典。又牧翁作此疏时，亦必獭祭及于《徐孝穆文集·五·东阳双林寺傅大士碑》所云：

常以聚沙画地，皆因图果。芥子庵罗，无疑褊陋，乃起九层砖塔。

之语。《初学集·八一》复载《书西溪济舟长老册子》一文，末题“辛巳仲春聚沙居士书于蒋村之舟次”，其年月、地域与河东君赋此诗之时间、空间密相衔接。河东君此诗题所以改“聚沙居士”为“聚沙老人”者，初视之，不过言牧斋六十之年，正可尊称为“老人”。若详绎之，则知“聚沙”本童子之戏，牧斋当崇祯庚辰辛巳冬春之间，共河东君聚会之时，其颠狂游戏，与儿童几无少异。殆《左氏春秋》所谓“犹有童心”者。河东君特取此童老相反之两义，合为一辞，可称雅谑。然则河东君之放诞风流，淹通典籍，于此更得一例证矣。至若牧斋所以倡议续建此塔之意，《疏》文所言皆为表面语，实则心赏翁静和之才艺而深悲其遭遇，欲借此为建一纪念碑耳。关于牧斋与翁孺安事，非此文所能旁及。倡议成塔始末，可参冯舒《虞山妖乱志·上》，兹亦不详及。河东君与牧斋同舟过苏州至嘉兴，然后分袂。牧斋往杭州，转游黄山。河东君则自鸳湖返棹松江。顾苓《河东君传》云：“既度岁，与为西湖之游。”殊不知钱、柳在常熟时，虽曾有偕游西湖之约，观河东君《与汪然明尺牍》第三十通云：

弟方耽游，蜡屐或至，阁梅梁雪，彦会可怀。不尔，则春怀伊迩，薄游在斯。当偕某翁，便过通德，一景道风也。

可以证知。然此同游之约迄未实践。云美误以钱、柳二人偕至西湖，其实二人仅同舟至鸳湖即离去也。牧斋《有美诗》乃河东君别去后，答其送游新安之作。故结语云：“迎汝双安桨，愁予独扣舷。从今吴榜梦，昔昔在君边。”《初学集》附河东君送行诗，第五句“惜别已同莺久驻”，谓自崇祯十三年十一月间初访半野堂，至十四年正月末别牧斋于鸳湖，已历三月之时间，不可言非久。第六句“衔知应有燕重来”，谓感激牧斋之知遇，自当重来相会。综合此联，其所以宽慰牧斋之意，可谓周密深挚，善于措辞者矣。第七、第八两句云：“只怜不得因风去，飘拂征衫比落梅。”“飘拂”二字适为形容己身行踪之妙语。用“落梅”二字，则亦于无意间，不觉流露其身世飘零之感矣。

牧斋《有美诗一百韵》，不独为《东山酬和集》中压卷之作，即《初学》《有学》两集中，亦罕见此稀有之巨制，可知其为牧斋平生惨淡经营、称心快意之作品。后来朱竹垞《风怀诗》固所不逮，求之明代以前此类之诗，论其排比铺张、波澜壮阔而又能体物写情、曲尽微妙者，恐舍元微之《梦游春》、白乐天《和梦游春》两诗外，复难得此绝妙好词也。

此诗取材博奥，非俭腹小生翻检类书、寻求故实者所能尽解，自不待言。所最难通者，即此诗作者本人及为此诗而作之人，两方复杂针对之心理，并崇祯十三年仲冬至次年孟春三数月间两人行事曲折之经过，推寻冥想于三百年史籍残毁之后，谓可悉得其真相，不少差误，则烛武壮不如人，师丹老而健忘，诚哉！仆病未能也。

牧斋不仅赋此诗以赠河东君，当亦为河东君解释其诗中微旨所在。河东君自能心赏意会，不忘于怀。观《初学集·二十·（崇祯十四年辛未）中秋日携内出游次冬日泛舟韵二首》之后，附河东君《依韵和作二首》之二“夫君本自期安桨，贱妾宁辞学泛舟”一联，其上句自注“《有美诗》云‘迎汝双安桨’”，即是其例证。

前论钱遵王注牧斋诗，独于《有美诗》违反其原来之通则，疑其本出于陆敕先之手，故《有美诗》诸注乃是陆氏之原本，而遵王或略有增补者，但详绎此诗全篇之注，至篇末重要之处，反独较少。岂敕先亦未注完此诗，遵王取以入其书中，遂致一篇之注前后详略有异耶？夫牧斋本人之外，最能通此诗之意者为河东君。然皆不可向其求解矣。敕先乃同情于河东君者，《东山酬和集·二》载其《和牧斋迎河东君四诗》第三首一章，可以为证。

其结语云“桃李从今莫教发，杏媒新有柳如花”，乃用《李义山诗集·上·柳下暗记（五绝）》“更将黄映白，拟作杏花媒”句意。语颇新颖，特附录于此。可惜陆氏当崇祯十三四年时，与牧斋关系之亲密，似尚不及何士龙。故注释《有美诗》，亦未必能尽通其意，周知其事。至若遵王，则本与河东君立于反对之地位者，无论牧斋之用事有所未详，不能引证，用意则纵有所知，亦以怀有偏见，不肯为之阐明也。今日释证《有美诗》，除遵王旧注已及而不误者，不复多赘外，其有讹舛或义有未尽，则就管窥所得，略为补出。所注意之处，则在钱、柳二人当日之行踪所至及用意所在。搜取材料，反复推寻，钩沉索隐，发见真相。然究竟能否达到释证此诗目的十分之一二，则殊不敢自信，深愿当世博识通人，有以垂教之也。

牧斋以“有美”二字，为此诗题之意，乃取《诗经·郑风·野有蔓草篇》“有美一人”“邂逅相遇，适我愿兮”及“与子皆臧”之义，兼暗寓河东君之名字。第二章已论及之，兹不复赘。稍成问题者，即此诗题有“晦日鸳湖舟中作”之语，盖钱、柳二人于崇祯十四年元夕同舟至苏州，纵行程难免濡滞，亦不至需半月之时间始达鸳湖。欲推其所以如此之故，自难得知，然此行牧斋本是取道西湖，往游黄山。河东君则原拟遄返松江佘山故居养疴。两人自可同过苏州后，分袂独往。今不如此，乃过虎丘后，同至鸳湖，始各买棹别行。其眷恋不舍、惜别多情之意，可以推见。于是河东君《送牧翁之新安》诗“惜别已同莺久驻”之句，遂更得一旁证新解矣。兹因解释便利之故，略据此诗辞意，分析段节，依次论之于下。

《东山酬和集·一》牧翁《有美一百韵晦日鸳湖舟中作》云：

有美生南国，芳名异代传。（《初学集》作“清芬翰墨传”。）河东论氏族，天上问星躔。汉殿三眠贵，吴宫万缕连。星榆长历落，月桂并蹁跹。郁郁昆山畔，青青谷水瑌。托根来净域，移植自芳年。

寅恪案：昔年论元微之与双文及韦成之婚姻问题，引《昌黎集·二四·监察御史元君妻京兆韦氏夫人墓志铭》云：“诗歌硕人，爰叙宗亲。女子之事，有以荣身。”遂推论吾国旧日社会婚姻与门第之关系。兹不详及。（见拙著《元白诗笺证稿》第四章附《读莺莺传》。）夫河东君以旷代难逢之奇女子，得适牧斋，受其宠遇，同于嫡配。然卒为钱氏宗人如遵王之流，逼迫自杀。其主因实由出身寒贱一端，有以致之。今存《河东君传》中，其作成时间之较早者有二篇，即沈虬及顾苓两氏之文。沈《传》载河东君本姓杨，为禾中人。顾《传》则仅云：“河东君，柳氏也。”并不述其籍贯。盖云美深会其师之微意，于河东君之真实姓氏及原来籍贯有所隐讳，不欲明白言之也。牧斋此诗故作狡狯，竟认河东君为真姓柳者，排比铺张，详征柳家故实，乃所谓“姑妄言之”者。若读者不姑妄听之，则真天下之笨伯，必为牧斋、河东君及顾云美等通人所窃笑矣。河东君本嘉兴人，牧斋诗中仅举昆山、谷水属于松江地域者而言，自是不欲显著其本来籍贯之义。故云美作《传》，解悟此意，亦只从适云间孝廉为妾说起，而不述及以前事迹。

今检汪然明所刻《柳如是尺牍》，署其作者为“云间柳隐如是”。又陈卧子所刻《戊寅草》，其作者虽署为“柳隐如是”，而不著其籍贯。但其中《白燕庵作（七律）》，题下注云“乃我郡袁海叟之故址。墓在其侧”，及《五日雨中（七律）》“下杜昔为走马地，阿童今作斗鸡游”句下自注云“时我郡龙舟久不作矣”，并《戊寅草》陈卧子《序》云：

迨至我地，人不逾数家，而作者或取要眇。柳子遂一起青琐之中，不谋而与我辈之诗竟深有合者，是岂非难哉？是岂非难哉？（寅恪案：卧子谓河东君出于青琐之中。检《世说新语·惑溺篇》“韩寿美姿容”条：“（贾）充母聚会，贾女于青琐中看见寿，悦之。”《晋书·四十·贾充传》附《谧传》亦同。卧子殆讳河东君出于青楼，遂取此事，改“楼”为“琐”耶？又《王状元集注分类东坡诗·四·妇女类·赵成伯家有丽人仆忝乡人不肯开樽徒吟春雪美句次韵一笑》云：“知道文君隔青琐，梁王赋客肯言才。”卧子平生鄙薄宋诗，未必肯用苏句，但检《陈忠裕全集·一三·平露堂集·秋居杂诗十首》之七“遨游犬子倦，宾从客儿娇”句下自注云：“舒章招予游横云，予病不往。”似以司马长卿自命，而以卓文君目河东君，则与东坡之诗实相符会。今日读之，不觉令人失笑也。）

然则河东君本人固自命为松江人，而卧子亦以松江人目之也。第三章论河东君与宋辕文之关系时，涉及松江知府方岳贡欲驱逐河东君事。鄙意以为驱逐流妓出境，乃昔日地方名宦所常行者。岂河东君因卧子之助力，遂得冒托松江籍贯，免被驱逐，自是之后，竟可以松江人自居耶？若果如此，牧斋之诗亦可谓真中有假，假中有真矣。（寅恪昔岁旅居昆明，偶因购得常熟白茆港旧日钱氏山庄之红豆一粒，遂发愿释证钱、柳因缘诗。前于第一章已述之。所可怪者，购得此豆之同时，有客持其新得湘乡袭侯曾劼刚纪泽手札一纸相示，其书乃致当日某知县者。内容略谓，顷有名流数人来言，县中有驱逐流妓之令，欲托代为缓颊云云。札尾不署姓名，但钤有两章，一为“曾印纪泽”，一为“劼刚”。今属笔至此，忽忆及之，以情事颇相类似，故附记于此，以博读者一笑。）“有美生南国”之“南国”，固用《文选·二九》曹子建《杂诗六首》之四“南国有佳人”句。李善《注》云：“《楚辞》（橘颂）受命不迁，生南国兮。南国，谓江南也。”自与河东君生吴越之地意义相合。但牧斋恐更有取于《才调集·三》韦庄《忆昔》诗“南国佳人号莫愁”之句，盖亦与河东君《答牧翁冬日泛舟赠诗》“莫为卢家怨银汉，年年河水向东流”之语意符会也。至“南国”之语，复与王摩诘“红豆生南国”诗有关（见《全唐诗·第二函·王维·四·红豆（五绝）》）。牧斋后来与河东君同居芙蓉庄，即碧梧红豆庄。今赋《有美诗》以“有美生南国”之语为篇首起句，竟成他日之预谶矣！

《有美诗》又云：

生小为娇女，容华及丽娟。诗哦应口答，书读等身便。缃帙攻文选，绨囊贯史编。摛词征绮合，记事见珠联。八代观升降，三唐辨泝沿。尽窥羽陵蠹，旁及诺皋儇。花草矜芟撷，虫鱼喜注笺。部居分甲乙，雠政杂丹铅。余曲回风后，新妆落月前。兰膏灯烛继，翠羽笔床悬。博士惭厨簏，儿童愧刻镌。瑶光朝孕碧，玉气夜生玄。陇水应连类，唐山可及肩。织缣诗自好，捣素赋尤贤。锦上文回复，盘中字蜿蜒。清文尝满箧（《初学集》“文”作“词”。寅恪案：徐孝穆《玉台新咏自序》云，“清文满箧，非惟芍药之花。新制连篇，宁止蒲萄之树。”牧斋自用此典。其后来所以改“文”作“词”者，殆为避免此联之前“锦上文回复”句中“文”字重复之故耶？），新制每连篇。芍药翻风艳，芙蓉出水鲜。颂椒良不忝，咏树亦何愆。

寅恪案：河东君所以不同于寻常闺阁略通文史者之特点，实在善记忆、多诵读。就吾人今日从其作品中可以断定者，至少于《文选》及《后汉书》《晋书》等皆颇能运用。故牧斋“缃帙攻文选，绨囊贯史编”一联，乃实录，非虚谀。至“博士惭厨簏”者，《南齐书·三九·陆澄传》（参《南史·四八·陆澄传》）略云：

陆澄，字彦渊，吴郡吴人也。起家太学博士。（建元）四年，复为秘书监，领国子博士。永明元年，转度支尚书，寻领国子博士。（王）俭自以博闻多识，读书过澄。集学士何宪等盛自商略。澄待俭语毕，然后谈所遗漏数百千条，皆俭所未睹。俭乃叹服。俭在尚书省，出巾箱几案，杂服饰，令学士隶事，事多者与之。人人各得一两物。澄后来，更出诸人所不知事，复各数条，并夺物将去。当世称为硕学。王俭戏之曰：“陆公，书厨也。”

“儿童愧刻镌”者，杨子《法言·吾子篇》云：

或问：“吾子少而好赋？”曰：“然。童子雕虫篆刻。”俄而曰：“壮夫不为也。”

斯为遵王《注》本所未及，故略为补出之。又“书读等身便”句，自是用《宋史·二六五·贾黄中传》，不待备录。观前引钱肇鳌《质直谈耳》所载河东君“年稚明慧，主人常抱置膝上（寅恪案：“主人”指周道登），教以文艺”之语，则知读书等身之典，尤为适切，非泛用也。

“花草矜芟撷，虫鱼喜注笺”一联，下句当是取《昌黎集·六·读皇甫湜公安园池诗书其后（五古）》“尔雅注虫鱼”之语，与上句为对文，未必别有实指。上句“花草”一辞，殆联缀《花间集》《草堂诗余》两书之名，以目诗余，如陈耀文《花草粹编》之例，谓河东君精于词曲。“织缣诗自好，捣素赋尤贤”一联，上句自指《玉台新咏·一·古诗八首》之一《上山采蘼芜篇》，不过谓河东君能诗之意，非于“故人”“新人”之义有所轩轾，不可误会。若下句则指班婕好《捣素赋》。班《赋》见《古文苑·三》《艺文类聚·八五》及《历代赋汇·九八》等。综合两联言之，即称誉河东君擅长于诗赋词曲也。

抑更有可言者，“容华及丽娟”句，遵王《注》本已引《汉武帝别国洞冥记·四》“帝所幸宫人名丽娟”条之古典为释，固甚正确。但颇疑牧斋于此句尚有今典。前第二章推测河东君原来之名，或是“云娟”二字。当日名媛往往喜用“云”字为称。盖自附于苏东坡之“朝云”。如徐佛称“云翾”，杨慧林称“云友”，皆其例证。且河东君与徐氏关系尤为密切，其取“云”字为行第之称，亦于事理适合。况河东君夙有“美人”之称，则与“丽”字之义又相符也。然欤？否欤？姑识此疑，以俟更考。或谓“容华及丽娟”之“容华”，亦与“丽娟”同为专名。《唐诗纪事·八》“杨氏女”条云：

盈川（炯）侄女曰容华，有《新妆》诗。

此诗收入《全唐诗》第十一函，字句间有不同。颇疑此诗“妆似临池出，人疑向月来。自怜终不见，欲去复裴回”之语，“向月”即牧斋诗“向月衣方空”句所从出，《新妆诗》作者，既是杨姓。“自怜终不见”之“怜”字，又与河东君“影怜”之名取义于玉谿生诗《碧城三首》之二“对影闻声已可怜”句者相同，然则牧斋实以“容华”及“丽娟”之句，暗寓河东君之姓名也。斯说殊巧，未知确否？俟考。

《有美诗》又云：

文赋传乡国，词章述祖先。采蘋新藻丽，种柳旧风烟。字脚元和样，文心乐曲骈。千番云母纸，小幅浣花笺。吟咏朱楼遍，封题赤牍遄。

寅恪案：牧斋既故作狡狯，认河东君真为柳姓，遂列举柳家故实以夸誉之。“采蘋新藻丽，种柳旧风烟”一联，上句用《乐府诗集·二六》柳恽《江南曲》云“汀洲采白蘋，日落江南春。洞庭有归客，潇湘逢故人”及《全唐诗》第六函《柳宗元·三·酬曹侍御过象县见寄》诗云：“春风无限潇湘意，欲采蘋花不自由。”下句用《全唐诗·第六函·柳宗元·三·种柳戏题》诗云：“柳州柳刺史，种柳柳江边。谈笑为故事，推移成昔年。”综合言之，即谓河东君今日之新篇，源出于旧日之家学。读之令人失笑。文章游戏，固无不可也。“字脚元和样，文心乐曲骈”一联，上句用《全唐诗·第六函·刘禹锡·一二·酬柳柳州家鸡之赠》诗云：“柳家新样元和脚，且尽姜芽敛手徒。”据前引《列朝诗集·丁·一三·上》程松圆《再赠河东君》诗“抉石锥沙书更雄”句，原注云：“柳楷法瘦劲。”则牧斋此句亦有今典。下句或是用柳三变诗余号《乐章集》之意，谓河东君之词亦承家学，然此释未敢自信也。“吟咏朱楼遍，封题赤牍遄”一联，上句自是写实，不待释证。下句指《河东君尺牍》言。据前引其《致汪然明尺牍》第三十一通云：“应答小言，已分嗤弃，何悟见赏通人，使之成帙。非先生意深，应不及此。特有远投，更须数本，得飞桨见贻为感。”则此句亦纪实也。凡此柳家故实，除“字脚元和样”一句，遵王《注》本皆无所征释。岂真不知所从出，抑故意不引及耶？

《有美诗》又云：

流风殊放诞，被教异婵娟。度曲穷分刌，当歌妙折旋。吹箫嬴女得，协律李家专。画夺丹青妙，琴知断续弦。纤腰宜蹴鞠，弱骨称秋千。天为投壶笑，人从争博癫。修眉纡远翠，薄鬓妥鸣蝉。向月衣方空，当风带旋穿。行尘尝寂寂，屐齿自姗姗。舞袖嫌缨拂，弓鞋笑足缠。盈盈还妒影，的的会移妍。

寅恪案："流风殊放诞，被教异婵娟"一联，谓河东君所受之教育及其行动，颇有异于士大夫家闺秀者，故以下诸句列举其技巧能事也。《西京杂记·二》略云："（卓）文君眉色如望远山。为人放诞风流。"此即"流风殊放诞"及"修眉纡远翠"等句之出处。亦即牧斋《答河东君半野堂初赠诗》所谓"文君放诞想流风，脸际眉间讶许同"者也。"画夺丹青妙"句，钱《注》已征古典，不待复赘。兹但择引今典中时代较早及附录河东君题诗者数事，以证明之。

汪砢玉《珊瑚网·名画题跋·一八·黄媛介画跋语》（参《四库全书总目提要·二二·子部·艺术类·二》）略云：

松陵盛泽有杨影怜，能诗善画。余见其所作山水竹石，淡墨淋漓，不减元吉子固。书法亦佳。今归钱牧斋学士矣。癸未夏四月廿五日宛上老鳏识。（寅恪案：汤漱玉（德媛）辑《玉台画史·四》引此条，改"牧斋"为"蓉江"，盖避清代禁忌也。）

汤漱玉（德媛）辑《玉台画史·四》引此条，后附借闲漫士之言曰：

柳所画《月堤烟柳》，为红豆山庄八景之一。旧藏孙古云均所。郭频伽（麟）有诗。

寅恪案："月堤烟柳"乃拂水山庄八景中第六景。红豆山庄即碧梧红豆庄，亦即芙蓉庄。其地在常熟小东门外三十里之白茆，与拂水山庄绝无关涉，汤书盖误。（可参王应奎《柳南随笔·五》“芙蓉庄”条及金鹤冲《钱牧斋先生年谱》“丙申年移居白茆”条。）今检《初学集·一二·霖雨集》中载有山庄八景诗，乃牧斋崇祯十年丁丑被逮在北京时，遥忆故山之作，距河东君之访半野堂尚早三年。然《月堤烟柳》一题，居然似为河东君来归之预兆而赋者。其诗亦风致艳发，岂河东君见而爱之，遂特择此景作画耶？兹录此题诗并序于下，以资谈助。

《月堤烟柳序》云：

墓之前，有堤回抱，折如肉环，弯如弓月。士女络绎嬉游，如灯枝之走马。花柳蒙茸蔽亏，如张帷幕。人呼为“小苏堤”。

《诗》云：

月堤人并大堤游，坠粉飘香不断头。最是桃花能烂漫，可怜杨柳正风流。歌莺队队勾何满，舞雁双双趁莫愁。帘阁琐窗应倦倚，红阑桥外月如钩。

寅恪案：此诗“桃花”“杨柳”一联，河东君之绘出，实同于为己身写照，所谓诗中有画而画中有人矣。

郑抡逵《虞山画志·四》“柳隐”条云：

昔游扬州，见白描花草小册，惟梅、竹上有题。咏竹云：“不肯开花不趁妍，萧萧影落砚池边。一枝片叶休轻看，曾住名山傲七贤。”咏梅云：“色也凄凉影也孤，墨痕浅晕一枝枯。千秋知己何人在，还赚师雄入梦无？”落笔超脱奇警，钱宗伯固应退避。（寅恪案：此两诗之真伪，尚待考实。）

又，“天为投壶笑”者，旧题东方朔《神异经·东荒经》略云：

东荒山有大石室，东王公居焉。恒与一玉女投壶，每投千二百矫。（“矫”一作“枭”。）矫出而脱误不接者，天为之笑。

“向月衣方空，当风带旋穿”一联，考上句之出典乃《后汉书·三·章帝纪》“建初二年夏四月癸巳诏齐相省冰纨，方空縠，吹纶絮”条，章怀《注》云：

《释名》曰：縠，纱也。方空者，纱薄如空也。或曰，空，孔也，即今之方目纱也。

据牧斋诗意，当不采或说，以“方空”为实物，而取“如空”之义，与下句“旋穿”为对文，皆虚辞也。“弓鞋笑足缠”句，前已详论，今不复赘。但牧斋赋诗形容河东君之美，必不可缺少此句，否则将如蒲留仙所谓“莲船盈尺”，岂不令当日读者认作大慈大悲救苦救难之观世音菩萨绘相耶?

《有美诗》又云：

妙丽倾城国，尘埃落市廛。真堪陈甲帐，还拟画甘泉。杨柳嗟扳折，蘼芜惜弃捐。西家殊婉约，北里正喧阗。豪贵争除道，儿童学坠鞭。迎车千锦帐，输面一金钱。（《初学集》此句下自注：“勾践献西施于吴王夫差，幸之。每入市，人愿见者，先输金钱一文。见孙奭《孟子疏》。”寅恪案：《东山酬和集》无牧斋此注。推其所以后来加入之故，当是有人问及此句出处，遂补注之耳。王应奎《柳南随笔·五》“顾仲恭大韶深于经学”条云：“吾闻吴祭酒梅村尝问宗伯曰，‘有何异书可读？’曰，‘《十三经注疏》耳。’”可供参证。）百两门阑咽，三刀梦寐膻。苏堤浑倒踏，黟水欲平填。皎洁火中玉，芬芳泥里莲。闭门如入道，沉醉欲逃禅。未许千金买，何当一笑嫣。钉心从作恶，唾面可除痏。蜂蝶行随绕，金珠却载还。勒名雕琬琰，换骨饮珉瓀。枉自求蒲苇，徒劳卜筳篿。

寅恪案：前论《河东君尺牍》第五通，已述及此诗“苏堤浑倒踏，黟水欲平填”一联，兹不更释。牧斋于此节叙河东君之被离弃及其沦落北里两端。“蘼芜惜弃捐”一句，或疑可兼指与周念西及陈卧子两人之关系而言。鄙意恐不如是，盖牧斋此诗止从河东君移居松江以后说起，而不追溯其在徐佛及周道登家事。又全节唯用“蘼芜”一句，将离弃之事，轻轻带过，不多作语，皆是牧斋故意隐讳之笔也。春秋之义为尊者讳，为贤者讳，为亲者讳。河东君之于牧斋，固可谓“亲”，亦可谓“贤”，但不可谓“尊”。聚沙老人赋《有美诗》，或者易“尊”为“美”欤？“百两门阑咽，三刀梦寐膻”一联，钱《注》俱无释。意者上句出《诗经·召南·鹊巢篇》，下句用《云溪友议·下》“艳阳词”条及《晋书·四二·王濬传》。人所习知，故可从略。但“三刀”一语，近时始得确诂，兹不避繁琐之讥，移录元《诗》、王《传》于下，稍加诠释，自知必为通人所笑也。

《云溪友议·下》“艳阳词”条略云：

安人元相国（稹）闻西蜀乐籍有薛涛者，能篇咏，饶词辩。以诗寄曰：锦江滑腻蛾眉秀，化出文君及薛涛。言语巧偷鹦鹉舌，文章分得凤凰毛。纷纷词客皆停笔，个个君侯欲梦刀。别后相思隔烟水，菖蒲花发五云高。

《晋书·四二·王濬传》云：

濬夜梦三刀于卧屋梁上，须臾又益一刀。濬惊觉，意甚恶之。主薄李毅再拜贺曰：“三刀为‘州’字。又益一者，明府其临益州乎？”及贼张弘杀益州刺史皇甫晏，果迁濬为益州刺史。

寅恪案：微之诗“个个君侯欲梦刀”句，其意谓人皆欲至西蜀一见洪度，如王士治之得为益州刺史，此固易解。遵王之不加注释，当亦由是。然寅恪少读《晋书》，于“三刀”之义颇不能通。后见唐人写本，往往书“州”字作“刕”形，殆由“州”“刀”二字，古代音义俱近之故。（“州”即“岛”也。）唐人书“州”作“刕”，必承袭六朝之旧，用此意以释王濬之梦、李毅之言，少时读史之疑滞，于是始豁然通解矣。“未许千金买，何当一笑嫣”一联，出鲍明远《白纻歌六首》之六“千金顾笑买芳年”（见《乐府诗集·五五》）及李太白《白纻辞三首》之二“美人一笑千黄金”等（见《全唐诗·第三函·李白·三》），河东君夙有“美人”之号，古典今典，同时并用，殊为巧切。更可取牧斋作此诗后二十二年，即康熙二年癸卯所赋《追忆庚辰冬半野堂文宴旧事》诗“买回世上千金笑，送尽平生百岁忧。”（见《有学集·一三·病榻消寒杂咏》。钱曾《注》本“平生”作“生年”。是。）两句参较，则知此老于垂死之时，犹以能战胜宋、陈、李、谢诸人，夺得河东君自豪也。“勒名雕琬琰，换骨饮珉瑺”一联，钱遵王《注》虽引旧籍，然牧翁必尚有所实指。颇疑“勒名雕琬琰”之句，即前第三章论河东君与李存我之关系节，引王胜时《柳枝词》“双鬟捧出问郎来”之语，与此相涉。盖存我既以玉篆雕“问郎”赠别河东君，似亦可别镌“影娘”或“云娘”之河东君名字自随，借作互换信物。若果如是，则与琬、琰二名分别雕斫于苕华二玉之故典，更为适切矣。至“换骨饮珉瑺”一句，钱《注》析“换骨”与“饮珉瑺”为两典而合用之，固自可通。但牧斋诗意，当不仅限于古典。河东君虽以善饮著称，此句疑更有实指。今未能详知，姑识于此，以俟续考。

《有美诗》又云：

轩车闻至止，杂佩意茫然。错莫翻如许，追陪果有焉。初疑度河驾，复似泛湖船。榜枻歌心说，中流笑语嬗。江渊风飒沓，洛浦水潺湲。疏影新词丽，忘忧别馆偏。华筵开玳瑁，绮席艳神仙。银烛光三五，金尊价十千。蜡花催兔育，鼍鼓促乌迁。法曲烦声奏，哀筝促柱宣。步摇窥宋玉，条脱赠羊权。点笔余香粉，翻书杂翠钿。绿窗和月掩，红烛带花搴。菡萏欢初合，皋苏痗已蠲。

寅恪案：此节历叙河东君初访半野堂、泛舟湖上、入居我闻室及寒夕文宴等事。"轩车闻至止，杂佩意茫然"一联，合用《毛诗·郑风·女曰鸡鸣篇》"杂佩以赠之"并《韩诗·周南·汉广篇》"汉有游女"，薛君章句及《列仙传·上·江妃二女传》解佩赠郑交甫事。谓河东君初赠诗，亦即河东君《次韵牧翁冬日泛舟诗》所谓"汉佩敢同神女赠"。"意茫然"者，谓受宠若惊，不知所措。此语固是当日实情也。"错莫翻如许，追陪果有焉"一联，恰能写出河东君初至半野堂时，牧斋喜出望外、忙乱逢迎之景象。至于"追陪"则不仅限"吴郡陆机为地主"之牧斋，如松圆诗老，亦有"薰炉茗碗得相从"之语（见前引偈庵《次韵牧翁答河东君初赠诗》）。然则河东君翩然至止，驱使此两老翁追陪奔走，亦太可怜矣。"初疑度河驾，复似泛湖船。榜枻歌心说，中流笑语嬗。江渊风飒沓，洛浦水潺湲"六句，指《东山酬和集·一·冬日同如是泛舟有赠》及《迎春日偕河东君泛舟东郊作》，先后两次泛舟赋诗之事。前已论释，兹不多及。

自"疏影新词丽"至"皋苏痗已蠲"，共九联，叙述崇祯十三年十二月二日我闻室落成，迎河东君入居并是夕为松圆饯别，即半野堂文宴事。此际乃牧斋平生最快心得意至死不忘之时也。“疏影新词丽”句，前论牧斋《寒夕文宴诗》，已详释之矣。“忘忧别馆偏”遵王《注》引《西京杂记·四》“梁孝王游于忘忧之馆，集诸游士，各使为赋，枚乘为《柳赋》”之典，甚是。牧斋目我闻室为忘忧馆，河东君之寓姓，又与枚乘所赋之柳相同，可谓适切。“绿窗和月掩，红烛带花搴”即前录《寒夕文宴诗》“红烛恍如花月夜，绿窗还似木兰舟”一联之义。皆描写当时我闻室之情况者。“华筵开玳瑁，绮席艳神仙”及“法曲烦声奏，哀筝促柱宣”两联，实出于《杜工部集·一五·秋日夔府咏怀一百韵》之“哀筝伤老大，华屋艳神仙。南内开元曲，常时弟子传。法歌声变转，满座涕潺湲”等句，盖牧斋平生自许学杜，其作百韵五言排律，必取杜公此诗以为模楷，且供挦扯之资，何况复同用一韵，同为百韵耶？黄宗羲《南雷文定后集·一·姜山启彭山诗稿序》（可参同书前集六《韦庵鲁先生墓志铭》论当日古文，亦谓牧斋“所得在排比铺章，而不能入情”等语）云：

虞山求少陵于排比之际，皆其形似，可谓之不善学唐者矣。

夫梨洲与牧斋交谊笃挚，固无疑义。唯于钱氏之诗文往往多不满之语。其持论之是非，及其所以致此之故，兹暂不辨述，俟后言之。但世之学唐诗者，若能熟诵子美并乐天、微之之诗，融会诸家，心知其意，则当不蹈袭元遗山论诗之偏见，如太冲之所言者也。“金尊价十千”句，遵王引《史记·五八·梁孝王世家》“孝王有罍樽直千金”以释之，固可通。但鄙意李太白《行路难三首》之一（见《全唐诗·第三函·李白·一》）云：“金樽清酒斗十千。”乃以十千为酒价，较《史记·梁孝王世家》之以千金为罍樽价者，更为切合。然则牧斋当用谪仙诗也。“步摇窥宋玉，条脱赠羊权”一联，下句出于《真诰》，自不待论。上句则《文选·一九》宋玉《登徒子好色赋》，虽有“窥臣”之语，然不见“步摇”之辞。岂牧斋取“步摇”与“条脱”为对文耶？又据《唐诗纪事·五四》“温庭筠”条（参《全唐诗话·四》）云：

宣宗尝赋诗，上句有“金步摇”，未能对。遣求进士对之。庭筠乃以“玉条脱”续也。宣宗赏焉。

或者牧斋即取义于此事，用以属对耶？俟考。“点笔余香粉，翻书杂翠钿”一联，初视之，皆通常形容之辞，但下句“翻书杂翠钿”一语，乃河东君平日习惯。观前引《初学集·二十·东山集·三》河东君《依韵和牧斋中秋日出游诗二首》之一“风床书乱觅搔头”句，则知亦是写实也。“菡萏欢初合，皋苏痗已蠲”一联，上句指前引《寒夕文宴是日我闻室落成迎河东君居之》诗，“诗里芙蓉亦并头”句下牧斋自注“河东君新赋《并头莲》诗”之本事也。下句“皋苏痗已蠲”钱《注》已引《玉台新咏》徐陵自序之文，“庶得代彼皋苏，微蠲愁疾”甚是。不过“愁”字乃平声，故牧斋易以《诗经·卫风·伯兮篇》“愿言思伯，使我心痗”之“痗”字，以协声律耳。此点自不待多论。

抑更有可言者，牧斋作《有美诗》，其取材于徐《序》者甚多，除去其典故关涉宫闱者之大多数外（牧斋唯采用汉武帝李夫人等少数故事。又徐《序》“争博齐姬，心赏穷于六箸”之语，注家引《晋书·三一·胡贵嫔传》为释，似确。盖胡贵嫔虽非齐人，孝穆或借用枚乘《七发》“齐姬奉后”之“齐姬”以为泛称。若果如是，则牧斋亦采此宫闱之典矣。俟考），其他几无不采用。兹不须尽数举出，唯择录其较可注意之辞句，以为例证。读者若对勘钱《诗》徐《序》，则自能详知，而信鄙说之不谬也。如钱之“生小为娇女”，即徐之“生小学歌”；钱之“余曲回风后，新妆落月前”，即徐之“青牛帐里，余曲未终。朱鸟窗前，新妆已竟”；钱之“兰膏灯烛继，翠羽笔床悬”，即徐之“燃脂暝写”（寅恪案：此乃牧斋借男作女。）及“翡翠笔床，无时离手”；钱之“清文尝满箧（“文”字后改作“词”字），新制每连篇。芍药翻风艳，芙蓉出水鲜”，即徐之“清文满箧，非惟芍药之花。新制连篇，宁止葡萄之树”；钱之“文赋传乡国”，即徐之“妙解文章，尤工诗赋”；钱之“千番云母纸，小幅浣花笺”，即徐之“五色花笺，河北胶东之纸”；（寅恪案：此乃牧斋举后概前。）钱之“流风殊放诞，被教异婵娟。度曲穷分刌，当歌妙折旋。吹箫嬴女得，协律李家专”，即徐之“婉约风流，异西施之被教。弟兄协律，生小学歌”及“得吹萧于秦女”并“奏新声于度曲”；钱之“天为投壶笑，人从争博癫”，即徐之“虽复投壶玉女，为欢尽于百骁。争博齐姬，心赏穷于六箸”；钱之“薄鬓妥鸣蝉”，即徐之“妆鸣蝉之薄鬓”；钱之“妙丽倾城国，尘埃落市廛。真堪陈甲帐，还拟画甘泉”，即徐之“得横陈于甲帐”“虽非图画，入甘泉而不分”及“真可谓倾国倾城”；钱之“东家殊婉约”，即徐之“婉约风流”。据宋释惠洪《冷斋夜话·一》云：

> 山谷云：诗意无穷，而人之才有限。以有限之才，追无穷之意，虽渊明、少陵不得工也。然不易其意而造其语，谓之“换骨法”；窥入其意而形容之，谓之“夺胎法”。

然则牧斋之赋《有美诗》，实取杜子美之诗为模楷，用徐孝穆之文供材料。融会贯通，灵活运用，殆兼采涪翁所谓“换骨”“夺胎”两法者。寅恪昔年笺证白乐天新乐府，详论《七德舞》篇与《贞观政要》之关系。今笺释牧斋此诗，复举杜诗、徐文为说，犹同前意。盖欲通解古人之诗什，而不作模糊影响之辞者，必非如是不可也。

《有美诗》又云：

凝明嗔亦好，溶漾坐堪怜。薄病如中酒，轻寒未折绵。清愁长约略，微笑与迁延。

寅恪案：此六句乃牧斋描写当年与河东君蜜月同居时之生活。语言妙绝天下，世人深赏之，殊非无故也。（见陈维崧撰、冒褒注《妇人集》“人目河东君风流放诞是永丰坊底物”条，并参徐釚编《本事诗·七》“钱谦益”条《茸城诗》题下注。又徐氏附按语云：“河东君名柳是，字如是，又号河东君。松江人。工诗善画，轻财好侠，有烈丈夫风。”寅恪案：电发此数语殊可为河东君适当之评价。至目河东君为松江人，亦是河东君自称松江籍之一旁证也。）“凝明嗔亦好，溶漾坐堪怜”一联，实与《玉台新咏·五》沈约《六忆诗》及《戊寅草》中河东君拟作之第一、第二两组《六忆诗》有关。上句“凝明嗔亦好”即用休文《忆坐时》诗“嗔时更可怜”之句。下句乃出河东君拟休文作第一组《六忆诗》中第二首“忆坐时，溶漾自然生”之句。故此一联，皆形容坐时之姿态。吾人今日虽亦诵读《玉台新咏》，然倘使不得见河东君《戊寅草》，则不能尽知牧斋此联之出处及造语之佳妙矣。“薄病如中酒，轻寒未折绵”一联。上句前于上元夜钱、柳二人同过虎丘赋诗节已详论之，下句亦于第三章论陈卧子

《蝶恋花·春晓》词详言之，故皆不须复赘。“清愁长约略，微笑与迁延”一联，摹绘河东君多愁少乐之情态，前录河东君《春日我闻室作呈牧翁》及牧斋《河东君春日诗有梦里愁端之句怜其作憔悴之语聊广其意》两诗，可以窥见。综合此四句及“妙丽倾城国”句观之，则牧斋亦是从王实甫“多愁多病身，倾国倾城貌”之语（见《西厢记·闹斋·雁儿落》）夺胎换骨而来者耶？凡此诸句，颇易通解，唯“凝明嗔亦好，溶漾坐堪怜”一联颇费考虑，姑以意揣之，殆谓河东君嗔怒时，目睛定注，如雪之凝明；静坐时，眼波动荡，如水之溶漾。实动静咸宜，无不美好之意欤？此解当否，殊不敢自信矣。

《有美诗》又云：

茗火闲房活，炉香小院全。日高慵未起，月出皎难眠。授色偏含睇，藏阄互握拳。屏围灯焰直，坐促笑声圆。朔气除帘箔，流光度毳毡。相将行乐地，共趁讨春天。

寅恪案：此节牧斋叙其崇祯十三年岁暮至十四年岁初，与河东君在我闻室中除旧岁、迎新年之一段生活。“茗火闲房活，炉香小院全”一联，可与前录牧斋《庚辰除夜守岁》诗“深深帘幕残年火，小小房栊满院香”及河东君《除夕次韵》诗“小院围炉如白昼，两人隐几自焚香”相参证。上句“茗火闲房活”之“茗火活”乃用《东坡后集·七·汲江煎茶》诗“活水还须活火烹”之句，即出赵璘《因话录·二·商部》“李司徒汧公镇宣武”条所载李约“茶须缓火炙，活火煎”之语也（可参辛文房《唐才子传·六·李约传》）。下句“炉香小院全”即钱、柳两人守岁诗所咏者，可知皆是当时实况也。“授色偏含睇，藏阄互握拳。”上句用《汉书·五七·上·司马相如传·上林赋》“色授魂予”

（参《文选·八》）。下句其最初典故无待详引，但牧斋实亦兼用《李义山诗集·下·拟意》诗“汉后共藏阄”之句。检国光社影印《东涧写校〈李商隐诗集〉·下》此诗“阄”字无别作。涵芬楼影印明嘉靖本亦同。朱鹤龄《李义山诗集笺注本·下》，此字作“阄”，下注：“一作‘钩’。”《全唐诗·第八函·李商隐·三》与朱本同。冯浩《玉谿生诗详注·三》作“钩”，下注：“一作‘阄’。”然则牧斋认为当作“阄”字，故赋《有美诗》亦用“阄”字也。“屏围灯焰直，坐促笑声圆。朔气除帘箔，流光度毳毡”两联，亦皆写庚辰除夕守岁事。如取前录钱、柳二人除夕诗中钱之“合尊促席饯流光”“深深帘幕残年火”及柳之“照室华灯促艳妆”“明日珠帘侵晓卷”等句观之，即可证也。“相将行乐地，共趁讨春天”一联乃指辛巳元日事。观前录牧斋诗题云“辛巳元日雪后与河东君订春游之约”及钱、柳两诗可知也。

《有美诗》又云：

未索梅花笑，徒闻火树燃。半塘春漠漠，西寺草芊芊。南浦魂何黯？东山约已坚。自应随李白，敢拟伴伶玄。密意容挑卓，微词托感甄。杨枝今婉娈，桃叶昔因缘。

寅恪案：此六联乃叙本欲与河东君同作杭州之游而未实现，遂先过苏州，同至嘉兴，然后河东君别去也。“未索梅花笑，徒闻火树燃”上句即河东君《与汪然明尺牍》第三十通所云：“弟方耽游，蜡屐或至，阁梅梁雪，彦会可怀。”盖河东君作此书时，为崇祯十三年岁杪正在牧斋家中。钱、柳二人原有同游西湖观梅之约也。下句指上元夜与河东君同舟泊虎丘西溪，小饮沈璜斋中事。观“徒闻”二字，则河东君不践观梅西湖之约，仅作虎丘观灯之游，牧斋惆怅失望之情溢于言表矣。“火树”之典，遵王《注》引《西京杂记·一》“积草池中有珊瑚树”条，固是，而尚未尽。必合《全唐诗·第二函·苏味道·正月十五夜》诗“火树银花合”之句释之，其意方备。但多数类书如《佩文韵府·六六·七遇韵》引此诗，作者为沈佺期，未知孰是，俟考。“半塘春漠漠，西寺草芊芊”一联，乃叙泊舟虎丘西溪经过停留之地。上句“半塘”可参同治修《苏州府志·八·水门》“半塘桥”，同书三五《古迹门》“半塘寺”及同书四二《寺观门·四》“半塘寿圣教寺”等记载。下句“西寺”，据同治修《苏州府志·七·山门》“虎丘山”条所云：

《吴地志》：山本晋司徒王珣与弟司空珉之别墅，山下因有短簿祠，舍为东西二寺，后合为一佛殿。

可证知也。“南浦魂何黯？东山约已坚”一联，谓河东君将离之时，订后来重会之约也。“自应随李白，敢拟伴伶玄”一联，上句乃牧斋借用太白《赠汪伦》（见《全唐诗·第三函·李白·一一》）“李白乘舟将欲行，忽闻岸上踏歌声。桃花潭水深千尺，不及汪伦送我情”诗，以比河东君送己身往游新安，同舟至嘉兴。更惜其未肯竟随之同行也。下句自用《飞燕外传》自序，不待征引。但牧斋实亦兼用《东坡后集·四·朝云诗》“不似杨枝别乐天，恰如通德伴伶玄”之语。盖下文有“杨枝今婉娈”之句，而“伴”字又从苏诗来也。李璧《王荆公诗注·二七·张侍郎示东府新居诗因而和酬二首》之一“功谢萧规惭汉第，恩从隗始诧燕台”句，引《西清诗话》略云：

荆公笑曰：“子善问也。韩退之《斗鸡联句》‘感恩从隗始’，若无据，岂当对‘功’字也？”（前第一章已详引。）

前释“火树”注，以为遵王《注》虽引《西京杂记》，而意义未尽，故必合苏味道诗以补足之。兹释“伶玄”句，亦必取东坡诗参证始能圆满。何况牧斋诗中“伴”字从东坡《朝云诗》来，恰如半山诗中“恩”字从昌黎《斗鸡联句》来耶？凡考释文句，虽须引最初材料，然亦有非取第二、第三手材料合证不可者。观此例可知，前第一章论钱、柳诗中相互之关系，已详言之。读者可并取参会之也。

抑更有可论者，前言牧斋之赋《有美诗》，多取材于《玉台新咏》。其主因为孝穆之书，乃关于六朝以前女性文学之要籍，此理甚明，不待多述。又以河东君之社会身份，不得不取与其相类之材料以补足之，斯亦情事所必然者。就此诗使用之故实言之，《玉台新咏》之外，出于宋代某氏《侍儿小名录补遗》者，颇复不少。如“容华及丽娟”“吹箫嬴女得”“舞袖嫌缨拂”“敢拟伴伶玄”等句，皆是其例。至于作者思想词句之构成，与材料先后次序之关系，可参拙著《元白诗笺证稿·新乐府章·七德舞篇》所论，兹不详及。

《有美诗》又云：

灞岸偏萦别，章台易惹颠。娉婷临广陌，婀娜点晴川。眉怃谁堪画，腰纤孰与擩？藏鸦休庵蔼，拂马莫缠绵。絮怕粘泥重，花忧放雪蔫。芳尘和药减，春病共愁煎。目逆归巢燕，心伤叫树鹃。惜衣莺睍睆，护粉蝶翩翾。

寅恪案：此八联乃叙河东君思归惜别、多愁多病之情况。所用辞语典故，大部分皆与柳有关，而尤与李义山咏柳之诗有关也。兹不必逐句分证，唯举出李诗语句，读者自能得之。据此可知牧斋赋《有美诗》，除《玉台新咏》《杜工部诗》外，玉谿生一《集》亦为其取材最重要之来源也。如“灞岸已攀行客手”（《李义山诗集·下·柳》）、“章台从掩映”（同集上《赠柳》）、“更作章台走马声”（同集上《柳》）、“娉婷小苑中，婀娜曲池东”（同集上《垂柳》）、“眉细从他敛，腰轻莫自斜”（同集上《谑柳》）、“莫损愁眉与细腰”（同集上《离亭赋得折杨柳二首》之一）、“长时须拂马，密处小藏鸦”（同集上《谑柳》）、“忍放花如雪”（同集上《赠柳》）、“不为清阴减路尘”（同集中《关门柳》）、“絮飞藏皓蝶，带弱露黄鹂”（同集上《柳》），凡此诸例，皆足为证，可不一一标出矣。又“腰纤孰与擩”之“擩”字，即同于“擱”字。《考工记·鲍人》，“进而握之，欲其柔而滑也”，《注》云：“谓亲手烦擱之。”《毛诗·周南·葛覃篇》“薄污我私”笺云：“烦擱之，用功深。”释文云：“擱，诸诠之音而专反。”阮孝绪《字略》云：“烦擱犹捼莎也。”董解元《西厢记诸宫调》中《吕调·千秋节》云：“百般擱就十分闪。”然则牧斋盖糅合圣文俗曲，而成此语者。黄宗羲《思旧录》“钱谦益”条（《梨洲遗著汇刊》本）云：“用《六经》之语，而不能穷经。”太冲所指摘东涧文章之病，其是非兹姑不论。但《有美诗》此句，则用《诗》《礼》之语，而穷极于《西厢》。其亦可以杜塞梨洲之口耶？一笑！

《有美诗》又云：

携手期弦望，沈吟念陌阡。暂游非契阔，小别正流连。即席留诗苦，当杯出涕泫。茸城车軿辘，鸳浦棹夤缘。去水回香篆，归帆激矢弦。寄忧分悄悄，赠泪裹涟涟。迎汝双安桨，愁予独扣舷。从今吴榜梦，昔昔在君边。

寅恪案：此节牧斋叙河东君送其至鸳湖，返棹归松江，临别时赠诗送游黄山。俟河东君行后，乃赋千言长句，以答河东君之厚意，并致其相思之情感及重会之希望也。此节典故皆所习见，不待征释。唯“吴榜”一辞，自出《楚辞·九章·涉江》“齐吴榜以击汰”之语。但牧斋实亦兼取王逸《注》“自伤去朝堂之上，而入湖泽之中也”之意。用此作结，其微旨可以窥见。前引黄梨洲《姜山启彭山诗稿序》谓“虞山求少陵于排比之际，皆其形似，可谓不善学唐”（参《南雷文案·七·前翰林院庶吉士韦庵鲁先生墓志铭》）。读者若观此绮怀之千言排律，篇终辞意如此，可谓深得《浣花》律髓者，然则太冲之言，殊非公允之论矣。

牧斋自崇祯十四年正月晦日，即正月廿九日鸳湖舟中赋《有美诗》后至杭州留滞约二十余日之久，始往游齐云山，游程约达一月之时间，最后访程孟阳于长翰山居不遇，乃取道富春，于三月廿四日过严子陵钓台。直至六月七日，始有《迎河东君于云间喜而有述》之诗。据此，牧斋离隔河东君约经四月之久，始复会合也。此前一半之时间牧斋所赋诸诗皆载于《初学集》及《东山酬和集》。但此后一半之时间，则所作之诗未见著录。以常理论之，按诸牧斋平日情事，如此寂寂，殊为不合。就前一期中牧斋所甚有关系之人，及在杭州时之地主汪然明言之，牧斋诗中绝不见汪氏踪迹。考《春星堂诗集·四·闽游诗纪》第一题为《暮春辞家闽游途中寄示儿辈贞士继昌》，然则然明之离杭赴闽访林天素，在崇祯十四年三月。此年二三月间，牧斋实在杭州，且寓居汪氏别墅。牧斋此时所作诗中未见汪氏踪迹者，或因然明此际适不在杭州，或因汪氏虽亦能篇什，但非牧斋唱酬之诗友，汪氏虽在杭州有所赋咏，牧斋亦不采录及之。故此前一时期中无汪氏踪迹，尚可理解。至若后一时期既达两月之久，而牧斋不著一诗，当必有故，今日未易推知。检《陈忠裕全集·一四·三子诗稿》有《孟夏一日禾城遇钱宗伯夜谈时事（五言律）二首》。按卧子《自撰年谱·上》“崇祯十四年辛巳”条云：

是岁浙西大旱，漕事迫。嘉之崇德、湖之德清素顽梗，属年饥，益不办。大中丞奉旨谴责。令予专督崇德，而自督德清。予疏剔月余，遂与他邑相后先矣。

然则牧斋于辛巳三月廿四日过钓台经杭州，于四月朔日即在嘉兴遇见卧子。自三月廿四日至四月初一日，其间时日甚短，故知牧斋此次由黄山返家，行色匆匆，与前之往游新安，从容留滞者，绝不相同。盖牧斋因河东君之不愿同游，独自归松江，恐有变化，于是筹划经营不遗余力，终于经两月之时间，遂大功告成矣。卧子此时不知是否得知河东君过访半野堂之消息。但牧斋于此际遇见卧子，其心中感想若何，虽未能悉。然钱、陈皆一时能诗之人，卧子既有篇什，牧斋不容缺而不报。今《初学集》中此时之诗，独不见卧子踪迹者，当是牧斋不欲卧子之名著录于此际，转致有所不便耶？卧子此题二首之一有句云，“山川留谢傅”，殊不知河东君访半野堂初赠诗有“东山葱岭莫辞从”句。陈、柳两诗语意不谋而合，可笑也。

又检《陈忠裕全集·一八·湘真阁稿·赠钱牧斋少宗伯（五言排律）》云：

明主终收璧，宵人失要津。南冠荣衮绣，北郭偃松筠。艰险思良佐，孤危得大臣。东山云壑里，早晚下蒲轮。

此诗作成之时日未能确定。但既有“南冠”“北郭”一联，则至早不能在牧斋因张汉儒诬讦被逮至北京入狱经年，得释归里以前，即崇祯十一年冬季以前。据卧子《自撰年谱·上》“崇祯十二年己卯”条云：“季秋，禫除。”“十三年庚辰”条略云：“三月，北发。六月，就选人，得绍兴司李。七月，南还。八月，奉太安人携家渡钱塘。”则此诗有作于崇祯十二年或十三年之可能。更考《初学集·一七·移居诗集》崇祯十三年庚辰八月所作《永遇乐词·十六夜见月》云：“天公试手，浴堂金殿，暂见清明时节。”句下自注云：“时中朝新有大奸距脱之信。”据《明史·一百一十·宰辅年表》“崇祯十三年六月薛国观致仕”，国观乃温体仁党，夙与东林为敌（参《明史·二五三·薛国观传》并详牧斋《永遇乐词》钱曾《注》）。牧斋所谓“大奸”，当指韩城而言。卧子诗“宵人失要津”，或即兼指温、薛辈。盖温、薛皆去，牧斋可以起用矣。又牧斋《永遇乐词》尚有《十七夜》一首云：“生公石上，周遭云树，遮掩一分残阙。”似牧斋此时亦游寓苏州。但《初学集·四三·保砚斋记》略云：

保砚斋者，戈子庄乐奉其先人文甫所藏唐式端研以诒其子棠而以名其斋也。戈子携其子过余山中，熏沐肃拜而请为之记。崇祯庚辰中秋记。

则崇祯十三年中秋日牧斋犹在常熟。是否十七日即至苏州，尚难确知。假定其实至苏州者，卧子赠诗自应同在吴苑矣。更检杜于皇（濬）《变雅堂诗集·一》载《奉赠钱牧斋先生（五古）》一首，不知何时所作。唯诗中有句云：

何期虎丘月，一沃龙门雨。

此首前一题《半塘》云：

虎丘连半塘，五里共风光。此时素秋节，远胜三春阳。西风扫不尽，满路桂花香。

故知茶村于中秋前后在虎丘遇见牧斋，或即是崇祯十三年秋季与卧子赋赠牧斋诗同时同地。盖杜氏与几社名士本具气类之雅（见《变雅堂集·五·送朱裔三之任松江序》及杜登春《社事本末》），殊有同时同地赋诗以赠党社魁首之可能也。俟考。总而言之，钱、陈两人交谊如此笃挚，当日牧斋应有诗书以答卧子厚意。后来刻《初学集》删去不录，亦与删去酬答卧子禾城赠诗同一事例，似因避去柳、陈关系之嫌所致。此点若非出自牧斋，则必由于瞿稼轩之主张。瞿氏于此未免拘泥《春秋》“为尊者讳，为亲者讳”之旨（见《春秋公羊传·闵公元年》），遂为师母讳耶？

复检杜登春《社事本末》略云：

是时乌程（指温体仁）去位，杨（嗣昌）、薛（国观）相继秉国钧。西铭（指张溥）中夜不安，唯恐朝端尚以党魁目之也。计非起复宜兴（指周延儒），终是孤立之局。乃与钱蒙叟（谦益）、项水心（煜）、徐勿斋（汧）、马素修（世奇）诸先生谋于虎丘石佛寺。遣干仆王成贻七札入选君吴来之先生昌时邸中。时吴手操朝柄，呼吸通帝座，而辇毂番子密布，内外线索难通，王成以七札熟读，一字一割，杂败絮中，至吴帐中，为蓑衣裱法，得达群要。此辛巳二月间事。于是宜兴以四月起（寅恪案：《明史·一百一十·宰辅年表》“崇祯十四年辛巳”栏载：“延儒二月召，九月入。”同书三百零八《奸臣传·周延儒传》云：“（崇祯）十四年二月诏起延儒。九月至京，复为首辅。”杜氏“四月”之语，误），而西铭即以四月暴病云殂。

寅恪案：牧斋与张、项、徐、马谋于虎丘石佛寺，杜氏虽未确言何时，以当日情势推之，或即在崇祯十三年中秋前后，亦即卧子茶村赋诗赠牧斋之时也。俟考。

至于钱、陈两人论诗之宗旨，虽非所欲详论，然亦可略引牧斋之言，以见一斑。

《有学集·四七·题徐季白卷后》略云：

余之评诗，与当世牴牾者，莫甚于二李及弇州。二李且置勿论，弇州则吾先世之契家也。余发覆额时，读前后《四部稿》皆能成诵，暗记其行墨。今所谓晚年定论者，皆举扬其《集》中追悔少作与其欲改正卮言，勿误后人之语，以戒当世之耳论目食、刻舟胶柱者。初非敢凿空杜撰，欺诬先哲也。云间之才子如卧子、舒章，余故爱其才情，美其声律，惟其渊源流别，各有从来，余亦尝面规之，而二子亦不以为耳瑱。采诗之役，未及甲申以后，岂有意刊落料拣哉？如云间之诗，自国初海叟诸公以迄陈、李，可谓极盛矣。

据此可知牧斋虽与卧子、舒章论诗宗旨不同，然亦能赏其才藻，不甚诃诋。卧子、舒章二人亦甚推重牧斋。观卧子此次在嘉兴赠牧斋之诗，及《陈忠裕全集·一八·湘真阁集·赠钱牧斋少宗伯（五言排律）》。

又卧子《安雅堂稿·一八·壬午冬上少宗伯牧斋先生书》并卧子《自撰年谱·上》“崇祯十年丁丑”条述牧斋、稼轩由苏被逮至京事。其略云：

予与钱（谦益）、瞿（式耜）素称知己。钱、瞿（被逮）至西郊，朝士未有与通者，予欲往见，仆夫曰：“较事者耳目多，请微服往。”予曰：“亲者无失其为亲，无伤也。”冠盖策马而去，周旋竟日乃还。其后狱益急，予颇为奔奏，闻于时贵。

等可为例证。至于舒章，则有一事关涉钱、柳，疑问殊多，颇堪玩味。舒章《蓼斋集·三五·与卧子书》第二通略云：

昔诸葛元逊述陆伯元语，以为方今人物凋尽，宜相辅车，共为珍惜。不欲使将进之徒，意不欢笑。弟反复此言，未尝不叹其至也。但以迩来君子之失，每不尚同，自托山薮，良非易事。故弟欲少加澄论，使不至于披猖。是以对某某而思公叔之义，见某某而怀仲举之节。谈议之间，微有感慨，非好为不全之意，见峰岠于同人也。某某才意本是通颖，而袅情嫫母，遂致纷纷。谤议之来，不在于虞山，而在于武水。弟欲大明其不然，而诸君亦无深求者，更无所用解嘲之语耳。春令之作，始于辕文。此是少年之事，而弟忽与之连类，犹之壮夫作优俳耳。

寅恪案：前第三章论春令问题中已略引及舒章此书。据《卧子年谱》推测舒章作此书时当在崇祯十年卧子将由京南旋之际。书中所谓“虞山”乃指牧斋，自不待言。“武水”疑指海盐姚叔祥（士粦）。可参《初学集·一七·移居诗集·姚叔祥过明发堂共论近代词人戏作绝句十六首》。

据舒章之语，则对于牧斋殊无恶意，可以推见。所可注意者，舒章所谓“才意通颖”之某某，究属谁指？其所“袅情”之“嫫母”又是何人？据李《书》此节下文即接以春令问题，似此两事实有关联，即与河东君有关也。前第三章引钱肇鳌《质直谈耳》谓河东君“在云间，则宋辕文、李存我、陈卧子三先生交最密”。钱氏之语必有根据，但关于李待问一节，材料甚为缺乏，或者此函中“才意通颖”之“某某”，即指“问郎”而言耶？以舒章作书之年月推之，谓所指乃存我在此时间与河东君之关系，似亦颇有可能。若所推测者不谬，则舒章以“嫫母”目河东君，未免唐突西子，而与牧斋《有美诗》“输面一金钱”之句，用西施之典故以誉河东君之美者，实相违反矣。一笑！

牧斋此次之游西湖及黄山，不独与河东君本有观梅湖上之约，疑亦与程松圆有类似预期之事。据前引河东君《与汪然明尺牍》第三十通云：

弟方耽游，蜡屐或至，阁梅梁雪，彦会可怀。不尔，则春怀伊迩，薄游在斯，当偕某翁便过通德，一景道风也。

考此札之作，当在崇祯十三年庚辰冬季。此时松圆亦同在牧斋家中。颇疑牧斋因松圆此际正心情痛苦，进退维谷，将离虞山归新安之时。特作此往游西湖及黄山之预约，以免独与新相知偕行，而不与耦耕旧侣同游之嫌，所以聊慰平生老友之微意，未必迟至崇祯十四年辛巳春间，始遣人持书远至新安作此预约也。但检《初学集·四六·游黄山记序》略云：

辛巳春，余与程孟阳订黄山之游，约以梅花时相寻于武林之西溪。逾月而不至。余遂有事于白岳，黄山之兴少阑矣。壬午孟陬，虞山老民钱谦益序。

及《有学集·一八·耦耕堂诗序》略云：

崇祯癸未十二月，吾友孟阳卒于新安之长翰山。又十二年，岁在甲午，余所辑《列朝诗集》始出。（初）辛巳春，约游黄山，首途差池，归舟值孟阳于桐江。篝灯夜谈，质明分手，遂泫然为长别矣。

《黄山记序》作于崇祯十五年正月，《耦耕堂序》作年虽不详，亦在孟阳既卒十二年以后，皆牧斋事后追忆之笔。两《序》文意，若作预约孟阳于辛巳春为黄山之游，而非于辛巳春始作此约，则与当日事理相合。然绎两《序文》之辞语，似于辛巳春始作此约者，恐是牧斋事后追忆，因致笔误耳。或者牧斋当崇祯十三四年冬春之间，新知初遇、旧友将离、情感冲突、心理失常之际，作《游黄山记》时，正值河东君患病甚剧。作《耦耕堂诗序》时，抚今追昔，不胜感慨。此等时间，精神恍惚，记忆差错，遂有如是之记载耶？至若《游黄山记》之一云："二月初五日发商山，初七日抵汤院。"证以《初学集·一九·东山诗集·二》下注"起辛巳三月，尽一月"之语，则此记"二月"之"二"字，乃是"三"字之讹，固不待辨也。

复次，孟阳与牧斋之关系，其详可于两人之《集》中见之，兹不备论。但其同时人如前第三章引朱鹤龄《愚庵小集·与吴梅村书》，载宋辕文深鄙松圆，称为牧斋之"书佣"。后来文士如朱竹垞论松圆诗，亦深致不满。兹略录朱氏之言，以见三百年来评论松圆诗者之一例。

《明诗综·六五》所选程嘉燧诗，附《诗话》云：

孟阳格调卑卑，才庸气弱。近体多于古风，七律多于五律。如此伎俩，令三家村夫子诵百翻《兔园册》，即优为之，奚必读书破万卷乎？牧斋尚书深惩何李、王李流派，乃于明三百年中特尊之为诗老。六朝人语云："欲持荷作柱，荷弱不胜梁。欲持荷作镜，荷暗本无光。"得无类是与？姑就其《集》中稍成章者，录得八首。

夫松圆之诗固非高品，自不待言，但其别裁明代之伪体，实为有功。古今文学领域至广，创作家与批评家各有所长，不必合一。松圆可视为文学批评家，不必为文学创作者。竹垞所言，固非平情通识之论也。

松圆与牧斋两人平生论诗之旨极相契合一点，兹姑不论。唯就崇祯十三四年冬春之间，两人之交谊言之，则殊觉可笑可怜。松圆本欲徇例往牧斋家度岁，忽遇见河东君亦在虞山，遂狼狈归里。牧斋乂约其于西湖赏梅。松圆因恐河东君亦随往，故意负约不至杭州。俟牧斋独游新安，访孟阳于长翰山居，孟阳又复避去，盖未知河东君是否同来之故。及牧斋留题于山居别去之后，松圆返家，始悉河东君未随来游，于是追及牧斋于桐江，留此最后之一别。噫！年逾七十垂死之老翁，跋涉奔驰，藏头露尾，有如幼稚之儿童为捉迷藏之戏者，岂不可笑可怜哉？牧斋固深知孟阳之苦趣，于孟阳卒后，其诗文中涉及孟阳者，则往往追惜于桐江之死别，情感溢于言表。由今观之，牧斋内心之痛苦，抑又可推见矣。

牧斋此次，即崇祯十四年二月之大部分时间，滞留杭州。其踪迹皆于《初学集·一八·东山诗集·一》寓杭州诸诗中推寻得之。检此集此卷所载诸诗，自《有美诗》后至《余杭道中望天目山》，只就牧斋本人所作，而河东君和章不计外，共得九题。取《东山酬和集·二》所载牧斋之诗参较，则《初学集》所载多《东山酬和集》五题。盖此五题之所咏，皆与河东君无关故也。但此五题虽与河东君无关，然皆牧斋崇祯十四年二月留滞杭州所作。在此时间，牧斋既因河东君之未肯同来，程松圆复不愿践约，失望之余，无可奈何之际，只得聊与当时当地诸人，作不甚快心满意之酬酢。实与此时此地所赋有关河东君诸诗出于真挚情感者，区以别矣。此类酬应之作，原与本文主旨无涉，自可不论。唯其中亦略有间接关系，故仅就其题中之地或人稍述之，以备读者作比较推寻之数据云尔。

《初学集·一八·东山诗集·一·栖水访卓去病》云：

（诗略。）

寅恪案：《有学集·三二·卓去病先生墓志铭》略云：

去病姓卓氏，名尔康。杭之塘西里人。

又光绪修《唐栖志·二·山水门》"官塘运河"条云：

下塘在县之东北，泄上塘之水，受钱湖之流，历五林、唐栖，会于崇德，北达漕河，故曰"新开运河。"

据此知牧斋于崇祯十四年正月晦日，即廿九日，在鸳湖舟中赋《有美诗》后，当不易原来与河东君同乘之舟，直达杭州。初次所访之友人，即"杭之塘西里人"卓去病。后此九年，即顺治七年，牧斋访马进宝于婺州，途经杭州，东归常熟，《有学集·三·庚寅夏五集·西湖杂感序》云："是月晦日记于塘栖道中。"亦由此水道者。盖吴越往来所必经也。

《夜集胡休复庶尝故第》云：

惟余寡妇持门户，更倩穷交作主宾。

寅恪案：此两句下，牧斋自注云："休复无子，去病代为主人。"又《初学集·八一》载《为卓去病募饭疏》一文，列于《书西溪济舟长老册子》及《追荐亡友绥安谢耳伯疏》后。故知此三文当为崇祯十四年二月留滞杭州同时所作也。休复名允嘉，仁和人。事迹见光绪修《杭州府志·一四四·文苑传·一》。

《西溪郑庵为济舟长老题壁》云：

频炷香灯频扫地，不拈佛法不谈诗。落梅风里经声远，修竹阴中梵响迟。

寅恪案：《初学集·八一·书西溪济舟长老册子》略云：

献岁挐舟游武林，泊蒋村，策杖看梅，遍历西溪法华，憩郑家庵。济舟长老具汤饼相劳。观其举止朴拙，语言笃挚，宛然云栖老人家风也。口占一诗赠之，有"频炷香灯频扫地，不拈佛法不谈诗”之句，不独倾倒于师，实为眼底禅和子痛下一钳锤耳。师以此地为云栖下院，经营数载，未溃于成，乞余一言为唱导。辛巳仲春聚沙居士书于蒋村之舟次。

光绪修《杭州府志·三五·寺观·二》“古法华寺”条云：

在西溪之东，法华山下。明隆万间，云栖祩宏以云间郑昭服所舍园宅为常住，址在龙归径北，约八亩有奇。初号“云栖别室”，俗名“郑庵”。崇祯（六年）癸酉秋，郡守庞承宠给额称“古法华寺”。

此条下附吴应宾（吴氏事迹见《明诗综·五五》及《明诗纪事·庚·一五》等）《古法华寺记》云：

古杭法华山有云栖别院者，乃云间青莲居士郑昭服所施建也。居士归依莲大师，法名广瞻，雅发大愿，将昔所置楼房宅舍山场园林若干，施与弥天之释，为布地之金。大师命僧济舟等居焉。青莲弃世，其子文学食贫，而此永为法华道场。众请郡守庞公承宠捐金给额，改为古法华寺，济舟乞余言以纪其事。

前论牧斋崇祯庚辰冬至日示孙爱诗，已引此《书济舟册子》之文上一节，痛斥嘉禾门人所寄乞叙之某禅师开堂语录，兹不重录。济舟虽为能守“云栖老人家风”之弟子，且能求当世文人为之赋诗作记，似亦一风雅道人，但据牧斋此文下一节所描绘，则殊非具有学识、贯通梵典之高僧。今忽为之赋诗，并作文唱导募化，未免前后自相冲突，遂故为抑扬之辞，借资掩饰，用心亦良苦矣。噫！牧斋当此时此地，河东君未同来，程松圆不践约，孤游无俚，难以消遣之中，不得已而与此老迈专事念佛之僧徒往来酬酢。其羁旅寂寞之情况，今日犹能想见。所咏之诗，亦不过借以解嘲之语言，其非此卷诸诗中之上品，无足怪也。

《西溪湖水看梅赠吴仁和》云：

（诗略。）

寅恪案：吴仁和者，当时仁和县知县吴坦公培昌也。光绪修《杭州府志·一百零二·职官·四》“仁和县知县”云：

吴培昌，华亭人，进士。（崇祯）十一年任。

胡士瑾，贵池人，进士。（崇祯）十五年任。

又，《陈忠裕全集·一六·湘真阁集·寄仁和令吴坦公（七律）》题下附考证可互参。卧子《寄坦公》诗，有句云：

常严剑佩迎朝贵，更饬厨传给隐沦。

可谓适切坦公当日忙于送往迎来之情况。若牧斋者，以达官而兼名士，正处于朝贵隐沦之间，宜乎有剑佩之迎、厨传之给也。

《横山题江道暗蝶庵》云：

疏丘架壑置柴关，冢笔巢书断往还。尽揽烟峦归几上，不教云物到人间。

萧疏屋宇松头石，峭茜风期竹外山。莫殢蝶庵成蝶梦，似君龙卧未应闲。

寅恪案：江道暗本末未详，俟更考。但检马元调《横山游记》（下引各节可参光绪修《杭州府志·三十·古迹·二》“横山草堂”条及所附江元祚《横山草堂记》）卷首崇祯十年夏五月《自序》略云：

武林余所旧游，未闻有横山焉者。今年春偶来湖上，一日梦文陆子历叙此中读书谈道之士，为余所未见者六七人。余因请六七人室庐安在？梦文谓诸子近耳，独江道暗邦玉在黄山深处。然言黄山，不言横山。（寅恪案：江元祚文云：“黄山旧名‘横山’，土音呼‘横’为‘黄’，遂相传为‘黄山’”等语，可供参证。）

同书“楼西小瀑”条云：

返乎竹浪（居），而道暗适自城中归蝶庵。亟来晤，相见恨晚。抗言往昔，谈谐间发，极尔清欢，夜分乃歇。

同书“白龙潭”条云：

（四月）廿八日早起即问白龙潭，邦玉谓草深竹密，宜俟露晞。乃先走蝶庵，访道暗。蝶庵者，道暗藏修精舍，径在绿香亭外。沿溪得小山口，绿阴沉沉，编荆即是。秀竹千竿，掩映山阁。历磴连呼，衡门始豁。升堂坐定，寂如夜中，仰看屋梁，大字凡四，“读书谈道”。心胸若披，乐哉斯人，饮水当饱。

同书卷末载崇祯十年丁丑小寒日勾甬万泰《跋》略云：

自邦玉氏诛茅结庐，一时名流多乐与之游，而人始知有横山。会同人江子道暗挈妻子读书其中，因得偕陆子文虎（彪）策杖从之。

可知江道暗为杭州名士无疑，而马氏游记关于蝶庵之叙述，尤可与钱诗相印证也。至马、万二氏所言之邦玉，或即作《横山草堂记》之江元祚。但牧斋此次游横山之诗什，不及邦玉之名与其园林之胜，殊不可解。今亦未悉其本末，并与道暗之关系，当再详检。

光绪修《杭州府志·三三·名胜门》“西溪探梅”条云：

由松木场入古荡溪，溪流浅狭，不容巨舟。自古荡而西至于留下，并称“西溪”。曲水周环，群山四绕。名园古刹，前后踵接，又多芦汀沙溆，重重隔断，略彴通行，有舆马不能至者。其地宜稻宜蔬宜竹，而独盛于梅花。盖居民以为业，种梅处不事杂植，且勤加修护，本极大而有致。又多临水，早春时沿溪泛舟而入，弥漫如香雪海。

沈德潜等辑《西湖志纂·一三·西溪胜迹门》云：

西溪溪流深曲，受余杭南湖之浸，横山环之，凡三十六里。

牧斋留滞杭州时间几达一月之久，其踪迹似未越出西溪横山之区域。号为赏花，实则怀人。于无可奈何之际，当亦寻访名胜，愁对隐沦。凡此诸人诸地，并不能惊破其罗浮酣梦也。

钱氏此次之游杭州，共得诗九首。直接及间接有关于梅花者，凡六首。其中二首，一为当地寺僧，一为当地官吏而作，可不计外，余四首实皆为河东君而赋也。观梅之举，本约河东君同行，河东君既不偕游，于是牧斋独对梅花，远怀美人，即景生情，故此四首咏梅之作，悉是河东君之写真矣。

《东山酬和集·二》牧翁《西溪永兴寺看绿萼梅有怀》（寅恪案：《初学集·一八》此题下多“梅二株蟉虬可爱，是冯祭酒手植”十三字）云：

略彴缘溪一径斜，寒梅偏占老僧家。共怜祭酒风流在，未惜看花道路赊。绕树繁英团小阁，回舟玉雪漾晴沙。道人未醒罗浮梦，正忆新妆萼绿华。

河东《次韵永兴看梅见怀之作》云：

乡愁春思两欹斜，那得看梅不忆家。折赠可怜疏影好，低回应惜薄寒赊。穿帘小朵亭亭雪，漾月流光细细沙。欲向此中为阁道，与君坐卧领芳华。

寅恪案：《西湖志纂·一三·西溪胜迹门》“永兴寺”条引《西湖梵隐志》（参光绪修《杭州府志·三五·寺观·二》“永兴寺”条）云：

明万历初冯梦祯太史延僧真麟新之。手植绿萼梅二本，题其堂曰“二雪”。

然则杭州之梅花，以西溪永兴寺冯具区所植之绿萼梅为最有名。牧斋此次游杭州看梅，历时颇久，而多在西溪者，即由于此。何况汪然明别墅亦在此间。赏今日梅花之盛放，忆昔时美人之旧游，对景生情，更足增其诗兴也。夫古来赋咏梅花之篇什甚多，其以梅花比美人者，亦复不少。牧斋博学能诗，凡所吟咏，用事皆适切不泛，辞意往往双关。读者若不察及此端，则于欣赏其诗幽美之处，尚有所不足也。上录七律所用故实，初视之亦颇平常，不过《龙城录》赵师雄罗浮梦事并苏子瞻和杨公济《梅花诗》（见《东坡集·一八·次韵杨公济奉议梅花十首》及《再和杨公济梅花十绝》）及高季迪《梅花诗》（见高启《青丘集·一五·梅花（七律）九首》之一）等出处耳。但细绎之，则《龙城录》中云：

赵师雄于松林间，见一女人，淡妆素服。（寅恪案：今所见《龙城录》，诸本皆作“女人”，惟佩文斋增补阴氏《韵府群玉·十灰韵》，“梅”下引《龙城录》“女人”作“美人”。疑阴氏所见本作“美人”也。）

及高诗“月明林下美人来”之句，皆以昔时“美人”两字之古典，确指今日河东君之专名。其精当不移有如此者。又前论牧斋《冬日同如是泛舟》诗“莫为朱颜叹白头”句，引顾公燮《消夏闲记》等书，足征河东君皮肤之白。永兴寺冯开之所植之双梅，乃绿萼梅，故署其堂曰“二雪”。凡梅之白花者，其萼色绿。范成大《范村梅谱》“绿萼梅”条（见涵芬楼本《说郛·七十》并参博古斋影印《百川学海》本）云：

绿萼梅，凡梅花跗蒂皆绛紫色，惟此纯绿。枝梗亦青，特为清高。好事者比之九疑仙人萼绿华。京师艮岳有萼绿华堂，其下专植此本。人间亦不多有，为时所贵重。

故牧斋取此眼前相对之白梅，以比远隔他乡美人之颜色，已甚适切。复借永兴寺之绿萼梅，以譬《真诰》中神女之萼绿华（见《真诰·一·运象篇·第一》萼绿华诗），即河东君，尤为词旨关联，今古贯通。牧斋此诗“道人未醒罗浮梦，正忆新妆萼绿华”两句，可谓言语妙绝天下矣。抑更有可论者，“新妆”二字亦有深意，李太白诗（见《全唐诗·第三函·李白·四·清平调词三首》之二）云：

借问汉宫谁得似，可怜飞燕倚新妆。

据顾云美《河东君传》云：

君为人短小，结束俏丽。

则河东君可比赵飞燕，而与肥硕之杨玉环迥异。寅恪初读牧斋此诗，未解“新妆”二字之用意，一夕默诵太白诗，始恍然大悟，故标出之，以告读者。

河东君和作《初学集》不载。或是以所作未能竞胜牧斋原诗之故。其诗结语云“欲向此中为阁道，与君坐卧领芳华”，当出王摩诘诗“阁道回看上苑花”之句（见《全唐诗·第二函·王维·四·奉和圣制从蓬莱向兴庆阁道中留春雨中春望之作应制（七律）》）。盖牧斋原作与右丞之作同韵，岂河东君因和牧斋之故，忆及王诗，遂有“阁道”之语耶?

《东山酬和集·二》牧翁《二月九日再过永兴看梅梅花烂发仿佛有怀适仲芳以画册索题遂作短歌书于纸尾》（寅恪案：《初学集·一八·东山诗集·一》“仲芳”上有“吾家”二字）云：

西溪梅花千万树，低亚凝香塞行路。永兴两树最绰约，素艳孤荣自相顾。飘黄拂绿傍香楼，春寒日暮含清愁。依然翠袖修林里，遥忆美人溪水头。徙倚沉吟正愁绝，见君画册思飘瞥。开怀落落生云山，触眼纷纷缀香雪。羡君画高神亦闲，趣在苍茫近远间。仲圭残墨泼武水，子久粉本留虞山。我将梅花比君画，月地云阶吐光怪。乞君挥洒墨汁余，向我萧闲草堂挂。草堂深柳净无尘，淡墨疏窗会赏真。还将玉雪横斜意，举似凌风却月人。

寅恪案：仲芳者，钱棻之字。光绪修《嘉善县志·二二》（参光绪修《嘉兴府志·五五·钱棻传》）略云：

钱棻，字仲芳。崇祯十五年经魁。构园曰“萧林”，种梅百本。晚岁键户谢客，著书大涤山，赋诗作画。年七十八卒。

牧斋此诗以花比人，辞语精妙，自不待言。而“遥忆美人溪水头”，乃一篇之主旨也。至其结语云：“乞君挥洒墨汁余，向我萧闲草堂挂。草堂深柳净无尘，淡墨疏窗会赏真。还将玉雪横斜意，举似凌风却月人。”其欲贮河东君于金屋之意，情见乎辞矣。牧斋此诗后未载河东君和章，盖河东君此时已不作长句古诗。其所以如此之故，今未敢妄测。然必不可以朱竹垞之论程松圆者论河东君，则可断言也。（见《明诗综·六五》“程嘉燧”条。）

更有可论者，光绪修《常昭合志稿·四四·艺文·闺秀遗箸》云：

《河东君诗文集》十二卷。《梅花集句》三卷。柳隐，钱受之副室。

《河东君文集》十二卷未见，不知内容如何。但据从胡文楷君处抄得之三卷本《梅花集句》题云：

我闻室《梅花集句》，河东柳是如是氏集。

今检《列朝诗集·闰·五·集句诗类》载《童琥小传》云：

琥，字廷瑞，兰溪人。有《草窗梅花集句》三卷，凡三百有十首。

牧斋选廷瑞《梅花集句诗》共六首。取三卷之钞本校之，则牧斋所选者，悉在其中，惟有数字不同耳。由此言之，可证所谓河东君集本，实廷瑞所集。至何以误为出自河东君，则殊难考知。但检《初学集·一三·试拈诗集》有《戏书梅花集句诗（七绝）》一首。题下自注云：

本朝沈行、童琥集，各三百余首。

牧斋此诗作于崇祯十一年，可证牧斋在河东君未访半野堂前，家中早已藏有廷瑞《集句》。河东君既归牧斋之后，曾手抄其本，或题署书名，或加钤图记。后人不察，遂误认为河东君所集耶？方志纪载错误，因恐辗转传讹，特附订正之于此。

《东山酬和集·二》牧翁《横山汪氏书楼》云：

（诗见前论《河东君尺牍》第一通所引。今不重录。）

寅恪案：前论《河东君尺牍》第一通，谓河东君于崇祯十二年游杭时，曾借居汪氏别墅，即此诗之"横山汪氏书楼"也。牧斋此次游杭州，本约河东君同行，疑其且欲同寓汪氏别墅。不意河东君未能同游，故牧斋于此深有感触。其用"琴台"之典，以司马相如自比，并以卓文君比河东君，实取《杜工部集·一一·琴台（五律）》所云：

茂陵多病后，尚爱卓文君。酒肆人间世，琴台日暮云。野花留宝靥，蔓草见罗裙。归凤求皇意，寥寥不复闻。

之意。又以"云"为河东君之名，并用子美诗"片云何意傍琴台"之句（见《杜工部集·一一·野老（七律）》）。糅合江文通杂体诗《休上人》诗"日暮碧云合，佳人殊未来"辞意（见《文选·三一》），构成此诗七、八两句，甚为精巧。钱遵王止注“碧云”之出处，殊不赅备。盖未能了解牧斋之思之微妙。牧斋前于崇祯十三年冬《答河东君过访半野堂初赠诗》有“文君放诞想流风”之句，亦即赋此诗时之意也。《东山酬和集·二》牧翁《二月十二春分日横山晚归作》（寅恪案：郑氏《近世中西史日表》，崇祯十四年辛巳二月十日春分，与牧斋诗题不合）云：

杏园村店酒旗新，度竹穿林踏好春。南浦舟中曾计日，西溪楼下又经旬。残梅糁雪飘香粉，新柳含风漾曲尘。最是花朝并春半，与君遥夜共芳辰。

河东《次韵》云：

年光诗思竞鲜新，忽漫韶华逗晚春。止为花开停十日，已怜腰缓足三旬。枝枝媚柳含香粉，面面夭桃拂软尘。回首东皇飞辔促，安歌吾欲撰良辰。

寅恪案：此题除前于《河东君尺牍》第一通所论者外，尚有可言者，即钱诗“南浦舟中曾记日，西溪楼下又经旬”与柳诗“止为花开停十日，已怜腰缓足三旬”两联互相印证是也。牧斋送河东君由虞山返茸城，于崇祯十四年元夕抵虎丘。河东君又送牧斋自苏州至鸳湖，然后别去，独返松江。计其由虞山出发之时，至是年花朝，盖已一月矣。受之此次游杭州，赏梅花，当即寄寓汪然明横山别墅。自抵杭州至赋此诗时，已阅旬日。江文通《别赋》云：“送君南浦，伤如之何！”（见《文选·一六》并此句李善《注》引《楚辞·九歌》“河伯曰：‘子交手兮东行，送美人兮南浦。’”寅恪案：王逸《楚辞注》云，“子谓河伯也。言屈原与河伯别。子宜东行，还于九河之居，我亦欲归也。”又《文选·别赋（五臣注）》张铣曰：“送君，送夫也。南浦，送别之处。”皆可与钱、柳诗互证通用。）故钱诗此联上句，即柳诗此联下句。又“腰缓”之句，自是出《文选·二九·古诗十九首》之一“相去日已远，衣带日已缓”。（并可参李善《注》引《古乐府歌》曰：“离家日趋远，衣带日趋缓。”）不过古诗乃女思男之辞，河东君借用其语句以指牧斋，非古诗作者本旨也。若就宋人诗余言之，牧斋当如柳耆卿之“衣带渐宽终不悔，为伊消得人憔悴”（见《乐章集·蝶恋花》），而河东君当如史邦卿之“讳道相思，偷理绡裙，自惊腰衩”（见《梅溪词·三姝媚》）始为合理。否则，牧斋岂不成为单相思？一笑！其后来刻《初学集》，删去河东君和作，殆由柳诗微有语病之故耶？至柳诗七、八两句，出《楚辞·九歌·东皇太一》“吉日兮辰良，穆将愉兮上皇”及“疏缓节兮安歌”，自是人所习知，不待多论。

又《初学集·六·游黄山记序》云：

辛巳春，余与孟阳订黄山之游，约以梅花时，相寻于武林之西溪。逾月不至，余遂有事于白岳，黄山之兴少阑矣。徐维翰书来劝驾，读之两腋欲举，遂挟吴去尘以行。吴长孺为戒车马、庀糗脯，子含、去非群从，相向怂恿，而皆不能从也。

寅恪案：牧斋此次本拟偕河东君同行，又期程松圆于杭州，与美人、诗老共作湖山之游，洵可称赏心乐事。岂意河东君中途返回松江，而松圆又迟行后期，于是不得已挟吴去尘为伴，以游黄山。去尘者，《列朝诗集·丁·一五·吴布衣拭小传》（参《明诗综·七一·吴拭小传》及光绪修《常昭合志稿·四十·游寓·吴拭传》。又《春星堂集·一·不系园集》亦载吴氏诗）略云：

拭，字去尘，居新安之上山。宗族多富人，去尘独好读书鼓琴，游名山水。仿易水法制墨，遇通人文士，倒囊相赠，富家翁厚价购之，辄大笑曰："勿以孔方兄辱吾客卿也。"（寅恪检徐康《前尘梦影录·上》"虞山钱牧斋有蒙叟墨"条载牧斋门生歙人吴闻礼、闻诗兄弟，为牧斋制"为天下式"及"秋水阁"墨事。可供参考。）坐此益大困。耳聋头眩，为悍妇所逐，落魄游吴门。遇乱，死虞山舟中。毛子晋为收葬之。

然则牧斋此行虽无罗浮之新艳，犹有隃麋之古香。陶诗云，"慰情聊胜无"，牧斋于此亦可怜矣。牧斋所选去尘诗，不及竹垞所选者之佳。吴氏既能诗，又生长黄山，此次伴牧斋同游，当有篇什，何以牧斋游黄山诸诗，既不附录吴作，诗题中亦未道及其名字，颇觉可怪。岂此时牧斋心中，专注河东君一人，其余皆不顾及，亦如其《书西溪济舟长老册子》所言者耶？（见《初学集·八一》。）竹垞所选去尘诗中有《无题和斗生二首》，诗颇佳，其中所言，未敢妄测，但两首起句皆有"云"字，颇可玩味，特附录之，以俟好事者之参究。诗云：

海外云生碧浪阴，赪鳞苍雁总浮沉。寥寥天汉双星小，寂寂黎花一院深。贞玉有光还易见，明珠无定杳难寻。轻鸾欲绣愁无力，除是灵芸七孔针。

巫山远在暮云中，愁隔春灯一点红。莫道金刀难剪水，须知纨扇也惊风。化为蝴蝶飞才并，除是鸳鸯睡不同。最是游丝无赖甚，又牵春去过墙东。

《东山酬和集·二》牧翁《陌上花乐府东坡记吴越王妃事也临安道中感而和之和其词而反其意以有寄焉》云：

陌上花开正掩扉，芜城草绿雉媒肥。狂夫不合堂堂去，小妇翻歌缓缓归。

陌上花开燕子飞，柳条初扑曲尘衣。请看石镜明明在，忍撇妆台缓缓归。

陌上花开音信稀，暗将红泪裹春衣。花开容易纷纷落，春暖休教缓缓归。

河东《奉和陌上花三首》云：

陌上花开照板扉，鸳湖水涨绿波肥。班骓雪后迟迟去，油壁风前缓缓归。

陌上花开一片飞，还留片片点郎衣。云山好处亭亭去，风月佳时缓缓归。

陌上花开花信稀，楝花风暖飏罗衣。残花和梦垂垂谢，弱柳如人缓缓归。

寅恪案：前论牧斋所作《吴巽之持孟阳画扇索题》诗节，曾引《耦耕堂存稿文·下·题归舟漫兴册》云：

庚辰腊月望，海虞半野堂订游黄山。正月（十）六日，牧翁已泊舟半塘矣。又停舟西溪，相迟半月，乃先发。余三月一日始入舟，望日至湖上，将陆行从，而忽传归耗，遂溯江逆之，犹冀一遇也。

牧斋之由杭州出发，往游黄山，虽难确定为何日，但综合孟阳“又停舟西溪，相迟半月”之语及牧斋《二月十二春分日横山晚归作（七律）》后，即接以《和东坡陌上花》之题两点推之，则知牧斋由杭州启程，必在二月下半月。其余杭道中《和陌上花》诗，亦当在此时所作也。孟阳于崇祯十四年庚辰十二月望日定游黄山之约后，匆匆归新安。据河东君《与汪然明尺牍》第三十通“阁梅梁雪”之语，知牧斋之游杭州，实欲乘游黄山之便，中途在杭州看梅。此事松圆别虞山时必已早悉，何以迟至三月一日梅花谢后，始入舟往杭。然则松圆迟迟其行，扑空赴约，如捉迷藏，其故意避免与河东君相见，绝无疑义。意者，孟阳于二月半后始探知河东君仅送牧斋至鸳湖，即返松江，遂敢于三月一日入舟至杭州会晤牧斋，其后期之原因，实在于此，殊可笑矣。又牧斋此诗序中所谓“和其词而反其意”者，《东坡集·五·陌上花三首序》云：

父老云，吴越王妃每岁春必归临安。王以书遗妃曰：“陌上花开，可缓缓归矣。”

盖吴越王妃每岁必归其临安之家，故王有“陌上花开，可缓缓归”之语。今牧斋以守其家法之故，正值花开之时，令河东君归其茸城之家，然深致悔恨，遂有“狂夫不合堂堂去，小妇翻歌缓缓归”“请看石镜明明在，忍撇妆台缓缓归”及“花开容易纷纷落，春暖休教缓缓归”等句，借以寄其欲河东君来与同游之思，即所谓“用其词，而反其意”者。河东君和诗“陌上花开一片飞，还留片片点郎衣”即其《鸳湖舟中送牧翁之新安》诗所谓“只怜不得因风去，飘拂征衫比落梅”之意也。后来河东君于顺治七年庚寅和牧斋《人日示内》诗（见《有学集·二·秋槐支集》），其第二首结语云：

香灯绣阁春常好，不唱卿家缓缓吟。

犹涉及牧斋临安道中此诗。当庚寅人日河东君赋诗之时，牧斋既得免于黄毓祺案之牵累，所生女婴复在身侧，颇有承平家庭乐趣，所以举出“陌上花”之典，借慰牧斋，且用王安丰妇之语，以“卿家”为言（见《世说新语·惑溺类》“王安丰妇常卿安丰”条）。三百年前闺中戏谑之情况，尚历历如睹。牧斋于顺治十三年丙申赋《茸城惜别》诗（见《有学集·七·高会堂诗集》），叙述其与河东君之因缘，其中亦云：

陌上催归曲，云间赠妇篇。（寅恪案："云间赠妇篇"指《文选·二四》陆士衡《为顾彦先赠妇二首》及二五陆士龙《为顾彦先赠妇二首》并《玉台新咏·三》陆机《为顾彦先赠妇二首》及陆云《为顾彦先赠妇往返四首》而言。机、云兄弟皆云间人，且其诗皆夫妇赠答之作，与《东山酬和集》之为钱、柳赠答之作者，甚相类似，于此可证牧斋用典之精切也。）

据此可见钱、柳二人终始不忘此"陌上花"之曲有若是者也。《东山酬和集·二》牧翁《响雪阁》诗，前论《河东君尺牍》第八通时，已引其全文，并详释之，今不更诠述。至此诗后未载河东君和作者，恐是河东君本不喜游山，昔年作商山之游，实非得已，故亦不欲于兹有所赋咏也。

《东山酬和集·二》牧翁《禊后五日浴黄山下汤池留题四绝句遥寄河东君》云：

香溪禊后试温汤，寒食东风谷水阳。却忆春衫新浴后，窃黄浅绛道家装。

山比骊山汤比香，承恩并浴少鸳鸯。阿瞒果是风流主，妃子应居第一汤。（寅恪案：《初学集·一九·东山诗集·二》此句下自注云："《南部新书》，御汤西北角则妃子汤，余汤逦迤相属而下。"）

沐浴频看称意身，刈兰赠药想芳春。凭将一掬香泉水，噀向茸城洗玉人。（寅恪案：《初学集》"噀"作"喷"。）

齐心同体正相因，祓濯何曾是两人。料得盈盈罗袜步，也应抖擞拂香尘。

河东《奉和黄山汤池留题遥寄之作》云：

素女千年供奉汤，拍浮浑似踏春阳。可怜兰泽都无分，宋玉何繇赋薄装。

浴罢汤泉粉汗香，还看被底浴鸳鸯。黟山可似骊山好，白玉莲花解捧汤。

睡眠朦胧试浴身，芳华竟体欲生春。怜君遥噀香溪水，兰气梅魂暗着人。

旌心白水是前因，觑浴何曾许别人。煎得兰汤三百斛，与君携手祓征尘。

寅恪案：牧斋此题及河东君和章，乃关于钱、柳因缘之重要作品。盖河东君不肯与牧斋同游杭州及黄山，独自径归松江。牧斋心中当亦知其犹豫顾虑之情。故鸳湖别后，屡寄诗篇。不仅致己身怀念之思，实兼借以探河东君之意也。河东君和诗第四首有“旌心白水是前因，觑浴何曾许别人”之句，乃对牧斋表示决心之语。想牧斋接诵此诗，必大感动。阅二十年，至顺治十六年己亥，牧斋因郑延平失败，欲随之入海，赋诗留别河东君，有“白水旌心视此陂”之句（见《投笔集·后秋兴之三》及《有学集·十·红豆二集·后秋兴八首》），其不忘情于河东君此诗者如此。若仅以用《左传》之典，步杜诗之韵目之者，犹未达一间。苟明乎此义，则《东山酬和集》此题之后，即接以《六月七日迎河东君于云间》之诗，便不觉其突兀无因矣。

牧斋诗第一首“却忆春衫新浴后，窃黄浅绛道家装”，钱遵王注此诗，引薛能《蜀黄葵》诗“记得玉人春病后，道家装束厌禳时。”（寅恪案：《才调集·一》“后”作“校”。《全唐诗·第九函·薛能·四》此诗题“蜀黄葵”作“黄蜀葵”。诗中“春”作“初”，“后”作“起”，一作“较”。）虽能知其出处，似尚未发明牧斋文心之妙。盖河东君肌肤洁白，本合于蜀先主甘后“玉人”之条件。前论钱、柳《冬日泛舟》诗，引顾公燮《消夏闲记》等书，已详言之。即牧斋此题第三首“噀向茸城洗玉人”句亦是实指，并非泛用典故。又河东君于崇祯十四年辛巳春初患病，牧斋赋此诗，在是年三月初八日。薛诗“春病后”或“春病校”之语，尤为适切河东君此时情况也。河东君和诗“可怜兰泽都无分，宋玉何繇赋薄装”两句，自用《文选·一九》宋玉《神女赋》中“脱薄装，沐兰泽”之语，实寓《诗·卫风·伯兮篇》“自伯之东，首如飞蓬。岂无膏沐，谁适为容”之意。情思缠绵，想牧斋读此，必为之魂销心醉也。

此题第二首钱、柳二人之作，皆用华清池故事。《全唐诗·第九函·郑嵎·津阳门》诗“暖山度腊东风微，宫娃赐浴长汤池。刻成玉莲喷香液，漱回烟浪深逶迤”，《注》云：

宫内除供奉两汤池，内外更有汤十六所。长汤每赐诸嫔御，其修广与诸汤不侔。甃以文瑶宝石，中间有玉莲捧汤泉，喷以成池。

《全唐文·六一二》陈鸿《华清汤池记》云：

玄宗幸华清宫。新广汤池，制作宏丽。安禄山于范阳以白玉石为鱼龙凫雁，仍以石梁及石莲花以献。雕镌巧妙，殆非人工。上大悦，命陈于汤中，仍以石梁亘汤上，而莲花才出水际。

据此，河东君“白玉莲花解捧汤”之“白玉”，实兼取陈氏《记》中之语。其所用典故，盖有轶出牧斋诗句之外者矣。

此题第三首牧斋诗下半两句，若依《初学集》作“喷”，则与郑嵎诗注相合。虽较“噀”字为妥，但“噀”字出于葛洪《神仙传·五·栾巴传》中“赐百官酒，又不饮，而向西南噀之”及同书九《成仙公传》中“先生忽以杯酒向东南噀之”等，实与“遥”字有关。（检《太平广记·三十·神仙门·三十》“张果”条云：“果常乘一白驴，日行数万里。休则重叠之。其厚如纸，置于巾箱中，乘则以水噀之，还成驴矣。”虽非遥噀，然亦属神仙道术，故附记于此，以供参证。）黄山下之汤池与松江之横云山离隔甚远，遥噀香泉，正是神通道术，倘改为“喷”字，似不甚适切。至河东君诗“怜君遥噀香溪水”，自是兼采《神仙传》并刘孝标《送橘启》（见冯应榴《苏文忠公诗合注·二二·食甘》诗注所引），而不局于《津阳门》诗注也。

抑更有可论者，《东坡集·一三·食甘》诗“清泉蔌蔌先流齿，香雾霏霏欲噀人”，河东君诗“怜君遥噀香溪水”句，其下即接以“梅魂”之语，当与东坡诗有关。盖东坡此诗前一题《（元丰）六年正月二十日复出东门仍用前韵》其结语云：“长与东风约今日，暗香先返玉梅魂。”前论河东君《金明池·咏寒柳》词及牧斋《我闻室落成》诗已详及之，兹不更赘。所可注意者，牧斋以“梅魂”自比，故河东君和牧斋诗，亦以“梅魂”目之，其心许之意，尤为明显。又据此可推知河东君当是时必常披览苏《集》，于东坡之诗有所取材，实已突破何、李派之范围矣。

此题第四首牧斋诗“罗袜”“香尘”之语，出于曹子建《洛神赋》“凌波微步，罗袜生尘”（见《文选·一九》）自不待言。所可笑者，前引汪然明《无题》云：“老奴愧我非温峤，美女疑君是洛神。”汪氏作诗时在崇祯十一年秋，虽与牧斋同以“洛神”目河东君，然不敢自命为温太真。阅三年，至崇祯十四年春，牧斋作此诗，亦以洛神目河东君，竟敢以老奴自许，而下其玉镜台矣。河东君和诗“与君携手袚征尘”之句，不独与“袚濯”香汤有关，且“携手”之语正是暗指前引《牧斋初学集·一七·〈永遇乐·十六夜有感再次前韵〉》词“何日里，并肩携手，双双拜月”之结语而言。于是钱、柳两人文字相思之公案，得此遂告一结束矣。《初学集·一九·东山诗集·二·三月廿四日过钓台有感》（自注：“是日闻阳羡再召。”）云：

严濑曈曈旭日余，桐江泷尽挂帆初。老夫自有渔湾在，不用先生买菜书。

寅恪案：牧斋于崇祯十四年辛巳三月初八日浴汤池，寄诗河东君后，阅三月至六月七日，遂有茸城舟中合欢诗之作。此三月中实为平生最快心满意之时。忽闻周玉绳再入相之命，胸中不觉发生一希望与失望交战之情感。诗题所谓“有感”，殆即此种感触也。第三章论杨、陈两人《五日》诗，引及牧斋《病榻消寒杂咏》中关涉周氏之诗，以见其垂死之时，犹追恨不已之事例。斯乃由失望所致，与赋此诗时之情感，尚有所不同。但牧斋此际姑醒黄扉之残梦，专采红豆之相思，亦情事所不得不然者矣。此诗末句即用皇甫谧《高士传·下·严光传·下》“买菜乎？求益也”之语，意谓不欲借周氏之力以求起用。然此不过牧斋欺人之辞耳。详见后论黄梨洲《南雷文定后集·二·顾玉书墓志铭》，兹暂不述。若《初学集·八十》有《复阳羡相公书》及《寄长安诸公书》。（此题下自注：“癸未四月。”）其《寄长安诸公书》中云：“令得管领山林，优游齿发。”并同书二十下《东山诗集·四·（癸未）元日杂题长句八首》其六云：“庙廊题目片言中，准拟山林著此翁。”句下自注云“阳羡公语所知曰‘虞山正堪领袖山林’”等，仅可视作失望之后怨怼矫饰之言，不得认为弃仇复好、甘心恬退之意。至《初学集·二十·下·东山诗集·四》最后一题《甲申元日》诗中“幸子魂销槃水前”及“衰残敢负苍生望，自理东山旧管弦”等句，则更是快意恩仇之语，“东山管弦”一辞，亦涉及河东君，并以结束“东山”名集之意也。又《有学集・一・秋槐诗集》载《金坛逢水榭故妓感叹而作凡四绝句》，其第三首云：“身轻浑欲出鹅笼。”此题下即接以《鹅笼曲四首示水榭旧宾客》。此两题共八绝句，皆为诋笑玉绳之作。其时君亡国破，犹不忘区区之旧隙。怨毒之于人，有若是者，诚可畏哉！钱、周两人之是非本末，于此姑不置论，唯略举牧斋平生胸中恩怨及苦乐，形诸文字，间接关涉儿女私情者如此，聊见明末士大夫风习之一斑也。

牧斋于崇祯十四年三月初八日浴黄山下汤池，寄诗河东君，得其心许之和章。但诗简往返，颇需时日。牧斋是否由黄山还家，中途经过杭州时，得诵河东君所和之诗，以无确证，不必多论。若一检《有美诗》如“东山约已坚”之语，则知河东君固与牧斋已有宿约，惟尚未决定何时履行耳。牧斋本欲及早完成此事，过钓台时，复得玉绳再召入相之讯，更宜如前所言，火急遄返虞山，筹备合卺之大礼矣。据陈氏《二十史朔闰表》，崇祯十四年三月小尽，并《三子合稿・五》卧子所作《孟夏一日遇钱牧斋宗伯于禾城（五律）二首》（《陈忠裕全集・一四・三子诗稿》此诗题多“夜谈时事”四字），则知牧斋自钓台至禾城，至多不过历时五日，以当时水道交通言之，其归程之迅速，与平日游赏湖山、随处停留者大不相同。牧斋返虞山家中，当在四月上旬。计至六月七日，约为二月之时间。此二月之时间，当即顾云美《河东君传》所云“宗伯使客构之乃出”者。推测河东君所以顾虑迟疑之故，当为嫡庶之分。此问题一在社会礼节，若稍通融，可逃纠察；一在国家法律，不容含混，致违制度。其实两者之间，互有关系。检《明史·二六五·倪元璐传》云：

（崇祯）八年，迁国子祭酒。元璐雅负时望，位渐通显，帝意向之，深为（温）体仁所忌。一日，帝手书其名下阁，令以履历进，体仁益恐。会诚意伯刘孔昭谋掌戎政，体仁饵孔昭，使攻元璐，言其妻陈尚存，而妾王冒继配复封，败礼乱法。诏下吏部核奏。其同里尚书姜逢元，侍郎王业浩、刘宗周及其从兄御史元珙，咸言陈氏以过被出，继娶王，非妾。体仁意沮。会部议行抚按勘奏，即拟旨云："《登科录》二氏并列，罪迹显然，何待行勘？"遂落职闲住。（寅恪案：黄宗羲《思旧录》"倪元璐"条云："（先生）又请毁《（三朝）要典》，以为魏氏之私书。孙之獬抱《要典》而哭于朝，不能夺也。未几而许重熙之《五陵注略》出，其中有碍于诚意伯刘孔昭之祖父。时先生为司成，孔昭嘱毁其板，先生不听。孔昭遂以出妇讦先生去位。"可供参考。）

谈迁《枣林杂俎仁集·逸典》"阮大铖"条云：

（福王朝，大铖）日同（马）士英及抚宁侯、诚意伯狎饮。后常熟钱侍郎谦益附焉。钱宠姬柳如是，故倡也。大铖请见，遗玉带曰："为若觅恩封。"（寅恪案：计六奇《明季北略·二四·五朝大事总论》中谓阮赠柳者为珠冠，而非玉带。所赠之物虽异，而觅封之旨则同也。详见第五章所引。）自是诸公互见其室，恬不为耻。

同书同集"王氏夺封"条云：

尚书上虞倪元璐（玉汝）少娶余姚陈氏，失欢。既登第，嬖妾王氏篡封命。同邑丁庶子进，以故隙嗾诚意伯刘孔昭讦其事，可坐总京营也。倪适除祭酒，奏辨，陈氏失母意，遣归外氏，命娶王，宜封。而陈所生女字王司马业浩子贻栻，司马揭引海瑞前妻许氏、潘氏弗封，封继妻王氏为例。幸上不问。倪自免归。陈氏实同母夫人居，非遣归者。甲申末，陈氏诉于朝。时孔昭在事，夺王氏，改封。白璧微瑕，君子惜之。

倪会鼎撰《倪文正公年谱·三》“崇祯九年夏四月勋臣刘孔昭疏讦府君罢归”条略云：

乌程衔府君侵议，每思所以中之。顾言路无可喻意。会诚意伯刘孔昭觊戎政，遂以啖之。出袖中弹文，使越职讦奏府君冒封诰。下吏部议覆。于是同里朝士尚书姜公逢元、侍郎王公业浩、刘公宗周等，及从父御史公（指倪元珙）揭辨分合之故。府君亦上章自理。乌程意沮。及吏部覆，行抚按覆奏。乌程虑勘报之得实也，即拟旨：“《登科录》二氏并载，朦溷显然，何待行勘？”于是部议冠带闲住。乌程票革职。上从部议，而封典如故。（寅恪案：倪会鼎所编其父《年谱》，辞语含混，自是为其父讳。若会鼎为王氏所生，则兼为其母讳也。《年谱》中“封典如故”一语，甚可注意。盖鸿宝虽因此案冠带闲住，而王氏封典如故，及刘孔昭南都当权时，王氏之封诰始被夺，而改封陈氏。会鼎不著其事，可谓得《春秋》之旨矣。）

夫玉汝与牧斋俱为乌程所深恶，幸温氏早死于崇祯十一年戊寅，已不及闻知牧斋与河东君结缡之事，否则当嗾使刘孔昭或张汉儒之流告讦牧斋，科以“败礼乱法”之罪。且崇祯十四年六月牧斋嫡妻陈夫人尚安居牧斋家中，未尝被出（可参葛万里《钱牧斋先生年谱》“顺治十五年戊戌”条“夫人陈氏卒”之记载）。则与谈氏所言玉汝嫡妻陈氏之情事略同，而非如玉汝己身及其乡里亲朋所称陈、王关系之比。倘牧斋果以“败理乱法”被处分，则其罪应加倪氏一等。钱、柳结缡之时，牧斋固以玉汝为前车之鉴，不敢触犯国家法制，然亦因其崇祯二年己巳阁讼终结，坐杖论赎，黜职归里，即嫡妻陈夫人之封诰，当被追夺。（可参《初学集·五·崇祯诗集·一》“喜复官诰赠内戏效乐天作”“闻新命未下再赠”两题及同书七四《请诰命事略》“妻陈氏”条。）本不能效法倪氏，为河东君请封。唯有在社会礼节方面，铺张扬厉，聊慰河东君之奢望而已。（寅恪案：谈迁《枣林杂俎和集·丛赘》“都谏娶娼”条云：“云间许都谏誉卿娶王修微，常熟钱侍郎谦益娶柳如是，并落籍章台，礼同正嫡。先进家范，未之或闻。”可供参证。）后来钱、柳共赴南京翊戴弘光。虽时移事变，似有为河东君请封之可能，但是时刘孔昭炙手可热，竟能推翻倪王之旧案，钱、柳自必有所警惕，遂不得不待“还期共覆金山谱，桴鼓亲提慰我思”（见《投笔集·上·后秋兴之三》第四首）之实现也。又圆海代河东君“觅恩封”之言，若真成事实者，想此小朝廷之大司马，或以钱谦益妻柳氏能如韩世忠妻梁氏之知兵为说耶？一笑！复观《投笔集·上·后秋兴之三·八月初十日小舟夜渡惜别而作》之五，有“衣朱曳绮留都女，羞杀当年翟茀班”之句（寅恪案：一隅草堂钞本《有学集·十》“朱”作“珠”，恐非），则牧斋诗旨，以为河东君当时虽未受封诰，实远胜于其他在南都之诸命妇。其所以温慰河东君之微意，抑又可推见矣。

又，《板桥杂记·中·丽品门》云：

龚（芝麓鼎孳）竟以顾（眉生媚）为亚妻。元配童氏明两封孺人。龚入仕本朝，历官大宗伯。童夫人高尚居合肥，不肯随宦京师。且曰：“我经两受明封，以后本朝恩典，让顾太太可也。”顾遂专宠受封。呜呼！童夫人贤节过须眉男子多矣。

谈迁《北游录·纪闻·上》"冯铨"条云：

癸巳，涿州次妾氏没，铭旌题诰封一品夫人。丧归，大内遗赙。时元配尚在，岂受封先朝竟以次妾膺新典乎？

据此更可证建州入关之初，汉族降臣，自可以妾为妻，不若其在明代受法律之制裁。但牧斋仕清时，亦未尝为河东君请封。此盖出于河东君之意与龚芝麓夫人童氏同一心理。澹心之书，其范围限于金陵乐籍，固不能述及河东君。（余氏书附录《群芳萎道旁者三则》，其中二则，虽俱不属金陵范围，但河东君本末，其性质与此迥异。）否则亦应于此点与童夫人并举，称扬其贤节也。至冯振鹭人品卑下，尤不及芝麓。其所为更无论矣。

关于社会礼节问题，兹择录旧籍记载此事者两条于下。

《蘼芜纪闻·上》引沈虬《河东君传》云：

辛巳六月，虞山于茸城舟中与如是结缡。学士冠带皤发，合卺花烛，仪礼备具。赋《催妆诗》，前后八首。云间缙绅哗然攻讨，以为亵朝廷之名器，伤士大夫之体统，几不免老拳，满船载瓦砾而归，虞山怡然自得也。称为继室，号河东君。

《虞阳说苑》本《牧斋遗事》云：

辛巳初夏，牧斋以柳才色无双，小星不足以相辱，乃行结缡礼于芙蓉舫中。箫鼓遏云，兰麝袭岸。齐牢合卺，九十其仪。于是琴川绅士沸焉腾议。至有轻薄子掷砖彩鹢、投砾香车者。牧翁吮毫濡墨，笑对镜台，赋《催妆诗》自若。称之曰"河东君"，家人称之曰"柳夫人"。

寅恪案：沈氏乃亲见河东君之人，其言"云间缙绅，哗然攻讨"与《牧斋遗事》所言"琴川绅士沸焉腾议"者，"云间""琴川"地名各异。夫钱、柳本在茸城结缡，似以沈氏所言为合。其实钱、柳同舟由松江抵常熟，则《牧斋遗事》所言，亦自可通。总之，挥拳投砾，或言之过甚。至牧斋以匹嫡之礼待河东君，殊违反当时社会风习，招来多数士大夫之不满，乃必致之情势。此点牧斋岂有不知之理，但舍是不能求得河东君之同意。在他人如宋辕文、陈卧子辈，早已不敢冒天下之大不韪而为之，今牧斋则悍然不顾，作此破例之事。盖其平日之心理及行动，本有异于宋、陈之徒。当日阉党仿《水浒》所撰之《东林点将录》指为“天巧星浪子”者（参见澄海高氏玉笥山楼藏稿本），固由于此。名流推为“广大风流教主”者，亦由于此。故河东君与宋、陈之关系，所以大异于其与牧斋之关系，实在嫡庶分别之问题。观茸城结缡之记载，可以推知矣。

牧斋自述此事之诗，前论宋让木《秋塘曲》及钱、柳《陌上花》诗时，各引其两句。又论宋辕文上牧斋书时，已考定牧斋在松江所作高会堂诸诗之年月。此诗即高会堂诸诗之一也。此自述诗为千字五言排律。历叙家国今昔之变迁，排比铺张，哀感顽艳，乃牧斋集中佳作之一。其中使用元代故实，以比拟建州。吾人今日观之，虽不足为异，但就当时一般文士学问程度言之，则牧斋之淹通博雅，盖有云间几社诸子所不能企及者矣。兹唯录此诗中关于茸城结缡一节，其他部分俟后录而论之。

《有学集·七·高会堂诗集·茸城惜别思昔悼今呈云间诸游好兼订霞老看梅之约共一千字》云：

十六年来事，茸城旧话传。千金征窈窕，百两艳神仙。谷水为珠浦，昆山是玉田。仙桃方照灼，人柳正蹁跹。月姊行媒妁，天孙下聘钱。珠衣身绰约，钿盒语缠绵。命许迦陵共，星占柳宿专。香分忉利市，花合夜摩天。陌上催归曲，云间赠妇篇。银河青琐外，朱鸟绿窗前。秀水香车度，横塘锦缆牵。

《东山酬和集》以访半野堂初赠诗起，以迎河东君于云间诗，即《合欢诗》及《催妆词》止。首尾始终，悲欢离合，悉备于两卷之中，诚三百年间文字因缘之一奇作。牧斋诗最后两题关于古典者，遵王之《注》略具，故不多赘。兹仅就关于今典者，即在此两题以前，钱、柳诸诗辞旨有牵涉者，稍引述之，如第一章之所论列者也。

《东山酬和集·二》牧翁《六月七日迎河东君于云间喜而有述四首》（《初学集·二十·东山诗集·三》此题作《合欢诗四首六月七日茸城舟中作》）其一云：

鸳湖画舸思悠悠，谷水香车浣别愁。旧事碑应衔阙口，新欢镜欲上刀头。

此时七夕移弦望，他日双星笑女牛。榜枻歌阑仍秉烛，始知今夜是同舟。

寅恪案：此诗七、八两句，可与前引牧斋《冬日同如是泛舟有赠诗》《五湖已许办扁舟》及《次日叠前韵再赠诗》“可怜今日与同舟”等句参证。东坡诗云：“他年欲识吴姬面，秉烛三更对此花。”（见《东坡集·一八·再和杨公济梅花十绝》。）牧斋此夕正是“对花”之时。而“他日双星笑女牛”，则反用玉谿诗“当时七夕笑牵牛”（见《李义山诗集·上·马嵬二首》之一）之指天宝十载七月七日为过去时间者，以指崇祯十四年七月七日为未来时间也。

其二云：

五茸媒雉即鸳鸯，桦烛金炉一水香。自有青天如碧海，更教银汉作红墙。

当风弱柳临妆镜，罨水新荷照画堂。从此双栖惟海燕，再无消息报王昌。

寅恪案：三、四两句遵王已引其古典。至其今典，则第三句可与牧斋《永遇乐·十六夜有感再次前韵》词“常娥孤另”，而第四句可与此词“银汉红墙”及河东君《次韵答牧翁冬日泛舟诗》“莫为卢家怨银汉”等参证。第五句可与牧斋《冬日泛舟诗》“每临青镜憎红粉”及河东答诗“春前柳欲窥青眼”等参证。第七句可与牧斋《永遇乐》词“单栖海燕”，而第八句可与此词“谁与王昌说”及牧斋《答河东君初赠诗》“但似王昌消息好”，并河东君《春日我闻室作》“画堂消息何人晓”等相参证也。

其三云：

忘忧别馆是侬家，乌榜牙樯路不赊。柳色浓于九华殿，莺声娇傍七香车。

朱颜的的明朝日，锦障重重暗晚霞。十丈芙蓉俱并蒂，为君开作合昏花。

寅恪案：第七句可与牧斋《寒夕文宴诗》“诗里芙蓉亦并头”及句下自注“河东君新赋《并头莲》诗”之语参证。前论《文宴诗》，已详考之，不必多赘。但有可笑者，韩退之诗“太华山头玉井莲。开花十丈藕如船”（见《全唐诗·第五函·韩愈·三·古意》），牧斋“十丈”之出处，应与昌黎诗有关。蒲松龄为清初人，当亦熏习于钱、柳时代之风尚。其所作《聊斋志异》，深鄙妇人之大足，往往用“莲船盈尺”之辞以形容之。河东君平生最自负其纤足，前已述及，牧斋此句无乃唐突“输面一金钱”之西施耶？一笑！

其四云：

朱鸟光连河汉深，鹊桥先为架秋阴。银缸照壁还双影，绛蜡交花总一心。

地久天长频致语，鸾歌凤舞并知音。人间若问章台事，钿合分明抵万金。

寅恪案：第三句可与河东君《上元夜次韵牧翁诗》“银缸当夕为君圆”参证。第四句可与牧斋《庚辰除夜守岁诗》“烛花依约恋红妆”及《上元夜示河东君诗》“烛花如月向人圆”等参证。第六句可与牧斋《寒夕文宴诗》“鹤引遥空凤下楼”参证。又有可注意者，据程偈庵《再赠河东君诗》“弹丝吹竹吟偏好”及牧斋后来《崇祯十五年壬午仲春十日自和合欢诗》（见《初学集·二十·东山诗集·三》）第四首“流水解翻筵上曲”“歌罢穿花度好音”，并顾云美《河东君传》云“越舞吴歌，族举递奏。香奁玉台，更迭唱和”，可证河东君能诗词外，复擅歌舞。故牧斋此《茸城合欢诗》第四首第六句“鸾歌凤舞并知音”之句，实兼歌舞、诗词两事言之。合此双绝，其在当时，应推独步也。

《东山酬和集·二》牧翁《催妆词四首》云：

养鹤坡前乌鹊过，云间天上不争多。较他织女还侥幸（《初学集·二十·上·东山诗集·三》“侥”作“傒”），月荚生时早渡河。

鹊驾鸾车报早秋，盈盈一水有谁留。妆成莫待双蛾画，新月新眉总似钩。

鹑火舒光照画屏，银河倒转渡青冥。从今不用看牛女，朱鸟窗前候柳星。

宝架牙签压画轮，笔床砚匣动随身。玉台自有催妆句，花烛筵前与细论。

寅恪案：此题第一首第二句牧斋易“人间天上”为“云间天上”者，以鹤坡在华亭之故，遵王《注》中已引其出处矣。第四首第二句可与牧斋《有美诗》“翠羽笔床悬”参证。

总而言之，《合欢》《催妆》两题既与前此诸诗有密切关系，则其所用材料重复因袭，自难避免，故不必更多援引。读者取钱、柳在此时期以前作品参绎之，当于文心辞旨贯通印证之妙，有所悟发也。

顾云美《河东君传》云：“宗伯赋《前七夕诗》，属诸词人和之。”今所见《东山酬和集》载录和《前七夕诗》，即《合欢诗》者，凡十五人，共诗二十五首。和《催妆词》者，凡三人，共诗十首。前论《列朝诗集》所选沈德符诗中，亦有和《合欢诗》之什，未附于诸人和诗之内，当是后来补作，未及刊入者。其他十八人之和诗，或尚不止三十五首之数，疑牧斋编刊《东山酬和集》时，有所评定去取也。兹以原书俱在，不烦详论，唯择录和作中诗句之饶有兴趣者略言之。至林云凤之诗及其事迹，前已详及，故不再赘。

和《前七夕诗》，即《合欢诗》，第一首中，徐波诗“早梅时节酿酸愁”之句颇妙。“滂喜斋丛书”收入《徐元叹先生残稿》一种，未见徐氏和牧斋此题诸诗。不知是否为叶茗生（廷琯）所删去，抑或叶氏所见元叹诗残稿中本无此题诸诗也。“酸愁”之“酸”字，元叹之意何指，未敢妄测。若非指钱、柳，则在女性方面，当指牧斋嫡妻陈夫人及其他姬侍；在男性方面，则松圆诗老最为适合，至陈卧子、谢象三辈，恐非所指也。

和《前七夕诗》第二首中徐波诗云：

双栖休比画鸳鸯，真有随身藻荇香。移植柔条承宴寝，捧持飞絮入宫墙。

抱衾无复轮当夕，舞袖虚教列满堂。从此凡间归路杳，行云不再到金昌。

寅恪案：元叹此诗并非佳作，但诗所言颇可玩味。第三章论卧子《吴阊口号十首》时，谓河东君实先居苏州，后徙松江。今观徐氏“行云不再到金昌”句，似可证实此点。盖元叹本苏州人，年辈亦较早。当河东君居苏州时，徐氏直接见之，或间接闻之，大有可能也。

和《前七夕诗》第三首中，元叹诗七、八两句云：“坐拥群真尝说法，杨枝在手代拈花。”意谓释迦牟尼虽尝广集徒众，演说妙法，但终拈花微笑，传心于迦叶一人。此用禅宗典故为譬喻，以牧斋比能仁，以河东君比饮光，以钱氏诸门人，即“群真”，比佛诸弟子。盖牧斋当时号召其门生和《合欢诗》及《催妆词》，元叹因作此语以为戏耳。陆贻典和诗云：“桃李从今不教发，杏媒新有柳如花。”“杏媒”用玉谿生《柳下暗记》诗语（见《李义山诗集·上》）。其意亦与元叹同也。冯班诗下半云：“行云入暮方为雨，皎日凌晨莫上霞。若把千年当一夜，碧桃明早合开花。”辞旨殊不庄雅，未免唐突师母矣。

和《前七夕诗》第四首中，顾凝远诗云：“一笑故应无处买，等闲评泊说千金。”语意亦颇平常，并非佳作。但取第三章引《质直谈耳》所记蠢人徐某以三十金求见河东君事，与青霞此诗并观，殊令人发笑。何云诗“结念芙蕖缘并蒂”句，非泛用典故，乃实指河东君所赋《并蒂芙蓉》诗而言，前已详论之矣。冯班诗“红蕖直下方连藕，绛蜡才烧便见心”一联甚工切，其语意虽涉谐谑，但钱、柳皆具雅量，读之亦当不以为忤也。

和《催妆词》诸诗皆不及和《前七夕诗》诸篇。盖题目范围较狭，遣辞用意亦较不易，即牧斋自作此题之诗，亦不及其《合欢诗》也。兹唯录许经诗“更将补衮弥天线，问取针神薛夜来”两句于此，不仅以其语意与谢安石“东山丝竹”之典有关，亦因其甚切“闺阁心悬海宇棋”（见《投笔集·上·后秋兴之三》及《有学集·红豆诗二集》）之河东君为人。牧斋之“补衮弥天”向河东君请教，自所当然也。

综观和诗诸人，其年辈较长者，在当时大都近于山林隐逸，或名位不甚显著之流。其他大多数悉是牧斋之门生或晚辈。至若和《合欢诗》第二首之陈在兹（玉齐），据《柳南随笔·一》“陈在之学诗于冯定远”条，则其人乃冯班之门人，即牧斋之小门生也。由此言之，牧斋当日以匹嫡之礼与河东君结缡，为当时缙绅舆论所不容。牧斋门人中最显著者，莫若瞿稼轩（式耜）。瞿氏与牧斋为患难之交，又为同情河东君之人。今不见其和诗，当由有所避忌之故。但如程松圆，则以嫌疑惭悔，不愿和诗，前已详论，兹不再及。唯有一事最可注意者，即《合欢诗》及《催妆词》两题，皆无河东君和章是也。此点不独今日及当时读《东山酬和集》者同怀此疑问，恐在牧斋亦出其意料之外。观其《催妆词》第四首云：“玉台自有催妆句，花烛筵前与细论。”可见牧斋亦以为河东君必有和章也。今河东君竟无一诗相和者，其故究应如何解释耶？或谓前已言及河东君平生赋诗，持杜工部“语不惊人死不休”之准绳，苟不能竞胜于人，则不轻作。观《戊寅草》早岁诸诗，多涉生硬晦涩，盖欲借此自标新异，而不觉陷入

《神释堂诗话》所指之疵病也。但崇祯八年秋晚脱离几社根据地之松江，九年重游非何、李派势力范围之嘉定，与程孟阳、李茂初辈往返更密，或复得见牧斋《读杜诗寄卢小笺》及《二笺》，诗学渐进，始知不能仍挟前此故技，以压服一般文士。故十二年《湖上草》以后所赋篇什，作风亦变。何况今所与为对手之两题原作者，即"千行墨妙破冥蒙"之牧斋乎？其所以不和者，盖借以藏拙也。鄙意此说亦有部分理由，然尚未能完全窥见河东君当时之心境。河东君之决定舍去卧子，更与牧斋结缡，其间思想情感、痛苦嬗蜕之痕迹，表现于篇什者，前已言之，兹可不论。所可论者，即不和《合欢诗》《催妆词》之问题。盖若作欢娱之语，则有负于故友；若发悲苦之音，又无礼于新知。以前后一人之身，而和此啼笑两难之什，吮毫濡墨，实有不知从何说起之感。如仅以不和为藏拙，则于其用心之苦，处境之艰，似犹有未能尽悉者矣。由此言之，河东君之不和两题，其故倘在斯欤？倘在斯欤？

第三期

自崇祯十四年辛巳夏河东君与牧斋结缡于茸城起，至崇祯十六年癸未冬绛云楼落成时止，将近三年。此期间之岁月，虽不可谓之甚短，但其间仅有两大事可纪。一为河东君之患病；一为绛云楼之建造。河东君之患病约历二年，则又占此期之时间五分之四也。兹请依次言之，并附述钱、柳两人谈兵论政之志事。

钱、柳结缡后三年间，虽曾一度出游，然为时不久。其余皆属在虞山家居之岁月也。牧斋于《有学集·七·高会堂诗集·茸城惜别》诗中尝自述之。前论钱、柳结缡事，已引此诗一节，兹更续引其所述关于此三年者于下。其诗云：

画楼丹嶂埒，书阁绛云编。小院优昙秘，闲庭玉蕊鲜。新妆花四照，昔梦柳三眠。笋迸茶山屋，鱼跳蟹舍椽。余霞三泖塔，落日九峰烟。

寅恪案：牧斋所述乃总论此三年者。今更就其作品及其他材料中，有关此时期之事迹论述之，略见当时柳钱两人婚后生活之一斑云尔。

《初学集·二十·上·东山诗集·三·燕誉堂秋夕》云：

雨过轩窗浴罢时，水天闲话少人知。凭阑密意星娥晓，出幌新妆月姊窥。斗草空阶蛩自语，采花团扇蝶相随。夜来一曲君应记，飒飒秋风起桂枝。（自注：“非君起夜来。柳恽诗也。”）

寅恪案：《初学集》此题之前，《催妆词》之后，仅有一诗。其题为《田国戚奉诏进香岱岳渡南海谒普陀还朝索诗为赠》，世俗相传观音诞辰为六月。田国戚之渡南海谒普陀，当在此际。其还朝向牧斋索诗，亦应在七月。牧斋诗题所谓“秋夕”之“秋”，即指初秋而言。牧斋此诗当与《李义山诗集·中·楚宫二首》（第一首为七绝，第二首为七律）有关。（《才调集·六》选第二首七律，题作《水天闲话旧事》。）盖“水天闲话少人知”及“出幌新妆月姊窥”等辞，固出玉谿诗第二首，而义山第一首“朝云暮雨长相接，犹自君王恨见稀”两句之意，实为牧斋诗旨所在。虽赋诗时间距茸城结缡之日似逾一月，然诗中无牢骚感慨之语，故可视为蜜月中快心得意之作。至牧斋此诗七、八两句及其自注，则第三章论河东君《梦江南》词第三首“端有夜来风”句，已详言之，自可不赘。但河东君之词，乃为卧子而作者，在牧斋方面言之，河东君此时甚不应记及文畅诗也。一笑！

《初学集·二十·上·东山诗集·三·秋夕燕誉堂话旧事有感》云：

东虏游魂三十年，老夫双鬓更皤然。追思贯酒论兵日，恰是凉风细雨前。

埋没英雄芳草地，耗磨岁序夕阳天。洞房清夜秋灯里，共简庄周说剑篇。

寅恪案：此诗于第一章拙诗序中，已引其一部分，并略加考证。牧斋此诗首二句“东虏游魂三十年，老夫双鬓更皤然”之语，据瞿九思《万历武功录·一一·奴儿哈赤列传》略云：

奴儿哈赤，故王台部也。（参同书同卷《王台列传》。）后叛走建州，带甲数千人，雄东边，遂为都指挥。始王台时，畏德，不敢与西北诸酋合。久之，卜寨那林起，常窥隙，略我人畜。给谏张希皋上书，以为奴儿哈赤旁近北虏恍忽大，声势相倚。恐卜寨那林孛罗一旦不可知（参同书同卷《卜寨那林孛罗列传》），东连西结，悉甲而至边，何以为备。是岁万历（十六年）戊子也。

则自万历十六年戊子至天启元年辛酉，牧斋作《浙江乡试程录》中序文及策文第五问时，为三十三年。若不如此解释，则《燕誉堂话旧事诗》，赋于崇祯十四年辛巳秋，上距万历十六年戊子为五十三年，与情事不合矣。检此诗后即为“中秋日携内出游”之题，故知其作成，约在中元以后、中秋以前，“恰是凉风细雨”时候也。牧斋争宰相不得，获罪罢归。其政敌多以天启元年浙江乡试之钱千秋关节一案为借口。此案非本文范围，不须考述。但就牧斋诗旨论之，虽以国事为言，实则诗中所谓“庄周说剑篇”，即指其《天启元年浙江乡试程录》中谈兵诸篇。当牧斋天启元年秋主试浙江，作此谈兵诸篇时，其凉风细雨之景物，亦与崇祯十四年秋夕在燕誉堂共河东君话及旧事，并简旧文时相似也。牧斋于此年三月闻阳羡再召之讯，已知不易再起东山。畴昔之雄心壮志，无复表现之机会，唯有独对闺阁中之梁红玉，发抒其感愤之意耳。然则此诗虽以“东虏游魂”为言，实是悲叹个人身世之作也。

又《有学集·四八·题费所中山中咏古诗》云：

近以学者摛词揆藻，春华满眼。所中独好谈《握奇》八阵、兵农有用之学。《山中咏古》，上下千载得二十四人，可以观其志矣。余少壮而好论兵，抵掌白山黑水间。老归空门，都如幻梦。然每笑洪觉范论禅，辄唱言杜牧论兵，如珠走盘，知此老胸中，尚有事在。所中才志郁盘，方当不介而驰，三周华不注，何怪其言之娓娓也。昔人有言：“治世读《中庸》，乱世读《阴符》。”又云：“治世读《阴符》，乱世读《中庸》。”此两言者，东西易向，愿所中为筮而决之。

寅恪案：牧斋此文作于南都倾覆后，仍从事于复楚报韩活动之时。但文中“余少壮而好论兵，抵掌白山黑水间”之语，则指《天启元年浙江乡试程录》中谈兵诸篇而言，故移录于此，以供读此诗者之参证。

《初学集·二十·上·东山诗集·三·中秋日携内出游次冬

日泛舟韵二首》云：

绿浪红阑不殢愁，参差高柳蔽城楼。莺花无恙三春侣，虾菜居然万里舟。照水蜻蜓依鬓影，窥帘蛱蝶上钗头。相看可似嫦娥好，白月分明浸碧流。

轻桡荡漾缓清愁，恰似明妆上翠楼。桂子香飘垂柳岸，芰荷风度采莲舟。招邀璧月成三影，搧当金尊坐两头。便合与君长泛宅，洞房兰室在中流。

河东君《依韵奉和二首》云：

秋水春衫憺暮愁，船窗笑语近红楼。多情落日依兰棹，无藉轻云傍彩舟。月幌歌阑寻麈尾，风床书乱觅搔头。五湖烟水长如此，愿逐鸱夷泛急流。

素瑟清尊迥不愁，柂楼云物似妆楼。夫君本自期安桨（自注：“《有美诗》云‘迎汝双安桨’。”），贱妾宁辞学泛舟。烛下乌龙看拂枕，风前鹦鹉唤梳头。可怜明月将三五，度曲吹箫向碧流。

寅恪案：钱、柳唱和所以次此《冬日泛舟》旧韵者，不仅人同地同，而两方此时心情愉畅，亦与崇祯十三年冬日正复相同也。河东君自茸城与牧斋结缡后，其所赋诗篇，今得见者，以此二律为首次。如第一首“月幌歌阑寻麈尾，风床书乱觅搔头”及第二首“烛下乌龙看拂枕，风前鹦鹉唤梳头”等，皆其婚后闺中生活之写实。第一首一联《神释堂诗话》深赏其佳妙，前已引及。第二首一联，则可与《才调集·五》元稹《梦游春》诗“鹦鹉饥乱鸣，獝狂睡犹怒”之句相参证。（可参拙著《元白诗笺证稿》第三章论此诗条。）至第二首第二联及自注，似足表现河东君之雅量，几与今日王宝钏戏剧《大登殿》中代战公主相等，殊有异于其平日所为，颇觉奇特。或者此不过偶然一时心情愉畅之所致，未必为陈夫人地，而以桃叶桃根自居也。

又，张山来（潮）所辑《虞初新志·五》有徐仲光（芳）《柳夫人小传》无甚史料价值，但其中述钱、柳婚后互相唱和一节，则颇能写出当时实况，故附录于此。其文云：

柳既归宗伯，相得欢甚。题花咏柳，殆无虚日。每宗伯句就，遣鬟矜示柳。击钵之顷，蛮笺已至，风追电蹑，未尝肯地步让。或柳句先就，亦走鬟报赐。宗伯毕力尽气，经营惨淡，思压其上。比出相视，亦正得匹敌也。宗伯气骨苍峻，虬松百尺，柳未能到。柳幽艳秀发，如芙蓉秋水，自然娟媚，宗伯公时亦逊之。于时旗鼓各建，闺阁之间，隐若敌国云。

河东君自赋中秋日诗后，其事迹在崇祯十四年冬季之可考者，为偕牧斋出游京口一事。前论牧斋为《汉书》事与李孟芳书时，已略及此问题，兹更详考之于下。

《初学集·二十·上·东山诗集·三·小至日京口舟中》云：

病色依然镜里霜，眉间旋喜发新黄。偶逢客酒浇长至，且拨寒炉泥孟光。抚髻一灯还共照，飞蓬两鬓为谁伤。阳春欲复愁将尽，弱线分明验短长。

附河东君和诗云：

首比飞蓬鬓有霜，香奁累月废丹黄。却怜镜里丛残影，还对尊前灯烛光。错引旧愁停语笑，探支新喜压悲伤。微生恰似添丝线，邀勒君恩并许长。

寅恪案：牧斋诗结语云："阳春欲复愁将尽，弱线分明验短长。"盖所以温慰河东君之愁病，情辞甚真挚。河东君报以"微生恰似添丝线，邀勒君恩并许长”之句，并非酬答之例语，而是由衷之实言。

考河东君本是体弱多病之人。检《陈忠裕全集·一五·陈李倡和集》载有卧子于崇祯六年癸酉秋季所赋二律。其题序云：

秋夕沈雨，偕燕又、让木集杨姬馆中。是夜姬自言愁病殊甚。

及《耦耕堂存稿诗》中载有孟阳于崇祯九年丙子夏季所赋《六月鸳湖饮朱子暇夜归与云娃惜别（七律）》。其第四、第五两句云：

愁似横波远不知，病起尚怜妆黛浅。

并观河东君《与汪然明尺牍》第十一通云：

二扇草上，病中不工，书不述怀，临风怅结。

第十三通云：

齐云胜游，兼之逸侣，崎岖之思，形之有日。奈近羸薪忧，褰涉为惮。

第十四通云：

昨以小疢，有虚雅寻。

第十八通云：

不意元旦呕血，遂尔岑岑至今，寒热日数十次。医者亦云较旧沉重。恐濒死者无几，只增伤悼耳。

第二十五通云：

伏枕荒谬，殊无铨次。

第二十七通云：

余扼腕之事，病极不能多述也。

第二十八通云：

不意甫入山后，缠绵夙疾，委顿至今。近闻先生已归，幸即垂示。山中最为丽瞩，除药铛禅榻之外，即松风桂渚。若觌良规，便为情景俱胜。读孔璋之檄，未可知也。伏枕草草，不悉。

第二十九通云：

弟抱疴禾城，已缠月纪。及归山阁，几至弥留。

又据前引牧斋《次韵崇祯十四年辛巳上元夜小饮沈璧甫斋中示河东君诗》云“薄病轻寒禁酒天”及《有美诗》云“薄病如中酒”，可以证知河东君于崇祯六年及九年曾患病，至于十二、十三、十四等年之内，几无时不病，真可谓合“倾国倾城”与“多愁多病”为一人。倘非得适牧斋，则终将不救矣。《初学集·二十·上·东山诗集·三·冬至后京江舟中感怀八首》，其一云：

懵腾心口自相攻，失笑禁啼梦呓中。白首老人徒种菜，红颜小妇尚飘蓬。床头岁叙占枯树，镜里天涯问朔风。睡起船窗频徙倚，强瞪双眼数来鸿。

寅恪案：此诗第一联为主旨所在。上句用《三国志·蜀志·二·先主传》裴《注》引胡冲《吴历》“吾岂种菜者乎”之语。盖牧斋此时颇欲安内攘外，以知兵自许。河东君亦同有志于是。然皆无用武之地也。

其二云：

世事那堪祝网罗，流年无复感蹉跎。翻书懒看穷愁志，度曲谁传暇豫歌？背索偶逢聊复尔，侏儒相笑不争多。晤言好继《东门》什，深柳书堂在涧阿。

寅恪案：此诗第七句出《诗·陈风》“东门之池，可以沤菅，彼美淑姬，可与晤言。”第八句用刘昚虚“深柳读书堂”之语（见《全唐诗·第四函·刘昚虚·阙题（五律）》）。此两句皆指河东君而言。“柳”为河东君之寓姓，颇切。然《毛诗·东门之池小序》云：“刺时也。疾其君之淫昏，而思贤女以配君子也。”若以此解，则河东君为贤女，崇祯帝为昏君。不仅抑扬过甚，且《小序》所谓“君子”乃目国君。牧斋用典绝不至拟人不于其人。其不取《毛序》迂远之说，自无疑义也。

其三云：

䆴䆴群乌啄野田，辽辽一雁唳江天。风光颇称将残岁，身世还如未泊船。懒养丹砂回鬓发，闲凭青镜记流年。百金那得封侯药，悔读蒙庄说剑篇。

寅恪案：此诗“悔读蒙庄说剑篇”与前引《燕誉堂秋夕话旧》诗之“共检庄周说剑篇”有关。前诗自指牧斋《天启元年浙江乡试程录》而言。此诗虽非即指此录，但其中有谈兵之部分，故可借为比拟。颇疑钱、柳此次出游京口，实与《天启元年浙江乡试程录》有关也。余见后论。

其四云：

屈指先朝侍从臣，西清东观似前身。何当试手三千牍？已作平头六十人。枥下可能求骏骨，爨余谁与惜劳薪。闲披仙籍翻成笑，碧落犹夸侍帝晨。

寅恪案：此诗第七句之“仙籍”，依通常用典之例及此诗全部辞旨推之，应指《登科记》或《缙绅录》类似之书而言。但牧斋在京口舟中恐无因得见此种书录。鄙意钱、柳之游京口，其动机实由共检《天启元年浙江乡试程录》之谈兵部分，有所感讳，遂取此录自随，同就天水南渡韩、梁用兵遗迹，与平日所言兵事之文相证发。今观《初学集·九十》所载此录序文，即有牧斋所任翰林院编修之官衔。其全书之首，当更有此类职名。此诗“屈指先朝侍从臣，西清东观似前身”两句之意，当亦指此。《初学集》首载程松圆《序》云“辛酉先生浙闱反命，相会于京师。时方在史局，分撰《神庙实录》，兼典制诰”，可取与相证也。

其五云：

人情物论总相关，何似西陵松柏间。敢倚前期论白首，断将末契结朱颜。缘情词赋推团扇，慢世风怀托远山。恋别烛花浑未灺，宵来红泪正斓斑。

寅恪案：此诗专述河东君崇祯十三年庚辰冬过访牧斋于虞山半野堂，及次年辛巳春别去独返云间一段因缘。前引牧斋《病榻消寒杂咏》中《追忆庚辰半野堂文宴旧事》诗，与此诗之旨略同。“慢世风怀托远山”句，其出处遵王《注》已言之，即牧斋《答河东君初赠诗》“文君放诞想流风，脸际眉间讶许同”之意。至“人情物论总相关，何似西陵松柏间”句，则指河东君初赠诗，“江左风流物论雄”之语而言。盖牧斋素以谢安自比，崇祯元年会推阁臣，不仅未能如愿，转因此获罪罢归，实为其平生最大恨事。河东君初赠诗道破此点，焉得不“断将末契结朱颜”乎？

其六云：

项城师溃哭无衣，闻道松山尚被围。原野萧条邮骑少，庙堂镇静羽书稀。拥兵大将朱提在，免胄文臣白骨归。却喜京江波浪偃，蒜山北畔看斜晖。

寅恪案：“项城师溃哭无衣”句，第一章论钱遵王注牧斋诗时已言及之。据《浙江通志·一百四十·选举志·举人表》“天启元年辛酉科”所取诸人姓名及《初学集·二十·下·东山诗集·四·三良诗》，知汪氏为牧斋门人，故闻其死难，尤悼惜之也。“闻道松山尚被围”事，则遵王以避清室忌讳之故，未著一字。检《明史·二四·庄烈帝纪》略云：“崇祯十四年七月壬寅，洪承畴援锦州，驻师松山。十五年二月戊午，大清兵克松山。洪承畴降。”牧斋赋此诗在十四年十一月，正是松山被围时也。

其七云：

柁楼尊酒指吴关，画角声飘江北还。月下旌旗看铁瓮，风前桴鼓忆金山。余香坠粉英雄气，剩水残云俯仰间。（寅恪案：《初学集·四四·韩蕲王墓碑记》引此句，“残云”作“残山”，似较佳。）他日灵岩访碑版，麒麟高冢共跻扳。

寅恪案：此诗乃钱、柳此次出游京口之主旨。前论第四首谓两人既以韩、梁自比，欲就南宋古战场实地调查，以为他日时局变化之预备。后此将二十年牧斋赋《后秋兴之三》云：“还期共覆金山谱，桴鼓亲提慰我思。”（见《投笔集·上》及《有学集·十·红豆二集》。）犹念念不忘此游也。此诗结语云：“他日灵岩访碑版，麒麟高冢共跻扳。”意谓当访吊梁、韩之墓。观京江感怀诗后第二题为《半塘雪中戏成次东坡韵》，半塘在苏州，见前论《有美诗》“半塘春漠漠”句所述。由镇江返常熟当经苏州，韩、梁墓在灵岩，钱、柳虽过苏，而未至其地者，必因河东君素惮登陟。前论《与汪然明尺牍》第十三通及《戊寅草·初秋八首》之三“人似许玄登望怯”句，已详言之。河东君平日既是如此，况今在病中耶？至《初学集·四四·韩蕲王墓碑记》云：

辛巳长至日，余与河东君泊舟京江，指顾金、焦二山，想见兀术穷蹙打话，蕲王夫人佩金凤瓶，传酒纵饮。桴鼓之声，殷殷江流濆沸中遂赋诗云："余香坠粉英雄气，剩水残山俯仰间。"相与感慨欢息久之。甲申二月，观梅邓尉，还过灵岩山下，扫积叶，剔苍藓，肃拜酬酒而去。因摭采杨国遗事，记其本末如此。

则崇祯十七年甲申二月牧斋实曾游灵岩。不知此次河东君亦与同行否？考是时河东君久病已痊愈，跻扳高冢，当不甚困难。钱、柳两人同游，殊可能也。

又，上海文物保管委员会藏《顾云美自书诗稿》有《道中寄钱牧斋先生（七律）》云：

赌棋墅外云方紫，煨芋炉边火正红。身是长城能障北，时遭飞语久居东。千秋著述欧阳子，一字权衡富郑公。莫说当年南渡事，夫人亲自鼓军中。

寅恪案：此诗前一题为《寒食过莒州》，后第一题为《闻警南还沂水道中即事》，第二题为《广陵别万次谦》，题下自注云："传闻翠华将南。"第四首为《送幼洪赴召》（寅恪案：《牧斋外集·十·吴君二洪五十序》云，"吴门吴给谏幼洪与其兄二洪奉母家居。"云美为苏州府长洲县人。钱《序》所称"吴门吴给谏幼洪"，则是云美同里。故顾诗之幼洪，当即钱《序》之吴幼洪也），诗中有"六月驱车指帝京"及"钟山紫气寻常事，会有英贤佐圣明"，并自注云"幼洪师马素脩先生，死北都之难"等语。故据诗题排列先后及诗中所言时事推之，知《寄牧斋诗》为崇祯十七年甲申春间所作。此诗堆砌宰相之典故，以比拟牧斋，殊觉无谓，但认牧斋可为宰相一点，则非仅弟子个人之私言，实是社会当时之舆论。观前引陈卧子《上牧斋先生书》即可证知，无取广征也。兹更有应注意者，即此诗结语，亦言及韩、梁金山故事。颇疑云美非独先已得见牧斋《京口舟中感怀》诗，且闻知其师与师母平日慷慨谈兵之志略。就诗而言，云美此篇并非佳作，但以旨意论之，则可称张老之善颂善祷。云美借此得以弥补《东山酬和集》未收其和章之缺憾欤？

其八云：

阳气看从至下回，错忧蚊响又成雷。鸟鸢攫肉真堪笑，魑魅争光亦可哀。云物暖应生黍律，风心老不动葭灰。香车玉笛经年约，为报西山早放梅。

寅恪案：此诗七、八两句云："香车玉笛经年约，为报西山早放梅。"牧斋所以作此结语者，因崇祯十四年十一月赋此诗时，河东君正在病中，虽将赴苏州养疴，自不能往游灵岩，甚愿次年春季可乘亲自至苏州迎其返常熟之便，共观梅邓尉。"早放"之语，亦寓希望河东君患病早愈之愿，与第五章论《高会堂集·约许誉卿彩生至拂水山庄诗》中"西山"之意不同。并暗用东坡诗"长与东风约今日，暗香先返玉梅魂"之典。苏诗与河东君《金明池·咏寒柳》词有关，牧斋用以牵涉河东君，而自居为"梅魂"也。详见论河东君《寒柳词》及论牧斋《我闻室落成诗》等节，兹不多及。

又《初学集·二十·下·东山诗集·三·（崇祯十六年癸未）元日杂题长句八首》之七结语云："邓尉梅花侵夜发，香车明日向西山。"是时河东君病渐痊，但尚未全愈，牧斋赋此二句，亦不过聊寄同游之希望，非河东君真能往游也。

抑更有可论者，旧题娄东梅村野史《鹿樵纪闻·上》"马阮始末"略云：

阮大铖，字圆海，桐城人。（寅恪案：大铖，字集之，圆海乃其号。怀宁人，非桐城籍。但《小腆纪传·六二·奸臣传·阮大铖传》云："天启元年，擢户科给事中，迁吏科，以忧归，居桐城。御史左光斗谠直有声，大铖以同里故，倚以自重。"盖因其居处，认为著籍桐城也。《列朝诗集·丁·一三·阮邵武自华小传》云："怀宁人。"附其孙《阮尚书大铖传》云："字集之。"牧斋与阮氏关系密切，故所记皆正确。假定《鹿樵纪闻》此节真出梅村之手者，然吴、阮关系疏远，梅村所记，亦不及牧斋之翔实也。）天启初，由行人擢给事中。寻召为太常少卿。居数月，复乞归。崇祯元年起升光禄寺。（魏）大中子学濂上疏称大铖实杀其父。始坐阴行赞导，削夺配赎。钦定逆案，列名其中。大铖声气既广，虽罢废，门庭势焰，依然熏灼。久之，流寇逼皖，避居白门。时马士英亦在白门。大铖素好延揽，及见四方多事，益谈兵招纳游侠，冀以边才起用。

又《明史·三百零八·马士英传》附《阮大铖传》云：

崇祯元年，（大铖）起光禄卿。御史毛羽健劾其党邪，罢去。明年定逆案，请赎徒为民，终庄烈帝世，废斥十七年。郁郁不得志。流寇逼皖，大铖避居南京，颇招纳游侠，为谈兵说剑，觊以边才召。

盖明之季年内忧外患，岌岌不可终日。当时中朝急求安攘之人才，是以士大夫之获罪罢废者，欲乘机起复，往往"招纳游侠，谈兵说剑"，斯乃事势所使然，殊不足异。牧斋此际固与圆海为不同之党派，但其欲利用机会，以图进取，则无不同。河东君与牧斋之关系所以能如此者，不仅由于"弹丝吹竹吟偏好"之故，实因复能"共检庄周说剑篇"所致。前者当日名媛如徐阿佛、王纤郎辈亦颇擅长，至后者则恐舍河东君外，不易别求他人。然则牧斋心中认其与河东君之因缘，兼有谢太傅东山丝竹及韩蕲王金山桴鼓之两美者，实非无故也。兹先略论述牧斋谈兵说剑以求进用之心理并举动。后复就牧斋作品中，关涉河东君虽在病中，犹不忘天下安危之辞句，以证释之。今日读者或可借以窥见钱、柳婚后二三年间生活之一方面欤？

陈卧子先生《安雅堂稿·一八·上少宗伯牧斋先生》（原注："壬午冬。"）略云：

方今泰道始升，见龙贞翰，自当亟资肃乂，寅亮天业。既已东郊反风，岳牧交荐，而上需密云之畜，下有盘桓之心。使天下倾耳侧足以望太平者，目望羊而心朝饥，谁之故也。属闻虏蹦渔阳，为谋叵测。征兵海内，驿骚万里，此志士奋袂戮力共奖之日，而贤士大夫尚从容矩步，心怀好爵。何异乡饮焚屋之下，争饼摧轮之侧？旁人为之战栗矣。阁下雄才峻望，薄海具瞻，叹深微管，舍我其谁？天下通人处子，怀奇抱道之士，下至一才一艺之流，风驰云会，莫不望阁下之出处，以为濯鳞振翼。天子一旦命阁下处端揆、秉大政，恐非一手足之烈也。阁下延揽幽遐，秉心无竞，求人才于阁下之门，如探玉于山，搜珠于泽，不患其寡也。特难于当时所急耳。当时所急，莫甚于将帅之才。子龙闻君之有相，犹天之有北斗也。故为相者，宜有温良蔼吉之士以扬治化，又宜有果敢雄武之才以备不虞。阁下开东阁而待贤人，则子龙虽不肖，或可附于温良蔼吉之列，以备九九之数。至于果敢雄武之流，世不可谓无其人，不知阁下之所知者几辈也？

寅恪案：卧子与牧斋在文场、情场，虽皆立于敌对地位，然观此书，其推重牧斋一至于此，取较宋辕文之贻书辱骂、器局狭隘者，殊有霄壤之别。或可与李问郎之雅量，参预牧斋南都绮席者，约略相似也（见第三章引王沄《虞山竹枝词》“双鬟捧出问郎来”句并注）。又观卧子此书，得以推知当日士大夫一般舆论，多期望牧斋之复起任宰相。及为相后，更有最急之新猷。此点为当日之公言，而非卧子一人之私议也。书中既作“虏躏渔阳，为谋叵测”之语，则卧子之意，亦以为牧斋实有攘外之才，苟具此才，即可起用。此阮圆海所以“觊以边才召”也。故牧斋崇祯十四年、十五年、十六年诸诗文关涉论边事及求将帅两点者，颇为不少。今特标出之于下，以资参证。

《初学集·二十·上·东山诗集·三·寄榆林杜韬武总戎》云：

莫厌将坛求解脱，清凉居士即瞿昙。

寅恪案：清凉居士即韩世忠。钱遵王《注》已引其出处。杜韬武者，杜文焕之字。事迹见《明史·二三九·杜桐传》附《文焕传》，并可参《有学集·一六·杜弢武全集序》，同书二二《杜大将军七十寿序》及吴伟业《梅村家藏稿·三·送杜公弢武归浦口》诗等。牧斋此诗列于《小至日京口舟中》及《冬至后京江舟中感怀》两题之间。此际牧斋与河东君同访韩、梁古战场，其用“清凉居士”之典，自无足异。所可注意者，牧斋甚思以文字与当时有将帅才及实握兵符者相联络。初尚限于武人之能文者，如杜氏，即是一例。后遂推及持有实权之军人，如郑芝龙之流，而不问是否能欣赏其诗文矣。

《初学集·二十·上·东山诗集·三·题〈将相谈兵图〉为范司马蔡将军作》云：

画师画师汝何颇，再貌一人胡不可？猿公石公非所希，天津老人或是我。

寅恪案：范司马即范景文。《明史·二六五·范景文传》略云：

（崇祯）十年冬（寅恪案：坊印本及百衲本“十”均作“七”。王颂蔚《明史考证捃逸》亦未论及。兹据同书二六四《吕维祺传》及谈迁《国榷·三·部院表·下》“南京兵部尚书”栏“丁丑吴桥范景文”条等改正），起南京右都御史，未几就拜兵部尚书，参赞机务。十一年冬，京师戒严，遣兵入卫。杨嗣昌夺情辅政，廷臣力争，多被降谪。景文倡同列合词论救。帝不悦。诘首谋，则自引罪，且以众论佥同为言。帝益怒，削籍为民。十五年秋，用荐召拜刑部尚书。未上，改工部。

牧斋《题〈将相谈兵图〉》诗后一题为《效欧阳詹玩月诗》，首句云：“崇祯壬午八月望。”可知《题〈将相谈兵图〉》一诗乃梦章罢南京兵部尚书以后，起为北京刑部尚书，改工部，不久以前所作，故仍称其为司马也。“蔡将军”牧斋未著其名。检《范文忠公文集·五》载《与蔡》一书，亦未著其名。但书中有“今登镇特借秉麾，海上共干城矣”之语，知其人为登州总兵，岂即此蔡将军耶？俟考。“天津老人”之出典，钱遵王《注》已引其出处，牧斋表面上虽故作谦逊之辞，以裴度目范，而以“天津老人”自命，实则暗寓己身能为晋公。可谓高自标置矣。晋公《中书即事》诗云：“灰心缘忍事，霜鬓为论兵。”（见《唐诗纪事·三三》“裴度”条及《全唐诗·第五函·裴度》。）牧斋此际虽欲建树平定淮蔡之功业，然有志不成，空兴“白首老翁徒种菜”之叹，颇可怜也。又钱曾《注》本《有学集·八·长干塔光集·鸡人（七律）》（涵芬楼影印《有学集》本此诗自注有所删改，故用遵王《注》本）云：

鸡人唱晓未曾停，仓卒衣冠散聚萤。执热汉臣方借箸，畏炎北骑已扬舲。（自注：“乙酉五月一日召对。讲官奏曰，‘马畏热，必不渡江。’余面叱之而退。”）刺闺痛惜飞章罢（自注：“余力请援扬，上深然之。已而抗疏请自出督兵，蒙温旨慰留而罢。”），讲殿空烦侧坐听。肠断覆杯池畔水，年年流恨绕新亭。

寅恪案：牧斋于启祯之世，以将帅之才自命，当时亦颇以此推之。弘光固是孱主，但其不允牧斋督兵援扬，犹可称有知人之明。假若果如所请者，则河东君自当作葛嫩，而牧斋未必能为孙三也。一笑！

至于梦章之以此图征题，足知其好谈兵，喜标榜。检吴伟业《绥寇纪略·五》“黑水擒”条云：

（范）景文下士喜奇计，坐客多谭兵，顾临事无所用。

亦可窥见明末士大夫一般风气。阮圆海、钱牧斋、范梦章三人者，其人品本末虽各异，独平日喜谈兵，而临事无所用，则同为一丘之貉耳。

《初学集·二十·上·东山诗集·三·寄刘大将军（七律）》略云：

泰山石砺千行剑，清济流环万垒营。箧中亦有《阴符》在，悔挟陈编作老生。

寅恪案：刘大将军当为刘泽清，因《明史·二七三·高杰传》附《刘泽清传》略云：

刘泽清，曹县人。崇祯十三年八月，降右都督，镇守山东，防海。泽清以生长山东，久镇东省非宜，请辞任。泽清颇涉文艺，好吟咏。尝召客饮酒唱和。

与牧斋诗中“泰山”“清济”一联，俱是山东地望者相合。又检《初学集·三一·刘大将军诗集序》略云：

曹南刘大将军喜为歌诗。幕中之士传写其诗，镂版以行于世，而请余序之。崇祯壬午七月序。

此序所言之籍贯及称谓皆与诗合。更以《明史·泽清本传》“泽清颇涉文艺，好吟咏，尝召客饮酒唱和”等语证之，则此刘大将军应是刘泽清无疑。《寄刘大将军》诗前一题为《效欧阳詹玩月》诗。观诗后所附跋语，知为崇祯十五年壬午八月十五至十七日间之作。后一题为《驾鹅行》，乃闻此年九月下旬潜山战胜所赋。故牧斋作刘氏诗序，尚在寄刘氏诗之前。时间距离颇短，频为诗文，谀辞虚语，盈笺叠纸，何其不惮烦如此？诗末结语，牧斋欲以知兵起用之旨，溢于言表。其笼络武人之苦心，尤可窥见矣。

《初学集·二十·上·东山诗集·三·驾鹅行闻潜山战胜而作》云：

督师堂堂马伏波（自注：“督师贵阳马公。”），花马刘亲斫阵多。（自注：“刘帅廷佐。”）三年笛里无梅落，万国霜前有雁过。捷书到门才一瞥。老夫喜失两足蹩。惊呼病妇笑欲噎，炉头松醪酒新蓺。

同书二十下《东山诗集·中秋日得凤督马公书来报剿寇师期喜而有作》云：

鹖冠将军来打门，尺书远自中都至。书来克日报师期，正是高秋誓旅时。先驱虎旅清江汉（自注：“左帅还兵扼九江。”），厚集元戎出寿蕲。（自注：“马公督花马诸军自寿州出蕲黄。”）伏波威灵天所付，花马军声鬼神怖。郢中石马频流汗，汉上浮桥敢偷渡。（自注："献贼作浮桥渡汉江。闻大兵至，一夜撤去。"）

同书八十《答凤督马瑶草书》略云：

顷者虎旅先驱，元戎后继，贼遂撤浮桥，敛余众，待王师之至，为鼠伏兔脱之计，则固已气尽魄夺矣。吾谓今日之计，当委秦、蜀之兵以制闯，使不得南，而我专力于献。九江之师扼于前，蕲、黄之师拥于后。勿急近功，勿贪小胜。蹙之使自救，扰之使自溃。此万全之策，必胜之道也。腐儒衰晚，不能荷戈执殳，效帐下一卒之用。忧时念乱，轮囷结轖，耿耿然挂一马瑶草于胸臆中，垂二十年矣。今幸而弋获之，虽欲不倾倒输写，其可得乎？秋风萧条，行间劳苦，惟为社稷努力强饭自爱。

寅恪案：上列两诗一书，其作成时间，大约《驾鹅行》赋于崇祯十五年冬季，因《明史·二四·庄烈帝本纪》云：

（崇祯十五年）九月辛卯，凤阳总兵黄得功、刘良佐大败张献忠于潜山。

据郑氏《近世中西史日表》，"辛卯"为廿四日。牧斋居家得闻知此事，必在十月后矣。《中秋日得凤督马公书》一诗，乃崇祯十六年癸未中秋所作。此据诗题可以决定者。至《答马瑶草书》虽未著年月，然详绎书中辞旨，大抵与《中秋日得马公书》诗，殊相类似。书中复有"倾倒输写"之语，所谓"输写"，当即指所赋之诗而言。书末"秋风萧条"一语，亦与诗题之节候相应。今综合《诗》及《书》两者参互证之，疑是同时所作。盖《诗》则专为"倾倒输写"，《书》则兼为金正希误杀黔兵解说（事见《明史·一七七·金声传》。黔兵纪律之恶劣可参计六奇《明季南略·七》"马士英奔浙"条），因此等解说之辞，不可杂入诗中也。检叶廷琯选录《徐元叹先生残稿》所附马士英《序》，末署“天启元年辛酉五月端阳前三日”。据此，牧斋即使不在北京，或他处遇见瑶草，至少亦可从素所交好之徐氏作品中得见马氏此序。马文颇佳，牧斋必能欣赏。故书中“挂一马瑶草于胸臆中，垂二十年矣”之语，非尽虚谀也。《驾鹅行》中，“花马刘亲斫阵多”之“花马刘”依牧斋自注，乃指刘廷佐言。但计六奇《明季南略·三》“刘良佐”条略云：

刘良佐，字明辅，大同左卫人。崇祯十四年曾破贼袁时中数万众，历官至总戎，素乘花马，故世号“花马刘”云。

是“花马刘”之为刘良佐，绝无可疑。牧斋何以称之为“刘廷佐”？岂由偶尔笔误，抑或刘氏之名前后改易？俟考。夫牧斋此时欲以知兵起用，联络持有兵权之主帅如马瑶草者，固不足怪。但其特致殷勤于瑶草部将之刘明辅，则恐别有用心。检上引计氏书“刘良佐”条后有附注云：

先君子云，昔刘良佐未显时，居督抚朱大典部下，忽为所知，加以殊恩。屡以军功荐拔，遂至总戎，亦一遇也。

是刘良佐与朱大典有关。《明史·二七六·朱大典传》略云：

崇祯五年四月，李九成、孔有德围莱州。山东巡抚徐从治中炮死，擢大典右佥都御史代之。诏驻青州，调度兵食。七月，登莱巡抚谢琏复陷于贼，总督刘宇烈被逮，乃罢总督及登莱巡抚，不设专任。大典督主客兵数万及关外劲旅四千八百余人合剿之，贼大败，围始解。贼窜归登州。（副将靳）国臣等筑长园守之，攻围既久，贼粮绝，恃水城可走，不降。六年二月中旬，有德先遁，官军遂入（登州）大城，攻水城未下，游击刘良佐献轰城策。城崩，官军入，贼尽平。八年二月，贼陷凤阳，诏大典总督漕运，兼巡抚庐、凤、淮、扬四郡，移镇凤阳。（十四年）六月，命大典总督江北及河南、湖广军务，仍镇凤阳，专办流贼。贼帅袁时中众数万，横颍、亳间。大典率总兵刘良佐等击破之。

南沙三余氏《南明野史·上》云：

广昌伯刘良佐，字明宇。故东抚朱大典之旧将，后督淮扬，再隶麾下，从护祖陵。御革左眼，再收永城。号"花马刘"者也。

据此，刘良佐实为朱大典在山东平定登莱一役，卓著战功之骁将。后来大典移驻凤阳，良佐之兵乃其主力。牧斋歌颂瑶草战功，专及明辅，事理所当然。鄙意尚有可注意者，即《明史·朱大典传》中"罢总督及登莱巡抚，不设专任"一事，盖此点极与牧斋有关。前引牧斋《送程九屏领兵入卫二首时有郎官欲上书请余开府东海任擣剿之事故次首及之》一题，及诗中"东征倘用楼船策"句，及《元日杂题长句八首》之四，诗中自注云"沈中翰上疏请余开府登莱，以肆水师"，并《有学集·三二·卓去病先生墓志铭》载，崇祯末，中书沈廷扬特疏请牧斋开府东海，任援剿事。《明史·八六·河渠志·海运门》及同书二七七《沈廷扬传》所载季明本末较详，而沈氏受命驻登州，领宁远饷务一点，尤与其请任牧斋为登莱巡抚事有关。

又，《鲒埼亭集外编·四·明沈公神道碑铭》述五梅海运之功甚详，而不及其请任牧斋为登莱巡抚事。并其上书时任中书之职名亦不书，盖欲避免沈氏与牧斋之关系。但文中云：

大兵之下松山也，绕出洪承畴军后，围之急，十三镇援兵俱不得前，城中饷绝，道已断。思陵召公议之，公请行。自天津口出，经山海关左，达鸭绿江，半月抵松山，军中皆呼万岁。公还，松山竟以援绝而破。时论以为初被围时，若分十三镇之半，从公循海而东，前后夹援，或有济，而惜乎莫有见及之者。

据此可见季明海运之策，与请任牧斋巡抚登莱两事，实有相互关系。谢山虽恶牧斋，欲讳其事，亦有不可得者。（《嘉定县志·一九·文学门·沈宏之传》云："族弟崇明廷扬入中书，建海运策，疏出宏之手。丙戌，廷扬死节，宏之殡之虎丘，志而铭之。"可供参考。）《初学集·二十·上·东山诗集·三·（崇祯十四年）冬至后京江舟中感怀八首》之六"闻道松山尚被围"句，可证牧斋赋此诗前后，甚欲一试其平生谈兵说剑之抱负，觊觎登莱巡抚之专任。故于登州一役立有战功之刘良佐，尤所属望。不知明辅亦如鹤洲之能以武人而能诗，可欣赏此江左才人之篇什，更通解其欲任登莱巡抚之微旨欤？至《驾鹅行》中"惊呼病妇笑欲噎"之句，牧斋于此忽涉及河东君，亦非无因，殆由瑶草早已得闻钱、柳因缘之佳话。《东山酬和集》刊成于崇祯十五年春间，集中所收诸词人和章，为徐元叹诗最多。（并可参《初学集·三二·徐元叹诗序》。）以平日徐、马文字关系推之，瑶草当已先得见《东山酬和集》也。牧斋特作此句，所以表示河东君实非寻常女子，乃一"闺阁心悬海宇棋"之人，可与杨国夫人等视齐观，并暗寓以韩蕲王自待之意。未识瑶草读之以为何如耶？

抑更有可论者，《绥寇纪略·五》云：

淮抚朱大典以护陵故，多宿兵，亦屡有挫衄。独其将刘良佐骁果善战。

可知当日江淮区域凤阳主帅拥兵最多。其部将如"花马刘"辈，复以善战著称。吴氏之书虽指朱延之而言，但瑶草乃后来继任朱氏之人，部下骁将，多仍其旧。《南明野史》所言，即其明证。故牧斋之作，殊非偶然。至北京陷落，弘光南都之局，悉为马氏操持，盖由其掌握兵权所致。牧斋亦终以与马、阮钩联，毁其晚节，固非一朝一夕之故，观此二诗一书，即可证知矣。

《初学集·二十·下·东山诗集·四·闽人陈遁鸿节过访别去二十年矣（七律）》略云：

乱后情怀听夜雨，别来踪迹看残棋。凭君卷却《梁溪集》，共对檐花尽一卮。（自注："鸿节以李忠定公《梁溪集》相赠。"）

又《留鸿节（七律）》略云：

突兀相看执手时，依然旧雨忆前期。客中何物留君住，凭仗江梅玉雪枝。

同书同卷《郑大将军生日（七律）》云：

戟门瑞霭接青冥，海气营云拥将星。荷鼓光芒朝北斗，握奇壁垒镇南溟。扶桑晓日悬弧矢，析木长风送柝铃。荡寇灭奴须及早，伫看铜柱勒新铭。

同书三二《陈鸿节诗集序》（寅恪案：同治修《福建通志·二一三·文苑传》有《陈遁传》。但其文全采自《初学集》，别无他材料也）略云：

陈遁，字鸿节，闽之侯官人也。贷富人金为远游。抵陪京。过桃叶渡，遇曲中诸姬，揄长袂，脱薄装，酒阑促坐，目眙手握，以为果媚己也。命酒极宴，流连宿昔，橐中装尽矣。还寄食于僧院。故人黎博士赠百金，遣游锡山。途中遇何人，夜发箧盗其金亡去。益大困，卧病于江上李生家。亡友何季穆赏其诗，载归虞山。（寅恪案："李生"即李奕茂，字尔承。事迹可参《牧斋外集·二五·书李尔承诗后》。何允泓，字季穆。常熟人。事迹可参《初学集·三·归田诗集·上·哭何季穆》诗及同书五五《何季穆墓志铭》并吴伟业《梅村家藏稿·二七·何季穆文集序》等。）偕过余山中，赋诗饮酒相乐也。自后不复相闻，亦未知其存否。今年忽访余于虎丘，握手道故，喜剧而涕。问其年，长余二岁耳。出其诗，则卷帙日益富。曹能始为采入《十二代诗选》中矣。鸿节将行，余为略次其生平与出游之概，以叙其诗，且以为别。属其归也，以质诸能始。癸未中春十四日叙。

同书八八《请调用闽帅议》略云：

为今之计，拯溺救焚，权宜急切，惟有调用闽帅一著。愚以谓当世诸公，宜亟以江南急危情形，飞章入告，伏乞皇上立敕郑帅，移镇东南，专理御寇事宜。其将领士卒，一应安家衣甲、器械船只、行粮月粮，一照郑帅弟鸿逵赴登事例。新登抚赴登也，属郑帅造船于瓜洲。郑慨然曰："此王事也，万里不敢辞，况京江咫尺乎？"已而语其弟鸿逵："奴警更急，我当亲督师渡江。"其慷慨赴义，急病让（攘）夷如此。东南之要害不止一隅，既奉命移镇，则东南皆信地也。皖急可借以援皖，凤急可借以援凤。淮急可借以援淮。譬之弈棋，下一子于边角，而全局皆可以照应，则下子之胜著也。天下事已如弈棋之残局矣。诚有意收拾，则满盘全局著子之当下者尚多，而恐当局者措手之未易也。姑先以救急一著言之。衰晚罪废，不当出位哆口轻谈天下事。警急旁午，吴中一日数惊。顷见南省台传议曰："上护陵寝，下顾身家。"听斯言也，如呓睡中闻人聒耳大呼，不觉流汗惊寤，推襆被而起，庸敢进一得之愚，以备左右之采择。癸未三月朔日。

寅恪案：此郑大将军即郑成功之父郑芝龙。观《议》中“郑帅弟鸿逵”及“语其弟鸿逵”等句，是其确证。牧斋平生酬应之作甚多，未必悉数编入集中。以此等文字多不足道故也。至于寿芝龙一诗，所以特编入集中，疑别有理由，盖欲借是表见其知兵谋国之志事耳。《请调用闽帅议》末署“癸未三月朔日”。《郑大将军生日》前一题为《冯二丈犹龙（寅恪案：冯梦龙，字犹龙，苏州府长洲县人）七十寿诗》，其结语云：“莺花春日为君长。”冯氏寿诗前即有关陈氏二律。其《留鸿节》诗有“江梅玉雪”，表面叙述景物之语，并取牧斋所作《陈氏诗集序》，末署“癸未中春十四日”一端，综合推证，可知上列三诗一文，皆崇祯十六年癸未二三月间在苏州所作。时日衔接，地点相同，互有关系者也。《请调用闽帅议》以弈棋为譬云“今天下事已如弈棋之残局矣”，可与《鸿节过访》诗“别来踪迹看残棋”之句互证。陈遁既是闽人，突兀过访，牧斋为之赋两诗并为之作诗集序，时间复与作寿郑芝龙诗及《请调用闽帅议》相接近，当不偶然。牧斋此年仲春忽至虎丘，恐非仅因观梅之雅兴，疑其别有所为。今以资料缺乏，甚难考知。或者一由于欲借鸿节为媒介以笼络郑芝龙兄弟；二由于往晤李邦华于广陵，共谋王室。若此揣测不误，则牧斋虎丘之游寓，乃其取道苏州渡江至扬州之中途小住也。第二事俟后论之，兹暂不多及。

又检《黄漳浦（道周）集》，其中亦有关涉此时李邦华诸人欲借郑芝龙兵力以安内攘外之文字，详见后引，兹亦暂不论之。

复次，金氏《钱牧斋年谱》“崇祯十一年戊寅”条，据日本宫崎来城《郑成功年谱》载：“郑森执贽先生之门，先生字之曰‘大木’。时年十五。”殊为疏舛。鄙意许浩基《郑延平年谱》

“崇祯十七年甲申公廿一岁五月福王立于南京芝龙遣兵入卫”条云：

《台湾郑氏始末》：福王立于南京，以明年为弘光元年。封芝龙南安伯，镇福建。鸿逵靖虏伯，充总兵官，守镇江。芝豹、彩并充水师副将。芝龙遣兵卫南京。

又“事钱谦益为师”条云：

《东南纪事》：福王时入国子监，师礼钱谦益。《行朝录》：闻钱谦益之名，执贽为弟子。谦益字之曰“大木”。（寅恪案：《赐姓本末》云，“初名森。弘光时入南京太学，闻钱谦益名，执贽为弟子。谦益字之曰‘大木’。”亦同。）

较合于事实。盖弘光立于南都，郑氏遣兵入卫。此时成功执贽于牧斋之门，极为可能。《行朝录》为黄宗羲所著，梨洲与牧斋关系密切，其言自是可信。至成功见牧斋时，年已二十一，尚未有字，殊不近情理。岂成功原有他字，而牧斋别易以“大木”之新字。或“大木”本为成功之字，传者误以为牧斋所取，如河东君之字“如是”，实在遇见牧斋之前，《牧斋遗事》亦以“如是”之字乃牧斋所取者，同一谬误耶？俟考。总而言之，牧斋在明北都倾覆以前，与芝龙实有联系。至于郑成功，其发生关系，则在南都弘光继立之后。南都既陷，牧斋与河东君志图光复，与海外往来之踪迹，颇可推寻，俟第五章述之，兹不论及。

牧斋于崇祯季年，联络当时握有兵权者之事实，略如上述。其急求起用，与知交往还，并恐政敌周延儒妨阻，表面伪作谦逊之辞，以退为进，迹象之见于诗文者，殊为不少。但本文专论述钱、柳关系，此点非主旨所在，不宜多述。噫！当牧斋世路纷扰经营之日，即河东君病榻呻吟痛苦之时，虽两人之心境不必尽同，而锦瑟年华则同一虚度，今日追思，殊令人惋惜。然此三数年间，乃钱、柳新婚后生活之一片段，故亦不可不稍涉及之也。

《初学集·二十·下·东山诗集·三·元日杂题长句八首》，其一略云：

北阙千官咸拜手，东除上宰独扬言。（自注："上待元辅以师臣之礼。"）朝罢开颜定相贺，年年虏退有殊恩。

寅恪案：牧斋赋长句八首，此首乃开宗明义第一章，辞旨专诋阳羡。故知此首乃此题八首全部主旨所在也。检《明史·三百零八·奸臣传·周延儒传》云：

帝尊礼延儒特重。尝于岁首日，东向揖之曰："朕以天下听先生。"因遍及诸阁臣。

可与此诗印证。又检同书同传云：

（崇祯）十六年四月，大清兵略山东，还至近畿。帝忧甚。大学士吴甡方奉命办流寇。延儒不得已自请视师。帝大喜，降手敕，奖以召虎、裴度，赐章服、白金、文绮、上驷，给金帛赏军。延儒驻通州，不敢战。惟与幕下客饮酒娱乐，而日腾章奏捷。帝辄赐玺书褒励。侦大清兵去，乃言敌退，请下兵部议将吏功罪。既归朝，缴敕谕，帝即令藏贮，以识勋劳。论功加太师，荫子中书舍人。赐银币、蟒服。延儒辞太师，许之。

亦可与此诗相印证。但玉绳因清兵之退而特受宠赐，其事实在崇祯十六年四月丁卯，即廿八日，清兵引退之后（参《明史·二四·庄烈帝本纪》），牧斋当不能预知。岂牧斋后闻玉绳事败，补作此首？抑或原有此首，特改用"年年"二字以后概前耶？俟考。

其三略云：

空传陶侃登坛约，谁奉田畴间道书。（自注："淮抚史公唱义勤王，驰书相约。"）投笔儒生腾羽檄（自注："无锡顾杲秀才传《号忠檄》。"），辍耕野老奋耰锄。

寅恪案：《明史·二四·庄烈帝本纪》略云：

崇祯十五年十一月壬申（初六日），大清兵分道入塞，京师戒严。诏举堪督师大将者。戊寅（十二日），征诸镇入援。十七年二月丁亥（廿八日），诏天下勤王。三月甲午（初六日），征诸镇兵入援。乙巳（十七日），贼犯京师，京营兵溃。丙午（十八日），日晡，外城陷。是夕，皇后周氏崩。丁未（十九日），昧爽，内城陷，帝崩于万寿山。

同书二七四《史可法传》略云：

（崇祯）十二年夏，丁外艰去。服阕，起户部右侍郎兼右佥都御史，代朱大典总督漕运，巡抚凤阳淮安扬州。拜南京兵部尚书，参赞机务。十七年四月朔，闻贼犯阙，誓师勤王。渡江抵浦口，闻北都已陷。（寅恪案：《小腆纪传·十·史可法传》略云："（崇祯）十六年，乃拜南京兵部尚书，参赞机务。十七年夏四月朔，闻贼犯阙，乃与户部尚书高弘图等誓告天地，驰檄勤王。渡江抵浦口，闻北京已陷。"可并参阅。）

《史忠正公（可法）集·二·与云间诸绅书》略云：

天祸家国，逆闯横行。用廑圣忧，垂二十载。近者鸱张北向，犯阙无疑。法也闻之，五内震裂。夫西平许国，即怀内刃之思。太真忘躯，遂洒登舟之涕。法虽迂疏浅陋，未敢远附古人，而国难方殷，何敢或后。顷者誓师秣马，而坐乏军需。点金无术，彷徨中夜，泣下沾衣。伏见诸台台励捐糜之素志，负报国之孤忠。毁家佐（纾？）难，亦大义所不辞。倘邀慷慨之怀，爰下刍荛之赐，则社稷幸甚！天下幸甚！

《侯忠节公（峒曾）集·八·与同邑士大夫书》（自注："崇祯甲申。"）云：

徐大司寇（石麒）传史大司马（可法）公启，遍达吴郡。郡中及虞山诸老皆传讫矣。今以属某，某不敢隐，亦不敢迟。盖谊同元首，势迫然眉，当效子文之毁家，宁惟卜式之输半。某不揣蚯负，敢竭区区。凡我同仇，各随愿力，乞填注枢启左方，以便报覆。

同书同卷《答史大司马书》（自注："崇祯甲申。"）略云：

地坼天崩，骨惊肠裂。端午闻变，恸哭辞家，孤舟半程，四鼓被劫。乃余生逢难之日，正义檄下颁之辰。伏枕诵之，长号欲绝。一息尚存，矢奉明命，激发义勇，泣劝委输，共纾率土之忧，以雪戴天之愤。前者从徐大司寇拜明公勤王之书，辄悉索敝赋以行，遂入盗手。然犹将毁家纾难，以为众先。（寅恪案：此书可参旧钞《牧斋遗事》后所载钱谦益《答龚云起书》并龚氏上牧斋原书。）

同书三侯元瀞撰其父《年谱·下》"崇祯十七年甲申"条略云：

三月中江南始闻李贼犯阙。未几，北来消息甚恶。府君终不忍信。至端午日闻变既真，乃始发声长恸，即夕辞家将赴南都，共图宗社大计。先是史忠清公（寅恪案：《小腆纪传·十·史可法传》云："隆武时，赠可法太师，谥忠靖。我朝赐专谥曰'忠正'。"侯《谱》称可法谥为"忠清"，疑是"忠靖"之误也。）为南大司马，草勤王檄，遗尺一于府君，约以助义。府君出其书檄遍告乡里，且为约辞，读者感动。

盖道邻在牧斋赋此诗以前，早有勤王之预备及举动。后因奉旨中道折回。观史氏遗集中崇祯十二年丁外艰以前，淮抚任内诸家书，可以证知，兹不备引。颇疑崇祯十五年十一月清兵入塞，征诸镇入援，道邻唱义勤王，驰书约南中士大夫，牧斋遂于次年元旦感赋此诗。所以知者，十六年七月道邻始为南京兵部尚书（见《国榷》卷首之三《部院表·上》“南京兵部尚书”栏），故牧斋称之为淮抚，而不称之为大司马也。至史氏《与云间诸绅书》，不知何年所作。或即是侯氏《与同邑士大夫书》所言之“公启”，亦未可知。总之必作于未确悉北京陷落以前。侯氏《与同邑士大夫书》亦当作于未确悉北京陷落之时，《答史大司马书》则在确悉北京陷落以后所作耳。此皆详玩书中辞旨推得之结论。《明史》史可法本传所言道邻之勤王，乃其最后一次，与牧斋此诗无涉。恐读者淆混，因稍多引资料辨之如此。

又今检道邻遗文，不见约牧斋勤王之书，或因传写散佚，或因被忌删去，殊难决言。但寅恪则疑史氏未必有专函约牧斋。牧斋自注中史公之书，恐不过与侯氏书中所言之“公启”性质相类。此类公启牧斋当亦分得一纸，遂侈言专为彼而发，以自高其身价。若所推测不误，则牧斋此时欲乘机以知兵起用之心事，情见乎词，亦大可笑矣。

顾杲者，黄梨洲《思旧录》“顾杲”条云：

顾杲，字子方。泾阳先生之孙。《南都防乱揭》，子方为首。阮大铖得志，以徐署丞疏，逮子方及余。时邹虎臣为掌院，与子方有姻连，故迟其驾帖。福王出走，遂已。后死难。

查继佐《国寿录·二·诸生顾杲传》云：

顾杲，字子方，南直无锡诸生也。工书法，多为诗古文，与吴门杨廷枢同社。逆监魏忠贤时，周顺昌坐罪见收，早为檄攻魏，致激众，五人死义阊门。崇祯中，又为《号忠揭》，指国事逗留，触时忌不悔。

《明诗综·七六》“顾杲”条，附《静志居诗话》云：

崇祯戊寅，南国诸生百四十人，具《防乱公揭》，请逐阉党阮大铖，子方实居其首。有云：“杲等读圣人之书，明讨贼之义。事出公论，言与愤俱，但知为国除奸，不惜以身贾祸。”大铖饮恨刺骨，而东林复社之仇，在必报矣。

寅恪案：子方乃东林党魁顾宪成之孙，其作《攻魏檄》《防乱揭》及《号忠檄》等，尤足见其为人之激烈好名，斯固明季书生本色，不足异也。

又，冒襄辑《同人集·四》载范景文《与冒辟疆书》三通，其第一通略云：

不佞待罪留都，膺兹重寄，适当南北交讧，殚心竭虑，无能特效一筹，惟是侧席求贤，日冀匡时抱略之君子共为商榷，以济时艰。昨承枉重（踵？），正为止生倡义勤王，与渔仲即商遗（遣？）发。明晨报谒，以订久要，惟门下倾吐抱膝之筹，俾不佞借力高贤，救兹孔棘，真海内之光也。

寅恪案：质公之书当作于崇祯十年至十二年四月范氏任南京兵部尚书时（见《国榷》卷首之三《部院表·上》“南京兵部尚书”栏），或即辟疆于崇祯十二年初夏至金陵应乡试之际耶？（见《影梅庵忆语》“己卯夏，应试白门”之语。）“渔仲”即刘履丁之字，俟后论之。“止生”即茅元仪之字。《初学集·一七·移居诗集·茅止生挽词十首》之五云：

一番下吏一勤王，抵死终然足不僵。落得奴酋也干笑，中华有此白痴郎。

质公书中所言，可与牧斋挽茅氏诗相证。此诗作于崇祯十三年庚辰，虽在道邻驰书约牧斋勤王之前，然亦可知江左南都诸书生名士如茅元仪、顾杲辈，皆先后有“勤王”之议也。故特附记于此，以见当时风气之一斑耳。

其四云：

东略舟师岛屿纡，中朝可许握兵符。楼船捣穴真奇事，击楫中流亦壮夫。弓渡绿江驱秽貊，鞭投黑水驾天吴。剧怜韦相无才思，省壁愁看崖海图。（自注：“沈中翰上疏请余开府登莱，以肄水师。疏甫入而奴至，事亦中格。”）

寅恪案：沈廷扬上疏请任牧斋为登莱巡抚，以水师攻清事，前已详引，兹不复述。至此诗结语所用韦执谊事，已见钱遵王《注》中，亦可不赘。但有可笑者，《牧斋遗事》略云：

乙酉五月之变，柳夫人劝牧翁曰：“是宜取义全大节，以副盛名。”牧翁有难色。后牧斋偕柳游拂水山庄，见石涧流泉澄洁可爱。牧斋欲濯足其中，而不胜前却。柳笑曰：“此沟渠水，岂秦淮河耶？”牧翁有恧容。

此条所记明南都倾覆，牧斋不从河东君之劝，以死殉国，俟后详言之，兹暂不论。惟牧斋怯于濯足拂水流泉，为河东君所笑一节，若非世人伪造以嘲牧斋者，则钱公与韦相同是一丘之貉，又何必斤斤较量才思之有无哉？夫河东君惮于登山，前已详述，而牧斋怯于涉水，更复如此。真可谓难夫难妇矣。一笑！

其五略云：

老熊当道踞津门，一旅师如万骑屯。矢贯猰貐成死狗，槛收牛鹿比孤豚。（自注："吴中流闻大冯君镇天津，殪酋子，禽一牛鹿。喜而志之。"）

寅恪案：《有学集·二八·明都察院右佥都御史巡抚天津慈溪冯公墓志铭》略云：

公名元飏，字尔赓。以兵部尚书元飚为其弟。海内称"两冯君"。初莅津门，厉兵振旅，犄角诸镇，斩馘献兵过当。上大喜，赐金币，荫一子锦衣。

《南雷文定前集·五·巡抚天津右佥都御史留仙冯公神道碑铭》（原注："甲午。"）略云：

升天津兵备道，未几巡抚天津，兼理粮饷，都察院右佥都御史。（崇祯）十五年冬，大兵复大入。公与诸镇犄角之。已又合宣大总督孙晋、督师范志元、山东巡抚王永吉之师，从密云趋墙子岭，邀其惰归。论功赐银币，荫一子锦衣卫。公讳元飏，字言仲，别号留仙（可参《初学集·五·留仙馆记》）。

《明史·二五七·冯元飚传》附《元飏传》云：

（崇祯）十四年，迁天津兵备副使。十月，擢右佥都御史，代李继贞巡抚天津，兼督辽饷。明年，叙军功，荫一子锦衣卫。

寅恪案：牧斋此诗及自注所述崇祯十五年冬尔赓任津抚时，殪禽清酋一事，可与上引材料印证。但钱文"斩馘献兵过当"之"献"字，涵芬楼影印《有学集》所附校勘记未有校改。此时天津并无张献忠之兵，"献"字自不可通。疑是牧斋本作"虏兵"，后来避讳，以字形相近，遂改"虏"为"献"耳。至黄文之作"论功"及《明史》之作"叙军功"，皆含混言之，亦所以避清讳也。

其六略云：

庙廊题目片言中，准拟山林著此翁。（自注："阳羡公语所知曰，'虞山正堪领袖山林耳。'"）千树梅花书万卷，君看松下有清风。

寅恪案：前论《过钓台有感（七绝）》已及此诗。斯盖牧斋怨怼玉绳之不援引己身入相，遂作此矫饰恬退之语耳。检《牧斋尺牍·上·答周彝仲书》（寅恪案：周彝仲事迹未详。徐闇公《钓璜堂集·一二》有《挽周彝仲（七律）》，其首句云："昔到苕溪访翠微。"然则彝仲与湖州有关也。又谈孺木（迁）《枣林杂俎和集·丛赘》"虞山后辈"条云："常熟杨子常彝初以太仓张采、张溥谒钱牧斋，时同社薄其文。已采登第，溥又出宜兴周相国，牧斋反因之通相国。"又顾公燮《消夏闲记选存》"文社之厄"条关于应社节，杜登春《社事本末》"娄东又有杨（彝）顾（麟士）之学"节，同治修《苏州府志·一百·常熟县·杨彝传》及陈田《明诗纪事·辛签·二二》"杨彝"条等，皆可供参考，而顾书尤为简要。兹以子常亦是虞山借以通宜兴之人，故附记于此）云：

兵垣回，得手教，知元老记存之深，知己推挽之切，而圣意坚不可回，至于三四驳阻。其难其慎，则不肖生平本末与晚节末路，终不可拔拭录用，主上固已知之深，见之确，而持之不遗余力矣。圣意即天意也，天可违乎？万一知己不谅天心，朝夕力请之元老，元老过听，而力请于圣上，以圣上之聪明天纵，始而厌，久而疑，以区区一人之进退，而开明良枘凿之端，则我之营进者终成画饼，而所损于世道者不可言矣。又或主上虚己之过，强而从元老之言，以衰残病废之身，附赘班行，点缀冷局。面目可憎，语言无味。此时引身求去，进不能有补于时艰，退不能自全其晚节。人何以处我，而我何以自处，不当深长计之乎？为不肖今日之计，断断乎当一意求退，不当复为仕进之局。为知己之深者，代为不肖之计，惟有仰体圣心，俯察微尚，从长商榷，俾得优游田里，管领山林，则余生没齿，受惠无穷矣。

寅恪案：此札可与《初学集·八十》崇祯十六年癸未四月《复阳羡相公书》及《寄长安诸公书》参证。此两书俟后论《谢辇下知己及二三及门》诗时，更述之，兹暂不多引。此札辞旨虽与两书类似，但是否同一时间所作，尚有问题。《复阳羡相公书》中"恭闻督师北伐，汛扫胡尘"等语，即指《明史·二四·庄烈帝纪》"（崇祯十六年）四月丁卯，周延儒自请督师，许之"之事。（寅恪案："丁卯"即初四日。可参《明史·三百零八·奸臣传·周延儒传》。）《寄长安诸公书》题下自注"癸未四月"，故此两书当是牧斋于崇祯十六年四月在扬州会晤李邦华时交其转致者。至此札未载年月，不能确定为何时所作。但据《寄长安诸公书》中"顷者，一二门墙旧士，为元老之葭莩桃李者，相率贻书，连章累牍，盛道其殷勤推挽，郑重汲引，而天听弥高，转圜有待"等语，岂即指周彝仲寄牧斋之札而言耶？倘此假设不误，则此答周彝仲之札，尚在两书之前所作也。俟考。细绎此札，其最可注意者为"又或主上虚己之过，强而从元老之言，以衰残病废之身，附赘班行，点缀冷局"等语。盖牧斋当时甚愿玉绳援己入相，而玉绳竟不为之尽力。继闻崇祯帝之逾分奖饰，极有入相之可能。今忽得此札，传玉绳之言，谓虽曾尽心殚力，而思陵之意终不可回。牧斋据此乃知玉绳深忌己身之入相，仅欲处以帮闲冷局，聊借是勉应君上之旁求，并少顺群臣之推荐。遂不觉发怒，与玉绳绝交，而认之为死敌也。其经过之原委，请略述之。

《南雷文定后集·二·顾玉书墓志铭》略云：

乙丑（康熙廿四年），余泛吴舫，遂主周氏。（寅恪案："周氏"指周顺昌子茂兰。）于其座上见顾宗俊者，为玉书之子，流落可念，且以其父墓志铭为请。玉书，名麟生，世为常熟人。父大章，陕西副使，谥裕愍。宜兴者，裕愍之门人。其再相也，玉书入其幕中。起废、蠲逋、清狱、薄赋四事，玉书颇与闻之。虞山故与宜兴涿鹿善，宜兴心欲起涿鹿（指冯铨），而众论不同，姑徐之以观其变。虞山遂致书宜兴云："阁下含弘光大，致精识微。具司马公之诚一，寇莱公之刚断，而济之以王文正之安和，韩魏公之宏博。目今起废为朝政第一。至如涿鹿，余不具论，当年守涿之功，屹然为畿内保障。岂可一旦抹摋，尚浮沉启事乎？往见子丑之际，持局者过于矜愎，流为攲侧，一往不返，激成横流。此正今日之前车也。"玉书见而讶其翻逆案也，年少气盛，不顾利害，以其书泄之于外，举朝大哗。虞山闻而恨之，后十年玉书有家难，虞山不能忘情，几置之死，因徙居吴门。家世膏粱，骤承贫薄，玉书不以芥意。婿赵延史、周旦龄（等），皆诸生。旦龄即周忠介公之孙也。

寅恪案：玉书所见牧斋致玉绳书，当是牧斋于崇祯十四年九月玉绳再相至北京以后，及得周彝仲书以前所作。其欲玉绳荐起冯振鹭，乃阴为己身再起之预备。盖牧斋与振鹭在当时虽为对立之党派，然若思陵能统一并用，则冯氏得起，己身亦可同进矣。兹姑不论其此时之用心如何，但其以《易经·坤·象》"含弘光大"之义为说，实亦牧斋于明末南都时所持之政见也。颇疑朱由崧之"一年天子小朝廷"（见《有学集·八·长干塔光诗集·一年（七律）》），其以“弘光”为年号者，固出于此，而拟此“弘光”之号，即采自牧斋之意。殆欲以“含弘光大”统一并用，标榜当时政策之故欤？关于牧斋致玉绳此书，尚有可注意者二事：一为牧斋称誉玉绳，连举北宋宰相司马光、寇准、王旦、韩琦四人以相比拟，足见牧斋用典适切，非俭腹者可及。然亦由其熟玩《东都事略》之故。牧斋于王偁之书，曾有一段因缘，观《初学集·八五·书〈东都事略〉后》及《有学集·四六·跋〈东都事略〉》并同书三一《族孙嗣美合葬墓志铭》等可知也。二为前论《有美诗》谓黄梨洲虽与牧斋交谊笃挚，然时有讥刺之语，殊不可解。意者太冲于阉党有杀父之仇，其见解绝异于牧斋之“含弘光大”。牧斋殁后廿一年，梨洲游苏州，目睹旧朝党家之沦落，乃知实由受之追恨玉书泄其密书所致，因遂于畴昔夙好之人，不惜为不满之辞耶？

至玉绳之再相，颇由东林推动之故。此事今不能详述，亦不必详述。但旧籍中有关于周延儒再相，侯恂与有力焉一节，兹录于下。其正确之性质，尚待考实。唯以其与后论侯恂、方域父子及左良玉事牵涉，故并附及之，以备参究。

文秉《烈皇小识·七》“崇祯十年辛巳”条云：

召予告大学士周延儒于家。先是阁臣虽内外兼用，鲜有当圣意者。众推宜兴颇有机巧，或能仰副，而圣意亦及之。于是庶吉士张溥、礼部员外郎吴昌时为之经营，涿州冯铨、河南侯恂、桐城阮大铖（寅恪案：“桐城”当作“怀宁”。此误）等分任一股，每股银万金，共费六万两，始得再召。

寅恪案：张天如、吴来之为策划玉绳再相之主要人物，各出一股，不待多论。冯振鹭、侯若谷、阮集之三人各分任一股，合张、吴二股计之，共为五股。六股之数尚少一股，文氏独缺分任此股之主名，当有所讳。牧斋于此颇有嫌疑。然今考牧斋此时正为河东君之事筹措经营，精疲力竭，若黄扉、金屋同时并举，揆之虞山平日经济状况，恐未必有此能力也。俟考。

又梨洲所言顾氏家难事，今难考知。但《牧斋尺牍·中·与王兆吉札五首》之一（可参同书同卷《与（钱）湘灵札》中“仲恭非死于其弟，乃死于其兄”等语），有涉及此事之语，或与太冲所言有关。其文云：

仲恭家事，自分寒灰枯木，不为此辈所齿录，不敢漫置一喙。年丈伟望硕德，乡评倚重，忍不出片言，断其曲直乎？景之丈为顾氏懿亲，得其立议，即玉书亦必信服，他可知也。为亡友又复饶舌，当不惜知己一笑耳。

寅恪案：王兆吉者，常熟王嘉定长子梦鼎之字，而梦鼐之兄也。王氏父子兄弟事迹见《初学集·五七·王府君墓志铭》及光绪修《常昭合志稿·二五·王梦鼐传》等。景之者，常熟赵士春字。士春为明末常熟著称之人，事迹见《明史·二二九·赵用贤传》附《士春传》及《常昭合志稿·二五·赵士春传》等。仲恭者，常熟顾大韶之字，即玉书之叔也。

《初学集·七二·顾仲恭传》云：

顾大韶，字仲恭，常熟人也。父云程，神庙时为南京太常寺卿。仲恭与其兄大章字伯钦，孪生子也，连袂出游，人不能辨其少长，有张伯皆、仲皆之目。伯钦举进士，奉使休沐，颜面肤腴，衣冠骑从甚都。仲恭老于书生，头蓬不栉，衣垢不浣，口不择言，交不择人，潦倒折拉，悠悠忽忽，每引镜自诧曰：“顾仲恭乃如许！”

颇疑梨洲所云“家难”，即牧斋所谓“家事”。岂大章一房与大韶一房亲族竞争之事，亦如后来牧斋死后所谓“钱氏家难”者耶？详绎牧斋札语，其意实袒大韶一房。所云“自分寒灰枯木，不为此辈所齿录”，可见牧斋愤怒之甚。“此辈”当指与大韶一房为敌之亲支，即玉书一房。“为亡友又复饶舌”之“亡友”，即指仲恭而言。盖玉书一房，不听从牧斋之意，牧斋遂欲借王、赵两人之力以压迫之也。牧斋与仲恭交谊本极笃挚，观其崇祯十七年甲申以前所作之《仲恭传》，于伯钦、仲恭兄弟之间，似已有所轩轾。玉书之怨牧斋，恐非一朝一夕之故，其由来久矣。又牧斋札中称景之为顾氏“懿亲”，赵士春与顾麟生两人亲戚之关系，今不易知。梨洲所撰《顾玉书墓志铭》，载其诸婿中有“赵延史”之名。牧斋于崇祯十四年辛巳十二月作景之妻黄氏墓志铭，载黄氏所生二男中有“延先”之名（见《初学集·五九·翰林院编修赵君室黄孺人墓志铭》）。延史、延先名不尽同，未必是一人。然俱以“延”字命名，岂兄弟行辈耶？更俟详考。

玉绳既不能如牧斋之所求，牧斋忽得闻徐石麒传述思陵奖饰之语，取而与周彝仲书中所言者相参较，亦明了阳羡之用心。于是失望怨怼之辞形诸诗文者，连篇累牍，刺刺不休矣。《初学集·二十·下·东山诗集·四·嘉禾司寇再承召对下询幽仄恭传天语流闻吴中恭赋今体十四韵以识荣感》（寅恪案：“嘉禾司寇”指徐石麒。见《明史·二七五》本传。《传》载石麒字宝摩，嘉兴人。光绪修《嘉兴府志·五·徐石麒传》同。钱肃润《南忠纪》“太宰徐公”条云：“徐石麒，号虞求。”《明季南略·九》“徐石麒主盟”条云：“字宝摩，号虞求。浙江嘉善人。”光绪重刻乾隆修《浙江通志·一六三·徐石麒传》云：“号虞求，嘉兴人。”又《陈忠裕全集·二九·虞求徐公行状》云：“公性纯孝，以父心虞公不及禄养，因自号虞求，以志永思。”尤可资考证）云：

夕烽缠斗极，昃食动严宸。帝赉旁求急，天章召对勤。睿容纡便殿，清问及遗民。当宁吁嗟数，班行省记真。虚名劳物色，朴学愧天人。（自注：“上曰，钱某博通今古，学冠天人。咨嗟询问者再。”）四达聪明主，三缄密勿臣。东除宜拱默，北响共逡巡。日月诚难蔽，云雷本自屯。孤生心自幸，幽仄意空频。漫欲占连茹，何关叹积薪。丹心悬魏阙，白首谢平津。感遇无终古，酬恩有百身。尧年多甲子，禹甸少风尘。歌罢临青镜，萧然整角巾。

寅恪案：此诗列于《癸未四月吉水公总宪诣阙》诗之后。又据《明史·一一二·七卿年表·二》崇祯十六年癸未“刑部尚书”栏载：“石麒正月削职。”初视之，似牧斋得闻虞求召对之语，在崇祯十六年正月或四月以后。细绎之，此诗“夕烽缠斗极，昃食动严宸。帝赉旁求急，天章召对勤”即指上引《明史·二四·庄烈帝本纪》崇祯十五年十一月壬申（初六日）清兵分道入塞，京师戒严，诏举堪督师大将之事。此时距十六年癸未元日，几达两月之久。想当日徐氏召对之后，即秘密速报牧斋。观《初学集·二十·上·东山诗集·三·壬午除夕（七律）》略云：

蓬荜依然又岁除，如闻幽仄问樵渔。耗磨时序心仍在，管领山林计未疏。

可为牧斋在崇祯十五年岁除之际，已得虞求密报，即玉绳排阻信息之确证。故牧斋得以据之洞烛玉绳之奸诈。由是可以推知其答周彝仲札亦在得闻徐氏密报之后矣。其所以列此诗于十六年四月之后者，恐因不便泄露徐氏早有密报之事。是年四月，钱、徐两人或又会于扬州，流传转述，事后赋诗，庶可避免嫌疑。且借以见徐氏所为，有合于孔光不言温室树之义欤？

此题后第三题复为《挽西蜀尹西有长庚二首》。其第一首"万言书上黄扉寝"句下自注云："西有为余上书蜀相，不蒙省答。""蜀相"当指王应熊而言。《明史·二五三·王应熊传》略云：

王应熊，字非熊。巴县人。（崇祯）六年，特旨擢礼部尚书兼东阁大学士。八年，乞休去。延儒再相，患言者攻己，独念应熊刚很，可借以制之，力言于帝。十五年冬，遣行人召应熊。明年六月，应熊未至，延儒已罢归。延儒被逮，不即赴，俟应熊至，始尾之行。一日帝顾中官曰："延儒何久不至？"对曰："需王应熊先入耳。"帝益疑之。九月，应熊至，宿朝房。请入对，不许。请归田，许之。乃惭沮而返。

寅恪案：非熊本玉绳党，即使再任，当亦未能起用牧斋。可知牧斋在当时实负宰相之望，为朝野所推，故延儒尤忌之也。因并附记之，以供参考。

抑更有可论者，《初学集·七九》卷末附瞿稼轩《跋语》云：

先生平生持论，一味主于和平，绝无敧帆侧柁之意。特忌者不知，必欲以伐异党同之见，尽力排挤，使之沉埋挫抑，槁项山林而后快。假使先生得乘时遘会，吐气伸眉，以虚公坦荡之怀，履平康正直之道，与天下扫荆棘而还太和。雍熙之绩，岂不立奏。而无如天心未欲治平，人事转相挠阻。岁月云迈，白首空山，徒令其垂老门生，闭户诵读，共抱园桃之叹。此式耜于编纂之余，而窃不胜世道之感也。因并述之，以缀于后。崇祯癸未八月，门人瞿式耜谨跋。

寅恪案：《初学集》为稼轩承牧斋之命编纂校刻者。今《初学集》目录之后，载稼轩《后序》，末署“崇祯癸未九月朔日”。此外别有跋语，即上所节录者也。此跋语附于七九卷之末。下一卷首载《上阳羡相公书》及《寄长安诸公书》。据是，可以推知牧斋当时实有意特列两书于次卷之首，所以见其在崇祯朝出处本末，与阳羡始合终离之关键。瞿氏跋语所言，牧斋平生持论“无欹帆侧柁之意”，即“含弘光大”之义。忌者必欲使之“槁项山林”，即“领袖山林”之旨。故稼轩之跋与牧斋之诗，可以互相证发也。此《癸未元日杂题长句》第六首第七句“千树梅花书万卷”，亦是牧斋自道其当时之实况。赋此诗时，绛云楼虽未落成，但牧斋之家所藏书籍早已甚富。兹不须广引，即取前论《东都事略》时，言及之《钱嗣美墓志铭》中“余家居访求遗书，残编落简，捐衣食无所恤”之语，可证知也。至“千树梅花”，乃指拂水山庄之梅而言。前论《东山酬和集·一·新正二日偕河东君过拂水山庄梅花半开春条乍放喜而有作》诗时，已详言之，兹可不赘。唯牧斋举此以谢绝玉绳，亦更有其故。《初学集·一五·丙舍诗集·上·阳羡相公枉驾山居即事赋呈四首》，其一云：

阁老行春至，山翁上冢回。衮衣争聚看，棋局漫相陪。乐饮倾村酿，和羹折野梅。缘堤桃李树，一一为公开。

其二云：

黑头方壮盛，绿野正优游。月满孙弘阁，风轻傅说舟。鸱夷看后乘，戎马问前筹。侧席烦明主，东山自可求。

其三云：

堤柳眠风翠，楼花笑日红。秾华欺冷节，妖艳仗天工。舟楫浮春水，车茵爱晚风。暂时忧国泪，莫洒画桥东。

其四云：

若问东山事，将无畏简书。白衣悲命驾，红袖泣登车。甲第功谁奏，歌钟赏尚虚。安危有公在，一笑偃蓬庐。

寅恪案：此题前第一题为《清明河阳山上冢》，第二题为《寒食偕孟阳璧甫山行饭破山寺》。此题第三首复有“秾华欺冷节”之句，可知崇祯十二年己卯清明寒食后不久之时，玉绳曾到拂水山庄访问牧斋也。玉绳既亲见拂水山庄园林之胜境，则其“虞山正堪领袖山林”之语，尤为适切。《才调集·五》元微之《刘阮妻二首》之二云：“千树桃花万年药，不如何事忆人间。”然则牧斋此时已拥有萼绿华之河东君，又何必不忘情于人间买菜求益之书哉！第六首“君看松下有清风”句，即王摩诘《酬张少府诗》（见《王右丞集·七》）云：

晚年惟好静，万事不关心。自顾无长策，空知反旧林。松风吹解带，山月照弹琴。君问穷通理，渔歌入浦深。

盖右丞此诗，正可道出牧斋答复玉绳所欲言也。

其七略云：

潘岳已从槐柳列，石生宁在马蹄间。邓尉梅花侵夜发，香车明日向西山。

寅恪案：“潘岳已从槐柳列”句，牧斋实兼采《晋书·五五·潘岳传》安仁谄附贾谧事，与李百药《（北齐）

书·二二·卢文伟传》所载，两者合用，构成此句。且因“石生宁在马蹄间”句，同是晋人故实（除钱遵王《注》所引者外，并可参《世说新语·政事类》“山公以器重朝望”条，刘《注》引虞预《晋书》），遂联想及之耳。遵王《注》引《北齐书·卢文伟传》云：

卢询祖好臧否人物。尝语人曰：“我昨东方未明，过和氏门外，已见二陆两源森然与槐柳齐列。”盖谓彦师仁惠与文宗那延也。

以释之，自是不误。惟《北齐书》本作“两源”，而此注作“两潘”，殊为可笑。恐是由于偶尔笔误，抑或版本目录专家疏于乙部校雠之学所致耶？俟考。“邓尉梅花侵夜发，香车明日向西山”一联，前于论《京口舟中感怀》诗时已及之。邓尉山在苏州府治之西南，故称之为“西山”。但此不过希望河东君病愈出游之意。其实此时河东君正在病中，非真能往游苏州也。又此诗七、八两句之意，实暗用《晋书·七九·谢安传》中“安虽放情丘壑，然每游赏，必以妓女从”及“征西大将军桓温请为司马。将发新亭，朝士咸送。中丞高崧戏之曰：‘卿屡违朝旨，高卧东山。诸人每相与言，安石不出，将如苍生何？’”等语。牧斋诗之“西山”，即《谢安传》之“东山”也。但牧斋赋此诗时，正怨望朝旨之不至，则与谢安石大相违异耳。一笑！

复次，董小宛与冒辟疆之因缘，为世人所习知乐道者，但与本文无涉，自不应旁及。唯其中有关崇祯十五年冬河东君偕牧斋至苏州一事，则不可不略辨之。以明了河东君当日患病之情状也。冒襄辑《同人集·三》载张明弼所撰《冒姬董小宛传》云：

（虞山钱牧斋先生）维时不惟一代龙门，实风流教主也。素期许辟疆甚远，而又爱姬之俊识。闻之，特至半塘，令柳姬与姬为伴，亲为规画，债家意满。时又有大帅以千金为姬与辟疆寿，而刘大行复佐之。公三日遂得了一切，集远近与姬饯别于虎疁。买舟，以手书并盈尺之券，送姬至如皋。又移书与门生张祠部为之落籍。

冒辟疆《影梅庵忆语》略云：

亡妾董氏，原名白，字小宛，复字青莲。籍秦淮，徙吴门。（崇祯十五年壬午）阳月过润州，时闽中刘大行自都门来，与陈大将军及同盟刘刺史饮舟中，适奴子自姬处来，云姬归不脱去时衣，此时尚方空在体，谓余不速往图之，彼甘冻死。刘大行指余曰："辟疆夙称风义，固如是负一女子耶？"余云："黄衫押衙，非君平仙客所能自为。"刺史举杯奋袂曰："若以千金恣我出入，即于今日往。"陈大将军立贷数百金，大行以摸数觔助之。（寅恪案：《同人集·四》所录陈梁则（梁）《与冒辟疆书》，其中一札有"才渔仲来，刻下试精神，作收弃儿文，兼试渔仲之参"等语，可与此参证。）讵谓刺史至吴门，不善调停，众哗决裂，逸去吴江。余复还里，不及讯。姬孤身维谷，难以收拾。虞山宗伯闻之，亲至半塘，纳姬舟中。上至荐绅，下及市井，纤悉大小，三日为之区画立尽，索券盈尺。楼船张宴，与姬饯于虎疁，旋买舟送至吾皋。至月之望，薄暮侍家君饮于拙存堂，忽传姬抵河干。接宗伯书，娓娓洒洒，始悉其状。且即驰书贵门生张祠部立为落籍。吴门后有细琐，则周仪部终之（寅恪案：《同人集·六·影梅庵悼亡题咏》周吴昉（士章）《悼董宛君（七律）八首》之三末句云："早知愁思应难扫，悔却当年月下媒。"颇疑周仪部即指此人。俟考），而南中则李总宪旧为礼垣者与力焉。越十月，愿始毕。然往返葛藤，则万斛心血所灌注而成也。

周亮工辑《尺牍新钞·五》钱谦益《与冒辟疆书》云：

双成得脱尘网，仍是青鸟窗前物也。渔仲放手作古押衙，仆何敢贪天功。他时汤饼筵前，幸不以生客见拒，何如？嘉贶种种，敢不拜命。花露海错，错列优昙阁中。焚香酌酒，亦岁晚一段清福也。

综合上列材料观之，牧斋实于崇祯十五年冬季往游苏州。但河东君并未偕往。据前引《壬午除夕》诗，其结语云“闲房病妇能忧国，却对辛盘叹羽书”之语，则是年冬季河东君尚在常熟家居病中，可以推知。且辟疆亦未言河东君偕往，尤足为牧斋独至半塘之旁证。亮工殆以河东君与小宛既为同类，而柳钱并是风流好事之人，遂加以想象，造作两人同至半塘，以完成董、冒因缘之佳话耶？余详后论河东君适牧斋后患病条。至牧斋此次之至苏州，当别有原因，非专为双成脱籍事也。前引《庄烈帝本纪》“（崇祯十五年十一月）壬申，清兵入塞，京师戒严。诏举堪督师大将者。戊寅，征诸镇入援”之事。牧斋此时于诸镇勤王入卫者，颇致殷勤，如前论其与史道邻之关系，即是一例。检《初学集·壬午除夕》前一题为《送程九屏领兵入卫二首时有郎官欲上书请余开府东海任捣剿之事故次首及之》诗，前已论及。兹更推绎此题二首排列之先后，疑其为崇祯十五年冬季在苏州所作。盖程氏乃响应诏书北上勤王入卫者，牧斋特为赋诗送行，恐亦欲其为己身尽力之故。然则牧斋是年冬季之至苏州，其主旨实在求以知兵起用。奔走经营，乃至如此。“一代龙门，风流教主”固非虚誉。但若察其内容，转觉可笑可怜矣。

复次，董、冒因缘关涉之人颇多，兹仅就前已述及之刘渔仲言之，其人与黄石斋最为密切。其事迹兹不必详述，姑择录所见有关材料于下。

屈大均《皇明四朝成仁录·七·嘉兴起义诸臣传·刘履丁传》云：

刘履丁，字渔仲，漳州人。大学士黄道周高弟。聪明绝人，字画篆刻皆极其妙。博物好古，诗深□，自成一家。崇祯间以贡为郁林州知州。见天下方乱，致书友人曰："孔贼犯天津，一月而弑两藩。吾辈不知死所矣。"因研究诸家兵法。至是与徐石麒等起义。敌至，为仇所刺，并杀其子以降。（寅恪案：谈迁《枣林杂俎仁集》"屠象美"条谓："闽人刘履丁以善陈洪范，通北兵。惧泄，夜走胥山沈氏墓，追获之。"与屈氏所言迥异。特记于此，以俟考定。）

《初学集·五三·漳浦刘府君合葬墓志铭》略云：

漳浦刘履丁以诸生应辟召，擢郁林州知州。将归葬其父母，而谒铭于旧史氏，曰："履丁之先世，自光、固徙莆田。元末有尉漳浦者，而家焉。先母黄氏，其父郡守公，理学巨儒，与从伯父国征、介征同乡举。丁闻之石斋黄夫子，惟夫子之言，质而不华，可以信于后，愿有述也。"余曰："子之夫子，吾执友也。古之为文者，必有所征。余之知履丁以其师，知履丁之父母以其子，可谓有征矣。"

寅恪案：光绪修《漳州府志·一八·选举·三·荐辟门》云：

刘履丁，崇祯十一年辟郁林知州。

程松圆《耦耕堂存稿诗·下》载《口占送刘渔仲之郁林任

（七绝）》云：

蒹葭杨柳送双旌，五岭宜人独桂城。今日逢迎满天地，不须君到自题名。

此诗为松圆于崇祯十一年在杭州所作，可与上引诸材料互证。余详后论黄石斋《与郑芝龙》第二书。其他如牧斋、石斋著述并冒辟疆《同人集》所录范质公、陈则梁、张公亮诸人书札中，皆有关涉刘氏之文字，今不备及。但有一事略可注意者，即渔仲与人参之关系。盖吾国古代《本草》中之人参，当为今之党参，即前述王介甫不肯服用之紫团参。后起外来之东北参甚为世所珍重，遂专攘昔时人参之旧称，而以上党郡之名属之土货。

又谈孺木《枣林杂俎》中《荣植类》“人参”条（可参阮葵生《茶余客话·二十》“人参”条并梁章巨《浪迹丛谈·八》“人参”“高丽参”及“参价”条等）云：

辽阳东二百余里，山深林密，不见天日，产人参。采者以夏五月入，裹三日粮，搜之最难，或径迷毙人。万历中，辽东李都督如松尝馈某侍郎一本，重十六斤，形似小儿。海盐姚叔祥记。

同书《和集·丛赘类》“荐侑”条云：

崇祯末，士大夫苞苴辄千百金，苦于赍重，专用黄金、美珠、人参异币，时都门严逻，而径窦愈广。

刘舆父《五石瓠》“相公开三市”条云：

董心葵卖金卖珠卖人参于京师，各张一铺，人人知之。周宜兴安得不败。

同书“人参榼”条云：

周宜兴之再出也，从淮舟行，概不与人宴会，送席者亦却弗受。有一州郡官以人参为肴，设于小榼，赂左右，俾呈相公一见之，宜兴偶收参而麾其榼。于是沿途弁绅，密侦其例，遂有以参二斤为一器者，自是舟中之参积若山阜矣。

可知人参在明季非仅限于药物之性质，亦可视为货币之代用品矣。渔仲于明季由北京至南方，.挟此后起外来之奇货以当多金，岂为行侠救贫耶？抑或求利自济耶？寅恪非中医，且无王夫人“卖油的娘子水梳头”之感叹（见《红楼梦》第七十七回），故于人参之功效，不敢妄置一辞。但就此区区药物，其名实之移转，价格之升降言，亦可以通知古今世变矣。至若《有学集·一三·东涧诗集·下·病榻消寒杂咏四十六首》中有《（康熙二年癸卯十一月）小尽日灵岩长老送参》诗（寅恪案：“灵岩长老”指熊开元。见《小腆纪年·一二》等），则遗民逸老眷恋不忘故国故交，同情分卫之举，与渔仲之好事行侠者，更应区别论之也。

抑更有可附论者，前引《同人集·四》陈则梁《与冒辟疆书》，其中涉及刘渔仲之人参事，复检余怀《板桥杂记·下·轶事门》云：

岁丙子（崇祯九年），金沙张公亮（明弼）、吕霖生（兆龙）、盐官陈则梁（梁）、漳浦刘渔仲（履丁）、雉皋冒辟疆（襄），盟于眉楼，则梁作盟文甚奇。末云：“牲盟不如臂盟，臂盟不如心盟。”（寅恪案：此条可参《同人集·五·五子同盟诗》。）

同书同卷云：

陈则梁人奇，文奇，举体皆奇。尝致书眉楼，劝其早脱风尘，速寻道伴，言词切至。眉楼遂择主而事。诚以惊弓之鸟，遽为透网之鳞也。扫眉才子，慧业文人，时节因缘，不得不为延津之合矣。

寅恪案：冒、陈、张、刘、吕诸人为同盟死友，刘为冒出卖人参，以成情耦（可参《板桥杂记后跋》引吴园次（绮）《吊董少君诗序》云："当时才子，竞着黄衫。合世清流，为牵红绣。"并加解释云："时钱虞山作于节度，刘渔仲为古押衙。"），并分赠陈以寻盟好。然则人参之功用有如是者，亦李时珍所不及知，而王安石真可谓"拗相公"矣。横波接受则梁之忠告，遂嫁芝麓。不但借此得脱浙江伧父之困辱（见《板桥杂记·中》"顾媚"条），又可免陈畹芬、卞云装等之遭遇。则梁可谓眉楼之侠客，而兼功臣矣。至方望溪所记黄石斋与顾横波之逸事一则（见《方望溪先生全集·九·石斋黄公逸事》），颇疑其或与刘履丁间接有关。未能详考，姑记于此。

其八云：

春日春人比若耶，偏将春病卸铅华。绿窗旧谱姜芽字，绮阁新评玉蕊花。（自注："山矾二株，河东君所扳赏，订其名为'玉蕊'。余为之记。"）晓镜十眉传蜀女，晚帘双燕入卢家。（寅恪案：此句遵王无注，偶检《全唐诗·第四函·刘方平·新春（五律）》云"双燕入卢家"及"更浣越溪纱"。牧斋诗辞旨当出此。）江南尚喜无征舰，院落烧灯听鼓挝。

寅恪案：此首为此题最后一首，乃专为河东君而作者，即白乐天《新乐府大序》所谓"卒章显其志"之旨也，故特全录之。首两句言河东君此时正在病中。三、四两句乃言河东君之艺术赏玩。前论《东山酬和集·一》河东君《次韵牧斋上元夜小饮沈璧甫斋中》诗"玉蕊禁春如我瘦"句，引牧斋《玉蕊轩记》。此记末署："崇祯十五年十二月二十九日牧翁记。"是年十二月大尽，则距次年元日赋此诗时仅隔一日。故知此句乃写当时实况。不知玉蕊轩有无题额，倘有之，当为河东君所书。此第三句所以著“柳家新样元和脚”之旨也。五、六两句，自是以文君、莫愁比河东君，固甚适切。至七、八两句，乃言此时江南尚可苟延旦夕，最能写出当日士大夫偷安之一般心理。由今思之，甚可慨叹也。

《初学集·二十·下·东山诗集·四·癸未四月吉水公总宪诣阙诒书辇下知己及二三及门谢绝中朝寝阁启事慨然书怀因成长句四首》云：

（诗见下。）

寅恪案：兹请先论此诗题，然后分别再论此四律。前于述《（癸未）元日杂题长句八首》之六及关于陈鸿节诗，已略言牧斋于崇祯十六年四月至扬州会晤李邦华事。《有学集·三四·明都察院左都御史赠特进光禄大夫柱国太保吏部尚书谥忠文李公神道碑》略云：

吉水李公讳邦华，字孟暗，懋明，其别号也。先帝（指思宗）御极，起工部右侍郎，改兵部，协理京营戎政，进本部尚书。在事一年，用中旨罢归。（崇祯十二年）己卯，特简起南京兵部尚书，参赞机务。逾年，丁父忧。（十五年）壬午，服除，起南京都察院右都御史，未几，拜北掌院左都御史。抵湖口，得后命。便宜发饷，遏宁南侯左良玉溃兵。上闻之，大喜。益专意委信公。（十七年）甲申三月十八日，贼破外城，移宿吉安馆文信公祠下。诘朝，内城陷，持束帛系信公坐榻，投缳而绝。三月十九日辰时也。四月公之丧至自北京。十一月二十四日，葬仁寿乡鳌山钓鱼台之谕茔。公既葬，（孙）长世泣而言曰：“隧道之碑铭，有与吾祖游而载史笔者谁乎？”谋于诸父，渡江来请者至再。（十六年）癸未北上，要语广陵僧舍，艰危执手，潸然流涕。嘱曰：“左宁南，名将也。东南有警，兄当与共事，我有成言于彼矣。”箧中出宁南牍授余曰：“所以识也。”入都，复邮书曰：“天下事不可为矣。东南根本地，兄当努力。宁南必不负我，勿失此人也。”偷生假年，移日视息。生我知我，辜负良友，伤心克骨，有余痛焉。彷徨执笔，老泪渍纸，而不忍终辞者，以为比及未死，放只字于青简，庶可以有辞于枯竹朽骨也。（又检《牧斋尺牍·上》有《与李懋明札》一通。绎其内容，知为崇祯十二年四月李邦华起为南京兵部尚书时所作。附记于此，以供参考。）

牧斋此文作于何年，虽未能确定，但文中有“长世渡江来请”及“偷生假年，移日视息”等语，则当是明南都倾覆，牧斋随例北行，至次岁，即顺治三年丙戌秋间南还家居以后所作。其述左良玉与李邦华及己身之关系一节，盖欲借是以湔洗其与马、阮交结之事实，并表明其中立不倚之政见耶？牧斋颇认此次与懋明之会晤，为其一生志业所关。故于垂死之时赋诗，犹忆及此事。《有学集·一三·东涧诗集·下·病榻消寒杂咏四十六首》之十八云：

忠躯义感国恩赊，板荡凭将赤手遮。星散诸侯屯渤海，飙回子弟走长沙。神愁玉玺归新室，天哭铜人别汉家。（原注：“一云，共和六载仍周室，章武三年亦汉家。”）迟暮自怜长塌翼，垂杨古道数昏鸦。（自注：“记癸未岁与群公谋王室事。”）

自注云“群公”，则懋明之外，尚有他人。《侯忠节公（峒曾）年谱》“崇祯十五年壬午”条云：

九月，改浙江嘉湖道备兵参政。

“十六年癸未”条略云：

正月之官嘉兴。夏五月，吏部上计，举府君大廉卓。而府君是时亦既病矣。天方大旱，府君步而祷焉。未几疮痏发于足跗，委顿者两月余。又一日，方视案牍，忽呕血数十口，累日乃止。投牒请于当事者三，终不许。府君方卧病时，徐太宰（石麒）以司寇事被放归里，陶陶永夕，差以为快。九月，诏使逮问周宜兴（延儒）。

寅恪案：虞求虽于崇祯十六年正月削职。其归至嘉兴之月日，今不易考。但据《侯谱》，知其十六年五月以后，九月以前，必已返家。由是言之，虞求十六年正月削职后，由京南归，于四月中途过扬州时，与牧斋会晤，颇有可能。若果如是，则虞求亦是与牧斋共谋王室群公中之一人也。

又，此事亦间接涉及侯恂、方域父子，兹略论之于下。侯方域《壮悔堂文集·三·为司徒公与宁南侯书》（寅恪案：“司徒公”乃朝宗称其父恂之官号。“宁南侯”则指左良玉而言也）云：

乡土丧乱，已无宁宇。阖门百口，将寄白下。喘息未苏，风鹤频警。相传谓将军驻节江州，且扬帆而前。老夫以为不然，即陪京卿大夫亦共信之，而无如市井仓皇，讹以滋讹，几于三人成虎。夫江州三楚要害，麾下汛防之冲也。郧、襄不戒，贼势鸱张，时有未利，或需左次以骄之。储威夙饱，殚图收复，在将军必有确画。过此一步，便非分壤。冒嫌涉疑，义何居焉？若云部曲就粮，非出本愿，则尤不可。朝廷所以重将军者，以能节制经纬，危不异于安也。荆土千里，自可具食，岂谓小饥动至同诸军士仓皇耶？甚则无识之人，料麾下自率前驱，伴送室孥。匈奴未灭，何以家为？生平审处，岂后嫖姚？或者以垂白在堂，此自纲纪，奉移内郡。何必双旌，聿来相宅？况陪京高皇帝弓剑所藏，禁地肃清。将军疆场师武，未取进止，讵宜展觐？语云“流言止于智者”，若将军今日之事，其为流言，又不待智者而决之矣。惟是老夫与将军义则故人，情实一家。每闻将军奏凯献捷，报效朝廷，则喜动颜色，倾耳而听，引席而前，惟恐其言之尽也。或功高而不见谅，道路之口，发为无稽，则辄掩耳而走，避席而去，蹙乎其不愿闻也。顷者浪语，最堪骇异，虽知其妄，必以相告。将军十年建竖，中外倚赖，所当矜重，以副人望。

此书后附杨廷枢《跋语》云：

癸未，侯子居金陵，宁南侯兵抵江州，旦夕且至。熊司马知其为司徒公旧部，请侯子往说之。侯子固陈不可，乃即署中为书以付司马，驰致之宁南。后一夜，侯子晤友人云：“议者且唱内应之说。”遂以书抵议者而行。侯子祸虽不始此，然自此深矣。宁南旋得书而止。余尝见其回司徒公禀帖，卑谨一如平时，乃知宁南感恩，原不欲负朝廷者，驾驭失宜，以致不终，深可叹也。偶过侯子舟中，观此书，感而识之。乙酉三月，杨廷枢记。

同书五《宁南侯传》略云：

朝廷以司徒公代丁启睿督师，良玉大喜。未几，有媒孽之者，司徒公遂得罪，以吕大器代。良玉愠曰：“朝廷若早用司徒公，良玉敢不尽死？今又罪司徒公，而以吕公代，是疑我，而欲图之也。”自此意益离。遂往来江楚，为自竖计。尽取诸盐船之在江者，而掠其财。贼帅惠登相等皆附之，军益强。又尝称军饥，欲道南京就食，移兵九江。兵部尚书熊明遇大恐，请于司徒公，以书谕之而止。朝廷不得已，更欲为调和计，封良玉为宁南侯，而以子梦庚为总兵官。良玉卒不为用。

同书三《癸未去金陵日与阮光禄书》（寅恪案：“阮光禄”指阮大铖）云：

仆窃闻君子处己，不欲自恕而苛责他人以非其道。今执事之于仆，乃有不然者，愿为执事陈之。执事，仆之父行也，神宗之末，与大人同朝，相得甚欢。其后乃有欲终事执事而不能者。执事当自追忆其故，不必仆言之也。大人削官归，仆时方少，每侍，未尝不念执事之才而嗟惜者弥日。及仆稍长，知读书，求友金陵。将戒途，而大人送之曰：“金陵有御史成公勇者，虽于我为后进，常心重之。汝至，当以为师。又有老友方公孔照，汝当持刺拜于床下。”语不及执事。及至金陵，则成公已得罪去，仅见方公，而其子以智者，仆之夙交也，以此晨夕过从。执事与方公同为父行，理当谒，然而不敢者，执事当自追忆其故，不必仆言之也。今执事乃责仆与方公厚，而与执事薄。噫！亦过矣。忽一日有王将军过仆甚恭，每一至，必邀仆为诗歌。既得之，必喜而为仆贳酒奏伎，招游舫，携山屐，殷殷积旬不倦，仆初不解，既而疑，以问将军。将军乃屏人以告仆曰：“是皆阮光禄所愿纳交于君者也。光禄方为诸君所诟，愿更以道之君之友陈君定生、吴君次尾，庶稍湔乎？”仆敛容谢之曰：“光禄身为贵卿，又不少佳宾，客足自娱，安用此二三书生为哉？仆道之两君，必重为两君所绝。若仆独私从光禄游，又窃恐无益光禄。辱相款八日，意良厚，然不得不绝矣。”凡此皆仆平心称量，自以为未甚太过，而执事顾含怒不已，仆诚无所逃罪矣。昨夜方寝，而杨令君文骢叩门过仆曰：“左将军兵且来，都人汹汹。阮光禄扬言于清议堂云，子与有旧，且应之于内。子盍行乎？”仆乃知执事不独见怒，而且恨之，欲置之族灭而后快也。仆与左诚有旧，亦已奉熊尚书之教，驰书止之。其心事尚不可知。若其犯顺，则贼也。仆诚应之于内，亦贼也。士君子稍知礼义，何至甘心作贼？万一有焉，此必日暮途穷，倒行而逆施，若昔日干儿义孙之徒，计无复之，容出于此，而仆岂其人耶？何执事文织之深也！仆今已遭乱无家，扁舟短棹，措此身甚易。独惜执事忮机一动，长伏草莽则已，万一复得志，必至杀尽天下士以酬其宿所不快，则是使天下士终不复至执事之门，而后世操简书以议执事者，不能如仆之词微而义婉也。

同书六《壮悔堂记》略云：

余向为堂，读书其中，名之曰“杂庸”。或曰：“昔司马相如卖酒成都市，身自涤器，与庸保杂作。子何为其然？”余曰：“以余目之所寓，皆庸也。子亦庸也。余不能不举足出此堂，又不能使此堂卒无如子者，安往而不与庸杂，又岂必酒垆耶？”呜呼！君子之自处也谦，而其接物也恭，所以蓄德也。况余少遭党禁，又历戎马间，而乃傲睨若是。然则坎壈而几杀其身，夫岂为不幸哉？忽一日念及，怃然久之，乃知余生平之可悔者多矣，不独名此堂也。急别构一室居之，名曰“壮悔”。古者三十为壮，余是时已三十五矣。

同书首载《年谱》略云：

崇祯十六年癸未，公二十六岁。司徒公解任，避兵扬州。左良玉军襄阳，以粮尽，移驻九江，欲趋南京。南本兵乞公为司徒书，驰谕止之。阮大铖以蜚语中公。公避于宜兴。有《与光禄书》。以不即救汴，逮司徒公系狱。

顺治八年辛卯，公三十四岁。奉司徒公居南园。当事欲案治公，以及于司徒公者。有司趋应省试，方解。

顺治九年壬辰，公三十五岁。司徒公居南园。治壮悔堂，作文记之。访陈定生于宜兴。

《国榷·九八》略云：

壬午崇祯十五年闰十一月，总督保定侯恂免。

同书九九略云：

癸未崇祯十六年二月庚辰，平贼将军左良玉避贼东下，沿江纵掠。土寇叛兵俱冒左兵攻剽，南都大震。壬午，左良玉泊池州清溪口，副总兵王允成称以二千人勤王，纵掠青阳、南陵、繁昌。沿江骚动，薄于芜湖，竞传其兵叛。南京兵部尚书熊明遇知良玉为尚书侯恂旧部。恂次子方域适在金陵，代为尚书书（致良玉）。良玉得书，禀答卑谨，一如平昔。七月，议处郑三俊，逮张国维、侯恂，以秉枢不职，弃开封不守也。

徐鼒《小腆纪传·六四·逆臣·一·左良玉传》略云：

释侯恂于狱，以兵部侍郎代丁启睿督师。恂未至军，而良玉已溃于朱仙镇矣。开封陷。帝怒，罢恂官，而不能罪良玉也。（十五年）十二月二十四日，（良玉）抵武昌，至正月中启行，艨艟蔽江而下。当是时，降将叛卒假左军号，恣剽掠。蕲州守将王允成为乱首。破建德，掠池阳。去芜湖四十里，泊舟三山荻港，漕艘盐舶尽夺以载兵，声言将寄孥南京。士民一夕数徙，商旅不行。南兵部尚书熊明遇不知所计。适都御史在家被召，道出湖口，闻变，乃倚舟草檄告良玉曰：“贵镇宜即日严戢兵丁，疏通江路，掖舵回船，刻期还镇。缺饷事情，候本部院到皖设法措处。勿过安庆一步，以实流言。”良玉得檄心折。邦华飞书告安庆巡抚，发九江库银十五万，补六月粮。军心大定，南都解严。邦华具威仪入其营。良玉红袜首，鞾袴，握刀插矢，俯立船头。邦华辞。乃用师弟子礼见。临别，誓以余生效顶踵。

寅恪案：侯恂与左良玉其关系密切，远胜于李邦华。当崇祯十六年正月中良玉拥兵东下，南都士大夫皆欲止之。朝宗适在金陵，南京兵部尚书熊明遇使方域为其父作书与良玉，亦情势所必致，殊不足异。后来良玉之众屯驻九江而不至南京者，实懋明筹拨银十五万两之力。侯氏之书，岂能一动昆山之心乎？朝宗自言得杨龙友传述阮集之谓已欲为左氏内应之语，因促其出走避祸。《年谱》载崇祯十六年“司徒公解任避兵扬州”及“公访陈定生于宜兴”等语，假定崇祯十六年正月至四月侯恂果已在扬州，则方域何以不至扬州而至宜兴。考《明史·二七三·左良玉传》云：

（崇祯十五年）九月，开封以河决而亡。帝怒恂，罢其官。

参以朝宗代其父致昆山书所谓“乡土丧乱，已无宁宇。阖门百口，将寄白下”及“相传谓将军驻节江州，且扬帆而前”等语，则朝宗作书之时，若谷尚未至南京。但朝宗避祸出走之日，即使若谷未至扬州，何以不留扬州以待其父，而径至宜兴定生家耶？如若谷于崇祯十六年春间及夏初果在扬州，似亦应列入与牧斋共谋王室群公之中。今载籍未详，不敢决言也。细绎朝宗之文，颇疑非其当日之原稿，致有疏误。据邵青门述朝宗刻其文集事（见钱仪吉《碑传集·一三六》邵长蘅撰《侯方域传》及《清史列传·七十·文苑传·侯方域传》）云：

末年游吴下，将刻集，集中文未脱稿者，一夕补缀立就，人益奇之。

今观《壮悔堂集》载朝宗代其父致昆山书题作《为司徒公与

宁南侯书》。考《明实录·怀宗实录·一七》云：

崇祯十七年三月癸巳，封辽东总兵官左都督吴三桂平西伯，平贼将军总兵左都督左良玉宁南伯，蓟镇总兵左都督唐通定西伯，凤庐总兵左都督黄得功靖南伯，各给敕印。

《明史·二四·庄烈帝本纪》云：

崇祯十七年三月癸巳，封总兵官吴三桂、左良玉、唐通、黄得功俱为伯。

同书二三《左良玉传》略云：

崇祯十七年正月（寅恪案："正月"当为"三月"之误。王氏《明史考证捃逸》未之及），诏封良玉为宁南伯。福王立，晋良玉为侯。

故朝宗作此书时，良玉尚未封伯，更何侯之有？此亦足为此书乃朝宗后来所补缀之一证，并足征邵氏之言为可信也。兹有可附论者二事。一为朝宗作《壮悔堂记》时，其年三十五岁，即顺治九年壬辰。前一年朝宗欲保全其父，勉应乡试，仅中副榜，实出于不得已。"壮悔堂"之命名，盖取义于此。后来竟有人赋"两朝应举侯公子，地下何颜见李香"之句以讥之。殊不知建州入关，未中乡试，年方少壮之士子，苟不应科举，又不逃于方外，则为抗拒新政权之表示，必难免于罪戾也。至"庸杂堂"之命名，朝宗所言亦非其最初真意。殆本以司马长卿自拟，而以李香君之流比卓文君也。二为自《桃花扇》传奇盛行以来，杨龙友遂为世人所鄙视。今据朝宗自述之文，则为阮圆海游说者，乃王将军。传阮氏诬构之言、促其出走避祸者，为杨龙友。戏剧流行，是非颠倒，亟应加以纠正也。寅恪近有《听演〈桃花扇〉戏剧（七律）》一首，附录于此。

听演桂剧改编《桃花扇》剧中香君沉江而死，与孔氏原本异，亦与京剧改本不同也。

兴亡旧事又重陈，北里南朝恨未申。桂苑旧传天上曲，桃花新写扇头春。是非谁定千秋史，哀乐终伤百岁身。铁锁长江东注水，年年流泪送香尘。

若黄石斋者，则是时已被赦复官，自京乞假归里（见《明史·二四·庄烈帝本纪》“崇祯十五年八月乙丑释黄道周于戍所复其官”条，同书二五五《黄道周传》及庄起俦编《漳浦黄先生年谱》“崇祯十五十六年”条，并《黄漳浦集·四二·壬午八月荷殳入楚病卧西林适逢环命以清修力学见褒揽笔潸然聊悉寤言二十有八章》及同书四三《郡中结夏有作二章》），亦在远道预谋之列。又若曾化龙、熊明遇诸人，当复参预其事。

至曾化龙则《初学集·一六·丙舍诗集》有《送曾霖寰使君左迁还里二首》，当是崇祯十三年春间霖寰去江南按察使时所作。于此足征牧斋本与曾氏交好。检同治重刊乾隆修《泉州府志·四四·曾化龙传》略云：

曾化龙，字大云，号霖寰，晋江人。（官）江南副使，备兵常镇。寻擢其省按察使。迁江西。丁外艰归。

未言其有何左迁之事，与牧斋诗不合。但据谈迁《国榷·九七》略云：

辛巳崇祯十四年四月乙卯，通政司使徐石麒，以前镇江知府印司奇讦奏推官雷起剑及前巡抚应天张国维、兵道曾化龙事，久不结，命即勘。

可见霖寰实有被讦之案，不知何故久悬未决。虞求与霖寰有气类之好，故请速勘也。方志所据材料不尽翔实，特标出之如此。余可参后引《泉州府志·曾氏传》所论熊明遇与牧斋共谋王室事，并详后论黄石斋与张鲵渊书，兹俱不先及。又刘宗周亦当时清望，与牧斋俱为温体仁之政敌，是有为扬州共谋王室群公中一人之可能，但蕺山于崇祯十五年以吏部左侍郎奉诏至北京，是年五月二十日始达扬（见《明史·二二五·刘宗周传》及姚名达撰《刘宗周年谱》等），时日过晚，恐不可能。姑附记之，更俟详考。由是言之，牧斋所谓"群公"，虽难一一考知，然其出语必非虚构，可以无疑也。《黄漳浦集·一六·与郑将军书》第一通云：

方今□（奴？）寇渐合，辇毂荐惊，四方援兵度不能四五万，皆逡巡西道，思度河北，出紫荆，潜诣都下，无敢溯清德从景沧直上者。朝廷思间道之奇，以霖寰翁节制登莱，与大将军共济。呼余皇，出旅顺，捣沈阳，此搏熊取子之智，用之必效。然悬师万里，远袭人国，载马上车，踔泥出岸，岂得如三国时谋沈沓渚之事乎？以仆料敌，用师不过强万，四□（奴？）持重（寅恪案：牧斋《投笔集·上·金陵秋兴次草堂韵八首》之五"死虏千秋悔入关"句下自注云："伪四王子遗言戒勿入关，东人至今传之。"盖明人往往以"四王子"称清太宗皇太极。其实皇太极乃太祖努尔哈齐第八子。见《清史稿·二·太宗本纪·一》），不敢远出。其牵制宁远，守辽沈者，必不尽撤而西。唯诸台吉跳荡，及巢孔二三叛将，知我虚实者，相率鼓拊，攘取饵耳。诚得南兵万余，与兖济之师，犄角直出，挫其前锐，则真保香阿（东隅？）之策也。

其第二通云：

适刘舍亲有南都书至，称南中之望麾下，犹楚人之望叶公也。黎总戎六月南来，述在镇情形，已大不测。计天下男子，赤心青胆，一意奉朝廷者，独麾下耳。而又以盛名厚力，詟服一世，俯视左良玉辈犹腐鼠枯蝉，直以苕帚泛除之，不烦遗镞也。李大司马方今伟人，所号召豪杰立应，拟与南都诸绅击牛酾酒，以俟麾下。麾下但呼帐中健儿一二千人，坐镇京口，遣青雀小艇，飞入马当，云大将军督水师朝夕西上，彼辈望风陨角耳。天下事势，固有力省而功倍者，如楼船出登莱，节长力缓，虽有三千，不当五百之用。今得一千渡彭蠡，可当十万之师，且令塞上斩□□取通侯（寅恪案：此句所讳阙之二字，疑是“贼奴”。盖用《世说新语·尤悔类》“王大将军起事”条及《晋书·六九·周顗传》“今年杀诸贼奴，取金印如斗大”之语，与下文“取金印如斗”之句相应也），如登高山，犹烦拾级。若从江中扬航，取左师犹掇之也。且又以是取金印如斗，不烦劳师燕然之外，而使不肖无拉胁折胫之苦，虽削蓝为舆劲弓，改笔锋为锐剡，犹当为之，况负英杰之名，受朝宁隆眷，为天下之所利赖者乎？月初闻有三十余艘弄兵潢池，借樯橹之灵，已朝夕溃散。此沙虫区区，直以麾下诸篙即制之，不烦神力。至如为天下救苍生，护京陵，取叛帅头作劝杯，非大将军亲行不可。仆亦桑梓也，宁不为桑梓根本虑？顾神京之患，有急于桑梓者，当舍大图细，不独为副云雷之望，直取侯封，压服天下，为吾乡盛事而已也。黎总戎以李司马书必为麾下面陈情势，惟麾下悉心图之。临楮神注。

同书同卷《与张鲵渊书》略云：

登莱天末，为鹅为鹳，水泽所嬉，王正尚未渡江，诚得一疏，留为江淮阨塞之用，免至纷飞，为精卫之填木石。曾霖翁心手可资，亦远镇登莱，谁当溯长河以开青兖之路者？清源蓄徒藉藉，啸聚南安不轨。闻已渐入仙游。凡此蛇虺，只得贤守令销萌于先，整顿于后，可次第爬梳之耳。顷晤黎总戎延庆者，云出老祖台门下，持李茂翁书（寅恪案："茂翁"即懋明），云欲借祖台力，劝郑将军自疏入援。此不过欲借高敖曹名字吓小儿耳。威鳞岂敢离渊？以仆度左师奔败之余，为诸闯所轻，必不能遂取安庆，亦不敢扬帆东下。南都名贤所聚，熊坛老诸公提挈于内，刘良佐诸将匡襄于外，借漕捐资，尚支岁月，吹篪假啸，或改鸮音，神烈精灵，鼓吹风鹤，岂可令鼻眼异常，睹京华之动静乎？黎兄欲仆作书，亦已达一函去。去腊有劝自疏入援书，已先茂翁献其嫌拙。今茂翁又云尔，乃知措大不异人意。三吴重地，留都关系甚巨。茂老未到任，想未知诸贤擘画。又不知郑系岳得尚驻脚不？四海蜩螗，密勿渊深，兴言辍餐，唯有陨涕。

综合上引三书观之，其称李邦华为大司马，又谓"三吴重地，留都关系甚巨。茂老未到任，想未知诸贤擘画"。今检《明史·二六五·李邦华传》略云：

崇祯元年四月，起工部右侍郎总督河道。寻改兵部，协理戎政。十二年四月，起南京兵部尚书，以父忧去。十五年冬，起故官，掌南京都察院事。俄代刘宗周为左都御史。都城被兵，即日请督东南援兵入卫，力疾上道。明年三月，抵九江，左良玉溃兵数十万，声言饷乏，欲寄孥于南京。艨艟蔽江东下。留都士民一夕数徙，文武大吏相顾愕眙。邦华乃停舟草檄告良玉，责以大义。用便宜发九江库银十五万饷之。一军遂安。

又，《明史·一一二·七卿年表·二》"左都御史"栏："崇祯十五年壬午，刘宗周八月任，十二月削职。李邦华十二月任。"则知石斋作书时尚未知李懋明代刘蕺山任左都御史之职，故仍以南京兵部尚书之故官称之。否则当如牧斋于崇祯十六年四月赋诗称懋明为总宪公也。（诗见后引。）石斋《与飞黄书》第二通云："适刘舍亲有南都书至。"此刘姓之人，当即前述董、冒因缘有关之漳浦刘渔仲（履丁）也。石斋与渔仲情谊笃挚，今《黄漳浦集》中诗文涉及渔仲者不少。其为师弟关系，如前引《初学集·五三·漳浦刘府君合葬墓志铭》及《四朝成仁录·七·刘履丁传》，可以证明。其有亲戚关系，则《黄漳浦集·一七·与刘渔公书》云"抑将姻娅之好，不及友朋"，亦足为证。但究属何种亲戚关系，殊不易知。据《黄漳浦集·四二·刘渔仲使至携家有寄十二章》其二云：

不得补官去，为谁嫁娶来。柴扉赊故里，荔薜费新栽。世道团风叶，乡心湿雨灰。因无分宅法，空寄陇头梅。

其十云：

作客耽江表，全身爱首丘。所思非一辙，此道远难谋。填海疑通路，移山未度舟。秦淮佳丽处，不耐老登楼。

其十二云：

如此将归好，江干吾有家。一船供宝眷，半榻上烟霞。遣女迎新妇，呼儿接舅爷。山中分鸟掌，白鹿为推车。

颇疑崇祯十五年冬季渔仲由江南遣使携家至闽，石斋因而寄诗。其《致飞黄书》所谓"刘舍亲有南都书至"者，即指此时此事而言。绎"遣女迎新妇，呼儿接舅爷"一联之意，石斋殆谓遣其女迎其嫂，呼其儿接其外舅耶？若果如是，则渔仲之女嫁石斋之子，石斋与渔仲为儿女亲家也。俟考。牧斋《请调用闽帅议》中，颇以福建方面之不同意为虑，石斋乃闽中缙绅之魁首，观其书中以神京大桑梓细为言，鲵渊又为当日守土之长吏，石斋致书告以本省苟得贤守令，即可臻治安之效，不必特烦郑芝龙之兵镇压。由是言之，钱、李、黄诸公实用三方敦促，以期郑氏出兵保卫南都江左也。兹有可注意者，一为李邦华与郑芝龙之关系。邦华于崇祯元年以兵部侍郎协理戎政。计六奇《明季北略·一一》“郑芝龙击刘香老”条云：

初，芝龙为海盗。天启七年，犯闽中、铜山、中左等处。崇祯元年五月招之。九月，芝龙降于巡抚熊文灿，授以游击。

当崇祯元年招降芝龙者，虽为福建巡抚熊文灿，但邦华为京师兵部主持人之一，福建地方奏授芝龙以游击，邦华应亦预闻其事。夫兵部为统辖全国军事之机构。此机构之主持人对于全国之武职，实有上官属吏之关系。故郑氏乃李氏之旧属，若李氏撝谦，不以官事行之，则可借用科举制度座主门生之礼相对待。前述懋明与昆山“以师弟子礼见”，即是其例。由此言之，懋明遗书飞黄实非偶然也，或更有其他原因，俟考。一为牧斋与石斋之关系。钱、黄两人本为旧好，常通音问，自不待言。检《初学集·二十·上·东山诗集·三·驾鹅行》之后，《送程九屏领兵入卫》之前，有《黄长公七十寿歌石斋詹事之兄》（寅恪案：石斋长兄名士珍。见《黄漳浦集·二五·赠考青原公墓碑》）一题，末云：

七十长筵列孙子，弟劝兄酬数千里。共祝皇恩无尽期，漳海西连五溪水。

故疑牧斋此诗为石斋于崇祯十五年冬复官之后，尚未归里之时所作。牧斋之赋此诗，或是出于石斋之请，而交刘渔仲转致者。盖渔仲是时实在苏州，与牧斋会晤。前论冒、董因缘时，已及之矣。据此可知牧斋此际正与石斋音问密切，当有共谋王室之文字，今未得见，殊可惜也。一为牧斋与登莱巡抚之关系。牧斋之欲任登府，前已详论。沈季明虽曾疏请任牧斋以此职，用舟师攻满洲。但牧斋手无寸铁，何能办是。其欲借助于郑氏水师之力，事理甚明。石斋《与郑将军书》第一通云："朝廷思间道之奇，以霖寰翁节制登莱，与大将军共济。呼余皇，出旅顺，捣沈阳，此搏熊取子之智，用之必效。"又《与张鲵渊书》云："曾霖翁心手可资，亦远镇登莱，谁当溯长河以开青兖之路者。"此"霖寰翁"及"曾霖翁"即曾化龙。检同治重刊乾隆修《泉州府志·四四》略云：

曾化龙，字大云，号霖寰，晋江人。万历戊午己未联捷进士，授临川知县。直指谢文锦以治行第一荐。时权珰用事，密嘱化龙往谒，即授铨谏。笑置之，外补宁国府同知，迁南户部员外，改兵部。丁内艰，起补北兵部车驾司郎中，督学粤东。竣事，摄海道。平刘香之乱，上功第一。移广西参议，士民勒石纪绩。擢江南副使，备兵常镇。寻擢其省按察使。有"曾铁面"之称。丁外艰归，以宿望，即家起佥都御史，巡抚登莱。时地方残破，奉旨蠲征三年，而兵频呼庚癸。化龙练兵措饷，请蠲请恤，疏凡三十二上，备载《抚登疏草》中。会闯贼变作，胶密土寇蜂起，遂破高密。化龙亟移镇胶州。胶围解，而高密城复。以疾归。抵家，病日剧。庚寅六月朔卒，年六十三。所著有《作求堂集》。

《国榷·九四》略云：

乙亥崇祯八年四月丁亥，总督两广熊文灿奏福建游击郑芝龙合广兵击刘香于田尾远洋。香势蹙，自焚溺。

《明季北略·一一》"郑芝龙击刘香老"条略云：

崇祯六年，海盗刘香老犯长乐。甲戌四月，又寇海丰。乙亥四月，芝龙合粤兵击刘香老于四尾远洋。（寅恪案"四"字疑当依《国榷》作“田”。俟考。）香势蹙，自焚溺死。

寅恪案：大云与芝龙同里，熊文灿督粤，令其摄海道，领粤兵共郑飞黄之闽兵合击刘香，平香之役，粤省上状，霖寰功居第一。后来之巡抚登莱，亦是同其前任之曾樱俱与郑氏兄弟关系密切之故（可参后论牧斋《贺孙朝让得子》诗条），当日明廷如此措施，自有理由，而牧斋之不得任登莱巡抚，乃势所必然者也。至仲含与郑氏之关系，可参《明史·二七六·曾樱传》。其文略云：

曾樱，字仲含，峡江人。崇祯元年，以右参政分守漳南。母忧归。服阕，起故官，分守兴、泉二郡。进按察使，分巡福宁。先是，红夷寇兴、泉，樱请巡抚邹维琏用副总兵郑芝龙为军锋，果奏捷。及刘香寇广东，总督熊文灿欲得芝龙为援，维琏等以香与芝龙有旧，疑不遣。樱以百口保芝龙，遂讨灭香。芝龙感樱甚。十年冬，帝信东厂言，以樱行贿欲擢官，命械赴京。御史叶初春尝为樱属吏，知其廉，于他疏微白之。有诏诘问，因具言樱贤，然不知贿所从至。诏至闽，巡抚沈犹龙、巡按张肯堂阅厂檄有奸人黄四臣名，芝龙前白曰：“四臣我所遣。我感樱恩，恐迁去，令从都下讯之，四臣乃妄言，致有此事。”犹龙、肯堂以入告，力白樱冤。芝龙亦具疏请罪。削芝龙都督衔，而令樱以故官巡视海道。寻以衡、永多寇，改樱湖广按察使，分守湖南。樱乃调芝龙剿贼，贼多降，一方遂安。迁山东右布政使，分守东、莱。十四年春，擢右副都御史，代徐人龙巡抚其地。明年迁南京工部右侍郎，乞假归。

据此可知仲含、霖寰之成事及牧斋之企图。但郑氏与二曾真正交谊密切，与牧斋之仅以文字酬应者大有不同。假使牧斋果得任登莱巡抚，恐亦不得如二曾之能指挥郑氏之水军也。一为南都与全局之关系。盖当时长江以北受困于李、张及建州，已成糜烂之势。江左士大夫颇欲保全南方，以留都南京为中心，聚兵力借图偏安之局。观石斋《与郑将军书》第二通云“李大司马，方今伟人，所号召豪杰立应，拟与南都诸绅击牛酾酒，以俟麾下”及《与张鲵渊书》云“南都名贤所聚，熊坛老诸公提挈于内，刘良佐诸将匡襄于外。借漕捐资，尚支岁月”等语，是其明证。熊坛老即熊明遇。《明史·二五七·熊明遇传》略云：

熊明遇，字良孺，进贤人。崇祯元年，起兵部右侍郎。明年进左，迁南京刑部尚书。四年，召拜兵部尚书。五年，以故官致仕。久之，用荐起南京兵部尚书。

并参以上论侯方域代其父恂作书致左良玉，阻其拥兵至南京事，所引诸史料，足见崇祯十六年春间至初夏，熊氏亦在南京遥为牧斋共谋王室群公之一人也。一为关于左良玉之为人，石斋《致郑飞黄书》中所论，与牧斋撰《李邦华神道碑》中所言，颇不相同。盖石斋深知良玉之为人不可信赖，故欲借郑氏军力以防制之也。夫左氏固不可信赖，郑氏亦略相似。石斋当日或亦有所感觉，但此时所以取郑而舍左者，其关键实在左氏军糈不能自筹，动以索饷要挟官吏，残害人民。前述其拥兵东下，欲寄孥南京之事，可为一例，不必多论。至若郑氏所统之兵，军饷既能自给，故纪律亦较严肃。此点尤为当时所罕见，非他军所可企及也。

《明季北略·一一》“郑芝龙击刘香老”条略云：

初，芝龙为海盗。崇祯元年五月，招之。九月，芝龙降于巡抚熊文灿，授以游击。十三年八月，加芝龙总兵。芝龙既俘刘香，海氛颇息。因以海利交通朝贵，浸以大显。

芝龙幼习海，知海情。凡海盗皆故盟，或出门下。自就抚后，海船不得郑氏令旗，不能往来。每一船例入三千金。岁入年万计。芝龙以此富敌国。自筑城于安平海梢，直通卧内，可泊船径达海。其守城兵自给饷，不取于官。旗帜鲜明，戈甲坚利。凡贼遁入海者，檄付芝龙，取之如寄。

同书同卷《郑芝龙小传》略云：

海盗有十寨，寨各有主。飞黄之主有疾，疾且痼，九主为之宰牲疗祭。飞黄乃泣求其主："明日祭后必会饮，乞众力为我放一洋，获之有无多寡，皆我之命。烦缓颊恳之。"主如其言，众各欣然。劫四艘，货物皆自暹逻来者，每艘约二十余万。九主重信义，尽畀飞黄。飞黄之富逾十寨矣。海中以富为尊，其主亦就殂，飞黄遂为十主中之一。时则通家耗，辇金还家。置苏杭细软，两京大内宝玩，兴贩琉球、朝鲜、真腊、占城、三佛齐等国，兼掠犯东粤、潮惠、广肇、福游、汀闽、台绍等处。此天启初年事也。刘香既没，余皆跪拜投降，海上从此太平。往来各国皆飞黄旗号，沧海大洋如内地矣。抚按又为报功，因升漳潮两府副总兵。后至崇祯末年百计营求，欲得福闽全省正总兵，赍银十万至京师，大小司马手长胆怯，不敢也。至十七年三月，此银为流贼所得。

《小腆纪年·一三》"顺治三年十一月丁巳明郑芝龙降于我大清"条略云：

王师进逼安平镇，芝龙军容烜赫，炮声震天地。（将降于贝勒），其子成功谏曰："闽粤之地，不比北方，得任意驰驱。若凭险设伏，收人心以固其本。兴贩各港，以足其饷。选将练兵，号召不难矣。"芝龙拂袖起。成功出告（其叔）鸿逵，逵壮之，入语芝龙曰："兄尚带甲数十万，舳舻塞海，粮饷充足。辅其君以号召天下，豪杰自当响应，何委身于人？"

据上引史料观之，郑氏父子之兴起，非仅由武力，而经济方面，即当时中国与外洋通商贸易之关系有以致之。明南都倾覆，延平一系犹能继续朱氏之残余，几达四十年之久，绝非偶然。自飞黄、大木父子之后，闽海东南之地，至今三百余年，虽累经人事之迁易，然实以一隅系全国之轻重。治史之君子，溯源追始，究世变之所由，不可不于此点注意及之也。兹不避枝蔓之嫌，稍详论述之，以俟通人之教正。

至石斋《致张鲵渊书》所谓黎总戎延庆者，当是芝龙部下之将领。张鲵渊者，当日福建巡抚张肯堂之号。见黄宗羲《思旧录》"张肯堂"条。其事迹详见《明史·二七六·张肯堂传》。唯《明史》传书字不书号。今同治修《福建通志·一二九·张肯堂传》载其字鲵渊，实则鲵渊乃其号，非其字也。熊明遇，《明史》本传及《明诗综·五九·熊氏小传》皆言其字子良。光绪修《江西通志·一三八》及《小腆纪传·五七·遗臣·二·熊氏传》则谓其字良孺，微有不同。但《陈忠裕全集·一八·白云草·赠熊坛石大司马（五言排律）》附考证，引《明史》熊明遇本传以实之。又谈迁《北游录·纪闻类·上》"熊明遇"条云："进贤故大司马熊坛石隐山中。"故知石斋所谓"坛老"即明遇。《明史》诸传例仅书字而不书号，实则名与字尚有相互关系，可以推寻。至于别号，则与其名之关系颇难揣测。如此节中所论黄、李、张、熊诸人，苟仅就《明史》证之，殊不能得其联系。此亦读史者不可不知也。

牧斋《癸未四月吉水公总宪诣阙》诗题中，所谓"辇下知己”者，当指郑三俊、范景文、冯元飚、龚鼎孳等而言。此题第四首自注云“上命精择大帅，冢宰建德公以衰晚姓名列上”可以为证。《明史·二五四·郑三俊传》云：“郑三俊，字用章，池州建德人。”故称“建德公”。同书一一二《七卿年表》“吏部尚书”栏载：崇祯十五年壬午“郑三俊八月任”；十六年癸未“三俊五月免”。故云“冢宰”。范质公与牧斋之关系，见前论《题〈将相谈兵图〉为范司马蔡将军作》诗。《明史·一一二·七卿年表》“工部尚书”栏载：崇祯十五年壬午“范景文十月任”；十六年癸未，景文仍任原职；十七年甲申二月入阁，三月殉难。至牧斋与冯元飏、元飚兄弟关系尤密，见前论《（癸未）元日杂题长句八首》之五，及《有学集·二八·慈溪冯公墓志铭》所述牧斋因张汉儒告讦被逮北行，时尔赓任苏松兵备参议，特加营护事。《明史·二五七·冯元飚传》略云：

（崇祯）十五年六月，召拜兵部右侍郎，转左。元飚多智数，尚权谲。与兄元飏并好结纳，一时翕然称“二冯”。然故与冯铨通普谊，初在言路，诋周延儒。及为侍郎，延儒方再相，元飚因与善。延儒欲以振饥为铨功，复其冠带。惮众议，元飚令引吴甡入阁助之。既而甡背延儒议。熊开元欲尽发延儒罪，元飚沮止之。开元以是获重谴。兵部尚书陈新甲弃市，元飚署部事。一日，帝召诸大臣游西苑，赐宴明德殿，因论兵事良久。帝曰：“大司马缺久，无逾卿者。”元飚以多病辞，乃用张国维。十六年五月，国维下狱，遂以元飚为尚书。至八月，以病剧乞休，帝慰留之。请益坚，乃允其去。将归，荐李邦华、史可法自代。帝不用。用兵科都给事中张缙彦，都城遂不守。

及同书《七卿年表》“兵部尚书”栏载：

十六年癸未，（张）国维五月免。冯元飚五月任，十一月告病。张缙彦十月任。（寅恪案：谈迁《国榷·部院表·下》“兵部尚书”栏，“崇祯癸未，慈溪冯元飚五月任，十月罢。□□张缙彦十月任”。与《明史》略异。岂元飚久病，十月尚虚留原阙，缙彦代任职务，至十一月元飚始正式开去原阙，而缙彦遂真除本兵耶？俟考。）

可知牧斋与冯铨、周延儒诸人之复杂关系，尔弢实有牵涉。牧斋所指“辇下知己”，尔弢应为其中一人，自无疑义也。又龚鼎孳《定山堂集》载其门人孝感严正矩所撰《大宗伯龚端毅公传》略云：

莅蕲七载，抚按交章累荐，举卓异，行取陛见。上注视嘉悦，拜兵科给事中。居兵垣十阅月，知无不言，言无不尽，而于人才士气，尤为谆谆致意云。于司寇徐公石麒之去国，特疏请留，极论言官章公正宸、惠公世扬、宪臣刘公宗周、金公光宸等皆当赐环。因及钱公谦益、杨公廷麟、忤珰同难之方公震孺，俱不宜终老岩穴。

寅恪案：芝麓时任兵科给事中，请起用自命知兵之牧斋，则不仅能尽本身之职责，亦可称牧斋知己之一矣。至作芝麓传之严正矩，其人与顾横波三十九岁生日金陵市隐园中林堂盛会有关。《板桥杂记·中·丽品门》“顾媚”条纪其事略云：

岁丁酉（顺治十四年），尚书挈（横波）夫人重游金陵，寓市隐园中林堂。（寅恪案：园在南京武定桥油坊巷。见嘉庆修《江宁府志·九·古迹门》，并可参吴应箕《留都见闻录·上·园亭门》关于市隐园条。）值夫人生辰（寅恪案：横波生辰为十一月三日。此年三十九岁。详孟森《心史丛刊二集·横波夫人考》），张灯开宴，请召宾客数十百辈，命老梨园郭长春等演剧，酒客丁继之、张燕筑及二王郎（原注："中翰王式之，水部王桓之。"）串王母瑶池宴。夫人垂珠帘召旧日同居南曲呼姊妹行者与宴。李六（大？）娘、十娘、王节娘皆在焉。（寅恪案：三人事迹见余书中《丽品门》及同卷《珠市名妓附见》，并同书下《轶事门》。）时尚书门人楚严某赴浙监司任，逗遛居樽下，褰帘长跪，捧卮称"贱子上寿"，坐者皆离席伏。夫人欣然为罄三爵，尚书意甚得也。余与吴园次、邓孝威作长歌纪其事。嗣后还京师，以病死。尚书有《白门柳传奇》行于世。（可参《定山堂诗集》附《诗余·一》。）

寅恪案：澹心所言芝麓门人赴浙江监司任之"楚严某"，今检严氏所作《芝麓传》云：

（崇祯九年）丙子，分校楚闱，总裁为娄东吴骏公（伟业）、宋九青（玫），两先生称文坛名宿，与公气谊甚合，藻鉴相同，所拔皆奇俊，得士周寿明等七人，中甲科者五，不肖矩与焉。

及光绪修《孝感县志·一四·严正矩传》略云：

严正矩，字方公，号絜庵。癸未成进士，未仕。国初授嘉禾司理。以贤能升杭州守，代摄学政。寻简饬兵备温处。

故澹心所指，即絜庵无疑。兹以余氏所述涉及善持君事，颇饶趣味，因附记于此。

依上引诸资料，最可注意者，牧斋此诗作于崇祯十六年四月，其时正欲以知兵起用，故目当日管领铨曹并此时前后主持戎政之人，皆为知己，斯又势所必然。今日思之，甚为可笑。至牧斋京华旧友，可称知己者，恐尚不止此数人，仍当详检史籍也。

诗题中“二三及门”者，当指张国维等。检商务重印本《浙江通志·一百四十·选举门·举人表》载：“天启元年辛酉科。张国维。东阳人。壬戌会魁。”及《明史·一一二·七卿年表》“兵部尚书”栏载：崇祯十五年壬午“张国维九月任”；十六年癸未“国维五月免”。故牧斋所指“二三及门”，玉笥必是其中最重要之人。若熊汝霖，则《浙江通志·举人表》载：“天启元年辛酉科。熊汝霖。余姚人。辛未进士。”是雨殷之为牧斋门人，固不待言。《明史·二七六》、《浙江通志·一六三》、乾隆修《绍兴府志·五六》、光绪修《余姚县志·二三》、温睿临《南疆绎史·二二》及《小腆纪传·四十·熊汝霖传》并黄宗羲《南雷文定前集·九·移史馆熊公雨殷行状》等所载雨殷历官年月，皆颇笼统。惟《国榷·九九》“崇祯十六年癸未二月壬申（初八日）”载：

户科右给事中熊汝霖谪福建按察司照磨。

官职时间最为明确。牧斋赋诗在是年四月，当已知雨殷谪闽之事，故诗题所指“二三及门”中，熊氏似不能在内。至夏燮《明通鉴·八九》“崇祯十六年四月辛卯大清兵北归”条载：

谪给事中熊汝霖为福建按察使照磨。

则不过因记述之便利，始终其事言之耳。未必别有依据。盖熊氏既奉严旨谪外，恐不能在都迁延过久也。

更检《浙江通志·举人表》载：“天启元年辛酉科。王道焜。杭州人。”《明史·七六·朱大典传》附《王道焜传》、《浙江通志·一六三》及光绪修《杭州府志·一百三十·王道焜传》等所载年月，殊为含混，惟《南疆绎史·一七·王道焜传》（参《小腆纪传·四九·王道焜传》）略云：

王道焜，字少平，仁和人。天启辛酉举于乡。庄烈帝破格求才，尽征天下廉能吏，临轩亲试，不次用。抚按以道焜名上，铨曹谓郡丞例不与选，授兵部职方主事。道焜不平，按疏言（之）。寻得温旨，许候考。会都城陷，微服南归。

据此，则少平似有为牧斋所谓“二三及门”中一人之可能。然王氏之入京，究在十六年四月以前或以后，未能考知，故不敢确定也。其余牧斋浙闱所取之士，此时在北京者，或尚有他人，更俟详考。

以上论诗题已竟，兹续论此四律于下。其一略云：

青镜霜毛叹白纷，东华尘土懒知闻。绝交莫笑嵇康懒，即是先生誓墓文。

寅恪案：此首乃谢绝中朝寝阁启事之总述。“绝交莫笑嵇康懒，即是先生誓墓文”乃指《初学集·八十·寄长安诸公书》。此书题下署“癸未四月”，可知牧斋当时手交此书与懋明带至北京者。揆之牧斋此时热中之心理，言不由衷，竟至是耶？

其二略云：

三眠柳解支憔悴，九锡花能破寂寥。信是子公多气力，帝城无梦莫相招。

寅恪案：关于此首所用典故，钱遵王《注》中已详者，不须多赘。惟有可注意者，即“三眠柳”“九锡花”两句，此联实指河东君而言。遵王虽引陶縠《清异录》中罗虬九锡文以释下句，但于上句则不著一语。因“柳”字太明显，故避去不注耳。第七、第八两句，自是用《汉书·六六·陈万年传》附《子咸传》中所云：

王音辅政，信用陈汤。咸数赂遗汤，予书曰：“即蒙子公力，得入帝城，死不恨。”（颜师古注曰：“子公，汤之字。”）

遵王《注》已言之矣。但牧斋《杜工部集笺注·一五·秋兴八首》之四“闻道长安似弈棋”一律《笺》云：

曰“平居有所思”，殆欲以沧江遗老，奋袖屈指，覆定百年举棋之局，非徒悲伤晼晚，如昔人愿得入帝城而已。

检牧翁《读杜寄卢小笺》及《读杜二笺》，俱无此语。据季振宜《钱蒙叟杜工部集笺注序》云：

一日，（遵王）指《杜诗》数帙，泣谓予曰：“此我牧翁笺注《杜诗》也。年四五十，即随笔记录，极年八十，书始成。”

夫牧斋之读《杜诗》，“年四五十即随笔记录”，则崇祯七年九月以前，《读杜笺》中，既未用《汉书》陈咸之成语。可知季氏所刻《蒙叟笺注》中所用陈咸之言，乃牧斋于崇祯七年秋后加入者。《初学集·八十·（崇祯十六年癸未）复阳羡相公书》云：

两年频奉翰教，裁候阙然，屏废日久。生平耻为陈子康。愿蒙子公力，得入帝城。此阁下之所知也。

据此，岂加入之时，即崇祯十六年癸未作此书及赋《吉水公总宪诣阙》诗之际耶？若此揣测不误，未免以退为进。明言不欲“入帝城”，而实甚愿“蒙子公力”也。措辞固甚妙，用心则殊可笑矣。

其三略云：

仕路揶揄诚有鬼，相门洒扫岂无人。云皴北岭山如黛，月浸西湖水似银。东阁故人金谷友，肯将心迹信沉沦。

寅恪案：此首之旨与第二首相同，皆言不欲入帝城之意。所不同之点，前者之辞，以保有“支憔悴”“破寂寥”之河东君为言，而后者则以管领“北岭”“西湖”之拂水山庄为说耳。刘本沛《虞书》“虞山”条云：“虞山即吴之乌目山也。在县治西北一里。”及“尚湖”条云：“尚湖即今西湖。在县治西南四里。”又光绪修《常昭合志稿·三·水道门》“尚湖”条云：

尚湖在常熟县西南四里，长十五里，广九里，亦曰“西湖”。卢镇《琴川志》：《旧经》曰，上湖昔人以虞山横列于北，亦称“照山湖”，而相沿多称“尚湖”。

牧斋之拂水山庄实据虞山、尚湖之胜境。周玉绳亦尝亲至其地。前论《（癸未）元日杂题长句八首》之六时，已言及之。此《癸未元日诗》第六首第二句自注云：“阳羡公语所知曰，‘虞山正堪领袖山林耳。’”牧翁于周氏此语，深恶痛恨，至死不忘，属笔遣辞，多及此意。“东阁故人金谷友”句，实用两出处，而指一类之人。遵王引《西京杂记·二》“公孙弘起家徒步为丞相”条以释“东阁故人”之语，甚是。但于“金谷友”则阙而不注。检《晋书·五五·潘岳传》略云：

岳性轻躁，趋世利，与石崇等谄事贾谧。每候其出，与崇辄望尘而拜。（孙）秀诬岳及石崇、欧阳建谋奉淮南王允、齐王冏为乱，诛之。初被收，俱不相知。石崇已送在市，岳后至，崇谓之曰：“安仁，卿亦复尔耶？”岳曰：“可谓白首同所归。”岳《金谷诗》云：“投分寄石友，白首同所归。”乃成其谶。（寅恪案：《晋书·三三·石苞传》附《子崇传》云，“崇有别馆在河阳之金谷。”）

可与前引牧斋《癸未元日诗八首》之七“潘岳已从槐柳列”及此首“相门洒扫岂无人”句相参证，皆谓周玉绳幕客顾玉书（麟生）及谋主吴来之（昌时）辈。关于顾氏泄漏牧斋请玉绳起用冯铨事，前已述及，但玉书非甚有名之文士，至若吴来之，则是当日词人，其本末颇与安仁类似。牧斋作诗之际，周、吴俱尚未败，乃以“白首同所归”为言，可谓预言竟中者矣。

其四云：

虚堂长日对空枰，择帅流闻及外兵。（自注：“上命精择大帅，冢宰建德公以衰晚姓名列上。”）玉帐更番饶节钺，金瓯断送几书生。骊山旧匣埋荒草，谯国新书废短檠。多谢群公慎推举，莫令人笑李元平。

寅恪案：此首乃牧斋自谓己身知兵，堪任大帅，而崇祯帝弃置不用，转用周玉绳，所以致其怨望之意，故此首实为此题之全部主旨也。诗中典故遵王已注释者，可不复述。兹唯就诗中旨意，略证释之。

《明史·二四·庄烈帝本纪》略云：

崇祯十五年十一月壬申，大清兵分道入塞，京师戒严，命勋臣分守九门。诏举堪督师大将者。闰（十一）月癸卯，下诏罪己，求直言。壬寅，大清兵南下畿南，郡邑多不守。十二月，大清兵趋曹、濮，山东州县相继下。十六年夏四月丁卯，周延儒自请督师。许之。

同书二七六《熊汝霖传》云：

（庄烈帝）尝召对，（汝霖）言：“将不任战，敌南北往返，谨随其后，如厮隶之于贵官，负弩前驱，望尘莫及，何名为将？何名为督师？”帝深然之。已言：“有司察举者，不得滥举边才；监司察处者，不得遽躐巡抚。庶封疆重任，不为匪人借途。”

检夏燮《明通鉴·八九》"崇祯十六年夏四月辛卯大清兵北归"条，述雨殷召对之语，于周延儒自请督师之后，特加"因言"二字，盖谓熊氏所称"何名为将？何名为督师？"之语，乃指玉绳而发，颇合当日情势。然则雨殷所奏，疑即阴为排周起钱之地。牧斋赋诗之前，或亦远道与谋，未可知也。

又，"金瓯断送几书生"句之"几书生"，自是指温体仁、周延儒言。长卿以翰林起家，玉绳以状头出身，俱跻位首辅，其为"书生"，固不待言。但牧斋诗中之"书生"，实偏重玉绳，盖用吴均《续齐谐记》所述阳羡许彦于绥安山行，遇一书生，求寄鹅笼中之事。遵王《有学集诗注·一·鹅笼曲四首》之一，已详引之矣。其余他诗，如此诗前一题《金陵客座逢水榭故姬感叹而作四首》，每首皆有"鹅笼"二字。及同书一三《病榻消寒杂咏四十六首》之十三自注云"壬午五日，鹅笼公有龙舟御席之宠"等，亦用此典。推其所以累用此典者，实有原因。盖牧斋深恶玉绳，故于明人所通称之"阳羡"二字，亦避而不用，特取"鹅笼"二字以目之。怨毒之于人，可畏也已。"骊山""谯国"一联之典故，遵王《注》已解释，不须重论。牧斋以"知兵"自许，此联之旨即前论《初学集·二十·上·东山诗集·三·秋夕燕誉堂话旧事有感（七律）》"洞房清夜秋灯里，共简庄周说剑篇"之意也。"多谢群公慎推举，莫令人笑李元平"二句，表面观之，虽似自谦之语，实则以李元平指周延儒，读者幸勿误解也。综合言之，牧斋所谓此次与群公共谋王室之事，乃钩结在朝在野之徒党，排周延儒，而自以知兵为借口，欲取而代之之阴谋。牧斋应有自知之明，揣其本人，于李元平所差无几，故欲联络当日领兵诸将帅为之效用，尤注意郑芝龙之实力。此点虽极可笑，但亦是彼时之情势所致，读者不可因轻笑牧斋之故，而忽视此明季史事中重要之关键也。前言当“白首老人”世路驰驱之日，正“红颜小妇”病榻呻吟之时。（《初学集·二十·上·东山诗集·三·冬至后京江舟中感怀八首》之一云：“白首老人徒种菜，红颜小妇尚飘蓬。”）河东君适牧斋后，不久即患病。其病始于崇祯十四年辛巳秋冬之际，至十六年癸未秋冬之间方告痊愈，凡越三甲子之时日，经过情事之可考见于牧斋诗文中者，依次移写，而论释之于下。但上已引者，仅列题目及有关数语。又上虽未引，因其题目有关，则止录题目。读者可取原集参之也。

《初学集·二十·上·东山诗集·三·小至日京口舟中》云：

病色依然镜里霜，眉间旋喜发新黄。

河东君和诗云：

首比飞蓬鬓有霜，香奁累月废丹黄。

寅恪案：“小至”为冬至前一日（郑氏《近世中西史日表》载：“崇祯十四年辛巳十一月十九日冬至。”虽未必与当时所用之历切合，然所差亦不甚大也），检《初学集·二十·上·东山诗集·三》有《（辛巳）中秋日携内出游次冬日泛舟韵二首》，并附河东君和作。两人诗中未见河东君患病痕迹，则自小至日上溯至中秋日，共越三月，而中秋时尚未发病，故依河东君“累月”之语推之，知其病开始于九十月间也。牧斋诗“病色依然镜里霜”之句，乃面有病容，呈霜白色之意。至河东君“首比飞蓬鬓有霜”句，则早兴潘安仁二毛之叹。但此时其年仅二十四，纵有白发，当亦甚少，盖自形其憔悴之态耳。且顺治十三年丙申河东君年三十九时，牧斋赋《茸城惜别》诗，有“徐娘发未宣”句（见钱曾《有学集诗注·七》。余详下论），岂有年四十发尚未斑白，而年二十四鬓反有霜乎？此为诗人夸辞趁韵之言明矣。牧斋“发新黄”之语，用《花间集·五》张泌《浣溪沙词十首》之四“依约残眉理旧黄”句。故河东君和诗以“废丹黄”答之。此处“丹黄”二字，乃指妇女装饰用品，非指文士校点用品。因恐读者误会，故并及之。

抑更有可论者，前言牧斋不多作词，今观牧斋“发新黄”之语，既出《花间集》，《有学集·三·夏五集·留题湖舫（七律）二首》之二“杜鹃春恨夕阳知”句亦用秦少游《淮海词·〈踏莎行·郴州旅舍〉》词“杜鹃声里斜阳暮”之语（可参上论），则知牧斋于诗余一道，未尝不研治，其为博学通才，益可证明矣。

又，靳荣藩《吴诗集览·四·上·永和宫》词“巫阳莫救仓舒恨，金锁雕残玉箸红。”其释“玉箸”固当，但其解“金锁雕残”，则无着落。颇疑梅村“金锁雕残”四字，即从张泌“依约残眉理旧黄”句而来。盖谓双眉愁锁，不加描画也。梅村易“黄”为“金”，与“玉”相配，尤为工切。斯为一时之臆说，未必能得骏公真意。姑记于此，以俟更考。

兹复有一事附论于此。偶检近日影印《归庄手写诗稿·辛巳稿》中载《感事寄二受翁二首》之二“病闻妙道加餐稳，乡入温柔娱老宜”句下自注云：

娄东受老方卧病，虞山受老初纳河东君。

《明史·二八八·张溥传》略云：

张溥，字天如，太仓人。与同里张采共学齐名。号“娄东二张”。采字受先。知临川，移疾归。

故玄恭所谓“二受翁”，一即太仓张受先，一即常熟钱受之也。

至恒轩赋此题之时日，亦有可考者，此题前《日食（七古）》一首，其诗云：

十月朔日昼如晦，青天无云欲见沫。仰望中天知日食，日食之余如月朏。

眉端有批语云：

丙子秋七月朔，日食，丁丑正朔食，是年十二月朔又食，并今为四。（寅恪案：谈迁《国榷·九五》载：“崇祯九年丙子七月癸卯朔，日食”；“十年丁丑正月辛丑朔，日食”；“同年十二月乙未朔，日食”；“十四年辛巳十月癸卯朔，丙午日食”。与归氏批语除十四年十月“癸卯”作“丙午”外，其余全同。《明史·二三·庄烈帝纪》崇祯九年秋七月不书日食，十年春正月辛丑朔日有食之，同年十二月不书日食。同书二四同纪十四年十月癸卯朔，日有食之。夏燮《明通鉴·庄烈帝纪》所书日食，及陈鹤《明纪》中其孙克家所补崇祯元年以后之记载，皆与《明史》同。夫《明史·庄烈帝纪》本多遗漏，其阙书日食，原不足异。夏、陈之书，依据《明史》，亦可不论。所可怪者，孺木与玄恭同为崇祯时人，独于崇祯十四年十月癸卯朔之日食，书作“丙午”，竟相差三日之久，殊不合理。故谈氏之书，虽称详确，然读者亦不可不慎也。）

玄恭此题后第二题为《十月四日复就医娄东夜雨宿舟中》，依是推计，可知《寄二受翁》诗乃作于崇祯十四年十月初一日至初四日之间也。今据恒轩作诗时日，附录于此，以备参证。又恒轩手稿此题第一首眉端有“存前首”三字。第二首眉端有朱笔

“丿”之删去符号。然则恒轩本意不欲存第二首者，岂以此首涉及河东君之故耶？复检恒轩此稿辛巳年所作《虎丘即事》诗“拍肩思断袖，游目更褰裳”一联旁有朱笔批云：“此等不雅，且不韵。”颇似师长语气。更取国光社影印《东涧手校李商隐诗》中牧斋笔迹对勘，颇有类似之处。或疑《寄二受翁》诗第二首眉端朱笔符号，即出之牧斋之手。夫牧斋保有卢家莫愁，乃黄梨洲所谓“牧老生平极得意事”（见范锴《花笑庼杂笔·一》“黄梨洲批钱诗残本茸城惜别诗”条）。故此端不仅不应隐讳，且更宜借他人诗词，作扩大之宣传，安有使其门生删去此首之理。据是推论，此删去之符号，果东涧所加者，实因玄恭诗语，亦嫌“不雅不韵”所致，非由涉及河东君也。

《初学集·二十·上·东山诗集·三·寄榆林杜韬武总戎》云：

（诗略。结语前已论。）

同书同卷《冬至后京江舟中感怀八首》（寅恪案：此题第七首前已移录。第八首结语亦征引论及。兹更录第五首，与此题后诸诗，迄于崇祯十四年《辛巳除夕》共五题，综合论之于下。所以如是分并者，盖欲发河东君适牧斋后，曾一度留苏养痾未发之覆也），其五云：

人情物论总相关，何似西陵松柏间。敢倚前期论白首，断将末契结朱颜。缘情词赋推团扇，慢世风怀托远山。恋别烛花浑未灺，宵来红泪正斓斑。

《贺泉州孙太守得子四绝句》云：

（诗略。）

《半塘雪中戏成次东坡韵》，其一云：

千林晃耀失藏鸦，萦席回帘拥钿车。匝地杨枝联玉树，漫天柳絮搅琪花。薰炉昵枕梁王赋，然烛裁书学士家。却笑词人多白战，腰间十韵手频叉。

其二云：

方壁玄珪密又纤，霜娥月姊斗清严。从教镜里看增粉，不分空中拟撒盐。铺作瑶台妆色界，结成玉箸照冰檐。高山岁晚偏头白，只许青松露一尖。

《次韵戈三庄乐六十自寿诗兼简李大孟芳二君与余皆壬午》诗云：

（诗略。）

《辛巳除夕》云：

风吹漏滴共萧然，画尽寒灰拥被眠。昵枕熏香如昨日，小窗宿火又新年。愁心爆竹难将去，永夕缸花只自圆。凄断鳏鱼浑不寐，梦魂那得到君边。

寅恪案：前论牧斋《冬日嘉兴舟中戏示惠香》诗谓惠香与苏、禾两地有关。又论河东君《与汪然明尺牍》第二十五通时，亦言及河东君曾在嘉兴养病事。今细绎钱、柳两人《小至日京口舟中》之诗，牧斋《冬至后京江舟中感怀》诗第五首及《半塘雪中戏成次东坡韵》诗并《次韵戈三庄乐六十自寿》诗及《辛巳除夕》诗等，始恍然知河东君此次患病出游京口，因病转剧，遂留居苏州养病，而牧斋独自归常熟度岁也。

《京江舟中感怀》第五首，其为河东君而作，固不待言。初读之，见第七、第八两句，乃用杜牧之诗“蜡烛有心还惜别，替人垂泪到天明”（见《全唐诗·第八函·杜牧·四·赠别二首》之二）及晏叔原词“红烛自怜无好计，夜寒空替人垂泪”（见晏几道《小山词·蝶恋花》）之典。“夜寒”二字与冬至后气候切合，深服此老使事之精当，但不解何以此时忽有离别之感。后取《半塘雪中戏成次东坡韵》诗及《辛巳除夕》诗，并次年壬午春间与惠香有关诸诗，参合证之，方悟牧斋《京江舟中感怀》诗第五首，实因河东君不随同归家度岁，独留苏养疴，牧斋遂赋此首惜别也。此首全部皆佳妙，读者自能得知。兹所欲指出者，即“人情物论总相关，何似西陵松柏间”两句。此言当时舆论共推己身应作宰相，如河东君《半野堂初赠诗》所谓“江左风流物论雄”之意。但仍不及西陵松柏下之同心人也。“敢倚前期论白首，断将末契结朱颜”一联，上句用潘安仁《金谷诗》“投分寄石友，白首同所归”之典（见《晋书·五五·潘岳传》），下句用陆士衡《叹逝赋》“托末契于后生，余将老而为客”之典（见《文选·一六》）。牧斋之意以为己身长于河东君三十六岁，自当先死，不敢有“白首同归”之望，但欲以死后未竟之志业托之于河东君也。岂料后来牧斋为黄毓祺之案所牵累，河东君虽欲从死，然竟俱得生，而不能从死。（见《有学集·一·秋槐诗集·和东坡西台诗韵六首序》。）迨牧斋逝后三十四日，河东君卒自杀相殉（见钱孺贻《河东君殉家难事实》）。然则牧斋诗语，亦终成预谶矣。奇哉！悲哉！

《贺泉州孙太守得子》诗在《冬至京江舟中感怀》诗后，《半塘雪中戏成》诗前。依排列次序言，似当作于牧斋此游未归常熟以前，但《半塘雪诗》乃牧斋极意经营之作，欲与东坡半山竞胜者，恐非一时所能完就，更须加以修改。岂此和苏两律之写定，实在归常熟，得闻孙氏生子以后，遂致如此排列耶？俟考。孙太守即常熟孙林之子朝让。牧斋与孙氏父子兄弟为乡里交好。

《初学集·五六·诰封中大夫广东按察司按察使孙君墓志铭》略云：

> 孙氏世居中州，胜国时，千一公官平江路录事司主事，遂家常熟。府君讳林，字子乔，与其弟讳森，字子桑，羁贯成童，爽朗玉立。子桑与君之伯子恭甫相继举于乡。又十年，少子光甫亦举进士。君既辱与先人游，而余与子桑同举，交在纪群之间。恭甫既第，光甫始见知于余。君之丧，光甫自泉来奔。君卒于崇祯十年四月，享年七十有四。娶陈氏，赠淑人。子三人：朝肃，广东布政司右布政；朝谐，国子生；朝让，福建泉州府知府。今余离（罹？）告讦之祸，幽于请室，而光甫之乞铭也哀。故不辞而为之铭。

及光绪修《常昭合志稿·二五·孙朝肃传》附弟《朝让传》略云：

> 朝让，字光甫，一号木芝。登崇祯四年进士，历官刑部郎，出知泉州府。内艰服阕，再补泉州。升建南兵巡副使。旋晋按察使，转江西布政使，不赴。年方逾艾，林居终老。年九十而终。

故知牧斋赋《贺孙太守得子》诗，乃在光甫再任泉州知府之时。《常昭合志稿》谓“内艰服阕，再补泉州”，但据《初学集·孙林墓志铭》，子乔卒于崇祯十年四月，光甫请铭在牧斋以张汉儒告讦被逮至北京，即崇祯十年闰四月廿五日入狱，次年五月廿五日出狱之间。（参金鹤冲《钱牧斋先生年谱》。）可证光甫第一次实因丁父忧解任。《常昭合志稿》传文中之“内艰”，恐是“外艰”之误也。

寅恪初视牧斋此《贺得子》诗，以为寻常酬应之作，但揆以牧斋此际公私交迫、忙碌至极之情况，岂肯费如许时间及心思，作此通常酬应之举？故疑其别有作用。检《有学集·五·绛云余烬集·下》，即钱曾《注》本《敬他老人集·上·伏波弄璋歌六首》及《牧斋外集·一》原删诗“越吟憔悴”中《伏波弄璋歌二首》（原注：“即《敬他老人集》中删余。”），始知牧斋当时甚欲利用马进宝之兵力，以复明室，故不惮烦为此谄语。孙氏父子兄弟本是牧斋同里旧交，固与马氏不同。然中年得子，亦为常事，何乃远道寄贺，谀词累牍，一至如是耶？意者此际牧斋颇思借资郑芝龙、鸿逵兄弟水军，以达其楼船征东之策。前论沈廷扬上书请任牧斋为登莱巡抚事及牧斋《调用闽帅议》时，已言及之。考谈孺木《国榷·九七》载：“崇祯十四年辛巳二月辛酉，曾樱为副都御史，巡抚登莱。”同书九八载：“崇祯十五年壬午十月丁巳，曾樱为南京工部右侍郎。”《明史·二七六·曾樱传》云：“明年（崇祯十五年），迁南京工部右侍郎。”及吴廷燮《明督抚年表·六》“明季增置巡抚”栏载：

巡抚登莱地方赞理军务

（崇祯）十四年。徐人龙。

曾樱。《明史》本传：“迁山东右布政使，分守登莱。十四年春，擢右副都御史，巡抚其地。”《山东志》：“代徐人龙。”

十五年。曾樱。《万历丙辰进士题名》：“曾樱。江西峡江民籍。”

曾化龙。（彭孙贻）《山中闻见录（六）》：“十五年十一月以曾化龙巡抚登莱。”

十六年。曾化龙。《山东志》：“晋江进士。代曾樱。”《万历己未进士题名》：“曾化龙。福建晋江军籍。”

故牧斋于崇祯十四年末赋诗贺孙朝让有子之时，恐已揣知仲含未必能甚久其位，己身倘能继任，则郑氏兄弟之兵力，必须争取。孙氏与郑氏兄弟之关系如何，今难详考。但既为泉州知府，则应有借以交通之可能。岂知受之所觊觎之官，乃为与郑氏兄弟同里之曾霖寰所得。霖寰与郑氏关系自较牧斋直接。牧斋于此亦可谓不自量者欤？由是言之，牧斋平生赋诗，其中颇多为己身政治服务之作，读者不察其隐秘，往往以集中滥杂酬应之作相讥诮，亦未免过于肤浅，转为牧斋所笑矣。

关于《半塘雪诗》颇有可论者，检《牧斋外集·五·薛行屋诗序》略云：

介甫谓子瞻《雪诗》有少陵气象，形神俱肖少陵复生者，在宋惟子瞻。

牧斋此序本为敷衍薛所蕴而作。酬应之文，殊不足道。但牧斋赋诗，宗尚少陵，于杜诗著有专书。此文引“介甫谓子瞻《雪诗》有少陵气象”之语，可见受之于子瞻《雪诗》尤所用心。牧斋《雪诗》之工妙，固不敢谓胜于介甫，然必不逊于子由，可以断言也。至牧斋诗中诸问题，兹不能详论。唯有可注意者，即牧斋与河东君出游京口，归途至苏州，何以有此《戏作雪诗》一题。细绎诗后第二题为《辛巳除夕（七律）》，其结语云：“凄断鳏鱼浑不寐，梦魂那得到君边。”并参以《雪诗》第一首第二句“萦席回帘拥钿车”及第一联“匝地杨枝联玉树，漫天柳絮搅琪花”之指河东君等句，然后豁然通解牧斋《半塘雪诗》，实与惠香有关。因惠香寓苏州（此点可参前引牧斋《永遇乐词·十七夜》“隔船窗，暗笑低颦，一缕歌喉如发”及“生公石上，周遭云树，遮掩一分残阙”，并《初学集·二十·上·东山诗集·三·效欧阳詹玩月诗》“谁家玩月无歌版，若个中秋不举觞。虎山桥浸水精域，生公石上琉璃场。酒旗正临天驷动，歌扇恰倚月魄凉”等句），河东君或又曾在其嘉兴之寓所养疴，此寓所恐即是吴来之（昌时）鸳湖别业所谓勺园者（见前论牧斋《冬日嘉兴舟中戏示惠香》诗），此次京江之游病势已剧，似可依前例留居惠香苏寓疗疾也。是时惠香究寓苏州何处？是否在半塘，抑或在他处？今未能确悉。假使牧斋适在半塘途中遇雪，因而乘兴赋诗，则殊不成问题。若不然者，则河东君留苏州养疴之寓所，必与半塘有关。但惠香斯际是否寓半塘，又无以考知。此点尚须详检。

兹复有一事可以注意者，即顾公燮《消夏闲记选存》“拙政园”条（参《嘉庆一统志·七八·苏州府·二·津梁门》“临顿桥”条及《吴诗集览·七·上·咏拙政园山茶花（并引）》。又阮葵生《茶余客话·八》“拙政园”条及吴槎客（骞）《尖阳丛笔·一》“徐夫人灿”条，所记颇详，足资考证。至张霞房《红兰逸乘·咫述类》“拙政园在齐门内迎春坊”条云：“吴三桂婿王长安别业也。吴败，为海盐陈相国之遴得。”则所述名园之易主，先后颠倒，殊为舛误也）云：

海宁相陈之遴荐吴梅村祭酒至京，盖将虚左以待。比至，海宁已败，尽室迁谪塞外。梅村作《拙政园山茶歌》，感慨惋惜，盖有不能明言之隐。拙政园在娄、齐二门之间，地名北街。嘉靖中，御史王献臣因大宏寺遗址营别墅，以自托于潘岳“拙者之为政也”。文衡山《图记》以志其胜。后其子以樗蒲一掷，偿里中徐氏。国初海宁得之，复加修葺，烜赫一时。中有宝珠山茶三四株，交枝连理，钜丽鲜妍。海宁贬谪，而此园籍没入官。顺治末年，为驻防将军寓居。康熙初又为吴三桂婿王永宁所有，益复崇高雕镂，备极华侈。滇黔作逆，永宁惧而先死，其园入官。内有斑竹厅一座，即三桂女起居处也。康熙十七年，改为苏松道署，道台祖道立葺而新之，缺裁，散为民居，有王皋闻、顾璧斗两富室分售焉。其后总戎严公伟亦居于此。今属蒋氏，西首易叶、程二氏矣。

及同治修《苏州府志·四六·第宅园林门》长洲县“拙政园”条，“康熙十八年，改苏常新署”句下原注云：

徐乾学记云：“始虞山钱宗伯谦益尝构曲房其中，以娱所嬖河东君，而海宁相公继之，门施行马。海宁得祸，入官。”（吴槎客（骞）《尖阳丛笔·一》“拙政园”条略云：“柳蘼芜亦尝寓此，曲房乃其所构。陈其年诗云：‘堆来马粪齐妆阁。’其荒凉又可想见矣。”可供参证。）

寅恪案：健庵生于崇祯四年，与钱、柳为同时人，所言当非虚构。但牧斋于顺治四、五两年，因黄毓祺案，曾居拙政园，见第五章所论。颇疑原一所言，乃指崇祯时事，与后来黄案无关。若所推测者不误，则当是指十四年末、十五年初而言。盖河东君自崇祯十四年六月适牧斋后，迄于明南都倾覆，唯此短时间曾居吴苑养疴也。姑记于此，更俟详考。或谓十四年末、十五年初，河东君居苏州养疴之地，乃是张异度（世伟）之泌园，即旧时陈惟寅之渌水园。盖异度及其子绥、子奕，皆与牧斋交谊甚笃，故河东君可因牧斋之故，暂借其地养疴。但此说尚未发现证据，姑录之，以俟详考。（可参《初学集·五四·张异度墓志铭》及《有学集·五·假我堂文宴诗》等。）

又《梅村家藏稿·三·诗前集·三·圆圆曲》云：

家本姑苏浣花里，圆圆小字娇罗绮。梦向夫差苑里游，宫娥拥入君王起。前身合是采莲人，门前一片横塘水。

自是以西施比畹芬，与此曲下文：

君不见馆娃初起鸳鸯宿，越女如花看不足。香径尘生鸟自啼，屧廊人去苔空绿。

及“为君别唱吴宫曲”等语，皆用同一典故。“浣花里”者，辛文房《唐才子传·六·薛涛传》云：

涛字洪度，成都乐妓也。性辨惠，调翰墨。居浣花里，种菖蒲满门。傍即东北走长安道也。

可知梅村所用乃薛涛故事。靳荣藩《吴诗集览·七·上》引宋人刘诜《题罗稚川小景》诗“江村颇类浣花里”以释此句。殊不知刘诗此句下接以“人品兼似陶渊明”之语。足征刘诗之“浣花里”实指杜少陵，始可与陶渊明并举。梅村赋诗，岂得取杜、陶以比畹芬，致贻拟人不于其伦之讥耶？盖靳氏漫检《佩文韵府》作注，并未深究骏公用意之所在也。至于“横塘”与越来溪有关，而越来溪与越王勾践及西施间接有关（见《嘉庆一统志·七七·苏州府·一·山川门》“横塘”及“越来溪”等条），故又与“馆娃宫”“响屧廊”“吴宫”等语互相联系，不待详论。由是言之，颇疑梅村意中“浣花里”即指“临顿里”。叶圣野赠姜如斯诗云：“酒垆寻卞赛，花底出陈圆。”（见下引。）或者当崇祯中河东君早与卞云装、陈畹芬等居于临顿里，迨崇祯十四年复在云装处，即拙政园养疴欤？牧斋赋诗往往以河东君比西施。此点恐由河东君早在崇祯十四年以前即与畹芬、云装同寓临顿里之故。若所推测不误，则一代名姝，此短时间内，群集于此里，洵可称嘉话。惜尚难详确证明，甚愿当世及后来之通人有以赐教。寅恪追忆旧朝光绪己亥之岁旅居南昌，随先君夜访书肆，购得尚存牧斋序文之《梅村集》。是后遂习诵《圆圆曲》，已历六十余载之久，犹未敢自信能通解其旨趣，可知读书之难若此。际今以废疾之颓龄，既如仲公之健忘，而欲效务观之老学，日暮途远，将何所成，可伤也已。

又鄙意河东君所以留苏养疴，不偕牧斋归家度岁，当更有其他理由。考《后汉书·列传·八三·梁鸿传》略云：

梁鸿，字伯鸾，扶风平陵人也。疾且困，告主人曰："昔延陵季子葬子于嬴博之间，不归乡里。慎勿令我子持丧归去。"及卒，（高）伯通等为求葬地于吴要离冢傍。咸曰："要离烈士，而伯鸾清高，可令相近。"

河东君者，以美人而兼烈女，企慕宋代之梁红玉，观其扶病出游京口，访吊安国夫人之古战场一事，可以证知。韩、梁墓在苏州灵岩山，河东君当时自料其必死，死而葬于苏州，即陆放翁"死当穿冢伴要离"及"死有要离与卜邻"之意也。（见《剑南诗稿·七·月下醉题》及二七《书叹》。）

复次，《白氏长庆集·一二·真娘墓》（自注："墓在虎丘寺。"）云：

真娘墓，虎丘道。不识真娘镜中面，唯见真娘墓头草。霜摧桃李风折莲，真娘死时犹少年。脂肤荑手不牢固，世间尤物难留连。难留连，易销歇。塞北花，江南雪。

《吴地记》云：

虎丘山有贞娘墓，吴国之佳丽也。行客才子，多题诗墓上。

范锴《花笑庼杂笔》本顾云美《河东君传》末署：

甲辰七月七日书于真娘墓下。

据此，云美之意殆拘执地方名胜古迹，以为河东君愿死葬苏州之故，仅由于欲与唐之贞娘相比并，则犹未尽窥见河东君平生壮志之所在也。尤有可注意者，即顾公燮《消夏闲记选存》“柳如是”条云：

甲辰七月七日，东海徐宾为葬于贞娘墓下。（寅恪案：徐宾事迹见《松江府志·五六·徐冕传》附长子《宾传》及张应昌《国朝诗铎》卷首《名氏爵里著作目》。）

夫河东君葬于常熟牧斋墓西数十步秋水阁之后（详见金鹤冲《钱牧斋先生年谱》“康熙三年甲辰”条后附载），至今犹在，不解公燮何以有此语？岂徐宾曾有此议，未成事实，公燮遂误认为真事耶？若徐氏果有此议者，则其意亦与云美相似矣。

抑更有可论者，即关于《半塘雪诗》两首之内容是也。牧斋为文赋诗，韩、杜之外，兼崇欧、苏。《半塘雪诗》一题，既是和苏，自必与东坡诗集有密切关系。牧斋平生虽习读苏诗，然拈题咏物，仍当以分类之本为便。寅恪昔年笺证白香山《新乐府》，以为《七德舞》一篇，乃用吴兢《贞观政要》为骨干。其理由已详证释之矣。东坡之诗，今古流传，版本甚多，牧斋富有藏书，所见旧本自必不少。检钱遵王《述古堂书目·二·诗集类》载“《东坡集》王梅溪注二十卷”（参瞿凤起君编《虞山钱遵王藏书目录汇编·七·集部·诗集类》）。《天禄琳琅书目·六·元版集部》载：

《增刊校正王状元集注分类东坡先生诗》，宋苏轼著，王十朋集注，刘会孟批点，二十五卷。元柯九思藏本，明项元汴、本朝季振宜俱经收藏。

近年涵芬楼影印之宋务本堂刊本，即同此分类之本。但天禄琳琅本既经季沧苇收藏，季氏之书与遵王、牧斋直接间接相涉，则牧斋赋《半塘雪诗》曾取用此本，颇有可能。《绛云楼书目》中未载此书，牧斋殆以其为坊贾编撰，殊有脱误，弃不收录耶？牧斋固是博闻强记之人，但赋《半塘雪诗》时，究以分类之本较为省力。吾国类书之多，与此甚有关系。兹以轶出范围，可置不论。此题两首，虽同为咏雪之诗，然细绎之，其主旨所在，实有分别。前首指河东君与己身之关系，后首指周延儒与己身之关系。兹请依次略论之。

《半塘雪诗》前者第二句"縈席回帘拥钿车"出谢惠连《雪赋》"末縈盈于帷席"。又，"縈"字与后引《次韵晏殊壬午元日雪诗》第五句"试妆破晓縈香粉"之"縈"字有关。"钿车"又与后引《再次晏韵》诗第二句"油壁车应想玉珂"之"油壁车"及后引《献岁书怀》第一首第一句"香车帘阁思葱茏"之"香车"相涉。第一联"匝地杨枝联玉树，漫天柳絮搅琪花"，"杨柳"为河东君之姓，下句可参《集注分类东坡先生诗·七·雨雪类·癸丑春分后雪》诗"却作漫天柳絮飞"及《有学集·十·红豆诗二集·后秋兴八首》之二"漫天离恨搅杨花"，其指河东君而言，辞语明显，实此首之主旨也。第二联"薰炉昵枕梁王赋，然烛裁书学士家"，上句钱遵王《注》已引《文选·一三》谢惠连《雪赋》"愿低帷以昵枕，念解佩而褫绅"，可不赘释。下句似用宋祁修《唐书》事。魏泰《东轩笔录·一一》云：

嘉佑中，禁林诸公皆入两府。是时，包孝肃公拯为三司使，宋景公祁守益州。二公风力名次最著人望，而不见用。京师谚语曰："拨队为参政，成群作副枢。亏他包省主，闷杀宋尚书。"

明年，包亦为枢密副使，而宋以翰林学士承旨召。景文道长安，以诗寄梁丞相，略曰："梁王赋罢相如至，宣室釐残贾谊归。"盖谓差除两府，足方被召也。

同书一五云：

宋子京博学能文章，天资蕴藉，好游宴，以矜持自喜。晚年知成都府，带《唐书》于本任刊修，每宴罢，盥漱毕，开寝门，垂帘，燃二椽烛，媵婢夹侍，和墨伸纸，远近观者，皆知尚书修《唐书》矣。望之如神仙焉。

盖牧斋平生自负修史之才，又曾分撰《神宗实录》，并著有《太祖实录辨证》五卷。（详见《初学集》首程嘉燧《序》及同书一百零一至一百零五《太祖实录辨证》，并葛万里编《牧斋先生年谱》"天启元年辛酉"条，金鹤冲《钱牧斋先生年谱》"天启元年辛酉"条及"五年乙丑"条等。）其以宋景文修《唐书》为比，颇为适合。又宋诗"梁王赋罢相如至"亦于牧斋有所启发。所以有此推测者，一因上句用谢惠连《雪赋》"低帷昵枕"之典。此赋首有：

岁将暮，时既昏，寒风积，愁云繁。梁王不悦，游于兔园。乃置旨酒，命宾友，召邹生，延枚叟，相如末至，居客之右。俄而微霰零，密雪下，王乃歌北风于《卫诗》，咏南山于《周雅》，授简于司马大夫曰："抽子秘思，骋子妍辞，侔色揣称，为寡人赋之。"

二因魏氏引景文诗有"梁王赋罢相如至"之句，与雪事间接相关。三因牧斋此首七、八两句用欧阳永叔咏雪故事，而欧、宋同是学士，又同为修《唐书》之人。（除《宋史》欧、宋两人本传外，可参涵芬楼百衲本《新唐书·一·高祖纪》及七六《后妃传》等所署欧、宋官衔。）四因宋子京在当时负宰相之望，而未入两府，与牧斋身世遭遇相类。五因景文修《唐书》时垂帘燃烛，媵婢夹侍，河东君亦文亦史，为共同修书最适当之女学士。《初学集》卷首载萧士玮《读牧翁集七则》之五云：

钱牧老语余言，每诗文成，举以示柳夫人，当得意处，夫人辄凝睇注视，赏咏终日。其于寸心得失之际，铢两不失毫发。余尝以李易安同赵德甫每饭罢，坐归来堂，烹茶指堆积书史，言某事在某书某卷、第几叶第几行，以中否胜负，为饮茶先后。中则举杯大笑，或至茶覆怀中，不得饮而起。每思闺阁之内，安得有此快友，而夫人文心慧目，妙有识鉴似此，易安犹当让出一头地。惟朝云谓子瞻一肚皮不合时宜，此语真为知己。然则公与柳夫人，故当相视而笑也。

可以为证。虞山受老（此归恒轩恭上其师之尊号。今从之，盖所以见即在当日，老而不死之老，已不胜其多矣）拈笔时据此五因，遂不觉联想揉合构成此联下句“然烛裁书学士家”之辞欤？或谓《集注分类东坡先生诗·四·妇女类·赵成伯家有丽人仆忝乡人不肯开樽徒吟春雪美句次韵一笑》诗：“试问高吟三十韵，何如低唱两三杯”句下自注云：

世言检死秀才，衣带上有《雪诗》三十韵。又云，陶榖学士买得党太尉家妓（寅恪案：党太尉即党进，事迹见《宋史·二百六十》本传），遇雪，陶取雪水烹团茶，谓妓曰：“党家应不识此。”妓曰：“彼粗人，安有此？但能于红绡暖帐中，浅斟低唱，吃羊羔儿酒。”陶嘿然惭其言。

据此，则牧斋所谓学士，指陶榖，或即东坡。但寅恪以陶、苏典故中，俱无“然烛裁书”之事，此说未必有当也。

第七句“却笑词人多白战”出《六一居士外集·雪（七古）》题下自注：

时在颍州作。玉、月、梨、梅、练、絮、白、舞、鹅、鹤、银等字，皆请勿用。

并《集注分类东坡先生诗·七·雨雪类·聚星堂雪序》云：

元祐六年十一月一日，祷雨张龙公，得小雪，与客会饮聚星堂。忽忆欧阳文忠公作守时，雪中约客赋诗，禁体物语，于艰难中特出奇丽。尔来四十余年，莫有继者。仆以老门生继公后，虽不足追配先生，而宾客之美，殆不减当时。公之二子，又适在郡，故辄举前令，各赋一篇。

其诗云：

（上略。）当时号令君听取，白战不许持寸铁。

及同书同卷《江上值雪效欧阳体限不以盐玉鹤鹭絮蝶飞舞之类为比仍不使皓白洁素等字次子由韵》云：

（诗略。）

第八句“腰间十韵手频叉”，“十韵”之出处，恐是指《六一居士集·一三·对雪十韵》诗，至“腰间”一语，或即用上引东坡诗“试问高吟三十韵”句自注中“世言检死秀才，衣带上有《雪诗》三十韵”之典也。俟考。

《半塘雪诗》后首第一句“方璧玄珪密又纤”当出《文选·一三》谢惠连《雪赋》“既因方而为珪，亦遇圆而成璧”，但牧斋诗语殊难通解。岂由《尚书·禹贡》有“禹锡玄圭，告厥成功”，及此首第七句“高山岁晚偏头白”，用刘禹锡诗“雪里高山头白早”语，因而牵混，误“圆”为“玄”。并仿《文选·一六》江文通《别赋》“心折骨惊”之例，造成此句耶？揆以牧斋平日记忆力之强，似不应健忘如此，颇疑此首第一联“从教镜里看增粉，不分空中拟撒盐”，表面用闺阁典故及东坡《癸丑春分后雪》诗“不分东君专节物”句（见《集注分类东坡先生诗·七·雨雪类》），实际指己身与周延儒之关系。故下句暗用《尚书（伪古文）·说命·下》“若作和羹，尔惟盐梅”之语，意谓从教玉绳作相，而己身不分入阁也。当赋诗之时，心情激动，遂致成此难解之句欤？此首第七句及第八句“只许青松露一尖”，用《论语·子罕篇》“岁寒然后知松柏之后凋”语。盖以己身与阳羡相对照，意旨亦明显矣。

关于戈庄乐事迹，可参《初学集·四三·保砚斋记》及同书八二《庄乐居士命工采画阿弥陀佛偈》等，并前论牧斋《致李孟芳札》欲绝卖《汉书》与毛子晋事，及光绪修《常昭合志稿·三二·画家门》云：

戈汕，字庄乐。画法钩染细密，虽巨幅长卷，石纹松针，了了可辨。尝造蝶几，长短方圆，惟意所裁。叠则无多，张则满室。自二三客至数十，皆可用。亦善吟。

并郑兰坡（抡逵）《虞山画志·二》云：

戈汕，字庄乐，能诗，善篆籀。

等条。总之，戈氏此时当留居常熟，故牧斋赋诗亦在崇祯十四年冬季，出游归家度岁之时也。

又《辛巳除夕》诗，前已据其七、八两句，谓牧斋别河东君于苏州，独还家度岁。此诗第一联“昵枕薰香如昨夜，小窗宿火又新年”，乃追忆庚辰除夜偕河东君守岁我闻室中之事。上句指《辛巳元日》诗“茗碗薰炉殢曲房”之句。第二联“愁心爆竹难将去，永夕缸花只自圆”，下句指《（辛巳）上元夜泊舟虎丘西溪小饮沈璧甫斋中》柳诗“银缸当夕为君圆”，钱诗“烛花如月向人圆”。至此诗第二句“画尽寒灰拥被眠”，亦指辛巳上元夜钱诗“微雪疏帘炉火前”句。总而言之，《辛巳除夕》诗为今昔对比之作。景物不殊，人事顿异。牧斋拈笔时，其离合悲欢之感，可以想见矣。

兹移录《初学集·二十·上·东山诗集·三》崇祯十五年壬午元日至清明牧斋所作诗于下。盖以释证牧斋此时期内由常熟至苏州迎河东君返家，并略述与惠香一段故事也。

《壬午元日雨雪读晏元献公壬午岁元日雪诗次韵》云：

九天冻雨合银河，一夜飞霙照玉珂。扬絮柳催幡胜早，薄花梅入剪刀多。寒威尽扫黄巾垒，杀气平填黑水波。漫忆屯边饶铁甲，西园钟鼓意如何？

《次前韵》云：

玉尘侵夜断星河，油壁车应想玉珂。历乱梅魂辞树早，迷离柳眼著花多。试妆破晓萦香粉，恨别先春罩绿波。一曲幽兰正相俪，薰炉明烛奈君何。

《献岁书怀二首》，其一云：

香车帘阁思葱茏，旋喜新年乐事同。兰叶俏将回淑气，柳条刚欲泛春风。封题酒瓮拈重碧，嘱累花幡护小红。几树官梅禁冷蕊，待君佳句发芳丛。

其二云：

香残漏永梦依稀，网户疏窗待汝归。四壁图书谁料理，满庭兰蕙欲芳菲。梅花曲里催游骑，杨柳风前试夹衣。传语雕笼好鹦鹉，莫随啁哳羡群飞。

寅恪案：上列四诗，第一首指周延儒，其余三首则为河东君而作。牧斋此时憎鹅笼公而爱河东君。其在明南都未倾覆以前，虽不必以老归空门为烟幕弹，然早已博通内典，于释氏“冤亲平等”之说，必所习闻。寅恪尝怪玉谿生徘徊牛、李两党之间，赋咏《柳枝》《燕台》诸句。但检其《集》中又有“世界微尘里，吾宁爱与憎”之语（见《李义山诗集·下·北青萝》），可见能知而不能行者，匪独牧斋一人，此古今所同慨也。

前论牧斋《半塘雪诗》，前首指河东君与己身之关系，后首指周延儒与己身之关系。《次韵晏同叔壬午元日雪》诗指鹅笼公，《次前韵》诗，则为河东君而作。由是言之，此两首即补充《半塘雪诗》之所未备者，《壬午元日》诗七、八两句“漫忆屯边饶铁甲，西园钟鼓意如何”，钱遵王《注》已引魏泰《东轩笔录》以释之，自可不赘。第二句“一夜飞霙照玉珂”之“玉珂”，用岑嘉州《和祠部王员外雪后早期即事》诗“色借玉珂迷晓骑，光添银烛晃朝衣”之典（见《全唐诗·第三函·岑参·四》），乃指京师百官早朝而言，玉绳时为首辅，应居班首。与《次前韵》第二句“油壁车应想玉珂”之“玉珂”，用《李娃传》“自平康东门入，将访友于西南，至鸣珂曲”之典，乃指如汧国夫人身份之河东君言，且暗以坠鞭之人自许。故“玉珂”二字，虽两诗同用，然所指之人各殊。牧斋赋诗精切，于此可证。第二联上句“黄巾”指李、张，下句“黑水”指建州，盖谓玉绳无安内攘外之才，今居首辅之位，亦即《病榻消寒杂咏》第十三首“都将柱地擎天事，付与搔头拭舌人”之意也。

关于《次前韵》诗，专为思念河东君而作，自不待言。故钱遵王《注》本全无诠解，亦不足怪。兹略释之。其实皆浅近易知之典，作此蛇足，当不免为通人所笑也。唯有可注意者，即牧斋虽博涉群籍，而此诗则多取材《文选》，岂以河东君夙与几社名流往还，熟精《选》理，遂不欲示弱耶？第一联上句之“梅魂”指己身，见前论河东君《寒柳词》及论牧斋《我闻室落成迎河东君居之》诗等节。“辞树早”即去国早之意。下句“柳眼”指河东君，见前引河东君《次韵答牧斋冬日泛舟》诗。“著花多”即“阅人多”之意。综合言之，自伤中年罢斥，并伤河东君亦适人稍晚，虽同沦落，幸得遇合，悲喜之怀，可于十四字中窥见矣。第二联“试妆破晓萦香粉，恨别先春罩绿波”，上句用玉谿生《对雪（七律）二首》之二“忍寒应欲试梅妆”（见《李义山诗集·上》），“忍寒”颇合河东君性格。又义山此首结语云：“关河冻合东西路，肠断斑骓送陆郎。”尤与钱、柳当日情事相合。此联上句又用秦仲明诗“惹砌任他香粉妒，萦丛自学小梅娇”（见《全唐诗·第十函·秦韬玉·春雪（七律）》），“萦”字复出谢氏《雪赋》，且秦氏之题为《春雪》，亦颇适当。又“香”字或与惠香有关。下句用《文选·一六》江文通《别赋》“春草碧色，春水渌波。送君南浦，伤如之何”。“先春”者，牧斋于崇祯十四年岁暮别河东君于苏州，而十五年立春又在正月初五日也（见郑氏《近世中西史日表》）。第七、第八两句“一曲幽兰正相俪，薰炉明烛奈君何”用谢氏《雪赋》“楚谣以幽兰俪曲”及“燎薰炉兮炳明烛”。“奈君何”者，离别相思之意。“君”则“河东君”之“君”，非第二人称之泛指也。

关于《献岁书怀》一题，其为河东君而作，亦不待言。第一首除第六句“嘱累花幡护小红”，用杜少陵《秋野五首》之三“稀疏小红翠，驻屐近微香”之“香”字（见《杜工部集·一四》），或指惠香。其余皆不难解，无烦释证也。第二首第三句“四壁图书谁料理”，自是非牧斋藏书之富，而河东君又为能读其藏书之人，不足以当此语。前引顾云美《河东君传》略云：

为筑绛云楼于半野堂之后，房栊窈窕，绮疏青琐，旁龛古金石文字，宋刻书数万卷。君于是乎俭梳靓妆，湘帘棐几，煮沈水，斗旗枪，写青山，临墨妙，考异订讹，间以调谑，略如李易安在赵德甫家故事。

及萧伯玉《读牧翁集七则》之五，可以证知也。第七、八两句“传语雕笼好鹦鹉，莫随啁哳羡群飞”则为纪当日之事实。兹略考论之于下。

冒辟疆《影梅庵忆语·一》云：

辛巳早春，余省觐去衡岳，由浙路往，过半塘讯姬（寅恪案：“姬”指董小宛），则仍滞黄山。许忠节公赴粤任（寅恪案：“许忠节公”指如皋许直，字若鲁，明南都谥“忠节”者，事迹见《明史·二六六》及查继佐《国寿录·一》本传并《明诗综·七二》小传等。“赴粤任”者，盖指其赴广东惠来县知县任也），与余联舟行。偶一日，赴饮归，谓余曰：“此中有陈姬某（寅恪案：“陈姬某”指陈圆圆），擅梨园之胜，不可不见。”余佐忠节治舟，数往返始得之。其人淡而韵，盈盈冉冉，衣椒茧时，背顾湘裙，真如孤鸾之在烟雾。是日宴，弋腔《红梅》以燕俗之剧，咿呀啁哳之调，乃出之陈姬身口，如云出岫，如珠在盘，令人欲仙欲死。漏下四鼓，风雨忽作，必欲驾小舟去。余牵衣订再晤。答云：“光福梅花如冷云万顷。子能越旦偕我游否？则有半月淹也。”余迫省觐，告以不敢迟留。故复云：“南岳归棹，当迟子于虎疁丛桂间，盖计其期八月返也。”余别去，恰以观涛日奉母回。至西湖，因家君调已破之襄阳，心绪如焚。便讯陈姬，则已为窦霍豪家掠去，闻之惨然。及抵阊门，水涩舟胶，去浒关十五里，皆充斥不可行。偶晤一友，语次有“佳人难再得”之叹。友云：“子误矣。前以势劫去者，赝某也。某之匿处，去此甚迩，与子偕往。”至果得见，又如芳兰之在幽阁也。相视而笑曰：“子至矣，子非雨夜舟中订芳约者耶？曩感子殷勤，以凌遽不获订再晤。今几入虎口得脱，重晤子，真天幸也。我居甚僻，复长斋，茗碗炉香，留子倾倒于明月桂影之下，且有所商。”余以老母在舟，缘江楚多梗，率健儿百余护行，皆住河干，瞿瞿欲返。甫黄昏而炮械震耳，击炮声如在余舟旁。亟星驰回，则中贵争持河道，与我兵斗，解之始去。自此余不复登岸。越旦，则姬淡妆至，求谒吾母太恭人。见后，仍坚订过其家。乃是晚舟仍中梗，乘月一往相见。卒然曰：“余此身脱樊笼，欲择人事之。终身可托者，无出君右，适见太恭人，如覆春云，如饮甘露，真得所天。子毋辞。”余笑曰：“天下无此易易事。且严亲在兵火，我归，当弃妻子以殉。两过子，皆路梗中无聊闲步耳。子言突至，余甚讶。即果尔，亦塞耳坚谢，无徒误子。”复宛转云：“君倘不终弃，誓待君堂上昼锦旋。”余笑云：“若尔，当与子约。”惊喜申嘱，语絮絮不悉记。即席作八绝句付之。归历秋冬，奔驰万状。至壬午仲春，都门政府，言路诸公，恤劳人之劳，怜独子之苦，驰量移之耗，先报。余时正在毗陵，闻音如石去心，因便过吴门慰陈姬。盖残冬屡趣余，皆未及答。至则十日前复为窦霍门下客以势逼去。先，吴门有昵之者，集千人哗劫之。势家复为大言挟诈，又不惜数千金为贿。地方恐贻伊戚，劫出复纳入。余至，怅惘无极！然以急严亲患难，负一女子无憾也。

陈维崧《妇人集》云：

姑苏女子圆圆（冒褒注：“字畹芬。”），戾家女子也。色艺擅一时。如皋冒先生常言：“妇人以姿致为主，色次之。碌碌双鬟，难其选也。蕙心纨质，澹秀天然，生平所觏，则独有圆圆耳。”崇祯末年，戚畹武安侯劫置别室中，侯武人也，圆圆若有不自得者。（寅恪案：“武安侯”指田弘遇。盖汉武帝舅田蚡封武安侯。见《史记·一百零七》《汉书·五二·田蚡传》。此借用古典也。）

张潮《虞初新志·一一》陆次云《圆圆传》云：

圆圆，陈姓，玉峰歌妓也。声甲天下之声，色甲天下之色。崇祯癸未岁，总兵吴三桂慕其名，赍千金往聘之，已先为田畹所得，时圆圆以不得事吴怏怏也，而吴更甚。田畹者，怀宗妃之父也。年耄矣。圆圆度《流水高山》之曲以歌，畹每击节，不知其悼知音之希也。

钮琇《觚剩·燕觚·圆圆传》云：

明崇祯末，流氛日炽，秦豫之间关城失守，燕都震动，而大江以南，阻于天堑，民物晏如，方极声色之娱，吴门尤甚。有名妓陈圆圆者，容辞闲雅，额秀颐丰，有林下风致。年十八，隶籍梨园。每一登场，花明雪艳，独出冠时，观者魂断。维时田妃擅宠，两宫不协，烽火羽书，相望于道。宸居为之憔悴。外戚周嘉定伯（奎）以营葬归苏（参《明史·三百·周奎传》），将求色艺兼绝之女，由母后进之，以纾宵旰忧，且分西宫之宠。（寅恪案：“西宫”指田妃。）因出重资购圆圆，载之以北，纳于椒庭。一日侍后侧，上见之，问所从来。后对左右供御，鲜同里顺意者。兹女吴人，且娴昆伎，令侍栉盥耳。上制于田妃，复念国事，不甚顾。遂命遣还。故圆圆仍入周邸。

《吴诗集览·七·上·圆圆曲》后附马孝升之言曰：

嘉定伯已将圆圆进。未及召见，旋因出永巷宫人，贵妃遂窜名籍中，出付妃父田弘遇家，而吴（三桂）于田席上见之也。

寅恪案：冒襄于崇祯十五年壬午二月在常州得其父起宗量移之耗，始赴苏州，慰答陈圆圆。及抵吴门，则圆圆已于十日前为外戚门下客以势逼去。又辟疆于前一年，即崇祯十四年辛巳八月十五日在杭州得闻外戚豪家掠去赝鼎之陈圆圆。此两点甚可注意，盖取牧斋《献岁书怀二首》之二，第七、八两句"传语雕笼好鹦鹉，莫随啁哳羡群飞"，及《初学集·二十·上·东山诗集·三》列于《催妆词四首》后、《燕誉堂秋夕（七律）》前之《田国戚奉诏进香岱岳渡南海谒普陀还朝索诗为赠》一首，参合时日、地域、人事三者考之，始知其间实有未发之覆也。牧斋《赠田弘遇诗》云：

戚臣衔命报禖祥，玉节金函出尚方。天子竹宫亲望拜，贵妃椒室自焚香。鲸波偃作慈云色，蝗气销为瑞日光。岱岳山呼那得并，海潮音里祝吾皇。

《国榷·九八》云：

壬午崇祯十五年七月己巳朔癸未，皇贵妃田氏薨，辍朝三日。（寅恪案：癸未为十五日，但王誉昌《崇祯宫词》"粉瘦朱愁卧绮栊"一首吴理《注》云："七月十六日，妃嘱托外家兄弟，而殁。"差误一日，恐因吴理依据妃薨后，次日发表之文告所致耶？）妃父田弘遇，尝任千总，妻吴氏，倡也。养妃为女，能书，最机警。居承乾宫。丁丑旱，上斋宿武英殿半月，俄欲还宫，妃遣人辞曰："政妾诞日，不宜还也。"（参《崇祯宫词·下》“桑林终日望云霓”一首注。）庚辰辛巳间，太监曹化淳买江南歌姬数人，甚得嬖，累月不见妃。妃疏谏，上曰：“数月不见卿，学问大进。歌舞一事，祖宗朝皆有之，非自朕始也。”（寅恪案：孺木此节所记，可参《影梅庵忆语》中所述崇祯十四年中秋在杭州得闻假陈圆圆被劫北行事，及《觚剩·圆圆传》载“周后对崇祯帝之谓圆圆吴人，且娴昆伎”节。并《崇祯宫词》“宵旰殷忧且暂开”一首注等。）及薨，上悼恤有加。

牧斋《赠田弘遇诗》，乃敷衍酬应之作，在《初学集》中实居下品，可不录存。但吾人今日转借此诗，得以判决当时一重公案，亦殊不恶。依“禖祥”及“贵妃”之语，知弘遇此行虽称进香岱岳，然实兼为其女田贵妃往普陀礼拜观音，祈求子息繁衍，并祷疾病痊愈。世传普陀为观音居处，由来已久，兹不必深考。检《图书集成·历象汇编·岁功典·五四·夏季部汇考·江南志》“吴县”条：“六月十九日为观音成道，进香支硎。”故弘遇于崇祯十四年六月十九日进香完毕后，由普陀还京复命。其向牧斋索诗之时，当在七月间，因此诗列于六月七日，即钱、柳茸城结缡诗之后，已过七夕不久所赋之《燕誉堂秋夕诗》之前故也。今此可笑可厌之诗，其作成时间既可约略推定，则发生一疑问，即牧斋是时热中进取，交结戚畹，似无足怪。但弘遇为武人，应不解牧斋文章之佳妙，何以忽向之求诗？殆借此风雅之举，因便与牧斋有所商询。

《列朝诗集·闰·四·杨宛小传》云：

杨宛，字宛叔，金陵名妓也。能诗，有丽句，善草书。归茗上茅止生。止生重其才，以殊礼遇之。宛多外遇，心叛止生。止生以豪杰自命，知之而弗禁也。（寅恪案：此点与牧斋之待河东君者相同。岂牧斋亦自命为豪杰耶？一笑！又止生之目宛叔为“内子”，与牧斋亦相同。见下引朱竹垞所记。）止生殁，国戚田弘遇奉诏进香普陀，还京，道白门，谋取宛而篡其资。宛欲背茅氏他适，以为国戚可假道也。尽橐装奔焉。戚以老婢子畜之，俾教其幼女。戚死，复谋奔刘东平。（寅恪案：“刘东平”指刘泽清。）将行而城陷，乃为丐妇装，间行还金陵，盗杀之于野。宛与草衣道人为女兄弟，道人屡规切之，宛不能从。道人皎洁如青莲花，亭亭出尘，而宛叔终堕落淤泥，为人所姗笑，不亦伤乎？（寅恪案：此条下所选宛叔诗有《即事二首寄修微》一题。同书同卷所选草衣道人王微诗有《近秋怀宛叔》《冬夜怀宛叔》《怀宛叔》《过宛叔梦阁》《梦宛叔》等题，可证牧斋“宛与道人为女兄弟，道人屡规切之”之语为不虚矣。）

《明诗综·九八·杨宛小传》下附《（静志居）诗话》略云：

（茅）止生得宛叔，深赏其诗，序必称“内子”。既以谴荷戈，则自诩有诗人以为戍妇。兼有句云：“家传傲骨为迂叟，帝赉词人作细君。”可云爱惜之至。其行楷特工，能于瘦硬中逞姿媚，洵逸品也。

《列朝诗集·闰·四·草衣道人王微小传》略云：

微，字修微，广陵人。七岁失父，流落北里。长而才情殊众，扁舟载书往来吴会间，所与游皆胜流名士。已而忽有警悟，皈心禅悦。布袍竹杖，游历江楚。归而造生圹于武林，自号草衣道人，有终焉之志。偶过吴门，为俗子所嬲，乃归于华亭颍川君。（寅恪案：“颍川君”指许誉卿。）颍川在谏垣，当政乱国危之日，多所建白，抗节罢免，修微有助焉。乱后，相依兵刃间，间关播迁，誓死相殉。居三载而卒。颍川君哭之恸。君子曰："修微，青莲亭亭，自拔淤泥；昆冈白璧，不罹劫火。斯可谓全归，幸也。"修微《樾馆诗》数卷，自为叙曰："生非丈夫，不能扫除天下，犹事一室，参诵之余，一言一咏，或散怀花雨，或笺志山水，喟然而兴，寄意而止，妄谓世间春之在草，秋之在叶，点缀生成，无非诗也。诗如是可言乎？不可言乎？"

《明诗综·九八·王微小传》云：

微，字修微，扬州妓。皈心禅悦，自号草衣道人。初归归安茅元仪，晚归华亭许誉卿，皆不终。

张岱《石匮书后集·戚畹世家门》"田弘遇"条云：

田弘遇，广陵人，毅宗田贵妃兄也。（寅恪案：张氏作"兄"而不作"父"，恐是传闻之误。）封都督。妃有宠，弘遇窃弄威权，京城侧目。南海进香，携带千人，东南骚动。闻有殊色，不论娼妓，必百计致之。遣礼下聘，必以蟒玉珠冠，啖以姬侍。入门三四日，即贬入媵婢，鞭笞交下。进香复命，歌儿舞女数百人，礼币方物，载满数百余艘。路中凡遇货船客载，卤掠一空。地方有司不敢诘问。崇祯十五年田妃死，宠遇稍衰。又以弱妹送入宫闱，以备行幸。甲申国变，不知所终。

《枣林杂俎和集·丛赘》"田弘遇"条云：

弘遇挟势黩横，朝贵造请，权出嘉定周氏上。辛巳来江南，过金陵，收子女珍异亡算。故太学吴兴茅元仪妾杨宛，本吴娼也。善琴书。弘遇至茅氏，求出见，即胁以归。壬午道临清，几陷敌，潜免。八月贵妃薨，稍敛戢。明年奏进其少女，年十四，有殊色。从杨宛学琴，曲不再授。先帝纳之，数日不朝。

王士祯《池北偶谈·一一》"张文峙"条（参金匮山房本

《有学集·三二·明士张君文峙墓志铭》）云：

张可仕，字文寺，更字文峙，字紫淀。楚人，家金陵。能诗，与归安茅元仪善。茅死，有姬杨宛，以才色称。戚畹田弘遇欲得之，以千金寿文寺，求喻意。文寺绝弗与通。

据此，田弘遇实于崇祯十四年辛巳秋间，由普陀进香复命过南京时，取杨宛叔以归。弘遇之待宛叔，可与张陶庵所记相印证也。揆以钱、茅交谊之笃挚，牧斋必不至如郦况之卖交，而为张紫淀之所不为者。但受之当时号称“风流教主”，尤在与河东君发生关系之后，韵事佳话，流传远近，弘遇固非文士，若无专家顾问，则无以品题才艺之名姝。牧斋之被田弘遇访问，或即在此际。盖此际宫中周后、袁妃皆与田妃竞宠。田以解音乐，工书画，容色之外，加以艺能，非周、袁所可及。此点姑不广引，即观吴骏公《永和宫词》（见《梅村家藏稿·三》）云：

雅步纤腰初召入，钿合金钗定情日。丰容盛鬋固无双，蹴踘弹棋复第一。上林花鸟写生绡，禁本钟王点素毫。杨柳风微春试马，梧桐露冷暮吹箫。

及王誉昌著、吴理注《崇祯宫词》有关田妃诸条，可以证知。惟是时田妃已久病，其父自应求一色艺兼备之替人，以永久维持其家族之恩宠。弘遇当时或者询求牧斋以江左名姝中孰为最合条件者。恐田先举宛叔询钱，非由牧斋之推荐也。

又据冒辟疆于崇祯十四年中秋日在杭州得闻假陈圆圆被劫一事言之，则田弘遇此次名为往南海普陀进香，实则在江南采进佳丽，亦可称天宝中之花鸟使。更由是推论，田弘遇本人于崇祯十四年自身在江南访求佳丽外，次年亦可遣其门客代任此事。田弘遇既有此种举动，周后之父周奎，亦应有类似行为。钮玉樵所记谓崇祯十五年春陈畹芬之被劫，出于周奎，与陈其年、陆次云所言田弘遇十五年春使人夺取圆圆北行者，有所不同。马孝升作调停之说，谓周氏先夺畹芬，后又归田氏，月所实于田邸遇见畹芬也。（寅恪昔年尝见三桂叛清时招诱湖南清将手札，署名下钤一章，其文为“月所”二字。初视之，颇不能解，后始悟“所”字本义为“伐木声”。见《说文解字·斤部》。旧说谓月中斫桂者为吴刚。见《酉阳杂俎·天咫类》。故三桂之称“月所”与其姓名相关应。吴氏之以“月所”为称，不知始于何时。若早有之，则可谓后来杀明永历帝即桂王之预兆。若桂王被害以后，更用此章，是以“斫桂”自许，狠毒无耻，莫以复加，当亦洪亨九之所不为者也。《清史稿·四百八十·吴三桂传》云：“字长伯。”“月所”之称，世所罕知，因附记于此，以供参考。）其说自亦可通。鄙意此重公案，个性之真实，即崇祯十五年春在苏州劫陈圆圆者，为周奎抑或田弘遇之门客，虽难考定，然通性之真实，即当日外戚于崇祯十四五年间，俱在江南访求佳丽，强夺豪取，而吴会之名姝罹此浩劫者，应不止宛叔、畹芬一二人而已。然则牧斋“传语雕笼好鹦鹉，莫随啁哳羡群飞”之语，盖有不胜感幸之意存于其间。今日读此诗之人，能通解其旨者，恐不多矣。

复检龚鼎孳《定山堂诗集·三·金阊行为辟疆赋》云：

共请故人陈夙昔，十年前作金阊客。朱颜锦瑟正当楼，妙舞清歌恒接席。是时江左犹清平，吴趋美人争知名。珊瑚为鞭紫骝马，嫣然一笑逢倾城。虎丘明月鸳鸯桨，经岁烟波独来往。茶香深夕玉纤纤，隋珠已入秦箫掌。窦霍骄奢势绝伦，雕笼翡翠可怜身。至今响屧廊前水，犹怨苎萝溪上春。

芝麓之诗又有“忆君四十是明朝”句，是此篇乃顺治七年庚寅所作。（参《影梅庵忆语》“客春三月欲长去盐官”条所述。“客春三月”指顺治七年三月也。）上溯十年之前，即崇祯十四年辛巳，正是杨宛叔及假陈畹芬为外戚豪家劫载北行之岁。次年春，真陈沅又被戚畹门客掠夺赴京。故龚芝麓及张陶庵所述崇祯十四五年间外戚侯家在江左访取佳丽事，可与牧斋《献岁书怀》诗相证，而龚诗“窦霍骄奢势绝伦，雕笼翡翠可怜身”乃钱诗“传语雕笼好鹦鹉，莫随啁哳羡群飞”之注脚也。

寅恪偶发见关于杨宛叔最有趣之资料，即杨龙友（文骢）《洵美堂诗集·四·杨宛叔四十寿（七律）》一首。兹参合其他材料略论之，以备一重公案。其诗云：

瑶岛神仙谪碧空，奇才屈作女英雄。文成五采争娲石，笔擅千秋夺卫风。曾把兵符生敌忾，尝持桴鼓佐军戎。蛾眉剑侠非闲气，闲气生成付令公。

寅恪案：此诗列于《寿眉公老师八十初度（七律）》前第四题。据前引眉公子梦莲所撰其父《年谱》，眉公八十为崇祯十年丁丑。是宛叔在眉公八十生日以前，其年约为四十。

《列朝诗集·丁·一三·下·茅待诏元仪小传》云：

止生好谭兵，通知古今用兵方略及九边阨塞要害。口陈手画，历历如指掌。东事急，慕古人毁家纾难，慨然欲以有为。高阳公督师，以书生辟幕僚，与策兵事，皆得要领。尝出塞相视红螺山，七日不火食，从者皆无人色，止生自如也。高阳谢事，止生亦罢归。先帝即位，经进《武备志》，且上言东西夷情、闽粤疆事及兵食富强大计。先帝命待诏翰林。寻又以人言罢。己巳之役，高阳再出视师，半夜一纸催出东便门，仅随二十四骑，止生腰刀匹马以从。四城既复，牒授副总兵，治舟师，略东江。旋以兵哗下狱，遣戍漳浦。东事益急，再请募死士勤王。权臣恶之，勒还不许。蚤夜呼愤，纵酒而卒。

夫宛叔之奔田国戚，在崇祯十四年辛巳，据龙友《寿宛叔四十》诗题，可知是时年过四十，宜乎田氏“以老婢子畜之”。孙承宗以大学士资格出镇山海，经略蓟辽，第一次在天启二年壬戌至五年乙丑。第二次在崇祯二年己巳至四年辛未。（见《明史·二百五十·孙承宗传》、《列朝诗集·丁·一一·少师孙文正公承宗小传》及《初学集·四七》上下两卷《孙公行状》。）止生之得罪遣戍漳浦，在孙氏第二次经略蓟辽之后，眉公八十生日之前。斯时间之约略可以推定者。龙友诗末二句，盖以宛叔比红拂，李靖比止生。或更疑以孙高阳比杨素，然宛叔非出自孙家，比拟不伦，或说未谛也。（见《太平广记·一九三·虬髯客传》。又可参《新唐书·宰相表·上》“贞观二年戊子”栏所载：“庚午刑部尚书李靖检校中书令。”及同书六七《李靖传》并《隋书·一八·杨素传》。）

又《初学集·一七·茅止生挽词（七绝）十首》，其四云：

千貔貅拥一书生，小袖云蓝结队行。鞍马少休歌舞歇，西玄青鸟恰相迎。（自注：“君有《西玄青鸟记》，记其妾陶楚生登真降乩之事。”）

其八云：

明月西园客散时，钱刀意气总堪悲。白头寂寞文君在，泪湿芙蓉制诔词。（自注：“钟山杨宛叔制《石民诔词》，甚工。”）

寅恪案：前一首“云蓝”二字，遵王无释。检萨天锡（都剌）《雁门集·一·洞房曲》云：

峭寒暗袭云蓝绮，鲛帐愔愔夜如水。

牧斋殆用此典。“西玄”之本事见遵王《注》，兹不备引。牧斋此诗可证止生崇祯二年出塞时，宛叔实曾随从也。后一首第二句遵王无释。实出《乐府诗集·四一·白头吟本辞》“男儿重意气，何用钱刀为”之语。第三句据《西京杂记·三》所云：

相如将聘茂陵人女为妾，卓文君作《白头吟》以自绝，相如乃止。

牧斋诗“白头”二字，自是指《白头吟》而言。盖止生卒于崇祯十三年庚辰，宛叔是时虽为年过四十之半老徐娘，但其发当尚未苍白。恐后人误会牧斋诗旨，故特辨之。又，《有学集·七·高会堂诗集·茸城惜别兼与霞老订看梅之约》诗“许掾来何暮，徐娘发未宣”一联，遵王《注》云：

陆德明《易·说卦》释文：“寡发如字，本又作宣，黑白杂为宣发。”

考此诗作于顺治十三年丙申（见《高会堂诗集》牧斋自序）。是岁河东君年三十九，与宛叔制《石民诔词》时，年岁约略相当，河东君发既未宣，则宛叔之发亦应如是，且古今明姝无不善于修饰，即使宣发，亦可染刷。此乃牧斋挽止生诗“白头文君”句，实指《白头吟》言之旁证也。第四句遵王《注》虽已引《西京杂记》，但只释“诔词”，而不及“芙蓉”。检《西京杂记·二》，此条复有“（文君）脸际常若芙蓉”之语，故牧斋诗“泪湿芙蓉”一辞，巧妙工切，遵王似未能知也。

又顾云美《河东君传》云：

崇祯庚辰冬，扁舟访宗伯，幅巾弓鞋，著男子服，口便给，神情潇洒，有林下风。宗伯大喜，谓“天下风流佳丽，独王修微、杨宛叔与君鼎足而三，何可使许霞城、茅止生专国士名姝之目。”

寅恪案：《世说新语·品藻类》云：

诸葛瑾弟亮及从弟诞并有盛名，各在一国。于时以为蜀得其龙，吴得其虎，魏得其狗。

然则当明之季年，江左风流佳丽，柳如是、王修微、杨宛叔三人，钱受之得其龙，许霞城得其虎，茅止生得其狗。王、杨终离去许、茅，而柳卒随钱以死。牧斋于此，殊足自豪，亦可使当日及后世为河东君作传者，不必如《列朝诗集》之曲笔为王、杨讳也。

抑更有可附论者，《有学集·一三·东涧诗集·下·病榻消寒杂咏四十六首》之三十七及三十八云：

夜静钟残换夕灰，冬缸秋帐替君哀。汉宫玉釜香犹在，吴殿金钗葬几回。旧曲风凄邀笛步，新愁月冷拂云堆。梦魂约略归巫峡，不奈琵琶马上催。（自注：“和老杜‘生长明妃’一首。”）秦淮池馆御沟通，长养妖娆香界中。十指琴心传漏月，千行佩响从翔风。柳矜青眼舒隋苑，桃惜红颜堕汉宫。垂老师师度湘水，缕衣檀板未为穷。（自注：“和刘平山‘师师垂老’绝句。”）

寅恪案：此两首列于《追忆庚辰冬半野堂文宴旧事》及《为河东君入道而作》诸诗后。和杜一首为董白作，和刘一首为陈沅作。牧斋所以如此排列者，不独因小宛、畹芬与河东君同为一时名姝，物以类聚，既赋有关河东君三诗之后，遂联想并及董、陈，亦由己身能如卢家之终始保有莫愁，老病垂死之时，聊借此自慰，且以河东君得免昆冈劫火为深幸也。至畹芬本末，梅村之《圆圆曲》实已详备。其他吴诗所未言及之事，如《小说月报》第六卷第十一号况夔笙（周颐）《陈圆圆事迹》所载等，恐多出世人傅会，不必悉为实录也。小宛之非董鄂妃，自不待言。（详见《小说月报》第六卷第九号及第十号孟心史（森）《董小宛考》及《明元清系通纪》《清初三大疑案·世祖出家事考实》。）当时所以有此传说者，恐因"顺治十七年八月壬寅（十九日）皇贵妃董鄂氏薨，辍朝五日。甲辰（廿一日）追封董鄂妃为皇后"及"是岁停秋谳，从后志也"等事（见《清史稿·五·世祖纪》及同书二百二十《后妃传孝献皇后栋鄂氏传》等），举国震惊，遂以讹传讹所致也。至董鄂妃之问题，亦明末清初辽东汉族满化史中一重公案，兹限于本文范围，故不具论。又《梅村家藏稿·二十·诗后集·题冒辟疆名姬董白小像八首》之八云：

江城细雨碧桃村，寒食东风杜宇魂。欲吊薛涛怜梦断，墓门深更阻侯门。

此绝后半十四字，深可玩味。盖"侯门"一辞，出《云溪友议·上》"襄阳杰"条，崔郊诗"侯门一入深如海，从此萧郎是路人"。然则小宛虽非董鄂妃，但亦是被北兵劫去。冒氏之称其病死，乃讳饰之言欤？此事数十年来考辨纷纭，于此不必多论，但就《影梅庵忆语》略云：

（顺治七年）三月之杪，久客卧雨，怀家正剧，晚霁龚（孝升）奉常、（杜）于皇、（吴）园次过慰，留饮。因限韵各作诗四首，不知何故，诗中咸有商音。三鼓别去，余甫着枕，便梦还家，举室皆见，独不见姬。急询荆人，不答。复遍觅之，但见荆人背余下泪。余梦中大呼曰："岂死耶？"一恸而醒。姬每春必抱病，余深疑虑。旋归，则姬固无恙。因闲述此相告，姬曰："甚异，前于是夜梦数人强余去，匿之幸脱。其人狺狺不休也。”讵知梦真而诗签咸来相告哉！

可知辟疆亦暗示小宛非真死，实被劫去也。观牧斋“吴殿金钗葬几回”之语，其意亦谓冒氏所记述顺治八年正月初二日小宛之死（见《影梅庵忆语》及《文艺月刊》第六卷第一期圣旦编《董小宛系年要录》等），乃其假死。清廷所发表顺治十七年八月十九日董鄂妃之死，即小宛之死。故云“葬几回”。否则钱诗辞旨不可通矣。

又辟疆“影梅庵”之名，不识始于何时？其命名之由，亦不易知。（拜鸳楼本《影梅庵忆语》略云：“余家及园亭，凡有隙地皆植梅。春来蚤夜出入，皆烂漫香雪中。姬于含蕊时，先相枝之横斜，与几上军持相受。或隔岁便芟剪得宜，至花放，恰采入供。使冷韵幽香恒霏微于曲房斗室。”又云：“姬最爱月，每以身随升沉为去住。”同书附录叶南雪（衍兰）《董君小传》云“性爱梅月，妆阁遍植寒香，月夜凭栏，恒至晓不寐”等条，可供参考。）惟姜白石《疏影》词云：

昭君不惯胡沙远，但暗忆江南江北。想佩环月下归来，化作此花幽独。

适与牧斋和杜老“生长明妃”一首不期冥会，亦奇矣哉！

复次，前第三章论河东君与宋辕文之关系节，引钱肇鳌《质直谈耳》述河东君为松江知府所驱，请辕文商决一事。其文云：

案置古琴一张，倭刀一口，问辕文曰：“为今之计，奈何？”辕文徐应之曰：“姑避其锋。”如是大怒曰：“他人为此言，无足怪。君不应尔。我与君自此绝矣。”持刀斫琴，七弦俱断。辕文骇愕出。

据钝夫所记及辟疆自述，则畹芬、小宛与辟疆之关系，亦同河东君之于辕文。辕文负河东君，辟疆复负陈、董。辕文为人自不足道，辟疆恐亦难逃畏首畏尾之诮。但陈、董、柳三人皆为一时名姝，陈、董被劫，柳则独免。人事环境，前后固不相似，而河东君特具刚烈性格，大异当时遭际艰危之诸风尘弱质如陈、董者，实有以致之。吾人今日读牧斋垂死时所赋关涉柳、陈、董之诗，并取冒、钱、宋对待爱情之态度以相比较，则此六人，其高下勇怯，可以了然矣。

复次，《痛史》第二十种附录《纪钱牧斋遗事》云：

先年郡绅某黄门尝纳其同年亡友妾，虽本校书，终伤友谊。绅称清流，竟无议之者，亦士大夫之耻也。

寅恪案："某黄门"疑指许誉卿。"其同年亡友"疑指申绍芳。《板桥杂记·中》云：

（下）玉京有妹曰敏，颀而白如玉肪，风情绰约，人见之，如立水晶屏也。亦善画兰鼓琴，对客为鼓一再行，即推琴敛手，面发赪。乞画兰，亦止写筱竹枝、兰草二三朵，不似玉京之纵横枝叶，淋漓墨沈也。然一以多见长，一以少为贵，各极其妙，识者并珍之。携来吴门，一时争艳，户外屦恒满。乃心厌市嚣，归申进士维久。维久，宰相孙，性豪举，好宾客，诗文名海内，海内贤豪多与之游。得敏，益自喜为闺中良友。亡何，维久病且殁，家中替。后嫁一贵官颍川氏，三年病死。

检《明史·二一八·申时行传》末云：

孙绍芳，进士，户部左侍郎。

同书二五八《许誉卿传》略云：

许誉卿，字公实，华亭人。万历四十四年（丙辰）进士，授金华推官。天启三年，征拜吏科给事中。赵南星、高攀龙被逐，誉卿偕同列论救，遂镌秩归。庄烈帝即位，起兵科给事中。薛国观讦誉卿及同官沈惟炳东林主盟，结党乱政，誉卿上疏自白，即日引去。（崇祯）七年，起故官，历工科都给事中。誉卿以资深，当擢京卿，（谢）升希、（温）体仁意，出之南京。先是福建布政使申绍芳欲得登莱巡抚，誉卿曾言之升，升遂疏攻誉卿，谓其营求北缺，不欲南迁，为把持朝政地，并及嘱绍芳事。体仁从中主之，誉卿遂削籍，绍芳逮问，遣戍。

《小腆纪传·五六·申绍芳传》云：

申绍芳，字维烈，长洲人。万历（四十四年）丙辰进士，由应天府教授升部郎。出为山东按察副使。累官户部右侍郎。弘光时，起原官。僧大悲之狱，词连绍芳及钱谦益，二人疏辨，获免。

然则霞城与维烈同为万历丙辰进士，公实历任诸科给事中，号为清流，且与绍芳交好。上引《列朝诗集·王微小传》中，牧斋目霞城为“颍川君”，故综合《痛史》《板桥杂记》《列朝诗集》《小腆纪传》推之，《痛史》所指“某黄门”，殊有为许誉卿之可能。因巩世人读《痛史》者，以“某黄门”为陈子龙，故辨之于此，以俟通人之教正。

《初学集·二十·上·留惠香》云：

舞衣歌扇且相随。（余句见前引。下三首类此。）

《代惠香答》云：

桃花自趁东流水。（寅恪案：倪璠注《庾子山集·四·咏画屏风二十四首》之九“流水桃花色，春洲杜若香”，牧斋句出此。）

《代惠香别》云：

春水桃花没定期。（寅恪案：倪注《庾集·五·对酒歌》

“春水望桃花，春洲籍芳杜”，牧斋句出此。）

《别惠香》云：

花信风来判去期。

《仲春十日自和合欢诗四首》，其一云：

绿波南浦事悠悠，天上人间尽断愁。却扇风光生帐底，回灯花月在床头。平翻银海填河汉，别筑珠宫馆女牛。试与鸱夷相比并，五湖今日是归舟。

其二云：

绮窗春柳覆鸳鸯，万线千丝总一香。应有光芒垂禁苑，定无攀折到垣墙。宫莺啼处为金屋，海燕栖来即玉堂。最是风流歌舞地，石城山色接吴昌。

其三云：

数峰江上是郎家，翰苑蓬山路岂赊。立马何人论共载，骖鸾有女喜同车。饭抄云母层层雪，笔架珊瑚段段霞。宿世散花天女是，可知天又遣司花。

其四云：

画屏屈戌绮窗深，兰气茶香重幄阴。流水解翻筵上曲，远山偏识赋家心。诗成刻烛论佳句，歌罢穿花度好音。休掷丹砂成狡狯，春宵容易比黄金。

《春游二首》，其一云：

踏青车马过清明，薄霭新烟逗午晴。日射夭桃含色重，风和弱柳著衣轻。春禽欲傍钗头语，芳草如当屐齿生。每向东山看障子，不知身在此中行。

其二云：

韶光是处著芳丛，軿辘香车辗镜中。拂水涧如围绣带，石城山作画屏风。柳因莺浅低迷绿，花为春深历乱红。璧月半轮无那好，碧桃树下小房栊。

寅恪案：以上六题共十首，其作成时间，当不尽依先后排列。鄙意《代惠香别》及《别惠香》两题，实作于《春游二首》之后，因其与《留惠香》及《代惠香答》两题俱为有关一人之诗，且同用一韵，以便利之故，遂并合四首为一组耳。所以有此揣测者，据《别惠香》诗之“花信风来判去期”及《春游二首》之一之“踏青车马过清明”等句，证以程大昌《演繁露》“花信风”条云：“三月花开时风名花信风。”及郑氏《近世中西史日表》崇祯十五年清明为三月六日。（郑《表》或有差误，但所差亦不过一二日也。）则知惠香之离常熟返苏州，实在十五年三月初六日以后，而《代惠香别》及《别惠香》两题，转列于《仲春十日自和合欢诗》以前，其非尽依作成时间先后排列，可以无疑也。

综合言之，此六题十首之诗，乃述已身于崇祯十五年初亲往苏州迎接河东君同返常熟。惠香亦伴柳钱至牧斋家，淹留浃月后，始独归苏州之一重公案也。

关于惠香一组诸诗，前已有所论证，兹不须多述。但于此特可注意者，即“舞衣歌扇且相随”之句，盖指惠香此次随伴河东君同来常熟也。

关于《仲春十日自和合欢诗四首》作成之时间及地点，略有可言者，即前二首作于初发苏州舟中，后二首成于抵常熟家内也。《东山酬和集》沈璧甫《序》云：“壬午元夕通讯虞山，酬和之诗已成集矣。”末署“崇祯十五年二月望日，吴门寓叟沈璜璧甫谨序。”可证崇祯十五年正月十五日以前，牧斋尚在常熟。此年二月十日《自和合欢诗》第一首末句有“五湖今日是归舟”

之语，则牧斋发苏州在二月十日。若其至苏迎河东君在正月下半月者，是留滞吴门，未免过久。故假定牧斋往苏亲迎河东君还家，实在二月朔以后、初十日以前，虽不中，亦不远矣。

第一首一、二两句“绿波南浦事悠悠，天上人间尽断愁”用江文通《别赋》“春草碧色，春水渌波，送君南浦，伤如之何”。意谓崇祯十四年冬间别河东君于苏州，独自返常熟，今则亲至苏迎之同归，离而复合，其喜悦之情，可以想见也。第二联“平翻银海填河汉，别筑珠宫馆女牛”，上句意谓今与河东君同返常熟，如天上阻隔牛女之河汉已填平，无复盈盈脉脉相望相思之苦矣。下句出处见刘本沛《虞书》所载“石城在县北五里，阖庐所置美人离宫也”及“扈城在县北五里，石城东。吴王游乐石城，又建离宫以扈跸，故名。”河东君固是“美人”，我闻室恐不足以当“离宫”，此所以更有绛云楼之建筑耶？

第二首一、二两句“绮窗春柳覆鸳鸯，万线千丝总一香”不甚易解。检《全唐诗》第一函太宗皇帝《咏桃》诗（原注：“一作董思恭诗。”）云：

禁苑春晖丽，花蹊绮树妆。缀条深浅色，点露参差光。向日分千笑，迎风共一香。如何仙岭侧，独秀隐遥芳。

前论惠香名字中，当有一“桃”字，其籍贯恐是嘉兴。若此两点俱不误，则牧斋此两句乃兼指惠香而言欤？第一联“应有光芒垂禁苑，定无攀折到垣墙”，上句出《太平广记·一九八》“白居易”条引《云溪友议》（参孟棨《本事诗·事感类》“白尚书姬人樊素善歌妓人小蛮善舞”条）其文云：

唐白居易有妓樊素善歌，小蛮善舞。尝为诗曰：“樱桃樊素口，杨柳小蛮腰。”年既高迈，而小蛮方丰艳，因为《杨柳词》

以托意曰："一树春风万万枝，嫩于金色软于丝。永丰坊里东南角，尽日无人属阿谁。"及宣宗朝，国乐唱是词，上问："谁词？永丰在何处？"左右具以对之，遂因东使命取永丰柳两枝，植于禁中。白感上知其名，且好尚风雅，又为诗一章。其末句云："定知此后天文里，柳宿光中添两星。"

前引史料知崇祯十三四五年间，内侍曹化淳、外戚田弘遇、周奎等，皆有在江南访求歌姬名伎之举，河东君当时之声誉，亦与陈、董不殊。十四年冬至十五年春，养疴苏州，外人宁有不闻之理？故其情势，汲汲可危。牧斋"应有"及"禁苑"之辞，非虚言也。至关于范摅以樊素、小蛮为二人，非是。但于此不必考辨。所可笑者，当牧斋赋诗用此典时，其心意中岂以"柳宿光中"之两星，一为河东君，一为惠香耶？下句意谓今已与河东君同返常熟家中，必无畹芬被劫之事。噫！牧斋此次至苏迎河东君还家，得免于难。斯为十年前河东君在松江时，所祈求于宋辕文而不可得之事。当崇祯十五年二月十日少伯五湖归舟之际，河东君心中，宜有不胜其感念者矣。此诗七、八两句"最是风流歌舞地，石城山色接吴昌"，意谓迎河东君由苏州至常熟也。牧斋用"石城""吴昌"之典，以西施比河东君，不仅此诗，即如《有美诗》之"输面一金钱"，《（癸未）元日杂题长句八首》之八"春日春人比若耶"及《禾髯遣饷醉李戏作二绝句》之一"语儿亭畔芳菲种，西子曾将疗捧心"等句，皆是例证。当时未发明摄影术，又无油画之像，故今日不敢妄有所评泊，鄙意河东君虽有"美人"之号，其美之程度，恐尚不及顾横波，然在牧斋观之，殆所谓"情人眼里出西施"者耶？

第三首第一句"数峰江上是郎家"用钱考功《省试湘灵鼓

瑟》诗“曲终人不见，江上数峰青”之句（见《全唐诗·第四函·钱起·三》及《云溪友议·中》“贤君鉴”条。）牧斋喜用钱氏故实，以示数典不忘祖之意。此点河东君似亦习知，观其依韵和牧斋《（庚寅）人日示内二首》之二，结语云“香灯绣阁春常好，不唱卿家缓缓吟”可证也（见《有学集·二·秋槐诗支集》）。第二句“翰苑蓬山路岂赊”辞涉夸大，然牧斋实足当之，故亦不必苛责。第七、第八两句“宿世散花天女是，可知天又遣司花”，意谓河东君本是“沾花丈室何曾染”之天女（见前引牧斋答河东君《访半野堂初赠诗》），今则为“皇鸟高飞与凤期”（见上引牧斋《代惠香答》诗），管领群芳之司花，如李易安在赵德甫家故事。而非后来作“当家老姥”之比（见《牧斋尺牍·上·与王贻上四通》之一）。读者幸勿误会。由是推论，此诗之作成当在二月十二日，即花朝日还家时也。

第四首第一句“画屏屈戍绮窗深”用梁简文帝“织成屏风金屈戍”及玉谿生“锁香金屈戍”（见《全梁诗·一·梁简文帝·一·乌栖曲四首》之四及李义山诗中《魏侯第东北楼堂郢叔言别聊用书所见成篇》）。盖与次句“茶香”之“香”有关，殆兼指惠香而言。第七、第八两句“休掷丹砂成狡狯，春宵容易比黄金”，用《神仙传》麻姑过蔡经家故事。自是谓惠香，不可移指河东君。麻姑之过蔡经家，乃暂过，且由王方平之邀请。“春宵”“千金”之语，意在惠香。牧斋赋此诗时之心理颇可笑也。

又，关于麻姑之物语，亦略有可论者。《太平广记·七·神仙·七》引葛洪《神仙传·王远传》（参今本《神仙传·二·王远传》）云：

麻姑欲见蔡经母及妇等，时经弟妇新产数日，姑见知之，曰："噫！且止勿前！"即求少许米来。得米，掷之堕地，谓以米祛其秽也。视其米，皆成丹砂。远笑曰："姑故年少也。吾老矣，不喜复作如此狡狯变化也。"

同书六十引《神仙传·麻姑传》（参今本《神仙传·七·麻姑传》）云：

姑欲见蔡经母及妇侄，时弟妇新产数十日，麻姑望见乃知之。曰："噫！且止勿前。"即求少许米，得米便撒之掷地。视其米，皆成真珠矣。方平笑曰："姑故年少，吾老矣，了不喜复作此狡狯变化也。"

夫掷米祛秽为道家禁咒之术，至今犹有之。米堕地变真珠，以真珠形色相似之故。至于变丹砂，则形似而色不似。颇疑《王远传》之作成，实先于《麻姑传》，《麻姑传》乃后人所修正者。殊不知真珠在道家其作用远不及丹砂。丹砂可变黄金，于道术之传播关系甚大也。此点兹不必多论，唯钱诗所以用丹砂而不用真珠者，盖因丹砂可炼黄金，牧斋当时欲以东坡"春宵一刻值千金"之句（见《东坡续集·二·春夜（七绝）》）挑逗惠香，故宁取《王远传》，而不用《麻姑传》欤？倘此揣测不误，则读受老之诗，而得其真解者，复有几人哉？关于《春游二首》之时间、地点、人事三者，颇有可论者。其时间据第一首第一句"踏青车马过清明"及第二首第七句"璧月半轮无那好"之语。（郑氏《近世中西史日表》崇祯十五年三月初六日清明。）则知牧斋此次春游当在三月初十日左右也。其地点据第二首"拂水涧如围绣带，石城山作画屏风"一联，则所游之处，必是牧斋之拂水山庄别墅。检《初学集·一二》崇祯十年丁丑在北京狱中所作《新阡八景诗》之《石城开幛》，并《山庄八景》中之"春流观瀑”“月堤烟柳”“酒楼花信”三题（见《初学集·一二·霖雨诗集》），颇可与《春游》二诗相证，故节录于下。

《石城开幛诗（并序）》云：

拂水岩之西，崖石削成，雉堞楼橹，形状备具，所谓“石城”也。列屏列幛，尊严耸起，阡之主山也。故曰“石城开嶂”。

（诗略。）

《春流观瀑诗（并序）》云：

山泉悬流自三沓石下垂，奔注山庄，汇为巨涧。今旋折为阡之界水，遇风捍勒，逆激而上，则所谓“拂水”也。

（诗略。）

《月堤烟柳诗（并序）》（此题诗并序前于论《有美诗》时已全引。兹以便于证释，故重录之）云：

墓之前有堤回抱，折如肉环，弯如弓月。士女络绎嬉游，如灯枝之走马。花柳蒙茸蔽亏，如张帏幕，人呼为“小苏堤”。

月堤人并大堤游，坠粉飘香不断头。最是桃花能烂熳，可怜杨柳正风流。歌莺队队勾何满，舞雁双双趁莫愁。帘阁琐窗应倦倚，红阑桥外月如钩。

《酒楼花信诗（并序）》云：

酒楼直山庄之东，平田逶迤，晴湖荡漾，北牖直拂水岩，寸人豆马，参错山椒。红妆翠袖，移动帘额。月堤酒楼，此吾山庄之胜与众共之者也。

花厌（入）高楼酒泛（上）卮，登楼共赋艳阳诗。人闲容易催花信，天上分明挂酒旗。中酒心情寒食候，看花伴侣好春时。

秾桃正倚新杨柳，横笛朱栏莫放吹。

寅恪案：《春游》第二首“拂水涧如围绣带，石城山作画屏风”乃《石城开幛》及《春流观瀑》二题之缩写。亦牧斋自诩其山庄之奇景，传播于亲知者。无怪周玉绳既游览此胜境，遂有“虞山正堪管领山林耳”之“题目”（见《初学集·二十·下·元日杂题长句八首》之六，诗及自注）。牧斋转因此怨怼阳羡，可谓狐埋狐搰矣。《春游》第一首“日射夭桃含色重，风和弱柳著衣轻”一联，初视之，亦是春游应有景物之描写。细思之，“桃”恐是指惠香，“柳”则指河东君。河东君虽在病中，然素有不畏寒之特性，此际清明已过，气候转暖，自可衣著轻薄也。前论《有美诗》，“画夺丹青妙”句，引汤漱玉《玉台画史》述河东君画《月堤烟柳》事，谓牧斋此《月堤烟柳》诗“最是桃花能烂熳，可怜杨柳正风流”乃河东君来归之预兆，并疑河东君爱此联，因绘作图。兹更引申推论之，即“桃花杨柳”一联，复是此次惠香伴河东君返常熟并偕牧斋春游之预兆。

又，《月堤烟柳》诗“红阑桥外月如钩”句，与《春游》诗第二首“璧月半轮无那好”句，亦可互相印证。盖符合《春游》诗第一首“踏青车马过清明”句之所言崇祯十五年三月初六日，即清明后不久，天上月轮形状也。《酒楼花信》诗“登楼共赋艳阳诗”句中共赋诗之人自与河东君有关。惠香是否能诗，亦难确言。但今未见河东君诗中有涉及“酒楼花信”之篇什，尚待详考。至“中酒心情寒食后，看花伴侣好春时”一联，上句与《春游》第一首“踏青车马过清明”句所指之时间正合。下句复是同诗“日射夭桃含色重，风和弱柳著衣轻”一联之注脚。然则“看花伴侣”“共赋艳阳诗”之人可以推知矣。故《酒楼花信》一首，亦与《月堤烟柳》一首，俱有后来修改之痕迹也。

自崇祯十五年壬午三月惠香离常熟返苏州后，河东君在牧斋家中继续卧病，至十六年癸未暮春始渐次痊复，是年中秋已愈大半，至初冬乃霍然病起矣。兹就牧斋诗中关涉此时期河东君之疾病者，移写于后，前已述者，则仅著其题目并最有关之诗句；其前所未及之篇什，则全录之，略加证释，以供论文者之参究。至若详悉稽考，则寅恪非治带下医学史之专家，故不敢多所妄言也。《初学集·二十·上·东山诗集·三·效欧阳詹玩月诗》云：

崇祯壬午八月望，我生六十一中秋。（中略。）倦婢鼾睡高，病妇频呻欹。（中略。）病妇梦回笑空床，笑我白痴中风狂。（下略。）

《驾鹅行闻潜山战胜而作》云：

老夫喜失两足蹩。惊呼病妇笑欲噎，垆头松醪酒新热。

《（崇祯十五）壬午除夕》云：

闲房病妇能忧国，却对辛盘叹羽书。

同书二十下《东山诗集·（崇祯十六年癸未）元日杂题长句八首》，其八云：

春日春人比若耶，偏将春病卸铅华。

《禾髯遣饷醉李内人开函知为徐园李也戏答二绝句》，其一云：

醉李根如仙李深，青房玉叶漫追寻。语儿亭畔芳菲种，西子曾将疗捧心。

其二云：

不待倾筐写盎盆，开笼一颗识徐园。新诗错比来禽帖，赢得妆台一笑论。

寅恪案："禾髯"者，即《初学集·八五·记〈清明上河图卷〉》文中之"嘉禾谭梁生"及此《醉李二绝句》前一题《虫诗十二章读嘉禾谭梁生〈雕虫赋〉而作》诗序中"禾髯进士谭埽"。又，此《虫诗》序末署"癸未三月十六日"。牧斋此二绝句后一题为《癸未四月吉水公总宪诣阙慨然书怀》诗，可知谭梁生以其所著《雕虫赋》请教于牧斋，或同时以徐园李相饷也。至关于徐园李事，兹略引载记，考释之于下。

李日华《紫桃轩杂缀·三》云：

今李脯佳者推嘉庆，吾郡不闻擅是。岂古昔地气不同耶？（寅恪案：《本草纲目·二九·果部》"李"条，引韦述《两京记》云："东都嘉庆坊有美李，人称为嘉庆子。久之，称谓既熟，不复知其所自矣。"可供参考。）余少时得尝徐园李实，甘脆异常，而核止半菽，无仁。园丁用石压其根使旁出而分植之。一树结实止三十余枚。视之稍不谨，即摇落成空株矣。以故实甚贵，非豪侈而极意于味者，未始得尝也。

《嘉兴府志·一五·古迹门·二》"徐长者园"条云：

园在嘉兴。长者宋人，学道术，年八十。治圃栽花，老于此。

同书三三《果类》"槜李"条云：

俗名潘园李，大如羌桃。至熟犹青，核最细，味极佳。春秋越败吴于槜李，在石门桐乡之间，遗种至今不绝（《乌青文献》）。

曹溶《静惕堂诗集·四三·槜李十首》，其一云：

净相僧坊起盛名，徐园旧价顿教轻。尝新一借潜夫齿，嚼出金钟玉磬声。

其三云：

滮水蟠根奕叶长，筵前冰齿得仙浆。上林嘉种休相借，验取夷光玉甲香。

其四云：

肤如熟柰能加脆，液较杨梅特去酸。江北江南无别品，倾城倾国借人看。

其十云：

微物何堪鼎鼐陈，公家宣索荐时新。年来无复街头卖，愁杀文园病渴人。

朱彝尊《曝书亭集·九·鸳鸯湖棹歌一百首》，其十八云：

徐园青李核何纤，未比僧庐味更甜。听说西施曾一掐，至今颗颗爪痕添。（原注："徐园李核小如豆，丝悬其中，僧庐谓净相寺，产槜李，每颗有西施爪痕。"）

李时珍《本草纲目·二九·果部》"李"条《集解》略云：

时珍曰：早则麦李御李，四月熟；迟则晚李，冬季十月、十一月熟；又有季春李，冬花春实也。

同书同条"核仁"略云：

令人好颜色（吴普）。治面鼾黑子（苏颂）。

同书同条《附方》引崔元亮《海上方》云：

女人面鼾，用李核仁去皮细研，以鸡子白和如稀饧，涂之。至旦，以浆水洗去，后涂胡粉。不过五六日，效。忌见风。

同书同条《附录》"徐李"云：

《别录》有名未用。曰："生太山之阴，树如李而小。其实青色，无核。熟则采食之，轻身益气延年。"时珍曰："此即无核李也。唐崔奉国家有之，乃异种也。谬言龙耳血堕地所生。”

吴其濬《植物名实图考·三二·果类》“李”条云：

《别录》下品。种类极多。《别录》有名未用。有徐李，李时珍以为即无核李云。

然则谭氏于崇祯十六年癸未所饷牧斋之徐园李，殆是李东璧所言季春熟，或四月熟之品种。牧斋既以西施比河东君。夫西施之病，在心痛，不在面黚。故吴普、苏颂、崔元亮诸家称列李实核仁之功效，自不必用于“乌个头发，白个肉”之河东君，转可移治“白个头发，乌个肉”或与王介甫同病之牧斋。由是言之，河东君应食李肉，牧斋应食李仁。但据旧籍，多夸诩其无仁，岂梁生之厚赠，专为此际之捧心美人，而没口居士（见金鹤冲《钱牧斋先生年谱》总述）却无福消受耶？

《初学集·八二·造大悲观世音像赞》云：

女弟子河东柳氏，名如是。以多病故，发愿舍财造大悲观世音菩萨一躯，长三尺六寸，四十余臂，相好庄严，具慈悯性。奉安于我闻室中。崇祯癸未中秋，大悲弟子谦益焚香合掌，跪唱赞曰：有善女人，青莲淤泥，示一切空。疾病盖缠，非鬼非食，壮而相攻。归命大士，造大悲像，瞻礼慈容。我观斯像，黄金涂饰，旃檀斫砻。犹如我身，四大和合，假借弥缝。云胡大悲，绀目遍照，地狱天宫。母陁罗臂，屈信爬搔，亿劫捞笼。而我一身，两目两臂，兀如裸虫。生老病死，八苦交煎，呼天告穷。以是因缘，发大誓愿，悲泪渍胸。因爱生病，因病忏悔，展转钩通。是爱是病，是大悲智，显调伏功。我闻之室，香华布地，宝炬昼红。楼阁涌现，千手千眼，鉴影重重。疾苦蠲除，是无是有，如杨柳风。稽首说赞，共发誓愿，木鱼鼓钟。劫劫生生，亲近供养，大慈镜中。

寅恪案：牧斋此文殊饶风趣，但颇欠严肃。足见其平生虽博涉内典，然实与真实信仰无关。初时不过用为文章之藻饰品，后来则借作政治活动之烟幕弹耳。文中嵌用河东君姓氏名号，若“杨”、若“柳”、若“爱”、若“影”、若“如”、若“是”等字甚多，亦可谓游戏之作品。今据此文，得知崇祯十六年癸未中秋前后，河东君之病已大半痊愈。故牧斋有此闲情，为河东君写此种文字。又可证知河东君自崇祯十四年夏由松江正式来归钱氏后，至十六年冬绛云楼未建成前，其所居之处，似不在我闻室。盖寝息之室，不应用作供奉此长三尺六寸之大士像。否则，乃亵黩神明之举，柳钱二人皆不出此也。但是时河东君所居之室，亦必距离供奉之处极近，借便尚未完全康复之病体，得以朝夕来往礼拜。顾云美称河东君“为人短小，结束俏利”，由是推想，当其虔诚祈祷、伏地和南之际，对兹高大庄严之像，正可互相反映，而与前此之现天女身，散花于净名居士之丈室者，其心理，其动作，其对象，大不同矣。

复次，钱曾《读书敏求记·三·摄生类》（参章钰补辑本三之下《子·摄生》）云：

《端必瓦成就同生要》一卷，《因得啰菩提手印道要》一卷，《大手印无字要》一卷。

此为庚申帝“演揲儿”法。张光弼《辇下曲》：“守内番僧日念吽（寅恪案：“吽”当作“吽”，非作“吽”。盖藏语音如是，中土传写讹误。昔亦未知，后习藏语。始得此字之正确形读也），御厨酒肉按时供。组铃扇鼓诸天乐，知在龙宫第几重。”描写掖庭秘戏，与是书所云长缓提称“吽”字以之为《大手印要》，殆可互相证明。凡偈颂文句，悉揣摩天竺古先生之话言，阅之不禁失笑来。其纸是捣麻所成，光润炫目。装潢乃元朝内府名手匠，今无有能之者，亦一奇物也。（寅恪案：此可参权衡《庚申外史》“癸巳至正十三年脱脱奏用哈麻为宣政院使”条。）

寅恪案：遵王所藏此种由天竺房中方术转译之书，当是从牧斋处得来。所附注语，应出牧斋之手，遵王未必若是淹博也。牧斋平生佛教著述中，有《楞严经蒙钞》之巨制。《楞严》为密宗经典，其《咒心》实是真梵文，唯前后诸品皆此土好事者采摭旧译，增饰而成。前于论《朝云诗》第四首“天魔似欲窥禅悦，乱散诸华丈室中”句时，已言及之。故牧斋虽著此书，原与其密宗之信仰无关。但牧斋好蓄异书，兼通元代故实，既藏有“演揲儿法”多种，其与河东君作“洞房清夜秋灯里，共简庄周说剑篇”之事，亦非绝不可能（见第一章引《秋夕燕誉堂话旧事有感》诗）。果尔，则牧斋“因爱生病”之语，殆有言外之意。此赞为游戏之文，尤可证明矣。

又，受之本身在崇祯十三年冬以前已多内宠，往往为人话病，载记流传，颇复不少，可信与否，殊不必征引，亦不必考辨。但间有涉及河东君者，亦姑附录一二条，而阙略其过于猥亵之字句，聊备谈助云尔。唯此等俱出自仇人怨家、文章爱憎者之口，故不敢认为真实也。王沄《辋川诗钞·四·虞山柳枝词十四首》之十一云：

阿难毁体便龙钟，大幻婆毗瞥地逢。何事阳秋书法异，览揆犹自继神宗。（自注：“钱注《楞严经》，不书当代年号甲子，称大元曰“蒙古”，自纪生于神宗显皇帝某年云。尝学容成术，自伤其体，遂不能御女。其称摩登，盖指姬云。”）

阮葵生《茶余客话》（参陈琰《艺苑丛话·九》“钱求媚药与柳周旋”条）云：

闻钱虞山既娶河东君之后，年力已衰。门下士有献房中术以媚之者，试之有验。钱骄语河东君曰：“少不如人，老当益□。”答曰：“□□□□，□□□□。”闻者嗤之。近李玉洲重华论诗，不喜钱派。有问者，辄曰：“‘□□□□，□□□□。’吾即以柳语评其诗可矣。”众皆胡卢失笑。

寅恪案：《楞严经》文笔佳妙，古今词人皆甚喜之。牧斋为此经作疏，固不足怪。王氏之说，未免牵强。至若吾山所记，则房帏戏谑之语，惟有天知神知，钱知柳知（参王先谦《后汉书集解·列传·四四·杨震传》。寅恪所以不从袁宏《后汉纪》作“地知”者，盖因牧斋《追忆庚辰冬半野堂文宴》诗有“看场神鬼坐人头”之句，用“神”字更较切合也。至《通鉴·四九》“汉安帝永初四年”纪此事，则杂糅范《书》袁《纪》成文。《通鉴》用袁《纪》“地”字之故，“天知地知”之语，遂世俗流行矣），非阮葵生、李重华辈所能知也。一笑！

《初学集·二十·下·东山诗集·四·灯下看内人插瓶花戏题四绝句》云：

水仙秋菊并幽姿，插向磁瓶三两枝。低亚小窗灯影畔，玉人病起薄寒时。

浅淡疏花向背深，插来重折自沉吟。剧怜素手端相处，人与花枝两不禁。

懒将没骨貌花丛，渲染繇来惜太工。会得远山浓淡思，数枝落墨胆瓶中。

几朵寒花意自闲，一枝丛杂已烂斑。凭君欲访瓶花谱，只在疏灯素壁间。

寅恪案：牧斋四诗雅而切，殆可谓赵德甫为易安居士写“帘卷西风，人比黄花瘦”图。此时河东君病起，牧斋心情快适，得以推知矣。考河东君适牧斋后，发病于崇祯十四年初冬，延至十六年初冬始告痊愈，凡历三年之岁月。故牧斋《绛云楼上梁诗八首》之四“三年一笑有前期，病起浑如乍嫁时”句下自注云：“泛舟诗云，‘安得三年成一笑’，君病起，恰三年矣。”及《癸未除夕》诗“三年病起扫愁眉，恰似如皋一笑时”（两诗全文俱见下引），其间轻重转变之历程，今日自不能悉知。要而言之，河东君之病有二：一为心病，一为身病。其心病则有如往来蔡经家麻姑之惠香疗治之矣，其医诊身病如游“贵妇人”之邯郸扁鹊，果为谁耶？

检孙原湘《天真阁集·二三·红豆庄玉杯歌（并序）》云：

> 江静萝明经（曾祁），予乙卯同年也。自言高祖处士某，工俞柎之术，陈确庵先生《集》中有传。处士曾为河东君疗疾，宗伯以玉杯为赠，上镌红豆山庄款识，属子孙世宝之。后为佗氏所得。静萝踪迹赎还。今夏值君六十寿辰，出以觞客，属余作歌纪之。

芙蓉花里开瑶席，象鼻筒深遍觞客。客辞酒酣力不胜，别出佳器容三升。捧出当筵光照彻，酒似丹砂杯似雪。满堂醉眼一时醒，得宝知从我闻室。绛云天姥卧玉床，神仙肘后悬神方。刀圭妙药驻年少，尚书捧杯向仙笑。水精不落鸳鸯杯，一钱不值付劫灰。此杯珍重如山垒，仙人玉山为你颓。何年羽化云雷渺，楚弓楚得何其巧。千金不易此一壶，祖宗口泽儿孙宝。斟君酒，为君歌。颂君玉颜常尔酡，安能眼如鱼目听鸣珂。杯中日月长复长，门前红豆花开香。

及杨钟羲《雪桥诗话余集·一》云：

常熟江湛源精医术，曾疗河东君疾。虞山宗伯以玉杯一为先生寿，子孙世守之。后失去垂三十年。嘉庆间，裔孙曾祁复得之，征诗纪事。翁文端（心存）为赋《红豆山庄玉杯歌》云："鲤鱼风起芙蓉里，欲落不落相思子。碧玉杯调九转丹，返魂香晕霞文紫。山庄红豆花开香，尚书风流寿正长。鸺鹠夜叫瑶姬病，骨出飞龙卧象床。此时倘绝尚书席，异日存孤仗谁力。判将三（？）宝谢神医，只为佳人难再得。仙人鸿术生春风，骨青髓绿颜桃红。一服刀圭能驻景，秘方钞得自龙宫。尚书捧杯听然笑，当筵愿比琼瑶报。洞见胸中症瘕来，杯唇湛湛兰英照。绛云转瞬劫飞灰，不及玲珑玉一杯。二百余年明月影，曾经羽化却归来。杯中春色长不老，红豆山庄满秋草。"

寅恪案：今陈瑚遗文中未见江静萝所称其工医先人之传。但确庵著述留存颇少，此传或已散佚矣。翁邃庵诗亦殊不恶，以其与孙子潇诗为同咏一物之作品，故并录之。

复检光绪修《常昭合志稿·三二·医家类·江德章传》云：

江德章，字湛源。其先自浙来虞，德章善医，以术行何市。病者或不与值，虽诊视数十次无吝色。市多盗，独相戒勿入江先生宅。文虎，其元孙也。

同书三十《文学类·江文虎传》略云：

江文虎，字思骏，号颐堂，何市人。父朝，字侪岳，好施与负气。子曾祁，字静萝。副贡生，亦工文章。

然则医治河东君病之人，其一确是江德章。湛源后裔既有"红豆庄玉杯"为物证，自可信也。至玉杯之器乃明代士大夫家多有。牧斋家藏玉杯，见于旧籍者亦不少，兹略录之，以供研究当日社会风俗者之参考。

《虞阳说苑·甲编·张汉儒疏稿》云：

一恶。钱谦益乘阉党崔呈秀心爱顾大章家羊脂白玉汉杯，著名“一捧雪”，价值千金。谦益谋取到手，又造金壶一把一齐馈送，求免追赃提问。通邑诽笑证。

寅恪案：白玉杯自可称“一捧雪”，如传奇戏剧中所述者。（参黄文旸《曲海总目提要·一九》李元玉撰“一捧雪”条。）汉儒盖以世俗所艳称之宝物，耸动权贵，借诬牧斋，其不可信，固不待论也。

董潮《东皋杂钞·三》（参《牧斋遗事》“顺治二年乙酉豫王兵渡江南”条）略云：

《柳南随笔》载（顺治二年）乙酉五月，豫王兵渡江，大学士王铎、礼部尚书钱谦益等以南京迎降。王引兵入城，诸臣咸致礼币，有至万金者，钱独致礼甚薄，盖表己之廉洁也。其所具柬，前细书“太子太保礼部尚书兼翰林院学士臣钱谦益百叩首谨启上贡计开，蟠龙玉杯一进。宋制玉杯一进（等）”。右启上贡。又署“顺治二年五月二十六日太子太保礼部尚书兼翰林学士臣钱谦益”。郡人张滉与豫王记室诸暨曾王佐善，因得见王铎以下送礼帖子，而纪之以归。

寅恪案：依上所述，既有人证，自当可信。但谓牧斋借此薄礼以表己之廉节，则殊不然。盖牧斋除精椠书籍外，实无其他珍品，而古籍又非多铎所能欣赏故也。

复次，前论惠香有为卞玉京之可能时，曾引吴梅村《过玉京道人墓诗传》，其中有“过浙江，归东中一诸侯。不得意。乞身下发，依良医保御氏于吴中。保御者，侯之宗人。筑别宫，资给之良厚”等语。良医保御氏即郑钦谕。《梅村家藏稿·五十·保御郑三山墓表》略云：

郑之先，始于司空公，为宋天圣间名臣。建炎南渡，武显大夫有扈跸功，赐田松陵。子孙习外家李氏带下医，遂以术著。君堂构于程朱之学，和缓之技，咸有师承，相传五百余载，为士族，为名家。君自少攻诗书，镞言行。其于医也，发挥精微，行之以诚心恻怛，名乃益起。千里之内，巨公贵游，辎軿接迹，书币交错于庭，君造请问遗无虚日。中厨日具十人之馔，高人胜流，明灯接席，评骘诗文书画为笑乐。君讳钦谕，三山其字，晚自号初晓道人。

可知郑三山以名医而兼名士，河东君以名姝而兼名士，牧斋则又是当日之巨公胜流，吴江常熟同隶苏州府，既在“千里之内”，其间自有往来。检《钱牧斋先生尺犊·二·致瞿稼轩》第九通云：

剧甚佳，不可不看。三山托相邀甚切，今日亦当一赴，以慰其意也。诗稿附去，即发下为妙。

及第十通云：

询知贵恙已霍然。未及面晤，为愧。犬子亦向安矣。

据“诗稿附去，即发下为妙”之语，知为崇祯十六年癸未冬稼轩为牧斋刊印《初学集》时事。又据“询知贵恙已霍然”及“犬子亦向安矣”等语，又足证此邀牧斋观剧之“三山”，即当日良医吴江郑钦谕无疑。郑氏何时来常熟，未能考悉。但崇祯十六年癸未冬间确在常熟。既为稼轩及孙爱诊病，而不言及河东君者，盖此际河东君病已痊愈，无烦郑氏诊视之故。然则河东君之病，岂是此五百载家传带下医之初晓道人所主治，而受玉杯报酬之江湛源不过为会诊者欤？又《玉京道人诗传》谓云装依三山于吴中，三山筑别馆厚资给之。《梅村诗话》又言顺治八年辛卯春玉京访梅村于娄东，共载横塘。此虽俱是明南都倾覆后之事。但可推知三山家亦在苏州。河东君于崇祯十四年冬留居苏州疗疾，至十五年春惠香伴送返常熟。此重公案，岂与五百载家传之带下医有关耶？均俟详考。

兹述河东君自崇祯十四年初冬阅时三年之病已讫，尚有入道一事，可附论于此，以求教当世读钱诗之君子。

顾云美《河东君传》略云：

（康熙二年）癸卯秋，下发入道。宗伯赋诗云，（详见下引。）明年五月二十四日，宗伯薨。

寅恪案：云美所记河东君入道在癸卯之秋，殊与牧斋原诗辞旨不合。今移录原诗，略加释证，非仅正顾氏之误，并见即与牧斋关系密切及对河东君极表同情之人，如云美者，其所纪述，尚有疏舛，何况他人耶？甚矣哉！考史读书之难也。

《有学集·一四·病榻消寒杂咏四十六首》有三诗为河东君而作，即第三十四首题作《追忆庚辰冬半野堂文宴旧事》，第三十五及三十六两首，题作《二首为河东君入道而作》。其第三十四首前已论释，不须更赘。第三十五及三十六两首，牧斋所以排列于第三十四首之后者，非仅因此两首俱属追述河东君之入道，实在崇祯十三年庚辰冬后一年，即十四年初冬卧病起，至十六年癸未初冬病愈止。凡历三年之时间故也。诗云：

一剪金刀绣佛前，裹将红泪洒诸天。三条裁制莲花服，数亩诛锄穲稏田。朝日妆铅眉正妩，高楼点粉额犹鲜。（顾苓《河东君传》引此诗“粉”作“黛”。）横陈嚼蜡君能晓，已过三冬枯木禅。

鹦鹉疏窗昼正长，又教双燕语雕梁。雨交澧浦何曾湿，风认巫山别有香。斫却银轮蟾寂寞，捣残玉杵兔凄凉。（寅恪案：此二句钱遵王《注》本作“初着染衣身体涩，乍抛稠发顶门凉”，顾云美《河东君传》所引亦同。恐是初稿如此。今诸本互异者，岂因语太质直，河东君见之不喜，牧斋遂加以修改耶？）萦烟飞絮三眠柳，扬尽春来未断肠。（寅恪案：遵王本“断”字下注“短”字，疑出牧斋之手，如上引《出庄八景·酒楼花信》诗之例，非遵王后加也。）

寅恪案：第三十五首结句“三冬枯木禅”之语，遵王已引《五灯会元》俗汉庵主“枯木倚寒岩，三冬无暖气”之言为释，甚是。但仅为古典，尚未尽牧斋诗句之今典。盖河东君起病于崇祯十四年初冬，至十六年初冬病起，共历三冬故也。至俗汉庵主“三冬”二字之意，乃通常世俗寒冬之谓。若以《汉书·列传·三五·东方朔传》王先谦《补注》及杨树达《窥管》等专家所言衡量之，则大可不必矣。前引河东君和牧斋《小至日京口舟中》诗“首比飞蓬鬓有霜”句，可证河东君卧病之时，牧斋既无元微之“自爱残妆晓镜中，环钗慢篸绿丝丛”及“闲读道书慵未起，水晶帘下看梳头”之乐（见《才调集·五·离思六首》之一及二），故不如“一剪金刀绣佛前”及“乍抛稠发顶门凉”借口入道较为得计。卞玉京归东中一诸侯，不得意，进其婢柔柔奉之，乞身下发（见前引《梅村家藏稿·十·过锦树林玉京道人墓诗传》及《梅村诗话》“女道士卞玉京”条），与河东君此时病中之事，颇相类似。至“又教双燕语雕梁”句及“雨交澧浦何曾湿，风认巫山别有香”一联，则“双燕”句用前释《癸未元日杂题长句八首》之八“晚帘双燕入卢家”句，所引刘方平诗“双燕入卢家”之语。“澧浦”句遵王已引《山海经·中山经》“洞庭之山，帝之二女居之”为释，俱是两女共嫁一夫之古典。“何曾湿”乃牧斋表明心迹，自谓与惠香实无关系之意，读之令人失笑。“别有香”句，标出惠香之名字，更与玉京进柔柔之事尤为相近。此等举措，固为当日名姝应付夫主之一公式也。

关于绛云楼事，前于第二章论河东君原名中必有一“云”字。本章论牧斋卖《两汉书》于谢三宾，并论女性之惠香，其名中必有一“桃”字，及河东君妹杨绛子事等节，已略言之。此点可参拙著《元白诗笺证稿·附论·乙·白乐天之思想行为与佛道教关系》一文中谓韩退之有二妾，一曰“绛桃”，一曰“柳枝”。然则绛云楼之命名，不仅专指河东君而言，更兼寓惠香之名。若所揣测不误，是牧斋野心极大，自比昌黎，欲储两阿娇于一金屋，亦甚可笑矣。牧斋所作《绛云楼诗八首》，除自注外，更有遵王注释。且诗中所用典故，多出陶宏景《真诰》，读者苟取隐居之书参证之，自能得其出处。故此等皆不须详引。兹仅就其特有趣之古典及当日之今典，略为疏通证明而已，实不须亦不必多论也。

《初学集·二十·下·东山诗集·四·绛云楼上梁以诗代文八首》，其一云：

负戴相将结隐初，高榆深柳惬吾庐。道人旧醒邯郸梦，居士新营履道居。百尺楼中偕卧起，三重阁上理琴书。与君无复论荣观，燕处超然意有余。

寅恪案：此诗第一联上句，自是用沈既济《枕中记》

（见《文苑英华·八三三·记·三七·寓言》，并参《太平广记·八二》引陈翰《异闻集》“吕翁”条及汤显祖《邯郸记》），人所习知。下句遵王引白乐天《池上篇序》为释，亦无待论。当牧斋赋此诗时，政敌之鹅笼公既死，帝城之陈子公颇多。谋求起用，不遗余力。卢生枕中之梦方酣，言不由衷，甚为可笑。但其《永兴寺看绿萼梅》诗有“道人未醒罗浮梦，正忆新妆萼绿华”之语，鄙意倘取“道人未醒罗浮梦”以易“道人旧醒邯郸梦”，则更切合当日情事。如此集句，钱、柳二人地下有知，应亦欣然赞许欤？

又，牧斋平生以宰相自许，崇祯元年阁讼问题，人所习知，可不必论。兹略取其在崇祯以前涉及卢生之梦者数条，以资谈助。

《牧斋外集·二五·南北记事题词》云：

（万历三十八年庚戌，）余初登第，谒见冢宰立山孙公（寅恪案：“立山孙公”指孙丕扬。但尚未知其有“立山”之称。检赵南星《味檗斋文集·一一·明吏部尚书赠太子太保孙清简公（鑨）墓志铭》云：“公字文中，号立峰。”亦曾为吏部尚书。岂牧斋混淆两孙之号，而“山”字又为“峰”字之误写耶？俟考），公谬以余为可教，执手训迪，以古名宰相相期许。

《列朝诗集·丁·一一·申少师时行小传》略云：

余为书生，好谈国政。登朝后，以词林后辈谒少师于里第。少师语次，从容谓曰：“阁臣委任重，责望深，每事措手不易。公他日当事，应自知之，方谓老夫之言不谬也。”

《初学集·八四·书邹忠介公贺府君墓碑后》（寅恪案：光绪修《丹阳县志·一九·贺学仁传》云：“贺学仁，字知忍。”）略云：

应山杨忠烈（涟）令常熟。官满，不能赁车马。公质贷为治装。杨公被急征，语所亲曰："江左更安得一贺知忍乎？"（天启元年）辛酉冬，余报命北上。公病亟矣，执手榻前，气息支缀，谆谆念主幼时危，国论参错，而以枝柱属余。

牧斋于万历三十八年二十九岁，天启元年四十岁，崇祯十六年绛云楼建筑时六十二岁。由是言之，"旧醒邯郸梦"之"旧"字固甚确切，但"醒"字，则全为虚语也。

复次，《有学集·三一·何君实（珩枝）墓志铭》略云：

余年二十，偕兄（指君实）读书破山寺，山门颓敝，护世四王架坏梁木为坐。余拉兄度涧穿岭，一日数过其前。兄梦四王语曰："公等幸勿频出，出则我等促数起立，殊仆仆也。"佣书人郭生妇病，祷城隍神，神凭而语曰："乞钱相公一幅名刺来，我贳汝。"郭生叩头乞哀，余笑而斥之。兄曰："安知不然？"代余书名刺，俾焚庙中，妇立起。余枚卜罢居，兄从容为余道之，且相慰曰："未止此也。"呜呼！兄殁而天崩地坼，兄作梦时垂六十年，而余固已老而惫矣。如兄之所云，岂所谓痴人前说梦耶？丧乱残生，天眼护佑，创残痛定，追寻前梦，未尝不身毛俱竖，申旦屏营，诚不敢忘天神之假灵于兄以诱我也。

《有学集·秋槐别集·丙申春就医秦淮寓丁家水阁浃两月临行作绝句三十首留别留题不复论次》，其第十首云：

梦我迢迢黄阁居，真成鼠穴梦乘车。宵来我梦师中乐，细柳营翻贝叶书。（自注："茂之书来，元旦梦余登拜。"）

寅恪案：牧斋言何君感梦时已身年二十，距铭墓时垂六十年。由是言之，则牧斋作此文诗，年已七十余矣。丁家河房绝句作于顺治十三年丙申，牧斋年七十五。考顺治十六年己亥牧斋年七十八，是岁郑成功率师入长江。于此前数年间，牧斋颇为奔走活动，故何君实墓志所述之预兆，虽觉可笑，然亦寓将任明室中兴宰辅之意。至记林茂之所梦诗，亦因牧斋屡向那子陈述己身之愿望，林氏遂受其暗示，而有此梦。然则此诗此文皆缘牧斋宰辅迷之所致，未可仅以稽神说鬼谈梦目之。又此文及诗均作于建筑绛云楼后数十余年，但邯郸之梦未醒，罗浮之梦仍酣，亦可见此老功名之念、儿女之情，至死不衰也。

关于绛云楼建筑及焚毁之时日，并其所在之处等问题，兹略考辨于后，以免读者之误会。

《绛云楼书目》附曹溶《题词》云：

虞山宗伯生神庙盛时。早岁科名，交游满天下。尽得刘子威（凤）、钱功父（允治）、杨五川（仪）、赵汝师（用贤）四家书，更不惜重资购古本，书贾奔赴捆载无虚日。用是所积充牣，几埒内府。视叶文庄（盛）、吴文定（宽）及西亭王孙（朱谋玮），或过之。中年，构拂水山房，凿壁为架，度其中。凡四方从游之士，不远千里，行縢修贽，乞其文刻系牲之石，为先世光荣者，络绎门外。自王弇州（世贞）、李大泌（维桢）以还，此事殆希见也。宗伯文价既高，多与清流往来，好延引后进，大为壬人嫉，一蹶不复起。晚岁浮沉南国，操委蛇术，容其身。所荐某某，大异平居所持论，物望为之顿减。入北未久，称疾告归。居红豆山庄，出所藏书重加缮治，区分类聚，栖绛云楼上，大椟七十有三。顾之自喜曰："我晚而贫，书则云富矣。"甫十余日，其幼女中夜与乳媪嬉楼上，剪烛灺落纸堆中。遂燧。宗伯楼下惊起，焰已涨天，不及救，仓皇出走。俄顷，楼与书俱尽。余闻骇甚，特过唁之。谓予曰："古书不存矣。尚有割成《明臣志传》数百本，俱厚四寸余，在楼外。我昔年志在国史，聚此。今已灰冷，子便可取去。”予心艳之，长者前未敢议值，则应曰：“诺诺。”别宗伯，急访叶圣野（寅恪案：同治修《苏州府志·八八·叶襄传》云：“叶襄，字圣野。”并可参《有学集·一七》宋玉叔《安雅堂集序》及同书抄九《叶圣野诗序》），托其转请。圣野以稍迟，越旬日，已为松陵潘氏（柽章）购去。叹息而已。今年从友人得其书目，手钞一过，见不列明人集，偏于琐碎杂说，收录无遗。方知云厚四寸者，即割文集为之，非虚语也。予以后进事宗伯，而宗伯绝款曲。（顺治三年）丙戌同居长安，（四年）丁亥、（五年）戊子同僦居吴苑。时时过余，每及一书，能言旧刻若何，新板若何，中间差别几何。验之，纤悉不爽。盖于书无不读，去他人徒好书束高阁者远甚。然大偏性，未为爱古人者，有二端：一所收必宋元板，不取近人所刻及抄本。虽苏子美（舜钦）、叶石林（梦得）、三沈（遘，辽，括）集等，以非旧刻，不入目录中；一好自矜啬，傲他氏以所不及。片纸不肯借出，尽存单行之本，烬后不复见于人间。余深以为戒。

寅恪案：《绛云楼上梁》诗后一题为《癸未除夕》，前隔一题为《灯下看内人插瓶花》，其第一首云“水仙秋菊并幽姿”，则绛云楼之建造在崇祯十六年冬季，可以无疑。

《有学集·一七·赖古堂文选序》云：

（顺治六年）己丑之春，余释南囚归里，尽发本朝藏书，裒辑史乘，得数百帙，选次古文，得六十余帙，州次部居，遗搜阙补，忘食废寝，穷岁月而告成。（七年）庚寅孟冬，不戒于火，为新宫三日之哭，知天之不假我以斯文也。

《铁琴铜剑楼藏书目录·八·史部·一·正史类》略云：

《宋史》四百九十六卷。（明刊本。）

是本旧为邑中钱氏藏书，卷首记云："岁庚寅四月朔日阅始。"其第一百七十九卷后，记云："十月初二夜，半野堂火。时方雷电交作，大雨倾盆，后（绛云）楼前（半野）堂片刻煨烬，乃异灾也。"绛云一炬，藏书无遗，此书方校阅，故幸而获留也。

又叶昌炽《藏书纪事诗·四》"钱谦益受之"条云：

（查慎行）《人海记》："钱蒙叟撰《明史》二百五十卷，辛卯九月晦甫毕。越后月，绛云楼火作，见朱人无数，出入烟焰中，只字不存。"昌炽案：绛云楼灾，在庚寅。查云辛卯，误也。

海虞瞿氏所藏《宋史》，有牧斋题字云："庚寅十月初二夜，半野堂火，片刻灰烬。"据此，则绛云楼下即半野堂所在矣。（寅恪案：半野堂在绛云楼之前。叶氏之语，颇令人误会。）

据此，绛云楼焚毁，在顺治七年庚寅十月初二夜，实无疑义。然则倦圃所谓"甫十余日，遂燬"，乃牧斋自夸其家益贫而书益富之言后甫十余日耳。若不如是解释，绛云楼自建成至被灾，共历七载，曹氏岂有不知之理乎？

又，黄宗羲《思旧录》"钱谦益"条云：

余数至常熟。初在拂水山庄，继在半野堂，绛云楼下。后公与其子孙贻同居，（寅恪案：牧斋子孙爱，字孺贻。《思旧录》称"孙贻"者，共有数处。梨洲殆有所牵混欤？）余即住于其家。拂水时，公言韩、欧乃文章之《六经》也。见其架上八家之文，以作法分类，如直序，如议论，如单序一事，如提纲，而列目亦不过十余门。绛云楼藏书，余所欲见者无不有。公约余为老年读书伴侣。任我太夫人菽水，无使分心。一夜，余将睡，公提灯至榻前，袖七金赠余曰："此内人（自注："即柳夫人。"）意也。"盖恐余之不来耳。是年十月绛云楼毁，是余之无读书缘也。

可知半野堂及绛云楼，皆在牧斋常熟城中住宅之内。详见金鹤冲《钱牧斋先生年谱》所附绛云楼图并说明，无待赘辨。但倦圃题词于绛云楼所在之地，颇与拂水山房（庄）及红豆山庄牵混不明，易致误会，故读秋岳之文者，不可不注意也。他如郑方坤《国朝名家诗钞小传》中《东涧诗钞小传》云：

筑室拂水之隈，建绛云楼其上。

所言之误，自不待言。又若《蘼芜纪闻》引俞蛟《齐东妄言》及何蚊《柳如是传》，俱混牧斋城内住宅与白茆港红豆山庄为一地，虽非指绛云楼而言，但亦同此误。其余后人吊古怀贤之篇什，诸多疏舛，则更无论矣。至绛云楼建筑形式如何，颇不易知。金氏《牧斋年谱》，虽绘有两层之绛云楼图，然不知何所依据。夫牧斋取《真诰》"绛云"之典以为楼名，其用《梁书·五一》及《南史·七六·陶弘景传》所云：

更筑三层楼，弘景处其上，弟子居其中，宾客至其下。

以成"三重阁上理琴书"之句，自无足异。（遵王《注》已引《南史》陶传之文为释。）但此乃古典，未必是今典，故亦难认为绛云楼实有三层也。揆以通常建筑形式，此楼既兼备藏贮图书及家庭居住，并接待宾客等用，则绝非狭小之构造，可以推知。

《牧斋遗事》云：

牧翁于虞山北麓构楼五楹，匾曰"绛云"，取《真诰》绛云仙姥下降，仙好楼居，以况柳、以媚柳也。牙签万轴，充牣其中。下置绣帏琼榻，相与日夕晤对。《钱集》中所云"争先石鼎联名句，薄暮银灯算劫棋"（寅恪案：应作"争先石鼎搜联句，薄怒银灯算劫棋。”“薄怒”之误为“薄暮”，盖涉“银灯”而讹也），盖纪实也。牧翁披吟之好，晚而益笃。图史校雠，惟河东君是职，临文或有探讨，柳辄上楼翻阅。虽缥缃盈栋，而某书某卷，随手抽拈，百不失一。或用事微讹，旋为辨正。牧翁悦其慧解，益加怜重。

《觚剩·三·吴觚·下》“河东君”条云：

柳归虞山宗伯，自为绛云仙姥下降，仙好楼居，乃枕峰依堞于半野堂后，构楼五楹，穷丹碧之丽，扁曰“绛云”。大江以南，藏书之家无富于钱。至是益购善本，加以汲古雕镌，舆致其上，牙签宝轴，参差充牣。其下黼帏琼寝，与柳日夕相对。所云“争先石鼎搜联句，薄怒银灯算劫棋”，盖纪实也。宗伯吟披之好，晚龄益笃，图史较雠，惟柳是问。每于画眉余暇，临文有所讨论，柳辄上楼翻阅，虽缥缃浮栋，而某书某卷，拈示尖纤，百不失一。或用事微有舛讹，随亦辨正。宗伯悦其慧解，益加怜重。

寅恪案：《牧斋遗事》言“下置绣帏琼榻，相与日夕晤对”，《觚剩》言“其下黼帏琼寝，与柳日夕相对”，则钱、柳之住室实在绛云楼下。可与曹秋岳“宗伯楼下惊起”之语相印证。鄙意书籍之贮藏，在常熟近海潮湿地域，自以楼上为宜。楼下纵有披阅之本，但大多数当必置于楼上无疑。牧斋“三重阁上理琴书”之句，“三重”之“三”，或不必拘泥，然“阁上”一辞，应可信也。至接待男性宾客之室，必在楼下，而不在“五楹”之内，疑是绛云楼下之厢房也。观绛云楼未焚以前，牧斋作品中如《牧斋外集·二五·跋偈庵诗册》末署：“庚寅正月，书于沁雪石下。”及《题为黄子羽书诗册》末署：“庚寅二月二十五日，蒙叟钱谦益书于绛云楼左厢之沁雪石下。”并黄梨洲《思旧录》“钱谦益”条（参《南雷文案·二·天一阁藏书记》）所云：“余数至常熟，初在拂水山庄，继在半野堂，绛云楼下。后公与其子孙贻（爱）同居，余即住于其家。”则知绛云楼下，别有厢房，供留宿宾客之用。至沁雪石者，原为元代赵松雪（孟頫）旧物。上引《有学集·二·秋槐诗支集》附河东君“洗罢新松看沁雪”句，及此诗后牧斋答陈开仲诗“沁雪摩挲新拜石”句（可参《有学集·一八·徐存永尺木集序》“坐绛云楼下，摩挲沁雪石”等语），即与此有关。此石本末见钱曾注牧斋“沁雪”句云：

沈石田《图琴川钱氏沁雪石诗序》：“吴兴赵文敏鸥波亭前有二石。一曰‘沁雪’，一曰‘垂云’。垂云流落云间，已不可考。沁雪在海虞县治中。钱允言氏购得之。白石翁为作图，系之以诗。石上勒‘沁雪’二字，是松雪翁八分书。”

徐复祚《花当阁丛谈（一作《石村老委谈》）·四》“沁雪石”条（可参《虞阳说苑·乙编·虞山杂记》“垂云沁雪二石”条）云：

沁雪石，原赵松雪家故物也。松雪宝二石，一名垂云，今在松江某大家。沁雪质纯黑，遇雨润，则白色隐起如雪，故名。不知何时乃入吾常熟县治后堂。（《虞山杂记》作“沁雪者，石质黑，而额上一方，雪着即消。今在环秀”。）会县尹某爱女病，命女巫治之。钱昌时掌邑赋，默嘱巫，令称石为祟。尹命牵出之，于是为钱氏物。

又谈迁《枣林杂俎义集·名胜》“沁雪石”条云：

赵子昂鸥波亭前有石二，曰“沁雪”，曰“垂云”。垂云流落云间，已不可考。沁雪石在常熟县署中，有镌字。或云，沁雪，子昂妾也。（寅恪案：若果如或说，则牧斋之求得此石，疑与河东君有关也。）钱侍御岱乘邑侯女疾，嗾巫言石为祟，出之，得归钱氏，在徐上舍处。

《柳南随笔·四》“沁雪石”条云：

沁雪石，赵松雪鸥波亭前物也。后入吾邑县治中，邑人钱昌以计出之。既而归于钱，置之绛云楼前。不久楼火，石亦烬。

前引汤漱玉《玉台画史·三》所载“黄媛介画扇署款”云：“甲申夏日书于东山阁。”此“东山阁”之名，是否皆令借以指绛云楼总体而言，借免“齐牢携绛云”之“齐牢”嫌疑。若作如是解释，则皆令住室，即是楼下之厢房。抑或“阁”字乃指楼上，盖皆令实住于楼上，与楼下钱、柳之寝室间隔稍远也。

靳荣藩《吴诗集览·一二·上·题鸳湖闺咏四首》，其二云：

休言金屋贮神仙，独掩罗裙泪泫然。栗里纵无归隐计，鹿门犹有卖文钱。女儿浦口堪同住，新妇矶头拟种田。夫婿长杨须执戟，不知世有杜樊川。

其三云：

绛云楼阁敞空虚，女伴相依共索居。学士每传青鸟使，萧娘同步紫鸾车。新词折柳还应就，旧事焚鱼总不如。记向马融谭汉史，江南沦落老尚书。

第三首末附评语云：

离隐之目，本自新样。“栗里纵无归隐计”，若砭其“隐”字，正是剔清“离”字也。故此首云“女伴相依共索居”，“索居”上有“相依”字、“共”字，亦奇。（寅恪于前第二章已引此题第二首两句并靳氏评语，兹为解释便利，故重录之。）

寅恪案：前于第二章论梅村此题第二首末句“不知世有杜樊川”乃谓钱牧斋，非指张天如。今更合此题第二、第三两首并读之，骏公诗意尤为明显。第三首“女伴相依共索居”句，亦是皆令暂居绛云楼时之实况，盖虽与女伴相依，而皆“索居”也。

又，《有学集·二·秋槐诗支集》河东君《依韵奉和牧斋人日示内二首》之二中有“洗罢新松看沁雪”之句，此题之后为《赠黄若芷大家四绝句》云：

节比青陵孝白华，斋心况复事毗耶。丹铅点染从游戏，只似诸天偶雨花。

旃檀云气涌香台，莲漏初残贝叶开。丈室扫除容宝座，散花天女故应来。

晕碧图黄谢物华，香灯禅板道人家。中庭只有寒梅树，邀得仙人萼绿华。

鸥波亭向绛云开，沁雪虚庭绝点埃。墨竹数枝香一缕，小窗留待仲姬来。（寅恪案：河东君此首之意，自是以管仲姬比媛介。但揆之牧斋所以求得沁雪石置于绛云楼前者，盖以己身比松雪，而以河东君比仲姬也。牧斋前此为筑绛云楼之故，不得已而卖赵松雪旧藏之《两汉书》于谢象三，致使其不能享有对美人读宝书之天福，遂无可奈何对美人玩奇石，聊用弥补旧日之遗憾欤？由是言之，此沁雪石者，在牧斋意中，本与河东君有关。在河东君诗中，则又借之以指媛介。然则此石亦是与惠香之名相同，可以概括合此条件之女性，不必限于某一人也。）

据钱遵王《注》本，此题下有一“附”字，与上一题《依韵奉和二首》下有一“附”字者，体例正同，可证此四绝句亦是河东君作品，非牧斋所赋也。黄若芷者，未审为何人，但既称之为

"大家"，则必是女教师，而非寻常妇人可知。第四首全部皆以赵孟頫夫人管道升为比，然则合此等条件之河东君女友，恐舍黄媛介外，别无他人。又"若芷"两字，皆与"香"字有关。前论牧斋于崇祯九年丙子，已有惠香阁之名，惟此金屋，盖所以留待将来之阿娇，而此阿娇不必为一确定之人，任何女性，苟有当牧斋之意者，即目之为惠香，亦无不可。若依此解释，论惠香之名时，曾引庾子山诗"流水桃花色，春洲杜若香"等句，今观"若芷"之称，更与杜牧之《春日言怀寄虢州李常侍十韵》诗"风畦芷若香"句（见《全唐诗·第八函·杜牧·二》）字字切合。是若芷固一惠香也。或谓《赠若芷诗》第一首第一句"节比青陵"之语，似与媛介身世未合，殊有可疑。但皆令于乱离之中，不被污染，纵遭嫌忌，亦能始终与其夫杨世功相守，当可借青陵台相比拟，不必过于拘泥。惟"天女散花"及"萼绿华"之典稍有语病，与王渔洋以秋娘比黄皆令，正复相似。此皆令之兄所以不喜其妹与河东君往来之故欤？复次，李渔《笠翁十种曲》中有《怜香伴》一种。《曲海总目提要·二一》谓此曲"凭空结撰，无所本"。鄙意《十种曲》中如《意中缘》之类，即指当时之事，《怜香伴》恐非全无所本。或者"怜"乃杨影怜之"怜"，"香"乃惠香或黄若芷之"香"，"伴"乃"女伴相依共索居"之"伴"。《怜香伴》曲中，崔云笺之"云"，与"阿云"之"云"有关。崔、曹二女立誓并嫁范生，及云笺托病愿退居，让曹语花为正室，与惠香在牧斋家中护视河东君之病事及牧斋《赠惠香诗》"并蒂双栖宿有期"句，亦颇相类。至云笺、语花赋诗定交，其题为《美人香》则"美人"本河东君别号，而"香"则是"惠香"之"香"也。由此言之，《怜香伴》与《意中缘》俱有所本，不过《怜香伴》隐讳特甚，撰《曲海提要》者，遂不能知其所指之实在人物耳。寅恪读梅村《题鸳湖闺咏》戏用彩笔体为赋一律，附录于此，以博通人之一粲。斯固心中尚存黑白之盲瞽应有事也。诗云：

载笔风尘未饱温，何妨招隐入朱门。红巾翠袖谁揩泪，碧海青天共断魂。炊剑乾坤珍白璧，担簦身世怕黄昏。怜香伴侣非耶是，留付他时细讨论。

抑更有可论者，《有学集·二十·赠黄皆令序》（此文前已引其一部分，兹为便利起见，故全录之）云：

绛云楼新成，吾家河东邀皆令至止。砚匣笔床，清琴柔翰。挹西山之翠微，坐东山之画障。丹铅粉绘，篇什流传。中吴闺闼，侈为盛事。南宗伯署中，闲园数亩，老梅盘拏，柰子花如雪屋。烽烟旁午，诀别仓皇。皆令拟河梁之作，河东抒云雨之章。（寅恪案：《梅村家藏稿·五八·梅村诗话》“黄媛介”条略云：“媛介后客于牧斋柳夫人绛云楼中。楼毁于火，牧斋亦牢落，尝为媛介诗序，有今昔之感。媛介和余诗（四首之四，末两句）曰，‘忆昔金闺曾比调，莫愁城外小江干。’”可与牧斋此文参阅也。又“云雨之章”之“云”当作“零”。检《文选·二十》孙子荆《征西官属送于陟阳候作诗一首》云：“晨风飘歧路，零雨被秋草。”及《宋书·六七·谢灵运传》略云：“史臣曰，子荆零雨之章，正长朔风之句。”牧斋之语，盖出于此。浅人不晓，习闻《高唐赋》“云雨”之辞，因而抄写讹误，遂致比拟不伦，殊可笑也。）分手前期，暂游小别，迄今数年矣。今年冬，余游湖上，皆令侨寓秦楼，见其新诗，骨格老苍，音节顿挫。云山一角，落笔清远，皆视昔有加，而其穷亦日甚。

湖上之人，有目无睹，蝇鸣之诗，鸦涂之字，互相题拂，于皆令莫或过而问焉。衣帔绽裂，儿女啼号，积雪拒门，炊烟冷突。古人赋《士不遇》，女亦有焉。吁！其悲矣！沧海横流，劫灰荡扫，留署古梅老柰，亦犹夫上林之卢橘，寝园之樱桃，斩刈为樵薪矣。绛云图书万轴，一夕煨烬，与西清东观、琅函玉轴俱往矣！红袖告行，紫台一去，过清风而留题，望江南而祖别。少陵堕曲江之泪，遗山续小娘之歌，世非无才女子，珠沉玉碎，践戎马而换牛羊，视皆令何如？皆令虽穷，清词丽句，点染残山剩水间，固未为不幸也。河东湖上诗："最是西泠寒食路，桃花得气美人中。"皆令苦相吟赏。今日西湖，追忆此语，岂非穷尘往劫？河东患难洗心，忏除月露，香灯禅版，净侣萧然。皆令盍归隐乎？当属赋诗招之。

吴应箕《留都见闻录·上·园亭门》云：

六部各有园，皆为之不及百年。礼、户二部俱在洪武门之左。礼部有敞亭可憩，户部有高楼可眺。亦引水为池，恨疏凿不得法耳。余亲见园中竹树时为堂官斫取。又众以传舍视之，不久废圮矣。

寅恪案：牧斋此序未能考定何时所作。但河东君《赠黄若芷》诗附于《庚寅人日》诗后，庚寅十月二日绛云楼焚毁，牧斋此文中已言及之。又序中有"香灯禅版"之语，与河东君《赠黄若芷》诗"香灯禅版道人家"之句，可相印证。然则序中之"今年冬，余游湖上"，乃指顺治七年庚寅之冬季欤？若果所揣测者不误，河东君《赠黄若芷》诗，亦即序中"当属（河东）赋诗以招之"之诗耶？至牧斋序文之佳妙，读者自能知之，不待多论也。吴次尾所记南京礼部园一条，与牧斋任职弘光朝之时间相距极近，故附录之，以资参证。兹尚有关涉绛云楼者数事，附论述之于下。

《牧斋尺牍·中·致瞿稼轩十四首》，其二云：

癸未诗一卷，乞付文华刻入。文部缺者，即日补上也。墨似未必真，如真，则不如新墨多矣。贱内辱太亲母宠招，理应趋赴，何敢自外。第恐太费华筵耳。容伸谢不一。

其六云：

小楼卜筑，重荷玉趾，但以輶亵为愧耳。看菊自当如约。

其十一云：

内人性颇涊濧，再三商榷，以为必待小楼成后，奉屈太母，然后可以赴召。其意确不可回，似亦一念恪慎，非有他意，只得听之也。更俟面谢，不尽。

其十二云：

和韵四首，风致婉丽。以巴人之唱，而辱阳春之和，吾滋愧矣。拙集已料理三卷，乞付文华，即当续补，以凑十卷之数，旧作似难再投也。

其十三略云：

华堂曲宴，大费郇厨，附谢不尽。泉酒领到，谢谢。

寅恪案：上所择录《牧斋尺牍》五通，皆为崇祯十六年癸未冬间建筑绛云楼及刊刻《初学集》时之作品。“太亲母”者，稼轩之夫人，孙爱妻之祖母也。前论顾云美本末时，引牧斋《先太淑人述》，已言及之矣。牧斋书中所言之墨及酒，疑俱稼轩赠与河东君者。盖牧斋不善书（见《牧斋有学集补遗·题丁菡生藏余尺牍小册》）而河东君善书。牧斋不善饮，而河东君善饮（见前论《采花酿酒歌》节）。稼轩之于牧斋，以老门生而兼太亲翁之资格，又为深能欣赏河东君之人，岂有不知“宝剑遗壮士，红粉赠佳人”之谚语，转以宝剑赠非壮士之牧斋耶？据此等琐事，更可证知稼轩在牧斋家庭中，乃河东君之党，而非陈夫人之党矣。至稼轩和韵四首，今检《瞿忠宣公集》，未见有适合此时间和牧斋四首之诗者，甚难确指其为何题。或者即和《绛云楼上梁诗八首》中之四首，与毛子晋所和诗，俱是同时之作品也。毛子晋《野外诗》载《登钱夫子绛云楼和韵八首》。前第一题为《题垂虹桥亭》，中有“秋风垂钓图”。前第二首为《仲木来居池上寄之》，中有句云：“记取湖滨乙酉年”。其后第二题为《丙戌春分病起》。初据此推计，似子晋和绛云楼诗作于顺治二年乙酉秋季以后、三年丙戌春分以前。此时明南都已倾覆，牧斋随例北迁，尚未还家。然子晋和绛云楼诗，不见有国亡家散、人去楼空之感，则此和诗疑是绛云楼初成时所作，后来因有忌讳，遂加修改，故排列次序亦不依初稿作成之先后耶？俟考。子晋诗不甚佳妙，故不录于此，读者取《毛集》参之可也。

又，《有学集·四四》有《愚楼对》一篇，牧斋借施氏之愚楼以夸其绛云楼，文字诙奇，可称佳作。兹节录于后，聊备绛云楼全部公案中之一事云尔。

其文略云：

愚山子治临江之公廨，撤故亭为愚楼。山阴徐伯调记其事于石。（寅恪案：“愚山子”即施闰章。事迹见《清史稿·四八九·文苑·一》本传等。徐伯调即徐缄，事迹见《浙江通志·一百八十·文苑·三》本传等。）余读而美其文，传示坐客。客有啐于旁者曰：“子之营绛云也，可谓夸矣。乌目再成，雀离交加。真檐翠微，斗栾丹霞。丛屋架栋，四部五车。如鷹窃脂，如雀啄花。剖苇负版，殚瘁厥家。祝融作难，焚如突如。绿字焦烂，丹书掀飞。珠尘玉膏，狼藉路衢。主人耄矣，诛茅烬余。蹷鼻枳足，骄虫之庐。过者窃笑，咸欲削绛云之扁，而谥之以愚。”言已，假寐呓语，有夫绛衣大冠，执而数之曰：“余绛云之守神也。用誓告汝：昔者金镜委光，珠囊不收。经典漫漶，俗学嘲哳。主人奋肰，钩河洛，披坟丘，穿地藏，罗天球。整齐经史，津涉姒周。宝书玉牒，旁摭曲蒐。神工百王，圣德千秋。浴堂沉沉，宣室悠悠。插牙签其如织，执丹书以告修。枝柱乎星纪之虚，岿然此楼也。云汉黯霮，墨穴晦冥。有光激射，上直帝廷。上帝曰咨，宿戒六丁，霞车日毂，载而上征。”东涧老人与客同梦，蹶然而起。灯明风肃，神告在耳。幸斯文之未丧，知皇览之不可以忽遗也。命笔书《愚楼对》，以复于愚山子。

《绛云楼上梁》诗第二首云：

丽谯如带抱檐楹，置岭标峰画不成。窜堵波呈双马角，招真治近一牛鸣。琴繁山应春弦响，月白香飘夜诵声。还似玉真清切地，云窗风户伴君行。

寅恪案：此首写绛云楼上所能望见之景物及楼中弦诵之声也。其他如“招真治”等，已详遵王《注》，无取多论。

第三首云：

曾楼新树绛云题（自注：“紫微夫人诗云，‘乘飙俦衾寝，齐牢携绛云。’故以‘绛云’名楼。”），禁扁何殊降紫泥。初日东南长自照，浮云西北任相齐。花深网户流莺睡，风稳雕梁乳燕栖。一曲洞箫吹引凤，人间唱断午时鸡。

第四首云：

三年一笑有前期，病起浑如乍嫁时。（自注：“《泛舟诗》

云，'安得三年成一笑。'君病起，恰三年矣。"）风月重窥新柳眼，海山未老旧花枝。争先石鼎搜联句，薄怒银灯算劫棋。见说秦楼夫妇好，乘龙骑凤也参差。

寅恪案：此两首最佳，而遵王无所解释，盖皆是河东君本事，特有意不作一字，殊可恨可笑也。第三首第一句标出命名之由，据第二句之意，书绛云楼扁之人，疑即是河东君。否则牧斋不致作此谀辞。前引翁瓶庐之言，谓河东君之书奇气满纸，想此楼匾亦复如是也。第三句用《陌上桑》之典，以河东君比罗敷，亦暗寓"美人"之号。第四句不仅自发牢骚，且用河东君"望断浮云西北楼"句之今典。第七句不仅用萧史之古典，亦兼用牧斋"鹤引遥空凤下楼"句之今典。第四首第三句用河东君"春前柳欲窥青眼"句及牧斋"曲中杨柳齐舒眼"句之今典。皆见前论《东山酬和集》有关诸诗，兹不复赘。

第五首云：

绛云楼阁榜齐牢，知有真妃降玉霄。匏爵因缘看墨会（自注："紫清真妃示杨君有'匏爵分味，墨会定名'之语。"），茗华名字记灵箫。（自注："真妃名郁嫔，字灵箫。并见《真诰》。"）珠林有鸟皆同命，碧树无花不后凋。携手双台揽人世（自注："'携手双台'亦《真诰》语。"），巫阳云气自昏朝。

第六首云：

燕寝凝香坐翠微，辰楼修曲启神扉。逍遥我欲为天老，恬淡君应似月妃。霞照牙箱双玉检，风吹纶絮五铢衣。夕阳楼外归心处，县鼓西山观落晖。（寅恪案："观"下牧斋自注一"去"字。盖内典"止观"之义。遵王《注》引《观经》，甚是。）

寅恪案：此两首多用《真诰》典故，牧斋自注及遵王《注》皆已详述。惟第五首第五句“同命”之语，竟成诗谶，可哀也已。

第七首云：

宝架牙签傍绮疏，仙人信是好楼居。风飘花露频开卷，月照香婴对校书。拂纸丹铅云母细，篝灯帘幕水精虚。昭容千载书楼在，结绮齐云总不如。

寅恪案：第四句乃是写实，而非泛语也。详见第五章论《列朝诗集》节所引《牧斋遗事》“柳夫人生一女”条。兹暂不涉及。但今天壤间不知是否实有河东君所校之书籍，尚待访问。据神州国光社影印《东涧写校李商隐诗集》三卷。其中除牧斋外，别有一人校写之手迹。取国光社影印《柳如是山水画册》河东君题字相比较，颇有类似之处。但以无确切不疑之河东君手迹可为标准，故未敢断定《东涧写校李集》中别一人之手笔出于河东君也。第七句之典见计有功《唐诗纪事·三》“上官昭容”条（参《全唐诗·第六函·吕温·二》）其文云：

正（贞）元十四年，崔仁亮于东都买得《研神记》一卷，有昭容列名书缝处。吕温感叹，因赋《上官昭容书楼歌》云：汉家婕妤唐昭容，工诗能赋千载同。自言才艺是天真，不服丈夫胜妇人。歌阑舞罢闲无事，纵恣优游弄文字。玉楼宝架中天居，缄奇秘异万卷余。水精编帙绿钿轴，云母捣纸黄金书。风飘花露清旭时，绮窗高褂红绡帷。香囊盛烟绣结络，翠羽拂案青琉璃。吟披啸卷纷无已，皎皎渊机破研理。词萦彩翰紫鸾回，思耿寥天碧云起。碧云起，心悠哉。境深转苦坐自催。金梯珠履声一断，瑶阶日夜生青苔。青苔秘仙关，曾比群玉山。神仙杳何许，遗逸满人间。君不见洛阳南市卖书肆，有人买得《研神记》。纸上香多蠹不成，昭容题处犹分明，令人惆怅难为情。

牧斋之用此典，盖有取于和叔“自言才艺是天真。不服丈夫胜妇人”之语，以其与河东君性格甚为切合故也。又河东君于崇祯十二三年游杭州时，曾寄寓汪然明横山别墅（见河东君《致汪然明尺牍》第一、第十八及第十九等通），后来牧斋于崇祯十四年春游黄山过杭州时，亦寓汪氏横山别墅。今《东山酬和集》及《初学集》载有《横山汪氏书楼（七律）》一首，前已论释，不须更赘。惟可注意者，即“书楼”二字，恐是牧斋因河东君曾寄寓其处，遂特加此二字以媲美于上官婉儿，非然明别墅原有书楼之目也。俟考。余可参第二章所引牧斋《观美人手迹戏题绝句七首》第六首自注及《有学集·四七·明媛诗纬题词》等。

第八首云：

驾月标霞面面新，玉箫吹彻凤楼春。绿窗云重浮香母，翠蜡风微守谷神。西第总成过眼梦，东山犹少画眉人。凭阑共指尘中笑，差跌何当更一尘。

寅恪案：第三联上句之“西第”，以梁冀比周延儒（见《后汉书·列传·五十·上·马融传》及同书《列传·二四·梁统传》附《梁冀传》）。盖此时玉绳已死矣。下句之“画眉人”，乃谓被画眉之人，以张敞夫人比河东君。牧斋心目中固无陈夫人，岂不知此语未免唐突谢安石之刘夫人耶？

柳如是别传

陈寅恪 著

线装书局

第五章　复明运动

此章所欲论证者，较前诸章尤为困难。盖关于河东君之行事，自以牧斋之著作为主要资料，但牧斋诗文于此期内，多所避忌，故往往缺略，不易稽考。《牧斋外集·二五·题为黄子羽书诗册》（寅恪案：黄子羽，名翼圣，太仓人。事迹见《有学集·三七·莲蕊居士传》）云：

余自甲申后，发誓不作诗文。间有应酬，都不削稿。戊子之秋，囚系白门，身为俘虏。闽人林叟茂之偻行相劳苦，执手慰存，继以涕泣。感叹之余，互有赠答。林叟为收拾残弃，楷书成册，题之曰《秋槐小稿》。盖取王右丞“落叶空宫”之句也。

斯则牧斋诡托之辞，非其实情也。至若同时诸人之记载，以门户恩怨之故，所言亦未可尽据以定是非。今就能见及之资料，互相参校，求一最可能之真实，然殊不敢自信也。兹先移录顾云美《河东君传》关于此期者于下：

乙酉五月之变，君劝宗伯死，宗伯谢不能。君奋身欲沉池水中，持之不得入。（寅恪案：《塔影园集·一·河东君传》“沉”作“投”。）其奋身池上也，长洲明经沈明抡馆宗伯寓中见之，而劝宗伯死，则宗伯以语兵科都给事中宝丰王之晋，之晋语余者也。（寅恪案：《塔影园集》“之晋”上有“给事”二字，似无此二字更佳。）是秋，宗伯北行，君留白下，宗伯寻谢病归。丁亥三月，捕宗伯亟，君挈一囊，从刀头剑铓中，牧围饘橐惟谨。事解，宗伯和苏子瞻御史台寄妻韵，赋诗以美之。（寅恪案：《塔影园集》“捕宗伯亟”作“宗伯有急征”，“和”作“次”，“妻”作“子由”。）至云“从行赴难有贤妻”，时封夫人陈氏尚无恙也。（寅恪案：钱曾《注》本《有学集·一·秋槐诗集·和东坡西台诗韵六首》之一及《牧斋遗事》本“从行”皆作“从行”。但涵芬楼本作“徒行”，《塔影园集》本作“徒步”。俱非。）宗伯选《列朝诗》，君为勘定《闺秀》一集。庚寅冬，绛云楼不戒于火，延及半野堂，向之图书玩好略尽矣。宗伯失职，眷怀故旧，山川间阻，君则“知子之来之，杂佩以赠之。知子之顺之，杂佩以问之。”有《鸡鸣》之风焉。（寅恪案：“闺秀”应作“香奁”。《塔影园集》“问之”作“报之”。误。）久之，不自得。生一女，既婚。癸卯秋，下发入道。（寅恪案：《塔影园集》无“生一女，既婚。癸卯秋”等八字。）宗伯赋诗云：“一剪金刀绣佛前，裹将红泪洒诸天。三条裁制莲花服，数亩诛锄穲稏田。朝日装铅眉正妩，高楼点黛额犹鲜。（寅恪案：钱曾注《有学集·一四》及涵芬楼本《有学集·一三·东涧诗集·下·病榻消寒杂咏》诗“黛”作“粉”。是。）横陈嚼蜡君能晓，已过三冬枯木禅。”“鹦鹉纱窗昼语长（寅恪案：钱曾《注》本及涵芬楼本《有学集》并《塔影园集》及《牧斋遗事》本，“纱”均作“疏”。较佳），又教双燕话雕梁。（寅恪案：钱曾《注》本《有学集》“话”亦作“话”，涵芬楼本及《牧斋遗事》本作“语”。恐非。）雨交沣浦何曾湿，风认巫山别有香。初著染衣身体涩，乍抛稠发顶门凉。（寅恪案：此二句各本均同，惟涵芬楼本异。余详前论。）萦烟飞絮三眠柳，飏尽春来未断肠。”（寅恪案：《塔影园集》此句下有

“时癸卯秋也”五字。）明年五月二十四日（寅恪案：《塔影园集》无“二十四日”等字），宗伯薨，族子钱曾等为君求金（寅恪案：《塔影园集》“子”作“孙”。其实遵王乃牧斋之族曾孙也。《牧斋遗事》作“族人”亦通。“为君求金”《牧斋遗事》同。《塔影园集》作“求金于君”。是），于六月二十八日自经死。（寅恪案：《塔影园集》无“于”字。《牧斋遗事》“于”作“以”，可通。“八”作“七”，误。）宗伯子曰孙爱及婿赵管为君讼冤，邑中士大夫谋为君治丧葬。（寅恪案：近影得沈阳市博物馆所收罗振玉旧藏《河东君初访半野堂小影》并云美《河东君传》此句“谋”作“课”，盖误。）宗伯门人顾苓曰：“呜呼！今而后宗伯语王黄门之言，为信而有征也。”宗伯讳谦益，字受之。学者称牧斋先生。晚年自号东涧遗老。甲辰七月七日书于真娘墓下。（寅恪案：《塔影园集》“赵管”作“赵某”，“黄门”作“给事”，“甲辰七月七日”作“甲申闰六月七日”。“申”自是“辰”字之误。“七月七日”或取陈鸿《长恨歌传》意，“闰六月七日”则取牧斋《前七夕合欢》诗意，皆可通也。“真娘”《塔影园集》作“贞娘”。至顾公燮《消夏闲记摘抄·下》“柳如是”条，有“甲辰七月七日东海徐宾为葬于贞娘墓下”等语，见前论“河东君崇祯十四年冬留苏州养疴”条，兹不赘。）

又，《虞阳说苑·甲编·牧斋遗事》附载顾云美《河东君传》。其文与《花笑庼》本及《塔影园》本颇有异同，且《传》后附《注》云“顾云美《河东君传》墨迹，文字与此略异。”前已述及，差异之处或是云美原稿，盖此传乃顾氏极意经营之作，必累加修改。故今日流传之本未能一致，亦事理所当然。兹因参考便利，并节录此段文字特异者于后，读者可取相参校也。其文云：

乙酉五月之变，君劝宗伯死，奋身自沉水中，侍儿持之不得入。（中略。）是秋，宗伯北行，寻谢病归。丁亥三月，捕宗伯甚急，时君病，力疾挈一囊，从刀铓箭簇中，饘橐牧圉，昼夜不舍。事解归，三十设帨，宗伯和坡公御史台寄妻韵以美之，至云："从行赴难有贤妻。"时封夫人陈氏尚无恙也。宗伯撰集《列朝诗》，君为勘定《闺秀》一册。戊子夏，宗伯复系白门，判年始归。庚寅冬，绛云不戒于火，延及半野堂，图书玩好，尽为煨烬。宗伯隐居芙蓉庄，抑郁无聊，日怀故旧，山川间阻。君则知子之来之，杂佩以赠之。知子之顺之，杂佩以问之。久之，不自得，生一女，既婚。癸卯秋，下发入道。（中略。）明年五月廿四日，宗伯薨，族人钱曾等为君求金，要挟蜂涌，以六月廿七日自经死。长子孙爱与所生女暨宗伯门下严熊为君讼冤，邑之士大夫王梦鼎、陈式等为君治丧葬。灵岩储和尚闻之曰："善哉！愧宗伯矣。"（寅恪案：严熊事迹见光绪修《常昭合志稿·二六·严惇传》附父《熊传》。王梦鼎事迹见同书二五《王梦鼒传》附兄《梦鼎传》。陈式事迹见程嗣立《水南先生遗集·五·陈式传》。灵岩储和尚即理洪储，事迹见《小腆纪传·五九·方外门南岳和尚退翁传》。）呜呼！宗伯讳谦益，字受之，学者称牧斋先生，亦称虞山先生云。吴郡顾苓撰。

云美此传于弘光元年乙酉之前，即崇祯十七年甲申一岁间有关牧斋事，皆从阙如，固文章体例使然。但今日考河东君本末者，其主要事迹则不应概从删削也。兹约略论述之于下。

《初学集》末附《甲申元日（七律）》云：

又记崇祯十七年，千官万国共朝天。偷儿假息潢池里，幸子魂销槃水前。天策纷纷忧帝醉（自注云："贼入长安。"），台阶两两见星联。衰残敢负苍生望，自理东山旧管弦。

寅恪案：《初学集》本迄于崇祯十六年癸未。既刻成之后，附补此诗于后者，其理由殆有三端。一因此集最后之十八，十九，及二十上、下共四卷，为《东山诗集》，遂以七、八两句结束之。前已论及。二因第四句、第六句谓政敌周玉绳已死，代其位者，舍我其谁？谢安石东山再起，正是此时。特赋此诗，所以表见意旨所在也。三因集名"东山"，实取义于河东君《半野堂初赠诗》"东山葱岭莫辞从"之句。顾云美《塔影园集·一·东涧遗老钱公别传》云：

崇祯庚辰辛巳间，延儒再召，疑忌未消，公乃寄情声伎，稍以自污。近陈平之妇人，开马融之绛帐。赵德甫校雠《金石》，不离易安之堂，苏子瞻不合时宜，独出朝云之口。

夫河东君尝为崇祯初年宰相周道登之妾，以谗谮被逐，几至杀身，乃其一生憾事。牧斋为当时之苏子瞻，不合时宜，未跻相位。虽世人习知，然河东君知之独稔。况又曾自称杨朝，字朝云，尤与东坡妾钱塘王朝云之故事相符合。由是言之，牧斋赋此一诗于《初学集·东山诗集》之末，盖所以慰塞河东君平生欲作裴柔之"兴庆首行千命妇"之愿望（见《才调集·五》及《元氏长庆集·二二·初除浙东妻有沮色因以四韵晓之（七律）》），且借以一快细君胸中恩仇之微意也。

又检顾公燮《消夏闲记选存》"钱牧斋"条略云：

乙酉，王师南下，钱率先投降。满拟入掌纶扉，不意授为礼侍。寻谢病归，诸生郊迎，讥之曰："老大人许久未晤，到底不觉老。”（原注：“‘觉’与‘阁’同音。”）钱默然。一日谓诸生曰：“老夫之领，学前朝，取其宽。袖依时样，取其便。或笑曰：‘可谓两朝领袖矣。’”

寅恪案：牧斋在明朝不得跻相位，降清复不得为“阁老”，虽称“两朝领袖”，终取笑于人，可哀也已。宽领狭袖之语，甚得其实。他记载或有误倒领袖之宽狭者，如《牧斋遗事》“牧斋游虎丘衣一小领大袖之服”条之类。盖由记者距离明末清初已远，懵于两朝衣服形式所致耳。顾公燮所记吴音“觉”与“阁”同读，殊有风趣。可参第四章论“乌个头发，白个肉”节。顾书所记钱、柳两事，俱保存原语，诚是有价值之史料也。

牧斋于崇祯十七年甲申元日，虽附补一诗于《初学集》之末，以微见其东山再起之可能性。但此后诸诗概从删削，故几无痕迹可寻。检《有学集·七·高会堂诗集·赠云间顾观生秀才》（寅恪案：钱曾《注》本此题“间”误作“开”，“秀”字下脱“才”字）诗并序云：

> 崇祯甲申，皖督贵阳公（寅恪案：钱《注》本此序“贵阳”均作“桂阳”）抗疏经画东南，请身任大江已北援剿军务，南参赞史公专理陪京兼制上游。特命余开府江浙，控扼海道。三方鼎立，连结策应，画疆分界（寅恪案：钱《注》本“界”作“间”），绰有成算。拜疏及国门，而三月十九之难作矣。（寅恪案：钱《注》本“十九”下有“日”字。）顾秀才观生实在贵阳幕下，与谋削稿。余游云间，许玠孚为余言，始知之。请与相见。扁舟将发，明灯相对，抚今追昔，慨然有作。读予诗者，当悯予孤生皓首，亦曾阑入局中，备残棋之一着，而贵阳宾主苦心筹国，楸枰已往。局

势宛然，亦将为之俯仰太息，无令泯没于斯世也。丙申阳月八日漏下三鼓，书于白龙潭之舟中。

东南建置画封疆，幕府推君借箸长。铃索空教传铁锁，泥丸谁与奠金汤。旌麾寂寞盈头雪，书记萧闲寸管霜。此夕明灯抚空局，朔风残漏两茫茫。

朱绪曾编《金陵诗征·四一》“顾在观”条云：

在观，字观生，华亭人。居金陵。晚号东篱子。

此条下注云：

观生为杨文骢所引，入马士英幕。尝言阮大铖不可用。士英不从。大铖欲起钩党之狱，观生复使士英子銮泣谏，赖以稍止。南都亡，归守二顷，复以逋赋，遂弃产遁。居金陵衡阳寺以终。

寅恪案：今取牧斋此诗并序就涵芬楼《有学集》本与钱遵王《注》本相校，《注》本虽有讹脱，然“贵阳”二字，三处皆作“桂阳”，必非传写偶误所致。盖“桂阳”实指马士英。牧斋殆因“桂”“贵”古通，遂改“贵阳”作“桂阳”，以讳饰其与瑶草之关系耶？观《有学集·三七·莲蕊居士传》中“乙酉之乱，桂阳相挟掖廷南奔”及“桂阳亦叹赏”等语，可为旁证。遵王在当日，自知其师之微意，故仍用“桂阳”，而不改作“贵阳”。金鹤冲撰《钱牧斋先生年谱》，于“崇祯十七年甲申”条亦作“桂阳”，固沿用遵王《注》本原文，但未加说明，恐尚不了解牧斋当日之苦心也。又顾云美《东涧遗老钱公别传》云：

鸣镝铜马，骚动中外。江南士民为桑土计者，欲叩阍援豫、楚例，请以公备御东南。上亦于甲申三月十一日赐环召公，而遇十九日之变。

寅恪案：钱曾《有学集诗注·四·绛云余烬集·哭稼轩留守

相公诗一百十韵用一千一百字（五言排律）》“甘陵录牒寝，元祐党碑镌”一联，牧斋自注云：

余与君以甲申三月初十日同日赐环，邸报遂失传。

即云美《传》语之所本。但云美作“十一日”，与牧斋自注相差一日。检《国榷·一百》“崇祯十七年甲申三月（十一日）己亥”有：

复罪废诸臣冠带。

之记载。云美“赐环”之语，与此有关。寅恪初未解牧斋自注，何以与顾谈不合之故。后又检《明实录·怀宗实录·一七》载：“三月己丑朔。”《明史·二四·庄烈帝本纪》载：“三月庚寅朔。”亦相差一日，始知牧斋自注，乃依《明实录》所根据之材料计算也。余可参夏燮《明通鉴·九十》“崇祯十七年三月庚寅”条下考异。至云美不著瑶草疏荐本末，岂欲为其师讳，而避免吕步舒之嫌疑耶？鄙意云美宅心忠厚，固极可嘉，殊不知牧斋此次之起废，由于瑶草之推荐，实为牧斋一生前后打成两橛之关键所在。若讳言此点，则于当日之情事，不可通解矣。检《明史·三百零八·奸臣传·马士英传》略云：

马士英，贵阳人，万历四十四年与怀宁阮大铖同中会试。又三年成进士，授南京户部主事。（崇祯）五年擢右佥都御史，巡抚宣府。坐遣戍，流寓南京。时大铖名挂逆案，失职久废，以避流贼至，与士英相结甚欢。大铖机敏猾贼，有才藻。颇招纳游侠，为谈兵说剑，觊以边才召。无锡顾杲，吴县杨廷枢，芜湖沈士柱，余姚黄宗羲，鄞县万泰等皆复社中名士，方聚讲南京，恶大铖甚，作留都防乱揭逐之。大铖惧，乃闭门谢客，独与士英深相结。周延儒内召，大铖辇金钱，要之维扬，求湔濯。延儒曰：

“吾此行谬为东林所推，子名在逆案，可乎？”大铖沉吟久之，曰：“瑶草何如？”瑶草，士英别字也。延儒许之。十五年六月，凤阳总督高斗光以失五城逮治。礼部侍郎王锡衮荐士英才，延儒从中主之，遂起兵部右侍郎兼右佥都御史，总督庐、凤等处军务。

据此，瑶草之起废由于圆海，而牧斋之起废又由于瑶草。瑶草既难不与圆海发生关系，牧斋自更不能不直接与瑶草，间接与圆海发生联系。世情人事，如铁锁连环，密相衔接，惟有恬淡勇敢之人，始能冲破解脱，未可以是希望于热中怯懦之牧斋也。苟明乎此，则牧斋既已是袁绍弦上之箭，岂能不作黄祖腹中之语乎？于是遂有云美《东涧遗老钱公别传》所谓“前此异同，藩棘一旦破除，非得已也”之语。噫！

《小腆纪年附考·八》“顺治元年甲申十月”条（可参《国榷·一百二》“崇祯十七年八月丙子贡生朱统钀诬奏姜曰广”，夏完淳《续幸存录·南都大略》中“钱谦益请用杨维垣”条及南沙三余氏《南明野史·上》“钱谦益心艳揆席”条等）：

丁巳（初三日），明钱谦益疏颂马士英功，雪逆案冤。谦益以定策异议自危，遂谄附马、阮以自解。士英欲起用蔡奕琛、杨维垣，恐物论不容，以谦益人望也，属荐之。谦益乃阿士英指，《疏》列四事，曰：“严内治，定庙算，振纪纲，惜人才”。其请定庙算也，有云：“先臣孙承宗言，以文统武，极是弊端。臣观三十年来，文臣出镇专征，鲜不覆败。其绰有成算，克奏肤功者，承宗之后，马士英一人耳。先帝以楚事付左良玉，而旧疆恢复；以闽事付郑芝龙，而岭海无虞。此专任武将之明效也。”其请惜人才也，“一曰资干济。今天下非才乏也，分门户，竞爱憎，修恩怨，即其胸中了然，如喑者之不能言，魇者之不能寐，有物以限之也。今人才当摧残剥落之秋，以真心爱惜，以公心搜访，庶可共济时艰。臣所知者，有英颖特达如蔡奕琛、冯元飏及某某者，谋国任事，急病攘夷之选也。有老成典型如唐世济、范凤翼、邹之麟及某某者，端委庙堂，疏秽镇浮之选也。有公望著闻者，词臣余煌、道臣陈洪谧之流也。有沦落可惜者，科臣陶宗道、杨兆升及某某之流也。二曰雪冤滞。钦定逆案诸臣，未免轩轾有心，上下在手。陛下既以赞导无据，拔阮大铖而用之矣。若虞廷陛、杨维垣、虞大复、吴孔嘉、周昌晋，乞下部详察录用，许其自新，亦涣群破党之一端也。”又云：“蔡奕琛曾以复社抗疏攻臣，臣心知其误，固已释然置之矣。天下多事，将伯助予。中流遇风，吴越相济。果有嫌隙，固当先国家之急而后私仇，况臣本无仇于奕琛乎？臣亲见门户诸臣，植党营私，断送社稷，断送君父，何忍复师其故智。且他日独不思见先帝于九原乎？逆案之贾继春、阮大铖者，皆慷慨魁垒男子也。”《疏》数千言，烦猥不尽录。大旨在颂马士英功，雪逆案诸臣冤。而奕琛见中有“魁垒男子”语，则不喜，扬言于朝曰：“我自宜录用，何借某之荐牍诮我？”闻者笑之。

臣鼒曰，特书何？罪谦益之无耻也。谦益谬附东林，以为名高，既以患得患失之心，为倒行逆施之举，势利熏心，廉耻道丧。盖自汉唐以来，文人之晚节莫盖，无如谦益之甚者。纯庙斥毁其书，谓不足齿于人类。盖以为有文无行者戒哉！

《国榷·一百零三》“崇祯十七年十月戊午（初四日）记南京协理詹事府礼部尚书钱谦益上言”条云：

谦益觊相位，日逢马、阮意游宴，闻者鄙之。

同书一百零四“弘光元年正月辛丑”条云：

南京吏部左侍郎蔡奕琛兼东阁大学士，直文渊阁。枚卜时，钱谦益、阮大铖、李沾等，各有奥援，而奕琛以诚意侯刘孔昭荐得之。大铖筑堡江上，闻之驰还，怒马士英，无及。

寅恪案：彝舟所引牧斋上《疏》原文较孺木为详，因全录之。至其痛诋牧斋之言，固是事实。但亦因清高宗欲毁灭牧斋文字，不使流传，徐氏著书时禁网已稍疏，然以特录钱氏原《疏》之故，仍不得不作自解之语，庶免违旨之嫌也。细绎牧斋此《疏》，措辞巧妙，内容固极可鄙，若就文章论，则殊令人欣赏不置。吾人今日读史，应注意其所言马士英、左良玉、郑芝龙一节，盖此三人乃当时之实力派。牧斋自崇祯晚年至清顺治末岁，约二十余年，前后欲依赖利用此三人以作政治活动，虽终无所成，然亦可借是窥见明清间政治军事关键之所在矣。孺木谓“谦益觊相位，日逢马、阮意游宴”，此数语最能道出牧斋及河东君心事。但河东君仅得为汧国夫人之李娃而终不得作河东郡君之裴淑，其故虽如《东涧遗老别传》所言“东林以国本为终始，而公与东林为终始”，然尚未穷溯其渊源，遂亦未尽通其本末也。

史惇《恸余杂记》“东林缘起”条云：

东林之局，始于神庙宠郑贵妃，有母爱子抱之意，而一二贤者，杯蛇弓影，形诸章奏，乃神庙不加严谴，望风者遂疑真有其事而竞起，欲因以为名高，且欲结知东宫，以为厚利。

寅恪案：少时读史见所述东林本末颇多，大抵与顾、史两氏之言无甚差异。故仅择录一二条，聊见梗概而已，不遑亦不必广征也。近岁偶检《明史》，始悟昔人所论，只从光宗与福王竞争皇位，即所谓“国本”开始，殊不足说明后来南都政局之演变，似有更上一层楼之必要，兹节录《明史》最有关之材料于下。

《明史·一一四·后妃传·孝定李太后传》略云：

孝定李太后，神宗生母也，漷县人，侍穆宗于裕邸。隆庆元年三月封贵妃。（神宗）即位，上尊号曰慈圣皇太后。旧制天子立，尊皇后为皇太后。若有生母称太后者，则加徽号以别之。是时，太监冯保欲媚贵妃，因以并尊风大学士张居正下廷臣议。尊皇后（陈氏）曰仁圣皇太后（寅恪案：陈氏乃穆宗为裕王时之继妃，隆庆元年册为皇后。实神宗之嫡母也），贵妃曰慈圣皇太后，始无别矣。仁圣居慈庆宫，慈圣居慈宁宫。居正请太后视帝起居，乃徙居乾清宫。太后教帝颇严。帝事太后惟谨，而诸内臣奉太后旨者，往往挟持太过。帝尝在西城曲宴，被酒，令内侍歌新声，辞不能，取剑击之。左右劝解，乃戏割其发。翼日太后闻，传语居正具疏切谏，令为帝草《罪己御札》，又召帝长跪数其过。帝涕泣请改乃已。（万历）六年帝大婚，太后将返慈宁宫，敕居正曰："吾不能视皇帝朝夕，先生亲受先帝付托，其朝夕纳诲，终先帝凭几之谊。"四十二年二月崩。后性严明，万历初政，委任张居正，综核名实，几于富强，后之力居多。光宗之未册立也，给事中姜应麟等疏请，被谪。太后闻之，弗善。一日帝入侍，太后问故。帝曰："彼都人子也。"太后大怒曰："尔亦都人子。"帝惶恐伏地不敢起。盖内廷呼宫人曰都人，太后亦由宫人进，故云。光宗由是得立。群臣请福王之藩，行有日矣，郑贵妃欲迟之明年，以祝太后诞为解。太后曰："吾潞王亦可来上寿乎？"贵妃乃不敢留福王。

同书同卷《孝靖王太后传》云：

孝靖王太后，光宗生母也。初为慈宁宫宫人。年长矣，帝过慈宁，私幸之，有身。故事宫中承宠，必有赏赉，文书房内侍记年月及所赐以为验。时帝讳之，故左右无言者。一日侍慈圣宴，语及之，帝不应。慈圣命取《内起居注》示帝，且好语曰："吾老矣，犹未有孙，果男者，宗社福也。母以子贵，宁分差等耶？"（万历）十年四月封恭妃。八月光宗生，是为皇长子。既而郑贵妃生皇三子，进封皇贵妃，而恭妃不进封。二十九年册立皇长子为皇太子，仍不封如故。三十四年元孙生，加慈圣徽号，始进封皇贵妃。三十九年病革，光宗请旨得往省，宫门犹闭，抉钥而入。妃目眚，手光宗衣而泣曰："儿长大如此，我死何恨？"遂薨。

同书一百二十《诸王传·潞简王翊镠传》略云：

潞简王翊镠，穆宗第四子。隆庆二年生，生四岁而封。万历十七年之藩卫辉。初，翊镠以帝母弟居京邸，王店王庄遍畿内。比之藩，悉以还官，遂以内臣司之。皇店皇庄自此益侈。翊镠居藩，多请赡田食盐，无不应者。其后福藩遂缘为故事。景王（载圳）就藩时，赐予概裁省，楚地旷，多闲田。诏悉予之。景藩除，潞得景故籍田，多至四万顷，部臣无以难。至福王常洵之国，版籍更定，民力益绌，尺寸皆夺之民间，海内骚然。论者推原事始，颇以翊镠为口实云。翊镠好文。四十二年薨。四十六年常淓嗣。后贼躏中州，常淓流寓于杭，顺治二年六月降于我大清。

同书同卷《福恭王常洵传》略云：

福恭王常洵，神宗第三子。初，王皇后无子，王妃生长子，是为光宗。常洵次之，母郑贵妃最幸，帝久不立太子，中外疑贵妃谋立己子，交章言其事，窜谪相踵，而言者不止，帝深厌苦之。（万历）二十九年始立光宗为太子，而封常洵福王。至四十二年始令就藩。（崇祯）十六年秋七月由崧袭封。明年三月，京师失守，由崧与潞王常淓，俱避贼至淮安。四月，凤阳总督马士英等迎由崧入南京。庚寅称监国。壬寅自立于南京，伪号弘光。由崧性暗弱，湛于酒色声伎，委任士英及士英党阮大铖。二人日以鬻官爵、报私憾为事。未几有王之明者，诈称庄烈帝太子，下之狱。又有妇童氏，自称由崧妃，亦下狱。于是中外哗然。明年三月，宁南侯左良玉举兵武昌，以救太子，诛士英为名，顺流东下。阮大铖、黄得功等帅师御之，而我大清兵以是年五月己丑渡江。辛卯夜，由崧走太平，盖趋得功军也。癸巳，由崧至芜湖。丙申，大兵至南京城北。文武官出降。丙午，执由崧至南京。九月甲寅，以归京师。

寅恪案：光宗生母王太后乃其祖母，即神宗生母李太后之宫人。李太后亦是宫人出身。光宗生母与福王常洵生母，虽俱非正嫡，但常洵之生母，其出身远胜于光宗之生母。光宗所以得立为太子，纯由其祖母李太后之压力使然。李太后享年颇长，故光宗遂能维持其太子之地位，而不为福王所替代。潞王翊镠亦李太后所生，与光宗血亲最近。由是言之，东林者，李太后之党也。嗣潞王常淓之亲祖母即李太后。此东林所以必需拥戴之以与福王由崧相抵抗。斯历史背景，恩怨系统，必致之情事也。至若常淓之为人，或优于由崧。然生于深宫之中，长于妇人之手，其贤不肖，外人甚难察知。就昔时继承权论，自当以亲疏为标准。由崧之血统，与熹宗、思宗共出于神宗。常淓之血统与熹宗思宗共出于穆宗。故两者相较，常淓之皇帝继承权，较由崧疏远一级。据是言之，马、阮之拥立由崧，实为合法。东林诸贤往往有认王之明为真太子慈烺者，殆亦知常涝之继承权不及由崧之合法欤？至认童氏为真福王继妃者，盖欲借此转证弘光为假福王，似亦同一用心也。（参旧题娄东梅村野史《鹿樵纪闻·上》“两太子”条及“两疑案”条所载：“野史氏曰：余闻大悲初称崇祯帝，又称齐王，继复称神宗子，因宫闱有隙，寄育民间，长而为僧。其言诡诞不足信，然知其决非妖僧也。童氏之为继妃，为司寝，为淮上私奔，亦未可定。然知其决非周王妇，与福王全无瓜葛也。余姚黄宗羲、桐城钱秉镫，皆以福王为李伴读，非朱氏子也，而童氏乃真妃。故当时讥刺诗有：‘隆准几曾生大耳，可哀犹自唱无愁。白门半载迷朱李，青史千年纪马牛。’说者又谓东林复社之事，深憾马、阮，故造此谤，似矣。然观童氏之哭求一见而不可得，后之人犹不能无疑焉。”）昔年尝见王船山之书，痛诋曹子建，以为陈思王之诗文皆其门客所代作，殊不解何以发此怪论。后来细思之，朱明一代，宗藩固多贤者，其著述亦甚丰富，倘详悉检察稽考，其中当有非宗藩本人自撰而倩门客书佣代为者。姜斋指桑骂槐，殆由于此耶？然则常涝果优于由崧与否，犹待证实。东林爱憎之口，未必尽可信据。《有学集·八·长干塔光集·一年（七律）》云：

一年天子小朝廷，遗恨虚传覆典刑。岂有庭花歌后阁，也无杯酒劝长星。吹唇沸地狐群力，嫠面呼风蜮鬼灵。（寅恪案：“蜮”钱曾《注》本作“羯”，是。）奸佞不随京洛尽，尚流余毒螫丹青。

牧斋此诗所言，固是偏袒弘光之辞，但亦应取与东林党人之记载，以由崧为天下之恶皆归焉者，参互比较，求一平允之论也。《花笑庼杂笔·一》“黄梨洲先生批钱诗残本”条，《一年》诗批云：

金陵一年，久将灭没，存此作诗史可也。

然则，梨洲以牧斋此律为诗史，则其意亦不尽以弘光为非，可以窥见矣。又关于阮大铖、王铎二人，就鄙见所及，略述数语。圆海人品，史有定评，不待多论。往岁读《咏怀堂集》，颇喜之，以为可与严惟中之《钤山》，王修微之《樾馆》两集，同是有明一代诗什之佼佼者，至所著诸剧本中，《燕子笺》《春灯谜》二曲尤推佳作。（寅恪案：张岱《石匮书后集·四八·阮大铖传》引罗万象奏言“大铖实未知兵，恐《燕子笺》《春灯谜》未见枕上之阴符而袖中之黄石也”，亦足证当日阮氏两剧本盛行，故万象据以为言。又夏燮《明通鉴·附编·一·附记·一·下》“大清世祖章皇帝顺治元年十二月辛巳”条云：“阮大铖以乌丝阑写己所作《燕子笺》杂剧进之。岁将暮，兵报迭至。王一日在宫，愀然不乐。中官韩赞周请其故。王曰：‘梨园殊少佳者。’赞周泣曰：‘奴以陛下或思皇考先帝，乃作此想耶？’时宫中楹句有：‘万事不如杯在手，一年几见月当头？’旁注：东阁大学士王铎奉敕书云。”亦可旁证圆海之戏剧，觉斯之书法俱为当时之绝艺也。）其痛陈错认之意，情辞可悯。此固文人文过饰非之伎俩，但东林少年似亦持之太急，杜绝其悔改自新之路，竟以“防乱”为言，遂酿成仇怨报复之举动，国事大局益不可收拾矣。夫天启乱政，应以朱由校、魏忠贤为魁首，集之不过趋势群小中之一人。揆以分别主附，轻重定罪之律，阮氏之罪当从末减。黄梨洲乃明清之际博雅通儒之巨擘，然囿于传统之教训，不敢作怨怼司马氏之王伟元，而斤斤计较，集矢于圆海，斯殆时代限人之一例欤？（寅恪检《明季稗史》本、夏完淳《续幸存录·南都杂志》中“阮圆海之意”条云：“圆海原有小人之才，且阿珰亦无实指，持论太苛，酿成奇祸，不可谓非君子之过。阮之阿珰，原为枉案。十七年田野，斤斤以十七年合算一疏，为杨左之通王安，呈秀之通忠贤，同为通内。遂犯君子之忌。若目以阿珰，乌能免其反击乎？”存古之论，颇为公允。至“十七年合算一疏”之“十”字应删去，盖写刻者涉上文“十七年田野”之语而衍也。）后来永历延平倾覆亡逝，太冲撰《明夷待访录》，自命为殷箕子，虽不同于嵇延祖，但以清圣祖比周武王，岂不愧对“关中大儒”之李二曲耶？惜哉！

王觉斯者，明末清初之大艺术家。牧斋为王氏作墓志铭盛称其书法，而有关政治诸事多从省略，不仅为之讳，亦以王氏之所长实在于此故也。（见《有学集·三十·故宫保大学士孟津王公墓志铭》。）当崇祯十七年三月北京岌岌不可终日之时，钱、王二人同时起用，思宗之意似欲使之治国治军以振危亡之局，诚可叹可笑也。《清史稿·四·世祖本纪》云：

（顺治二年五月）丙申，多铎师至南京，故明福王朱由崧及大学士马士英遁走太平。忻城伯赵之龙、大学士王铎、礼部尚书钱谦益等三十一人以城迎降。

夫此文官班首王、钱二人，俱是当时艺术文学大家。太平之世，固为润色鸿业之高才，但危亡之时，则舍迎降敌师外，恐别无见长之处。崇祯十七年三月二人之起用，可谓任非其材。弘光元年五月二人之迎降则得其所矣。兹有一事可注意者，即二人在明季俱负盛名，觉斯果位跻宰辅，牧斋终未列揆席，盖亦有特殊理由。《国榷·一百零一》“崇祯十七年五月”条云：

癸巳，南京詹事兼翰林院侍读学士姜曰广，前礼部尚书兼翰林院学士王铎并为礼部尚书兼东阁大学士，直文渊阁。时，同推前礼部右侍郎陈子壮、少詹事黄道周、右庶子徐汧，而监国故与铎有旧。

同书同卷“崇祯十七年十月乙卯朔”条云：

王庸、王无党世授南京锦衣卫指挥佥事。俱大学士王铎子。以舟渡慈銮也。

据此，觉斯之得为宰相，由于与由崧有旧。牧斋之不得为宰相，由于与东林即主立潞王常淓者有关。大悲之狱，牧斋亦被牵连（见《鹿樵纪闻·上》“福王”条下，《国榷·一百零三》“崇祯十七年甲申十二月丙寅”条，《小腆纪年附考·八》“顺治元年甲申十二月己巳明下狂僧大悲于镇抚司”条及同书九“顺治二年乙酉二月癸未明僧大悲伏诛”条并夏完淳《续幸存录·南都大略》中“妖僧大悲”条等），故知李太后光宗之党与郑贵妃福王之党，其分野恩怨始终不变。牧斋之未跻宰辅乃佛教“中阴身错投母胎”，如《西游记》小说之猪八戒，即是其例。聋騃道人（见金氏《钱牧斋先生年谱》首）往往以老归空门自许，倘亦通解此妙谛耶？

第三章引《玉台画史》载黄媛介画扇题有“甲申夏日写于东山阁”之语，因论皆令作画之际似在崇祯十七年首夏，河东君将偕牧斋自常熟往南京翊戴弘光之时。兹更据《国榷·一百零一》“崇祯十七年四月”条略云：

甲申（廿七日）史可法迎（福王）于邵伯镇。

丙戌（廿九日）福王至燕子矶。

丁亥（卅日）福王次龙江关。

“五月”条略云：

庚寅（初三日）福王监国。

壬寅（十五日）监国福王即皇帝位于武英殿。

“六月”条云：

壬戌（初六日）钱谦益为南京礼部尚书，兼翰林院侍读学士，协理詹事府。

同书卷首之三《部院·上》“南京礼部尚书”栏载：

甲申昆山顾锡畴□□□□进士，五月任，署吏部。

《弘光实录钞·一》“崇祯十七年甲申”条略云：

（五月）乙卯召陈子壮为礼部尚书。

（六月）辛酉起钱谦益协理詹事府事，礼部尚书。

（六月）丙子礼部尚书顾锡畴上言，刻期进取。

同书二“崇祯十七年甲申”条云：

（九月）甲辰起黄道周为礼部尚书，兼侍读学士，协理詹事府事。

同书三“弘光元年乙酉”条云：

（二月）己巳礼部尚书顾锡畴致仕，以钱谦益代之。

《明史·二五五·黄道周传》略云：

福王监国，用道周吏部左侍郎。道周不欲出，马士英讽之曰：“人望在公，公不起，欲从史可法拥立潞王耶？”乃不得已趋朝。拜礼部尚书，协理詹事府事，而朝政日非，大臣相继去国，识者知其将亡矣。明年三月遣祭告禹陵。甫竣事，南都亡。

综合推计之，则钱、柳二人同由常熟赴南京之时间，当在甲申七月廿五日福王催其速赴南京任以后。（见下引卧子“荐举人才疏”批语。）其所以赴任之理由，或与黄道周被迫之情势相同，亦未可知。考当时原任礼部尚书为顾锡畴，顾氏署吏部，至弘光元年乙酉二月致仕，牧斋乃补其原任实缺。所以不以石斋补顾氏原缺者，因漳浦求去之志已坚，借故出都，马、阮辈知之甚审，遂不以黄而以钱代顾。至牧斋是否在此以前独往南京，然后还家坐待新命，尚俟详检。据《明季稗史初编·一四》夏允彝《幸存录》云：“钱谦益虽家居，往来江上，亦意在潞藩。”然则牧斋似曾至金陵，谋立潞王也。余见下所论。关于钱、柳同往南京事，旧籍有涉及此时之记载，兹择引数条，略辨之于下。《鹿樵纪闻·上》（参赵祖铭《国朝文献迈古录·二十》）略云：

先是钱谦益入都，其妾柳如是戎服控马，插装雉尾，作昭君出塞状。服妖也。

《明季稗史初编·一六》夏完淳《续幸存录》“南都杂志”条（参《南明野史·上》“起钱谦益陈子壮转黄道周各礼部尚书”条等）云：

钱谦益家妓为妻者柳隐，冠插雉羽，戎服骑入国门，如明妃出塞状。（寅恪案：昭君出塞之装束，可参一九五七年《戏剧报》第十期封面《尚小云汉明妃图》。）

《牧斋遗事》云：

弘光僭立，牧翁应召，柳夫人从之。道出丹阳，同车携手，或令柳策蹇驴，而己随其后。私语柳曰：“此一幅昭君出塞图也。”邑中遂传钱令柳扮昭君妆，炫煌道路。吁！众口固可畏也。

然则，钱、柳自常熟至南京，道出丹阳时得意忘形，偶一作此游戏亦有可能，遂致众口讹传，仇人怨家借为诋诮之资。遗事之言，最为近情。其他如吴、夏诸书所记，殊不足信也。噫！当扬州危急之时，牧斋自请督师，河东君应可随行。然弘光不许牧斋作韩世忠（见钱曾《有学集诗注·八·长干塔光集·鸡人（七律）》“刺闺痛惜飞章罢”句下自注云：“余力请援扬，上深然之。已而抗疏请自出督兵，蒙温旨慰留而罢。”），故河东君虽愿作梁红玉而不能。迨南都倾覆之后，牧斋随例北迁，河东君亦可偕行，但终留江南。故河东君虽可作汉明妃而不愿。其未能作梁红玉诚是遗憾。但不愿为王昭君，殊堪钦服也。又检林时对《荷牐丛谈·三》“鼎甲不足贵”条云：

吴伟业辛未会元榜眼，薄有才名，诗词佳甚。然与人言，如梦语呓语，多不可了。余久知其谜心。鼎革后，投入土抚国宝幕，执贽为门生，受其题荐，复入词林。未有子，多携姬妾以往。满人詗知，以拜谒为名，直造内室，恣意宣淫，受辱不堪，告假而归。又以钱粮奏销一案，褫职，惭愤而死。所谓身名交败，非耶？

寅恪案：林氏之语过偏，未可尽信，然借此亦得窥见当建州入关之初，北京汉族士大夫受其凌辱之情况。河东君之独留南中，固由于心怀复楚报韩之志业，但其人聪明绝世，似亦悬知茧翁所述梅村困窘之状欤？

自崇祯十七年五月十五日至次年，即弘光元年五月十五日，此“一年天子小朝廷”之岁月，实河东君一生最荣显之时间也。牧斋《投笔集·上·后秋兴之三·八月初十日小舟夜渡惜别而作八首》之二“几曾银浦（“浦”似应作“汉”）共仙槎”句，盖惜河东君得意之时间甚短也。关于此时间涉及河东君者亦有数事，兹略述之于下。

计六奇《明季北略·二四·五朝大事总论》中《门户大略》

“韩钱王邹才既相伯仲”条（参《南明野史·上》“起钱谦益陈子壮转黄道周各礼部尚书”条等）云：

钱（谦益）声色自娱，末路失节，既投阮大铖而以其妾柳氏出为奉酒。阮赠以珠冠一顶，价值千金。钱令柳姬谢阮，且命移席近阮。其丑状令人欲呕。嗟乎！相鼠有体，钱胡独不之闻？

寅恪案：前引谈孺木之言谓“谦益觊相位，日逢马、阮意游宴，闻者鄙之”。牧斋与马、阮游宴，自是当然之事。颇疑钱、阮二人游宴尤密，盖两人皆是当日文学天才，气类相近故也。牧斋既与圆海游宴，河东君自多参预，此亦情势所必至。圆海乃当日编曲名手，世所推服。《鹿樵纪闻·上》“马阮始末”条云：

诸公故闻其有《春灯谜》《燕子笺》诸剧本，问能自度曲否？即起执板，顿足而唱，诸公多北人，不省吴音，则改唱弋阳腔，诸公于是点头称善曰：“阮君真才子。”

据此集之不仅能制曲，且能度曲。河东君之能度曲，自不待言，前多论及，不必复赘。观《戊寅草》中诸词，颇有似曲者，如《西河柳》之类，即是例证。然则牧斋招宴圆海筵上，柳、阮二人，必极弹丝吹竹之乐。但歌唱音乐牧斋乃门外汉，白香山《新乐府·杏为梁》篇云“心是主人身是客”一语，真可作南都礼部尚书官署中招宴阮氏之绮席写照矣。圆海珠冠之赠，实为表达赏音知己之意，于情于礼殊应如此，然牧斋此际则不免有向隅之叹也。

夫牧斋虽不善编剧度曲。然最擅长诗什。其与圆海游宴所赋篇章应亦不少。河东君想亦间有酬和阮氏之作。前引牧斋《题为黄子羽书诗册》云：“余自甲申后，发誓不作诗文。间有应酬，都不削稿。”所谓“文”者，即甲申十月丁巳日所上“严内治，定庙算，振纪纲，惜人才”四事《疏》之类。所谓“诗”者，即与圆海等所赋篇章之类。“间有应酬”一语，其“应酬”固是事实，而“间有”则恐不确耳。牧斋之删弃此时作品，虽可掩饰其丑行，但河东君之诗篇流传于天壤间者，转因是更减少一部分，殊可惜也。

在此时间内，钱、柳二人除与马、阮游玩外，尚有招宴当日名士，即河东君旧交一事，最堪注意。第三章论河东君与李待问之关系节，已引王沄《虞山柳枝词》第六首及自注并其他有关李氏事迹诸条。读者可取参阅，兹不重述。但存我在明南都时为中书舍人。前所引史料虽已言及之，至其何时始离去南都则未能确知。检张岱《石匮书后集·三四·江南死义列传·李待问传》云：

李待问，南直华亭人。崇祯癸未进士。甲申北变，以归里不及难。弘光登极，待问之南都，授中书舍人。南都继陷，逃至松江。

是存我之离南都，乃在弘光元年五月十五日前后也。王胜时所述牧斋招宴存我，河东君遣婢送还玉篆一事，究在何时，尚待考证。又检宋尚木《含真堂集·六》有《元宵同陈实庵太史集钱宗伯斋张灯陈乐观鱼龙之戏》云：

疏钟箭漏思冥冥，尽醉芳筵日暮情。葭谷渐回春乍暖，金吾不禁月偏明。星桥匝树连银汉，鹅管吹笙跨玉京。莫道上林夸角觝，大官俱得戏长鲸。

寅恪案：陈实庵太史者，《陈忠裕公全集·一七·湘真阁集·酬陈实庵翰林（七律）》附考证据《绍兴府志》疑实庵即陈美发。今检乾隆修《绍兴府志·三一·选举志·二》“进士”栏

“明崇祯元年戊辰科刘若宰”榜云：

陈美发，左赞善，上虞人。

考证所言，当即出此。又检光绪修《上虞县志·九·陈堌传》云：

子美发，字木生。幼奇颖，善属文。天启丁卯（七年）举人，戊辰（崇祯元年）进士，授翰林院庶吉士。辛未（四年）升检讨，分校礼闱，称得士，晋东宫日讲官。丁外艰，特恩赐祭，服阕赴都，转翰林谕德。时会推阁臣，廷议以非祖制，事寝。奉敕封藩。归里，卒，年三十九。（康熙《志》）美发与族父达生，族弟元暎，时称陈氏三凤。

但美发是否号实庵，未见明文，且《传》文所记甚简略，或有所忌讳，尚须详考。若果是实庵者，则与尚木为天启丁卯科举人同年也。（参光绪修《华亭县志·一二·选举·上·举人表》。）或疑尚木诗题所谓“陈实庵太史”，乃陈于鼎。其名号“鼎”与“实”有相关之意。其官职与太史又相符合，且陈卧子《兵垣奏议·上·荐举人才疏》有“庶吉士陈于鼎，英姿壮志”之语。故此说殊有可能。由是观之，卧子诗题下，庄师洛之考证，未必确切。于鼎事迹见《小腆纪传·六三》本传。其人即下引林时对《荷牐丛谈·三》所谓“小王八”者，是也。尚木诗题中仅言弘光元年元夕与实庵同集牧斋斋中，然此夕既是张灯陈乐，观鱼龙之戏，如是盛会，所招之客绝不止陈、宋二人。让木不过举实庵以概其余。或者实庵亦有同赋此题之诗，遂语及之耳。让木此时与存我同为中书舍人（见下论），又同为松江籍，更俱是河东君旧友。揆以物以类聚之义，牧斋此夕颇有招宴存我之可能。问郎玉篆之送还，恐即在此夕。盖预宴者既甚多，依当日礼俗之限制，河东君若以女主人身分，亲出陪客，且持此纪念品面交问郎，在河东君方面，虽可不介意，在牧斋方面，则难免有所顾忌，故遣双鬟代送耶？俟考。第三章论河东君居松江时最密切之友人为宋辕文、李存我、陈卧子。当钱、柳南都得意之际，辕文在何许，尚无确证。据《陈忠裕公全集·二六·三子诗选序》略云：

三子者何？李子雯、宋子征舆及不佞子龙也。今天子起淮甸，都金陵，东南底定。予入备侍从，请急还里。宋子闲居，则梓三人之诗为一集，大率皆庚辰以后之作也。

并《云间三子新诗合稿·六》辕文《野哭》题下自注云“五月初一日始闻三月十九事，越数日，始得南都新诏，臣民哭临，服除而作”，及同书八《闻吴大将军率关宁兵以东西二虏大破李贼志喜二律》等（参《国榷·一百零一》“崇祯十七年甲申四月丁丑吴三桂大破贼于关内”条），可略见辕文此时踪迹，而其详则不得而知。（今《峭帆楼丛书·重校刻云间三子新诗合稿·王培孙植善序》，误以宋征璧所撰陈子龙《平露堂集序》中“乙丙之际”为顺治二年乙酉，三年丙戌。其实宋《序》之“乙丙”乃指崇祯八年乙亥，九年丙子也。特附正之于此。）但河东君早与辕文绝交，假使此时在南都，亦必与钱、柳不相往来无疑也。存我此际供职南都，河东君既已送还问郎玉篆，则昔日一段因缘亦于此了结。至于卧子则为河东君始终眷恋不忘之人，前述崇祯十七年甲申夏日黄媛介画扇，河东君题有卧子《满庭芳》词即是其证。故寅恪戏作一绝，中有“一念十年抛未得”之语，实能道出河东君之心事也。今所欲论者，即卧子在南都之时间，是否亦曾与李存我、宋让木、陈实庵辈同被牧斋招宴等问题。兹择录卧子

《自撰年谱》《兵垣奏议》《焚余草》及让木《含真堂集》并参以《国榷》等，综合考释之于下。

《陈忠裕全集·年谱·中》“崇祯十七年甲申”条略云：

弘光帝监国南都，予补原官（兵科给事中），随奉命巡视京营。予以国家倾覆之后，义不敢申前请（辞兵科给事中）。而又决江左事尚可为，决计赴召。

予遂以六月望后入都，而是时贵阳（指马士英）入辅，祥符（指史可法）出镇，国事稍变矣。贵阳一至，即荐怀宁（指阮大铖）当大用，众情大哗，攻者四起。

贵阳先君同籍也。遇予亦厚。其人傥荡不羁，久历封疆，于门户之学，非素所深研也。当困厄时，与怀宁为狎邪之交，相欢如父子，浸润其言，且曰：“苟富贵，无相忘。”及贵阳柄用，而怀宁挟其权智以御之，且责前盟。见攻之者多，则曰：“彼党人者，不杀我两人不止。”又造作蜚语，以为主上之立，非诸君子意，故力攻拥戴定策之人，以孤人主之势。盖怀宁挟贵阳以为援，而贵阳挟主上以自解。予因正告贵阳曰：“怀宁之奸，海内莫不闻，而公之功亦天下所共推也。公于人无豪发之隙，奈何代人犯天下之怒乎？且公之冒不韪而保任者，以生平之言不可负也。公以素交而荐之，众以公义而持之，使公既信友又不害法，则众之益公者大矣。而公何怒为？今国家有累卵之危，束手坐视，而争此一人，异日责有所归矣。”贵阳曰：“逆案本不可翻也。止以怀宁一人才不可废耳。”予曰：“公既不能负怀宁，而独用之，则怀宁又何辞以拒同科之数百人而独登膴仕乎？一小人用，众小人进。必然之势。一逾短垣，虽公亦无如之何矣。且公为宰辅，苟能真心以求天下之才，何患无人？如怀宁者，何足数哉！”

予私念时事必不可为，而祖父俱在浅土，甚惧。请急归营窀穸之事，蒙恩允放。予在言路，不过五十日，章无虑三十余上，多触时之言。时人见嫉如仇。及予归，而政益异。木瓜盈路，小人成群，海内无智愚，皆知颠覆不远矣。

同书同卷“弘光元年乙酉”条云：

时群小愈张，诸君子多被弹射。予为此辈深忌，而未有以中。私念大母年益高多病，再出必重祸以为亲忧，陈情侍养，得遂宿志焉。

陈卧子先生《兵垣奏议·上·荐举人才疏》略云：

已补者如钱谦益、黄道周、徐汧、吴伟业、杨廷麟等，皆一时人望，宜速令赴阙。庶吉士陈于鼎英姿壮志，见累门阀，既以不阿乡衮，浮沉至今，困衡之士，荏苒足惜。当量才录用也。（寅恪案：林时对《荷牐丛谈·三》“东林依草附木之徒”条云：“江南有老亡八小亡八之谣，老谓谦益嬖柳影，小则陈于鼎溺韵珠云。”茧庵之书语多偏激，未可尽信，但所记江南之谣，或是实录。噫！卧子为人中之龙，此时荐举二龟，岂神州陆沉之先兆乎？由今思之，可叹亦可笑也。）

此文后附批语略云：

崇祯十七年七月二十五日奉旨：人才宜乘时征用，说得是。钱谦益等速催来京到任。

同书下《请假葬亲疏》批语云：

崇祯十七年八月十一日奉旨：陈子龙准给假三个月，即来供职，不得迟延。该部知道。

《国榷·一百零二》“崇祯十七年八月癸酉（十八日）南京

兵科给事中陈子龙言中兴之主莫不身先士卒”条云：

子龙寻省葬。

同书一百零四“弘光元年二月丙寅（十三日）”条云：

许兵科给事中陈子龙终养。

同书一百零二“崇祯十七年六月壬戌（初六日）”条云：

钱谦益为南京礼部尚书兼翰林院侍读学士。

寅恪案：卧子以崇祯十七年甲申六月望后至南都，八月十八日准假还里葬亲。其在南都之时间不过五十日。牧斋是否在崇祯十七年七月廿五日以前曾一度独至南都预谋立君之事，今难确考。但牧斋于是年六月初六日已补授礼部尚书，至七月廿五日尚未至都就职。姗姗来迟，颇觉可怪。据《国榷·一百零二》“崇祯十七年八月廿一日丙子宗贡生朱统鑙又诬奏姜曰广陈必谦等”条略云：

丙子宗贡生朱统鑙又诬奏姜曰广及陈必谦等。初，陈必谦北转，邑人钱谦益求复官未遂。今入京首诋之，结欢马士英，同诸勋贵，专言定策，意逐高弘图、姜曰广代之，而谦益先入金陵，亦谋迎潞王，又心昧之矣。

夏彝仲《幸存录》云：

钱谦益虽家居，往来江上，亦意在潞藩。（此条上已引。）

谈迁《枣林杂俎仁集·逸典类》“异议”条云：

钱谦益侍郎触暑步至胶东（指高弘图）第中，汗渴解衣，连沃豆汤三四瓯。问所立，胶东曰：“福藩。”色不怿，即告别。胶东留之曰：“天子毋容抗也。”钱悟，仍坐定。遽令仆市乌帽，谓：“我虽削籍，尝经赦矣。”候驾江关，诸臣指异之。监国初，复官。八月入朝，阴附贵阳（指马士英），日同朱抚宁

（国弼）、刘诚意（孔昭）、赵忻城（之龙）、张冢宰捷、阮司马大铖，联疏讦异议者。胺东解相印，欲卜居虞山，谦益恐忤贵阳，却之，且不祖送。

可为牧斋在福王即位以前已先入南京之一旁证。然则牧斋先至南京预谋拥立潞王之后，始还常熟，坐待机会耶？兹姑不深究其迟滞不前之故，惟有一事可以决言者，即河东君之至南都，当与牧斋同行赴任。计其抵都之日，至早亦必在七月下旬之末，距卧子准假还家之时，仅十余日。陈、钱交谊素笃，观卧子《自撰年谱》“崇祯十年丁丑”条略云：

会吴中奸民张汉儒讦奏钱牧斋、瞿稼轩以媚政府。有旨逮治。予与钱、瞿素称知己。钱、瞿至西郊，朝士未有与通者，予欲往见，仆夫曰：“较事者耳目多，请微服往。”予曰：“亲者无失其为亲，无伤也。”冠盖策马而去，周旋竟日乃还。其后狱急，予颇为奔奏。（寅恪案：《蓼斋集·四二》有《上牧斋年伯于狱中（五古）》一首，然则不独卧子即舒章亦与牧斋交谊甚笃也。）

及《陈忠裕全集·一一·湘真阁稿·东皋草堂歌序》云：

东皋草堂者，给谏瞿稼轩先生别墅也。丙子冬，奸民奉权贵意，讦钱少宗伯及先生下狱。赖上明圣，越数月而事得大白。我友吴骏公太史作《东皋草堂歌》以记之。时予方庐居，骏公以前歌见寄，因为属和。辞虽不工，而悲喜之情均矣。

然则钱、陈两人之旧日关系，既如卧子所自述，牧斋之赴南都就礼部尚书任，复经卧子之催促，故钱、陈此次两人同在金陵，虽为时甚短，揆以常情，必无不相见之理。倘卧子造访牧斋，或牧斋招宴卧子，不知河东君是否采取如对待李存我之方式以对待卧子，抑或如元微之《莺莺传》所载，莺莺适人后，张生求与相见，终不为出，赋诗谢绝。今日俱无从得悉。若河东君采取双文对待张生之方式以对待卧子者，则双文诗“弃置今何道，当时且自亲。还将旧时意，怜取眼前人”之“眼前人”，即卧子崇祯十四年辛巳所纳之沈氏。但不知此宜男之良家女（见卧子《年谱》后附王沄撰《三世苦节传》），能及崇祯六年癸酉秋间白龙潭舟中，八年乙亥春间生生庵南楼中旧时“眼前人”百分之几耶？噫！吾人今日追思崔、张、杨、陈悲欢离合之往事，益信社会制度与个人情感之冲突，诚如卢梭、王国维之所言者矣。寅恪曾寄答朱少滨叟师辙绝句五首，不仅为杨玉环、李三郎，陈端生、范菼道，兼可为河东君、陈卧子道。兹附录之于下，以博读者一笑。

甲午春朱叟自杭州寄示观新排《长生殿》传奇诗
因亦赋答绝句五首近戏撰《论再生缘》一文故诗语牵连及之也

洪死杨生共一辰，美人才士各伤神。白头听曲东华史（叟自号“东华旧史”），唱到兴亡便掩巾。

沦落多时忽值钱，霓裳新谱圣湖边。文章声价关天意，搔首呼天欲问天。（用《再生缘》语。）

艳魄诗魂若可招，曲江波接浙江潮。玉环已远端生近，暝写南词破寂寥。

一抹红墙隔死生，百年悲恨总难平。我今负得盲翁鼓，说尽人间未了情。

丰干饶舌笑从君，不似遵朱颂圣文。愿比麻姑长指爪，倘能搔著杜司勋。

又检《陈忠裕全集·一七·七律补遗·乙酉上元满城无灯》云：

江皋夜色遍烽屯，鼓吹声销万户春。幕府但闻严戍火，冶城不动踏歌尘。九枝琼树沉珠箔，半榻香风散锦茵。独有凄凉霜塞月，偏乘画角照杯频。

寅恪案：前论宋尚木弘光乙酉元夕集牧斋斋中《张灯陈乐观鱼龙之戏》诗，谓此夕盛会或有李待问在座之可能。尚木、存我、卧子三人同为河东君云间旧友，而陈、李与河东君之交谊，时间尤为长久，倘读者取尚木、卧子两人同时异地所赋之诗以相对照，则是夕南宗伯署中（参前引《有学集·二十·赠黄皆令序》）与松江城内普照寺西之宅内（见王沄《云间第宅志》“陈工部所闻给谏子龙宅”条），一热一冷之情景大有脂砚斋主（寅恪案：脂砚斋之别号疑用徐孝穆《玉台新咏序》“然脂暝写”之典，不知当世红学专家以为然否）评红楼梦“寿怡红群芳开夜宴”回中“芳官嚷热”一节之感慨。（见《脂砚斋重评石头记》庚辰四阅评过本六十三回。）唯脂砚斋主则人同时异，而颍川明逸（见王沄《续卧子年谱》“顺治二年乙酉八月”条后附案语）则时同人异，微有区别而已。至《续幸存录》于阮大铖有恕辞，论者或据以为几社与复社不同之点在此。今观卧子《自撰年谱》“崇祯十七年甲申”条，涉及马士英之语，则知几社领袖如陈氏者，其对阮氏之态度实无异复社。或说之未当，不待详辨矣。

抑更有可论者，宋征璧《含真堂集·六·予以病请假戏摘幽兰缄寄大樽》云：

采采缄题寄所思，水晶帘幕弄芳姿。朱弦乍奏幽兰曲，郢客长吟白雪词。君子名香心自赏，美人皋佩意何迟。岩阿寂寂堪招隐，不信东风有别离。

寅恪案：此诗之作成当在弘光元年二月丙寅即十三日，准卧子终养后不久之时间。盖尚木得知此讯，故赋诗寄卧子。观七、八两句及兰花开放季节可以证明。其缄封兰花，与崇祯六年癸酉寒日两人同在北京待会试时，卧子卧病因缄封腊梅花一朵以表慰问之意者，正复相似（见《陈忠裕公全集·陈李倡和集·寒日卧邸中让木忽缄腊梅花一朵相示（五古）》及本文第三章所论）。不过前时为卧子卧病旅邸，此时则为尚木以病请假，略为不同。宋氏往往缄封花朵，寄慰友人，何其喜作此儿女子之戏，岂当日习俗如是耶？俟考。以常情论，卧子必有答宋氏之篇什。今检陈氏《诗集》，未发见有类是之作。唯《陈忠裕公集·二十·诗余》中有《念奴娇·春雪咏兰》一阕，虽未能确定其何时所赋，但必是与尚木寄诗时相距不久之作，故疑是因宋氏之诗有所感会而成。此阕甚佳，因移录之于下。其词云：

问天何意，到春深，千里龙山飞雪。解佩凌波人不见，漫说蕊珠宫阙。楚殿烟微，湘潭月冷，料得都攀折。嫣然幽谷，只愁又听啼鴂。

当日九畹光风，数茎清露，纤手分花叶。曾在多情怀袖里，一缕同心千结。玉腕香销，云鬟雾掩，空赠金跳脱。洛滨江上，寻芳再望佳节。

又《含真堂集·六》有《柬大樽（七律）》云：

时同侍从武英，陈曰：“所谓君随丞相后，吾住日华东。”予答曰：“不若婉娈昆山阴。”

何期束发便相亲，百尺楼边美卜邻。十载浮沉随木石，一时憔悴识君臣。东风苦雨愁啼鴂，南浦扁舟问采莼。知有昆阴堪婉娈，可容觞咏倦游人。

寅恪案：此诗作成当在弘光元年春暮或即酬答卧子《念奴娇·春雪咏兰》词亦未可知。盖两人诗词中其语意可以互相证发也。检《陈忠裕全集·二六·宋尚木诗稿序》云：

予与尚木同里闬称无间，相倡酬者，几二十年。自予治狱东土，而尚木往来旧都，盖四五祀不数见也。今上定鼎金陵，而两人皆以侍从朝夕立殿上，退则各入省治事。诸公相过从报问，忽忽日在桑榆间矣。予既废笔墨，而尚木亦未见所谓吟咏者。及予请急东归，明年尚木以奉使过里门，则出新诗数卷见示。

及嘉庆修《松江府志·五六·宋征璧传》云：

宋征璧，字尚木，华亭人，懋澄子。初，在几社中名存楠。崇祯十六年进士，授中书，充翰林院经筵展书官，奉差督催苏松四府柴薪银两，未复命，以国变归里。

颇疑尚木将往苏松四府督催柴薪银两时，先以此诗柬大樽，故第六句有“南浦扁舟问采莼”之语。“南浦”指松江而言。第八句“可容觞咏倦游人”之“倦游”，出《史记·一一七·司马相如传》“长卿故倦游”。裴骃《集解》引郭璞曰：“厌游宦也。”《汉书·五七·司马相如传》王先谦《补注》曰：“倦游谓游宦病免而归耳。言其曾为官也。”葵园即袭用景纯之解，而不著其名。尚木以长卿自比，谓将因奉使归里也。宋氏赋诗之时，当在弘光元年暮春。其至松江，以所作诗稿示卧子，属为之序，未及复命，而南都倾覆矣。尚木此诗所言，可与卧子所作《宋尚木诗稿序》所述两人同在南都供职时事相印证。故《尚木诗题序》所言，即崇祯十七年甲申六月望后至八月十一日间陈、宋两人之情况，读者不可误会，以为尚木赋此诗时之事也。《尚木诗题序》中引卧子之语，出《杜工部集·十·奉答岑参补阙见赠（五律）》第一联。盖是时尚木任中书舍人，卧子任兵科给事中，正与杜、岑当日情事符合。详见诸家杜诗《注》，不须赘述。尚木答语出《文选·二四》陆士衡《赠从兄车骑（五古）》，其诗云：

孤兽思故薮，离鸟悲旧林。翩翩游宦子，辛苦谁为心。仿佛谷水阳，婉娈昆山阴。营魄怀兹土，精爽若飞沉。寤寐靡安豫，愿言思所钦。感彼归途艰，使我怨慕深。安得忘归草，言树背与衿。斯言岂虚作，思鸟有悲音。

尚木诗语意全从士衡此篇得来，故不避钞胥之嫌，特移录之，并以见几社名士之熟精选理及玩习盛唐诗什之一斑也。

当南都钱、柳得意之际，河东君男性旧友如李存我、宋尚木二人确有相与往来之事迹，陈卧子是否亦有一见之机缘，尚待研考。其他男性故交，更不易详知矣。至女性朋辈，则据前引牧斋《赠黄皆令序》中“南宗伯署中闲园数亩，老梅盘拏，柰子花如雪屋。烽烟旁午，诀别仓皇”等语，知皆令自弘光元年正月至五月，必在南都留宿礼部尚书署中，为河东君之女伴兼作牧斋之清客。或者钱、柳崇祯十七年甲申秋季，就南宗伯任时，皆令即已随行。若不然者，皆令仿效程孟阳至常熟伴牧斋度岁之成例，亦至南都伴河东君度岁。今以缺乏资料，无从详考。但有可注意之一事，即皆令留居钱、柳家中，河东君擘还问郎玉篆之际，能否从青琐中窥见是夕筵上存我及牧斋并诸座客之面部表情如何耳。一笑！

明南都倾覆，牧斋迎降清兵，随例北迁。关于钱氏此时之记载颇多，有可信者，有不可信者。但其事既绝不涉及河东君，非本文主旨所在，若一一详加考辨，则不免喧宾夺主。故皆从省略。上引顾苓《河东君传》云：

乙酉五月之变，君劝宗伯死，宗伯谢不能。君奋身欲沉池水中，持之不得入。其奋身池上也，长洲明经沈明抡馆宗伯寓中见之，而劝宗伯死，则宗伯以语兵科都给事中宝丰王之晋，之晋语余者也。是秋，宗伯北行，君留白下。宗伯寻谢病归。

同治修《苏州府志·八八·沈明抡传》云：

沈明抡，字伯叙。精《春秋》，得安成闻喜之传，与同里徐汧、李模、郑敷教友善，从游甚众。崇祯癸酉以恩贡中顺天副榜。乙酉乱后，授徒自给。三十余年卒。

重刻雍正修《河南通志·五二·选举·二》“明天启五年乙丑科余煌”榜载：

王之晋，宝丰人，给事中。

寅恪案：云美特记南都倾覆时河东君欲自沉，并劝宗伯死一事，备列人证，所以明其非阿私虚构，有类司马温公撰《涑水纪闻》之体，故吾人今日可以信其为实录也。复次，顾公燮《消夏闲记选存》“柳如是”条云：

宗伯暮年不得意，恨曰：“要死，要死。”君叱曰：“公不死于乙酉，而死于今日，不已晚乎？”柳君亦女中丈夫也哉！

《虞阳说苑》本《牧斋遗事》云：

乙酉五月之变，柳夫人劝牧翁曰：“是宜取义全大节，以副盛名。”牧斋有难色。柳奋身欲沉池中（原注：“瞿本有‘牧翁’二字。一本‘牧翁’下有‘抱’字。”），持之不得入。是时长洲沈明抡馆于尚书家，亲见其事，归说如此。后牧斋偕柳游拂水山庄，见石涧流泉，澄洁可爱，牧斋欲濯足其中，而不胜前却，柳笑（原注："一本有'而戏语'三字。"）曰："此沟渠水，岂秦淮河耶？"牧翁有恧容。

寅恪案：《消夏闲记》及《牧斋遗事》所记，与河东君及牧斋之性格，一诙谐勇敢，一迟疑怯懦，颇相符合。且秦淮河复在南都，虽略异顾氏所述，颇亦可信。至若《蘼芜纪闻》引《扫轨闲谈》云：

乙酉，王师东下，南都旋亡。柳如是劝宗伯死，宗伯佯应之。于是载酒尚湖，遍语亲知，谓将效屈子沉渊之高节。及日暮，旁皇凝睇西山风景，探手水中曰："冷极奈何！"遂不死。

则尚湖、西山皆在常熟，当南都倾覆时，钱、柳二人皆在白下，时间地域，实相冲突。此妄人耳食之谈，不待详辨。

关于牧斋北行，河东君独留白下，此时间发生之事故，殊有可言者，兹择录资料略论之于下。

《牧斋投笔集（遵王笺注）·上·后秋兴之三·八月初十日小舟夜渡惜别而作八首》之五云：

水击风抟山外山，前期语尽一杯间。五更噩梦飞金镜，千叠愁心锁玉关。人以苍蝇污白璧，天将市虎试朱颜。衣朱曳绮留都女（寅恪案：《有学集·十·红豆二集》"衣朱"作"衣珠"。非是。盖传写者误以此诗第六句有"朱"字，故改作"珠"。不知昔人作今体诗不嫌重字。观钱、柳诸作，即可证知也），羞杀当年翟茀班。

寅恪案：牧斋此首乃总述其南都倾覆随例北迁，河东君独留白下时所发生之变故，并为之洗涤，且加以温慰也。遵王注牧斋此题第一首第八句"乐府偏能赋稿砧"引吴兢《乐府古题要解·下》云：

稿砧今何在，稿砧砆也。问夫何处也。山上复有山，重山为出字，言夫不在也。何当大刀头，刀头有环，问夫何时还也。破镜飞上天，言月半当还也。

其实牧斋喜用此典，不限于第一首，即此首第一句“山外山”，第三句“飞金镜”皆同一出处也。第二句“前期”遵王《注》云：“谢玄晖《别范安成》诗‘生平少年日，分手易前期。’”检《谢朓集》中无此诗，此诗乃沈约之作（见《汉魏百三名家集·沈隐侯集》及丁福保《全梁诗·沈约诗》），遵王偶误记，以沈为谢耳。休文此诗全部语意与牧斋此句有关，遵王仅引两句，未能尽牧斋之所欲言。如牧斋之“语尽一杯”即休文之“勿言一樽”，非引沈氏全诗，则不得其解。兹移录之于下，以见注诗之难也。沈约《别范安成》诗云：

生平少年日，分手易前期。及尔同衰暮，非复别离时。勿言一樽酒，明日难重持。梦中不识路，何以慰相思。

牧斋诗第三句，即古乐府“破镜飞上天”之典并寓乐昌公主破镜待重圆之意。遵王《注》引李白《答高山人》诗“太微廓金镜，端拱清遐裔”为释。“金镜”用字虽同，所指则非也。第四句合用《东坡集·一七·书王定国所藏烟江叠嶂图(王晋卿画)（七古）》“江上愁心千叠山，浮空积翠如云烟”句及《全唐诗·第三函·李白·五·子夜吴歌》中《秋歌》云：

长安一片月，万户捣衣声。秋风吹不尽，总是玉关情。何日平胡虏，良人罢远征。

盖当钱、柳分别，正值秋季。（见顾苓《河东君传》“是秋宗伯北行”之语。又《有学集·一·秋槐集》第一题《咏同心兰四绝句》其四云："花发秋心赛合欢。秋兰心好胜春兰。花前倒挂红鹦鹉，恰比西方共命看。"此题乃牧斋乙酉秋间北行时别河东君于南京时之作，可为旁证也。）"玉关"即李之"玉关情"，且与李之"平胡虏"有关。遵王《注》太泛，非好学深思心知其意者也。第二联言河东君本无"昵好于南中"之事，即《离骚》"众女嫉余之蛾眉兮，谣诼谓余以善淫"，并王逸《注》及洪兴祖《补注》之意。河东君精通《楚辞》《文选》，又曾在周道登家为念西群妾所谮，几至杀身。今观牧斋诗句，宽广温慰之情，深切如此，其受感动应非常人之比，抑更可知也。第七句"留都女"指河东君。第八句"翟茀班"指王觉斯辈之眷属。谓当日诸降臣之妻皆随夫北行，河东君独不肯偕牧斋至燕都。即此一端，足以愧杀诸命妇矣。

至于孙爱告杀河东君有关之郑某或陈某事如徐树丕《识小录·四》"再记钱事"条云：

柳姬者与郑生奸，其子杀之。钱与子书云："柳非郑不活，杀郑是杀柳也。父非柳不活，杀柳是杀父也。汝此举是杀父耳。"云云。真正犬豕犹然视息于天地间。再被□□，再以贿免，其家亦几破矣。己丑春自白门归，遂携柳复归拂水焉，且许以畜面首少年为乐，盖"柳非郑不活"一语，已明许之矣。

王沄《辋川诗钞·四·虞山柳枝词十四首》之十三云：

芙蓉庄上柳如绵，秋水盈盈隐画船。夜静秃鹙啼露冷。文鸳常逐野鸥眠。

《荷牐丛谈·三》"东林中依草附木之徒"条云：

当谦益往北，柳氏与人通奸，子愤之，鸣官究惩。及归，怒骂其子，不容相见。谓国破君亡，士大夫尚不能全节，乃以不能守身责一女子耶？此言可谓平而恕矣。

《牧斋遗事·柳姬小传》（此传上文于第三章论河东君嘉定之游节已引）云：

间有远骋，以娱其志，旋殪诸狴犴不惜也。至北兵南下，民于金陵归款，姬蹀躞其间，聆觱篥之雄风，沐貔貅之壮烈。其于意气，多所发抒云。不再闰而民以缘事北行，姬昵好于南中，子孝廉公恧甚，谋瘗诸狱。民归而姬不自讳，丧以丧夫之礼。民为之服浣揄濡沫，重以厥子为弗克负荷矣。民虽里居，平日顾金钱，招权利，大为姬欢。微吟响答，不啻咽三台之瑞露，咀九畹之灵芝，公诸杀青，以扬厉其事，而姬亦兴益豪，情益荡，挥霍飙忽，泉涌云流。面首之乐，获所愿焉。

李清《三垣笔记·中》云：

若钱宗伯谦益所纳妓柳隐，则一狎邪耳。闻谦益从上降北，隐留南都，与一私夫乱。谦益子鸣其私夫于官，杖杀之。谦益怒，屏其子不见。语人曰："当此之时，士大夫尚不能坚节义，况一妇人乎？"闻者莫不掩口而笑。

《虞阳说苑·乙编》虞山赵某撰《焐亭杂记》（参《牧斋遗事》附《赵水部杂记四则》之四）云：

钱受之谦益生一孙。生之夕，梦赤脚尼解空至其家。解空乃谦益妻陈氏平日所供养者。孙生八岁，甚聪慧。忽感时疫，云："有许多无头无足人在此。"又历历言人姓名。又云："不是我所作之孽。"谦益云："皆我之事也。"于中一件为伊父孙爱南京所杀柳氏奸夫陈姓者，余事秘不得闻。其孙七日死。果报之不诬如是。

寅恪案：前论河东君嘉定之游节，引《柳姬小传》谓河东君轻鄙钱氏宗族姻戚。故告杀郑某或陈某，虽用孙爱之名义，然主持其事者当是陈夫人党遵王之流。至若孙爱，性本怯懦，又为瞿稼轩孙婿，其平日与河东君感情不恶，后来河东君与其女遗嘱有“我死之后，汝事兄嫂如事父母”之语可证。牧斋痛骂孙爱，亦明知其子不过为傀儡，骂傀儡，即所以骂陈夫人党也。牧斋骂孙爱之原书，今不可见。依活埋庵道人所引，则深合希腊之逻辑。蒙叟精于内典，必通佛教因明之学，但于此不立圣言量，尤堪钦服。依《明州野史》茧翁所述，则一扫南宋以来贞节仅限于妇女一方面之谬说。自刘宋山阴公主后，无此合情合理之论。林氏乃极诋牧斋之人，然独许蒙叟此言为平恕，亦可见钱氏之论，实犁然有当于人心也。

关于牧斋顺治三年丙戌自燕京南还，有无名子虎丘石上题诗，涉及陈卧子及河东君一事。兹先移录原诗并庄师洛考证，复略取其他资料参校，存此一重公案，留待后贤抉择。谫陋如寅恪，固未敢多所妄言也。

《陈忠裕全集·一七·七律补遗·题虎丘石上》（谈迁《枣林杂俎和集·丛赘》“嘲钱牧斋”条云，《或题虎丘生公石上寄赠大宗伯钱牧斋盛京荣归之作》共载诗两首。前一首见下，后一首云：“钱公出处好胸襟，山斗才名天下闻。国破从新朝北阙，官高依旧老东林。”寅恪案：此首或非七绝，而是七律之上半，其下半为传者所遗忘耶？俟考）云：

入洛纷纷兴太浓（谈书“兴太”作“意正”。董含《莼乡赘笔·一》“诗讽”条及钮琇《觚剩·一·吴觚·上》“虎丘题诗”条，“纷纷”俱作“纷纭”），莼鲈此日又相逢。（诸本皆同。）黑头早已羞江总（钮书同。“早已”谈书作“已自”，董书作“已是”），青史何曾用蔡邕。（谈书、董书俱同。钮书“用”作“借”。）昔去幸宽沉白马（谈书、董书俱同。钮书“幸”作“尚”），今归应愧卖卢龙。（“归”董书同，谈书、钮书俱作“来”。《陈集》“愧”下注云：“一作悔。”谈书、董书、钮书俱作“悔”。）最怜攀折章台柳（董书同。钮书“最”作“可”，“攀”作“折”，“折”作“尽”。谈书“章台”作“庭边”），憔悴西风问阿侬。（“憔悴西”谈书作“撩乱春”，董书作“撩乱秋”，钮书作“日暮东”。“问”谈书、董书俱同，钮书作“怨”。）

《陈集》此诗后附考证云：

（董含）《莼乡赘笔》（一“诗讽”条）：海虞钱蒙叟为一代文人，然其大节，或多可议，本朝罢官归，有无名氏题诗虎丘以诮之云云。钱见之，不怿者数日。（寅恪案：董含《三冈识略·一》“诗讽”条内容全同，其实二者乃一书而异名耳。）

又附案语云：

此诗徐云将（世祯）、钮玉樵（琇）俱云是黄门作，但细玩诗意，语涉轻薄，绝不类黄门手笔。姑存之，以俟博雅审定。

寅恪案：此诗融会古典今典，辞语工切，意旨深长，殊非通常文士所能为。兹先证释其辞语，然后考辨其作者。但辞语之关于古典者，仅标其出处，不复详引原文。关于今典者，则略征旧籍涉及诗中所指者，以证实之。此诗既绾纽柳、钱、陈三人之离合，而此三人，乃本文之中心人物。故依前论释卧子《满庭芳》词之例，校勘诸本文字异同，附注句下，以便抉择。若读者讥为过于烦琐，亦不敢逃罪也。《虎丘诗》第一句，其古典出《文选·二六》陆士衡《赴洛诗二首》及《赴洛道中作二首》并《晋书·五四·陆机传》及九二《张翰传》等。今典则明南都倾覆，弘光朝士如王觉斯、钱牧斋之流，皆随例北迁。“兴太浓”三字，指他人或可，加之牧斋，恐未必切当。观牧斋后来留燕京甚短，即托病南归，可以推知也。

《虎丘诗》第二句，其古典亦出《晋书·张翰传》，世所习知。今典则《清史列传·七九·贰臣传·钱谦益传》云：

顺治二年五月，豫亲王多铎定江南，谦益迎降，寻至京候用。三年正月，命以礼部侍郎管秘书院事，充修明史副总裁。六月，以疾乞假，得旨，驰驿回籍，令巡抚视其疾痊具奏。（可参民国二十六年五月廿九日《中央时事周报》第六卷第二十期黄秋岳（濬）《花随人圣庵摭忆》“论太后下嫁”条。寅恪案：清初入关，只认崇祯为正统，而以福王为偏藩，故汉人官衔皆以崇祯时为标准。黄氏所引证虽多，似未达此点。）

及《东华录·二》云：

顺治三年六月甲辰，秘书院学士钱谦益乞回籍养病，许之，仍赐驰驿。

牧斋此次南归，清廷颇加优礼，既令巡抚视其疾痊具奏，则还家时必经苏州见当日之巡抚。此时江宁巡抚为土国宝。牧斋留滞吴门，或偶游虎丘，亦极可能。检《牧斋外集·一》载《赠土开府诞日（七律）三首》，诗颇不佳，或是门客代作。其第一首第六句“爱日催开雪后梅”，第二首第七句“为报悬弧春正永”，可知国宝生日在春初。第三首第一句“两年节钺惠吾吴”，据《清史稿·二百零七·疆臣年表·五·各省巡抚》“江宁”栏云：

顺治二年乙酉。土国宝七月乙卯巡抚江宁。

三年丙戌。土国宝。

四年丁亥。土国宝二月丁酉降。三月己未周伯达巡抚江宁。刘今尹署。

五年戊子。周伯达闰四月甲寅卒。五月壬午土国宝巡抚江宁。

六年己丑。土国宝。

七年庚寅。土国宝。

八年辛卯。土国宝十月丙辰罢，十二月丁巳自缢。丁卯周国佐巡抚江宁。

乾隆修《江南通志·二百零五·职官志·文职门》云：

张文衡。通省按察使司。开平卫人。廪生。顺治四年任。

土国宝。通省按察使司。大同人。顺治四年任。

夏一鹗。通省按察使司。正蓝旗人。生员。顺治五年任。

牧斋诗既作于春初，其“两年”之语，若从顺治二年算起，则有两可能。一为自二年七月至三年春初。二为自二年七月至四年春初。前者之时期，应是牧斋尚留北京寄赠此诗。后者之时期，即牧斋乞病还家不久所作。或牧斋过苏时赠诗预祝生日，亦有可能。观此诗题，既曰“赠”，又曰“诞日”，岂此诗具有贽见及上寿之两用欤？无论如何，牧斋此际必与土氏相往来，可以推知也。

《虎丘诗》第三句，其古典出《杜工部集·十·晚行口号》诗“远愧梁江总，还家尚黑头”，并《陈书·二七》及《南史·三六·江总传》。今典则略须考释，盖牧斋由北京还家，除应会试丁父忧不计外，前后共有四次。第一次在天启五年乙丑，以忤阉党还家，时年四十四。第二次在崇祯二年己巳，以阁讼终结归里，时年四十八。第三次在崇祯十一年戊寅，因张汉儒诬告案昭雪，被释放还，时年五十七。（寅恪案：潘景郑君辑《绛云楼题跋》引张大镛《自怡悦斋书画录》所载《祝枝山书格古论卷》一则。其文有“岁戊寅，漫游广陵”及“时三月既望，漏下二刻，剪烛为之记”等语。殊不知牧斋此时尚在北京刑部狱中，何能具分身法，忽游扬州耶？其为伪撰，不待详辨也。）第四次在顺治三年丙戌，降清北迁后，乞病回籍，时年六十五。即《虎丘题诗》之岁也（可参葛万里、金鹤冲所撰牧斋两《年谱》）。由是言之，《虎丘诗》此句所指，若释为第一次或第二次，则牧斋年未及五十，“黑头”句欠妥。若释为第三次或第四次，则“早已”二字亦不切。殆此诗作者，未详知牧斋四次还家之年龄所致耶？倘从董氏书所载，作“已是”，固无语病，但以诗论，似不及作“早已”较有意趣，斯亦不必拘泥过甚也。

《虎丘诗》第四句，其古典出《后汉书·列传·五十·下·蔡邕传》。伯喈博学好辞章，正定六经文字，为一代儒宗，以忤阉宦，谪戍亡命。后为董卓识拔，以伤痛卓死之故，为王允收付廷尉治罪。请免死，续成汉史，终不见许，死于狱中。此与牧斋之“学贯天人”，为“当代文章伯”，早年已成《太祖实录辨证》五卷，以见恶于魏忠贤党罢官，后由马士英之推荐起用。前后情事，约略相似，殊非泛用典故也。其今典则《国榷·一百零四》载：“弘光元年乙酉二月壬申南京礼部尚书钱谦益求退居修国史，即家开局。不许。”（可参李清《三垣笔记·下》“钱宗伯谦益博览群书”条及上引曹溶《绛云楼书目题辞》等。）及《清史列传·七九·贰臣传·钱谦益传》载：“顺治三年正月命以礼部侍郎管秘书院事，充修明史副总裁。”此为牧斋于明末清初两次欲修史，而未能成就之事实也。关于牧斋有志修史之材料颇多，如《有学集·一四·启祯野乘序》引黄石斋临死之言，“虞山尚在，国史犹未死也。”（可参同书四七《题程穆倩》卷“漳海毕命日，犹语所知，虞山不死，国史未死也”之语。）可见牧斋自负之一斑，其他不烦广征。

《虎丘诗》第五句，其古典出《新唐书·一百四十·裴遵传》附《枢传》。其今典则牧斋为明末清流，但幸免于上所论首三次之祸也。

《虎丘诗》第六句，其古典出《三国志·魏志·一一·田畴传》。其今典则指此次牧斋南还过苏州之事也。鄙意此句钮书“归”作“来”，疑较近真。盖前引《东山酬和集》河东君《我闻室呈牧翁》诗有“此去柳花如梦里，向来烟月是愁端”一联。河东君为几社女社员，其早岁赋诗，多受松江派之影响。此《虎丘诗》是否出自大樽，虽待考实，然观其辞句，如“昔去”“今来”一联，必为云间几社流辈之作品，似无可疑也。

《虎丘诗》第七、第八两句，其古典俱出《太平广记·四八五》许尧佐《柳氏传》及孟棨《本事诗·情感类》“韩翊（翃）少负才名”条。其文云：

（韩翃）以良金置练囊中寄之，题诗曰：“章台柳，章台柳，往日依依今在否。纵使长条似旧垂，亦应攀折他人手。”柳复书，答诗曰：“杨柳枝，芳菲节。可恨年年赠离别。一叶随风忽报秋，纵使君来岂堪折。”

第七句用君平诗，第八句用柳氏诗。但钮书作“日暮东风怨阿侬”，则竟认其出处为杜牧之《金谷园》诗（见《全唐诗·第八函·杜牧·六》），此诗云：

繁华事散逐香尘，流水无情草自春。日暮东风怨啼鸟，落花犹似堕楼人。

不独此时牧斋无季伦被收之祸，河东君无绿珠堕楼之事，且樊川诗中“春”及“东风”更与《题虎丘石上》诗之季节不合。况《虎丘诗》第二句用《张翰传》“翰因见秋风起，乃思吴中菰菜莼羹鲈鱼脍”之语，又相违反耶？七、八两句之今典，即前述牧斋随例北迁，河东君独留南都时，其仇人怨家以孙爱名义鸣其私夫郑某或陈某于官，而杖杀之之事。此事当时必已遍传。故林茧庵谓江南有老王八之谣。作《虎丘诗》者因得举以相嘲也。解释《虎丘诗》之辞语既竟，请略考其作者。王昶、庄师洛编辑《陈忠裕公全集》，于此诗作者为何人，不敢决定。盖以其“语涉轻薄，绝不类黄门手笔”之故，似颇有理。兹就牧斋及卧子两人之行踪，即顺治三年丙戌秋间两人是否俱在苏州一点推之，然后可以解释王、庄两氏之疑问。前据《清史列传·牧斋传》及《东华录》“顺治三年六月甲辰”条，知牧斋顺治三年由北京返常熟，必经过苏州，稍有滞留。又综合钱曾《有学集诗注·一·秋槐集·丙戌七夕有怀》云：

阁道垣墙总罢休，天街无路限旄头。（寅恪案：康熙甲辰本“限旄头”作“接清秋”，康熙乙丑本作“望楼头”，俱非牧斋原文。盖此诗第一、第二两句，实用《史记·天官书》，遵王已详注之矣。）生憎银汉偏如旧（寅恪案：“银汉”甲辰、乙丑两本，俱作“银漏”，是。若作“银汉”，则与下句“天河”二字，语意重复，不可通。盖“银漏”二字，出王勃《乾元殿颂》“银漏与三辰合运”之典，见蒋清翊《王子安集注·一四》。牧斋诗意谓己身此时尚留北京朝参也），横放天河隔女牛。（寅恪案：范锴《花笑庼杂笔·一》“黄梨洲先生批钱诗残本”条云：“牧翁丙戌七夕有怀，意中不过怀柳氏，而首二句寄意甚远。”今推梨洲之意，所以深赏此诗者，盖太冲夙精天算之学，而此诗首二句用星宿之典，以指南都倾覆，建州入关之事，甚为切合之故。黄、钱二人关系密切，所言自较金鹤冲附会之说为可信也。详见全氏《钱牧斋先生年谱》“丙戌隆武二年”条。）

及此题后，即接以《丙戌初秋燕市别惠（世扬）房（可壮）二老（甲辰、乙丑两本，无“丙戌初秋”四字）（七律）》两诗推之，可知牧斋于顺治三年夏，以病乞归，其离北京之时间，至早亦在是年七月初旬以后。到达苏州时，当在八月间。若少有滞留，则九月间尚在吴门。此牧斋踪迹之可考见者也。据《陈忠裕公全集》王胜时补撰《年谱·下》“顺治三年丙戌”条附录中载，王沄《宋辕文选唐五言古诗跋》略云：“丙戌秋师游虎丘，遇吴门朱云子论诗。师归（富林）语予。”（寅恪案：云子名隗，长洲人。事迹见同治修《苏州府志·八八》本传。《东山酬和集·二》选录其《次韵牧斋前七夕诗四首》，颇为不少。鄙意诸诗不甚佳，故第四章未论述之。）此卧子踪迹之可考见者也。然则钱、陈二人，确有于顺治三年丙戌秋间同在苏州之事，而卧子又于此时曾游虎丘，故《题虎丘石上》诗，其作者之为卧子，实有可能。复玩诗中辞语，乃属于几社一派。几社高才如李舒章，是时正在北京。宋辕文方干进新朝，其非李、宋所作，不待多论。由是言之，《虎丘诗》纵非卧子本身所作，恐亦是王胜时辈所为，而经卧子修改，遂成如此之佳什欤？（寅恪案：王沄《辋川诗钞·六·虞山柳枝词十四首》之九云：“梦到华胥异昔时，觉来犹幸夕阳迟。虎丘石上无名氏，便是虞山有道碑。”

自注云："丙戌钱罢官南归，有无名氏题诗虎丘石上，载诗话中。"可供参证。）鄙陋之见，未敢自信。今日博识君子当有胜解更出王、庄之上者，尚希有以赐教也。

又顾云美《东涧遗老钱公别传》略云：

（弘光元年）五月初十辛卯夜，上出狩。北军挟之去。（寅恪案："之"字指牧斋。）以前资浮沉数月，自免归。送公归者，起兵山东，被获，因得公手书，并逮公。锒铛三匝，至北乃解归。

寅恪案：送牧斋归者之姓名，顾氏未明言。近邓之诚先生《清诗纪事初编·三》"钱谦益"条云：

（顺治）三年正月授秘书院学士兼礼部侍郎。明史副总裁。六月以疾归。是时，法令严，朝官无敢谒假者，谦益竟驰驿回籍。归遂牵连淄川谢陛案，锒铛北上。传言行贿三十万金，得幸免。贿虽无征，后来谦益与人书，屡言匮乏，贫富先后顿异，未为无因矣。

今检《清史列传·七九·谢陞传》（参《清史稿·二四四·金之俊传》附《谢陞传》）云：

（顺治）二年正月，陞以疾剧，乞假。命太医诊视。二月卒。

据此，谢陞病逝时，牧斋尚在南京，任弘光帝之礼部尚书。顺治三年牧斋归家后被逮北行，非由谢陞所牵累明矣。

又检《国朝耆献类征初编·四六三》载田雯撰《谢陞墓志铭》略云：

公姓谢氏，讳陞，字紫宸，号丹枫。系出江西赣县。明洪武间，十世祖官小旗戍籍德州右卫。甲申李自成陷京师，置贼党，防御使阎杰，州牧吴征文来德，公流涕曰："主亡天下乱，仇可复也。"与州人李嗣晟谋诛之。李云："当告诸荐绅先生。"公曰："荐绅先生难言之，彼虑事熟，丐万全也。"狐疑败矣。公仗剑往，众踊其后，遇卢御史世漼云：《于思曷维其来？》公弗顾。征文坐听事堂，遥望于思，走逾半垣，拔角脱距，遂磔裂之。并执杰诛焉。众目眩良久，欲散归。公曰："贼踞京师，散将安往？"遂帅众而北，所在收兵，与江表连和，杀贼雪耻。会世祖章皇帝入关，乃上所收印绶。当国者欲官之，不受，归。公自此隐矣。知州某，征文甥也。诛征文时，匿僧舍免。后成进士，来知州事，思得公而甘心焉。诬以私藏兵器。卒无以害。公优游里闬垂十年，与年七十以上者十人，结为稀社。

《小腆纪传·四六·义师·一·凌駉传》（参《小腆纪年附考·五》"顺治元年四月明贡生马元騄生员谢陛"及"明兵部职方司主事凌駉"等条）略云：

凌駉，字龙翰，歙县人。崇祯癸未进士。以主事赞画督师李建泰军。建泰降贼，駉复临清、济宁。传檄山东，远近响应。于是土寨来归者甚众，与德州谢陛遥相应。

又附《马元騄谢陛传》略云：

马元騄，德州贡生。谢陛，诸生也。奉（宗室）帅鈫权称济王，移告远近，杀伪官。兖、青、登、莱诸州皆坚壁自守。陛即南中伪传以为故相谢陞者也。

道光修《济南府志·五二·人物·八·卢世漼传》略云：

卢世漼，字德水。天启乙丑进士，授户部主事。乞侍养归，服阕，补礼部改御史。移疾趣归。甲申之变，世漼与其乡人擒斩伪牧，倡义讨贼。大清兵下山左，以原官征，病不行。

《碑传集·一三六》田雯撰《卢先生世漼传》略云：

卢世漼，字德水，一字紫房。晚称南村病叟。涞水人。明初徙德州左卫。（天启五年乙丑）登进士第，除户部主事。未几省母归。复强起，补礼部，改监察御史。竟移疾去。甲申已后，每抠衣循发，歌注无聊。扫除墓地，有沈渊荷锸之意。

本朝拜原官，征诣京师，以病废辞。癸巳卒于家，年六十六。

牧斋《初学集·一百零六·读杜小笺·上》略云：

今年夏（寅恪案："今年"指崇祯六年癸酉），德州卢户部德水，刻《杜诗胥钞》，属陈司业无盟寄予，俾为其叙。

同书一一《桑林诗集》（原注："起崇祯十年丁丑三月，尽闰四月。"）小《序》略云：

丁丑春尽，赴急征。渡淮而北。

同书同卷复载有《将抵德州遣问卢德水》《德水送芍药》《东壁楼怀德水》《次韵酬德水见赠》等题，并附卢世漼《上牧斋先生》诗。

寅恪案：徐鼒谓凌駉"传檄山东。与德州谢陛遥相应"，又谓"陛即南中讹传以为故相谢陞"。可知邓之诚先生谓牧斋"牵连淄川谢陞案"之"谢陞"，乃谢陛之误。《德州府志》谓"世漼与其乡人擒斩伪牧，倡义讨贼"之"乡人"，当即指谢陛、马元騄等，盖与《谢陛墓志铭》所言同为一事。惟田雯撰《卢先生世漼传》（见《碑传集·一三六·文学·上之上》）恐有所避讳，不明言之耳。复据上引资料，谢陛、卢世漼二人又皆不受清廷之官职者，自与抗清复明之运动有关也。又，牧斋于崇祯十年丁丑因张汉儒之讦控，被逮北上，道经山东，与卢德水频繁赋诗唱和。以没口居士与南村病叟如是交谊，则其于顺治三年丙戌辞官南下，再经山东，亦应有酬和之篇什及来往之书札。由此推之，牧斋于顺治三年丙戌七夕后，自北京归家，被逮北行，必为谢陛、卢世漼等之牵累，更无疑义。谢氏既被诬以私藏兵器，但不久事白，则牧斋之得免祸，亦事理所当然，而顾云美所谓“送公归者”，乃指卢氏，抑又可知矣。

吾国文学作品中，往往有三生之说。钱、柳之因缘，其合于三生之说，自无待论。但鄙意钱、柳之因缘，更别有三死之说焉。所谓三死者，第一死为明南都倾覆，河东君劝牧斋死，而牧斋不能死。第二死为牧斋遭黄毓祺案，几濒于死，而河东君使之脱死。第三死为牧斋既病死，而河东君不久即从之而死是也。此三死中，第一死前已论述之，兹仅言第二死。寅恪草此稿有两困难问题。一为惠香公案，第四章曾考辨之矣。一为黄毓祺之狱，即所谓第二死。今稍详述此案发生年月之问题，并略陈牧斋所以得脱第二死之假设，以俟读者之教正。

顾苓《河东君传》云：

丁亥三月，捕宗伯亟，君挈一囊，从刀头剑铓中，牧圉馈橐惟谨。事解，宗伯和苏子瞻御史台寄妻韵，赋诗美之，至云：“从行赴难有贤妻。”时封夫人陈氏尚无恙也。（此节前已引。）

寅恪案：牧斋为黄毓祺案所牵涉，被逮至金陵。其年月问题，依云美此传之记载，与牧斋所自言者符合。实则顾氏即据牧斋原诗之序，非别有独立不同之资料。故此传此节，亦可视为牧斋本人自述之复写，其价值不大也。今就所见官私两方资料，初不易定其是非，辨其真伪。后详检此案文件，终获得一最有力之证据，始恍然知清代官书未必尽可信赖。但因述及此案诸书中，颇多与官书相合，故亦择录数条，以便与牧斋己身及其友朋并他人之记载互相参校也。

《清世祖章·皇帝实录·三八》略云：

顺治五年戊子夏四月丙寅朔。辛卯凤阳巡抚陈之龙奏："自金逆（声桓）之叛，沿海一带，与舟山之寇，止隔一水，故密差中军各将稽察奸细，擒到伪总督黄毓祺并家人袁五，搜获铜铸伪关防一颗，反诗一本，供出江北窝党薛继周等，江南王觉生、钱谦益、许念元等，见在密咨拿缉。"疏入，得旨："黄毓祺著正法，其江北窝贼薛继周等，江南逆贼王觉生、钱谦益、许念元等，著马国柱严饬该管官访拿。袁五著一并究拟。"

蒋良骐撰《东华录·六》云：

（顺治五年四月）凤阳巡抚陈之龙疏奏擒伪总督黄毓祺并家人袁五，搜获铜印一颗，反诗一本。供出江北窝党薛继周等，江南王觉生、钱谦益、许见元等。现在密咨拿缉。得旨，黄毓棋著即正法，其薛继周、王觉生等著严饬该管地方官访拿。袁五一并究拟具奏。

《清史列传·七九·贰臣传·乙·陈之龙传》云：

（顺治）五年，奏擒奸人黄毓棋于通州法宝寺。获伪印及悖逆诗词。原任礼部侍郎钱谦益，曾留毓祺宿，且许助资招兵。诏马国柱严鞫。毓祺死于狱。谦益辨明得释。时，江西镇将金声桓叛，攻陷无为州巢县等处。巡抚潘朝选劾之龙不能御寇，纵兵淫掠。得旨降二级调用。

同书八十《逆臣传·金声桓传》略云：

（顺治）五年正月，声桓与（王得仁）合谋，纠众据南昌叛。诡云明唐王未死，分牒授职，书隆武四年。遣人四出约期举兵。广东提督李成栋叛应之。

同书同卷《李成栋传》略云：

（顺治）五年正月，江西叛镇金声桓遗书招成栋。成栋遂拥众反，纳款由榔，迎之入广东。于是广东郡邑皆从叛。

清《御批历代通鉴辑览·一一九》附《明桂王·二》略云：

顺治五年春正月，总兵金声桓叛，以江西附于桂王由榔。

是月二十五日，闭城门，部勒全营，围（巡按御史董）学成官署，杀之。并及副使成大业。执巡抚章于天于江中，迎故明在籍大学士姜曰广入城，以资号召。遣人奉表由榔。由榔封声桓昌国公，得仁新喻侯。得仁统兵陷九江，扬言将窥江宁。

同书同卷略云：

（顺治五年）夏四月，提督李成栋叛，以广东附于桂王由榔。

是月十一日黎明，成栋令其兵集教场，声言索饷，欲为变。成栋请（总督佟）养甲出城抚辑。养甲至，众兵呼噪，劫之以叛。遂传檄各属，遣使附于由榔。

《清史稿·四·世祖本纪·一》略云：

顺治五年二月二日甲戌，金声桓、王得仁以南昌叛。

《清史列传·七九·贰臣传·乙·钱谦益传》云：

（顺治）五年四月，凤阳巡抚陈之龙擒江阴黄毓祺于通州法宝寺，搜出伪总督印及悖逆诗词，以谦益曾留黄毓祺宿其家，且许助资招兵入奏。（寅恪案：《小腆纪传·四六·黄毓祺传》云：“（毓祺）将起义，遣江阴徐摩致书钱谦益，提银五千，用巡抚印钤之。谦益知其事必败，却之，持空函返。摩之友人徽州江纯一，谓摩返必挟重资，发之可得厚利，诣营告变”等语，可供参考。）诏总督马国柱逮讯。谦益至江宁诉辨，前此供职内院，邀沐恩荣，图报不遑，况年已七十，奄奄余息，动履借人扶掖，岂有他念。哀吁问官乞开脱。会首告谦益从逆之盛名儒逃匿不赴质，毓祺病死狱中，乃以谦益与毓祺素不相识定谳。马国柱因疏言：“谦益以内院大臣归老山林。子侄三人新列科目，必不丧心负恩。”于是得释归。（寅恪案：王元钟编《国朝虞阳科名录·一·进士门》“顺治四年丁亥科”略云：“钱祖寿二甲第五名。字福先，号三峰。时俊孙。唐朝鼎二甲第十四名，字禹九，号黎谷。本姓钱。钱裔僖三甲第九十四名，字嗣希，时俊子。”同书二《举人门》“顺治三年丙戌科”略云：“钱裔僖见进士。钱召西翰，庠名祖彭。裔肃子。钱孙爱孺贻，改名上安。谦益子。”国柱所谓“子侄三人”，子自是孙爱，侄则当指裔僖、祖寿。其实裔僖乃侄孙，祖寿、祖彭乃侄曾孙。唐朝鼎即与迫死河东君案有关之“族贵”钱朝鼎，此时尚未复姓，更应不列于此也。又《清史列传·九·黄梧传》载“梧”条列剿灭郑氏五策，其四曰：“锄五商，以绝接济。成功于山海两路各设五大商，为之行财射利。梧在海上素所熟识，近且潜住郡城，为其子弟营谋乡举邑庠，为护身之符。其实阴通禁货，漏泄虚实，贻害莫大。应奏请敕下督抚严提正罪，庶内宄清而接济之根可拔矣。”黄氏所言之情况，虽时间较晚，但亦可供参证。）

同书同卷《土国宝传》略云：

（顺治）二年，随豫亲王多铎定江宁。王令同侍郎李率泰招抚苏州松江诸郡，遂奏授江宁巡抚。（以）擅杀（苏州诸生王伯时及文震孟之子文乘）下所司察议，坐降调。四年八月，命以布政衔管江南按察司事。五年五月，仍授江宁巡抚。八年十月，巡按御史秦世祯疏劾国宝（贪赃）。疏上，命革国宝等职，下总督马国柱同世桢讯鞫。国宝将就逮，畏罪自经死。鞫证皆实，追赃入官。

《清史稿·四·世祖本纪·一》略云：

顺治四年七月戊午，改马国柱为江南江西河南总督。

同书一二二《职官志·三·外官门》略云：

顺治元年，置江南巡抚，驻苏州，辖江宁、苏州、松江、常州、镇江五府。十八年，江南分省，更名苏州巡抚。

顺治十八年，江南分省，右布政使徙苏州，左仍驻江宁。

顺治三年，增置江宁按察使一人。康熙八年，江苏按察使徙苏州。（原注：“江宁隶此。”）

同书二百零三《疆臣年表·一》“顺治四年丁亥江南江西河南”栏云：

马国柱七月戊午总督江南江西河南。

同书同表“顺治四年丁亥宣大山西”栏云：

马国柱七月戊午调。（寅恪案：叶绍袁《启祯记闻录·七·芸窗杂录》云：“旧巡抚土公左迁按察使。（丁亥）十二月中已履任。江宁洪内院亦奉旨回京。代之者马公名国柱。洪系明朝甲科，马固一白丁也。”可供参考。）申朝纪总督宣大山西。

同书同表“顺治十一年甲午江南江西”栏云：

马国柱九月丁未休。十月马鸣佩总督江南、江西。

黄宗羲《海外恸哭记》“监国鲁三年戊子闰三月（即顺治五年戊子四月）江西虏帅金声桓反正”条（可参梨洲《行朝

录·四》“鲁王监国”及同书五“永历纪年”有关各条）云：

金声桓者，故楚帅左良玉之部将也。良玉死，良玉之子梦庚降虏。虏俾声桓仍统其军。大学士黄道周督郑鸿逵、郑彩二军出杉关。声桓故曾役于道周，乃阳为送款，而使别将张天禄袭之。道周被执，由是得镇江西。上取闽，虏调各省之兵，复陷其地。声桓之力居多。虏抚以声桓降将，故轻之。从之取贿不得。声桓私居尝改旧服，于是虏抚上变，言声桓谋反。声桓使人窜之中途，得其书，乃置酒召虏抚，以书示之。虏抚失色，遂斩之。奉永历帝正朔，受爵豫国公。江西郡县皆定。当是时，南都震动，以为声桓旦夕且下。虏官豫拟降附，而虏之守赣州者不从声桓。声桓欲攻之，守赣州者曰：“吾不动以待汝。汝得南都，则吾以赣下。”乃为声桓之谋者，以宁庶人（宸濠）之败，急于顺流，故使新建（伯王阳明）得制其后。今门庭之寇未除，而勤远略，是追庶人之偾车者也。声桓遂急攻赣。赣守愈坚，各省之援虏大集，围声桓困之。数月食尽。部曲斩声桓，降于虏。

查继佐《鲁春秋·监国纪》略云：

（永历二年）戊子（监国三年），监国跸鹭门。北总镇金声桓回向，为明守南昌。北总镇李成栋回向，为明守广东。

声桓与养子王得功北反自称辅明将军，桂王封豫国公。封成栋惠国公。

（永历三年）己丑（监国四年）春正月，监国由鹭门诣沙埕。

南昌败。豫国公金声桓、建武侯王得仁、大学士尚书姜曰广死之。诸郡县咸不守。

金豫国回向，曰广欲捷取九江，扼安庆，窥南都。声桓不听。至是败，间投井死。

惠国成栋以桂命提东粤师应声桓，协攻赣。适声桓解赣围两日矣。势单，败走信丰，溺水死。

祝芸堂（纯嘏）编《孤忠后录》略云：

顺治四年丁亥，黄毓祺起兵海上，谋复常州。

正月，毓祺纠合师徒，自舟山进发。常熟钱谦益命其妻艳妓柳如是至海上犒师，适飓风大作，海艘多飘没。毓祺溺于海，赖勇士石政负之，始得登岸。约常郡五县同日起兵恢复事既不就，而志不少衰。逃名潜窜。至淮，索居僧舍。一日僧应薛从周家礼忏，周闻知祺，延而馆之。祺有部曲张纯一、张士俊二人，向所亲信。二人从武弁战名儒（寅恪案：《清史列传·贰臣传·钱谦益传》之“盛名儒”，疑即此人），转输实无所措，谋于名儒，将以祺为奇货。名儒故与薛有隙，得此为一网打尽计。于是首者首，捕者捕，祸起仓卒矣。（寅恪案：《续甬上诗·八十·谢三宾小传》云：“牧斋以黄介祉事上变，而反遭囚絷。”柴德赓君已辨其非。甚是。见《辅仁学志》第十二卷第一第二合期《〈鲒埼亭集〉谢三宾考》。）

顺治五年戊子，下黄毓祺于海陵狱。

是年春，执毓祺见廉使夏一鹗。四月，下海陵狱。一鹗为常州府时，治徐趋之狱，尝垂涎于祺而欲未遂。后，心艳武进杨廷鉴之富，欲借此为株连，祺不应，索笔供云：“身犹旧国孤臣，彼实新朝佐命（寅恪案：“彼”指钱牧斋）各为一事，马牛其风。”一鹗大怒，酷肆拷掠，诘以若欲何为？曰：“求一死耳。”七日，遂囚于广陵狱。

六年己丑，黄毓祺死于金陵狱。

三月，移金陵狱。将刑，门人告之期。祺作绝命诗，被衲衣，趺坐而逝。

钱肃润辑《南忠记》“贡士黄公”条云：

黄毓棋，字介子，江阴人。倡义城守。城破，决围出。潜匿村落间。俟满兵稍去，复行召募。于丙戌冬十一月集兵，期一夕袭取江阴、武进、无锡三城，不克。毓祺往扬州，设绛帐于诸富商家。戊子被执于泰州，置犴狴，咏歌不辍。人共钦之。己丑三月十八日，忽见范蠡、曹参、吴汉、李世勣四人召之去，含笑而逝。有绝命词云：“人闻忠孝本寻常，墙壁为心铁石肠。拟向虚空擎日月，曾于梦幻历冰霜。檐头百里青音吼，狮子千寻白乳长。示幻不妨为厉鬼，云期风马昼飞扬。”毓祺死，亲知无有见者。赖常熟门人邓大临起西为之醵金埋葬于狱中。旨下，命戮其尸。

寅恪案：综合清代官书之记载，牧斋因黄毓祺案被逮至南京，应在顺治五年戊子四月（寅恪案：此年明历三月大，闰三月小，四月大，五月小。清历三月大，四月小，闰四月大，五月小。故清历四月即明历闰三月。见陈氏《二十史朔闰表》及郑氏《近世中西史日表》），决无疑义。此点与牧斋本身之记载谓在顺治四年丁亥三月者，显相冲突。兹先一检清代官书所记是否合理。依陈之龙《疏》谓自金声桓叛清后，遣将稽查沿海一带，遂擒获黄毓祺。然则黄之被擒，在金之叛清以后。牧斋之被逮，又在黄被擒之后。今清代官书记金氏之叛，至早在顺治五年戊子正月。清廷命马国柱严饬该管官访拿黄氏党羽，遂逮牧斋至南京。清代官书复载马国柱于顺治四年丁亥七月由宣大山西总督调任江南江西河南总督，故黄案发生，必在马氏调任之后，方有可能。

牧斋自述其被逮，在顺治四年丁亥三月。此际马氏尚未到新任所，清廷谕旨岂得有“该管”之语。足证清代官书所记事实，其年月衔接吻合，无可非议也。又明自南都倾覆后，其借以抗清之根据地有二。一为西南腹地奥区，一为东南滨海边隅。金声桓叛清，声言将取南都。李成栋复以广东归明，当时江浙闽粤、大陆岛屿皆受影响。观上引黄梨洲之《海外恸哭记》及《行朝录》并查东山之《鲁春秋》等，可见一斑。故黄、查两氏所述年月，实可间接证明清代官书记载之合理。至祝芸堂之书，乃专述黄介子事迹者，其所载年月皆与清代官书符会。惟言牧斋命河东君至海上犒黄毓祺师一事，未知有何依据。俟考。钱础日特记黄半城之死日（毓祺此号见赵曦明《江上孤忠录》注），较他书为详。且祝、赵两氏皆黄氏乡人，其书记述清兵残暴、明士忠节之事，故应与余姚海宁之著述视同一例也。

夫清代官书年月之记载，无可非议，已如上述。似应视为定论。但鄙意实录之编纂，累经改易，编者综合资料，排比先后，表面观之，虽如天衣之无缝。然未必实与当时事件发生之次序一一吻合。昔年检编明清内阁大库档案残本，曾见实录原稿，往往多所增删变换，遂知实录之年月先后，亦间有问题。兹见罗振玉《史料丛刊初编·洪文襄公（承畴顺治四年丁亥七月初十日）呈报吴胜兆叛案揭帖》内引“苏松常镇四府提督吴胜兆状招”云：

顺治四年三月，内有戴之俊前向胜兆吓称苏州拿了钱谦益，说他谋反。随后就有十二个人来拿提督。你今官已没了，拿到京里，有甚好处？我今替你开个后门，莫如通了海外，教他一面进兵，这里收拾人马，万一有人来拿，你已有准备。胜兆又不合回称我今力单，怎么出海？戴之俊回云，有一原任兵科陈子龙，他与海贼黄斌卿极厚，央他写书一封，内大意云，胜兆在敝府做官极好。今有事相通，难形纸笔，可将胜兆先封为伯，后俟功成，再加升赏。其余不便尽言。来将尽吐其详等语。

亨九此《揭》乃当时原文，最有价值。足证牧斋实于顺治四年丁亥三月晦日在常熟被逮。清代编辑《世祖实录》，何以不用洪氏原文，而移置此案于次年？岂因马国柱顺治四年三月，尚未到南京任所之故耶？抑或未曾见及洪氏奏《揭》原文所致耶？今虽未能断定其错误之由，然就牧斋在常熟被逮之年月一点论之，自应依牧斋己身之记载，而不当据清代实录也。

关于牧斋本身及其友人之记载，则牧斋因黄毓祺案被逮，谓在顺治四年丁亥三月。明清之历，固有不同。但以干支记年，如“丁亥”“戊子”两者，必不致差误。牧斋于此案发生之年月，其集中诗文屡言之，不须广征。兹仅择数端于下。至其所以能免死之故，则暂不涉及也。

《有学集·一·秋槐诗集·和东坡西台诗韵六首序》云：

丁亥三月晦日，晨兴礼佛，忽被急征。锒铛拖曳，命在漏刻。河东夫人沉疴卧蓐，蹶然而起，冒死从行。誓上书代死，否则从死。慷慨首涂，无刺刺可怜之语。余亦赖以自壮焉。狱急时，次东坡御史台寄妻诗，以当诀别。狱中遏纸笔，临风暗诵，饮泣而已。生还之后，寻绎遗忘，尚存六章。值君三十设帨之辰，长筵初启，引满放歌，以博如皋之一笑，并以传视同声，求属和焉。

同书一三《东涧诗集·下·病榻消寒杂咏四十六首》之十六云：

缧绁重围四浃旬，仆僮并命付灰尘。三人缠索同三木，六足钩牵有六身。伏鼠盘头遗宿溺，饥蝇攒口嘬余津。频年风雨鸡鸣候，循省颠毛荷鬼神。（自注：“记丁亥羁囚事。”）

同书二五《梁母吴太夫人寿序》略云：

梁母吴太夫人者，太子太保吏部尚书少保真定梁公（乾吉梦龙）之子妇，今备兵使者慎可（维枢）之母，而少宰（葵石清远）司马（玉立清标）之祖母从祖母也。丁亥之岁，余坐饮章急征，妇河东氏匍匐从行。狱急，寄孥于梁氏。太夫人命慎可卜雕陵庄以居。慎可杜夫人酒脯粔籹，劳问绎络。太夫人戒车出飨，先期使姆致命，请以姑姊妹之礼见。宾三辞，不得命。翼日，太夫人盛服将事，正席执爵再拜，杜夫人以下皆拜。宾答拜践席。杜夫人以下以次拜太夫人，介妇以降复以次拜，乃就位。凡进食进肴，太夫人亲馈，宾执食，兴辞，然后坐。沃洗卒觯礼如初。太夫人八十高矣，自初筵逮执烛，强力无怠容。少宰诸夫人踧踖相杜夫人执事，无儳言，无偕立，贯鱼舒雁，肃拜而后退。余闻妇言，奉手拱立，惜未得身为辉胞，于是乎观礼焉。又十年丁酉，太夫人寿九十，设帨之辰，铺几筵，考钟鼓，庭实玉帛仪物，当应古太飨。然其献酬酳酢，三终百拜，礼成乐备，于往者之宾筵，固可概见也。

谢象三（三宾）《一笑堂集·三·丁亥冬被诬在狱时钱座师亦自刑部回以四诗寄示率尔和之四首》云：

阴风飒飒雨凄凄，谁道天高听果低。渔猎难堪官似虎，桁杨易缚肋如鸡。已无收骨文山子，尚有崩城杞子妻。所仗平生忠信在，任教巧舌易东西。

犴狴城深白日凄，肯从狱吏放头低。任渠市上言成虎，已付鬻中命若鸡。辨谤虽存张子舌，赂官难鬻老莱妻。不知孤寡今何在，定是分飞东与西。

岁行尽矣气方凄，衰齿无多日已低。嘹呖梦中闻过雁，悲凉旧事听荒鸡。囹圄不入惭萧傅，缧绁无辜愧冶妻。久矣吾生欠一死，不须题墓作征西。

贪夫威福过霜凄，素可为苍高作低。已苦笼人如缚虎，仍闻席卷不留鸡。网罗并及伤兄弟，颠沛无端累妾妻。知有上天无待诉，种松也有向东西。

寅恪案：牧斋自谓因黄案被逮在丁亥岁。若疑其年老健忘，则《和东坡诗》第四首自注云："余与二仆共梏拲者四十日。"《序》言："生还之后，值君三十悬帨之辰。"盖牧斋逮至南京下狱，历四十日，然后出狱，尚被管制，即所谓"颂系"，亦即谢象三所谓"自刑部回"者是也。考河东君与牧斋于茸城结缡，时年二十四，此年为崇祯十四年辛巳。故顺治四年丁亥适为三十岁。又《梁维枢母寿序》中有"丁亥之岁，余坐饮章急征。又十年丁酉，太夫人寿九十"之语。至其垂死时赋《病榻消寒杂咏》，更有《记丁亥羁囚事》一首，与《追忆庚辰冬半野堂文宴旧事》一首，乃一生最苦最乐之两事，始终不能忘怀者。查伊璜《鲁春秋·监国》"元年丙戌二月"载："晋谢三宾东阁大学士。"象三降清后，被逮下狱，当与此事有关。然得一宰相之虚衔，聊胜其老座师屡次干求而不得者多矣。据其诗题，可证牧斋实以丁亥岁下南京狱。象三于崇祯十五年壬午，年五十，牧斋为作寿序（见《初学集·三六》）。则丁亥岁，年五十五，而牧斋年六十六。老座师纵因老而健忘，老门生少于其师十一岁，必不应误记也。象三之诗虽远不逮牧斋，但以曾有争娶河东君之事，故和"妻"字韵句，颇可令人发笑，因全录四首原文，以资谈助。

又，顾云美《东涧遗老钱公别传》云：

戊子五（三？）月，为人牵引，有江宁之逮。颂系逾年，复解。

考牧斋自云以丁亥三月晦，被急征至南京下狱，历四十日始出狱，仍被管制。至己丑春，始得释还常熟。故云美之误，自不待言。此点与其所撰《河东君传》云"庚辰冬，扁舟过访，同为西湖之游"及"癸卯秋，下发入道"同为误载。岂因师事牧斋稍晚，于其师之经历未甚详确所致耶？至其所撰《河东君传》云"丁亥三月，捕宗伯亟"，则显与《东涧遗老钱公别传》冲突。当是所撰《河东君传》乃依据牧斋《和东坡诗序》，遂有此语，而不悟其钱、柳两《传》自相抵触。甚矣！著书记事之难如此。

总而言之，今既得洪承畴之原《揭》，可以断定清代所撰官书，终不如牧斋本身及其友人记述之为信史。由是推论，清初此数年间之记载，恐尚有问题，但以本文范围之限制，不能一一详究也。关于牧斋所以得免死于黄毓祺案一事，今日颇难确考。但必有人向当时清廷显贵如洪承畴、马国柱或其他满汉将帅等为之解说，则无疑义。据上引牧斋所作《梁维枢母寿序》，言其被逮至南京时，河东君寄寓慎可之家。由是言之，慎可乃救免牧斋之一人，可以推知也。

检《梅村家藏稿·四二·佥宪梁公西韩先生墓志铭》略云：

真定少宰梁公讳清远，排缵其尊人佥宪西韩先生行事来告。按状，公讳维枢，字慎可，别号西韩生，真定人。其先徙自蔚州，七世至太宰贞敏公（指梦龙）始大。贞敏第四子封中书，澹明公讳志，以元配吴夫人生公。皇清定鼎，即（工部主事）旧官录用。奔澹明公丧归，而孝养吴夫人者八年。用疏荐复出，补营缮郎。（顺治十三年丙申五月己未）乾清宫告成，得文绮名马之赐。升山东按察司佥事，整饬武德兵备。会入贺，遂乞养。后五年而卒于家，享年七十有四。公生于（万历十年）丁亥八月之二十九日。卒于（康熙元年）壬寅十月之六日。元配王氏，继王氏，再继杜氏。少宰贵，于典得加恩二母，元配王，赠恭人，而杜貤封亦如之。有六子，长少宰也。又先业在雕桥庄，有古柏四十围。赵忠毅（南星）尝过而憩焉。岁月不居，身名畹晚，每摩挲其下，彷徨叹息不能去。余投老荒江六年，衰病坎壈，倍于畴昔。公家英嗣皆以公故辱知余。余得栖迟闾里，苟视先人之饭含者，夫犹公赐也。

则慎可丁父忧，虽未能确定为何时，但至迟亦必在顺治四年七月马国柱任江南江西河南总督以前。慎可殆以宾僚资格，参预洪氏或马氏军府。考梁、洪俱为万历四十三年乙卯举人，有乡试同年之谊（见光绪修《畿辅通志·三九》及同治修《福建通志·一五六·选举表》“举人”栏等）。在旧日科举制度下之社会风习，两人之间纵无其他原因，即此一端，慎可亦能与亨九发生关系，遂可随之南下，为入幕之客，寄寓江宁。至其雕陵庄，当由梁氏真定先业之雕桥庄得名。（可参赵南星《味檗斋文集·八·雕桥庄记》略云“吾郡梁太宰（梦龙）有雕桥庄，在郡西十五里。梁公往矣，公孙慎可读书其中，自号西韩生”等语，及《吴诗集览·六·上·雕桥庄歌序并注》。）盖慎可侨居金陵，因取《庄子·山木篇》“雕陵”之语，合用古典今典，以名其南京之寓庐也。慎可离南京北返之年月，今颇不易知。但必在顺治六年己丑冬季以后。（可参下论。）

检《牧斋尺牍·中·致□□□》云：

往年寄孥雕陵，荷贤乔梓道谊之爱，家人妇子仰赖鸿慈。云树风烟，每纡雁素。惟尊太翁老世兄邮筒不绝，翰墨相商，时询鲤庭，遥瞻鸾掖，寸心缱绻，未尝不往来函丈也。不肖某，草木残年，菰芦朽质，业已拨弃世事，归向空门，而宿业未亡，虚名为祟，谣诼间发，指画无端。所赖台翁暨司马公爱惜孤踪，保全善类，庶令箕风罡煽，毕口削芒。此则元气所关，海内瞻仰。不肖潦倒桑梓，无能报称，惟有向绣佛斋前，长明灯下，稽首斋心，祝延介福而已。犬子计偕，耑叩铃阁。黄口童稚，深望如天之覆。其为铭勒，何可名言。临楮不胜驰企。

寅恪案：此札乃致梁清远者，“司马公”指清标言。考清标自顺治十三年丙申四月至康熙五年丙午九月任兵部尚书。孙爱中式顺治三年丙戌乡试。牧斋此函即付孙爱赴北京应会试时，面交清远者。孙爱应会试当不止一次，但此次必不在顺治十三年四月清标任兵部尚书以后，康熙元年壬寅十月维枢逝世以前。此六年间清廷共举行会试三次。依牧斋“谣诼间发”之语，则疑是顺治十六年己亥秋牧斋预闻郑成功舟师入长江之役以后，亦即孙爱赴北京应十八年春闱时也。然则牧斋作此札时，距黄毓祺案已逾十年，尚欲梁氏父子兄弟始终维护保全，如前此之所为。今日吾人殊不易知郑氏失败，牧斋所以能免于牵累之故。或者梁氏兄弟仍有间接协助之力耶？

寅恪复检《牧斋尺牍·上·致镇台（化凤）书三通》之一云：

内子念尊夫人厚爱，寝食不忘。此中邮筒不乏，即容耑候万福。

此札言慎可家事颇详，自是致维枢者。编辑误列，不待详辨。至牧斋与梁化凤之关系，俟后论之，兹暂不涉及。

又，第三章引钱肇鳌《质直谈耳》，谓河东君在周道登家为群妾所谮，几至杀身，赖周母之力得免于死。观牧斋《梁母吴太夫人寿序》可证河东君与慎可母之关系，与应付周旋念西母者，正复相同。河东君善博老妇人之欢心一至于此。噫！天下之“老祖宗”固不少，而“凤丫头”岂能多得者哉？牧斋之免祸，非偶然也。

前论牧斋所以得脱黄毓祺案牵累之故，疑与梁维枢有关。惜今尚未发见确证，故难决言。检赵宗建《旧山楼书目》，载有：

柳如是家信稿（原注：“十六通。自写。”）一本。

牧斋甲申年日记一本。

又乙酉年日记一本。

又记豫王下江南事迹一本。

又被累下狱时与柳如是信底稿（原注：“内有诗草底稿。”）一本。

等数种。若非伪托，而又尚存天壤间者，则实为最佳史料。唯未曾亲睹，不能判其然否，殊深怅恨也。但有一点可以断定者，即牧斋之脱祸，由于人情，而不由于金钱。今所见载记，如叶绍袁《启祯记闻录·七》附《芸窗杂录记》“顺治四年丁亥事”略云：

海虞钱牧斋，名谦益，中万历庚戌探花，官至少宗伯，历泰昌、天启、崇祯、弘光五朝矣。乙酉岁，北兵入南都，率先归附，代为招抚江南，自谓清朝大功臣也。然臣节有亏，人自心鄙之。虽召至燕京，任为内院，未几即令驰驿归，盖外之也。四月朔，忽缇骑至苏猝逮云。

钱牧斋有妾柳氏，宠嬖非常。人意其或以颜貌，或以技能擅长耳。乃丁亥牧老被逮，柳氏即束装挈重贿北上，先入燕京，行赂于权要，曲为斡旋。然后钱老徐到，竟得释放，生还里门。始知此妇人有才智，故缓急有赖，庶几女流之侠，又不当以闺阃细谨律之矣。

及计六奇《明季南略·九》“黄毓祺起兵行塘”条附记云：

（黄毓祺）将起义，遣徐摩往常熟钱谦益处提银五千，用巡抚印。摩又与徽州江某善。江嗜赌而贪利，素与大清兵往还。知毓祺事，谓摩返必挟重资，发之可得厚利。及至常熟，钱谦益心知事不密，必败，遂却之。摩持空函还，江某诣营告变，遂执毓祺及薛生一门（寅恪案：“薛生”指薛继周之第四子），解于南京部院，悉杀之。钱谦益以答书左袒得免。然已用贿三十万矣。

之类，皆未明当日事实所致。叶氏之书，大抵依时日先后排列，但“钱牧斋有妾柳氏”条，乃闻牧斋脱祸以后，因补记于“海虞钱牧斋名谦益”条相近处，盖以同述一事故也。所可注意者，其记牧斋被逮至苏，在丁亥四月朔，与洪亨九原《揭》所引吴胜兆供词及牧斋自记丁亥三月晦日在家忽被急征者相合。常熟距苏州甚近，叶氏于四月朔闻讯，遂笔录之耳。天寥与牧斋之关系，迥非谢象三之比，然其记牧斋被逮事，亦在顺治四年丁亥，殊有参考之价值。至于所言河东君挈重贿北上，先入燕京，牧斋徐到一节，乃得之辗转传闻，可不置辩。叶氏言“重贿”，计氏言“用贿三十万”，皆未悉牧斋当日经济情况者之揣测。兹略征载记，以证牧斋此时实不能付出如此巨大数量之金钱，而河东君之能利用人情，足使牧斋脱祸，其才智尤不可及也。关于牧斋经济情况之记载，虽颇不少，但一人一家之贫富，亦有改变，故与黄毓祺案发生之时间相距前后久远者，可不征引。前论河东君患病，经江德璋治愈，牧斋以玉杯赠江为谢，因述及顺治二年乙酉清兵破明南都，牧斋奉献豫亲王多铎之礼物独薄一事，据此得知牧斋当时经济情况实非丰裕。盖值斯求合苟免之际，若家有财货而不献纳，非独己身不应出此，亦恐他人未必能容许也。南都迎降之年，下距黄毓祺案发生之岁，时间甚近，故牧斋必无重资厚贿以脱祸之理。今存《牧斋尺牍》，其中诉穷告贷之书札不少，大抵距黄案时间颇远，以非切当之资料，不多引。唯《与毛子晋四十六通》，其第三十九通云：

狱事牵连，实为家兄所困。顷曾专信相闻，而反倩笔于下走者，老颠倔强，耻以残生为乞丐耳。未审亦能悉此意否也？归期不远，嘉平初，定可握手。仲冬四日。

检《有学集·一七·赖古堂文选序》云“己丑之春予释南囚归里”，可证牧斋于顺治六年己丑春间，被释归常熟。此札末署“仲冬四日”，即顺治五年戊子十一月初四日。“嘉平初，定可握手”者，谓戊子年十二月初，可还家与子晋相见。牧斋作此札，尚在黄案未了结之时。然则叶、计两氏所言之非信史，更可见矣。

又，叶、计两氏所以有此记载，盖据当时不明牧斋经济情况者之传说。牧斋虽不以富名，但家藏珍本书籍，平时服用，亦非甚俭薄，然则其何术以致此耶？

明末苏松常镇之士大夫，多置田产，以供其生活之费用。清室因郑成功舟师入长江之役，江南士大夫多响应者，发起奏销案以资镇压。观孟心史（森）《明清史论著集刊·下·奏销案》一文，可概见也。复检《牧斋尺牍·中·与□□□》云：

双白来，得手教，谆谆如面谈。更辱垂念，家门骨肉道义，情见乎词。可胜感佩。近日一二枭獍蜚语计穷，谓寒家户田欠几万金，将有不测之祸。又托言出自县令之言，簧鼓远近。试一问之，户有许多田，田有许多粮。若欲欠盈万之额，须先还我逾万之田而后可。小人嚼舌，不顾事理，一至于此。此言必有闻于左右者，亦付之一笑可也。海晏河清，杜门高枕，却苦脚气缠绵，步履艰涩。此天公妒其安闲，以小疾相折抵也。

寅恪案：此札虽不知致谁者，但据"家门骨肉"之语，知其人为牧斋同族。"双白"者，指王廷璧，见《明诗综·八十·上》等。牧斋之免于奏销案之牵累，当别有其他原因，然其田产无论有无，纵或有之，亦微不足道，观此札可以证知。牧斋既不依田产收入为生，则其家计所赖，唯有卖文一途。《河东君殉家难事实·孝女揭》略云：

我母柳氏，系本朝秘书院学士我父牧斋公之侧室。吾父归田之后，卖文为活。茕茕女子，蓄积几何。

此虽指牧斋于顺治三年丙戌秋由北京还常熟以后事，但黄案之发生，即在此年之后。此数年间，牧斋遭际困顿，自不能置田产。由是言之，牧斋丙戌后之家计，亦与其前此者无异，皆恃卖文维持。赵管妻之语，固指丙戌以后，实可兼概丙戌以前也。今所见资料，足资证明此点者殊多，不须广引。考牧斋为王弇州后文坛最负盛名之人（见黄梨洲《思旧录》"钱谦益"条），李北海"干谒走其门，碑版照四裔"（见《杜工部集·七·八哀诗》之五及《旧唐书·一百九十·中·文苑传·李邕传》），韩昌黎谀墓之金（见《新唐书·七六·韩愈传》附《刘叉传》），其故事可举以相比也。复检《牧斋尺牍·中·与王兆吉五通》，其第五通云：

生平有二债，一文债，一钱债。钱尚有一二老苍头理直，至文债，则一生自作之孽也。承委《南轩世祠记》，因一冬文字宿逋未清，俟逼除时，当不复云祝相公不在家也。一笑！

同书同卷《与遵王三十通》，其第五通云：

岁行尽矣，有两穷为苦。手穷欠钱债多，腹穷欠文债多。手穷尚可延挨，东涂西抹。腹穷不可撑补，为之奈何？甫老寿文，前与其使者以望日为期，正是祝相公又不在家时候也。一笑！

牧斋所谓"苍头"，当即指钱斗辈而言，俟后论述，暂不之及。兹以两札所言，颇饶妙趣，并足以实写其生活状况，故附录之。《东坡集·一三·次韵孔毅父久旱已而甚雨三首》之一云："我生无田食破砚，尔来砚枯磨不出。"受之之语，殆从苏句得来欤？

关于牧斋与介子是否如马国柱所谓"素不相识"之问题，兹检《牧斋尺牍·中·与木陈和尚（寅恪案：木陈即道忞）二通》，其第二通云：

《密云尊者塔铭》，十五年前，已诺江上黄介子之请矣。重以尊命，何敢固辞。第以此等文字，关系人天眼目，岂可取次命笔。年来粗涉教乘，近代语录都未省记。须以三冬岁余，细加简点，然后可下笔具稿。谨与晓上座面订，以明年浴佛日为期，尔时或得围绕猊座，觌面商榷，庶可于法门稍道一线，亦可以慰吾亡友于寂光中也。

其第一通略云：

丧乱残生，学殖荒落，恭承嘉命，令补造《密云老人塔铭》，以偿十五年旧逋，每一下笔，辄为战掉。次后著语，颇为老人施十重步障。窃自谓心平如地，口平如水，任彼百舌澜翻，千喙剥啄，亦可以譬诸一吷，付之一笑。

及《有学集·三六·天童密云禅师悟公塔铭》略云：

崇祯十四年辛巳，上以天步未夷，物多疵厉，命国戚田弘遇捧御香，祈福补陀大士还，赍紫衣赐天童悟和尚。弘遇斋祓将事，请悟和尚升座说法，祝延圣寿。还朝具奏，上大嘉悦，俞其请，诏所司议修成祖文皇帝所建南京大报恩事，命悟为住持，领其事。弘遇衔命敦趣，以老病固辞。逾年而示寂。又二年甲申，国有大故，龙驭上宾。越十有五年戊戌（即顺治十五年），嗣法弟子道忞，具行状、年谱，申请谦益，俾为塔土之铭。师讳圆悟，号密云。嘉靖戊寅岁，生常州宜兴，姓蒋氏。示微疾，趺坐频申而逝，崇祯十五年壬午七月七日也。世寿七十七，僧夏四十四。明年癸未，弟子建塔天童，迎全身窆幼智庵之右陇。师剃度弟子三百余人。王臣国士参请皈依者，又不胜数，偕忞公二通辈结集语录书问，标揭眼目者，江阴黄毓祺介子也。师既殁，介子裁书介天童上座某属余为塔铭。遭世变，不果作，而介子殉义以死。又十年矣，余为此文，郑重载笔，平心直书，誓不敢党枯仇朽，欺诬法门，用以副忞公之请，且慰介子于九原也。

则牧斋与介子为旧友，此三文乃是铁证。马国柱奏谓钱、黄素不相识，公牍文字自来多非事实，即此可见。牧斋作《密云塔铭》时，在郑延平将率舟师入长江之前夕。岂牧斋预料国姓此举可以成功，遂亦反其往日畏葸之态度，而昌言不讳其与介子之关系耶？又《圆悟塔铭》涉及田弘遇补陀进香事，颇饶兴趣，读者可取前述江南名姝被劫及避祸事参阅也。

抑更有可论者，黄梨洲《南雷文定后集·二·邓起西墓志铭》略云：

君名大临，字起西，别号丹邱，常熟人。起西幼孤，稍长即能力学，从游于江阴黄介子毓祺。岁乙酉，江阴城守不下，介子与其门人起兵竹塘应之。起西募兵于崇明。事败，介子亡命淮南，以官印印所往来书，为人告变，捕入金陵狱。起西职纳橐饘。狱急，介子以其所著《小游仙诗》圜中草授起西，坐脱而去。当事戮其尸。起西号泣守丧锋刃之中，赎其首联之于颈，棺殓送归，有汉杨匡之风。起西师死之后，遍走江湖，欲得奇才剑客而友之，卒无所遇，遂侘傺而死。闻者伤之。甲辰，余至虞山，起西以精舍馆我。款对数人，张雪崖、顾石宾皆其道侣也。随访熊鱼山于鸟目，访李肤公于赤岸，皆起西导之。（寅恪案：可参梨洲《思旧录》"李孙之"及"熊开元"条。）比余返棹，起西送至城西杨忠烈祠下，涕零如雨。余舟中遥望，不可为怀。然不意其从此不再见也。

夫起西为常熟人，又是牧斋旧友黄介子之高弟。牧斋垂死时，梨洲至虞山视牧斋疾，即寓起西家。（见后引梨洲《思旧录》"钱谦益"条。）则起西自与牧斋不能无关涉，可以推知。首告之盛名儒逃不赴质，恐是河东君间接所指使。殆取崇祯时告讦牧斋之张汉儒故事以恐吓之也。至介子之能在狱中从容自尽，疑亦与河东君之策略有关，因借此可以死无对证，免致牵累牧斋。其以介子病死为言者，则可不追究监守之狱吏耳。黄案得如此了结，河东君之才智绝伦，诚足令人惊服。所可注意者，牧斋不付五千金与徐摩，遂因此脱祸。鄙意牧斋当时实亦同情于介子之举动，但其不付款者，盖由家素不丰，无以筹办巨额也。故就此点观之，亦可证知牧斋经济之情况矣。

关于牧斋狱中寄河东君诗，第三章论卧子《长相思（七古）》，已引王应奎《柳南随笔》涉及牧斋此诗序“弟”与“妻”之问题，可不复赘。惟牧斋此诗，虽有遵王之《注》，然亦未能尽窥其师之微旨。故重录此诗序，并六首全文，分别笺释之。其他典故，读者自当更取遵王原《注》并观也。

《有学集·一·秋槐诗·和东坡西台诗韵六首》，其《序》云：

丁亥三月晦日，晨兴礼佛，忽被急征。锒铛拖曳，命在漏刻。河东夫人沉疴卧蓐，蹶然而起，冒死从行，誓上书代死，否则从死。慷慨首涂，无剌剌可怜之语。余亦赖以自壮焉。狱急时，次东坡御史台寄妻诗，以当诀别。狱中遏纸笔，临风暗诵，饮泣而已。生还之后，寻绎遗忘，尚存六章，值君三十设帨之辰，长筵初启，引满放歌，以博如皋之一笑。并以传视同声，求属和焉。

寅恪案：娄东无名氏《研堂见闻杂录》云：“牧斋就逮时，（柳夫人）能戎装变服，挟一骑护之。”某氏所记河东君事，多杂采他书，实无价值。其言河东君戎装挟一骑护牧斋，则绝无根据，不过牵混河东君作“昭君出塞装”之传说而来耳。此事前已辨之矣。至“无剌剌可怜之语”，乃用韩退之《送殷侑员外使回鹘序》中：

今人适数百里，出门惘惘，有离别可怜之色。持被入直三省，丁宁顾婢子语，剌剌不能休。

之文。（见《五百家注昌黎先生文集·二一》。）遵王《注》中未及，特标出之，以便读者，并足见牧斋之文，无一字无来处也。又“余亦赖以自壮焉”之语，与第一首诗“恸哭临江无壮子”句，亦有相互关系。余见下论。

抑有可附论者，即关于河东君生年月日之问题。当牧斋顺治四年丁亥赋此六诗时，河东君应如牧斋之言，确为三十岁。此点并据康熙三年甲辰河东君示其女赵管妻遗嘱所言“我来汝家二十五年”（参第四章论《寒夕文宴》诗节），及顾苓《河东君传》所载“定情之夕，在辛巳六月七日，君年二十四矣”等资料，推计符合。或谓牧斋于丁亥三月晦日在常熟被急征，至南京下狱，历四十日出狱，即牧斋此题序所谓“生还”。若依此计算，其出狱当在五月间。然则河东君之生辰应在五月矣。鄙意牧斋所谓“生还之后，值君三十设帨之辰”，其时限虽不能距五月太远，但亦难决其必在五月，是以或说亦未谛也。至牧斋序文所以引“贾大夫”之烂熟典故者（详见第四章论牧斋《庚辰冬日同如是泛舟再赠》诗“争得三年才一笑”句所引），固借此明著其对河东君救护之恩情，更别具不便告人之深旨。盖明南都倾覆，在乙酉五月。自乙酉五月至丁亥五月，亦可视为三年。在此三年间，河东君“不言不笑”，所以表示其不忘故国旧都之哀痛。遵王《注》已引《左氏传》以释此古典，然恐未必通晓其师微意所在。故不可据牧斋之饰辞，以定河东君之生辰实在五月也。唯有可笑者，第四章论牧斋《（庚辰）冬日同如是泛舟有赠》诗，引江熙《扫轨闲谈》，谓牧斋“黑而髯，貌似钟馗”，可知牧斋有贾大夫之恶。至牧斋之才，在河东君心目中，除“邺下逸才，江左罕俪”之陈卧子外，“南宫主人”尚有可取之处。（见河东君《与汪然明尺牍》第二十五通及第三十通。）宜其能博如皋之一笑也。

牧斋《和东坡诗》第一首云：

朔气阴森夏亦凄，穹庐四盖觉天低。青春望断催归鸟，黑狱声沉报晓鸡。恸哭临江无壮子，徒行赴难有贤妻。重围不禁还乡梦，却过淮东又浙西。

寅恪案：第一句“朔气”盖谓建州本在北方。“夏亦凄”者，言其残酷也。韩退之《赠刘师服》诗云：“夏半阴气始，淅然云景秋。蝉声入客耳，惊起不可留。”（见《五百家注昌黎先生集·五》。）牧斋以丁亥三月晦日在常熟被急征，至南京下狱时，当在四月初旬。历四十日出狱，已在五月。五月为仲夏，与韩诗“夏半”之语适切。或云牧斋下狱在夏季，似与韩诗“云景秋”之“秋”不合。鄙意骆宾王《在狱咏蝉》诗“西陆蝉声唱”句（见《全唐诗·第二函·骆宾王·三》），虽是秋季所作，但诗题有“狱中”之语，牧斋遂因韩诗“蝉声入客耳”句联想及之。观牧斋此诗第四句“声沉”之语，与骆氏此诗“风多响易沉”句相应合，可以证知。不必拘执韩、骆诗中“云景秋”及“西陆”之辞为疑也。第二句遵王《注》本作“穹庐”，并引《史记·匈奴传》以释之。甚是。盖牧斋用“穹庐”之辞，以指建州为胡虏。其作“穹苍”者，乃后来所讳改也。第三句遵王《注》引韩退之《游城南》诗中《赠同游（五绝）》释之。亦是。但《五百家注昌黎先生诗集·九》此诗注略云：

洪云，催归子规也。补注，（黄嵤？）《复斋漫录》：予尝读《顾渚山茶记》云，顾渚山中有鸟如鸜鹆而色苍，每至正月作声曰：春起也。三四月云：春去也。采茶人呼为“唤春鸟”。（参《太平广记·四六三》引《顾渚山记》“报春鸟”条。）

牧斋丁亥四月正在金陵狱中，故以青春望断"不如归去"为言，其意更出韩诗外矣。第四句言建州之统治中国，如双王之主宰泥犁，即所谓"暗无天日"者。关于第二联之解释，甚有问题。《柳南随笔·一》（参《东皋杂钞·三》及《牧斋遗事》"牧翁仕本朝"条）云：

某宗伯于丁亥岁以事被急征，河东夫人实从。公子孙爱年少，莫展一筹，瑟缩而已。翁于金陵狱中和东坡御史台寄弟诗，有"恸哭临江无孝子，徒行赴难有贤妻"之句，盖纪实也。孙爱见此诗，恐为人口实，百计托翁所知，请改"孝子"二字。今本刻"壮子"，实系更定云。

寅恪案：东溆所记，谓此联上句之"壮子"，本作"孝子"。以孙爱之无能，初视之，亦颇近理。细绎之，则殊不然。盖牧斋诗本为和东坡狱中之作。故其所用辞语典故，亦必与东坡有关。考"壮"字通义为"长大"，专义则为《小戴记·曲礼》"三十曰壮"。检《东坡后集·一三·到昌化军谢表》云："子孙恸哭于江边，已为死别。"表中"子孙"之"子"，指东坡长子迈。"子孙"之"孙"，指迈之子箪符及幼子过之子籥。迈生于嘉佑四年己亥，至绍圣四年丁丑，东坡谪琼州时，年三十九。故迈兼通义及专义之"壮"。东坡留迈及诸孙等于惠州，独与幼子过渡海至琼州。过生于熙宁五年壬子，至绍圣四年丁丑，年二十六。既非长子，年又未三十，不得为"壮"也。（详见王文诰《苏文忠公诗编注集成总案·一》"嘉佑四年己亥"、同书八"熙宁五年壬子"、同书四十"绍圣三年丙子及四年丁丑"等条。）又检《东坡集·二九·黄州上文潞公书》（参叶梦得《避暑录话·四》"苏子瞻元丰间赴诏狱与其长子迈俱行"条）云：

轼始就逮赴狱，有一子稍长，徒步相随。其余守舍皆妇女幼稚。

东坡元丰二年己未就逮时，迈年二十一，虽为长子，但非“三十曰壮”之“壮子”。《初学集·七四·先太淑人述》云：

谦益狂愚悻直，再触网罗，苇笥之籍，同文之狱，流传汹惧，一日数惊。太淑人强引义命自安。然其抚心饮泪，惟恐壮子受刑僇，固未忍以告人也。

牧斋所谓“再触网罗”者，指天启五年乙丑年四十四及崇祯元年戊辰年四十七两次之事。（详见葛万里及金鹤冲所撰《牧斋年谱》。）文中“壮子”之“壮”，乃兼通义及专义。盖牧斋“三世单传”，其时又年过三十故也。当顺治四年丁亥牧斋被急征时，孙爱年十九，既未过三十，又非居长之子（见《初学集·九·崇祯诗集·五·反东坡洗儿诗己巳九月九日》及同书七四《亡儿寿耇圹志》），自不得以苏迈为比。由是言之，第二联上句全用东坡及其长子伯达之典故，绝无可疑。至第二联下句，则用《全唐诗·第二函·崔颢·赠王威古（五古）》“报国行赴难，古来皆共然”及东坡《上文潞公书》“徒步随行”，并笺注《陶渊明集·八·与子俨等疏》中“余尝感孺仲贤妻之言”等典故。综合上下两句言之，牧斋实自伤己身不仅不能如东坡有长壮之子徒步随行，江边痛哭。唯恃孺仲贤妻之河东君，与共患难耳。（参《有学集·二·秋槐诗支集·己丑元日试笔二首》之二“孺仲贤妻涕泪余”句。）夫孙爱固为“生儿不象贤”之刘禅（见《全唐诗·第六函·刘禹锡·四·蜀先主庙》），但绝非忤逆不孝之子。浅人未晓牧斋之作此诗，贯穿融合《东坡全集》而成，妄造物语，可鄙可笑也。或谓此联上句牧斋最初之稿，原不如此。《汉书·三十·艺文志·歌诗类》载《临江王节士歌诗四篇》（参同书五三《景十三王传·临江闵王荣传》），《分类补注李太白诗·四·临江王节士歌》云：

洞庭白波木叶稀，燕鸿始入吴云飞。吴云寒，燕鸿苦。风号沙宿潇湘浦，节士悲秋泪如雨。白日当天心，照之可以事明主。壮士愤，雄风生。安得倚天剑，跨海斩长鲸。

牧斋殆取此意，“壮子”本作“壮士”。后来以辞旨过显，触犯忌讳，遂改用东坡故实，易“壮士”为“壮子”欤？或说似亦有理，姑附录之，以备一解。第七、八两句，与东坡原诗自注“狱中闻湖杭民为余作解厄斋经月，所以有此句也”有关，可不待论。但牧斋“淮东”二字，暗指明凤阳祖陵而言。《明史·四十·地理志》“凤阳府。凤阳县”下注略云：“北滨淮。西南有皇陵。”又，宋有淮东路，元有淮东道。故牧斋用“淮东”之辞，以示不忘明室祖宗之意。“浙西”二字，自是袭用苏诗“浙江西”之成语，然亦暗指此时尚为明守之浙江沿海岛屿，如舟山群岛等。此等岛屿，固在浙江之东，若就残明为主之观点言，则浙江省乃在其西。张名振之封爵以“定西”为号者，疑即取义于此。牧斋跪辞以寓意，表面和苏韵，使人不觉其微旨所在。总之此两句谓不独思家而已，更怀念故国也。或谓牧斋已身曾任浙江乡试主考，合古典今典为一辞，甚为巧妙。牧斋《寄示谢象三》此题，亦以谢氏乃其典试浙江时所取士之故。此或说似亦可通。并录之，以备别解。

第二首云：

阴宫窟室昼含凄，风色萧骚白日低。天上底须论玉兔，人间何物是金鸡。肝肠迸裂题襟友，血泪模糊织锦妻。却指恒云望家室，滹沱河北太行西。

寅恪案：第一句及第二句亦俱谓建州统治之黑暗。牧斋第一首已及此意，今又重申言之者，所以抒其深恨。第一句“窟室”遵王《注》引《史记·吴太伯世家》为释，字面固合，恐犹未尽。鄙意牧斋殆用《汉书·五四·苏建传》附《武传》“单于愈益欲降之，乃幽武置大窖中”之意，实欲以子卿自比。第三句遵王《注》引李孝逸事为释，似可通。但寅恪则疑牧斋之意谓“月有阴晴圆缺”（可参第三章论卧子《长相思》诗节述及东坡《丙辰中秋作兼怀子由》词），明室今虽暂衰，终有复兴之望。与第四章所引黄皆令《谢别柳河东夫人·眼儿媚》词“月儿残了又重明。后会岂如今”同一微旨也。第五句“题襟友”当指梁维枢。据前引有关慎可资料，则牧斋自可以此目之也。第七、八两句谓河东君寄居慎可南京之雕陵庄。考北魏之恒州，唐改云州，北周移云州于常山乃滹沱河北，太行山西，梁氏著籍之真定，亦即雕桥庄所在之地。真定固在滹沱河之北。“太行西”谓真定雕桥庄之西方为太行山。牧斋作此倒装句法者，所以步苏诗“西”字之原韵。读者不必拘泥地望之不合也。又疑“恒云”二字，虽是地名，恐与程松圆所赋《緪云诗》之“緪云”有连。盖“恒”“緪”同韵，两音相近，或有双关之意。若果如此，岂牧斋于狱中困苦之时，犹故作狡狯耶？一笑！

第三首云：

纡绝阴天鬼亦凄，波吒声沸柝铃低。不闻西市曾牵犬，浪说东城再斗鸡。并命何当同石友，呼囚谁与报章妻。可怜长夜归俄顷，坐待悠悠白日西。

寅恪案：此首全篇意旨谓己身不久当死也。第一、二两句，亦指当日囚禁之苦，比于地狱。其用《真诰·阐幽微篇》及《酉阳杂俎·前集·二·玉格门》“六天”条“纣绝阴宫”之辞，恐非偶然。盖暗寓建州之酷虐，与桀、纣同也。第三句自是用《史记·八七·李斯传》。岂欲与第四句用陈鸿祖《东城老父传》及东城原诗“城东不斗少年鸡”句，“东城”及“城东”之“东”为对文，遂于《李斯传》“腰斩咸阳市”之“市”上，加一“西”字，并著一“不”字，以反李斯“顾谓其中子曰，吾欲与若复牵黄犬，出上蔡东门，逐狡兔，岂可得耶”之原语，以免与《史记》之文冲突欤？遵王《注》虽引《太史公书》，然略去“东门”之“东”字，殆亦觉其师此句颇有疑问耶？俟考。但据徐松《唐两京城坊考·四》“独柳”条云：

> 刑人之所。按西市刑人，唐初即然。贞观二十年斩张亮、程公颖于西市。（寅恪案：此条见《旧唐书·九四·张亮传》及《资治通鉴·九八·唐纪·太宗纪》“贞观二十年二月己丑”条。）《旧（唐）书（十）·肃宗纪》、（同书一六九）《王涯传》又言“子城西南隅独柳树”。盖西市在宫城之西南。子城谓宫城。（寅恪案：此条可参《资治通鉴·二百二十·唐纪·肃宗纪》“至德二载十二月”条所云：“壬申斩达奚珣等十八人于城西独柳树下。”及胡《注》引刘昫之语曰：“独柳树在长安子城西南隅。”又“独柳”并可参《旧唐书·一五·宪宗纪·下》“元和十二年十一月”条及同书一四五《吴少阳传》附《吴元济传》。）

可知牧斋“西市”一语，并非无出处也。第五句遵王《注》引《晋书·五五·潘岳传》为释，自是不误。“石友”之义，可参《文选·二十》潘安仁《金谷集作诗》“投分寄石友”，及同书二三阮嗣宗《咏怀十七首》之二“如何金石交”等句李善《注》。鄙意安仁原诗“石友”之“石”，兼有“金石”之“石”及“石崇”之“石”两意。若就“石崇”之“石”言，则“石”为专有名词。故钱诗第六句“章妻”之“章”亦是专有名词。当牧斋就逮之际，河东君誓欲“从死”，即“并命”之意。噫！河东君此时虽未“并命”，然后来果以身殉。此句亦可谓与安仁、季伦《金谷》之篇，同为诗谶者矣。又考河东君只生一女，即赵微仲管之妻。作此诗时，犹未出生，牧斋不过因东坡原诗“身后牛衣愧老妻”之句，并感河东君尚无子女，遂联想及之。但河东君本末，既与“章妻”不同，牧斋又非“素刚”之人，赵管妻恐未能承继其母特性，如仲卿女之比。然则此典故虽似适切，后来情事演变，终与仲卿及其家属之结局有异，斯殆牧斋在狱中赋诗时所不能预料者也。第七、八两句用《文选·一六》江文通《恨赋》“及夫中散下狱，神气激扬”及“郁青霞之奇意，入修夜之不旸”之意。盖以嵇康自比。但叔夜之“青霞奇意”，牧斋或可有之，至“神气激扬”，则应属于河东君，牧斋必不如是。唯此题第五首第二句“骨消皮削首频低”及第六首第二句“神魂刺促语言低”等语，乃牧斋当时自作之真实写照耳。

第四首云：

三人贯索语酸凄，主犯灾星仆运低。溲溺关通真并命，影形绊絷似连鸡。梦回虎穴频呼母，话到牛衣更念妻。尚说故山花信好，红阑桥在画楼西。（自注：“余与二仆共梏拲者四十日。”）

寅恪案：第七、八两句指拂水山庄八景之“月堤烟柳”及

“酒楼花信”二景而言。可参《初学集·一七·移居诗集·九日宴集含晖阁醉歌》一首“登高望远不出户，连山小阁临莽苍”及“白云女墙作山带，红阑桥水含湖光”等句。并前论牧斋《春游二首》中所引《月堤烟柳》诗“红阑桥外月如钩”及《酒楼花信》诗“横笛朱栏莫放吹”等有关资料，兹不赘释。

第五首云：

六月霜凝信憯凄，骨消皮削首频低。云林永绕离罗雉，砧几相怜待割鸡。堕落劫尘悲宿业，皈依法喜愧山妻。西方西市原同观，悬鼓分明落日西。

寅恪案：前第四首第七、八两句，乃谓拂水山庄。此首第七、八两句，则指绛云楼也。牧斋《绛云楼上梁诗八首》之六，第七、八两句云“夕阳楼外归心处，悬鼓西山观落晖”（“观”字下自注“去”）可证。至第七句“西市”一辞，可参第三首第三句“不闻西市曾牵犬”之解释，可不赘论。又“（黄毓祺）将刑，门人告之期。祺作绝命诗，被衲衣，趺坐而逝”（见前引《孤忠后录》）真所谓西方、西市等量齐观者。牧斋此句应是预为介子咏。至己身之怯懦，则非其伦也。

第六首云：

梏拲扶将狱气凄，神魂刺促语言低。心长尚似拖肠鼠，发短浑如秃帻鸡。后事从他携手客，残骸付与画眉妻。可怜三十年来梦，长白山东辽水西。

寅恪案：第三句遵王引《搜神记》为释，乃仅释古典。其今典则“发短”一辞，谓己身已剃发降清也。史惇《恸余杂记》“钱牧斋”条（可参谈孺木（迁）《北游录·纪闻·下》“辫法”条）云：

清朝入北都，孙之獬上疏云“臣妻放脚独先”事已可揶揄。豫王下江南，下令剃头，众皆汹汹。钱牧斋忽曰：“头皮痒甚。”遽起。人犹谓其篦头也。须臾，则髡辫而入矣。

又《有学集·四九·题邵得鲁迷涂集》（参《牧斋尺牍·与常熟乡绅书》所云“诸公以剃发责我，以臣服诮我，仆俯仰惭愧，更复何言”等语）云：

邵得鲁以不早剃发，械系僇辱，濒死者数矣。其诗清和婉丽，怨而不怒，可以观，可以兴矣。得鲁家世皈依云栖，精研内典，今且以佛法相商。优婆离为佛剃发，作五百童子剃头师，从佛出家，得阿罗汉果。孙陀罗难陀不肯剃发，握拳语剃者：“汝何敢持刀临阎浮王顶？”阿难抱持，强为剃发，亦得阿罗汉果。得鲁即不剃发，未便如阿难陀（寅恪案：“阿”字疑衍）取次作转轮圣王。何以护惜数茎发，如此郑重？彼狺狺剃发，刀锯相加，安知非多生善知识？顺则为优波离之于五百释子，逆则如阿难之于难陀，而咨叹（寅恪案：此“叹”字疑当作“嗟”）慨叹，迄于今似未能释然者耶？我辈多生流浪，如演若达多晨朝引镜，失头狂走。头之不知，发于何有？毕竟此数茎发，剃与未剃，此二相俱不可得。当知演若昔日失头，头未曾失。得鲁今日剃发，发未曾剃。晨朝引镜时，试思吾言，当为哑然一笑也。

夫辫发及剃发之事，乃关涉古今中外政治文化交通史之问题，兹不欲多论，唯附录史惇所记牧斋“剃发”条及牧斋自作剃发解嘲文于此，以资谈助。其他清初此类载记颇多，不遑征引也。夫牧斋既迫于多铎之兵威而降清，自不能不剃发，但必不敢如孙之獬之例，迫使河东君放脚，致辜负良工濮仲谦之苦心巧手也。呵呵！第五句“携手客”指梁慎可等。《毛诗·邶风》：

“北风其凉，雨雪其雱。惠而好我，携手同行。”《小序》云：“北风刺虐也。”牧斋盖取经语，以著建州北族酷虐之意也。第七、八两句之解释即牧斋于崇祯十四年辛巳所赋《秋夕燕誉堂话旧事有感》诗“东虏游魂三十年”句之意。已详第一章及第四章所论，可不复赘。

综观此六诗中第二首七、八两句，关涉梁慎可，第六首七、八两句关涉后金，辞语较第一首七、八两句，尤为明显，自不宜广为传播。前引谢象三和牧斋狱中诗题，仅言“以四诗寄示”，则牧斋《诗序》之“传视同声，求属和”之诗，实保留两首。岂即今《有学集》此题之第二、第六两首欤？至《江左三大家诗钞》顾有孝、赵沄所选《牧斋诗钞·下》，亦选此题六首中之二、三、五、六共四首。恐顾、赵所选，未必与牧斋当日“传视同声，求属和”者相同也。俟考。

前引《有学集·一七·赖古堂文选序》云：“己丑之春余释南囚归里。”故可依牧斋自言之时间，以推定《有学集·二·秋槐支集·勾曲逆旅戏为相士题扇（七律）》以前，多是在南京所作。其中固亦有时间可疑、排列错乱者，今日殊难一一考定。但《勾曲逆旅》诗第一句“赤日红尘道路穷”之语，当非早春气节。前引《南忠记》谓黄毓祺于己丑三月十八日死于南京狱中。盖此年三月介子既死，案已终结，牧斋遂得被释还家矣。至牧斋在南京出狱以后，颂系之时，究寓何处，则未能确知。检《牧斋外集·二五·题曹能始寿林茂之六十序》末署：“戊子秋尽，钱谦益撰于秦淮颂系之所。”牧斋所以特著“秦淮”二字者，当是指南京之河房而言。牧斋当时所居之河房，非余怀《板桥杂记·上·雅游门》“秦淮灯船之盛”条所述同类之河房，乃吴应箕《留都见闻录·下·河房门》所述“近水关有丁郎中河房”条之河房，亦即《有学集·一·秋槐诗集·题丁家河房亭子》题下自注“在青溪笛步之间”者。此类河房为南京较佳之馆舍。牧斋以颂系之身，尚得如此优待，当由丁继之、梁慎可等之友谊所致，亦可谓不幸中之大幸。今以意揣之，牧斋于丁亥四月初被逮至南京下狱，河东君即寄寓梁慎可之雕陵庄，及五月中牧斋出狱，尚被看管，自不便居于雕陵庄，故改寓青溪笛步间之丁家河房（并可参《有学集·六·秋槐诗别集·丙申春就医秦寓丁家水阁》诗等），俾与河东君同寓，而河东君三十生辰之庆祝，恐即在此处。复检龚芝麓（鼎孳）《定山堂诗集·二十·和钱牧斋先生韵为丁继之题秦淮水阁》云：

开元白发镜中新，朱雀花寒梦后春。妆阁自题偕隐处，踏歌曾作太平人。乌啼杨柳仍芳树，鸥阅风波有定身。骠骑武安门第改，一帘烟月未全贫。

似可为钱、柳二人同寓丁家河房之一旁证。至赵管妻出生地，固难确定，但疑不在秦淮之河房，而在苏州之拙政园。检《有学集·秋槐诗集·次韵林茂之戊子中秋白门寓舍待月之作》云：

空阶荇藻影沉浮，管领清光两白头。条戒山河原一点，平分时序也中秋。风前偏照千家泪，笛里横吹万国愁。无那金阊今夜月，云鬟香雾更悠悠。

寅恪案：第二句“两白头”之语，指己身及茂之，而末两句用《杜工部集·九·望月》诗，指河东君此夕独在苏州。由是言之，赵管妻生于拙政园之可能性甚大也。又检《元氏长庆集》（抄本）牧斋跋语云：

乱后，余在燕都，于城南废殿得《元集》残本，向所阙误，一一完好。暇日援笔改正，豁然如翳之去目，霍然如疥之失体。微之之集残阙四百余年，而一旦复元，宝玉大弓其犹有归鲁之征乎？著雍困敦之岁，皋月廿七日，东吴蒙叟识于临顿之寓舍。（寅恪案：此文末数语，暗寓明室复兴之意。牧斋此际有此感想，自无足怪也。）

并曹溶《绛云楼书目题词》云：

余以后进事宗伯，而宗伯绝款曲。丙戌同客长安，丁亥戊子同僦居吴苑，时时过予。

及《倦叟再识》略云：

昔予游长安，宗伯闲日必来。丁亥予挈家寓阊门，宗伯先在拙政园。

可知牧斋于顺治四、五两年，因黄案牵累，来往于南京、苏州之间，其在苏州，寓拙政园。拙政园主人为陈之遴。其时彦升尚未得罪，虽官北京，固可谓韩君平所谓“吴郡陆机为地主”之“地主”。又林时对《荷牐丛谈·三》“鼎甲不足贵”条略云：

吴伟业鼎革后，投入土国宝幕，执贽为门生，受其题荐，复入词林。

梅村既与国宝有连，吴、陈二人复是儿女亲家。牧斋以罪人而得寓拙政园，恐与骏公不能无关。至牧斋所以至苏州之故，殆因黄案亦在江苏巡抚职权范围之内，而土国宝此时正任苏抚也（见上论牧斋赠土国宝诗所引《清史稿·疆臣年表》“江苏巡抚”栏）。或谓清代江苏按察使驻苏州，牧斋以就审讯之故至苏。则不知江苏按察使移驻苏州，乃雍正八年以后之事。顺治四、五年江苏按察使仍驻江宁（见《清史稿·一二二·职官志·三》等）。故或说未谛。又，牧斋称拙政园为“临顿里之寓舍”者，乃综合古典今典，殊非偶然。《嘉庆一统志·七八·苏州府·二·津梁门》云：

临顿桥在长洲县治东北。《吴地记》：有步骘石碑，见存临顿桥。《续图经》：临顿，吴时馆名。陆龟蒙尝居其旁。

及《全唐诗·第九函·皮日休·五·临顿（原注：“里名。”）为吴中偏胜之地陆鲁望居之不出郛郭旷若郊墅余每相访款然惜去因成五言十首奉题屋壁》云：

（诗略。）

同书同函《陆龟蒙·五·问吴宫辞（并序）》云：

甫里之乡曰吴宫，在长洲苑东南五十里，非夫差所幸之别馆耶？披图籍，不见其说。询故老，不得其地。其名存，其迹灭。怅然兴怀古之思，作问吴宫辞云。

彼吴之宫兮，江之郝涯。复道盘兮，当高且斜，波摇疏兮，雾濛箔，菡萏国兮，鸳鸯家。鸾之箫兮，蚊之瑟。骈筠参差兮，界丝密。宴曲房兮，上初日。月落星稀兮，歌酣未毕。越山丛丛兮，越溪疾。美人雄剑兮，相先后出。火姑苏兮，沼长洲。此宫之丽人兮，留乎不留。霜氛重兮，孤榜晓，远树扶苏兮，愁烟悄眇。欲摭愁烟兮，问故基，又恐愁烟兮，推白鸟。

龚明之《中吴纪闻·二》“五柳堂”条云：

五柳堂者，胡公通直（稷言）所作也。其宅乃陆鲁望旧址，所谓临顿里者是也。

同书三“甫里”条云：

甫里在长洲县东南五十里，乃江湖散人陆龟蒙字鲁望躬耕之地。

盖河东君本有“美人”之称，牧斋作诗往往以西施相比。如前引《有美诗》“输面一金钱”，《元日杂题长句八首》之八，“春日春人比若耶”等，皆是其例。临顿既是吴时馆名，如“馆娃宫”之类，亦当与西施有关。陆鲁望辞中“美人”“曲房”之语，适与前论《半塘雪诗》引徐健庵之记相合。此钱、柳一重公案，颇为名园生色，唯世之论拙政园掌故者多未之及，遂标出之以供谈助云尔。

牧斋因黄案牵累，于顺治三、四年曾寓苏州，但检《有学集》此时期内诸诗，尚有发见确为寓苏时之作，唯其中有一题关涉河东君及其女赵管妻者，此题颇有寄居拙政园时所赋之可能，故特录之并略加笺释于下。

《有学集·二·秋槐诗支集·己丑元日试笔二首》，其一云：

春王正月史仍书，上日依然芳草初。白发南冠聊复尔，青阳左个竟何如。三杯竹叶朝歌后，一枕槐根午梦余。传语白门杨柳色，桃花春水是吾庐。

寅恪案：第一句谓此年为监国鲁四年正月辛酉朔，永历三年正月庚申朔（见黄宗羲《行朝录》及金鹤冲《牧斋年谱》），明室之正朔犹存也。第四句谓究不知永历帝之小朝廷是何情况也。第七句谓己身今在苏州，故“传语白门”。观此题下一题为《次韵答盛集陶新春见怀之作》有“金陵见说饶新咏，佳丽常怀小谢篇”之句，可证也。又陈田《明诗纪事·辛签·三一》所录盛集陶（斯唐）《怀林茂之》诗有“旧栽柳色曾无恙”句。及杨子勤（钟羲）《雪桥诗话·一》“黄俞邰（虞稷）《赠林茂之》诗”条引那子《新柳篇》有“渐许藏乌向白门，白门紫塞那堪比”等句。然则牧斋“白门杨柳色”之语，即指茂之而言耶？第八句谓己身此时所居之地，可比于避秦之桃花源及玄真子“桃花流水”之浮家泛宅也。

其二云：

频烦襆被卷残书，顾影颓然又岁初。自笑羁囚牢户熟，人怜留滞贯胡如。渊明弱女咿嚘候，孺仲贤妻涕泪余。为问乌衣新燕子，衔泥何日到寒庐。

寅恪案：此首前四句疑可与前引《牧斋尺牍·与毛子晋四十六通》之三十九所言“狱事牵连，实为家兄所困，羁栖半载，采诗之役，所得不赀。归期不远，嘉平初，定可握手。仲冬四日”等语相参证。盖牧斋本以为顺治五年戊子十二月能被释还常熟度岁。岂意狱事仍未终结，至六年己丑元旦犹在苏州也。第五句指赵管妻。《河东君殉家难事实》康熙三年甲辰七月《孝女揭》云：“母归我父九载，方生氏。”及康熙三年甲辰六月廿八日《柳夫人遗嘱》云：“我来汝家二十五年，从不曾受人之气。”盖河东君及其女皆以河东君之适牧斋，实在崇祯十三年庚辰十二月一日，我闻室落成与牧斋同居时算起。牧斋垂死犹念念不忘半野堂寒夕文宴者，即由此夕乃其“洞房花烛夜”之故。然则赵管妻出生乃在顺治五年戊子。（寅恪案：《蘼芜纪闻·上》载《盛湖杂录》“柳如是绝命书”条，案语云：“小姐柳出，以顺治戊子生。辛丑赘婿赵管，年仅十四，遇变之年为甲辰，才十七岁。故书中有年纪幼小之语。”可供参证。）至在何月何日，则不可考。但己丑元旦，正是“咿嚘”之候也。第六句指河东君，自不待言。牧斋此一年皆用渊明典故，亦可与前一首末句暗寓《桃花源记》之意相参也。第七句疑指梁慎可。梁氏乃明之旧家，清之“新燕”也。第八句谓慎可何日可将己身被释还家之好音来告也。

又，关于赵管妻事，《牧斋诗文集》中言及虽不甚多，但检《有学集·二·秋槐支集》载牧斋《庚寅人日示内二首》及河东君《依韵奉和二首》皆涉此女。庚寅岁首，与牧斋因黄案得释还家之时间，相距至近。故附录钱、柳两人之诗于论黄案节中，并略加笺释。牧斋诗之典故，有遵王《注》，读者自可参阅。河东君诗其第二首下半，前虽已征引，但未综合阐述，兹并录全文，以便观览。

牧斋诗，其一云：

梦华乐事满春城，今日凄凉故国情。花熸旧枝空帖燕，柳燔新火不藏莺。银幡头上冲愁阵，柏叶尊前放酒兵。凭仗闺中刀尺好，剪裁春色报先庚。

其二云：

灵辰不共劫灰沉，人日人情泥故林。黄口弄音娇语涩，绿窗停梵佛香深。图花却喜同心蒂，学鸟应师共命禽。梦向南枝每西笑，与君行坐数沉吟。

寅恪案：牧斋此两诗南枝越鸟之思、东京梦华之感，溢于言表，不独其用典措辞之佳妙也。诗题“示内”二字，殊非偶然，盖河东君于牧斋为同梦之侣、同情之人，故能深知其意。观河东君和章，可以证知。《元氏长庆集·一二·乐天东南行诗一百韵序》云：

通之人莫知言诗者，唯妻淑在旁知状。

夫河东郡君裴淑能诗（裴氏封河东郡君，见《白氏文集·六一·唐故武昌军节度使元公墓志铭》），且能通微之之意。然其所能通者，与河东君柳是之于牧斋，殊有天渊之别。又河东君两诗后，即附以其《赠黄若芷大家四绝句》，黄若芷即黄媛介，前论《绛云楼上梁诗》已言及之。皆令有《答谢柳河东夫人·眼儿媚》词云“月儿残了又重明，后会岂如今”，前亦已征引。皆令赋此词，与河东君和牧斋诗，两者时间相距甚近。然则牧斋赋诗之微意，不独河东君知之，即河东君之密友如皆令者亦知之。当日钱、柳之思想行动，于此亦可窥见矣。

河东君和诗，其一云：

春风习习转江城，人日于人倍有情。帖胜似能欺舞燕，妆花真欲坐流莺。银幡囡载忻多福，金剪侬收喜罢兵。新月半轮灯乍穗，为君酹酒祝长庚。

寅恪案：此首第二联上句，与牧斋诗第二首第三句俱指赵管妻而言。王应奎《柳南续笔·三》“太湖渔户”条云：

渔户以船为家，古所称浮家泛宅者是也。而吾友吴友篁著《太湖渔风》载：渔家日住湖中，自无不肌粗面黑，间有生女莹白者，名曰白囡，以志其异。渔人户口册中两见之。

《明实录·神宗实录·二百零七》（寅恪案：此次科场案《明实录》记载甚详，不能尽录。惟摘其与本文主旨最有关者。其余述及此案之载籍颇不少，可参沈德符《万历野获编·一六·科场门》“举人再覆试”条、陈建《皇明从信录·三六》“万历十七年己丑文肃奏章及杂记”等条、《国榷·七五》“万历十七年己丑正月二月”及同书七六“万历二十年壬辰五月”有关各条、《明通鉴·六九》“万历十七年己丑二月”有关各条。陈田《明诗纪事·庚签·十·黄洪宪小传》及《上疏后长安友人相讯感赋》诗并光绪修《嘉兴府志·五二·秀水县·黄洪宪传》等）“万历十七年己丑正月”条略云：

庚午（廿二日），礼部主客司郎中高桂言，万历十六年顺天乡试蒙旨以右庶子黄洪宪等往。其中式举人第四名郑国望，稿止五篇。第十一名李鸿，股中有一“囡”字。询之吴人，土音以生女为“囡”。《孟义书经》结尾文义难通。第二十三名屠大壮，大率不通。他若二十一名茅一桂，二十二名潘之惺，二十八名任家相，三十二名李鼒，七十名张敏塘（《万历野获编》及《国榷》“敏”俱作“毓”），即字句之疵，不必过求，然亦啧有烦言。且朱卷遗匿，辨验无自，不知本房作何评骘，主考曾否商订。主事（于）孔兼业已批送该科，科臣竟无言以摘发之。职业云何？方今会试之期，多士云集，若不大加惩创，何以新观听？伏乞敕下九卿会同科道官，将顺天府取中试卷，逐一简阅，要见原卷见在多少？有无情弊，据实上请，以候处分。其有迹涉可疑及文理纰缪者，通行议处，明著为例，以严将来之防。自故相之子先后并进，一时大臣之子，遂无有见信于天下者。今辅臣王锡爵之子，素号多才。岂其不能致身青云之上？而人之疑信相半，亦乞并将榜首王衡与茅一桂等，一同覆试，庶大臣之心迹益明矣。得旨，草稿不全，事在外帘。朱卷混失，事在场后。字句讹疵，或一时造次。有无弊端，该部科一并查明来说，不必覆试。自后科场照旧规严加防范，毋滋纷纷议论，有伤国体。

辛未（廿三日），大学士申时行、王锡爵以高桂论科场事，词连锡爵子衡，时行婿李鸿。各上疏自明，且求放归。上俱慰留之。

癸酉（廿五日），大学士申时行等言，两京各省解到试卷，发部科看详。今礼科部司官不纠摘南京各省，而独摘顺天不通，摘三场，而止摘字句，殆有深意，必待会官覆试，而后有无真伪，耳目难掩。上命礼部会同都察院及科道官当堂覆试，看阅具奏。锦衣卫还差官与高桂一同巡视。

同书二百零八“万历十七年己丑二月”条略云：

戊寅（初一日），礼部会同都察院及科道等官覆试举人王衡等。试毕阅卷，（于）慎行次序分二等。王衡等七人平通，屠大壮一人亦通。疏入，得旨，文理俱通，都准会试。次日，慎行同礼科上疏言：“诸生覆试，无甚相悬，中式未必有弊，字句虽有疵讹，然瑕瑜不掩。”得旨，高桂轻率论奏，夺两月俸。（《国榷》“两”作“五”。）

丙申（十九日），礼部仪制司主事于孔兼言，臣奉本部礼委磨勘顺天中式朱墨卷内李鸿卷，首篇有不典之字，屠大壮卷，三场多难解之辞，即时呈本堂复批，送礼科听其覆阅。

同书二四八“万历二十年壬辰五月”条略云：

辛未（十二日），礼部题参举人王兆河等七名，到部已齐，请于朝堂覆试，以服人心。从之。

丁亥（廿八日），礼部衙门侍郎韩世能等，同原参官工部主事周如纶，御史綦才于午门覆试被参幸中式举人王兆河等六名（寅恪案：六名者，据《万历野获编》，知除屠大壮不赴试外，有郑国望、李鸿、张敏塘并山西举人王兆河、江西举人陈以德、山东举人杨尔陶，共为六人也。其所以覆试王、陈、杨三人者，盖由上引申时行奏谓“不摘南京各省，而独摘顺天”之语）。公同弥封详品。文理平通四卷，文理亦通二卷，进呈裁夺。上命将卷传与九卿科道翰林院各掌印官详关（阅？）奏闻。内被参举人屠大壮奏：“闻母丧，乞回守制。”礼部覆：“请同众覆试。”大壮径行，临期不到。上谓大壮达旨规避，革退为民。仍行巡抚按御史查勘丁忧有无，具奏。

《柳南随笔·三》云：

明万历戊子，顺天举人李鸿卷中有一“囡”字，为吏部郎中高桂所参。鸿系申相国时行婿，吴人呼为快活李大郎。及以文中用“囡”字被论，又称为李阿囡。“囡”者，吴人呼女之辞。然李所用“囡”字，实“囮”字之误耳。

“囡”字之入文者，恐尚不止此，更待详检。河东君赋诗，用“侬”字以对“囡”字，同为吴语，甚是工巧。可与顾逋翁用闽语“囝”字赋诗，先后比美（见《全唐诗·第四函·顾况·一·囝一章》）。但其密友离隐才女“苦相吟赏”之余，是否念及其家八股名手葵阳翁（寅恪案：姜绍书《无声诗史·五》云：“黄媛介，字皆令。嘉禾黄葵阳先生族女也。”葵阳即黄洪宪之号），竟因门生长洲阁老之快婿快活李大郎八股中有一“囡”字，遭受无妄之灾耶？至《曲海提要·六》“还魂记”条“黄洪宪为（万历十六年）戊子北闱主试官取中七人被劾”节载：

又有屠大壮者，有富名。文字中有一“囡”字。

其以李鸿为屠大壮，证之《明实录》及《柳南随笔》，其误显然。惟“文理亦通”之屠大壮，自不能称为才子。但因母丧不赴万历壬辰之覆试，亦可称为孝子。终以平息众议，以免牵涉宰辅之故而被革黜，竟成赎罪之羔羊，殊可怜也。李鸿之籍贯，据同治修《苏州府志·六十·选举·二·进士》“万历二十三年乙未”栏载：

长洲。李鸿。有传。

同书六一《选举·三·举人》“万历十六年戊子”栏“长

洲”载：

李鸿。顺天中式。昆山人。见进士。

同书八七《人物·一四·李鸿传》云：

李鸿，字宗仪。万历乙未进士。授上饶知县。

则长洲、昆山，县名虽有不同，然皆属苏州府，同是吴语区域。其用此“不典之字”，为掇科射策之文，原无足怪。惟作此大胆之举动，乃在河东君赋诗前六十余年，真可谓先知先觉者。又此科试题尚未考知。宗仪试卷用此“囡”字，经于孔兼磨勘，照旧通过。可见亦非极不妥适。由是推测，李氏文中所以用此“囡”字之故，疑其试题为《论语·季氏篇》“夫人自称曰小童”。果尔，则八股笑话史中复添一重公案矣。更有可注意者，此“黄口”“白囡”之赵管妻，竟能承继其母之“白个肉”，而不遗传其父之“乌个肉”，可谓大幸。（详见第四章论牧斋《冬日同如是泛舟有赠》诗，引顾公燮《消夏闲记选存》“柳如是”条。）夫此一“囡”字，虽与河东君、赵管妻及黄皆令直接间接有关，自不得不稍详引资料，以供论证。但刺刺不休，盈篇累牍，至于此极，读者当以为怪。鄙意吾国政治史中，党派之争，其表面往往止牵涉一二细碎之末节，若究其内容，则目标别有所在。汝默“殆有深意”之语，殊堪玩味。（汤显祖《玉茗堂集·一六·论辅臣科臣疏》、《明通鉴·六九》“万历十七年己丑十二月己丑谕诸臣遇事毋得忿争求胜”条云：“时廷臣以科场事与王锡爵相攻讦。饶伸既罢，攻者益不已，并侵首辅申时行，而时行锡爵之党复反攻之，乃有是谕。”并《明史·二百三十·饶伸及汤显祖传》等，皆可供参证。）职是之故，不避繁琐之讥，广为征引，以见一例。庶几读史者不因专就表面之记载，而评决事实之真相也。河东君和诗中，此“银幡囡戴忻多福，金剪侬收喜罢兵”一联，下句即酬答牧斋诗第一首七、八两句之意，而以收金剪洗兵马为言。虽似与牧斋原句之意有异，然实能写出当日东南海隅干戈暂息，稍复升平气象之情况也。第七句“新月半轮”之语，谓永历新朝之半壁江山。《有学集·八·长干塔光集·燕子矶归舟作（七律）》“金波明月如新样”句，可取以相证也。第八句之“长庚”者，《毛诗·小雅·大东》：“西有长庚。”《传》曰：“日既入谓明星为长庚。庚，续也。”《正义》曰：“庚，续。释古文。日既入之后，有明星。言其长能续日之明，故谓明星为长庚也。”河东君之意，以永历为正统，南都倾覆之后，惟西南一隅，尚可继续明祚也。

河东君和诗，其二云：

佛日初辉人日沉，彩幡清晓供珠林。地于劫外风光近，人在花前笑语深。洗罢新松看沁雪，行残旧药写来禽。香灯绣阁春常好，不唱君家缓缓吟。

寅恪案：此诗首句乃承接第一首末句“长庚”之语而来。虽用《文选·六》左太冲《魏都赋》“彼桑榆之末光，逾长庚之初晖”，但河东君实反左《赋》之原意，以“佛日”指永历，“人日”指建州。谓永历既起，建州将亡也。第二句承接首句“佛日”之“佛”而来。牧斋之供佛，见于其诗文者甚多，无待征引。河东君之供佛，如《初学集·八二·造大悲观音像赞》及《投笔集·上·后秋兴之三·八月初十日小舟夜渡惜别而作》第一首“青灯梵呗六时心”之句等，则是其例证也。河东君此诗第一联写出当时地方苟安，家庭乐趣。其不作愁苦之辞而为欢愉之语者，盖钱、柳两人赋诗之时，就桂王之小朝廷而论，金声桓、何腾蛟、李成栋等虽已败亡，然其最亲密之瞿稼轩（式耜）正在桂林平乐，身膺重寄。由稼轩荐任东阁大学士，而又深赏河东君之文汝止安之，不久将赴梧州行在。牧斋所荐，号称“虎皮”之刘客生湘客，亦在肇庆（见黄宗羲《行朝录·五·永历纪年》并《小腆纪年·一七“顺治七年二月丁亥”条及《小腆纪传·三二·刘湘客金堡传》。并可参金鹤冲《钱牧斋先生年谱》“永历三年己丑”条引瞿式耜《留守文集》所附牧斋《寄稼轩书》）。其他如与牧斋同郡同调，而真能“老归空门”之金道隐（堡）及两世论交之姚以式（瑞）等，俱寄托于永历之政权（见《有学集·四·绛云余烬集·寄怀岭外四君》诗，同书二六《华首空隐和尚塔铭》及《有学集补·复澹归释公书》，并澹归（今释）《徧行堂集·八·列朝诗传序》，同书三四《酬钱牧斋宗伯壬辰见寄原韵》及《又赠牧斋》两诗），故以为明室尚有中兴之希望。牧斋诗第二首末两句“梦向南枝每西笑，与君行坐数沉吟”即此际钱、柳之心理也。河东君此诗下半四句，前已释证，读者苟取与今所论上半四句，贯通全篇细绎之，则其意旨益可了然。至评诗者仅摘此首第二联，赏其工妙（见第四章引《神释堂诗话》），所见固不谬，但犹非能深知河东君者也。

抑更有可论者，牧斋在黄案期间之诗文，自多删弃，即间有存留者，亦仅与当日政局，表面上大抵无关诸人相往还之作品。如梁慎可为黄案中救脱牧斋者之一，但牧斋在此案未了结时，不敢显著其名字，即其例证。寅恪细绎《有学集》及《牧斋尺牍》等，于此一点，颇似能得其一二痕迹，遂钩沉索隐，参互推证，或可发此数百年未发之覆欤？兹请略述之于下。

《有学集诗注·一·秋槐诗集·顾与治五十初度》（寅恪

案：《四部丛刊》本此诗列于《集补》。又顾氏事迹可参陈伯雨（作霖）《金陵通传·一五·顾璘传》附《梦游传》及陈田《明诗纪事·辛签·二八》“顾梦游”条）云：

松下清斋五十时（寅恪案：赵殿成笺注《王右丞集·十·积雨辋川庄作（七律）》云：“松下清斋摘露葵。”与治曾祖英玉著有《寒松斋存稿》，见《明诗综·三五》“顾璟”条。故牧斋此句今古典合用也），道心畏路凛相持。全身惟有长贫好，避俗差于小病宜。灵谷梅花成昔笑，蒋山云物起相思。开尊信宿嘉平腊，雒颂传家德靖诗。（自注：“与治曾祖英玉公与其兄东桥先生并有集行世。”）

《有学集·六·秋槐别集·丙申春就医秦淮寓丁家水阁浃两月临行作绝句三十首留别留题不复论次》，其第八首云：

多少诗人堕劫灰，佺期今免冶长灾。阿师狡狯还堪笑，翻搅沙场作讲台。（自注：“从顾与治《问祖心千山语录》。”）

《初学集·六六·宋比玉墓表》（参《牧斋尺牍补遗·与顾与治》自注：“时与治为宋比玉乞墓表。”）略云：

金陵顾与治来告我曰：“梦游与莆田宋比玉交，夫子之所知也。比玉殁十余年矣，梦游将入闽访其墓，酹而哭焉。比玉无子，墓未有刻文，敢以请于夫子。”虞山钱谦益为之表。崇祯十五年三月。

《初学集·八六·题顾与治偶存稿》云：

今天下文士入闽，无不谒曹能始。谒能始，则无不登其诗于《十二代》之选。人挟一编，以相夸视，如《千佛名经》，独与治有异焉。能始题其诗曰《偶存》，所以别与治也。

《有学集·四九·顾与治遗稿题辞》略云：

金陵乱后，与治与剩和尚生死周旋，白刃交颈，人鬼呼吸，无变色，无悔词。予以此心重与治。片言定交，轻死重气，虽古侠士无以过也。风尘澒洞，士生其时，蒙头过身而已。孤生党军持，而抗服匿。（寅恪案：牧斋以“军持”比函可，“服匿”比本是汉族，而为清室所用者，如张大猷、张天禄、天福等。牧斋作品中往往以“军持”“服匿”为对文。如《投笔集·下·后秋兴之十·辛丑二月初四日夜宴述古堂酒罢而作》第四首“草外流人欢服匿，御前和尚泣军迟”。遵王《笺注》上句引《南齐书·三九·陆澄传》为释，实则其最初出典乃《汉书·五四·苏建传》附《武传》，更与汉族之为满用者尤切合。下句遵王引《翻译名义集》为释，是。牧斋诗中之“军迟”即“军持”也。）读与治诗，九原尤有生气。存与治诗，所以存与治也。

施愚山（闰章）《学余文集·一七·顾与治传》云：

僧祖心愤世佯狂，与梦游为方外交，至则主其家。祸发连系，刃交于颈，梦游词色不变，卒免于难。

《清史列传·七八·贰臣传·甲·洪承畴传》云：

洪承畴（寅恪案：《清史稿·二四三·洪承畴传》云：“字亨九。”同治修《福建通志·二二八·南安县·洪承畴》云：“字彦演。”），福建南安人。明万历四十四年进士。（顺治四年）十月，巴山等以察获游僧函可、金腊等五人，携有谋叛踪迹，牒承畴鞫讯。承畴疏言，函可乃故明尚书韩日缵之子，出家多年。乙酉春，自广东来江宁，印刷《藏经》。值大兵平江南，久住未回。今以广东路通，向臣请牌回里。臣因韩日缵是臣会试房师（寅恪案：光绪修《惠州府志·三二·人物门·韩日缵传》略云：“（万历）四十四年丙辰，充会试同考。（天启二年）壬戌，复充会试同考。”洪氏为丙辰进士，故云），遂给印牌。及城门盘验，经笥中有福王答阮大铖书稿，字失避忌。又有变纪一书，干预时事。其不行焚毁，自取愆尤，与随从之僧徒金腊等四人无涉。臣与函可世谊，应避嫌，不敢定拟。谨将书帖牌文封送内院。得旨，下部议。以承畴徇情，私给印牌，应革职。上以承畴奉使江南，劳绩可嘉。宥之。

博罗剩人可禅师《千山诗集》首载顾梦游《序》云：

神宗末载，党祸已成。博罗韩文恪公思以力挽颓波，毅然中立。简在先帝，旦晚作辅。天祸宗社，哲人云亡。有丈夫子四，宗騋、宗驎、宗騄、宗骊。騋最才，弱年名闻海内。公殂，太夫人在堂，闺玉掌珠，种种完好。以参空隐老人得悟，世缘立斩，与发同断，年二十有九耳。岁乙酉，以请《藏经》来金陵。值国再变，亲见诸死事臣，纪为私史，城逻发焉，傅律殊死，奉旨宥送盛京焚修。今弘法天山所群奉为祖心大师者也。当大师就缚对簿，备惨拷，讯所与游，忍死不语。囚于满人，厥妇张敬共顶礼之。既去，追之还。进曰，师无罪。此去必生。然窃有请也，师出万死，几不一生，不择于字，其祸至此。师生，无论好字丑字，毋更着笔。师为悚生。

又庐山栖贤函昰撰《千山剩人可和尚塔铭》略云：

师名函可，字祖心，别号剩人。惠州博罗人，本姓韩，父若海公，讳日缵，明万历丁未进士，历官礼部尚书，谥文恪。母车氏，诰封淑人。师生而聪颖，少食饩邑庠，尝侍文恪公官两都，声名倾动一时。海内名人以不获交韩长公騋为耻。甲申之变，悲恸形辞色。传江南复立新主，顷以请藏，附官人舟入金陵。会清兵渡江，闻某遇难，某自裁，皆有挽。过情伤时，人多危之，师为之自若。（寅恪案：《千山诗集补遗》有《哭绳海先生》《广陵感赋》《闻黄石斋至》等题，即所谓“过情伤时”之作。张伯鲸为万历丙辰进士，黄道周为天启壬戌进士，皆函可通家也。）卒以归日行李出城，忤守者意，执送军中。当事疑有徒党，拷掠至数百，但曰，某一人自为。夹木再折，无二语，乃发营候鞫。项铁至三绕，两足重伤，走二十里如平时。江宁缁白环睹，咸知师道者无他，争为之含涕，而不敢发一语。后械送京师，途次几欲脱去，感大士甘露灌口，乃安忍如常。至京，下刑部狱。越月得旨，发沈阳。师自起祸至发遣，中间两年，惟同参法纬暨诸徒五人外，无一近傍。然内外安置极细，如狱中一饮啖，一衣履，随意而至，如天中人。师当时所能自为者，顺缘耳。庸讵知已有人属某缁，属某素，甲事若此，乙事若彼。开士密行，不令人知何择时地。然师所以获是报者，岂非平生好义，暗中铢镂不爽。诸如道在人天，且当作别论也。

及郝浴撰《奉天辽阳千山剩人可禅师塔铭》（参九龙真逸（陈伯陶）《胜朝粤东遗民录·四》“函可”条）略云：

（华首道独）引入曹溪，礼祖下发。师是年二十有九，时崇祯十二年六月十九日也。甲申年三十有四，值世变再作，于戊子四月二十八日入沈，奉旨焚修慈恩寺，时已顺治五年矣。（后），师知悟门已开，且就化，目众叹曰：“释儿识西来意乎？追念吾在家时，曾刺臂书经以报父。及出家，而慈母背，反立解条衣，披麻泣血，以葬之。是岂愚敢先后互左而行怪？顾创巨痛深，皆不知其然而然也。是西来意也。丙戌岁本以友故出岭，将挂锡灵谷。不自意方外臣少识忌讳，遂坐文字，有沈阳之役。是亦不知其然而然也。是西来意也。”重示偈曰：“发来一个剩人，死去一具臭骨。不费常住柴薪，又省行人挖窟。移向浑河波里赤骨律，只待水流石出。”言讫坐逝。报龄四十九，僧腊二十。翼晨道颜如生。浴拊其背哭之，双目忽张，泪介于面。呜呼！师固博罗韩尚书文恪公之长子也。文恪公立朝二十年，德业声施在天下，门下多名儒巨人。故师得把臂论交。虽已闻法，而慈猛忠孝，恒加于贵人一等。甲申乙酉间，侨于金陵顾子之楼，友恸国恤，黯然形诸歌吟，不悟遂以为祸。然事干士大夫名教之重，江左旧史闻人往往执简大书，藏在名山。是殆狮象中之期牙雷管，而袈裟下有屈巷夔龙也。当其遭诬在理，万楚交下，绝而复苏者数，口齿嚼然，无一语不根于道。血淋没趾，屹立如山，观者皆惊顾咋指，叹为有道。师始以逮入京，绝粒七日，时有一美丈夫手甘露瓶倒注其口，及蘧，神采益阳阳。方知大士□留为十二年拨种生芽也。

寅恪案：前已考定牧斋因黄案被逮至南京，实在顺治四年丁亥四月。此时清廷委任江宁之最高长官乃洪亨九。钱、洪两人于明季是否相识，今不得知，但牧斋与顾与治为旧交，弘光元年乙酉祖心由广东至南都，斯际牧斋正任礼部尚书。受之为当代词宗，尤博综内典。祖心既与顾氏亲密，寄居其寓楼，则钱、韩两人极有往还之可能。巴山等举发函可案，在顺治四年丁亥十月。牧斋于四年四月被逮至南京入狱，历四十日出狱。其出狱之时间当在五月。然则牧斋殆可经由顾、韩之关系，向洪氏解脱其反清之罪。马国柱不过承继亨九之原议，而完成未尽之手续耳。检《有学集·一·秋槐诗集·禅关策进诗有示》云：

漫天画地鬼门同，禅板蒲团在此中。遍体锒铛能说法，当头白刃解谈空。朝衣东市三生定，悬鼓西方一路通。大小肇师君会否，莫将醒眼梦春风。

或谓此诗在遵王《注》本中列于《顾与治五十初度》诗前第二题，相距甚近，疑是为函可而作。但依郝浴所记，函可于顺治五年戊子四月二十八日入沈，《禅关策进》诗列于《岁晚过茂之见架上残帙有感再次申字韵》后第三题，寿与治诗前第二题。《岁晚》诗既有"先祖岂知王氏腊，胡儿不解汉家春"（寅恪案：郑氏《近世中西史日表》顺治五年戊子十二月廿二日立春），寿顾诗复有"开尊信宿嘉平腊"等句，则《禅关策进》诗亦当是顺治五年戊子岁暮所赋，其非为函可而作可知。若不为剩和尚而作，则疑是为黄介子而赋也。前引《孤忠后录》载介子以顺治六年己丑三月，由广陵狱移金陵狱。若其所记时间稍有先后，则介子之移金陵狱，可能在顺治五年戊子岁暮。牧斋于其抵金陵时，即作此诗以相慰勉耶？俟考。又《有学集・一・秋槐诗集》有《广陵舟中观程端伯画册戏为作歌（七古）》一首（寅恪案：端伯名正揆。事迹见光绪修《孝感县志・一四・人物志》及《历代画史汇传・三三・程正揆传》），此诗前一题即《次韵林茂之戊子中秋白门寓舍待月之作》，故《广陵舟中》诗，当是顺治五年戊子秋间所赋。牧斋之至扬州，疑是就地与黄介子质证，盖是时介子尚在广陵狱中也。

复次，据郝浴所记，函可示寂前，有"丙戌岁本以友故出岭，将挂锡灵谷。不自意方外臣少识忌讳，遂坐文字，有沈阳之役"等语，显与《清史列传・洪承畴传》谓函可"乙酉春自广东来江宁印刷《藏经》，值大兵平江南，久住未回"之言相冲突。详检《千山诗集》八至九之间，有《补遗》一卷，乃黄华寺主所藏函可丙丁间寓金陵所作之七律共三十一首。其中将返岭南前留别金陵诸友之诗颇多。如《次韵答邢孟贞（昉）并以道别》云“高楼春尽恨难删”，《留别顾与治（梦游）》云“一春花落鸟空愁”，《留别余澹心（怀）二首次韵》其一云“春风犹滞秣陵关”及“三年不见云中信”。（寅恪案：《千山诗集·九（七律体）》中连载《甲申岁除寓南安》《乙酉元旦》《秋呓八首乙酉寓金陵作》《乙酉除夕二首》《丙戌元旦顾家楼》《丙戌岁除卮亭同（邹）衣白（之麟）（王）双白（廷璧）（邹）方鲁（喆）诸子》《丁亥元旦昧庵试笔》等题。此句“三年”之语，乃指甲申乙酉丙戌三岁而言，盖《留别余澹心》诗，赋于丙戌春暮也。）《留别白门诸公》云“三山花落催行棹”及“莺啼无限夕阳多”，《次郑元白韵》云“春残惟听白门笳”等，所言皆是暮春景物。（寅恪检邢孟贞（昉）《石臼后集·四》丁亥所作《送祖心归罗浮（七律）》有“此日东风黯别颜”句，亦可参证。又沈归愚（德潜）《国朝诗别裁·三二》载函可诗《丁亥春将归罗浮留别黄仙裳（五律）》云“春尽雨声里，扬帆趁晓晴。路经三笑寺，归向五羊城。末世石交重，余生瓦钵轻。悲凉无限意，江月为谁明”，尤足证祖心于丁亥暮春有将返粤之事。）依《洪承畴传》谓巴山等牒送函可交亨九鞫讯，在顺治四年丁亥十月。由是推之，此次祖心之离南京当在是年季秋，与暮春留别之诗不合。又黄华寺主所藏《剩人补遗诗》最后一题为《系中生日二首》。检《千山诗集》函可自作生日之诗不少，如卷六《生日四首》，其一云“且自欢兹会，明冬不可知”，卷九《生日》云“当年坠地即严冬”及卷十七《腊八（七绝）》前第二题《丁酉生日二首》之二云“每因生日知年近，又得浮生一岁添”，可知其生日乃在十二月初，亦与《洪承畴传》谓函可于十月被牒送者相合，而与暮春告别之诗不合。但《系中生日》诗前有《次余澹心韵二首》，其一云："摩腾翻译浑多故，身外累累贝叶函"。（寅恪案：此两句与《洪承畴传》谓函可"来金陵印刷《藏经》""及城门盘验，经笥中有福王答阮大铖书稿"之记载相符。）其二云："雁去休教虚只字（寅恪案：《全唐诗·第一函·宋之问·二·题大庾岭北驿》云："阳月南飞雁，传闻至此回。"故剩人此句，即取其意），猿归应已共层崖。"又有《次林茂之韵二首》，其一云"篱边犹忆隔年花"（寅恪案：此句用陶渊明《饮酒二十首》之四"采菊东篱下"，并杜子美《秋兴》诗"丛菊两开他日泪，孤舟一系故园心"之典故。盖取不仕刘宋，隐居遁世之高人及避羯胡乱，且未还家之词客，以比茂之。又剩人丙戌春暮返广东后，是岁再来南京，其时间或即在季秋，故与杜诗"两开"之语适合。所以有此推测者，因《千山诗集·九》有在南京所赋《丙戌岁除》之诗，则丙戌冬季以前，函可已由粤重来江宁矣），其二云"莫言我去知心少，但过墙东有好朋"等句（寅恪案：《后汉书·列传·七三·逸民传·逢萌传》云"避世墙东王君公"。剩人此句，殆指盛集陶。见下论牧斋《次韵答皖城盛集陶见赠二首》），皆是秋季惜别之语。（寅恪又检《石臼后集·一》丁亥所作《再送祖心归岭南（五古）》，有"十月又逢梅"句，亦可参证。）然则，此二题四诗乃函可于丁亥返粤告别之作也。颇疑函可实曾于顺治三年丙戌春暮由南京返广东，同年又重游南京。其临终所言"丙戌本以友故出岭，将挂锡灵谷"即指此次而言。所谓"友"，恐是指亨九。灵谷寺在明太祖孝陵近旁，其欲居此寺，亦寓惓怀故国之思。亨九奏折讳言剩人回粤后，又重来金陵之事，必有隐衷。岂函可于丙戌一年之中去而复返，实暗中为当时粤桂反清运动奔走游说耶？《清史列传·七八·贰臣传·甲·洪承畴传》云：

（顺治）四年四月，驻防江宁巴山张大猷奏，柘林游击陈际可擒贼谢尧文，获明鲁王封承畴国公及其总兵王（黄）斌卿致承畴与巡抚土国宝书，有伏为内应，杀巴张二将，则江南不足定语。上奖巴山等严察乱萌，而谕慰承畴、国宝曰："朕益知贼计真同儿戏。因卿等皆我朝得力大臣，故反间以图阴陷。朕岂堕此小人之计耶？"

可知当时反清复明之势力皆欲争取亨九。巴山等拷问函可，即欲得知洪氏是否与此运动有关。洪氏避嫌，不定函可之谳，清廷亦深知其中微妙之处。所以谕慰洪氏，轻罪函可者，盖仍须借洪氏以招降其他汉人士大夫如瞿稼轩辈。瞿、洪皆中式万历丙辰进士，为同年生，而函可乃适当之联系人也。然则当日承畴处境之艰危，清廷手腕之巧妙，于此亦可窥见一斑矣。牧斋所以得免于死，其原因固多，恐亦与引诱稼轩一点有关欤？前引《可和尚两塔铭》，皆述函可系狱及械送北京途中，得蒙神力护持之事。所言殊诡异，盖暗示亨九辈阴为保全，故赖以脱死。观《胜朝粤东遗民录·四·函可传》陈伯陶案语引《张铁桥年谱》，记后来洪承畴嘱岭东施起元照拂韩日缵诸子事（寅恪案：同治修《福建通志·二二六·福清县·施起元传》略云："施起元，字君贞，一字虹涧。顺治己丑进士。从平藩南征入粤。七年授广东右参议，分守岭东道。八年摄学政，按试惠属，所拔悉当。旋以忧去。"可与陈氏所引参证），足知亨九于剩人关系之密切也。又函昰谓可师"甲申之变，悲恸形辞色。传江南复立新主，顷以请藏，附官人舟入金陵"。夫乙酉春间，南都虽尚未倾覆，然长江当已戒严。函可之附官人舟至金陵，自不足怪。但函昰所以特著此语者，或因南都当局马士英、阮大铖皆中式万历丙辰会试，可师乃其通家世好，此行乃与马、阮有关耶？观其经笥中有福王答阮大铖书稿一事，亦可为旁证也。或谓《千山诗集·一二·寄陈公路若》有《引》，略云：

丙寅秋，予侍先子南都署中，木樨盛开，月峰伯率一时词人赋诗其下。予虽学语未成，窃喜得一一遍诵。及剃发来南，与茂之相见，已不胜今昔之叹。今投荒又八年矣，赤公至，述长安护法，首举陈公，为吾乡人，即木樨花下赋诗人也。

检《国榷》卷首之三《部院·上》“南京礼部尚书”栏载：

（天启六年）丙寅萧山来宗道□□甲辰进士。二月任。

（天启七年）丁卯博罗韩日缵□□丁未进士。三月任。

是丙寅岁任南京礼部尚书者，为来宗道，而非韩日缵。函可既误记“丁卯”为“丙寅”，则其临终时神志瞀乱，亦可误记“乙酉”为“丙戌”也。鄙意此说固可通，但检光绪修《惠州府志·三二·人物门·韩日缵传》略云：

韩日缵，字绪仲，号若海，博罗人。（天启四年）甲子，即家升右春坊右庶子。未行，升礼部右侍郎兼侍读学士，协理詹事府事，充《两朝实录》副总裁。次年（五年乙丑）升南京礼部尚书，疏辞弗克。崇祯（五年）壬申改礼部尚书。

此传既述绪仲一生事迹颇详，方志之文，疑源出函可所作《家传》。（寅恪案：此点可参顾梦游《千山诗集序》引祖心《寄梦游书》中“近家书从福州来，流涕被面，先子传十年不报，今以真（乘）兄坐索，家间事或得附见。此愿既酬，胸中更无别事矣”等语。《胜朝粤东遗民录·四·函昰传》谓其父母、妻妹、子媳俱为僧尼，历主福州长庆等寺。观祖心福州《家书》之语，岂韩氏尚有遗族依函昰寄居福州耶？俟考。）今据志文，则丙寅之秋，函可实可侍其父于南京礼部尚书署中。故诗《引》所言，并非误记。由是推之，其临终所言“丙戌出岭”之“丙戌”，亦非“乙酉”之误记也。惟“谈书”与“方志”何以不同，尚难确言。姑记于此，以俟更考。至南都礼部署中植有木樨，则前引牧斋《赠黄皆令序》及吴应箕《留都见闻录》俱未之及。兹论黄毓祺案，遂附录剩人《诗引》，亦可供谈助也。

吾国旧日社会关系，大抵为家族姻戚、乡里师弟及科举之座主门生同年等。牧斋卒能脱免于黄案之牵累，自不能离此数端，而于科举一端，即或表面无涉，实则间接亦有关也。兹请参互推论之，虽未必切中肯要，然亦不至甚相远也。

前论牧斋热中干进，自诩知兵。在明北都未倾覆以前，已甚关心福建一省，及至明南都倾覆以后，则潜作复明之活动，而闽海东南一隅，为郑延平根据地，尤所注意，亦必然之势也。夫牧斋当日所欲交结之闽人，本应为握有兵权之将领，如第四章论《调闽帅议》，即是例证。牧斋固负一时重望，而其势力所及，究不能多出江浙士大夫党社范围之外，更与闽海之武人隔阂。职是之故，必先利用一二福建士大夫之领袖以作桥梁。苟明乎此，则牧斋所以特推重曹能始逾越分量，殊不足怪也。《明史·二八八·曹学佺传》略云：

曹学佺，字能始，侯官人。弱冠举万历二十三年进士，授户部主事，中察典，调南京添注，大理寺正。居冗散七年，肆力于学，累迁南京户部郎中、四川右参政按察使。又中察典议调。天启二年，起广西右参议。初，梃击狱兴，刘廷元辈主疯颠，学佺著《野史纪略》，直书事本末。至六年秋，学佺迁陕西副使，未行，而廷元附魏忠贤大幸，乃劾学佺私撰野史，淆乱国章。遂削籍，毁所镂板。崇祯初，起广西副使，力辞不就。家居二十年，著书所居石仓园中，为《石仓十二代诗选》，盛行于世。两京继覆，唐王立于闽中，起授太常卿，寻迁礼部右侍郎兼侍讲学士，进尚书，加太子太保。及事败，走入山中，投缳而死，年七十有四。诗文甚富，总名《石仓集》。万历中，闽中文风颇盛，自学佺倡之。晚年更以殉节著云。

《南疆逸史·一七·曹学佺传》略云：

学佺好学有文名，博综今古，自以宿学巨儒不得官京朝，历外数十年，仕又偃蹇，因以著书自娱。闽中立国，起为太常寺卿，上言今幅员褊小，税额无几，宜专供守战之用，而遣郑鸿逵疾抵关度防守，毋久逗留。诸逃兵肆掠，责令其收归营伍。及朝见，上指谓诸臣曰："此海内宿儒也。我在藩邸，闻其名久矣。"时仓卒建号，一切典礼，皆学佺裁定。寻升礼部右侍郎，署翰林院事。时勅纂修《威宗实录》，国史总裁。设兰馆以处之。丙戌四月上在延津。朝议欲以奇兵浮海，直指金陵，而艰于聚饷，学佺倾家以万金济之。

寅恪案：关于曹能始之资料颇多，不须广引，即观《明史》及《南疆逸史》本传，已足知能始为当日闽中士大夫之领袖。至其与郑氏之关系及倾家助饷，欲成"奇兵浮海，直指金陵"之举，则皆南明兴亡关键之所在，殊可注意也。

《初学集》首载《牧斋先生初学集序》略云：

岁癸未冬，海虞瞿稼轩刻其师牧斋先生《初学集》一百卷既成。冬月长至后，新安布衣友人程嘉燧述于松圆山居。

又《钱受之先生集序》云：

时崇祯甲申中秋节，友弟曹学佺能始识。

牧斋刻集既成之后，几历一年之久，复请能始补作一序。其推重曹氏如此，可为例证。又检《初学集·十·崇祯诗集·六·曹能始为先夫人立传寄谢》云：

（诗略。）

同书一六《丙舍诗集·得曹能始见怀诗次韵却寄二首》云：

（诗略。）

《有学集·二三·张子石六十序》云：

子石游闽，余寓书曹能始，请为先太夫人传。子石摄齐升堂，肃拜而后奉书。能始深叹之，以为得古人弟子事师之礼。

夫牧斋平生于同时辈流之文章，少所许可，独乞曹氏为母作《传》。此举更足为其尊崇石仓之一例证也。但《牧斋外集·二五·题曹能始寿林茂之六十序》云：

余与能始宦途不相值，晚年邮筒促数，相与托末契焉。然予竟未识能始为何如人也。今年来白下，重逢茂之，剧谈能始生平，想见其眉目謦笑，显显然如在吾目中，窃自幸始识能始也。顷复见能始所制《寿序》，则不独茂之之生平历历可指，而两人之眉目謦笑，又皆宛然在尺幅中。天下有真朋友，真性情，乃有真文字，世人安得而知之。余往刻《初学集》，能始为作序。能始不多见予诗文，而想象为之，虽缪相推与，其辞藐藐云尔。读此文，益自恨交能始之晚也。虽然能始为全人以去，三年之后，其藏血已化碧，而予也楚囚越吟，连蹇不即死，予之眉目謦笑，临流揽镜，往往自憎自叹，趣欲引而去之，而犹怅怏能始知予之浅也。不亦愚而可笑哉！戊子秋尽，虞山钱谦益撰于秦淮颂系之所。

《列朝诗集·丁·一四·曹南宫学佺小传》略云：

能始具胜情，爱名山水，卜筑匡山之下，将携家往居，不果。家有石仓园，水木佳胜，宾友翕集，声伎杂进，享诗酒谈宴之乐，近世所罕有也。著述颇富，如《海内名胜志》《十二代诗选》，皆盛行于世。为诗以清丽为宗，程孟阳苦爱其送梅子庾“明月自佳色，秋钟多远声”之句。其后所至，各有集。自谓以年而异，其佳境要不出于此。而入蜀以后，判年为一集者，才力渐放，应酬日烦，率易冗长，都无持择，并其少年面目，取次失之。少陵有言“晚节渐于诗律细”，有旨哉，其言之也。

据此足见牧斋亦深知能始之诗文无甚可取。其请为母作《传》，并序《初学集》者，不过利用之以供政治之活动耳。又《有学集·四七·题徐孝白诗卷》云：

云间之才子，如卧子、舒章，余故爱其才情，美其声律。惟其渊源流别，各有从来。余亦尝面规之，而二子亦不以为耳瑱。采诗之役，未及甲申以后，岂有意刊落料拣哉？

《牧斋尺牍·中·与毛子晋四十六通》之四十五云：

蕴生诗自佳，非午溪辈之比。须少待时日，与陈卧子诸公死节者并传，已有人先为料理矣。其他则一切以金城汤池御之。此间聒噪者不少，置之不答而已。

考能始亦于顺治三年丙戌，即崇祯十七年甲申之后死难，《列朝诗集》何以选录其诗？盖牧斋心意中实不愿论列陈、李之诗，以免招致不快，姑作诸种托辞以相搪塞而已。能始《小传》不书其死难之年月，殆欲借此蒙混读者之耳目耶？至其他如《闰集·四》王微、郑如英等，亦皆卒于崇祯甲申以后，更可证牧斋编《列朝诗集》，其去取实不能严格遵守史家限断之例也。

牧斋《吾炙集》所选侯官许有介《米友堂诗》题词云：

丁酉阳月，余在南京，为牛腰诗卷所困，得许生诗，霍然目开，每逢佳处，爬搔不已，因序徐存永诗（见《有学集·一八·徐存永尺木集序》）牵连及之，遂题其诗曰："坛坫分茅异，诗篇束笋同。周容东越绝，许友八闽风。世乱才难尽，吾衰论自公。水亭频剪烛，抚卷意何穷。"周容者，字茂山，明州人。尝为余言许友者也。既而闽之君子或过余言，又题曰："数篇重咀嚼，不愧老夫知。本自倾苏涣（自注："老杜云，老夫倾倒于苏至矣。"），何嫌说项斯。解嘲应有作，欲杀岂无词。周处台前月，长悬下令祠。"余时寓清溪水阁，介周台卞祠之间，故落句云尔。（寅恪案：牧斋此两诗并见《有学集诗注·八·长干塔光集·题许有介诗集》及《再读许友诗》。）

同书有介诗后又附评语云：

此人诗开口便妙，落笔便妙。有率易处，有粗浅处，有入俗处，病痛不少，然不妨其为妙也。或曰："诗具如许病痛，何以不妨其妙？"答曰："他好处是胎骨中带来，不好处是熏习中染来。若种种病痛，果尔从胎骨中来，便是焦芽败种，终无用处矣。"顾与治深以予言为然。

又云：

余于采诗之候，撰《吾炙集》一编，盖唐人箧中之例，非敢以示人也。长干少年疑余有雌黄，戏题其后云："杜陵矜重数篇诗，吾炙新编不汝欺。但恐旁人轻著眼，针师门有卖针儿。"（寅恪案：此诗亦见《有学集诗注·八·金陵杂题绝句二十五首》之十五。）闻者一笑而解。

寅恪案：牧斋此集所选同时人诗，唯有介之作多至一百零七首，亦知必招致讥怪，故赋诗解嘲，自比少陵，并借用天竺西来教义，牵强纽合两种对立之说以文饰之。但似此高自标置及与金圣叹一类之八股批评家言论，殊不足令人心服。综观牧斋平生论诗论文之著述，大别可分二类。第一类为从文学观点出发，如抨击何李、称誉松圆等。第二类为从政治作用出发，如前论推崇曹能始逾越分量及选录许有介诗篇章繁多等。第一类乃吾人今日所能理解，不烦赘述。第二类则不得不稍详言之，借以说明今所得见牧斋黄案期间诗文中所涉及诸人之政治社会关系也。至牧斋选许有介诗，在顺治十四年丁酉冬季游金陵时。此际牧斋正奔走复明运动，为郑延平帅师入长江取南都之预备。兹论黄案，姑不涉及，俟后详述。

《牧斋外集·二五·题为黄子羽书诗册》云：

戊子之秋，囚系白门，身为俘虏，闽人林叟茂之偻行相劳苦，执手慰存，继以涕泣。感叹之余，互有赠答。林叟为收拾残弃，楷书成册，题之曰《秋槐小稿》。盖取王右丞“叶落空宫”之句也。己丑冬，子羽持孟阳诗帙见示，并以素册索书近诗，简得林叟所书小册，拂拭蛛网，录今体诗二十余首，并以近诗系之。

寅恪案：今《有学集》卷一《秋槐诗集》起乙酉年尽戊子年。卷二《秋槐诗支集》起己丑年尽庚寅年四月。牧斋黄案期间所作之诗，即在此两卷内，而两卷内之诗关涉林古度者特多，当由部分源出林氏所收拾之《秋槐小稿》，自无可疑。鄙意林氏当时所收拾牧斋之诗，恐尚有出于《有学集》第一、第二两卷所载之外。盖就此两卷诗中有关诸人观之，大抵表面上皆无政治关系者，当由牧斋不欲显著救脱其罪诸人之姓名，而此诸人亦不愿牧斋此际作品涉及己身故也。但即就此等表面超然处于政局之外者详究之，实有直接与间接联系，如林古度乃其一例。关于林氏之材料颇多，其中以王士祯《感旧集·一》“林古度”条、陈文述《秣陵集·六》“乳山访林古度故居”条及陈作霖《金陵通传·二四·林古度传》尤详。兹仅录《秣陵集》于下。其文略云：

古度，字茂之，号那子。闽之福清人，孝廉章子。章字初文。负大志，尝献书阙下，不报。归而卜居金陵华林园侧，具亭榭池馆之美。古度与兄君迁，皆好为诗。与曹学佺友善。少赋《挝鼓行》，为东海屠隆所知，遂有名。诗多清绮婉缛之致，有鲍、谢遗轨。与学铨相类。万历己酉壬子间，楚人钟惺、谭元春先后游金陵，古度与泝大江，过云梦，憩竟陵者累月，其诗乃一变为楚风。甲申后，徙真珠桥南陋巷掘门，蓬蒿蒙翳，弹琴赋诗弗辍也。王士祯司理扬州，每集名士，泛舟红桥。古度年八十五，士祯亲为撰杖。卒年九十。殁三年，周亮工葬之钟山之麓。或云，后居乳山，有江东父老小印。（寅恪案：朱绪曾《金陵诗征·四十》“林古度”条云：“自卜生圹于乳山，年八十七卒。”）

《有学集诗注·一·秋槐诗集·岁晚过茂之见架上残帙有感再次申字韵》云：

地阔天高失所亲，凄然问影尚为人。呼囚狱底奇余物，点鬼场中顾赁身。先祖岂知王氏腊，胡儿不解汉家春。可怜野史亭前叟，掇拾残丛话甲申。

《列朝诗集·丁·十·林举人章小传》略云：

章，字初文，福清人。初文二子君迁（寅恪案：君迁名楙）、古度皆能诗。古度与余好，居金陵市中，家徒四壁，架上多谢皋羽、郑所南残书，婆娑抚玩，流涕渍湿，亦初文之遗意也。

同书丁一二《钟提学惺》附谭解元《元春小传》略云：

元春，字友夏，竟陵人。举于乡，为第一人。再上公车，殁于旅店。与钟伯敬（惺）共定《诗归》，世所称“钟谭”者也。伯敬为余（万历三十八年庚戌）同年进士，又介友夏以交于余，皆相好也。吴中少俊，多訾謷钟、谭，余深为护惜，虚心评骘，往复良久，不得已而昌言击排。

元春诗后又附《识语》云：

吴越楚闽，沿习成风，如生人戴假面，如白昼作鬼语，而闽人有蔡复一字敬夫者（寅恪案：复一事迹详见《明史·二四九》及《福建通志·二百》之五本传），宦游楚中，召友夏致门下，尽弃所学而学焉。

寅恪案：牧斋排击钟、谭尽嬉笑怒骂之能事，读者可披阅《列朝诗集》原文，于此不详引，以省枝蔓。所可注意者，詈伯敬之辞，略宽于友夏，殆由钱、钟两人有会试齐年之谊。旧日科举制度与社会之关系，即此可见一斑。牧斋讥蔡敬夫，实讥林那子，所谓指桑骂槐，未识茂之读之，何以为情也。夫牧斋文学观点，既与古度差异，又与之亲密一至于此，甚觉可怪。更检《吾炙集》所列诸人及《有学集》中牧斋晚岁相与往来之文士，亦多由那子介绍，其故何在？必有待发之覆也。兹略推论之于下。

今先论黄案期间钱、林之关系，至郑延平率舟师攻南都前数年之事，则暂不述及。顺治四年丁亥，主办黄案最高之清吏为洪亨九。洪氏与函可之交谊，前已详言之。牧斋固可借顾与治经祖心以通亨九，然细绎上引《千山诗集·寄陈公路若诗序》之辞旨，知天启六年秋桂花开时，那子年已四十七（此据《有学集·二·秋槐诗支集》牧斋顺治己丑所赋《林那子七十初度（五律）》推得之），自得与诸词人预会赋诗，而祖心年仅十六（此据上引郝浴撰《函可塔铭》"师是年二十有九，时崇祯十二年（己卯）六月十九日也"之语推得之），故自谦云："予虽学语未成，窃喜得一一遍诵。"又是岁顾与治年二十八（此据上引牧斋戊子冬所赋《顾与治五十初度》推得之），应可预此诗会，但祖心《诗序》云："及剃发来南，与茂之相见，已不胜今昔之叹。"无一语道及与治，可证天启六年丙寅秋韩、顾尚未相识。上引牧斋《顾与治遗稿题词》有"片言定交"之语，颇疑祖心与与治之缔交，实始于弘光元年乙酉自广州来南京之时，非若茂之之与韩氏一门，至少有两世之旧交。然则牧斋即不经与治，借祖心以通亨九，亦可经茂之，借剩人以通洪氏也。

邢孟贞（昉）《石臼后集·一·读祖心再变纪漫述五十韵》云：

所恨丧乱朝，不少共欢辈。城头竖降旗，城下迎王旆。白头宗伯老，作事弥狡狯。捧献出英皇，笺记称再拜。（寅恪案：杨钟羲《雪桥诗话·一》"邢孟贞"条，引"白头"下四句云："盖指牧斋。"）皇天生此物，其肉安足嘬。养士三百年，岂料成狼狈。

寅恪案：《牧斋遗事》附《赵水部杂志四则》之三云：

弘光选后屡不中，特旨至浙东拣选三女子，祁彪佳族也。其父为诸生。弘光避位，其女与父尚在金陵。礼部尚书钱谦益送所选女于豫王。女之父登谦益之门，一时人无不诧异焉。

可与祖心所记参证。或疑剩和尚既载牧斋此事，则似不以牧斋为然者，牧斋遭黄案牵累，未必肯为之尽力。鄙意函可撰《再变记》效法南董，自必直书，无所讳忌。但牧斋实与黄介子有连，志在复明，剩人与林茂之为旧交，与顾与治为密友。牧斋若经两人之疏通劝说，借黄案以赎前罪，函可亦可能向洪亨九为之解救也。茂之自其父移居金陵以来，至黄案期间已历数十年之久。故陈作霖认其为上元人。（见《金陵通传·二四·林古度传》“先世籍福清。父章发愤争狱事，系南都三年始出。遂居金陵，为上元人”等语。）但那子家本福清籍（见同治修《福建通志·一五六·选举门·举人表》“万历元年癸酉苏濬榜，福清县林春元，后改名章”之记载，及同书二一三《文苑传·林章传》“万历癸酉年十七，举于乡”等语），与当日闽省士大夫领袖曹能始关系尤密，依旧日社会之习惯，自可如《金陵诗征》之例，列于《寓贤》（见朱绪曾编《金陵诗征·三九·寓贤·五·林章小传》及同书四十《寓贤·六·林古度小传》）。洪亨九若论乡里之谊，固得相与周旋。盖茂之值明清兴亡之际，表面无抗清显著之形迹，不致甚为巴山等之所注意。观牧斋于黄案期间作品，绝不避忌林氏之名字，亦可推知其人在清廷官吏心目中之态度也。牧斋此期间关于茂之之诗甚多，除前引《次韵林茂之中秋白门寓舍之作》外，尚有可论证之篇什不少。其仿玉川子之作一首，足见钱、林友谊笃挚，如第四章论《留仙馆记》及冯元飚之比。但《有学集·二·秋槐诗支集·戏为天公恼林古度歌》原诗过长，仅录诗后跋语，聊资谈助云尔。其文云：

此诗得之于江上丈人，云是东方曼倩来访李青莲于采石，大醉后放笔而作，青莲激赏而传之也。或云青莲自为之。未知然否？

前论祖心《次林茂之韵二首》第一首“莫言我去知心少，但过墙东有好朋”之“好朋”，当即指盛集陶（斯唐）。盛氏事迹今未能详知，仅《金陵诗征·四十·寓贤·六》“盛斯唐”条，较《金陵通传》《明诗纪事》稍备，故录之于下。其文云：

斯唐，字集陶，桐城籍，居金陵。

集陶为进士世翼孙。居金陵十庙西门，毁垣败屋，蓬蒿满径，与林古度相唱和。晚以目眚，屏居不干一人。

牧斋于黄案期间诗什颇有关涉盛氏者，兹不详引，唯择录数首，略加笺释，以见一斑。

《有学集·一·秋槐诗集·盛集陶次他字韵重和五首》，其第三首云：

秋衾铜辇梦频过，四壁阴虫聒谓何。北徙鹏忧风力少，南飞鹊恨月明多。杞妻崩雉真怜汝，莒妇量城莫恚它。却笑玉衡无定准，天街仍自限星河。

寅恪案：此首虽和盛集陶，而实为河东君而作者。第一、第二两句，谓明南都破后，己身降清，不久归里，但东林党社旧人，仍众口訾謷，攻击不已，意欲何为耶？遵王引李贺《还自会稽歌》“台城应教人，秋衾梦铜辇”（见《全唐诗·第六函·李贺·一》）以释第一句，固不误。然尚有未尽。长吉诗此两句原出谢希逸《七夕夜咏牛女应制》诗：“辍机起春暮，停箱动秋衿。”（见丁福保辑《全宋诗·二》“谢庄”条。）长吉诗所谓“台城应教人”乃指其诗序中之庾肩吾。（见《南史·五十·庾肩吾传》及王琦《李长吉歌诗·二·还自会稽歌》此两句注。）

牧斋以庾氏曾为侯景将宋子仙所执，后乃被释，遂取相比。第二句遵王无释。鄙意以为“四壁”用欧阳永叔《秋声赋》“但闻四壁虫声唧唧”之语（见《欧阳文忠公集·一五》）。“阴虫”当出颜延平《夏夜呈从兄散骑车长沙》诗“阴虫先秋闻”句（见《文选·二六》）。此皆表面字句之典故，犹未足窥牧斋之深意。牧斋此诗既为河东君而作，因特有取于希逸之句，亦可与此诗末二句相照应也。又牧斋随例北迁，河东君在南中有奸夫郑某一重公案，即牧斋所谓“人以苍蝇污白璧”者（见《投笔集·上·后秋兴之三·八月初十日小舟夜渡惜别而作》），盖言己身不信河东君真有其事也。综合此诗首两句之意，谓两人有如牛女之情意，永无变易。但阴险小人造作蜚语，若“大王八”及“折尽章台柳”之类，聒噪不休，甚无谓也。抑更有可论者，元裕之《洛阳（七律）》云：“已为操琴感衰涕，更须同辇梦秋衾。”（见施国祁《元遗山诗集笺注·九》。）牧斋以南京比洛阳，即下引《次韵答盛集陶新春见怀之作》诗“涧瀍洛下今何地，鄠杜城南旧有天”之义。然则牧斋赋诗与王半山“恩从隗始诧燕台”句之意同矣。可详第一章所论，兹不复赘。牧斋和盛诗第一联谓己身因南都破后随例北迁，不久又南归也。第二联谓河东君因己身被逮，而愿代死或从死，始终心怀复明之志也。第七、八两句谓当此赋诗之际，河东君寄寓苏州拙政园，与己身隔绝不能遇见。前论《次韵林茂之戊子中秋白门寓舍待月之作》诗“无那金闺今夜月，云鬟香雾更悠悠”之句，可取与互证。又前论顺治三年丙戌牧斋之行踪节，引《有学集·一·秋槐诗集·丙戌有怀》诗“横放天河隔女牛”句，亦可取以参较也。

《有学集·一·秋槐诗集·次韵答皖城盛集陶见赠二首·盛

与林茂之邻居皆有目疾故次首戏之》云：

枯树婆娑陨涕攀，只余萧瑟傍江关。文章已入沧桑录，诗卷宁留天地间。汗史血书雠故简，烟骚魂哭怨空山。终然商颂归玄鸟，麦秀残歌讵忍删。

有瞽邻墙步屧亲，摩挲揽镜笑看人。青盲恰比瞳蒙日（寅恪案：遵王《注》本作"瞳蒙目"），象罔聊为示现身。并戴小冠希子夏，长悬内传配师春。徐州好士今无有，书尺何当代尔申。

寅恪案：牧斋答盛氏诗，第一首末二句，初读之未能通解，后检今释《徧行堂集·八·列朝诗传序》，乃知此为牧斋自述其编选《列朝诗集》之宗旨。澹归之文，可取与此二句相证发。岂丹霞从萧孟昉（伯升）处，得知牧斋著述之微意耶？俟考。金堡之文略云：

《列朝诗集》传虞山未竟之书，然而不欲竟。其不欲竟，盖有所待也。传有胡山人白叔死于庚寅冬。则此书之成，两都闽粤尽矣。北之死义，仅载范吴桥，余岂无诗。乃至东林北寺之祸，所与同名党人一一不载。虞山未忍视一线滇南为厓门残局，以此书留未竟之案，待诸后起者，其志固足悲也。孟昉有儁才，于古今人著述，一览即识其大义。其力可以为虞山竟此书，而不为竟，亦所以存虞山有待之志，俾后起者得而论之。呜呼！虞山一身之心迹，可以听诸天下而无言矣。

牧斋《答盛氏诗》第二首末二句遵王《注》引《梁书·江淹传》。其解释古典固当，但"代尔申"之"尔"字若指牧斋，则应是集陶之语。细绎之，与上文旨意似不甚通贯。检《有学集·二·秋槐支集·次韵盛集陶新春见怀之作》云：

晕碧裁红记往年，春盘春日事茫然。涧瀍洛下今何地，鄠杜城南旧有天。梦里士师多讼狱，醉中国土少崩骞。金陵见说饶新咏，佳丽长怀小谢篇。

此诗第五句“梦里士师多讼狱”虽用《列子·周穆王篇》之古典，然恐不仅指己身为黄案所牵连，或兼谓集陶与讼狱有关。今日载记所述盛氏事迹甚为简略，故无从详知集陶在此时间，是否亦有被人累及之事也。

《有学集·一·秋槐诗集·丙戌初秋燕市别惠房二老》（“丙戌初秋”四字据遵王《注》本增）云：

（诗略。）

同书同卷《丁亥夏为清河公题海客钓鳌图四首》（寅恪案：“为清河公”四字据遵王《注》本增。《注》本仅有三首，无第四首。殆因此首语太明显，故遵王删去也）云：

海客垂纶入淼茫，新添水槛揽扶桑。崆峒仗与羲和杳，安得乘槎漾水旁。

贝阙珠宫不可寻，六鳌风浪正阴森。桑田沧海寻常事，罢钓何须叹陆沉。（寅恪案：遵王《注》本此首作“贝阙珠宫不可窥，六鳌风浪正参差。钓竿莫拂珊瑚树，珍重鲛人雨泣时”。当为后来避讳所改。）

阴火初销黑浪迟，投竿错饵自逶迤。探他海底珠如月，恰是骊龙昼睡时。

老马为驹气似虹，行年八十未称翁。劳山拂水双垂钓，东海人称两太公。

同书同卷《别惠老两绝句》（寅恪案：遵王《注》本阙此题）云：

（诗略。）

同书同卷《和东坡西台诗韵六首》云：

（诗略。）

《清史列传·七九·贰臣传·乙·房可壮传》略云：

房可壮，山东益都人。明万历三十五年进士。（崇祯元年）十一月会推阁臣，次列礼部侍郎钱谦益。尚书温体仁讦谦益主浙江乡试时关节受贿，诸臣党比推举。庄烈帝召谦益及给事中章允儒等廷讯。可壮坐党比降秩。顺治元年六月，招抚侍郎王鳌永至山东，可壮率乡人杀流贼所置伪益都令，奉表投诚。鳌永疏请召用。三年二月授大理寺卿。六月疏言，旧制大理寺掌覆核刑部诸司问断当者定案入奏，请再谳。近见刑部鞫囚，有径行请旨处决者，未足以昭惧重，宜仍归大理覆核会奏，并请敕法司早定律令，以臻协中之治。从之。十一月擢刑部右侍郎。五年转左。

李棪君《东林党籍考》引康熙修《益都县志·八》云：

房可壮，字阳初，号海客。

《清史列传·七八·贰臣传·王鳌永传》略云：

王鳌永，山东临淄人。明天启五年进士，累官郧阳巡抚。崇祯时，张献忠犯兴安，鳌永防江陵，大学士杨嗣昌督师好自用，每失机宜。鳌永尝规之，不听，遂奏罢鳌永。后嗣昌败，授鳌永户部右侍郎。李自成陷京师，鳌永被拷索输银乃释。本朝顺治元年五月投诚，六月睿亲王令以户部侍郎兼工部侍郎衔，招抚山东、河南。鳌永至德州，同都统觉罗巴哈纳、石廷柱等，击走自成余党，寻赴济南，遣官分路招抚。寻命方大猷为山东巡抚，巴哈纳等移师征陕西。鳌永同大猷及登莱巡抚陈锦等绥辑山东郡县，剿余贼。八月，疏报济南、东昌、泰安、兖州、青州诸属邑俱归顺。鳌永赴青州。有赵应元者，自成裨将也。败窜长清县，窥青州兵少，十月率众伪降，既入城，遂肆掠，蜂集鳌永官廨，缚之。鳌永骂贼不屈，遂遇害。

寅恪案：《为清河公题海客钓鳌图》一题，“清河”为房氏郡望，“海客”为可壮之号，“鳌”为王鳌永之名，甚为工巧。但此图不知作于何时，若作于顺治元年，海客初降清时，方可如此解释，否则“鳌”字止可作海中之大龟解，指一般降清之大汉奸言。此图之名及牧斋所题四诗，殊有深意。尤可注意者，乃第四首“劳山拂水双垂钓，东海人称两太公”之结语。“拂水”在江苏常熟县，乃牧斋自指；“劳山”在山东即墨县东南六十里海滨，用以指房氏，盖谓两人同为暂时降清，终图复明。海客在东北，牧斋在东南，分别“投竿错饵”以引诱降服建州诸汉人，以反清归明也。观顺治三年房氏任大理寺卿时，上疏主张恢复前明大理寺覆核刑部案件之旧例，其意盖欲稍稍提高汉人之职责，略改满人独霸政权之局势。其不得已而降清之微旨，借此可以推见矣。

至牧斋此题涵芬楼本《有学集》列于《别惠房二老》及《别惠老两绝句》之间。虽集中《别惠老两绝句》后，即接以丁亥年所作《和东坡西台诗韵》一题，但此时期牧斋所存之诗甚少，故《题海客钓鳌图》诗，或赋于牧斋随例北迁将南还之时也。若谓牧斋于顺治三年丙戌秋间别房氏后，至次年即顺治四年丁亥夏，在南京乃题此诗。则《钓鳌图》无论由牧斋携之南归，或由房氏托便转致，牧斋取此黄案迫急之际，忽作此闲适之事，必非偶然。颇疑牧斋之意，以为房氏此际在北京任刑部右侍郎，可借其力以脱黄案之牵累也。后来牧斋之得释还家，是否与房氏有关，今无可考。但检龚芝麓《定山堂集·三》“顺治十年癸巳五月”

任刑部右侍郎时所上《遵谕陈言疏》云：

一司审之规宜定也。十四司官满汉并设，原期同心商酌，共砥公平，庶狱无遁情，官无旷职。近见大小狱情回堂时，多止有清字，而无汉字。在满洲同堂诸臣，虚公共济，事事与臣等参详，然仓卒片言，是非立判，本末或未及深晰，底案又无从备查。至于重大事情，又多从清字翻出汉字。当其讯鞫之顷，汉司官未必留心，迨稿案已成，罪名已定，虽欲旁赞一语，辄苦后时。是何满司官之独劳，而汉司官之独逸也。请自今以后，一切狱讼，必先从满汉司官公同质讯，各注明切口词，呈堂覆审。发落既定，或拟罪，或释放，臣等即将审过情节，明注于口词之内，付司存案，以便日后稽查。其有事关重大，间从清字翻出者，必仍引律叙招，臣等覆加看语，然后具题。事以斟酌而无讹，牍亦精详而可守。

夫顺治十年癸巳，在顺治四年丁亥之后六年，龚氏又与房氏同是刑部右侍郎。其时满人之跋扈，汉人之无权，尚如芝麓所言。何况当房氏任职之际耶？然则房氏在顺治四年夏间，以汉族降臣之资格，伴食刑部，自顾不暇，何能救人？牧斋于此，可谓不识时务矣。斯亦清初满汉关系实况之记载，颇有裨益于考史，故特详录之，读者或不以枝蔓为嫌也。

《有学集·一·秋槐诗集·赠濮老仲谦》云：

（诗见前引，兹从略。）

寅恪案：第三章论陈卧子《蝶恋花·春晓》词，引刘銮五石瓠“濮仲谦江千里”条云：“或见其为柳夫人如是制弓鞋底版二双。”牧斋此诗虽作于顺治五年戊子，但濮老弓鞋底版之制，则疑在前一年丁亥河东君三十悬帨之辰。或者即受牧斋之意旨为之，盖借以祝贺河东君生日也。如此寿礼，颇嫌猥亵，若非河东君之放诞风流，又得牧斋之同意者，濮老必不敢冒昧为之。噫！即就此点观之，牧斋之于河东君感恩之深，用情之足，一至于斯。后来河东君之杀身相殉，岂足异哉！

《有学集·二·秋槐支集·次韵何寤明见赠》（遵王《注》本题下有自注云："寤明与孟阳交，故诗及之。"）云：

（诗略。）

《有学集·二十·新安方氏伯仲诗序》云：

戊子岁，余羁囚金陵，乳山道士林茂之，偻行相慰问，桐、皖间遗民盛集陶、何寤明，亦时过从，相与循故宫，踏落叶，悲歌相和，既而相泣，忘其身之为楚囚也。

寅恪案：前谓今《有学集》所载黄案期间牧斋相与唱和诸人，大抵表面与政治无关者，如牧斋序中标出林、盛、何等，即是其例证。实则救免牧斋之重要人物，如函可、梁维枢外尚有佟国器。佟氏与牧斋得脱黄案之牵累，较之梁氏，尤不易得明显之记述。兹请就所见资料间接推证，或非全凭臆度也。《有学集·二·秋槐支集·冯研祥金梦蜚不远千里自武林唁我白门喜而有作》云：

（诗略。）

同书同卷《叠前韵送别研祥梦蜚三首》之三云：

少别千年近隔旬，劳人亭畔尽劳人。（遵王《注》本作"劳劳亭"，是。）谁家窟室能逃世，何处巢车可望尘。问字总归沙数劫，相看已属意生身。（此两句《注》本作"自顾但余惊破胆，相看莫是意生身"。）童初近有登真约，为我从容扣侍晨。

寅恪案：冯研祥为冯开之之孙。其与牧斋之关系前已论述，可不复赘。金梦蜚则尚待稽考。要之，此二人不远千里，自武林至白门慰问牧斋，似是旧交密友可能之举动。但鄙意以为二人之由杭州至南京，恐非仅出本身之情意，实亦奉命而来也。若果奉命而来者，则疑是奉佟国器之命。又《叠前韵》第三首七、八两句，当指国器及其继配锦州钱氏而言。兹征引国器及其妻钱氏并国器父卜年与其他直接或间接有关资料，综合论述，借见牧斋之得脱于黄案之牵累，殊非偶然也。

《真诰·一二·稽神枢》第二略云：

张姜子，西州人，张济妹也。李惠姑，齐人，夏侯玄妇也。施淑女，山阳人，施绩女也。郑天生，邓芝母也。此数女子昔世有仁行令闻，并得在洞中。洞中有易迁馆、含真台，皆宫名也。含真台是女人已得道者，隶太玄东宫。此二宫盖女子之宫也。又有童初、萧闲堂二宫，以处男子之学也。

《全唐诗·第九函·陆龟蒙·八·上元日道室焚修寄袭美》云：

三清今日聚灵官，玉刺齐抽谒广寒。执盖冒花香寂历，侍晨交佩响阑珊。（自注：“执盖侍晨仙之贵侣矣。”）将排风节分阶易，欲校龙书下笔难。唯有世尘中小兆，夜来心拜七星坛。（寅恪案：以上二条，遵王《注》已略引。兹为解释便利之故，特更详录之。）

《牧斋外集·一二·佟夫人钱太君五十寿序》略云：

钱夫人者，大中丞辽海汇白佟公之嘉耦也。今年五十初度，五月初九日为设帨之辰，年家子弟陶生某、黄生某辈，相与谋举觞称寿，以祝嘏之词来请。余于中丞公为世交，为末契。于夫人为宗老，为伯兄。当酌兕觥为诸子先。其何敢辞授简？余惟夫人发祥石镜，毓秀锦城。中丞得以数历中外，砥节首公，释然无内顾之忧，夫人相之也。已而谋深筹海，绩著保釐，以奉扬德意之故，误被急征。震电不宁，疾雷交作。夫人有吁天泣血之诚，有引绳束发之节，闺门肃穆，道路叹嗟。而中丞徼如天之赐，涣汗载颁，宠命洊至。天若以此曲成中丞一门之懿德，而巧用其埏埴者，何其奇也？吾读《墉城仙录》，西晋时有谌母者，潜修至道，遇孝道明王授以真诀，而谌母以授吴、许二君，为净明忠孝之宗。故知神仙忠孝，非有二道，而《真诰》所记易迁、含真，女子之有仁孝令闻，隶太玄宫中者，由此其选也。夫人之相中丞，淑慎其身，夷险不二，岂非有合于神仙孝道之法，为群真之所默嘤者欤？世之巨公贤媛，享令名，保完福者，皆夙有灵骨，从仙籍中谪降。虽然，世之称神仙上寿者，无如吾家彭祖，屈原称其斟雉羹以享帝尧，受寿八百，入流沙以去。夫人出于彭城，亦籛后人也。为夫人寿者，宜有取于此矣。然彭祖一意养生，杖晚而唾远，老犹自悔其不寿。不若丹阳孝道之传为有征也。若吾家故事，载在谱牒，夫人数典而知之久矣。又何待乎余言？

《钱牧斋尺牍·上·答佟思远》云：

山中草木，幸脱余生。晚岁桑榆，已为长物。烛武抱无能之恨，师丹招多忘之讥。随例称觞，抚心自愧。深荷老姊丈惠顾殷勤，翰章重叠，遂令长筵生色，儿女忭舞。当贱诞之日，佳贶贲临，故知吉人记存，即是慈光加被，可以招邀余庆，敌退灾星矣。拜嘉之余，唯有铭勒。贤阃贤甥，并此驰谢。临楮不胜驰企之至。

《清史列传·七八·贰臣传·甲·洪承畴传》云：

（顺治四年），承畴以江南湖海诸寇俱削平。又闻其父已卒于闽，请解任守制。乃调宣大总督马国柱为江南江西河南总督。命承畴俟假满，仍回内院任事。五年四月至京。

罗振玉辑《史料丛刊初编·洪文襄公呈报吴胜兆叛案揭帖》首署：

守制洪承畴谨揭。

末署：

顺治四年七月初十日。

《清史稿·二百零三·疆臣年表·一》“总督”栏载：

顺治四年丁亥，马国柱七月戊午（十九日）总督江南江西河南。

《牧斋外集·一·越吟憔悴·寿佟中丞八首》之七（《江左三大家诗钞·牧斋诗钞·下》此题作《赠佟中丞汇白》。题下注云：“时繇闽虔移旌江浙，启行之候，正值初度。”）云：

鱼钥金壶莫漫催，齐眉亲送紫霞杯。合欢树倚三眠柳，烛夜光倾四照梅。戴胜杖从金母授，羽衣曲自月妃来。当筵介寿多诗笔，授简逡巡避玉台。

《牧斋尺牍·中·与毛子晋四十六通》，其三十三云：

司理之册，乃欲求佟处（虔）抚贺文也。今佟已移镇于浙，此事已无干矣。

施闰章《学余文集·一七·黄氏皆小传》云：

（皆令）南归过江宁，值佟夫人贤而文，留养疴于僻园，半岁卒。

《国朝金陵诗征·四一·佟国器小传》云：

国器，字汇白，襄平籍，居金陵。顺治二年授浙江嘉湖道，再迁福建巡抚，终江西南赣巡抚。有《芰亭诗》《燕行草》《楚吟》诸集。（原注：“魏惟度云，中丞筑僻园在古长干。山水花木甲白下。子孙入籍焉。”）

同书同卷载佟国器《和宋荔裳游僻园诗韵》（寅恪案：宋琬原诗见《安雅堂未刻稿·三·佟汇白中丞僻园四首》。并可参同书二《佟中丞汇白僻园观姚伯右画梅歌》）云：

郊居尘自远，苍翠障河干。石老连云卧（杨钟羲《雪桥诗话·二》录此诗“老”作“磊”），香酣促酒干。（“酣促”杨书作“甜带”。）孤松堪结侣，五柳欲辞官。（“欲”杨书作“倩”。）款户君偏独（“款户”杨书作“重竹”），斜阳兴未阑。（“斜阳”杨书作“忘归”。）

《雪桥诗话·二》“佟汇白中丞国器”条略云：

去官后卜筑钟山之阴，小阁幽篁，酒客常满。《和宋荔裳游余僻园韵》云：（诗见上。）俾俨若（世思）有《僻园歌》，又有《僻园呈汇白伯父》（诗）。

《有学集·三三·佟母封孺人赠淑人陈氏墓志铭》略云：

淑人姓陈氏，父讳其志，母汤氏。故山东按察司佥事登莱、监军佟府君讳卜年之妻，今御史中丞国器之母也。佟与陈皆辽阳上族。府君擢上第，宰京邑，册府锡命，天书煌煌，闺闱荣焉。天启初，府君受命东略，监军登莱。钩党牵连，蜚语逮系，淑人奉二尊人暨诸姑子侄，扶携颠顿，徙家于鄂。乙丑九月，府君奉矫诏自裁，太公哀恸死客舍，淑人泣血襄事，奉太夫人渡汉迁黄陂。又三年，仍迁江夏。秦寇蹦楚，太夫人殁而渴葬。中丞补弟子员，奉淑人卜居金陵。崇祯甲申，避兵迁甬东。中丞受新命，以兵宪治嘉兴。淑人版舆就养。丙戌九月十九日，卒于官舍，年五十有八。淑人既殁，中丞扶柩归金陵，卜葬于（钟）山之阳。

子一人，即中丞公国器，女适李宁远曾孙延祖（寅恪案："李宁远"指李成梁，盖成梁封宁远伯也。见《明史·二三八》本传），以死事赠冋卿。中丞妻赠淑人萧氏，继室封淑人钱氏。孙三人：世韩、世南、世杰。

乾隆修《浙江通志·一二一·职官·一一》"分巡嘉湖道"栏载：

佟国器。顺治二年任。

朱延庆。辽东右卫人。顺治四年任。

同书同卷"提刑按察使"栏载：

王瑨。江南山阳人。进士。顺治三年任。

佟国器。顺治六年任。

熊维杰。辽东铁岭人。顺治八年任。

《清史稿·二百零三·疆臣年表》"浙闽总督"栏载：

顺治二年乙酉张存仁十一月壬子总督浙江福建。由浙江总督迁。

顺治三年丙戌张存仁。

顺治四年丁亥张存仁十二月壬申病免。陈锦总督浙闽。

顺治五年戊子陈锦。

《清史列传·七八·贰臣传·张存仁传》（参《鲒埼亭外编·三十·明大学士熊公行状跋》）略云：

张存仁，辽阳人。明宁远副将，守大凌河。本朝天聪五年，随总兵祖大寿等来降。顺治元年，随豫亲王多铎征河南、江南。二年六月，大军下浙江，存仁随至杭州，遂管浙江总督事。十一月，授浙江福建总督。三年，端重亲王博洛统师进征，明鲁王遁，（方）国安、（马）士英就擒，伏诛。浙、闽渐以底定。四年，疏请解任。存仁莅浙后，屡以疾乞休，至是得旨俞允。五年二月，因代者未至，遣将收复连城、顺昌、将乐三县。六年起授直隶山东河南总督。

张维屏《国朝诗人征略二编·三》“佟国器”条引《大清一统志》云：

顺治二年授嘉湖道，偕张国兴擒马士英。

《牧斋外集·七·佟怀冬古意新声序》（参同书同卷《佟怀冬拟古乐府序》及《佟怀冬诗选序》并《有学集·二·秋槐支集》庚寅夏牧斋所作《闽中徐存永陈开仲乱后过访各有诗见赠次韵奉答四首》及《夏日宴新乐小侯于燕誉堂林若抚徐存永陈开仲诸同人并集二首》）略云：

古意新声之什，创于阳羡俞羡长。佟中丞怀冬见而悦之，为之嗣声属和。又益之以出塞、宫词、闺情、咏怀之属，凡六十章。闽士徐存永、陈开仲携以入吴，予方有事采诗，深嘉其旨意，为之序而传焉。始存永、开仲之以诗请也，秉烛命觞，相顾欣赏。昧旦而求之，余与二子恤然若有失也。浃旬吟咀，听然有得，始拈出风之一字，而二子远矣。遇怀冬，辄举似之。怀冬笑而不应。禅门有言：“莫把金针度。”此风之一字，怀冬之金针也。余顾哓哓然逢人而扣其谱，不已愚乎？

同治修《福建通志·一百四十·宦绩门·佟国器传》云：

佟国器，奉天辽东拔贡。顺治八年任左布政使。（寅恪案：葛万里《牧斋先生年谱》“顺治八年辛卯”条云：“自记九月避喧却贺，扁舟诣白下怀东寓。”可供参考。）十年擢巡抚。

《清史稿·二百零七·疆臣年表·五》“巡抚”栏载：

顺治十年癸巳张学圣二月甲子罢。四月丙午佟国器巡抚福建。

顺治十一年甲午佟国器。

顺治十二年乙未佟国器三月庚子调。宜永贵巡抚福建。

《清史列传·四·佟养正（真）传》（参同书同卷《恩格图及张大猷传》）略云：

佟养正，辽东人。其先为满洲，世居佟佳，以地为氏。祖达尔哈齐以贸易寓居开原，继迁抚顺，遂家焉。天命初，佟养正有从弟养性，输诚太祖高皇帝，于是大军征明，克抚顺，佟养正遂挈家并族属来归，隶汉军。六年奉命驻守朝鲜界之镇江城。时，城守中军陈良策潜通明将毛文龙，诈令谍者称兵至，各堡皆呼噪，城中大惊，良策乘乱据城叛。佟养正被执，不屈死之。长子佟丰年（寅恪案：《国榷·八四》“天启元年八月丙子‘辽东巡抚王化贞参将毛文龙之捷’”条，“丰年”作“松年”），并从者六十人，俱被害。诏以次子佟图赖袭世职。佟图赖初名佟盛年，后改今名。崇德七年，始分汉军为八旗，佟图赖隶镶黄旗，授正蓝旗都统。顺治二年五月，军次江南，败明舟师于扬子江，先后攻扬州及嘉兴诸府，皆下之。十三年八月引疾乞休。命加太子太保，以原官致仕。十五年卒于家，年五十有三。康熙十六年，圣祖仁皇帝以孝康皇太后推恩所生，特赠佟图赖一等公爵，令其子佟国纲承袭，并令改隶满洲。

同书同卷《佟养性传》略云：

佟养性，辽东人。先世为满洲，居佟佳，以地为氏。因业商，迁抚顺。天命初，见太祖高皇帝功德日盛，倾心输款，为明所觉，置之狱，潜出来归。赐尚宗室女，号曰西屋襄额驸。天聪五年正月，太宗文皇帝命督造红衣炮。初，军营未备火器，至是炮成，镌曰“天佑助威大将军”，征行则载以从。养性掌焉。时，汉军未分旗，敕养性总理，官民俱受节制。额驸李永芳及明副将石廷柱、鲍承先等先后来降者，与佟氏族人，皆为所属。上以汉官渐多，虑养性无以服众志，特谕养性曰：“凡汉人事务，付尔总理，各官分别贤否以闻。尔亦当殚厥忠忱，简善绌恶，恤兵抚民，竭力供职，勿私庇亲戚故旧，陵轹疏远仇雠，致负朕委任之意。”又谕诸汉官曰：“尔众官如能恪遵约束，非敬谨养性，是重国体，而钦法令也。”十一月，祖大寿以大凌河城降。上命城中所得枪炮铅药，悉付养性。六年正月，上幸演武场阅兵，养性率所辖汉军试炮，擐甲列阵，上嘉其军容整肃。养性卒于官，诏以其子普汉袭爵。普汉卒，弟六十袭。崇德七年隶汉军正蓝旗。

《清史稿·二百二十·后妃传》略云：

元妃佟佳氏，归太祖最早。子二，褚英、代善。女一，下嫁何和礼。（可参孟森《明元清系通纪》《清初三大疑案考实》第二种《世祖出家事考实》。）

孝康章皇后佟佳氏，少保固山额真佟图赖女。后初入宫，为世祖妃。（顺治）十一年三月戊申圣祖生。圣祖即位，尊为皇太后。（康熙）二年二月庚戌崩，年二十四。后家佟氏，本汉军。上（指圣祖）命改佟佳氏，入满洲。后族抬旗自此始。子一，圣祖。

孝懿仁皇后佟佳氏，一等公佟国维女，孝康章皇后侄女也。康熙十六年为贵妃。二十年进皇贵妃。二十八年七月病笃，册为皇后，翼日甲辰崩。（可参孟森《清初三大疑案考实》第三种《世宗入承大统考实》。）

《清朝通志·二·氏族略·二》"满洲八旗姓佟佳氏"条略云：

佟佳氏散处玛察雅尔、呼加哈哈达、佟佳等地方。佟养正镶黄旗人，世居佟佳地方。国初率族众来归。其子佟图赖系孝康章皇后之父，追封一等公。佟养性，佟养正之弟，国初来归，太祖高皇帝以孙女降焉。

《梅村家藏稿·四八·佟母刘淑人墓志铭》略云：

子江南右方伯讳彭年，方从政于吴。伟业闻之，自古兴王之代，必先世禄之家。在我朝，佟为贵族。

《钱牧斋尺牍·下·复佟方伯》略云：

江南半壁，仰赖旬宣。治某樗栎散材，菰芦长物。通家世谊，牵附高门。怀东、汇白，一元三公，气叶椒兰，谊深金石。

乾隆修《江南通志·一百零六·职官志》"江苏布政使"栏载：

佟彭年，正蓝旗人。举人。康熙二年任。

慕天颜，静宁人。进士。康熙九年任。

《有学集·一六·佟氏幽愤录序》云：

《佟氏幽愤录》者，故登莱佥事观澜佟公，当绝命时，自著《忧愤先生传》。其子今闽抚思远并出其对簿之揭，与槛车之诗，集录以上史馆者也。东事之殷也，江夏公（指熊廷弼）任封疆重寄，一时监司将吏，皆栀言蜡貌，不称委任。江夏按辽时，佟公为诸生，与同舍杨生昆仁，筹边料敌，画灰聚米，慨然有扫犁之志。江夏深知之，以是故号咷呼，援以助我。而公自以世受国恩，谙知辽事，盱衡抵掌，乐为之用。当是时，抚、清（指抚顺、清河）虽熸，辽、沈无恙。以全盛之辽，撼新造之□。以老熊当道之威，布长蛇分应之局。鹬蚌未判，风鹤相疑，传箭每一日数惊，□庐或一夕再徙。公将用辽民守辽土，倚辽人办辽事，赦胁从，招携贰，施钓饵，广间谍。肃慎之矢再来，龙虎之封如故。经营告成，岂不凿凿乎其有成算哉！天未悔祸，国有烦言。奸细之狱，罗钳于前；叛族之诛，瓜蔓于后。公既以狱吏䏝书，衔冤毕命。驯至于一误再误，决河燎原，辽事终不可为矣。呜呼！批根党局，假手奄官，借公以螫江夏，又因江夏以剪公，此能人要路所为，合围掩群，唯恐或失者也。杀公以锢佟氏之族，锢佟以绝东人之望。于是乎穹庐服匿之中，望穷□□；□□□□之属，目断刀环。翕侯、中行说之徒，相率矫尾厉角，僇力同心，以致死于华夏。坚胁从之心胆，广内讧之羽翼，失招抚之大机，破恢复之全局，盖自群小之杀公始。此则操刀推刃者瞢瞢不自觉，而世之君子，亦未必知其所以然也。国家当白山作难，人主旰食，中外震惊。惟是秉国成，参庙算者，用是以快恩仇，恣剸决，岐口沓舌，张罗设械，巧于剪外人之所忌，而精于弭敌国之所短，画庙社于一墙，委人主为孤注。河东之司命，遥寄于柄臣之门。关外之师期，克定于狱吏之手。如公之死，不死于丹书，不死于西市，而死于仿佛错莫诞漫不可知之口语。迄于今藏血久碧，墓草再陈，山川陵谷，俯仰迁改，而卒未知坐公死者为何法？责公死者为何人？天不可问，人不可作，有鬼神构斗其间，而公与国家，并受其害，可胜痛哉？

盛昱《八旗文经·五十》佟世思《先高曾祖三世行略》略云：

先高祖讳周，字儒斋，世居抚顺，以抚顺边烽时警，望辽阳有白云冉冉于其上，遂家焉。自北燕时，远祖讳万讳寿者，俱以文字显。累传至明洪武间，始祖讳达礼，以边功加秩指挥同知，世其爵。五传而生季甫公讳槟。季甫公生心一公讳愻，是为儒斋公父。公生而颖异，读书明性，理家资巨万。谨恪自居，教子弟以正。事无巨细，必取法古人。公生曾祖讳养义，字直庵，念时势多艰，身家为重。教曾祖以恪谨居躬。曾祖心父之心，凛凛恐坠，数十年如一日。已而家难起，以抚顺族人讳养性者，于明万历间获罪，罪应族。于是通族之人，潜者潜，逃者逃，易姓者易姓，更名者更名。先高祖耿介性成，语人曰："族中有此，皆我伯叔之咎，正宜延颈待诛。潜逃何为，易姓名何为。"遂为有司所执。先曾祖相从于车尘马迹中，徒步奔走，械锁琅珰。春气苦寒，泪凝冰合。先高祖归命于法，始终无难色。先曾祖躄踊号泣，念先高祖以垂老之年，罹奇祸，呼天抢地，以爪入肉，血出不知。时，曾叔祖讳养岁，叔祖讳纯年同以事去。茕茕异地，父子祖孙无完卵。向以家素丰饶，为捕按者鱼肉奇货之，家遂破。先是，先大父讳方年字长公，为范公讳楠婿。范公即本朝师相文肃公（文程）父也。百计周旋，匿之馆室。先大父自分不欲生，每思自首，以从祖父。文肃公屡慰之曰："非不欲尔死也，其如宗祀何？"久之，人渐悉，徙之沈香林（原注："寺名。"）。不可。东寄西迁，心劳力竭。又惧有司下除根之令，欲使姑易姓，先大父曰："我祖父叔弟皆因不忍易姓，而有此祸。我岂忍悖祖父叔弟之志，易姓以偷生乎？"文肃公强之至再，而后可。先高祖入关后，分禁永平诸邑狱。旋复因邑有水灾，城为水没。若祖、若孙、若父、若子、若兄、若弟，不相顾。先高祖暨叔曾祖、叔祖，俱以水死。先是高祖庄坐大呼曰："伏朝廷之法，而不死于法，生犹不生也。"时，先曾祖身在水中，与怒涛争上下，流之门侧，闻先高祖之言如此，随自臆度曰："是死终不明。"得浮木，负之出。投邑令。令曰："尔父死，并以尔死上闻。"盍去之。先曾祖告以前故，因厉声曰："我何敢悖君父耶？"遂触阶死。令曰："孝子也。"乡人过其邑，闻其言与事，而归告之。特于归骨之地未详。鸣呼！痛哉！先大父既留，尚未婚。文肃公强之完娶，先大父抵死不可。久之，乃成礼。三韩一带尽入我清版章。族之人潜者出矣，逃者返矣，易姓更名者，连袂而归矣。先大父相依文肃公，虽曰无家可归，族人亦无许先大父归者，盖因先大父为人方严侃直，落落难合，兼以家业飘零，窃恐归宗为累也。时既为我清编氓，从戎大师，冀立功疆场，且欲觅先高曾遗骨归葬。无如彼苍不悯，壮志未酬，战殁于滦州。高祖母梁，继高祖母金杨，曾祖母李，祖母沈，患难之际，俱以病卒。

宣统修《山东通志·四九·历代职官表·八》"布按分司诸道"栏载：

天启朝。佟卜年。辽阳进士。

《明史·二四一·王纪传》（参《国榷·八五》"天启二年七月甲辰刑部尚书王纪削籍以久稽佟卜年案也"条）略云：

王纪，字惟理，芮城人。万历十七年进士。天启二年，代黄克缵为刑部尚书。初，李维翰、熊廷弼、王化贞下吏，纪皆置之重辟，而与都御史、大理卿上廷弼、化贞爰书，微露两人有可矜状，而言不测特恩非法官所敢轻议。有千总杜茂者，赍登莱巡抚陶郎先千金，行募兵。金尽，而兵未募，不敢归，返蓟州僧舍，为逻者所获，词连佟卜年。卜年，辽阳人，举进士，历知南皮、河间。迁夔州同知，未行，经略廷弼荐为登莱监军佥事。逻者搒掠，茂言尝客于卜年河间署中三月，与言谋叛。因挟其二仆，往通李永芳。行边（兵部）尚书张鹤鸣以闻。鹤鸣故与廷弼有隙，欲借卜年以甚其罪。朝士皆知卜年冤，莫敢言及。镇抚既成狱，移刑部。纪疑之，以问诸曹郎。员外郎顾大章曰："茂既与二仆往来三千里，乃考讯垂毙，终不知二仆姓名，其诬服何疑？卜年虽非间谍，然实佟养真族子，流三千里可也。"纪议从之，逻者又获奸细刘一巘，忠贤疑刘一燝昆弟，欲立诛一巘及卜年，因一巘以株连一燝。纪皆执不可。（沈）潅遂劾纪护廷弼等狱，为二大罪。帝责纪陈状，遂斥为民。以侍郎杨东明署部事，坐卜年流二千里。狱三上三却，给事中成明枢、张鹏云、沈惟炳，卜年同年生也。为发愤摭他事，连劾东明。卜年获长系瘐死，而东明遂引疾去。纪既斥，大学士叶向高、何宗彦、史继偕论救，皆不听。后阉党罗织善类，纪先卒，乃免。

《清史列传·七八·贰臣传·甲·李永芳传》略云：

李永芳，辽东铁岭人。明万历四十一年，官游击，守抚顺所。本朝天命三年，是为明万历四十六年。太祖兴师征明，以书谕永芳。永芳奉谕知大兵至，遂乘骑出降。上命毁抚顺城，编降民千户，迁之兴京。仍如明制，设大小官属，授永芳副总兵，辖降众。以上第七子贝勒阿巴泰女妻之。

《明史·二五九·熊廷弼传》略云：

熊廷弼，字飞百，江夏人。万历二十五年举乡试第一，明年成进士。（天启元年）驻山海关，经略辽东军务。廷弼因白监军道臣高出、胡嘉栋，督饷郎中傅国无罪，请复官任事。议用辽人。故赞画主事刘国缙为登莱招练副使，夔州同知佟卜年为登莱监军佥事。故临洮推官洪敷教为职方主事，军前赞画，用收拾辽人心。并报允。先是，四方援辽之师，（王）化贞悉改为平辽。辽人多不悦。廷弼言辽人未叛，乞改为平东，或征东，以慰其心。自是化贞与廷弼有隙，而经抚不和之议起矣。化贞为人呆而愎，素不习兵，轻视大敌，好谩语。务为大言罔中朝，尚书（张）鹤鸣深信之，所请无不允，以故廷弼不得行其志。廷弼请用卜年，鹤鸣上驳议。御史苏琰则言廷弼宜驻广宁，不当远驻山海。因言登莱水师无所用。廷弼怒，抗疏力诋三人。帝皆无所问。而帝于讲筵，忽问卜年系叛族，何擢佥事？国缙数经论列，何起用？嘉栋立功赎罪，何在天津？廷弼知左右谮之，抗疏辨，语颇愤激。是时廷弼主守，谓辽人不可用，西部不可恃，（李）永芳不可信，广宁多间谍，可虞。化贞一切反之，绝口不言守，谓我一渡河，河东人必内应，且腾书中朝，言仲秋之月，可高枕而听捷音。孙杰劾（刘）一燝以用出、嘉栋、卜年为罪，而言廷弼不宜驻关内。当时中外举知经（指熊廷弼）抚（指王化贞）不和，必误疆事。章日上，而鹤龄笃信化贞，遂欲去廷弼。二年正月，员外郎徐大化希指劾廷弼不去必坏辽事。并下部。鹤鸣乃集廷臣大议。议撤廷弼者数人，余多请分任责成。鹤鸣独言化贞一去，毛文龙必不用命。辽人为兵者必溃，西部必解体。宜赐化贞尚方剑，专委以广宁，而撤廷弼他用。议上，帝不从。

《清史列传·七九·贰臣传·乙·沈维炳传》略云：

沈维炳，湖广孝感人。明万历四十四年进士。初任香河知县，入为刑科给事中。（天启）二年，辽东经略熊廷弼，巡抚王化贞，以广宁失陷逮勘。登莱道佟卜年为廷弼所荐，有讦其谋叛者，大学士沈潅、兵部尚书张鹤鸣，欲借以重廷弼罪。维炳疏言，潅因言官列其私迹，借廷弼为抵弹谢过之具。廷弼承失地之罪足矣，岂必加以他辞。鹤鸣左袒化贞，角胜廷弼，致经抚两败，独鹤鸣超然事外。今复欲加罪廷弼，有背公论。（寅恪案：光绪修《孝感县志·一四·人物志·沈惟炳传》略云："沈惟炳，字斗仲，号炎洲。诸党人又借经略熊廷弼，欲株连楚人，惟炳再疏切言之。"可供参证。）

寅恪案：佟国器于顺治二年授浙江嘉湖道，当是从其叔佟图赖军破嘉兴后，因得任此职。顺治三年丙戌九月，其母陈氏殁于官舍，归葬金陵，揆以墨绖从戎之古义及清初旗人丧服之制，并证以当时洪亨九丁父忧守制之事例，大约顺治三年冬或四年初，即可扶柩至白门。此时怀冬正可为牧斋向南京当局解说。明南都倾覆未久之际，汉族南人苟延残喘已是幸事，自不能为牧斋关说。其得为牧斋尽力者，应为北人，如梁慎可辈，而最有力者则是汇白一流人物。盖满人武将与江南士大夫，绝无关涉。唯有辽东汉军，如怀冬者，在明为叛族，而在清则为新贵，实是向金陵当局救脱牧斋最适宜之人。况国器之父卜年与洪亨九同为万历四十四年丙辰进士，两人本有通家之谊，尤便于进说乎？牧斋借《真诰》"童真"之语，以指佟姓。"凡佟姓即童姓。建州以佟为公姓，所以其南有佟家江"（见孟森《明元清系通纪正编·一》"永乐四年十一月乙丑木楞古野人头目佟锁鲁阿等四十人来朝"条案语）可谓巧合。"侍晨"用陆鲁望诗自注"仙之贵侣"。即前引受之撰国器妻《钱氏寿序》所谓"钱夫人者，大中丞辽海佟公之嘉耦也"，亦殊工切。或疑《浙江通志·职官表》载佟氏顺治六年始任浙江按察使，则似不能遣冯、金二人于五年初由杭州至江宁。鄙意思远葬母后，即随张存仁军驻杭州。张氏前虽以病乞休，但因代者陈锦未至，五年二月尚留杭州。则国器亦当于五年春随张存仁在杭州。故不必拘执“方志”之文，遂以鄙说为不合事实。又汇白遣冯、金二人往金陵慰问牧斋，正如其后来在官闽时，遣徐、陈至常熟求牧斋作“诗序”之事相类。牧斋强拉“篯后人”之谊，认国器为妹丈，固极可笑。然佟夫人实亦非未受汉族文化之“满洲太太”，观其留黄媛介于僻园一事，虽与钱、柳有关，但亦由本人真能欣赏皆令之文艺所致也。依佟俨若所记，当日在明人范围之内，佟氏一族遭遇惨酷可以想见。俨若一房幸与范文程有关，仅存遗种。卜年死后，其家迁居湖北，谅亦借熊飞百之楚党庇荫得以苟免。故牧斋《陈氏墓志铭》等文所言其家之流离困厄，殊非虚语。夫辽东之地，自古以来为夷汉杂居区域，佟氏最初本为夷族，后渐受汉化。家族既众，其中自有受汉化深浅之分别。佟卜年一家能由科举出身，必是汉化甚深之支派。佟养性、养真等为明边将，当是偏于武勇，受汉化不深之房派。明万历天启间，清人欲招致辽东诸族以增大其势力，故特尊宠佟氏。不仅因其为抚顺之豪族，且利用其本为明边将，能通晓西洋火器之故。然则当日明清东北一隅之竞争，不仅争土地，并亦争民众。熊飞百欲借深受汉化之佟观澜，以挽回已失之辽东人心。清高祖太宗欲借佟养性兄弟，更招降其他未归附之汉族。由是言之，佟氏一族乃明清两敌国争取之对象。牧斋《佟氏忧愤录序》所言似涉夸大，若按诸当日情势，亦是实录也。寅恪尝论北朝胡汉之分，在文化而不在种族。论江东少数民族，标举圣人“有教无类”之义。论唐代帝系虽源出北朝文化高门之赵郡李氏，但李虎、李渊之先世，则为赵郡李氏中偏于武勇、文化不深之一支。论唐代河北藩镇，实是一胡化集团，所以长安政府始终不能收复。今论明清之际佟养性及卜年事，亦犹斯意。至“佟佳”之称，其地名实由佟家而来，清代官书颠倒本末，孟心史已于《明元清系通纪前编》“毛怜卫设在永乐三年”条，《正编·二》“宣德元年十二月乙丑赐建州左等卫归附官军镇抚佟教化等钞彩等物”条及《正编·四》“正统五年九月己未冬古河即栋鄂河”等条，已详述之，不待更赘。噫！三百五十年间，明清国祚俱斩，辽海之事变愈奇。长安棋局未终，樵者之斧柯早烂矣。

关于《列朝诗集》，凡涉及河东君者皆备述之。其涉及牧斋者，则就修史复明两端之资料稍详言之。至于诗学诸主张，虽是牧斋著书要旨之一，但此点与河东君无甚关涉，故不能多所旁及，仅择录一二资料，聊见梗概，庶免喧宾夺主之嫌。容希白（庚）君著有《论〈列朝诗集〉与〈明诗综〉》一文（见《岭南学报》第十一卷第一期），甚为详审。然容君之文与拙作之范围及主旨不同，今唯转载其文中所引与本文有关者数条，其余读者可取并参之也。

《牧斋遗事》云：

柳夫人生一女，嫁无锡赵编修玉森之子。柳以爱女故，招婿至虞，同居于红豆村。后柳殁，其婿携柳小照至锡。赵之姻戚咸得式瞻焉。其容瘦小，而意态幽娴，丰神秀媚，帧幅间几栩栩欲活。坐一榻，一手倚几，一手执编。牙签缥轴，浮积几榻。自跋数语于幅端，知写照时，适牧翁选《列朝诗》，其中《闺秀》一集（寅恪案：“闺秀”二字，应作“香奁”），柳为勘定，故即景为图也。

寅恪案：河东君此小照不知尚存天壤间否？其自跋数语，遗事亦不备载其原文，殊为可惜。今检《列朝诗集·闰集·六·外夷朝鲜门》“许妹氏”条（参《明诗综·六五·下》“许景樊”条）云：

许景樊，字兰雪，朝鲜人。其兄筠、篈皆状元。八岁作广寒殿玉楼上梁文，才名出二兄之右。适进士金成立，不见答于其夫。金殉国难，许遂为女道士。金陵朱状元（之蕃）奉使东国，得其集以归，遂盛传于中夏。柳如是曰：“许妹氏诗，散华落藻，脍炙人口。然吾观其《游仙曲》‘不过邀取小茅君，便是人间一万年’，曹唐之词也。《杨柳枝词》‘不解迎人解送人’，裴说之词也。《宫词》‘地衣帘额一时新’，全用王建之句。‘当时曾笑他人到，岂识今朝自入来’，直钞王涯之语。‘绛罗袱里建溪茶，侍女封缄结彩花。斜押紫泥书敕字，内官分赐五侯家’，则撮合王仲初‘黄金合里盛红雪’与王岐公‘内库新函进御茶’两诗而错直出之。‘间回翠首依帘立，闲对君王说陇西’，则又偷用仲初‘数对君王忆陇山’之语也。《次孙内翰北里韵》‘新妆满面频看镜，残梦关心懒下楼’，则元人张光弼《无题》警句也。吴子鱼（明济）《朝鲜诗选》云：‘游仙曲三百首’，余得其手书八十一首。今所传者，多沿袭唐人旧句。而本朝马浩澜《游仙词》，见《西湖志余》者，亦窜入其中。凡《塞上》《杨柳枝》《竹枝》等旧题皆然。岂中华篇什，流传鸡林。彼中以为琅函秘册，非人世所经见，遂欲掩而有之耶？此邦文士，搜奇猎异，徒见出于外夷女子，惊喜赞叹，不复核其从来。桐城方夫人采辑诗史，评徐媛之诗，以‘好名无学’四字，遍诮吴中之士女，于许妹之诗，亦复漫无简括，不知其何说也。承夫子之命，雠校《香奁》诸什，偶有管窥，辄加椠记。”今所撰录，亦据《朝鲜诗选》，存其什之二三。其中字句窜窃，触类而求之，固未可悉数也。观者详之而已。

寅恪案：《牧斋遗事》所言，河东君勘定《列朝诗集·闺秀》一集事，可与相证。至王沄《辋川诗钞·六·虞山柳枝词十四首》之十云：

河梁录别久成尘，特倩香奁品藻新。云汉在天光奕奕，列朝新见旧词臣。

及自注云：

钱选《列朝诗》，首及御制，下注臣谦益曰云云。历诋诸作者，托为姬评。

则甚不公允。盖牧斋编《列朝诗集》，河东君未必悉参预其事。但《香奁》一集，揆以钱柳两人之关系及河东君个人兴趣所在，诸端言之乃谓河东君之评语，出于牧斋所假托，殊不近情理也。又胜时诗末两句，即指《列朝诗集·乾集》之上“太祖高皇帝”条所云：

臣谦益所撰集，谨恭录内府所藏弆御制文集，冠诸篇首，以著昭代人文化成之始。

等之类。夫牧斋著书，借此以见其不忘故国旧君之微旨。胜时自命明之遗逸，应恕其前此失节之愆而嘉其后来赎罪之意，始可称为平心之论，今则挟其师与河东君因缘不善终之私怨，而又偏袒于张孺人，遂妄肆讥弹，过矣！又《牧斋尺牍（中）·与毛子晋四十六通》，其第十七通云：

《乾集》阅过附去。本朝诗无此集，不成模样。彼中禁忌殊亦阔疏，不妨即付剞劂，少待而出之也。

其第十八通云：

诸样本昨已送上，想在记室矣。顷又附去《闰集》五册，

《乙集》三卷。《闰集》颇费搜访，早刻之，可以供一时谈资也。

寅恪案：此两札容君文中已引，今可取作胜时诗之注脚也。

关于牧斋者，请先论述其修史复明两端，然后旁及訾议《列朝诗集》之诸说，更赘述牧斋与朱长孺注杜诗之公案，但此等不涉及本文主旨，自不必详尽也。

牧斋《历朝诗集自序》（据东莞容氏藏本）云：

毛子子晋刻《历朝诗集》成，余抚之忾然而叹。毛子问曰："夫子何叹？"予曰："有叹乎？予之叹，盖叹孟阳也。"曰："夫子何叹乎孟阳也？"曰："录诗何始乎？自孟阳读《中州集》始也。"孟阳之言曰："元氏之集诗也，以诗系人，以人系传。《中州》之诗，亦金源之史也。吾将仿而为之。吾以采诗，子以庀史，不亦可乎？"山居多暇，撰次国朝诗集几三十家，未几罢去。此天启初年事也。越二十余年而丁开宝之难，海宇板荡，载籍放失，濒死讼系，复有事于斯集。托始于丙戌，彻简于己丑。乃以其间，论次昭代之文章，搜讨朝家之史乘，州次部居，发凡起例；头白汗青，庶几有日。庚寅阳月，融风为灾，插架盈箱，荡为煨烬。此集先付杀青，幸免于秦火汉灰之余。於乎！悕矣！追惟始事，宛如积劫。奇文共赏，疑义相析；哲人其萎，流风迢然。惜孟阳之草创斯集，而不能丹铅甲乙奋笔以溃于成也！翟泉鹅出，天津鹃啼，海录谷音，咎征先告，恨余之不前死，从孟阳于九京，而猥以残魂余气，应野史亭之遗忏也。哭泣之不可，叹于何有？故曰："予之叹，叹孟阳也。"曰："元氏之集，自甲迄癸，今止于丁者何居？"曰："癸，归也，于卦为归藏，时为冬令，月在癸曰极。丁，丁壮成实也。岁曰强圉。万物盛于丙，成于丁，茂于戊。于时为朱明，四十强盛之时也。金镜未坠，珠囊重理，鸿朗庄严，富有日新，天地之心，声文之运也。”“然则，何以言‘集’，而不言‘选’？”曰：“备典故，采风谣，汰冗长，访幽仄；铺陈皇明，发挥才调，愚窃有志焉。讨论风雅，别裁伪体，有孟阳之绪言在，非吾所敢任也。请以俟世之作者。”孟阳，名嘉燧，新安程氏，侨居嘉定。其诗录《丁集》。余虞山蒙叟钱谦益也。集之告成，在玄黓执徐之岁，而序作于玄月十有三日。

寅恪案：此序作于顺治九年壬辰九月十三日。《有学集·一八·耦耕堂诗序》云：

崇祯癸未十二月，吾友孟阳，卒于新安之长翰山。又十二年，岁在甲午，余所辑《列朝诗集》始出。

可知《列朝诗集》诸集虽陆续刻成，但至顺治十一年甲午（参《有学集·一七·季沧苇诗序》），其书始全部流行于世。牧斋《自序》云“托始于丙戌”者，实因其平生志在修撰有明一代之国史，此点前已言及，兹不赘述。牧斋于丙戌由北京南还后，已知此志必不能遂，因继续前此与孟阳商讨有明一代之诗，仿元遗山《中州集》之例，借诗以存史。其时孟阳已前卒，故一身兼采诗、庀史之两事，乃迫于情势，非得已也（可参《初学集·八三·题中州集钞》）。且《自序》中如“国朝”“昭代”“开宝之难”及“皇明”等辞，皆与其故国之思，复明之志有关。容君文中多已言及之。唯牧斋不称“天宝之难”而言“开宝之难”者，盖天宝指崇祯十七年清兵入关取北京。在此以前即清室并吞辽左，亦即第一章所引《宴誉堂话旧》诗“东虏游魂三十年”之意也。“海录”“谷音”者，“谷音”指杜本《谷音》而言。其书今已收入涵芬楼《四部丛刊》中，世所习知。“海录”指龚开《桑海遗录》而言，见吴莱《渊颖集·一二·桑海遗录序》，其书寅恪未得见也。牧斋于序中详言其编《列朝诗集》，虽仿《中州集》，然不依《中州集》讫于癸之例，而止于丁，实寓期望明室中兴之意（可参《有学集·一七·江田陈氏家集序》）。前论牧斋《次韵盛集陶》诗已择录金堡《徧行堂集·八·列朝诗传序》之文为释，兹再移录其他一节以证之。文云：

《覆瓿》《犁眉》分为二集，即以青田分为二人。其于佐命之勋，名与而实不与，以为其迹非其心耳。心至而迹不至，则其言长；迹至而心不至，则其言短；观于言之长短，而见其心之所存。故曰古之大人志士，义心苦调，有非旗常竹帛可以测其浅深者，斯亦千秋之笃论也。析青田为二人，一以为元之遗民，一以为明之功臣。则凡为功臣者，皆不害为遗民。虞山其为今之后死者宽假欤？为今之后死者兴起欤？吾不得而知，而特知其意不在诗，于是萧子孟昉取其传而舍其诗。诗者，讼之聚也。虞山之论，以北地为兵气，以竟陵为鬼趣，诗道变而国运衰，其狱词甚厉。夫国运随乎政本，王、李、钟、谭非当轴者，既不受狱，狱无所归。虞山平生游好，皆取其雄俊激发，留意用世，思得当而扼于无所试，一传之中，三致意焉。即如王逢、戴良之于元，陈基、张宪之于淮，王翰之于闽，表章不遗余力。其终也，恻怆于朝鲜郑梦周之冤，辨核严正，将使属国陪臣，九京吐气，是皆败亡之余，而未尝移狱于其诗。则虞山之意果不在于诗也。或谓虞山不能坚党人之壁垒，而为诗人建鼓旗，若欲争胜负于声律者。人固不易知，书亦岂易读耶？

寅恪案：道隐论牧斋编《列朝诗集》，其主旨在修史，并暗寓复明之意，而论诗乃属次要者。就寅恪所见诸家评《列朝诗集》之言，唯澹归最能得其款要。萧孟昉所抄，当与今传世之钱陆灿本相同，皆不加删削，悉存牧斋之旧文者。偶检《牧斋尺牍·中·与陆勑先九通》之七云：

承示娄东顾君论文书序，深讶其胸次繁富，识见超越。又复记存衰朽，不惜告之话言，赐以箴砭。其用意良厚，惜乎仆已灰心空门，拨弃文字，向所撰述，流布人间者，不特味同嚼蜡，抑且贱比土梗，不复能扳附当世俊贤，相与拈弄翰墨，而上下其议论也。《列朝诗人小传》得加删削，幸甚。然古之神仙，但有点铁成金者。若欲点粪溲为金银，虽钟、吕不能。吾恐其劳而无功也。聊及之，以发足下一笑耳。日来从事《华严疏钞》，谢客之禁甚厉，虽足下相过，亦不能数数延见。辄书此以道意，不悉。

可知牧斋甚重视其《列朝诗集小传》，而不以顾氏之删节为然。（寅恪检阅周容《春酒堂诗话》，知鄮山手录《列朝诗传》，亦稍加删节。特附记于此。）盖其书之主旨在修史，此点可与道隐之说互相印证也。

至《列朝诗集》论诗之语虽多，兹以非本文之范围并主旨所在，故概从省略。读者可取原书观之，不须赘引。唯择录牧斋之文一二于下，以其言及陈子龙、李雯、黄淳耀，而此三人与河东君直接、间接皆相关涉，饶有兴趣也。

《有学集·四七·题徐季白诗卷后》云：

余少不能诗，老而不复论诗。丧乱之后，搜采遗忘，都为一集。间有评论，举所闻于先生长者之绪言，略为标目，以就正于君子。不自意颇得当于法眼，杂然叹赏，称为艺苑之金錍。而一二诟厉者，又将吹毛刻肤，以为大僇。老归空门，深知一切皆幻，付之卢胡而已。偶游云间，徐子季，白持行卷来谒，再拜而乞言，犹以余为足与言者也。余窃心愧之。余之评诗，与当世牴牾者，莫甚于二李及弇州。二李且置勿论，弇州则吾先世之契家也。余发覆额时，读前后《四部稿》，皆能成诵，暗记其行墨。今所谓晚年定论者，皆举扬其集中追悔少作与其欲改正卮言，勿误后人之语，以戒当世之耳论目食、刻舟胶柱者。初非敢凿空杜馔，欺诬先哲也。云间之才子，如卧子、舒章，余故爱其才情，美其声律。唯其渊源流别，各有从来。余亦尝面规之，而二子亦不以为耳瑱。采诗之役，未及甲申以后，岂有意刊落料拣哉？嗟夫！天地之降才与吾人之灵心妙智，生生不穷，新新相续。有《三百篇》，则必有楚《骚》，有汉魏建安，则必有六朝，有景隆开元，则必有中晚及宋元，而世皆遵守严羽卿、刘辰翁、高廷礼之瞽说，限隔时代，支离格律，如痴蝇穴纸，不见世界。斯则良可怜愍者。如云间之诗，自国初海叟诸公，以迄陈、李，可谓极盛矣。后来才俊，比肩接踵，莫不异曲同工，光前绝后。季白则其超乘绝出者也。生才不尽，来者难诬，必欲以一人一家之见，评泊古今，牛羊之眼，但别方隅，岂不可笑哉！余绝口论诗久矣，以季白虚心请益，偶有枨触，聊发其狂言，亦欲因季白以錞于云间之后贤也。

《牧斋尺牍·中·与毛子晋四十六通》之四十五云：

蕴生诗自佳，非午溪辈之比。（寅恪案：“午溪”指元陈镒而言。镒有《午溪集》。可参《四库提要·一六七》。此集为孔旸编选，刘基校正。牧斋盖以孔旸目子晋，而自比于刘基也。）须少待时日，与陈卧子诸公死节者并传，已有人先为料理矣。其他则一切以金城汤池御之。此间聒噪者不少，置之不答而已。

又，关于《列朝诗集小传》，复有《正钱录》一书，不得不略述之于下。

钱陆灿《汇刻列朝诗集小传序》略云：

（康熙）八年冬，汪钝庵（琬）招余，与计甫草（东）、黄俞邰（虞稷）、倪闇公（灿）夜饮，论诗于户部公署。（寅恪案："户部公署"指江陵西新关署。盖是时尧峰正榷此关税务也。见《清史列传·七十·文苑传·汪琬传》。）出其集中有《与梁侍御（日缉）论吴氏〈正钱录〉》书（此书见《尧峰文钞·三二》）。钱则心知其为牧斋公，未知吴氏何人也。比余去金陵，馆常州董侍御易农（文骥）家。易农为余言，吴氏名殳，字修龄，工于诗，深于禅，其雅游也。（寅恪案：吴氏一名乔。其事迹及著述，诸书所载，颇亦不少，但光绪续修《昆新两县合志·三四·人物·游寓门·吴殳传》，似较详备。读者可取参阅也。）遂就求其是录观之，大抵吴氏之论文，专主欧、苏，故讥弹《诗集传》，不遗余力，亦不知吴君盖有为言之。一时走笔，代宾戏、客难，驳正若干条。驳正者，驳其"正"也。（寅恪案：陆灿驳正之文共六条，兹不备引。读者苟取湘灵全文观之，则知修龄所正牧斋之言，皆吹毛求疵者也。）当是时，余犹未识吴君也。十七年，始与君会于东海尚书相国之家。（寅恪案："尚书"指徐乾学，"相国"指徐元文。）易农适亦以事至，置酒相欢也。君慨然曰："曩殳以诗文谒牧斋公于虞山，不见答。不平之鸣，抨击过当，亦窃不意公等议其后矣。"易农曰："无庸，是书具在。窃虞学者之择焉而不精，存吴氏之'正'，则读书家之心眼日细。又虞学者之语焉而不详，存钱氏之驳，则著作家之风气日上。”一时以为笃论。

云间蔡练江（澄）《鸡窗丛话》云：

钝翁太史好排斥前辈，而于虞山尤甚。一日其密友吴江计孝廉东谓之曰：“我昔登泰山顶，欲遗矢，若下山有四十里之遥，不可忍，遂于岩畔溺焉，而泰山不加秽也。”汪知其刺己，跳跃谩骂，几至攘臂。

吴乔《围炉诗话·六》论陈卧子《明诗选》，推崇牧斋甚至。如：

献吉高声大气，于鳞绚烂铿锵，遇凑手题，则能作壳硬浮华之语以震眩无识。题不凑手，便如优人扮生旦，而身披绮纱袍子，口唱大江东去。为牧斋所鄙笑，由其但学盛唐皮毛，全不知诗故也。

嘉定以震川故，文章有唐叔达诸公。常熟以牧斋故，士人学问都有根本，乡先达之关系，顾不重哉？

宏嘉诗文为钱牧斋、艾千子所抨击，丑态毕露矣。以彼家门径，易知易行，便于应酬，而又冒班马盛唐之名，所以屡仆屡起。

《全唐诗》何可胜计，于鳞抽取几篇，以为唐诗尽于此矣。何异太仓之粟，陈陈相因，而盗择（攫？）升斗，以为尽王家之蓄积哉？唐人之诗工，所失虽多，所收自好。卧子选明诗，亦每人一二篇。非独学于鳞，乃是惟取高声大气、重绿浓红，似乎二李者也。明人之诗不工，所取皆陈浊肤壳无味之物。若牧斋《列朝诗》早出，此选或不发刻耳。

于鳞仿汉人乐府为牧斋所攻者，直是笑具。（寅恪案：此条可参《春酒堂诗话》，论李于鳞改古诗“枕郎左边，随郎转侧”

之“左”为“右”条。）

等条，皆是其例（并可参同书三论高棅《唐诗品汇》引牧斋之说条）。修龄之《正钱录》，乃正牧斋《列朝诗传》中其文不合于欧、曾者。若论诗之旨，则全与牧斋相同。特标出此点，以免世人言《正钱录》者之误会。复次，牧斋之编《列朝诗集》，其主旨在修史，论诗乃属次要者。据上所引资料已足证明。兹并附述牧斋与朱长孺（鹤龄）注杜诗一重公案于此，以其亦与史事相关也。

《新唐书·二百零一·文艺·上·杜审言传》附《甫传》赞曰：

甫又善陈时事，律切精深，至千言不少衰，世号诗史。

牧斋《笺注杜工部集》首载《诸家诗话》引《古今诗话》一事云：

章圣（指宋真宗）问侍臣：“唐时酒每斗价几何？”丁晋公（指丁谓）奏曰：“唐时酒每斗三百文。”举杜诗以证。章圣大喜曰：“杜甫诗自可为一代之史也。”

可知牧斋之注杜，尤注意诗史一点，在此之前，能以杜诗与唐史互相参证，如牧斋所为之详尽者，尚未之见也。至其与朱长孺之争论，以资料过烦，又非本文之主旨，故不必备述。仅录《牧斋尺牍·中·与遵王三十通》之二十三于下，以见一斑。（可参《牧斋尺牍·上·与朱长孺三通》之二。）文云：

《杜笺》闻已开板，殊非吾不欲流传之意，正欲病起面商行止，长孺来云：“松陵本已付梓矣。”缪相引重，必欲糠粃前列，此尤大非吾意。再三苦辞，而坚不可回，只得听之。仆所以不欲居其首者，其说甚长。往时以《笺本》付长孺，见其苦心搜掇，少规正意，欲其将《笺本》稍稍补葺，勿令为未成之书可耳。不谓其学问繁富，心思周折，成书之后，绝非吾本来面目。又欲劝其少少裁正，如昨所标举云云。而今本已付剞劂，如不可待，则亦付之无可奈何而已。晚年学道，深知一切皆空，呼牛呼马，岂惮作石林替身。以此但任其两行，不复更措一词。若《笺本》已刻，须更加功治定。既已卖身佛奴，翻阅《疏钞》，又欲参会《宗镜》。二六时中，无晷刻偷闲。世间文字，近时看得更如嚼蜡矣。杜注之佳否，亦殊不足道也。或待深秋初冬，此刻竣事，再作一序，申明所以不敢注杜与不欲流传之故，庶可以有辞于艺林也。昨石公云"义山注改窜后，又有纰缪许多"。彼能为义山功臣，独不肯移少分于少陵乎？治定之役，令分任之，何如？热毒欲死，挥汗作字，阅过毁之。

足见牧斋初意本以所注杜诗尚未全备，欲令长孺续补成之。后见长孺之书，始知其反客为主，以己身之著作为已陈之刍狗，故痛恨不置，乃使遵王别刊所著，与朱书并行。前于第三章论宋辕文上牧斋书，曾详引朱长孺致梅村书，朱氏此札作于牧翁身后，虽力排辕文之谬说，持论甚正，但亦阴为己身辩护前此注杜诗袭用牧斋旧作之故也。今《梅村家藏稿》中，未见关涉长孺此书之文，不知是否骏公置之不答，抑或后来因涉及牧斋，遂被删削耶？考乾隆三十四年后，清廷禁毁牧斋著述，《梅村集》虽撤去牧斋之序，可以流通。颇疑其诗文中仍有删去与牧斋有关之篇什不少。如今《梅村家藏稿》内，未见有挽钱悼柳之作，殊不近事理。或因清高宗早岁所撰《乐善堂全集》，曾赋题《吴梅村集诗》，赞赏备至，倘《梅村集》内复发现关涉称誉牧斋之作，则此独裁者将无地自容。岂当日诸臣及吴氏后人，遂于《家藏稿》

中删削此类篇什，借以保全帝王之颜面欤？久蓄此疑，未敢自信，特附于此，以俟更考。

复次，朱长孺《愚庵小集·十·与李太史□□论〈杜注〉书》略云：

《杜注》刻成，蒙先生惠以大序，重比球琳，子美非知道者，此语似唐突子美。然子美自言之矣，文章一小技，于道未为尊。此语正可与子美相视莫逆于千载之上也。《杜诗注》错出无伦，未有为之剪截而整齐之者，所以识者不能无深憾也。近人多知其非，新注林立，尽以为子美之真面目在是矣。然好异者失真，繁称者寡要，如“聊飞燕将书”乃西京初复，史思明以河北诸州来降，故用聊城射书事。今引安禄山降哥舒翰，令以书招诸将，诸将复书责之。此于收京何涉也。“豆子雨已熟”，本佛书，譬如春月下诸豆子，得暖气色寻便出土。伪苏注以豆子为目睛，既可笑矣。今却云赞公来秦州，已见豆熟。夫“杨枝”用佛经，“豆子”亦必用佛书。若云已见豆熟，乃陆士衡所讥挈瓶屡空者，子美必不然也。“旷原延冥搜”原出《穆天子传》，今妄益云原昆仑东北脚名，此出何典乎？“何人为觅郑瓜州”，瓜州见张礼《游城南记》。今云郑审大历中为袁州刺史，审刺袁州，安知不在子美没后乎？地理山川古迹，须考原始及新旧《唐书》《元和郡县志》，不得已乃引《寰宇记》《长安志》以及近代书耳。“春风回首仲宣楼”，应据盛弘之《荆州记》甚明。今乃引《方舆胜览》高季兴事。季兴五代人也。季兴之仲宣楼岂即当阳县仲宣作赋之城楼乎？以上特略举其概。他若黄河十月冰，三车肯载书，危沙折花当诸解皆凿而无取。虽其说假托巨公以行，然涂鸦续貂，贻误后学，此不可以无正也。

寅恪案：长孺此札有数问题。一为朱氏《杜工部诗辑注》付印之时间。二为此札是否拟作。三为李太史究为何人。兹分别略论之。

一、《牧斋尺牍·中·与遵王札》共为三十通。其第二十一通至第三十通皆关于注杜之事，前已略引。其中屡有言及钱、朱二《注》开版事。但不知何故，于康熙三年甲辰牧斋逝世之前，两书俱未曾全部付梓。今据上海复旦大学图书馆藏本朱鹤龄《杜工部诗辑注》观之，卷首补钞钱谦益序，后附牧斋手札云：

《杜注》付梓，甚佳。但自愧糠粃在前耳。此中刻未必成，即成，不妨两行也。草复。

其后又有朱鹤龄附记云：

愚素好读杜，得蔡梦弼《草堂本》点校之，会粹群书，参伍众说，名为《辑注》。乙未（顺治十二年）馆先生家塾，出以就正。先生见而许可，遂检所笺吴若本及九家注，命之合钞，益广搜罗，详加考核，朝夕质疑，寸笺指授，丹铅点定，手泽如新。卒业请序，箧藏而已。壬寅（康熙元年）复馆先生家，更录呈求益。先生谓所见颇有不同，不若两行其书。时虞山方刻《杜笺》，愚亦欲以《辑注》问世。书既分行，仍用草堂原本，节采笺语，间存异说。谋之同志，咸谓无伤。是冬馆归，将刻样呈览，先生手复云云。见者咸叹先生之曲成后学，始终无异如此。今先生往矣。函丈从容，遂成千古，能无西州之痛。松陵朱鹤龄书。

季振宜《钱注杜诗序》略云：

丙午（康熙五年）冬，予渡江访虞山剑门诸胜，得识遵王。一日指杜诗数帙，泣谓余曰："此我牧翁笺注杜诗也。"凡《笺注》中未及记录，特标之曰："具出某书某书。"往往非人间所有，独遵王有之。遵王弃日留夜，必探其窟穴，擒之而出，以补《笺注》之所未具。丁未（康熙六年）夏，予延遵王渡江，商量雕刻。遵王又矻矻数月，而后托梓人以传焉。康熙六年仲夏泰兴季振宜序。

寅恪案：《钱注杜诗》全部刻成于康熙六年，《朱注杜诗》则未知于何时全部刻成。鹤龄附记作于牧斋去世之后，但未署年月。其《愚庵小集·七·杜诗辑注序》（此序复旦大学藏本《朱注杜诗》未载）亦未言刊行之时间也。

后检《亭林佚文辑补·与人札》云：

十年间别，梦想为劳。老仁兄闭户著书，穷探今古，以视弟之久客边塞，歌兕虎而畏风波者，夐若霄凡之隔矣。正在怀思，而次耕北来，传有惠札，途中失之。仅得所注《杜集》一卷。读其书，即不待尺素之殷勤，而已如见其人也。吾辈所恃，在自家本领足以垂之后代，不必傍人篱落，亦不屑与人争名。第三十年来，并无一字流传坊间，比乃刻《日知录》二本，虽未敢必其垂后，而近二百年来，未有此书，则确乎可信也。道远未得寄呈。偶考杜诗十余条，咐便先寄太原。旅次炙冻书次，奉候起居，不庄不备。

亭林此札所寄与之人，颇似长孺。（可参《清史列传》六八及康熙刻潘柽章《松陵文献·十·朱鹤龄传》。）除札中"闭户著书"之言及有关注杜事与《鹤龄传》相符合外，《愚庵小集·三》载《送潘次耕北游（七古）》末二句云：

鹿城顾子（自注："宁人。"）久作客，为我传讯今何如。

更与札中"次耕北来，传有惠札，途中失之"等语适切。据徐遁荞（嘉）辑《顾亭林先生诗笺注》卷首所附《顾亭林先生诗谱》略云：

（康熙）八年己酉。潘节士之弟耒远受学二首。（寅恪案：此诗见《亭林诗集·四》。）

又引吴映奎《顾亭林年谱》云：

冬抵平原，潘次耕耒来受学。

可知次耕北游之时间为康熙八年，其时朱氏《杜注》仅有一卷。足证其全部刻成，必在康熙六年季氏刻《牧斋杜诗笺注》之后也。

复检《愚庵小集·十·寄徐太史健庵论经学书》略云：

愚先出《（尚书）埤传》是正于高明长者，（汪）钝翁先生见之，急捐橐佽镌，为诸公倡。今已就其半矣。草泽陈人从未敢缄牍京华，特以今日文章道义之望，咸归重于先生。又昔年忝辱交游之末，故敢邮寄所梓，上尘乙览。倘中有可采，望赐以序言，导其先路，庶几剞劂之役可溃于成。

同书《补遗·一·徐健庵太史过访（五古）》略云：

亭林余畏友，卓荦儒林奋。三张才并雄，景阳名早晟。酷似舅家风，吾党推渊镜。悯余空橐垂，兼金助雕锓。

由此观之，长孺之书必非一次刻成，助其雕锓者，亦必非一人所能为力。但徐氏虽佽镌长孺之书而不言及《杜注》，必与之无涉也。

二、复旦大学藏本《朱注杜诗》未载《李太史序》，若非因避忌删去则本无其序，长孺之文不过假设此题，借以驳牧斋之《笺注》耳。其札中所举之注文如“聊飞燕将书”见钱《注·十·收京诗三首》之一“燕将书”注。“豆子雨已熟”见钱《注·三·别赞上人》诗“豆子”注。“人生五马贵”见钱《注·十·送贾阁老出汝州》诗“五马”注。诸条即是例证，可不备引。至书中所云：“其说假托巨公以行，然涂鸦续貂，贻误后学，此不可以无正也。”牧斋与长孺因注杜而发生之纠纷，虽与遵王颇有关涉（见《牧斋尺牍·中·与遵王札》及牧斋《杜诗笺注自序》等），钱《注》本附刻前，又如季氏所言：“遵王弃日留夜，必探其窟穴，擒之而出，以补《笺注》之所未具。”但其所补，当为牧斋所标出未及记录者，非出诸遵王也。（可参下引《有学集·三九·复吴江潘力田书》“聊用小签标记，简别泰甚，长孺大愠，疑吹求贬剥，出及门诸人之手”等语。）长孺不便驳斥牧斋，故作此指桑骂槐之举。斯岂长孺所谓“怨而不忍直致其怨，则其辞不得不诡谲曼衍”者哉？（见《愚庵小集·二·西昆发微序》。）

又牧斋《杜诗笺注自序》云：

族孙遵王谋诸同人曰：“草堂《笺注》元本具在。若玄元皇帝庙，洗兵马入朝，诸将诸笺，凿开鸿蒙，手洗日月。当大书特书，昭揭万世。而今珠沉玉锢，晦昧于行墨之中。惜也。考旧注以正年谱，仿苏注以立诗谱。地里姓氏，订讹斥伪，皆吾夫子独力创始，而今不复知出于谁手。慎也。”

牧斋借遵王之言以诋斥长孺，今读者取钱、朱两《注》自见。今观朱氏《辑注》中或全部不著“钱笺”。如朱《注·五》“洗兵马”即是其例。细绎牧斋所作之长笺，皆借李唐时事，以暗指明代时事，并极其用心抒写己身在明末政治蜕变中所处之环境。实为古典今典同用之妙文。长孺以其与少陵原作无甚关系，概从删削，殊失牧斋《笺注》之微旨。或偶著“钱笺”，但增损其内容。如朱《注·一三·秋兴八首》中有仅录钱《注》“笺曰”之一部分，而弃其“又曰”之文，遂将《笺注》割裂窜易，宜其招致牧斋之不满。又或用其意而改其词，如取朱《注·一·冬日洛城北谒玄元皇帝庙》之“钱笺”与钱《注·九》此题所笺之原文比较，则知愚庵所改，即牧斋托为遵王之言“吾夫子独力创始，而今不复知出于谁手。傎也”等语所指者，此点尤为牧斋所痛恨也。

三、若朱《注》杜诗卷首原有李《序》，则长孺此札何以讳太史之名而不书，其中必有待发之覆。颇疑“李太史”乃李天生因笃。据《雪桥诗话·二》云：

李天生尝以四十韵长律赠曹秋岳。秋岳叹为风雅以来仅有斯制。初入都，南人易之。一日宴集，语杜诗应口诵。或谓偶熟，复诘其他，即举全部，且曰吾于诸经史类然，愿诸君叩之。一座咋舌。

天生既熟精杜诗，其为长孺作《杜注》序，自有可能也。今虽未发见长孺直接与天生有关之诗文，但两人之间错互间接之材料颇复不少，如《清史列传·六六·李因笃传》略云：

李因笃，字天生。陕西富平人。明诸生。康熙间诏举博学鸿儒，因笃夙负重名，公卿交荐，母劝之行，试列一等，授翰林院检讨。未逾月，以母老乞养，疏曰：“比者内阁学士项景襄、李天馥、大理寺少卿张云翼等旁采虚声，联尘荐牍。陕西巡抚促臣赴京。臣自念臣母年逾七十，属岁多病，困顿床褥，转侧需人。臣止一弟因材，从幼过继。臣年四十有九，并无儿女，跬步难离。屡具呈辞，叠奉部驳。痛思臣母垂暮之年，不幸身婴残疾，臣若贪承恩诏，背母远行，必致倚门倚闾，夙病增剧。况衰龄七十，久困扶床，辇路三千，难通啮指。一旦祷北辰而已远，回西景以无期。万一有为人子所不忍言者，则风木之悲何及，瓶罍之耻奚偿。臣永为名教罪人。不唯始进已乖，无颜以对皇上，而循陔负咎，躁进贻讥，则于荐臣，亦为有觍面目。皇上至仁至孝，远迈前朝，而甘违老亲，致伤风化。有臣如此，安所用之？查见行事例，凡在京官员，家无次丁，听其终养，臣身为独子，与例正符，伏祈特沛恩慈，许臣归养。”母殁仍不出。因笃性伉直，然尚气节，急人之急。顾炎武在山左，被诬陷，因笃走三千里，为脱其难。（寅恪案：此事可参《亭林诗集·四·子德李子闻余在难特走燕中告急诸友人复驰至济南省视于其行也作诗赠之（五言排律）》及《蒋山佣残稿·二·与人书》第二通“富平李天生因笃者，三千里赴友人之急，疾呼辇上，协计橐饘，驰至济南，不见官长一人而去”等语。）尝著诗说，炎武称之曰：“毛郑有嗣音矣。”与毛奇龄论古韵不合，奇龄强辨，炎武是因笃而非奇龄。

《亭林文集·三·与李湘北（天馥）书》（并见《蒋山佣残稿·二》题作《与李湘北学士书》）云：

关中布衣李君因笃，顷承大疏荐扬，既征好士之忱，尤美拔尤之鉴。但此君母老且病，独子无依，一奉鹤书，相看哽咽。虽趋朝之义已迫于戴星，而问寝之私倍悬于爱日，况年逾七十，久困扶床。路隔三千，难通啮指。一旦祷北辰而不验，回西景以无期，则瓶罍之耻奚偿，风木之悲何及。昔者令伯奏其愚诚，晋朝听许。元直指其方寸，汉主遣行。求贤虽有国之经，教孝实人伦之本。是用溯风即路，沥血叩阍，伏惟执事宏锡类之仁，悯向隅之泣，俯赐吹嘘，仰邀俞允，俾得归供菽水，入侍刀圭。则自此一日之斑衣，即终身之结草矣。

《蒋山佣残稿·二·与梁大司农书》（（顾）衍生注：“讳清标，字玉立。”）云：

谨启，关中布衣李君因笃，昔年尝以片言为介，上谒庭墀，得蒙一顾之知，遂预明扬之数。在于流俗，岂非至荣！然而此君母老且病。（衍生注：“下（与）与李学士书同。”）

同书三《答李子德（因笃）》第二通云：

老弟宜将令伯《陈情表》并注中事实录出一通，携之笥中。在己不待书绅，示人可以开墙面也。以不预考为上上，至嘱至嘱！此番入都，不妨拜客，即为母陈情，则望门稽首，亦不为屈。虽逢门便拜，岂有周颙种放之嫌乎？梁公（原注：“清标。”）有心人，若不得见，可上书深切恳之。（寅恪案：前论牧斋之脱祸，与梁氏有关。此亦一旁证也。）外又托韩元少（菼）于馆中诸公前赞成，亦可一拜。旁人佞谀之言，塞耳勿听。凡见人，但述危苦之情，勿露矜张之色，则向后声名，高于征书万万也。又“同年”二字，切不可说，说于布衣生监之前犹可，说于两榜之前，此恨将不可解。此种风气相传百余年矣，亦当知之。至都数日后，速发一字于提塘慰我。

徐嘉《顾亭林先生诗笺注·一六·寄次耕时被荐在燕中（五古）》略云：

关西有二士，立志粗可称。虽赴翘车招，犹知畏友朋。或有金马客，问余可同登。为言顾彦先，唯办刀与绳。（寅恪案：“关西有二士”，指李天生因笃及王山史弘撰。见徐嘉注。所引《亭林文集·三·与李星来（源）》第二通“关中三友，山史辞病不获而行，天生母病，涕泣言别。（李）中孚（颙）至以死自誓而后免。视老夫为天际之冥鸿矣”等语。）

《愚庵小集·五·垂虹亭过徐太史公肃舟中》云：

（诗略。）

同书《补遗·一·送潘次耕应举入都二首》云：

（诗略。）

《有学集·三九·复吴江潘力田书》（可参《松陵文献》卷首《潘柽章传》）云：

《杜诗新解》不欲署名，曾与长孺再三往复。日来翻阅《华严》，漏刻不遑，都无闲心理此长语。顷承翰教，拳拳付嘱，似有意为疏通证明之者。不直则道，不见请讼，言而无诛可乎？仆之笺杜诗，发端于卢德水、程孟阳诸老，云“何不遂举其全？”遂有《小笺》之役。大意耑为刊削有宋诸人伪注缪解，烦仍蠢驳之文，冀少存杜陵面目。偶有诠释，但据目前文史，提纲撮要，宁略无烦，宁疏无漏。深知注杜之难，不敢以削稿自任，置之箧衍，聊代荟蕞而已。长孺授书江村，知其笃志注杜，积有岁年，便元本相付曰：“幸为我遂成之。”略为发凡起例，擿抉向来沿袭俗学之误。别去数年，来告成事，且请为序。妄意昔年讲授大指，尚未辽远，欣然命笔，极言注诗之难，与所以不敢注杜之本意，其微指具在也。既而以成书见示，见其引事释文，楦酿杂出，间资嗢噱，令人喷饭。聊用小签标记，简别泰甚，长孺大愠，疑吹求贬剥，出及门诸人之手，亦不能不心折而去。亡何，又以定本来，谓已经次第芟改，同里诸公，商榷详定，醵金授梓，灼然可以悬诸国门矣。乘间窃窥其稿，向所指纰缪者，约略抹去，其削而未尽者，疮瘢痂盖，尚落落卷帙间。杜诗非易注之书，注杜非聊尔之事，固不妨慎之又慎，精之又精。终不应草次裨贩，冀幸举世两目尽眏而以为予雄也。诸公既共订此事，必将探珠搜玉，尽美极玄，为少陵重开生面，鄙人所期望者，如是足矣，又何容支离攘臂于其间乎？来教谓愚贱姓氏，挂名简端，不惟长孺不忘渊源，亦诸公推毂盛意。词坛文府，或推或挽，鹊巢鸠居，实有厚幸。仆所以不愿厕名者，扪心抚己，引分自安，不欲抑没矜慎注杜之初意，非敢倔强执拗、甘自外于众君子也。来教申言，前序九鼎，已冠首简。斯言也，殆虑仆憖有后言，而执为要质者。若是，老夫亦有词矣。未见成书，先事奖许，失人失言，自当二罪并案。及其见闻违互，编摩庞杂，虽复雨耳聋聛，亦自有眼有口，安能糊心眯目，护前遮过，而喑不吐一字耶？荒村暇日，覆视旧笺，改正错误，凡数十条。推广略例，胪陈近代注杜得失，又二十条。别作一叙，发明本末，里中已杀青缮写，仆以耻于抗行止之。今以前序为息壤，而借以监谤，则此序正可作忏悔文，又何能终锢之勿出乎？仆生平痴肠热血，勇于为人。于长孺之注杜，郑重披剥、期期不可者，良欲以古义相勖勉，冀其自致不朽耳。老耄昏忘，有言不信，不得已而求免厕名，少欲自列，而诸公咸不以为然，居然以岐舌相规，以口血相责。匹夫不可夺志，有闵默窃叹而已。少年时观刘子骏与扬子云书，从取方书入箓，贡之县官，而子云答书曰："君不欲胁之以威，凌之以武，则缢死以从命。私心窃怪其过当。由今言之，古人矜重著作，不受要迫，可谓子云老不晓事哉？余生残劫，道心不坚，稍有枨触，习气迸发。兄为我忘年知己，想见老人痴顽，茹物欲吐之状。传示茂伦兄（寅恪案："茂伦"为吴江顾有孝之字。卢綋所刻《江左三大家诗钞》中之《牧斋诗钞》，即有孝与吴江赵沄同辑者），当哄堂一笑也。

寅恪案：依上引资料，可知长孺与亭林及徐、潘二氏兄弟殊有关系，而诸人与天生尤为密切。长孺本与曹秋岳交好（可参《愚庵小集·补遗·一·献曹秋岳侍郎三十韵》诗并曹秋岳《溶静惕堂诗集·三六·朱长孺以尚书埤传见贻因伤右吉》诗，及同书同卷《李天生以修明史授简讨不拜请养归秦寄怀四首》），若不因曹氏，亦可由诸人间接请天生作序。至其所以不著“李太史”之名者，疑长孺不欲子德牵入注杜之纠纷也。牧斋《复吴江潘力田书》乃其平生所作文中妙品之一。盖钱、朱注杜公案错综复杂，牧斋叙述此事首尾曲折、明白晓畅，世之考论此问题者，苟取而细绎之，则知钱、朱两人及常熟、吴江两地文人之派别异同，可不须寅恪于此饶舌矣。故不避繁琐之讥，详尽录之，通人君子或不以为可厌可笑也。总而言之，上列三问题，皆为假设，实无确证，姑备一说于此云尔。

复有可附论者，《觚剩·一·吴觚·上》“力田遗诗”条云：

潘柽章著述甚富，悉于被系时遗亡，间有留之故人家者，因其罹法甚酷，辄废匿之。如《杜诗博议》一书，引据考证，纠讹辟舛，可谓少陵功臣。朱长孺笺诗，多所采取，竟讳而不著其姓氏矣。

寅恪案：长孺袭用力田之语而不著其名，不知所指何条。但长孺康熙间刻《杜诗辑注》时，牧斋尚非清廷之罪人，故其注中引用牧斋之语可不避忌。至若柽章，则先以预于庄氏史案，为清廷所杀害，其引潘说而不著其名，盖有所不得已。玉樵之说未免太苛而适合当时之情事也。

又《亭林余集·与潘次耕札五通》，其第三通云：

都中书至，言次耕奉母远行，不知所往。中孚即作书相庆。绵山之谷弗获介推，汶上之疆，堪容闵子，知必有以处此也。

《蒋山佣残稿·三·与次耕》云：

曲周接取中之报，颇为惜之。吾弟今日迎养都门，既必不可，菽水之供，谁能代之？宜托一亲人照管，无使有尸饔之叹。不记在太原时，相与读寅旭书中语乎？（寅恪案：王锡阐，字寅旭。江苏吴江人。事迹见《清史列传·六八》本传。）又既在京邸，当寻一的信与嫂侄相闻。即延津在系，亦须自往一看。此皆吾辈情事，亦清议所关，不可阙略也。（寅恪案："嫂侄"二字可参《亭林文集·五·山阳王君墓志铭》"余友潘力田死于杭，系累其妻子以北"等语。）

寅恪案：亭林之不欲次耕得中博学鸿辞科，观此二札可知。但何以天生之举鸿博，亭林虽托友人代请清廷许其归家养母，并不如其对次耕之痛惜者，盖天生与次耕之情事有所不同。《晋书·八八·王裒传》略云：

王裒，字伟元。城阳营人也。父仪，高亮雅直，为文帝司马。东关之役，帝问于众曰："近日之事，谁任其咎？"仪对曰："责在元师。"帝怒曰："司马欲委罪于孤邪？"遂引出斩之。裒少立操尚，行已以礼。痛父非命，未尝西向而坐，示不臣朝廷也。于是隐居教授，三征七辟皆不就。

然则潘耒之兄柽章，以庄氏史案为清廷杀害。亭林之意，次耕亦应如伟元之三征七辟皆不就也。兹有一事，出于牧斋当日与长孺争论注杜时意料之外者，即牧斋不为南浔庄氏史案所牵累事也。牧斋与潘力田（柽章）、吴赤溟（炎）之撰述《明史记》极有关系。观牧斋著作中有关此类材料亦不少，今择录一二于下。

《牧斋外集·八·修史小引》云：

谦益白，盖往昔滥尘史局，窃有意昭代编年之事。事多牴牾勿就。中遭废弃，日夕键户，荟蕞所辑事略，颇可观览。天不悔祸，绛云一炬，靡有孑遗。居恒忽忽，念海内甚大，何无一人可属此事者。近得松陵吴子赤溟、潘子力田，奋然有《明史记》之役，所谓本纪、书表、世家列传，一仿龙门，取材甚富，论断甚严。史家三长，二子盖不多让。数过余，索烬余及讯往时见闻。余老矣，耳聩目眊，无以佐二子，然私心幸二子旦夕成书，得一寓目。又惧二子以速成自愉快，与市肆所列诸书无大异也。乃二子不要名，不嗜利，不慕势，不附党。自矢必成，而不求速。曰："终身以之。"然则此事舍二子，其又谁属？余因思海内藏书诸家，及与余讲世好者，不能一一记忆。要之，此书成，自关千秋不朽计。使各出所撰著及家藏本，授之二子，二子必不肯攘善且忘大德也。敢代二子布告同人，毋以我老髦而憖遗我，幸甚！幸甚！

《有学集·三八·与吴江潘力田书》略云：

春时枉顾，深慰契阔。老人衰病，头脑冬烘，不遑攀留信宿，扣击绪论，别后思之，重以为悔。伏读《国史考异》，援据周详，辨析详密，不偏主一家，不偏执一见。三复深惟，知史事之必有成，且成而必可信可传也。一官史局，半世编摩，头白汗青，迄无所就，不图老眼见此盛事。墙角残书，或尚可资长编者，当悉索以备搜采。《西洋朝贡典录》乞仍简还，偶欲一考西洋故事耳。赤溟同志，不复裁书，希道鄙意。

同书三九《复吴江潘力田书》（此札关于注杜事者，前已详引，可参阅）略云：

手教盈纸，详论《实录辨证》，此鄙人未成之书，亦国史未了之案。考异刊正，实获我心，何自有操戈入室之嫌？唱此论者，似非通人。吹万自已，不必又费分疏也。《东事记略》，东征信史也。人间无别本，幸慎重之。俞本《纪录》，作绛云灰烬。诸候陆续寄上，不能多奉。

《有学集补·答吴江吴赤溟书》（近承潘景郑君寄示牧斋《吴江吴母燕喜诗（七律）》一首，虽是寻常酬应之什，无甚关系。但其中有“野史亭前视膳余”句，亦可推知牧斋此书与此诗同为一时所作，并足见两人交谊之密切也）略云：

三十余年，留心史事，于古人之记事记言、发凡起例者，或可少窥其涯略。倘得布席函丈，明灯促席，相与讨论扬榷，下上其议论，安知无一言半辞，可以订史乘之疑误、补掌故之缺略者。言及于此，胸臆奕奕然，牙颊痒痒然，又唯恐会晤之不早、申写之不尽也。门下能无辗然一笑乎？所征书籍，可考者仅十之一二，残编啮翰，间出于焦烂之余，他日当悉索以佐网罗，不敢爱也。老病迂诞，放言裁复，并传示力田兄，共一捧腹。

《亭林文集·五·书吴（赤溟炎）潘（力田柽章）事》略云：

庄名廷鑨，目双盲，不甚通晓古今，以史迁有左丘失明，乃著《国语》之说，奋欲著书。其居邻故阁辅朱公国桢家，朱公尝取国事及公卿志状疏草命《胥钞录》，凡数十帙，未成书而卒。廷鑨得之，则招致宾客，日夜编辑为明书，书冗杂不足道也。廷鑨死，无子，家资可万金。其父胤城遂梓行之。慕吴、潘盛名，引以为重，列诸参阅姓名中。书凡百余帙，颇有忌讳语，本前人诋斥之辞未经删削者。庄氏既巨富，浙人得其书，往往持而恐吓之，得所欲以去。归安令吴之荣告诸大吏，大吏右庄氏，不直之荣。之荣入京师，摘忌讳语密奏之，四大臣大怒，遣官至杭，执庄生之父及其兄廷钺及弟侄等，并列名于书者十八人，皆论死。其刻书、鬻书，并知府推官之不发觉者，亦坐之。发廷鑨之墓，焚其骨，籍没其家产。所杀七十余人，而吴、潘二子与其难。方庄生作书时，属客延予一至其家，予薄其人不学，竟去，以是不列名，获免于难。二子所著书若干卷，未脱稿，又假予所蓄书千余卷尽亡。予不忍二子之好学笃行而不传于后也，故书之。且其人实史才，非庄生者流也。

寅恪案：当日风习，文士著作，其首多列显著名人“鉴定”“参阅”字样，借作宣传并引为自重。如《江左三大家诗钞》中之《牧斋诗钞》，卷目下所载参订姓氏，上卷为谈允谦等，中卷为季振宜等，下卷为张养重等，即是其例。揆以牧斋此时之声望及与力田、赤溟之交谊，庄氏明书刻行，当共潘、吴列名参阅无疑。然庄书竟不载钱氏之名，必因长孺注杜，牧斋坚不肯挂名简端，至举扬子云故事为比，辞旨激烈，潘、吴遂不敢借此老之名字，以为庄氏标榜也。噫！当郑延平率舟师入长江，牧斋实预其事。郑师退后，虽得苟免，然不久清世祖殂逝，幼主新立，东南人心震动，故清廷于江浙区域特加镇压。庄氏史案之主要原因，实在于此。今日观之，牧斋与长孺虽争无谓之闲气，非老畈空门者之所应为，终亦由此得免于庄案之牵累。否则河东君又有如在黄毓祺案时，代死从死之请矣。天下事前后因果，往往有出于意料之外者，钱、朱注杜公案，斯其一证耶？论牧斋编辑《列朝诗集》尤重修史事，因并附及之。

论《列朝诗集》既竟，请略述钱、柳复明之活动。今就所存材料观之，关于牧斋者不少，若多加考述，则非本文之主旨，故择其关于河东君者详言之，其他牧斋活动之主要者，亦稍稍涉及，聊见两人同心同志之梗概也。

河东君在崇祯甲申以前之作品，如陈卧子、汪然明及牧斋等所镌刻者，已传播一时，故声名藉甚。至弘光南都小朝廷时，河东君此期应有作品，但以关涉马、阮之故，疑为牧斋所删削不存。南都既倾覆，牧斋被黄毓祺案之牵累，赖河东君助力得以脱免，遂于顺治四年丁亥河东君三十生日时，特和东坡西台寄弟诗，遍示亲友，广事宣传。是后虽于《有学集》中间附有其篇什，如《和牧斋庚寅人日及赠黄若芷大家》等诗外，别无所见。此固由牧斋逝世，河东君即以身殉，赵管夫妇及孙爱等不能收拾遗稿所致，但亦因河东君志在复明，意存韬晦，与前此之情况迥异故也。

《牧斋尺牍·上·与王贻上四通》，其一云：

乱后撰述，不复编次，缘手散去，存者什一。荆妇近作当家老姥，米盐琐细，枕籍烟熏，掌薄十指如锥，不复料理研削矣。却拜尊命，惭惶无地。

其三略云：

八十老叟，余年几何。既已束身空门，归心胜谛，何暇复沉湎笔墨，与文人才子争目睫之短长哉？《秋柳》新篇，为传诵者攫去，伏生已老，岂能分兔园一席，分韵忘忧。白家老媪，刺促爨下，吟红咏絮，邈若隔生。无以仰副高情，思之殊惘惘也。

王士祯《感旧集·一》“钱谦益”条，《卢见曾补传》引《古夫于亭杂录》云：

余初以诗贽于虞山钱先生，时年二十有八。

《清史列传·九·王士祯传》略云：

王士祯，山东新城人。顺治十五年进士。十六年授扬州府推官。圣祖仁皇帝康熙三年总督郎廷佐巡抚张尚贤疏荐其品端才敏，奉职最勤。总河朱之锡亦以委盘河库，综核精详，协助堤工，剔除蠹弊，疏荐。下部叙录，内升礼部主事。（康熙）五十年五月卒于家，年七十有八。

寅恪案：渔洋初以诗贽于牧斋，乃在顺治十八年。故牧斋书有“八十老叟”之语。此时距郑延平率师入长江失败后不久，牧斋实参预大木此举。《白门秋柳》一题，钱、柳俱涉嫌疑，自不欲和韵，否则《秋柳》原诗即使为人攫去，亦可重抄传寄。其答渔洋之言，不过推托之辞耳。至河东君是否真如牧斋所谓“当家老姥”“十指如锥”“吟红咏絮，邈若隔生”，亦殊有疑问。盖此时固不免多少为家务所干扰，但以当日士大夫之生活状况言，绝不致无挥毫作字之余暇，然则所谓“白家老媪，刺促爨下”，仍是婉言辞谢，借以免却外间之招摇而已。呜呼！当河东君赋《金明池·咏寒柳》词时，谢象三目之为“白氏女郎”。当王贻上请其和《秋柳》诗时，牧斋目之为“白氏老媪”。二十余年间，人事之变迁如此。牧斋诗云：“杨柳风流烟草在，杜鹃春恨夕阳知。”（见《有学集·三·夏五诗集·留题湖舫二首》之二。第四章已引。）渔洋山人虽非旧朝遗老，然亦生于明季。钱、柳不肯和《秋柳》诗之微意，或能有所感悟欤？

夫明南都倾覆，牧斋随例北迁，据《有学集·十·红豆诗二集·后秋兴八首·八月初十日小舟夜渡惜别而作》，其五云：“水击风抟山外山，前期语尽一杯间。”（并见遵王《注》本《投笔集》。）当时牧斋迫于不得已而往北京，但河东君独留南中，仅逾一岁即顺治三年秋，牧斋遂返故里。可知钱、柳临别时必有预约。两人以后复明之志愿，即决定于离筵之际矣。丁亥春，黄毓祺之案，牧斋实预其事，距前此白门分手时亦不过一年有半也。

黄毓祺案牧斋虽得苟免，然复明之志仍不因此而挫折。今就牧斋作品中所能窥见者，即游说马进宝反清一事。（寅恪案：马氏于顺治十四年九月清廷诏改其名为“逢知”。见《清史列传·八十·马逢知传》。）关于牧斋本身之活动，兹可不详引。但涉及河东君者，则备论述之，以明本文宾主轻重之旨也。

今检《瞿忠宣公集·五·留守封事类》“奏为天意扶明可必，人心思汉方殷，谨据各路蜡书，具述情形，仰慰圣怀。更祈迅示方略，早成中兴伟业事”略云：

臣子壬午举人元锡，因臣孙于去腊离家，未知其到粤消息，遣家僮胡科探视。于（永历三年己丑）七月十五日自家起程，今月十六日抵臣桂林公署，赍带臣同邑旧礼臣钱谦益寄臣手书一通，累数百言，绝不道及寒温家常字句，唯有忠驱义感溢于楮墨之间。盖谦益身在（虏）中，未尝须臾不念本朝，而规画形势，了如指掌，绰有成算。据言：“难得而易失者时也。计定而集事者局也。人之当局，如弈棋然。楸枰小技，可以喻大。在今日有全著，有要著，有急著。善弈者，视势之所急而善救之。今之急著，即要著也。今之要著，即全著也。”（寅恪案：顾苓《塔影园集·一·东涧遗老钱公别传》云：“以隐语作楸枰三局，寄广西留守太保瞿公。”今《有学集》中，固多观棋之作，可称隐语，然与此书之明显陈述者，绝不相类。《投笔集·后秋兴之六》第四首云“腐儒未谙楸枰谱，三局深惭廑帝思”及《后秋兴之十二》第三首云“廿年薪胆心犹在，三局楸枰算已违”。牧斋诗语即指此致稼轩书言。岂云美虽间接获知其事，而未亲见原书，遂致有此误会耶？至其列此事于黄案之前，其时间先后之讹舛，更不待辨矣。）夫天下要害必争之地不过数四，中原根本自在江南。长淮汴京，莫非都会，则宜移楚南诸勋重兵，全力以恢荆襄。上扼汉沔，下撼武昌。大江以南，在吾指顾之间。江南既定，财赋渐充，根本已固，然后移荆汴之锋，扫清河朔。其次所谓要著者，两粤东有庾关之固，北有洞庭之险。道通滇黔，壤邻巴蜀。方今吴三桂休兵汉中，三川各郡数年来非熊（指王应熊）在彼，联络布置，声势大振。宜以重兵径由遵义入川。三川既定，上可以控扼关陇，下可以掇拾荆襄。倘以刍言为迂而无当，今惟急著是问。夫弈棋至于急著，则苟可以救败者，无所不用。迩者燕京特遣恭顺、致顺、怀顺三（逆？）进取两粤。（寅恪案：《清史列传·七八·尚可喜传》略云：“崇德元年四月封智顺王。顺治三年八月同恭顺王孔有德，怀顺王耿仲明征湖南。”牧斋书中“智顺”作“致顺”，乃音近笔误。原阙一字，今以意补为“逆”字。盖此三人者，在清为顺，在明为逆也。）因怀顺至吉安忽然缢死，故三路之师未即渡洞庭，过庾岭。然其势终不可遏，其期谅不甚远。岂非两粤最急时乎？至彼中现在楚南之劲（敌），惟辰常马蛟麟为最。传闻此举将以蛟麟为先锋。幸蛟麟久有反正之心，与江浙（虏？）提镇张天禄、田雄、马进宝卜从善辈，皆平昔关通密约，各怀观望。此真为楚则楚胜，而为汉则汉胜也。蛟麟倘果翻然乐为我用，则王师亟先北下洞庭。但得一入长江，将处处必多响集。我得以完固根本，养精蓄锐，恢楚恢江，克复京阙。若谦益视息余生，奄奄垂毙，惟忍死盼望銮舆拜见孝陵之后，槃水加剑，席稿自裁等语。臣反覆披阅，虽谦益远隔万里，而彼身为异域之臣，犹知眷恋本朝，早夜筹维，思一得以图报效，岂非上苍悔祸，默牖其衷，亦以见天下人心未尽澌灭，真祖宗三百年恩养之报。臣敢不据实奏闻，伏祈皇上留意详阅，特赐鉴裁。臣缮疏方毕，适原任川湖督臣万年策自平溪卫取路黎靖来至桂林。具述虏镇马回子驻兵常德，实有反正之心。回子即名蛟麟者也。以情事度之，钱谦益楸枰三局揣摩之语，确相吻合，似非无据。岂非楚南拨云见日之时，而中兴之一大机会耶？

永历三年九月□□日具奏。

据此，牧斋《致稼轩书》作于顺治六年己丑之秋。其中已言及马进宝。故次年庚寅即有往金华游说马氏之事。更可注意者，即说马之举实与黄梨洲有关。黄宗羲《思旧录》“钱谦益”条（此条第四章已引，兹为便利论述，故重录之）云：

一夜余将睡，公提灯至榻前，袖七金赠余曰，此内人（自注：“即柳夫人。”）意也。盖恐余之不来耳。是年（指顺治七年庚寅），十月绛云楼毁，是余之无读书缘也。

《鲒埼亭集·一一·梨洲先生神道碑文》略云：

公既自桑海中来，杜门匿景，东迁西徙，靡有宁居。又有上变于大帅者，以公为首，而公犹挟帛书，欲招婺中镇将以南援。

黄炳垕编《黄梨洲先生年谱》中“顺治七年庚寅”条云：

三月，公至常熟，馆钱氏绛云楼下，因得尽翻其书籍。

寅恪案：太冲三月至常熟，牧斋五月往金华。然则受之此次游说马进宝，实梨洲所促成无疑。观河东君特殷勤款待黄氏如此，则河东君之参预劝马反清之政治活动，尤可证明也。

又金氏《牧斋年谱》“（顺治八年）辛卯”条云：

为黄晦木（宗炎）作书绍介见马进宝于金华。（原注：“尺牍。”）

金氏未言出于《尺牍》何通，但检《牧斋尺牍》中《致□□□》略云：

余姚黄晦木奉访，裁数行附候，计已达铃阁矣。友人陈昆良赴温处万道尊之约，取道金华，慨慕龙门，愿一投分。介恃道谊之雅，辄为绍介。晦木知必荷眄睐，先为遥谢。

寅恪案：此札乃致马进宝者。细玩其语气，介绍晦木与介绍昆良，时间相距至近，且足知两人俱是初次介绍。今检《浙江通志·一二一·职官表》“分巡温处道”栏云：

陈圣治，辽东锦州人。顺治十年任。

万代尚，辽东铁岭人。顺治十四年任。

孟泰，辽东辽阳人。贡士。顺治十六年任。

及《清史列传·八十·马逢知传》略云：

（顺治）三年，从端亲王博洛南征，克金华，即令镇守。六年，命加都督佥事，授金华总兵，管辖金衢严处四府。七年九月，奏言臣家口九十余人，从征时即领家丁三十名星赴浙东，此外俱在旗下，距金华四千余里，关山迢递，不无内顾之忧。恳准搬取。下部知之。十三年迁苏松常镇提督。

并《有学集·七·高会堂诗集》有：

丙申重九海上作。

一题及《高会堂酒阑杂咏序》末署：

（顺治十三年）丙申阳月十有一日书于青浦舟中。

故综合推计牧斋之介绍晦木见马进宝于金华，实在顺治十三年丙申秋季以前，马氏尚未离金华赴松江之时。至《浙江通志》列万代尚之任温处台道，始于顺治十四年者，不过因排次便利，只书年而不书月。否则，绝无元旦上任除夕解职之理也。

又徐孚远《钓璜堂存稿·一二·怀陈昆良》（原注：“时闻瞿稼轩之变。”）云：

嗟君万里赴行都，桂岭云深入望迂。岂意张公双剑去，却令伍子一箫孤。粤西驻辇当通塞，湖北扬旌定有无。分手三年鸿雁断，如余今日正穷途。

可见陈氏同是当时参预复明运动之人。牧斋介绍之于马进宝，必非寻常干进以求衣食者之比。惜光绪修《常昭合志稿·三一·义行门·陈璧传》仅云：

陈璧，字昆良。崇祯末尝三上书论事。不报。归隐。

寥寥数语，殊为简略。今读闇公此诗，则陈氏平生志事更可证知矣。

兹仅录牧斋作品中，庚寅夏往返金华游说马进宝之作品，并略加释证于下。《有学集·三·庚寅夏五集序》云：

岁庚寅之五月，访伏波将军于婺州。以初一日渡罗刹江，自睦之婺，憩于杭。往返将匝月，漫兴口占，得七言长句三十余首，题之曰《夏五集》。《春秋》书“夏五”，传疑也。疑之而曰“夏五”，不成乎其为月也。不成乎其为月，则亦不成乎其为诗。系诗于夏五，所以成乎其为疑也。《易》曰：“或之者，疑之也。”作诗者其有忧患乎？

寅恪案：此《夏五集》可称为第一次游说马进宝反清复明之专集。河东君参预此活动，尤为显著。读者应特加注意也。

《早发七里滩》云：

欲哭西台还未忍，唳空朱啄响云端。（遵王《注》本此句下有牧斋自注云：“谢皋羽《西台恸哭记》，即钓台也。其招魂之词曰：化为朱鸟兮，有咮焉食？”）

寅恪案：“未忍”者，即未忍视明室今已亡之意。前论牧斋《次韵答盛集陶见赠》诗“终然商颂归玄鸟，麦秀残歌讵忍删”句及牧斋编《列朝诗集》终于“丁集”事，俱详言之，兹不更赘。涵芬楼本“忍”作“得”，殊失牧斋本旨，故从遵王《注》本作“忍”。

《五日钓台舟中》云：

纬划江山气未开，扁舟天地独沿洄。空哀故鬼投湘水，谁伴新魂哭钓台？五日缠丝仍汉缕，三年灼艾有秦灰。吴昌此际痴儿女，竞渡讙呶尽室回。

寅恪案：此诗第七、第八两句颇不易解。以恒情论，牧斋独往金华，河东君及其女应在常熟家中，殊与“吴昌”之语不合。岂河东君及其女虽不同牧斋至金华，但仅送之至苏州，留居于拙政园耶？俟考。检刘继庄（献廷）《广阳杂记·三》“涵斋又言海澄公黄梧既据海澄以降即条陈‘平海五策’”条，其第二策云：

郑氏有五大商在京师苏杭山东等处，经营财货，以济其用。当察出收拿。

《清史列传·九·黄梧传》云：

顺治十三年七月梧斩伪总兵华栋等，率众以海澄县投诚。

延平王户官杨英《从征实录》“永历十一年丁酉五月”条云：

藩行令对居守户官郑宫傅察算，裕国库张恢，利民库林义等稽算东西二洋船本利息，并仁义礼智信，金木水火土各行出入银两。

《明清史料·丁编·三·五大商曾定老等私通郑成功残揭帖》云：

（上缺。）万两，前往苏杭二州置买绫绸湖丝洋货，将货尽交伪国姓讫。一，顺治十二年五月初三、四等日，曾定老就伪国姓管库伍宇舍手内领出银五万两，商贩日本，随经算还讫。又十一月十一、二等日，又就伍宇舍处领出银十万两，每两每月供利一分三厘。十三年四月内，将银及湖丝缎匹等货搬运下海，折还母利银六万两，仍留四万两付定老等作本接济。

牧斋赋此诗时，郑氏之五大商尚未被清廷察出收拿。河东君之送牧斋至苏，或与此有关。夫郑氏之兴起，虽由海盗，但其后即改为经营中国南洋日本间之物产贸易。苏杭为丝织品出产地，郑氏之设有行店，自是当然之事。况河东君以贵妇人之资格，以购买物品为名，与绸缎店肆往来，暗作通海之举，可免为外人所觉察也。此说未敢自信，姑记于此，以俟更考。

《五日泊睦州》云：

客子那禁节物催，孤篷欲发转徘徊。晨装警罢谁驱去，暮角飘残自悔来。千里江山殊故国，一抔天地在西台。遥怜弱女香闺里，解泼蒲觞祝我回。

寅恪案：第四句盖与第七、第八两句相关，谓不与家人同作金华之行也。或疑“自悔来”之语，乃此行不成功之意。但据前引《马逢知传》，顺治七年庚寅九月，进宝奏请搬取在旗下之家口，可知进宝实已受牧斋游说之影响。然则牧斋此次婺州之行，亦不可谓无所成就矣。

《桐庐道中》云：

涉江无事但寻花。（自注：“兰溪载花盈舟，越人笑之。”）

寅恪案：此句并自注可参下引《东归漫兴六首》之五。牧斋此行明是有事而曰“无事”，《与尺二书》中“一宿无话”之“无话”，遣辞用意正复相同，可发一笑也。

《留题湖舫（自注：“舫名不系园。”）二首》之二云：

湖上堤边舣棹时，菱花镜里去迟迟。分将小艇迎桃叶，偏采新歌谱竹枝。（《江左三大家诗画合卷》芝麓所写“新”作“长”。）杨柳风流烟草在，杜鹃春恨夕阳知。凭阑莫漫多回首，水色山光自古悲。

寅恪案：此题二首，第四章已全引。第二首第二联亦特加论释。兹复移录第二首全文，借见牧斋此时之情感。今《江左三大家诗画合卷》，除牧斋《西湖杂感二十首》及梅村所绘图外，并有芝麓所书此诗，末署：

癸卯三月十又二日芝麓弟龚鼎孳拜题。

据此，孝升题字乃在牧斋卒前一年。若非赝作，则龚氏深赏牧斋此诗可以想见也。

《西湖杂感序》（此题序及诗皆依《江左三大家诗画合卷》牧斋自写本。其他诸本间有不同，而意义亦佳者，并附注于下，以供参考）云：

浪迹山东，系舟湖上。漏天半雨，夏月如秋。登登版筑，地断吴根。攘攘烟尘，天分越角。岳于双表，绿字犹存。南北两峰，青霞如削。想湖山之繁华，数都会之佳丽。旧梦依然，新吾安在。况复彼都人士，痛绝黍禾。今此下民，甘忘桑椹。侮食相矜，左言若性。何以谓之，嘻其甚矣。昔者南渡行都，慭遗南士。（“士”涵芬楼本及《注》本作“市”。）西湖隐迹，返抗西山。（涵芬楼本及《注》本“返”作“追”。）嗟地是而人非，忍凭今而吊古。丛残长句，凄绝短章，酒阑灯灺，隔江唱越女之歌。风急雨淋，度峡落巴人之泪。敬告同人，勿遗下体，敢附采风，聊资剪烛云尔。庚寅夏五憩湖舫凡六日，得诗二十首。（诸本此句下有“是月晦日，记于塘栖道中”十字。）特倩梅村祭酒作图以为缘起，今并录之。

寅恪案：此序中“侮食相矜，左言若性”之句，出《文选·四六》王元长《三月三日曲水诗序》。遵王已引，不待更释。牧斋用此典以骂当日降清之老汉奸辈，虽己身亦不免在其中，然尚肯明白言之是天良犹存，殊可哀矣。检《四库全书总目提要·一七三·别集类》“朱鹤龄愚庵小集”条云：

（鹤龄）与钱谦益为同郡，初亦以其词场宿老，颇与倡酬。既而见其首鼠两端，居心反覆，薄其为人，遂与之绝。所作《元裕之集后》一篇，称裕之举金进士，历官左司员外郎，及金亡不仕，隐居秀容，诗文无一语指斥者。裕之于元，既足践其土，口茹其毛，即无反詈之理。非独免咎，亦谊当然。乃今之讪辞诋语，曾不少避，若欲掩其失身之事，以诳国人者，非徒悖也，其愚亦甚云云。其言盖指谦益辈而发，尤可谓能知大义者矣。

寅恪案：牧斋之降清，乃其一生污点。但亦由其素性怯懦、迫于事势所使然。若谓其必须始终心悦诚服，则甚不近情理。夫牧斋所践之土，乃禹贡九州相承之土；所茹之毛，非女真八部所种之毛，馆臣阿媚世主之言，抑何可笑。回忆五六十年前，清廷公文往往有“食毛践土，具有天良”之语。今读提要，又不胜桑海之感也。

《西湖杂感二十首》，其二云：

潋滟西湖水一方，吴根越角两茫茫。孤山鹤去花如雪，葛岭鹃啼月似霜。油壁轻车来北里，梨园小部奏西厢。而今纵与空王法（“与”诸本作“会”），知是前尘也断肠。

寅恪案：此首可与第四章引河东君《湖上草·西泠十首》之一“小苑有香皆冉冉，新花无梦不蒙蒙。金鞭油壁朝来见，玉佩灵衣夜半逢”两联相证发。柳赋诗在崇祯十二年己卯，钱赋诗在顺治七年庚寅。相去十二载，湖山一隅，人事变迁，已复如此，真可令人肠断也。

其八云：

西泠云树六桥东，月姊曾闻下碧空。杨柳长条人绰约，桃花得气句玲珑。（诸本此句下自注云：“‘桃花得气美人中’。西泠佳句。为孟阳所吟赏。”）笔床研匣芳华里，翠袖香车丽日中。今日一来方丈室（“一来”诸本作“一灯”），散花长侍净名翁。

寅恪案：此首为河东君而作，自不待言。第七句牧斋自写本作“一来”，不作“一灯”，盖用佛典“四向”之一以指河东君。牧斋于崇祯十三年《庚辰冬答河东君半野堂初赠诗》云：“沾花丈室何曾染。”竟在十年之前作此预言矣。

其十六云：

建业余杭古帝丘，六朝南渡尽风流。白公妓可如安石，苏小坟应并莫愁。戎马南来皆故国，江山北望总神州。行都宫阙荒烟里，禾黍丛残似石头。（诸本此句下有自注云：“有人问建业。云吴宫晋殿亦是宋行都矣。感此而赋。”）

寅恪案：此首自伤其弘光元年五月迎降清兵之事。夫南宋都临安，犹可保存半壁江山，岂意明福王竟不能作宋高宗耶？“吴官晋殿”乃指明南都宫阙而言，不过诡称前代之名为隐语耳。

其十七云：

珠衣宝髻燕湖滨，翟茀貂蝉一样新。南国元戎皆使相，上厅行首作夫人。红灯玉殿催旌节，画鼓金山压战尘。粉黛至今惊毳帐，可知豪杰不谋身。（诸本此句下有自注云：“见周公谨、罗大经诸书，亦南渡西湖盛事。”）

寅恪案：此首以梁红玉比河东君，甚为恰当。牧斋赋诗以梁比柳者甚多。此首作于游说马进宝反清之际，其期望河东君者，更与他作泛指者不同。可惜河东君固能为梁红玉，而牧斋则不足比韩世忠。此乃人间之悲剧也。

《东归漫兴六首》，其一云：

经旬悔别绛云楼，衣带真成日缓忧。入梦数惊娇女大，看囊长替老妻愁。碧香茗叶青磁碗，红烂杨梅白定瓯。此福天公知吝与，绿章陈乞莫悠悠。

寅恪案：此首可与第四章所引《东山酬和集·二》牧翁《二月十二春分日横山晚归作》及河东君次韵诗参照。钱、柳两诗作于崇祯十四年辛巳。牧斋此诗则为顺治七年庚寅所赋，就牧斋方面言之，则地是人是而时世则非。故赋此首时，与当日只限于私人情感者，更复不同矣。

其三云：

桀戟森严礼数宽，辕门风静鼓声寒。据鞍老将三遗矢，分阃元戎一弹丸。戏海鱼龙呈变怪，登山烟火报平安。腐儒箧有英雄传，细雨孤舟永夜看。

寅恪案：《牧斋外集·十·马总戎四十序》略云：

今伏波犹古伏波也。予读史好观马文渊行事。

故牧斋所作关于马进宝之诗文，皆用马援之典。此首亦是其一。玩此诗之辞旨，盖怀疑进宝是否果能从己之游说以叛清复明。《花笑庼杂笔·一》“黄梨洲先生批钱诗残本”条《东归漫兴》批云：

牧斋意欲有所为，故往访伏波，及观其所为，而废然返棹。

可供参证也。

其四云：

林木池鱼灰烬寒，鸳湖恨水去漫漫。西华葛帔仍梁代，（自注：“《南史》，任昉子西华，流离不能自振，冬月着葛帔练裙。”）东市朝衣尚汉官。白鹤遄归无石表（“石表”遵王《注》本作“表柱”），金鸡旋放少纶竿。旧棋解覆唯王粲，东阁西园一罫看。（自注：“过南湖，望勺园，悼延陵君而作。其子贫薄，故有任西华之叹。”寅恪案：来之有子名祖锡，字佩远。徐闇公《钓璜堂存稿·一三·吴佩远郊居（七律）》首句云：“雅游季子已家贫。”张玄箸（煌言）《张苍水集》第二篇《奇零草·送吴佩远职方南访行在兼会师郧阳四首》之四结语云：“凭君驰蜡表，蚤晚听铙歌。”祖锡本末详见徐俟斋（枋）《居易堂集·一四·吴子墓志铭》及《吴子元配徐硕人墓志铭》并《苍水集》所附王慈撰《张忠烈公诗文题中人物考略》及陈乃乾、陈洙撰《徐闇公先生年谱》“顺治三年丙戌”条。牧斋此诗自注所指来之之子，即是佩远也。）

寅恪案：此首与下一题《感叹勺园再作》，同是为吴昌时而赋，俟于下题论之。

其五云：

水迹云踪少滞留，拖烟抹雨一归舟。虽无桃叶迎双桨（自注："妇嘱买婢不得。"），恰有兰花载两头。古锦裹将唐百衲（自注："买得张老颂琴，盖唐斫也。"），行宫拾得宋罗睺。（自注："宋景灵宫以七夕设摩罗睺。今市上犹鬻之。"）孺人稚子相劳苦，一握欢声万事休。

寅恪案：此首第一联可与前引《桐庐道中》诗"涉江无事且寻花"句并注参读。河东君嘱牧斋买婢，而牧斋不能完成使命。揆以当日情势，江浙地域乱离之后，岂有买婢不得之理，盖旧时婢妾之界画本不甚分明。牧斋于此嫌疑之际最知谨慎。第四章引河东君依韵和牧斋《中秋日携内出游二首》之二"夫君本自期安桨"句，自注云："有美诗云，'迎汝双安桨。'"今牧斋诗既用王献之故事，然则买婢不得，非不得也，乃不敢也。买琴乃为河东君，买摩罗睺乃为赵管妻。牧斋此等举动，真不愧贤夫慈父矣。

其六云：

不因落薄滞江干，那得归来尽室欢。巷口家人呼解带，墙头邻姥问加餐。候门栗里天将晚，秉烛羌村夜向阑。檐鹊噪干灯穗结，笑凭儿女话团圞。

寅恪案：此首写小别归来家人团聚之情事，殊为佳妙。牧斋性本怯懦，此行乃梨洲及河东君所促成。惴惴而往，施施而归，故庆幸之情溢于言表也。检《清史列传·八十·马逢知传》略云：

（顺治七年）十一月，土贼何兆隆啸聚山林，外联海贼，为进宝擒获，随于贼营得伪疏稿，谓进宝与兆隆通往来，疏请明鲁王颁给敕印。又得伪示，称进宝已从鲁王。进宝以遭谤无因，白之督臣陈锦，以明心迹。锦疏奏闻。得旨，设诈离间，狡贼常情。马进宝安心供职，不必惊惧。

据此，马氏为人反覆叵测，可以推知。何兆隆一案与牧斋金华之行，时间相距至近，两者或有关系，亦未可知。然则牧斋此行，实是冒险，河东君送之至苏，殆欲壮其胆而坚其志欤？

《感叹勺园再作》云：

曲池高馆望中赊，灯火迎门笑语哗。今旧人情都论雨，暮朝天意总如霞。（寅恪案：此联下句遵王《注》引范石湖《占雨》诗“朝霞不出门，暮霞行千里”为释，甚是。但牧斋意则以“朝霞”比建州，以“暮霞”比永历，亦即左太冲《魏都赋》“彼桑榆之末光，逾长庚之初晖”之旨，谓天意将复明也。至上句遵王已引《杜工部集·一九·秋述》一文“旧雨来，今雨不来”为释，固昔人所习知。唯今日游北京中山公园来今雨轩者，恐未必尽知耳。一笑。）园荒金谷花无主，巷改乌衣燕少家。惆怅夷门老宾客，停舟应不是天涯。

寅恪案：牧斋此行过嘉兴，感叹勺园，一再赋诗，兼寓朝政得失、民族兴亡之感，不待赘论。其实牧斋之微旨尚不止此，盖勺园者，即河东君于崇祯十三年春由杭至禾养病之地。是年冬，牧斋至嘉兴遇惠香（当即卞玉京），河东君之访半野堂，亦预定于此时。职是之由，勺园一地乃钱、柳因缘得以成就之枢纽。牧斋不惮一再赋诗，殊非偶然。今《梅村集》中关于勺园之诗，《鸳湖曲》一首最为世所传诵。读者谓其追伤旧朝亡友而已，但不知其中实隐藏与卞玉京之关系。其微旨可从原诗辞句中揣知之也。特记于此，以告世之读骏公诗者。

《婺归以酒炙饷韩兄古洲口占为侑》云：

好事何人问子云，一甘逸少与谁分。酒甜差可称欢伯，炙美真堪遗细君。大嚼底须回白首，浅斟犹忆醉红裙。（自注："兄高年好谈风怀旧事。"）晴窗饭罢摩双眼，硬纸黄庭向夕曛。（自注："兄家藏杨许《黄庭》楷书，日抚数纸。"）

寅恪案：《有学集·二四·韩古洲太守八十寿序》云：

岁在旃蒙协洽，雷州太守古洲韩兄，春秋八十。余曰："是吾年家长兄也。是吾吴之佳公子，良二千石，国之老成人也。是闳览博物之君子，海内收藏赏鉴专门名家也。"

嘉庆修《雷州府志·九·职官表》"明知府"栏载：

韩逢禧，长洲人。官生。天启元年任。

李之华。

丁纬。

范得志。七年任。

容庚君藏《兰雪斋刻定武兰亭帖》附韩氏《跋》云：

余先宗伯（寅恪案：逢禧父世能，曾任礼部侍郎。事迹见《明史·二一六·黄凤翔传》附《世能传》、《明诗综·五一》"韩世能"条及同治修《苏州府志·八七·长洲县·韩世能传》等）于万历甲戌曾得韩侂胄所藏《定武兰亭》，时余尚未生。及余既长，笃好法书，遂蒙见赐。临玩最久，寝食与俱。崇祯庚午又购得荣芑所藏本，二卷皆严氏物。"荣芑本"有项子京印识。今阅此本，与余所藏荣芑旧本同一手拓出，纸墨奇古，神采勃发。卷内有朱文公手题，前后亦有项子京印识，可见项氏藏物之富如此。（天启四年）甲子，解组归田，心厌烦嚣，复得睹此，合余藏二卷，同校于半山草庐。三卷同是定武真刻，六百余年神物，今得并来同聚一室，大是奇缘，眼福良厚矣。喜书其后。半山老人韩逢禧。（下钤有“朝廷氏”印。）

又容君藏《钟繇荐季直表帖》附秋圃老民《跋》云：

韩跋各看款题志皆俗手揭去。黑纸白字名曰“黑老虎”，非降龙伏虎，不能得也。

及翁同龢题诗二首，其二云：

满口娑婆不识佛，天台山鸟劝君归。何如一切都捐弃，黑老虎来为解围。（自注：“韩逢禧尝学佛，再髡而再发。入天台遇樵者，诃之曰‘满口娑婆哄度日’云云。册有韩印，戏及之。黑老虎乃前跋中语也。”）

又容君藏《安素轩石刻中唐人书七宝转轮圣王经》附韩氏《跋》云：

此为唐相钟（绍京）手迹。书法悉宗右军《乐毅论》，时兼有欧、虞、褚体，正见其集大成也。纸为硬黄，烂漫七千余言，神采烨然，真世之罕物。相传鲜于困学公珍藏此卷于室中，夜有神光烛人者，非此其何物耶？长洲韩逢禧识。

唐蕉庵（翰题）《唯自勉斋长物志·中·书画名迹类》云：

南海吴学士荣光所刻藏宋玉石本《定武兰亭》，后有明崇正间韩太守逢禧跋云，明成国公朱箑庵旧物，与虑鸿草堂图永兴庙堂真迹九件，同时售于项氏天籁阁。此卷项氏藏印累累，凡《兰亭》所用之印，卷中无不有。其为一时所押可知。传之有绪，足为吾斋中书迹甲观。

韩氏事迹虽未能详知，但依上所引资料亦可得其涯略。牧斋此诗自表面观之，辞旨与游说马进宝之事无涉。又非汪氏游舫与湖山盛衰、家国兴亡有关者之比，似甚奇特。细思之，《夏五》一集乃赴婺说马之专集，牧斋由金华还，即以酒炙饷韩，侑以此诗。若说马之事与韩氏无关，则牧斋不应插入此题。颇疑古洲既多藏彝器字画，牧斋或取其一二与马伏波有关之假古董，以为谒见进宝之贽。及其归也，自应以酒炙相饷。又韩氏好谈风怀旧事，牧斋此次经过苏州嘉兴，韩氏必与之谈及昔年柳、卞在临顿里勺园之艳迹，故牧斋诗语戏及之。翁叔平谓古洲“再髡再发”，足见韩氏亦是欲“老皈空门”而不能实行者，其人正与牧斋相类。《有学集·病榻消寒杂咏》云：“蒲团历历前尘事，好梦何曾逐水流。”不仅自咏，亦可兼咏韩氏也。

《书〈夏五集〉后示河东君》云：

帽檐欹侧漉囊新，乞食吹箫笑此身。南国今年仍甲子，西台昔日亦庚寅。（自注：“皋羽西台恸哭，亦庚寅岁也。”）闻鸡伴侣知谁是，画虎英雄恐未真。诗卷丛残芒角在，绿窗剪烛与君论。

寅恪案：此首为《夏五集》全集之结论。第二句寓复明之意。第三句谓永历正朔犹存。第五句目河东君为同心同志之人。第六句用《后汉书·列传·十四·马援传》援《诫兄子严敦书》中“画虎不成，反类狗者也”之语，牧斋盖疑马进宝之不可恃也。总而言之，牧斋此次金华之行，河东君为暗中之主持人，细绎此诗辞旨，更无疑义矣。

牧斋《庚寅夏五集》后一年所赋之诗，最佳最长者应推《哭瞿式耜（五言排律）》一题。本文以范围限制之故，不能全引，惟择其中有关诸句，并牧斋自注，略论述之于下。

《有学集诗注·四·哭稼轩留守相公诗一百十韵用一千一百字》略云：

（自注：“已下叙闻讣为位之事。”）伤心寝门外，为位佛灯前。一恸营魂逝，三号涕泗涟。脩门归漠漠，故国望姗姗。庚寅征览揆，辛卯应灾躔。（自注：“君生于庚寅，甲子一周而终，故引庚寅以降之词。其闻讣辛卯夏也，故引朔日辛卯之诗。皆假借使之也。”）剑去梧宫冷，刀投桂水煎。（自注：“已下叙其戊辰后归田燕游之事。”）拊心看迸裂，弹指省轰阗。攀附龙门迥，追陪鹤盖连。园林归绿水，屋宇带红泉。一饭常留客，千金不问田。以忙消块垒，及暇领芳妍。日落邀宾从，舟移沸管弦。丹青搜白石，杖履撰松圆。（自注：“君好藏白石翁画。于程又有师资之敬。”）

寅恪案：关于钱、瞿之交谊及当日明清兴亡诸端，兹不具论。所可注意者，即河东君于崇祯十三年庚辰冬初访牧斋于半野堂。次年即崇祯十四年辛巳夏钱、柳结缡于茸城舟中两大事。牧斋此诗中“舟移沸管弦”句或间接有关涉，尚难确定。若就稼轩方面言之，则《东山酬和集》中不载瞿氏篇什，此或因稼轩虽曾赋诗，但未被牧斋收录所致。今日瞿氏作品遗佚颇多，殊不易决言，揆以稼轩与牧斋及河东君之关系，如第四章论述绛云楼落成诗所引《牧斋尺牍》例之，稼轩似非如黄陶庵之不以河东君为然者，何故于钱、柳因缘之韵事绝无一语道及，甚不可解。姑记此疑，以俟更考。

又，此年牧斋所赋诗当亦不少。今所存者，排列先后恐有错乱。诗题有关诸人，可考见者殊不多，故只择数题列之于下。

《寄怀岭外四君四首》，其一《金道隐使君》（自注：“金投曹溪为僧。”）云：

（诗略。）

其二《刘客生詹端》云：

（诗略。）

其三《姚以式侍御》云：

（诗略。）

其四《咏东皋新竹寄留守孙翰简》云：

笋根苞粉尚离离，裂石穿云岭外知。祖干雪霜催老节，孙篁烟霭护新枝。紫泥汗简连编缀，青社分符奕叶垂。昨夜春雷喧北户，老夫欣赋箨龙诗。

寅恪案：前论牧斋《庚寅人日示内》诗及河东君和诗，已略及金、刘、姚三人，惟瞿翰简未及，故特录此诗全文。“翰简”者，指稼轩孙昌文而言。永历特任昌文为翰林院检讨，稼轩两疏恳辞，原文见《瞿忠宣公集·六》，兹不具引。鄙意此时牧斋与永历政权暗中联络。其寄此四诗，必有往来之便邮无疑也。《赠卢子繇》云：

云物关河报岁更，寒梅逼坐见平生。眉间白发垂垂下，巾上青天故故明。老去闲门聊种菜，朋来参语似班荆。楞严第十应参遍，已悟东方鸡后鸣。

寅恪案：杭大宗（世骏）《道古堂集·二九·名医卢之颐传》略云：

之颐，字子繇，生明熹宗时，号晋公，又自称芦中人。父复，字不远，精于医理。《旧史》曰：陈曾蕤传论之颐云，岁丙戌监国者在山阴，之颐杖策往谒，大为亲信，授职方郎。事败，跳身归里闾，与旧相识者往来。门庭杂沓，踪迹不测。性又简傲，虽以医术起家，轻忽同党，好自矜贵，出入乘轩车，盛傔从，广座中伸眉抵掌，论议无所忌。识者谓必中奇祸。顷之，两目皆盲，𥉂𥉂成废人，不出户庭，而曩所交游皆断绝，诧叹一室，竟以愤懑卒。此殆天之所以保全之也。

可见牧斋此时相与往来之人，其酬赠诗章见于《有学集》者，大抵为年少尚未有盛名而志在复明之人。如晋公即是一例。其他诸人，皆可以此类推之也。

《七十答人见寿》（涵芬楼本题下有“辛卯”二字）云：

七十余生底自嗟，有何鳞爪向人夸。惊闻窸窣床头蚁，羞见彭亨道上蛙。著眼空花多似絮，撑肠大字少于瓜。三生悔不投胎处，罩饭僧家卖饼家。

寅恪案：葛万里《牧斋先生年谱》“顺治八年辛卯”条（参《有学集·六·秋槐别集·乙未小至日宿白塔寺与介立师兄夜话辛卯秋憩友苍石门院扣问八识规矩屈指又五年矣感而有作二首》）云：

春游武林，夏有《哭稼轩》长篇。自记：九月避喧却贺，扁舟诣白下怀东（自注：“佟中丞。”）寓。朱雀桁市嚣聒耳，乃出城，栖止长干大报恩寺，与二三禅侣优游浃月，论三宗而理八识云云。

牧斋此年秋避寿却贺，往金陵寓佟国器家。据上引《福建通志》此年佟氏任福建左布政使。至牧斋之诣金陵，怀东是否在家，尚难确知。即使在家，为时亦必不久。似此情况，牧斋与外人往还，较为便利。然终嫌其嚣聒，乃迁居大报恩寺。颇疑此中尚有待发之覆。盖当日志怀复明诸人，往往托迹方外，若此辈谒牧斋于怀东寓所者过多，则不免惹起外间惊怪，转不如竟栖止于佛寺，更为妥慎。其言与禅侣研讨内典，恐不过掩饰之辞。后来牧斋再往金陵，亦尝栖止于报恩寺，仍是为顺治十六年己亥郑延平大举攻取南都之准备也。又检许谷人（浩基）编《郑延平年谱》“永历七年癸巳三月张名振张煌言请师入长江”条附《按语》云：

浩基按，名振与煌言凡三入长江，而未知初入长江为何年？又不知题诗祭陵为何年？各书纪载纷岐，莫知所据。《鲁春秋》《东南纪事》俱作壬辰。《海东逸史》作癸巳。《小腆纪年》作癸巳初入长江，而甲午题诗祭陵。《台湾外纪》《海上见闻录》亦作癸巳，而未言祭陵事。《南疆绎史》《明季南略》则俱作甲午。尤有不可解者，全氏撰《苍水碑》云，癸巳冬入吴淞，明年军于吴淞，会名振之师入长江，遥祭孝陵。甲午再入长江。盖癸巳之明年即甲午也。既书明年，下复系甲午，误甚。谢山犹恍惚其词，后人更难推测矣。

假定张名振、张煌言此次率师入长江至京口之年果为壬辰者，则其前一年辛卯秋牧斋避寿至金陵似与之有关。而此年秋间牧斋所赋《京口观棋六绝句》，其六云：

金山战罢鼓桴停，传酒争夸金凤瓶。此日江山纡白发，一枰残局两函经。

尤可注意矣。夫牧斋不在家作生日，避往金陵，其故河东君必知之。然则牧斋此次复明之活动，河东君亦曾参预其事，可无疑也。

今检《有学集》顺治九年壬辰十年癸巳两年间皆无诗什。金氏《牧斋先生年谱》“癸巳”条云：

季春，游武林，复往金华。先生《伏波弄璋歌》有“百万婺民齐合掌，浴儿仍用五铢钱”等句。按：此盖劝伏波复汉也。（原注：“壬辰、癸巳奔走国事，无诗。《武林观棋》及《伏波弄璋歌》，当是癸巳所作，并入《敬他老人集》者。又按：（李）定国退师，先生仍事联络，其志弥苦已。”）

寅恪案：金氏因此两年不见牧斋之诗，因以意取顺治十一年甲午所作《伏波弄璋歌》为癸巳年所赋，实非有确据。但牧斋于此两年间《有学集》中未录存其诗，亦必有待发之覆。据《塔影园集·一·东涧遗老钱公别传》云：

安西将军李定国以永历六年七月克复桂林，承制以蜡书命公及前兵部主事严栻联络东南。公乃日夜结客，运筹部勒，而定国师还。于是一意学佛，殚心教典，凡十年而卒。

《有学集·三七·严宜人文氏哀辞序》云：

宜人姓文氏，东阁大学士谥文肃震孟之长女。嫁兵部主事严栻，少保谥文靖讳讷之孙也。文肃忠果正直，耿然如秋霜夏日，爱其女，以为类己。文肃参大政，百日而罢。归里，逾年而卒。宜人从夫官信阳，哭其父，过时而毁，忽忽如不欲生。越九年而卒，崇祯甲申之十一月也。年四十有六。日月有时，卜葬于虞山祖茔之侧，哀子熊属其舅氏秉撰述行状来请为志，伏地哭不能起。余为感而泣下。往文肃辍讲筵归，改葬陆夫人，以丘嫂之谊，谒余为铭。今老居此世，忍复执笔而铭其女乎？宫邻金虎，感倚伏于前；左带沸唇，悼横流于后。弦么徽急，塀叹壑盈，俯仰三世，于余心有戚戚焉！弹毫缀思，百端交集，聊为哀辞一通，以写余怀。

《常昭合志稿·二五·人物门·严栻传》（参郑抡逵《虞山画志·二》“严栻”条）略云：

严栻，字子张，号髻珠，泽子。少颖悟，工书画篆刻，兼善骑射。登进士（寅恪案：本志二十《选举表》“进士”栏载：

“严栻，崇祯（七年）甲戌科进士。”“举人”栏载：“严栻，崇祯（三年）庚午科举人。”），知信阳州。丁艰服阕，起为兵部主事，未赴。顺治初，大吏交荐，自以衰废固辞。卒年七十有九。

夫顾云美所记，自非虚构，可不待言。然今尚未发现他种材料可以证实顾氏之说者。检《明史·二七九·堵允（胤）锡传》略云：

时（桂）王在武冈，加胤锡东阁大学士，封光化伯，赐剑，便宜从事。胤锡疏请，得给空敕铸印，颁赐秦中举兵者。时颇议其专。

则李定国承制，以蜡书命钱、严联络东南，亦是可能。盖胤锡当日地位权势远不及定国，尚能作如是举动，何况李氏复取桂林，孔有德自杀，声威正盛之时乎？沈佳《存信编》（据朱希祖君《明季史料题跋·钞本存信编跋》所引）云：

永历六年（壬辰）冬，谦益迎姚志卓、朱全古祀神于其家。（寅恪案：《有学集·四·绛云余烬集·上》有《朱五兄藏名酒肆自号陶然余为更之曰逃禅戏作四小诗》一题及同书四二《戏作朱逃禅小影赞》有“朝扶鸾，夕降乩”之语。未知朱逃禅是否即朱全古？附记于此，以俟更考。）定入黔请命之举。七年（癸巳）七月，姚志卓入贵筑行营，上疏安隆，召见慰劳赐宴，遣志卓东还，招集义兵海上。冢宰范矿以朱全古万里赴义，题授仪制司主事。八年七月，遣内臣至厦门，册封漳国公郑成功为延平王。九年三月，简封朱全古兼兵科给事中，视师海上。先是甲午秋文安之密与全古曰：“刘（文秀）李（定国）之交必合，众志皆与孙（可望）离，但未知事机得失如何也。我当以冬还蜀，君可以春还（吴），吴楚上下流观察形势，各靖其志。”是年春，海上有警，行营吏部尚书范矿请遣使宣谕姚志卓，遂命全古。全古还吴，转渡江，由海门至前山洲。志卓已卒。全古宣敕拜奠。丁酉入楚报命。十三年六月，延平王郑成功率师围南京。

《南疆逸史·三六·姚志卓传》云：

乙未冬，入海攻崇明，殁于阵。浙东封仁武伯。

假定沈氏之言可信，姚志卓、朱全古曾于壬辰年亲至牧斋家，则钱、柳复明之举动若是活跃，其诗篇后来以避忌讳删弃，殊不足怪。《投笔集·小舟惜别》云：

北斗垣墙暗赤晖，谁占朱鸟一星微？破除服珥装罗汉（自注：“姚神武有先装五百罗汉之议，内子尽橐以资之，始成一军。”），灭损齑盐饷佽飞。娘子绣旗营垒倒（自注：“张定西谓阮姑娘，‘吾当派汝捉刀侍柳夫人。’阮喜而受命。舟山之役，中流矢而殒。惜哉！”），将军铁槊鼓音违。（自注：“乙未八月，神武血战，死崇明城下。”）须眉男子皆臣子，秦越何人视瘠肥？（自注：“夷陵文（安之）相国来书云云。”）

据牧齐所言，河东君捐资以助姚军，应在甲午及乙未两年间事，而牧斋以姚氏战死于顺治十二年乙未与《南疆逸史》同，唯秋冬季节稍异。是志卓之死在九、十月间，故传闻微有参差耳。至诸本列姚氏之死于前一年，鄙意牧斋为亲预此举之人，此诗又涉及河东君，其所记之年必非误记。观前论黄毓祺案牧斋被逮之年，可以推知也。至阮姑娘者，当实是女性。汪光复《明季续闻》略云：

己丑秋，晋阮进太子少傅。进侄浚英义将军。阮美、阮辟、阮骥俱左都督。

又云：

甲午春正六日，再入京口，至观音门仪真一带，擒斩参将阮姑娘。

阮姑娘究为何人，尚待考证。但其为阮进之女或侄女，似无可疑。若非然者，张名振绝不致派一男子侍柳夫人，岂不成为河东君之面首，而牧斋亦不应以定西此语相夸也。金氏《牧斋年谱》“丙申”条以牧斋《秋兴》诗自注中之阮姑娘为阮骏，而以甲午年死于京口之阮姑娘别为一人，误矣。又牧斋“娘子绣旗营垒倒”句，自是指阮姑娘。遵王《注》引唐平阳公主事为释，此世人习知之古典，尚不足了解当日之今典也。检《钓璜堂存稿·二十·北伐命偏裨皆携室行因歌之》云：

浪激风帆高入云，相看一半石榴裙。箫声宛转鼓声起，江左人称娘子军。长江铁锁一时开，旌旆飞扬羯鼓催。既喜将军挥羽入，更看素女舞霓来。挥戈筑垒雨花台，左狎夫人右酒杯。笑指金陵佳丽地，只愁难带荔枝来。

《徐闇公先生年谱》“弘光元年（自注：“顺治二年。”）乙酉”条云：

冬在闽娶戴氏。

《年谱》后附录黄仲友（定文）《东井文钞·书〈鲒埼亭集·徐闇公传〉后》云：

戴氏者，从亡总兵戴某女也。与闇公善，谓闇公文弱，风涛戎马，难以自全，而其女有文武才，以妻闇公。戴戎装握刀上阵，艰危奔走，卒赖其力以免。闇公卒于潮，戴上书州守，乞负骨归葬，许之。乃与其仲子永贞扶榇归松江，与闇公前妻姚，同志相守以死。至今松江人传其戎服遗像。

寅恪案：闇公之诗似讥当日复明舟师偏裨携带眷属，致妨军事之进行者。但复据黄氏所记闇公后室戴夫人事，则知当时海上复明诸军实有能戎装握刀上阵之女性，故牧斋诗自注中之阮姑娘乃女子，而非阮骏之托名，更得一旁证矣。又牧斋诗自注引文氏书语，此书疑是永历九年即顺治十二年乙未由朱全古转致者。姚氏封号，似以温书作“仁武”者为是，若“神武”则恐因吴音相近致讹也。至金氏《牧斋年谱》谓“定国退师，先生仍事联络，其志弥苦已”，所言甚是。顾氏所谓“定国师还，于是一意学佛，殚心教典，凡十年而卒”，则殊与事实不符。云美非不知牧斋在定国师还以后之复明活动，但不欲显言之，恐招致不便耳。

顺治十一年甲午牧斋集中有二作品与马进宝有关，亦即与复明之活动有关也。《牧斋外集·十·马总戎四十寿序》略云：

大元戎马，公专征秉钺，开府婺州者七载余，而春秋方四十。四月十有三日，为悬弧之辰。予以衰老，辱知于公，礼之以函丈，申之以盟好，其能不叙次一言，以效封人之祝？

寅恪案：《清史列传·二·和硕端重亲王博洛传》云：

（顺治三年）六月围金华，七月克之。

及同书八十《马逢知传》云：

（顺治）三年，从端重亲王博洛南征，克金华，即令镇守。

故牧斋谓马氏“开府婺州者七载余”，应指自顺治三年七月至十一年四月而言也。

《有学集·五·绛云余烬集·下·伏波弄璋歌六首》，其五云：

龙旗交曳矢频悬，绣褓金盆笑胁骈。百福千祥铭汉字，浴儿仍用五铢钱。

其六云：

充闾佳气溢长筵，孔释分明抱送年。授记不须寻宝志，老夫摩顶是彭筏。

寅恪案：依“摸顶”句，可知马进宝生子，牧斋亲往金华致贺。其时间当在甲午秋间，观此歌前第六题为《甲午春观吴园次怀人诗卷》及同书一七《季沧苇诗序》云“甲午中秋余过兰江”句可证。又此歌前第二题为《武陵观棋六绝句》，其第一首有“初桐清露又前期”句，其第六首有“太白芒寒秋气澄”句，是牧斋此次往金华，秋间经过杭州之一旁证也。牧斋“五铢钱”句，复明之意甚显，遵王不敢注一字。检《后汉书·列传·十四·马援传》云：

初，援在陇西，上书言，宜如旧铸五铢钱。事下三府，三府奏以为未可许，事遂寝。及援还，从公府求得前奏难十余条，乃随牒解释，更具表言，帝从之。

则牧斋之诗，不仅表示复明之微旨，实亦采用马文渊故事也。但马氏虽“爱结纳名流”，实不通文墨，牧斋之深意，彼自不能了解也。（参阮葵生《茶余客话·八》“马进宝”条。）

复次，《有学集诗注》五顺治十一年甲午，十二年乙未，两年所赋之诗，与苏州有关者甚多。如《甲午十月二十夜宿假我堂梦谒吴相五君延坐前席享以鱼羹感而有述》《（叶）圣野（襄）携伎夜饮绿水园戏题四绝句》《冬夜假我堂文宴诗有序》《归自吴门（袁）重其复来征诗小至日止宿剧谈喜而有作》《甲午仲冬六日吴门舟中饮罢放歌为朱生维章六十称寿》《虎丘舟中戏为张五稺昭题扇得绝句八首稺昭少年未娶不肯席帽北游故诗及之》《乙未秋日许更生扶侍太公邀侯月鹭翁于止路安卿登高莫厘峰口占二首》（寅恪案：此题可参《牧斋外集·七·翁季霖诗序》）

《游东山雨花台次许起文韵》《路易公安卿置酒包山官舍即席有作二首》等题，可为例证。夫牧斋家居常熟，苏州乃省会所在，其往来经过原不足怪。但牧斋此两年间复明之活动正在暗中进行，其频繁往来于常熟、苏州，终不能使人无疑。前引《广阳杂记》谓郑成功设有商店于苏州。在顺治十三年七月黄梧降清以前，尚未被清廷觉察。牧斋之屡游苏州，或与通海之举动有关。若更取与路安卿有关之两题四律证之，益为明显矣。兹录《路易公（寅恪案：涵芬楼本亦作“易公”疑“易”乃“长”字之误）安卿置酒包山官舍即席有作二首》于下。

其一云：

绿酒红灯簇纸屏，临觞三叹话晨星。刊章一老余头白，抗疏千秋托汗青。龙起苍梧怀羽翼，鹤归华表伫仪型。撑肠魂礌须申写，放箸扪胸拉汝听。

“怀羽翼”下，遵王《注》云：

唐王以违禁越奏，锢凤阳高墙。崇祯癸未，路公总漕，莅任谒凤阳祖陵。怆然念天潢子孙，赒以银米。国变后，文贞护之出至南中。乙酉，□□□□，郑鸿逵奉唐王入闽，七月，即□□于福州。下诏求公。曰：振飞于□有旧恩，今携家苏之洞庭山，有能为□致之者，官五品，赏千金。公偕次子泽浓，间行入关。十一月，诣□□，拜太子太保，吏部尚书，兼兵部尚书，文渊阁大学士。泽浓改名太平，官职方司员外郎。丙戌三月□□延平，公居守建宁。八月仙霞关陷，□苍皇西□，□公视师安关，公趋赴延平与□□相失，航海走广州。广州复陷，依国姓于厦门。戊子六月□□□端州，手□召公。公力疾赴命，道卒于顺德。□赠左柱国特进光禄大夫太傅，谥文贞。荫一子中书舍人。

其二云：

霜鬓飘萧念旧恩，郎君东阁重相存。饥来美馔忘偏劝，乱去清歌记旅魂。故国湖山禾黍日，秋风宾客孟尝门。灯前战垒分吴越，范蠡船头好共论。

《小腆纪传·二四·路振飞传》略云：

路振飞，字见白，曲周人。天启乙丑进士，除泾阳知县。崇祯初，征授御史。寻出按福建。海贼刘香者，数勾红夷入犯，悬千金激励将士，于是郑芝龙等破之。八年巡按苏松。常熟奸民张汉儒讦乡官钱谦益、瞿式耜贪状，（温）体仁主之，坐振飞以失纠，拟旨令自陈，乃白谦益、式耜无罪，而语刺体仁。体仁益恚，激帝怒，谪河南按察司检校。

寅恪案：牧斋诗题中之“路长公”即指见白长子泽溥而言。徐嘉《顾亭林先生诗笺注·五·赠路舍人泽溥》云：

东山峙太湖，昔日军所次。奉母居其中，以待天下事。

则泽溥之久居太湖东山，不归曲周故里之心事，为亭林一语道破矣。见白以袒护钱、瞿谪官，牧斋赋诗，感念旧情，溢于言表，自是应尔。但此时牧斋之与路氏兄弟往来，恐不仅怀旧之意，实兼有政治活动。盖路氏父子与郑芝龙、鸿逵、成功兄弟父子关系密切。《牧斋尺牍·上·与侯月鹭四通》，其第二通略云：

客秋至今，一往况味，如魇如病，口不能言。手教津津，一笔描尽。《河上》之歌，同病相怜，非个中人，那能委悉如此。桑榆之收，良有厚望。拊髀叹息，知有同心。太夫人不朽之托，已承尊命，敢复固辞？（寅恪案：今涵芬楼《有学集补》载《侯母田太夫人墓志铭》，殊多删削，盖有所避忌也。）期以长夏了此功课，并《路文贞公神道碑》，次第具稿。安卿昆仲，烦为致声。

其第四通（寅恪案：此通与《牧斋外集·二二·与路（自注：“名泽溥。”）书》文字全同）略云：

> 文贞公墓隧之碑，伏承尊委，不辞固陋，谨草勒辄简呈上。切念时世改迁，物情人事，未免多所触忤。不肖老矣，头童齿豁，一无建树，惟此三寸柔翰，忝窃载笔，不用此表扬忠正，指斥奸回，定公案于一时，征信史于后世，依达首鼠，模棱两端，无论非所以报称知己、取信汗青，其如此中耿耿者何哉！谨用古人阳秋之法，据事直书。

等札，可供参证。诸书记载路氏父子事甚多，以遵王《注》关涉振飞事较详，故附录之。（《归庄集·七·路中书家传》及同书八《路文贞公行状》两文亦皆详实，可供参证。）惟不悉钱曾所据为何种资料，若谓出于牧斋所撰《路文贞公神道碑》，则恐未当。盖见白三子长泽溥，字安卿，号苏生又作甦生。次泽淳，字闻符。少泽浓，字吾征，唐王赐名太平，牧斋似不应误以泽浓为次子也。数百年来记载路氏兄弟诸书，殊多混淆舛讹。此点可详闵尔昌《碑传集补·三五》归庄撰《路中书（泽淳）家传》中所附闵氏自撰《书顾亭林广师后》一文，并李桓《耆献类征·三八一》金德嘉代某撰《路泽浓墓志铭》等，兹不赘辨。又金氏《牧斋年谱》“己亥”条云：“冬为《路文贞公神道碑》。”未知金氏何所依据。但牧斋《致侯性尺牍》第二通“客秋”之语，当指顺治十六年己亥秋间郑延平攻南京失败之事。然则《路碑》之作成，应在顺治十七年庚子也。俟考。

复次，《有学集诗注·六·赠侯商邱若孩四首》，其一云：

> 残灯顾影见蹉跎，十五年来小劫过。曾捧赤符回日月，遂刑

白马誓山河。闲门菜圃英雄少，朝日瓜畴宾客多。挂壁龙渊惭绣涩，为君斫地一哀歌。

其二云：

三十登坛鼓角喧，短衣结束署监门。吹箫伍员求新侣，对酒曹公念旧恩。五岭蒙茸余剩发，九疑绵亘误招魂。与君赢得头颅在，话到惊心手共扪。

其三云：

苍梧云气尚萧森，八桂风霜散羽林。射石草中犹虎伏，戛金壁外有龙吟。梦迴芒角生河鼓，醉后旌旗拂井参。莫向夷门寻旧隐，要离千载亦同心。

其四云：

橘社传书近卜邻，龙宫破阵乐章新。苍梧野外三衣衲，广柳车中七尺身。世事但堪图鬼魅，人间只解楦麒麟。相逢未办中山酒，且买黄柑醉冻春。

寅恪案：《花笑庼杂笔·一》"黄梨洲先生批钱诗残本"条《赠侯商丘四首》批云：

侯性，字若孩，商丘人。在广西时，有翼戴功，封祥符侯。两粤既破，遁迹吴之洞庭山。

《小腆纪传·三六·侯性传》云：

侯性，不知何处人。永历时，以总兵衔驻扎古泥关。丁亥上幸武冈，性往来迎驾。自三宫服御，至宫人衣被，皆办。上喜，口授商邱伯。

月鹭既为商邱人，又经永历口授商邱伯，故牧斋遂以此目之。（孔尚任《桃花扇》考据引钱牧斋《有学集·赠侯商邱》一题，盖误认侯商邱为侯朝宗也。）最可注意者，第四首第一句用

《太平广记·四一九》引《广异集》柳毅传书故事。颇疑若孩之卜居吴中太湖之洞庭山，殆有传达永历使命，接纳徒众，恢复明室之企图。然则牧斋其以钱塘君比郑延平，而期望终有“雷霆一发”之日耶？此说未敢自信，尚待详考。尤可注意者，即牧斋于顺治十一年甲午卜筑白茆港之芙蓉庄，并于十三年丙申遂迁居其地一事。葛氏《牧斋年谱》“顺治十一年甲午”条云：

是年卜筑芙蓉庄，亦名红豆庄。

及“顺治十三年丙申”条云：

是岁移居红豆村。

金氏《牧斋年谱》“（顺治十三年）丙申”条云：

移居白茆之芙蓉庄，即碧梧红豆庄也。在常熟小东门外三十里。先生外家顾氏别业也。（寅恪案：《柳南随笔·五》云：“芙蓉庄在吾邑小东门外，去县治三十里，白茆顾氏别业也。某尚书为宪副台卿公（玉柱）外孙，故其地后归尚书。庄有红豆树，又名红豆庄。”可供参考。）白茆为长江口岸之巨镇，先生与同邑邓起西、昆山陈蔚村（原注云：“常主毛子晋。”）、归玄恭及松江嘉定等诸遗民往还，探刺海上消息，故隐迹于此。一以避人耳目，一以与东人往还较便利也。（寅恪案：《嘉庆一统志·七八·关隘门》云：“白茆港巡司在昭文县东北九十里。宋置寨。明初改置巡司。”并龚立本《松窗快笔·十》“白茆”条皆可证明金氏之说。）

夫牧斋于此时忽别购红豆庄于白茆港，必非出于偶然。金氏所言甚合当日事理。所不可知者，牧斋此际何以得此巨款经营新居？岂与苏州郑氏所设之商店有关耶？俟考。

兹有可注意者，即假我堂文宴，究在何年之问题是也。《有学集诗注·五·冬夜假我堂文宴诗序》云：

嗟夫！地老天荒，吾其衰矣；山崩钟应，国有人焉。于是渌水名园，明灯宵集；金闺诸彦，秉烛夜谈，相与恻怆穷尘，留连永夕。珠囊金镜，揽衰谢于斯文；红药朱樱，感升平之故事。杜陵笺注，刊削豕鱼。晋室阳秋，镌除岛索。三爵既醉，四座勿喧。良夜渐阑，佳咏继作。悲凉甲帐，似拜通天；沾洒铜盘，如临渭水。言之不足，慨当以慷。夜乌咽而不啼，荒鸡喔其相舞。美哉吴咏，诸君既裴然成章；和以楚声，贱子亦慨然而赋。无以老耄而舍我，他人有心；悉索敝赋以致师，则吾岂敢。岁在甲午阳月二十有八日。客为吴江朱鹤龄（长孺），昆山归庄（玄恭），嘉定侯玄泓（研德），长洲金俊明（孝章）、叶襄（圣野）、徐晟（祯起）、陈三岛（鹤客）。堂之主人张奕（绥子）。拈韵征诗者，袁骏（重其）。（寅恪案：重其事迹可参赵尊三（经达）编《归玄恭先生年谱》“永历三年即顺治六年己丑十一月袁重其（骏）来访”条所引资料。）余则虞山钱谦益也。

朱长孺（鹤龄）《愚庵小稿·九·假我堂文宴记》（寅恪案：庚辰仲春燕京大学图书馆校印本《愚庵小集·九》，此文仅有牧斋诗二首之二，且第七句为“文章忝窃诚何补”，与《有学集·五》及《小稿》不同）云：

张氏“假我堂”，待诏异度公之故居也。地逼胥关，园多胜赏。丁酉冬日，牧斋先生侨寓其中。山阴朱朗诣选二十子诗以张吴越，先生见而叹焉。维时孤馆风凄，严城柝静。怅云峦之非故，悲草木之变衰，乃命袁重其招邀同好，会宴斯堂。步趾而来者，金子孝章、叶子圣野、归子玄恭、侯子砚德、徐子祯起、陈子鹤客，并余为七人。孝章谈冶城布衣（自注：“顾子与治。”），祯起述渭阳旧事（自注：“姚子文初。”），玄恭征东林本末，余叩古文源流。圣野约种橘包山，砚德期垂纶练水。辨难蜂起，俳谐间发。红牙按板，紫桂燃膏。骰豆荐而色飞，酒车腾而香冽。（燕京本“冽”作“烈”。）先生久断饮，是夕欢甚，举爵无算。顾命而言曰，昔吴中宴会（燕京本“宴”作“彦”），莫盛于祝希哲、文征仲、唐子畏、王履吉诸公。风流文采，照耀一时。今诸君子其庶几乎？可无赋诗以纪厥盛。饮罢，重其拈韵，先生首唱（其一）云：“奇服高冠竞起余，论文说剑漏将除。雄风正喜鹰搏兔，雌霓应怜獭祭鱼。故垒三分荒泽国，前潮半夜打姑胥。古时北郭多才子，结隐相将带月锄。”（其二）云：“岁晚颠毛共惜余，明灯促席坐前除。风尘极目无金虎（燕京本“尘”作“烟”），霜露关心有玉鱼。草杀绿芜悲故国，花残红烛感灵胥。退耕自昔能求士，惭愧荒郊自荷锄。”翼日，余七人各次和一首，先生再叠前韵一首。次日（燕京本“次日”作“翼日”。下同），余七人又各次和一首，先生又每人赠诗一首。次日余七人又各次和一首。（自注：“诗多不录。”）先生之诗如幽燕老将，介马冲坚。吾辈乃以羸师应战（燕京本“应”作“诱”），有不辙乱旗靡者哉？先生顾不厌以隋珠博燕石，每奏一章辄色喜，复制序弁其端。都人诧为美谈，好事之徒，传之剞劂。迄今未及一纪，而朗诣、圣野、鹤客、砚德皆赴召修文，先生亦上乘箕尾矣。南皮才彦，半化烟云。临顿唱酬，空存竹树。后之君子登斯堂者，当必喟然有感于嘉会之难再也。悲夫！

寅恪案：“假我堂”即在张士伟渌水园中，异度与牧斋之交谊详见《初学集·五四’张异度墓志铭》。今绎钱、朱两人所言，明是一事，而牧斋以为在顺治十一年“甲午阳月二十有八日”，长孺以为在顺治十四年“丁酉冬日”，两者相差三年。鄙意《有学集》第五卷诸诗排列先后颇相衔接，似无讹舛。或者长孺追记前事，偶误“甲午”为“丁酉”欤？俟考。至长孺记中“余叩古文源流”一语，恐非偶然。盖《有学集诗注·五·和朱长孺（七律）》自注云“长孺方笺注杜诗”，与序中“杜陵笺注，刊削豕鱼”之语符合。长孺不道及注杜事，殆有所讳，可谓欲盖愈彰者矣。一笑！

复有可附论者，牧斋顺治十一年至苏州，阴为复明活动，表面则共诸文士游宴，征歌选色，斯不过一种烟幕弹耳。今详检此时之作品中，亦有非政治性质者，如《有学集诗注·五·敬他老人集·下·题柳枝春鸟图》云：

婀娜黄金缕，春风上苑西。灵禽能啸侣（寅恪案：涵芬楼本“啸”作“笑”，非），先拣一枝栖。

此图不知何人所绘，细玩后两句之辞旨，殆与惠香公案相关涉。“灵禽”指河东君先归己身，然后可啸召女伴，如下玉京、黄皆令辈。假定所揣测不误，此图岂是河东君所绘耶？姑附妄说于此，以资谈助。

葛氏《牧斋年谱》“顺治十二年乙未”条云：

冬有宝应淮阴诸诗，时三韩蔡魁吾为总漕。又自记小至日宿白塔寺，与介立师兄夜话。长干度岁，偕介丘道人同榻，有诗。

寅恪案：蔡魁吾名士英，事迹附见《清史稿·二六二》其次子《蔡毓荣传》及钱仪吉纂《碑传集·六一·蔡士英传》。今检《有学集诗注·六》有《宝应舟次寄李素臣年侄》《题黄甫及舫阁》《寄淮上阎再彭眷西草堂》《竹溪草堂歌为宝应李子素臣作》等题，并《有学集·二六》乙未嘉平月所撰之《竹溪草堂记》皆与牧斋顺治十二年乙未冬间访蔡氏于淮甸有关之作。更检《牧斋尺牍·致蔡魁吾四通》之二略云：

自老公祖旌节还朝，不肖弟瞻企德辉，云泥迥绝。顷者恭闻荣命，再莅长淮。岁聿云暮，未能即叩堂阶，谨裁里言，具粗币，附敝相知黄甫及便邮，奉候万福。

初视之，似与牧斋此次访蔡有关。但检《清史稿·二百零三·疆臣年表·一》"总漕"栏载：

顺治十二年乙未蔡士英总督漕运。

顺治十三年丙申蔡士英。

顺治十四年丁酉蔡士英八月戊戌召。九月辛丑亢得时总督漕运，巡抚凤阳。

顺治十五年戊戌亢得时。

顺治十六年己亥亢得时七月庚辰溺死。八月癸巳蔡士英总督漕运，巡抚凤阳。

顺治十七年庚子蔡士英。

顺治十八年辛丑蔡士英病免。

则牧斋此札乃顺治十六年己亥八月以后蔡氏重任漕督时所作，与此次访蔡无关。因札中涉及黄甫及，恐读者误会，附辨之于此。总之，牧斋此行必与复明运动相涉，观《寄李素臣诗》"冠剑丁年唐进士"，《寄阎再彭诗》"西向依风笑，南枝择木谋"等句，可知李、阎皆心怀复明之人。至《题黄甫及舫阁》"且试灯前一局棋"，复与前引牧斋《寄瞿稼轩书》中所谓"棋枰三局"之意符合。由此推之，牧斋以老耄之年，奔走道途，远游淮甸，其非寻常干谒酬应之举动，抑又可知。惟钱、蔡二人之关系及何人为之介绍，今不易考。检闵尔昌《碑传集补·五九·列女·一》载徐世昌撰《卢龙蔡琬传》（参《清史稿·五百零八·列女传·高其倬妻蔡（琬）传》及杨钟羲《雪桥诗话·三》“高文良”条）云：

蔡琬者，字季玉。绥远将军卢龙蔡毓荣之女，高文良（其倬）之继妻也。初吴三桂宠姬有八面观音者，与圆圆同称国色。吴亡，归毓荣（寅恪案：此点可参奕赓撰《佳梦轩丛著》之一《东华录缀言·三》“吴三桂先世”条），生琬，明艳娴雅，淹贯群书。其倬章疏移檄，多出其手裁，号为闺中良友。（参沈归愚（德潜）《国朝诗别裁·三一》“蔡琬”条。）其倬抚苏州，与总督（赵芸书宏恩）不合，卓然孤立，屡为所倾陷，尝咏《白燕诗》得“有色何曾相假借”之句，琬应声代对之曰“不群仍恐太分明”。盖规之也。琬素工诗，著有《蕴真轩小草》。沈德潜《别裁集》称其掷地有声。张裕荦《序》则谓其事姑相夫训子皆至贤孝，身处崇高，跬步守法，友爱任恤，有古丈夫风焉。君子曰：“琬之母一吴家姬耳，而生女贤明若此，可谓出淤泥不染者矣。”诗曰：“委委佗佗，如山如河。”氏有之焉。

蔡季玉（琬）《蕴真轩诗钞·上·滇南为先大夫旧莅之地四十年后余随夫子督滇目击胜概犹存而大人之墓有宿草矣抚今忆昔凄然有感因得八长句用志追思之痛》，其第五首《九峰寺》云：

萝壁松门一径深，题名犹记旧铺金。苔生尘鼎疏烟歇，经蚀僧厨古木森。赤手屠鲸千载事，白头归佛一生心。征南部曲皆星散，剩有孤僧守故林。

沈确士选此诗，评云：

绥远将军平吴逆后，随获谴咎，归空门以终。（又杨子勤先生亦引毓荣犹子蔡若璞（珽）《守素堂集·重经香界寺》诗，以证“白头归佛”之句。）

寅恪案：今检《蕴真轩诗钞》，惟此《滇南八律》最佳，其余诸诗皆未能及。盖具真感情也。假定季玉母实为吴月所之宠姬者，则与陈畹芬同是一流人物。仁庵之获谴，与此点有关（可参《清史列传·七》及《清史稿·二六二·蔡毓荣传》），故季玉于滇南感旧诸诗，言之犹有隐痛焉。夫八面观音与畹芬俱在昆明平西王邸第，畹芬又曾与河东君同居苏州之临顿里。时越数十年，地隔数千里，可云似同而实异也。然八面观音独能生此季玉，通文艺，工政事，颇与河东君相彷佛。仁庵白头归佛，复与牧斋之老归空门相类似。殆所谓异中有同、同中有异者耶？吾人今日读旧时载记见钱、柳之婿赵管既不如高章之，管妻复更不及蔡季玉，则不暇为蔡仁庵及八面观音羡，而深为钱、柳之不幸悲也。综合上引材料，足知蔡氏一门，虽源出明代辽东降将，然汉化甚高。牧斋与魁吾之往来颇密，实有理由。故钱、蔡之关系，与钱、佟（国器）之关系，约略相似，而与钱、马（进宝）之关系大不同也。

复次，牧斋顺治十二年乙未冬间访蔡魁吾于淮甸，其诗什所涉及诸人之中，唯李素臣与黄甫及，须略论之于下。

《有学集·六·宝应舟次寄李素臣年侄》云：

冠剑丁年唐进士。

同书一八《李黼臣甲申诗序》云：

（黼臣）以书生少年，当天崩地坼之时，自以受国恩，抱物耻，不胜枕戈跃马之思。其志气固已愤盈喷薄，不可遏抑矣。

同书二六《竹溪草堂记》略云：

李子薄游燕赵，凭吊陵市，毁车束马，结隐挫名。览斯山也，陵阜延亘，草木蒙笼，部娄隐蔽，岂其上有许由冢乎？临斯湖也，朝而浴日焉，夕而浴月焉，咸池丹渊，犹在吾池沼乎？乙未嘉平月记。

《渔洋感旧集·四》“李藻先”条云：

藻先，字黻臣，江南宝应县顺治丁酉举人，右通政茂英之子。有《甲申诗》《湖外吟》《南游草》。

后附案语云：

是科江南场屋弊发，按验得白者，藻先及陆其贤、沈旋三人而已。龚芝麓赠诗云：“名成多难后，心白至尊前。”（寅恪案：孝升此诗见《定山堂诗集·一三·送李素臣孝廉归宝应四首》之一。）

道光修《宝应县志·一六·李茂英传》略云：

李茂英，字君秀，万历三十九年进士。（寅恪案：“九”为“八”字之误。盖万历三十九年无会试故也。又牧斋乃万历三十八年庚戌进士，其诗题称李素臣为“年侄”，更可证知牧斋与君秀为同年矣。）子藻先，字素臣，顺治（十四年）丁酉举于乡。科场难起，按验得白者三人，藻先其一也。

寅恪案：李藻先为明室故家。依上引资料，则其人亦是有志复明者。但后来变节，恐亦与侯朝宗同类，皆不得已而为之者耶？（可参第四章引《壮悔堂文集》所附侯洵撰《年谱》“顺治八年辛卯”条及所论。）至素臣是否与蔡魁吾有关，尚待详考。《有学集诗注·二·秋槐支集·己丑岁暮宴集连宵于时豪客远来乐府骈集纵饮失日追欢忘老即事感怀慨然有作凡四首》云：

风雪填门噪晚鸦，翛翛书剑到天涯。何当错比杨雄宅，恰似相逢剧孟家。夜半壮心回起舞，酒阑清泪落悲笳。流年迺尽那堪饯，却喜飞腾莫景斜。

送客留髡促席初，履交袖拂乐方舒。酒旗星上天犹醉，烛炬风欹岁旋除。霜隔帘衣春盎盎，月停歌板夜徐徐。觥船莫惜频频劝，已是参横斗转余。

风光如梦夜如年，如此欢娱但可怜。曼衍鱼龙徒瞥尔，醉乡日月故依然。漏移惊鹤翻歌吹，霜压啼乌杀管弦。曲宴未终星汉改，与君坚坐看桑田。

扶风豪士罄追欢，楚舞吴歌趁岁阑。银箭鼓传人惝怳，金盘歌促泪汍澜。杯衔落日参旗动，炬散晨星劫火残。明发阊门相忆处，两床丝竹夜漫漫。

同书同卷《蜡日大醉席上戏示三王生三生乐府渠帅吴门白门人也》诗云：

美人杂坐酒盈觞，雪虐风饕避画堂。卒岁世犹存八蜡，当场我自看三王。兰膏作树昏如昼，竹叶生花醒亦狂。大笑吴呆愁失日，漫漫长夜复何妨。

寅恪案：牧斋于顺治六年己丑春得免于黄案之牵累，被释还家。是年冬，忽有此盛会，甚可注意。初读此两题，亦不知“豪客”及“扶风豪士”所指为何人，又不解吴门、白门乐府渠帅之三王生何以忽于此际骈集牧斋之家，作此慰劳之举。后检《有学集·二三·黄甫及六十寿序》及同书二六《舫阁记》，并杜于皇《变雅堂诗集·二·书黄甫及册子因赠（七古）》、龚芝麓《定山堂集·六·赠黄甫及和（陈）百史册中韵（五律）》等，始豁然通悟钱文及杜、龚诗，即牧斋此两题之注脚。又检计用宾（六奇）《明季南略·四》所载“黄澍笏击马士英背”条及“黄澍辩疏”条附记等。取与上列诸诗文参较，更得推知牧斋己丑岁暮及蜡日诗之本事矣。

兹录诸材料于下，并稍加诠释，或可借是勘破此重公案欤？牧斋《记》略云：

黄子甫及谢监军事，退居淮安。于其厅事之左，架构为小楼，颜之曰“舫阁”，而请余为记。淮为南北孔道，使车游屐，过访黄子者，未尝不摄衣登阁，履齿相蹑，皆相与抚尘拂几，饮酒赋诗，如高斋砥室，流连而不忍去。尝试穴窗启棂，旋而观之，淮阴垂钓之水，漂母之祠，跨下之桥，遗迹历然，栏槛之下，可指而数也。又遥而瞩之，长淮奔流，泗水回复，芒砀云起之地，钟离龙飞之乡，山河云物，前迎后却，枌榆禾黍，极目骋望，未尝不可歌而可泣也。黄子坐斯阁也，伊吾谷蠡，鸣横剑之壮心，得无有猎猎飞动者乎？宿昔之筹边说剑，骨腾肉飞，精悍之色，犹在眉宇间。固将如浮云、如昔梦，释然而无所有矣。客有笑于旁者曰：“昔者韩淮阴贫行，乞食俛首，为市人所姗笑。及其葬母，则曰度其傍可置万家。今黄子架阁，如鸡窠鹊巢耳，以酒炙啖过客，使载笔而书之，如楚之岳阳、黄鹤。又抉摘欧阳公之文以为口实。淮阴人好大言，多夸诩，自秦、汉以来，其习气犹未艾乎？”黄子笑曰：“夫子之言，则高矣美矣；客之揶揄，亦可供过客一解颐也。请书之以为记。”

牧斋《序》云：

余尝谓海内多故，非纤儿腐儒可倚办。得一二雄骏奇特非常之人，则一割可了。兵兴以来，求之弥切，而落落不可见。既而思之，召云者龙，命律者吕。今吾以媮懦迟缓、蚩蚩横目之民，而访求天下雄骏奇特非常之人，翳雉媒而求龙友，其可几乎！己丑之冬，逼除闭户，黄君甫及自金陵过访。寒风打门，雪片如掌。俄为余张灯开宴，吴下名娼狡童，有三王生，取次毕集。清歌妙舞，移日卜夜，酒酣耳热，衔杯忾叹。余击壶诵《扶风豪士歌》，赋四诗以纪事。余自此眼中有一人矣。甫及自金陵归淮安，余再过其居，疏窗砥室，左棋右书，庭竹数竿，自汲水灌洗，有楚楚可怜之色。名刺谒门，宾从填塞，轩车之使，弹铗之客，游闲沦落之徒，奔趋望走，如有期会。甫及通行为之亭舍，典衣裘、数券齿，倾身僇力，皇皇如也。太史公称郑当时置驿马，请谢宾客，夜以继日，其慕长者，如恐不称。甫及庶几似之。客或谓余："是何足以名甫及？甫及以身许国，持符节、监军事、磨盾草檄、传签束伍，所至弭盗贼、振要害，风雷雨雹，攫拿发作于指掌之中。一旦束身谢事，角巾归里，削铓逃影，窜迹毡裘毳衣中，眉睫栩栩然不可辨识，是何足以名甫及哉！"余观骊山老姥《三元甲子》《阴符秘文》，知天地翻覆，木生火克之候，士之乘杀机而出者，往往翕忽閟现，使人不得见其首尾。陆放翁纪靖康城下之役，姚平仲乘青驴走数千里，隐于青城山。而南渡后如张惟孝、龙可、赵九龄之流，所举不就，安知其不遁迹仙去，如其不去，则毁车杀马，弃甲折箭，出入市朝，相随斗鸡走狗间，人固不得而物色之也。季咸有言："子之先生不齐，吾无得而相之。"余何以相甫及哉？明年二月，甫及六十初度之辰也。江淮之间，俊人豪士、从甫及游者，相与烹羊系鲜，合乐置酒。于时风物骀荡，草浅弓柔。长淮汤汤，芒砀千里，览淮阴钓游之迹，咏圣予鱼腹之篇，殆必有踟蹰迎却、相顾而不舍然者。于是相与谋曰："知甫及者，莫如虞山蒙叟，盍请一言，申写英雄迟暮之意，为甫及侑一觞乎？”余自顾常人也，何足以张甫及者？援简阁笔，茫然自失者久之。众君子闻而笑曰：“吾辈举常人也则已，果以为非常人也，则何以叙眉合喙而乞言于叟？叟之善自誉也，亦侈矣哉！有酒如淮，请遥举大白以浮叟，而后更起为甫及寿。”笑语卒获而罢。

于皇《诗》云：

杜陵寂寞将欲死，刘郎赠我淮南子。淮南为人卓且真，磊落不染半点尘。读书一目数行下，说剑凛凛如有神。云霄不垂韩信钓，徐泗正与黄公邻。桥边堕履臭味合，台上落帽风致亲。如此之人恨不相逢早，吴宫未埋幽径草。京都繁华未销歇，健儿身手各未老。于今万事皆雨散，才士相看惟有叹。虽然才士变化乌得知，学仙学佛犹尔为。

芝麓《诗四首》之一云：

畴昔金门地，盈庭谇妇姑。子云犹戟陛，东观已钳奴。（自注：“黄子宦燕邸时，予正得罪系司败狱。”）江海孤蓬合，兵戈万事殊。浮踪耽胜晚，经乱郁为儒。

用宾“黄澍笏击马士英背”条云：

黄澍，字仲霖，徽州人。丙子举浙闱，丁丑登进士，授河南开封推官，以固守功，擢御史，巡按湖广，监左良玉军。甲申弘光立。六月二十日丙子，澍同承天守备太监何志孔入朝，求召对。既入见，澍面纠马士英权奸悮国，泪随语下，上大感动。

又“黄澍辩疏”条后《附记》云：

乙酉，大兵下徽州，闽相黄道周拒于徽州之高堰桥。自晨至暮，斩获颇多。澍以本部邑人，习知桥下水深浅不齐，密引大清骑三十，由浅渚渡，突出闽兵后，骤见骇甚，遂溃。徽人无不唾骂澍者。后官于闽，谋捣郑成功家属，以致边患，遂罢。

依以上诸材料及通常名与字号之关系，可以推知黄甫及即黄仲霖（澍）。甫及之称，殆黄澍后来所自改也。又芝麓诗自注“黄子宦燕邸时，予正得罪系司败狱”。据《定山堂诗余·〈菩萨蛮·（崇祯十六年癸未）初冬以言事系狱〉》及《万年欢·（崇祯十七年甲申）春初系释》二题，足知芝麓以劾时宰下狱之时，正仲霖在京任御史之日也。牧斋《序》之“持符节监军事”即用宾文中之“监左良玉军”。钱《序》云“一旦束身谢事，角巾归里，削铓逃影，窜迹毡裘毳衣中，眉睫栩栩然不可辨识”，疑即计氏《附记》中所言乙酉年澍密引清骑，由浅渚渡水，击溃黄道周之师于徽州高堰桥之事。此等材料，更可证明黄甫及即黄澍也。

于皇《诗》谓甫及“云霄不垂韩信钓，徐泗正与黄公邻。桥边堕履臭味合，台上落帽风致亲”，似黄氏在明南都倾覆后，复入满人或降清汉人之幕。钱《诗》云“夜半壮心回起舞，酒阑清泪落悲笳”及“曲宴未终星汉改，与君坚坐看桑田”，并《记》中所云“黄子坐斯阁也，伊吾谷蠡，鸣横剑之壮心，得无有猎猎飞动者乎？宿昔之筹边说剑，骨腾肉飞，精焊之色，犹在眉宇间”，则甫及虽混迹满人或降清汉人幕中，似仍怀复明之志。又牧斋序文中言甫及于“己丑之冬，自金陵过访。俄为余张灯开宴，吴下名娼狡童，有三王生，取次毕集。清歌妙舞，移日卜夜”，是甫及之后面，必有强大势力为之支拄，使能作此盛会。且此盛会除慰劳牧斋外，必别有企图也。兹再略引史料，试论之于下。

《清史列传·七八·贰臣传·甲·张天禄传》略云：

张天禄，陕西榆林人。明末与弟天福以义勇从军，积功至总兵官。福王时，大学士史可法督师，为瓜州前锋，驻瓜州。本朝顺治二年五月，豫亲王多铎下江南，福王就擒，天禄及天福率所部三千人随忻城伯赵之龙迎降。豫亲王令以原官随征，后隶汉军正黄旗。时，明佥都御史金声家居休宁，受唐王聿键右都御史兼兵部侍郎，纠乡勇十余万据徽州。贝勒博洛遣都统叶臣往剿，天禄从。十月，偕总兵卜从善、李仲兴、刘泽泳等由旌德县进，连破十余寨。至绩溪县，生擒声及中军吴国祯等，谕降不从，斩于军。徽州平。十二月，明唐王大学士黄道周率兵犯徽州。天禄击斩其将程嗣圣等十余人，擒总兵李莞先等。三年正月，大败道周兵于婺源，擒黄道周，谕降不从，斩之。二月，加都督同知，授徽宁池太总兵官。五月，赐一品冠服。四年四月，授江南提督。五年三月，叙投诚功，授三等轻车都尉。八年五月，晋三等子爵。九年十月，海贼围漳州，天禄奉命赴闽援剿。抵延平，会都统金砺已解漳州围，天禄留驻延平，剿各山贼。十一年，明鲁王定西侯张名振由浙江犯崇明，天禄驰还松江，调将出洋扑剿。正月，夺稗沙老营，追至高家嘴。名振遁入浙，寻乘潮突犯吴淞浫淘港，伤兵焚船。天禄坐是降三级，戴罪剿贼。十二年，总督马明佩以浫淘港告警时，多失炮械及舟师三百余，天禄匿不报，疏劾之。而闽浙总督佟泰亦奏自洋逃回兵称，天禄与名振通书诏。并下刑部讯，通书无据，以隐匿罪革提督，降子爵为三等轻车都尉。十六年卒。

《小腆纪年附考·一一》"顺治二年乙酉九月我大清兵克绩溪明右都御史右侍郎金声等死之"条略云：

声起兵后，拜表闽中，王命中书童赤心，授声右都御史，兵部右侍郎，总督南直军务。遂拔旌德、宁国诸县。王师攻绩溪，江天一登陴守御，间出迎战，杀伤相当。降将张天禄以少骑牵制天一于绩溪，间道从新岭入，守岭者先溃。是月二十日，徽故御史黄澍诈称援兵，声见其著故衣冠，而发未剃也。信之。城遂破。声被擒。

同书同卷"我大清兵克徽州明推官温璜死之"条略云：

璜既闻金声败，方严兵登陴，而黄澍已献城矣。

同书同卷"十二月壬寅（二十四日）明督师黄道周败绩于婺源遂被执"条略云：

秋九月，道周至广信府，闻徽州破。婺源令某者，亦门人也，伪致降书，道周信之，决计深入。十二月，进兵至童家坊。遂前次明堂里，仅三百人，马十四，粮三日。壬寅天微曙，我提督张天禄（原注："考曰天禄本史阁部将。"）率兵猝至，道周挥赖继谨等督师鏖战，参将高万荣请引兵登山，凭高可恃。正移师间，骑兵从间道突出（可参上引计氏《明季南略》"黄澍辩疏"条附记），箭如雨，从者俱散。道周曰："吾死此矣！"遂被执。

据此，则甫及自顺治二年乙酉降于张天禄，又助其杀害金声、温璜、黄道周等，疑必常依傍张氏。仲霖既怀归明之意，而张氏于顺治四年四月任江南提督后，既如上引《瞿忠宣公集·五·留守封事》所云：

彼中现在楚南之劲（敌），惟辰常马蛟麟为最，传闻此举（寅恪案："此举"指清兵将进取两粤事。详见上引）将以蛟麟为先锋。幸蛟麟久有反正之心，与江浙（虏）提镇张天禄、田雄、马进宝、卜从善辈，皆平昔关通密约，各怀观望。此真为楚则楚胜，而为汉则汉胜也。

则天禄为当日降将中“关通密约，各怀观望”之一，可知其本为明总兵官，又曾在史可法部下，自亦具有反清之志者。此点于其后来被劾与张名振通书诏事，虽云无据，仍足证明其非真能忠于建州也。由是言之，己丑岁暮，张天禄令黄澍至牧斋家作此联络，乃必然之举动。盖斯为明末清初降于建州诸汉人，每怀反覆之常态也。

兹有一问题，即此次牧斋家中之宴集，张天禄是否与黄澍同来？牧斋诗文引用李太白《扶风豪士歌》（见《全唐诗·第三函·李白·六》）之“扶风豪士”以比拟己丑岁暮远来其家之“豪客”。此“豪客”究为何人？或谓后魏曾置扶风郡于安徽境（见《魏书·一百零六》中《地形志》载：“霍州扶风郡治乌溪城。”），与甫及之著籍安徽有关，故牧斋取以指黄氏。此说亦可通。但张天禄为陕西人，自较仲霖更为适切于“扶风豪士”之称号。故不能不疑张氏亦曾与黄氏同来，不久即离去也。未敢决言，姑附记于此，以俟更考。至牧斋己丑岁暮诗题，所以不欲明著张氏及黄氏之姓名，必因当时尚有避忌，与后来作《甫及寿序》及《舫阁记》时情势大异，自可著仲霖之姓及别字。此可取与牧斋顺治十四年作《梁慎可母寿序》，不讳言河东君曾寄居雕陵庄之事，相参证也。

又谈迁《枣林杂俎仁集·逸典类》“黄澍”条云：

歙人黄澍年少轻侮，作叶子格，品第宗妇之貌，见忤于族，走杭州，通籍郡庠。丙子举于乡，明年成进士，授开封推官。壬午御流寇，开渠转粟，河水秋溢，因灌汴城，祸自渠始。又搜民间藏粟并金钱夺之，汴人切齿。内召，先帝面问开渠者谁也？

委之流寇。利口迅舌，人莫能难。以御史按楚，未及瓜，遽入朝，意觊开府，借马士英为市。盖平贼将军左良玉嗛马氏，故大言清君侧之恶。辄示人良玉手书，挟重镇劫之。其廷攻也，一言一涕，甚倾宸听。士英伏阶下愧死。澍退，捐九万金助饷，自云世橐。高相国（弘图）问予，彼卓郑也哉？予曰，否，否。彼补杭郡诸生，父为人管质库，小才贪诈，不足信也。澍还按楚，士英阴遣人购良玉，而澍孤矣。寻免其官，畏祸匿良玉所，女归其子。按臣通婚本镇，向未之有也。明年，左氏称兵犯阙，荡覆我公室，虽士英之罪擢发难数，而谁生厉阶，至今为梗？哀哉！

寅恪案：依上引材料及孺木此条所载，黄氏人品如此卑劣，为当时所鄙弃。牧斋之不著其名，此亦是别一原因也。

复次，牧斋以姚平仲比甫及。平仲事迹见《宋史·三三五·种师道传》及《庶斋老学丛谈·中卷·上》“姚将军靖康初以战败亡命”条等，并陆放翁《剑南诗稿·七·寄题青城山上清宫》诗。

陆诗及序云：

> 姚将军靖康初，以战败亡命。建炎中，下诏求之不可得。后五十年，乃从吕洞宾、刘高尚往来名山，有见之者。予感其事，作诗寄题青城山上清宫壁间。将军倘见之乎？

造物困豪杰，意将使有为。功名未足言，或作出世资。姚公勇冠军，百战起西陲。天方覆中原，殆非一木支。脱身五十年，世人识公谁。但惊山泽间，有此熊豹姿。我亦志方外，白头未逢师。年来幸废放，倘遂与世辞。从公游五岳，稽首餐灵芝。金骨换绿髓，欻然松杪飞。

寅恪案：牧斋之意，岂谓与黄氏共谋复明，若事败，则可与之同游五岳，如放翁欲从平仲之比耶？

综观上所引述，可知牧斋自顺治六年己丑冬至顺治十二年乙未冬赋《题黄甫及舫阁》诗时（见《有学集·六·秋槐别集》）与仲霖之关系迄未中断。

牧斋诗云：

文练萦窗香篆迟，舫斋恰似舣舟时。垂帘每读淮阴传，卷幔长怀漂母祠。落木云旗开楚甸，夕阳日珥抱钟离。鄂君绣被歌谁和，且试灯前一局棋。

此诗之典故及辞旨与《舫阁记》颇多类似，应为同时所作。第五句“夕阳日珥抱钟离”及第八句“且试灯前一局棋”尤可注意。盖牧斋此次访蔡魁吾并与李素臣、黄甫及等作此联络，乃一局棋中之数著，未可分别视之也。

复次，康熙修《徽州府志·九·选举志·上·科第门》“明崇祯九年丙子乡试”栏（可参《结邻集·六》“黄澍”条下注“仲霖次公旳庵浙江钱塘籍，江南休宁人”等语）载：

黄澍，字次公，休宁龙湾人，钱塘籍，（崇祯十年）丁丑进士。为文有奇气，落笔千言，出入秦汉，不假思索。历御史，入国朝，至福建副使。

可取与上引《明季南略·四》“黄澍辩疏”条《附记》所言“后官于闽，谋擒郑成功家属，以致边患，遂罢”等语相参证。

牧斋此次游淮访蔡，竟至归途留滞，在金陵度岁，可见其负有重大使命。观《有学集诗注·六·长干送松影上人楚游兼柬楚中郭尹诸公二首》，时嘉平二十四年（寅恪案：“年”应作“日”）。其一云：

吴头楚尾一军持，断取陶轮右手移。四钵尚擎殷粟米，七条还整汉威仪。毗蓝风急禅枝定，替戾声残咒力悲。取次庄严华藏界，护龙河上落花时。

其二云：

孤篷微霰浪花堆，眉雪茸茸抖擞来。跨海金铃依振锡，缘江木柹衬浮柸。九疑旭日扶头见，三户沉灰按指开。唤起吕仙横笛过，岳阳梅柳蚤时催。

《乙未除夕寄内》云：

赪尾劳劳浪播迁，长干禅榻伴僧眠。鱼龙故国犹今夕，鸡犬新丰又一年。瓦注腊醅村舍酒，柴门松火佛前钱。团圞儿女应流涕，老大家翁若个边。

《长干偕介邱道人守岁》云：

明灯度岁守招提，去殿宫云入梦低。怖鸽有枝依佛影，惊乌无树傍禅栖。塔光雪色恒河象，天醒霜空午夜鸡。头白黄门熏宝级，香炉曾捧玉皇西。

寅恪案：松影游楚，当与前引沈佳《存信编》文安之告朱全古“吴楚上下流观察形势”之语有关。否则值此岁暮，似无急急首途之理。介邱乃髡残之字，即明画家石溪也。《小腆纪传·五九·髡残传》略云：

髡残，字介邱，号石溪，武陵刘氏子。至白门，遇一僧言已得云栖大师为剃度，因请大师遗像，拜为师。返楚，居桃源某庵，久之，忽有所悟，心地豁然。再往白门，谒浪杖人，一见皈依。所交游皆前朝遗逸，顾炎武其一也。

至《与介邱守岁》诗末二句，初未能确定其辞意所在，后检《有学集诗注·八·长干塔光集·丁酉仲冬十有七日长至礼佛大报恩寺偕石溪诸道人燃灯绕塔乙夜放光应愿欢喜敬赋二十韵记事》诗，有“科头老衲惊呼急，秃袖中官指顾详”两句，则“黄门”当作宦者解。足见与石溪诸道人同在大报恩寺者，亦有中官。疑大报恩寺曾有皇帝亲临降香之事，此皇帝或即福王，亦未可知。此类宦者，殆为先朝所遗留者耶？遵王《注》以“黄门”为给事中，似认介邱曾任桂王之给事中，恐非。盖今无载记可以证明也。诸居寺中之明室遗民，虽托迹方外，仍不断为恢复之活动。牧斋与此类遗民亲密如是，必有待发之覆。其除夕寄河东君诗，隐藏此次报国忘家之旨。当时河东君亦必参预斯事，而谅其不能还家度岁与儿女团圞之苦心也。

夫牧斋于顺治十二年乙未既在金陵度岁，十三年丙申及十四年丁酉又连岁来往虞山、金陵之间，则其与金陵之密切关系必非仅限于游览名胜、寻访朋旧而已。《牧斋尺牍·上·与吴梅村三通》之三“论社”略云：

顷与阁下在郡城晤言，未几遽分鷁首，窃有未尽之衷，不及面陈。比因沈生祖孝雪樵、魏生耕雪窦、顾生万庶其三子，欲进谒门下之便，敢以其私所忧者，献于左右。三子者，李翱、曾巩之亚，今世士流，罕有其俦，而朴厚谨直，好义远大，可与深言。

寅恪案：牧斋于此三人，可谓极口赞誉。沈、顾两氏，兹姑不论。唯魏耕者，实与牧斋之频繁往来金陵有关，请略述之于下。

《鲒埼亭集·八·雪窦山人坟版文》（可参杨大瓢（宾）《杂文残稿·祁奕喜李兼汝合传》及《魏雪窦传》等。杨氏所记，虽较详备，但不言及白衣致书延平请率舟师攻取南都之计划，故兹从略）略云：

雪窦山人魏耕者，原名璧，字楚白。甲申后改名，又别名甦，慈溪人也。世胄，顾少失业，学为衣工于苕上，然能读书。有富家奇其才，客之，寻以赘婿居焉，因成诸生，国亡，弃去。先生所交皆当世贤豪义侠，志图大事。与于苕上起兵之役，事败，亡命走江湖，妻子满狱弗恤也。久之，事解，乃与归安钱缵曾居苕谿。闭户为诗，酷嗜李供奉。长洲陈三岛尤心契之。东归，游会稽，有张近道者，好黄、老、管、商之术，以王霸自命，见诗人则唾之曰雕虫之徒也。而其里人朱士稚与先生论诗，极倾倒。近道见之，亦辄痛骂不置。然三人者，交相得。因此并交缵曾、三岛，称莫逆。先生又因此与祁忠敏（彪佳）公子理孙、班孙兄弟善，得尽读“淡生堂”藏书，诗日益工。久之，先生又遣死士致书延平（郑成功），谓海道甚易，南风三日可直抵京口。己亥延平如其言，几下金陵，已而退军。先生复遮道留张尚书（煌言），请入焦湖，以图再举。不克。是役也，江南半壁震动。既而闻其谋出于先生。于是逻者益急。缵曾以兼金贿吏，得稍解。癸卯有孔孟文者，从延平军来，有所求于缵曾，不餍，并怨先生，以其蜡书首之。先生方馆于祁氏，逻者猝至，被执至钱塘，与缵曾俱不屈以死，妻子尽没，班孙亦以是遣戍。初，诸子之破产结客也，士稚首以是倾家，近道救之，得出狱，而近道竟以此渡江遇盗而死。己亥之役，三岛亦以忧愤而死。真所谓白首同归者矣。先生之居于苕上，为晋时二沈高士故山，故有“息贤堂”，因名其集曰《息贤堂集》。

同书《外编·四四·奉万西郭问白衣〈息贤堂集〉书》略云：

按白衣原名璧，字曰楚白。后改名耕，别字白衣。又改名更，称雪窦山人。白衣少负异才，性轶荡，傲然自得，不就尺幅。山阴祁忠敏公器之，为遍注名诸社中。既丁国难，麻鞋草屦，落魄江湖，遍走诸义旅中。当是时，江南已隶版图，所有游魂余烬，出没山寨海槎之间，而白衣为之声息。复壁飞书，空坑仗策，荼毒备至，顾白衣气益厉。癸卯以海上降卒至，语连白衣。白衣遁至山阴，入梅里祁氏园。时，忠敏子班孙谋募死士为卫，间道浮海，卒为踪迹所得。缚到军门，抗词不屈，死于会城菜市。

寅恪案：魏氏为顺治十六年己亥郑延平率舟师攻南京之主谋者，今检牧斋著述中，除上引《与吴梅村尺牍》外尚有《有学集诗注·五·敬他老人集》顺治十一年冬在苏州所赋《赠陈鹤客兼怀朱朗诣》一首云：

雀喧鸠闹笑通津，横木为门学隐沦。名许诗家齐下拜，姓同孺子亦长贫。风前剪烛尊无酒，雪后班荆道少人。却忆西陵有羁客，荒鸡何处警霜晨。

据全谢山所撰《魏氏坟版文》，陈三岛、朱士稚与魏氏关系密切，则牧斋此诗题中虽不涉及魏氏，要是间接亦与魏氏有联系之一旁证。前言牧斋此数年间屡至苏州，绝非仅限于文酒清游，实有政治活动。观其假我堂文宴互与酬和之人，皆属年辈较晚阴谋复明者，如归玄恭、徐祯起等，可以推知（可参《小腆纪传·五八·徐晟及归庄传》等）当时魏氏或亦曾参与此会，但以郑延平攻南京失败之后，清廷追究主谋，魏氏坐死，同党亦被牵累，后来编《有学集》者，殆因白衣之名过于显著，遂删去牧斋与其唱和之作耶？俟考。

顺治十二年乙未冬，牧斋赴淮甸访蔡魁吾后，不径还常熟度岁，而留滞金陵，至次年丙申约在三月间，始归虞山。其何以久留金陵之理由，必有不可告人之隐情。检《有学集诗注·六》，此年春间之诗有《就医秦淮寓丁家水阁绝句三十首》，大抵为与当日南京暗中作政治活动者相往还酬唱之篇什。其言就医秦淮不过掩饰之辞，自不待辨。兹择录有关诸首，并略加诠释于下。

《丙申春就医秦淮寓丁家水阁浃两月临行作绝句三十首留别留题不复论次》，其一云：

数茎短发倚东风，一曲秦淮晓镜中。春水方生吾速去，真令江表笑曹公。

其二云：

秦淮城下即淮阴，流水悠悠知我心。可似王孙轻一饭，它时报母只千金。

其三云：

舞榭歌台罗绮丛，都无人迹有春风。踏青无限伤心事，并入南朝落照中。

寅恪案：以上三首，乃此三十首之总序。《三国志·四七·吴书·二·孙权传》云：

（建安）十八年正月，曹公攻濡须，权与相拒月余，曹公望权军，叹其齐肃，乃退。

裴《注》引《吴历》略云：

权为笺与曹公曰："春水方生，公宜速去。"曹公语诸将曰："孙权不欺孤。"乃撤军还。（寅恪案：遵王《注》已节引。）

据郑氏《近世中西史日表》，顺治十三年丙申三月十日为清明。第三首遵王《注》"踏青"引李绰《岁时记》云：

上巳赐宴曲江，都人于江头禊饮，践踏青草，曰踏青。

然则牧斋在南京度岁后，留滞至三月初旬始还家。此可与诗题“浃两月”之语相印证。更疑牧斋在弘光元年上巳时节，曾预赐宴之列。今存是年之官书，阙载此事。或又曾偕河东君并马、阮辈作踏青之游，因《有学集》关于此时期之作品皆已删除，故亦无从考见。果尔，则此首乃述其个人之具体事实，而非泛泛伤春之感也。第二首前二句谓其至淮甸访蔡魁吾及久留金陵作复明活动之事，与后二句出《史记·九二·淮阴侯传》及《汉书·三四·韩信传》，实能揉合今典古典，足见其文心之妙。后二句又谓他时果能恢复明室，则所以酬报今日之地主，当远胜王孙之于漂母。据此可知丁继之与牧斋关系之密切。观此岁之前十年，即顺治四年丁亥，牧斋受黄案牵累，出狱后即与河东君迁于丁氏河房（见前所考论）。此岁之后五年，即顺治十八年辛丑，于“干戈满地舟舰断，五百里如关塞长。阛阓城上昼吹角，閟宫清庙围棋枪。腥风愁云暗天地，飞雁不敢过回塘。况闻戍守连下邑，埘鸡篱犬皆惊惶”之情况中，丁氏特至常熟贺牧斋八十生日两事（见《有学集诗注·一一·红豆三集·丁老行送丁继之还金陵兼简林古度》）尤可证知。鄙意牧斋所以于丙申春初由大报恩寺移寓丁氏水阁者，以此水阁位于青溪笛步之间，地址适中，与诸有志复明之文士往来较大报恩寺为便利。由是言之，丁氏水阁在此际实为准备接应郑延平攻取南都计划之活动中心，而继之于此活动中亦居重要地位，可不待言也。

其四云：

苑外杨花待暮潮，隔溪桃叶限红桥。夕阳凝望春如水，丁字帘前是六朝。

其五云：

梦到秦淮旧酒楼，白猿红树蘸清流。关心好梦谁圆得，解道新封是拜侯。

寅恪案：以上二首皆为河东君而作。第四首前二句谓河东君此时在常熟与己身不能相见。“暮潮”有二意。一即用李君《虞江南》词“嫁得瞿塘贾，朝朝误妾期。早知潮有信，嫁与弄潮儿”（见《全唐诗·第五函·李益·二》），言己身不久归去，不致如负心之李十郎也。二即明室将复兴，如暮潮之有信。与第六首之后两句，同一微旨也。第五首之作梦人乃河东君。此首兼用王少伯《青楼曲二首》之二“驰道杨花满御沟，红妆缦绾上青楼。金章紫绶千余骑，夫婿朝回新拜侯”及《闺怨》诗“闺中少妇不曾愁，春日凝妆上翠楼。忽见陌头杨柳色，悔教夫婿觅封侯”（俱见《全唐诗·第二函·王昌龄·四》）。用其“拜侯”之旨，而反其“悔教觅封侯”之意，正所以见河东君志在复明，非寻常妇女拘牵离情别绪者可比也。又综合第三首及第四首观之，与李义山诗“刻意伤春复伤别，人间惟有杜司勋”者何异？（见《李义山诗集·上·杜司勋（七绝）》。）第二章论黄媛介事，引吴梅村诗“不知世有杜樊川”之句，然则牧斋之刻意伤春伤别一至于此，不仅其名字与樊川相同，其心事亦与司勋相合矣。

其六云：

东风狼藉不归轩，新月盈盈自照门。（自注：“梦中得二句。”）浩荡白鸥能万里，春来还没旧潮痕。

其七云：

后夜繙经烛穗低，首楞第十重开题。数声喔喔江天晓，红药阶前旧养鸡。

寅恪案：以上两诗皆牧斋自述其此时在金陵之旅况心情。第六首第一句用李太白“东风春草绿，江上候归轩”之句（见《全唐诗·第三函·李白·一七·送赵判官赴黔府中丞叔幕》），盖谓河东君望其归家之意，并用韩退之“狂风簸枯榆，狼藉九衢内”之句（见《全唐诗·第五函·韩愈·七·感春三首》之二），“九衢”指南都。其易“狂风”为“东风”者，即前引《初学集·二十·上·东山诗集·三·秋夕燕誉堂话旧事有感》诗“东虏游魂三十年”之“东虏”也。第二句“新月”指“桂王”，即作此诗之次年，顺治十四年丁酉所赋《燕子矶归舟作（七律）》“金波明月如新样，铁锁长江是旧流”之旨。第三、第四两句，即“铁锁长江是旧流”之义。观“万里”之语，其企望郑延平之成功及己身自许之心情，可以想见矣。第七首前两句谓其此时第二次草《楞严蒙钞》已至最后一卷。考牧斋之作此疏，起于顺治八年辛卯，成于十八年辛丑，首尾凡五削草。其著书之勤，老而不倦，即观此诗及《牧斋尺牍·中·与含光师》诸札，可以推知。后二句固是写实，但亦暗寓复明之志。末句用《文选·三十》谢玄晖《直中书省》诗“红药当阶翻”句，不忘故国故君之意也。

其八云：

多少诗人堕劫灰，佺期今免冶长灾。阿师狻猊还堪笑，翻搅沙场作讲台。（自注：“从顾与治问祖心《千山语录》。”）

寅恪案：关于顾梦游及祖心事，前已备论，今不赘述。顾、韩二人固皆有志复明者也。

其九云：

牛刀小邑亦长编，朱墨纷披意惘然。要使世间知甲子，摊书先署丙申年。（自注：“乳山道士修志溧水。”）

其十云：

（诗略。）

寅恪案：以上二首皆关涉林古度者，林氏事迹前已详述，今不重论。第十首诗于第四章论绛云楼《上梁诗》第一首时已全引，故从略。唯可注意者，那子居金陵最久，交游甚广，牧斋此际与有志复明之人相往来，凡此诸人，大抵亦为乳山道士之友朋也。

其十一云：

虚玄自古误乾坤，薄罚聊司洞府门。未省吴刚点何易，月中长守桂花根。（自注：“薛更生叙《易解》云，‘王辅嗣解《易》未当，罚作洞府守门童子。’”）

其十二云：

天上羲图讲贯殊，洞门犹抱韦编趋。沉沉紫府真人座，曾授希夷一画无。（自注：“更生云，‘吾注《易》成，将以末后句，问洞府真人也。’”）

寅恪案：以上二首俱为薛正平而作。《有学集·三一·薛更生墓志铭》略云：

君讳正平，字更生，华亭人也。晚以字行，字那谷，号旻老夫。少为儒，长为侠，老归释氏。死石头城下，葬于方山之阳，年八十有三。子二人，长逢，次晖。君怀奇气，粪溲章句小儒，每自方阿衡太师。崇祯末，主上神圣忧勤，将相非人，国势日蹙。君早夜呼愤，草万言书上之，冀得旦夕召见平台，清问从何处下手，庶几国耻可振，而天步可重整也。取道北海，经牢山，闻国变，恸哭欲投海死，同行者力挽之归。叹曰："吾今日真薛更生矣。"更名，所以志也。故宫旧京，麦秀雉雊，登台城，瞻孝陵，望拜悲歌，彷徨野哭。又以其间观星□象，占风角，访求山泽椎埋屠狗之夫。人咸目笑君："八十老翁，两脚半陷黄土，不知波波劫劫何为也？"平生好著书，横竖钩贯，学唐之覃季子。（寅恪案："唐之覃季子"事迹，见柳宗元《河东先生集·一一·覃季子墓铭》。）《金刚》《周易》《阴符》《老庄》，下及程朱、孙吴，各有纂述。作《孝经通笺》，发挥先皇帝表章至意，取陶靖节《五孝传》附焉。谓靖节在晋、宋间，不忘留侯五世相韩之义，古今通孝，不外于此。激而存之，以有立也。其用意深痛如此。病聩滋甚，画字通语。勖伊法师城南开讲，辄侧耳占上座。蹩躠二十里，凭老苍头肩以行，如邛邛负蟨。然道未半，饥疲足䟢，则又更相扶也。丁酉腊月八日，长干熏塔，薄暮冒雨追余，持《薛公自传》，拜而属铭。十九日，送余东还，入清凉，憩普德，累日而后返，持经削牍如平时。廿四日，晨起呼逢诵《道德指归序》。问曰："孔子称老子犹龙，是许老子未许老子？"逢未答。曰："我方思熟睡，汝姑去。"丙夜呼灯起坐，称佛号者三，顾逢曰："今日睡足如意。"转身倚逢面，撼之逝矣。长干僧醵钱庀葬具，皆曰："修行人临行洒然，得如薛老足矣。"铭曰：君之亡也，介丘道人评之曰，"贫则身轻。老而心轻，放脚长往，生死亦轻。"达哉斯言，取以刻铭。

述薛氏事迹者，牧斋之文较备，故稍详引之。据钱氏所言，则更生志在复明，尤为接应郑延平攻取南都，有助力之人。且与长干诸僧交谊切挚，与牧斋之共方外有志复明者相往来之情事，更相适合也。至此两首所用典故，遵王《注》多已解释，不须更赘。唯第十一首第三句“未省吴刚点何易”之“点”字，疑是“黜”字之讹。据《酉阳杂俎·前集·一·天咫门》云：

旧言月中有桂，有蟾蜍，故异书言，月桂高五百丈，下有一人常斫之，树创随合。人姓吴名刚，西河人。学仙有过，谪令伐树。

则吴刚学仙有过，谪令伐树，与《广异记》所述王辅嗣以未能精通《易》义被罚守门者（见《太平广记·三九·神仙门·三九》“麻阳村人”条。遵王《注》已节引）正复相同。但牧斋诗意，更别有所在，“月中常守桂花根”句之“月中桂花根”，即暗指明桂王由榔而言，与《投笔集·上·后秋兴之五》第八首“丹桂月舒新结子，苍梧云护旧封枝”之句，可以互相印证也。

其十三云：

欹斜席帽五陵稀，六代江山一布衣。望断玉衣无哭所，巾箱自折蹇驴归。（自注：“重读纪戆叟诗。”）

寅恪案：纪戆叟映钟事迹，诸书颇多记载，兹不备引。《有学集·四七·题纪伯紫诗》略云：

海内才人志士，坎壈失职，悲劫灰而叹陵谷者，往往有之。至若沈雄魁垒，感激用壮，哀而能思，愍而不怼，则未有如伯紫者也。涕洒文山，悲歌正气，非西台痛哭之遗恨乎？吟望阅江，徘徊玉树，非水云送别之余思乎？芒鞋之间奔灵武，大冠之惊见汉仪，如谈因梦，如观前尘。一以为曼倩之射覆，一以为君山之推纬，憱乎忧乎？杜陵之一饭不忘，渭南之家祭必告，殆无以加于此矣。余方锒铛逮系，累然楚囚，诵伯紫之诗，如孟尝君听雍门之琴，不觉其欷歔太息，流涕而不能止也。虽然，愿伯紫少閟之，如其流传歌咏，广贲焦杀之音，感人而动物，则将如师旷援琴而鼓最悲之音，风雨至而廊瓦飞，平公恐惧，伏于廊屋之间，而晋国有大旱赤地之凶，可不慎乎？可不惧乎？

盖牧斋初读伯紫诗，在黄案未了时至顺治十三年丙申春间，戆叟复以诗示牧斋，故云“重读”。第三句用《杜工部集·十·行次昭陵》诗。“玉衣”之典，见杜诗蒙叟《注》。又《定山堂文集·六》有《纪伯紫金陵故宫诗跋》一篇，其文多所删削，颇难详知其内容。但观“钟山一老，徘徊吟眺，麦秀之感，苞桑之惕，凛乎有余恫焉”等语，疑与牧斋此诗所指者有关，俟考。伯紫在黄案以前，疑已有“芒鞋间奔灵武，大冠惊见汉仪”之事，及顺治六年己丑至十三年丙申之间，仍作复明之举，卒至失望归返金陵，欲以终老欤？又陈田《明诗纪事·辛签·一二》“纪映钟”条所选伯紫诗中有《兵至》，自注云：“闽中旧作。”及《同戈驿》，自注云：“太宗起兵处。”两诗皆可供参证也。

其十四云：

钟山倒影浸南溪，静夜欣看紫翠齐。小妇妆成无个事，为怜明月坐花西。（自注：“寒铁道人余怀居面南溪，钟山峰影下垂，杜诗半陂已南纯浸山是也。”）

其十五云：

河岳英灵运未徂，千金一字见吾徒。莫将抟黍人间饭，博换君家照夜珠。（自注：“澹心方有采诗之役。”）

寅恪案：以上二首俱为鬘持老人而作。老人所著《板桥杂记》，三百年来人所习读。其事迹亦多有记载，故不赘引。惟录涉及复明运动者一二条，以见牧斋此际与澹心往来，不仅限于文酒风流好事之举也。《板桥杂记·中·丽品门》略云：

余生万历末年。及入范大司马（景文）莲花幕中为平安书记者，乃在崇祯庚辛以后。

然则余氏既曾入质公之幕，则其人原是明末有匡世之志者，未可以寻常文士目之也。又《明诗纪事·辛签·一四》“余怀”条所选澹心诗中有《送别剩上人还罗浮》云：

万里孤云反故关，一帆春草渡江湾。几年浪迹干戈里，何处藏身瓢笠间。愁听笳声吹白日，苦留诗卷伴青山。罗浮此去非吾土，须把蓬茅手自删。

前论千山于顺治三年丙戌曾两次返粤，此诗乃关于春间之一次者，余、韩关系如此，澹心之为复明运动中之一人，自不待论。此诗末二句复明之辞旨，尤为明显矣。至牧斋诗自注所注“采诗之役”一语，即指《板桥杂记》中选录牧斋及诸人此时前后所赋之诗，如上卷《雅游门》选《有学集·八·长干塔光集·金陵杂题绝句二十五首》之五首，及中卷后附《珠市名妓门》“寇湄”条录牧斋本题，即《丙申春留题水阁三十绝句》之末一首是也。

其十六云：

麦秀渐渐哭早春，五言丽句琢清新。诗家轩翥今谁是，至竟离骚属楚人。（自注：“杜于皇近诗多五言今体。”）

其十七云：

著论峥嵘准过秦，龙川之后有斯人。滁和自昔兴龙地，何处巢居望战尘。（自注：“于皇弟苍略挟所著史论，游余和间。”）

寅恪案：以上二首为杜氏兄弟而作。第十六首谓于皇乃有志复明之诗人。今《茶村诗文集》俱在，例证极多，不须备引，即就《变雅堂诗集·二·赠剩公》及同书三《孔雀庵初度又申置酒与治剩公过谈》言之，足知于皇与祖心梦游志节相同，可取与牧斋此首互证。故此时钱、杜往来唱酬，必非止寻常文酒之交际。第四章论牧斋崇祯十三年庚辰秋季曾游苏州节，已引于皇赠牧斋五古一首。复检《变雅堂诗集·七·丁叟河房用钱虞山韵》即和《有学集·一·题丁家河房亭子》者（此诗前已引），然则钱、杜本为旧相识，又是患难之交，其诗什唱酬实不开始于此年甚明。但《小腆纪传·补遗·四·杜濬传》云：

求诗者踵至，多谢绝。钱谦益尝造访，至闭门不与通。（寅恪案：《变雅堂文集》附录一引李元度先正事略亦同。）

其违反事实，可不须辨。盖自乾隆时，牧斋为清帝所深恶，世人欲为茶村湔洗，殊不知证据确凿，不能妄改也。更有可笑者，黄秋岳（濬）《花随人圣庵摭忆》云：

相传牧斋宴客，杜茶村居上坐，伶人爨演垓下之战，牧斋索诗，茶村援笔立书曰："年少当筵意气新，楚歌楚舞不胜情。八千子弟封侯去，只有虞兮不负心。"牧斋为之怃然。

今检《变雅堂诗集·九·龚宗伯座中赠优人扮虞姬（绝句）》云：

年少当场秋思深，座中楚客最知音。八千子弟封侯去，惟有虞兮不负心。

据《清史稿·一八六·部院大臣年表·二·上》"礼部汉尚书"栏载：

康熙八年己酉五月乙未，龚鼎孳礼部尚书。

康熙十二年癸丑，龚鼎孳九月戊辰乞休。

故于皇此诗题中之“宗伯”乃龚鼎孳非钱谦益。世人习知牧斋称“宗伯”，而不知芝麓亦曾任礼部尚书，可称“宗伯”，遂至混淆也。至于皇此诗，究是何年所作，尚待详考。因龚氏之为礼部尚书，虽在康熙八年五月以后，但如《板桥杂记·中·丽品门》“顾媚”条云：

岁丁酉（合肥龚）尚书挈（顾）夫人重游金陵。

据《清史稿·一八五·部院大臣年表·一·下》“都察院承政汉左都御史”栏载：

顺治十一年甲午五月丙午，龚鼎孳左都御史。

顺治十二年乙未，龚鼎孳十一月戊子降。

同书一八六《大臣年表·二·上》“刑部汉尚书”栏载：

康熙三年甲辰，十一月癸丑龚鼎孳刑部尚书。

康熙五年丙午，龚鼎孳九月丙申迁。

同书同卷同表“兵部汉尚书”栏载：

康熙五年丙午九月丙申，龚鼎孳兵部尚书。

然则顺治十四年丁酉，龚、顾同在金陵时，芝麓尚未任尚书之职，而澹心竟以尚书称之者，足证《板桥杂记》乃后来追记之文也。惟于皇赋此诗时是否在康熙八年五月以后，其诗题中之“龚宗伯”乃是芝麓现职，抑或与《板桥杂记》同为追述之辞，未敢遽决。至黄书所引杜氏之诗必非原作，盖茶村当日赋诗，固不依平水韵，然亦不致近体诗廿八字内，真、庚、侵三部同用也。

复次，《蘼芜纪闻·上》引冯见龙《绅志略》云：

龚鼎孳娶顾媚，钱谦益娶柳如是，皆名妓也。龚以兵科给事中降闯贼，受伪直指使。每谓人曰：“我原欲死，奈小妾不肯何？”小妾者，即顾媚也。

夫芝麓既不能死，转委过于眉生以自解，其人品犹不及牧斋。于皇于芝麓座上赋诗，绝不能以虞姬比眉生，更不便借此诮芝麓。黄氏之说，殊失考矣。

又《蘼芜纪闻·上》引钮琇《临野堂集》云：

牧斋与合肥龚芝麓，俱前朝遗老。遇国变，芝麓将死之，顾夫人力阻而止。牧斋则河东君劝之死，而不死。城国可倾，佳人难得，盖情深则义不能胜也。二公可谓深于情矣。及牧斋殁，河东君死之。呜呼！河东君其情深而义至者哉！

钮氏谓眉生劝芝麓不死，河东君劝牧斋死，两人适相反。假定钮氏所记为事实者，则于皇亦不便于芝麓座中赋诗以讥诮之。鄙意于皇盖以“虞姬”自比，“八千子弟”乃目其他楚人，如严正矩辈耳。妄陋之见，未敢自信，谨以质诸论世知人之君子。第十七首注谓“苍略挟所著史论，游滁和间”。牧斋此时适自淮甸访蔡士英，归涂中久住金陵，即使苍略与蔡氏无关，但牧斋必有取于绍凯文中论兵复明之旨也。

检《有学集·八·金陵杂题绝句二十五首》之十一云：

水榭新诗替戒香，横陈嚼蜡见清凉。五陵年少多情思，错比横刀浪子肠。（自注：“杜苍略和诗有‘只断横刀浪子肠’之句。”寅恪案：杜氏原诗见下引。）

及同书三八《答杜苍略论文书》《再答苍略书》并同书四九《题杜苍略自评诗文》等，可见绍凯与牧斋之关系矣。

其十八云：

掩户经旬春蚕齐，盈箱傍架自编题。下家坟上浇花了，闲听东城说斗鸡。（自注：“胡静夫好闭关。”）

寅恪案：此首为胡澂而作。《吾炙集》“旧京胡澂静夫”条选胡诗三题。其第三题《虞山桧歌上大宗伯牧斋夫子（七古）》云：

（上略。）七年遥隔杜鹃梦，二月重逢杨柳丝。花雾霏微旧陵阙，白头乔木两含悲。

同集“侯官许友有介”条云：

又题（有介诗）曰：“数篇重咀嚼，不愧老夫知。本自倾苏涣，何嫌说项斯。解嘲应有作，欲杀岂无词。周处台前月，长悬卞令祠。”余时寓清溪水阁，介周台卞祠之间，故落句云尔。

又《有学集·二二·赠别胡静夫序》略云：

往余游金陵，胡子静夫方奋笔为歌诗，介（林）茂之以见予。予语茂之：“是夫也，情若有余于文，而言若不足于志，其学必大，非聊尔人也。”为序其行卷，期待良厚。别七年，再晤静夫，其诗卓然名家，为时贤眉目，余言有征矣。静夫屏居青溪，杜门汲古，不汲汲于声名，翛然退然，循墙顾影。其为诗情益深，志益足，蜜迩自娱，望古遥集。视斯世喧豗訾謷，非有意屏之，道有所不谋，神有所不予也。静夫属余序其近诗，且不敢自是，乞一言以相长。余闻之，古之学者，莫先于不自是。不自是，莫先于多读书。多读书，深穷理。严氏之绪言也，请以长子。趣与静夫言别，聊书此以附赠处之义。少陵之诗曰：“青眼高歌望吾子，眼中之人吾老矣！”吾之有望于静夫者远矣。

胡《诗》、钱《文》中“七年”之语，若自顺治十三年丙申算起，则为康熙元年壬寅。此时在郑延平攻南京失败之后不久，南京至常熟之间，清廷防御甚严，旅行匪易，观前引牧斋《丁老行》可证。静夫之至常熟访牧斋，疑是报告金陵此际之情况。牧斋序文末段，表面上虽是论文评诗之例语，恐亦暗寓清室旧主既殂，幼帝新立，明室中兴之希望尚在也。钱《序》中“静夫屏居清溪，杜门汲古”与《题许有介》诗所谓“余时寓清溪水阁，介周台卞祠之间”等，皆可与第十八首自注参证。大约胡氏所居，亦与丁家水阁相近也。

又朱绪曾编《国朝金陵诗征·一》“胡其毅”条云：

其毅，字致果。一名澂，字静夫，上元人曰从之子。有《静拙斋诗选》《微吟集》。

寅恪未得见胡氏诗集，但即就朱氏所选二十题中如《咏古为顾与治征君赋》及《林征君归隐乳山歌》两题观之，已足证胡氏与顾与治、林茂之同流，皆有志复明之人也。

其十九云：

青谿孙子美瑜环，也是朱衣抱送还。盛世公卿犹在眼，方颐四乳坐如山。（自注：“倪灿闇公，文僖、文毅之诸孙，相见每述祖德。”）

寅恪案：此首为倪灿而作。其事迹见《清史列传·七十·文苑传·倪灿传》等，兹不备引。倪氏为明室乔木故家，与朱竹垞（彝尊）同类。闇公早年或亦有志复明，殆后见郑延平失败，永历帝被杀，因而改节耶？俟考。

其二十云：

一矢花砖没羽新，诸天塔庙正嶙峋。长干昨夜金光诵，手捧香炉拜相轮。（自注：“康孝廉小范偶谈清江公守赣故事。”）

寅恪案：此首为康范生及杨廷麟而作。廷麟江西清江人，故云“清江公”。《梅村家藏稿·五八》附《诗话》（参《有学集·十》牧斋己亥所作《赠同行康孝廉（七律）》及同书六《为康小范题李长蘅画》诗，并《明诗纪事·辛签·二十》“康范生”条所载《嘉定寓舍感赋》诗）略云：

杨廷麟，字伯祥，别字机部，临江（府清江县）人。机部后守赣州，从城上投濠死。

杨机部殉节后，云已无子。康小范孝廉来吴门，携机部在赣州诗十余首，并言其子尚在。小范与机部同事，兵败，被缚下狱，濒死而免。吴门叶圣野赠之诗曰：“卢谌流落刘公死，回首章门一惘然。”亦侠士也。

《明史·二七八·杨廷麟传》（参《小腆纪传·二五·杨廷麟传》）略云：

杨廷麟，字伯祥，清江人。顺治二年，南都破，江西诸郡惟赣州存。唐王手书加廷麟吏部右侍郎。九月，大兵屯泰和，副将徐必达战败，廷麟、（刘）同升乘虚复吉安、临江，加兵部尚书兼东阁大学士，赐剑，便宜从事。十月，大兵攻吉安，必达赴水死。会广东援兵至，大兵退屯峡江，已而万元吉至赣。十二月同升卒。三年，廷麟招峒蛮张安等四营，降之，号龙武新军。廷麟闻王将由汀州赴赣，将往迎王，而以元吉代守吉安。无何，吉安复失。元吉退保赣州。四月，大兵逼城下，廷麟遣使调广西狼兵，而身往雩都趣新军张安来救。五月望，安战梅林，再败，退保雩都。廷麟乃散其兵，以六月入赣，与元吉凭城守。未几，援兵至，围暂解，已复合。八月，水师战败，援师悉溃。及汀州告变，赣围已半年，守陴皆懈。十月四日，大兵登城，廷麟督战，久之，力不支，走西城投水死。

据上引材料，知牧斋此首乃用《昌黎先生文集·一三·张中丞传后叙》，以张巡守睢阳比杨廷麟守赣，以南霁云比康范生，以霁云所射之佛寺浮图比上报恩寺塔。又韩文云：

城陷，贼以刃胁降巡，巡不屈，即牵去，将斩之，又降云，云未应，巡呼云曰："南八，男儿死耳！不可为不义屈。"云笑曰："欲将以有为也。公有言，云敢不死！"即不屈。

梅村谓"小范与机部同事，兵败，被缚下狱，濒死而免"，然则小范之不死，亦即南八之所谓"欲将以有为"之意。其在金陵与牧斋所商谈者，必关涉复明之举动，亦即准备接应郑延平攻取南都之事，抑又可知矣。

其二十一云：

江草宫花洒泪新，忍将紫淀谥遗民。旧京车马无今雨，桑海茫茫两角巾。（自注："张二严季筏为其兄文峙请志"。）

寅恪案：此首为张氏兄弟而作。张文峙事迹第四章论杨宛节已略引。《金陵通传·二十·张如兰传》附《子可度传》云：

可度，字二岩。既自登奉母归，亦隐居不出，号罽筏老人。

《有学集补·明士张君文峙墓志铭》略云：

张君名可仕，字文峙。以字行，改字紫淀。书文峙，从其初也。岁在甲午四月初八日卒，年六十有四。文峙卒，四方之士会哭，议铭其旌，胥曰："古之遗民也。"或有言曰："遗民之名，《宋》《元》二史无征，名氏翳然，声景彷佛。"新安著录，代沉人飞，东都西台之君子，收魂毕命，在此录也。（寅恪案："新安著录"指明休宁程敏政所撰《宋遗民录》。见《四库总目提要·（史部）传记类·存目三》并可参《有学集·四九·书〈广宋遗民录〉后》。）躔晕珥，舍奔彴，木门有向，著雍犹视。推文峙之志，其忍媿杞肄湘累（寅恪案："肄"疑是"妇"字之讹，俟觅善本校之），遗身后名，污竹素而尘桑海乎？必也正名，易之曰明士其可。比葬，则又曰："呜呼！齐有二客，鲁有两生，明有士焉，谁居？文峙士矣，请征所以士文峙者。"于是文峙之弟二严，立《紫淀先生传》，而谒铭于余。余泫然流涕曰："士哉文峙！明士哉文峙！余旧史官也，其忍辞？"

牧斋此首第二句，谓不当以遗民目文峙，即前论其编《列朝诗集》止于"丁集"之旨，兹不备述。至其文中"躔晕珥，舍奔彴，木门有向，著雍犹视。推文峙之志，其忍媲杞妇湘累，遗身后名，污竹素而尘桑海乎"等语，则须略加诠释。检《隋书·一九·天文志·上》云：

马迁《天官书》及班氏所载，妖星晕珥，云气虹蜺，存其大纲，未能备举。自后史官更无纪录。《春秋传》曰："公既视朔，遂登观台，凡分至启闭必书云物。神道司存，安可诬也。"

《尔雅·释天》略云：

大岁在戊曰著雍。大岁在子曰困敦。奔星为彴约。

邢昺《疏》云：

奔星为彴约者，奔星即流星。

《左传·僖公五年》载：

春王正月辛亥朔，日南至，公既视朔，遂登观台以望，而书，礼也。凡分至启闭，必书云物，为备故也。

同书《襄公廿七年》载：

（子鲜）遂出奔晋，公使止之，不可。及河，又使止之。止使者而盟于河，托于木门，不乡卫国而坐。木门大夫劝之仕，不可。曰："仕而废其事，罪也。从之，昭吾所以出也。将谁诉乎？吾不可以立于人之朝矣。"终身不仕。

金氏《牧斋年谱》“顺治五年戊子”条云：

《岁晚过林茂之有感》云：“先祖岂知王氏腊，胡儿不解汉家春。”按：当时海上有二朔，皆与北历不同也。又，“三秦驷铁先诸夏，九庙樱桃及仲春。”又，“秦城北斗回新腊，庾岭南枝放早春。”按：是年姜瓖奉永历年号，传檄秦、晋。王永强据榆林，方窥西安，而江西、湖南等地亦归明也。故先生有喜而作云。

同书“顺治六年己丑”条云：

元日试笔：“春王正月史仍书”云云。按《行朝录》，此为监国鲁四年正月辛酉朔。永历三年正月庚申朔也。

并《三国志·五七·吴书·十二·陆绩传》裴《注》引《姚信集》云：

士之有诔，鲁人志其勇。杞妇见书，齐人哀其哭。

依据上引数据，可以约略推测牧斋之意旨，盖谓建州虽已入关渡江，而永历之正朔尚存。戊子年秦晋且曾一度奉其年号。文峙虽在清人统治下之南都，仍倾向桂王，故明社犹未屋，不可以杞妇湘累比之也。总之，牧斋学问固极渊博，但此文亦故作僻奥之句法，借以愚弄当日汉奸文士之心目耳。然则牧斋作此题之第二十一首时，以为明室尚未尽亡，仍有中兴之希望。张氏兄弟亦同此意旨也。

其二十二云：

龙子千金不治贫，处方先许别君臣。悬蛇欲疗苍生病，何限刳肠半腐人。（自注：“余就医于陈古公。”）

寅恪案：此首为陈元素而作。题中“就医秦淮”之语，与此首自注“余就医于陈古公”可相印证。诗中皆用医家华敷、孙思邈之典故，自是应题之作。但第二句暗示陈氏乃不承认建州之统治权者。牧斋之称就医于陈古公，不过表面掩饰之辞。其实恐亦与之暗中商议接应郑延平之事也。寅恪初不知陈古公为何人，后检《有学集·一八·陈古公诗集序》略云：

陈子古公自评其诗曰："意穷诸所无，句空诸所有。"闻者河汉其言。余独取而证明之，以为今之称诗可与谈弹斥淘汰之旨，必古公也。古公之诗，梯空蹑玄，霞思天想，无盐梅芍药之味，而有空青金碧之气，世之人莫能名也。李邺侯居衡山闻残师中宵梵唱，先凄惋而后喜说，知其为谪堕之人。吾今而后，乃知古公矣夫！

及黄宗羲《思旧录》"陈元素"条云：

陈元素，字古白。余时作诗，颇喜李长吉。古白一见即切戒之，亦云益友。

取牧斋《序》所言古公论诗之旨，与梨洲之语相参较，可知"古公"即"古白"之别称。

又检《定山堂集·四十·牧斋先生及同学诸子枉送燕子矶月下集饮口号四首》（此题可参《有学集诗注·八·金陵杂题绝句二十五首》之九自注："丁酉秋日与龚孝升言别金陵。"）及同书二十《陈古公追送淮干和答》云：

尔自白衣侔上相，天容丹灶补苍生。

芝麓此七律"白衣上相"之语，乃用李邺侯故事。（见《新唐书·一三九·李泌传》及《资治通鉴·二一八·唐纪·肃宗纪》"至德元载七月上欲以泌为右相"条。）其作此七律时，似已见牧斋之《序》者。龚氏此次北行，在顺治十四年冬间，然则牧斋之《序》当作于芝麓答古公诗之前，颇疑牧斋此第二十二首与此《序》为同时作品，若不然，两者作成时间，亦相距不甚远也。俟考。

至陈氏之事迹，则邹流绮（漪）《启祯野乘一集·一四·陈隐君传》略云：

公名元素，字古白，南直长洲人也。生平多客游，抚公亦虚馆延聘，简敕无所干。问字屦恒满户外。公内行纯备，不仅以文章重一时。后偶客芜湖，竟死。学者称贞文先生。

论曰，余不识陈先生。吾友徐祯起亟称其慎取与，重然诺。盖孝弟廉让人也。去世之称吴人者，不过谓风流蕴藉已耳，如先生者，可多得哉？

邹氏称元素为"隐君"，牧斋与芝麓皆以"著白"之"山人"李邺侯泌为比，尤可证"古公"即"古白"，似无可疑也。

其二十三云：

五行祥异总无端，九百虞初亦饱看。清晓家人报奇事，小儿指碗索朝餐。（自注："闽人黄帅先博学奇穷，戏之，亦纪实也。"）

寅恪案：此首为黄师正而作。《明诗纪事·辛签·一六》"黄澂之"条，选帅先《小桃源山居诗五首》，其《小传》云：

澄之初名师正，字帅先。改名后，字静宜，又字波民。建阳人。

此条下注引陈庚焕《惕园初稿》云：

王贻上尝传澂之《小桃源山居》一诗。（见王渔洋《感旧集·一六》及《明诗纪事》所选之第一首。）小桃源为武夷最胜处，详其诗语，澂之盖尝以黄冠归故乡，其后出游大江南北。

又引《全闽诗儁》云：

静宜为史公可法幕府上客，才如王景略，节如谢皋羽，诗笔妍丽，不类其人。

《有学集·八·长干塔光集·读建阳黄帅先小桃源记戏题短歌》（《吾炙集》选《小桃源山居诗四首》，较《明诗纪事》所选少第一首）云：

未为武夷游，先得《桃源记》。小桃源在幔亭旁，别馆便房列仙治。黄生卜筑才十年，七日小劫弥烽烟。山神氍毹请回驾，洞口仍封小有天。揭来奔窜冶城左，手指诗记揶揄我。选胜搜奇在尺幅，食指蠕动颐欲朵。彭篯之后武夷君，我是婆留最小孙。包茅欲胙干鱼祭，卧榻那容鼻鼾存。老夫不似刘子骥，仙源但仗渔人指。凭将此记作券书，设版焦瑕自今始。君不见三千铁弩曾射潮，汉东弹丸亦如此。

据此，黄氏之为反抗建州者，固不待论。其出游大江南北，在冶城与牧斋初次相聚，牧斋即作此七绝第二十三首，其后更赋七古长篇赠之。故波民于复明活动有所策划，自无可疑也。

其二十四云：

寒窗檐挂一条冰，灰陷垆香对病僧。话到无言清不寐，暗风山鬼剔残灯。（自注："乙未除夕，丙申元旦元夜，皆投宿长干，与介邱师兄同榻。"）

寅恪案：此首为介邱而作。关于介邱之事，除前已论者外，尚有《有学集·八·示藏社介丘道人兼识乩神降语》及《腊月八日长干熏塔同介道人孙鲁山薛更生黄信力盛伯含众居士二题》。其第一题"并舟分月人皆见，两镜交光汝莫疑"一联，第二题"腊改嘉平绕墙来"句，皆与复明之意有关，可注意也。

其二十五云：

风掩篱门壁落穿，道人风味故依然。莫拈瓠子冬瓜印，印却俱胝一指禅。（自注：“曾波臣之子剃发住永兴寺。”）

寅恪案：牧斋此首为曾氏父子而作。《明画录·一·人物门》略云：

曾鲸，字波臣。闽晋江人。工写照，落笔得其神理。万历间名重一时。子沂，善山水，流落白门。后于牛首永兴寺为僧，释号懒云。

可与牧斋自注相参证。此诗第三四两句，遵王已引《大慧语录》及《五灯会元》等为释，兹不必详赘。但《大慧语录》载：

天台智者大师读《法华经》至是真精进，是名真法，供养如来，悟得《法华》三昧，见灵山一会，俨然未散，山僧常爱老杲和尚，每提唱及此，未尝不欢喜踊跃，以手摇曳曰：“真个有恁么事，亦是表法。你每冬瓜瓠子，哪里得知？”

等语，牧斋之意，以为明社实未曾屋，其以明室为真亡者，乃冬瓜瓠子头脑之人也。

又有可注意者，《宋史·三七四·张九成传》略云：

张九成，字子韶。其先开封人，徙居钱塘。游京师，从杨时学，权贵托人致币，曰：“肯从吾游，当荐之馆阁。”九成笑曰：“王良尚羞与嬖奚乘，吾可为贵游客耶？”绍兴二年，上将策进士，诏考官直言者，置高等。九成对策，擢置首选。金人议和，九成谓赵鼎曰：“金实厌兵，而张虚声以撼中国。因言十事，彼诚能从吾所言，则与之和，使权在朝廷。”鼎既罢，秦桧诱之曰：“且成桧此事。”九成曰：“九成胡为异议？特不可轻易以苟安耳。”桧曰：“立朝须优游委曲。”九成曰：“未有枉己而能直人。”上问以和议。九成曰：“敌情多诈，不可不察。”因在经筵，言西汉灾异事，桧甚恶之，谪邵州。先是径山僧宗杲善谈禅理，从游者众，九成时往来其间。桧恐其议己，令司谏詹大方论其与宗杲谤讪朝政，谪居南安军。

咸淳《临安志·七十·僧门宗杲传》略云：

（宗杲）字昙晦，本姓奚。丞相张浚命主径山法席，学徒一千七百人，来者犹未已。敞千僧阁以居之，号临济中兴。张九成与为方外交，秦桧疑其议己，言者论其诽谤朝政，动摇军情。九成唱之，宗杲和之。绍兴十一年五月诏毁僧牒，编置衡州。二十年移海州。四方衲子忘躯命往从之。二十五年特恩许自便。明年复僧伽梨，奉朝旨住阿育山。逾年复居山。三十一年求解院事。得旨，退居明月堂。隆兴改元，八月示寂。宗杲虽林下人，而义笃君亲，谈及时事，忧形于色，或至垂涕。时名公巨卿如李邴、汪藻、吕本中、曾开、李光、汪应辰、赵令衿、张孝祥、陈之茂，皆委己咨叩，而张浚雅相推重。宗杲有《正法眼藏》三卷，又有《武库》若干卷。其徒纂《法语》前后三十卷，浚为《序》。淳熙初，诏随《大藏》流行。

《新续高僧传四集·一二·南宋临安径山寺沙门释宗杲传》云：

（绍兴）十一年五月，秦桧以杲为张九成党，毁其衣牒，窜衡州。二十六年十月，诏移梅阳。不久，复其形服，放还。

然则宗杲为宋时反对女真之人。此际参与复明运动者，如懒云等，亦与之同一宗旨，可以推知。牧斋诗之用宗杲语录，殊非偶然也。

其二十六云：

荒庵梅老试花艰，酹酒英雄去不还。月落山僧潜掣泪，暗香枝挂返魂幡。（自注："城南废寺老梅三株，传是国初孙炎手植。"）

寅恪案：此首固为废寺老梅而作，实暗寓孙炎事（见《明史·二八九·孙炎传》），意谓建康城虽暂为建州所占有，而终将归明也。末句遵王引东坡《岐亭道上见梅花》诗"返魂香入岭头梅"，甚合牧斋微旨，盖谓桂王必当恢复明室也。

其二十七云：

子夜乌啼曲半讹，隔江人唱后庭多。篱边兀坐村夫子，端诵尚书五子歌。（自注："歌者与塾师比邻，戏书其壁。"）

寅恪案：此首疑为龚芝麓之塾师而作。《有学集诗注·八·长干塔光集·龚孝升求赠塾师戏题二绝句》云：

都都平丈教儿郎，论语开章笑哄堂。何似东村赵学究，只将半部佐君王。

鲁壁书传字不讹，兔园程课近如何。旅獒费誓权停阁，先诵虞箴五子歌。

以牧斋《赠孝升塾师》两诗之第二首所用之辞旨与此第二十七首相符同推之，此塾师当是一人。诗中全用《尚书》故实，想此塾师正以《书经》课蒙童也。所可注意者，《旅獒》《费誓》皆《书经》篇名。《旅獒》为交外，《费誓》为平内。牧斋以建州本为明室旧封之酋长，故以"费誓"比之也。又《左传·襄公四年》引"虞人之箴"曰：

芒芒禹迹，画为九州岛，经启九道。民有寝庙，兽有茂草。各有攸处，德用不扰。在帝夷羿，冒于原兽，忘其国恤，而思其麀牡。武不可重，用不恢于夏家。兽臣司原，敢告仆夫。

及蔡沈《书经集传·夏书·五子之歌序》云：

太康尸位，以逸豫灭厥德，黎民咸贰。乃盘游无度，畋于有洛之表，十旬弗反。有穷后羿，因民弗忍，距于河。厥弟五人，御其母以从，徯于洛之汭。五子咸怨，述大禹之戒以作歌。

由是言之，牧斋之意，盖谓清世祖荒于游畋，耽于歌乐，即遵王引《白氏文集·四五·与元九书》中“闻五子洛汭之歌，则知夏政荒矣”之旨。今检《梅村年谱·四》“顺治十三年丙申”条云：

春，上驻跸南苑阅武，行蒐礼，召廷臣恭视，赐宴行宫。先生赋五七言律诗，五七言绝句，每体一首应制。圣驾幸南海子，遇雪大猎，先生恭纪七律一首。

更参以第三章论清世祖询梅村《秣陵春传奇》参订者宜园主人事及第四章论董小宛未死事，则知牧斋之诗皆是当时史实。若清政果衰，则明室复兴可望。其寓意之深，用心之苦，不可以游戏文章等闲视之也。

其二十八云：

粉绘杨亭与盛丹，黄经古篆逼商盘。史痴画笥徐霖笔，弘德风流尚未阑。

寅恪案：此首为杨亭盛丹而作。牧斋之意，以为杨盛之艺术，可追弘治正德承平之盛，与史忠、徐霖媲美，斯亦明室仍可复兴之微意。《金陵通传·一四·高阜传》云：

时江宁以画隐者杨亭，字元章，居东园。家贫品峻，以丹青自娱。晚无子，与瞽妻对坐荒池草阁，虽晨炊数绝，啸咏自若，不妄干人。

彭蕴灿《历代画史汇传·三一》云：

黄经清，如皋人，字维之，一字济叔，别字山松。工诗词，善书法及篆刻，尤善画山水。（原注：“《图绘宝鉴续纂》《栎园画录》《桐阴论画》《清画录》《国朝画识》等。”）

盛丹事迹见《金陵通传·一四·盛鸾传》附宗人《胤昌传》所载。第三草论河东君爱酒节已引。据此可知元章、伯含、维之皆隐逸之流，不仕建州者。至史忠、徐霖之事迹，遵王《注》已详述，并可参《金陵通传·一四》二人本传，不须赘引。惟徐霖之故实与武宗幸南都有关，牧斋之诗旨与前引其《致瞿稼轩书》所谓“若谦益视息余生，奄奄垂毙，惟忍死盼望銮舆拜见孝陵之后，槃水加剑，席稿自裁”等语及《投笔集·下·后秋兴之九》“种柳十围同望幸”句，皆希望桂王之得至南京也。

其二十九云：

旭日城南法鼓鸣，难陀倾听笑瞢腾。有人割取乖龙耳，上座先医薛更生。（自注：“旭伊法师演《妙华》于普德，余颇为卷荷叶所困，而薛老特甚。”）

寅恪案：此首可参第十一及十二两首论薛更生事。不过前二首以薛更生为主，而此首以旭伊为主，更生为宾耳。

其三十云：

寇家姊妹总芳菲，十八年来花信违。今日秦淮恐相值，防他红泪一沾衣。

寅恪案：此首为寇白门姊妹而作。《板桥杂记·中》附《珠市名妓门》载：

寇湄，字白门。钱牧斋诗云（云）（寅恪案：牧斋诗即此题第三十首，故从略），则寇家多佳丽，白门其一也。白门娟娟静美，跌宕风流，善画兰，粗知拈韵。能吟诗，然滑易不能竟学。十八九时，为保国公购之，贮以金屋，如李掌武之谢秋娘也。甲申三月，京师陷，保国生降，家口没入官。白门以千金予保国赎身，匹马短衣，从一婢而归。归为女侠，筑园亭，结宾客，日与文人骚客相往还。酒酣耳热，或歌或哭，亦自叹美人之迟暮，嗟红豆之飘零也。既从扬州某孝廉，不得志，复还金陵。老矣，犹日与诸少年伍。卧病时，召所欢韩生来，绸缪泣，欲留之同寝。韩生以他故辞，执手不忍别。至夜，闻韩生在婢房笑语，奋身起唤婢，自棰数十，咄咄骂韩生负心禽兽行，欲啮其肉。病甚剧，医药罔效，遂死。蒙叟杂题有云："丛残红粉念君恩，女侠谁知寇白门。黄土盖棺心未死，香丸一缕是芳魂。（寅恪案：此诗见《有学集诗注·八·长干塔光集·金陵杂题绝句二十五首》之十。）

可取与此首相证发也。

综观此三十首诗，可以知牧斋此次留滞金陵，与有志复明诸人相往还，当为接应郑延平攻取南都之预备。据《金陵通传·二六·郭维翰传》略云：

郭维翰，字均卫，一字石溪，上元人。父秀厓，诸生。考授典史。明亡，以隐终。国朝顺治中，郑成功犯江宁，满帅疑有内应，欲屠城，维翰力言于知府周某转白总督而止。（寅恪案：嘉庆重刊康熙修《江宁府志·一六·职官表》"知府"栏，无周姓者。岂此"周某"非实缺正授，抑或记载有误耶？俟考。）军士乘乱掠妇女，维翰又以为言，乃放还。方是时，江上纷然，六合知县遁去，百姓汹汹欲乱，县人佘量字德辅，独棹小舟，冒风穿营而渡，泣叩总督，给榜安民，一县赖以无恐。

尤可证明鄙说之非妄也。

《有学集·七》为《高会堂诗集》。其中绝大部分乃游说马进宝响应郑成功率舟师攻取南都有关之作。《清史列传·八十·逆臣传·马逢知传》略云：

马逢知，原名进宝，山西隰州人。顺治三年，从端重亲王博洛南征，克金华，即令镇守。六年，命加都督佥事，授金华总兵，管辖金衢严处四府。十三年，迁苏松常镇提督。

寅恪案：马进宝之由金华总兵迁苏松常镇提督，在顺治十三年丙申何月虽不能确知，但以牧斋至松江时日推之，当是距离九月不远。《有学集诗注·七·高会堂诗集》有《丙申重九海上作》一题，似马氏必于九月以前已抵新任。

又同卷《高会堂酒阑杂咏序》末云：

岁在丙申阳月十有一日，蒙叟钱谦益书于青浦舟中。

则牧斋留滞松江，实逾一月之久。其间策划布置甚费时日，可以想见也。牧斋《高会堂酒阑杂咏序》云：

是行也，假馆于武静之高会堂，遂以名其诗。

第三章引王沄《云间第宅志》云：

河南（徐）陟曾孙文学致远宅，有师俭堂。申文定时行书。西有生生庵别墅，陟子太守琳放生处。

颇疑牧斋所谓高会堂，即徐武静之师俭堂，乃其平日家属所居者，与生生庵别墅，自非一地。崇祯八年春间，河东君与陈卧子同居于生生庵，顺治十三年丙申秋冬间，牧斋又寄寓武静之师俭堂。第三章曾引宋辕文《致牧斋书》，其痛加诋毁，盖由宋氏之情敌陈、钱两人先后皆居于武静宅内。书中妒忌愤怒之语，今日观之殊觉可笑也。至此集涉及之人颇不少，皆与复明运动有关者。兹不能详论，唯择其最饶兴趣数题录之，并略加考释于下。

《有学集诗注·七·高会堂诗集·高会堂酒阑杂咏序》云：

不到云间，十有六载矣。水天闲话，久落人间；花月新闻，已成故事。渐台织女，机石依然；丈室维摩，衣花不染。点难陀之额粉，尚指高楼。被庆喜之肩衣，犹看汲井。顷者菰芦故国，兵火残生。衰晚重游，人民非昔。朱门赐第，旧燕不飞。白屋人家，新鸟谁止？儿童生长于别后，竞指须眉；门巷改换于兵前，每差步屧。常中逵而徙倚，或当飧而欷歔。若乃帅府华筵，便房曲宴。金缸银烛，午夜之砥室生光；檀板红牙，十月之桃花欲笑。横飞拇阵，倒卷白波；忽发狂言，惊回红粉。歌间《敕勒》，只足增悲；天似穹庐，何妨醉倒。又若西京宿好，耳语慨慷；北里新知，目成婉娈。酒阑灯灺，月落乌啼。杂梦呓以兴谣，蘸杯盘而染翰，口如衔辔，常思吐吞。胸似碓舂，难明上下。语同讔谜，词比俳优。传云惟食忘忧。又曰溺人必笑。我之怀矣，谁则知之？是行也，假馆于武静之高会堂，遂以名其诗。亦欲使此邦同人，抠衣倾盖者，相与继响，传为美谈云尔。岁在丙申阳月十有一日，蒙叟钱谦益书于青浦舟中。

寅恪案：牧斋此序，其所用典故，遵王《注》解释颇详，读者可取参阅，兹不复赘。惟典故外之微旨则略表出之，以供参证。此序可分为五段：

第一段自“不到云间”至“犹看汲井”，意谓于崇祯十四年六月，与河东君在茸城结褵，共历十六年，风流韵事，远近传播，今已早成陈迹。河东君茸城旧居之处，如徐武静之别墅生生庵等，依然犹在。但己身与河东君近岁以来，非如前者之放浪风流，而转为假借学道、阴图复明之人，与《维摩诘经》中诸菩萨衣花不染相同，不似诸大弟子花著不堕。若取与牧斋答河东君《半野堂初赠诗》“沾花丈室何曾染”句相比较，足知此十七年间，钱、柳已由言情之儿女，改为复国之英雄矣。前论顺治七年庚寅牧斋经河东君、黄太冲之怂恿，赴金华游说马进宝反清。其事颇涉危险，牧斋以得还家为幸。今则马氏迁督松江，此地为长江入海之扼要重镇，尤与牧斋频年活动，以响应郑延平率舟师攻取南京有关，自不能不有此行。但马氏为人狡猾反覆，河东君当亦有所闻知，中心惴惴，望其早得还家。据“点粉”“汲井”之语，则牧斋所以留滞松江逾一月之久，实出于不得已，盖其间颇有周折，不能及早言旋也。所可笑者，“点难陀之额粉，尚指高楼”二句，既目河东君为难陀之妻孙陀利，则此“高楼”殆指庚寅冬焚毁之绛云楼耶？果尔，则“尚指”之“尚”，更有著落矣。

第二段自“顷者”至“欷歔”。意谓此次之重至松江，大有丁令威化鹤归来之感。“旧燕”指明室旧人，“新乌”指清廷新贵。本卷最后一题《丙申至日为人题华堂新燕图》云：

主人檐前海燕乳，差池上下衔泥语。依约呢喃唤主人，主人开颜笑相许。主人一去秋复春，燕子去作他家宾。新巢非复旧庭院，旧燕喧呼新主人。新燕频更主人面，主人新旧不相见。多谢华堂新主人，珍重雕梁旧时燕。

此诗中之“新燕”“旧燕”，即指汉人、满人而言，可与序文互相参证。此《题华堂新燕图》前一题为《长至前三日吴门送龚孝升大宪颁诏岭南兼简曹秋岳右辖四首》，据《清史列传·七九·贰臣传·龚鼎孳传》云：

上以鼎孳自擢任左都御史，每于法司章奏，倡生议论，事涉满汉，意为轻重。敕令回奏。鼎孳具疏引罪，词复支饰。下部议，应革职。诏改降八级调用。寻以在法司时，谳盗事，后先异议。又曾荐举纳贿伏法之巡按顾仁，再降三级。十三年四月，补上林苑蕃育署署丞。（寅恪案：可参《吴诗集览·六·上·送旧总宪龚孝升以上林苑监出使广东》诗，并附严沆《送龚芝麓使粤东》诗。）

然则"新燕""旧燕"即清帝谕旨所谓"事涉满汉"之"满汉"。颇疑此诗题中《为人题华堂新燕图》之"人"，乃龚孝升也。俟考。

第三段自"若乃"至"醉倒"。意谓当日在松江筵宴之盛况。"帅府华筵"指马进宝之特别招待。"便房曲宴"指陆子玄、许誉卿等之置酒邀饮。"红粉""桃花"俱指彩生。"敕勒"指北方之歌曲。"穹庐"指建州之统治中国也。

第四段自"又若"至"知之"。意谓筵席间与座客隐语戏言，商讨复明之活动，终觉畏惧不安，辞不尽意也。"西京宿好"指许霞城辈，"北里新知"亦指彩生也。

第五段自"是行"至"云尔"。则说明《高会堂集》命名之故。并暗指此行实徐武静为主动人。或者武静当日曾参加马进宝之幕府耶？俟考。

《云间诸君子肆筵合乐飨余于武静之高会堂饮罢苍茫欣感交集辄赋长句二首》，其一云：

授几宾筵大飨同，秋堂文宴转光风。岂应江左龙门客，偏记开元鹤发翁。酒面尚依袍草绿，烛心长傍剑花红。他年屈指衣裳会，牛耳居然属海东。

其二云：

重来华表似前生，梦里华胥又玉京。鹤唳秋风新谷水，雉媒春草昔茸城。尊开南斗参旗动，席俯东溟海气更。当飨可应三叹息，歌钟二八想升平。

寅恪案：此题为《高会堂集》之第一题，自是牧斋初到云间，松江诸人为牧斋接风洗尘之举。主人甚众，客则只牧斋一人，即俗所谓“罗汉请观音，主人数不清”者也。故第一首第一联上句之“江左龙门客”乃云间诸人推崇牧斋之辞。钱氏为明末东林党渠魁，实与东汉李元礼无异。河东君《半野堂初赠》诗云“今日沾沾诚衔李”，甚合牧斋当日身分，并搔着其痒处也。下句“开元鹤发翁”乃牧斋自比，固不待论。综合上下两句言之，意谓此时江左第一流人物尚有他人，何竟推我一人为上客耶？乃其自谦之语也。第七、第八两句意指徐武静。“海东”指徐氏郡望为东海也。第二首第二联谓时势将变，郑延平不久当率舟师入长江也。第七句用《左传·昭公二十八年》“梗阳人有狱”条云：

退朝，（阎没女宽）待于庭。馈入，（魏子）召之。比置，三叹。既食，使坐。魏子曰：“吾闻诸伯叔，谚曰，唯食忘忧。吾子置食之间，三叹，何也？”同辞而对曰：“或赐二小人酒，不夕食。馈之始至，恐其不足，是以叹。中置，自咎曰，岂将军食之，而有不足？是以再叹。及馈之毕，愿以小人之腹，为君子之心，属厌而已。”献子辞梗阳人。

颇疑高会堂此次之筵宴，其主人中亦有马进宝。故“将军”即指马氏。否则此时云间诸人，皆与“将军”之称不合也。第八句遵王《注》已引《左传·襄公十一年》晋侯以歌钟女乐之半，赐魏绛事以释之，甚是。然则综合七、八两句言之，更足征此次之盛会，马进宝必曾参预，若不然者，诗语便无着落矣。

《云间董得仲投赠三十二韵依次奉答》云：

（诗略。）

寅恪案：此诗前述国事，后言家事，末寓复明之意。以辞繁不录，读者可自取读之。嘉庆修《松江府志·五六·董黄传》云：

董黄，字律始，号得仲，华亭人，隐居不仕，著《白谷山人集》。陈维崧序其集云："托泉石以终身，殉烟霞而不返。"可得其彷佛焉。

足知得仲亦有志复明之人也。

《丙申重九海上作四首》，其三云：

去岁登高莫釐顶，杖藜落落览吴洲。洞庭雁过犹前旅，橘社龙归又一秋。飓母风欺天四角，鲛人泪尽海东头。年年风雨怀重九，晴昊翻令日暮愁。

其四云：

故园今日也登高，萸熟茶香望我劳。娇女指端装菊枕，稚孙头上搭花糕。（寅恪案："搭花糕"事，见谢肇淛《五杂俎·上·二·天部·二》。）含珠夜月生阴火，拥剑霜风长巨螯。归与山妻翻海赋，秋灯一穗掩蓬蒿。

寅恪案：第三首前四句指同书五《乙未秋日许更生扶侍太公邀侯月鹭翁于止路安卿登高莫厘峰顶口占二首》之第二首末两句"夕阳橘社龙归处，笑指红云接海东"而言。"红云""海东"谓郑延平也。第四首之第一、第二两句谓河东君在常熟，而己身则在松江，即王摩诘"独在异乡为异客，每逢佳节倍思亲"之意（见《全唐诗·第二函·王维·四·九月九日忆山东兄弟》）。第三句"娇女"指赵微仲妻。（寅恪案：赵管字微仲。见《有学集·一二·东涧诗集·上·壬寅三月十六日即事》诗题。考河东君婿所以名管字微仲之故，实取义于《论语·宪问篇》“微管仲，吾其被发左衽矣”之语。河东君复明之微旨，于此益可证明矣。）“稚孙”指其长孙佛日。（寅恪案：《有学集·九·红豆初集·桂殇四十五首序》云：“桂殇，哭长孙也。孙名佛日，字重光，小名桂哥。生辛卯孟陬月，殇以戊戌中秋日。”前论河东君和牧斋《庚寅人日示内诗二首》之二“佛日初晖人日沈”句，以“佛日”指永历。牧斋其次年正月喜得长孙，以“佛日”命名，宝取义于河东君之句。字以“重光”，乃用《乐府诗集》四十陆机“日重光行”之典。即明室复兴之意。小名“桂哥”，亦暗寓桂王之“桂”。由此观之，则钱、柳复明之意，昭然若揭矣。）牧斋家属虽不少，但其所关心者，止此三人，据是可以推知。第四句用木玄《虚海赋》，暗指郑延平。盖河东君亦参预接郑反清之谋。第五句用左太冲《吴都赋》。此两句皆与第七句相应。又二赋俱出《文选》，非博闻强记、深通选学如河东君者，不足以当之也。

兹有最饶兴趣之三题，皆关涉松江妓彩生者，故不依此集先后次序，合并录之，略试考释，以俟通人之教正。

《陆子玄置酒墓田丙舍妓彩生持扇索诗醉后戏题八首》，其一云：

霜林云尽月华稠，雁过乌栖暮欲愁。最是主人能慰客，绿尊红袖总宜秋。

其二云：

金波未许定眉弯，银烛膏明对远山。玉女壶头差一笑（涵芬楼本“玉女壶”作“阿耨池”），依然执手似人间。

其三云：

缸花欲笑漏初闻（涵芬楼本“漏初闻”作“酒颜醺”），白足禅僧也畏君。上座巍峨许给事，缁衣偏喜醉红裙。

其四云：

残妆池畔映余霞，漏月歌声起暮鸦。枯木寒林都解语，海棠十月夜催花。

其五云：

口脂眉黛并氤氲，酒戒今宵破四分。莫笑老夫风景裂，看他未醉已醺醺。

其六云：

银汉红墙限玉桥，月中田地总伤凋。秋灯依约霓裳影，留与银轮伴寂寥。

其七云：

老眼看花不耐春，裁红缀绿若为真。他时引镜临秋水，霜后芙蓉忆美人。

其八云：

交加履舄袜尘飞，兰泽传香惹道衣。北斗横斜人欲别，花西落月送君归。

《霞城丈置酒同鲁山彩生夜集醉后作》云：

沧江秋老夜何其，促席行杯但诉迟。丧乱天涯红粉在，友朋心事白头知。朔风凄紧吹歌扇，参井微茫拂酒旗。今夕且谋千日醉，西园明月与君期。

《霞老累夕置酒彩生先别口占十绝句纪事兼订西山看梅之约》，其一云：

酒暖杯香笑语频，军城笳鼓促霜晨。红颜白发偏相殢，都是昆明劫后人。

其二云：

兵前吴女解伤悲，霜咽琵琶戍鼓催。促坐不须歌出塞，白龙潭是拂云堆。

其三云：

促别萧萧班马声，酒波方溢烛花生。当筵大有留欢曲，何苦凄凉唱渭城。

其四云：

酒杯苦语正凄迷（涵芬楼本“杯”作“悲”），刺促浑如乌夜栖。欲别有人频顾烛，凭将一笑与分携。

其五云：

会太匆匆别又新，相看无泪可沾巾。绿尊红烛浑如昨（涵芬楼本“绿”作“金”），但觉灯前少一人。（自注：“河东评云，唐人诗，但觉尊前笑不成。又云，遍插茱萸少一人。”）

其六云：

汉宫遗事剪灯论，共指青衫认泪痕。今夕惊沙满蓬鬓，始知永巷是君恩。（自注：“鲁山赠诗，伤昔年放逐，有千金不卖《长门赋》之句。”寅恪案：涵芬楼本此自注作“鲁山赠诗有千金不买《长门赋》，伤先朝遗事也”。遵王本“卖”应作“买”。）

其七云：

渔庄谷水并垂竿，烽火频年隔马鞍。从此音书凭锦字，小笺云母报平安。

其八云：

缁衣居士（自注：“谓霞老。”）白衣僧（自注：“自谓。”），世眼相看总不应。断送暮年多好事（涵芬楼本此句作

“消受暮年无个事”），半衾暖玉一龛灯。

其九云：

国西营畔暂传杯，笑口懵腾噤半开。数（自注：“上声。”）日西山梅万树，漫山玉雪迟君来。

其十云：

江村老屋月如银，绕涧寒梅破早春（涵芬楼本“破”作“绽”）。梦断罗浮听剥啄，扣门须拉缟衣人。

寅恪案：许霞城事迹见《明史·二五八》、嘉庆修《松江府志·五五》及《小腆纪传·五六》本传、李清《三垣笔记》中“许光禄誉卿所纳名妓王微有远鉴”条并《投笔集·上·后秋兴之四》其第五首“石龟怀海感昆山，二老因依板荡间”句下自注“怀云间许给事也。陆机诗，石龟尚怀海，我宁忘故乡。盖不忘宗国之词”等。孙鲁山事迹见马其昶《桐城耆旧传·五》，其文略云：

孙公讳晋，字明卿，号鲁山。始祖福一自扬州迁居桐城。（左忠毅光斗）以兄子妻之。天启五年成进士，授南乐令，调滑县，报最，擢工科给事中。以疏劾大学士温体仁任所私人典试事，乱祖制。被谪。体仁败，复起为给谏。累迁大理寺卿，特疏出刘公宗周、金公光宸于狱，荐史公可法于吏部。总兵黄得功被逮，疏请释之，得出镇凤阳。其后江左一隅，竟赖史、黄二公之力。时贤路闳塞，公在朝岳岳，诸君子咸倚赖之，推桐城左公后一人也。寻以兵部侍郎出督宣大。越二年以疾乞归，凡节饷十余万，封识如初，即日单车归金陵。亡何，京师陷。马士英拥立福藩，出史公可法于外。逆党亦攀附骤用，兴大狱，目公为党魁。乃仓皇奉母，避鲱仙居。筮得遁之咸，因自号余庵，又曰遁翁。

国朝举旧臣，强起之，不可。筑室龙眠山，率子弟读书其中。年六十八卒。

并可参《有学集·八·长干塔光集·腊月八日长干熏塔同介道人孙鲁山薛更生黄舜力盛伯含众居士》一题。关于陆子玄，则须略加考释。《列朝诗集·丁集·三·陆永新粲小传》云：

粲字子余，一字浚明。长洲人。

后附其弟《陆秀才采小传》略云：

采字子玄，给事中子余之弟。年四十而卒。

寅恪以为牧斋诗题中之子玄，必非陆采，其理由有二。一、陆采既是长洲人，其墓田丙舍似不应在松江也。二、前论《列朝诗集》虽非一时刊成，大约在顺治十一年甲午已流布广远。今未发现附见“陆采”一条为后来补刻之证据。故牧斋顺治十三年丙申冬既能与采游宴，则采于是时尚生存，《小传》中自不能书“年四十而卒”。若此子玄非陆采者，则应是别一松江人。检《说梦·一》“君子之泽”条云：

陆文定公（原注：“名树声，字兴吉，号平泉。嘉靖辛丑会元，大宗伯。”）名德硕望，脍炙人口。生劬思。（原注：“名彦章，字伯达。万历己丑进士，官少司寇。”）劬思生公美。（原注：“名景元。存问谢恩，特荫未仕。”）公美生子玄。（原注：“名庆曾。”）仅四世。而子玄虽登顺治丁酉贤书，以此贯祸，为异域之人。

《陈忠裕全集·年谱·上》“崇祯八年乙亥”条附录李雯《会业序》云：

今年春，闇公、卧子读书南园，余与勒卣、文孙辈，或间日一至，或连日羁留。

同书一五《几社稿·同游陆文定公墓舍》题下附考证引《松江府志》云：

文定公陆树声墓在北城濠之北。万历三十三年赐葬。

同书一六《平露堂集·八月大风雨中游泖塔连夕同游者宋子建尚木陆子玄张子慧》题下考证引《江南通志》云：

陆庆曾，字子玄。

同书同卷《送陆文孙省试金陵时当七夕》题下附考证引《复社姓氏录》云：

金山卫陆庆曾，字文孙。

董阆石《含莼乡赘笔·上》“徙巢”条云：

陆文定公孙庆曾，素负才名。居丙舍，颇擅园亭之胜，以序贡入都中式。事发，遣戍辽左。先是，陆氏墓木悉枯，栖鸟数日内皆徙巢他往。

娄东无名氏《研堂见闻杂记》“科场之事”条云：

陆庆曾子玄，云间名士平泉公之后。家世贵显，兄弟鼎盛。年五十余矣，以贡走京师。慕名者皆欲罗致门下，授以关节，遂获售。亦幽囹圄，拷掠无完肤。一时人士，相为惋惜嗟叹。

王胜时《云间第宅志》末一条略云：

北门外，陆文定公树声赐墓，左有庐目墓田丙舍，堂中以朱文公“耕云钓月”四字为额。公孙景元常居焉。

信天翁《丁酉北闱大狱记略》（寅恪案：关于庆曾事迹，可参孟森《明清史论著集刊·下·科场案》“顺天闱”条）略云：

岁丁酉，大比贡士于乡，旧典也。权要贿赂，相习成风。二十五关节中，首为陆庆曾。系二十年名宿，且曾药愈（房师李）振邺。借中式以酬医，而非入贿者，亦即逮入，不少恕。

然则此名庆曾之陆子玄，即牧斋诗题之“陆子玄”，并与舒章《会业序》中之“文孙”及卧子《送陆文孙省试金陵》诗之“陆文孙”同是一人无疑也。据卧子《游陆文定公墓舍》诗及阆石、胜时所记，可知陆子玄之墓田丙舍与牧斋之拂水山庄性质颇相类，故能邀宴友朋、招致名姝也。又牧斋此次至松江，本为复明活动，其往还唱酬之人多与此事有关。故子玄亦必是志在复明之人，但何以于次年即应乡试？表面观之，似颇相矛盾。前论李素臣事，谓其与侯朝宗之应举，皆出于不得已。子玄之家世及声望约略与侯、李相等，故疑其应丁酉科乡试，实出于不得已，盖建州入关之初，凡世家子弟、著声庠序之人若不应乡举，即为反清之一种表示，累及家族或致身命之危险。否则陆氏虽在明南都倾覆以后，其旧传田产犹未尽失，自可生活，不必汲汲干进也。关于此点，足见清初士人处境之不易。后世未解当日情势，往往作过酷之批评，殊非公允之论也。至彩生之事迹，则不易考知。牧斋《高会堂诗序》有“北里新知，目成婉娈”之语，可见牧斋前此并未与之相识。又观上列第三题第五首，牧斋自注特载河东君评语，可见河东君与彩生深具同情，绝无妒嫉之意。取与顺治九年牧斋第一次至金华游说马进宝时，竟不敢买婢者大异，足证彩生亦是有志复明之人。又此题第九首第三句之“西山”指虞山，盖拂水岩在虞山南崖，而虞山在常熟县西北，故牧斋可称之为“西山”（见刘本沛《虞书》“虞山”及“拂水岩”条）。与第四章所论《（辛巳）冬至后京江舟中感怀八首》之八及《（癸未）元日杂题长句八首》之七两诗中之“西山”指苏州之邓尉者不同。拂水山庄梅花之盛，屡见于牧斋之诗文，可参第四章论《东山酬和集·除夕山庄探梅》诗等。第十首第二句“绕涧”

之“涧”，即虞山之桃源涧（见《虞书》“桃源涧”条）。第三、四两句自是用东坡《十一月二十六日松风亭下梅花盛开》诗中“海南仙云娇堕砌，月下缟衣来扣门”之语（见冯应榴《苏文忠公诗合注·三八》）。窥牧斋之意欲霞城偕彩生同至其家，与河东君相见，绝无尹、邢不能觌面之畏惧。则此二女性，俱属有志复明之人，复可以推知矣。《有学集·一二·东涧集·上》康熙元年壬寅春间所赋《茸城吊许霞城（七律）》第二联云：“看花无伴垂双白，压酒何人殢小红。”上句谓己身，下句谓彩生，可取与上列第三题相参证也。呜呼！建州入关，明之忠臣烈士、杀身殉国者多矣。甚至北里名媛、南曲才娃，亦有心悬海外之云（指延平王），目断月中之树（指永历帝），预闻复楚亡秦之事者。然终无救于明室之覆灭，岂天意之难回，抑人谋之不臧耶？君子曰：非天也，人也！

关于上列三题中许誉卿、孙晋、陆庆曾及彩生诸人之事迹，约略考证既竟，兹再就三题中诸诗，择其可注意者，稍诠释之于下。

第一题第四首“漏月歌声起暮鸦”句之“漏月”，遵王《注》有“琴女名漏月”之语，但未言出于何书。检孙星衍《平津馆丛书》中之《燕丹子》，源出《永乐大典》本，渊如复校以他书，故称善本，独未载“漏月”之名。复检《有学集诗注·一四·东涧集·下·病榻消寒杂咏四十六首》之三十七《和刘屏山（汴京纪事）师师垂老绝句》中“十指琴心传漏月”句，“漏月”下遵王《注》引杨慎《禅林钩玄》云：

漏月事见《燕丹子》，漏月传意于秦王，果脱荆轲之手。相如寄声于卓氏，终获文君之身。皆丝桐传意也。秦王为荆轲所持，王曰："乞听琴声而死。"琴女名漏月，弹音曰："罗縠单衣，可掣而绝。三尺屏风，可超而越。鹿卢之剑，可负而拔。"王如其言，遂斩荆轲。

始知牧斋所赋，遵王所注，殆皆出《禅林钩玄》。鄙意杨用修为人，才高学博，有明一代罕有其比。然往往伪造古书，如《杂事秘辛》，即是一例。故其所引《燕丹子》漏月之名，果否出于古本，尚是一问题也。此首"海棠十月夜催花"句，谢肇淛《五杂俎·上·二》云：

十月谓之阳月，先儒以为纯阴之月，嫌于无阳，故曰阳月，此臆说也。天地之气，有纯阳，必有纯阴，岂能讳之？而使有如女国讳其无男，而改名男国，庸有益乎？大凡天地之气，阳极生阴，阴极生阳。当纯阴、纯阳用事之日，而阴阳之潜伏者，已骎骎萌蘖矣。故四月有亢龙之戒，而十月有阳月之称。即天地之气，四月多寒，而十月多暖，有桃李生华者，俗谓之小阳春，则阳月之义，断可见矣。

《红楼梦》第九十四回"宴海棠贾母赏花妖"节云：

大家说笑了一回，讲究这花（指海棠）开得古怪。贾母道："这花儿应在三月里开的，如今虽是十一月，因节气迟，还算十月，应着小阳春的天气，因为和暖，开花也是有的。"

《太平广记·二百零五·乐门》"玄宗"条云：

（玄宗）尝遇二月初诘旦，巾栉方毕，时宿雨始晴，景色明丽，小殿内亭，柳杏将吐，睹而叹曰："对此景物，岂可不与他判断之乎？"左右相目，将命备酒，独高力士遣取羯鼓。上旋命之，临轩纵击一曲，曲名《春光好》，上自制也。神思自得，及顾柳杏，皆已发折，指而笑谓嫔嫱内官曰："此一事，不唤我作天公可乎？”皆呼万岁！

丁传靖辑《宋人轶事汇编·一二》引《春渚纪闻》云：

东坡在黄日，每有燕集，醉墨淋漓，不惜与人。至于营妓供侍，扇题带画，亦时有之。有李琪者（原注：“《清波杂志》作‘李琦’。《庚溪诗话》作‘李宜’。”），少而慧，颇知书，时亦每顾之，终未尝获公赐。至公移汝，将祖行，酒酣，琪奉觞再拜，取领巾乞书。公熟视久之，令其磨研。墨浓，取笔大书云“东坡七载黄州住，何事无言及李琪”即掷笔袖手，与客谈笑。坐客相谓，语似凡易。又不终篇，何也？至将撤具，琪复拜请，坡大笑曰：“几忘出场。”继书云：“恰似西川杜工部，海棠虽好不留诗。”一座击节。

综合上引材料，推测牧斋此诗意旨，殆与前论《戏赠塾师》诗有相似之处。清世祖征歌选色，搜取江南名姝，以供其耳目之娱，第四章论董小宛事已言及之。此辈女性，即牧斋诗所谓漏月之流。牧斋此诗列于《丙申重九海上作》之后，《徐武静生日》之前（寅恪案：陈乃乾、陈洙编《徐闇公先生年谱》“万历四十二年甲寅”条云：“九月二十日，弟致远生。”），可证乃九月中旬所赋。海棠于小阳春之十月，本可重开。今赋诗在九月，故用李三郎羯鼓催花之典。海棠用东坡赠李琪诗语，亦指彩生。意谓惜彩生不能与董、白之流被选入宫，否则可借以复仇如苎萝村女之所为，而与漏月之暗示秦王拔剑斩荆轲者大异其趣。颇疑牧斋此诗之意，即当时最后与彩生所谈之语。是耶？非耶？姑妄言之，以俟更考。

第一题第六首“银汉红墙限玉桥，月中田地总伤凋”二句，意谓松江与桂王统治之西南区域隔离颇远，且迫蹙一隅，土地民众皆不及江南之富庶。“秋灯依约霓裳影，留与银轮伴寂寥”二句，意谓今夕吾辈之文宴，实聚商反清复明之事，聊可告慰于永历帝也。

第二题第一联“丧乱天涯红粉在，友朋心事白头知”可与上引《茸城吊许霞城》诗“看花无伴垂双白，压酒何人殢小红”相参证。第五句“朔风凄紧吹歌扇”，亦暗寓彩生不甘受清人压迫之意。观此，知牧斋推崇彩生甚至，而彩生之为人又可想见矣。

第三题第一首“红颜白发偏相殢，都是昆明劫后人”二句，盖牧斋之意，以彩生与霞城同具复明之志，故能亲密如此，非寻常儿女之私情可比也。第二首“兵前吴女解伤悲，霜咽琵琶戍鼓催”二句，意谓清廷驻重兵于松江以防海。“吴女”指彩生也。“促坐不须歌出塞，白龙潭是拂云堆”二句，谓当时置酒于白龙潭上，而白龙潭所在之松江已归清室统治，与塞外之拂云堆无异。己身与霞城辈之身世，亦与王昭君相似。其感慨沉痛，实有甚于白乐天《琵琶引》“同是天涯沦落人”句（见《白氏文集·一二》）及东坡《定惠院海棠》诗“天涯沦落俱可念”者矣（见冯氏《苏文忠公诗合注·二十》并可参《容斋五笔·七》“琵琶行海棠诗”条）。《全唐诗·第八函·杜牧·四·题木兰庙》诗云：

弯弓征战作男儿，梦里曾经与画眉。几度思归还把酒，拂云堆上祝明妃。

今彩生身世类于明妃，而心事实同于木兰。牧斋下笔时，必忆及小杜此诗无疑也。

第四首“欲别有人频顾烛，凭将一笑与分携”亦用《全唐诗·第八函·杜牧·四·赠别二首》之二（《才调集·四》题作

《题赠》）云：

多情却似总无情，惟觉尊前笑不成。蜡烛有心还惜别，替人垂泪到天明。

而微反其意。以其出处过于明显，故河东君不依第五首之例，标出之耳。

第六首“汉宫遗事剪灯论，共指青衫认泪痕”二句，亦用白香山《琵琶行》之语，以指于崇祯时，两人共忤温体仁，曾被黜谪事。但当时虽被革退，尚在明室统治之中国，犹胜于今日神州陆沉、胡尘满鬓。孙鲁山是否不效陈皇后以千金买《长门赋》，借求汉武帝之复幸，未敢决言。至牧斋被黜还家后屡思进取，终至交结马、阮，身败名裂，前已详论，兹不复赘。今读此诗，不觉令人失笑也。

第八首“断送暮年多好事，半衾暖玉一龛灯”二句，牧斋老归空门，又与河东君偕隐白茆港之红豆山庄，自是切合。至霞城虽“国变后，祝发为僧”（见《小腆纪传·五六·许誉卿传》），但若未贮彩生于金屋，则“半衾暖玉”一语，恐尚不甚适当也。

牧斋顺治十三年丙申秋冬间之游松江，乃主于徐武静家。前言武静实为此次复明活动之中心人物。故牧斋《赠武静生日》诗乃《高会堂集》中重要篇什。兹以其诗过长，节略于下并略加释证。但诗中原注云“有本事，详在自注中”之语，今诸本此“自注”皆已删去，无从考知，甚为可惜。姑以意妄加揣测，未知当否？博雅通人，幸有以教正之也。

《有学集诗注·七·高会堂诗集·徐武静生日置酒高会堂赋赠八百字》云：

丰茗根滋大，澧兰叶愈芳。长离仍夭矫，二远并翱翔。视草征家集，探花嗣国香。（自注："已上记徐氏阀阅之盛，次述板荡凄凉。"）时危人草草，运往泪浪浪。丧乱嗟桑梓，分携泣杕棠。午桥虚绿野，甲第裂仓琅。毳帐围廛里，穹庐埒堵墙。上楹残网户，遥集俨堂皇。藻井欹中霤，交疏断两厢。骆驼冲燕寝，雕鹫扑回廊。绿水供牛饮，青槐系马枊。金扉雕绮绣，玉轴剔装潢。荜篥吹重阁，胡笳乱洞房。重来履道里，旋忆善和坊。灭没如前梦，低回对夕阳。老夫殊毷氉，吾子剩飞扬。（自注："已下叙武静生日置酒。"）奕叶违东阁，诛茅背北邙。赐书传鼓箧，遗笏贮牙床。著作推徐干，交游说郑庄。驾从千里命，诺许片言偿。故国鱼龙冷，高天鸿雁凉。抚心惟马角，策足共羊肠。（自注："上四语兼怀閤公。"）四十年华盛，三千风力强。开筵千日酒，初度九秋霜。上客题鹦鹉，佳儿蜡凤凰。寒花宜晚节，淡月似初旸。且共谋今夕，相将抗乐方。铙歌喧枉渚，鼓吹溢余皇。（自注："于时有受降之役。"）积气嘘阳焰，冲风决土囊。纷纷争角觝，往往捉迷藏。身世双樊笼，乾坤百戏场。拔河群作队，蹀埥巧相当。（自注："蹀埥抛砖戏也。"）粤祝刀头沸，伥童撞末忙。倒投应共笑，殒绝又何妨。丸剑纷跳跃，虺蛇莽陆梁。雉媒声呃喔，鸡距羽飘扬。蚊翼飞军檄，龟毛算土疆。蚁酣床下斗，鼠怯穴中僵。左角封京观，南柯缺斧斨。西垣余落日，东牖湛清觞。鹑首天还醉，旄头角尚芒。楚弓亡自得，郑璧假何常。颂德牛腰重，横经马肆详。（原注："有本事，详在自注中。"）酒兵天井动，饮器月氏良。噩梦难料理，前尘费忖量。糟床营壁垒，茗椀拣旗枪，乍可歌鹳鸽，宁辞典骕骦。持筹征绿酹，约法听红妆。笑口灯花烂，灰心烛泪行。有言多谬误，无处诉颠狂。授色流眉睩，传杯啮口肪。漏残河黯淡，舞罢斗低昂。班马宵喧櫪，邻鸡晓奋吭。莫嫌相枕籍，旭日渐煌煌。

寅恪案：此时牧斋及武静之任务，可于永历与徐孚远、张元畅两敕文中见之，兹全录两敕文于下。

《徐闇公先生年谱》“永历六年即顺治九年壬辰”条“永历自黔遣官赍敕谕先生偕张肯堂等进取”下附《敕》曰：

皇帝敕谕赞理直浙恢剿军务兼理粮饷都察院左佥都御史徐孚远。朕以凉德御宇，崎岖险阻，六载于兹。每念贞臣志士，抗节遐陬，茹荼海表，不禁寝食为废。兹以黔方地控上游，爰于今春二月，暂跸安龙，用资调度。赖秦王（指孙可望）朝宗，力任尊攘，分道出师，数月之间，川楚西粤相次底定。事会既有可为，策应自不宜缓。尔孚远贞心独立，忠节性成，履重险而不回，处疾风而愈劲。前晋尔都察院右佥都御史，赞理恢剿军务，久有成命。顷览督辅臣肯堂及尔来奏，知尔与枢司臣徐致远等潜联内地，不避艰危，用间伐谋，颇有成绪。朕心嘉尚。用敕国姓成功提师北上，进规直浙。尔其与督辅肯堂，鼓励诸师，承时进取。或联合山海义旅，张我犄角。或招徕慕义伪帅，间其心腹，务期荡平膻秽，密奏收京，俾朕旋轸旧都，展谒陵庙。惟时尔庸若宋臣范仲淹，以天下为己任。故其文章气节彪炳一时，至今尚之，尔其勉旃，慰朕至望。钦哉！特敕。永字一万一千十三号。

又附有陈洙《按语》云：

直浙即江南浙江，盖江南为明之直隶省，是时肯堂已先一年殉国舟山，桂王尚未之知，故敕中又及“督辅肯堂”字样。

同书“永历八年即顺治十一年甲午”条“永历遣官斋敕谕先生及张元畅”下附《敕》曰：

皇帝敕谕佥宪臣徐孚远，枢司臣张元畅，朕跸安龙垂及三载，每念我二三忠义，戮力远疆，艰危备历，不禁寝食为废。尔佥宪臣孚远履贞抗节，历久不渝。近复深入虏窟，多方联络，苦心大力，鉴在朕心。尔枢司臣张元畅，不惮险远，间关入觐，去春衔命东归，百罹并涉，卒能宣德达情，克将使命。用是特部议予孚远赞理直浙恢剿军务，兼理粮饷关防。予元畅直浙督师军前监军理饷关防，俾尔疏通远近，以便奏报。方今胡氛渐靖，朕业分遣藩勋诸师，先定楚粤，建瓴东下。漳国勋臣成功亦遣侯臣张名振等统帅舟师，扬帆北上。尔务遥檄三吴忠义，俾乘时响应，共奋同仇。仍一面与勋臣成功商酌机宜，先靖五羊，会师楚粤。俟稍有成绩，尔等即星驰陛见，以需简任，尚其勉旃，慰朕属望。钦哉！特敕。

据上引永历六年即顺治九年敕文“招徕慕义伪帅，间其心腹”之语，复检《清史列传·八十·马逢知传》云：

（顺治七年）十一月，土贼何兆隆啸聚山林，外联海贼，为进宝擒获。随于贼营得伪疏稿，谓进宝与兆隆通往来，疏请明鲁王颁给敕印。又得伪示，称进宝已从鲁王。进宝以遭谤无因，白之督臣陈锦，以明心迹。锦疏奏闻。得旨：设诈离间，狡贼常情。马进宝安心供职，不必惊惧。

此事虽在前二年，且颁敕印者为鲁王而非桂王，然情状实相类似，可以互证。故招徕慕义伪帅之责，如牧斋声望年辈及曾迎降清兵者，最足胜任。况牧斋复经瞿稼轩之荐举从事此种工作乎？又据此《敕》文“尔与枢司臣徐致远等潜联内地，不避艰危，用间伐谋，颇有成绪”等语，则知武静早已游说伪帅反清复明稍有成绪矣。其称之为“枢司臣”者，正如顾亭林，鲁王曾授以兵部司务事，后唐王复以职方郎召之例（见《清史稿·四八七·儒林传·二·顾炎武传》）。但《顾亭林诗笺注》前附清国史馆旧《传》，改“鲁王”及“唐王”为“福王”，盖有所避忌也。此种低级官衔，大抵加诸年辈资格较浅之人，武静亭林即其证也。

又关于顾亭林受南明诸主官秩事，更牵及汪琬与归庄争论“布衣”问题，如《尧峰文钞·三三·与归元恭书》第二通云：

人主尚不能监谤，足下区区一布衣，岂能尽箝士大夫之口哉？

同书同卷《与周汉绍书》略云：

仆再托致元恭手札，力辨改窜《震川集》非是。彼概置不答，而辄谰词诟詈。又闻指摘最后札中“布衣”二字，谓仆简傲而轻彼。于是诉诸同人，播诸京师士大夫之口，则元恭亦甚陋矣。仆不审元恭所诉何词，士大夫何故一口附和也。由仆言之，布衣之称，不为不尊，不为不重，不为不褒且誉也。仆原书具在，上文借引人主，下文用布衣比拟，正与庄、荀文义略同。以此缪相推奉，使元恭或局蹐忸怩而不敢当，斯则宜矣。而顾谓简傲，彼虽甚陋，岂奔走干谒之暇，全未寓目诸书乎？记有之，学然后知不足，彼之所以怱怺诟詈至于再四，而莫止者，夫孰非不学之故与？窃愿元恭少留意于学也。抑仆又妄加揣摩，得毋元恭间从宦游，亦既授有官秩，而仆忽忘之耶？则仆生稍晚，自世祖章皇帝以来，即从事本朝，为郎官为小吏于京师，是故只知本朝官秩而已，若元恭所历，实不能知也。以此罪仆简傲，又奚逭焉？元恭交游甚广，其声焰气埶，皆足杀仆，不得不自白于足下，幸足下代为雪之。

《归庄集·五·再答汪苕文》略云：

二月八日布衣归某顿首苕文民部先生执事。自正月二十一日，连得二书。甚怪！执事第二书，谓仆斥之为戆，为杜撰，为取笑。且谓仆以区区一布衣，欲箝士大夫之口，而咆哮抵触。戆字，仆书初未尝有，而横诬之。若杜撰，取笑，则诚不能讳。昔王文恪公（鏊）罢相归里门，（陆）贞山先生（粲）尚为诸生，相与质难文义，宛如平交。文恪心折于陆，每注简端云，得之子余。前辈之忘势，而虚怀若此，今执事不过一郎官耳，遂轻仆为区区一布衣，稍有辨难，便以为咆哮抵触。人之度量相越，乃至于此。执事每言作文无他妙诀，惟有翻案。夫翻案者，如人在可否之间，事涉是非之介，不妨任人发论。然昔人尚有以好奇害理为戒，今执事乃故宽肆意删改之罪，而锻炼苦心订正之人，此不得谓之翻案，乃是拂人之性耳。仆前书气和而辞逊，执事顾谓其咆哮抵触，今则诚不能无抵触矣。盖欲执事知区区布衣，亦有不可犯者，毋遂目中无人，而概凌轹之也。

夫玄恭与亭林同时起兵抗清，鲁王既授亭林以官职，则玄恭亦必有类似之敕命（可参《小腆纪传·五三·儒林·一·顾炎武传》及同书五八《归庄传》）。钝翁应知恒轩曾受明之虚衔，故挟此以要挟恫吓。其用心狠毒，玄恭发怒，即由于此。至《与周汉绍书》，自“抑仆又妄加揣摩”至“实不能知也”一段，汉奸口吻，咄咄逼人，颜甲千重，可谓不知世间有羞耻事矣。特标出之，以告读恒轩尧峰之集者。

又永历六年《敕》“用敕国姓成功提师北上，进规直浙”及永历八年《敕》“漳国勋臣成功亦遣侯臣张名振等统帅舟师，扬帆北上，尔务遥檄三吴忠义，俾乘时响应，共奋同仇”等语，足证牧斋诸人之谋接应延平，亦实奉永历之命而为之，非复明诸人之私自举动也。永历六年《敕》“务期荡平膻秽，密奏收京，俾朕旋轸旧都，展谒陵庙”等语，足证牧斋之频繁往来南京，甚至除夕不还家渡岁，河东君亦能原谅之者，盖牧斋奉有特别使命之故也。抑更有可笑者，永历六年《敕》为“特敕。永字一万一千十三号”。以区区之小朝廷，其官书之繁多如此。唯见空文，难睹实效，焉得不终归覆灭哉？

复次，牧斋诗中有略须释证者“长离仍夭矫，二远并翱翔”一联，指徐氏兄弟三人。“长离”谓闇公仲弟圣期。《徐闇公先生年谱》“万历二十九年辛丑”条云：

四月弟圣期凤彩生。

同书“永历十一年即顺治十四年丁酉”条云：

七月先生弟凤彩卒。

牧斋称凤彩为“长离”者，盖《汉书·五七·下·司马相如传·大人赋》云：

前长离而后矞皇。（原注：“师古曰，长离灵鸟也。”）

及旧题伊世珍撰《琅嬛记》云：

南方有比翼鸟（寅恪案：“佩文韵府”“八霁”所引，“鸟”作“凤”），飞止饮啄，不相分离。雄曰野君，雌曰观讳。总名曰长离。言长相离着也。此鸟能通宿命，死而复生，必在一处。

牧斋赋此诗在顺治十三年丙申九月，是时圣期尚健在。但《钓璜堂存稿·徐闇公先生年谱》附录王沄《东海先生传》略云：

东海先生姓徐氏，名孚远，字闇公，华亭人。父太学公尔遂，生三子，长即先生，仲凤彩，少致远。先生出亡时，湖海风涛，家门岌岌不自保，仲弟遂以忧卒。少弟为世所指名，几滨于危。奔走急难，倾身下士，由是家门得全，家益中落，劳瘁失志，亦以忧卒。

然则圣期与武静兄弟二人，谨慎豪侠，各有不同。（可参《钓璜堂存稿·十·武静弟》及同书一一《闻圣期二弟没赋哀六首》之二及五等诗。）武静当日寿筵，牧斋及其他宾客皆反清复明好事之人，以意揣之，圣期未必与此辈往还。其弟生日时或竟不预坐，亦未可知。唯牧斋寿武静诗，历叙徐氏家门之盛，兼怀闇公，自不能不言及圣期耳。

牧斋诗自“丧乱嗟桑梓”至“低回对夕阳”一段，指徐氏第宅为清兵占据毁坏之凄凉状况。《云间地宅志》所记徐阶、徐陟兄弟及其子孙之屋舍甚多，恐牧斋诗中所述乃指徐阶赐第即王氏书中略云：

南门内新桥河西。仙鹤馆西徐文贞公阶赐第，有章赐世经二堂，门有额曰，三赐存问。

是也。其他徐氏第宅，或以较为狭小，不足供驻兵之用，遂幸得保存，如武静之高会堂即是其一。《莼乡赘笔·上》“议裁提督”条云：

吾松郡制吴淞总兵一员驻防，其余沿海如金山卫川沙等处，各设参戎。形势联络，海滨有警，一呼俱应，最为得策。自国朝虑海氛飘忽，专设提督，坐镇府城。去海百余里，分防诸弁往来请命，缓急不能即赴，贼往往乘隙扬帆突入，屡遭劫掠，逮遣兵而已无及矣。况提镇衔尊势重，坐享荣华，糜兵耗饷，有害无益，兼之兵民杂处，尤属不安，百姓房屋，半成营伍。洪内院承畴议撤提督，以总兵驻吴淞。科臣亦有筹及此者，何时得复旧制，使郡中士庶复睹升平之象耶？

足知当日提督驻在松江府城，其部下侵占及毁坏民间房屋之情形。故阆石所记，亦可视为牧斋诗此段之注脚也。牧斋诗“重来履道里，旋忆善和坊”，上句指武静之高会堂。下句指文贞赐第。“履道里”用白香山典故，固不待言。“善和坊”出柳子厚《与许孟容书》。牧斋意谓高会堂幸存，而赐第被占也。“里”“坊”两字可以通用，况上句既用“里”字，下句不当重复。且“坊”字为此诗之韵脚，不能更用他字。遵王《注》“善和坊”，并列《云溪友议》及柳文两出处，而不加择别，盖范书作“善和坊”，柳文作“善和里”之故。殊不知范书所言乃是扬州之倡肆。岂可以目宰相之赐第耶？读遵王《注》至此，真可令人喷饭也。“铙歌喧枉渚，鼓吹溢余皇”一联，下注云：“于时有受降之役。”《清史稿·五·世祖本纪·二》略云：

（顺治十三年丙申七月）戊申（初二日），官军败明桂王将龙韬于广西，斩之。庚戌（初四日），郑成功将黄梧等以海澄来降。八月壬辰（十七日），封黄梧为海澄公。

然则此联上句指龙韬之败死，下句指黄梧之降清。牧斋所谓“于时有受降之役”即指海澄氏而言。黄氏之降，关系明清之兴亡者甚大，故牧斋自注特标出之。清廷发表两事在七月及八月。牧斋得闻知，当在八九月，距赋此诗时甚近也。或更谓《清史稿·五·世祖本纪·二》载：

（顺治十三年丙申正月）己亥（廿日），郑成功将犯台州，副将马信以城叛，降于贼。

牧斋所谓受降之役即指此事，盖以郑延平受马信之降也。但牧斋自注既不详言，故未敢决定，姑备一说，以俟续考。牧斋诗“蚊翼飞军檄，龟毛算土疆”一联，上句遵王《注》引东方朔《神异经》“南方蚊翼下有小蜚虫焉”等语以释之，是。牧斋之意，不过谓此时南方尚用兵也。下句遵王《注》引任昉《述异记》“夏桀时，大龟生毛，而兔生角，是兵角将兴之兆”以为释，自亦可通。但鄙意牧斋“龟毛”之语盖出佛典，如《楞严经》之类，其义谓虚无不足道。推牧斋诗旨，盖谓南明此时疆土虽有损失，亦无害于中兴之大计也。“颂德牛腰重，横经马肆详”一联，下原注云：“有本事，详在自注中。”夫歌功颂德之举，乃当日汉奸文人所习为者，渊明诗之所慨叹，亦建州入关之初，汉族士子依附武将聊以存活之常事，殊不足怪。但牧斋此联必有具体事实，非泛指一般情况。其自注今不可见，甚难确言也。“持筹征绿酹，约法听红妆”一联，下句之“红妆”当有彩生在内。末两句“莫嫌相枕籍，旭日渐煌煌”，盖谓此时预会诸人，虽潦倒不得志，但明室渐有中兴之望，聊可自慰。牧斋斯语，不独可为此诗之结语，亦《高会堂集》诸诗之主旨也。

《有学集诗注·七·云间诸君子再飨于子玄之平原北皋（见遵王“陆机山”注）子建斐然有作次韵和答四首》云：

松江蟹舍接鱼湾，箬笠拏舟信宿还。爱客共寻张翰酒，开筵先酹陆机山。吹箫声断更筹急，舞袖风回幺鼓闲。沉醉尚余心欲捣，江城悲角隐严关。

其二云：

征歌选胜梦华年，装点清平觉汝贤。灯下戏车开地脉（自注：“优人演始皇筑长城事。”），尊前酒户占天田。吴姬却诉从军苦，禅客偏拈赠妓篇。看尽秋容存老圃，莫辞醉倒菊花前。

其三云：

秋漏沉沉夜壑移，余杭新酒熟多时。笙歌气暖灯花早，宴语风和烛泪迟。上客紫髯依白发，佳人翠袖倚朱丝。（自注："鲁山公次余坐，彩生接席。"）频年笑口真难得，黄色朝来定上眉。

其四云：

几树芙蓉伴柳条，平川对酒碧天高。湘江曲调传清瑟（涵芬楼本"曲调"作"一曲"），汉代词人谥洞箫。（寅恪案："谥"疑是"咏"字之讹。）自有风怀销磊块，定无筹策到渔樵。停杯且话千年事（涵芬楼本"且"作"莫"），黄竹谁传送酒谣。（自注："席中宋子建作致语，有云，借箸风清，效伏波之聚米。非道人本色，五六略为申辨，恐作千古笑端耳。"）

寅恪案：前论《云间诸君子飨余于高会堂》诗，谓牧斋初至松江，云间诸友为之洗尘，故合宴之于高会堂。今此诗题《再飨于子玄平原北皋》，则当是共为饯行之举也。子建者，宋存标之字。光绪修《华亭县志·一六·人物门》云：

宋存标，字子建，号秋士，尧武孙，明崇祯十五年副贡。子思玉，字楚鸿。思宏，字汉鹭。思璟，字唐鹗。

在《再飨》诗前，牧斋有《次韵答宋子建》及《次韵答子建长君楚鸿》两题，不过酬应之作，故不备录。此题则云间诸人以其来松游说马进宝反清略告一段落，将归常熟，公饯席间，子建赋诗并作致语，贺其成就，故牧斋次韵和答寓有深意。与前此两题仅为寻常酬应之作者，大不相同也。第一首七、八两句，言当日清廷驻重兵于长江入海要地之松江以防郑成功。《毛诗·一二·小雅·小弁》云：

踧踧周道，鞫为茂草。我心忧伤，惄焉如捣。

《传》云：

周道，周室之通道。（可参钱饮光澄之《田间诗学》此篇引陈式语。）

盖长江为通南都之大道，与其次年所作“铁锁长江是旧流”句（见《有学集诗注·八·燕子矶归舟作》）同一辞旨也。第二首第二联，下句指上引《彩生持扇索诗戏题八首》等同类之篇什。“禅客”牧斋自称也。上句自指彩生。其诉从军苦者，必非泛说。观《题彩生扇八首》之八“北斗横斜人欲别，花西落月送君归”句及《霞老累夕置酒彩生先别》一题，知彩生往往不待席终即先别去，似有拘束所致。岂彩生乃当日营妓耶？俟考。

偶检徐电发（釚）《本事诗·十》载毛驰黄（先舒）《赠王采生诗四首（并序）》云：

盖闻柴桑高韵，非无西轩之曲。（见涵芬楼影宋刊本笺注《陶渊明集·六·闲情赋》。）楚士贞心，亦有东邻之赋。（见《文选·一九·宋玉登徒子好色赋》。）虽托兴于艳歌，实权舆于大雅者也。同郡范子，天情高逸，风调霁朗，埋照浊世，混迹嚣尘。莫愁湖畔，屡变新声。阮籍垆头，何疑沉醉。尔乃偶然命屐，瞥尔逢僊。地多松栢，上宾邀除径之欢。门掩枇杷，才子乃扫门（眉）之客。其人也，产自鹤沙，侨居凤麓。收束近禁中之态，散朗饶林下之风。若乃妙能促柱，雅工垂手。丹唇乍启，毫发崩云。响屧初来，氍毹如水。感此倾城之好，遂叶同声之歌。白门柳下，夜夜藏乌。油壁车边，朝朝骑马。是以红笺十丈，写幽艳以难穷。白纻千丝，萦繁愁而欲断。茂矣美矣，婉兮娈兮。南方故多佳人，而西陵洵称良会者也。于是传诸好事，递撰新篇，既美一绪之联文，且惊诸体之竞爽。昔者啰唝曲高，镜湖开色。善和笔妙，雪岭更题，总标美于青楼，均流音于斑管。以兹方昔，将无过之。仆忧病无方，风流殆尽。聊宣短叙，并制韵文。悔其少作，敢借口于扬云。辄冠群贤，终汗颜于李白云尔。

昨日非今日，新年是旧年。迷人春半草，相望隔江烟。
鸭卧香炉暖，蜂憎绣幕垂。何当寒食雨，著意湿花枝。
吴绡吹梦薄，楚簟压娇多。宿髻鬖松处，教谁唤奈何。
柳汁匀晨黛，桃脂助晚妆。谁怜薄命妾，不负有心郎。

寅恪案："同郡范子"者，疑是范骧。《清史列传·七十·文苑传·柴绍炳传》附《毛先舒传》略云：

毛先舒，字稚黄，（浙江）仁和人。初以父命为诸生，改名骙。父殁，弃诸生，不求闻达。少奇慧，十八岁著《白榆堂诗》，陈卧子见而奇赏之，因师子龙。复著有《歊景楼诗》，子龙为之序。又从刘宗周讲学。

民国修《海宁州志稿·二九·文苑门·范骧传》略云：

范骧，字文白，号默庵。书法效钟、王。环堵萧然，著述不辍。俄以史祸被逮，已而得释，志气如常。令下郡国辑修邑乘，骧考献征文，书将成而卒，年六十八。

吴修《昭代名人尺牍小传·七·范骧传》云：

范骧，字文白，号默庵，海宁人，诸生。工书，有《默庵集》。

文白事迹第三章论《采花酿酒歌》已略及之外，今更稍详述之。文白既与牧斋交好，又曾为南浔庄氏史案所牵累，卒以与陆圻、查伊璜同自首之故，得免于祸（见《痛史·第四种·庄氏史案》附陆缵任（莘行）撰《老父云游始末》）。当日列名庄氏史书诸人，大抵皆江浙文士不归心建州者。观陆查志行，亦可以推知范氏之旨趣矣。稚黄师事陈子龙，又从刘宗周讲学，则其人当亦反清之流，与文白同气类者。由是言之，毛、范之粉饰推誉彩生，殆有政治关系，不仅以其能歌善舞也。“鹤沙”即上海县之鹤沙镇。上海为松江府属县之一，萨都剌《吴姬曲》云“郎居柳浦头，妾住鹤沙尾。好风吹花来，同泛春江水”（见顾嗣立《元诗选》“初集”“戊集”所选萨天锡《雁门集》）。稚黄“产自鹤沙”之语，即用此古典，亦是当日之今典，复与牧斋诗“吴姬却诉从军苦”之吴姬相合。“凤麓”者，指凤凰山麓而言，即谓松江府城，盖松江有凤凰山。第三章论陈卧子《癸酉长安除夕》诗“曾随侠少凤城阿”节，已详引证，兹不复赘。毛氏又言：“传诸好事，递撰新篇，既美一绪之联文，且惊诸体之竞爽。”则《赠彩生诗》必有专刊传播，如《东山酬和集》之类。此乃明末清初社会之风气也。“啰唝曲高，镜湖开色”者，范摅《云溪友议·下》“艳阳词”条略云：

安人元相国应制科之选，历天禄畿尉，则闻西蜀乐籍有薛涛者，能篇咏，饶词辩，常悄悒于怀抱也。及为监察，求使剑门，以御史推鞫，难得见焉。（后）廉问浙东，别涛已逾十载。方拟驰使往蜀取涛，乃有排优周季南，季崇及妻刘采春，自淮甸而来，善弄陆参军，歌声彻云，篇韵虽不及涛，容华莫之比也。元公似忘薛涛，而赠《采春诗》曰：“新妆巧样画双蛾，幔裹恒州透额罗。正面偷轮光滑笏，缓行轻踏皱文靴。言词雅措风流足，举止低回秀媚多。更有恼人肠断处，选词能唱望夫歌。”

望夫歌者，即罗唝之曲也。（原注："金陵有罗唝楼，即陈后主所建。"）《采春》所唱一百二十首，皆当代才子所作。其词五六七言，皆可和矣。词云："昨日胜今日，今年老去年。黄河清有日，白发黑无缘。"（寅恪案：其词共七首，只录其第五首，余皆从略。）采春一唱是曲，闺妇行人莫不涟泣。且以稿砧尚在，不可夺焉。

故稚黄诗四首之一，即仿《采春》所唱七首之五。颇疑毛氏此首之第一、第二两句之意，暗寓明社已屋，清人入关，虽标顺治之年号，实仍存永历之纪年也。况《云溪友议》有"刘采春"之名，毛氏更可借用"采"字以指"彩生"。镜湖在越州，元微之为浙东观察使，镜湖在其治所，毛氏《序》因云"镜湖开色"也。又"善和笔妙，雪岭更题"者，《云溪友议》中"辞雍氏"条略云：

崔涯者，吴楚之狂生也，与张祜齐名。每题一诗于倡肆，无不诵之于衢路。誉之，则车马继来；毁之，则杯盘失错。嘲李端端（曰）："黄昏不语不知行，鼻似烟窗耳似铛。独把象牙梳插鬓，昆仑山上月初生。"端端得此诗，忧心如病。（盐铁）使院饮回，遥见二子蹑屐而行，乃道傍再拜竟灼曰：端端只候（张）三郎（崔）六郎（见岑仲勉先生《唐人行第录》），伏望哀之。又重赠一绝句粉饰之，于是大贾居豪，竞臻其户。或戏之曰："李家娘子，才出墨池，便登雪岭。何期一日，黑白不均？"红楼以为倡乐，无不畏其嘲谑也。祜涯久在维扬，天下晏清，篇词纵逸，贵达钦惮，呼吸风生，畅此时之意也。赠诗云："觅得黄骝被绣鞍，善和坊里取端端。扬州近日浑成差，一朵能行白牡丹。"

毛氏用典颇妙，但王家娘子绝非本出墨池，自不待稚黄辈为之引登雪岭也。一笑！

牧斋《和答子建诗》第三首第二联上句“上客紫髯依白发”即自注“鲁山公次余坐”之意。盖用《三国志·吴书·二·孙权传》“权乘骏马，越津桥得去”句下裴《注》引《献帝春秋》曰：

张辽问降人：“向有紫髯将军，长上短下，便马善射是谁？”降人答曰：“是孙会稽。”辽及乐进相遇，言不早知之，急追自得。举军叹恨。

“上客紫髯”指鲁山，“白发”牧斋自谓也。下句“佳人翠袖”指彩生，“朱丝”即朱弦，谓所弹之乐器也。由是观之，此次云间诸子饯别牧斋，推鲁山为主要陪宾，倩彩生专事招待，又使子建特作致语，国士名姝齐集一堂，可称盛会。颇疑此举非仅出于武静辈之私人交谊，实亦因永历帝欲借郑延平兵力以取南都，而牧斋为执行此政策之一人有以致之欤？

牧斋诗第四首第一联上句“湘江曲调传清瑟”，用钱起故事，遵王《注》已释，乃牧斋自谓。下句“汉代词人谥（？）洞萧”用徐陵《玉台新咏序》：

东储甲观，流咏止于洞箫。娈彼诸姬，聊同弃日。猗与彤管，丽以香奁。

王褒作《洞箫赋》（可参《汉书·六四·下·王褒传》及《文选·一七》王子渊《洞箫赋》并《徐孝穆全集·四·玉台新咏序》吴显令（兆宜）《笺注》），“王”为彩生之姓，故此句指彩生而言。牧斋以己身与彩生并举，其推重彩生至于此极，必有深意，非偶然也。第二联上句“自有风怀销磊块”，即谓与彩生等文宴而已，非有其他作用。下句“定无筹策到渔樵”及自注，乃掩饰其此行专为游说马进宝反清之事，所谓欲盖弥彰者也。又云间杜让水（登春）《尺五楼诗集·二·武静先生席上赠钱牧翁宗伯》云：

孺子宾留老伏虔，叩钟辄应腹便便。南朝事业悲歌里，北固衣冠怅望前。帐内如花真侠客，囊中有券自蛮天。酒酣绪论堪倾耳，莫使迂儒缩舌还。

寅恪案：让水此诗第二联，上句指河东君，第四章已引。下句“券”字即“丹书铁券”之“券”借作“诏”字，疑指牧斋实受有永历密旨。第七、八两句，则指武静席上牧斋与诸人共谈复明之事也。故牧斋此次至松江之企图，得让水此诗，益可证明矣。牧斋诗第七、第八两句，用《穆天子传·五》所云：

日中大寒，北风雨雪，有冻人。天子作诗三章，以哀民曰：“我徂黄竹，□员閟寒，帝收九行。嗟我公侯，百辟冢卿。皇我万民，旦夕勿忘。我徂黄竹，□员閟寒，帝收九行。嗟我公侯，百辟冢卿。皇我万民，旦夕勿穷。有皎者鹭，翩翩其飞。嗟我公侯，□勿则迁。居乐甚寡，不如迁土，礼乐其民。”天子曰：“余一人则淫，不皇万民。”□登乃宿于黄竹。

牧斋以桂王迁播西南，比之周穆王西巡。黄竹诗中“帝收九行，皇我万民”乃恢复神州以慰遗民想望故国故君之意。“有皎者鹭”，借“鹭”以指鹭门，即厦门。（见《小腆纪年附考·一三》“顺治三年十一月丙寅明郑彩奉监国鲁王次中左所寻改次长垣”条所云“中左所亦名鹭门即厦门也”，并可参《钓璜堂存稿·五·鹭山》诗“鹭门之山如剑戟”句。）“居乐甚寡，不足迁土”谓郑成功局处海隅，不如率师以取南都也。穆天子往往有献酒之语，如卷三“命怀诸饘献酒”之类，但未见有“送酒”之辞。岂牧斋欲以此次在松江游说马进宝反清之情况遣人往告永历帝及延平王耶？牧斋诗旨隐晦，颇难通解，姑备一说，殊未敢自信也。

《茸城惜别思昔悼今呈云间诸游好兼与霞老订看梅之约共一千字》云：

（上略。）许掾来何暮，徐娘发未宣。华颠犹踯躅，粉面亦迍邅。月引归帆去，风将别袂褰。无言循鹤发，有泪托鹍弦。身世缁尘化，心期皓首玄。魂由天篮予，命荷鬼生全。此日忧痗首，何时笑拍肩。临行心痒痒，苦语泪溅溅。去矣思虾菜，归欤老粥饘。可知沧往劫，还许问初禅。燕寝清斋并，明灯绣佛燃。早梅千树发，索笑一枝嫣。有美其人玉，相携女手卷。冲寒罗袖薄，照夜缟衣妍。领鹤巡荒圃，寻花上钓船。白头香冉冉，素手月娟娟。搔首频支策，长歌欲扣舷。莫令渔父棹，芦雪独夤缘。

寅恪案：范锴《花笑庼杂笔・一》“黄梨洲先生批钱诗残本茸城惜别诗”条云：

柳姬定情，为牧老生平极得意事。缠绵吟咏，屡见于诗。

太冲此语，殊为确评。牧斋平生所赋长篇五言排律如《有美诗》《哭稼轩留守相公》及此诗等，皆极意经营之作，而此篇中以蒙古比建州，所用典故如“诈马”“只孙”“怯薛”等，岂俭腹之妄庸巨子自称不读唐以后书者所能办。第四章已引此诗“十六年来事”至“落月九峰烟”一节，兹不重列，仅录此诗末段，并略加诠论，以其与河东君有关故也。“许掾来何暮，徐娘发未宣”一联，上句以许询比霞城（见《世说新语・中・赏誉・下》“许掾尝诣简文”及“支道林问孙兴公君何如许掾”等条），下句以徐娘昭佩比河东君。当牧斋赋此诗时，河东君年已三十九，发尚全黑，自是事实。但《南史·一二·后妃·下·梁元帝徐妃传》云：

帝左右暨季江有姿容，又与淫通。季江每叹曰："柏直狗虽老犹能猎，萧溧阳马虽老犹骏，徐娘虽老，犹尚多情。"

此则断章取义，不可以辞害意也。"华颠犹踯躅，粉面亦迍邅"一联，上句牧斋自谓，下句指河东君。牧斋作此诗末段邀霞城赴虞山拂水山庄看梅。恐是邀其与河东君面商复明计划。霞城若至牧斋家，河东君自是女主人，应尽招待之责。且此段与首段皆关涉河东君，措意遣辞，如常山之蛇，首尾相应，洵为佳作也。

复次，关于王彩生之资料，今所得尚不充足。姑先戏附一诗，以结他生之后缘云尔。

戏题有学集高会堂诗后

竹外横斜三两枝，分明不是暮春期。未知轻薄芳姿意，得会衰残野老思。万里西风吹节换，夕阳东市索琴迟。可怜诗序难成谶，十月桃花欲笑时。

顺治十三年丙申秋冬间，牧斋往松江游说马进宝反清告一段落。次年复往金陵，盖欲阴结有志复明之人，以为应接郑延平攻取南都之预备。其流连文酒，咏怀风月，不过一种烟幕弹耳。此年之诗，前已多引证，兹择录《有学集诗注·八·长干塔光集》中顺治十四年丁酉所作诸诗最有关复明运动及饶有兴趣者诠论之于下。

《櫂歌十首为豫章刘远公题扁舟江上图》，其一云：

家世休论旧相韩，烟波千里一渔竿。扁舟莫放过徐泗，恐有人从圯上看。（自注：“远公故相文端公之孙，尚宝西佩（斯玮）之子。”寅恪案：并可参同书同卷《金陵杂题绝句二十五首》之二十二自注及《花笑庼杂笔·一》黄梨洲先生此题批语。）

其三云：

吴江烟艇楚江潮，濑上芦中恨未消。重过子胥行乞地，秋风无伴自吹箫。

寅恪案：远公为刘一燝之孙。《明史·二百四十·刘一燝传》略云：

刘一燝，字季晦，南昌人。光宗即位，擢礼部尚书兼东阁大学士。（魏）忠贤大炽，矫旨责一燝误用（熊）廷弼，削官。追夺诰命，勒令养马。崇祯改元，诏复官，遣官存问。八年卒。福王时，追谥文端。

季晦在福王时追谥文端，殆由牧斋之力。盖此时牧斋任礼部尚书故也。远公之至南京，不知有何企图，据牧斋诗旨，以张良伍员报韩复楚相期许，则远公之志在复明，为牧斋所特加接纳者之一，又可推知矣。

《顾与治书房留余小像自题四绝句》，其一云：

崚嶒瘦颊隐灯看，况复撑衣骨相寒。指示傍人浑不识，为他还著汉衣冠。

寅恪案：第二句有李广不封侯之叹，即己身在明清两代，终未能作宰相之意。末二句则谓己身已降顺清室，为世所笑骂，不知其在弘光以前，固为党社清流之魁首。感慨悔恨之意，溢于言表矣。

其二云：

苍颜白发是何人，试问陶家形影神。揽镜端详聊自喜，莫应此老会分身。

寅恪案：末二句自谓身虽降清，心思复明，殊有分身之妙术也。

其三云：

数卷函书倚净瓶，匡床兀坐白衣僧。骊山老母休相问，此是西天贝叶经。

寅恪案：牧斋表面虽屡称老归空门，实际后来曾有随护郑延平之举动。今故作反面之语，以逊辞自解，借之掩饰也。

其四云：

褪粉蛛丝网角巾，每烦棕拂拭煤尘。凌烟褒鄂知无分，留与书帷伴古人。

寅恪案：网巾乃明室所创，前此未有，故可以为朱明室之标帜，周吉甫（晖）《续金陵琐事》“万发皆齐”条云：

太祖一夕微行至神乐观，见一道士结网巾。问曰：“此何物耶？”对曰：“此网巾也，用以裹之头上，万发皆齐矣。”次日，有旨召神乐观结网巾道士，命为道官，仍取其网巾，遂为定式。

《小腆纪传·五二·画网巾先生传》（寅恪案：徐氏所记出戴名世撰《画网巾先生传》。见《戴南山先生全集·七》）略云：

画网巾先生者，不知何许人。（寅恪案：《小腆纪传·三九·刘中藻传》云：“中藻子思沛，时羁浦城狱中，闻父死，曰：‘父死节，子可不继先志乎！’亦死。或曰，思沛即画网巾先生也。”《小腆纪年附考·一六》“顺治六年四月我大清兵克福安明鲁兵部尚书东阁大学士刘中藻死之”条，亦载此事，但附考曰：“《福建续志》《福宁府志》俱云思沛即世所称画网巾先生，而《福安县志》谓思沛羁浦中狱中，闻中藻死，曰，父死节，子可不继先志乎！亦死。《浦城县志》亦云然。按画网巾先生死泰宁之杉津，自另是一人。”兹附录于此，以供参考。）服明衣冠，从二仆，匿迹光泽山寺中。守将吴镇掩捕之，送邵武，镇将池凤鸣讯之，不答。凤鸣伟其貌，为去其网巾，戒军中谨事之。先生既失网巾，盥栉毕谓二仆曰：“衣冠历代旧制，网巾则我太祖高皇帝创为之，即死，可忘明制乎？取笔墨来，为我画网巾额上。”画已，乃加冠。二仆亦交相画也。每晨起以为常。军中哗之，呼曰“画网巾”云。（王之纲斩之，）挺然受刃于泰宁之杉津。泰人聚观之，所画网中，犹斑斑在额上也。

《小腆纪年附考·一七》“顺治七年庚寅十二月丙申（十七日）明督师大学士临桂伯瞿式耜江广总督兵部尚书张同敞犹在桂林谕降不屈死之”条云：

（张）同敞手出白网巾于怀，曰：“服此以见先帝。”

钱曾（牧斋）《投笔集笺注·上·后秋兴之二》第六首“胡兵翻为倒戈愁”句，牧斋自注云：

营卒从诸酋长，皆袖网巾毡帽，未及倒戈而还。

等，可以为证。牧斋此诗前二句，亦同此旨。末二句自谓不能将兵如唐之段志玄、尉迟敬德，只能读书作文。此本是真实语，但其在弘光时，自请督师以御清兵则恐是河东君之怂恿劝勉，遂有是请耳。

《题画》云：

撼撼秋声卷白波，青山断处暮云多。沉沙折戟无消息，卧着千帆掠槛过。

寅恪案：遵王《注》本此诗列于《燕子矶归舟作》后一题，《归舟》诗有“薄寒筋力怯登楼”及“风物正于秋老尽，芦花枫叶省人愁”等句。涵芬楼本列于《燕子矶舟中作》后一题，《舟中》诗亦有“轻寒小病一孤舟”句。并参以此诗第一句“撼撼秋声”之语，足证牧斋赋此《题画（七绝）》必在九月。《全唐诗·第八函·杜牧·四·赤壁》诗云：

折戟沈沙铁未销，自将磨洗认前朝。东风不与周郎便，铜雀春深锁二乔。

前论魏白衣致书郑延平谓“海道甚易，南风三日可直抵京口”。牧斋待至九月，以气候风向之改变，知郑氏无乘南风来攻南都之可能，遂不觉感樊川诗旨，而赋此《题画（七绝）》也。

《有人拈聂大年灯花词戏和二首》，其一云：

荡子朝朝信，寒灯夜夜花。也知虚报喜，争忍剔双葩。

其二云：

灯花独夜多，寂寞怨青娥。一样银缸里，无花又若何。

寅恪案：此为忆河东君之作，不过借《和聂寿卿诗》为题耳。

《桥山》云：

万岁桥山奠永宁，守祧日月镇常经。青龙阁道蟠空曲，玄武钩陈卫杳冥。坠地号弓依寝庙，上陵带剑仰神灵。金舆石马依然在，蹴踏何人夙夜听。

寅恪案：此首为明太祖孝陵而作。末二句则希望郑延平率师来攻取南都也。

《鸡人》云：

鸡人唱晓未曾停，仓卒衣冠散聚萤。执热汉臣方借箸，畏炎胡骑已扬舲。（自注：“乙酉五月初一日召对，讲官奏曰，‘马畏热，必不渡江。’余面叱之而退。”）刺闺痛惜飞章罢（自注：“余力请援扬，上深然之。已而抗疏请自出督兵。蒙温旨慰留而罢。”），讲殿空烦侧坐听。肠断覆杯池畔水，年年流恨绕新亭。

寅恪案：此首为牧斋自述弘光元年乙酉时事，颇有史料价值。末二句盖伤福王及己身等之为俘虏而北行也。

《蕉园》云：

蕉园焚稿总凋零，况复中州野史亭。温室话言移汉树，长编月朔改唐蓂。謏闻人自讹三豕，曲笔天应下六丁。东观西清何处所，不知汗简为谁青。

寅恪案：此首乃深恶当日记载弘光时事野史之诬妄，复自伤己身无地可托以写此一段痛史也。噫！牧斋在弘光以前本为清流魁首，自依附马、阮，迎降清兵以后，身败名裂，即使著书能道当日真相，亦不足取信于人。方之蔡邕，尤为可叹也。又同书同卷《金陵杂题绝句二十五首》之十三云：

人拟阳秋家汗青，天戈鬼斧付沉冥。赤龙重焰蕉园火，烧却元家野史亭。

此绝句亦自惜绛云楼被焚，其所辑之《明史稿本》全部不存，与《蕉园（七律）》可以互证，故附录之于《蕉园》诗后。

《小至夜月食纪事》（自注：“十一月十有六日。”）云：

蟾蜍蚀月报黄昏，冬至阳生且莫论。飞上何曾为玉镜，落来那得比金盆。朦胧自绕飞乌羽，昏黑谁招顾兔魂。画尽炉灰不成寐（涵芬楼本“不成”作“人不”），一星宿火养微温。

寅恪案：此首必有所指，今难确定，不敢多所附会。但检《小腆纪年附考·一九》“（顺治十四年丁酉四月）明朱成功部将施举与我大清兵战于定海关败绩死之”条云：

时成功谋大举入长江，令举招抚松门一带渔船为乡导。举至定海关，遭风入港，遇水师，力战而死。

然则郑延平本拟于此年夏大举入长江，不幸遭风失败。牧斋当早知延平有是举，故往金陵以待之，迄至小至日，以气候之关系，知已无率舟师北来之希望，因有七、八两句之感叹欤？俟考。

《至日作家书题二绝句》云：

至日裁书报孟光，封题冻笔蘸冰霜。栴檀灯下如相念，但读《楞严》莫断肠。

松火柴门红豆庄，稚孙娇女共扶床。金陵无物堪将寄，分与长干宝塔光。

寅恪案：此两首文情俱妙，不待多论。唯据第二首第二句，知稚孙即桂哥，亦与赵微仲妻随同河东君居于白茆港之红豆庄，而不随其父孙爱留寓城中宅内。然则牧斋聚集其所最爱之人于一处也（可参前论《丙申重九海上作四首》之四）。第二首末二句可参下一题《丁酉仲冬十有七日长至礼佛大报恩寺》。在牧斋之意，宝塔放光，即明室中兴之祥瑞，将来河东君亦当分此光宠，以其实有暗中擘划之功故也。

《和普照寺纯水僧房壁间诗韵邀无可幼光二道人同作》云：

古殿灰沉朔吹浓，江梅寂历对金容。寒侵牛目冰间雪，老作龙鳞烧后松。夜永一灯朝露寝，更残独鬼哭霜钟。可怜漫壁横斜字，剩有三年碧血封。

寅恪案：无可即方以智，幼光即钱澄之。（见《小腆纪传·二四·方以智传》及同书五五《钱秉镫传》并《吾炙集》“皖僧幼光”条。）

方、钱二人皆明室遗臣托迹方外者，此时俱在金陵，颇疑与郑延平率舟师攻南都之计划不能无关。牧斋共此二人作政治活动，自是意中事也。《纯水僧房壁间诗》之作者，究为何人，未敢决言，但细绎牧斋诗辞旨，则此作者当是明室重臣而死国难者，岂瞿稼轩、黄石斋一辈人耶？俟考。

《水亭拨闷二首》，其一云：

不信言愁始欲愁，破窗风雨面淮流。往歌来哭悲瞿鸲，莫雨朝云乐爽鸠。揽镜每循宵茁发（涵芬楼本“宵茁”下自注云：“先作朝剃。”），拥衾常护夜飞头。黄衫红袖今余几，谁上城西旧酒楼。

其二云：

琐闱夕拜不知繇，热铁飞身一旦休。岂有闭唇能遁舌，更无穴颈可生头。市曹新鬼争颅额，长夜冤魂怨髑髅。狼藉革胶供一笑，君王不替偃师愁。

寅恪案：此二首辞旨奇诡，甚难通解。遵王《注》虽于字面略有诠释，亦不言其用意所在。但牧斋赋诗必有本事，兹姑妄加推测，以备一说，仍待博识君子之教正。鄙意此二诗皆为河东君而作。第一首谓河东君之能救己身免于黄毓祺案之牵累。第二首谓己身于明南都倾覆后随例北迁期间，河东君受奸通之诬谤，特为之辨明也。第一首第七句“黄衫红袖”一辞，应解作红袖中之黄衫。《有学集诗注·八·金陵杂题绝句二十五首》之十“女侠谁知寇白门”及“黄土盖棺心未死”二句（全诗前已引），盖谓白门已死，今所存之女侠，唯河东君一人足以当之，即与上引杜让水“帐内如花真侠客”句同一辞旨。第八句兼用《汉书·九二·游侠传·萬章传》：“萬章，字子夏，长安人也。长安炽盛，街閭各有豪侠。章在城西新市，号曰城西萬子夏。”并《太平广记·四八五》许尧佐《柳氏传》“会淄青诸将合乐酒楼”及“柳氏志防闲而不克”等语。此两出处遵王《注》均未引及。第二首第一句遵王虽用《后汉书·百官志》引卫宏《汉旧仪》曰“黄门郎属黄门令，日暮入对青琐门拜，名曰夕郎”以为释。鄙意牧斋既未曾任给事中，则遵王所解无着落。疑牧斋意谓弘光出走，乃诏王觉斯及己身留京迎降，唐代诏书其开端必有“门下”二字，即王摩诘所谓“夕奉天书拜琐闱”之“天书”（见《全唐诗·第二函·王维·四·酬郭给事》）。弘光诏殊不知其来由也。第二句遵王《注》云：

首《楞严经》：历思则能为飞热铁，从空雨下。《五灯会元》：世尊说大集经，有不赴者，四天门王飞热铁轮，追之令集。

甚是。盖谓清兵突至南都，逼迫己身等执以北行也。第七、第八两句遵王《注》引《列子·汤问篇》，周穆王怒偃师所造倡者以目招王之左右侍妾，遂欲杀偃师，偃师乃破散唱者以示王，皆革胶等假物所造之物语。牧斋意谓河东君受奸通之诬谤，实无其事，即《投笔集·上·后秋兴之三·小舟惜别》诗“人以苍蝇污白璧”句之旨也。

《投宿崇明寺僧院有感二首》，其一云：

秋卷风尘在眼前，苍茫回首重潸然。（涵芬楼本“莽苍”作

“苍茫”。）居停席帽曾孙在，驿路毡车左担便。日薄冰山围大地，霜清木介矗诸天。禅床投宿如残梦，半壁寒灯耿夜眠。

其二云：

禾黍陪京夕照边，驱车沾洒孝陵烟。周郊昔叹为牺地，蓟子今论铸狄年。纶邑一成人易老，华阳十赉诰虚传。颠毛种种心千折，只博僧窗一宿眠。

寅恪案：此二首疑是因崇祯十七年秋间，偕河东君同赴南都，就礼部尚书之任，途中曾投宿于崇明寺，遂追感前事而作也。前论钱、柳二人同赴南都在七、八月间，故第一首一、二两句谓景物不殊，而时势顿改，殊不堪令人回首。第二联上句，谓南都倾覆，苟得生还者甚少。如己身及河东君，即遵王《注》引《酉阳杂俎》云：

王天运伐勃律还，忽风四起，雪花如翼，风吹小海水成冰柱，四万人一时冻死，唯蕃、汉各一人得还。

之蕃、汉二人也。下句谓此次岁暮独自还家，重经崇明寺，兵戈遍及西南，与前次过此时尚能苟且偷安者大异。第二首一、二两句谓此次在金陵谒拜孝陵，在南都倾覆之后，不胜兴亡之恨也。第一联上句遵王《注》已引《左传·昭公二十二年》“王子朝宾起有宠于景王”条以释之，但仅著诗句之出处，而未言牧斋用意所在。今以意揣之，牧斋盖谓马、阮之起用己身为礼部尚书，不过以其文采照耀一世之故，深愧不能如牺鸡之自断其尾，以免受祸害也。下句遵王无释，检王先谦《后汉书·七二·下·方术传·蓟子训传》云：

时有百岁翁，自说童儿时，见子训卖药于会稽市，颜色不异于今。后人复于长安东霸城见之，与一老翁共摩挲铜人，相谓曰，适见铸此，已近五百岁矣。

牧斋意谓回首当日与河东君同赴南都就宗伯任时，已同隔世，殊有蓟子训在秦时目睹铸此铜人之感也。第二联上、下两句，遵王引《史记》及《松陵集》为释，甚是。牧斋意谓虽有复明之志，但已衰老，无能为力，虚受永历帝之令其联络东南伪帅遗民以谋中兴之使命也。

《金陵杂题绝句二十五首继乙未（丙申？）春留题之作》云：

（诗见下引。）

寅恪案：此题“乙未”二字当是“丙申”之伪。诸本皆同，恐为牧斋偶尔笔误也。此题廿五首，《板桥杂记》已采第一、第二、第四、第五、第七、第十、第十二等七题。皆是风怀之作，此固与余氏书体例符合。其涉及政治者，澹心自不敢移录，但亦有风怀之作曼翁未选者，则因事涉嫌疑，须为牧斋隐讳也。兹先择录此类三首论释之，后再略述其他诸诗。至《板桥杂记》所选之八首，皆不重录，以余氏书所选牧斋之诗为世人习读，且多能通解故也。

第三首云：

钏动花飞戒未赊，隔生犹护旧袈裟。青溪东畔如花女，枉赠亲身半臂纱。

第八首云：

临岐红泪溅征衣，不信平时交语稀。看取当风双蛱蝶，未曾相逐便分飞。（自注：“已上杂记旧游。”）

第十一首（此诗前已引，因解释便利之故，特重录之）云：

水榭新诗赞戒香，横陈嚼蜡见清凉。五陵年少多情思，错比横刀浪子肠。（自注："杜苍略和诗有'只断横刀浪子肠'之句。"）

寅恪案：此三首皆与前论《秦淮水亭逢旧校书赋赠》诗有关。前引杜苍略和诗及此题第十一首自注，可以推知。假定此秦淮旧校书女道士净华与前所论果为卞玉京者，则惠香公案中，此三首诗亦是有关之重要作品也。

第六首云：

抖擞征衫趁马蹄，临行渍酒雨花西。于今墓草南枝句，长伴昭陵石马嘶。（自注："乙酉北上，吊方希直先生墓诗云，孤臣一样南枝恨，墓草千年对孝陵。"）

寅恪案：《牧斋诗集》顺治二年乙酉所作者，删汰殊甚。留此注中十四字，亦可视作摘句图也。"希直"为方孝孺字。夫牧斋迎降清兵，被执北行，与正学事大异。"一样南枝恨"之语，乃一别解。然姚逃虚谓成祖曰"若杀孝孺，天下读书种子绝矣"（见《明史·一四一·方孝孺传》）。牧斋在明清之际，确是"读书种子"，此则不可以方、钱人格高下论也。又牧斋自注中"乙酉北上"四字，涵芬楼本作"乙酉计偕北上"。遵王《注》本作"己酉北上"。两书之文，皆有增改。考牧斋为万历三十八年庚戌探花，己酉计偕北上，吊方希直诗若作于此年，则牧斋当时仅以举人北上应会试之资格，且此时明室表面上尚可称盛世，"孤臣"之语殊无着落。且通常由虞山北上之路，亦不经金陵。此两本之讹，自是讳饰之辞。若作"乙酉北上"，则牧斋于南都倾覆，随例北迁，如《投笔集·后秋兴之十二·壬寅三月二十三日以后大临无时啜泣而作》，其第四首后四句云"忍看末运三辰促，苦恨孤臣一死迟。惆怅杜鹃非越鸟，南枝无复旧君思"之例，则甚符合。故特为改正。又考《五臣本文选·二九·古诗十九首》之一“胡马依北风，越鸟巢南枝”二句，注云：

善曰：“《韩诗外传》曰：‘诗云，代马依北风，飞鸟栖故巢，皆不忘本之谓也。’”翰曰：“胡马出于北，越鸟来于南，依望北风，巢宿南枝，皆思旧国。”

牧斋之诗，即用此典。至有关成祖生母问题，近人多所考证，虽难确定，但成祖之母或是高丽籍。元代习俗，如《朝鲜实录》及叶子奇（世杰）《草木子·杂制篇》等所载者，蒙古宫廷贵族多以高丽女为媵侍。碽妃岂元代诸王之后宫耶？若《广阳杂记》及《蒙古源流》等书所载，则又辗转传讹，不足道也。又据李清《三垣笔记·附志二条》之一云：

予阅《南太常寺志》载懿文皇太子及秦晋二王均李妃生。成祖则碽妃生。讶之。时钱宗伯有博物称，亦不能决。后以弘光元旦谒孝陵，予与谦益曰：“此事与实录玉牒左，何征？但本《志》所载，东侧列妃嫔二十余，而西侧止碽妃，然否？曷不启寝殿验之？”及入视，果然。乃知李碽之言有以也。

谈迁《国榷·一二》“建文四年”条略云：

成祖文皇帝御讳棣。太祖高皇帝第四子也。母碽妃。玉牒云，高皇后第四子。盖史臣因帝自称嫡，沿之耳。今《南京太常寺志》，载孝陵祔享，碽妃穆位第一，可据也。

谈迁《枣林杂俎义集·彤管门》“孝慈高皇后无子”条略云：

孝陵享殿太祖高皇帝高皇后南向。左淑妃李氏次皇贵妃□氏（等）俱东列。碽妃生成祖文皇帝，独西列。见《南京太常寺志》。孝陵阉人俱云，孝慈高皇后无子，具如《志》中。而王弇州先生最博核，其《别集·同姓诸王》表，（与）《吾学编》诸书俱同，抑未考《南太常（寺）志》耶？享殿配位，出自宸断，相传必有确据，故《志》之不少讳，而微与玉牒牴牾，诚不知其解。

然则牧斋久蓄此疑，不但取《太常志》文献为左证，并亲与李清目睹之实物相证明，然后决定。可知牧斋作史，乃是信史，而非如宋辕文所谓“秽史”也（见第三章论朱鹤龄《与吴梅村书》）。

第十七首云：

卢前王后莫相疑，日下云间岂浪垂。江左文章流辈在，何曾道有蔡克儿。

第十八首云：

帝车南指岂人谋，河岳英灵气未休。昭代可应无大树，汝曹何苦作蚍蜉。（自注：“以上六首，杂论文史。”）

寅恪案：此两首皆牧斋因当日有非议其文章者，感愤而作。夫牧斋为一世文雄，自有定评，亦不必多所论辩，所可注意者，第十七首末句“蔡克儿”之“克”字，实应作“克”字。牧斋沿《世说新语·轻诋篇》“王丞相轻蔡公”条之误。且“克”字为平声，“克”字为仄声。牧斋自是用“克”字方协声调。实由未检《晋书·六五·王导传》及七七《蔡谟传》所致。寅恪综览河东君之诗文，其关涉晋代典故者多用《晋书》，而不用《世说新语》，恐河东君读此诗时，不免窃笑也。

第二十三首云：

被发何人夜叫天，亡羊臧谷更堪怜。长髯衔口填黄土，肯施维摩结净缘。

寅恪案：此诗疑为牧斋过金陵陈名夏子掖臣故居而作。《清史列传·七九·贰臣传·陈名夏传》（参同书四《谭泰传》，同书五《宁完我传》，同书七八《张煊传》）略云：

陈名夏，江南溧阳人。明崇祯十六年进士，官翰林修撰，兼户兵二科都给事中。福王时，以名夏曾降附流贼李自成，定入从贼案。本朝顺治二年七月，名夏抵大名投诚，以保定巡抚王文奎疏荐，复原官。旋擢吏部左侍郎，兼翰林院侍读学士。三年丁父忧，命在官任事，私居持服，并敕部议赠恤。复陈情请终制。赐银五百两，暂假归葬，仍给俸赡在京家属。明年还朝。五年初，设六部尚书各一，即授名夏吏部尚书。寻加太子太保。八年，授弘文院大学士，晋少保，兼太子太保。九年，以党附吏部尚书公谭泰，议罪。解院任，给俸如故。发正黄旗下，与闲散人随朝。初，睿亲王多尔衮专擅威福，尚书公谭泰刚愎揽权，名夏既掌铨衡，徇私植党，揣摩执政意指，越格滥用匪人，以迎合固宠。及多尔衮事败，御史张煊劾奏名夏结党行私，铨选不公诸劣迹。下诸王部臣鞫议。会上方巡狩，谭泰独袒名夏，定议，诸款皆赦前事，且多不实。煊坐诬论死。至是，谭泰以罪伏诛。命亲王大臣复按张煊所劾名夏罪状。名夏厉声强辨。及诘问词穷，涕泪交颐，自诉投诚有功，冀贷死。论曰：此辗转矫诈之小人也。罪实难逭。但朕有前旨，凡谭泰干连，概赦免。若复执名夏而罪之，是不信前旨也。因宥之，且谕令洁己奉公，勿以贪黩相尚。冀其自新，以副倚任。十年，复补秘书院大学士。时吏部尚书员缺，侍郎孙承泽请令名夏兼摄。上以侍郎推举大学士，有乖大体。责令回奏。复谕名夏曰：尔可无疑惧。越翼日，仍命署吏部尚书。上尝幸内院，阅会典及经史奏疏，必与诸臣讲求治理，兼训诸臣，以满汉一体，六部大臣不宜互结党与。诫谕名夏，益谆切焉。会有旨，令集议刑部，论任珍家居怨望，指奸谋陷诸罪应死状。名夏及大学士陈之遴、尚书金之俊等二十八人，与刑部九卿科道等两议。得旨责问，名夏更巧饰欺蒙。论死。复诏从宽典，改削官衔二级，罚俸一年，仍供原职。十一年，大学士宁完我列款劾奏名夏曰：名夏屡蒙皇上赦宥擢用，宜洗心易行，效忠我朝。不意蛊惑绅士，包藏祸心以倡乱。尝谓臣曰，要天下太平，只依我两事。臣问何事？名夏推帽摩其首云，留发，复衣冠，天下即太平。臣思为治之要，惟法度严明，则民心悦服。名夏必欲宽衣博带，其情叵测。臣与逐事辩论，不止千万言，灼见隐微。名夏礼臣虽恭，而恶臣甚深。此同官所共见共闻者也。今将结党奸宄事迹言之，名夏子掖臣居乡暴恶，士民怨恨，欲移居避之。江宁有入官园宅在城，各官集资三千两代为纳价，遂家焉。掖臣横行城中，说人情，纳贿赂。各官敢怒而不敢言。人人惧其威势。名夏明知故纵，科道官岂无一人闻之？不以一疏入告，其党众可见矣。臣等职掌票拟，一字轻重，关系公私，臣虑字有错误，公立一簿注姓，以防推诿，行之已久。一日，名夏不俟臣等到齐，自将公簿注姓，涂抹一百一十四字。为同官所阻，方止。窃思公簿何得私抹，不知作弊又在何件。本年二月，上命内大臣传出科道官结党谕旨。臣书稿底，交付内值。及票红发下，名夏抹去“挤异排孤”一语，改去“明季埋没局中，因而受祸。今方驰观域外，岂容成奸”四句，作两句泛语。其纠党奸宄之情形，恐皇上看破，故欲以只手障天也。请敕下大臣确审具奏，法断施行。则奸党除，而治安可致矣。遂下廷臣会勘，名夏辩诸款皆虚，惟留发复衣冠，所言属实。完我复与大学士刘正宗共证名夏揽权市恩欺罔罪。谳成，论斩。上以名夏久任近密，改处绞，子掖臣，逮治杖戍。

《清史稿·二五一·陈名夏传》云：

陈名夏，字百史。江南溧阳人。明崇祯进士，官修撰，兼户兵二科都给事中。降李自成，福王时，入从贼案。顺治二年诣大名降。以保定巡抚王文奎荐，复原官。入谒睿亲王，请正大位。王曰："本朝自有家法，非尔所知也。"

《左传·哀公十五年》云：

卫孔圉取大子蒯聩之姊，生悝。孔氏之竖浑良夫，长而美。孔文子卒，通于内。大子在戚，孔姬使之焉。大子与之言曰："苟使我入获国，服冕乘轩，三死无与。"与之盟。为请于伯姬。

又《哀公十七年》略云：

十七年春，卫侯为虎幄于藉圃。成。求令名者，而与之始食焉。大子请使良夫，良夫乘衷甸，两牡，紫衣狐裘。至，袒裘，不释剑而食。大子使牵以退，数之以三罪而杀之。

卫侯梦于北宫，见人登昆吾之观，被发北面而噪曰："登此昆吾之虚。绵绵生之瓜。余为浑良夫。叫天无辜。"（杜《注》云："本盟当免三死，而并数一时之事为三罪，杀之，故自谓无辜。"）

牧斋诗第一句以浑良夫比百史，盖以其数次论死，虽暂得宽逭，终以自承曾言"留发复衣冠"事处绞。夫百史辩宁完我所诘各款皆虚，独于最无物证，可以脱免之有关复明制度之一款，则认为真实。是其志在复明，欲以此心告诸天下后世，殊可哀矣。牧斋诗第二句谓己身与百史虽皆志在复明，而终无成。所自信者，百史不如己身之能老归空门耳。

第二十四首云：

长干塔绕万枝灯，白玉毫光涌玉绳。铃铎分明传好语，道人谁是佛图澄。

寅恪案：此诗末二句遵王无注。检慧皎《高僧传初集·十》晋邺中《竺佛图澄传》（可参《晋书·九五·佛图澄传》）云：

光初十一年，（刘）曜自率兵攻洛阳，（石）勒欲自往拒曜，内外僚佐无不必谏。勒以访澄，澄曰："相轮铃音云，'秀支替戾冈，仆谷劬秃当。'此羯语也。'秀支'军也。'替戾冈'出也。'仆谷'刘曜胡位也。'劬秃当'捉也。此言军出捉得曜也。"时，徐光闻澄此旨，苦劝勒行。勒乃留长子石弘共澄以镇襄国，自率中军步骑，直诣洛城。两阵才交，曜军大溃，曜马没水中，石堪生擒之送勒。澄时以物涂掌观之，见有大众。众中缚一人，朱丝约其肘，因以告弘，当尔之时，正生擒曜也。

牧斋诗用此典之意，言清军主帅出战必败也。

第二十五首云：

采药虚无弱水东，飙轮仍傍第三峰。玉晨他日论班位，应次高辛展上公。（自注："过句曲，望三峰作。"）

寅恪案：此首为归家途中过句容所赋。末二句意谓此次在南都作复明活动，他日成功，当受封赏也。《有学集诗注·九·红豆集》中有关牧斋复明活动，而最饶兴趣者，莫如《六安黄夫人邓氏（七律）》一首，诗云：

铙歌鼓吹竞芳辰，娘子军前喜气新。（涵芬楼本作"鱼轩象服照青春，鼓吹喧阗壁垒新"。但后附校勘记同注本。）绣幰昔闻梁刺史，锦车今见汉夫人。（涵芬楼本"见"作"比"。）须眉男子元无几（涵芬楼本“元”作“原”），巾帼英雄自有真。（涵芬楼本“巾帼”作“粉黛”。）还待麻姑擗麟脯，共临东海看扬尘。（涵芬楼本“共临”作“笑看”，“看”作“再”。）

寅恪案：就今所见关于黄夫人邓氏或梅氏及黄鼎之资料，移录于下，恐仍未备，尚求当世君子教正。总之，牧斋诗末二句之旨，复明活动之意，溢于言表矣。

刘继庄（献廷）《广阳杂记·一》（刘氏与牧斋有交谊，见《杨大瓢先生杂文稿·刘继庄传》）云：

霍山黄鼎，字玉耳。霍山诸生也。鼎革时起义，后降洪（承畴）经略，授以总兵，使居江南。其妻独不降，拥众数万，盘居山中，与官兵抗，屡为其败。总督马国柱谓鼎，独不能招汝妻使降乎？鼎曰：“不能也。然其子在此，使往，或有济乎？”国柱遂使其子招之。鼎妻曰：“大厦将倾，非一木所能支，然志士不屈其志。吾必得总督来庐一面，约吾解众，喻令剃发。然吾仍居山中以遂吾志，不能若吾夫调居他处也。”其子复命，国柱自来庐州，鼎妻率众出见，贯甲铁兜鍪，凛凛如伟丈夫。如总戎见制台礼。遂降，终不出山。黄鼎居江南久，后屡与郑氏通，郎总督时，事败，服毒死。

《痛史·第七种·弘光实录钞·一》“（崇祯十七年癸未六月）乙亥湖广巡按御史黄澍召对劾马士英于上前”条黄澍《疏》“士英十可斩”，其二云：

市棍黄鼎委署麻城，以有司之官，娶乡宦梅之焕之女。士英利其奸邪，互相表里。黄鼎私铸闯贼果毅将军银印，托言夺自贼手，飞报先帝。士英蒙厚赏，黄鼎加副将。麻城士民有“假印不去，真官不来”之谣。是谓欺君，可斩。

王葆心《蕲黄四十八砦纪事·二》附《皖砦篇》略云：

（顺治）三年秋，（明荆王朱）常淓旧部李时嘉等复掠太湖，总兵黄鼎平之。是年冬，扬州人明瑞昌王军师赵正据宿松洿池间，称明帅，屡挫大兵。安徽巡抚李栖凤遣兵备道夏继虞，总兵卜从善、黄鼎、冷允登，副将梁大用等合兵剿之。又霍山总兵黄鼎妻梅氏者，故麻城甘肃巡抚之焕女。鼎字玉耳，霍山诸生。始崇祯十六年五月，凤阳总督马士英遣鼎入麻城诸砦说周文江反正，即委鼎署麻城知县。闻之焕女英勇而有志节，饶父风。娶之。顺治初，鼎即纳款于洪承畴，授以总兵，使居南直。梅氏独抗节不降，拥众数万，踞英霍及庐凤山中，与总督马国柱所部兵抗，所部屡败。（寅恪案：下文同上引《广阳杂记·一》“霍山黄鼎”条。兹不重录。）

《皖砦篇》附《案语》云：

此事见刘继庄《广阳杂记》。近日如《夕阳红泪录》等书，均载之。迹梅夫人壮烈之行，其夫应为愧死，故易书鼎妻为梅氏以予之。盖左忠贞侯良玉、沈阿翠游击将军云英后之一人也。诸书载此，均惜夫人不知谁氏。爰据《弘光实录钞》中黄澍“劾马士英十可斩”《疏》所称鼎娶麻城乡官梅之焕女之语，证夫人为长公女。长公为明季边帅伟人，尤吾乡铮铮奇男子，宜夫人英壮有父风。其始终不屈，惓惓不忘宗国，志节皭然，与其夫始附权奸，终狡逞，求作降虏，仍不能免，诚所谓熏莸不同器者矣。惟霍山黄氏，今犹儒旧家风，夫人遗事必犹有传者，当再访摭之。

《牧斋初学集·七三·梅长公传》略云：

公讳之焕，字长公，一字彬父，黄之麻城人。万历癸卯举于乡。甲辰举进士。选翰林院庶吉士。天启三年，擢都察院佥都御史，巡抚南赣。丁母忧归里。今上即位，召还，以原官巡抚甘肃。乌程用阁讼攘相位，公在镇，撖手骂詈，数飞书中朝，别白是非。乌程深衔之，思中以危法。己巳冬，奴兵薄都城，公奉入援诏，即日启行。甘镇去都门七千里，师次邠州，奉诏还镇。已又趣入援，纡回往还，又数千里。师行半年始至。本兵希乌程指，劾公逗留，欲用嘉靖中杨守谦例杀公。上心知公材，怜其枉，部议力持之，乃命解官归里。久之，乌程当国，豪宗恶子嗾邑子上书告公。乌程从中下其事，中朝明知其满谰，忌公才能，借以梶公。公自是不复起矣。公听勘久之，叙甘镇前后功，加级，荫一子。忌公者盈朝，卒不果用。辛巳八月十三日，发病卒，享年六十七。

顾苓《金陵野钞》云：

（弘光元年甲申四月）加六安州总兵官黄鼎太子太保。先是，贼狄应奎率众数千，自固始欲投兴平伯高杰降。杰遇害，走六安，杀贼将伪权将军路应樗，挈其印降鼎。鼎报闻，授应奎副总兵，赉银币。

《清史列传·七九·张缙彦传》云：

豫亲王多铎统师定河南江南，缙彦乃遁匿六安州商麻山中。三年二月，招抚江南大学士洪承畴檄总兵黄鼎入山招之，缙彦赴江宁纳款，赉缴总督印及解散各寨士民册。

王氏据《弘光实录钞》称黄鼎妻为梅之焕女，牧斋诗题则称为“邓氏”，颇难决定。鄙意牧斋或者如其《列朝诗集·闰·四·女郎羽素兰小传》称翁孺安为“羽氏”者相类，盖“邓尉”以梅花著称（可参嘉庆修《一统志·七七·苏州府》“邓尉山”条所云“汉邓尉隐此，故名。山多梅，花时如雪，香闻数里”及《汉书·三五·荆燕吴传》），文人故作狡狯，遂以“梅”为“邓”耶？俟考。复据顾氏所言，鼎于南都未倾覆前曾任六安州总兵官，故牧斋可称之为“六安黄夫人”也。又梅长公于阁讼时忤温体仁。体仁复助其豪宗恶子嵊邑子告讦，欲加以重罪。其始末实同于牧斋与乌程之关系。由是言之，钱、梅之交谊并非偶然。推其所以讳改黄夫人之姓者，岂因黄夫人曾参加复明活动，恐长公家属为所牵累欤？关于黄夫人事，据沈寐叟《曾植文集稿本·投笔集跋》云：

黄夫人见《广阳杂记》。余别有考。

子培先生曾官安徽，其作此考，自是可能。今询其家，遗稿中并无是篇，或已佚失耶？

《牧斋投笔集》之命名，自是取“班定远投笔从戎”之义。此集第一叠《金陵秋兴八首已亥七月初一日作》（可参《有学集诗注·一三·东涧集·中·秋日杂诗》末一首“旁行侧理纸，堆积秋兴编。发兴己亥秋，未卜断手年”等句），其以“金陵”二字标题，恐非偶然。又第七首第二句有“秋宵蜡炬井梧中”之语，用杜甫广德二年在严武幕中所作《宿府》之典。（见仇兆鳌《杜诗详注·一四》及卷首所附《杜工部年谱》“广德二年甲辰”及“永泰元年乙巳”条）。然则牧斋此际亦列名郑延平幕府中耶？但仍缺乏有力之证据，姑记之，以俟更考。第三叠《小舟夜渡惜别而作八首》，殆因此时延平之舟师虽败于金陵，然白茆港尚有郑氏将领所率之船舶，牧斋欲附之随行，后因郑氏白茆港之舟师，亦为清兵所击毁，故牧斋随行之志终不能遂，唯留此八首于通行本《有学集》中，以见其微旨，但以避忌讳，字句经改易甚多，殊不足为据。此叠八首，不独限于个人儿女离别之私情，亦关民族兴亡之大计。吾人至今读之，犹有余恸焉。（参《梅村家藏稿·二五·梁宫保壮猷纪》所云：“（八月八）日，中丞蒋公（国柱）亦至，乃以十三日于七丫出海。白茆港有贼伏舰百余，见之来邀，沙苇中斜出如箭。我长年捩柁向贼中流呼曰，斗来。（梁）公（化凤）与蒋公闻相持而近，知其遇贼。别部且战且前，已为我师举炮碎其四舟，杀五百人。”及《清史列传·五·蒋国柱传》略云：“（顺治十六年）八月疏言自江宁大捷之后，料贼必犯崇明，急令镇臣旋师，未渡，而贼䑸大至。臣亲至七丫口相度形势，海面辽阔，距崇邑二十余里，遥见施翘河等处贼䑸密布，即发各营兵船，出口拒贼于白茆。”并金鹤冲《牧斋先生年谱》“顺治十六年己亥”条所论。）《投笔集》诸诗摹拟少陵，入其堂奥，自不待言。且此集牧斋诸诗中颇多军国之关键，为其所身预者，与少陵之诗仅为得诸远道传闻及追忆故国平居者有异。故就此点而论，《投笔》一集实为明清之诗史，较杜陵尤胜一筹，乃三百年来之绝大著作也。

此集有遵王《注》本别行于世，但不能通解者尚多。（可参《有学集诗注》卷首序文所云：“余年来篝灯校雠，厘正鱼豖。间有伤时者，轶其三四首，至《秋兴十三和诗》，直可追踪少陵，而伤时滋甚，亦并轶之，盖其慎也”等语。）王应奎《海虞诗苑·四》录钱曾《寒食行（并序）》云：

寒食夜忽梦牧翁执手諈诿，欢如平昔，觉而作此，以写余哀。

（上略。）更端布席纔函丈，絮语雄谈仍抵掌。空留疑义落人间，独持异本归天上。（自注：“梦中以诗笺疑句相询，公所引书，皆非余所知者，盖绛云秘笈，久为六丁下取，归之天上矣。”）寂历闲房黯淡灯，前尘分别总无凭。（中略。）斜行小字丛残纸，笺注虫鱼愧诗史。未及侯芭为起坟，不负公门庶在此。（自注：“乙卯一月八日稿葬公于山庄，故发侯芭之叹。”）

可见遵王当日注牧斋诗之难矣。寅恪今亦不能悉论，仅就其最有关系，且最饶兴趣者，诠释之于下。此集传本字句多有不同，唯择其善者从之，不复详加注明。

第一叠遵王《注》除第一首外，皆加删汰。即第一首亦仅注古典字面，而不注今典实指。例如“龙虎军”止引程大昌《雍录》，“羽林”止引《汉书·宣帝纪》为释，鄙意唐之“龙武新军”及汉之“羽林孤儿”谓郑延平之舟师，本出于唐王之卫军。如黄（太冲）宗羲《赐姓始末》所云：

隆武帝即位，（成功）年才二十一。入朝。上奇之，赐今姓名，俾统禁旅，以驸马体统行事。封忠孝伯。

即其证也。第五首第二联“箕尾廓清还斗极，鹑头送喜动天颜”，“箕尾”指北京所在之幽州。（《史记·二七·天官书》云：“尾箕幽州。”即杜诗“收京”之意也。见仇氏《杜诗详注·五·收京三首》之三。）“鹑头”即“鹑首”，指湖北通明之军队，即《张苍水集》所附旧题全谢山祖望撰《张忠烈公年谱》“顺治十八年辛丑”条所谓“郧东郝（永忠）李（来亨）之兵”及注中所谓“十三家之军”者（可参倪璠《庾子山集·二·哀江南赋》“以鹑首而赐秦，天何为而此醉”之注，及《张苍水集》第二编《奇零草·送吴佩远职方南访行在兼会师郧阳》诗及同书所附赵（㧑叔）之谦撰《张忠烈公年谱》，并本文论牧斋《长干送松影上人楚游兼柬楚中郭尹诸公》诗）。第三首

“长沙子弟肯相违”句之“长沙子弟”，疑牵涉庾信《哀江南赋》“用无赖之子弟”一语而成。当指湖南复明之军队，如《小腆纪传·三三》所载之洪淯鳌，即是例证。其《传》略云：

洪淯鳌，字六生，晋江人。崇祯间拔贡生。谒隆武帝于闽，授衡州通判。督师何腾蛟奇之，请改知道州。闽亡。李赤心等十三镇以所部奉使称臣于粤，出道州，（淯鳌偕郝永忠）见永历帝，擢右佥都御史，监诸镇军，驻湖南。何腾蛟死，孙可望入滇，朝问阻绝，乃与十三镇退入西山，据楚之夷陵归州巴东均州，蜀之巫山、涪州等七州县，屯田固守。久之，得安龙驻跸信，间道上书言，十三镇公忠无二，今扼险据衡，窥晋、楚、蜀有衅，随时而动。议者多其功，诏加淯鳌兵部右侍郎，总督粤、滇、黔、晋、楚、豫军务。缅甸既覆，淯鳌犹偕诸镇崛强湖湘间。康熙三年王师定巴东。（淯鳌）遂被执。谕降，不从。临刑之日，神色不变，投尸巫蜂三峡中。

牧斋此诗之意，谓湖南北诸军，若见南都收复，必翕然景从。惜当日详情，今不易考知耳。

第二叠《八月初二日闻警而作》一题之主旨，谓延平舟师虽败于金陵，仍应固守京口，不当便扬帆出海也。其意与《张苍水集》第四编《北征录》所云：

初意石头师即偶挫，未必遽登舟。即登舟，亦未必遽扬帆。即扬帆，必退守镇江。

又云：

余遣一僧赍帛书，由间道访延平行营。书云，兵家胜负何常。今日所恃者民心耳。况上游诸郡邑俱为我守。若能益百艘相助，天下事尚可图也。倘遽舍之而去，如百万生灵何。讵意延平不但舍石头去，且舍铁瓮城行矣。

等语冥合。故牧斋诗第三首云：

龙河汉帜散沈晖，万岁楼边候火微。卷地楼船横海去，射天鸣镝夹江飞。挥戈不分旄头在，返旆其如马首违。啮指奔逃看鞣鞨，重收魂魄饱甘肥。

第四首云：

由来国手算全棋，数子抛残未足悲。小挫我当严警候，骤骄彼是灭亡时。中心莫为斜飞动，坚壁休论后起迟。换步移形须着眼，棋于误后转堪思。（寅恪案：此首可参前论牧斋《与稼轩书》。）

第五首云：

两戒关河万里山，京江天堑屹中间。金陵要奠南朝鼎，铁瓮须争北顾关。应以缕丸临峻坂，肯将传舍抵孱颜。荷锄野老双含泪，愁见横江虎旅班。（原注："长江天堑，为南北限，虏不能飞渡。"）

第六首云：

吴侬看镜约梳头，野老壶浆洁早秋。小队谁教投刃去，胡兵翻为倒戈愁。（自注："营卒从诸酋者，皆袖网巾毡帽。未及倒戈而还。"）争言残羯同江鼠（自注："万历末年有北鼠渡江之异。近皆衔尾而北。"），忍见遗黎逐海鸥。京口偏师初破竹，荡船木柹下苏州。

又此叠第八首末二句云：

最喜伏波能振旅，封侯印佩许双垂。（自注："是役惟伏波殿后，全军而反。"）

寅恪案："伏波"指马信。《梅村家藏稿·二五·梁宫保壮猷纪》云：

伪提督五者，前营黄某，后营翁某，而左营马信，则我叛将也。（寅恪案：李天根《爝火录·二五》“顺治十二年乙未”条云：“十一月辛巳朔，清镇守台州副将马信叛，降于张名振。”可供参证。）右营万里，中营甘辉。唯马信统水军于江，余皆连营西注。

可与牧斋自注相参证。

第三叠《八月初十日小舟夜渡惜别而作》乃专为河东君而作。虽前已多论及，然此文主旨实在河东君一生志事，故不避重复，仍全录之，且前所论此叠诸诗，尚有未加诠释者，亦可借此补论之也。

此叠第一首云：

负戴相携守故林，翻经问织意萧森。疏疏竹叶晴窗雨，落落梧桐小院阴。白露园林中夜泪，青灯梵呗六时心。怜君应是齐梁女，乐府偏能赋稿砧。

第二首云：

丹黄狼藉鬓丝斜，廿载间关历岁华。取次铁围同血（一作“穴”）道，几曾银浦共仙槎。（寅恪案：“浦”疑当作“汉”。）吹残别鹤三声角，迸散栖乌半夜笳。错记（一作“忆”）穷秋是春尽，漫天离恨搅杨花。

第三首云：

北斗垣墙暗赤晖，谁占朱鸟一星微。破除服珥装罗汉（自注：“姚神武有先装五百罗汉之议，内子尽橐以资之，始成一军。”），减损齑盐饷佽飞。娘子绣旗营垒倒（自注：“张定西（名振）谓阮姑娘，吾当派汝捉刀侍柳夫人。阮喜而受命。舟山之役，中流矢而殒。惜哉！”），将军铁矟鼓音违。（自注：“乙未八月神武血战死崇明城下。”）须眉男子皆臣子，秦越何人视瘠肥。（自注：“夷陵文相国来书云云。”寅恪案：“文相国”指文安之。事迹见《明史·二七九》及《小腆纪传·三十》本传等。）

第四首云：

闺阁心悬海宇棋，每于方罫系欢悲。乍传南国长驱日，正是西窗对局时。漏点稀忧兵势老，灯花落笑子声迟。还期共覆金山谱，桴鼓亲提慰我思。

第五首云：

水击风抟山外山，前期语尽一杯间。五更噩梦飞金镜，千叠愁心锁玉关。人以苍蝇污白壁，天将市虎试朱颜。衣朱曳绮留都女，羞杀当年翟茀班。

第六首云：

归心共折大刀头，别泪阑干誓九秋。皮骨久判犹贳死（原注：“《丁亥岁有和东坡西台韵诗》。”），容颜减尽但余愁。摩天肯悔双黄鹄，贴水翻输两白鸥。更有闲情搅肠肚，为余轮指算神（一作“并”）州。

第七首云：

此行期奏济河功，架海梯山抵掌中。自许挥戈回晚日，相将把酒贺春风。墙头梅蕊疏窗白，瓮面葡萄玉盏红。一割忍忘归隐约，少阳原是钓鱼翁。

第八首云：

临分执手语逶迤，白水旌心视此陂。一别正思红豆子，双栖终向碧梧枝。盘周四角言难罄，局定中心誓不移。趣觐两宫应慰劳，纱灯影里泪先垂。

寅恪案：此叠第二首末二句之“错忆”或“错记”两字皆可通。但鄙意恐“记”字原是“认”字之讹。若如此改，文气更通贯。“杨”即“柳”，乃河东君之本姓。“离恨搅杨花”五字殊妙。第三首见前论姚志倬事，并可参沈寐叟《投笔集跋》，可不多赘。第六首“摩天肯悔双黄鹄，贴水翻输两白鸥”一联。上句“双黄鹄”除遵王《注》引杜诗外，疑牧斋更用《汉书·八四·翟方进传》附《义传》载童谣：

反乎覆，陂当复。谁云者，两黄鹄。

之语，暗指明朝当复兴也。下句与第八叠第六首“鸢飞跕水羡眠鸥”句，同用《后汉书·列传·一四·马援传》。盖谓当此龙拏虎掣、争赌乾坤之时，己身与河东君尚难如鸥鸟之安稳也。此诗末句“并州”或“神州”虽俱可通，鄙意以作“并州”者为佳。《晋书·六二·刘琨传》略云：

刘琨，字越石，中山魏昌人。永嘉元年为并州刺史。时东瀛公腾自晋阳镇邺，并土饥荒，百姓随腾南下，余户不满二万，寇贼纵横，道路断塞。琨募得千余人，转斗至晋阳。愍帝即位，拜大将军，都督并州诸军事。西都不守，元帝称制江左，琨乃令长史温峤劝进。于是河朔征镇夷夏一百八十人连名上表。（可参《世说新语·上·言语篇》“刘琨虽隔阂寇戎志存本朝”条。）

盖以张苍水比刘越石也。当郑延平败于金陵城下，苍水尚经略安徽一带。考《张苍水集·四·北征录》略云：

延平大军围石头城者已半月。初，不闻发一镞射城中，而镇守润江督师，亦未尝出兵取旁邑。如句容、丹阳实南畿咽喉地，尚未扼塞，故苏常援虏得长驱入石头。无何石头师挫，时余在宁国受新都降。报至，遽反芜城。已七月廿九日矣。

可以为证。第七首末二句“一割”及“少阳”，遵王《注》已引《后汉书·列传·三七·班超传》及《分类补注李太白诗·一一·赠潘侍御论少阳》诗为释。但鄙意牧斋“少阳”二字，更兼用《李太白诗·一二·赠钱征君少阳（五律）》并注（可参《全唐诗·第三函·李白·一一》）所云：

秉烛唯须饮，投竿也未迟。如逢渭水（一作“川”）猎，犹可帝王师。（原注：“齐贤曰，少阳年八十余，故方之太公。”）

等语。综合两句观之，牧斋意谓此行虽勉效铅刀之一割，未忘偕隐之约，并暗寓终可为明之宰辅也。第八首言此时虽暂别，后必归于桂王也。“碧梧枝”不独用杜诗“凤凰栖老碧梧枝”之原义，亦暗指永历帝父常瀛，崇祯十六年衡州陷，走广西梧州，及顺治二年薨于苍梧，并顺治三年丁魁楚、瞿式耜等迎永历帝于梧等事（见《明史·一百二十·桂端王常瀛传》及《小腆纪传·永历帝纪·上》等），即第五叠第八首“丹桂月舒新结子，苍梧云护旧封枝”之意。“两宫”者，指桂王生母马太后及永历后王氏也。（见《小腆纪传·后妃传·永历马太后传》及《王皇后传》等。）

复次，叶调生（廷琯）《吹网录·四》“陈夫人年谱”条略云：

瞿忠宣公之孙昌文，尝为其母撰《年谱》一帙。盖其尊人伯升（原注：“吴晓钲（钊森）曰，复社姓氏录作伯声。”）欲纾家难，勉为韬晦顺时，而鼎革之际，家门多故，实赖陈夫人内外支持。故私撰此谱，以表母德，而纪世变。其中颇多忠宣轶事。十余年前从常熟许伯缄丈廷诰处见其摘钞本。缄翁云，原本为海虞某氏所藏，极为秘密。惜尔时未向缄翁借录。近从许氏后人问之，则并摘钞本不可得见矣。《谱》中所载，略忆一二事。一为钱宗伯与瞿氏联姻，实出宗伯之母顾夫人意。云瞿某为汝事去官，须联之以敦世好（见前引《初学集·七四·先太淑人述》）。后行聘时，柳姬欲瞿回礼与正室陈夫人同，而瞿仅等之孺贻生母。柳因蓄怒，至乙酉后，宗伯已纳款，忠宣方在桂林拒命，柳遂唆钱请离婚。其余逸事尚多，惜不甚记矣。

寅恪案：钱、瞿联姻事，第四章引顾太夫人语已论及。牧斋以两人辈分悬殊，故托母命为解。其实稼轩亦同意者也。同章末论绛云楼落成，引牧斋《与稼轩书》，亦足见稼轩深重河东君之为人。至当日礼法、嫡庶分别之关系，复于第四章茸城结缡节详论之，今不赘述。若乙酉明南都陷落，河东君劝牧斋殉国，顾云美《河东君传》中特举沈明抡为人证，自属可信。岂有反劝牧斋与稼轩离婚之事。且乙酉后数年，钱、瞿之关系，虽远隔岭海，仍往来甚密，备见钱、瞿《集》中。河东君与其女赵微仲妻遗嘱，有“我死之后，汝事兄嫂，如事父母”之语（见《河东君殉家难事实》），孙爱复“德而哀之，为用匹礼，与尚书公并殡某所”（见《蘼芜纪闻》引徐芳《柳夫人传》）。凡此诸端皆足证河东君无唆使牧斋令其子与稼轩女离婚之事。鄙意昌文之作其母陈夫人《年谱》，殆欲表示瞿、钱两家虽为姻戚，实不共谋之微旨，借以脱免清室法网之严酷耶？附记于此，以俟更考。

第四叠《中秋夜江村无月而作八首》，皆牧斋往松江后，追忆而作也。金鹤冲《钱牧斋先生年谱》云：

（顺治十六年己亥八月）初四日，国姓遣蔡政往见马进宝，而先生亦于初十日后往松江晤蔡、马。十一日后，国姓攻崇明城，而马遣中军官同蔡政至崇明，劝其退师，以待奏请，再议抚事。此时先生或偕蔡政往崇明，亦未可知。

寅恪案：金鹤冲谓牧斋曾往松江晤马进宝，其说可信，但谓牧斋亦往崇明，则无实据。此叠第二首“浩荡张赛汉（一作“海”）上槎”句，自出杜氏“奉使虚随八月槎”之语，可用“海”字，但第三叠第二首“几曾银浦共仙（一作“云”）槎”句，则当用《博物志》及《荆楚岁时记》之典，各不相同也。此叠第三首末两句并自注云：

只应老似张丞相，扪摸残骸笑瓠肥。（自注：“余身素瘦削，今年腰围忽肥。客有张丞相之谑。”）

本文第三章论释牧斋肤黑而身非肥壮。今忽以张丞相自比者，盖用《史记·九六·张丞相传》（遵王《注》已引，不重录）。牧斋语似谐谑，实则以宰相自命也。此叠第八首末二句“莫道去家犹未远，朝来衣带已垂垂”，第四章论《东山酬和集·二》河东君《次韵牧斋二月十二日春分横山晚归作》诗中“已怜腰缓足三旬”已详释论，读者可取参阅，不多赘也。第五叠《中秋十九日暂回村庄而作八首》，观第一首“石城又报重围合，少为愁肠缓急砧”二句似牧斋得闻张苍水重围金陵而有是作，其实皆非真况，然其意亦可哀矣。

第六叠《九月初二日泛舟吴门而作八首》。牧斋忽于此时至吴门，必有所为，但不能详知其内容。鄙意其第三首“跃马挥戈竟何意，相逢应笑食言肥”及第八首“要勒浯溪须老手，腰间砚削为君垂”等句，岂马逢知此际亦在苏州耶？俟考。

第九叠《庚子十月望日八首》，第八首末二句云：“种柳合围同望幸，残条秃鬓总交垂。”遵王引元遗山《为邓人作》诗为释，其实第一手材料乃《晋书·九八·桓温传》及《庾子山集·一·枯树赋》等。此为常用之典，不必赘论。唯“望幸”二字出《元氏长庆集·二四·连昌宫词》“老翁此意深望幸”之语。自指己身与河东君。但鄙意“残条”之“残”与“长”字，吴音同读，因而致讹。若以“残条”指河东君，则与虎丘石上诗无异。故“残”字应作“长”，否则“秃鬓”虽与己身切当，而“残条”未免唐突河东君也。第十叠《辛丑二月初四日夜宴述古堂酒罢而作》与《有学集·一一·红豆三集·辛丑二月四日宿述古堂张灯夜饮酒罢而作》题目正同。

检《清史稿·五·世祖本纪·二》略云：

(顺治)十八年春正月壬子，上不豫。丁巳，崩于养心殿。

及《痛史·第二种·哭庙纪》略云：

(顺治十八年)二月初一日，章皇上宾哀诏至姑苏。

可知此两题共十二首，乃牧斋闻清世祖崩逝之讯，心中喜悦之情可想而知。故寓遵王宅，张灯夜饮，以表其欢悦之意。但检《牧斋尺牍·中·与遵王三十通》之十六云：

明日有事于邑中，便欲过述古，了宿昔之约，但四海遏密，哀痛之余，食不下咽，只以器食共饭，勿费内厨，所深嘱也。

此札当作于顺治十八年辛丑二月初三日，即述古堂夜宴前一日。牧斋所言乃故作掩饰之语，与其内心适相反也。观《投笔集》及《有学集》之题及诗，可以证明矣。但金氏《牧斋年谱》以此札列于“康熙元年壬寅”条，谓“正月五日先生自拂水山庄《与遵王书》”云(云)。又谓“按永历帝为北兵所得，今已逾月，先生盖知之矣”。金氏所以如此断定者，乃因《有学集·一二·东涧集·上》第二题为《一月五日山庄作》，第三题为《六日述古堂文宴作》之故。检《小腆纪年·二十》“顺治十八年辛丑”条云：

（十二月）戊申（初三日），缅酋执明桂王以献于王师。

同书同卷“康熙元年壬寅”条云：

三月丙戌（十三日），吴三桂以明桂王由槲还云南。

四月戊午（十五日），明桂王由槲殂于云南。

《投笔集·下·后秋兴》第十二叠题为《壬寅三月二十三日以后大临无时啜泣而作》，第十三叠题为《自壬寅七月至癸卯五月讹言繁兴鼠忧泣血感恸而作犹冀其言之或诬也》。且第十二叠后一题为壬寅三月二十九日所作《吟罢自题长句拨闷二首》之二末两句为“赋罢无衣方卒哭，百篇号踊未云多”。足证牧斋于康熙元年三月以后，方获知永历帝被执及崩逝之事。金氏以札中之“四海遏密”及诗题“大临无时”混淆胡汉，恐不可信。又，第九叠诗八首关涉董鄂妃姊妹者甚多，兹不详引，读者可参张（孟劬）采田编次《列朝后妃传稿》并注。

第十一叠题云《辛丑岁逼除作时自红豆江村徙居半野堂绛云余烬处》。检《张苍水集》第一编“顺治十八年辛丑”《上延平王书》云：

殿下东都之役，岂诚谓外岛足以创业开基，不过欲安插文武将吏家室，使无内顾之忧。庶得专意恢剿。但自古未有以辎重眷属置之外夷，而后经营中原者，所以识者危之。或者谓女真亦起于沙漠。我何不可起于岛屿？不知女真原生长穷荒，入中土如适乐郊，悦以犯难，人忘其死。若以中国师徒委之波涛漂渺之中，拘之风土狉獉之地，真乃入于幽谷。其间感离恨别，思归苦穷，种种情怀，皆足以堕士气而损军威，况欲其用命于矢石，改业于耰锄，何可得也！故当兴师之始，兵情将意，先多疑畏。兹历暑徂寒，弹丸之城攻围未下，是无他，人和乖而地利失宜也。语云："与众同欲者罔不兴，与众异欲者罔不败。"诚哉是言也。今虏酋短折，孤雏新立，所云主少国疑者，此其时矣。满党分权，离畔叠告。所云将骄兵懦者，又其时矣。且灾异非常，征科繁急。所云天怒人怨者，又其时矣。兼之虏势已居强弩之末，畏濒如虎，不得已而迁徙沿海，为坚壁清野之计。致万姓弃田园，焚庐舍，宵啼路处，蠢蠢思动，望王师何异饥渴。我若稍为激发，此并起亡秦之候也。惜乎殿下东征，各汛守兵，力绵难恃。然且东避西移，不从伪令，则民情亦大可见矣。殿下诚能因将士之思归，乘士民之思乱，回旗北指，百万雄师可得，百什名城可下矣。又何必与红夷较雌雄于海外哉？况大明之倚重殿下者，以殿下之能雪耻复仇也。区区台湾，何预于神州赤县？而暴师半载，使壮士涂肝脑于火轮，宿将碎肢体于沙碛，生既非智，死亦非忠，亦大可惜矣。况普天之下，止思明一块干净土，四濒所属望，万代所瞻仰者，何啻桐江一丝系汉九鼎？故虏之虎视，匪朝伊夕，而今守御单弱，兼闻红夷构虏乞师，万一乘虚窥伺，胜败未可知也。夫思明者，根柢也。台湾者，枝叶也。无思明，是无根柢矣，安能有枝叶乎？此时进退失据，噬脐何及？古人云："宁进一寸死，毋退一尺生。"使殿下奄有台湾，亦不免为退步，孰若早返思明，别图所以进步哉？昔年长江之役，虽败犹荣，已足流芳百世。若卷土重来，岂直汾阳、临淮不足专美，即钱镠、窦融，亦不足并驾矣。倘寻徐福之行踪，思卢敖之故迹，纵偷安一时，必贻讥千古。即观史载陈宜中、张世杰两人褒贬，可为明鉴。九仞一篑，殿下宁不自爱乎？夫虬髯一剧，只是传奇滥说，岂真有扶余足王乎？若箕子之居朝鲜，又非可以语于今日也。

寅恪案：郑氏之取台湾，乃失当日复明运动诸遗民之心，而壮清廷及汉奸之气者，不独苍水如此，即徐闇公辈亦如此。牧斋以为延平既以台湾为根据地，则更无恢复中原之希望，所以辛丑逼除，遂自白茆港移居城内旧宅也。然河东君仍留居芙蓉庄，直至牧斋将死前始入城者，殆以为明室复兴尚有希望，海上交通犹有可能，较之牧斋之心灰意冷大有区别。钱、柳二人之性格不同，即此一端，足以窥见矣。

第十三叠后附《癸卯中夏六日重题长句二首》，其第一首有“逢人每道君休矣，顾影还呼汝谓何”一联，意谓时人尽知牧斋以为明室复兴，实已绝望，而河东君尚不如是之颓唐。“影”即“影怜”之谓。斯乃《投笔》一集之总结，愈觉可哀也。

关于郑延平之将克复南都而又失败之问题，颇甚复杂，兹略引旧记以证明之。

魏默深（源）《圣武记·八·国初江南靖海记》（可参《小腆纪年附考·一九》“（顺治十六年七月）壬午二十三日明朱成功败绩于江宁崇明伯甘辉等死之成功退入于海瓜洲镇江皆复归于我大清”条）略云：

（顺治）十四年，明桂王遣使自云南航海进封成功延平郡王，招讨大将军。成功分所部为七十二镇，设六官理事假永明号，便宜封拜。闻王师三路攻永历于云贵，乃大举内犯江南，以图牵制。十六年六月，由崇明入江。时，苏松提督驻松江，江宁提督驻福山，分守要害，圌山及谭家洲皆设大炮，金、焦二山皆铁锁横江。煌言屡却不前，令人泅水断铁索，遂乘风潮，以十七舟径进，沿江木城俱溃，破瓜洲，获提督管效忠围镇江，五路叠垒而阵。周麾传炮，声沸江水。攻北固山，士卒皆下马死战，官兵退入城，成功军逐之而入，遂陷镇江，属邑皆下。部将甘辉请取扬州，断山东之师。据京口，断两浙之漕，严扼咽喉，号召各郡，南畿可不战自困。成功不听。七月直薄金陵，谒孝陵，而煌言别领所部由芜湖进取徽宁诸路。时，江宁重兵移征云贵，大半西上，城内守备空虚。松江提督马进宝（原注："改名逢知。"）不赴援，阴通于寇，拥兵观望。成功移檄远近。（寅恪案：《张苍水集》第一编载"己亥代延平王作《海师恢复镇江一路檄》"可供参考。）太平、宁国、池州、徽州、广德、无为、和州等四府三州二十四县，望风纳款。维扬、常、苏旦夕待变。东南大震，军报阻绝。世祖幸南苑集六师议亲征。两江总督郎廷佐佯使人通款，以缓其攻。成功信之，按兵仪凤门外，依山为营，连亘数里。巡抚蒋国柱，崇明总兵梁化凤皆赴援。化凤登高望敌，见敌营不整，樵苏四出，军士浮后湖而嬉，乃率劲骑五百，夜出神策门，先捣白土山，破其一营，以作士气。次日，大出师由仪凤、钟阜二门以三路攻其前，而骑兵绕出山后夹攻。成功令甘辉守营，而自出江上调舟师。诸营见山上麾盖不动，不敢退。又未奉号令，不暇相救，遂大溃。甘辉被执死。化凤复遣兵烧海艘五百余，成功遂以余舰扬帆出海，攻崇明不下。冬十月还岛。而煌言遇我征贵州凯旋兵浮江下，亦战败走徽宁山中，出钱塘入海。

延平王户官杨英《从征实录》"永历十三年己亥"条略云：

（五月）十九日，移泊吴淞港口，差监纪刘澄密书通报伪提督马进宝合兵征讨，以前有反正之意，至是未决，欲进围京都时举行，故密遣通之。未报。

（七月）十一日，伏□□塘报一名，称南京总督管效忠自镇江败回□（日？），且将防城器棋料理，并差往苏松等处讨援兵，并带急燕都奏请救援。称松江提督马进宝阴约归，现在攻围南都，危如累卵，乞发大兵□（南下），救援扑灭，免致燎原滔天云云。藩得报，喜曰："似此南都必降矣。重赏之。"

是日，藩札凤仪门。密书与马提督知防。

十七日，各提督统领进见。甘辉前曰："大师久屯城下，师老无功，恐援虏日至，多费一番功夫。请速攻拔，别图进取。"藩谕之曰："自古攻城掠邑，杀伤必多，所以未即攻者，欲待援虏齐集，必朴（扑）一战，遨而杀之。管效效忠必知我手段，不降亦走矣。况属邑节次归附，孤城绝援，不降何待。且铳炮未便。又松江马提督□约未至，以故援（缓）攻。诸将暂磨励以待，各备攻棋，候一二日，令到即行。"诸将回营。（十八日）遣监督高绵祖，礼部都事蔡政前往苏州松江。往见伪抚院马提督，约日起兵打都城，并令常镇道冯监军拨大官座二只，多设仪仗帐，戴（载）高、蔡二使前往苏松会师。

二十一日，再遣礼都事蔡政往松江见马进宝，并安插陈忠靖□、（宣）毅前镇陈泽等护眷船，授以机□。先时祖等见进宝，以家眷在燕都未决，回报。至是再遣谕之曰："见马提督，先以婉言开陈，须不刚不柔，务极得体，要之以先事□（为）妙。若至攻破南都日方会，□为晚也。"

二十二午，虏就凤仪门抬炮与前锋镇对击。

二十三（日），藩见大势已溃，遂抽下□（船）。

二十八日，派程班师，驾出长江。

（八月）初四日，师泊吴淞港，遣礼都事蔡政往见马进宝。进京议和事机宜，俱授蔡政知之，亦无书往来。

初八日，舟师至崇明港。

初十日，传令登岸札营攻崇明县城。

十一日辰时，开炮至午时西北角城崩下数尺，河沟填满，藩亲督催促登城，守将梁华（化）凤死敌不退。

藩见城坚难攻，传令班回。是日晚，适马提督差中军官同都事蔡政至营，言马提督□（因？）闻大师攻围崇明，特遣中军前来说和。称欲奏请讲和，仍又加兵袭破城邑，教我将何题奏，贵差将何面君？不如舍去崇明，暂回海岛，候旨成否之间，再作良图，亦未为晚。藩谕之曰："尔酋等大张示谕，谓我水陆全军覆没，国姓亦没阵中，清朝无角逐英雄之患。吾故打开崇明，安顿兵眷，再进长驱，尔主其亦知之否？我今搀（才）施数铳，其城已倒及半，明日安炮再攻，立如平地。既尔主来说，姑且缓攻，留与尔主好题请说话也。"令人同看营中兵器船只整备。叹曰："京都覆没，岂有是耶？"

藩令搬营在船。

十二日，遣蔡政同马提督中军再回吴淞，往京议和。

十二月，藩驾注（驻）思明州。蔡政自京回，京报和议不成。逮系马进宝入京。

《清史列传·五·郎廷佐传》（参《碑传集·六二》引《盛京通志郎廷佐传》）云：

是年（顺治十六年己亥）二月，廷佐因巡阅江海，密陈海防机宜，言海贼郑成功拥众屯聚海岛，将侵犯江南，而江省各汛兵数无多，且水师舟楫未备，请调发邻省劲兵防御。疏下部议，以邻省亦需兵防守，寝其事。五月，海贼陷镇江，袭据瓜州，遂犯江宁。时，城中守御单弱，会副都统噶楚哈等从贵州凯旋，率兵沿江而下，廷佐与驻防总管喀喀穆邀入城，共议击贼。

同书同卷《梁化凤传》（可参《梅村家藏稿·二五·梁宫保壮猷纪》）略云：

梁化凤，陕西长安人。顺治三年武进士。十二年升浙江宁波副将。海寇张名振犯崇明之平洋沙，总督马国柱委化凤署苏松总兵事，至则遣都司谈忠出战，名振复高桥，化凤亲驰援剿击，败其众。（寅恪案：《清史稿·二百零三·疆臣年表·一》"江南江西总督"栏"顺治十一年甲午"载："马国柱九月丁未休。十月马鸣佩总督江南江西。""顺治十三年丙申"载："马鸣佩闰五月己酉病免。"表面观之，似"马国柱"为"马鸣佩"之误。但《清史稿·五·世祖本纪·二》略云："顺治十一年四月壬申，官军击故明将张名振于崇明，败之。"《清史列传·五·马国柱传》云："十一年正月，海贼张名振屡犯崇明。"然则《梁化凤传》之"十二年"应作"十一年"无疑也。）十六年七月，成功以大舰陷镇江瓜州，直犯江宁，南北中梗。化凤率所部三千人，疾抵江宁。贼大败奔北，江南遂通。成功败，遁入海。化凤遣将防崇明，贼果薄城下，适化凤兵自江宁回，声势相应，括民舟出白茆港，绝流迅击，贼复大败。

《清史列传·八十·马逢知传》略云：

（顺治）十三年，迁苏松常镇提督。十六年，海寇郑成功犯江宁，连陷州县，梁化凤击退之。九月，部臣劾逢知失陷城池，当镇江失守，拥兵不救，贼遁，又不追剿，应革世职，并现任官，撤取回旗。得旨，马逢知免革职，着解任。先是户科给事中孙光祀密纠逢知当贼犯江宁时，竟不赴援，及贼攻崇明，为官兵所败，反代其请降，巧行缓兵之计。镇海大将军刘之源，江南总督郎廷佐，苏松巡按马腾升，先后疏报伪兵部黄征明乃数年会缉未获之海逆，今经缉获解京。其侄黄安自海中遣谍陈谨賫缘行贿，计脱征明，并贻书逢知，传递关节。礼科给事中成肇毅亦疏陈逢知通海情形昭著。请即逮治，并令抚按严究党羽。十七年六月，命廷臣会鞫，以逢知交通海贼，拟并诛其子。八月，上以未得逢知叛逆实事，命刑部侍郎尼满往江南，同之源、廷佐确审，寻合疏陈奏逢知于我军在沙埔港获海贼柳卯，即声言卯系投诚，赏银给食，托言令往招抚，纵之使还。又，海贼郑成功曾遣伪官刘澄说逢知改衣冠领兵往降。逢知虽声言欲杀刘澄，反馈以银两。又遣人以扇遗成功，并示以投诚之本。又私留奉旨发回之蔡正，不即斥逐，并将蔡正之发剃短，以便潜往。且遣人护送出境。是逢知当日从贼情事虽未显著，然当贼犯江南时，托言招抚，而阴相比附，不诛贼党，而交通书信，兼以潜谋往来，已为确据。疏入，仍命议政王贝勒大臣核议。寻论罪如律，逢知伏诛。

《梅村家藏稿·二五·梁宫保壮猷纪》云：

江宁告急之使，马皆有汗。同时大将之拥兵者，按甲犹豫，据分地为解。

《小腆纪年附考·一九》“顺治十六年五月癸酉（十三日）明延平王朱成功兵部左侍郎张煌言复会师大举北上以援滇”条云：

成功欲顺风取瓜州，煌言曰：“崇明为江海门户，有悬洲可守，先定之以为老营，脱有疏虞，进退可据。”冯澄世亦言取之便。成功曰：“崇明城小而坚，取之必淹日月。今先取瓜州，破其门户，截其粮道，腹心溃，则支体随之，崇明可不攻而破也。”乃遣监纪刘澄，密通我江南提督马进宝，而请煌言以所部兵为前军乡导。己卯（十九日）经江阴，舟楫蔽江而上。

据上引数据，知成功之不能取江宁，其关键实在马逢知两方观望，马氏之意以为延平若成功，声威功绩必远出其上。若不成功，己身亦可邀得清廷之宽免。此乃从来汉奸骑墙之故技。实不知建州入关，其利用汉人甚为巧妙。若可利用之处已毕，则斩杀以立威也。

又，黄秋岳（濬）《花随人圣庵摭忆》略云：

缪小山（荃孙）《云自在堪笔记》所述康熙时诸汉臣相讦相轧事至详，而未言所本。后乃知小山所本，为李榕村（光地）日记。《榕村日记》无刊行者，清史馆有抄本，缪所录中，有一段极饶意义者，为李光地与施琅语，纵谈及海上顺治十六年攻南京事。李（“李”当作“予”，下同）云：“当时若海寇不围城池，扬帆直上，天下岌岌乎殆哉！”施笑曰：“直前，是矣。请问君何往？从何处而前？”予无以应。移时又促之，云：“从何处往前？”李曰：“或从江淮，或趋山东，奈何？”施曰：“此便大坏。何（以）言之，直前，纵一路无阻，即抵京师，本朝兵势尚强，决一死斗。兵家用所长，不用所短。海寇之陆战，其所短者，计所有不过万人。能以不习陆战之万人，而敌精于陆战之数十万人乎？不过一霎时，便可无噍类矣。”李爽然自失，曰：“然则奈何？”施曰：“不顾南京，直取荆襄，以其声威，扬帆直过，决无与敌者。彼闭城不出，吾置之不论。彼若通款，与一空札羁縻之。遇小船则毁之，遇大船则带之。有领兵降者，以我兵分配彼兵，散与各将而用之。得了荆襄，呼召滇粤三逆藩，与之连结，摇动江以南，以挠官军，则祸甚于今日矣。”施所见如此，真是枭雄。

寅恪案：马进宝是时正在观望。若延平克南京，则反清。若不能，则佐清。延平既不能克南京，必急撤退。不然者，将被封锁于长江口内，全军覆没矣。施琅之论，未必切合当日情势及了解延平心理也。至《清史补编·八·郑成功载记》记载此役，其史料真伪夹杂，文体不伦，未可依据，故不引用。

复检《清史稿·二六七·黄梧传》（可参《清史列传·黄梧传》）略云：

黄梧，字君宣，福建平和人。初，为郑成功总兵，守海澄。顺治十三年，梧斩成功将华栋等，以海澄降。大将军郑亲王世子济度以闻，封海澄公。十四年，总督李率泰疏请益梧兵合四千人，驻漳州。梧牒李率泰荐委署都督施琅智勇忠诚，熟谙沿海事状，假以事权，必能剪除海孽。又言成功全借内地接济木植、丝绵、油麻、钉铁、柴米。土宄阴为转输，赍粮养寇。请严禁。并条列灭贼五策，复请速诛成功父芝龙。率泰先后上闻，琅得擢用，芝龙亦诛。寻命严海禁，绝接济，移兵分驻海滨，阻成功兵登岸，增战舰，习水战，皆梧议也。

《小腆纪年附考·二十》“顺治十八年十二月明延平王朱成功取台湾”条略云：

成功以台湾平，谓诸将曰：“此膏腴之土，可寓兵于农。”既闻迁界令下，成功叹曰：“使吾徇诸将意，不自断东征，得一块土，英雄无用武之地矣。沿海幅员上下数万里，田庐邱墓无主，寡妇孤儿望哭天末，惟吾之故。以今当移我残民，开辟东土，养精畜锐，闭境息兵，待天下之清未晚也。”乃招漳泉惠潮流民，以辟污莱。制法律，定职官，兴学校，起池馆，待故明宗室遗老之来归者。台湾之人是以大和。

然则延平急于速战速决之计既不能行，内地接济复被断绝，则不得不别取波涛远隔、土地膏腴之台湾以为根据地。且叛将黄梧拥兵海澄，若迟延过久则颇有引清兵攻厦门之可能。观《黄梧传》“（顺治）十四年总督李率泰疏请益梧兵合四千人驻漳州”，并《小腆纪年附考·二十》“（顺治十七年）五月甲子（初十日）我大清兵攻厦门明延平王朱成功御却之”，及同书同卷“我大清康熙二年癸卯冬十月王师取金门厦门”条，即是其证。故延平帅舟师速退，亦用兵谨慎之道。其主旨虽与张苍水辈别有不同，未可尽非也。

寅恪论述牧斋参预郑延平攻取南都之计划，又欲由白茆港逃遁出海，而不能实行之事既竟，读者必怀一疑问，即牧斋何以终能脱免清廷之杀害。《痛史·第五种·研堂见闻杂记》云：

海氛既退，凡在戎行诸臣，以失律败者，各遣缇骑捕之，以银铛锁去，如缚羊豕，而间连染于列邑缙绅，举室俘囚，游魂旦暮。

又云：

乙亥，海师至京口，金坛诸缙绅有阴为款者，事既定，同袍讦发，遂罗织绅衿数十人。抚臣请于朝，亦同发勘臣就讯，既抵，五毒备至，后骈斩，妻子发上阳。

据此可知当日缙绅因己亥之役受牵累者殊不少。牧斋何以终能脱免一点，实难有确切之解答。但后检诸书，似有痕迹可寻，惜尚是推测之辞，不敢视为定论。俟他日更发现有关史料再详述之。

《清史列传·七九·梁清标传》略云：

梁清标，直隶正定人。明崇祯十六年进士，官庶吉士。顺治元年投诚，仍原官。寻授编修，累迁侍讲学士。十三年四月迁兵部尚书。十六年，海贼郑成功由镇江犯江宁，给事中杨雍建疏言（寅恪案：杨氏事迹可参同书六本传）海氛告警，宵旰焦劳，枢臣职掌军机，于地形之要害，防兵之多寡，剿抚之得失，战守之缓急，不发一谋，不建一策，仅随事具覆，依样葫芦，不曰今应再行申饬，则曰臣部难以悬拟。既不能尽心经画，决策于机先，又不能返躬引咎，规效于事后，请天语严饬，以儆尸素。诏兵部回奏。时尚书伊图，奉使云南。清标同侍郎额赫里、刘达、李棠馥疏辩。得旨，此回奏，巧言饰辩，殊不合理，著再回奏。于是自引咎下吏部察议，三侍郎皆降二级，清标降三级，各留任。十七年二月，京察自陈。谕曰："梁清标凡事委卸，不肯担任劳怨，本当议处，姑从宽免。"其痛自警省，竭力振作。五月上以岁旱，令部院诸臣条奏时务，清标与李棠馥疏言，奸民捏造通贼谋叛，蠹设贪官，借端取货，生事邀功，著确指其人。于是复奏，借通贼谋叛名，鱼肉平民，则有桐城知县叶贵祖，常熟知县周敏等。为给事中汪之洙、巡按何元化所劾。（寅恪案：《江南通志·一百零六·职官志》"巡抚监察御史"栏载："何可化，直隶人，进士，顺治十七年任。"清进士题名碑载："何可化，顺治三年第三甲，直隶大宁都都水卫。""何元化"当为"何可化"之讹。）其未经劾奏者不知凡几。故请旨饬禁，惩前以毖后。疏下部知之。

同书九《施琅传》略云：

（康熙）二十年七月，内阁学士李光地奏，郑锦已死，子克塽幼，部下争权，征之必克，因荐琅素习海上情形。上遂授琅福建水师提督加太子太保。谕之曰，海寇一日不靖，则民生一日不宁。尔当相机进取，以副委任。二十一年七月彗星见，诏臣工指陈时务。户部尚书梁清标（寅恪案：梁清标康熙十一年调户部尚书）谓天下太平，凡事不宜开端，当以安静为主。上因命暂停征剿台湾。

乾隆修《江南通志·一百零七·职官志》“常熟知县”栏载：

周敏，武康人。拔贡。顺治十五年任。

张燮，大兴人。拔贡。顺治十七年任。

寅恪案：前论黄毓祺案，已详及真定梁氏与牧斋之密切关系。今观《清史列传》所言，清标身任兵部尚书，其对己亥战役之态度如此冷淡，虽云满尚书伊图奉使云南，当日汉人无权（可参前引龚芝麓《疏》）不敢特有主张，但其不为清廷尽心经画以防御郑氏，与二十余年后之反对进攻台湾，疑是同一心理。至《传》中所指常熟知县周敏，借通贼谋叛、鱼肉平民之事，恐是乘机为牧斋辈解脱于郑延平失败之后，清廷大肆搜捕之时也。

又《牧斋尺牍·下·致周县尊》云：

治某抱病江乡，朝夕从渔夫樵叟，歌咏德音，虽复屏迹索居，未尝不神驰铃阁也。顷者，□□□狂悖无状，老父母以覆载洪恩，付之不较，第此人欺主枉上，罪在不赦。若不重治，并及其共事者，何以惩创奸究，使魑魅寒心？又口称有两宦书帖，其中不无假冒。某乡居不知城邑之事，若有不得已相闻，必有手书印记。并祈老父母留心查核，勿为黎丘之鬼所眩。此尤所祷祀而求者也。

又《致□□□》略云：

恒云握别，遂逾星纪。尘泥迥绝，寒暄邈然。相知北来，备道盛雅。注存无已，煦育有加。窃念益草木残生，桑榆暮齿，灰心世故，息念空门，固未尝争名争利，攘臂于市朝；亦未尝有党有仇，厕迹于坛坫，有何怨府？犯彼凶锋。所赖金石格言，岩廊竑论，片语解呶，单词止沸。此则养国家之元气，作善类之长城，四海具瞻，千秋作则者也。

颇疑牧斋所谓"周县尊"即周敏。而信中所言"两宦书帖"，其中之一当为告讦牧斋之物证。至《致□□□》一札，因信中有"恒云"二字故认为即致梁清标者。"犯彼凶锋"之"彼"当指周敏。"金石格言，岩廊竑论"似指清标顺治十七年五月所上之疏。若所揣测者不误，则此等材料或可作为牧斋之免祸与梁清标有关之旁证。

复次，当日在朝有梁清标主持兵部，凡在外疆臣武将皆不得不为牧斋回护。周敏之不能久任常熟知县，其理由或在此也。又牧斋集中颇多与郎廷佐、梁化凤等相关之文字，兹节录涉及己亥之役者于下。《牧斋外集·九·奉贺郎制府序》略云：

每念节镇之地，襟江带海，潢池弄兵，海岛窃发。单车小艇，巡行水陆，宵征露宿，涉鲸波而冲飓浪，所至搜讨军实，申明斥堠，布置要害。冲波跋浪之士，靡不骨腾肉飞。裹粮求敌，德威宣布，军声烜赫。于是海人蜑户，连艘投诚。鲸鲵猰貐，闻风远遁。萑苻解散，菰芦宴如，则公之成劳也。

同书同卷《梁提督累荫八世序》略云：

自古国家保定疆围，乂安寰宇，必有精忠一德，熊罴不二心之臣，为之宣猷僇力，经营告成。其在今日，则大宫保梁公是也。公以鞭霆掣电之风略，拔山贯日之忠勇，奋迹武闱，守御山右。旋调崇川，总领水师。未几，海氛大作，蹂躏瓜步，摇撼南服。公出奇奋击，雷劈电奔，斧螗锋猬，江水为赤。已而复窥崇川，公随飞援追剿，海波始靖，而东南获有安壤。余江村老民，借公广厦万间之庇，安枕菰芦，高眠晚食，方自愧无以报公，而又念旧待罪太史氏，勒燕然之铭，香旃常之续，皆旧史所有事也。于诸君之请，遂不辞而为之序，亦使后世之史馆尚论武略者，于斯文有考焉。

同书二四《海宴亭颂序》略云：

今都督长安梁公，山西出将，冀北空群。惟此东南，惠徽节钺。顷者海波荡潏，江表震惊，舰塞长江，风乘万里。惟公奋其老谋，遏彼乱略。遂使鲐文之老，安井臼于熏风；负剑之童，息戈鋋于丽日。既庇鸿庥于上将，应铭伟伐于通都。地卜虎丘，亭名海宴。万古千秋，拥胜概于长洲之苑；黄童白叟，腾颂声于阊阖之城。益也托庇遗民，欣逢盛举。磨盾草檄，良有愧于壮夫；勒石考文，敢自后于野史。

此外牧斋尚有为梁化凤之父孟玉所作之《诰封都督梁公墓志铭》（见《牧斋外集·一六》）等，及与郎梁诸人之书札（见《牧斋尺牍》），兹不暇多引。要之，牧斋此类文字虽为谄媚之辞，但使江南属吏见之，亦可以为护身符也。

附：钱氏家难

关于牧斋八十生日，除前论“丁老行”，谓丁继之于干戈扰攘之际，特来虞山祝寿，殊为难得外。牧斋尚有《红豆诗十首》，皆关涉其己身及河东君并永历帝者，故与颇饶兴趣之牧斋《辞寿札》及《归玄恭寿序》各一篇，录之于下。至钱曾《红豆和诗十首》并其他涉及牧斋八十生日之文字尚多，不能尽录，读者可自参阅也。

《有学集诗注·一一·红豆三集·红豆树二十年复花九月贱降时结子一颗河东君遣童探枝得之老夫欲不夸为己瑞其可得乎重赋十绝句示遵王（寅恪案：此题前第六题为《遵王赋胎仙阁看红豆花诗吟叹之余走笔属和八首》，故云“重赋”。其诗后附有钱曾《红豆树二十年不花今年夏五忽放数枝牧翁先生折供胎仙阁邀予同赏饮以仙酒酒酣命赋诗援笔作断句八首》一题）更乞同人和之》云：

院落秋风正飒然，一枝红豆报鲜妍。夏梨弱枣寻常果，此物真堪荐寿筵。

春深红豆数花开，结子经秋只一枚。王母仙桃余七颗，争教曼倩不偷来。

二十年来绽一枝，人间都道子生迟。可应沧海扬尘日，还记仙家下种时。

秋来一颗寄相思，叶落深宫正此时。舞辍歌移人既醉，停觞自唱右丞词。

朱噣衔来赤日光，苞从鹑火度离方。寝园应并朱樱献，玉座休悲道路长。

千葩万蕊叶风凋，一捻猩红点树梢。应是天家浓雨露，万年枝上不曾销。

齐阁燃灯佛日开，丹霞绛雪压枝催。便将红豆兴云供，坐看南荒地脉回。

炎徼黄图自讨论，日南花果重南金。书生穷眼疑卢橘，不信相如赋上林。

旭日平临七宝阑，一枝的皪殷流丹。上林重记虞渊簿，莫作南方草木看。

红药阑干覆草莱，金盘火齐抱枝开。故应五百年前树，曾裹侬家锦绣来。

《有学集·三九·与族弟君鸿求免庆寿诗文书》略云：

夫有颂必有骂，有祝必有咒，此相待而成也。有因颂而招骂，因祝而招咒，此相因而假也。今吾抚前鞭后，重自循省，求其可颂者而无也。少窃虚誉，长尘华贯，荣进败名，艰危苟免。无一事可及生人，无一言可书册府。濒死不死，偷生得生。绛县之吏不记其年，杏坛之杖久悬其胫。此天地间之不祥人，雄虺之所憖遗，鸺鹠之所接席者也。子如不忍于骂我也，则如勿颂。子如不忍于咒我也，则如勿祝。以不骂为颂，颂莫祎焉。以无咒为祝，祝莫长也。

《牧斋尺牍·中·与君鸿》云：

村居荒僻，翻经礼佛，居然退院老僧。与吾弟经年不相闻问，不谓吾弟记忆有此长物也。日月逾迈，忽复八旬，敕断亲友，勿以一字诗文枉贺。大抵贺寿诗文，只有两字尽之：一曰骂，二曰咒。本无可贺而贺，此骂也。老人靠天翁随便过活，而祝之曰长年，曰不死，此咒也。业已遍谢四方，岂可自老弟破例耶？若盛意，则心铭之矣。来诗佳甚，漫题数语，勿怪佛头抛粪也。诗笺已领，不烦再加缮写也。谢谢！（寅恪案：此札与前札，辞寿之旨虽同，而详略有异。颇疑此札乃复其族弟之私函，前札则属于致亲朋之公启。故此札乃前札之蓝本也。）

《归庄集·三·某先生八十寿序》略云：

先生之文云，绛县之老，自忘其年。杏坛之杖，久悬其胫。据所用《论语》之事，先生盖自骂为贼矣。吾以为贼之名不必讳。李英公尝自言少为无赖贼，稍长为难当贼，为佳贼，后卒为大将，佐太宗平定天下，画像凌烟阁。且史臣之辞，不论国之正僭、人之贤否，与我敌，即为贼。是故曹魏之朝，以诸葛亮为贼；拓跋之臣，以檀道济为贼。入主出奴，无一定谓。然则贼之名何足讳，吾惟恐先生之不能为贼也。先生自骂为贼，吾不辨先生之非贼，又惟恐先生之非贼，此岂非以骂为颂乎？先生近著有《太公事考》一篇（寅恪案：《有学集·四五·书史记齐太公世家后》末云："今秋脚病，蹒跚顾影，明年八十，耻随世俗举觞称寿，聊书此以发一笑，而并以自励焉。"玄恭所言，即指此文），举史传所称而参互之，知其八十而从文王，垂百岁而封营丘。先生之寓意可知。庄既以先生之自戏者戏先生，亦以先生之自期者期先生而已，他更无容置一辞也。先生如以庄之言果诅也，果骂也，跪之阶下而责数之，罚饮墨汁一斗，亦惟命。如以为似诅而实祝，似骂而实颂也，进之堂前，赐之卮酒，亦惟命。以先生拒人之为寿文也，故虽以文为献，而不用寻常寿序之辞云。

寅恪案：河东君于牧斋生日，特令童探枝得红豆一颗以为寿，盖寓红豆相思之意，殊非寻常寿礼可比。河东君之聪明能得牧斋之欢心，于此可见一端矣。又陈琰《艺苑丛话·九》“钱牧斋字受之”条云：

柳于后园划地成寿字形，以菜子播其间，旁栽以麦。暮春时候，钱登楼一望，为之狂喜，几坠而颠。

此虽是暮春时事，与牧斋生日无关。但河东君之巧思以求悦于牧斋，亦一旁证也。遂并附记于此。兹更择录后来诸家关于芙蓉庄即红豆庄之诗文三则于下，借见河东君以红豆为牧斋寿一举及牧斋红豆诗之流播久远，殊非偶然也。

《柳南随笔·五》“芙蓉庄”条云：

芙蓉庄在吾邑小东门外，去县治三十里，顾氏别业也。某尚书为宪副台卿公外孙，故其地后归尚书。庄有红豆树，又名红豆庄。树大合抱，数十年一花，其色白。结实如皂荚，子赤如樱桃。顺治辛丑，是花盛开，邑中名士咸赋诗纪事。至康熙癸酉再花，结实数斗，村人竞取之。时庄已久毁，惟树存野田中耳。今树亦半枯，每岁发一枝，讫无定向。闻之土人，所向之处，稻辄歉收，亦可怪也。唐诗红豆生南国。又云红豆啄余鹦鹉粒。未知即此种否，俟再考之。

顾备九（镇）《虞东文录·八·芙蓉庄红豆树歌》云：

田园就芜三径荒，秋风破我芙蓉庄。庄中红豆久枯绝，村人犹记花时节。花时至今七十年，我生已晚空流传。一宵纤芽发故处，孙枝勃窣两三树。此树移来自海南，曲江（自注：“族祖讳耿光。”）手植世泽覃。钱家尚书我自出，庾信曾居宋玉宅。红豆花开及寿时，尚书夸诞赋新诗。我尝读诗感胸臆，鸠占中间仅一息。今得神明复旧观，古根不蚀精神完。（下略。）

孙子潇（原湘）《天真阁集·一九·芙蓉庄看红豆花诗序》云：

吾乡芙蓉庄红豆树，自顺治辛丑花开后，至今百六十又四年矣。乾隆时树已枯，乡人将伐为薪，发根而蛇见，遂不敢伐。阅数年复荣，今又幢幢如盖矣。今年忽发花满树，玉蕊檀心，中挺一茎，独如丹砂，茎之本转绿，即豆荚也。辛烈类丁香，清露晨流，香彻数里，见日则合矣。王生巨川邀余往观，为乞一枝而归。叶亦可把玩，玲珑不齐。王生言，至秋冬时，丹黄如枫也。道光四年五月记。

复次，红豆虽生南国，其开花之距离与气候有关。寅恪昔年教学桂林良丰广西大学，宿舍适在红豆树下。其开花之距离为七年，而所结之实，较第一章所言摘诸常熟红豆庄者略小。今此虞山白茆港钱氏故园中之红豆犹存旧箧，虽不足为植物分类学之标本，亦可视为文学上之珍品也。

寅恪论述牧斋八十生日事既竟，请附论牧斋晚年卧病时一段饶有兴趣之记载于下。

恬裕斋瞿氏藏牧斋楷书苏眉山书《金刚经跋》横幅墨迹，其文后半节云：

病榻婆娑，翻经禅退，杜门谢客已久。奈文魔诗债不肯舍我，友生故旧四方请告者绎络何！今且休矣，执笔如握石，看书如障绡，穷年老朽，如幻泡然，未知能圆满此愿否？后人克继我志者，悉为潢池完好，以此跋为左券云。

海印弟子八十一翁蒙叟钱谦益拜书

又后《跋》云：

老眼模糊不耐看，翻经尽日坐蒲团。东君已漏春消息，犹觉摊书十指寒。

立春日早诵《金刚经》一卷，适河东君以枣汤饷余，坐谈镇日。检赵文敏金汁书蝇头小楷《楞严经》示余。余两眼如蒙雾，一字见不（寅恪案："见不"当作"不见"），腕中如有鬼，字多舛谬，诧筋力之衰也。口占一绝，并志跋后。甲辰立春日蒙叟题。

寅恪案：依郑氏《近世中西日历表》，康熙三年甲辰立春为正月初八日。若有差误，亦不超过两三日。考牧斋卒于甲辰五月廿四日，其作此绝句时已距死期不远。河东君本居白茆港之红豆庄，正月初八日其在常熟城内钱氏旧宅者，或因与牧斋共度除夕，或由牧斋病势已剧，留住侍疾，不再返白茆港，皆未能确定。但据此两《跋》及诗句，可以推知牧斋垂死时犹困于"文魔诗债"有如是者，殊为可叹。又观其与河东君情感笃挚，至死不变，恐牧斋逝世后，若无遵王等之压迫，河东君亦有身殉之可能也。

关于钱、柳之死及钱氏家难本末，本章首已详引顾苓《河东君传》，今不重录。《虞阳说苑·甲编》有《河东君殉家难事实》一书，所载韩世琦、安世鼎等（韩氏见乾隆修《江南通志·一百零五·职官志》"江苏巡抚"栏。安氏见同书一百零六《职官志》"苏松常兵备道"栏）当时公文颇备，不能尽录，但择其最有关者，稍加解释。兹除《河东君遗嘱》并其女及婿之两《揭》外，略附述当日为河东君伸冤诸人之文字，亦足见公道正义之所在也。至同时人及后来吟咏钱、柳之诗殊多，以其无甚关涉，除黄梨洲、龚芝麓等数首外，其余概从省略。

黄太冲《思旧录》"钱谦益"条云：

甲辰余至，值公病革。一见即云以丧葬事相托。余未之答，公言顾盐台求文三篇，润笔千金。亦尝使人代草，不合我意，固知非兄不可。余欲稍迟，公不可。即导余入书室，反锁于外。三文，一《顾云华封翁墓志》，一《云华诗序》，一《庄子注序》。余急欲出外，二鼓而毕。公使人将余草誊作大字，枕上视之，叩首而谢。余将行，公特招余枕边云："惟兄知吾意，殁后文字，不托他人。"寻呼孙贻（寅恪案：牧斋子孙爱，字孺贻。梨洲混为"孙贻"）与闻斯言。其后孙贻别求于龚孝升，使余得免于是非，幸也。

《柳南续笔·三》"卖文"条略云：

东涧先生晚年贫甚，专以卖文为活。甲辰夏卧病，自知不起，而丧葬事未有所出，颇以为身后虑。适鹾使顾某求文三篇，润笔千金。先生喜甚，急倩予外曾祖陈公金如代为之，然文成而先生不善也。会余姚黄太冲来访，先生即以三文属之。越数日而先生逝矣。（寅恪案：《牧斋尺牍·中》载《与陈金如札十九通》，其中颇多托代撰文之辞。又光绪修《常昭合志稿·三一·陈灿传》附《式传》云："陈式，字金如。副贡生。行己谨敕，文笔温丽"等语，皆可供参证。）

《江左三大家诗钞》三卷末载卢紘《跋》云：

吴江顾君茂伦、赵君山子有《三大家诗钞》之辑。刻既成，乃以弁言来命。忆紘于虞山，相遇最晚。壬寅岁以驻节海虞，始得近趋函丈。初见欢若生平，勤勤慰勉。不二年，且奄逝矣。易箦之前二日，贻手书，以后事见嘱，是不可谓不知己也。康熙七年岁次戊申春季楚蕲受业卢紘顿首撰。

民国修《湖北通志·一五二·卢紘传》略云：

卢綋，字元度，一字澹岩。蕲州人。顺治乙丑进士。屡迁苏松参议，长芦盐运使。尝修《蕲州志》，钱谦益甚称之。著有《四照堂文集》三十五卷，《乐府》二卷。

《牧斋尺牍·一·致卢澹岩四通》，其一略云：

老公祖以迁固雄文，发轫蕲志。谨承台命，聊援秃管，以弁简端。承分清俸，本不敢承。久病缠绵，资生参术，借手嘉惠，以偿药券。

其二略云：

顷蒙翰教，谨于尊府君志中，添入合葬一段，以文体冗长，但撮略序次，不能如《梅村志》文之详赡也。腆贶郑重，不敢重违台意，敢再拜登受。（寅恪案：《有学集补·卢府君家传》及《卢氏二烈妇传》并《牧斋外集·八·四照堂文集序》等，皆牧斋为卢氏一门所作之文也。）

其三云：

昨者推士民之意，勒碑颂德，恨拙笔无文，不足以发扬万一，殊自愧也。（寅恪案：颂德碑乃歌功颂德之文。牧斋作此碑文必有润笔。此润笔之资，虽非澹岩直接付出，但必乡人受卢氏之指示而为者，其数目当亦不少。然则此亦澹岩间接之厚贶也。）

其四云：

重荷翰贶，礼当叩谢。辱委《蕲志序》，须数日内力疾载笔。（寅恪案：据其内容，此札应列第一通之前。）

寅恪案：牧斋卖文为活之事，前已于第五章黄毓祺案节论及之。今观梨洲、东溆、澹岩关于牧斋垂死时之记载，益可知其家无余资，贫病交迫之实况矣。至若牧斋《致卢澹岩札》，尤足见其晚年之穷困，非卖文不能维持生计及支付医药之费。总之，此虽为牧斋家庭经济问题，但亦河东君致死主因，故不惮烦琐为之饶舌也。

《柳夫人遗嘱》云：

汝父死后，先是某某并无起头，竟来面前大骂。某某还道我有银，差遵王来逼迫。遵王、某某皆是汝父极亲切之人，竟是如此诈我。钱天章犯罪，是我劝汝父一力救出，今反先串张国贤，骗去官银官契，献与某某。当时原云诸事消释。谁知又逼汝兄之田，献与某某。赖我银子，反开虚账来逼我命，无一人念及汝父者。家人尽皆捉去，汝年纪幼小，不知我之苦处。手无三两，立索三千金，逼得汝与官人进退无门，可痛可恨也。我想汝兄妹二人，必然性命不保。我来汝家二十五年，从不曾受人之气，今竟当面凌辱。我不得不死，但我死之后，汝事兄嫂，如事父母。我之冤仇，汝当同哥哥出头露面，拜求汝父相知。我诉阴司，汝父决不轻放一人。垂绝书示小姐。

威逼姓名，未敢原稿直书，姑阙之。

《孝女揭》云：

揭为婪赃杀命，奇陷屠门，势抗县宪，威胁大吏。母泣冤沈，女号公磔事。窃父母与舅姑一也。不能为孝妇者，窃愿为孝女。生事与死事一也。不得报恩于生前者，窃愿报仇于死后。如今日活杀吾母柳氏一案，操戈而杀母者，兽族谦光与兽侄孙曾也。主谋而令其杀者谁，呼其名，无不疾首痛心；称其爵，无不胆战股栗；叙其恶，无不发竖眦裂。在今血控，不敢显触其凶锋。嗣后登闻，誓必直陈其恶款。止就二兽之罪案，涕泣而历陈之。我母柳氏，系本朝秘书院学士我父牧斋公之侧室，本朝唐令兄孺贻之庶母也。母归我父九载，方生氏。母命不辰，止有一女。我父不忍嫁氏，因赘翰林院赵月潭公之第三子为婿。依依膝下者，四历寒暑。每以不得侍奉舅姑为疚。不料父年八十有三，染病益笃。氏助兄嫂日侍汤药，身不克代，乃于五月二十有四日，一旦考终。呜呼痛哉！方思与兄共守苫块，以尽半子之谊，以终哀戚之期，而后托吾母于嫡兄，从吾夫以归养。岂期族难陡作，贵贱交炽。昔之受厚恩于吾父者，今日忽挺戈而入室。昔之求拯救于吾父者，今日忽背噬而甘心。昔之呼高上于堂下，执弟子于门墙者，今日忽揭竿树帜，耽耽而逐逐，如钱谦光、钱曾，其手倡斩衰者也。谦光系行劣徒夫，不齿姻族，曾则为销奏之黜衿也。（寅恪案：奏销事可参孟心史（森）《明清史论著集刊·上·奏销案》一文。）于分为曾侄孙，于谊为受业门人。其饮斯食斯，举书学字，得以名列胶庠，家称封殖者，伊谁之力，而一旦背义灭伦至此。噫！异矣！其挟命而酷炙，则曰某。其狐假而虎逼，则曰某。其附会而婪烹，则曰某。始焉逼我杯皿，以九爵进未已也。少焉扦钉膏腴六百亩矣。少焉俘获僮仆十数辈矣。痛毁之余，不敢爰及干戈，而恶等反视为弱肉，益肆鸱张。复于六月二十八日，大声疾呼曰："我奉族贵命，立索柳氏银三千两。有则生，无则死。毋短毫厘，毋迟瞬息，毋代资饰。"忽而登幕，忽而入室，忽而渐卧，直逼吾母无地自容，登楼吮血，嘱咐煌煌。嗟乎！以吾父归田之后，卖文为活，茕茕女子，蓄积几何，而有此现帑三千，以供狼兽之婪逼哉？族枭权仆密布环纠，擦拳磨掌，秽身肆詈。斯时吾母即不死，不可得也。即不速死，亦不可得也。因遂披麻就缢，解经投缳。威逼之声未绝于阃外，而呼吸之气已绝于闺中。呜呼痛哉！比之斧锧为尤甚，较之鼎镬为尤惨者也。五内崩裂，痛声彻外，恶始抱头窜鼠，弃帽微行，追之不及，奔告捕衙门验缢解经，随告本县验伤暂殓。复控粮道，仰系审解。兄随刊布血情，近陈都邑，远达京师。巨恶情虚虑播，哀浼戚绅，吐赃服罪，尽收梓刻。至今揭板原赃，现贮居间，岂其阳为求息，阴肆把持？赫赫当权，谁能抗令？虽有执法之神明，莫制负隅之魑魅。仅将兽光薄杖，兽曾薄拟。嗟乎！以立逼立毙之人命，与六百两六百亩之真赃，而止以薄惩定案，岂所以上报王章，下慰冤魂哉？兄因一控盐宪，再控抚宪，俱批苏常道亲审招牌。恶复夤谋贿县，任意抗违。贿差杨安，不解不审。视宪词为儿戏，贱母命为草菅，棺骸惨暴，案狱浮沉，五罪五刑，有此不论不议之律乎？恶虑命确赃真，到底难逃重辟，乃遂幻造流言，凿空飞驾，始焉杀吾母一人之命也，今且杀吾父兄阖门之命及其子孙也。狼谋叵测，一至是哉！在兄孺饴赋性柔孱，或迫于权重。在夫赵管，弱龄缌婿，或阻于严亲。而氏也仰事惟母，母也俯育惟氏，母既不惜一死以报父，氏亦何惜一死以报母。从此身命俱损，舅姑莫养，行即触阶哭宪，旋复击鼓叩阍，誓不与杀母之贼共戴一天。嗟乎！帷车袖剑，有白日报父之赵娥，抉目掩皮，有道旁殉弟之聂姊。事状罄竹难书，止就六月廿六日至廿八日。谓区区女子遂无尺寸之刃哉？敢揭之以告通国，伏乞当道满汉大人，各郡缙绅先生鼎持公道，斧磔元凶，慰死救生，合门幸甚！康熙三年七月嫡女钱氏谨揭。

公婿赵管《揭》云：

谨陈逼死实迹事，痛岳父于五月二十四日去世，蓦遭凶恶钱曾、钱谦光等构衅谋害，恣意择之，逼写田房，扼阱僮仆，凌虐岳母绝命时，三日夜内事言之。岳母柳氏有粜米纳官银两，向贮仓厅张国贤收管。钱曾、钱谦光探知，廿六日擒国贤妻并男张义至半野堂，官刑私拷，招称仓厅上有白银六百两。钱曾即遣家人陆奎先索去银杯九只，此廿六日午后也。黄昏后，复令陆奎押张义到仓厅取前银。义将蒲包裹木匣，付陆奎手持去。曾又突至孝幕中，岳母以曾为受恩岳父之人，伏地哀泣。曾犹谈笑自若。其时恐吓之语，不可尽述。廿七日曾遣奎来传言。其话比前尤甚。是日，逼去家财及叶茂、陈茂、周和。僮仆辈尽皆股栗散去。黄昏时，曾复唤徐瑞来传述云："要我主持，须先将香炉古玩价高者送我。"廿八日，谦光先来向管云："汝与岳母说云，速速料理贵人，否则祸即到矣。"言毕竟出。顷之曾来，直入孝幕，坐灵床前，大呼曰："止隔明日一日矣。"各贵诸奴俱已齐集，即来吵闹，不得开丧。复至书房内，大张声势。管惧其威焰，不敢置可否。坐逼良久，曾方出门，而谦光又踵至矣，云："汝家事大坏，遵王现在坊桥上，须请遵王来，方可商量。"适曾亦令奎来。谦光随令请至。二人一唱一和，皆云："我奉族贵令，必要银三千两，如少一厘，不下事。"命管传言。岳母惊骇不能答。二人复传内王进福妻出去，所言皆人所不能出之口者。复命一催促几次。许之田房。谦光云："芙蓉庄已差十六人发四舟去搬矣。谁要汝田？"管复力恳一时无措。二人云："三千两原有几分分的，断少不得。"随分付要吃荤点心。吃过，复唤王进福妻传话，大声叱咤："今日必等回报，然后去得。"岳母云："稍静片刻，容我开账。"携笔纸登楼。二人在外大叱管云："初一日先要打汝夫妻出门。还不速速催促。"被逼不过，只得入户，见楼紧闭，踢开时，岳母已缢死矣。管急趋出，二人弃帽逃窜。赶至坊桥，二人拼命逃奔，躲匿族贵家中，不能追获。此实情实事也。乘丧威逼，固非一人，投缳之时，惟此二贼。悉载岳母遣嘱中。另录刊布。先此略述一二，以俟伸雪云。

寅恪案：《河东君遗嘱》前已节引，以其与赵管夫妇两《揭》，同为钱氏家难主要文件，故全录三文，并略加以论述。遗嘱中所谓“某某”，即钱朝鼎。由遗嘱后其女所附“威逼姓名未敢原稿直书，姑阙之”及其揭中所云“主谋而令其杀者谁？呼其名，无不疾首痛心；称其爵，无不胆战股栗；叙其恶，无不发竖眦裂。在今血控，不敢显触其凶锋。嗣后登闻，誓必直陈其恶款”等语，可知此人当日在常熟之势力为何如矣。

原任苏州府常熟县知县瞿四达《揭》略云：

揭为贪绅屠族逼命，义切同仇，冒死直陈事。今夏五（牧翁钱）夫子亡后匝月，遽有逼死柳夫人之变。及问致死者谁？则贪恶俗绅钱朝鼎也。请陈其实。朝鼎为浙臬司，婪张安茂厚赂，内有银杯两只，工镌细文“茂”字于杯脚。天败落四达之手。先年具揭首告，朝鼎挽腹亲，王曰，俞解其事。此大证佐也。为科臣柯讳耸张讳惟赤交章通劾，故虽窜升副宪，并未到任，旋奉严旨。何尝一日真都宪哉？今犹朱标都察院封条告示，封芙蓉庄房屋。其逼死柳夫人实案一。朝鼎居官狼藉，如湖州司李龚廷历情极刎颈，若浼钱夫人舍身挽救，得豁重罪，乃反诬以受赂。当夫子疾笃卧床，即遣狼仆虎坐中堂，朝暮逼索，致含愤气绝。随逼柳婿赵生员含泪立虚契，夺田四百亩。其逼死柳夫人实案二。夫子生前分授柳家人张国贤，以知数久，家颇温。夫子亡未及二七，朝鼎遽拿国贤于灵柩前，杖八十，夹两棍，逼献银四百六十两，米二百石。柳母子痛哭求情，面加斥辱，秽媟不堪。其逼死柳夫人实案三。凡此三案，法应按律治罪，追赃充饷，朝鼎其何辞？乃仅治虎翼之罪，卸祸钱谦光、钱曾二人，欲草草了此大狱。夫谦光等行同狗彘，死有余辜。虽肆诸市朝，岂足令堂堂宫保烈烈幽魂，瞑目地下哉？

光绪修《常昭合志稿·二六·耆旧门·钱朝鼎传》略云：

钱朝鼎，字禹九，号黍谷。顺治丁亥进士。授刑部主事，历员外郎中，升广东提学道。端士习，正文风，为天下学政最。转浙江按察使，誓于神曰，归橐名一钱，立殛死。超擢副都御史，忌者托词稽留钦案，露章参之。丁内艰，服阕，补鸿胪卿，迁大理少卿。

寅恪案：瞿四达此揭所言钱朝鼎豪霸恶迹，即就以解任已久之封条封闭芙蓉庄一事，可为明证。至牧斋之殒命，亦因朝鼎遣仆登堂，朝暮逼索所致。然则朝鼎不但逼死河东君，亦逼死牧斋矣。朝鼎在乡何以有如此权势，恐与四达《揭》中所云“朝鼎挽腹亲，王曰，俞解其事”等语有关。“腹亲”二字，疑为“福晋”之别译。即满文“王妃”之义。以当日情事言之，汉人必不能与满洲亲王发生关系。疑四达所指之王，乃尚可喜。据道光修《广东通志·四三·职官表·三四》载：

钱朝鼎，顺治十年任广东提学道。

张纯熙，顺治十三年任广东提学道。

《清史列传·七八·尚可喜传》略云：

尚可喜，辽东人。崇祯初，可喜为广鹿岛副将。据广鹿，遣部校卢可用、金玉奎赴我朝纳款，时天聪七年十二月也。崇德元年封智顺王。七年，锦州下，赐所俘及降户。可喜奏请以部众归隶汉军。于是隶镶蓝旗。八年，随郑亲王济尔哈郎征明。顺治元年四月，随睿亲王多尔衮入山海关，击败流贼李自成。六年五月，改封平南王，赐金册金印。统将士征广东。携家驻守。十三年，赐敕记功，岁增藩俸千两。是时粤地皆隶版图。（康熙）四年谕曰：近闻广东人民为王属下兵丁扰害，失其生理。此皆将领不体王意，或倚为王亲戚，以小民易欺，唯图利己，恣行不法之故。自今务严加约束，以副委任。

可知朝鼎任广东提学道之时，在可喜“统将士征广东，携家驻守”之期间。岂朝鼎为平南王之亲戚，故习于“唯图利己，恣行不法”耶？俟考。

《虞阳说苑·乙编·后虞书》云：

瞿知县四达比较钱粮，即过销单，必加夹打，云以惩后。

又云：

瞿知县杀诸生冯舒于狱。邑中各项钱粮，惟舒独知其弊。诸生黄启耀等，合词上瞿贪状。瞿以贿饰。疑词出舒手。故杀之。

今若揆以《常昭合志稿》所载朝鼎事迹，则为能“端士习，正文风”“归橐不名一钱”及“执法持正”之人。而《后虞书》则谓瞿四达乃一贪酷之县官。由是观之，明清间之史料，是非恩怨，难于判定，此又一例也。

《家难事实》附各台《谳词》“督粮道卢，为伐丧杀命等事批”云：

钱谦光以宦门宗裔，甘作无良，乘丧挟威，逼柳氏投缳，命尽顷刻，诚变出意外也。尤可怪者，钱曾素以文受知太史，宜有知己之感，奈何亦为谦光附和耶？审讯犹哓哓申辨，如诈赃一百廿两，银杯九只。据张国贤供称，陆奎经收分受，则光等之婪赃杀命，律有明条，该县徇情玩纵，大乖谳法。但人命重情，必经地方官审究真确，方可转报。仰常熟县再将有名人犯各证严加讯究，并分赃确数，致死根由，依律定拟入招解道，以凭转解抚院正法，移明学道革黜。事关重案，该县务须大破情面，赃罪合律，毋得徇纵，复烦驳结，速速缴。康熙三年又六月十九日。

寅恪案：《有学集补·卢府君家传》云：

（纮康熙元年）壬寅奉命督粮苏松，建节海虞。

可知“督粮道卢”，即上引《江左三大家诗钞跋》之作者卢纮，亦即上引《孝女揭》中“复控粮道，仰系审解”之“粮道”。澹岩《跋》云：“易箦之前二日贻手书，以后事见嘱。”可知牧斋早已预料其身死之后，必有家难。（此点可参上引瞿四达《揭》文“当夫子疾笃卧床，（朝鼎）即遣狼仆虎坐中堂，朝暮逼索，致含愤气绝”等语及寅恪所论。）故以后事托卢氏。今观澹岩批语，左袒河东君，而痛责钱谦光、钱曾等，可谓不负其师之托，而《河东君遗嘱》（详见上引）云：

我之冤仇，汝当同哥哥出头露面，拜求汝父相知。

据此，澹岩乃河东君垂绝时，心中所认为牧斋相知之一无疑。斯又可证澹岩《跋》中“不可谓不知己”之语诚非虚构矣。又各台《谳词》“盐院顾，为乘丧抄逼，活杀惨命事批”云：

钱宦弃世，曾几何日，而族人遽相逼迫，致其庶室投缳殒躯，风俗乖张，莫此为甚，仰苏松道严究解报。

寅恪案：此“盐院顾”，当即上引梨洲《思旧录》中之“顾盐台”及《柳南续笔》之中“鹾使顾某”，亦即求牧斋作三篇文之人。此人既欲借牧斋之文以自重，其批语亦左袒河东君，殊不足异。但其人与牧斋似无深交，非如澹岩受业于牧斋者之比。故其批词亦不及澹岩之严厉也。

复次，观上引钱氏家难三文，当日河东君被迫死之情状，已甚了然。唯其所谓“三千金”或“银三千两”者，与《虞阳说苑·甲编》冯默庵（舒）撰《虞山妖乱志》中所言钱曾父裔肃有关。默庵之文（可参同编据梧子撰《笔梦》末两段所载及《河东君殉家难事实》顾苓、归庄《致钱遵王》两札）略云：

钱裔肃者，故侍御岱孙，宪副时俊子也。岱罢官归，家富于财，声伎冠一邑。裔肃亦中顺天乙卯举人。诸孙中肃资独饶。有女伎连璧者，故幸于侍御，生一女矣，而被出。肃悦之，召归，藏玉芝堂中三年，而家人不得知，与生一子，名祖彭，为县庠生，其事始彰。万历丁巳，侍御举乡饮，将登宾筵，一邑哗然。监生顾大韶出檄文讨其居乡不法事，怨家有欲乘此甘心者，（钱）尚书（谦益）素不乐侍御，口语亦藉藉。钱（裔肃）乃大惧，遽出连璧。已而侍御死，宪副亦殁。诸兄弟皆惎裔肃，有为飞书告邑令杨鼎熙，言连璧事者，杨以谂尚书。尚书答曰，此帷箔中事，疑信相参。书似出匿名，盍姑藏弃之，当亦盛德事耶？有钱斗者，尚书族子也。素倾险好利。裔肃以尚书相昵，故亦亲之。遂交构其间，须三千金赇尚书。裔肃诺。斗又邀其家人赍银至家。斗居城北，其邻有徐锡策者，称好事。诇得裔肃贿赇事，遂讼言告人。银未入尚书家，而迹已昭著不可掩。裔肃族人时杰者，又白之于巡按御史。尚书亦唯唯，无所可否。于是其事鼎沸。时杰得贿，几与尚书等。裔肃始以其事委尚书，出重贿，要万全。已而尚书不甚为力，故怨之。裔肃诸弟又日以宪副故妓人纳之尚书，裔肃不得已亦献焉。凡什器之贵重者，钱斗辈指名索取，以为尚书欢。是时抚吴为张公国维。尚书辛丑所取士也。以故府县风靡，无不严重尚书者。裔肃所费既不赀，当事者姑以他事褫革，而置奸祖妾不问。邑人自此仄目尚书矣。

然则《河东君遗嘱》所谓“手无三两，立索三千金”，《孝女揭》所谓“奉族贵命，立索柳氏银三千两。有则生，无则死”，及赵管《揭》所谓“必要银三千两，如少一厘，不下事”等语中之“三千金”，疑即此文裔肃赇尚书之“三千金”。而遵王向微仲索取之“香炉古玩价高者”，恐即指钱斗向钱裔肃“指名索取，以为尚书欢”之贵重什器也。如此解释，是否合理，仍俟更考。

又《虞阳说苑·甲编·过墟志感》一书，虽为伪讬，但其中用语，可与《孝女揭》相参校者，如称钱曾为“兽曾”之类是也。至刘寡妇以其家资全付与其婿钱生者，殆常熟风俗，妇人苟无亲生之子，例以家资付其女及婿。此所以钱朝鼎、钱曾等由是怀疑河东君以牧斋资财，尽付赵管夫妇，因而逼索特甚，致使“进退无门”，且叱管云“初一日先要打汝夫妻出门”。故《过墟志感》虽为伪托之书，于当时常熟风俗，仍有参考价值也。

复次，遵王与牧斋之关系，除光绪修《常昭合志稿·三二》及同治修《苏州府志·一百》本传外，章式之（钰）《钱遵王读书敏求记校证》补辑类记所载《钱曾传》，颇为详尽，兹不备引，读者可自取参阅。唯忆昔年寅恪旅居北京，与王观堂（国维）先生同游厂甸，见书摊上列有章氏此书。先生持之笑谓寅恪曰：“这位先生（指章式之）是用功的，但此书可以不做。”时市人扰攘，未及详询，究不知观堂先生之意何在？特附记于此，以资谈助。

又《家难事实》载严武伯（熊）《负心杀命钱曾公案》文云：

窃闻恩莫深于知己，而钱财为下。罪莫大于负心，而杀命尤惨。牧斋钱公主海内诗文之柄五十余年，同里后学砚席侍侧者，熊与钱曾均受教益。今公甫逝，骨肉未寒，反颜肆噬，逼打家人徐瑞写身炙诈银三十六两。今月廿八日复诬传族势赫奕，同钱天章虎临丧次，立逼柳夫人惨缢。亘古异变，宇宙奇闻。熊追感师恩，鸣鼓讨贼。先此布告，行即上控下诉，少效豫让吞炭之意。

王渔洋《感旧集·一二》“严熊”条，卢见曾《补传》云：

熊字武伯，江南常熟人。有《雪鸿集》。

《小传·下·》附宋琬《安雅堂集·武伯诗序》（可参陈寿祺《郎潜纪闻·八》“虞山钱宗伯下世”条）云：

钱牧斋先生常顾余于湖上，语及当代人物。先生曰：“吾虞有严生武伯者，纵横跌荡，其才未易当也。”后与武伯定交吴门，先生已撤琴瑟再闰矣。武伯身长八尺，眉宇轩轩，骤见之，或以为燕赵间侠客壮士也。酒酣以往，为言先生下世后，其族人某，妄意室中之藏，纠合无赖，詈于先生爱妾之室，所谓河东君者，诟厉万端，迫令自杀。武伯不胜其愤，鸣鼓草檄，以声其罪。其人大惭，无所容。聆其言，坐客无不发上指者。呜呼！何其壮哉！又一日饮酒，漏三鼓，武伯出先生文一篇示余，相与辨论，往复不中意，武伯须髯尽张如猬毛，欲掷铁灯檠于地者再，厥明酒醒，相视而笑曰：“夜来真大醉也。”虽狂者之态固然乎？而其护师门如干城，不以生死易心，良足多也。

龚鼎孳《定山堂集·四二·（康熙丙午迄庚戌）存笥稿·严武伯千里命驾且为虞山先生义愤有古人之风于其归占此送之七绝五首》云：

清秋纨扇障西风，红豆新词映烛红。扣策羊昙何限泪，一时沾洒月明中。

死生胶漆义谁陈，挂剑风期白首新。却笑关弓巢卵事，当时原有受恩人。

河东才调擅风流，赌茗拈花是唱酬。一著到头全不错，瓣香齐拜绛云楼。

高平门第冠乌衣，珠玉争看彩笔飞。曾读隐侯雌霓赋，至今三叹赏音稀。

君家严父似严光，一卧溪山岁月长。头白故交零落尽，几时重拜德公床。

寅恪案：牧斋与严氏一家四代均有交谊，前已言及。晚岁与武伯尤为笃挚。观上列材料并《有学集·三七·严宜人文氏哀辞（并序）》（此序前已引）、同书四八《题严武伯诗卷》及《再与严子论诗语》等篇，可知武伯之"为虞山先生义愤"，固非偶然。但武伯之"纵横跌荡""眉宇轩轩，如燕赵间侠客壮士"自是别具风格之人。故其与钱曾辈受恩于牧斋者同，而所以报之者迥异也。

《河东君殉家难事实》一书中尚有严熊《致钱求赤书》一通云：

往年牧翁身后，家难丛集，破巢毁卵，伤心惨目，孺贻世翁长厚素著，饮恨未申，至不能安居，薄游燕邸。弟客春在北，每见名贤硕彦，罔不怜念之者。岂归未逾月，仁兄首发大难，出揭噬脐，必欲斩绝牧斋先生之后，意何为耶？况仁兄此揭不过为索逋而起，手书历历，要挟在前，难免通国耳目。呜呼！索逋如此，万一事更有大于索逋者，仁兄又将何以处之乎？

光绪修《常昭合志稿·二六·钱裔僖传》附族人《上安传》略云：

族人上安，原名孙爱，字孺贻。顺时曾孙。性孤介。顺治丙戌举于乡。父殁，蒙家难，必伸其意而后已。谒选除永城令。始至，人以为贵公子，不谙吏事。升大理评事，遂归，闭户不见一人，即子孙罕见之。

同书三二《钱孙保传》云：

钱孙保，字求赤。谦贞子，赵士春婿也。

《清史列传·七九·贰臣传·乙·龚鼎孳传》略云：

康熙元年谕部以侍郎补用。明年起都察院左都御史。三年迁刑部尚书。五年转兵部。八年转礼部。十二年八月以疾致仕，九月卒。

据上列之材料，可知严武伯至北京，乃在康熙五年丙午后，龚氏任职京师之际。而此时牧斋之从侄孙保，曾再发起向孙爱索逋之事。牧斋身后，其家况之悲惨如此，可哀也已！又曹秋岳（溶）《静惕堂集·四四·严武伯钱遵王至二首》，其二云：

浮云劫火动相妨，红豆当年倚恨长。容我一瓻鸳水北，往来吹送白苹香。

岂由于秋岳之调解，后来武伯、遵王复言归于好耶？俟考。据康熙四年正月廿七日总督郎宪牌及同年同月廿九日理刑审语（俱见《河东君殉家难事实》），知此案悬搁“五月有余”及郎廷佐追问，始草草了事，而所加罪者，惟陆奎、杨安等不足道之人及细微之款项，而钱曾等取去之六百金及勒索三千金，逼死河东君一事，则含糊不究。可知其中必有禹九之权势及遵王之“钱神又能使鬼通天”（见《家难事实》归庄《致钱遵王书》，并可参同书李习之（洊）《致钱黍谷大宪咸亭御史书》及《贻钱御史第二书》，黍谷即朝鼎，事迹见上引《常昭合志稿·二六》，咸亭即延宅，事迹见同书同卷），故可以不了了之也。当日清廷地方汉奸豪霸之欺凌平民，即此一端，可想见矣。

复次，河东君缢死之所，实在荣木楼，即旧日黄陶庵授读孙爱之处（可参陆翼王辑《黄陶庵先生集·一六·和陶诗·和饮酒二十首序》所云“辛巳杪冬客海虞荣木楼”，及陈树惠辑《黄陶庵年谱》“崇祯十四年辛巳”条所云“先生三十七岁，馆虞山”等语）。徐芳《柳夫人小传》等所谓“自取缕帛结项，死尚书侧”，则齐东野人之语，不可信也。至若俞蛟《梦厂杂著》《齐东妄言·九·柳如是传》等所言昭文县署之事，其为妄谬，则更不足道矣。

《归庄集·八·祭钱牧斋先生文》云：

先生通籍五十余年，而立朝无几时，信蛾眉之见嫉，亦时会之不逢。抱济世之略，而纤毫不得展，怀无涯之志，而不能一日快其心胸。其性迂才拙，心壮头童。先生喜其同志，每商略慷慨，谈宴从容。剖肠如雪，吐气成虹。感时追往，忽复泪下淋浪，发竖鬖松。窥先生之意，亦悔中道之委蛇，思欲以晚盖。何天之待先生之酷，竟使之赍志以终。人谁不死，先生既享耄耋矣。呜呼！我独悲其遇之穷。先生素不喜道学，故居家多恣意，不满于舆论，而尤取怨于同宗。小子之初拜夫灵筵也，颇闻将废甫匐之谊，而有意于兴戎。哀孝子之在疚，方丧事之纵纵。虽报施之常，人情所同。顾大不伐丧，春秋之义。虐茕独者，箕子所恫！闻其人固高明之士，必能怵于名义，而涣然冰释，逝者亦可自慰于幽宫。虞山崔崔，尚湖汎汎。去先生之恒干，飙举于云中。哀文章之沦丧，熟能继其高踪？悲小子之失师，将遂底于惛懵。自先生之遘疾，冬春再挂夫孤篷。入夏而苦贱患，就医于练水之东。尝驰问疾之使，报以吉而无凶。方和高咏以自慰（可参《有学集·一二·东涧集·上·赠归玄恭八十二韵戏效玄恭体》及同书一三《东涧诗集·下·病榻消寒杂咏四十六首序》），岂谓遂符两楹之梦，忽崩千丈之松。呜呼！手足不及启，含敛不及视，小子抱痛于无穷。跪陈词而荐酒，不知涕之何从。尚飨！

《南雷诗历·二·八哀诗》之五《钱宗伯牧斋》云：

四海宗盟五十年，心期末后与谁传。凭裀引烛烧残话，嘱笔完文抵债钱。（自注："问疾时事。宗伯临殁，以三文润笔抵丧葬之费，皆余代草。"）红豆俄飘迷月路，美人欲绝指筝弦。（自注："皆身后事。"）平生知己谁人是（自注："应三四句。"），能不为公一泫然。（自注："应五六句。"）

《定山堂诗集·一四·（康熙壬寅迄丙午）存笥稿·挽河东夫人五律二首》，其一云：

惊定重挥涕，兰萎恰此辰。甘为贲志事，应愧受恩人。石火他生劫，莲花悟后身。九原相见日，悲喜话綦巾。

其二云：

岂少完人传，如君论定稀。朱颜原独立，白首果同归。绝脰心方见，齐牢宠不非。可怜共命鸟，犹逐绛云飞。

寅恪案：当时名流与牧斋素有交谊者，除黄、龚、归三人外，如吴梅村者，必有追挽钱、柳之作，但今不见于吴氏集中。世传《梅村家藏稿》必非最初原稿，乃后来所删削者，由此亦可断言矣。

钱泳《履园丛话·二四》"东涧老人墓"条云：

虞山钱受翁，才名满天下，而所欠惟一死，遂至骂名千载。乃不及柳夫人削发投缳，忠于受翁也。嘉庆二十年间，钱塘陈云伯（文述）为常熟令，访得柳夫人墓在拂水岩下，为清理立石，而受翁之冢即在其西偏，竟无人为之表者。第闻受翁之后已绝，墓亦荒废。余为集刻苏文忠书曰“东涧老人墓”五字碣，立于墓前。观者莫不笑之。记查初白有诗云，“生不并时怜我晚，死无他恨惜公迟”（见《敬业堂集·一六·拂水山庄三首》之三）。君子之泽，五世而斩。信哉！

翁同龢《瓶庐诗稿·八·东涧老人墓》云：

秋水堂安在，荒凉有墓田。孤坟我如是（自注：“墓与河东君邻。”），独树古君迁。（自注：“梯一，尚是旧物。”）题碣谁摹宋（自注：“碑字集坡书。”），居人尚姓钱。争来问遗事，欲说转凄然。

邓文如（之诚）君《骨董全编·骨董琐记·七》“钱蒙叟墓”条云：

常熟宝岩西三里许，曰刘神滨。再西三里，曰虎滨。两滨适中曰界河沿，又曰花园滨，钱牧斋墓在焉。有碣题“东涧老人墓”五字，集东坡书，字径五六寸。嘉庆中族裔所立，本宗久绝矣。河东君墓即在左近。其拂水山庄，今为海藏寺。距剑门不远，有古柏一，银杏二，尚存。

寅恪案：此俱钱、柳死后，有关考证之材料，故并录之。草此稿竟，合掌说偈曰：

刺刺不休，沾沾自喜。忽庄忽谐，亦文亦史。述事言情，悯生悲死。繁琐冗长，见笑君子。失明膑足，尚未聋哑。得成此书，乃天所假。卧榻沉思，然脂暝写。痛哭古人，留赠来者。